DIREITO TRIBUTÁRIO

Coleção
Concursos Públicos

Organizadores:
Henrique Correia
e Élisson Miessa

Alan Martins
Dimas Yamada Scardoelli

DIREITO TRIBUTÁRIO

para
CONCURSOS

3ª edição | revista atualizada ampliada

2019

EDITORA JusPODIVM
www.editorajuspodivm.com.br

EDITORA
*Jus*PODIVM
www.editorajuspodivm.com.br

Rua Território Rio Branco, 87 – Pituba – CEP: 41830-530 – Salvador – Bahia
Tel: (71) 3045.9051
• Contato: https://www.editorajuspodivm.com.br/sac

Diagramação: Ideia Impressa *(ideiaimpressadesign@gmail.com)*

Capa: Ana Caquetti

ISBN: 978-85-442-2596-7

Dedico este livro à minha esposa
Caroline, companheira de todos os momentos,
aos meus filhos Vitor e Julia,
luzes da minha existência, à minha mamãe
Fátima e ao meu papai Inácio, que
mora no Céu.

Alan Martins

Dedico este livro à minha esposa
Carolina, pelo apoio incondicional, aos
meus filhos Henrique e Pedro e aos meus sobrinhos
Ricardo, Marcelo, Lara e Luana, pela alegria que
proporcionam ao meu viver. Ainda, dedico aos
meus pais e aos meus irmãos, pelo incentivo.

Dimas Yamada Scardoelli

PREFÁCIO

Quando fui convidado pelos autores para fazer a apresentação deste livro, fiquei extremamente feliz e honrado.

Há muito tempo sei quem é Alan Martins. Já o conhecia antes mesmo de ele me conhecer. Fomos professores num mesmo cursinho em Ribeirão Preto, interior de SP. Os alunos sempre comentavam que o professor de Direito Tributário era muito didático e inteligente. Aliás, ouvia histórias famosas de que ele foi um dos mais brilhantes alunos da sua turma da faculdade - Universidade Estadual Paulista - UNESP, em Franca, SP.

Durante os últimos meses, por circunstâncias da vida, Alan e eu nos tornamos amigos. Posso falar dele com toda sinceridade do mundo, sem ter que utilizar adjetivos vazios.

Recentemente, também conheci o Dimas Yamada Scardoelli, após seu ingresso em vários livros da Editora *Juspodivm*.

Sinto-me suspeito para falar sobre o livro, pois acompanhei passo a passo a confecção deste belo trabalho.

Alan e Dimas, além dos trabalhos publicados em outra editora, já tinham outros livros pela *Juspodivm*, todos eles muito elogiados pelos leitores. Conseguiram colocar em mais esta obra a clareza e a profundidade necessárias para candidatos a cargos públicos na área jurídica e fiscal. Além disso, os exemplos colocados, em razão da atuação prática diária como agentes de rendas, ICMS/SP, facilitam muito o entendimento do Direito Tributário. E os quadros, esquemas e resumos foram fruto da forte atuação desses autores como professores em cursinhos para concursos e faculdades.

Ao final dos capítulos os autores colocaram, ainda, questões para fixação da matéria e a jurisprudência (principais súmulas e informativos), já separados por temas.

Enfim, um livro com linguagem clara e objetiva, sem perder a profundidade e completude que os principais editais para concursos exigem.

Parabéns aos autores!

Henrique Correia

PARA ACESSAR OS VÍDEOS:

Para quem usa **Android**, importante instalar um aplicativo com leitor de QRCodes, que pode ser o "QR Code Reader". Você encontrará no seguinte link:

- http://editoraj.us/baixar-qr-android

Para quem usa **IOS** (iPhone, iPad), basta instalar um aplicativo com leitor de QRCodes, que pode ser o "QR Code Reader and Scanner". Você o encontrará no seguinte link:

- http://editoraj.us/baixar-qr-ios

Os vídeos estão indicados no sumário pelo símbolo: ▶

APRESENTAÇÃO

Na árdua trajetória de preparação para os concursos públicos das carreiras jurídicas, fiscais, de tribunais e policiais, o Direito Tributário é tido pelos estudantes, no mais das vezes, como uma temida disciplina, seja pela sua complexidade normativa, seja pelas constantes alterações legislativas e de posicionamentos jurisprudenciais que lhe são próprias.

Assim, o livro *Direito Tributário para Concursos* surge como uma forma de auxiliar os concursandos no treinamento para resolução de testes de múltipla escolha.

A partir de uma análise sistematizada dos editais de concursos e das últimas provas para provimento dos cargos de juiz de direito, juiz federal, promotor de justiça, procurador da república, procuradores federais, estaduais e municipais, auditores e analistas dos fiscos federal e estaduais, entre outras carreiras, foram selecionados pelos autores os principais pontos do Direito Tributário, divididos didaticamente em dezoito capítulos.

Cada capítulo tem por característica explorar seu tema sob quatro enfoques:

a) Legislativo: com destaque para os principais delineamentos normativos (constitucional e infraconstitucional) aplicáveis aos tributos e às relações tributárias;

b) Doutrinário: com a definição dos institutos típicos e suas particularidades, permeados com quadros, esquemas e observações para facilitar o entendimento;

c) Jurisprudencial: com a relação de súmulas, julgados relevantes e informativos que denotam os posicionamentos e as tendências dos tribunais superiores;

d) Questões: com uma coletânea de testes, dos mais variados concursos e graus de dificuldade, para aproximar o candidato à realidade das provas.

A aposta é que essa abordagem quadripartite, feita em linguagem clara e objetiva, possa facilitar a aprendizagem e a memorização dos principais tópicos do Direito Tributário.

A forma didática de exposição do texto é fruto da experiência profissional de seus autores, que, atualmente, são Agentes Fiscais de Rendas da Secretaria da Fazenda do Estado de São Paulo, em paralelo com a carreira docente em diversos programas de pós-graduação relacionados à área tributária e em cursos preparatórios para concursos públicos. Soma-se a isso o fato de já terem escrito outros livros, capítulos de livros, artigos e materiais didáticos sobre o assunto, o que evidencia a preocupação dos autores com o desenvolvimento e a evolução do ensino do Direito Tributário.

Ao final do livro há uma revisão final e um simulado com cinquenta questões objetivas multitemáticas, de diversas bancas, cujo intuito é servir de revisão dias antes da prova.

Enquanto para a segunda edição as novidades ficaram por conta dos vídeos dos autores, tópicos de legislação e resumos para memorização, que foram incluídos em todos os capítulos, a terceira edição está robustecida pela evolução legislativa, por recentes posicionamentos jurisprudenciais e por novas questões, que ampliam as chances de acertos nas provas de concursos organizados pelas principais bancas examinadoras do país, cujos graus de exigência estão cada vez maiores.

Enfim, ficam os sinceros votos de que a leitura do livro contribua efetivamente para que os aspirantes consigam a necessária afinidade com a disciplina tributária e, em decorrência, alcancem o tão almejado cargo público.

Boa leitura! Bons estudos!

Alan Martins e Dimas Yamada Scardoelli

SUMÁRIO

CAPÍTULO III

CAPÍTULO VI

CAPÍTULO VIII

CAPÍTULO IX

CAPÍTULO XI

CAPÍTULO XII

Capítulo I

DIREITO TRIBUTÁRIO, TRIBUTO E SUAS ESPÉCIES

1. BREVE INTRODUÇÃO AO DIREITO TRIBUTÁRIO

O **Direito Tributário** é um ramo autônomo do Direito. Todavia, possui raiz no **Direito Financeiro**, que é o ramo do Direito Público dedicado à disciplina jurídica das finanças públicas e que se desdobra em quatro aspectos:

- **Receita Pública:** corresponde ao montante de recursos em dinheiro que ingressa nos cofres do Estado, subdividindo-se em **receitas originárias** (diretas, porque obtidas a partir da exploração do patrimônio público, como aquelas decorrentes de preços e tarifas cobrados pela oferta de serviços públicos e atividades negociais do Estado) e **receitas derivadas** (indiretas, porque oriundas de arrecadação junto a particulares, como são as multas e os tributos).
- **Despesa Pública:** é o montante de recursos em dinheiro despendido pelo Estado, para custear serviços, atividades, conservar seu patrimônio e manter sua estrutura e pessoal.
- **Orçamento Público:** é a previsão legalmente estabelecida acerca das receitas e despesas públicas.
- **Crédito Público:** conjunto de operações pelas quais o Estado obtém recursos financeiros junto a particulares, mediante emissão de títulos e empréstimos, com ou sem concessão de vantagens, e obrigação de restituir mediante prazos e condições previamente estabelecidas.

ATENÇÃO:

Considerando a distinção entre receitas originárias e receitas derivadas, conclui-se que os *royalties* do petróleo não possuem natureza tributária. Constituem uma compensação financeira paga pelos concessionários em virtude da exploração de petróleo ou gás natural, de recursos hídricos para fins de geração de energia elétrica e de outros recursos minerais no respectivo território, plataforma continental, mar territorial ou zona econômica exclusiva (CF, art. 20, § 1º). Possuem, portanto, a natureza jurídica de receitas públicas originárias, não ostentando a condição de tributos.

O **Direito Tributário** desenvolveu-se a partir de uma das perspectivas do Direito Financeiro, que diz respeito às **receitas públicas derivadas**, mais precisamente, daquelas consubstanciadas nos tributos que o Estado arrecada junto aos particulares (pessoas físicas e jurídicas), cabendo aqui adiantar que o **tributo** constitui **gênero** das seguintes espécies: impostos, taxas, contribuições de melhoria, contribuições e empréstimos compulsórios.

Sob uma visão sistêmica, a relação do Direito Tributário com o Direito Financeiro pode ser representada pelo seguinte esquema:

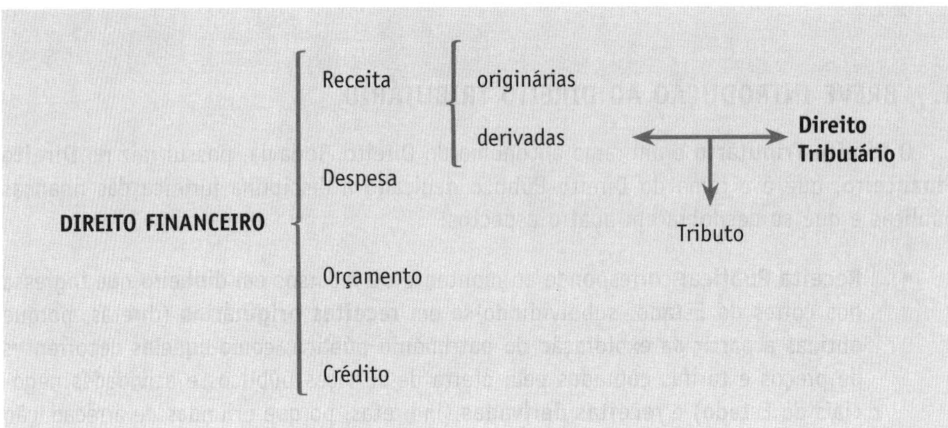

Porém, pela dedicação exclusiva a uma das vertentes da receita pública e em razão da forte produção normativa, doutrinária e jurisprudencial próprias, o Direito Tributário sobressai como um ramo jurídico autônomo, que tem por **elemento nuclear** o conceito de **tributo**, tema do próximo subitem deste capítulo inaugural.

Para uma conceituação inicial que, por certo, será melhor compreendida ao longo dos capítulos do livro, pode-se dizer que o **Direito Tributário é o ramo jurídico dedicado ao estudo das normas e princípios que regem os tributos, sua incidência e respectiva obrigação, bem como a constituição, exigência, extinção e todos os demais aspectos do crédito tributário.**

2. TRIBUTO

Tributo é toda prestação pecuniária compulsória, em moeda ou cujo valor nela se possa exprimir, que não constitua sanção de ato ilícito, instituída em lei e cobrada mediante atividade administrativa plenamente vinculada (CTN, art. 3º). Esse conceito legal pode ser subdividido em seis elementos conceituais, quais sejam:

- **Prestação pecuniária:** é o objeto de uma relação jurídica denominada **obrigação tributária principal**, estabelecida entre: 1 – um credor ou **sujeito ativo** (Fisco ou Fazenda Pública), que tem o direito de exigir o tributo decorrente de uma competência constitucional; 2 – um **sujeito passivo**, que deve levar o **dinheiro** aos cofres públicos (daí o termo "pecuniária"), podendo ser um **contribuinte** (pessoa que tenha relação pessoal e direta com o fato gerador) ou um **responsável** (um terceiro constante em lei, não contribuinte, vinculado ao fato gerador).

- **Compulsória:** cumprir a obrigação tributária é um dever do contribuinte e não uma faculdade.
- **Em moeda ou cujo valor nela se possa exprimir:** a expressão "em moeda", além de dar ênfase ao caráter pecuniário do tributo, também respalda a expressão alternativa "ou cujo valor nela se possa exprimir", cuja coerência ficou mais clara a partir do advento da Lei complementar 104/2001, que introduziu o inciso XI ao artigo 156 do CTN, prevendo a dação em pagamento em bens imóveis como hipótese de extinção do crédito tributário, na forma e condições estabelecidas em lei.
- **Que não constitua sanção de ato ilícito:** serve para **distinguir tributo de multa**, deixando claro que a hipótese legal de incidência do tributo não é uma infração, nem sua consequência jurídica uma penalidade. É diferente da multa, que sempre constitui a sanção de um ato ilícito, como ocorre nas multas por infração às legislações de trânsito, ambiental, sanitária etc. Com base nesse aspecto conceitual o STF julgou indevido um acréscimo de 200% ao IPTU estabelecido por uma lei municipal sobre imóveis onde houvesse construções irregulares, entendendo que: i) o acréscimo configurava sanção a ato ilícito; ii) o CTN não admite que se tenha como tributo prestação pecuniária compulsória que constitua sanção de ato ilícito, o que implica dizer que não é permitido, em nosso sistema tributário, que se utilize um tributo com a finalidade extrafiscal de penalizar a ilicitude; iii) se o Município quer agravar a punição de quem constrói irregularmente, cometendo ilícito administrativo, que crie ou agrave multas com essa finalidade (RE 104.817 /SP).
- **Instituída em lei:** condiz com o princípio da legalidade tributária (CF, art. 150, I), segundo o qual é vedada a instituição ou majoração de tributos sem previsão legal do seu fato gerador.
- **Cobrada mediante atividade administrativa plenamente vinculada:** por ser uma prestação compulsória instituída em lei, a autoridade administrativa fica vinculada à exigência do tributo, até porque tem o dever de exercer as competências que lhe são atribuídas por lei. Não há discricionariedade, isto é, juízo de conveniência e oportunidade, por parte da referida autoridade.

Ainda sob o aspecto conceitual, é importante anotar que a natureza jurídica do tributo é determinada pelo fato gerador da respectiva obrigação (CTN, art. 4º). Em decorrência disso, é irrelevante a denominação e demais características formais adotadas pela lei (CTN, art. 4º, I), não importando se o legislador, ao criar um tributo, o denominar imposto, se a sua respectiva obrigação advier do exercício regular do poder de polícia, fato gerador típico de taxas (CF, art. 145, II e CTN, art. 77). Nesse caso, estar-se-á diante de uma taxa.

Da mesma maneira, também não tem relevância a aplicação financeira do produto da arrecadação (CTN, art. 4º, II), muito embora a destinação constitucional do produto da arrecadação seja característica peculiar a determinadas espécies tributárias, conforme será exposto adiante.

Portanto, segundo o texto literal, que é o cobrado na maioria das questões de concursos públicos, o artigo 4º se estrutura da seguinte forma:

Fatores para determinar natureza jurídica do tributo	Relevante	Irrelevante
CTN, art. 4º, *caput*	Fato gerador da respectiva obrigação	
CTN, art. 4º, inciso I		denominação e demais características formais adotadas pela lei
CTN, art. 4º, inciso II		aplicação financeira do produto da arrecadação

No entanto, vale a pena destacar uma reflexão doutrinária que coloca em xeque a efetividade do citado artigo 4º do CTN (ALEXANDRE, Ricardo. Direito Tributário esquematizado. 8ª edição, São Paulo: Método, 2014, página 20). Há algumas situações em que as espécies tributárias não são distinguidas pelo fato gerador. Por exemplo, na comparação entre o imposto de renda da pessoa jurídica e a contribuição social sobre o lucro, os fatos geradores são praticamente idênticos. O que diferencia o IRPJ e a CSLL é o nome e o destino do produto arrecadado e não o fato gerador (que é o mesmo nos dois tributos). Entretanto, seja o nome, seja a destinação do produto da arrecadação, ambos são critérios considerados irrelevantes pelo artigo 4º do CTN. Noutro giro, o artigo 145, § 2º, da CF proíbe que as taxas tenham bases de cálculo idênticas às dos impostos, daí a se concluir que, nesse caso, além do fato gerador, torna-se necessário avaliar a base de cálculo na análise para especificar a natureza jurídica de um tributo. Importante dizer que, em geral, a exigência dos concursos públicos se dá pela redação literal do artigo 4º do CTN. Todavia, o candidato deve estar alerta para questões que exijam conhecimentos sobre posicionamentos doutrinários, tal como o aqui exposto.

3. ESPÉCIES TRIBUTÁRIAS

Embora o artigo 5º do CTN classifique os tributos em três espécies (impostos, taxas e contribuições de melhoria), interpretando-se o CTN conforme recepcionado pela CF, é possível concluir que a classificação tripartite é incompleta. Deve prevalecer, então, a classificação quinquipartite ou pentapartite, que acrescenta entre as espécies tributárias o empréstimo compulsório (CF, art. 148) e as contribuições (compreendem todas as demais contribuições previstas na CF, tais como as dos artigos 149, 149-A, 195 etc).

Essa linha de raciocínio foi consagrada em histórico julgamento da ADI 447, com a diferença de que as contribuições de melhoria e as outras contribuições foram incluídas como espécies do gênero contribuição, resultando na classificação em impostos, taxas, contribuições e empréstimo compulsório, nos seguintes termos:

> "Os tributos, nas suas diversas espécies, compõem o Sistema Constitucional Tributário brasileiro, que a Constituição inscreve nos seus arts. 145 a 162. Tributo, sabemos todos, encontra definição no art. 3º do CTN, definição que se resume, em termos jurídicos, no constituir ele uma obrigação que a lei impõe às pessoas,

de entrega de uma certa importância em dinheiro ao Estado. As obrigações são voluntárias ou legais. As primeiras decorrem da vontade das partes, assim, do contrato; as legais resultam da lei, por isso são denominadas obrigações *ex lege* e podem ser encontradas tanto no direito público quanto no direito privado. A obrigação tributária, obrigação *ex lege*, a mais importante do direito público, 'nasce de um fato qualquer da vida concreta, que antes havia sido qualificado pela lei como apto a determinar o seu nascimento.' (Geraldo Ataliba, 'Hermenêutica e Sistema Constitucional Tributário', in 'Diritto e pratica tributaria', volume L, Padova, Cedam, 1979). As diversas espécies tributárias, determinadas pela hipótese de incidência ou pelo fato gerador da respectiva obrigação (CTN, art. 4º), são a) os impostos (CF, art. 145, I, arts. 153, 154, 155 e 156), b) as taxas (CF, art. 145, II), c) as contribuições, que são c.1) de melhoria (CF, art. 145, III), c.2) sociais (CF, art. 149), que, por sua vez, podem ser c.2.1) de seguridade social (CF, art. 195, CF, 195, § 4º) e c.2.2) salário educação (CF, art. 212, § 5º) e c.3) especiais: c.3.1.) de intervenção no domínio econômico (CF, art. 149) e c.3.2) de interesse de categorias profissionais ou econômicas (CF, art. 149). Constituem, ainda, espécie tributária, d) os empréstimos compulsórios (CF, art. 148)." (ADI 447, Rel. Min. Octavio Gallotti, voto do Min. Carlos Velloso, julgamento em 5-6-1991, Plenário, DJ de 5-3-1993).

A seguir encontra-se um quadro denominado **Tributos e espécies tributárias,** que foi baseado no julgamento da ADI 447 pelo STF:

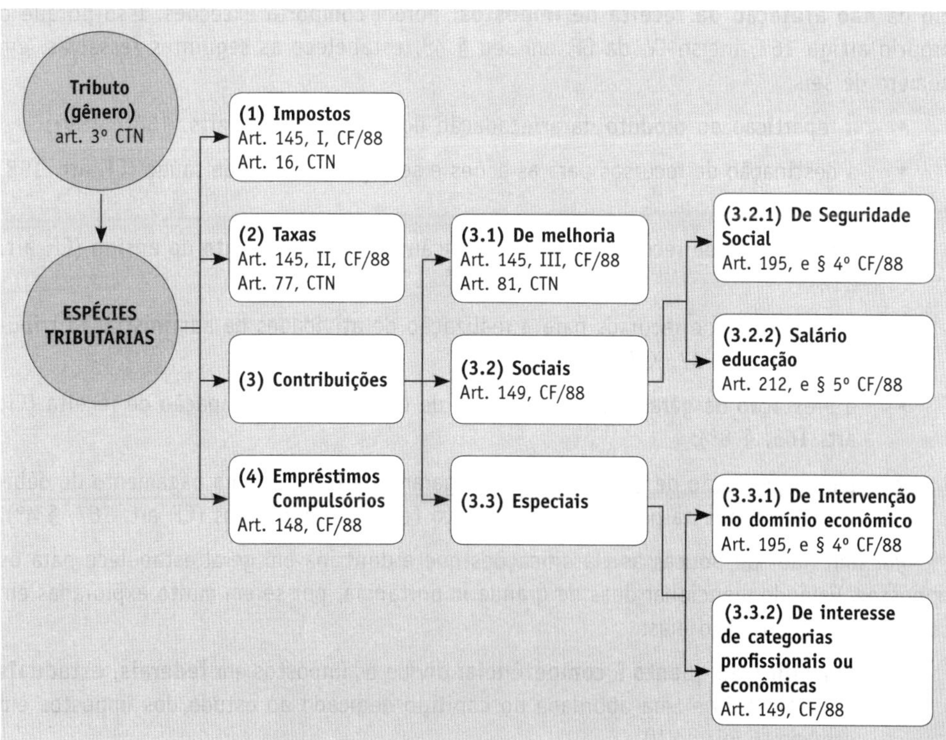

3.1. Impostos

O **imposto** é um tributo cuja obrigação tem por fato gerador uma situação **independente** de qualquer atividade estatal específica relativa ao contribuinte (CTN, art. 16). Trata-se, portanto, de um tributo de caráter **não vinculado**, cuja hipótese de incidência consiste na descrição de um fato qualquer que não seja atuação estatal.

Nessa linha, incide sobre fatos signo-presuntivos de riqueza (sinais de riqueza do contribuinte), tais como a renda no Imposto de Renda **(IR)** e a propriedade no Imposto sobre a Propriedade Territorial e Predial Urbana **(IPTU)**. Ao contrário, não incide sobre atividades estatais, como veremos que se dá, por exemplo, com as taxas. Constitui, assim, uma receita que se destina ao financiamento de atividades gerais do Estado, tais como saúde, educação, segurança pública, transporte etc.

Outra característica é que, em regra, **não há destinação específica ao produto da arrecadação** dessa espécie tributária, isto é, a Constituição proíbe que os valores arrecadados a título de impostos sejam destinados especificamente ao custeio de determinada despesa.

É o que se depreende do disposto no artigo 167, inciso IV, da CF, que veda expressamente a vinculação de receita de impostos a órgão, fundo ou despesa. E, assim, **não** é correto, por exemplo, dizer que os valores arrecadados pelos Estados a título de Imposto sobre a Propriedade de Veículos Automotores (IPVA) deveriam ser necessariamente destinados ao custeio de atividades relativas à conservação de ruas e rodovias.

Essa vedação à vinculação da receita de impostos também é conhecida como princípio da **não afetação da receita de impostos**, porém comporta exceções. Isso porque o próprio artigo 167, inciso IV, da CF, em seu § 4º, estabelece as seguintes ressalvas, em número de seis:

- a repartição do produto da arrecadação dos impostos (CF, arts. 158 e 159);
- a destinação de recursos para as ações e serviços públicos de saúde (CF, art. 198, § 2º);
- a destinação de recursos para manutenção e desenvolvimento do ensino (CF, art. 212);
- a destinação de recursos para a realização de atividades da administração tributária (CF, art. 37, XXII);
- a prestação de garantias às operações de crédito por antecipação de receita (CF, art. 165, § 8º);
- para a prestação de garantia ou contragarantia à União e para pagamento de débitos para com esta pelos Estados, Distrito Federal e Municípios (CF, art. 167, § 4º).

Por fim, não são poucas as classificações que a doutrina em geral estabelece para os impostos, valendo mencionar duas de grande importância, por serem muito exploradas em concursos públicos. São elas:

- **Classificação quanto à competência:** divide os impostos em **federais**, **estaduais** e **municipais** e será abordada no capítulo dedicado ao estudo dos impostos em espécie (Capítulo V).

- **Classificação quanto à finalidade do imposto:** divide os impostos em **fiscais** (cujo fim exclusivo é arrecadar recursos para os cofres públicos) e **extrafiscais** (cuja finalidade precípua não é a arrecadação de recursos, mas sim a utilização como instrumento estatal de intervenção na ordem socioeconômica - caráter regulatório).

Essa última classificação constitui parâmetro seguido pelo texto constitucional para estabelecer moderações aos princípios constitucionais da legalidade (CF, art. 153, § 1º) e da anterioridade (CF, art. 150, § 1º), permitindo a alteração de alíquotas sem a observância desses preceitos. Isso ocorre com os impostos sobre Importação (II), Exportação (IE), Produtos Industrializados (IPI) e Operações Financeiras (IOF). Ao alterar suas respectivas alíquotas por ato do Poder Executivo, o Estado intervém diretamente na economia, incentivando ou desprestigiando as atividades de importação, exportação, produção industrial e as operações financeiras.

Importante destacar, ainda, que, no sistema do CTN, os impostos são classificados segundo a natureza econômica do fato gerador em **impostos sobre o comércio exterior** (II e IE), **impostos sobre o patrimônio e a renda** (ITR, IPTU, ITBI, IR) e **impostos sobre a circulação e produção** (IPI, ICM - atual ICMS). Porém, com a promulgação da CF em 1988, a jurisprudência do STF passou a se orientar no sentido de que essa classificação não mais se sustenta.

Com isso, em decisões pela aplicação da imunidade do artigo 150, inciso VI, alínea "c" da CF ao ICMS devido em operações de importação, embora a imunidade seja exclusiva para impostos sobre patrimônio, renda e serviços, bem como não obstante o enquadramento do ICMS na classificação do CTN como imposto sobre circulação, a Corte Suprema vem rechaçando a classificação do CTN. Para o STF, não cabe invocar critérios de classificação dos impostos adotados por normas infraconstitucionais, cumprindo apenas perquirir se o bem adquirido, no mercado interno ou externo, integra o patrimônio da entidade abrangida pela imunidade (STF - RE-AgR 225778/SP - 2ª. Turma - Relator Ministro Carlos Velloso - Julg. 16/06/2003). Em outras palavras, para o STF, independentemente da importação se tratar de uma circulação, o bem importado, fundamentalmente, passa a ser **patrimônio** da entidade, o que inclui essa importação no campo da imunidade de determinadas instituições aos impostos sobre patrimônio, renda ou serviços.

3.2. Taxas

As taxas têm como fato gerador o **exercício regular do poder de polícia** ou **a utilização, efetiva ou potencial, de serviços públicos específicos e divisíveis, prestados ao contribuinte ou postos à sua disposição** (CTN, art. 77).

Por ser um tributo vinculado, a taxa não está ligada a uma atividade estatal globalmente considerada, sempre se vinculando a uma atividade estatal específica relativa ao contribuinte (CF, art. 145, II e CTN, art. 79, II).

Por exemplo, no caso da segurança pública, os serviços são executados em benefício da população em geral (*uti universi*), sem possibilidade de individualização dos respectivos usuários e, consequentemente, sem referibilidade a contribuintes determinados, não se prestando para custeio mediante taxa. É um serviço tipicamente situado no grupo daqueles que devem ser custeados por meio de impostos.

Aliás, com relação à impossibilidade de instituição de taxa para custear a segurança pública, o STF já se pronunciou nos seguintes termos:

> "Em face do artigo 144, caput, inciso V e parágrafo 5°, da Constituição, sendo a segurança pública, dever do Estado e direito de todos, exercida para a preservação da ordem pública e da incolumidade das pessoas e do patrimônio, através, entre outras, da polícia militar, essa atividade do Estado só pode ser sustentada pelos impostos, e não por taxa, se for solicitada por particular para a sua segurança ou para a de terceiros, a título preventivo, ainda quando essa necessidade decorra de evento aberto ao público. Ademais, o fato gerador da taxa em questão não caracteriza sequer taxa em razão do exercício do poder de polícia, mas taxa pela utilização, efetiva ou potencial, de serviços públicos específicos e divisíveis, o que, em exame compatível com pedido de liminar, não é admissível em se tratando de segurança pública." (STF - ADI 1.942-MC, Rel. Min. Moreira Alves, julgamento em 5-5-1999, Plenário, DJ de 22-10-1999)

Bom dizer que o caráter vinculado da taxa não diz respeito à capacidade econômica do contribuinte, pois o tributo que, na medida do possível, levará em conta a capacidade econômica do contribuinte é o imposto (CF, art. 145, § 1°).

A competência para instituição de taxas é **concorrente** da União, Estados, Distrito Federal e Municípios. Porém, por se tratar de um tributo **vinculado** a uma atividade estatal específica relativa ao contribuinte, no caso um serviço público específico e divisível ou o exercício regular do poder de polícia (CF, art. 145, II), a taxa apenas pode ser cobrada pelo ente federativo competente para a execução da atividade estatal. Em outras palavras, é um tributo "contraprestacional" e não pode ser cobrado por ente federativo diverso do competente para oferecer essa "contraprestação".

Nessa seara o STF possui o entendimento de que, por **não** serem mutuamente exclusivas, as atividades de fiscalização ambiental exercidas pela União e pelo Estado não se sobrepõem e, portanto, não ocorre bitributação quando União e Estado exigem cada qual sua taxa de fiscalização ambiental (STF - RE 602089 AgR / MG - 2ª. Turma - Rel. Min. Joaquim Barbosa - julg. 24/04/2012). Cumpre lembrar que a condição constitucional para a cobrança de taxa pelo exercício de poder de polícia é a competência do ente tributante para exercer a fiscalização da atividade desempenhada pelo contribuinte (art. 145, II da Constituição). Assim, se a competência para a fiscalização ambiental é concorrente, ambos os entes federativos poderão exigir taxa pelo exercício regular do poder de polícia.

Outro detalhe é que, por se tratar do exercício regular do poder de polícia, é constitucional a cobrança da taxa decorrente do poder de polícia em que haja a manutenção, pelo sujeito ativo, de órgão de controle em funcionamento. Porém, a efetiva visita do Poder Público ao estabelecimento sujeito à fiscalização não se encontra entre os pressupostos para exigência da taxa (REs 116.518 e 230.973).

Também, por ser um tributo vinculado a uma atividade estatal específica relativa ao contribuinte, o valor da taxa não pode ser desproporcional ao custo da atividade desempenhada pelo Estado que constitua o seu fato gerador. Por exemplo, ao julgar casos em que se contestava o caráter desproporcional de taxas judiciárias calculadas sem limites sobre o valor da causa, o STF se pronunciou inúmeras vezes pelo caráter desproporcional de se exigir uma taxa que ultrapasse o custo real dos serviços judiciários. E, sedimentando o entendimento de que taxas judiciárias desproporcionais violam o princípio do amplo acesso ao Poder Judiciário (CF, art. 5º, XXXV), editou o seguinte enunciado de súmula:

> "**Súmula nº 667 –** Viola a garantia constitucional de acesso à jurisdição a taxa judiciária calculada sem limite sobre o valor da causa".

ATENÇÃO:

"Taxa: correspondência entre o valor exigido e o custo da atividade estatal. A taxa, enquanto contraprestação a uma atividade do Poder Público, não pode superar a relação de razoável equivalência que deve existir entre o custo real da atuação estatal referida ao contribuinte e o valor que o Estado pode exigir de cada contribuinte, considerados, para esse efeito, os elementos pertinentes às alíquotas e à base de cálculo fixadas em lei. Se o valor da taxa, no entanto, ultrapassar o custo do serviço prestado ou posto à disposição do contribuinte, dando causa, assim, a uma situação de onerosidade excessiva, que descaracterize essa relação de equivalência entre os fatores referidos (o custo real do serviço, de um lado, e o valor exigido do contribuinte, de outro), configurar-se-á, então, quanto a essa modalidade de tributo, hipótese de ofensa à cláusula vedatória inscrita no art. 150, IV, da CF. Jurisprudência. Doutrina." (ADI 2.551-MC-QO, Rel. Min. Celso de Mello, julgamento em 2-4-2003, Plenário, DJ de 20-4-2006)

Na mesma linha, por ser um tributo contraprestacional (vinculado) usado na remuneração de uma atividade específica relativa ao contribuinte, seja serviço ou exercício do poder de polícia, e também por não se ater a fatos signo-presuntivos de riqueza, as taxas comprometem-se tão somente com o custo do serviço específico e divisível que as motiva, ou com a atividade de polícia desenvolvida. Com esse fundamento, o STF, em reiterados acórdãos, já considerou serem ilegítimas as taxas cobradas em razão do número de empregados. Veja-se:

> "A base de cálculo proposta no art. 6º da Lei 9.670/1983 atinente à taxa de polícia se desvincula do maior ou menor trabalho ou atividade que o poder público se vê obrigado a desempenhar em decorrência da força econômica do contribuinte. O que se leva em conta, pois, não é a efetiva atividade do poder público, mas, simplesmente, um dado objetivo, meramente estimativo ou presuntivo de um ônus à administração pública. No tocante à base de cálculo questionada nos autos, é de se notar que, no RE 88.327/SP, rel. min. Décio Miranda (DJ de 28-9-1979), o Tribunal Pleno já havia assentado a ilegitimidade de taxas cobradas em razão do número de empregados. Essa jurisprudência

vem sendo mantida de forma mansa e pacífica." (RE 554.951, rel. min. Dias Toffoli, julgamento em 15-10-2013, Primeira Turma, DJE de 19-11-2013.)

A taxa, também, não é sinônimo de tarifa ou de preço público, como bem se verifica pela análise comparativa dos institutos no seguinte quadro:

CRITÉRIOS	TAXA	PREÇO PÚBLICO / TARIFA
Regime	Direito Público (tributário)	Direito Privado (consumidor – contratual)
Natureza Jurídica	Tributária (espécie tributária, artigo 145, inciso II, CF/88, portanto, deve respeito aos princípios tributários)	Contratual (Estado prestador de serviço como se fora um particular ou o particular sob delegação do Estado – concessões, permissões, etc)
Tipo de receita pública	Receita derivada	Receita originária
Serviços Públicos	Específicos e divisíveis, de uso efetivo ou potencial	Específicos e divisíveis, apenas de uso efetivo
Tipos de serviços públicos	A) Propriamente estatais e ínsitos à soberania do Estado (exemplo: concessão de passaporte) e; B) Essenciais ao interesse público	A) Não essenciais ao interesse público (exemplos: telefonia, gás, energia elétrica e outros sujeitos à concessão ou permissão pelo ente estatal) e; B) Em regra, serviços delegáveis
Cobrança	Compulsória (característica tributária, cobrada no caso de utilização do serviço público e mesmo no caso de o serviço público ter sido colocado à disposição e não necessariamente utilizado)	Voluntária (apenas no uso do serviço público)
Dívida Ativa	Créditos oriundos do não pagamento são inscritos na Dívida Ativa tributária	Créditos oriundos do não pagamento são inscritos na Dívida Ativa não tributária
Repetição de indébito	Ação de repetição de indébito sujeita-se ao prazo previsto no CTN	Ação de repetição de indébito sujeita-se ao prazo prescricional estabelecido no Código Civil (Súmula 412 do STJ)
Decorre de (segundo Súmula 545 do STF)	Lei	Contrato (vontade das partes)
Prescrição	Quinquenal, regida pelo Direito Público (Código Tributário Nacional)	Decenal, regida pelo Direito Privado (Código Civil). Confere REsp 1117903

Para melhor compreensão do quadro comparativo, algumas observações importantes:

- As **taxas** são classificadas como **receitas públicas derivadas**, já os **preços públicos** são **receitas públicas originárias**. "Tributo é a receita derivada instituída pelas entidades de direito público, compreendendo os impostos, as taxas e contribuições nos termos da constituição e das leis vigentes em matéria financeira, destinando-se o seu produto ao custeio de atividades gerais ou especificas exercidas por essas entidades" (Lei 4.320/64, art. 9º).
- **Súmula 545 do STF –** Preços de serviços públicos e taxas não se confundem, porque estas, diferentemente daqueles, são compulsórias e têm sua cobrança condicionada à prévia autorização orçamentária, em relação à lei que as instituiu.

ATENÇÃO:

Embora superado o Princípio da Anualidade (exigência de prévia previsão orçamentária), o STF não revogou a Súmula 545 e algumas bancas examinadoras continuam cobrando o seu texto literal e integral.

- A natureza jurídica do pedágio sempre gerou muita polêmica. Uma linha defende o pedágio enquanto tributo (taxa), sujeito, portanto, aos regramentos aplicáveis às demais espécies tributárias, notadamente ao respeito das limitações ao poder de tributar. Em seu favor tem-se um precedente do STF (RE 181.475-6), relativo ao selo pedágio, que era compulsório. Outra linha que é predominante na doutrina e com a qual esses autores compactuam, apregoa o pedágio como um preço público (tarifa), sob os seguintes argumentos: a) a inclusão no texto constitucional apenas esclareceria que, apesar de não incidir tributo sobre o tráfego de pessoas ou bens, poderia, excepcionalmente, ser cobrado o pedágio, espécie jurídica diferenciada; b) a ausência de compulsoriedade na utilização de rodovias; e c) a cobrança se daria em virtude da utilização efetiva do serviço, e não seria devida com base no seu oferecimento potencial. Recentemente, porém, colocando fim à polêmica, **o Supremo Tribunal Federal pronunciou-se pela natureza de tarifa ou preço público do pedágio, haja vista não gozar da compulsoriedade, característica essencial das taxas** (STF – ADI 800/RS, rel. Min. Teori Zavascki, 11.6.2014).
- É entendimento pacífico do Supremo Tribunal Federal que: "(...) Serviços públicos não essenciais e que, não utilizados, não resulta dano ou prejuízo para a comunidade ou para o interesse público... são, de regra, delegáveis, vale dizer, podem ser concedidos e podem ser remunerados mediante preço público. Exemplo: o serviço postal, os serviços telefônicos, telegráficos, de distribuição de energia elétrica, de gás, etc." (ADI 447, Rel. Min. Octavio Gallotti, voto do Min. Carlos Velloso, julgamento em 5-6-1991, Plenário, DJ de 5-3-1993.)

- Os serviços de fornecimento de água e energia elétrica, por não serem compulsórios e admitirem a prestação sob o regime de concessão de serviço público, têm sido considerados pelo STJ e pelo STF como sujeitos a preço público (STF – RE 544.289, ADI 447).
- Nos termos da Súmula 412 do Superior Tribunal de Justiça, a "ação de repetição de indébito de tarifas de água e esgoto sujeita-se ao prazo prescricional estabelecido no Código Civil". No caso, não é aplicável o prazo quinquenal estabelecido no Código Tributário Nacional para repetição do indébito tributário, uma vez que os preços públicos ou tarifas não possuem natureza tributária. A respeito desse entendimento, há inúmeros precedentes do STJ: EResp 690.609, Min. Eliana Calmon, DJ 07/04/08; REsp 928.267, Min. Teori Albino Zavascki, DJde 21/08/09). E, de fato, não havendo norma específica a reger a hipótese, aplica-se o prazo prescricional estabelecido pela regra geral do Código Civil, ou seja: de 20 anos, previsto no art. 177 do Código Civil de 1916 ou de 10 anos, previsto no art. 205 do Código Civil de 2002, a depender do período a que se refira a restituição.
- "A jurisprudência do Supremo Tribunal Federal firmou orientação no sentido de que as **custas judiciais** e os **emolumentos concernentes aos serviços notariais e registrais** possuem **natureza tributária**, qualificando-se como **taxas remuneratórias de serviços públicos**, sujeitando-se, em consequência, quer no que concerne à sua instituição e majoração, quer no que se refere à sua exigibilidade, ao regime jurídico-constitucional pertinente a essa especial modalidade de tributo vinculado, notadamente aos princípios fundamentais que proclamam, dentre outras, as garantias essenciais (a) da reserva de competência impositiva, (b) da legalidade, (c) da isonomia e (d) da anterioridade (...)" (STF, ADI 1378 MC-ES, Min. Celso de Mello, DJ 30 05 1997, pp-23175)
- Também à luz da jurisprudência do STF: "Remuneração pela exploração de recursos minerais (...) não se tem, no caso, taxa, no seu exato sentido jurídico, mas preço público decorrente da exploração, pelo particular, de um bem da União (CF, art. 20, IX, art. 175 e §§)" (ADI 2.586, Rel. Min. Carlos Velloso, julgamento em 16-5-2002, Plenário, DJ de 1º-8-2003).

As taxas **não** poderão ter base de cálculo própria de impostos (CF, art. 145, § 2º), de modo que é inconstitucional a taxa municipal de conservação de estradas de rodagem cuja base de cálculo seja idêntica à do imposto territorial rural (Súmula 595 do STF). Também, em face da mesma vedação, o Supremo Tribunal Federal já decidiu que: "A escolha do valor do monte-mor como base de cálculo da taxa judiciária encontra óbice no art. 145, § 2º, da CF, visto que o monte-mor que contenha bens imóveis é também base de cálculo do imposto de transmissão *causa mortis* e *inter vivos* (CTN, art. 33)" (STF – ADI 2.040-MC, Rel. Min. Maurício Corrêa, julgamento em 15-12-1999, Plenário, DJ de 25-2-2000).

Para melhor compreensão, o monte-mor corresponde ao montante dos bens transmitidos pelo falecido a ser partilhado entre os seus sucessores hereditários (herdeiros e legatários). E, mesmo quando o monte-mor não é composto por bens imóveis, ainda assim haverá incidência do imposto de transmissão *causa* mortis, o qual também incide sobre bens móveis.

Por outro lado, não há problema em se adotar, no cálculo do valor de taxa, um ou mais elementos da base de cálculo própria de determinado imposto, desde que não haja integral identidade entre uma base e outra, consoante recentemente consagrado pelo STF na redação da Súmula vinculante 29 [1].

ATENÇÃO:

A proibição de que as taxas tenham bases de cálculo próprias de impostos (CF, art. 145, § 2º), constitui uma vedação constitucional ao *bis in idem*. Porém, a identidade que configura a violação constitucional deve ser total, conforme consolidado na Súmula Vinculante 29. Por se tratar de uma súmula vinculante, a expectativa é sempre que seja bastante explorada nos concursos públicos.

No caso da taxa de serviços públicos, à luz do artigo 145, inciso II, da CF, para ser fato gerador de taxa, um serviço deve ser **específico** e **divisível**. Considera-se serviço **específico** aquele que pode ser destacado em unidades autônomas de utilização (CTN, art. 79, II) e **divisível** o suscetível de utilização, separadamente, por parte de cada um dos seus usuários (CTN, art. 79, III).

Por exemplo, a taxa de coleta de lixo domiciliar pode constituir fato gerador de taxa, nos termos da materialidade delineada no artigo 145, inciso II, da CF, por se tratar de um serviço público específico e divisível. É **específico** porque, à luz do artigo 79, inciso II, do CTN, pode ser destacado em unidades autônomas de utilização, consubstanciadas nos imóveis beneficiados, e **divisível,** pois suscetível de utilização em separado pelos usuários proprietários de imóveis (CTN, art. 79, III).

Por outro lado, são inconstitucionais taxas municipais como as de limpeza de ruas e logradouros (cobrada de proprietários de imóveis urbanos) e de conservação e manutenção de vias públicas (exigida de proprietários de veículos licenciados no município), na medida em que, nesses casos, não há como se precisar em separado todos os usuários dos serviços. Basta citar a existência de beneficiários dos serviços que não se pode determinar, isto é, pessoas que circulam pelas ruas da cidade e não são proprietárias de imóveis ou de veículos no Município, tais como pedestres, ciclistas, passageiros, turistas, visitantes e proprietários de veículos automotores matriculados em órgãos de trânsito de outros Municípios. Inclusive, analisando taxas instituídas a esses títulos, o entendimento do STF foi pela inconstitucionalidade, por se referirem a "serviços executados em benefício da população em geral (*uti universi*), sem possibilidade de individualização dos respecti-

1. **Súmula Vinculante 29** – É constitucional a adoção, no cálculo do valor de taxa, de um ou mais elementos da base de cálculo própria de determinado imposto, desde que não haja integral identidade entre uma base e outra.

vos usuários e, consequentemente, da referibilidade a contribuintes determinados, não se prestando para custeio mediante taxa." (STF – AI 245.539-AgR, Rel. Min. Ilmar Galvão, julgamento em 14-12-99, DJ de 3-3-00)

Também é inconstitucional a chamada Taxa de Pavimentação Asfáltica, pois "tem por fato gerador benefício resultante de obra pública, próprio de contribuição de melhoria, e não a utilização (...) de serviço público específico e divisível, prestado ao contribuinte ou posto a sua disposição." (STF – RE 140.779, Rel. Min. Ilmar Galvão, julgamento em 2-8-95, DJ de 8-9-95)

Outro caso foi o da antiga Taxa de Iluminação Pública (TIP), que os Municípios, durante muito tempo, insistiram em cobrar, mas acabou julgada inconstitucional em reiteradas decisões do STF, por violação do artigo 145, inciso II, da CF, já que fundamentada em serviços inespecíficos e indivisíveis, uma vez que usufruídos de maneira geral, por toda a coletividade, sem possibilidade de serem destacados em unidades autônomas de utilização. Nesse sentido, inclusive, foi editada a Súmula vinculante 41, segundo a qual: "O serviço de iluminação pública não pode ser remunerado mediante taxa".

Esse entendimento jurisprudencial acabou redundando em forte pressão dos Municípios junto ao Congresso Nacional, resultando na Emenda Constitucional 39/2002, que conferiu competência às municipalidades e ao Distrito Federal para instituição da Contribuição para Iluminação Pública (CIP ou COSIP). Ou seja, a taxa foi julgada inconstitucional, mas os Municípios e o Distrito Federal mantiveram a receita a título de contribuição especial (CF, art. 149-A).

Outro ponto é que, para ensejar a exigência da taxa, o serviço público deve ser, alternativamente: **i) prestado**, isto é, efetivamente usufruído a qualquer título (CTN, art. 79, I, "a"); ou **ii) colocado à disposição**, assim considerado aquele serviço de utilização compulsória, usufruído pelo contribuinte, potencialmente, quando posto à sua disposição mediante atividade administrativa em efetivo funcionamento (CTN, art. 79, I, "b").

Dessa forma, não são apenas os serviços públicos efetivamente prestados que podem ser remunerados pela cobrança de taxas, mas, também, aqueles postos à disposição do contribuinte (CTN, art. 79, I, "b"). Assim, a taxa de coleta de lixo domiciliar, além de ser considerada constitucional pela Súmula Vinculante 19, [2] pode ser exigida de todo imóvel atendido pelo serviço, ainda que se trate de um imóvel desabitado. Por outro lado, não se pode exigir de um imóvel habitado que não seja atendido pelo serviço, uma vez não ter sido colocado à disposição do contribuinte.

A taxa também pode ser instituída em razão do **exercício regular do poder de polícia** (CF, art. 145, II), isto é, a restrição de liberdades individuais em prol da coletividade, desempenhado por autoridade competente e nos limites da legalidade, sem abuso ou desvio de poder (CTN, art. 78), como, por exemplo, as taxas cobradas pela expedição de licenças ambientais em prol de um meio ambiente saudável ou a concessão de porte de armas com vistas à preservação da segurança pública.

2. **Súmula Vinculante 19** – A taxa cobrada exclusivamente em razão dos serviços públicos de coleta, remoção e tratamento ou destinação de lixo ou resíduos provenientes de imóveis, não viola o art. 145, II, da Constituição Federal.

Considera-se **poder de polícia** atividade da administração pública que, limitando ou disciplinando direito, interesse ou liberdade, regula a prática de ato ou abstenção de fato, em razão de interesse público concernente à segurança, à higiene, à ordem, aos costumes, à disciplina da produção e do mercado, ao exercício de atividades econômicas dependentes de concessão ou autorização do Poder Público, à tranquilidade pública ou ao respeito à propriedade e aos direitos individuais ou coletivos (CTN, art. 78).

ATENÇÃO:

Considera-se **regular** o exercício do poder de polícia quando desempenhado pelo órgão competente nos limites da lei aplicável, com observância do processo legal e, tratando-se de atividade que a lei tenha como discricionária, sem abuso ou desvio de poder (CTN, art. 78, parágrafo único).

Quanto ao poder de polícia, o STF estipulou que "é inconstitucional norma municipal que institui taxa de uso e ocupação do solo e do espaço aéreo correspondente com o objetivo de implantação de postes para extensão de rede elétrica". Discutiu-se a possibilidade de município, com fundamento no art. 145, II, da CF, instituir a mencionada taxa em decorrência do exercício do poder de polícia. O STF assentou que o município pretenderia ser remunerado, mediante o recebimento de taxa, pela utilização de faixas de domínio público de vias públicas, as quais constituiriam bem público, inserido na categoria dos bens de uso comum do povo. Asseverou que, além da instalação dos equipamentos não comprometer o uso comum dos bens públicos em questão, inexistiria prejuízo a justificar o recebimento, pelo município, de qualquer indenização pelo uso do bem público de uso comum. (RE 581.947 ED/RO, rel. Min. Luiz Fux, julgado em 18/12/2013). Em outro julgamento, o STF apregoou que "a Anotação de Responsabilidade Técnica, instituída pela Lei 6.496/1977, cobrada pelos Conselhos Regionais de Engenharia, Arquitetura e Agronomia em decorrência do exercício do poder de polícia na fiscalização de profissões, tem natureza jurídica de taxa e, por consequência, é necessária a observância do princípio da legalidade tributária previsto no art. 150, I, da CF" (ARE 748.445 RG/SC, rel. Min. Ricardo Lewandowski, julgado em 1º/11/2013, acórdão pendente de publicação).

O STF já apreciou vários casos envolvendo a constitucionalidade ou não de diversas taxas. Em resumo, tem-se o seguinte quadro:

TAXA	JULGADA	RESUMO	Nº STF
Coleta/remoção/tratamento/destinação de lixo proveniente dos imóveis	Constitucional	Remunera serviço público específico e divisível (prestado ou a disposição)	Súmula vinculante 19

TAXA	JULGADA	RESUMO	Nº STF
Fiscalização dos mercados de títulos e valores mobiliários (instituída pela Lei 7.940/89) "taxa da CVM"	Constitucional	Em razão do exercício do Poder de Polícia atribuído à Comissão de Valores Mobiliários (CVM)	Súmula 665
Iluminação pública	Inconstitucional	É um serviço destinado a toda a coletividade (*uti universi*), não é específico e divisível	Súmula vinculante 41
Classificação de produtos vegetais (instituída pelo Decreto-Lei 1.899/81)	Constitucional	Em razão do exercício do Poder de Polícia (padrão de qualidade dos produtos vegetais que entram no país)	RE 511.584-AgR e outros
Fiscalização/localização e funcionamento	Constitucional	Em razão do exercício do Poder de Polícia (desde que efetivo, sendo suficiente a demonstração da existência de órgão e estrutura necessários ao exercício da competente fiscalização)	RE 588.322 e outros
Incêndio	Inconstitucional	"A segurança pública presentes a prevenção e o combate a incêndios, faz-se, no campo da atividade precípua, pela unidade da Federação, e, porque serviço essencial, tem como a viabilizá-la a arrecadação de impostos, não cabendo ao Município a criação de taxa para tal fim".	RE 643.247
IBAMA	Constitucional	Em razão do exercício do Poder de Polícia (fiscalização das atividades poluidoras e utilizadoras de recursos ambientais)	RE 416.601 e outros
Segurança (policiamento preventivo)	Inconstitucional	É um serviço destinado a toda a coletividade (*uti universi*), não é específico e divisível	ADI 1.942 e outros
Municipal de conservação de estradas de rodagem	Inconstitucional	Base de cálculo idêntica à do ITR	Súmula 595

TAXA	JULGADA	RESUMO	Nº STF
Taxa de renovação e licença	Constitucional	Fiscalização notoriamente exercida pelo Município	REsp 261.571/SP

Merece uma explicação mais detida o entendimento do STJ a respeito da taxa de calçamento, no sentido de que "o serviço de conservação de calçamento tem caráter genérico e não divisível ou especifico, sendo prestado à coletividade como um todo, sem beneficio direto para determinado imóvel ou certo contribuinte" (STJ, T2, REsp 17702 / SP, Min. Hélio Mosimann, DJ 21/02/1994 p. 2150). Esses argumentos demonstram, claramente, que está superada a Súmula nº 129 do STF (anterior à CF/88), que considerava legítima a cobrança dessa taxa.

Outro aspecto que deve ser melhor esclarecido diz respeito às taxas de fiscalização. Haja vista possuírem natureza de taxas de poder de polícia, a exigência dessas taxas depende da demonstração pelo ente tributante do efetivo exercício regular do poder de polícia. Nesse ponto, recomenda-se muita atenção para a jurisprudência dos tribunais superiores (sintetizada no quadro apresentado), segundo a qual, são suficientes para demonstrar o efetivo exercício do poder de polícia: i) a existência de órgão e estrutura necessários ao exercício da competente fiscalização (STF – RE 588.322); ii) ou mesmo a notoriedade do exercício da fiscalização (STJ – REsp 261.571/SP).

A CF veda a destinação específica do produto da arrecadação dos impostos (art. 167, § 4º). Nesse aspecto, o texto constitucional passa ao largo das taxas, de modo que se pode afirmar perfeitamente que as taxas são tributos que podem ter destinação específica da arrecadação. Assim se pronunciou o STF em acórdão de 2006 da ADI 3643/RJ: "É constitucional a destinação do produto da arrecadação da taxa de polícia sobre as atividades notariais e de registro, ora para tonificar a musculatura econômica desse ou daquele órgão do Poder Judiciário, ora para aportar recursos financeiros para a jurisdição em si mesma. O inciso IV do art. 167 da Constituição passa ao largo do instituto da taxa, recaindo, isto sim, sobre qualquer modalidade de imposto".

Em outra decisão, mais recente (2010), exarada na ADI 3028, o STF considerou válida lei estadual do Rio Grande do Norte que vincula a arrecadação de uma taxa estadual cobrada sobre serviços notariais e de registros para financiar um Fundo de Reaparelhamento do Ministério Público estadual, tendo sido asseverado pela Min. Cármen Lúcia, em pedido de vista, que "o Supremo vem ajustando sua jurisprudência no sentido de admitir a vinculação do produto de arrecadação de taxas, como a da presente ADI, a instituições públicas e ao próprio Poder Judiciário".

Mas, atenção, o que não se permite é que a destinação da taxa seja para fundos ou despesas que não estejam relacionados ao serviço ou poder de polícia que constitua o seu fato gerador. Assim decidiu o STF em 1995, na ADIMC 1.378/ES, Rel. Min. Celso de Mello: "qualificando-se as custas judiciais e os emolumentos extrajudiciais como taxas, nada pode justificar seja o produto de sua arrecadação afetado ao custeio de serviços públicos diversos daqueles a cuja remuneração tais valores se destinam especificamente".

3.3. Contribuição de melhoria

Por ser cobrada em decorrência de uma obra pública (CF, art. 145, III), a natureza da contribuição de melhoria é de tributo **vinculado** a uma atividade estatal específica relativa ao contribuinte.

A competência para instituição da contribuição é comum, porque atribuída em caráter concorrente a todos os entes federativos (CF, art. 145, III). Dessa forma, deve ser instituída pelo ente federativo responsável pela obra pública, até porque, também, o produto da arrecadação é destinado ao custeio da mesma.

Embora com fundamento no artigo 145, inciso III, da CF, fique claro que a contribuição de melhoria tem por objetivo fazer frente ao custo de obras públicas, à luz do artigo 81 do CTN, verifica-se que o legislador infraconstitucional elegeu a valorização imobiliária decorrente da obra como premissa para cobrança desse tributo. Portanto, a valorização imobiliária constitui elemento material que o CTN, respaldado na competência prevista no artigo 146, inciso III, alínea "a", da CF, estabeleceu na definição do fato gerador do tributo a que se refere o artigo 145, inciso III, da CF.

E, mais, a valorização imobiliária que autoriza a exigência de contribuições de melhoria é somente aquela efetivamente decorrente da obra pública, não constituindo fato gerador a valorização decorrente de fatores alheios, ainda que a obra pública tenha sido realizada. Nesse sentido, entende o STJ que a base de cálculo da contribuição de melhoria consiste na "efetiva valorização imobiliária, a qual é aferida mediante a diferença entre o valor do imóvel antes do início da obra e após a sua conclusão, sendo inadmissível a sua cobrança com base somente no custo da obra pública realizada". (REsp 1.076.948-RS, Rel. Min. Luiz Fux, julgado em 4/11/2010).

Também segundo entendimento do STJ, cabe ao Poder Público e não ao contribuinte, provar que houve a valorização do bem em decorrência da obra estatal (REsp 169.131/SP).

ATENÇÃO:

Embora a pavimentação asfáltica justifique a cobrança de contribuição de melhoria em caso dessa obra pública propiciar valorização imobiliária, segundo o STF, não é cabível a cobrança de contribuição de melhoria sobre o simples recapeamento de rua já asfaltada. "Hipótese de recapeamento de via pública já asfaltada: simples serviço de manutenção e conservação que não acarreta valorização do imóvel, não rendendo ensejo a imposição desse tributo" (RE 115863 / SP, Min. Célio Borja, DJ 08-05-1992)

No que tange à base de cálculo, dispõe o artigo 82, § 1°, do CTN que a contribuição relativa a cada imóvel será determinada pelo rateio da parcela do custo da obra a ser financiada pela contribuição entre os imóveis situados na zona beneficiada, em função dos respectivos fatores individuais de valorização. Esquematicamente, fica assim:

$$\textbf{Contribuição} = \frac{\text{Parcela do custo da obra financiada pela contribuição}}{\text{Imóveis beneficiados (Fatores individuais de valorização)}}$$

Ressalte-se, porém, que o valor da contribuição fica sujeito a dois limitadores estabelecidos no artigo 81 do CTN, quais sejam:

- **Limite total ou global:** o valor da despesa realizada.
- **Limite individual:** o acréscimo de valor que da obra resultar para cada imóvel beneficiado.

Qualquer cobrança a título de contribuição de melhoria cujo valor ultrapassar esses limites será considerada ilegal.

Se o fato gerador da contribuição de melhoria é a valorização imobiliária em decorrência de uma obra pública e o limite individual é o acréscimo de valor que da obra resultar para cada imóvel beneficiado (CTN, art. 81), exigir que a contribuição de melhoria fosse instituída obrigatoriamente antes da realização da obra seria totalmente incoerente com a lógica do tempo, já que apenas depois da obra concluída é que se pode saber se houve valorização imobiliária e o quanto valorizou cada imóvel beneficiado.

Eis o posicionamento da doutrina majoritária a respeito da matéria, refletido na jurisprudência do Superior Tribunal de Justiça, no sentido de que, ao exigir o pagamento da contribuição de melhoria, a pessoa política tributante tem de demonstrar o amparo nas seguintes circunstâncias: "a) exigência fiscal relativa a despesas decorrentes de obra pública realizada; b) a obra pública tenha provocado a valorização do imóvel; c) a base de cálculo seja a diferença entre os dois momentos: o primeiro, o valor do imóvel antes de a obra ser iniciada; o segundo, o valor do imóvel após a conclusão da obra." (STJ, REsp. n.º 169131/SP, Rel. Min. José Delgado, j. 02/06/1998).

A lei que instituir a contribuição de melhoria observará os seguintes requisitos mínimos: **I** – publicação prévia dos seguintes elementos: **a**) memorial descritivo do projeto; **b**) orçamento do custo da obra; **c**) determinação da parcela do custo da obra a ser financiada pela contribuição; **d**) delimitação da zona beneficiada; **e**) determinação do fator de absorção do benefício da valorização para toda a zona ou para cada uma das áreas diferenciadas nela contidas; **II** – fixação de prazo não inferior a 30 (trinta) dias, para impugnação, pelos interessados, de qualquer dos elementos referidos; **III** – regulamentação do processo administrativo de instrução e julgamento da impugnação, sem prejuízo da sua apreciação judicial (CTN, art. 82).

E, por ocasião do respectivo lançamento, cada contribuinte deverá ser notificado do montante da contribuição, da forma e dos prazos de seu pagamento e dos elementos que integraram o respectivo cálculo (CTN, art. 82, § 2º).

3.4. Contribuições

Tributos quase sempre de competência da União, as contribuições, de maneira geral, possuem finalidades constitucionalmente previstas. Daí a existência de contribuições de variadas naturezas, tais como as de seguridade social, intervenção no domínio econômico, iluminação pública etc.

Nessa direção, um entendimento consagrado em recentes decisões do Supremo, o de que a constitucionalidade das contribuições em questão deve ser aferida pela necessidade pública atual do dispêndio vinculado e pela eficácia dos meios escolhidos para alcançar essa finalidade (STF – ADI 2556/DF – Pleno – Rel. Min. Joaquim Barbosa – julg. 13/06/2012).

Ajustando-se a classificação feita pelo STF na ADI 447 às posteriores emendas constitucionais, além das contribuições de melhoria, já estudadas à parte, as contribuições podem ser divididas em **sociais** e **especiais**.

São **contribuições sociais** as seguintes:

- as contribuições para **custeio da seguridade social** (CF, art. 195);
- a contribuição para o **salário-educação** (CF, art. 212, § 5º);
- as contribuições para **custeio do regime previdenciário dos servidores públicos** (CF, art. 40 c/c art. 149, § 1º);
- as contribuições para o **Programa de Integração Social – PIS** e para o **Programa de Formação do Patrimônio do Servidor Público – PASEP** (CF, art. 239);
- as contribuições para o **Sistema "S"** (CF, art. 240).

Em busca de uma sistematização das contribuições sociais, Eduardo Sabbag lembra muito bem do voto do Ministro Carlos Velloso, proferido no Recurso Extraordinário nº 138.284-8/CE, do qual derivou a seguinte classificação das contribuições sociais:

- **Contribuições sociais gerais:** salário-educação e contribuições para o sistema "S";
- **Contribuições para a seguridade social:** contribuições previstas no artigo 195, incisos I a IV, da CF (chamadas de contribuições nominadas) e a contribuição para o PIS (CF, art. 239);
- **Outas contribuições sociais:** são as contribuições residuais de que trata o artigo 195, § 4º, da CF.

Todas as demais podem ser consideradas **contribuições especiais**, cabendo mencionar nessa categoria as de **intervenção no domínio econômico** e de **interesse de categorias profissionais ou econômicas** (CF, art. 149), expressamente citadas na ADI 447, mais a **contribuição para custeio da iluminação pública** (CF, art. 149-A), posteriormente implementada pela Emenda Constitucional 39/2002, o que resulta no seguinte quadro classificatório:

Contribuições Sociais	**Seguridade Social**	**Contribuições para a Seguridade Social nominadas**
	Outras	Outras fontes de custeio da Seguridade Social
	Gerais	Salário-educação e Sistema "S"

Contribuições Especiais	**Contribuições de Intervenção no Domínio Econômico**	Ex: CIDE-combustível
	Contribuições de interesse de categorias profissionais ou econômicas	Ex: devidas aos conselhos profissionais
	Contribuição para custeio dos serviços de iluminação pública	COSIP

Além da finalidade constitucionalmente prevista, as contribuições caracterizam-se por não possuírem caráter contraprestacional. Significa dizer que são tributos **não vinculados**, isto é, que não possuem como hipótese de incidência uma atividade estatal específica relativa ao contribuinte, como é o serviço público na taxa ou a obra pública na contribuição de melhoria.

3.4.1. Contribuições sociais

As contribuições sociais são de competência exclusiva da União (CF, art. 149). Entre essas contribuições, não há dúvida de que as **Contribuições para a Seguridade Social** são as de finalidade social mais ampla, pois custeiam o sistema público que abrange Saúde, Previdência e Assistência Social. Previstas no artigo 195, incisos I a IV, da CF, compreendem as contribuições sociais:

I – do empregador, da empresa e da entidade a ela equiparada na forma da lei, incidentes sobre:

a) a **folha de salários e demais rendimentos do trabalho** pagos ou creditados, a qualquer título, à pessoa física que lhe preste serviço, mesmo sem vínculo empregatício (CPP – Contribuição Previdenciária Patronal);

b) a **receita** ou o **faturamento** (COFINS e PIS/PASEP);

c) o **lucro** (CSLL – Contribuição Social sobre o Lucro Líquido);

*II – do **trabalhador e dos demais segurados** da previdência social (CP – Contribuição Previdenciária, devida por empregados, autônomos e facultativos), **não incidindo** contribuição sobre aposentadoria e pensão concedidas pelo regime geral de previdência social de que trata o art. 201;*

III – sobre a receita de **concursos de prognósticos** (loterias);

IV – do **importador** de bens ou serviços do exterior, ou de quem a lei a ele equiparar (incidência de COFINS e PIS/PASEP vinculadas à importação).

ATENÇÃO:

As contribuições para o Programa de Integração Social – PIS ou para o Programa de Formação do Patrimônio do Servidor Público (CF, art. 239) destinam-se ao financiamento do seguro desemprego e ao abono devido aos empregados que percebam de empregadores que contribuem para o PIS ou PASEP até dois salários mínimos de remuneração mensal. Não obstante a controvérsia que se estabeleceu durante muito tempo acerca da natureza das contribuições para o PIS e o PASEP, com a promulgação da CF de 1988, a partir da norma veiculada no seu artigo 239, essas contribuições passaram a ter natureza tributária de contribuições sociais para financiamento do programa do seguro-desemprego e do abono anual do PIS/PASEP. Como espécies tributárias, possuem caráter obrigatório e não facultativo.

Assim como todas as demais contribuições, as contribuições sociais para financiamento da seguridade social, da forma como moldadas no artigo 195 da CF, são tributos de **natureza não vinculada.** Significa dizer que não estão relacionadas ao exercício de uma atividade estatal específica em relação ao contribuinte, não sendo necessário que as pessoas chamadas ao custeio sejam destinatárias de benefícios. É assim que o texto constitucional delineia o campo de incidência e a sujeição passiva dessas contribuições, sujeitando à respectiva incidência pessoas e fatos tais como empregadores, faturamento, concursos de prognósticos e importadores de bens e serviços, sem nenhuma exigência de que os contribuintes sejam segurados ou destinatários de benefícios.

Importante destacar que a doutrina se refere a essas contribuições por meio da expressão "contribuições nominadas", haja vista tratarem-se de fontes de custeio da seguridade social previstas no texto constitucional.

Por outro lado, o artigo 195, § 4°, da CF, confere **competência privativa à União residual** para instituir **outras fontes de custeio da seguridade social (que não estão nominadas na Constituição e por isso são enquadradas na classificação de outras contribuições sociais)**, observado o disposto no artigo 154, inciso I, da CF, isto é, desde que se observem os **pressupostos** válidos para a criação de impostos e **contribuições de competência residual da União**, a saber:

- mediante **lei complementar**;
- **diferentes das contribuições já previstas na Constituição Federal** (interpretação do STF de que, no campo das contribuições residuais, a exigência do artigo 154, I, da CF, a exigência de que fato gerador ou base de cálculo não sejam próprios dos impostos já previstos na Constituição interpreta-se como uma exigência de que o fato gerador ou base de cálculo sejam diferentes das **contribuições** previstas na Constituição);
- **não cumulativas.**

Portanto, a exigência de **lei complementar** feita pelo artigo 195, § 4°, da CF decorrente da aplicação conjunta e sistemática do artigo 154, inciso I, **refere-se ex-**

clusivamente à instituição de outras fontes destinadas a garantir a manutenção ou expansão da seguridade social (**contribuições residuais**). Dessa forma, para instituição das contribuições ordinárias previstas nos incisos I a IV do artigo 195 da CF, basta a edição de lei ordinária, sendo firme o entendimento do STF quanto à desnecessidade de lei complementar (RE 390.840 e RE 357.950, voto do Rel. Minº Marco Aurélio, julgamento em 9-11-2005, Plenário, *DJ* de 15-8-2006; RE 475.910-AgR, Rel. Minº Dias Toffoli, julgamento em 19-10-2010, Primeira Turma, *DJE* de 23-3-2011; RE 487.475-AgR, Rel. Minº Ricardo Lewandowski, julgamento em 1º-6-2010, Primeira Turma, DJE de 6-8-2010 etc.).

Um exemplo de contribuição residual, corretamente instituída por lei complementar, é a contribuição social devida pelos empregadores em caso de despedida de empregado sem justa causa, à alíquota de dez por cento sobre o montante de todos os depósitos devidos referentes ao Fundo de Garantia do Tempo de Serviço – FGTS, durante a vigência do contrato de trabalho, acrescido das remunerações aplicáveis às contas vinculadas (LC 110/2001).

Muito cuidado, porém, para não confundir a natureza tributária dessa contribuição de 10% sobre os valores em conta vinculada do FGTS com o caráter trabalhista dos próprios depósitos que constituem a base de cálculo da contribuição. Não obstante a sua finalidade social, o FGTS não possui natureza tributária, mas, constitui uma exigência eminentemente trabalhista. Diferente dos tributos, não é devido ao Estado e sim ao trabalhador, tanto que a ausência dos depósitos na conta vinculada do trabalhador não implica execução fiscal e sim na cobrança da verba pelo trabalhador, em reclamação trabalhista, diretamente junto ao empregador. Nesse sentido, a Súmula nº 353 do STJ: "As disposições do Código Tributário Nacional **não** se aplicam às contribuições para o FGTS".

DICA DE DIREITO DO TRABALHO

O FGTS é uma "poupança forçada" para o trabalhador, suportada exclusivamente pelo empregador. Todos os meses, ao quitar o salário e demais adicionais, o empregador deverá depositar numa conta vinculada do trabalhador 8% da sua remuneração. Esses depósitos destinam-se à indenização do tempo de serviço do empregado e podem ser sacados quando é dispensado sem justa causa, além de outras hipóteses legalmente previstas.

(Sobre os demais aspectos trabalhistas, indicamos a leitura do livro de Direito do Trabalho da coleção *Concursos Públicos*, do Professor Henrique Correia).

O quadro abaixo tem o objetivo de tirar todas as dúvidas a respeito dessa distinção entre os depósitos mensais do FGTS e a contribuição social de 10% na despedida sem justa causa.

	Alíquota	Base de cálculo	Periodicidade	Natureza
FGTS	8%	Remuneração mensal do trabalhador	Mensal (durante toda a vigência do contrato de trabalho)	Trabalhista
Contribuição	10%	Montante total dos depósitos devidos durante todo o contrato de trabalho	Única (na rescisão de contrato mediante dispensa sem justa causa)	Tributária

Ressalte-se, também, que as **Contribuições para a Seguridade Social** estão sujeitas **exclusivamente** ao princípio da **anterioridade nonagesimal** (CF, art. 195, § 6º), não se lhes aplicando a exigência de observância da anterioridade do exercício de que trata o art. 150, III, "b", da CF.

E, por disposição expressa de diversos parágrafos do artigo 195, da CF, as Contribuições para a Seguridade Social estão sujeitas a normas de:

- **Imunidade tributária para entidades beneficentes:** são isentas de contribuição para a seguridade social as entidades beneficentes de assistência social que atendam às exigências estabelecidas em lei (CF, art. 195, § 7º). O termo "isentas" foi um deslize do Poder Constituinte quando da aprovação do texto final da CF de 1988. Por se tratar de uma exoneração constitucionalmente estabelecida, com natureza de vedação ao exercício da competência tributária, a norma é de **imunidade**, e não de isenção.

ATENÇÃO:

"O art. 195, § 7º, da CF/1988, ainda que não inserido no capítulo do Sistema Tributário Nacional, mas explicitamente incluído topograficamente na temática da seguridade social, trata, inequivocamente, de matéria tributária. Porquanto *ubi eadem ratio ibi idem jus*, podendo estender-se às instituições de assistência *stricto sensu*, de educação, de saúde e de previdência social, máxime na medida em que restou superada a tese de que este artigo só se aplica às entidades que tenham por objetivo tão somente as disposições do art. 203 da CF/1988 (ADI 2.028-MC/DF, rel. Moreira Alves, Pleno, DJ de 16-06-2000). (...) As limitações constitucionais ao poder de tributar são o conjunto de princípios e demais regras disciplinadoras da definição e do exercício da competência tributária, bem como das imunidades. O art. 146, II, da CF/1988 regula as limitações constitucionais ao poder de tributar reservadas à lei complementar, até então carente de formal edição. (...) A Suprema Corte, guardiã da CF, indicia que somente se exige lei complementar para a definição dos seus limites objetivos (materiais), e não para a fixação das normas de constituição e de funcionamento das entidades imunes (aspectos formais ou subjetivos), os quais podem ser veiculados por lei ordinária, como sois ocorrer com o art. 55 da Lei 8.212/1991, que pode estabelecer requisitos formais para o gozo da imunidade sem caracterizar ofensa ao art. 146, II, da CF, ex vi dos incisos I e II (...)." (RE 636.941, rel. min. Luiz Fux, julgamento em 13-2-2014, Plenário, DJE de 4-4-2014, com repercussão geral.)

- **Imunidade tributária sobre aposentadoria e pensão:** constitui imunidade constitucional específica da contribuição social para a seguridade social aquela segundo a qual **não** incide sobre aposentadoria e pensão concedidas pelo regime geral de previdência social. A previsão está na parte final do inciso II do artigo 195, da CF e vale apenas para o regime geral de previdência. Para outros regimes de previdência, diversos do regime geral, como é o caso da previdência dos servidores públicos, a sujeição de vencimentos e de proventos de aposentadoria e pensões à incidência de contribuição previdenciária **não** constitui ofensa ao direito adquirido no ato de aposentadoria. Conforme entendimento que se observa na jurisprudência do STF, segundo o qual inexiste no ordenamento jurídico norma jurídica válida que, como efeito específico do fato jurídico da aposentadoria, estabeleça imunidade relativa a proventos e as pensões à contribuição previdenciária, não havendo, a respeito, direito adquirido com a aposentadoria (STF – ADI 3128 / DF – Pleno – Relª. Minª Ellen Gracie – 18/08/2004).
- **Contribuição previdenciária familiar rural:** o produtor, o parceiro, o meeiro e o arrendatário rurais e o pescador artesanal, bem como os respectivos cônjuges, que exerçam suas atividades em regime de economia familiar, sem empregados permanentes, contribuirão para a seguridade social mediante a aplicação de uma alíquota sobre o resultado da comercialização da produção e farão jus aos benefícios nos termos da lei (CF, art. 195, § 8º).
- **Progressividade extrafiscal:** contribuições sobre a folha de salários, a receita ou o faturamento de pessoas jurídicas poderão ter alíquotas ou bases de cálculo diferenciadas, em razão da atividade econômica ou da utilização intensiva de mão de obra. Cuida-se de uma progressividade de caráter extrafiscal, voltada principalmente para a geração de empregos (CF, art. 195, § 9º).
- **Limitação às remissões e anistias:** é vedada a concessão de remissão ou anistia das contribuições sociais de que tratam os incisos I, alínea "a", e II do artigo 195 (Contribuições Previdenciárias – CP / CPP), para débitos em montante superior ao fixado em lei complementar (CF, art. 195, § 11).
- **Não cumulatividade da COFINS e da Contribuição do Importador:** a lei definirá os setores de atividade econômica para os quais as contribuições incidentes na forma dos incisos I, alínea "b" e IV do artigo 195, serão não cumulativas (CF, art. 195, § 12). Atenção: apenas para os setores de atividade econômica que a lei determinar.
- **Contribuição previdenciária sobre a receita ou faturamento:** a contribuição previdenciária patronal poderá ser gradualmente substituída (total ou parcialmen-

te) pela incidente sobre o faturamento, aplicando-se nessa hipótese a norma de não cumulatividade do § 12 do artigo 195 (CF, art. 195, § 13).

Também entre as contribuições para a seguridade social, especificamente no campo previdenciário do serviço público, tem-se a **contribuição social do servidor público** ativo de qualquer dos Poderes da União, incluídas suas autarquias e fundações, para a manutenção do respectivo regime próprio de previdência social (Lei 10.887/2004, art. 4º). Além disso, os Estados, o Distrito Federal e os Municípios também instituirão contribuição, cobrada de seus servidores, para o custeio, em benefício destes, do regime previdenciário de que trata o artigo 40 da CF, cuja alíquota não será inferior à da contribuição dos servidores titulares de cargos efetivos da União (CF, art. 149, § 1º).

Contribuição social do servidor público		
Alíquota cobrada dos servidores dos Estados, do DF e dos Municípios	≥	Alíquota dos titulares de cargos efetivos da União

Vale ressaltar que essa alíquota mínima da contribuição devida pelos servidores dos Estados, Distrito Federal e Municípios, nunca inferior à dos servidores efetivos a União, foi estabelecida por emenda constitucional, cuja constitucionalidade foi objeto de várias contestações. Porém, o STF considerou que o estabelecimento dessa alíquota mínima "não contraria o pacto federativo ou configura quebra de equilíbrio atuarial". Ainda para o STF, "não há quebra da autonomia dos Estados Federados" e o "art. 201, § 9º, da CR, ao estabelecer um sistema geral de compensação, há ser interpretado à luz dos princípios da solidariedade e da contributividade, que regem o atual sistema previdenciário brasileiro" (STF – ADI 3.138, Rel. Min. Cármen Lúcia, julgamento em 14-9-2011, Plenário, DJE de 13-2-2012).

Em outra polêmica sobre a contribuição de que trata o artigo 149, § 1º, da CF, conforme entendimento do plenário do STF, ao apreciar o RE 573540 e reiterado no processo da ADI 3.106/DF, "falece aos Estados-membros competência para a criação de contribuição compulsória ou de qualquer outra espécie tributária destinada ao custeio de serviços médicos, hospitalares, farmacêuticos ou odontológicos prestados aos seus servidores". Esse posicionamento da Suprema Corte, que vale também para os Municípios, não poderia ser outro, uma vez que a competência constitucional, conforme se viu, é para instituição de contribuição social para manutenção do regime de previdência dos servidores, não abrangendo a norma do artigo 149, § 1º qualquer espécie de atribuição de competência para uma contribuição de custeio de serviços de saúde dos servidores.

Por fim, também estão previstas na Constituição Federal **contribuições sociais gerais**, a começar pela prevista no artigo 212, § 5º, da CF, com redação dada pela Emenda Constitucional 53/2006, segundo o qual a educação básica terá como fonte adicional de financiamento a **contribuição social do salário-educação**, recolhida pelas empresas na forma da lei.

Além disso, a jurisprudência do Supremo Tribunal Federal tem classificado como contribuições sociais gerais as **Contribuições para o Sistema "S" (CF, art. 240)**, que são compulsórias dos empregadores sobre a folha de salários e destinadas às entidades privadas de serviço social e de formação profissional, vinculadas ao sistema sindical, tais como SESI, SESC, SENAC etc., entidades paraestatais, o que lhes confere **natureza parafiscal.** Sobre a classificação, o STF já rejeitou a natureza corporativa dessas contribuições, classificando-as como contribuições sociais (RE 138.284/CE, RE 148.754/RJ).

ATENÇÃO:

Embora, de maneira geral, o STF as venha considerando as contribuições para o sistema "S" contribuições sociais (RE 138.284/CE, RE 148.754/RJ), há decisão do próprio Supremo conferindo, especificamente, à contribuição devida ao Sebrae, a natureza de contribuição de intervenção no domínio econômico (RE 635.682/RJ). Ainda com relação à contribuição para o SEBRAE, a jurisprudência ado STF orienta-se no sentido de não ser necessária a vinculação direta entre o contribuinte e o benefício decorrente da aplicação dos valores arrecadados (STF - RE 429521 AgR / MG - 2ª. Turma - Rel. Min. Joaquim Barbosa - julg. 29/03/2005).

Apresentadas as contribuições sociais, cumpre enfatizar que, nos termos do artigo 149, § 2º, incisos I e II da CF, as contribuições sociais **não** incidirão sobre as receitas decorrentes de **exportação** (imunidade específica), mas vão **incidir** sobre a **importação** de produtos estrangeiros ou serviços.

Mas, atenção que o Supremo Tribunal Federal, no ano de 2010, por maioria de votos, decidiu que a imunidade do artigo 149, § 2º, inciso I, da CF não alcança a Contribuição Social sobre o Lucro Líquido - CSLL, uma vez que se trata de imunidade relativa às receitas, e não relativa ao lucro, o qual possui conceito distinto (RE 474.132, Rel. Min. Gilmar Mendes, julgamento em 12-8-2010, Plenário, DJE de 1º-12-2010).

Por outro lado, mais recentemente, decidiu a Suprema Corte pela inconstitucionalidade da incidência das contribuições para PIS e COFINS não cumulativas sobre valores recebidos por empresa exportadora em razão da transferência a terceiros de créditos de ICMS. Entendeu o STF que essa transferência de crédito de ICMS não pode compor a base de cálculo das contribuições pelos seguintes motivos: 1º) saída imune para o exterior não gera receita tributável; 2º) trata-se de mera de mera recuperação de montante pago a título de ICMS na cadeia antecedente, a fim de desonerar a exportadora; 3º) as receitas oriundas da cessão a terceiros, por empresa exportadora, de créditos do ICMS, enquadrar-se-iam como "receitas decorrentes de exportação" (RE 606.107/RS, rel. Min. Rosa Weber, julgado em 22/5/2013).

No mesmo sentido, afigura-se inconstitucional a incidência da contribuição para PIS e Cofins sobre a receita decorrente da variação cambial positiva obtida nas operações de exportação, uma vez que eventual variação da taxa de câmbio entre o fechamento e a liquidação do contrato configuraria receita decorrente de exportação, sempre que favorável ao exportador. Dessa forma, "as receitas cambiais relativas à exportação estariam abrangidas pela imunidade do art. 149, § 2º, I, da CF" (RE 627.815/PR, rel. Min. Rosa Weber, julgado em 23/5/2013, acórdão pendente de publicação).

Finalmente, as contribuições sociais também poderão ter alíquotas: a) *ad valorem*, tendo por base o faturamento, a receita bruta ou o valor da operação e, no caso de importação, o valor aduaneiro; b) específica, tendo por base a unidade de medida adotada.

No caso da importação, importante destacar que o STF decidiu ser inconstitucional a inclusão do ICMS e das próprias contribuições (cálculo por dentro) nas bases de cálculo da contribuição para o PIS/PASEP e da Contribuição para o Financiamento da Seguridade Social - COFINS. A Corte entendeu que essa regra de inclusão do ICMS e das próprias contribuições na base de cálculo, contida na segunda parte do inciso I do artigo 7º da Lei 10.865/2004, extrapolava a base de cálculo prevista na Constituição, que se restringe ao valor aduaneiro (RE 559.937/RS).

ATENÇÃO:

Depois da decisão do RE 559.937/RS, o inciso I do artigo 7º da Lei 10.865/2004 foi alterado pela Lei nº 12.865/2013, que restringiu a base de cálculo das contribuições ao valor aduaneiro.

3.4.2. Contribuições especiais

As **Contribuições de Intervenção no Domínio Econômico - CIDE** (CF, art. 149) caracterizam-se pela natureza extrafiscal, ou seja, não visam única e exclusivamente à arrecadação, servindo, também, para a intervenção do Estado em determinados setores da Economia. Alguns exemplos são:

- **a CIDE-Tecnologia (Lei 10.168/2000):** devida pela pessoa jurídica detentora de licença de uso ou adquirente de conhecimentos tecnológicos, bem como aquela signatária de contratos que impliquem transferência de tecnologia, firmados com residentes ou domiciliados no exterior.
- **o Fundo para o Desenvolvimento das Telecomunicações - FUNTELL (Lei 10.052/2000):** constitui uma contribuição de 0,5% sobre a receita bruta das companhias de telecomunicações e tem por objetivo estimular o processo de inovação tecnológica, incentivar a capacitação de recursos humanos, fomentar a geração de empregos e promover o acesso de pequenas e médias empresas a recursos de capital, de modo a ampliar a competitividade da indústria brasileira de telecomunicações.
- **a CIDE destinada a financiar o Programa de Estímulo à Interação Universidade-Empresa para o Apoio à Inovação (Lei 10.168/2000):** devida por pessoa jurídica adquirente de conhecimentos tecnológicos.

- **a CIDE-Combustível (Lei 10.336/2001 c/c CF, art. 177, § 4º):** incide sobre as atividades de importação ou comercialização de petróleo e seus derivados, gás natural e seus derivados e álcool combustível e destina-se ao pagamento de subsídios a preços ou transporte de álcool combustível, gás natural e seus derivados e derivados de petróleo, ao financiamento de projetos ambientais relacionados com a indústria do petróleo e do gás e ao financiamento de programas de infraestrutura de transportes. O artigo 177, § 4º, da CF é muito cobrado em concursos públicos. Dispõe que lei que instituir contribuição de intervenção no domínio econômico relativa às atividades de importação ou comercialização de petróleo e seus derivados, gás natural e seus derivados e álcool combustível deverá atender aos seguintes requisitos: I – a alíquota da contribuição poderá ser: a) diferenciada por produto ou uso; b) reduzida e restabelecida por ato do Poder Executivo, não se lhe aplicando o disposto no art. 150, III, b (princípio da anterioridade do exercício); II – os recursos arrecadados serão destinados: a) ao pagamento de subsídios a preços ou transporte de álcool combustível, gás natural e seus derivados e derivados de petróleo; b) ao financiamento de projetos ambientais relacionados com a indústria do petróleo e do gás; c) ao financiamento de programas de infraestrutura de transportes.

Ressalte-se que, no campo das contribuições de intervenção no domínio econômico, a CIDE-Combustível merece atenção especial, haja vista o texto constitucional destinar-lhe as normas específicas do artigo 177, § 4º.

As contribuições de intervenção no domínio econômico possuem tratamentos antagônicos nos dois polos do comércio exterior. Assim, ao mesmo tempo em que são objeto de imunidade constitucional quanto às receitas decorrentes de exportação (CF, art. 149, § 2º, I), incidirão sobre a importação de produtos ou serviços estrangeiros e poderão ter alíquotas *ad valorem* (percentual sobre a base de cálculo) ou específicas (quantidade determinada em função de unidade de medida estabelecida por lei), nos termos do artigo 149, § 2º, incisos II e III, da CF.

Nesse ponto, importante asseverar que a imunidade constitucional a contribuições quanto às receitas decorrentes de exportação (CF, art. 149, § 2º, I) não abrange a Contribuição Social sobre o Lucro Líquido – CSLL, haja vista a distinção ontológica entre lucro e receita (STF, Tribunal Pleno, RE 474132, Min. Gilmar Mendes, J. 12.08.2010).

Outro detalhe sobre a CSLL é que ela possui a mesma base de cálculo do imposto de renda das pessoas jurídicas – IRPJ. Porém, não há de se falar em *bis in idem*, pois a Constituição Federal não veda a incidência dupla de imposto e contribuição sobre o mesmo fato gerador, nem proíbe que tenham os dois tributos a mesma base de cálculo. Assim, para que tal ocorresse seriam necessárias a identidade de fato gerador e base de cálculo entre dois impostos ou entre duas contribuições, o que não é o caso (MARTINS, Alan; SCARDOELLI, Dimas Yamada; LEITE, Harrison; CAIRO, Thiana. **Revisaço de Direito Tributário**. 2ª. edição. Salvador: Juspodivm, 2015, p. 226).

Como tributos da espécie contribuição, as contribuições sociais e de intervenção no domínio econômico caracterizam-se por ter finalidade prevista na CF e por não possuírem caráter contraprestacional. Significa dizer que são tributos **não vinculados**, isto é, que não possuem como hipótese de incidência uma atividade estatal específica relativa ao contribuinte, como é o serviço público na taxa ou a obra pública na contribuição de melhoria.

As **contribuições de interesse de categorias profissionais e econômicas** (CF, art. 149) são destinadas ao custeio de entidades de trabalhadores, profissionais liberais, empresários, agropecuaristas e outras representativas de atividades profissionais e econômicas.

Nessa categoria de contribuições estão enquadradas as contribuições para conselhos responsáveis pela fiscalização e representação de profissões, tais como as devidas para o CREA - Conselho Regional de Engenharia e Arquitetura, o CRC - Conselho Regional de Contabilidade, o CRM - Conselho Regional de Medicina, etc. Esses conselhos que, geralmente, são autarquias (pessoas jurídicas de direito público), ocupam a posição de sujeitos ativos dessas contribuições. Por isso é que se diz que possuem natureza parafiscal. O STF já decidiu que "é inconstitucional, por ofensa ao princípio da legalidade tributária, lei que delega aos conselhos de fiscalização de profissões regulamentadas a competência de fixar ou majorar, sem parâmetro legal, o valor das contribuições de interesse das categorias profissionais e econômicas, usualmente cobradas sob o título de anuidades, vedada, ademais, a atualização desse valor pelos conselhos em percentual superior aos índices legalmente previstos" (RE 704.292/PR, rel. ministro Dias Toffoli, julgamento em 30-6, 6 e 19-10-2016, ata publicada no DJE de 27-10-2016).

Um caso à parte, prevalece no STJ o entendimento segundo o qual as anuidades exigidas pela OAB não têm natureza tributária. São títulos executivos extrajudiciais, consubstanciados em espécie de instrumento particular que veicula dívida líquida (REsp 1269203/PR). Fortalecendo esse entendimento de que a anuidade da OAB não possui natureza tributária, no âmbito da ADI 3.026/DF, o STF firmou posicionamento, por maioria de votos, de que a OAB não é uma autarquia. Seria, então, um serviço público independente, uma entidade *sui generis*, de caráter ímpar no elenco das personalidades jurídicas existentes no Brasil, não se equivalendo aos demais órgãos de fiscalização profissional.

Na mesma seara das contribuições de interesse de categorias profissionais e econômicas também se situava a chamada "**Contribuição Sindical**", com natureza de tributo e, por conseguinte, caráter compulsório, devida às entidades sindicais, não apenas de trabalhadores, mas, também, de empregadores, estas últimas conhecidas como contribuições patronais. Por se referir a interesses de categorias profissionais ou econômicas, encontrava fundamento no artigo 149 da CF e era instituída por lei. Assim, não obstante prevista pela CLT - Consolidação das Leis do Trabalho, a contribuição sindical possuía natureza estritamente tributária.

Constituía, porém, caso à parte entre as receitas sindicais, haja vista o estabelecido no artigo 8º, inciso IV, da CF: "a assembléia geral fixará a contribuição que, em se tratando de categoria profissional, será descontada em folha, para custeio do sistema confederativo da representação sindical respectiva, **independentemente da contribuição prevista em lei**". O STF apregoou que "é inconstitucional a instituição, por acordo, convenção coletiva ou sentença normativa, de contribuições que se imponham compulsoriamente a empregados da categoria não sindicalizados" (ARE 1018459).

Portanto, a contribuição sindical, isto é, a contribuição prevista em lei, não se confundia com outras receitas sindicais sem caráter tributário e com natureza facultativa, a exemplo do que ocorre com as contribuições confederativa, assistencial, associativa e outras (CF, art. 8º, IV). Nesse sentido, tem-se a Súmula vinculante nº 40 do STF, segundo a qual "a contribuição confederativa de que trata o art. 8º, IV, da Constituição, só é exigível dos filiados ao sindicato respectivo".

Ocorre que, com a "Reforma Trabalhista" aprovada em 2017 (Lei 13.467/2017), a CLT, lei instituidora da contribuição sindical, passou a estabelecer no seu artigo 578 que: "As contribuições devidas aos sindicatos pelos participantes das categorias econômicas ou profissionais ou das profissões liberais representadas pelas referidas entidades serão, sob a denominação de contribuição sindical, pagas, recolhidas e aplicadas na forma estabelecida neste Capítulo, desde que prévia e expressamente autorizadas". E, com isso, o desconto da contribuição em relação a trabalhadores e o pagamento por parte dos empregadores e profissionais liberais passaram a ter caráter facultativo (CLT, arts. 579/587).

Com a alteração promovida, a contribuição sindical deixa de ter caráter tributário, uma vez perder uma característica essencial do conceito de tributo estabelecido no artigo 3º do CTN, que é a natureza compulsória. Em outras palavras, tornando-se facultativa, a contribuição sindical passa a ter natureza trabalhista e ser objeto do Direito Coletivo do Trabalho. Exatamente como ocorre com as outras cobranças sindicais facultativas, tais como as contribuições confederativa e assistencial, bem como as taxas associativas (Súmula Vinculante 40).

De qualquer forma, permanece vigente a competência da União para instituição de contribuições de interesse de categorias profissionais, estabelecida no artigo 149 da CF/88. Consequentemente, a contribuição sindical poderá retomar a sua natureza tributária caso a sua obrigatoriedade, futuramente, venha a ser restabelecida em lei, como, por exemplo, por uma eventual nova alteração da CLT.

Conforme já exposto, por serem destinadas ao custeio de atividades de entidades paraestatais, as contribuições **de interesse das categorias econômicas e profissionais** são classificadas como parafiscais. A parafiscalidade é uma característica de tributos instituídos pelas pessoas políticas com delegação da capacidade tributária ativa a terceiros. Isso ocorre em relação a várias contribuições sociais, como eram as sindicais e são as devidas ao Sistema "S", em que sindicatos e serviços sociais arrecadam e fiscalizam tributos instituídos pela União.

Outras contribuições, porém, como são as contribuições de intervenção no domínio econômico e as contribuições sociais para custeio da seguridade social, não financiam atividades de entidades paraestatais e, assim, não podem ser classificadas como parafiscais.

ATENÇÃO:

Coerente com a ausência de exigência constitucional e segundo entendimento pacífico do STF, é dispensável a edição de lei complementar para instituição de contribuições de intervenção no domínio econômico (STF - AI 737858 ED-AgR / SP - 1ª. Turma - Rel. Min. Dias Toffoli - julg. 06/11/2012) e de interesse de categorias profissionais (STF - AI 737858 ED-AgR / SP - 2ª. Turma - Rel. Min. Eros Grau - julg. 26/05/2009).

Além das citadas, também pode ser classificada como especial a **COSIP - Contribuição para a Iluminação Pública** (CF, art. 149-A). Tributo de competência dos Municípios e do Distrito Federal, foi implementada na Constituição pela Emenda Constitucional 39/2002, após o STF ter julgado inconstitucional a TIP - Taxa de Iluminação pública, sob o fundamento de que a iluminação pública é um serviço inespecífico, indivisível e insuscetível de ser referido a determinado contribuinte (STF - RE 233.332/RJ - Pleno - Rel. Min. Ilmar Galvão, julg. 10/03/1999).

Portanto, a COSIP tem por finalidade o custeio dos serviços de iluminação pública. Além disso, deve respeitar os preceitos do artigo 150, incisos I e III, da CF e, facultativamente, pode ser cobrada nas faturas de consumo de energia elétrica (CF, art. 149-A, parágrafo único).

3.5. Empréstimo compulsório

Nos termos do artigo 148, da CF o empréstimo compulsório poderá ser instituído nas seguintes hipóteses:

- **Inciso I:** para atender às despesas extraordinárias decorrentes de calamidade pública, de guerra externa ou sua iminência.
- **Inciso II:** no caso de investimento público de caráter urgente e de relevante interesse nacional.

ATENÇÃO:

Com relação às 'despesas extraordinárias' de que trata o art. 148, inciso I, da Constituição Federal, cabe esclarecer que os fundos ou reservas de contingência são provisões orçamentárias para despesas imprevistas, tais como as aludidas no artigo 5º, inciso III, da Lei complementar 101/2000 (Lei de Responsabilidade Fiscal) e no artigo 91 do Decreto 200/67. Uma vez que possuem natureza de provisões orçamentárias, ainda que sejam créditos suplementares ou complementares, as despesas cobertas por fundos de contingência não podem ser consideradas extraordinárias.

Apenas por curiosidade, o CTN, em seu artigo 15, inciso III, prevê a instituição de empréstimos compulsórios no caso de conjuntura que exija a absorção temporária de poder aquisitivo. Entretanto, tal dispositivo não foi recepcionado pela CF (pois incompatível com o teor do seu artigo 148).

Quando instituído para atender às despesas extraordinárias decorrentes de calamidade pública, de guerra externa ou sua iminência (CF, art. 148, I), constituirá exceção aos princípios da anterioridade do exercício e nonagesimal (CF, art. 150, § 1º c/c inciso III, alíneas "b" e "c"), o que tem lógica, devido ao seu caráter emergencial para financiar as providências diante da situação de calamidade pública ou guerra externa. Já nos casos de investimento público de caráter urgente e de relevante interesse nacional, o próprio inciso II do artigo 148 prevê, expressamente, que o princípio da anterioridade do exercício deve ser observado (CF, 148, II c/c 150, III, "b"), até porque, a urgência aqui se associa mais à relevância de se antecipar uma receita do que a uma situação emergencial. Para gravar melhor, sugere-se a seguinte mentalização:

<table>
<tr><td rowspan="2">Empréstimo Compulsório</td><td rowspan="2">Deve observar o princípio da anterioridade?</td><td>Calamidade pública, guerra externa ou sua iminência</td><td>NÃO</td><td>caráter emergencial</td></tr>
<tr><td>Caráter urgente, relevante interesse nacional</td><td>SIM</td><td>antecipação de receita</td></tr>
</table>

Ainda no que tange ao empréstimo compulsório instituído para atender às despesas extraordinárias decorrentes de calamidade pública, de guerra externa ou sua iminência (CF, art. 148, I), cabe enfatizar que não há previsão para supressão gradativa após cessadas as causas de criação do tributo. Na verdade, são os impostos extraordinários de guerra (CF, art. 154, II) que terão a cobrança suprimida quando cessadas as causas de criação. Isso não ocorre em relação ao empréstimo compulsório, o qual, porém, como se sabe, será restituído ao contribuinte após determinado prazo.

Não se trata de um tributo vinculado a uma contraprestação estatal, porém, a aplicação dos recursos provenientes de empréstimo compulsório será vinculada à despesa que fundamentou sua instituição (CF, art. 148, parágrafo único). Portanto, embora seja um tributo **não vinculado** (não contraprestacional), há **destinação específica do produto da sua arrecadação** (arrecadação de receita).

Espécie tributária de **competência exclusiva da União**, a ser exercida mediante **lei complementar** (CF, art. 148), uma característica exclusiva do empréstimo compulsório é sua **restituibilidade**, ou seja, o contribuinte, após o tempo legalmente previsto, a contar do pagamento do tributo, tem direito à restituição da quantia paga.

ATENÇÃO:

Há precedente no STF no sentido de que a restituição do que for arrecadado pelo empréstimo compulsório deve ser feita em dinheiro (STF, 175.385/CE), o que leva à impossibilidade de restituição do valor arrecadado em títulos da dívida pública. Nesse sentido: "EMPRÉSTIMO COMPULSÓRIO – AQUISIÇÃO DE COMBUSTÍVEIS. O empréstimo compulsório alusivo à aquisição de combustíveis – Decreto-Lei nº 2.288/86 mostra-se inconstitucional tendo em conta a forma de devolução – quotas do Fundo Nacional de Desenvolvimento – ao invés de operar-se na mesma espécie em que recolhido – Precedente: recurso extraordinário nº 121.336-CE (RE 175385,

Relator(a): Min. MARCO AURÉLIO, Tribunal Pleno, julgado em 01/12/1994, DJ 24-02-1995 PP-03687 EMENT VOL-01776-04 PP-00704).

Essa restituibilidade já levou muitos à falsa impressão de que o empréstimo compulsório não seria um tributo. Porém, além de estar previsto no capítulo constitucional atinente ao Sistema Tributário Nacional, ele possui todas as características conceituais dos tributos contempladas no conceito legal do artigo 3º do CTN, quais sejam: **i)** é uma prestação pecuniária compulsória; **ii)** não constitui sanção de ato ilícito; **iii)** é instituído em lei; **iv)** é cobrado mediante atividade administrativa plenamente vinculada. Como diferencial, possui apenas mesmo a previsão de restituibilidade do produto da sua arrecadação no fim de determinado prazo.

Outro aspecto é que se deve tomar cuidado com súmulas do STF editadas antes da promulgação da CF de 1988. Muitas delas estão ultrapassadas, por estarem em desacordo com a ordem constitucional atualmente em vigor. Um exemplo é a Súmula 418, que negava a natureza tributária do empréstimo compulsório, porém não mais se sustenta, haja vista a nítida feição tributária dessa exigência no sistema tributário em vigor.

3.6. Classificação dos tributos

Por fim, a partir do estudo dos tributos, segue um quadro sistemático de classificações doutrinárias. Nas obras em geral, as classificações costumam vir com abordagem conceitual dos temas. Entretanto, por questão didática, no presente livro, optou-se por deixar para o final deste capítulo, após o leitor estar mais habituado com os pressupostos teóricos que justificam a classificação.

CRITÉRIO	CLASSIFICAÇÃO	EXPLICAÇÃO
Competência	Federais, estaduais e municipais	Tributo **federal** é o de competência para instituição da União. Tributo **estadual** é o de competência dos Estados e do Distrito Federal. Tributo **municipal** é o de competência dos Municípios e do Distrito Federal.
Competência (2)	Privativa, concorrente e residual	Tributos de **competência privativa** são aqueles cuja instituição cabe exclusivamente a um ente federativo (exemplo, os impostos federais, que cabem privativamente à União). Tributos de **competência concorrente** são aqueles cuja instituição cabe comumente a todos os entes federativos (exemplos, as taxas e as contribuições de melhoria).

CRITÉRIO	CLASSIFICAÇÃO	EXPLICAÇÃO
Competência (2)	Privativa, concorrente e residual	Tributos de **competência residual** são novos tributos que a CF admite que sejam instituídos mediante a observância de pressupostos especiais (exemplos, novos impostos e novas contribuições sociais a cargo exclusivo da União).
Finalidade	Fiscal e extrafiscal	Tributo **fiscal** tem escopo exclusivo de arrecadar recursos para os cofres públicos e tributo **extrafiscal** não tem como finalidade precípua a arrecadação de recursos, mas sim a utilização como instrumento estatal de intervenção na ordem socioeconômica – caráter regulatório.
Natureza econômica do FG	Comércio exterior, patrimônio-renda e circulação-produção	É a classificação constante do CTN: **Comércio Exterior:** II e IE **Patrimônio-Renda:** ITR, IPTU, ITBI, IR **Circulação-produção:** IPI e ICMS
Hipótese de incidência	Vinculado e não vinculado	Tributos **vinculados** são aqueles em que há uma atividade específica realizada pelo sujeito ativo em relação ao sujeito passivo (exemplos, as taxas e as contribuições de melhoria). Tributos **não vinculados** são aqueles em que não há necessidade de uma atividade específica do sujeito ativo para com o sujeito passivo (exemplo, os impostos).
Hipótese de incidência (2)	Reais e Pessoais	Tributos **reais** incidem sobre coisas (exemplos: IPVA, ITR, IPTU). Tributos **pessoais** incidem de forma subjetiva, pois consideram os aspectos particulares dos contribuintes (exemplo, o IR).
Repercussão do ônus financeiro	Direto e indireto	Tributo **indireto** permite a repercussão do ônus financeiro para o próximo elo da cadeia produtiva (exemplo, o ICMS). Tributo **direto** é aquele que não permite a referida repercussão (exemplo, o IR).

4. INFORMATIVOS DE JURISPRUDÊNCIA (2017 E 2018)

ED e contribuição social do empregador rural pessoa física

O Plenário, por maioria, ao concluir julgamentos iniciados por meio eletrônico, rejeitou oito embargos de declaração opostos do acórdão no qual fixada a seguinte tese de repercussão geral (Tema 669): "É constitucional formal e materialmente a contribuição social do empregador rural pessoa física, instituída pela Lei 10.256/2001, incidente sobre a receita bruta obtida com a comercialização de sua produção" (Informativo 859).

Os embargantes alegavam não terem sido observados os precedentes firmados nos Recursos Extraordinários 363.852/MG e 596.177/RS e haver fato superveniente apto a alterar o que resolvido, consubstanciado na edição da Resolução 15/2017 (1) pelo Senado Federal, com base no art. 52, X (2), da Constituição Federal (CF).

Na hipótese do não acolhimento, requeriam a modulação temporal da eficácia da decisão embargada, sob o argumento de ter havido superação de jurisprudência desta Corte e existir impactos econômico e social, ressalvando-se da aplicação dos seus efeitos os fatos anteriores aos declaratórios ou, ao menos, anteriores a 30.3.2017, quando finalizada a apreciação do recurso extraordinário.

O Colegiado assentou inexistir obscuridade, dúvida, contradição ou omissão no pronunciamento embargado. Os recorrentes pretendiam, com os embargos, um novo julgamento do mérito do recurso extraordinário.

Lembrou que os precedentes referidos foram afastados e isso, amplamente discutido. Ambos tinham como premissa básica a necessidade de edição de lei complementar, porque fixados por interpretação e análise de casos anteriores à Emenda Constitucional (EC) 20/1998. Com o advento da EC, a obrigatoriedade foi alterada e, com fundamento nela, editada a Lei 10.256/2001.

Ocorreu a mudança da legislação, e não da jurisprudência. A possibilidade de cobrança com apoio no novo ordenamento jurídico construído a partir da EC 20/1998 e da Lei 10.256/2001 não havia sido analisada antes. O Supremo Tribunal Federal (STF) expressamente repeliu a alegação de inconstitucionalidade superveniente por serem quadros normativos diversos.

Ademais, a Corte negou pedido de aplicação de fato superveniente. A Resolução 15/2017 foi editada sem qualquer nexo de causalidade com o que resolvido neste recurso extraordinário. O Senado Federal embasou-se no RE 363.852/MG, em que declarada a inconstitucionalidade incidental da legislação anterior. Não se aplica o fato à situação dos autos, até porque o art. 52, X, somente permite a suspensão pelo Senado do que declarado incidentalmente inconstitucional pelo Supremo. No julgado atual, houve declaração de constitucionalidade.

O Plenário considerou incabível a modulação requerida. Isso porque não houve alteração jurisprudencial nem declaração de inconstitucionalidade a ensejá-la. O STF reconheceu a constitucionalidade de lei vigente e eficaz desde 2001. Sem a modulação, tem-se o respeito à igualdade dos contribuintes e à legislação. Prestigia-se a boa-fé e a segurança jurídica. Eventual modulação — sem a declaração de inconstitucionalidade e sem a alteração jurisprudencial — estaria a incentivar o contribuinte, a partir de qualquer modificação legislativa, a tentar obter liminar em vez de pagar seus tributos. Além disso, feriria a boa-fé e a segurança jurídica daqueles que há 17 anos contribuem e cumprem a lei. Os poucos que obtiveram liminares teriam anistia total de uma lei jamais declarada inconstitucional.

Os eventuais reflexos de decisão do STF a reafirmar a constitucionalidade podem ser discutidos no campo político-normativo. Quanto aos reflexos deste recurso extraordinário, o próprio Congresso Nacional editou a Lei 13.606/2018, que disciplinou detalhadamente o Programa de Regularização Tributária Rural (PRR), inclusive dando uma ampla e parcial anistia a todos os devedores. A modulação pretendida, além de não ser possível juridicamente, via reflexa, afastaria a incidência da Lei 13.606/2018.

Vencidos os ministros Edson Fachin, Rosa Weber e Marco Aurélio, que acolheram os embargos para modular os efeitos da decisão de constitucionalidade. Reputaram ser hipótese de mudança da orientação jurisprudencial do STF [CPC, art. 927, § 3° (3)]. A ministra Rosa Weber concluiu ter havido a alteração pelo menos na percepção da sociedade.

(1) Resolução do Senado Federal 15/2017 : "Art. 1° É suspensa, nos termos do art. 52, inciso X, da Constituição Federal, a execução do inciso VII do art. 12 da Lei n° 8.212, de 24 de julho de 1991, e a execução do art. 1° da Lei n° 8.540, de 22 de dezembro de 1992, que deu nova redação ao art. 12, inciso V, ao art. 25, incisos I e II, e ao art. 30, inciso IV, da Lei n° 8.212, de 24 de julho de 1991, todos com a redação atualizada até a Lei n° 9.528, de 10 de dezembro de 1997, declarados inconstitucionais por decisão definitiva proferida pelo Supremo Tribunal Federal nos autos do Recurso Extraordinário n° 363.852."

(2) CF: "Art. 52. Compete privativamente ao Senado Federal: (...) X – suspender a execução, no todo ou em parte, de lei declarada inconstitucional por decisão definitiva do Supremo Tribunal Federal. "

(3) CPC: "Art. 927. Os juízes e os tribunais observarão: (...) § 3o Na hipótese de alteração de jurisprudência dominante do Supremo Tribunal Federal e dos tribunais superiores ou daquela oriunda de julgamento de casos repetitivos, pode haver modulação dos efeitos da alteração no interesse social e no da segurança jurídica. "

RE 718874 ED-primeiros a oitavos/RS, rel. Min. Alexandre de Moraes, julgamento em 23.5.2018. (RE-718874)

(Informativo 903)

Contribuição previdenciária e exercentes de mandato eletivo

Incide contribuição previdenciária sobre os rendimentos pagos aos exercentes de mandato eletivo, decorrentes da prestação de serviços à União, aos Estados e ao Distrito Federal ou aos Municípios, após o advento da Lei 10.887/2004, desde que não vinculados a regime próprio de previdência.

Com base nessa orientação, o Supremo Tribunal Federal, ao apreciar o Tema 691 da repercussão geral, por unanimidade, negou provimento a recurso extraordinário em que se discutiu a submissão dos entes federativos ao pagamento de contribuição previdenciária patronal incidente sobre a remuneração dos agentes políticos não vinculados a regime próprio de previdência social, após o advento da Lei 10.887/2004, na forma do art. 22, I, da Lei 8.212/1991 (1).

A Corte entendeu que a Emenda Constitucional 20/1998 passou a determinar a incidência da contribuição sobre qualquer segurado obrigatório da previdência social, art. 195, I, "a" e II (2) e no art. 40, § 13 (3), ambos da Constituição Federal, que submeteu todos os ocupantes de cargos temporários ao regime geral de previdência, o que alcança os exercentes de mandato eletivo.

(1) Lei 8.212/1991: "Art. 22. A contribuição a cargo da empresa, destinada à Seguridade Social, além do disposto no art. 23, é de: I – vinte por cento sobre o total das remunerações pagas, devidas ou creditadas a qualquer título, durante o mês, aos segurados empregados e trabalhadores avulsos que lhe prestem serviços, destinadas a retribuir o trabalho, qualquer que seja a sua forma, inclusive as gorjetas, os ganhos habituais sob a forma de utilidades e os adiantamentos decorrentes de reajuste salarial, quer pelos serviços efetivamente prestados, quer pelo tempo à disposição do empregador ou tomador de serviços, nos termos da lei ou do contrato ou, ainda, de convenção ou acordo coletivo de trabalho ou sentença normativa".

(2) CF/1988: "Art. 195. A seguridade social será financiada por toda a sociedade, de forma direta e indireta, nos termos da lei, mediante recursos provenientes dos orçamentos da União, dos Estados, do Distrito Federal e dos Municípios, e das seguintes contribuições sociais: I – do empregador, da

empresa e da entidade a ela equiparada na forma da lei, incidentes sobre: a) a folha de salários e demais rendimentos do trabalho pagos ou creditados, a qualquer título, à pessoa física que lhe preste serviço, mesmo sem vínculo empregatício; (...) II – do trabalhador e dos demais segurados da previdência social, não incidindo contribuição sobre aposentadoria e pensão concedidas pelo regime geral de previdência social de que trata o art. 201".

(3) CF/1988: "Art. 40. Aos servidores titulares de cargos efetivos da União, dos Estados, do Distrito Federal e dos Municípios, incluídas suas autarquias e fundações, é assegurado regime de previdência de caráter contributivo e solidário, mediante contribuição do respectivo ente público, dos servidores ativos e inativos e dos pensionistas, observados critérios que preservem o equilíbrio financeiro e atuarial e o disposto neste artigo. (...)§ 13 – Ao servidor ocupante, exclusivamente, de cargo em comissão declarado em lei de livre nomeação e exoneração bem como de outro cargo temporário ou de emprego público, aplica-se o regime geral de previdência social".

RE 626837/GO, rel. Min. Dias Toffoli, julgamento em 25.5.2017.

(Informativo 866, Plenário, Repercussão Geral)

Incidência do ICMS na base de cálculo da contribuição para o PIS e da COFINS

O Imposto sobre Circulação de Mercadorias e Serviços (ICMS) não compõe a base de cálculo para a incidência da contribuição para o PIS e da COFINS. Com essa orientação, o Tribunal, por maioria, deu provimento a recurso extraordinário no qual se discutia a possibilidade de inclusão do montante do ICMS gerado na circulação de mercadoria ou prestação de serviço no conceito de faturamento para fins de incidência da contribuição para o PIS e da COFINS — v. Informativo 856.

Prevaleceu o voto da ministra Cármen Lúcia (Presidente e relatora). Consignou que a inclusão do ICMS na base de cálculo das referidas contribuições sociais leva ao inaceitável entendimento de que os sujeitos passivos desses tributos faturariam ICMS, o que não ocorre. Assim, enquanto o montante de ICMS circula por suas contabilidades, os sujeitos passivos das contribuições apenas obtêm ingresso de caixa de valores que não lhes pertencem. Em outras palavras, o montante de ICMS, nessas situações, não se incorpora ao patrimônio dos sujeitos passivos das contribuições, até porque tais valores são destinados aos cofres públicos dos Estados-Membros ou do Distrito Federal.

Ponderou, igualmente, que a parcela correspondente ao ICMS pago não tem natureza de faturamento (nem mesmo de receita), mas de simples ingresso de caixa. Por essa razão, não pode compor a base de cálculo da contribuição para o PIS ou da COFINS.

Asseverou que tanto a análise jurídica quanto a contábil do ICMS — ambas pautadas em sua não cumulatividade, principal característica desse tributo — revelam não ser possível incluir o ICMS na base de cálculo da contribuição para o PIS e da COFINS, nem também excluí-lo totalmente. Isso porque, enquanto parte do montante do ICMS é entregue diretamente ao Estado, parte dele mantém-se no patrimônio do contribuinte até a realização de nova operação. A análise jurídica do princípio da não cumulatividade aplicado ao ICMS, entretanto, leva em consideração apenas o conteúdo normativo do art. 155, § 2º, I, da CF1.

Sobre esse aspecto, também com fundamento na doutrina, pontuou que a Constituição, no tocante à compensação, consagrou a ideia de que a quantia a ser desembolsada pelo contribuinte a título de ICMS é o resultado de uma subtração em que o minuendo é o montante de imposto devido e o subtraendo é o montante de imposto anteriormente cobrado ou cobrável. O realizador da operação ou prestação tem o direito constitucional subjetivo de abater do montante do ICMS a recolher os valores cobrados, a esse título, nas operações ou prestações anteriores. O contribuinte, se for o caso, apenas recolhe aos cofres públicos a diferença resultante dessa operação matemática.

Assim, nem todo montante de ICMS é recolhido pelos contribuintes posicionados no meio da cadeia (distribuidor e comerciante), ou seja, parte do valor do ICMS destacado na fatura é aproveitada pelo contribuinte para compensar com o montante do imposto gerado na operação anterior. Em algum momento, ainda que não exatamente o mesmo, ele será recolhido e, por isso, não constitui receita do contribuinte. Logo, ainda que contabilmente escriturado, não guarda expressa definição constitucional de faturamento para fins de apuração da base de cálculo da contribuição para o PIS e da COFINS, pois o valor do ICMS tem como destino fiscal a Fazenda Pública.

Ademais, por ser inviável a apuração do ICMS, considerando-se cada mercadoria ou serviço e a correspondente cadeia, adota-se o sistema de apuração contábil ou escritural do imposto. Nesse sentido, o montante de ICMS a recolher é apurado mês a mês, com base no total de créditos decorrentes de aquisições e no total de débitos gerados nas saídas de mercadorias ou serviços. Em suma, o princípio da não cumulatividade operacionaliza-se por meio da compensação entre débitos e créditos na escrituração fiscal.

Para a relatora, o regime da não cumulatividade impõe concluir que, embora se tenha a escrituração da parcela do ICMS ainda a se compensar, o montante integral não se inclui na definição de faturamento adotada pelo Supremo Tribunal Federal, motivo por que ele não pode compor a base de cálculo da contribuição para o PIS e da COFINS.

Enfatizou que, embora o ICMS incida sobre todo o valor da operação, o regime de compensação importa na possibilidade de, em algum momento da cadeia de operações, haver saldo a pagar do tributo, se a venda for realizada em montante superior ao da aquisição e na medida desse aumento do valor. Em outras palavras, o valor do ICMS é indeterminável até se efetivar a operação subsequente. Afasta-se, pois, da composição do custo e deve, por conseguinte, ser excluído da base de cálculo das mencionadas contribuições.

Por fim, verificou que o recolhimento do ICMS na condição de substituto tributário (Lei 9.718/1998, art. 3º, § 2º, I, *in fine*) importa transferência integral às Fazendas Públicas estaduais do montante recolhido, sem a necessidade de compensação e, portanto, de identificação de saldo a pagar, pois não há recolhimentos posteriores pelos demais contribuintes substituídos.

Se a norma exclui o ICMS transferido integralmente para os Estados-Membros da base de cálculo das mencionadas contribuições sociais, também deve ser excluída a transferência parcial decorrente do regime de não cumulatividade.

Vencidos os ministros Edson Fachin, Roberto Barroso, Dias Toffoli e Gilmar Mendes, que negavam provimento ao recurso.

(1) CF, art. 155, § 2º, I: "Art. 155...§ 2º O imposto previsto no inciso II atenderá ao seguinte: I – será não cumulativo, compensando-se o que for devido em cada operação relativa à circulação de mercadorias ou prestação de serviços com o montante cobrado nas anteriores pelo mesmo ou outro Estado ou pelo Distrito Federal".

RE 574706/PR, rel. Min. Cármen Lúcia, julgamento em 15.3.2017.

(Informativo 857, Plenário, Repercussão Geral) 1ª Parte: 2ª Parte: 3ª Parte: 4ª Parte:

Contribuição social do empregador rural sobre a receita da comercialização da produção

É constitucional formal e materialmente a contribuição social do empregador rural pessoa física, instituída pela Lei 10.256/2001, incidente sobre a receita bruta obtida com a comercialização de sua produção.

Com base nesse entendimento, o Plenário, por maioria, deu provimento a recurso extraordinário em que se discutia a constitucionalidade do art. 25 da Lei 8.212/1991, com a redação dada pelo art. 1º da Lei 10.256/2001, que reintroduziu, após a Emenda Constitucional 20/1998, a 155 contribuição a ser recolhida pelo empregador rural pessoa física sobre a receita bruta proveniente da comercialização de sua produção, mantendo a alíquota e a base de cálculo instituídas por leis ordinárias declaradas inconstitucionais em controle difuso pelo Supremo Tribunal Federal (STF).

O Colegiado observou que a Lei 9.528/1997 incluiu no *caput* do art. 25 da Lei 8.212/1991 a contribuição do empregador rural pessoa física, cuja base de cálculo é a receita bruta proveniente da comercialização da produção. Como a receita bruta não figurava no elenco do art. 195, I, da Constituição Federal (CF) como uma base de cálculo possível para a incidência de contribuições sociais, o STF, em dois precedentes, concluiu pela inconstitucionalidade do emprego dessa base de cálculo, a qual somente poderia ser instituída por lei complementar, nos termos do art. 195, § 4º, da CF.

Entretanto, com a Emenda Constitucional 20/1998, que incluiu a receita ao lado do faturamento como uma materialidade passível de ser tributada para fins de financiamento da seguridade social (CF, art. 195, I), passou a ser possível a instituição de contribuição patronal do empregador rural pessoa física com base na receita bruta proveniente da comercialização da produção. Assim, a Lei 10.256/2001 reincluiu a figura do empregador rural pessoa física na disciplina já existente e em vigor para o segurado especial — produtor rural que não tem empregados.

A Corte ressaltou que a norma impugnada, ao incluir um novo sujeito passivo no dispositivo de uma lei que já existia e já definia claramente os elementos do fato gerador, a base de cálculo e a alíquota, violou o princípio da legalidade.

Ademais, ao dar tratamento diferenciado para o produtor rural, o empregador rural pessoa física e o empregador urbano pessoa física, a lei em questão não ofendeu o princípio da isonomia, pois, se assim fosse, em nenhuma hipótese seria possível desonerar a folha de salários como política tributária.

Vencidos os ministros Edson Fachin (relator), Rosa Weber, Ricardo Lewandowski, Marco Aurélio e Celso de Mello, que negavam provimento ao recurso.

Pontuavam que o art. 1º da Lei 10.256/2001, ao recolocar o empregador rural pessoa física na condição de contribuinte do tributo, sem dispor expressamente sobre os demais elementos da regra-matriz de incidência tributária, de modo a aproveitar do binômio base de cálculo/fato gerador e da alíquota já prevista para a figura do segurado especial, teria vulnerado a CF.

Não seria possível conceber técnica legislativa que permitisse o aproveitamento das alíquotas e bases de cálculo de contribuição social com inconstitucionalidade reconhecida pelo STF.

Consignavam que a Emenda Constitucional 20/1998 em nada teria alterado essa conclusão, pois inviável reputar a validade de uma norma legal anteriormente considerada inconstitucional, em decorrência de uma alteração formal da CF.

Além disso, haveria inconstitucionalidade material da norma impugnada também por patente violação ao princípio da isonomia, em virtude de injustificado tratamento diferenciado conferido aos empregadores pessoa física, a depender da ambiência do labor, se urbano ou rural.

Frisavam que também procederia a afirmação de que o empregador rural pessoa física seria duplamente tributado, em razão da incidência simultânea de contribuições sociais, o que atrairia a vedação ao *bis in idem*.

RE 718874/RS, rel. orig. Min. Edson Fachin, red. p/ o ac. Min. Alexandre de Moraes, julgamento em 29 e 30.3.2017.

(Informativo 859, Plenário) 1ª Parte: 2ª Parte: 3ª Parte:

Contribuição social e ganhos habituais

A contribuição social a cargo do empregador incide sobre ganhos habituais do empregado, quer anteriores ou posteriores à Emenda Constitucional 20/1998.

Com essa orientação, o Plenário negou provimento a recurso extraordinário em que se discutia o alcance da expressão "folha de salários" para fins de incidência da contribuição social.

De início, o Plenário observou que o conflito de interesses analisado envolvia período anterior e posterior à Emenda Constitucional 20/1998, que modificou o art. 195 da Constituição Federal (CF) e passou a prever que a contribuição incide sobre "folha de salários e demais rendimentos do trabalho pagos ou creditados, a qualquer título, a pessoa física que lhe preste serviço, mesmo sem vínculo empregatício".

Registrou que, no caso, a última cláusula não tem pertinência, pois o pedido se referia a valores pagos aos segurados empregados. Asseverou que, antes mesmo da Emenda Constitucional 20/1998, o art. 201, § 4º, da CF previa que "os ganhos habituais do empregado, a qualquer título, serão incorporados ao salário para efeito de contribuição previdenciária e consequente repercussão em benefícios, nos casos e na forma da lei". Esse dispositivo não está ligado apenas à contribuição do empregado, haja vista a inexistência de qualquer cláusula que assim o restrinja, ou seja, encerra alusão à contribuição previdenciária.

Tendo isso em conta, o Colegiado concluiu que cabe proceder à interpretação sistemática dos diversos preceitos da CF. Dessa forma, se, de um lado, o art. 195, I, da CF disciplinava, antes da Emenda Constitucional 20/1998, que o cálculo da contribuição era devido pelos empregadores a partir da folha de salários; de outro, estes últimos, os salários, vieram a ser revelados, quanto ao alcance, pelo citado § 4º (atual § 11) do art. 201 da CF. Pelo disposto, remeteu-se à remuneração percebida pelo empregado, ou seja, às parcelas diversas satisfeitas pelo tomador dos serviços, exigindo-se, apenas, a habitualidade.

RE 565160/SC, rel. Min. Marco Aurélio, julgamento em 29.3.2017.

(Informativo 859, Plenário)

Município e taxa de combate a sinistros

O Supremo Tribunal Federal, ao apreciar o Tema 16 da repercussão geral, por maioria, negou provimento a recurso extraordinário em que se discutiu a constitucionalidade de taxa de combate a sinistros instituída por lei municipal.

Na espécie, o tribunal de origem assentou a inconstitucionalidade da taxa, por considerar o serviço público por ela financiado de competência estadual. De acordo com o acórdão recorrido, houve inadequação do custeio, por meio de taxa, em face da ausência de especificidade e divisibilidade do serviço (vide Informativo 855).

Prevaleceu o voto do ministro Marco Aurélio (relator).

O relator inicialmente citou a orientação fixada pelo Supremo Tribunal Federal no julgamento da ADI 1.942 MC/PA (DJ de 22.10.1999), no sentido de que, em face do art. 144, *caput*, V e § 5º (1), da Constituição Federal, sendo a segurança pública dever do Estado e direito de todos, exercida para a preservação da ordem pública e da incolumidade das pessoas e do patrimônio, por meio, entre outras, da polícia militar, essa atividade do Estado somente pode ser sustentada por impostos, e não por taxa.

Consignou que a prevenção e o combate a incêndios se fazem mediante a atuação da polícia retratada no corpo de bombeiros, sendo atividade essencial do Estado e, por isso, remunerada por meio de impostos. Desse modo, entendeu ser inconcebível que, a pretexto de prevenir sinistro relativo a incêndio, venha o Município a substituir-se ao Estado, com a criação de tributo sob o rótulo de taxa.

O ministro reforçou que a atividade precípua do Estado é viabilizada mediante arrecadação de impostos. Por sua vez, a taxa decorre do exercício do poder de polícia ou da utilização efetiva ou potencial de serviços públicos específicos e divisíveis, prestados ao contribuinte ou postos à disposição. Assim, no âmbito da segurança pública, no tocante à preservação e ao combate a incêndios, nem mesmo o Estado poderia instituir validamente taxa. Em suma, considerou que a manutenção do corpo de bombeiros, que é um órgão estadual, e não municipal, é feita estritamente por impostos, e não por taxas.

Vencidos os ministros Luiz Fux, Dias Toffoli, Alexandre de Moraes e Gilmar Mendes, que deram provimento ao recurso.

Em seguida, a Corte deliberou fixar a tese referente à repercussão geral em assentada posterior.

(1) CF/1988: "Art. 144. A segurança pública, dever do Estado, direito e responsabilidade de todos, é exercida para a preservação da ordem pública e da incolumidade das pessoas e do patrimônio, através dos seguintes órgãos: (...) V – polícias militares e corpos de bombeiros militares. (...) § 5º Às polícias militares cabem a polícia ostensiva e a preservação da ordem pública; aos corpos de bombeiros militares, além das atribuições definidas em lei, incumbe a execução de atividades de defesa civil".

RE 643247/SP, rel. Min. Marco Aurélio, julgamento em 24.5.2017.

(Informativo 866, Plenário, Repercussão Geral)

Base de cálculo de taxa de fiscalização e funcionamento e número de empregados

As taxas municipais de fiscalização e funcionamento não podem ter como base de cálculo o número de empregados ou ramo de atividade exercida pelo contribuinte.

Com base nesse entendimento, a Segunda Turma, por maioria, negou provimento a agravo em que se discutiu a legitimidade da Taxa de Fiscalização de Estabelecimentos (TFE), instituída pela Lei 13.477/2002 do Município de São Paulo.

No caso, o recorrente alegou que a base de cálculo da TFE é o custo do exercício do poder de polícia e que a lei paulistana utilizou como critério para aferição justa desse custo o tipo de atividade desenvolvida no estabelecimento. Aduziu, ainda, que o custo da fiscalização municipal é diretamente proporcional à atividade desenvolvida pelo contribuinte.

A Turma afirmou não ser possível o conhecimento da matéria relativa à Lei 13.647/2003, que teria introduzido critérios secundários para diferenciar o tamanho de estabelecimentos dedicados a uma mesma atividade. O tema não foi debatido pelo tribunal de origem e o recorrente levantou a questão apenas em sede de agravo regimental manejado no Supremo Tribunal Federal (STF).

Vencido o ministro Edson Fachin, que proveu parcialmente o agravo, para determinar a exigibilidade da referida taxa nos exercícios de 2003, 2004 e 2005. Pontuou que o critério adotado pela lei municipal é objetivo e permite presunção razoável do custo de fiscalização do estabelecimento por parte do Município. Dessa forma, é constitucional a adoção de valores fixos retirados da atividade econômica do contribuinte para a mensuração do *quantum debeatur* de taxa.

ARE 990914/SP, rel. Min. Dias Toffoli, julgamento em 20.6.2017.

(Informativo 870, 2ª Turma)

Juízo de retratação. Não incidência do ICMS na base de cálculo do PIS e da COFINS. Julgamento pelo STF.

Em adequação ao entendimento do Supremo Tribunal Federal, o ICMS não compõe a base de cálculo para a incidência do PIS e da COFINS. REsp 1.100.739-DF, Rel. Min. Sérgio Kukina, por unanimidade, julgado em 27/02/2018, DJe 08/03/2018 (Informativo n. 621.)

Embargos de divergência. Contribuição previdenciária. Arts. 22, I, e 28, I, da Lei n. 8.212/1991. Verba denominada quebra de caixa. Natureza salarial. Inexistência de caráter indenizatório. Incidência tributária. Possibilidade.

A verba relativa a "quebra de caixa" possui natureza salarial e sobre ela incide contribuição previdenciária. EREsp 1.467.095-PR, Rel. Min. Mauro Campbell Marques, Rel. para acórdão Min. Og Fernandes, por maioria, julgado em 10/5/2017, DJe 6/9/2017. (Informativo n. 610)

Contribuição ao PIS e COFINS. Valores pagos pelas empresas de transportes às empresas rodoviárias que são retidos por estas quando da venda de passagens aos usuários dos serviços de transportes. Conceito de faturamento. Art. 3º da Lei n. 9.718/1998. Incidência.

Incide a contribuição ao PIS e COFINS sobre o valor do percentual repassado pelas empresas de transporte de passageiros às empresas rodoviárias. REsp 1.441.457-RS, Rel. Min. Mauro Campbell Marques, por unanimidade, julgado em 16/3/2017, DJe 22/3/2017. (Informativo n. 600)

5. SÚMULAS

Súmula vinculante 12: "A cobrança de taxa de matrícula nas universidades públicas viola o disposto no art. 206, IV, da Constituição Federal".

Súmula vinculante 19: "A taxa cobrada exclusivamente em razão dos serviços públicos de coleta, remoção e tratamento ou destinação de lixo ou resíduos provenientes de imóveis, não viola o artigo 145, II da Constituição Federal".

Súmula vinculante 29: "É constitucional a adoção, no cálculo do valor de taxa, de um ou mais elementos da base de cálculo própria de determinado imposto, desde que não haja integral identidade entre uma base e outra".

Súmula vinculante 40: "A contribuição confederativa de que trata o art. 8º, IV, da constituição federal, só é exigível dos filiados ao sindicato respectivo".

Súmula vinculante 41: "O serviço de iluminação pública não pode ser remunerado mediante taxa".

Súmula 75 STF: "Sendo vendedora uma autarquia, a sua imunidade fiscal não compreende o imposto de transmissão *inter vivos*, que é encargo do comprador".

Súmula 241 STF: "A contribuição previdenciária incide sobre o abono incorporado ao salário".

Súmula 545 STF: "Preços de serviços públicos e taxas não se confundem, porque estas, diferentemente daqueles, são compulsórias e têm sua cobrança condicionada à prévia autorização orçamentária, em relação à lei que as instituiu".

Súmula 595 STF: "É inconstitucional a taxa municipal de conservação de estradas de rodagem cuja base de cálculo seja idêntica à do imposto territorial rural".

Súmula 658 STF: "São constitucionais os arts. 7º da Lei 7787/1989 e 1º da Lei 7894/1989 e da Lei 8147/1990, que majoraram a alíquota do Finsocial, quando devida a contribuição por empresas dedicadas exclusivamente à prestação de serviços".

Súmula 659 STF: "É legítima a cobrança da Cofins, do PIS e do Finsocial sobre as operações relativas a energia elétrica, serviços de telecomunicações, derivados de petróleo, combustíveis e minerais do país".

Súmula 665 STF: "É constitucional a taxa de fiscalização dos mercados de títulos e valores mobiliários instituída pela Lei 7.940/89".

Súmula 667 STF: "Viola a garantia constitucional de acesso à jurisdição a taxa judiciária calculada sem limite sobre o valor da causa".

Súmula 688 STF: "É legítima a incidência da contribuição previdenciária sobre o 13º salário".

Súmula 732 STF: "É constitucional a cobrança da contribuição do salário-educação, seja sob a Carta de 1969, seja sob a CF/1988, e no regime da Lei 9.424/96".

Súmula 178 STJ: "O INSS não goza de isenção do pagamento de custas e emolumentos, nas ações acidentárias e de benefícios, propostas na justiça estadual".

Súmula 351 STJ: "A alíquota de contribuição para o Seguro de Acidente do Trabalho (SAT) é aferida pelo grau de risco desenvolvido em cada empresa, individualizada pelo seu CNPJ, ou pelo grau de risco da atividade preponderante quando houver apenas um registro".

Súmula 396 STJ: "A Confederação Nacional da Agricultura tem legitimidade ativa para a cobrança da contribuição sindical rural".

Súmula 407 STJ: "É legítima a cobrança da tarifa de água fixada de acordo com as categorias de usuários e as faixas de consumo".

Súmula 412 STJ: "A ação de repetição de indébito de tarifas de água e esgoto sujeita-se ao prazo prescricional estabelecido no Código Civil".

Súmula 423 STJ: "A Contribuição para Financiamento da Seguridade Social - Cofins incide sobre as receitas provenientes das operações de locação de bens móveis".

Súmula 448 STJ: "A opção pelo Simples de estabelecimentos dedicados às atividades de creche, pré-escola e ensino fundamental é admitida somente a partir de 24.10.2000, data de vigência da Lei nº 10.034/2000".

Súmula 458 STJ: "A contribuição previdenciária incide sobre a comissão paga ao corretor de seguros".

Súmula 468 STJ: "A base de cálculo do PIS, até a edição da MP n. 1.212/1995, era o faturamento ocorrido no sexto mês anterior ao do fato gerador".

Súmula 499 STJ: "As empresas prestadoras de serviços estão sujeitas às contribuições ao Sesc e Senac, salvo se integradas noutro serviço social".

Súmula 508 STJ: "A isenção da COFINS concedida pelo art. 6º, II, da LC nº 70/1991 às sociedades civis de prestação de serviços profissionais foi revogada pelo art. 56 da Lei n. 9.430/1996".

Súmula 516 STJ: "A contribuição de intervenção no domínio econômico para o Incra (Decreto-Lei n. 1.110/1970), devida por empregadores rurais e urbanos, não foi extinta pelas Leis nº 7.787/1989, 8.212/1991 e 8.213/1991, não podendo ser compensada com a contribuição ao INSS".

Súmula 553 STJ: "Nos casos de empréstimo compulsório sobre o consumo de energia elétrica, é competente a Justiça estadual para o julgamento de demanda proposta exclusivamente contra a Eletrobrás. Requerida a intervenção da União no feito após a prolação de sentença pelo juízo estadual, os autos devem ser remetidos ao Tribunal Regional Federal competente para o julgamento da apelação se deferida a intervenção".

Súmula 584 STJ: "As sociedades corretoras de seguros, que não se confundem com as sociedades de valores mobiliários ou com os agentes autônomos de seguro privado, estão fora do rol de entidades constantes do art. 22, § 1º, da Lei n. 8.212/1991, não se sujeitando à majoração da alíquota da Cofins prevista no art. 18 da Lei n. 10.684/2003".

Súmula 15 CARF: "A base de cálculo do PIS, prevista no artigo 6º da Lei Complementar nº 7, de 1970, é o faturamento do sexto mês anterior, sem correção monetária".

Súmula 36 CARF: "A inobservância do limite legal de trinta por cento para compensação de prejuízos fiscais ou bases negativas da CSLL, quando comprovado pelo sujeito passivo que o tributo que deixou de ser pago em razão dessas compensações o foi em período posterior, caracteriza postergação do pagamento do IRPJ ou da CSLL, o que implica em excluir da exigência a parcela paga posteriormente".

Súmula 62 CARF: "A base de cálculo das contribuições previdenciárias será o valor total fixado na sentença ou acordo trabalhista homologado, quando as parcelas legais de incidência não estiverem discriminadas".

Súmula 64 CARF: "Não incidem contribuições previdenciárias sobre as verbas concedidas aos segurados empregados a título de auxílio-creche, na forma do artigo 7º, inciso XXV, da Constituição Federal, em face de sua natureza indenizatória".

Súmula 79 CARF: "A partir da vigência da Lei nº 9.249, de 1995, a dedução de contraprestações de arrendamento mercantil exige a comprovação da necessidade de utilização dos bens arrendados para produção ou comercialização de bens e serviços".

Súmula 83 CARF: "O resultado positivo obtido pelas sociedades cooperativas nas operações realizadas com seus cooperados não integra a base de cálculo da Contribuição Social sobre o Lucro Líquido - CSLL, mesmo antes da vigência do art. 39 da Lei nº 10.865, de 2004".

Súmula 89 CARF: "A contribuição social previdenciária não incide sobre valores pagos a título de vale-transporte, mesmo que em pecúnia".

Súmula 117 CARF: "A indedutibilidade de despesas com royalties prevista no art. 71, parágrafo único, "d", da Lei nº 4.506/1964, não é aplicável à apuração da CSLL".

Súmula 125 CARF: "No ressarcimento da COFINS e da contribuição para o PIS não cumulativas não incide correção monetária ou juros, nos termos dos arts. 13 e 15, VI, da Lei nº 10.833/2003".

Súmula 127 CARF: "A incidência da Contribuição de Intervenção no Domínio Econômico (CIDE) na contratação de serviços técnicos prestados por residentes ou domiciliados no exterior prescinde da ocorrência de transferência de tecnologia".

6. LEGISLAÇÃO RELACIONADA AO CAPÍTULO

» CONSTITUIÇÃO FEDERAL

Art. 145. A União, os Estados, o Distrito Federal e os Municípios poderão instituir os seguintes tributos:

I - impostos;

II - taxas, em razão do exercício do poder de polícia ou pela utilização, efetiva ou potencial, de serviços públicos específicos e divisíveis, prestados ao contribuinte ou postos a sua disposição;

III - contribuição de melhoria, decorrente de obras públicas.

§ 1º Sempre que possível, os impostos terão caráter pessoal e serão graduados segundo a capacidade econômica do contribuinte, facultado à administração tributária, especialmente para conferir efetividade a esses objetivos, identificar, respeitados os direitos individuais e nos termos da lei, o patrimônio, os rendimentos e as atividades econômicas do contribuinte.

§ 2º As taxas não poderão ter base de cálculo própria de impostos.

Art. 148. A União, mediante lei complementar, poderá instituir empréstimos compulsórios:

I - para atender a despesas extraordinárias, decorrentes de calamidade pública, de guerra externa ou sua iminência;

II - no caso de investimento público de caráter urgente e de relevante interesse nacional, observado o disposto no art. 150, III, "b".

Parágrafo único. A aplicação dos recursos provenientes de empréstimo compulsório será vinculada à despesa que fundamentou sua instituição.

Art. 149. Compete exclusivamente à União instituir contribuições sociais, de intervenção no domínio econômico e de interesse das categorias profissionais ou econômicas, como instrumento de sua atuação nas respectivas áreas, observado o disposto nos arts. 146, III, e 150, I e III, e sem prejuízo do previsto no art. 195, § 6º, relativamente às contribuições a que alude o dispositivo.

§ 1º Os Estados, o Distrito Federal e os Municípios instituirão contribuição, cobrada de seus servidores, para o custeio, em benefício destes, do regime previdenciário de que trata o art. 40, cuja alíquota não será inferior à da contribuição dos servidores titulares de cargos efetivos da União.

§ 2º As contribuições sociais e de intervenção no domínio econômico de que trata o *caput* deste artigo:

I - não incidirão sobre as receitas decorrentes de exportação;

II - incidirão também sobre a importação de produtos estrangeiros ou serviços;

III - poderão ter alíquotas:

a) *ad valorem*, tendo por base o faturamento, a receita bruta ou o valor da operação e, no caso de importação, o valor aduaneiro;

b) específica, tendo por base a unidade de medida adotada.

§ 3º A pessoa natural destinatária das operações de importação poderá ser equiparada a pessoa jurídica, na forma da lei.

§ 4º A lei definirá as hipóteses em que as contribuições incidirão uma única vez.

Art. 149-A Os Municípios e o Distrito Federal poderão instituir contribuição, na forma das respectivas leis, para o custeio do serviço de iluminação pública, observado o disposto no art. 150, I e III.

Parágrafo único. É facultada a cobrança da contribuição a que se refere o caput, na fatura de consumo de energia elétrica.

Art. 153. Compete à União instituir impostos sobre:

I - importação de produtos estrangeiros;

II - exportação, para o exterior, de produtos nacionais ou nacionalizados;

III - renda e proventos de qualquer natureza;

IV - produtos industrializados;

V - operações de crédito, câmbio e seguro, ou relativas a títulos ou valores mobiliários;

VI - propriedade territorial rural;

VII - grandes fortunas, nos termos de lei complementar.

Art. 154. A União poderá instituir:

I - mediante lei complementar, impostos não previstos no artigo anterior, desde que sejam não-cumulativos e não tenham fato gerador ou base de cálculo próprios dos discriminados nesta Constituição;

II - na iminência ou no caso de guerra externa, impostos extraordinários, compreendidos ou não em sua competência tributária, os quais serão suprimidos, gradativamente, cessadas as causas de sua criação.

Art. 155. Compete aos Estados e ao Distrito Federal instituir impostos sobre:

I - transmissão causa mortis e doação, de quaisquer bens ou direitos;

II - operações relativas à circulação de mercadorias e sobre prestações de serviços de transporte interestadual e intermunicipal e de comunicação, ainda que as operações e as prestações se iniciem no exterior;

III - propriedade de veículos automotores.

Art. 156. Compete aos Municípios instituir impostos sobre:

I - propriedade predial e territorial urbana;

II - transmissão "inter vivos", a qualquer título, por ato oneroso, de bens imóveis, por natureza ou acessão física, e de direitos reais sobre imóveis, exceto os de garantia, bem como cessão de direitos a sua aquisição;

III - serviços de qualquer natureza, não compreendidos no art. 155, II, definidos em lei complementar.

Art. 177. (...)

§ 4° A lei que instituir contribuição de intervenção no domínio econômico relativa às atividades de importação ou comercialização de petróleo e seus derivados, gás natural e seus derivados e álcool combustível deverá atender aos seguintes requisitos:

I - a alíquota da contribuição poderá ser:

a) diferenciada por produto ou uso;

b)reduzida e restabelecida por ato do Poder Executivo, não se lhe aplicando o disposto no art. 150, III, *b*;

II - os recursos arrecadados serão destinados:

a) ao pagamento de subsídios a preços ou transporte de álcool combustível, gás natural e seus derivados e derivados de petróleo;

b) ao financiamento de projetos ambientais relacionados com a indústria do petróleo e do gás;

c) ao financiamento de programas de infra-estrutura de transportes.

Art. 194. A seguridade social compreende um conjunto integrado de ações de iniciativa dos Poderes Públicos e da sociedade, destinadas a assegurar os direitos relativos à saúde, à previdência e à assistência social.

Art. 195. A seguridade social será financiada por toda a sociedade, de forma direta e indireta, nos termos da lei, mediante recursos provenientes dos orçamentos da União, dos Estados, do Distrito Federal e dos Municípios, e das seguintes contribuições sociais:

I - do empregador, da empresa e da entidade a ela equiparada na forma da lei, incidentes sobre:

a) a folha de salários e demais rendimentos do trabalho pagos ou creditados, a qualquer título, à pessoa física que lhe preste serviço, mesmo sem vínculo empregatício;

b) a receita ou o faturamento;

c) o lucro;

II - do trabalhador e dos demais segurados da previdência social, não incidindo contribuição sobre aposentadoria e pensão concedidas pelo regime geral de previdência social de que trata o art. 201;

III - sobre a receita de concursos de prognósticos.

IV - do importador de bens ou serviços do exterior, ou de quem a lei a ele equiparar.

§ 1° - As receitas dos Estados, do Distrito Federal e dos Municípios destinadas à seguridade social constarão dos respectivos orçamentos, não integrando o orçamento da União.

§ 2° A proposta de orçamento da seguridade social será elaborada de forma integrada pelos órgãos responsáveis pela saúde, previdência social e assistência social, tendo em vista as metas e prioridades estabelecidas na lei de diretrizes orçamentárias, assegurada a cada área a gestão de seus recursos.

§ 3° A pessoa jurídica em débito com o sistema da seguridade social, como estabelecido em lei, não poderá contratar com o Poder Público nem dele receber benefícios ou incentivos fiscais ou creditícios.

§ 4° A lei poderá instituir outras fontes destinadas a garantir a manutenção ou expansão da seguridade social, obedecido o disposto no art. 154, I.

§ 5° Nenhum benefício ou serviço da seguridade social poderá ser criado, majorado ou estendido sem a correspondente fonte de custeio total.

§ 6° As contribuições sociais de que trata este artigo só poderão ser exigidas após decorridos noventa dias da data da publicação da lei que as houver instituído ou modificado, não se lhes aplicando o disposto no art. 150, III, «b».

§ 7° São isentas de contribuição para a seguridade social as entidades beneficentes de assistência social que atendam às exigências estabelecidas em lei.

§ 8° O produtor, o parceiro, o meeiro e o arrendatário rurais e o pescador artesanal, bem como os respectivos cônjuges, que exerçam suas atividades em regime de economia familiar, sem empregados permanentes, contribuirão para a seguridade social mediante a aplicação de uma alíquota sobre o resultado da comercialização da produção e farão jus aos benefícios nos termos da lei. (Redação dada pela Emenda Constitucional nº 20, de 1998)

§ 9º As contribuições sociais previstas no inciso I do caput deste artigo poderão ter alíquotas ou bases de cálculo diferenciadas, em razão da atividade econômica, da utilização intensiva de mão-de-obra, do porte da empresa ou da condição estrutural do mercado de trabalho. (Redação dada pela Emenda Constitucional nº 47, de 2005)

§ 10. A lei definirá os critérios de transferência de recursos para o sistema único de saúde e ações de assistência social da União para os Estados, o Distrito Federal e os Municípios, e dos Estados para os Municípios, observada a respectiva contrapartida de recursos. (Incluído pela Emenda Constitucional nº 20, de 1998)

§ 11. É vedada a concessão de remissão ou anistia das contribuições sociais de que tratam os incisos I, a, e II deste artigo, para débitos em montante superior ao fixado em lei complementar. (Incluído pela Emenda Constitucional nº 20, de 1998)

§ 12. A lei definirá os setores de atividade econômica para os quais as contribuições incidentes na forma dos incisos I, b; e IV do caput, serão não-cumulativas. (Incluído pela Emenda Constitucional nº 42, de 19.12.2003)

§ 13. Aplica-se o disposto no § 12 inclusive na hipótese de substituição gradual, total ou parcial, da contribuição incidente na forma do inciso I, a, pela incidente sobre a receita ou o faturamento. (Incluído pela Emenda Constitucional nº 42, de 19.12.2003)

Art. 212. A União aplicará, anualmente, nunca menos de dezoito, e os Estados, o Distrito Federal e os Municípios vinte e cinco por cento, no mínimo, da receita resultante de impostos, compreendida a proveniente de transferências, na manutenção e desenvolvimento do ensino.

§ 1º A parcela da arrecadação de impostos transferida pela União aos Estados, ao Distrito Federal e aos Municípios, ou pelos Estados aos respectivos Municípios, não é considerada, para efeito do cálculo previsto neste artigo, receita do governo que a transferir.

§ 2º Para efeito do cumprimento do disposto no «caput» deste artigo, serão considerados os sistemas de ensino federal, estadual e municipal e os recursos aplicados na forma do art. 213.

§ 3º A distribuição dos recursos públicos assegurará prioridade ao atendimento das necessidades do ensino obrigatório, no que se refere a universalização, garantia de padrão de qualidade e equidade, nos termos do plano nacional de educação.

§ 4º Os programas suplementares de alimentação e assistência à saúde previstos no art. 208, VII, serão financiados com recursos provenientes de contribuições sociais e outros recursos orçamentários.

§ 5º A educação básica pública terá como fonte adicional de financiamento a contribuição social do salário-educação, recolhida pelas empresas na forma da lei.

Art. 239. A arrecadação decorrente das contribuições para o Programa de Integração Social, criado pela Lei Complementar nº 7, de 7 de setembro de 1970, e para o Programa de Formação do Patrimônio do Servidor Público, criado pela Lei Complementar nº 8, de 3 de dezembro de 1970, passa, a partir da promulgação desta Constituição, a financiar, nos termos que a lei dispuser, o programa do seguro-desemprego e o abono de que trata o § 3º deste artigo. (Regulamento)

§ 1º Dos recursos mencionados no «caput» deste artigo, pelo menos quarenta por cento serão destinados a financiar programas de desenvolvimento econômico, através do Banco Nacional de Desenvolvimento Econômico e Social, com critérios de remuneração que lhes preservem o valor.

§ 2º Os patrimônios acumulados do Programa de Integração Social e do Programa de Formação do Patrimônio do Servidor Público são preservados, mantendo-se os critérios de saque nas situações previstas nas leis específicas, com exceção da retirada por motivo de casamento, ficando vedada a distribuição da arrecadação de que trata o «caput» deste artigo, para depósito nas contas individuais dos participantes.

§ 3º Aos empregados que percebam de empregadores que contribuem para o Programa de Integração Social ou para o Programa de Formação do Patrimônio do Servidor Público, até dois salários mínimos de remuneração mensal, é assegurado o pagamento de um salário mínimo anual, computado neste valor o rendimento das contas individuais, no caso daqueles que já participavam dos referidos programas, até a data da promulgação desta Constituição.

§ 4º O financiamento do seguro-desemprego receberá uma contribuição adicional da empresa cujo índice de rotatividade da força de trabalho superar o índice médio da rotatividade do setor, na forma estabelecida por lei.

Art. 240. Ficam ressalvadas do disposto no art. 195 as atuais contribuições compulsórias dos empregadores sobre a folha de salários, destinadas às entidades privadas de serviço social e de formação profissional vinculadas ao sistema sindical.

» CÓDIGO TRIBUTÁRIO NACIONAL

Art. 3º Tributo é toda prestação pecuniária compulsória, em moeda ou cujo valor nela se possa exprimir, que não constitua sanção de ato ilícito, instituída em lei e cobrada mediante atividade administrativa plenamente vinculada.

Art. 4º A natureza jurídica específica do tributo é determinada pelo fato gerador da respectiva obrigação, sendo irrelevantes para qualificá-la:

I – a denominação e demais características formais adotadas pela lei;

II – a destinação legal do produto da sua arrecadação.

Art. 5º Os tributos são impostos, taxas e contribuições de melhoria.

Art. 16. Imposto é o tributo cuja obrigação tem por fato gerador uma situação independente de qualquer atividade estatal específica, relativa ao contribuinte.

Art. 77. As taxas cobradas pela União, pelos Estados, pelo Distrito Federal ou pelos Municípios, no âmbito de suas respectivas atribuições, têm como fato gerador o exercício regular do poder de polícia, ou a utilização, efetiva ou potencial, de serviço público específico e divisível, prestado ao contribuinte ou posto à sua disposição.

Parágrafo único. A taxa não pode ter base de cálculo ou fato gerador idênticos aos que correspondam a imposto nem ser calculada em função do capital das empresas.

Art. 78. Considera-se poder de polícia atividade da administração pública que, limitando ou disciplinando direito, interêsse ou liberdade, regula a prática de ato ou abstenção de fato, em razão de intêresse público concernente à segurança, à higiene, à ordem, aos costumes, à disciplina da produção e do mercado, ao exercício de atividades econômicas dependentes de concessão ou autorização do Poder Público, à tranqüilidade pública ou ao respeito à propriedade e aos direitos individuais ou coletivos.

Parágrafo único. Considera-se regular o exercício do poder de polícia quando desempenhado pelo órgão competente nos limites da lei aplicável, com observância do processo legal e, tratando-se de atividade que a lei tenha como discricionária, sem abuso ou desvio de poder.

Art. 79. Os serviços públicos a que se refere o artigo 77 consideram-se:

I – utilizados pelo contribuinte:

a) efetivamente, quando por ele usufruídos a qualquer título;

b) potencialmente, quando, sendo de utilização compulsória, sejam postos à sua disposição mediante atividade administrativa em efetivo funcionamento;

II – específicos, quando possam ser destacados em unidades autônomas de intervenção, de utilidade, ou de necessidades públicas;

III – divisíveis, quando suscetíveis de utilização, separadamente, por parte de cada um dos seus usuários.

Art. 80. Para efeito de instituição e cobrança de taxas, consideram-se compreendidas no âmbito das atribuições da União, dos Estados, do Distrito Federal ou dos Municípios, aquelas que, segundo a Constituição Federal, as Constituições dos Estados, as Leis Orgânicas do Distrito Federal e dos Municípios e a legislação com elas compatível, competem a cada uma dessas pessoas de direito público.

Art. 81. A contribuição de melhoria cobrada pela União, pelos Estados, pelo Distrito Federal ou pelos Municípios, no âmbito de suas respectivas atribuições, é instituída para fazer face ao custo de obras públicas de que decorra valorização imobiliária, tendo como limite total a despesa realizada e como limite individual o acréscimo de valor que da obra resultar para cada imóvel beneficiado.

Art. 82. A lei relativa à contribuição de melhoria observará os seguintes requisitos mínimos:

I – publicação prévia dos seguintes elementos:

a) memorial descritivo do projeto;

b) orçamento do custo da obra;

c) determinação da parcela do custo da obra a ser financiada pela contribuição;

d) delimitação da zona beneficiada;

e) determinação do fator de absorção do benefício da valorização para toda a zona ou para cada uma das áreas diferenciadas, nela contidas;

II – fixação de prazo não inferior a 30 (trinta) dias, para impugnação pelos interessados, de qualquer dos elementos referidos no inciso anterior;

III – regulamentação do processo administrativo de instrução e julgamento da impugnação a que se refere o inciso anterior, sem prejuízo da sua apreciação judicial.

§ 1º A contribuição relativa a cada imóvel será determinada pelo rateio da parcela do custo da obra a que se refere a alínea c, do inciso I, pelos imóveis situados na zona beneficiada em função dos respectivos fatores individuais de valorização.

§ 2º Por ocasião do respectivo lançamento, cada contribuinte deverá ser notificado do montante da contribuição, da forma e dos prazos de seu pagamento e dos elementos que integram o respectivo cálculo.

7. QUESTÕES FUNDAMENTADAS

1. **(FCC/AFR/2009)** Os Empréstimos Compulsórios

a) poderão ser instituídos para atender às despesas extraordinárias decorrentes de calamidade pública, de guerra externa ou sua iminência, não sendo necessária, nesses casos, a observância ao princípio da anterioridade.

b) poderão ser instituídos no caso de investimento público de caráter urgente e de relevante interesse nacional, não sendo necessária, nesse caso, a observância ao princípio da anterioridade.

c) são de competência comum da União, dos Estados, do Distrito Federal e dos Municípios, observando-se a competência material de cada um desses entes políticos.

d) têm sua cobrança suprimida, gradativamente, quando cessadas as causas de sua criação.

e) têm, em decorrência das razões de urgência e de relevância para sua instituição, a aplicação dos recursos provenientes do Empréstimo Compulsório desvinculada da despesa que fundamentou sua instituição.

2. **(FCC/AFR/2009)** A respeito das contribuições sobre o domínio econômico, é correto afirmar que:

a) a sua hipótese de incidência é vinculada à atuação estatal, devendo atingir o particular de modo específico e divisível.

b) incidirão sobre as receitas decorrentes de exportação.

c) incidirão sobre a importação de produtos estrangeiros ou serviços.

d) deve ser instituída por lei complementar, em razão de sua natureza excepcional.

e) a lei que a institui deverá indicar prazos e condições em que os valores serão restituídos.

3. **(FCC/AFR/2009)** A respeito do Imposto sobre operações relativas à circulação de mercadorias e sobre prestações de serviços de transporte interestadual e intermunicipal e de comunicação, é INCORRETO afirmar:

a) Trata-se de imposto não cumulativo, compensando-se o que for devido em cada operação relativa à circulação de mercadorias ou prestação de serviços com o montante cobrado nas anteriores pelo mesmo ou outro Estado ou pelo Distrito Federal.

b) Será sempre seletivo, em função da essencialidade das mercadorias e dos serviços.

c) Incidirá também sobre a entrada de bem ou mercadoria importados do exterior por pessoa física ou jurídica, ainda que não seja contribuinte habitual do imposto, qualquer que seja sua finalidade, assim como sobre o serviço prestado no exterior, cabendo o Imposto ao Estado onde estiver situado o domicílio ou o estabelecimento do destinatário da mercadoria, bem ou serviço.

d) Não incidirá sobre operações que destinem mercadorias para o exterior, nem sobre serviços prestados a destinatários no exterior, assegurada a manutenção e o aproveitamento do montante do imposto cobrado nas operações e prestações anteriores.

e) A isenção ou não incidência, salvo determinação em contrário da legislação, não implicará crédito para compensação com o montante devido nas operações ou prestações seguintes.

4. **(Procurador do Município – Prefeitura Florianópolis-SC/2011 – FEPESE)** De acordo com a definição legal, tributo é toda prestação pecuniária compulsória, em moeda ou cujo valor nela se possa exprimir, que não constitua sanção de ato ilícito, instituída em lei e cobrada mediante atividade administrativa plenamente vinculada, sendo irrelevante para qualificar sua natureza jurídica a denominação e demais características formais adotadas pela lei e a destinação legal do produto da sua arrecadação.

Na atual ordem constitucional, é correto afirmar acerca da natureza jurídica do tributo e de suas espécies:

a) O serviço de iluminação pública pode ser remunerado mediante taxa.

b) Os empréstimos compulsórios não constituem modalidade tributária.

c) A contribuição de melhoria é instituída para fazer face ao custo de obras públicas de que decorra algum benefício ao contribuinte, tal como a segurança pública.

d) É constitucional a cobrança de taxa exclusivamente em razão dos serviços públicos de coleta, remoção e tratamento ou destinação de lixo ou resíduos provenientes de imóveis.

e) Os valores arrecadados pelos Municípios a título de Imposto sobre a Propriedade Territorial Urbana

(IPTU) devem ser necessariamente destinados ao custeamento de atividades estatais específicas, relativas ao contribuinte.

5. (FGV – Exame de Ordem 2018.2) José, preocupado com o meio ambiente, faz uso de um processo caseiro de transformação do lixo orgânico em adubo, bem como separa o lixo inorgânico, destinando-o à reciclagem. Por isso, sempre que os caminhões que prestam o serviço público de coleta de lixo passam por sua casa, não encontram lixo a ser recolhido. José, então, se insurge contra a cobrança da taxa municipal de coleta de lixo proveniente de imóveis, alegando que, como não faz uso do serviço, a cobrança em relação a ele é indevida.

Acerca desse cenário, assinale a afirmativa correta.

a) Por ser a taxa de um tributo contraprestacional, a não utilização do serviço pelo contribuinte retira seu fundamento de validade.

b) A coleta de lixo domiciliar nessas condições não configura a prestação de um serviço público específico e divisível, sendo inconstitucional.

c) Por se tratar de serviço público prestado à coletividade em geral, no interesse da saúde pública, seu custeio deve ocorrer por meio dos recursos genéricos auferidos com a cobrança de impostos.

d) A cobrança é devida, pois o serviço está sendo potencialmente colocado à disposição do contribuinte.

6. (CESPE – Juiz Federal Substituto 2ª região/2011) O sistema tributário brasileiro compreende tributos de diversas espécies. Em regra, quando uma pessoa jurídica de natureza industrial vende produto a empresa comercial, sobre essa operação incidem

a) taxas e impostos.

b) apenas contribuições sociais.

c) taxas e contribuições sociais.

d) impostos e contribuições sociais.

e) apenas taxas.

7. (TRF 4 – Juiz Federal Substituto 4ª região/2010) Dadas as assertivas abaixo, assinale a alternativa correta.

Em matéria de taxas, o Supremo Tribunal Federal pacificou entendimento de que o disposto no § 2º do art. 145 da Constituição Federal ("As taxas não poderão ter base de cálculo própria de impostos"):

I. Interpreta-se como aceito em tradicional doutrina, de que a base de cálculo identifica a natureza do tributo (Alfredo Augusto Becker, Amílcar de Araújo Falcão, etc.).

II. Interpreta-se como proposto em doutrina mais recente, que nega importância aos critérios tradicionais de identificação (dentre os quais a base de cálculo) e classificação dos tributos em três espécies (Marco Aurélio Greco e outros).

III. Interpreta-se dando por constitucional a adoção, no cálculo da taxa, de um ou mais elementos da base de cálculo própria de determinado imposto, desde que não haja integral identidade entre uma base e outra.

IV. Interpreta-se dando por inconstitucional a adoção de bases de cálculo para taxas que tomem um ou mais elementos da base de cálculo própria de determinado imposto.

V. Interpreta-se mediante recurso ao princípio da razoabilidade, admitindo-se coincidências de base de cálculo de taxas e de impostos em alguns casos e em outros não.

a) Está correta apenas a assertiva III.

b) Estão corretas apenas as assertivas I e IV.

c) Estão corretas apenas as assertivas II e IV.

d) Estão corretas todas as assertivas.

e) Nenhuma assertiva está correta.

8. (FCC – Juiz de Direito Substituto-GO/2012) Analise os itens a seguir:

I. Pavimentação asfáltica é fato gerador de taxa de serviço específico e divisível; deve ter valor fixo para todos os beneficiários da obra.

II. Serviço de coleta de lixo domiciliar é fato gerador de taxa de serviço específico e indivisível; deve ter valor fixo para todos os beneficiários do serviço, desde que haja efetiva fruição.

III. A concessão de alvará de construção pode ser remunerada por taxa de polícia, pois se trata de exercício regular do poder de polícia.

IV. O imposto pode ter por fato gerador serviços públicos indivisíveis, assim como o serviço de iluminação pública.

V. A destinação do produto da arrecadação é irrelevante para definir a natureza jurídica do tributo como imposto.

É correto o que se afirma APENAS em

a) I e II.

b) I e IV.

c) II e III.

d) III e V.

e) IV e V.

9. **(CESPE – Juiz de Direito Substituto-PI/2012)** A respeito do Sistema Tributário Nacional, assinale a opção correta com base no CTN.

a) A relação jurídica regulada pelo direito tributário não é considerada obrigacional, ainda que vincule o Estado ao contribuinte.

b) O direito tributário desfruta de autonomia perante os demais ramos do direito e, dada sua complexidade, não pode ser objeto de resoluções do Senado Federal.

c) A natureza jurídica do tributo é determinada pela destinação legal do produto da sua arrecadação.

d) Conforme o CTN, o preço público também é considerado tributo, em razão de sua finalidade e características determinadas pela lei.

e) A atividade administrativa de cobrança de tributo deve ser plenamente vinculada, ou seja, não cabe à administração aplicar, na cobrança de tributos, critérios de conveniência e oportunidade.

10. **(MPF – Procurador da República/2006)** Assinale a alternativa correta:

Para o custeio do serviço de iluminação pública, os Municípios e o Distrito Federal poderão instituir (EC nº 39/2002):

a) taxa de iluminação pública;

b) contribuição de melhoria;

c) imposto que tenha como base de cálculo o valor da fatura de consumo;

d) contribuição, facultada sua cobrança na fatura de consumo de energia elétrica.

11. **(ESAF – Procurador Fazenda Nacional/2007)** Contribuição previdenciária classifica-se como

a) contribuição de intervenção no domínio econômico.

b) taxa vinculada à prestação de benefícios previdenciários de natureza continuada.

c) contribuição corporativa.

d) contribuição social.

e) contribuição de seguridade vinculada ao tesouro da União, em razão da universalidade de cobertura e de atendimento.

12. **(UEPA – Procurador do Estado – PA/2012)** Analise as proposições a seguir:

I. Na Súmula 545, o Supremo Tribunal Federal proclamou a distinção entre taxas e preços públicos utilizando o critério da compulsoriedade.

II. Os serviços de fornecimento de água e energia elétrica têm sido considerados pelo STF e pelo STJ como sujeitos a preço público.

III. No entendimento consolidado do STJ, o prazo prescricional para o ajuizamento de ação de repetição de indébito de tarifas de água e esgoto é o estabelecido no Código Civil.

IV. Configurada determinada contraprestação de serviços como preço público, passará a ser regida pelas regras que regulamentam o respectivo setor, conforme o regime legal, mas não se sujeitará às limitações e institutos próprios do regime jurídico tributário.

De acordo com as proposições apresentadas, estão CORRETAS:

a) somente I, II e IV

b) somente I, II e III

c) somente II e III

d) I, II, III e IV

e) somente II, III e IV

13. **(CESPE – Procurador do Estado – CE/2008)** Considerando que um estado da Federação resolva instituir a cobrança de um valor para a realização de fiscalização em estabelecimentos comerciais que possuem instalações sanitárias, assinale a opção correta.

a) A cobrança do serviço a ser prestado pelo ente público tem natureza de tarifa.

b) A instituição da referida cobrança poderá ser feita por meio de decreto, uma vez que se trata de preço público.

c) Trata-se, no caso, de taxa de serviço, uma vez que a fiscalização a ser feita nos estabelecimentos terá caráter efetivo e específico.

d) Trata-se, no caso, de cobrança de um tributo, da espécie taxa, o qual, por essa razão, só poderá ser instituído por lei.

e) A cobrança a ser instituída tem natureza de preço público, uma vez que deverá resultar de uma relação contratual.

14. (CESPE – Procurador do Estado – CE/2008) Os serviços públicos justificadores da cobrança de taxas são considerados específicos quando

a) a sua utilização pode ser individualizada.

b) são divisíveis e de utilização compulsória.

c) há necessidade de os moradores de um bairro, por exemplo, se unirem para usufruir desses serviços.

d) podem ser usufruídos a qualquer título.

e) o contribuinte, ao pagar a taxa relativa a seu imóvel, sabe por qual serviço está recolhendo o tributo.

15. (CESPE – Procurador do Estado – PI/2008) Considerando que determinado Estado da Federação tenha instituído cobrança de valor para que determinado setor da atividade econômica fosse fiscalizado em virtude de comercializar alimentos, assinale a opção correta.

a) Nesse caso, a taxa é cobrada em função do poder de polícia, pois existe a utilização de serviço público por parte do contribuinte.

b) A taxa cobrada tem fundamento legal na utilização de serviço público e na sua especificidade.

c) Nesse caso, trata-se de preço público cobrado em função da escolha da atividade econômica explorada pelo contribuinte.

d) A cobrança enquadra-se tão-somente no conceito de taxa, pelo exercício do poder de polícia do Estado.

e) A referida cobrança deve ser classificada como tarifa, uma vez que a utilização do serviço ficará disponível.

16. (CESPE – Defensor Público – TO/2013) No que concerne às contribuições, assinale a opção correta.

a) As contribuições sociais do empregador incidentes sobre a receita poderão ser não cumulativas, conforme o setor da atividade econômica.

b) Com relação às empresas, a CF proíbe a substituição da contribuição incidente sobre folha de salário pela incidente sobre o faturamento.

c) As contribuições residuais para a seguridade social são cumulativas e de competência da União, instituídas por lei complementar, desde que não tenham fato gerador próprio de impostos.

d) As contribuições sociais e de intervenção no domínio econômico incidirão sobre as receitas decorrentes de exportação.

e) As contribuições de interesse das categorias profissionais ou econômicas são de competência da União, dos estados, do DF e dos municípios.

17. (IESES -Cartório – Remoção – TJ – AM/2018) O tributo instituído para fazer face ao custo de obras públicas de que decorra valorização imobiliária, tendo como limite total a despesa realizada e como limite individual o acréscimo de valor que da obra resultar para cada imóvel beneficiado é intitulado de:

a) Taxa.

b) Contribuição de Melhoria.

c) Imposto sobre serviços de qualquer natureza.

d) Imposto extraordinário.

18. (CESPE – Procurador BACEN/2013) Assinale a opção correta em relação a taxas e preços públicos.

a) As taxas, diferentemente dos preços públicos, são compulsórias e condicionam-se ao princípio da anterioridade.

b) O valor que remunera a contraprestação de um serviço público essencial de forma compulsória é tratado como preço público.

c) As taxas podem ser instituídas por normas administrativas, ao passo que os preços devem ser fixados por lei.

d) Os preços públicos são considerados receitas derivadas, havendo, portanto, discricionariedade em seu pagamento.

e) As taxas remuneram serviços públicos e, portanto, são consideradas receitas originárias.

19. (CESPE – Cartório – TJ – DF/2014) No que se refere a taxas e contribuições de melhoria, assinale a opção correta.

a) A instituição de taxas deve sempre observar o princípio da legalidade tributária.

b) As taxas cobradas pelo DF, no âmbito de suas atribuições, podem ter como fato gerador o exercício efetivo ou potencial do poder de polícia.

c) Os serviços públicos específicos são suscetíveis de utilização por parte de cada um dos seus usuários de forma separada.

d) A contribuição de melhoria cobrada pelo DF, no âmbito de suas atribuições, pode ser instituída para fazer face ao custo de obras públicas de que decorra ou não valorização imobiliária.

e) Apesar de ampla aceitação pela doutrina e jurisprudência, a espécie tributária "contribuição de melhoria" não guarda expressa previsão na CF.

20. **(CESPE – Cartório – TJ – DF/2014)** Considerando o empréstimo compulsório e a contribuição de intervenção no domínio econômico, assinale a opção correta.

a) Não há previsão constitucional para a instituição de empréstimos compulsórios no caso de conjuntura que exija a absorção temporária de poder aquisitivo.

b) As contribuições de intervenção no domínio econômico poderão incidir sobre as receitas decorrentes de exportação.

c) É preciso que se decrete estado de calamidade para que o empréstimo compulsório seja cobrado.

d) O DF poderá, mediante lei complementar, instituir empréstimo compulsório nas hipóteses legais.

e) O DF poderá, mediante lei ordinária, instituir contribuição de intervenção no domínio econômico nas hipóteses legais.

QUESTÕES FUNDAMENTADAS

GABARITO

Questão	Resposta	Fundamentação
1	A	CF, art. 148, I
2	C	CF, art. 149, § 2º, II
3	B	CF, art. 155, § 2º, III
4	D	STF, Súmula Vinculante 19
5	D	CF, art. 145, II, CTN, art. 77
6	D	CF, arts. 153, IV, 155, II, 195, I, b e 239
7	A	STF, Súmula Vinculante 29
8	D	CF, art 145, II, CTN, arts. 78 e 4º, II
9	E	CTN, art. 3º *in fine*
10	D	CF, art. 149-A
11	D	CF, art. 195
12	D	STF, Súmula 545, ADI 447, STJ, Súmula 412, CF, art. 145
13	D	CF, art 145, II, CTN, art. 78
14	E	CTN, art. 79, II
15	D	CF, art 145, II, CTN, art. 78
16	A	CF, art. 195, § 12
17	B	CF, art. 145, III, CTN, art. 81
18	A	STF, Súmula 545
19	A	CF, arts. 145, II e 150, I
20	A	CF, art. 148 (CTN, art. 15, III, não recepcionado pela CF)

8. MEU RESUMO PARA MEMORIZAÇÃO

» *Futuro(a) Juiz(a), Membro do Ministério Público, Procurador(a), Auditor(a) Fiscal, ou Servidor(a) de Outras Carreiras Públicas, agora é hora de se concentrar.*

» *Sem nenhuma consulta ao capítulo, por favor, faça um breve resumo a seguir. Neste momento, é importante que elabore esquemas e gráficos, para condensar e memorizar a matéria já estudada e, ainda, utilizar esses resumos para revisar os pontos uma semana antes da prova. Use o espaço cuidadosamente, deixando-o como o seu "caderninho de anotações pessoais".*

8.1. Quais os pontos que eu aprendi ao longo do capítulo que considero mais importantes?

DIREITO TRIBUTÁRIO:

DIREITO FINANCEIRO:

TRIBUTO:

DETERMINAÇÃO DA NATUREZA JURÍDICA DO TRIBUTO:

ESPÉCIES TRIBUTÁRIAS:

a) Imposto:

b) Taxa:

b.1) Taxa pelo regular exercício do poder de polícia:

b.2) Taxa pelos serviços públicos específicos e divisíveis:

b.3) Taxa *versus* Tarifa (ou preço público):

b.4) A taxa na jurisprudência do STF:

c) Contribuição de melhoria:

d) Empréstimo Compulsório:

e) Demais contribuições:

e.1) Contribuições Sociais:

e.2) Contribuições Especiais:

CLASSIFICAÇÕES DOS TRIBUTOS:

DIREITO TRIBUTÁRIO,
TRIBUTO E SUAS ESPÉCIES
segue vídeo abaixo:

https://youtu.be/Cy8NNIU_z9k

Capítulo II

SISTEMA TRIBUTÁRIO E COMPETÊNCIA TRIBUTÁRIA

1. SISTEMA TRIBUTÁRIO NACIONAL

As normas constitucionais são as normas hierarquicamente superiores da ordem jurídica. Portanto, o sistema jurídico parte das normas constitucionais, de modo que é possível falar em um sistema constitucional tributário composto pelas normas diretivas da ordem jurídica de direito tributário.

O capítulo I do título VI da Constituição Federal é dedicado ao Sistema Tributário Nacional. Veicula o conjunto de normas de estatura constitucional que devem constituir o fundamento de toda a legislação tributária infraconstitucional, ou seja, toda a legislação tributária deve seguir as diretrizes da CF, sem poder contrariá-las. Portanto, o sistema tributário nacional ou sistema jurídico tributário compreende toda a legislação fundamentada no capítulo I do título VI da Constituição Federal, que poderia perfeitamente ter sido chamado de "sistema constitucional tributário".

Coerente com essa explicação, tem-se o texto do artigo 2º do Código Tributário Nacional, segundo o qual "o sistema tributário nacional é regido pelo disposto na Emenda Constitucional nº 18, de 1º de dezembro de 1965, em leis complementares, em resoluções do Senado Federal e, nos limites das respectivas competências, em leis federais, nas Constituições e em leis estaduais, e em leis municipais". Em uma interpretação evolutiva, onde se lê "Emenda Constitucional 18, de 1º de dezembro de 1965" entenda-se "Constituição Federal de 1988".

Esse sistema, fundamentalmente, abrange as **competências tributárias** e as **limitações ao poder de tributar**. Por meio das **competências**, atribui-se parcelas do poder de tributar a cada uma das pessoas políticas (União, Estados, Distrito Federal e Municípios). Já as limitações ao poder de tributar são estabelecidas na Constituição justamente para impor freios ao exercício das competências, evitando abusos por parte dos entes tributantes, consoante muito bem delineado no seguinte acórdão do Supremo Tribunal Federal:

> "O Poder Público, especialmente em sede de tributação, não pode agir imoderadamente, pois a atividade estatal acha-se essencialmente condicionada pelo princípio da razoabilidade, que traduz limitação material à ação normativa do Poder Legislativo. O Estado não pode legislar abusivamente. A atividade legislativa está necessariamente sujeita à rígida observância de diretriz fundamental, que, encontrando suporte teórico no princípio da proporcionalidade, veda os excessos normativos e as prescrições irrazoáveis do Poder Público. O princípio da proporcionalidade, nesse contexto, acha-se vocacionado a inibir e a neutralizar os abusos do Poder Público no exercício de suas funções, qualificando-se como parâmetro de aferição da própria constitucionalidade material

dos atos estatais. A prerrogativa institucional de tributar, que o ordenamento positivo reconhece ao Estado, não lhe outorga o poder de suprimir (ou de inviabilizar) direitos de caráter fundamental constitucionalmente assegurados ao contribuinte. É que este dispõe, nos termos da própria Carta Política, de um sistema de proteção destinado a ampará-lo contra eventuais excessos cometidos pelo poder tributante ou, ainda, contra exigências irrazoáveis veiculadas em diplomas normativos editados pelo Estado" (ADI 2.551-MC-QO, Rel. Min. Celso de Mello, julgamento em 2-4-2003, Plenário, DJ de 20-4-2006).

DICA DE DIREITOS HUMANOS

CANOTILHO define a **constituição moderna** como "ordenação sistemática e racional da comunidade política através de um documento escrito, no qual se declaram as liberdades e os direitos e se fixam os limites do poder político". Partindo-se dessa definição, são três as características essenciais do modelo constitucional moderno, na cultura jurídica ocidental:

- **Documento escrito –** instrumento oficial que modela a ordem jurídico-política adotada.
- **Direitos e garantias fundamentais –** declaração de direitos e liberdades individuais e respectivos instrumentos processuais e/ou extraprocessuais de tutela ("garantias fundamentais");
- **Limitação do poder estatal –** organização do poder político segundo esquemas que tendam a moderá-lo e limitá-lo.

(Sobre outros aspectos da limitação do poder do Estado, indicamos a leitura do Livro de Direitos Humanos da Coleção Concursos Públicos, do Professor Sílvio Beltramelli Neto).

As **limitações constitucionais ao poder de tributar** compreendem os **princípios** e as **imunidades tributárias**, tópicos centrais dos dois próximos capítulos deste livro.

Além disso, o capítulo do sistema tributário nacional também é dedicado às **repartições das receitas tributárias** entre os entes federativos, estabelecidas mediante normas que obrigam as pessoas políticas a partilharem com outras os resultados de suas arrecadações de tributos. O objetivo dessas normas é trazer harmonia ao campo das receitas, corroborando para o chamado equilíbrio federativo.

SISTEMA TRIBUTÁRIO NACIONAL

- Competências tributárias
- Limitações ao poder de tributar
  - Princípios
  - Imunidades
- Repartições das receitas tributárias

2. COMPETÊNCIA TRIBUTÁRIA

O regime federativo brasileiro está regido pela Constituição Federal, que estabelece as competências da União, Estados, Distrito Federal e Municípios.

Mais precisamente, embora com base no princípio federativo (CF, art. 1º), a organização político-administrativa do Estado Brasileiro contemple a autonomia dos entes da federação (CF, art. 18), para que União, Estados, Distrito Federal e Municípios sejam efetivamente autônomos, é necessário que sejam dotados de fontes próprias de recursos financeiros. Para tanto, o Sistema Tributário Nacional confere-lhes o poder de arrecadar tributos, atribuindo a cada pessoa política competências privativas e concorrentes, de caráter pleno.

Com base nas competências conferidas pela Constituição, incumbe aos entes políticos estabelecer as normas instituidoras de tributos. Isso até mesmo com base no princípio da legalidade tributária (CF, art. 150, I – "Art. 150. Sem prejuízo de outras garantias asseguradas ao contribuinte, é vedado à União, aos Estados, ao Distrito Federal e aos Municípios: I – exigir ou aumentar tributo sem lei que o estabeleça"), cuja interpretação *a contrario sensu* leva à conclusão de que somente a lei pode instituir tributos. Logo, a Constituição apenas define competências, isto é, confere poder de tributar às pessoas políticas, cabendo a cada uma delas instituir os tributos de suas respectivas competências.

E, também, coerente com o sistema federativo e a divisão de competências na esfera tributária, constitui norma constitucional expressa a de que **é vedado** à União instituir as chamadas **isenções heterônomas**, isto é, isenções relativas a tributos de competência dos Estados, do Distrito Federal ou dos Municípios (CF, art. 151, III).

2.1. Competências privativas e concorrentes

A competência tributária é o poder de tributar conferido pela Constituição Federal a um ente federativo, de modo que os entes federativos somente podem instituir e legislar sobre os tributos que lhes foram expressamente outorgados pela Constituição.

Importante ressaltar que a Constituição **não** cria tributos, mas, confere poderes (competências) aos entes federativos (União, Estados, Distrito Federal e Municípios) para instituírem os tributos por meio de suas respectivas leis.

Ao estabelecer as competências tributárias, a Constituição o faz com exclusividade a determinado ente federativo (**competências privativas** ou **exclusivas**), ou então, a todos eles concomitantemente (**competências concorrentes**). Em outras palavras, uma competência tributária pode ser:

- **Privativa ou exclusiva:** atribuída com exclusividade a uma pessoa política determinada, como é o caso do Imposto de Renda (IR), cuja competência é privativa da União (CF, art. 153, III). Esse tipo de competência exclui a de qualquer outro ente federativo, constituindo uma limitação implícita ao poder de tributar imposta pela Constituição.
- **Concorrente:** característica mais comum nos tributos vinculados, é conferida em conjunto a todas as pessoas políticas (União, Estados, Distrito Federal e

Municípios), de maneira que, por exemplo, a criação de uma taxa de serviço é de competência do ente federativo que tiver sido o responsável pela prestação do serviço a que se relaciona o tributo instituído.

Importante dizer que, nos dois casos, tanto na competência privativa, como na concorrente, uma pessoa política não pode invadir a competência tributária da outra. Assim, por exemplo, na competência concorrente, a União não pode cobrar taxa sobre um serviço público que seja prestado pelo Estado ou pelo Município (CF, art. 145, II). Da mesma forma, um Estado não pode instituir imposto sobre serviços de qualquer natureza, cuja competência tributária é dos municípios.

Segue um quadro das competências tributárias privativas e concorrentes estabelecidas na Constituição:

<table>
<tr><th>Tributo</th><th>Competência</th></tr>
<tr><td>Empréstimos compulsórios (CF, art. 148)</td><td rowspan="12">União</td></tr>
<tr><td>Contribuições sociais, de intervenção no domínio econômico (CIDE) e de interesse das categorias profissionais ou econômicas (CF, art. 149)</td></tr>
<tr><td>Imposto sobre importação de produtos estrangeiros – II (CF art. 153, I)</td></tr>
<tr><td>Imposto sobre exportação, para o exterior, de produtos nacionais ou nacionalizados – IE (CF art. 153, II)</td></tr>
<tr><td>Imposto sobre renda e proventos de qualquer natureza – IR (CF art. 153, III)</td></tr>
<tr><td>Imposto sobre produtos industrializados – IPI (CF art. 153, IV)</td></tr>
<tr><td>Imposto sobre operações de crédito, câmbio e seguro, ou relativas a títulos ou valores mobiliários – IOF (CF art. 153, V)</td></tr>
<tr><td>Imposto sobre propriedade territorial rural – ITR (CF art. 153, VI)</td></tr>
<tr><td>Imposto sobre grandes fortunas, nos termos de lei complementar – IGF (CF art. 153, VII)</td></tr>
<tr><td>Imposto extraordinário na iminência ou no caso de guerra externa (CF, art. 154, II)</td></tr>
<tr><td>Contribuições sociais de custeio da seguridade social (CF, art. 195)</td></tr>
<tr><td>Contribuição para custeio da previdência dos servidores públicos federais (CF, art. 40)</td></tr>
<tr><td>Imposto sobre transmissão causa mortis e doação, de quaisquer bens ou direitos – ITCMD (CF, art. 155, I)</td><td rowspan="4">Estados e Distrito Federal</td></tr>
<tr><td>Imposto sobre operações relativas à circulação de mercadorias e sobre prestações de serviços de transporte interestadual e intermunicipal e de comunicação, ainda que as operações e as prestações se iniciem no exterior – ICMS (CF, art. 155, II)</td></tr>
<tr><td>Imposto sobre propriedade de veículos automotores – IPVA (CF, art. 155, III)</td></tr>
<tr><td>Contribuição para custeio da previdência dos servidores públicos estaduais e do Distrito Federal (CF, art. 149, § 1º)</td></tr>
</table>

<table>
<tr><th>Tributo</th><th>Competência</th></tr>
<tr><td>Imposto sobre propriedade predial e territorial urbana - IPTU (CF, art. 156, I)</td><td rowspan="5">Municípios e Distrito Federal</td></tr>
<tr><td>Imposto sobre transmissão inter vivos, a qualquer título, por ato oneroso, de bens imóveis, por natureza ou acessão física, e de direitos reais sobre imóveis, exceto os de garantia, bem como cessão de direitos a sua aquisição - ITBI (CF, art. 156, II)</td></tr>
<tr><td>Imposto sobre serviços de qualquer natureza, não compreendidos no art. 155, II, definidos em lei complementar - ISSQN (CF, art. 156).</td></tr>
<tr><td>Contribuição para custeio da previdência dos servidores públicos municipais (CF, art. 149, § 1º)</td></tr>
<tr><td>Contribuição para custeio do serviço de iluminação pública (CF, art. 149-A)</td></tr>
<tr><td>Demais contribuições previstas na CF (por exemplo, arts. 212, 239 e 240)</td><td>União</td></tr>
<tr><td>Em território Federal, os impostos estaduais e, se o Território não for dividido em Municípios, cumulativamente, os impostos municipais (CF, art. 147)</td><td>União</td></tr>
<tr><td>Taxas em razão do exercício regular do poder de polícia ou pela prestação ou disponibilização de serviços públicos específicos e divisíveis (CF, art. 145, II)</td><td rowspan="2">Concorrente</td></tr>
<tr><td>Contribuições de melhoria (CF, art. 145, III)</td></tr>
</table>

Como se observa no quadro apresentado, além dos impostos estaduais (CF, art. 155) e dos tributos de competência concorrente da União, dos Estados, do Distrito Federal e dos Municípios (CF, arts. 145, II e III), cabem ao Distrito Federal os impostos municipais (CF, art. 147, *in fine*).

Muito embora, atualmente, não exista nenhum Território Federal, costuma-se exigir em concursos públicos outra competência conferida à União pela Constituição Federal. É que nos termos da primeira parte do artigo 147 da CF, em relação a Território Federal, competem à União os impostos estaduais e, se o Território não for dividido em Municípios, cumulativamente, os impostos municipais.

Outro ponto de destaque é que **não** pertence à União a competência para instituir contribuição previdenciária dos servidores dos Estados, do Distrito Federal e dos Municípios. Essa competência é atribuída aos próprios Estados, Distrito Federal e Municípios e as alíquotas das contribuições estaduais e municipais **não** serão inferiores à da contribuição dos servidores titulares de cargos efetivos da União (CF, art. 149, § 1º).

Porém, segundo recente decisão do STF, é inconstitucional cobrar de servidores públicos contribuição destinada ao custeio de serviços de saúde pública, na medida em que apenas a União tem competência para instituição de tal tributo (STF - AgRg-AI 740.823-MG - Rel. Min. Joaquim Barbosa).

2.2. Competência tributária plena

A competência tributária para instituição de tributos é plena, isto é, compreende também a atribuição de legislar a respeito dos mesmos. Por exemplo, a competência dos

Municípios para instituição do Imposto sobre Serviços de Qualquer Natureza (ISSQN) compreende igualmente a atribuição de legislar sobre as hipóteses de incidência, alíquotas, base de cálculo, contribuintes, responsáveis, lançamento, obrigações acessórias e sobre todos os demais aspectos da tributação.

Essa competência plena verifica-se não apenas em caráter primário (mediante lei municipal), mas também pela edição de normas regulamentares, via decretos (CTN, art. 99), e complementares, por meio de atos normativos administrativos, tais como portarias, resoluções etc (CTN, art. 100, I).

2.3. Competências residuais e extraordinária

Outras duas modalidades de competências que se verificam na Constituição são as **residuais** e a **extraordinária**, ambas pertencentes à União.

As competências residuais são deferidas apenas à União para instituir impostos (CF, art. 154, I) e contribuições que constituam outras fontes de custeio da seguridade social (CF, art. 195, § 4°) nos seguintes termos:

- mediante lei complementar;
- diferentes dos(as) já previstos(as) nos artigos 153 (impostos) e 195 (contribuições para custeio da seguridade social) da CF;
- não cumulativos(as);
- que não tenham fato gerador ou base de cálculo próprios(as) dos(as) já discriminados(as) na Constituição.

Na verdade, é o artigo 154, inciso I, da CF que estabelece que **impostos de competência residual da União**, isto é, diferentes dos previstos no artigo 153, além de não cumulativos, deverão ser criados mediante lei complementar e não poderão ter fatos geradores ou bases de cálculo próprios dos impostos discriminados na Constituição. Já o artigo 195, § 4°, da CF, ao prever a competência residual da União para instituir outras fontes de custeio da seguridade social, remete expressamente aos pressupostos do artigo 154, inciso I.

Por seu turno, a instituição de **impostos extraordinários de guerra**, também de competência da União, previstos no artigo 154, inciso II, da CF, pressupõe a iminência ou ocorrência de guerra externa. Anote-se que esses impostos extraordinários podem ou não estar compreendidos na competência tributária da União.

Eis, aliás, a única e excepcional hipótese em que a competência de um ente federativo pode ser exercida por outro, pois, como regra, a União não tem competência para legislar sobre impostos estaduais e municipais, sob pena de quebra do pacto federativo. Há, inclusive, proibição expressa no artigo 151, inciso III, da CF.

Os impostos extraordinários, instituídos na iminência ou no caso de guerra externa, serão suprimidos, gradativamente, cessadas as causas de sua criação (CF, art. 154, II).

Por fim, também é curioso anotar que, no caso de guerra externa ou sua iminência, a CF conferiu competência à União para a instituição de dois tributos específicos para fazer frente aos custos do evento, que são o empréstimo compulsório (CF, art. 148, I) e o já citado imposto extraordinário de guerra (CF, art. 154, II). Outro fato interessante é que esse último foge à regra de que não há destinação específica do produto da arrecadação de impostos.

2.4. Competência da União para legislar em caráter nacional

Nos termos do artigo 146 da CF, compete à lei complementar a tríplice função de:

I – dispor sobre conflitos de competência, em matéria tributária, entre a União, os Estados, o Distrito Federal e os Municípios;

II – regular as limitações constitucionais ao poder de tributar;

III – estabelecer normas gerais em matéria de legislação tributária, especialmente sobre: **a)** definição de **tributos** e de suas espécies, bem como, em relação aos **impostos** discriminados nesta Constituição, a dos respectivos fatos geradores, bases de cálculo e contribuintes; **b)** obrigação, lançamento, crédito, prescrição e decadência tributários; **c)** adequado tratamento tributário ao ato cooperativo praticado pelas sociedades cooperativas; **d)** definição de tratamento diferenciado e favorecido para as microempresas e para as empresas de pequeno porte.

Por terem caráter nacional, essas leis complementares são de competência da União, exercida por meio do Congresso Nacional.

No que tange às normas gerais em matéria tributária (alíneas "a", "b", "c" e "d" do art. 146, inciso III, da CF), a exigência de lei complementar é consagrada na jurisprudência do Supremo Tribunal Federal, que julgou inconstitucional dispor por lei ordinária sobre matérias relacionadas a crédito tributário, tais como a extinção pela decadência do direito ao crédito, consoante se depreende da ementa da ADI nº 124:

> "CONSTITUCIONAL. TRIBUTÁRIO. NORMA DO ESTADO DE SANTA CATARINA QUE ESTABELECE HIPÓTESE DE EXTINÇÃO DO CRÉDITO TRIBUTÁRIO POR TRANSCURSO DE PRAZO PARA APRECIAÇÃO DE RECURSO ADMINISTRATIVO FISCAL. CONSTITUIÇÃO DO ESTADO, ART. 16. ATO DAS DISPOSIÇÕES CONSTITUCIONAIS TRANSITÓRIAS DA CONSTITUIÇÃO ESTADUAL, ART. 4º. ALEGADA VIOLAÇÃO DO ART. 146, III, B, DA CONSTITUIÇÃO. A determinação do **arquivamento de processo administrativo tributário por decurso de prazo, sem a possibilidade de revisão do lançamento equivale à extinção do crédito tributário cuja validade está em discussão no campo administrativo.** Em matéria tributária, **a extinção do crédito tributário ou do direito de constituir o crédito tributário por decurso de prazo, combinado a qualquer outro critério, corresponde à decadência. Nos termos do Código Tributário Nacional (Lei 5.172/1966)**, a decadência do direito do Fisco ao crédito tributário, contudo, está vinculada ao lançamento extemporâneo (constituição), e não, propriamente, ao decurso de prazo e à inércia da autoridade fiscal na revisão do lançamento originário. Extingue-se um crédito que resultou de lançamento indevido, por ter sido realizado fora do prazo, e que goza de presunção de validade até a aplicação dessa regra específica de decadência. O lançamento tributário não pode durar

indefinidamente, sob risco de violação da segurança jurídica, mas a Constituição de 1988 reserva à lei complementar federal aptidão para dispor sobre decadência em matéria tributária. **Viola o art. 146, III, b, da Constituição federal norma que estabelece hipótese de decadência do crédito tributário não prevista em lei complementar federal.** Ação direta de inconstitucionalidade conhecida e julgada procedente (ADI 124 – Pleno – Rel. Min. Joaquim Barbosa, julgado em 01/08/2008, DJe 16/04/2009).

A competência da União para estabelecer normas gerais em matéria tributária também se encontra prevista no artigo 24, § 1º da CF. Porém, a competência da União para legislar sobre normas gerais não exclui a competência suplementar dos Estados, uma vez que, inexistindo lei federal sobre normas gerais, os Estados exercerão a competência legislativa plena, para atender a suas peculiaridades (CF, art. 24, §§ 2º e 3º). Nesse caso, a superveniência de lei federal sobre normas gerais suspende a eficácia da lei estadual, no que lhe for contrário (CF, art. 24, § 4º), lembrando que em matéria tributária as normas gerais estão reservadas à lei complementar e possuem caráter nacional (CF, art. 146, III).

Um exemplo jurisprudencial dessa competência suplementar dos Estados e do Distrito Federal decorre da ADI 2298, em que o Supremo Tribunal Federal decidiu que o fato de não haver lei complementar federal (nacional) para dispor sobre as normas gerais relativas ao IPVA, **não** impede que os Estados e o Distrito Federal exerçam a competência legislativa plena, instituindo e exigindo a exação, nos termos do artigo 24, § 3º da CF.

Por fim, importante dizer que não há previsão constitucional expressa de competência suplementar para os municípios.

2.5. Competência *versus* Capacidade tributária ativa

Embora sejam fixadas na Constituição e, por isso, decorra do texto constitucional o respectivo conceito, o CTN estabelece, no plano infraconstitucional, a partir do seu artigo 6º, normas gerais que regem o exercício das competências tributárias.

Nessa linha, após prever que a competência tributária é plena e se sujeita às limitações constitucionais ao poder de tributar (art. 6º, *caput*), o CTN veicula a norma de que a repartição do produto da arrecadação entre as unidades da federação **não** altera a competência tributária, quando dispõe que os tributos cuja receita seja distribuída, no todo ou em parte, a outras pessoas jurídicas de direito público, pertencerão à competência legislativa daquela a que tenham sido atribuídos (CTN, art. 6º, parágrafo único). Assim, por exemplo, a entrega pela União do produto da arrecadação do IPI ao Fundo de Participação dos Municípios, prevista no artigo 159, inciso I, da CF, constitui norma de repartição de receitas tributárias (CF, seção VI do capítulo do Sistema Tributário Nacional), não representando outorga parcial de competência, mas apenas repasse de receita obtida a partir da arrecadação decorrente do exercício da competência pelo ente definido na Constituição.

De modo geral, **a competência tributária é indelegável** (CTN, art. 7º). Porém, as funções de arrecadação e fiscalização integram o conceito de **capacidade tributária ativa,** constituindo atribuições delegáveis de um ente tributante a outro, consoante a literalidade do artigo 7º do CTN.

Em termos mais precisos, a competência tributária legislativa está compreendida na regra da indelegabilidade da competência tributária. Já a **capacidade tributária ativa**, compreendida nas prerrogativas de **arrecadar ou fiscalizar tributos**, ou de executar leis, serviços, atos ou decisões administrativas em matéria tributária, **é delegável**, ou seja, pode ser conferida por uma pessoa jurídica de direito público a outra (CTN, art. 7º). Nessa delegação estão compreendidas as garantias e os privilégios processuais que competem à pessoa jurídica de direito público que a conferir (CTN, art. 7º, § 1º). Porém, pode ser revogada, a qualquer tempo, por ato unilateral da pessoa jurídica de direito público que a tenha conferido (CTN, art. 7º, § 2º).

No plano constitucional, a capacidade tributária ativa está muito ligada às contribuições parafiscais. A parafiscalidade é uma característica de tributos instituídos pelas pessoas políticas com delegação da capacidade tributária ativa a terceiros. Isso ocorre, por exemplo, em relação às contribuições de interesse de categorias profissionais e econômicas, em que contribuições instituídas pela União, no âmbito de sua competência tributária plena, são arrecadadas e fiscalizadas, por exemplo, por entidades de fiscalização profissional, tais como CREA, CRECI, CRM etc, consideradas autarquias pela jurisprudência do STF, por terem sido criadas por lei e exercerem atividade típica de Estado. E, assim, possuem natureza de pessoas jurídicas de direito público, o que configura delegação de que tratam os parágrafos 1º e 2º do artigo 7º do CTN.

Além disso, **não** constitui delegação de competência o cometimento, a pessoas de direito privado, do encargo ou da função de arrecadar tributos (CTN, art. 7º, § 3º). Dessa forma, é plenamente admissível cometer a uma sociedade anônima privada o encargo de arrecadar impostos, sem que tal seja considerado delegação de competência (como exemplo, tem-se a rede bancária, apta a receber as guias de recolhimento dos tributos).

Por oportuno, além da **indelegabilidade**, outra característica da competência tributária realçada em norma do CTN é a **incaducabilidade**, isto é, a competência não perece em razão do não exercício ao longo do tempo. Nesse sentido, tem-se o artigo 8º do CTN, segundo o qual: "O não-exercício da competência tributária não a defere a pessoa jurídica de direito público diversa daquela a que a Constituição a tenha atribuído".

3. REPARTIÇÃO DAS RECEITAS TRIBUTÁRIAS

Em geral, a pessoa política que institui e arrecada determinado tributo fica com o produto de sua arrecadação. Entretanto, visando à harmonia do pacto federativo, a CF/88 traz uma série de situações em que o ente tributante deve repassar parte do numerário arrecadado a outro. São as chamadas **repartições de receitas tributárias.**

ATENÇÃO:

Interessante classificação doutrinária a respeito da repartição das receitas é lembrada e esclarecida por Harrison Leite, em sua obra de Direito Financeiro. Diz respeito à distinção que se faz entre repartição de receita **direta** e **indireta**: "Entende-se a **repartição direta** como aquela que não perpassa por nenhum fundo ou por nenhuma intermediação, para onde os recursos vão e de lá são retornados aos entes federativos. Esse tipo de repetição não conta com a interferência de qualquer índice de forma a distribuir um valor maior a quem mais necessita e menor a quem menos necessita. Parte, portanto, de critérios meramente percentuais sem atentar a qualquer variação em virtude da maior ou menor necessidade do destinatário de recurso. A **repartição indireta**, por sua vez, demanda sempre que, ao ser repassado o recurso, analise-se alguns critérios, como o índice de produtividade, como se dá com parte do índice do ICMS, como o número de alunos matriculados, como se dá com o FUNDEB, como o Índice de Desenvolvimento Humano, como se dá para o FPM e o FPE, além do número populacional, dentre outros. Assim, a repartição indireta, na maioria das vezes, se dá por intermédio de um Fundo, que é uma mera individualização contábil destinando recursos a fins específicos, com o fim de organizar e permitir a repartição, na conformidade dos critérios estabelecidos" (In: LEITE, Harrison. Manual de direito financeiro. Salvador: Juspodivm, 2012, p. 151).

As repartições das receitas tributárias estão disciplinadas entre os artigos 157 e 162 do texto constitucional.

ATENÇÃO:

Sob o ponto de vista tributário e financeiro, vigora, no Brasil, o federalismo assimétrico, visto que o pacto federativo reconhece as diferenças econômicas entre os vários entes da Federação em virtude da arrecadação de receita, e, por esse motivo, tenta superar tais distorções com os sistemas de compartilhamento de competência e repartição de competência tributária.

Na sequência, as repartições constitucionais de receitas tributárias serão apresentadas, seguidas, ao final, de um esquema mnemônico completo.

- **Pertencem aos Estados e ao Distrito Federal (CF, art. 157):**

I – o produto da arrecadação do imposto da União sobre renda e proventos de qualquer natureza, incidente na fonte, sobre rendimentos pagos, a qualquer título, por eles, suas autarquias e pelas fundações que instituírem e mantiverem.

Isso significa que, por exemplo, embora o Imposto de Renda Retido na Fonte sobre a folha de pagamento dos servidores estaduais seja de competência da União, os Estados e o Distrito Federal têm direito a ficar com 100% do produto de sua arrecadação. Não por outra razão, inclusive, o Superior Tribunal de Justiça editou a Súmula 447, consolidando o entendimento de que os "Estados e o Distrito Federal são partes legítimas na ação de restituição de imposto de renda retido na fonte proposta por seus servidores". Mais precisamente, os "Estados da Federação são partes legítimas para figurar no polo passivo das ações propostas por servidores públicos estaduais, que visam o reconhecimento do direito à isenção ou à repetição do indébito relativo ao imposto de renda retido na fonte" (REsp 989.419/RS, Rel. Min. Luiz Fux, Primeira Seção, DJe 18/12/09).

***II** – vinte por cento do produto da arrecadação do imposto que a União instituir no exercício da competência que lhe é atribuída pelo art. 154, I.*

Pertencerá aos Estados o montante de 20% dos impostos criados no âmbito da competência residual da União estabelecida no inciso I do artigo 154 da CF. A Constituição não estabelece se o repasse será para o Estado da localidade do fato gerador ou se haverá algum outro critério para partilha desse percentual do imposto residual entre os Estados.

- **Pertencem aos Municípios (CF, art. 158):**

***I** – o produto da arrecadação do imposto da União sobre renda e proventos de qualquer natureza, incidente na fonte, sobre rendimentos pagos, a qualquer título, por eles, suas autarquias e pelas fundações que instituírem e mantiverem.*

Aplica-se aqui o mesmo raciocínio desenvolvido para o Imposto de Renda Retido na Fonte por Estados e Distrito Federal, ou seja, os Municípios têm direito a ficar com 100% do produto de sua arrecadação, a exemplo daquela retida sobre a folha de pagamento dos seus servidores. Aplica-se aos Municípios, ainda, o entendimento da Súmula 447, ou seja, os Municípios são partes legítimas na ação de restituição de imposto de renda retido na fonte proposta por seus servidores.

***II** – cinquenta por cento do produto da arrecadação do imposto da União sobre a propriedade territorial rural, relativamente aos imóveis neles situados, cabendo a totalidade na hipótese da opção a que se refere o art. 153, § 4º, III;*

Pertence aos Municípios **cinquenta por cento** do produto da arrecadação do ITR, relativamente aos imóveis neles situados, **cabendo a totalidade (100%)** na hipótese da opção pelo Município, na forma da lei, por fiscalizar e cobrar o referido imposto, desde que não implique em sua redução ou qualquer outra forma de renúncia fiscal (CF, art. 158, II c/c art. 153, § 4º, III).

***III** – cinquenta por cento do produto da arrecadação do imposto do Estado sobre a propriedade de veículos automotores licenciados em seus territórios;*

Possui repercussão geral a controvérsia relativa ao local de recolhimento do IPVA, se em favor do Estado-membro no qual sediado ou domiciliado o contribuinte ou onde registrado e licenciado o veículo automotor cuja propriedade constitui fato gerador do tributo (Tema 708, conhecido e pendente de julgamento). De qualquer forma, o critério constitucional de repartição das receitas tributárias do IPVA é o local de licenciamento, ou seja, 50% do que é arrecadado a título de IPVA pertence ao Município em que o licenciamento foi realizado (pertence ao Município constante na placa do veículo).

***IV** – vinte e cinco por cento do produto da arrecadação do imposto do Estado sobre operações relativas à circulação de mercadorias e sobre prestações de serviços de transporte interestadual e intermunicipal e de comunicação.*

Essa destinação de 25% da arrecadação do ICMS estadual para os Municípios segue, prevalentemente, o critério da territorialidade do valor adicionado, segundo o qual as parcelas de receita pertencentes aos Municípios serão creditadas conforme os seguintes critérios: I – **três quartos**, no mínimo, **na proporção do valor adicionado** nas operações relativas à circulação de mercadorias e nas prestações de serviços, realizadas **em seus territórios**; II – **até um quarto**, de acordo com o que dispuser **lei estadual** ou, no caso dos Territórios, lei federal (CF, art. 158, parágrafo único).

Em termos mais precisos, **prevalece** o critério da territorialidade do valor adicionado, porque a proporção de três quartos do repasse de ICMS dos Estados aos Municípios é destinada àqueles em cujos territórios tiverem ocorrido operações de circulação de mercadorias ou prestações de serviços de transporte interestadual e intermunicipal e de comunicações. Há de se ressalvar, contudo, que **o quarto restante do repasse não terá que seguir, necessariamente, o mesmo critério**, pois será definido pela lei de cada Estado ou federal (quando se tratar de território).

Resta saber em que consiste o **valor adicionado**, definição que a Constituição Federal reservou à esfera de competência da lei complementar nacional, consoante disposto no artigo 161, inciso I. Foi com base nessa reserva de competência que o artigo 3º § 1º da Lei complementar nº 63/90 veio estabelecer que o valor adicionado corresponderá, para cada Município:

I – ao valor das mercadorias saídas, acrescido do valor das prestações de serviços, no seu território, deduzido o valor das mercadorias entradas, em cada ano civil;

II – nas hipóteses de tributação simplificada a que se refere o parágrafo único do art. 146 da Constituição Federal (Simples Nacional), e, em outras situações, em que se dispensem os controles de entrada, considerar-se-á como valor adicionado o percentual de 32% (trinta e dois por cento) da receita bruta.

ATENÇÃO:

Acrescentado pela Lei complementar 158/2016, o § 14 da Lei complementar 63/90 dispõe sobre o que se considera valor das mercadorias saídas quando se tratar de energia elétrica proveniente de usina hidrelétrica: "O valor da produção de energia proveniente de usina hidrelétrica, para fins da apuração do valor mencionado no inciso I do § 1o, corresponderá à quantidade de energia produzida, multiplicada pelo preço médio da energia hidráulica comprada das geradoras pelas distribuidoras, calculado pela Agência Nacional de Energia Elétrica (Aneel)".

Ainda com relação ao valor adicionado, outra recente alteração foi implementada pela Lei complementar 157/2016, que incluiu mais dois parágrafos ao artigo 3º da Lei complementar 63/90, quais sejam:

"§ 1º-A. Na hipótese de pessoa jurídica promover saídas de mercadorias por estabelecimento diverso daquele no qual as transações comerciais são realizadas, excluídas as transações comerciais não presenciais, o valor adicionado deverá ser computado em favor do Município onde ocorreu a transação comercial, desde que ambos os estabelecimentos estejam localizados no mesmo Estado ou no Distrito Federal".

"§ 1º-B. No caso do disposto no § 1o-A deste artigo, deverá constar no documento fiscal correspondente a identificação do estabelecimento no qual a transação comercial foi realizada".

Além disso, para efeito de cálculo do valor adicionado o § 2º do mesmo artigo 3º da Lei complementar 63/90, estabelece que serão computadas:

I – as operações e prestações que constituam fato gerador do imposto, mesmo quando o pagamento for antecipado ou diferido, ou quando o crédito tributário for diferido, reduzido ou excluído em virtude de isenção ou outros benefícios, incentivos ou favores fiscais;

II – as operações imunes do imposto, conforme as alíneas a e b do inciso X do § 2º do art. 155, e a alínea d do inciso VI do art. 150, da Constituição Federal, isto é, as exportações e as operações interestaduais com petróleo, inclusive lubrificantes, combustíveis líquidos e gasosos dele derivados, e energia elétrica.

RESUMINDO:

Valor adicionado = saídas + prestações – entradas (todos valores anuais, incluindo operações sujeitas a diferimento, substituição tributária, isenção, redução e outros benefícios, incentivos e favores fiscais). Ou seja, o valor adicionado não se confunde com o valor arrecadado, pois não leva em conta os valores recolhidos de imposto, mas, sim a movimentação de notas fiscais (tributadas ou não).

ou

Valor adicionado = 32% x Receita Bruta (no caso de empresas do Simples Nacional ou outras situações em que se dispense controle de entrada).

Pelo exposto, vê-se que, ressalvados os casos das microempresas e outra situações em que se dispense controle de entrada, o **valor arrecadado** é dividido pelos Estados com os Municípios na proporção dos **valores adicionados.** Isso pode propiciar situações interessantes, como a de um pequeno município com economia baseada na produção de papel imune, que entra no cômputo do valor adicionado, mas não representa arrecadação de ICMS para o Estado. Esse Município pouco contribuirá para a formação do valor arrecadado a ser repartido entre os Municípios, mas terá uma boa participação na repartição de receitas, haja vista o seu alto índice de valor adicionado decorrente das operações com papel imune.

- A União entregará (art. 159)

I – do produto da arrecadação dos impostos sobre renda e proventos de qualquer natureza e sobre produtos industrializados, 49% (quarenta e nove por cento), na seguinte forma:

a) 21,5% (vinte e um inteiros e cinco décimos por cento) ao Fundo de Participação dos Estados e do Distrito Federal;

b) 22,5% (vinte e dois inteiros e cinco décimos por cento) ao Fundo de Participação dos Municípios;

c) *3% (três por cento) para aplicação em programas de financiamento ao setor produtivo das Regiões Norte, Nordeste e Centro-Oeste, através de suas instituições financeiras de caráter regional, de acordo com os planos regionais de desenvolvimento, ficando assegurada ao semiárido do Nordeste a metade dos recursos destinados à Região, na forma que a lei estabelecer;*

d) *1% um por cento ao Fundo de Participação dos Municípios, que será entregue no primeiro decêndio do mês de dezembro de cada ano; (Incluído pela Emenda Constitucional nº 55, de 2007)*

e) *1% (um por cento) ao Fundo de Participação dos Municípios, que será entregue no primeiro decêndio do mês de julho de cada ano; (Incluída pela Emenda Constitucional nº 84, de 2014)*

Com relação ao repasse de Imposto de Renda, não farão parte do cálculo do montante a ser repartido os valores de Imposto de Renda Retido na Fonte a cuja totalidade tem direito Estados e Municípios sobre rendimentos pagos, a qualquer título, por eles, suas autarquias e pelas fundações que instituírem e mantiverem. É o que se depreende do § 1º do artigo 159 da CF.

II *– do produto da arrecadação do imposto sobre produtos industrializados, dez por cento aos Estados e ao Distrito Federal, proporcionalmente ao valor das respectivas exportações de produtos industrializados.*

A parcela de 10% do IPI deverá ser repartida pela União com os Estados e o Distrito Federal. O critério constitucional estabelecido é a proporção das exportações de produtos industrializados que cada um desses entes federativos realizar. Por exemplo, um Estado responsável por 3% das exportações nacionais terá direito a 3% do repasse de 10% devido pela União.

Porém, dessa parcela do IPI a que têm direito os Estados e o Distrito Federal, o artigo 159, § 3º, da CF dispõe que uma parcela de 25% deverá ser entregue aos respectivos Municípios. Atenção que esse repasse dos Estados e DF para os Municípios, como veremos adiante, constitui uma hipótese de repartição de receitas que, segundo ainda dispõe o § 3º do artigo 159, deverá observar os critérios estabelecidos no artigo 158, parágrafo único, incisos I e II, da CF, ou seja, os mesmos critérios utilizados para a repartição das receitas do ICMS. Significa dizer que as parcelas de receita pertencentes aos Municípios serão creditadas conforme os seguintes critérios: I – três quartos, no mínimo, na proporção do valor adicionado nas operações relativas à circulação de mercadorias e nas prestações de serviços, realizadas em seus territórios; II – até um quarto, de acordo com o que dispuser a lei (CF, art. 159, II c/c art. 158, parágrafo único, I e II).

Consoante § 2º do artigo 159 da CF, a nenhuma unidade federada poderá ser destinada parcela superior a 20% (vinte por cento) do montante de 10% do IPI a ser repassado pela União nos termos do inciso II do artigo 159. Eventual excedente deverá ser distribuído entre os demais participantes, mantido, em relação a esses, o critério de partilha nele estabelecido.

Para melhor compreensão, a sequência lógica de raciocínio é o seguinte:

- União arrecada o IPI;
- União repassa 10% do IPI a Estados e Distrito Federal;
- A divisão desse montante entre Estados e Distrito Federal é proporcional às exportações de cada uma dessas 27 unidades;
- Do que receber, cada Estado deverá repartir 25% com os seus respectivos municípios, seguindo os mesmos critérios de partilha do ICMS;
- Nenhuma unidade da federação poderá receber mais de 20% do total do IPI repassado, ou seja, 20% dos 10% de repasse total do imposto;
- Se alguma unidade da federação obtiver uma participação nas exportações maior do que 20%, ela não terá direito a repasse de IPI acima da proporção-limite de 20% do total do repasse federal;
- O excedente será repartido entre as demais unidades da federação (aquelas que não excederam os 20%), aplicando-se mesmos critérios de partilha que resultaram no excedente verificado.

III – do produto da arrecadação da contribuição de intervenção no domínio econômico prevista no art. 177, § 4º, 29% (vinte e nove por cento) para os Estados e o Distrito Federal, distribuídos na forma da lei, observada a destinação a que se refere o inciso II, c, do referido parágrafo.

A parcela de 29% da CIDE combustíveis será destinada aos Estados e ao Distrito Federal. Do montante que receber, conforme § 4º do artigo 159, da CF, cada Estado destinará uma parcela de 25% aos seus Municípios, distribuídos na forma da lei e respeitada a destinação estabelecida no artigo 177, § 4º, da CF, qual seja: **a)** ao pagamento de subsídios a preços ou transporte de álcool combustível, gás natural e seus derivados e derivados de petróleo; **b)** ao financiamento de projetos ambientais relacionados com a indústria do petróleo e do gás; **c)** ao financiamento de programas de infra-estrutura de transportes.

A União também deverá, em relação ao ouro definido em lei como ativo financeiro e sujeito exclusivamente à incidência do IOF com alíquota mínima de 1%, transferir todo o montante da arrecadação nos seguintes termos (CF, art. 153, § 5º):

I – trinta por cento para o Estado, o Distrito Federal ou o Território, conforme a origem;

II – setenta por cento para o Município de origem.

A incidência do IOF-ouro só é possível na primeira operação (de origem), quais sejam, a aquisição por instituição autorizada e o desembaraço aduaneiro quando vindo do exterior.

3.1. Visão completa das repartições das receitas tributárias

Confira, no quadro a seguir, didaticamente elaborado (*in:* MARTINS, Alan; SCARDOELLI, Dimas Yamada. *Direito Tributário – curso rápido e didático para estudos e revisões.* Leme: Editora JH Mizuno, 2012, página 64), as regras constitucionais sobre partilha da arrecadação tributária, previstas principalmente entre os artigos 157 e 159 da CF:

Tributo	União	Est./DF	Mun.	Outros	%	CF/88	Observações constitucionais (CF/88)
IR – retido na fonte	0	D	–	–	100	157, I	Pagamentos efetuados pelos Estados.
Imposto Residual	0	D	–	–	20	157, II	Ver art. 154, I.
IR – retido na fonte	0	–	D	–	100	158, I	Pagamentos efetuados pelos Municípios.
ITR	0	–	D	–	50	158, II	Imóveis rurais situados nos Municípios. O repasse pode chegar a 100%, nos termos do art. 153, § 4º, III.
IPVA	–	0	D	–	50	158, III	Critério: local do licenciamento.
ICMS	–	0	D	–	25	158, IV	Critério: índice de participação. Ver parágrafo único do art. 158.
IR/IPI	0			D	49	159, I	Outros: Fundos de Participações dos Estados (21,5%) e dos Municípios (22,5%), Programas de Financiamento regiões N, NE e CO (3%) e, novamente, Fundo de Participação dos Municípios (1%) para entrega no primeiro decêndio do mês de dezembro de cada ano e (1%) para entrega no primeiro decêndio do mês de julho de cada ano.
IPI	0	D	–	–	10	159, II	Proporcional às exportações de produtos industrializados. Do valor recebido pelos Estados/DF (nunca superior a 20%), serão entregues 25% aos Municípios pelo critério idêntico ao ICMS.

Tributo	União	Est./DF	Mun.	Outros	%	CF/88	Observações constitucionais (CF/88)
CIDE combust.	O	D	-	-	29	159, III	Os Estados e o DF destinarão 25% do valor recebido aos Municípios.
IOF ouro	O	D	-	-	30	153, § 5º, I	Ouro como ativo financeiro ou instrumento cambial. Critério: origem
IOF ouro	O	-	D	-	70	153, § 5º, II	Ouro como ativo financeiro ou instrumento cambial. Critério: origem

Legenda: O = origem (ente que detém a competência tributária).
D = destino (ente que recebe o repasse da receita).
% = percentual de receita repassada.

Compreendido o quadro das repartições, é importante frisar que a Constituição expressamente veda a retenção ou qualquer restrição à entrega e ao emprego dos recursos atribuídos, por repartição de receitas, aos Estados, ao Distrito Federal e aos Municípios, neles compreendidos adicionais e acréscimos relativos a impostos (CF, art. 160). Mas isso não impede a União e os Estados de condicionarem a entrega de recursos: I – ao pagamento de seus créditos, inclusive de suas autarquias; II – ao cumprimento do disposto no art. 198, § 2º, incisos II e III (recursos mínimos destinados à área de saúde).

Além disso, nos termos do artigo 161 da CF, cabe à lei complementar: I – definir valor adicionado para fins do disposto no art. 158, parágrafo único, inciso I (parcela de pelo menos três quartos que compõe o índice de participação dos Municípios na repartição do ICMS); II – estabelecer normas sobre a entrega dos recursos de que trata o artigo 159 (Fundos de Participação de Estados e Municípios), especialmente sobre os critérios de rateio dos fundos previstos em seu inciso I, objetivando promover o equilíbrio socioeconômico entre Estados e entre Municípios, em cálculo a ser efetuado pelo Tribunal de Contas da União (art. 161, parágrafo único); III – dispor sobre o acompanhamento, pelos beneficiários, do cálculo das quotas e da liberação das participações previstas nos arts. 157, 158 e 159.

Por fim, deve-se destacar a exigência constitucional de publicidade das receitas tributárias, segundo a qual a União, os Estados, o Distrito Federal e os Municípios divulgarão, até o último dia do mês subsequente ao da arrecadação, os montantes de cada um dos tributos arrecadados, os recursos recebidos, os valores de origem tributária entregues e a entregar e a expressão numérica dos critérios de rateio (CF, art. 162). Os dados divulgados pela União serão discriminados por Estado e por Município, e os dados dos Estados divulgados por Município (parágrafo único).

4. INFORMATIVOS DE JURISPRUDÊNCIA (2017 E 2018)

ICMS e lei estadual

É válida lei estadual que dispõe acerca da incidência do ICMS sobre operações de importação editada após a vigência da EC 33/2001, mas antes da LC 114/2002, visto que é plena a competência legislativa estadual enquanto inexistir lei federal sobre norma geral, conforme art. 24, § 3º Constituição Federal (1).

Com base nesse entendimento, a Segunda Turma deu provimento a agravo regimental interposto pelo Estado de São Paulo e, por conseguinte, negou provimento a recurso extraordinário em que se alegava a inconstitucionalidade da incidência do ICMS sobre importação de veículo para uso próprio, determinada por lei estadual anterior à LC 114/2002.

Conforme tese de repercussão geral (Tema 171), o Colegiado entendeu válida, embora de eficácia contida, a lei estadual que versa sobre tributos em importação de bens (Lei 11.001/2001), editada após a vigência da EC 33/2001, que deu nova redação ao art. 155, §2º, IX, "a" da CF/88 (2).

Vencido o ministro Teori Zavascki (relator), que negou provimento ao agravo.

(1) Constituição Federal/1988: "Art. 24. (...) § 3º Inexistindo lei federal sobre normas gerais, os Estados exercerão a competência legislativa plena, para atender a suas peculiaridades".

(2) Art. 155. (...)§ 2º O imposto previsto no inciso II atenderá ao seguinte: IX – incidirá também: a) sobre a entrada de bem ou mercadoria importados do exterior por pessoa física ou jurídica, ainda que não seja contribuinte habitual do imposto, qualquer que seja a sua finalidade, assim como sobre o serviço prestado no exterior, cabendo o imposto ao Estado onde estiver situado o domicílio ou o estabelecimento do destinatário da mercadoria, bem ou serviço;

RE 917950 AgR/SP, rel. Min. Teori Zavascki, julgamento em 5.12.2017.

(Informativo 887, Segunda Turma)

Valor Adicionado Fiscal: forma de cálculo e questão infraconstitucional

A matéria referente à forma de cálculo do Valor Adicionado Fiscal (VAF) não ostenta natureza constitucional.

Com essa orientação, o Tribunal, por maioria, negou provimento a embargos de divergência opostos contra acórdão da Segunda Turma nos quais se sustentava divergência em relação ao acórdão proferido pela Primeira Turma no RE 136.189/SP (DJU de 22.5.1992).

Nos termos do voto condutor do acórdão paradigma, o ponto essencial à regência da repartição de receitas entre Estados-Membros e Municípios — alçados os últimos, no federalismo brasileiro, ao status de entidade política autônoma, a concretização dos caracteres essenciais da definição do "valor adicionado" seria um problema nacional: se a própria Constituição não lhe delegou o deslinde — como o fazia explicitamente o art. 23, § 8º, até a EC 17/1980, e o faz hoje, explicitamente, o art. 161, I, do texto de 1988 —, seria na Constituição mesma que se haveria de buscar, até onde por possível, a densificação do conceito necessário.

O Tribunal, preliminarmente e também por maioria, conheceu dos embargos de divergência por reputar preenchidos todos os pressupostos processuais. Asseverou haver controvérsia entre os órgãos fracionários do STF em relação à índole constitucional ou infraconstitucional da forma de cálculo do VAF do ICM, sob a vigência da EC 1/1969, após a promulgação da EC 17/1980, para fins de seguimento de recurso extraordinário. Vencidos, no ponto, os ministros Marco Aurélio e Ricardo Lewandowski, que não conheciam dos embargos.

Quanto ao mérito, prevaleceu o voto do ministro Edson Fachin que, ao se referir ao acórdão paradigma, entendeu que o fato de a matéria ser de abrangência nacional não implica dizer que, por isso, também é necessariamente constitucional.

Asseverou que, no caso, verifica-se apenas que o poder constituinte derivado decidiu excluir da esfera da política ordinária uma decisão fundamental para o federalismo fiscal, isto é, os critérios de partilha das receitas do ICM pertencentes ao Estado por meio da constitucionalização desses critérios. No entanto, estaria claro que não se extrairia um conceito de VAF do que positivado na Constituição, sendo necessária a concretização normativa do Poder Público nos âmbitos legislativo e administrativo para regular a vontade do constituinte.

Acrescentou que o VAF é um critério econômico contábil que se pauta simplificadamente na diferença entre notas fiscais de venda e notas fiscais de compra na espacialidade do município.

Vencidos os ministros Dias Toffoli (relator) e Roberto Barroso, que davam parcial provimento ao recurso.

RE 296178 AgR-ED-Edv/MG, rel. orig. Min. Dias Toffoli, red. p/ o ac. Min. Edson Fachin, julgamento em 23.2.2017.

(Informativo 855, Plenário)

Responsabilidade civil do Estado. Imposto de importação. Alteração de alíquotas. Indústria nacional. Impacto econômico-financeiro. Risco da atividade. Direito à manutenção do status quo ante. Inexistência.

Não se verifica o dever do Estado de indenizar eventuais prejuízos financeiros do setor privado decorrentes da alteração de política econômico-tributária, no caso de o ente público não ter se comprometido, formal e previamente, por meio de determinado planejamento específico. REsp 1.492.832-DF, Rel. Min. Gurgel de Faria, por maioria, julgado em 04/09/2018, DJe 01/10/2018. (Informativo n. 634.)

5. SÚMULAS

Súmula 447, do STJ: Os Estados e o Distrito Federal são partes legítimas na ação de restituição de imposto de renda retido na fonte proposta por seus servidores.

6. LEGISLAÇÃO RELACIONADA AO CAPÍTULO

» CONSTITUIÇÃO FEDERAL

Art. 24. Compete à União, aos Estados e ao Distrito Federal legislar concorrentemente sobre:

I - direito tributário, financeiro, penitenciário, econômico e urbanístico;

§ 1º No âmbito da legislação concorrente, a competência da União limitar-se-á a estabelecer normas gerais.

§ 2º A competência da União para legislar sobre normas gerais não exclui a competência suplementar dos Estados.

§ 3º Inexistindo lei federal sobre normas gerais, os Estados exercerão a competência legislativa plena, para atender a suas peculiaridades.

§ 4º A superveniência de lei federal sobre normas gerais suspende a eficácia da lei estadual, no que lhe for contrário.

Art. 145. A União, os Estados, o Distrito Federal e os Municípios poderão instituir os seguintes tributos:

I - impostos;

II - taxas, em razão do exercício do poder de polícia ou pela utilização, efetiva ou potencial, de serviços públicos específicos e divisíveis, prestados ao contribuinte ou postos a sua disposição;

III - contribuição de melhoria, decorrente de obras públicas.

§ 1º Sempre que possível, os impostos terão caráter pessoal e serão graduados segundo a capacidade econômica do contribuinte, facultado à administração tributária, especialmente para conferir efetividade a esses objetivos, identificar, respeitados os direitos individuais e nos termos da lei, o patrimônio, os rendimentos e as atividades econômicas do contribuinte.

§ 2º As taxas não poderão ter base de cálculo própria de impostos.

Art. 146. Cabe à lei complementar:

I - dispor sobre conflitos de competência, em matéria tributária, entre a União, os Estados, o Distrito Federal e os Municípios;

II - regular as limitações constitucionais ao poder de tributar;

III - estabelecer normas gerais em matéria de legislação tributária, especialmente sobre:

a) definição de tributos e de suas espécies, bem como, em relação aos impostos discriminados nesta Constituição, a dos respectivos fatos geradores, bases de cálculo e contribuintes;

b) obrigação, lançamento, crédito, prescrição e decadência tributários;

c) adequado tratamento tributário ao ato cooperativo praticado pelas sociedades cooperativas.

d) definição de tratamento diferenciado e favorecido para as microempresas e para as empresas de pequeno porte, inclusive regimes especiais ou simplificados no caso do imposto previsto no art. 155, II, das contribuições previstas no art. 195, I e §§ 12 e 13, e da contribuição a que se refere o art. 239.

Parágrafo único. A lei complementar de que trata o inciso III, d, também poderá instituir um regime único de arrecadação dos impostos e contribuições da União, dos Estados, do Distrito Federal e dos Municípios, observado que:

I - será opcional para o contribuinte;

II - poderão ser estabelecidas condições de enquadramento diferenciadas por Estado;

III - o recolhimento será unificado e centralizado e a distribuição da parcela de recursos pertencentes aos respectivos entes federados será imediata, vedada qualquer retenção ou condicionamento;

IV - a arrecadação, a fiscalização e a cobrança poderão ser compartilhadas pelos entes federados, adotado cadastro nacional único de contribuintes.

Art. 146-A. Lei complementar poderá estabelecer critérios especiais de tributação, com o objetivo de prevenir desequilíbrios da concorrência, sem prejuízo da competência de a União, por lei, estabelecer normas de igual objetivo.

Art. 147. Competem à União, em Território Federal, os impostos estaduais e, se o Território não for dividido em Municípios, cumulativamente, os impostos municipais; ao Distrito Federal cabem os impostos municipais.

Art. 148. A União, mediante lei complementar, poderá instituir empréstimos compulsórios:

I - para atender a despesas extraordinárias, decorrentes de calamidade pública, de guerra externa ou sua iminência;

II - no caso de investimento público de caráter urgente e de relevante interesse nacional, observado o disposto no art. 150, III, "b".

Parágrafo único. A aplicação dos recursos provenientes de empréstimo compulsório será vinculada à despesa que fundamentou sua instituição.

Art. 149. Compete exclusivamente à União instituir contribuições sociais, de intervenção no domínio econômico e de interesse das categorias profissionais ou econômicas, como instrumento de sua atuação nas respectivas áreas, observado o disposto nos arts. 146, III, e 150, I e III, e sem prejuízo do previsto no art. 195, § 6º, relativamente às contribuições a que alude o dispositivo.

§ 1º Os Estados, o Distrito Federal e os Municípios instituirão contribuição, cobrada de seus servidores, para o custeio, em benefício destes, do regime previdenciário de que trata o art. 40, cuja alíquota não será inferior à da contribuição dos servidores titulares de cargos efetivos da União.

§ 2º As contribuições sociais e de intervenção no domínio econômico de que trata o caput deste artigo:

I - não incidirão sobre as receitas decorrentes de exportação;

II - incidirão também sobre a importação de produtos estrangeiros ou serviços;

III - poderão ter alíquotas:

a) ad valorem, tendo por base o faturamento, a receita bruta ou o valor da operação e, no caso de importação, o valor aduaneiro;

b) específica, tendo por base a unidade de medida adotada.

§ 3º A pessoa natural destinatária das operações de importação poderá ser equiparada a pessoa jurídica, na forma da lei.

§ 4º A lei definirá as hipóteses em que as contribuições incidirão uma única vez.

Art. 149-A Os Municípios e o Distrito Federal poderão instituir contribuição, na forma das respectivas leis, para o custeio do serviço de iluminação pública, observado o disposto no art. 150, I e III.

Parágrafo único. É facultada a cobrança da contribuição a que se refere o caput, na fatura de consumo de energia elétrica.

Art. 153. Compete à União instituir impostos sobre:

I - importação de produtos estrangeiros;

II - exportação, para o exterior, de produtos nacionais ou nacionalizados;

III - renda e proventos de qualquer natureza;

IV - produtos industrializados;

V - operações de crédito, câmbio e seguro, ou relativas a títulos ou valores mobiliários;

VI - propriedade territorial rural;

VII - grandes fortunas, nos termos de lei complementar.

§ 4º O imposto previsto no inciso VI do caput:

I - será progressivo e terá suas alíquotas fixadas de forma a desestimular a manutenção de propriedades improdutivas;

II - não incidirá sobre pequenas glebas rurais, definidas em lei, quando as explore o proprietário que não possua outro imóvel;

III - será fiscalizado e cobrado pelos Municípios que assim optarem, na forma da lei, desde que não implique redução do imposto ou qualquer outra forma de renúncia fiscal.

§ 5º O ouro, quando definido em lei como ativo financeiro ou instrumento cambial, sujeita-se exclusivamente à incidência do imposto de que trata o inciso V do «caput» deste artigo, devido na operação de origem; a alíquota mínima será de um por cento, assegurada a transferência do montante da arrecadação nos seguintes termos:

I - trinta por cento para o Estado, o Distrito Federal ou o Território, conforme a origem;

II - setenta por cento para o Município de origem.

Art. 154. A União poderá instituir:

I - mediante lei complementar, impostos não previstos no artigo anterior, desde que sejam não-cumulativos e não tenham fato gerador ou base de cálculo próprios dos discriminados nesta Constituição;

II - na iminência ou no caso de guerra externa, impostos extraordinários, compreendidos ou não em sua competência tributária, os quais serão suprimidos, gradativamente, cessadas as causas de sua criação.

Art. 155. Compete aos Estados e ao Distrito Federal instituir impostos sobre:

I - transmissão causa mortis e doação, de quaisquer bens ou direitos;

II - operações relativas à circulação de mercadorias e sobre prestações de serviços de transporte interestadual e intermunicipal e de comunicação, ainda que as operações e as prestações se iniciem no exterior;

III - propriedade de veículos automotores. Art. 156. Compete aos Municípios instituir impostos sobre:

I - propriedade predial e territorial urbana;

II - transmissão "inter vivos", a qualquer título, por ato oneroso, de bens imóveis, por natureza ou acessão física, e de direitos reais sobre imóveis, exceto os de garantia, bem como cessão de direitos a sua aquisição;

III - serviços de qualquer natureza, não compreendidos no art. 155, II, definidos em lei complementar.

Art. 157. Pertencem aos Estados e ao Distrito Federal:

I - o produto da arrecadação do imposto da União sobre renda e proventos de qualquer natureza, incidente na fonte, sobre rendimentos pagos, a qualquer título, por eles, suas autarquias e pelas fundações que instituírem e mantiverem;

II - vinte por cento do produto da arrecadação do imposto que a União instituir no exercício da competência que lhe é atribuída pelo art. 154, I.

Art. 158. Pertencem aos Municípios:

I - o produto da arrecadação do imposto da União sobre renda e proventos de qualquer natureza, incidente na fonte, sobre rendimentos pagos, a qualquer título, por eles, suas autarquias e pelas fundações que instituírem e mantiverem;

II - cinqüenta por cento do produto da arrecadação do imposto da União sobre a propriedade territorial rural, relativamente aos imóveis neles situados, cabendo a totalidade na hipótese da opção a que se refere o art. 153, § 4º, III;

III - cinqüenta por cento do produto da arrecadação do imposto do Estado sobre a propriedade de veículos automotores licenciados em seus territórios;

IV - vinte e cinco por cento do produto da arrecadação do imposto do Estado sobre operações relativas à circulação de mercadorias e sobre prestações de serviços de transporte interestadual e intermunicipal e de comunicação.

Parágrafo único. As parcelas de receita pertencentes aos Municípios, mencionadas no inciso IV, serão creditadas conforme os seguintes critérios:

I - três quartos, no mínimo, na proporção do valor adicionado nas operações relativas à circulação de mercadorias e nas prestações de serviços, realizadas em seus territórios;

II - até um quarto, de acordo com o que dispuser lei estadual ou, no caso dos Territórios, lei federal.

Art. 159. A União entregará:

I - do produto da arrecadação dos impostos sobre renda e proventos de qualquer natureza e sobre produtos industrializados, 49% (quarenta e nove por cento), na seguinte forma: a) vinte e um inteiros e cinco décimos por cento ao Fundo de Participação dos Estados e do Distrito Federal;

b) vinte e dois inteiros e cinco décimos por cento ao Fundo de Participação dos Municípios;

c) três por cento, para aplicação em programas de financiamento ao setor produtivo das Regiões Norte, Nordeste e Centro-Oeste, através de suas instituições financeiras de caráter regional, de acordo com os planos regionais de desenvolvimento, ficando assegurada ao semi-árido do Nordeste a metade dos recursos destinados à Região, na forma que a lei estabelecer;

d) um por cento ao Fundo de Participação dos Municípios, que será entregue no primeiro decêndio do mês de dezembro de cada ano; e) 1% (um por cento) ao Fundo de Participação dos Municípios, que será entregue no primeiro decêndio do mês de julho de cada ano;

II - do produto da arrecadação do imposto sobre produtos industrializados, dez por cento aos Estados e ao Distrito Federal, proporcionalmente ao valor das respectivas exportações de produtos industrializados.

III - do produto da arrecadação da contribuição de intervenção no domínio econômico prevista no art. 177, § 4º, 29% (vinte e nove por cento) para os Estados e o Distrito Federal, distribuídos na forma da lei, observada a destinação a que se refere o inciso II, c, do referido parágrafo.

§ 1º Para efeito de cálculo da entrega a ser efetuada de acordo com o previsto no inciso I, excluir-se-á a parcela da arrecadação do imposto de renda e proventos de qualquer natureza pertencente aos Estados, ao Distrito Federal e aos Municípios, nos termos do disposto nos arts. 157, I, e 158, I.

§ 2º A nenhuma unidade federada poderá ser destinada parcela superior a vinte por cento do montante a que se refere o inciso II, devendo o eventual excedente ser distribuído entre os demais participantes, mantido, em relação a esses, o critério de partilha nele estabelecido.

§ 3º Os Estados entregarão aos respectivos Municípios vinte e cinco por cento dos recursos que receberem nos termos do inciso II, observados os critérios estabelecidos no art. 158, parágrafo único, I e II.

§ 4º Do montante de recursos de que trata o inciso III que cabe a cada Estado, vinte e cinco por cento serão destinados aos seus Municípios, na forma da lei a que se refere o mencionado inciso.

Art. 160. É vedada a retenção ou qualquer restrição à entrega e ao emprego dos recursos atribuídos, nesta seção, aos Estados, ao Distrito Federal e aos Municípios, neles compreendidos adicionais e acréscimos relativos a impostos.

Parágrafo único. A vedação prevista neste artigo não impede a União e os Estados de condicionarem a entrega de recursos: I – ao pagamento de seus créditos, inclusive de suas autarquias; II – ao cumprimento do disposto no art. 198, § 2º, incisos II e III. Art. 161. Cabe à lei complementar:

I – definir valor adicionado para fins do disposto no art. 158, parágrafo único, I;

II – estabelecer normas sobre a entrega dos recursos de que trata o art. 159, especialmente sobre os critérios de rateio dos fundos previstos em seu inciso I, objetivando promover o equilíbrio sócio-econômico entre Estados e entre Municípios;

III – dispor sobre o acompanhamento, pelos beneficiários, do cálculo das quotas e da liberação das participações previstas nos arts. 157, 158 e 159.

Parágrafo único. O Tribunal de Contas da União efetuará o cálculo das quotas referentes aos fundos de participação a que alude o inciso II.

Art. 162. A União, os Estados, o Distrito Federal e os Municípios divulgarão, até o último dia do mês subseqüente ao da arrecadação, os montantes de cada um dos tributos arrecadados, os recursos recebidos, os valores de origem tributária entregues e a entregar e a expressão numérica dos critérios de rateio.

Parágrafo único. Os dados divulgados pela União serão discriminados por Estado e por Município; os dos Estados, por Município.

Art. 212. A União aplicará, anualmente, nunca menos de dezoito, e os Estados, o Distrito Federal e os Municípios vinte e cinco por cento, no mínimo, da receita resultante de impostos, compreendida a proveniente de transferências, na manutenção e desenvolvimento do ensino.

§ 1º A parcela da arrecadação de impostos transferida pela União aos Estados, ao Distrito Federal e aos Municípios, ou pelos Estados aos respectivos Municípios, não é considerada, para efeito do cálculo previsto neste artigo, receita do governo que a transferir.

§ 2º Para efeito do cumprimento do disposto no «caput» deste artigo, serão considerados os sistemas de ensino federal, estadual e municipal e os recursos aplicados na forma do art. 213.

§ 3º A distribuição dos recursos públicos assegurará prioridade ao atendimento das necessidades do ensino obrigatório, no que se refere a universalização, garantia de padrão de qualidade e equidade, nos termos do plano nacional de educação. § 4º Os programas suplementares de alimentação e assistência à saúde previstos no art. 208, VII, serão financiados com recursos provenientes de contribuições sociais e outros recursos orçamentários.

§ 5º A educação básica pública terá como fonte adicional de financiamento a contribuição social do salário-educação, recolhida pelas empresas na forma da lei.

§ 6º As cotas estaduais e municipais da arrecadação da contribuição social do salário-educação serão distribuídas proporcionalmente ao número de alunos matriculados na educação básica nas respectivas redes públicas de ensino.

Art. 239. A arrecadação decorrente das contribuições para o Programa de Integração Social, criado pela Lei Complementar nº 7, de 7 de setembro de 1970, e para o Programa de Formação do Patrimônio do Servidor Público, criado pela Lei Complementar nº 8, de 3 de dezembro de 1970, passa, a partir da promulgação desta Constituição, a financiar, nos termos que a lei dispuser, o programa do seguro-desemprego e o abono de que trata o § 3º deste artigo. (Regulamento)

§ 1º Dos recursos mencionados no «caput» deste artigo, pelo menos quarenta por cento serão destinados a financiar programas de desenvolvimento econômico, através do Banco Nacional de Desenvolvimento Econômico e Social, com critérios de remuneração que lhes preservem o valor.

§ 2º Os patrimônios acumulados do Programa de Integração Social e do Programa de Formação do Patrimônio do Servidor Público são preservados, mantendo-se os critérios de saque nas situações previstas nas leis específicas, com exceção da retirada por motivo de casamento, ficando vedada a distribuição da arrecadação de que trata o «caput» deste artigo, para depósito nas contas individuais dos participantes.

§ 3º Aos empregados que percebam de empregadores que contribuem para o Programa de Integração Social ou para o Programa de Formação do Patrimônio do Servidor Público, até dois salários mínimos de remuneração mensal, é assegurado o pagamento de um salário mínimo anual, computado neste valor o rendimento das contas individuais, no caso daqueles que já participavam dos referidos programas, até a data da promulgação desta Constituição.

§ 4º O financiamento do seguro-desemprego receberá uma contribuição adicional da empresa cujo índice de rotatividade da força de trabalho superar o índice médio da rotatividade do setor, na forma estabelecida por lei.

Art. 240. Ficam ressalvadas do disposto no art. 195 as atuais contribuições compulsórias dos empregadores sobre a folha de salários, destinadas às entidades privadas de serviço social e de formação profissional vinculadas ao sistema sindical.

» * CÓDIGO TRIBUTÁRIO NACIONAL

Art. 1º Esta Lei regula, com fundamento na Emenda Constitucional nº 18, de 1º de dezembro de 1965, o sistema tributário nacional e estabelece, com fundamento no artigo 5º, inciso XV, alínea b, da Constituição Federal, as normas gerais de direito tributário aplicáveis à União, aos Estados, ao Distrito Federal e aos Municípios, sem prejuízo da respectiva legislação complementar, supletiva ou regulamentar.

Art. 2º O sistema tributário nacional é regido pelo disposto na Emenda Constitucional nº 18, de 1º de dezembro de 1965, em leis complementares, em resoluções do Senado Federal e, nos limites das respectivas competências, em leis federais, nas Constituições e em leis estaduais, e em leis municipais.

Art. 6º A atribuição constitucional de competência tributária compreende a competência legislativa plena, ressalvadas as limitações contidas na Constituição Federal, nas Constituições dos Estados e nas Leis Orgânicas do Distrito Federal e dos Municípios, e observado o disposto nesta Lei.

Parágrafo único. Os tributos cuja receita seja distribuída, no todo ou em parte, a outras pessoas jurídicas de direito público pertencerá à competência legislativa daquela a que tenham sido atribuídos.

Art. 7º A competência tributária é indelegável, salvo atribuição das funções de arrecadar ou fiscalizar tributos, ou de executar leis, serviços, atos ou decisões administrativas em matéria tributária, conferida por uma pessoa jurídica de direito público a outra, nos termos do § 3º do artigo 18 da Constituição.

§ 1º A atribuição compreende as garantias e os privilégios processuais que competem à pessoa jurídica de direito público que a conferir.

§ 2º A atribuição pode ser revogada, a qualquer tempo, por ato unilateral da pessoa jurídica de direito público que a tenha conferido.

§ 3º Não constitui delegação de competência o cometimento, a pessoas de direito privado, do encargo ou da função de arrecadar tributos.

Art. 8º O não-exercício da competência tributária não a defere a pessoa jurídica de direito público diversa daquela a que a Constituição a tenha atribuído.

7. QUESTÕES FUNDAMENTADAS

1. (ESAF – Analista Tributário da Receita Federal/2012) Analise as proposições a seguir e assinale a opção correta.

I. Se a Constituição atribuir à União a competência para instituir certa taxa e determinar que 100% de sua arrecadação pertencerá aos Estados ou ao Distrito Federal, caberá, segundo as regras de competência previstas no Código Tributário Nacional, a essas unidades federativas a competência para regular a arrecadação do tributo.

II. Embora seja indelegável a competência tributária, uma pessoa jurídica de direito público pode atribuir a outra as funções de arrecadar e fiscalizar tributos.

III. É permitido, sem que tal seja considerado delegação de competência, cometer a uma sociedade anônima privada o encargo de arrecadar impostos.

a) As duas primeiras afirmações são corretas, e errada a outra.

b) A primeira é correta, sendo erradas as demais.

c) As três são corretas.

d) A primeira é errada, sendo corretas as demais.

e) As três são erradas.

2. (FCC/AFR/2009) A Constituição Federal de 1988 cuida da repartição de receitas tributárias do ICMS da seguinte forma:

I. cinquenta por cento do produto da arrecadação pertencem aos Municípios.

II. três quartos, no mínimo, do que é destinado aos Municípios será devido na proporção do valor adicionado nas operações relativas à circulação de mercadorias e nas prestações de serviços, realizadas em seus territórios.

III. até um quarto do que é destinado aos Municípios será creditado conforme dispuser lei estadual.

IV. lei estadual poderá utilizar-se de critérios a serem preenchidos pelos Municípios para realizar a repartição de receita do ICMS.

Está correto o que se afirma APENAS em

a) I e II.

b) I, II e III.

c) I e III.

d) II, III e IV.

e) II e IV.

3. (Procurador do Município – Prefeitura Salvador-BA/2006 – FCC) Na forma das respectivas leis, poderão instituir contribuição para o custeio do serviço de iluminação pública:

a) a União, os Estados, o Distrito Federal e os Municípios, observado o disposto no artigo 150, I e III, da Constituição Federal.

b) a União e os Estados, observado o disposto no artigo 150, III, "b" e "c", da Constituição Federal.

c) os Estados e o Distrito Federal, observado o disposto no artigo 150, I e III, da Constituição Federal.

d) o Distrito Federal e os Municípios, observado o disposto no artigo 150, I e III, da Constituição Federal.

e) a União e os Municípios, observado o disposto no artigo 150, III, "b", da Constituição Federal.

4. (Procurador do Município – Prefeitura Natal-RN/2008 – CESPE) Em relação à competência tributária, assinale a opção correta.

a) A entrega pela União ao Fundo de Participação dos Municípios de percentual do produto de arrecadação do IPI, prevista na CF, representa outorga parcial de competência tributária.

b) Caso determinado município da Federação brasileira tenha celebrado convênios com instituições financeiras, para facilitar a arrecadação dos tributos municipais, permitindo ao contribuinte efetuar o recolhimento dos tributos diretamente nas instituições conveniadas de sua preferência, nessa situação, o cometimento do encargo de arrecadação de tributos às referidas instituições constitui delegação de competência.

c) Se a União, por intermédio de lei federal, delegar aos municípios as funções de arrecadação e fiscalização do imposto sobre a renda e proventos de qualquer natureza, incidentes na fonte, sobre rendimentos pagos aos seus respectivos servidores e empregados públicos municipais, nesse caso, estarão compreendidas na aludida atribuição aos municípios as garantias e privilégios processuais que competem à União.

d) Caso determinado município brasileiro, apesar de constitucionalmente autorizado, não institua contribuição para o custeio do serviço de iluminação pública, será legítimo que o estado a que pertença o aludido município assuma a competência tributária e institua o referido tributo.

5. **(Procurador do Município – Prefeitura Boa Vista-RR/2012 – AJURI)** São receitas tributárias que pertencem aos Municípios, exceto:

a) vinte por cento do produto da arrecadação do imposto que a União instituir no exercício da competência residual que lhe é atribuída pela Constituição Federal;

b) cinquenta por cento do produto da arrecadação do imposto do Estado sobre a propriedade de veículos automotores licenciados em seus territórios;

c) vinte e cinco por cento do produto da arrecadação do imposto do Estado sobre operações relativas à circulação de mercadorias e sobre prestações de serviços de transporte interestadual e intermunicipal e de comunicação;

d) o produto da arrecadação do imposto da União sobre renda e proventos de qualquer natureza, incidente na fonte, sobre rendimentos pagos, a qualquer título, por eles, suas autarquias e pelas fundações que instituírem e mantiverem.

6. **(CESPE – Juiz Federal Substituto 1ª região/2011)** Por força de dispositivo constitucional, a União repassa, a cada mês, para estados e municípios uma parcela da arrecadação de alguns tributos. Toda a arrecadação de outros tributos, entretanto, permanece com a União, a exemplo do imposto sobre

a) produtos industrializados.

b) operações de crédito, câmbio e seguro.

c) a propriedade territorial rural.

d) a importação.

e) a renda e proventos de qualquer natureza.

7. **(CESPE – Juiz de Direito Substituto-PI/2012)** No que concerne à competência tributária, assinale a opção correta.

a) O poder de criar tributos é repartido entre os vários entes políticos, e a CF assinala a esfera de competência dos níveis federal, estadual e municipal.

b) Mesmo na ausência de normas gerais da União, os estados e o DF não têm a possibilidade de exercer a competência legislativa plena em matéria tributária.

c) As principais características da competência tributária são a transmissibilidade e a renunciabilidade, conforme a legislação em vigor.

d) Sendo, como regra geral, delegável a competência tributária, justifica-se a delegação da atribuição das funções de arrecadar ou fiscalizar tributos.

e) À luz do CTN, o não exercício da competência tributária pelo ente competente defere a outra pessoa jurídica de direito público o exercício tributário, que não pode ser obstaculizado.

8. **(Vunesp – Juiz de Direito Substituto-RJ/2012)** Minoro Toyota é proprietário de um imóvel cujo uso exclusivo é destinado ao plantio de legumes e verduras que, posteriormente, comercializa nas feiras livres da região. O imóvel em questão encontra-se localizado na zona urbana de determinado município, sendo certo que é servido por abastecimento de água, sistema de esgotos sanitários, rede de iluminação pública, além de outros melhoramentos implementados e mantidos pelo Poder Público local. Nessas condições, segundo entendimento do Superior Tribunal de Justiça, é correto afirmar que Minoro é sujeito passivo do

a) IPTU (Imposto Predial e Territorial Urbano) em razão da localização do imóvel que por si já basta para autorizar a cobrança do imposto, independentemente dos melhoramentos implementados.

b) ISS (Imposto sobre Serviços) em razão da comercialização que exerce, não podendo ser considerado contribuinte do IPTU (Imposto Predial e Territorial Urbano) e nem do ITR (Imposto Territorial Rural) por se tratar de situação de não incidência de ambos os impostos.

c) IPTU (Imposto Predial e Territorial Urbano) em razão da localização do imóvel, sendo irrelevantes a destinação dada ao imóvel e os melhoramentos implementados.

d) ITR (Imposto Territorial Rural) em razão da destinação dada ao imóvel.

9. **(MPF – Procurador da República/2012)** Ante a higidez como característica inerente ao Sistema Tributário Nacional é correto asseverar que:

a) A Constituição é que cria os tributos;

b) No texto constitucional, dentre as diferentes maneiras por meio das quais o legislador constituinte outorga competência tributária, pode-se distinguir aquela exercitada mediante a exclusiva identificação do aspecto material da hipótese de incidência do tributo;

c) A destinação do produto da arrecadação sempre se encontra presente na outorga da competência, validando o tributo;

d) A Constituição Federal não menciona expressamente, em hipótese alguma, o contribuinte do tributo.

10. (Consulplan – Promotor de Justiça – MG/2012) Assinale a assertiva CORRETA.

a) Os Municípios podem cobrar taxas, no âmbito de suas atribuições, tendo como fato gerador o exercício regular do poder de polícia.

b) A União, os Estados, o Distrito Federal e os Municípios poderão instituir contribuição de melhoria, no âmbito de suas respectivas atribuições, em decorrência dos serviços públicos prestados junto ao Sistema Único de Saúde (SUS).

c) A taxa não pode ter como fato gerador a utilização apenas potencial de serviço público específico e divisível posto à disposição do contribuinte.

d) Os serviços públicos são considerados divisíveis quando puderem ser destacados em unidades autônomas de intervenção, de unidade, ou de necessidades públicas.

11. (CESPE – Promotor de Justiça – PI/2012) Assinale a opção correta a respeito da repartição das receitas tributárias.

a) Apesar de constar no texto constitucional a expressão repartição das receitas tributárias, a CF prevê apenas a repartição dos impostos arrecadados, excluídos da repartição os demais tributos.

b) As receitas tributárias devem ser repartidas sempre, de forma direta, entre as pessoas políticas destinatárias, sendo expressamente vedado na CF o repasse a qualquer fundo de participação vinculado aos entes federativos.

c) Pertencem aos municípios cinquenta por cento do produto da arrecadação do imposto do estado sobre a propriedade de veículos automotores licenciados em seu território.

d) A determinação constitucional de repartição das receitas tributárias infirma o pacto federativo.

e) De acordo com o princípio federativo adotado pela CF, a União, os estados, o DF e os municípios deverão realizar repasses e repartir suas respectivas receitas tributárias.

12. (FMP – Procurador do Estado – AC/2014) Dadas as assertivas abaixo, assinale a alternativa correta.

a) Dentre as fontes do Direito Tributário, destaca-se o papel da lei complementar, espécie legislativa que deve regular o fato gerador, os contribuintes e a base de cálculo de todos os tributos discriminados na Constituição Federal.

b) Embora o Sistema Constitucional Tributário estabeleça a competência dos entes públicos para instituir impostos, é certo afirmar que os municípios podem delegar a instituição da contribuição para custeio da iluminação pública aos Estados-membros onde estiverem situados, sempre que a medida atender ao princípio da uniformidade tributária.

c) Compete ao Senado Federal, mediante a edição de decreto legislativo, estabelecer as alíquotas aplicáveis nas operações interestaduais sujeitas ao Imposto sobre operações relativas à Circulação de Mercadorias e sobre prestações de Serviços de transporte interestadual e intermunicipal e de comunicação.

d) A lei ordinária é instrumento de imposição tributária por excelência, tanto que, ressalvadas as exceções postas na Constituição Federal, os impostos federais são instituídos por meio da referida espécie legislativa.

13. (FCC – Procurador do Estado – MT/2011) Na sucessão *causa mortis*, em arrolamento de bens extrajudicial por escritura pública lavrada em Tabelionato de Notas de Belo Horizonte, foro do domicílio do autor da herança, a transmissão objeto deste arrolamento, referente a bens imóveis situados no município de Cuiabá/MT, sujeita-se ao Imposto de Transmissão *Causa Mortis* e Doação – ITCD, cuja competência será

a) do Estado de Minas Gerais.

b) do Estado de Mato Grosso.

c) do Município de Belo Horizonte.

d) do Município de Cuiabá.

e) concorrente dos Estados de Minas Gerais e Mato Grosso.

14. (FGV – Exame de Ordem 2018.2) Admita que, em 2016, foi criado um Território Federal no Brasil, dividido em municípios. Joaquim reside nesse Território e recebeu da União, no presente ano, uma guia para o pagamento do Imposto sobre a Propriedade Predial e Territorial Urbana (IPTU) do seu imóvel. Na semana seguinte, recebeu também uma guia do município em que mora. Levando em conta a situação descrita, assinale a afirmativa correta.

A) Apenas a União é competente para, no caso, exigir o IPTU.

B) Apenas o Município onde Joaquim reside é competente para exigir o IPTU.

C) Tanto o Estado, onde se localiza o Território, quanto o Município seriam competentes para exigir o IPTU.

D) Tanto a União quanto o Município em que Joaquim reside seriam competentes para exigir o IPTU.

15. **(CESPE – Procurador do Estado – PI/2008)** A CF, ao disciplinar as competências tributárias das unidades da Federação, criou a competência residual. A respeito da competência tributária residual, assinale a opção correta.

a) A competência tributária residual é aquela que possibilita aos estados instituírem tributos já criados na esfera federal.

b) Esse tipo de competência rege a criação de tributos pela União na iminência de guerra externa.

c) A competência tributária residual tem origem no fato de ser possível a todas as unidades da Federação criar taxas.

d) A criação de novos tributos não previstos na CF depende de aprovação de lei complementar Federal.

e) A competência tributária residual é exclusiva da União, que pode criar tributos cumulativos.

16. **(FCC – Cartório – TJ – PE/2013)** A competência tributária:

a) é delegável por lei, como no caso do Imposto Territorial Rural – ITR, em que a União pode delegar a competência para os Municípios que assim optarem.

b) não pode deixar de ser exercida, razão pela qual, a União tem obrigação constitucional de instituir todos os impostos de sua competência.

c) é renunciável nos casos expressamente autorizados pela Constituição Federal, como no caso do Imposto sobre Grandes Fortunas, que era de competência da União.

d) é exclusiva em relação a todos os tributos, devendo cada ente se limitar a instituir os tributos expressamente previstos na Constituição Federal ou em lei.

e) é indelegável em qualquer situação, não podendo o ente renunciá-la ou transferi-la a outro ainda que por lei.

17. **(FCC/AFR/2013)** O Estado de São Paulo concedeu benefício fiscal às indústrias fabricantes de lanchas, já instaladas em seu território, a fim de que estas não transferissem suas fábricas para Estado vizinho, que também concedia benefícios a este setor. Em razão direta deste benefício, a Prefeitura de Lancharia, Município que concentra os fabricantes de lanchas no Estado, concluiu que haveria redução no repasse do ICMS feito pelo Estado de São Paulo. Inconformada com esta situação, a Municipalidade ajuizou ação judicial a fim de que não houvesse redução no repasse do ICMS em decorrência deste benefício fiscal. Em face da situação hipotética apresentada e do ordenamento jurídico vigente:

a) aos Municípios pertencem 20% do ICMS arrecadado pelos Estados, portanto, eventual redução na arrecadação do ICMS em função de benefício fiscal acarreta diminuição nos repasses aos Municípios.

b) a redução dos repasses de ICMS decorrerá do fato de que o montante arrecadado pelo Estado e repartido aos Municípios será menor, e não propriamente do fato de os estabelecimentos fabricantes de lanchas estarem estabelecidos no Município de Lancharia.

c) a redução do repasse do ICMS arrecadado pelo Estado ao Município em que tenha sido praticado o fato gerador isento em função de concessão de benefício fiscal não fere as previsões constitucionais de repartição de receitas tributárias, pois conceder benefícios fiscais relativamente ao ICMS está dentro da competência tributária dos Estados.

d) as parcelas de receita pertencentes aos Municípios serão creditadas na razão de três quartos, no mínimo, na proporção do valor adicionado nas operações relativas à circulação de mercadorias e nas prestações de serviços, realizadas em seus territórios, e até um quarto, de acordo com o que dispuser Lei Complementar.

18. **(FCC – Procurador Judicial – Prefeitura Recife-PE/2014)** Na defesa dos interesses do Município, Procurador Judicial verifica se as parcelas do produto da arrecadação de determinados tributos federais e estaduais foram corretamente transferidas ao Município do Recife, em face do previsto na Constituição Federal de 1988. Neste contexto, pertence ao Município:

I. Cinquenta por cento do produto da arrecadação do imposto do Estado sobre a propriedade de veículos automotores licenciados em seus territórios.

II. Dez por cento do produto da arrecadação do imposto sobre produtos industrializados, proporcionalmente ao valor das respectivas exportações destes produtos.

III. Vinte e cinco por cento do produto da arrecadação do imposto do Estado sobre operações relativas à circulação de mercadorias e sobre prestações de serviços de transporte interestadual e intermunicipal e de comunicação, sendo que as parcelas serão creditadas conforme critérios previstos na Constituição Federal de 1988.

Está correto o que consta APENAS em

a) I e III.

b) I.

c) II.

d) III.

e) II e III

19. (CESPE - Defensor Público - DPU/ 2010) Suponha que o governo federal pretenda criar novo imposto. Acerca dessa situação, dos impostos da União, dos estados, dos municípios e da repartição das receitas tributárias, julgue os itens a seguir.

- Considerando-se que esse imposto venha a incidir sobre operações relacionadas a energia elétrica e telecomunicações, para que a criação do imposto seja constitucional, ele deverá ser instituído por meio de lei complementar e não poderá ser não cumulativo nem ter fato gerador ou base de cálculo próprios dos impostos já previstos no texto constitucional.

20. (CESPE - Procurador Federal/2013) À luz das normas constitucionais relativas a matéria tributária, julgue os itens que se seguem.

- Os royalties que são pagos pelas concessionárias em razão da exploração de petróleo enquadram-se no âmbito constitucional do Sistema Tributário Nacional.

QUESTÕES FUNDAMENTADAS

GABARITO

Questão	Resposta	Fundamentação
1	D	CTN, art. 7º
2	D	CF, art. 158, IV e parágrafo único
3	D	CF, art. 149-A
4	C	CTN, art. 7º, § 1º
5	A	CF, art. 157, II
6	D	CF, arts. 157, 158 e 159
7	A	CF, Título VI, Capítulo I, Seções de I a V
8	D	STJ, REsp 1112646/SP
9	B	CF, art. 145
10	A	CF, art. 145, II
11	C	CF, art. 158, III
12	D	CF, art. 148, I e II; art. 153, VII; art. 154, I; art. 195, § 4º
13	B	CF, art. 155, § 1º, I
14	B	CF, art. 147
15	D	CF, art. 154, I
16	E	CTN, art. 7º
17	B	CF, art. 158, IV e parágrafo único, I
18	A	CF, art. 158, III e IV; art. 159, II
19	Errado	CF, art. 154, I
20	Errado	CF, art. 20, § 1º

8. MEU RESUMO PARA MEMORIZAÇÃO

» *Futuro(a) Juiz(a), Membro do Ministério Público, Procurador(a), Auditor(a) Fiscal, ou Servidor(a) de Outras Carreiras Públicas, agora é hora de se concentrar.*

» *Sem nenhuma consulta ao capítulo, por favor, faça um breve resumo a seguir. Neste momento, é importante que elabore esquemas e gráficos, para condensar e memorizar a matéria já estudada e, ainda, utilizar esses resumos para revisar os pontos uma semana antes da prova. Use o espaço cuidadosamente, deixando-o como o seu "caderninho de anotações pessoais".*

8.1. Quais os pontos que eu aprendi ao longo do capítulo que considero mais importantes?

SISTEMA TRIBUTÁRIO NACIONAL (abrangência):

COMPETÊNCIA TRIBUTÁRIA:

a) Competência privativa:

b) Competência concorrente:

c) Competência residual:

d) Competência extraordinária:

e) Competência tributária *versus* capacidade tributária ativa:

RESUMO PARA MEMORIZAÇÃO

REPARTIÇÕES DAS RECEITAS TRIBUTÁRIAS:

a) União para Estados:

b) União para Municípios:

c) União para Fundos:

d) Estados para Municípios:

SISTEMA TRIBUTÁRIO
E COMPETÊNCIA TRIBUTÁRIA

segue vídeo abaixo:

https://youtu.be/Y8T9vSoAt84

Capítulo III

PRINCÍPIOS TRIBUTÁRIOS

1. Os princípios como limitações ao poder de tributar

No capítulo do Sistema Tributário Nacional, a CF dispõe sobre as **limitações ao poder de tributar**, normas constitucionais que impõem limites ao exercício das competências tributárias. Compreendem os **princípios constitucionais tributários** e as **imunidades tributárias**.

ATENÇÃO:

Princípios tributários são normas de posição premente e observância em todos os quadrantes da ordem jurídica tributária, que veiculam valores fundamentais do sistema tributário nacional.

No campo dos princípios, são veiculados os **princípios constitucionais tributários gerais**, aplicáveis a tributos em geral, e os **princípios constitucionais tributários específicos**, que dizem respeito a tributos determinados.

Porém, nem todas as limitações estão contidas no capítulo constitucional do Sistema Tributário Nacional. Embora o sistema jurídico-tributário esteja todo estruturado a partir das normas e princípios constitucionais, as limitações ao poder de tributar são estabelecidas na Constituição "sem prejuízo de outras garantias asseguradas ao contribuinte" (CF, art. 150, *caput*), que podem vir perfeitamente estabelecidas na legislação infraconstitucional. É assim que a lei complementar, ao regular as limitações constitucionais ao poder de tributar (CF, art. 146, II), aprofunda as limitações visando à consecução dos princípios estabelecidos na Constituição. É o que acontece, por exemplo, quando o legislador, no artigo 97 do CTN, ao regular o princípio da legalidade (CF, art. 150, I), além da instituição ou majoração de tributos, estabelece outras matérias que somente poderão ser regidas por lei.

ATENÇÃO:

A Lei 12.741/2012 trata da transparência tributária perante o consumidor, dispondo sobre as medidas de esclarecimento ao consumidor de que trata o § 5º do artigo 150 da Constituição Federal. Em linhas gerais, por ocasião da venda ao consumidor de mercadorias e serviços, em todo território nacional, deverá constar, dos documentos fiscais emitidos ou equivalentes, a informação do valor aproximado correspondente à totalidade dos tributos federais, estaduais e municipais, cuja incidência influi na formação dos respectivos preços de venda.

2. PRINCÍPIO DA LEGALIDADE

Pelo princípio constitucional da **legalidade** (CF, art. 150, I) é vedada a exigência ou aumento de tributo sem que isso seja estabelecido em lei. O princípio reflete no conceito legal de tributo, quando é caracterizado como uma prestação "instituída em lei", devendo-se entender, à vista da dicção do texto constitucional, que a exigência é de: **1º)** lei em sentido estrito, assim compreendida aquela emanada do Poder Legislativo; **2º)** lei ordinária, somente se exigindo a lei complementar em relação a tributos especificamente discriminados na Constituição.

ATENÇÃO:

Da aplicação do princípio da legalidade (CF, art. 150, I) combinada com o princípio implícito da reserva à lei complementar, resulta que: i) em regra, os tributos devem ser instituídos por lei ordinária; ii) quando houver expressa previsão constitucional, o tributo será instituído por lei complementar, o que ocorre com o empréstimo compulsório (CF, art. 148), o imposto sobre grandes fortunas (CF, art. 153, VII) e os impostos e contribuições de competência residual da União (CF, arts. 154, I e 195, § 4º).

Por outro lado, se apenas a lei pode exigir ou aumentar tributos e, também, só uma lei revoga ou altera outra lei, logicamente, apenas a lei pode extinguir ou reduzir um tributo (CTN, arts. 97, I e II).

ATENÇÃO:

Pelo princípio da legalidade (CF, art. 150, I) é vedado ao Poder Executivo criar ou aumentar tributos, ficando reservado à lei o exercício das competências tributárias constitucionalmente conferidas à União, Estados, Distrito Federal e Municípios. Como somente a lei pode revogar outra lei, por viés de raciocínio, como só a lei pode criar ou aumentar tributos, apenas ela é que pode extingui-los ou reduzi-los.

Excepcionalmente, é possível a alteração de carga tributária por ato do Poder Executivo, o que decorre de **amenizações ao princípio da legalidade** previstas na Constituição, relativas a tributos já antes instituídos por lei. São elas:

- **a alteração de alíquotas** dos seguintes **impostos extrafiscais**: Imposto de Importação • II, Imposto de Exportação • IE, Imposto Sobre Produtos Industrializados • IPI e Imposto sobre Operações Financeiras • IOF (CF, art. 153, § 1º);

- **redução e restabelecimento** da **CIDE-combustível** (CF, art. 177, § 4º, I, "b") e do **ICMS-combustível monofásico** (CF, art. 155, § 4º, IV, "c").

Portanto, a majoração de tributos por decreto ou outro ato normativo do Poder Executivo constitui uma exceção e não uma regra. E, nesse ponto, cabe acrescentar que essa faculdade dos entes federativos não é incondicional, dependendo de que sejam **atendidas as condições e os limites estabelecidos em lei** (CF, art. 153, § 1º).

ATENÇÃO:

Quando o § 1º, do artigo 153, da CF faculta ao Poder Executivo, atendidas as condições e os limites estabelecidos em lei, alterar as alíquotas dos impostos que enumera, não faz a exigência de que as alterações de alíquotas sejam feitas por decreto do Presidente da República, pois faz referência a Poder Executivo e não ao seu Chefe de Poder. Nesse sentido é que a jurisprudência do STF admite que: "Não há inconstitucionalidade na fixação de alíquota de Imposto de Exportação (IE) de produtos nacionais ou nacionalizados por meio de resolução da Câmara de Comércio Exterior (Camex)" (STF, RE 570680).

Retomando um aspecto inicialmente considerado, é consenso doutrinário e jurisprudencial a interpretação do princípio da legalidade (CF, art. 150, I) segundo a qual os tributos, como **regra**, devem ser instituídos por **lei ordinária.** Há apenas quatro **exceções constitucionais em que há exigência de lei complementar**, que são o **Empréstimo Compulsório** (CF, art. 148), o **IGF** – Imposto sobre Grandes Fortunas (CF, art. 153, VII), os **impostos de competência residual da União** (CF, art. 154, I) e as **contribuições sociais para custeio da Seguridade Social residuais** (CF, art. 195, § 4º). Logo, **não** é necessária lei complementar para instituição de outros impostos, taxas e contribuições.

Dessa forma, considerando-se a regra, as exceções e os tributos reservados à lei complementar, a matriz constitucional do princípio da legalidade pode ser esquematizada da seguinte forma:

Regra	Exceções / mitigações		
Lei ordinária	**Exceções:** **Lei complementar**	**Mitigações:** **Admitem alteração de alíquota por ato do Poder Executivo**	**Mitigações:** **Admitem redução e restabelecimento de alíquotas por ato do Poder Executivo**
Regra	**Exceções / mitigações**		
Lei ordinária	IGF Empréstimo compulsório Impostos residuais Contribuições residuais	II IE IPI IOF	CIDE – Combustível ICMS – Combustível monofásico

Como já enfatizado, no plano infraconstitucional, **o princípio da legalidade é regulado pelo artigo 97 do CTN**, segundo o qual, somente a lei pode estabelecer: I – a instituição de tributos, ou a sua extinção; II – a majoração de tributos, ou sua redução; III – a definição do fato gerador da obrigação tributária principal, e do seu sujeito passivo; IV – a fixação de alíquota do tributo e da sua base de cálculo; V – a cominação de penalidades para as ações ou omissões contrárias a seus dispositivos, ou para outras infrações nela definidas; VI – as hipóteses de exclusão, suspensão e extinção de créditos tributários, ou de dispensa ou redução de penalidades. Daí porque, por exemplo, as multas, que são penalidades por infrações à legislação tributária, **não** podem ser instituídas através de decreto do chefe do Poder Executivo.

Cabe ressaltar que são elementos fundamentais de uma norma instituidora de tributos: fato gerador, sujeito passivo, alíquota e base de cálculo. Ao prever que a lei tributária deve descrever esses elementos (definir/fixar), o artigo 97 do CTN consagra o que a doutrina chama de princípio da **estrita legalidade** ou princípio da **tipicidade cerrada**.

O artigo 97 faz ressalvas aos artigos 21, 26, 39, 57 e 65 em relação à majoração, redução, fixação de alíquota e base de cálculo (incisos II e IV), bem como ao inciso I do § 3° do artigo 52. Algumas dessas ressalvas não foram recepcionadas pela CF de 1988. Por essa razão, deve-se considerar como amenizações ao princípio da legalidade aquelas previstas na CF, conforme aqui já ventilado anteriormente.

Ainda no plano do CTN, **não se considera majoração de tributo a atualização do valor monetário da respectiva base de cálculo** (CTN, art. 97, § 2°), de modo que não está presente a exigência de lei em caso de mera aplicação de correção monetária com base em índices oficiais. Por outro lado, **depende de lei** a aplicação de qualquer índice acima dos oficiais de correção monetária, isto é, fora dos parâmetros inflacionários, ou qualquer **alteração da base de cálculo que importe em tornar o tributo mais oneroso** (CF, art. 97, § 1°).

3. PRINCÍPIO DA ISONOMIA

À luz do **princípio da isonomia tributária** (CF, art. 150, II), **é vedado aos entes federativos instituir tratamento desigual entre contribuintes que se encontrem em situação equivalente**, proibida qualquer distinção em razão de ocupação profissional ou função por eles exercida, independentemente da denominação jurídica dos rendimentos, títulos ou direitos.

ATENÇÃO:

Na clássica lição do jurista Celso Antônio Bandeira de Melo (MELO, Celso Antônio Bandeira de. *O conteúdo jurídico do princípio da igualdade.* 3ª ed. São Paulo: Malheiros, 2012), em matéria de isonomia, para que um tratamento diferenciado seja justificado, o elemento discriminatório eleito pelo legislador deve ser lógico e razoável. Assim também se perfaz a observância ao princípio da isonomia tributária (CF, art. 150, II). Contribuintes em situações equivalentes podem ser tratados de forma distinta de contribuintes que a eles não se igualam, desde que o elemento discriminatório (fator de desigualação) seja coerente com justificativas lógicas e razoáveis, contexto em que se inserem o interesse ou a conveniência pública na aplicação da regra da capacidade contributiva e o incentivo de determinadas atividades de interesse do Estado.

Também a concessão de isenções ou a incidência tributária menos gravosa para contribuintes de menor capacidade contributiva guarda plena consonância com o princípio da isonomia, pois representa um tratamento diferenciado para contribuintes com a característica comum de possuírem menor porte econômico. O que não seria possível é que as citadas benesses atingissem determinados contribuintes nessas situações, deixando de beneficiar outros em condições equivalentes.

Por outro lado, de acordo com a jurisprudência do STF, não é possível acrescentar exemplos à lei com base no princípio da isonomia, razão pela qual não é lícito ao Poder Judiciário conceder a extensão de um benefício fiscal a contribuinte não contemplado na lei, sob pena de incorrer-se em ofensa ao princípio da separação dos poderes (RE 405579 - Pleno - Rel. Min. Joaquim Barbosa - julg. 01/12/2010).

Sobre o tema isonomia tributária não são poucas as decisões do STF que, pelo caráter notável, são veiculadas na seção **A Constituição e o Supremo** do *site* da Corte, cujas orientações jurisprudenciais são muito cobradas em concursos públicos. A seguir, as sínteses de algumas decisões marcantes:

- **Não** fere o princípio da isonomia tributária sobrecarregar os bancos comerciais e as entidades financeiras no tocante à contribuição previdenciária sobre a folha de salários. O argumento do STF é que há previsão expressa do artigo 195, § 9º, implementado pela Emenda Constitucional 20/98, de que as contribuições previdenciárias poderão ter alíquotas ou bases de cálculo diferenciadas, em razão da atividade econômica, da utilização intensiva de mão-de-obra, do porte da empresa ou da condição estrutural do mercado de trabalho, ou seja, para contribuintes que não estão em situações equivalentes (STF - AC 1109 MC/SP - Pleno - Rel. Min. Carlos Britto - julg. 31/05/2007).
- A aplicação do regime de admissão temporária **não** viola a isonomia tributária, pois essa norma atende aos valores e objetivos do arrendamento mercantil, evitando que o *leasing* se torne opção por excelência devido às virtudes tributárias e não em razão da função social e do escopo empresarial que a avença tem. Assim, para o Supremo o contribuinte que opta pelo arrendamento mercantil não está em situação equivalente aos demais (STF - RE 429306/PR - 2ª. Turma - Rel. Min. Joaquim Barbosa - julg. 01/02/2011).

- O rateio do custo da iluminação pública entre os consumidores de energia elétrica **não** fere o princípio da isonomia por dois motivos: i) trata-se de tributo de caráter *sui generis*, que não se confunde com um imposto, porque sua receita se destina a finalidade específica, nem com uma taxa, por não exigir a contraprestação individualizada de um serviço ao contribuinte; ii) a exação se amolda aos princípios da razoabilidade e da proporcionalidade (STF – RE 573675/SC – Pleno – Rel. Min. Ricardo Lewandowski – julg. 25/03/2009).
- Não há justificativa plausível para considerar que os membros do Ministério Público não estão em situação equivalente aos demais contribuintes para fins de arcar com o pagamento de custas judiciais, notariais, cartorárias e quaisquer taxas ou emolumentos (STF – ADI 3260/RN – Pleno – Rel. Min. Eros Grau – julg. 29/03/2007).
- As microempresas e empresas de pequeno porte não estão em situação equivalente às empresas de grande porte, o que justifica o tratamento desigual em se afastar do regime do Simples os sócios que têm condição de disputar o mercado de trabalho sem assistência do Estado (STF – ADI 1643/UF – Pleno – Rel. Min. Maurício Corrêa – julg. 05/12/2002).
- Ainda sobre as microempresas e empresas de pequeno porte, é constitucional a vedação ao Simples Nacional imposta pelo artigo 17, inciso V, da LC 123/2006 às MEs e EPPs que possuam débito com o INSS ou as Fazendas Públicas, cuja exigibilidade não esteja suspensa, uma vez não haver violação ao princípio da isonomia, mas, ao contrário a sua confirmação, pois adimplente e inadimplente não estariam na mesma situação jurídica e, ademais, não seria nada razoável favorecer aqueles em débito com o Fisco, que participariam do mercado com vantagem competitiva em relação aos adimplentes (STF, RE 627.543/RS, rel. Min. Dias Toffoli, julgado em 30/10/2013, acórdão pendente de publicação).
- Ao instituir incentivos fiscais a empresas que contratam empregados com mais de quarenta anos, a Assembleia Legislativa Paulista usou o caráter extrafiscal que pode ser conferido aos tributos, para estimular conduta por parte do contribuinte, sem violar os princípios da igualdade e da isonomia. (STF – ADI 1276, Relatora Ministra Ellen Gracie, Tribunal Pleno, julgado em 29/08/2002, DJ 29-11-2002).

Também não é incomum a criatividade das bancas examinadoras colocar à prova a capacidade interpretativa do candidato acerca do princípio em tela. Em uma prova organizada no ano de 2008 pela Fundação Carlos Chagas – FCC para o cargo de Procurador do Município de Recife, a banca considerou que seria inconstitucional a lei municipal que instituísse isenção de IPTU para pais adotivos, por violar o princípio da igualdade, além de não ter o critério adotado qualquer relação com os aspectos da hipótese de incidência. De fato, por mais nobre que seja qualquer política pública de incentivo à adoção, não há justificativa lógica e razoável para se discriminar pessoas que, no exercício do direito fundamental da liberdade, optem pela filiação natural ou mesmo por não terem filhos. Dessa forma, referida lei hipotética feriria mesmo o princípio da isonomia tributária, segundo o qual é vedado instituir tratamento desigual entre contribuintes em situações equivalentes (CF, art. 150, II).

4. PRINCÍPIO DA CAPACIDADE CONTRIBUTIVA

Pelo princípio da capacidade contributiva, **sempre que possível**, os **impostos terão caráter pessoal e serão graduados segundo a capacidade econômica do contribuinte** (CF, art. 145, § 1º). Nesses termos, fica nítida a forte relação desse princípio com o da isonomia tributária, na medida em que a tributação progressiva, de acordo com a capacidade econômica do contribuinte, só favorece a concretização da vedação ao tratamento desigual entre contribuintes que se encontrem em situação equivalente (CF, art. 150, II).

Ao veicular o princípio da capacidade contributiva, o artigo 145, § 1º da CF refere-se exclusivamente aos **impostos**, tornando lícito afirmar que **não** se aplica às taxas e contribuições de melhorias que, ademais, por serem tributos vinculados a uma atividade estatal específica relativa ao contribuinte, não possuem hipótese de incidência relacionada a fatos signo-presuntivos de riqueza que permitam a mensuração da capacidade contributiva.

E, além de se referir apenas aos impostos, a princípio, a sua aplicação é plenamente adequada aos **impostos de caráter pessoal** (CF, art. 145, § 1º), como é o caso do Imposto de Renda, imposto cujas alíquotas são progressivas, segundo a capacidade econômica do contribuinte, isto é, conforme os rendimentos obtidos pelo contribuinte, a exemplo do que revela a tabela do Imposto de Renda Retido na Fonte vigente na data de publicação desta obra:

Base de Cálculo (R$)	Alíquota (%)	Parcela a Deduzir do IR (R$)
Até 1.903,98		
De 1.903,99 até 2.826,55	7,5	142,80
De 2.826,66 até 3.751,05	15	354,80
De 3.751,06 até 4.664,68	22,5	636,13
Acima de 4.664,685	27,5	869,36

Lei nº 13.149/2015, art. 1.º; Lei nº 11.482/2007, art. 1.º, IX;
Instrução Normativa RFB nº 1.500/2014, Anexo II):

ATENÇÃO:

Justamente por ser um imposto intimamente relacionado à capacidade contributiva, um motivo de forte indignação dos contribuintes diz respeito à postura governamental de não corrigir a tabela de incidência progressiva do Imposto de Renda ou de corrigi-la com déficit em relação aos índices inflacionários. Não obstante essa distorção que os contribuintes enxergam no cumprimento do princípio por Executivo e Legislativo federais, o Supremo Tribunal Federal tem se esquivado de enfrentar a questão sob o argumento de que "não cabe ao Poder Judiciário autorizar a correção monetária da tabela progressiva do imposto de renda na ausência de previsão legal nesse sentido. Entendimento cujo fundamento é o uso regular do poder estatal de organizar a vida econômica e financeira do país no espaço próprio das competências dos Poderes Executivo e Legislativo" (STF – RE 388.312-MG).

Por outro lado, por se perfazer mediante alíquotas progressivas e, a princípio, constituir um preceito constitucional moldado para os impostos de caráter pessoal, sua aplicação aos impostos reais, que possuem caráter objetivo, sempre foi objeto de controvérsias perante a doutrina e os tribunais. Assim acontece, por exemplo, com o ITBI, que tem caráter objetivo, porque incidente sobre transmissão de bens imóveis. Não se submetendo ao princípio da capacidade contributiva, o ITBI não pode ter alíquotas progressivas em razão do valor do imóvel. Eis o entendimento consagrado na **Súmula 656 do STF**, segundo a qual "É inconstitucional a lei que estabelece alíquotas progressivas para o imposto de transmissão *inter vivos* de bens imóveis – ITBI com base no valor venal do imóvel".

Originalmente, outro tributo que não tem caráter pessoal e, portanto, não seria moldado à progressividade de alíquotas pela qual se perfaz o princípio da capacidade contributiva, é o IPTU, que possui caráter real, porque incidente sobre a propriedade imobiliária. Porém, passou a ser um caso à parte desde a promulgação da Emenda Constitucional 29/2000, que estabeleceu uma progressividade específica para esse imposto, facultando ao legislador municipal instituir um imposto progressivo em razão do valor do imóvel ou alíquotas diferentes de acordo com a localização e o uso do imóvel (CF, art. 156,§ 1º, I e II). Portanto, não foi sempre que o IPTU pôde ter alíquotas progressivas, como bem enunciado na **Súmula 668 do STF**, cuja redação é a seguinte: "É inconstitucional a lei municipal que tenha estabelecido, **antes da Emenda Constitucional 29/2000**, alíquotas progressivas para o IPTU, salvo se destinada a assegurar o cumprimento da função social da propriedade urbana". No que tange à ressalva da súmula em foco, diz respeito à progressividade do IPTU no tempo, de caráter extrafiscal e prevista no artigo 182, § 4º, inciso II, da CF, nos seguintes termos:

> **Art. 182.** A política de desenvolvimento urbano, executada pelo Poder Público municipal, conforme diretrizes gerais fixadas em lei, tem por objetivo ordenar o pleno desenvolvimento das funções sociais da cidade e garantir o bem-estar de seus habitantes.
>
> § 4º – É facultado ao Poder Público municipal, mediante lei específica para área incluída no plano diretor, exigir, nos termos da lei federal, do proprietário do solo urbano não edificado, subutilizado ou não utilizado, que promova seu adequado aproveitamento, sob pena, sucessivamente, de:
>
> **I –** parcelamento ou edificação compulsórios;

> **II** – imposto sobre a propriedade predial e territorial urbana progressivo no tempo;
>
> **III** – desapropriação com pagamento mediante títulos da dívida pública de emissão previamente aprovada pelo Senado Federal, com prazo de resgate de até dez anos, em parcelas anuais, iguais e sucessivas, assegurados o valor real da indenização e os juros legais.

Outro imposto com previsão constitucional de **progressividade extrafiscal** é o **ITR**, que "será progressivo e terá suas alíquotas fixadas de forma a desestimular a manutenção de propriedades improdutivas" (CF, art. 153, § 4°, I).

Mas, voltando à Súmula 656 e ao entendimento consagrado do STF de que o ITBI não pode ter alíquotas progressivas, deve-se considerar que o próprio STF, na decisão do **RE 562045/RS**, posicionou-se de maneira distinta quanto ao **ITCMD**, ao permitir a sua **progressividade**, a **despeito de não haver expressa previsão constitucional e mesmo em se tratando de um imposto real.** O fundamento utilizado pelo Supremo diz respeito à técnica de progressividade e mensuração da capacidade contributiva, que leva em conta o valor dos quinhões recebidos pelos herdeiros, aplicável, inclusive para um imposto real, como é caso do ITCMD, que incide sobre a transmissão de bens e direitos por sucessão hereditária (*causa mortis*) ou por doação (não onerosa). Essa progressividade, é bom dizer, é admitida expressamente na Resolução do Senado Federal 9/92, que também fixa a alíquota máxima do imposto em 8%, tudo com fundamento na competência constitucionalmente deferida pelo artigo 155, § 1°, inciso IV, da CF.

5. PRINCÍPIO DA IRRETROATIVIDADE

Assim como a legalidade tributária (CF, art. 150, I), o princípio da irretroatividade da norma tributária (CF, art. 150, III, "a") constitui uma vertente tributária do princípio geral da segurança jurídica nos seguintes termos:

> Art. 150. Sem prejuízo de outras garantias asseguradas ao contribuinte, é vedado à União, aos Estados, ao Distrito Federal e aos Municípios:
>
> (...)
>
> III - cobrar tributos:
>
> a) em relação a fatos geradores ocorridos antes do início da vigência da lei que os houver instituído ou aumentado;

Consiste, pois, na garantia de que a **lei tributária não retroagirá para atingir fatos geradores ocorridos anteriormente à sua vigência**, o que representa, indubitavelmente, uma segurança às pessoas físicas e jurídicas sujeitas às normas de tributação.

A referência do Supremo Tribunal Federal para análise da irretroatividade é o aspecto temporal da hipótese de incidência, isto é, o momento em que o fato gerador ocorre. Dessa forma, a norma tributária aplicável é sempre aquela vigente na data da ocorrência do fato gerador, que constitui a realização prática do aspecto temporal da hipótese de incidência tributária. Daí a vedação de se cobrar tributos em relação a fatos geradores ocorridos antes do início da vigência da lei que os houver instituído ou aumentado (CF, art. 150, III, "a"). Por exemplo, para um fato ocorrido em 14 de julho de 2019, não se exige um tributo instituído por lei publicada em 15 de julho de 2019.

ATENÇÃO:

"O Plenário desta Corte, ao julgar o RE 213.396 (DJ de 1º-12-2000), assentou a constitucionalidade do sistema de substituição tributária 'para frente', mesmo antes da promulgação da EC 3/1993. Alegação de que a aplicação do sistema de substituição tributária no mês de março de 1989 **ofenderia o princípio da irretroatividade**. Procedência. Embora a instituição deste sistema não represente a criação de um novo tributo, há **substancial alteração no sujeito passivo da obrigação tributária**" (STJ - RE 266.602, Rel. Min. Ellen Gracie, julgamento em 14-9-2006, Plenário, DJ de 2-2-2007).

No plano infraconstitucional, se faz presente no artigo 144 do CTN, segundo o qual o lançamento reporta-se à data da ocorrência do fato gerador da obrigação e rege-se pela lei então vigente, ainda que posteriormente modificada ou revogada. Essa norma poderá ser melhor compreendida quando for analisada, novamente, no capítulo X, em que se tratará do lançamento.

Mas, as normas essenciais que regulam o princípio no CTN são as veiculadas nos artigos 105 e 106.

Outrossim, **a legislação tributária aplica-se imediatamente aos fatos geradores futuros** (que estão por acontecer) **e aos pendentes**, assim entendidos aqueles cuja ocorrência tenha tido início mas não esteja completa (CTN, art. 105). Esse é o caso de uma mercadoria comercializada antes da vigência de uma lei nova sobre o ICMS, mas cujo fato gerador, que é a saída da mercadoria do estabelecimento, vem a se concretizar somente após a data de início de vigência da referida lei, com a efetiva saída da mercadoria do estabelecimento do vendedor.

Exceções à regra da irretroatividade estão previstas no artigo 106 do CTN e a maioria delas diz respeito **a atos ou fatos pretéritos não julgados definitivamente, em matéria de infrações e penalidades para beneficiar o infrator** (CTN, art. 106, II). Essa retroatividade *in bonam partem* verifica-se nos casos em que a lei nova:

- deixe de definir o ato ou fato como infração ou de tratá-lo como contrário a qualquer exigência de ação ou omissão, desde que não tenha sido fraudulento e não tenha implicado em falta de pagamento de tributo (extinção da infração/alíneas "a" e "b");
- quando passe a cominar penalidade menos severa que a prevista na lei vigente ao tempo da sua prática (redução da penalidade/alínea "c").

Dessa forma, ao lavrar ou julgar um auto de infração, a autoridade fiscal ou julgador tributário, em relação à penalidade imposta, deve aplicar a lei nova quando essa for mais benéfica ao infrator. Mas, muita atenção que a regra vale apenas para a penalidade, de modo que, em relação ao tributo cobrado, será sempre aplicada a lei vigente à época do fato gerador (irretroatividade).

Além disso, podem ser aplicadas imediatamente as **leis que sejam expressamente interpretativas** (CTN, art. 106, I). Essa exceção foi considerada constitucional pelo STF nos seguintes termos:

> "O princípio da irretroatividade 'somente' condiciona a atividade jurídica do estado nas hipóteses expressamente previstas pela Constituição, em ordem a inibir a ação do poder público eventualmente configuradora de restrição gravosa (a) ao *status libertatis* da pessoa (CF, art. 5º, XL), (b) ao *status subjectionais* do contribuinte em matéria tributária (CF, art. 150, III, a) e (c) a segurança jurídica no domínio das relações sociais (CF, art. 5º, XXXVI). Na medida em que a retroprojeção normativa da lei 'não' gere e 'nem' produza os gravames referidos, nada impede que o Estado edite e prescreva atos normativos com efeito retroativo. As leis, em face do caráter prospectivo de que se revestem, devem, 'ordinariamente', dispor para o futuro. O sistema jurídico- constitucional brasileiro, contudo, 'não' assentou, como postulado absoluto, incondicional e inderrogável, o princípio da irretroatividade. A questão da retroatividade das leis interpretativas." (ADI 605-MC, Rel. Min. Celso de Mello, julgamento em 23-10-1991, Plenário, DJ de 5-3-1993.)

A contrario sensu, não basta a expressa previsão no texto legal de que se trata de uma norma interpretativa, sendo também necessário que, de fato, esteja presente o caráter interpretativo da norma. Por essa razão não podem ser consideradas interpretativas e, por conseguinte, seguem a regra geral da irretroatividade, normas que promovam quaisquer alterações na legislação tributária que conflitem com o artigo 150, inciso III, alínea "a", da CF, ainda que rotuladas de interpretativas. É o caso, por exemplo, do artigo 3º da Lei complementar 118/2005, que o STJ considerou ser irretroativo por não ter caráter interpretativo, uma vez ter inovado no plano normativo. Para melhor compreensão desse exemplo, recomenda-se a leitura atenta do item 1.1 do capítulo XII.

Tema polêmico diz respeito a se admitir, excepcionalmente, a **retroatividade imprópria** da lei tributária, isto é, a aplicação da lei nova sobre **fatos geradores complexos ou complexivos**, assim compreendidos, aqueles que se formam mediante várias ocorrências ao longo de determinado período de apuração. Ocorre, por exemplo, com o Imposto de Renda, em que a disponibilidade econômica vai formando a renda que constituiu o fato gerador ao longo do ano-base ou ano-calendário (período de apuração do IR).

A retroatividade imprópria vai ocorrer pela aplicação da lei do exercício da declaração (ano seguinte ao fato gerador complexivo), consagrada na **Súmula 584 do Supremo Tribunal Federal**, que tem a seguinte redação: "Ao Imposto de Renda calculado sobre os rendimentos do ano-base, aplica-se a lei vigente no exercício financeiro em que deve ser apresentada a declaração".

Verdade que, segundo considerável parcela da doutrina, conforme jurisprudência do Superior Tribunal de Justiça e até de acordo com recente acórdão do STF (RE 587.008 –

julg. fev. 2011), referida súmula tornou-se ultrapassada a partir da promulgação da CF de 1988 e do advento do princípio da irretroatividade nos moldes do seu artigo 150, inciso III, alínea "a". Porém, na recente jurisprudência do STF, em decisões tais como a monocrática do ARE 640.953, datada de maio de 2011, portanto mais recente que o RE 587.008, ainda é possível identificar a insistência na Súmula 584 e na retroatividade imprópria, o que torna temerário afirmar se a súmula foi ou não dada por superada pela jurisprudência.

6. PRINCÍPIO DA ANTERIORIDADE

Estabelecido nas alíneas "b" e "c" do artigo 150, inciso III, da CF, o princípio da anterioridade está positivado na ordem constitucional em duas vertentes. São elas:

- **anterioridade do exercício (alínea "b"),** segundo a qual é vedado aos entes federativos cobrar tributos no mesmo exercício financeiro em que haja sido publicada a lei que os instituiu ou aumentou;
- **anterioridade nonagesimal (alínea "c"),** implementada pela Emenda Constitucional 42/2003, segundo a qual também é vedado aos entes tributantes cobrar tributos antes de decorridos noventa dias da data em que haja sido publicada a lei que os instituiu ou aumentou.

Como regra, os dois princípios se aplicam cumulativamente, de modo que um tributo instituído ou majorado em determinado exercício só poderá ser cobrado no exercício seguinte, desde que decorridos 90 dias. Por exemplo, uma majoração de alíquota de ICMS publicada em 20 de dezembro não pode ser exigida no primeiro dia do exercício seguinte, pois também é necessário que transcorram noventa dias da data da publicação da lei. Por outro lado, se a majoração de alíquota do ICMS ocorrer em 20 de julho, esse imposto poderá ser cobrado com o aumento da carga tributária no primeiro dia do exercício seguinte, momento em que também já terá decorrido a noventena.

Ocorre que, por razões fiscais e extrafiscais, os preceitos da anterioridade sofrem amenizações correspondentes às exceções veiculadas na própria Constituição. Essas exceções, previstas nos artigos 150, § 1º, 155, § 4º, IV, "c", 177, § 4º, I, "b" e 195, § 6º, da CF, podem ser visualizadas no quadro abaixo. Os tributos em negrito são aqueles que **não** são exceções comuns às duas vertentes do princípio.

REGRA	EXCEÇÕES
Anterioridade anual	II, IE, **IPI**, IOF, empréstimo compulsório do art. 148, inciso I da CF e imposto extraordinário de guerra, **ICMS-combustível** e **CIDE-combustível monofásico** e **contribuições sociais para custeio da seguridade social**
Anterioridade nonagesimal	II, IE, **IR**, IOF, empréstimo compulsório do art. 148, inciso I da CF, imposto extraordinário de guerra e **fixação de base de cálculo de IPVA e IPTU**

Portanto, Imposto de Importação – II, Imposto de Exportação – IE, Imposto sobre Operações Financeiras – IOF, empréstimo compulsório do artigo 148, inciso I, da CF e Imposto Extraordinário de Guerra podem ser cobrados a partir da própria data da publicação da lei. Já o Imposto sobre Produtos Industrializados – IPI, ICMS-combustível monofásico e CIDE-combustível estão sujeitos apenas à noventena, enquanto o Imposto de Renda – IR e a fixação da base de cálculo de IPVA e IPTU podem ser exigidos no primeiro dia do exercício seguinte, independentemente de terem transcorrido noventa dias ou não.

Além disso, também possuem tratamento especial as contribuições sociais para custeio da seguridade social, sujeitas exclusivamente à anterioridade nonagesimal, por expressa exigência do artigo 195, § 6º, da CF.

Resumindo, sem nenhum receio de se parecer repetitivo, o panorama geral do princípio da anterioridade pode ser traçado nos seguintes termos:

- **Aplicação cumulativa da anterioridade do exercício e da nonagesimal:** regra aplicável aos tributos em geral.
- **Cobrança imediata:** tributos que constituem exceção às duas anterioridades (II, IE, IOF, Empréstimo Compulsório do art. 148, I, da CF e Imposto Extraordinário de Guerra).
- **Cobrança após decorridos 90 dias:** as Contribuições para a Seguridade Social e os tributos que constituem exceção apenas à anterioridade do exercício (IPI, ICMS-combustível monofásico e CIDE-combustível).
- **Cobrança no exercício seguinte:** tributos que constituem exceção apenas à anterioridade nonagesimal (Imposto de Renda e fixação da base de cálculo do IPTU e do IPVA).

Importante frisar que, a despeito do disposto nos artigos 104, inciso III e 178 do CTN, a revogação da isenção ou a supressão de qualquer outro benefício fiscal não estão sujeitas ao princípio da anterioridade (STJ – REsp 762754/MG – 2ª. Turma – Relª. Minª. Eliana Calmon – julg. 20/09/2007), segundo já decidiu o Supremo Tribunal Federal quanto à possibilidade de cobrança imediata do tributo, após revogação da isenção, por não haver o que se confundir revogação de isenção com instituição de tributo (STF – RE 102992/SP – 2ª. Turma – Rel. Min. Aldir Passarinho – julg. 19/04/1985).

ATENÇÃO:

O Princípio da Segurança Jurídica é concretizado notadamente pelos princípios da legalidade, irretroatividade e da anterioridade. Em concurso organizado pela ESAF (Auditor Fiscal da Receita Federal/2012), o Princípio da Segurança Jurídica foi tido como (i) Certeza do direito, segundo a qual a instituição e a majoração de tributos obedecem aos postulados da legalidade, da irretroatividade e das anterioridades de exercício e nonagesimais mínima e especial, demonstrando a garantia adicional que representam para o contribuinte se comparadas ao princípio geral da legalidade e às garantias de proteção ao direito adquirido, ato jurídico perfeito e coisa julgada; (ii) Confiança no tráfego jurídico, segundo o qual o contribuinte não pode ser penalizado se agir em obediência às normas complementares das leis e dos decretos e (iii) Tutela jurisdicional, que se materializa pela ampla gama de instrumentos processuais colocados à disposição do contribuinte para o questionamento de créditos tributários, tanto na esfera administrativa como na esfera judicial.

Por fim, uma informação histórica que, às vezes, é exigida em alguns concursos. Na ordem constitucional de 1946, a cobrança de um tributo dependia de prévia previsão orçamentária, o que se denominava anualidade. Na prática, essa previsão em orçamento postergava a cobrança para o exercício seguinte, constituindo corolário da não surpresa. Sob a égide da Constituição de 1988, vigora o princípio da anterioridade, que constitui a feição contemporânea da anualidade, segundo o qual é vedado aos entes federativos cobrar tributo no mesmo exercício financeiro da lei que os houver instituído ou aumentado (CF, art. 150, III, "b").

ATENÇÃO:

De acordo com a jurisprudência do STF, a redução ou a extinção de desconto para pagamento de tributo sob determinadas condições previstas em lei, como o pagamento antecipado em parcela única, não pode ser equiparada à majoração do tributo em questão. Portanto, nesses casos, não incide o princípio da anterioridade (STF - **ADI 4016 MC/PR, Pleno, Rel. Min. Gilmar Mendes, julgado em 01/08/2008).**

ATENÇÃO:

Segundo o STF, "norma legal que altera o prazo de recolhimento de obrigação tributária não se sujeita ao princípio da anterioridade". (Súmula Vinculante 50).

7. PRINCÍPIO DO NÃO CONFISCO

O princípio do não confisco é interpretado pelo Supremo Tribunal Federal no sentido de que "nada mais representa senão a interdição, pela Carta Política, de qualquer pretensão governamental que possa conduzir, no campo da fiscalidade, à injusta apropriação estatal, no todo ou em parte, do patrimônio ou dos rendimentos dos contribuintes, comprometendo-lhes, pela insuportabilidade da carga tributária, o exercício do direito a uma existência digna, ou a prática de atividade profissional lícita ou, ainda, a regular satisfação de suas necessidades vitais básicas." (**ADI 1.075-MC**, Rel. Min. **Celso de Mello**, julgamento em 17-6-1998, Plenário, *DJ* de 24-11-2006.) No mesmo sentido: **AI 482.281-**

AgR, Rel. Min. **Ricardo Lewandowski**, julgamento em 30-6-2009, Primeira Turma, *DJE* de 21-8-2009. **Vide:** RE 523.471-AgR, Rel. Min. **Joaquim Barbosa**, julgamento em 6-4-2010, Segunda Turma, *DJE* de 23-4-2010.

Ainda à luz da jurisprudência do STF, o conceito de confisco é indeterminado e deve ser analisado a cada caso concreto, no que se recomenda a utilização de critérios de razoabilidade e proporcionalidade (STF – ADIN 551/RJ). Não por outra razão, a Corte considerou "cabível, em sede de controle normativo abstrato, a possibilidade de o Supremo Tribunal Federal examinar se determinado tributo ofende, ou não, o princípio constitucional da não confiscatoriedade consagrado no art. 150, IV, da CF" (STF – ADI 1.075-MC, Rel. Min. Celso de Mello, julgamento em 17-6-1998, Plenário, DJ de 24-11-2006).

Na mesma linha:

> "(...) a norma inscrita no art. 150, IV, da Constituição encerra uma cláusula aberta, veiculadora de conceito jurídico indeterminado, reclamando, em consequência, que os Tribunais, na ausência de 'uma diretriz objetiva e genérica, aplicável a todas as circunstâncias' (ANTÔNIO ROBERTO SAMPAIO DÓRIA, Direito Constitucional Tributário e *Due Process of Law*, p. 196, item n. 62, 2 ed., 1986, Forense) – e tendo em consideração as limitações que derivam do princípio da proporcionalidade –, procedam à avaliação dos excessos eventualmente praticados pelo Estado. (...) não há uma definição constitucional de confisco em matéria tributária. Trata-se, na realidade, de um conceito aberto, a ser utilizado pelo juiz, com apoio em seu prudente critério, quando chamado a resolver os conflitos entre o poder público e os contribuintes" (STF – ARE 712.285-AgR, voto do rel. min. Celso de Mello, julgamento em 23-4-2013, Segunda Turma, DJE de 28-6-2013).

Embora a análise deva ser no caso concreto, o entendimento da Corte Suprema também é de que, quando provocado a apreciar a questão do não confisco, cabe ao juiz, na identificação do efeito confiscatório, levar em consideração uma análise mais ampla, consubstanciada no confronto entre a totalidade da carga tributária e o montante da riqueza do contribuinte:

> "A identificação do efeito confiscatório deve ser feita em função da totalidade da carga tributária, mediante verificação da capacidade de que dispõe o contribuinte – considerado o montante de sua riqueza (renda e capital) – para suportar e sofrer a incidência de todos os tributos que ele deverá pagar, dentro de determinado período, à mesma pessoa política que os houver instituído (a União Federal, no caso), condicionando-se, ainda, a aferição do grau de insuportabilidade econômico-financeira, à observância, pelo legislador, de padrões de razoabilidade destinados a neutralizar excessos de ordem fiscal eventualmente praticados pelo Poder Público. Resulta configurado o caráter confiscatório de determinado tributo, sempre que o efeito cumulativo – resultante das múltiplas incidências tributárias estabelecidas pela mesma entidade estatal – afetar, substancialmente, de maneira irrazoável, o patrimônio e/ou os rendimentos do contribuinte" (ADC 8-MC, Rel. Min. Celso de Mello, julgamento em 13-10-99, DJ de 4-4-03).

Portanto, não é o percentual da alíquota do tributo que faz ensejar um eventual caráter confiscatório, mas a caracterização do efeito confiscatório pressupõe a análise de dados concretos e de peculiaridades de cada operação ou situação, tomando-se em conta custos, **carga tributária global**, margens de lucro e condições pontuais do mercado e de conjuntura social e econômica (RE 448.432-AgR, Rel. Minº Joaquim Barbosa, julgamento em 20-4-2010, Segunda Turma, DJE de 28-5-2010). Por essa linha, pode-se afirmar que uma alíquota de 150% para o IPI não significa, necessariamente, uma tributação confiscatória.

Não constitui vedação à instituição do Imposto sobre Grandes Fortunas, mas sim impede a criação de impostos que não sejam razoáveis, que tenham carga tributária desproporcional e excessiva. Não há nenhum preceito constitucional que seja contrário à instituição do imposto sobre grandes fortunas - IGF. Muito pelo contrário, o artigo 153, inciso VII, expressamente confere competência à União para instituir esse imposto, exigindo apenas que esse poder de tributar seja exercido mediante lei complementar. E, assim, o IGF pode ser instituído por lei complementar e, como qualquer outro tributo, deve respeitar os princípios constitucionais tributários, bastando que não seja desproporcional ou excessivo, para que esteja de acordo com o princípio do não confisco.

Essa vedação à instituição de tributos com efeito confiscatório, conforme expressa redação do artigo 150, inciso IV, da CF, **aplica-se aos tributos em geral**. Não há, portanto, nenhuma exceção no texto constitucional.

Não obstante o texto do artigo 150, inciso IV, da CF, fazer menção específica a tributos, conforme orientação fixada pelo STF, **o princípio** da vedação ao efeito de confisco **aplica-se às multas** (RE 523.471-AgR, Rel. Min. Joaquim Barbosa, julgamento em 6-4-2010, Segunda Turma, *DJE* de 23-4-2010).

ATENÇÃO:

Melhor esclarecendo os fundamentos com que o STF entende aplicável o princípio do não confisco às multas: "É cabível, em sede de controle normativo abstrato, a possibilidade de o Supremo Tribunal Federal examinar se determinado tributo ofende, ou não, o princípio constitucional da não confiscatoriedade consagrado no art. 150, IV, da Constituição da República. Hipótese que versa o exame de diploma legislativo (Lei 8.846/94, art. 3º e seu parágrafo único) que instituiu multa fiscal de 300% (trezentos por cento). A proibição constitucional do confisco em matéria tributária - ainda que se trate de multa fiscal resultante do inadimplemento, pelo contribuinte, de suas obrigações tributárias - nada mais representa senão a interdição, pela Carta Política, de qualquer pretensão governamental que possa conduzir, no campo da fiscalidade, à injusta apropriação estatal, no todo ou em parte, do patrimônio ou dos rendimentos dos contribuintes, comprometendo-lhes, pela insuportabilidade da carga tributária, o exercício do direito a uma existência digna, ou a prática de atividade profissional lícita ou, ainda, a regular satisfação de suas necessidades vitais básicas. O Poder Público, especialmente em sede de tributação (mesmo tratando- se da definição do quantum pertinente ao valor das multas fiscais), não pode agir imoderadamente, pois a atividade governamental acha-se essencialmente condicionada pelo princípio da razoabilidade que se qualifica como verdadeiro parâmetro de aferição da constitucionalidade material dos atos estatais" (ADI 1.075-MC, Rel. Min. Celso de Mello, julgamento em 17-6-98, DJ de 24-11-06).

Por outro lado, ao se pronunciar sobre um eventual efeito confiscatório de multas moratórias, em um raciocínio que parece totalmente válido também para as multas punitivas, o mesmo STF já decidiu que para a multa cumprir a sua função de desencorajar o contribuinte a não cumprir as suas obrigações tributárias, "de um lado não pode ser pífia, mas, de outro, não pode ter um importe que lhe confira característica confiscatória, inviabilizando inclusive o recolhimento de futuros tributos" (RE 582.461, Rel. Min. Gilmar Mendes, julgamento em 18-5-2011, Plenário, DJE de 18-8-2011, com repercussão geral).

Também diferente do posicionamento quanto ao possível efeito confiscatório de multas tributárias, o STF já manifestou contrariamente ao caráter confiscatório da pena de perdimento, sanção presente na legislação aduaneira (STF, AI-AgR 173.689).

8. PRINCÍPIO DA LIBERDADE DE TRÁFEGO

Pelo princípio da liberdade de tráfego é **vedado** estabelecer **limitações ao tráfego de pessoas ou bens, por meio de tributos interestaduais ou intermunicipais**, **ressalvada a cobrança de pedágio** pela utilização de vias conservadas pelo Poder Público (CF, art. 150, V).

Muita atenção para o objeto do princípio. O que se veda não é a tributação das operações interestaduais, mas sim que essa tributação seja utilizada para limitar o tráfego de pessoas e bens. Tanto é verdade que o próprio texto constitucional atribui competência ao legislador estadual e do Distrito Federal para exigir imposto sobre circulação de mercadorias e prestações de serviços interestaduais (CF, art. 155, II).

Quanto à expressa ressalva que se faz à cobrança de pedágio pela utilização de vias conservadas pelo Poder Público, embora existam opiniões em contrário, o pedágio, na verdade, não tem natureza tributária, mas sim de preço público ou tarifa, uma vez que se trata de uma contraprestação cobrada pela utilização de vias conservadas pelo Poder Público (CF, art. 150, V). Em termos mais exatos, é cobrado em decorrência da utilização de um bem público, diferente da taxa, que tem por fato gerador a prestação de serviço público ou o exercício regular do poder de polícia (CF, art. 145, II), do imposto, que independe de qualquer atividade estatal específica ao contribuinte (CTN, art. 16) e das contribuições, tributos com finalidade social constitucional prevista. Não por outra razão, a tarifa de pedágio não se sujeita ao princípio da legalidade, valendo lembrar que, recentemente, **o Supremo Tribunal Federal pronunciou-se pela natureza de tarifa ou preço público do pedágio, haja vista não gozar da compulsoriedade, característica essencial das taxas** (STF – ADI 800/RS, rel. Min. Teori Zavascki, 11.6.2014).

9. OUTROS PRINCÍPIOS GERAIS

O artigo 151, da CF, veicula três princípios constitucionais diferentes, consubstanciados em limitações voltadas especificamente à União.

Pelo **princípio da uniformidade geográfica** é vedado à União instituir tributo que não seja uniforme em todo o território nacional **ou** que implique distinção ou preferência em relação a Estado, ao Distrito Federal ou a Município, em detrimento de outro (CF, art. 151, I). Portanto, a vedação se dá em relação a situações alternativas, sendo tanto vedada a tributação não uniforme, como também aquela que faça preferência ou distinção para Estado, Distrito Federal ou Município em relação a outra pessoa política.

Como única **exceção** ao preceito, admite-se que a União conceda incentivos fiscais destinados a promover o equilíbrio do desenvolvimento socioeconômico entre as diferentes regiões do País.

Pelo **princípio da uniformidade da tributação da renda e dos agentes públicos**, é vedado à União "tributar a renda das obrigações da dívida pública dos Estados, do Distrito Federal e dos Municípios, bem como a remuneração e os proventos dos respectivos agentes públicos, em níveis superiores aos que fixar para suas obrigações e para seus agentes" (CF, art. 151, II). Como se vê, são duas vedações dirigidas à União, a saber:

- tributar a renda das obrigações da dívida pública dos Estados, do Distrito Federal e dos Municípios em níveis superiores aos que fixar para suas obrigações;
- tributar a remuneração e os proventos dos respectivos agentes públicos, em níveis superiores aos que fixar para seus agentes;

Pelo princípio da **proibição das isenções heterônomas**, é vedado à União instituir isenções de tributos da competência dos Estados, do Distrito Federal ou dos Municípios (CF, art. 151, III). A única exceção constitucional à regra fica por conta da competência conferida à União, por meio de lei complementar, para excluir da incidência do ISSQN a exportações de serviços para o exterior (CF, art. 156, 3°, III). Essa competência foi exercida consoante artigo 2°, inciso I, da Lei complementar 116/2003, segundo o qual o ISSQN não incide sobre "as exportações de serviços para o exterior do País".

ATENÇÃO:

O STF já firmou entendimento de que no Direito Internacional somente a República Federativa do Brasil tem competência para firmar tratados, nos termos do artigo 52, § 2° da CF (RE 229.096-RS), dela não dispondo a União, os Estados-membros ou os Municípios. Nesse sentido, o Presidente da República **não subscreve tratados como Chefe de Governo, mas como Chefe de Estado, o que descaracteriza a existência de uma isenção heterônoma**, vedada pelo artigo 151, inciso III, da Constituição, nos casos de isenção concedida em decorrência tratados e convenções internacionais. A vedação inscrita no artigo 151, III, da Constituição é inoponível ao Estado Federal brasileiro (vale dizer, à República Federativa do Brasil), incidindo, unicamente, no plano das relações institucionais domésticas que se estabelecem entre as pessoas políticas de direito público interno (RE 543943).

Ainda sobre o princípio das isenções heterônomas, embora se trate de limitação constitucional ao poder de tributar da União, invocando a lógica do sistema federativo, Eduardo Sabbag defende que a norma seja estendida aos Estados-membros com relação aos tributos municipais (SABBAG, Eduardo. Manual de Direito Tributário. 6ª ed. São Paulo: Saraiva, 2014, p. 276).

Por fim, pelo **princípio da não diferenciação**, é vedado aos Estados, ao Distrito Federal e aos Municípios estabelecer diferença tributária entre bens e serviços de qualquer natureza, em razão de sua procedência ou destino (CF, art. 152). Dessa forma, não pode um Município estabelecer alíquota do ISS diferente para prestadores de um mesmo serviço residentes dentro e fora do território municipal.

10. PRINCÍPIOS ESPECÍFICOS

Além dos princípios tributários gerais até aqui abordados, a CF veicula inúmeros **princípios específicos**. A maioria está relacionada com determinados impostos, mas também há princípios específicos de outros tributos, como é o caso do princípio da vedação ao *bis in idem*, específico das taxas, consubstanciado na regra de que essa espécie tributária não poderá ter base de cálculo própria de impostos (CF, art. 145, § 2º).

ATENÇÃO:

O princípio da progressividade que a CF delineou para o IPTU pode ser subdividido em: i) **progressividade fiscal**, cujo único objetivo é a arrecadação, em razão do valor do imóvel (CF, art. 156, § 2º, I); ii) **progressividade extrafiscal**, que tem por objetivo promover a função social da propriedade, estabelecendo a progressividade no tempo do IPTU para o proprietário de imóvel subutilizado ou não utilizado que deixar de promover o seu adequado aproveitamento, nos termos do plano diretor do Município (CF, art. 182, § 4º, II).

ATENÇÃO:

Os termos progressividade e proporcionalidade não são sinônimos. Um tributo progressivo apresenta alíquotas maiores conforme há um aumento na base de cálculo. Já um tributo proporcional é aquele em que é mantida a mesma alíquota, independentemente da base de cálculo.

Entre os impostos, embora seja importante enfatizar a existência de muitos outros, serão destacados adiante dois princípios muito importantes aplicáveis ao IPI e ao ICMS, que são a não cumulatividade e a seletividade, muito cobrados nos concursos públicos em geral.

10.1. Princípio da não cumulatividade

Princípio tributário específico relativo principalmente ao Imposto sobre Produtos Industrializados – **IPI** (CF, art. 153, § 3º, II) e ao Imposto sobre Operações relativas à Circulação de Mercadorias e sobre Prestações de Serviços de Transporte Interestadual e Intermunicipal e de Comunicação – **ICMS** (CF, art. 155, § 2º, I), a não cumulatividade compreende a regra segundo a qual **o imposto será não cumulativo, compensando-se o que for devido em cada operação com o montante cobrado nas anteriores.**

É muito importante dar ênfase ao aspecto da norma de que a compensação será com o imposto **cobrado** na operação anterior e **não** com o imposto pago ou recolhido, como pode aparecer em questões de concurso para confundir o candidato.

Assim, o fato do imposto ter sido cobrado na operação anterior confere ao contribuinte, na operação subsequente, o direito ao crédito corresponde e à respectiva compensação. Dois exemplos:

- o imposto pago no fornecimento de matéria prima confere ao industrial o direito ao crédito e à respectiva compensação com o imposto devido em relação aos produtos resultantes da industrialização;
- o imposto pago na aquisição de mercadoria para revenda confere ao comerciante o direito ao crédito e à respectiva compensação com o imposto devido em relação à operação de revenda do produto.

Ainda no campo da não cumulatividade, **regra constitucional exclusiva do ICMS** é a de que, salvo determinação legal em contrário, a **isenção ou não incidência não implicará crédito** para compensação com o montante devido nas operações ou prestações seguintes, bem como **acarretará a anulação** do crédito relativo às operações anteriores (CF, art. 155, § 2º, II, "a" e "b"). Em outras palavras, são duas regras:

1ª Se a operação anterior é isenta ou não tributada, a operação seguinte não dá direito a crédito, até porque não houve imposto cobrado na operação anterior;

2ª Se a operação seguinte é isenta ou não tributada, deve ser anulado o crédito decorrente do imposto pago na operação anterior, o que tem lógica, pois caso não houvesse essa anulação toda a cadeia de produção ficaria totalmente desonerada.

Mas muita atenção para a expressão "salvo determinação legal em contrário", que significa a possibilidade concedida pela Constituição para que a lei possa estabelecer hipóteses em que o crédito será mantido em situações envolvendo operações isentas ou não tributadas. A própria CF, em seu artigo 155, § 2º, inciso X, alínea "a", faz uma ressalva quanto à possibilidade de manutenção e aproveitamento do crédito de ICMS cobrado nas operações e prestações anteriores, em relação às operações posteriores que destinem mercadorias para o exterior e aos serviços prestados a destinatários no exterior (que são imunes).

ATENÇÃO:

Segundo entendimento pacífico do STF a respeito da não cumulatividade do IPI, o direito ao crédito pressupõe recolhimento anterior do tributo, não se podendo cogitar em direito ao crédito em relação à aquisição de insumos não tributados ou sujeitos à alíquota zero (RE 566819 - Pleno - Rel. Min. Marco Aurélio - julg. 29/9/2010).

ATENÇÃO:

Também se exige a não cumulatividade dos impostos e contribuições de competência residual da União (CF, arts. 154, I e 195, § 4º).

10.2. Princípio da seletividade

A **seletividade segundo a essencialidade do produto** também constitui um princípio específico do IPI e do ICMS previsto nos artigos 153, § 3º, inciso I e 155, § 2º, inciso III, da CF.

O grande reflexo prático desse princípio se dá no campo das alíquotas que, de maneira geral, correspondem ao percentual que se aplica sobre a base de cálculo para se chegar ao valor do tributo devido. Na essência, a seletividade segundo o critério de essencialidade do produto implica em alíquotas mais elevadas para produtos supérfluos (p. ex. cigarros) e alíquotas menores para gêneros de primeira necessidade (p. ex. arroz e feijão).

Uma diferença marcante entre a seletividade no IPI e no ICMS é que, à luz do texto constitucional, no IPI a seletividade é obrigatória, já que esse imposto "será seletivo" (CF, art. 153, § 3º, I), ao passo que a seletividade no ICMS é facultativa, uma vez ter sido estabelecido que esse imposto "poderá ser seletivo" (CF, art. 155, § 2º, III).

11. INFORMATIVOS DE JURISPRUDÊNCIA (2017 E 2018)

Progressividade das alíquotas de ITR e Território Rural

A Segunda Turma negou provimento a agravo regimental em recurso extraordinário em que se discutia a possibilidade de se estabelecer alíquotas progressivas em razão do tamanho da propriedade. No caso, o agravante sustentava que o ITR possui caráter extrafiscal, cujo objetivo seria evitar a manutenção de propriedades improdutivas, independentemente da área do imóvel.

A Turma entendeu não existir inconstitucionalidade na progressividade das alíquotas do ITR, a qual leva em consideração não só o grau de utilização da terra (GU), como também a área do imóvel, tendo em vista que tais critérios não são isolados, mas sim conjugados. Assim, quanto maior for o território rural e menor o seu aproveitamento, maior será a alíquota de ITR. Essa sistemática potencializa a função extrafiscal do tributo e desestimula a manutenção de propriedade improdutiva. A Turma registrou, ainda, que já era possível a instituição da progressividade em relação às alíquotas do ITR no período anterior à EC 42/2003, que expressamente a instituíra.

RE 1038357 AgR/ SP, rel. Min Dias Tóffoli, julgamento em 6.2.2018. (RE 1038357)

(Informativo 890, Segunda Turma)

PIS e alteração da base de cálculo para instituição financeira

São constitucionais a alíquota e a base de cálculo da contribuição ao Programa de Integração Social (PIS), previstas no art. 72, V (2), do Ato das Disposições Constitucionais Transitórias (ADCT), destinada à composição do Fundo Social de Emergência (FSE), nas redações da Emenda Constitucional Revisional (ECR) 1/1994 e das Emendas Constitucionais (ECs) 10/1996 e 17/1997, observados os princípios da anterioridade nonagesimal e da irretroatividade tributária.

Com base nessa orientação, o Supremo Tribunal Federal (STF), em conclusão de julgamento e por maioria, ao apreciar o Tema 665 da repercussão geral em conjunto com outro processo, negou provimento a recursos extraordinários em que se discutiu: (a) a constitucionalidade das modificações efetuadas na base de cálculo e na alíquota da contribuição ao PIS, destinada à composição do FSE e devida pelos contribuintes a que se refere o § 1º do art. 22 (1) da Lei 8.212/1991 (instituições financeiras e equiparadas), no período de vigência do art. 72, V (2), do ADCT; e (b) a possibilidade de se afastar a referida contribuição nos períodos entre a publicação das emendas e o nonagésimo dia de sua publicação, bem como de sua aplicação retroativa. (Informativo 866).

De início, o Plenário reafirmou jurisprudência no sentido da aplicabilidade do princípio da anterioridade nonagesimal à modificação, ainda que por emenda constitucional, de alíquota de contribuição (RE 587.008/SP). A solução de continuidade entre a vigência de determinada emenda constitucional e a entrada em vigor de nova emenda que majore ou reinstitua o tributo impede que se considere haver mera prorrogação do quanto estabelecido no texto primitivo.

Originariamente, a ECR 1/1994 previu a cobrança do PIS, devido pelas instituições financeiras e equiparadas, com vigência restrita nos exercícios financeiros de 1994 e 1995, calculada mediante a aplicação da alíquota diferenciada de 0,75% sobre a receita bruta operacional.

Com a EC 10/1996 (de 4.3.1996), a cobrança da exação foi novamente instituída, mas com aplicação entre 1º de janeiro de 1996 a 30 de junho de 1997, mantida a alíquota, a qual passou a ser alterada por lei ordinária.

Posteriormente, a EC 17/1997 (de 22.11.1997) reinstituiu a contribuição, com incidência entre 1º de julho de 1997 a 31 de dezembro de 1999, preservadas as demais características da norma anterior.

Para a Corte, as ECs 10/1996 e 17/1997 violaram os princípios da irretroatividade e da anterioridade nonagesimal. Não se trata de meras prorrogações de emendas anteriores, uma vez que houve a efetiva inovação do ordenamento jurídico nas reinstituições da contribuição ao PIS prevista no inciso V do art. 72 do ADCT, inclusive com aplicação retroativa.

Desse modo, o tributo não pode ser cobrado em relação a fatos geradores ocorridos antes do início da vigência de cada uma dessas emendas, respectivamente, nem antes de decorridos noventa dias de suas publicações.

Em seguida, foi analisada a alegação de inconstitucionalidade da MP 517/1994 (e suas reedições), convertida na Lei 9.701/1998, por suposta violação ao art. 73 do ADCT (3), segundo o qual o Fundo Social de Emergência não pode ser regulado por medida provisória [CF, art. 59, V (4)].

Para o colegiado, o ato impugnado não regulou o fundo, nem modificou o conceito de receita bruta operacional mencionado no art. 72, V, do ADCT. Ao contrário, apenas dispôs sobre deduções e exclusões da base de cálculo da contribuição ao PIS, sem introduzir um novo conceito de receita.

Ademais, consignou ser válida a fixação de alíquota maior para as instituições financeiras e equiparadas, ausente violação ao princípio da isonomia. O STF já firmou entendimento de que não viola o princípio da isonomia o estabelecimento de alíquotas e de bases de cálculo diferenciadas para essas pessoas jurídicas, em período anterior ou posterior à introdução do § 9º (5) do art. 195 pela EC 20/98 (RE 235.036 e RE 598.572).

É válida a adoção de alíquota majorada para contribuintes que se encontrem em situações diversas, para fins de custeio da seguridade social. As pessoas jurídicas enquadradas no conceito de instituições financeiras auferem vultoso faturamento ou volumosa receita.

No mais, quanto à base de cálculo da contribuição, a ECR 1/1994 e suas sucessoras, no art. 72, V, do ADCT, cuidaram de estabelecer qual a base de cálculo da contribuição ao PIS — a receita bruta operacional conforme definida na legislação do imposto sobre a renda e proventos de qualquer natureza (IR). Para a Corte, essa regulamentação infraconstitucional pode ser validamente implementada por medida provisória.

Por fim, consignou que, no que tange às instituições financeiras e congêneres, a base de cálculo do PIS abrange tanto (a) as receitas da intermediação financeira, tais como as decorrentes de operações de câmbio e com títulos e valores mobiliários; quanto (b) outras receitas operacionais, categoria em que se enquadram as receitas decorrentes da prestação de serviços e as advindas de tarifas bancárias.

Vencido, em parte, o Ministro Marco Aurélio, que dava provimento a um dos recursos extraordinários para declarar o direito do contribuinte de recolher a contribuição ao PIS nos termos da LC 7/1970, durante a vigência do artigo 72 do ADCT, com a redação dada pela EC 10/1996. Vencido também quanto à fixação de tese de repercussão geral em recurso extraordinário anterior ao regime.

(1) Lei 8.212/1991: "Art. 22. A contribuição a cargo da empresa, destinada à Seguridade Social, além do disposto no art. 23, é de: (...) § 1º No caso de bancos comerciais, bancos de investimentos, bancos de desenvolvimento, caixas econômicas, sociedades de crédito, financiamento e investimento, sociedades de crédito imobiliário, sociedades corretoras, distribuidoras de títulos e valores mobiliários, empresas de arrendamento mercantil, cooperativas de crédito, empresas de seguros privados e de capitalização, agentes autônomos de seguros privados e de crédito e entidades de previdência privada abertas e fechadas, além das contribuições referidas neste artigo e no art. 23, é devida a contribuição adicional de dois vírgula cinco por cento sobre a base de cálculo definida nos incisos I e III deste artigo. (Redação dada pela Lei nº 9.876, de 1999). (Vide Medida Provisória nº 2.158-35, de 2001). "

(2) ADCT: "Art. 72, V – a parcela do produto da arrecadação da contribuição de que trata a Lei Complementar nº 7, de 7 de setembro de 1970, devida pelas pessoas jurídicas a que se refere o inciso III

deste artigo, a qual será calculada, nos exercícios financeiros de 1994 a 1995, bem assim nos períodos de 1ºde janeiro de 1996 a 30 de junho de 1997 e de 1º de julho de 1997 a 31 de dezembro de 1999, mediante a aplicação da alíquota de setenta e cinco centésimos por cento, sujeita a alteração por lei ordinária posterior, sobre a receita bruta operacional, como definida na legislação do imposto sobre renda e proventos de qualquer natureza. (Redação dada pela Emenda Constitucional nº 17, de 1997). "

(3) ADCT: "Art. 73. Na regulação do Fundo Social de Emergência não poderá ser utilizado o instrumento previsto no inciso V do art. 59 da Constituição. "

(4) CF: "Art. 59. O processo legislativo compreende a elaboração de: (...) V - medidas provisórias. "

(5) CF: "Art. 195. A seguridade social será financiada por toda a sociedade, de forma direta e indireta, nos termos da lei, mediante recursos provenientes dos orçamentos da União, dos Estados, do Distrito Federal e dos Municípios, e das seguintes contribuições sociais: (...) § 9º As contribuições sociais previstas no inciso I do caput deste artigo poderão ter alíquotas ou bases de cálculo diferenciadas, em razão da atividade econômica, da utilização intensiva de mão-de-obra, do porte da empresa ou da condição estrutural do mercado de trabalho. (Redação dada pela Emenda Constitucional nº 47, de 2005). "

RE 578846/SP, rel. Min. Dias Toffoli, julgamento em 6.6.2018. (RE-578846)

(Informativo 905, Plenário - Repercussão Geral)

Instituições financeiras e majoração de alíquota da COFINS

É constitucional a majoração diferenciada de alíquotas em relação às contribuições sociais incidentes sobre o faturamento ou a receita de instituições financeiras ou de entidades a elas legalmente equiparáveis.

Com esse entendimento, o Plenário, ao apreciar o Tema 515 da repercussão geral, em conclusão de julgamento e por maioria, negou provimento ao recurso extraordinário (Informativo 866).

No caso, houve a majoração de 3% para 4% da alíquota da Contribuição para o Financiamento da Seguridade Social (COFINS) com base no art. 18(1) da Lei 10.684/2003.

O Colegiado afirmou que, desde a edição da Emenda Constitucional (EC) 20/1998, o art. 195, § 9º (2), do texto constitucional autoriza, expressamente, em relação às contribuições sociais previstas no art. 195, I (3), da Constituição Federal (CF), a adoção de alíquotas ou de bases de cálculo diferenciadas em razão, entre outros critérios, da atividade econômica desenvolvida pelo contribuinte.

A conformação do princípio da isonomia no texto constitucional, sobretudo na vertente tributária, busca autorizar a adoção de medidas discriminativas. O objetivo disso é privilegiar ou onerar determinadas categorias, incentivar ou desestimular determinados comportamentos, ou, ainda, incrementar o desenvolvimento de certas regiões do País. A Constituição cria mecanismos para a promoção da igualdade em sentido material, portanto.

A imposição de alíquotas diferenciadas em razão da atividade econômica pode estar fundada nas funções fiscais ou extrafiscais da exação. Se fundada na função fiscal, a distinção deve corresponder à capacidade contributiva; se embasada na extrafiscal, deve respeitar a proporcionalidade, a razoabilidade bem como o postulado da vedação do excesso. Em todo caso, a norma de desequiparação e o seu critério de discrímen (a atividade econômica) devem respeitar o conteúdo jurídico do princípio da igualdade.

O Tribunal consignou que o tratamento constante do art. 18 da Lei 10.684/2003 não viola o princípio da isonomia nem o da capacidade contributiva.

O próprio texto constitucional permite que o faturamento ou a receita sejam utilizados como fato signo presuntivo de riqueza. Ambas as expressões são aptas, portanto, para receber tributação.

Não invalida o dispositivo legal impugnado a existência de algum segmento econômico que, individualmente considerado, tenha maior capacidade contributiva em comparação com o setor financeiro. Embora o outro segmento também deva ter maior colaboração para o custeio da seguridade social, é imprescindível igualmente lembrar que a imposição de alíquotas diferenciadas (CF, art. 195, § 9º) deve ser sopesada não apenas com a função fiscal da exação, mas também com suas finalidades extrafiscais constitucionalmente amparadas. Nesse sentido, é possível que o legislador deixe de exigir essa maior colaboração por visar, ponderadamente, a outros preceitos constitucionais, como, por exemplo, a equalização das desigualdades sociais.

Além disso, o Poder Judiciário não pode, a pretexto de conceder tratamento em conformidade com o princípio da capacidade contributiva, excluir determinada pessoa jurídica, por razões meramente individuais, do âmbito de aplicação da alíquota majorada da COFINS prevista no dispositivo impugnado, sob pena de conceder privilégio odioso.

Por fim, assinalou que, tomando por base a função fiscal da COFINS, é proporcional e razoável que os contribuintes que exercem atividade econômica reveladora de grande capacidade contributiva contribuam mais para o custeio da seguridade social.

Vencido o ministro Marco Aurélio, que deu provimento ao recurso, assentando a inconstitucionalidade da majoração da alíquota ante o tratamento não linear das entidades descritas no dispositivo legal.

(1) Lei 10.684/2003: "Art. 18. Fica elevada para quatro por cento a alíquota da Contribuição para o Financiamento da Seguridade Social - COFINS devida pelas pessoas jurídicas referidas nos §§ 6o e 8o do art. 3o da Lei no 9.718, de 27 de novembro de 1998. "

(2) CF/1988: "Art. 195. A seguridade social será financiada por toda a sociedade, de forma direta e indireta, nos termos da lei, mediante recursos provenientes dos orçamentos da União, dos Estados, do Distrito Federal e dos Municípios, e das seguintes contribuições sociais: (...) § 9° As contribuições sociais previstas no inciso I deste artigo poderão ter alíquotas ou bases de cálculo diferenciadas, em razão da atividade econômica ou da utilização intensiva de mão-de-obra. (Incluído pela Emenda Constitucional 20, de 1998) "

(3) CF/1988: "Art. 195. (...) I - do empregador, da empresa e da entidade a ela equiparada na forma da lei, incidentes sobre: (Redação dada pela Emenda Constitucional 20, de 1998) a) a folha de salários e demais rendimentos do trabalho pagos ou creditados, a qualquer título, à pessoa física que lhe preste serviço, mesmo sem vínculo empregatício; b) a receita ou o faturamento; c) o lucro; (Alíneas incluídas pela Emenda Constitucional 20, de 1998). "

RE 656089/MG, rel. Min. Dias Toffoli, julgamento em 6.6.2018. (RE-656089)

(Informativo 905, Plenário - Repercussão Geral)

Instituições financeiras: Lei 7.787/1989 e contribuição adicional de 2,5% sobre a folha de salários

É constitucional a contribuição adicional de 2,5% (dois e meio por cento) sobre a folha de salários instituída para as instituições financeiras e assemelhadas pelo art. 3°, § 2° (1), da Lei 7.787/1989, ainda que considerado o período anterior à Emenda Constitucional (EC) 20/1998.

Com esse entendimento, o Plenário, ao apreciar o Tema 470 da repercussão geral, em conclusão de julgamento e por maioria, negou provimento ao recurso extraordinário (Informativo 866).

No caso, a contribuição adicional foi estabelecida pelo art. 3º, § 2º, da Lei 7.787/1989, antes da EC 20/1998, que autorizou a adoção de alíquotas diferenciadas de contribuições sociais.

O Colegiado afirmou que, com a Constituição Federal (CF) de 1988, o princípio da solidariedade assumiu papel de enorme relevo a justificar que os contribuintes sejam chamados para participar da manutenção do sistema, sem a exigência de vínculo com os demais segurados, ou direito a determinada retribuição ou qualquer espécie de benefício.

Esclareceu que a seguridade social é financiada por toda a sociedade [CF, art. 195, "caput" (2)]. A participação dos distintos segmentos que a integram tem como parâmetro a capacidade contributiva de cada um deles, pois somente assim se afigura possível atingir a justiça social. Ademais, as contribuições sociais têm como fundamento a solidariedade intergeracional. Tal característica une as gerações presentes e futuras quanto à obrigação de arcar com os custos de manutenção da seguridade pública, de modo a contemplar os beneficiários atuais e vindouros do sistema, sem contrapartida simétrica de todos os contribuintes em termos de benefícios.

O custeio da seguridade social baseia-se na diversidade de seu financiamento, assim como no princípio da equidade, sem qualquer ofensa ao princípio constitucional da isonomia.

Por essa razão, antes mesmo da Emenda Constitucional 20/1998, que introduziu o § 9° (3) no art. 195 do texto constitucional, já existia a possibilidade de o Estado exigir aportes diferenciados para a seguridade social, levando em consideração a maior ou menor capacidade de participação dos contribuintes na manutenção do sistema. Portanto, em momento anterior à promulgação da citada emenda, já se colocava em prática o conceito de diversidade da base de financiamento da seguridade pública, cujo fundamento é a ideia de equidade, com base no princípio da solidariedade.

A previsão de tributação diferenciada para segmentos econômicos determinados com destaque para as empresas que se utilizam de mão de obra intensiva, como no caso da Lei 7.789/1989, é compatível com a Constituição.

A Corte frisou que o princípio da capacidade contributiva, tal como previsto no art. 145, § 1° (4), da CF aplica-se a todas as exações fiscais, e não exclusivamente aos impostos.

Ressaltou ser possível concluir que a contribuição social previdenciária incidente sobre a folha de salários, na forma do § 2° do art. 3° da Lei 7.787/1989, atende ao disposto nos arts. 145, § 1°, e 194, parágrafo único, V (5), da Constituição. Afinal, leva em conta a capacidade econômico-financeira dos contribuintes a quem se dirige, concretizando o mandamento constitucional de equidade na forma de participação no custeio.

Consignou que, quando uma emenda à Constituição se limita a explicitar algo, sem inovar no mundo jurídico, é descabida a discussão acerca da incidência de efeitos retroativos. Diante disso, também não cabe falar em "constitucionalização superveniente" do dispositivo legal atacado, já que ele não era inconstitucional antes da promulgação da EC 20/1998.

Observou que não cabe ao Judiciário, salvo em situações excepcionais, julgar se o legislador agiu acertada ou equivocadamente ao optar por determinada solução normativa.

Por fim, asseverou que não padece de vício de inconstitucionalidade a norma que instituiu adicional à contribuição social devida por empregadores de certos segmentos produtivos ou financeiros, pois é compatível com os princípios da solidariedade, equidade e capacidade contributiva, que constituem os principais esteios da seguridade social.

Vencido o ministro Marco Aurélio, que deu provimento ao recurso, assentando a inconstitucionalidade da alíquota adicional, considerado o tratamento não linear conferido em momento anterior à EC 20/1998.

(1) Lei 7.787/1989: "Art. 3º A contribuição das empresas em geral e das entidades ou órgãos a ela equiparados, destinada à Previdência Social, incidente sobre a folha de salários, será: (...) § 2º No

caso de bancos comerciais, bancos de investimentos, bancos de desenvolvimento, caixas econômicas, sociedades de crédito, financiamento e investimento, sociedades de crédito imobiliário, sociedades corretoras, distribuidoras de títulos e valores mobiliários, empresas de arrendamento mercantil, cooperativas de crédito, empresas de seguros privados e capitalização, agentes autônomos de seguros privados e de crédito e entidades de previdência privada abertas e fechadas, além da contribuições referidas nos incisos I e II, é devida a contribuição adicional de 2,5% sobre a base de cálculo referida no inciso I."

(2) CF/1988: "Art. 195. A seguridade social será financiada por toda a sociedade, de forma direta e indireta, nos termos da lei, mediante recursos provenientes dos orçamentos da União, dos Estados, do Distrito Federal e dos Municípios, e das seguintes contribuições sociais. "

(3) CF/1988: "Art. 195. (...) § 9° As contribuições sociais previstas no inciso I deste artigo poderão ter alíquotas ou bases de cálculo diferenciadas, em razão da atividade econômica ou da utilização intensiva de mão-de-obra. (Incluído pela Emenda Constitucional 20, de 1998) "

(4) CF/1988: "Art. 145. A União, os Estados, o Distrito Federal e os Municípios poderão instituir os seguintes tributos: (...) § 1° Sempre que possível, os impostos terão caráter pessoal e serão graduados segundo a capacidade econômica do contribuinte, facultado à administração tributária, especialmente para conferir efetividade a esses objetivos, identificar, respeitados os direitos individuais e nos termos da lei, o patrimônio, os rendimentos e as atividades econômicas do contribuinte. "

(5) CF/1988: "Art. 194. A seguridade social compreende um conjunto integrado de ações de iniciativa dos Poderes Públicos e da sociedade, destinadas a assegurar os direitos relativos à saúde, à previdência e à assistência social. Parágrafo único. Compete ao Poder Público, nos termos da lei, organizar a seguridade social, com base nos seguintes objetivos: (...) V – eqüidade na forma de participação no custeio; "

RE 599309/SP, rel. Min. Ricardo Lewandowski, julgamento em 6.6.2018. (RE-599309)

(Informartivo 905, Plenário – Repercussão Geral)

Embargos de declaração e erro material

É constitucional a Contribuição Social Sobre o Lucro Líquido (CSLL), instituída pela Lei 7.689/1988, sendo também constitucionais as majorações de alíquotas efetivadas pela Lei 7.856/1989, por obedecerem à anterioridade nonagesimal.

Por sua vez, a ampliação da base de cálculo, conforme o art. 1°, II, (1) da Lei 7.988/1989, a fim de se compatibilizar com a anterioridade nonagesimal, só pode ser efetivada a partir do ano base de 1990.

Com base nesse entendimento, o Plenário deu parcial provimento ao recurso extraordinário. Preliminarmente, por maioria, conheceu dos embargos de declaração para, desde logo, apreciar o extraordinário (Informativo 835).

Vencidos, no ponto, os ministros Marco Aurélio e Edson Fachin, que os proviam para determinar a baixa dos autos ao Tribunal Regional Federal (TRF), a fim de que a Corte de origem emita entendimento explícito sobre os embargos lá opostos. Afirmaram que em sede extraordinária não se pode julgar matéria pela vez primeira, sem debate prévio e decisão das instâncias de origem.

A União alegou a existência de erro material decorrente da falta de pronunciamento sobre o tema recursal no acórdão atacado.

O voto vencedor do aresto embargado teria se fundamentado na jurisprudência da Corte acerca tão somente do art. 9° da Lei 7.689/1988 (2), que mantinha a vigência do Finsocial, a despeito da redação do art. 56 do Ato das Disposições Constitucionais Transitórias (ADCT) (3). Nos segundos embargos de declaração, a União reiterou a necessidade de manifestação da Corte sobre a omissão, na medida em que a matéria posta em discussão refere-se à constitucionalidade da íntegra da Lei 7.689/1988, que também instituíra a CSLL, bem como a majoração das suas alíquotas.

O Tribunal deu provimento aos embargos de declaração para imprimir efeitos infringentes e corrigir erro material. Afirmou que tanto a CSLL quanto o Finsocial estão previstos na mesma lei. Apesar de próximas, as duas questões não se confundem. Enfatizou, ainda, a necessidade de se evitar demandas desnecessárias a serem ajuizadas futuramente com o intuito de desconstituir o acórdão embargado.

Consignou que, de fato, a demanda na origem versa sobre a inconstitucionalidade **in totum** da Lei 7.689/1988, que instituiu a CSLL, bem como sobre a inconstitucionalidade da majoração de suas alíquotas e base de cálculo pelas Leis 7.956/1989 e 7.988/1989, em função do que determinam os artigos 150, III, "a" (4) e 195, § 6º (5) da Constituição.

(1) Lei 7.988/1989: "Art. 1º A partir do exercício financeiro de 1990, correspondente ao período-base de 1989: (...)II – o lucro decorrente de exportações incentivadas não será excluído da base de cálculo da contribuição social, de que trata a Lei nº 7.689, de 15 de dezembro de 1988; "

(2) Lei 7.689/1988: "Art. 9º Ficam mantidas as contribuições previstas na legislação em vigor, incidentes sobre a folha de salários e a de que trata o Decreto-Lei nº 1.940, de 25 de maio de 1982, e alterações posteriores, incidente sobre o faturamento das empresas, com fundamento no art. 195, I, da Constituição Federal. "

(3) ADCT: "Art. 56. Até que a lei disponha sobre o art. 195, I, a arrecadação decorrente de, no mínimo, cinco dos seis décimos percentuais correspondentes à alíquota da contribuição de que trata o Decreto-Lei nº 1.940, de 25 de maio de 1982, alterada pelo Decreto-Lei nº 2.049, de 1º de agosto de 1983, pelo Decreto nº 91.236, de 8 de maio de 1985, e pela Lei nº 7.611, de 8 de julho de 1987, passa a integrar a receita da seguridade social, ressalvados, exclusivamente no exercício de 1988, os compromissos assumidos com programas e projetos em andamento."

(4) CF: "Art. 150. Sem prejuízo de outras garantias asseguradas ao contribuinte, é vedado à União, aos Estados, ao Distrito Federal e aos Municípios (...)III – cobrar tributos: a) em relação a fatos geradores ocorridos antes do início da vigência da lei que os houver instituído ou aumentado; "

(5) CF "Art. 195. A seguridade social será financiada por toda a 446sociedade, de forma direta e indireta, nos termos da lei, mediante recursos provenientes dos orçamentos da União, dos Estados, do Distrito Federal e dos Municípios, e das seguintes contribuições sociais: (...)§ 6º As contribuições sociais de que trata este artigo só poderão ser exigidas após decorridos noventa dias da data da publicação da lei que as houver instituído ou modificado, não se lhes aplicando o disposto no art. 150, III, b."

RE 211446 ED-ED/GO, rel. Min. Luiz Fux, julgamento em 20.9.2018. (RE-211446)

(Informativo 916, Plenário)

Alíquota de IPI para produção de açúcar e localização geográfica

Surge constitucional, sob o ângulo do caráter seletivo, em função da essencialidade do produto e do tratamento isonômico, o artigo 2º da Lei nº 8.393/1991 (1), a revelar alíquota máxima de Imposto sobre Produtos Industrializados – IPI de 18%, assegurada isenção, quanto aos contribuintes situados na área de atuação da Superintendência de Desenvolvimento do Nordeste – SUDENE e da Superintendência de Desenvolvimento da Amazônia – SUDAM, e autorização para redução de até 50% da alíquota, presentes contribuintes situados nos Estados do Espírito Santo e do Rio de Janeiro.

Com base nesse entendimento, o Plenário negou provimento a recurso extraordinário.

Inicialmente, o Tribunal não conheceu da questão da constitucionalidade da Lei 9.532/1997, por falta de prequestionamento.

Afirmou que a Constituição Federal (CF) autoriza o legislador a implementar, no âmbito da opção político-normativa, presente a razoabilidade — se a alíquota fixada estiver em patamar aceitável —, distinções, sem vínculo à divisão por regiões: Sul, Sudeste, Centro-Oeste, Nordeste e Norte.

Assentou que o alcance do caráter seletivo do tributo, em função da essencialidade do produto, implica variação de alíquotas de acordo com a própria mercadoria. Assim, o fato de o açúcar integrar a cesta básica, cujos produtos não têm incidência do IPI, é insuficiente para que se conclua pela impossibilidade da cobrança do tributo.

Frisou que o princípio da isonomia é observado quando não ocorre preferência desarrazoada em relação a Estado-Membro, ao Distrito Federal ou a Município. No caso, o art. 2º da Lei 8.393/1991 encerrou verdadeiro incentivo fiscal no que concerne às áreas mencionadas. A cláusula constitucional (CF, art. 151, I) a remeter às diferentes regiões do País não tem interpretação a ponto de desconsiderar as áreas referidas no preceito da lei e ligadas ao Nordeste e à Amazônia. Também não há tratamento diferenciado em razão deste ou daquele Estado-Membro. O parágrafo único do art. 2º, ao revelar que, nos Estados do Espírito Santo e do Rio de Janeiro, a alíquota de 18% poderá ser reduzida em até 50%, remete, necessariamente, à situação dos contribuintes e do desenvolvimento na produção nesses Estados-Membros. Portanto, o Legislativo atuou no campo do incentivo fiscal, embora de forma estrita, considerados os Estados-Membros mencionados.

(1) Lei 8.393/1991, art. 2º1: "Art. 2º Enquanto persistir a política de preço nacional unificado de açúcar de cana, a alíquota máxima do Imposto sobre Produtos Industrializados - IPI incidente sobre a saída desse produto será de dezoito por cento, assegurada isenção para as saídas ocorridas na área de atuação da Superintendência do Desenvolvimento do Nordeste - SUDENE e da Superintendência do Desenvolvimento da Amazônia - SUDAM. Parágrafo único. Para os Estados do Espírito Santo e do Rio de Janeiro, é o Poder Executivo autorizado a reduzir em até cinqüenta por cento a alíquota do IPI incidente sobre o açúcar nas saídas para o mercado interno".

RE 592145/SP, rel. Min. Marco Aurélio, julgamento em 5.4.2017.

(Informativo 860, Plenário, Repercussão Geral)

Majoração de taxa por portaria e princípio da reserva legal

A Primeira Turma, por maioria, deu provimento a agravo regimental para determinar o seguimento de recurso extraordinário em que discutida a possibilidade de majoração, por portaria do Ministério da Fazenda, da alíquota da Taxa de Utilização do Sistema Integrado de Comércio Exterior (Siscomex).

A Turma frisou que o ato ministerial majorou em 500% os valores atribuídos à taxa em questão. Ademais, a Lei 9.716/1998, na qual instituído o tributo, sequer estabelece balizas mínimas para eventual exercício de delegação tributária por parte do chefe do Executivo. De igual modo, por se tratar de taxa, e não de imposto, não há permissivo constitucional para excepcionar-se o princípio da reserva legal em matéria tributária.

Vencidos a ministra Rosa Weber (relatora) e o ministro Alexandre de Moraes, que desproveram o agravo por entenderem se tratar de ofensa meramente reflexa à Constituição Federal (CF).

RE 959274 AgR/SC, rel. orig. Min. Rosa Weber, red. p/ o ac. Min. Roberto Barroso, julgamento em 29.8.2017.

(Informativo 875, 1ª Turma)

Município e taxa de combate a sinistros

A segurança pública, presentes a prevenção e o combate a incêndios, faz-se, no campo da atividade precípua, pela unidade da Federação, e, porque serviço essencial, tem como a viabilizá-la a arrecadação de impostos, não cabendo ao Município a criação de taxa para tal fim. Essa é a tese do Tema 16 da repercussão geral fixada pelo Plenário — Informativo 866.

RE 643247/SP, rel. Min. Marco Aurélio, julgamento em 1º.8.2017.

(Informativo 871, Plenário, Repercussão Geral)

12. SÚMULAS

Súmula vinculante 50: "Norma legal que altera o prazo de recolhimento da obrigação tributária não se sujeita ao princípio da anterioridade".

Súmula 69 STF: "A Constituição Estadual não pode estabelecer limite para o aumento de tributos municipais".

Súmula 239 STF: "Decisão que declara indevida a cobrança do imposto em determinado exercício não faz coisa julgada em relação aos posteriores".

Súmula 656 STF: "É inconstitucional a lei que estabelece alíquotas progressivas para o imposto de transmissão "inter vivos" de bens imóveis – ITBI com base no valor venal do imóvel".

Súmula 667 STF: "Viola a garantia constitucional de acesso à jurisdição a taxa judiciária calculada sem limite sobre o valor da causa".

Súmula 668 STF: "É inconstitucional a lei municipal que tenha estabelecido, antes da Emenda Constitucional 29/2000, alíquotas progressivas para o IPTU, salvo se destinada a assegurar o cumprimento da função social da propriedade urbana".

Súmula 399 STJ: "Cabe à legislação municipal estabelecer o sujeito passivo do IPTU".

13. LEGISLAÇÃO RELACIONADA AO CAPÍTULO

» CONSTITUIÇÃO FEDERAL

Art. 145. § 1° Sempre que possível, os impostos terão caráter pessoal e serão graduados segundo a capacidade econômica do contribuinte, facultado à administração tributária, especialmente para conferir efetividade a esses objetivos, identificar, respeitados os direitos individuais e nos termos da lei, o patrimônio, os rendimentos e as atividades econômicas do contribuinte.

Art. 148. A União, mediante lei complementar, poderá instituir empréstimos compulsórios:

I - para atender a despesas extraordinárias, decorrentes de calamidade pública, de guerra externa ou sua iminência;

II - no caso de investimento público de caráter urgente e de relevante interesse nacional, observado o disposto no art. 150, III, "b".

Parágrafo único. A aplicação dos recursos provenientes de empréstimo compulsório será vinculada à despesa que fundamentou sua instituição.

Art. 150. Sem prejuízo de outras garantias asseguradas ao contribuinte, é vedado à União, aos Estados, ao Distrito Federal e aos Municípios:

I - exigir ou aumentar tributo sem lei que o estabeleça;

II - instituir tratamento desigual entre contribuintes que se encontrem em situação equivalente, proibida qualquer distinção em razão de ocupação profissional ou função por eles exercida, independentemente da denominação jurídica dos rendimentos, títulos ou direitos;

III - cobrar tributos:

a) em relação a fatos geradores ocorridos antes do início da vigência da lei que os houver instituído ou aumentado;

b) no mesmo exercício financeiro em que haja sido publicada a lei que os instituiu ou aumentou;

c) antes de decorridos noventa dias da data em que haja sido publicada a lei que os instituiu ou aumentou, observado o disposto na alínea b;

IV - utilizar tributo com efeito de confisco;

V - estabelecer limitações ao tráfego de pessoas ou bens, por meio de tributos interestaduais ou intermunicipais, ressalvada a cobrança de pedágio pela utilização de vias conservadas pelo Poder Público;

§ 1° A vedação do inciso III, b, não se aplica aos tributos previstos nos arts. 148, I, 153, I, II, IV e V; e 154, II; e a vedação do inciso III, c, não se aplica aos tributos previstos nos arts. 148, I, 153, I, II, III e V; e 154, II, nem à fixação da base de cálculo dos impostos previstos nos arts. 155, III, e 156, I.

§ 5° A lei determinará medidas para que os consumidores sejam esclarecidos acerca dos impostos que incidam sobre mercadorias e serviços.

§ 6° Qualquer subsídio ou isenção, redução de base de cálculo, concessão de crédito presumido, anistia ou remissão, relativos a impostos, taxas ou contribuições, só poderá ser concedido mediante lei específica, federal, estadual ou municipal, que regule exclusivamente as matérias acima enumeradas ou o correspondente tributo ou contribuição, sem prejuízo do disposto no art. 155, § 2.°, XII, g.

§ 7° A lei poderá atribuir a sujeito passivo de obrigação tributária a condição de responsável pelo pagamento de imposto ou contribuição, cujo fato gerador deva ocorrer posteriormente, assegurada a imediata e preferencial restituição da quantia paga, caso não se realize o fato gerador presumido.)

Art. 151. É vedado à União:

I - instituir tributo que não seja uniforme em todo o território nacional ou que implique distinção ou preferência em relação a Estado, ao Distrito Federal ou a Município, em detrimento de outro, admitida a concessão de incentivos fiscais destinados a promover o equilíbrio do desenvolvimento sócio-econômico entre as diferentes regiões do País;

II - tributar a renda das obrigações da dívida pública dos Estados, do Distrito Federal e dos Municípios, bem como a remuneração e os proventos dos respectivos agentes públicos, em níveis superiores aos que fixar para suas obrigações e para seus agentes;

III - instituir isenções de tributos da competência dos Estados, do Distrito Federal ou dos Municípios.

Art. 152. É vedado aos Estados, ao Distrito Federal e aos Municípios estabelecer diferença tributária entre bens e serviços, de qualquer natureza, em razão de sua procedência ou destino.

Art. 153. Compete à União instituir impostos sobre:

I - importação de produtos estrangeiros;

II - exportação, para o exterior, de produtos nacionais ou nacionalizados;

III - renda e proventos de qualquer natureza;

IV - produtos industrializados;

V - operações de crédito, câmbio e seguro, ou relativas a títulos ou valores mobiliários;

VI - propriedade territorial rural;

VII - grandes fortunas, nos termos de lei complementar.

§ 1º É facultado ao Poder Executivo, atendidas as condições e os limites estabelecidos em lei, alterar as alíquotas dos impostos enumerados nos incisos I, II, IV e V.

§ 2º O imposto previsto no inciso III:

I - será informado pelos critérios da generalidade, da universalidade e da progressividade, na forma da lei;

§ 3º O imposto previsto no inciso IV:

I - será seletivo, em função da essencialidade do produto;

II - será não-cumulativo, compensando-se o que for devido em cada operação com o montante cobrado nas anteriores;

IV - terá reduzido seu impacto sobre a aquisição de bens de capital pelo contribuinte do imposto, na forma da lei.

§ 4º O imposto previsto no inciso VI do caput:

I - será progressivo e terá suas alíquotas fixadas de forma a desestimular a manutenção de propriedades improdutivas;

Art. 154. A União poderá instituir:

I - mediante lei complementar, impostos não previstos no artigo anterior, desde que sejam não-cumulativos e não tenham fato gerador ou base de cálculo próprios dos discriminados nesta Constituição;

Art. 155. Compete aos Estados e ao Distrito Federal instituir impostos sobre:

I - transmissão causa mortis e doação, de quaisquer bens ou direitos;

II - operações relativas à circulação de mercadorias e sobre prestações de serviços de transporte interestadual e intermunicipal e de comunicação, ainda que as operações e as prestações se iniciem no exterior;

III - propriedade de veículos automotores.

§ 2º O imposto previsto no inciso II atenderá ao seguinte:

I - será não-cumulativo, compensando-se o que for devido em cada operação relativa à circulação de mercadorias ou prestação de serviços com o montante cobrado nas anteriores pelo mesmo ou outro Estado ou pelo Distrito Federal;

II - a isenção ou não-incidência, salvo determinação em contrário da legislação:

a) não implicará crédito para compensação com o montante devido nas operações ou prestações seguintes;

b) acarretará a anulação do crédito relativo às operações anteriores;

XII - cabe à lei complementar:

h) definir os combustíveis e lubrificantes sobre os quais o imposto incidirá uma única vez, qualquer que seja a sua finalidade, hipótese em que não se aplicará o disposto no inciso X, b;

§ 4º Na hipótese do inciso XII, h, observar-se-á o seguinte:

IV - as alíquotas do imposto serão definidas mediante deliberação dos Estados e Distrito Federal, nos termos do § 2º, XII, g, observando-se o seguinte:

c) poderão ser reduzidas e restabelecidas, não se lhes aplicando o disposto no art. 150, III, b.

§ 6º O imposto previsto no inciso III:

II - poderá ter alíquotas diferenciadas em função do tipo e utilização.

Art. 156. Compete aos Municípios instituir impostos sobre:

I - propriedade predial e territorial urbana;

II - transmissão "inter vivos", a qualquer título, por ato oneroso, de bens imóveis, por natureza ou acessão física, e de direitos reais sobre imóveis, exceto os de garantia, bem como cessão de direitos a sua aquisição;

III - serviços de qualquer natureza, não compreendidos no art. 155, II, definidos em lei complementar.

§ 1º Sem prejuízo da progressividade no tempo a que se refere o art. 182, § 4º, inciso II, o imposto previsto no inciso I poderá:

I - ser progressivo em razão do valor do imóvel; e

II - ter alíquotas diferentes de acordo com a localização e o uso do imóvel.

§ 3º Em relação ao imposto previsto no inciso III do caput deste artigo, cabe à lei complementar:

II - excluir da sua incidência exportações de serviços para o exterior.

Art. 182. A política de desenvolvimento urbano, executada pelo Poder Público municipal, conforme diretrizes gerais fixadas em lei, tem por objetivo ordenar o pleno desenvolvimento das funções sociais da cidade e garantir o bem- estar de seus habitantes.

§ 4º É facultado ao Poder Público municipal, mediante lei específica para área incluída no plano diretor, exigir, nos termos da lei federal, do proprietário do solo urbano não edificado, subutilizado ou não utilizado, que promova seu adequado aproveitamento, sob pena, sucessivamente, de:

I - parcelamento ou edificação compulsórios;

II - imposto sobre a propriedade predial e territorial urbana progressivo no tempo;

III - desapropriação com pagamento mediante títulos da dívida pública de emissão previamente aprovada pelo Senado Federal, com prazo de resgate de até dez anos, em parcelas anuais, iguais e sucessivas, assegurados o valor real da indenização e os juros legais.

Art. 195. A seguridade social será financiada por toda a sociedade, de forma direta e indireta, nos termos da lei, mediante recursos provenientes dos orçamentos da União, dos Estados, do Distrito Federal e dos Municípios, e das seguintes contribuições sociais:

§ 4º A lei poderá instituir outras fontes destinadas a garantir a manutenção ou expansão da seguridade social, obedecido o disposto no art. 154, I.

§ 6º As contribuições sociais de que trata este artigo só poderão ser exigidas após decorridos noventa dias da data da publicação da lei que as houver instituído ou modificado, não se lhes aplicando o disposto no art. 150, III, «b».

» CÓDIGO TRIBUTÁRIO NACIONAL

Art. 97. Somente a lei pode estabelecer:

I - a instituição de tributos, ou a sua extinção;

II - a majoração de tributos, ou sua redução, ressalvado o disposto nos artigos 21, 26, 39, 57 e 65;

III - a definição do fato gerador da obrigação tributária principal, ressalvado o disposto no inciso I do § 3º do artigo 52, e do seu sujeito passivo;

IV - a fixação de alíquota do tributo e da sua base de cálculo, ressalvado o disposto nos artigos 21, 26, 39, 57 e 65;

V - a cominação de penalidades para as ações ou omissões contrárias a seus dispositivos, ou para outras infrações nela definidas;

VI - as hipóteses de exclusão, suspensão e extinção de créditos tributários, ou de dispensa ou redução de penalidades.

§ 1º Equipara-se à majoração do tributo a modificação da sua base de cálculo, que importe em torná-lo mais oneroso.

§ 2º Não constitui majoração de tributo, para os fins do disposto no inciso II deste artigo, a atualização do valor monetário da respectiva base de cálculo.

Art. 98. Os tratados e as convenções internacionais revogam ou modificam a legislação tributária interna, e serão observados pela que lhes sobrevenha.

Art. 104. Entram em vigor no primeiro dia do exercício seguinte àquele em que ocorra a sua publicação os dispositivos de lei, referentes a impostos sobre o patrimônio ou a renda:

I - que instituem ou majoram tais impostos;

II - que definem novas hipóteses de incidência;

III - que extinguem ou reduzem isenções, salvo se a lei dispuser de maneira mais favorável ao contribuinte, e observado o disposto no artigo 178.

Art. 105. A legislação tributária aplica-se imediatamente aos fatos geradores futuros e aos pendentes, assim entendidos aqueles cuja ocorrência tenha tido início mas não esteja completa nos termos do artigo 116.

Art. 106. A lei aplica-se a ato ou fato pretérito:

I - em qualquer caso, quando seja expressamente interpretativa, excluída a aplicação de penalidade à infração dos dispositivos interpretados;

II - tratando-se de ato não definitivamente julgado:

a) quando deixe de defini-lo como infração;

b) quando deixe de tratá-lo como contrário a qualquer exigência de ação ou omissão, desde que não tenha sido fraudulento e não tenha implicado em falta de pagamento de tributo;

c) quando lhe comine penalidade menos severa que a prevista na lei vigente ao tempo da sua prática.

Art. 111. Interpreta-se literalmente a legislação tributária que disponha sobre:

I - suspensão ou exclusão do crédito tributário;

II - outorga de isenção;

III - dispensa do cumprimento de obrigações tributárias acessórias.

Art. 178 - A isenção, salvo se concedida por prazo certo e em função de determinadas condições, pode ser revogada ou modificada por lei, a qualquer tempo, observado o disposto no inciso III do art. 104.

» RESOLUÇÃO SENADO FEDERAL Nº 9, DE 1992

Estabelece alíquota máxima para o Imposto sobre Transmissão Causa Mortis e Doação

Art. 1º A alíquota máxima do imposto de que trata a alínea a, inciso I, do art. 155 da Constituição Federal será de oito por cento, a partir de 1º de janeiro de 1992.

Art. 2º As alíquotas dos impostos, fixadas em lei estadual, poderão ser progressivas em função do quinhão que cada herdeiro efetivamente receber, nos termos da Constituição Federal.

» LEI Nº 12.741, DE 8 DE DEZEMBRO DE 2012

Dispõe sobre medidas de esclarecimento ao consumidor

Art. 1º Emitidos por ocasião da venda ao consumidor de mercadorias e serviços, em todo território nacional, deverá constar, dos documentos fiscais ou equivalentes, a informação do valor aproximado correspondente à totalidade dos tributos federais, estaduais e municipais, cuja incidência influi na formação dos respectivos preços de venda.

§ 1º A apuração do valor dos tributos incidentes deverá ser feita em relação a cada mercadoria ou serviço, separadamente, inclusive nas hipóteses de regimes jurídicos tributários diferenciados dos respectivos fabricantes, varejistas e prestadores de serviços, quando couber.

§ 2º A informação de que trata este artigo poderá constar de painel afixado em local visível do estabelecimento, ou por qualquer outro meio eletrônico ou impresso, de forma a demonstrar o valor ou percentual, ambos aproximados, dos tributos incidentes sobre todas as mercadorias ou serviços postos à venda.

§ 3º Na hipótese do § 2º, as informações a serem prestadas serão elaboradas em termos de percentuais sobre o preço a ser pago, quando se tratar de tributo com alíquota ad valorem, ou em valores monetários (no caso de alíquota específica); no caso de se utilizar meio eletrônico, este deverá estar disponível ao consumidor no âmbito do estabelecimento comercial.

§ 4º (VETADO).

§ 5º Os tributos que deverão ser computados são os seguintes:

I - Imposto sobre Operações relativas a Circulação de Mercadorias e sobre Prestações de Serviços de Transporte Interestadual e Intermunicipal e de Comunicação (ICMS);

II - Imposto sobre Serviços de Qualquer Natureza (ISS);

III - Imposto sobre Produtos Industrializados (IPI);

IV - Imposto sobre Operações de Crédito, Câmbio e Seguro, ou Relativas a Títulos ou Valores Mobiliários (IOF);

V - (VETADO);

VI - (VETADO);

VII - Contribuição Social para o Programa de Integração Social (PIS) e para o Programa de Formação do Patrimônio do Servidor Público (Pasep) - (PIS/Pasep);

VIII - Contribuição para o Financiamento da Seguridade Social (Cofins);

IX - Contribuição de Intervenção no Domínio Econômico, incidente sobre a importação e a comercialização de petróleo e seus derivados, gás natural e seus derivados, e álcool etílico combustível (Cide).

§ 6º Serão informados ainda os valores referentes ao imposto de importação, PIS/Pasep/Importação e Cofins/Importação, na hipótese de produtos cujos insumos ou componentes sejam oriundos de operações de comércio exterior e representem percentual superior a 20% (vinte por cento) do preço de venda.

§ 7º Na hipótese de incidência do imposto sobre a importação, nos termos do § 6º, bem como da incidência do Imposto sobre Produtos Industrializados - IPI, todos os fornecedores constantes das diversas cadeias produtivas deverão fornecer aos adquirentes, em meio magnético, os valores dos 2 (dois) tributos individualizados por item comercializado.

§ 8º Em relação aos serviços de natureza financeira, quando não seja legalmente prevista a emissão de documento fiscal, as informações de que trata este artigo deverão ser feitas em tabelas afixadas nos respectivos estabelecimentos.

§ 9º (VETADO).

§ 10. A indicação relativa ao IOF (prevista no inciso IV do § 5º) restringe-se aos produtos financeiros sobre os quais incida diretamente aquele tributo.

§ 11. A indicação relativa ao PIS e à Cofins (incisos VII e VIII do § 5º), limitar-se-á à tributação incidente sobre a operação de venda ao consumidor.

§ 12. Sempre que o pagamento de pessoal constituir item de custo direto do serviço ou produto fornecido ao consumidor, deve ser divulgada, ainda, a contribuição previdenciária dos empregados e dos empregadores incidente, alocada ao serviço ou produto.

Art. 2º Os valores aproximados de que trata o art. 1º serão apurados sobre cada operação, e poderão, a critério das empresas vendedoras, ser calculados e fornecidos, semestralmente, por instituição de âmbito nacional reconhecidamente idônea, voltada primordialmente à apuração e análise de dados econômicos.

Art. 5º Decorrido o prazo de 12 (doze) meses, contado do início de vigência desta Lei, o descumprimento de suas disposições sujeitará o infrator às sanções previstas no Capítulo VII do Título I da Lei nº 8.078, de 11 de setembro de 1990.

14. QUESTÕES FUNDAMENTADAS

1. **(FCC – Agente Fiscal de Rendas – SP/2013)** O art. 150, I, da Constituição Federal, estipula que, sem prejuízo de outras garantias asseguradas ao contribuinte, é vedado à união, aos estados, ao Distrito Federal e aos municípios exigir ou aumentar tributo sem lei que o estabeleça. Este dispositivo enuncia o princípio da

a) Uniformidade Tributária, e admite exceções. Dentre estas, a redução e o restabelecimento por ato do Poder Executivo da alíquota da Contribuição de Intervenção no Domínio Econômico – CIDE relativa às atividades de importação de petróleo.

b) Legalidade Tributária, e admite exceções. Dentre estas, a fixação das alíquotas máximas e mínimas do ISS por meio de Resolução do Senado Federal, aprovada por 1/3 dos Senadores.

c) Inafastabilidade Tributária, e admite exceções. Dentre estas, o aumento da base de cálculo do IOF por meio de decreto do Poder Executivo Federal.

d) Uniformidade Tributária, e não admite exceções.

e) Legalidade Tributária, e admite exceções. Dentre estas, a redução e o restabelecimento por ato do Poder Executivo da alíquota da Contribuição de Intervenção no Domínio Econômico – CIDE relativa às atividades de comercialização de álcool combustível.

2. **(ESAF – Auditor Fiscal da Receita Federal/2009)** Considerando a publicação de norma, em 15 de dezembro de 2009, visando à majoração de tributo, sem disposição expressa sobre a data de vigência, aponte a opção correta.

a) Tratando-se de imposto sobre a renda e proventos de qualquer natureza, poderá ser editada lei ordinária, produzindo efeitos financeiros a partir de 1º de janeiro de 2010.

b) Tratando-se de imposto sobre produtos industrializados, poderá ser expedido decreto presidencial, produzindo efeitos financeiros a partir de sua publicação.

c) Tratando-se de imposto sobre a propriedade territorial rural, poderá ser editada medida provisória, produzindo efeitos financeiros noventa dias após a sua publicação.

d) Tratando-se de imposto sobre importação, poderá ser expedido decreto presidencial, produzindo efeitos financeiros noventa dias após a sua publicação.

e) Tratando-se de contribuição social, poderá ser editada medida provisória, produzindo efeitos financeiros a partir de 1º de janeiro de 2011, caso não tenha sido convertida em lei no mesmo exercício financeiro em que tenha sido publicada.

3. **(Procurador do Município – Prefeitura Recife-PE/2008 – FCC)** Lei municipal publicada em 20 de dezembro de 2007 majorou as alíquotas do ITBI de 2% para 4% e a base de cálculo do IPTU em 20%. As novas faixas de valores serão aplicadas

a) em noventa dias a contar da publicação da lei para o ITBI e no primeiro dia do exercício seguinte ao da publicação da lei para o IPTU.

b) no primeiro dia do exercício seguinte ao da publicação da lei, para os dois casos.

c) no primeiro dia do exercício seguinte ao da publicação da lei para o ITBI e no primeiro dia do exercício seguinte ao exercício do vencimento de noventa dias da publicação da lei para o IPTU.

d) noventa dias a contar da publicação da lei, para os dois casos.

e) em noventa dias a contar do primeiro dia do exercício seguinte ao da publicação da lei, para os dois casos.

4. **(Procurador do Município – Prefeitura Ribeirão Preto-SP/2007 – VUNESP)** A limitação ao poder de tributar que impõe vedação a que os entes tributantes cobrem tributos em relação a fatos geradores ocorridos antes do início da vigência da lei que os houver instituído ou aumentado, consubstancia o Princípio da

a) Anterioridade Nonagesimal.

b) Anterioridade.

c) Anualidade.

d) Irretroatividade.

e) Noventena.

5. **(Procurador do Município – Prefeitura Salvador-BA/2006 – FCC)** Segundo entendimento pacificado do Supremo Tribunal Federal acerca

da progressividade de alíquotas para impostos, é correto afirmar:

a) O IPTU sempre pôde ter alíquotas progressivas em razão do valor venal do imóvel, como forma de atendimento ao princípio da capacidade contributiva.

b) O ITBI não pode ter alíquotas progressivas em razão do valor venal, por não se submeter ao princípio da capacidade contributiva.

c) O ITBI e o IPTU podem ter alíquotas progressivas como forma de atendimento da função social da propriedade.

d) Qualquer imposto pode ter alíquotas progressivas, como forma de atendimento ao princípio da capacidade contributiva.

e) O IPTU pode ter alíquotas progressivas no tempo como forma de atendimento ao princípio da capacidade contributiva.

6. (TRF 4 – Juiz Federal Substituto 4ª região/2010) Dadas as assertivas abaixo, quanto à igualdade, em matéria tributária como em outras matérias, assinale a alternativa correta.

I. Segundo autorizada doutrina (Celso Antônio Bandeira de Mello, Humberto Ávila, etc.), o elemento-chave para a verificação da igualdade é o critério de distinção ("medida de comparação") analisado à luz da finalidade.

II. A doutrina atual preconiza bastar para que se verifique a igualdade que haja "tratamento igual para os iguais e desigual para os desiguais", conforme consagrada fórmula.

III. Admitem-se "ações afirmativas" sem ofensa à igualdade, mas é difícil delimitar os legítimos contornos dessas políticas.

IV. Não se admitem distinções da tributação conforme as atividades do contribuinte, particularmente as de natureza profissional.

V. As alíquotas dos impostos sobre o patrimônio podem ser progressivas.

a) Estão corretas apenas as assertivas I e III.

b) Estão corretas apenas as assertivas I, III e IV.

c) Estão corretas apenas as assertivas I, III, IV e V.

d) Estão corretas todas as assertivas.

e) Nenhuma assertiva está correta.

7. (Vunesp – Juiz de Direito Substituto-MG/2012) Com relação aos princípios do Direito Tributário, assinale a alternativa que apresenta informação incorreta.

a) É vedado à União, aos Estados, ao Distrito Federal e aos Municípios utilizar tributo com efeito de confisco.

b) À União, aos Estados, ao Distrito Federal e aos Municípios é proibido, sem ressalvas, estabelecer limitações ao tráfego de pessoas ou bens, por meio de tributos interestaduais e intermunicipais.

c) O nosso sistema tributário constitucional veda à União, aos Estados, ao Distrito Federal e aos Municípios a instituição de impostos sobre templos de qualquer natureza.

d) O princípio da imunidade tributária recíproca é extensivo às autarquias e às fundações instituídas e mantidas pelo poder público, no que se refere ao patrimônio, à renda e aos serviços, vinculados a suas finalidades essenciais ou às delas decorrentes.

8. (TJDFT – Juiz de Direito Substituto – TJDFT/2012) Considerando o conteúdo normativo dos arts. 151 e 152 da Constituição Federal, marque a assertiva correta.

a) É vedado à União instituir tributo uniforme em todo o território nacional.

b) É admitida a concessão de incentivos fiscais destinados a promover o equilíbrio do desenvolvimento socioeconômico entre as diferentes regiões do País.

c) É vedado à União tributar a renda das obrigações da dívida pública dos Estados, Distrito Federal e dos Municípios, bem como a remuneração e os proventos dos respectivos agentes públicos, em níveis iguais aos que fixar para suas obrigações e para seus agentes.

d) É facultado aos Estados, ao Distrito Federal e aos Municípios estabelecer diferença tributária entre bens e serviços, de qualquer natureza, em razão de sua procedência ou destino.

9. (TRF 3 – Juiz Federal Substituto 3ª região/2018) Indique a afirmação CORRETA:

a) Cabe à Constituição Federal a definição dos tributos e de suas espécies, bem como, em relação aos impostos, a definição dos respectivos fatos geradores, bases de cálculo e contribuintes.

b) Somente lei complementar estadual pode dispor sobre conflitos de competência tributária entre os Estados.

c) Os Estados podem instituir contribuição de intervenção no domínio econômico, desde que relacionada com uma atividade estatal desenvolvida nos seus respectivos territórios.

d) O Poder Executivo Federal pode alterar a alíquota do imposto sobre a importação de produtos estrangeiros, por meio de decreto, desde que atendidas as condições e os limites previstos em lei.

10. (MPF – Procurador da República/2011) No que se refere às contribuições de seguridade social, impõe-se afirmar:

a) obedecem ao princípio da anterioridade, não podendo ser cobradas no mesmo exercício em que instituídas;

b) podem ser criadas pela União, mediante lei ordinária, desde que tenham fato gerador e base de cálculo diversos daqueles definidos para as contribuições já vigentes;

c) cabendo a órgão da administração direta da União a cobrança de todas as contribuições especiais, perderam elas sua natureza jurídica de contribuição, caracterizando-se como imposto cujo produto tem destinação vinculada;

d) submetem-se ao princípio da anterioridade mitigada, a nonagesimal, podendo ser cobradas no mesmo exercício em que criadas.

11. (Consulplan – Promotor de Justiça – MG/2012) Analise as proposições que complementam a frase abaixo.

"Desconsiderando as discussões envolvendo as medidas provisórias, em relação ao tema princípio da legalidade, depreende-se da legislação tributária em vigor que somente a lei pode estabelecer":

I. a alteração de alíquota tributária.

II. a regulamentação de obrigação tributária acessória.

III. a extinção de tributo permanente.

IV. a instituição de tributo.

A frase em referência fica CORRETAMENTE complementada:

a) apenas pelas proposições I e II.

b) apenas pelas proposições III e IV.

c) apenas pelas proposições I e IV.

d) apenas pelas proposições II e III.

12. (CESPE – Promotor de Justiça – PI/2012) A respeito das limitações do poder de tributar, assinale a opção correta.

a) O princípio da vedação do confisco é extensível às multas, apesar de estas terem natureza jurídica diversa dos tributos.

b) Em razão do princípio da imunidade recíproca, é vedado à União, aos estados, ao DF e aos municípios instituir impostos sobre patrimônio, renda ou serviços uns dos outros, inclusive quando houver contraprestação ou pagamento de preços ou tarifas pelo usuário.

c) O princípio da isonomia não se inclui entre os princípios que limitam o poder de tributar, mas entre os princípios universais de justiça.

d) O princípio da legalidade, o mais importante no âmbito do direito tributário, não comporta exceções ou mitigações.

e) É vedada, em razão da aplicação do princípio da anterioridade, a cobrança de tributos em relação a fatos geradores ocorridos antes do início da vigência da lei que os houver instituído ou aumentado.

13. (ESAF – Procurador da Fazenda Nacional/2012) Alguns tributos possuem, além da função meramente arrecadatória ou fiscal, finalidade outra que se destina a regular a economia, criando mecanismos que induzem, ou incentivam, a conduta do potencial contribuinte numa ou noutra direção. É o que se viu recentemente com a majoração das alíquotas do IPI – Imposto sobre Produtos Industrializados, incidente sobre a importação de automóveis, já que, no período de janeiro a agosto de 2011, a balança comercial do setor automotivo atingiu um déficit de R$ 3 bilhões. Contudo, o STF entendeu que o decreto que majorar as alíquotas aplicáveis às operações de importação de veículos automotores:

a) sujeita-se ao princípio da anterioridade, segundo o qual não se poderá exigir, no mesmo exercício financeiro em que o decreto é publicado, alíquotas maiores do que aquelas até então vigentes.

b) tem aplicabilidade imediata, por ser o IPI um tributo regulatório e pelo fato de que o Decreto- Lei que o criou (DL n. 1.191/1971) ter autorizado o Poder Executivo a reduzir suas alíquotas a zero; majorá-las, acrescentando até 30 unidades ao percentual de incidência fixado na lei, e, ainda, alterar a base de cálculo em relação a determinados produtos, podendo, para esse fim, fixar-lhes valor tributável mínimo.

c) submete-se, dentre outros, ao princípio constitucional da anterioridade nonagesimal, ou seja, fica suspenso até que tenha transcorrido o prazo de noventa dias da sua publicação.

d) fica suspenso, por força da anterioridade nonagesimal, até que tenha transcorrido o prazo de noventa dias da sua publicação. Contudo, a suspensão somente opera efeitos *ex tunc* caso haja pedido liminar formulado no sentido de reparar dano, e não para prevenir risco ao contribuinte.

e) não se submete ao princípio constitucional da anterioridade nonagesimal, eis que a Constituição Federal foi clara ao prever tal comando para a lei (antes de decorridos 90 dias da data em que haja sido publicada a lei que os instituiu ou aumentou). Assim, como o texto constitucional fala em "lei", o aumento das alíquotas por decreto não está sujeito à espera nonagesimal.

14. (FCC – Procurador do Estado – MT/2011) A Constituição Federal fixa regras que limitam o exercício da competência tributária. Dentre elas podem ser citadas as regras da anterioridade anual e da anterioridade nonagesimal. Estas regras não são absolutas, comportando exceções. NÃO se submete às regras da anterioridade anual e nonagesimal, ao mesmo tempo, a majoração de alíquota do imposto sobre

a) produtos industrializados (IPI).

b) a renda e proventos de qualquer natureza (IR).

c) operações de crédito, câmbio e seguro, ou relativas a títulos ou valores mobiliários (IOF).

d) a propriedade territorial rural (ITR).

e) circulação de mercadorias e sobre prestação de serviços de transporte interestadual e intermunicipal e de comunicação (ICMS).

15. (PGE/PA – Procurador do Estado – PA/2009) No que se refere ao Sistema Constitucional Tributário, é INCORRETO afirmar:

a) As limitações ao poder de tributar são consideradas cláusulas pétreas, por isso insuscetíveis de supressão ou excepcionalização, mesmo que por Emenda Constitucional.

b) A legalidade constitucional constitui garantia fundamental do contribuinte, contudo a própria Constituição permite exceções como a alterações de alíquotas do ICMS pelo Poder Executivo.

c) As medidas provisórias, tendo força de lei, são aptas a instituição ou majoração de tributos para as quais se faça necessária lei ordinária, devendo ser submetidas, de imediato, ao Congresso Nacional.

d) Os tributos em geral submetem-se cumulativamente à anterioridade de exercício e à anterioridade mínima de 90 (noventa) dias, estabelecidas pela Constituição Federal, enquanto as contribuições da seguridade social submetem-se exclusivamente à anterioridade nonagesimal.

16. (ESAF – Auditor-Fiscal– RFB/2014) Sobre o entendimento do STF acerca da vedação da utilização, por parte da União, Estados, Distrito Federal e Municípios, dos tributos com efeitos de confisco, pode-se afirmar que:

a) por veicular um conceito jurídico indeterminado, e não havendo diretriz objetiva e genérica, aplicável a todas as circunstâncias, é permitido aos Tribunais que procedam à avaliação dos excessos eventualmente praticados pelo Estado, com apoio no prudente critério do Juiz.

b) a chamada 'multa moratória', que tem por objetivo sancionar o contribuinte que não cumpre suas obrigações tributárias, prestigiando a conduta daqueles que pagam em dia seus tributos aos cofres públicos, não possui caráter confiscatório, independentemente de seu importe.

c) o isolado aumento da alíquota do tributo em dez pontos percentuais é suficiente para comprovar seu efeito de confisco.

d) não é cabível, em sede de controle normativo abstrato, a possibilidade de o Supremo Tribunal Federal examinar se determinado tributo ofende, ou não, o princípio constitucional da não confiscatoriedade.

e) leis estaduais que estipulam margens mínima e máxima das custas, dos emolumentos e da taxa judiciária e realizam uma disciplina progressiva das alíquotas – somente sendo devido o pagamento dos valores elevados para as causas que envolvam considerável vulto econômico – configuram ofensa ao princípio constitucional do não confisco.

17. (CESPE – Procurador do Ministério Público junto ao TCDF/2013) Julgue os itens subsecutivos, referentes aos impostos dos estados e do DF.

- Afrontará o princípio da não cumulatividade legislação estadual que vede a compensação de créditos do ICMS advindos da aquisição de bens destinados ao consumo e ao ativo fixo do contribuinte pessoa jurídica.

18. (CESPE – Defensor Público – DF/ 2013) Considerando as limitações do poder de tributar e os impostos dos estados e do DF, julgue os itens que se seguem.

- É vedado à União estabelecer diferença tributária entre bens e serviços, de qualquer natureza, em razão de sua procedência ou destino.

19. (CESPE – Juiz de Direito Substituto – RN/2013) No que concerne aos princípios e limitações constitucionais do poder de tributar, assinale a opção correta.

a) O princípio da legalidade é o pilar estruturante do sistema tributário, motivo pelo qual, segundo o entendimento do STF, não cabe edição de medida provisória com o objetivo de instituir ou aumentar impostos.

b) A União, os estados, o DF e os municípios não podem estabelecer limitações ao tráfego de pessoas ou bens por meio de tributos interestaduais ou intermunicipais, incluindo-se o pedágio pela utilização de vias conservadas pelo poder público.

c) É vedado à União, aos estados, ao DF e aos municípios estabelecer diferença tributária entre bens e serviços, de qualquer natureza, em razão de sua procedência ou destino.

d) Dado o princípio da anterioridade, é vedada a cobrança do tributo no mesmo exercício financeiro em que haja sido publicada a lei que os tenha instituído ou aumentado, aplicando-se tal princípio, inclusive, em relação à regra legislativa que altera o prazo de recolhimento da obrigação tributária.

e) O princípio do não confisco deve ser observado em relação à totalidade da carga tributária, levando-se em consideração a capacidade de que dispõe o contribuinte para suportar e sofrer a incidência de todos os tributos instituídos pelo mesmo ente político.

20. (PUC – PR – Juiz de Direito – PR/2014) Acerca dos princípios de direito tributário, assinale a alternativa CORRETA.

I. A despeito da consagração do Princípio da Irretroatividade, admite nossa legislação a retroatividade da lei interpretativa, a qual, sem a finalidade de inovar o sistema normativo, pode esclarecer o sentido da norma ainda que seu conteúdo divirja de posição já consolidada junto à jurisprudência.

II. Da irradiação dos valores constitucionais para todo o sistema jurídico, é possível afirmar que inexistem hipóteses de mitigação ou atenuação do Princípio da Legalidade Tributária.

III. Por força do Princípio da Legalidade Tributária, a majoração e a atualização monetária da base de cálculo do tributo somente pode ser feita por lei.

IV. A lei que altere a base de cálculo do IPTU, majorando-o, não está sujeita ao Princípio da Anterioridade Nonagesimal.

a) Somente a alternativa IV está correta.

b) Todas as alternativas estão corretas.

c) Somente a alternativa I está correta.

d) Somente as alternativas III e IV estão corretas.

GABARITO

Questão	Resposta	Fundamentação
1	E	CF, art. 177, § 4º, I, b
2	A	CF, art. 150, I, III, b, c e § 1º
3	A	CF, art. 150, III, b, c e § 1º
4	D	CF, art. 150, III, a
5	B	STF, Súmula 656
6	C	CF, arts. 150, II, 153, § 4º, I, 156, § 1º
7	B	CF, art. 150, V
8	B	CF, art. 151, I
9	D	CF, arts. 153, § 1º
10	D	CF, art. 195, § 6º
11	B	CTN, art. 97, I
12	A	STF, RE 523.471-AgR
13	C	STF, ADI 4661 MC/DF
14	C	CF, art. 150, § 1º
15	B	CF, art. 153, § 1º
16	A	STF, ARE 712.285-AgR
17	Errado	STF, RE 224531 AgR/SP
18	Errado	CF, arts. 151, I, *in fine* e 152
19	E	MARTINS, Ives Gandra da Silva. *Sistema tributário na Constituição de 1988*. 5ª edição. São Paulo: Saraiva, 1998, páginas 125-127 e STF, ADC 8
20	A	CF, art. 150, § 1º

15. MEU RESUMO PARA MEMORIZAÇÃO

» *Futuro(a) Juiz(a), Membro do Ministério Público, Procurador(a), Auditor(a) Fiscal, ou Servidor(a) de Outras Carreiras Públicas, agora é hora de se concentrar.*

» *Sem nenhuma consulta ao capítulo, por favor, faça um breve resumo abaixo. Neste momento, é importante que elabore esquemas e gráficos, para condensar e memorizar a matéria já estudada e, ainda, utilizar esses resumos para revisar os pontos uma semana antes da prova. Use o espaço cuidadosamente, deixando-o como o seu "caderninho de anotações pessoais".*

15.1. Quais os pontos que eu aprendi ao longo do capítulo que considero mais importantes?

PRINCÍPIOS TRIBUTÁRIOS:

a) Legalidade:

a.1) Exceções:

b) Isonomia:

c) Capacidade contributiva:

d) Irretroatividade:

e) Anterioridade:

e.1) Do exercício:

e.2) Nonagesimal:

e.3) Exceções:

f) Não confisco:

f.1) Não confisco e jurisprudência:

g) Liberdade de tráfego:

h) Uniformidade geográfica:

i) Uniformidade da tributação da renda e dos agentes públicos:

j) Proibição de concessão de isenções heterônomas:

k) Não cumulatividade:

l) Seletividade em função da essencialidade:

PRINCÍPIOS TRIBUTÁRIOS

segue vídeo abaixo:

https://youtu.be/OdbDMQriods

Capítulo IV

IMUNIDADES TRIBUTÁRIAS

1. CONCEITO, CLASSIFICAÇÕES E DISTINÇÕES

A **imunidade** é uma exoneração tributária prevista na Constituição Federal, mediante normas que estabelecem situações em que é vedado às pessoas políticas exercerem suas competências tributárias.

Imunidades constituem, outrossim, **limitações constitucionais ao poder de tributar**, embora possam ser vistas também como **direito subjetivo do cidadão de não ser tributado** nas situações constitucionalmente previstas. Mais precisamente, a imunidade tributária possui duas facetas, segundo o ponto de vista do ente tributante ou do contribuinte, conforme abaixo demonstrado:

IMUNIDADE TRIBUTÁRIA	vedação a que o ente tributante exerça a competência tributária
	direito subjetivo do cidadão de não ser tributado

Na **imunidade subjetiva**, o ente federativo não tem o direito ao exercício da competência para tributar determinadas pessoas, como é o caso da imunidade dos templos de qualquer culto (CF, art. 150, VI, "b"). Já na **imunidade objetiva**, a vedação atinge o objeto da tributação, como ocorre na imunidade do livro (CF, art. 150, VI, "d").

ATENÇÃO:

Há uma classificação doutrinária das imunidades quanto a serem ou não consequências necessárias de um princípio. Na lição de Regina Helena Costa, as imunidades **ontológicas** são reconhecidas como consequência necessária de um princípio constitucional. Em geral é a isonomia, manifestada ora pela capacidade contributiva, ora pela autonomia das pessoas políticas, que impõe a identificação das imunidades ontológicas. Assim, mesmo que essa espécie de imunidade seja suprimida do texto constitucional, a exoneração permanecerá, por ser uma consequência dos princípios que a edificam. Por exemplo, a imunidade recíproca. Pelo fato das pessoas políticas não disporem de capacidade contributiva, a imunidade recíproca manteria seus efeitos mesmo com a supressão de seu texto expresso da Carta Constitucional. De outro lado, têm-se as imunidades **políticas**, que não se constituem consequência necessária de um princípio e beneficiam, eventualmente, pessoas que tem capacidade contributiva. Por exemplo, as imunidades dos templos, das entidades sindicais dos trabalhadores e dos partidos políticos. Na hipótese de serem retiradas do texto constitucional pelo Poder Constituinte Originário, as exonerações não mais serão reconhecidas, o que equivale dizer que "a competência tributária pode voltar a ser exercida nessas situações" (COSTA, Regina Helena. *Imunidades tributárias – teoria e análise da jurisprudência do STF.* Malheiros: São Paulo, 2001, páginas 130/131).

Além das imunidades tributárias **gerais**, estabelecidas no artigo 150, inciso VI, da CF, a Constituição também contempla as chamadas imunidades **específicas**, correspondentes a todas aquelas aplicáveis a tributos determinados, como são, por exemplo, a imunidade das taxas (CF, art. 5º, XXXIV) e a imunidade do ICMS nas operações de exportação (CF, art. 155, § 2º, X, "a").

Especificamente em relação às imunidades gerais, previstas no inciso VI do artigo 150, do STF, é importante frisar que se referem exclusivamente a **impostos.** Dessa forma, essas imunidades **não alcançam as contribuições** (RE 378.144-AgR, Rel. Min. Eros Grau, julgamento em 30-11-2004, Primeira Turma, DJ de 22-4-2005), **nem as taxas** (RE 364.202, Rel. Min. Carlos Velloso, julgamento em 3-10-2004, Segunda Turma, DJ de 28-10-2004).

ATENÇÃO:

É importante frisar que a responsabilidade ou a substituição tributária não alteram as premissas centrais da tributação, de modo que a imunidade tributária não afeta a relação de responsabilidade tributária ou de substituição e não exonera o responsável tributário ou o substituto (STF - RE 202987/SP - 2ª. Turma - Rel. Min. Joaquim Barbosa - julg. 30/06/2009). Nesse mesmo sentido: "A imunidade tributária recíproca (CF, art. 150, VI, a) não afasta a responsabilidade tributária por sucessão, na hipótese em que o sujeito passivo era contribuinte regular do tributo devido" (**RE 599.176/PR**, rel. Min. Joaquim Barbosa, julgado em 5/6/2014, acórdão pendente de publicação).

Também é fundamental saber distinguir as imunidades de outras exonerações tributárias, a começar pela isenção. Enquanto a **imunidade** tributária, como já visto, constitui limitação de competência estabelecida em normas constitucionais, a **isenção** é uma hipótese legal de exclusão do crédito tributário (CTN, art. 175, I), isto é, uma dispensa legal do pagamento do tributo. Portanto, na isenção, a pessoa política exerce a competência tributária instituindo o tributo, mas a lei estabelece algumas situações, pessoas ou bens não atingidos pela regra de tributação, em face da exclusão do crédito tributário.

ATENÇÃO:

Nenhum problema em se afirmar que a imunidade atua no campo da definição da competência, uma vez que as imunidades são justamente previsões constitucionais de situações em que não são conferidas competências tributárias aos entes federativos. Porém, o mesmo não pode ser dito das isenções, sob pena de se passar a falsa impressão de que referida modalidade de exoneração tributária atua para impedir o referido exercício, o que não é o caso, pois na isenção, frise-se, o ente federativo exerce a competência tributária instituindo o tributo, mas estabelece algumas situações, pessoas ou bens que, a despeito da ocorrência da situação que constitui o fato gerador, não são alcançados pela regra de tributação, por força de dispensa legal do pagamento do tributo.

Portanto, a imunidade e a isenção possuem conceitos e efeitos distintos e são veiculadas em patamares diferentes do sistema jurídico. As imunidades, como vedações ao exercício da competência tributária, estão previstas na Constituição Federal, enquanto as isenções, pela natureza de dispensa legal do pagamento do tributo (exclusão do crédito tributário) devem ser estabelecidas em lei (CF, art. 150, 6º).

Não por outra razão é que uma mesma pessoa pode ser imune a determinado tributo e isenta de outros. Por exemplo, o fato do artigo 195, § 7º, da CF estabelecer que as entidades beneficentes de assistência social são imunes à contribuição para a seguridade social, não afasta a possibilidade da lei beneficiar essas mesmas entidades com isenções relativas a outros tributos. Há nesse sentido importante decisão do STJ: "**O Serviço Nacional de Aprendizagem Industrial (SENAI) goza de isenção do imposto de importação, da contribuição ao PIS-importação e da COFINS-importação independentemente de a entidade ser classificada como beneficente de assistência social ou de seus dirigentes serem remunerados. Isso porque a isenção decorre diretamente dos arts. 12 e 13 da Lei 2.613/1955.** Apesar de o art. 195, § 7º, da CF disciplinar a imunidade das entidades beneficentes de assistência social, não há exclusão de quaisquer outros benefícios fiscais que possam ser concedidos por lei ordinária, tal como o caso da isenção prevista na Lei 2.613/1955. Pensar de forma diferente significaria admitir que para essas entidades o ordenamento jurídico somente possibilitaria a imunidade, sem prever quaisquer outros benefícios fiscais, o que é absurdo lógico. Isso tudo é válido enquanto os arts. 12 e 13 da Lei 2.613/1955 permanecerem em vigor no ordenamento jurídico, ou seja, enquanto não houver sua revogação ou declaração de sua inconstitucionalidade" (REsp 1.430.257-CE, Rel. Min. Mauro Campbell Marques, j. 18.1.2014. 2ª T - Info 539).

Outra exoneração que se distingue da imunidade pelo exercício da competência é a chamada **alíquota zero.** Ao contrário da imunidade, em que o exercício da competência tributária é vedado, na alíquota zero ela é plenamente exercida. Nesse caso, o fato gerador ocorre, mas não há dever de pagar o tributo em razão da multiplicação da base de cálculo pela alíquota zero.

Por fim, também se distingue a imunidade tributária da **não incidência.** Em ambos os casos a competência tributária não é exercida, residindo a diferença justamente nos motivos distintos do não exercício da competência. Assim, há **não incidência** quando o ente federativo, embora autorizado constitucionalmente, **não exerce a sua competência tributária.** Diante da ausência de previsão legal, o tributo não é instituído e, por conseguinte, não ocorrem fatos geradores. Pelas mesmas razões **não se dá o nascimento da obrigação tributária** (dever do contribuinte pagar o tributo), **tampouco do respectivo crédito** (direito do Fisco ao recebimento do tributo). As mesmas consequências tem a imunidade, mas, nesse caso, a competência tributária não é exercida por expressa vedação constitucional.

Um caso de não incidência diz respeito ao imposto sobre grandes fortunas, pois a despeito da competência conferida do artigo 153, inciso VII, da CF, o imposto não foi instituído pela União por meio de lei complementar.

Além da ideia de exoneração decorrente do não exercício da competência tributária, outra visão da **não incidência** é compreendê-la como o fenômeno que se dá quando um fato concreto não se subsume à hipótese de incidência, isto é, quando uma ocorrência não se enquadra na norma legal de incidência. Trata-se de uma acepção de caráter mais pragmático da não incidência. Por exemplo, não há incidência de IPTU sobre um veículo, pois não se trata de um imóvel, ainda que seja um automóvel antigo com o motor quebrado trancado em uma garagem há anos. Outro exemplo: caso haja um empréstimo entre duas pessoas, o ITCMD/ITCD não incidirá, pois empréstimo não tem natureza jurídica de doação e não se enquadra na hipótese de incidência desse imposto (qualquer transmissão não onerosa, *inter vivos*, de bens e direitos).

Vale fazer menção também às chamadas **não incidências declaratórias**, ou seja, "situações que, pela sua própria natureza já estão excluídas do campo de incidência do tributo, mas a lei apenas declara a não incidência para que não reste nenhuma dúvida no momento da aplicação do tributo" (ROSA, José Roberto. *Curso básico de ICMS*. 3ª ed. Itu: Ottoni Editora, 2012, pág. 77). Por exemplo, o artigo 3º, inciso VI, da LC 87/96 estipula que o ICMS não incide sobre "operações de qualquer natureza de que decorra a transferência de propriedade de estabelecimento industrial, comercial ou de outra espécie". Mas, esse dispositivo não seria a rigor necessário, visto que o ICMS é um imposto sobre operações de circulação de mercadorias e estabelecimento não é mercadoria.

Por fim, importa ressaltar que as imunidades não dispensam o cumprimento de obrigações acessórias, nem a pessoa beneficiada de pagar tributos na condição de sujeito passivo por responsabilidade tributária. É o que se depreende da norma veiculado no texto do § 1º do artigo 9º, do CTN:

> "O disposto no inciso IV não exclui a atribuição, por lei, às entidades nele referidas, da condição de responsáveis pelos tributos que lhes caiba reter na fonte, e não as dispensa da prática de atos, previstos em lei, assecuratórios do cumprimento de obrigações tributárias por terceiros".

Portanto, do disposto no artigo 9º, § 1º, do CTN decorrem duas importantes repercussões práticas:

1º) Não é porque usufrui de imunidade sobre a comercialização de livros que uma editora estará liberada de emitir nota fiscal e escriturar livros fiscais e contábeis, pois a imunidade cultural que a beneficia não dispensa o cumprimento de obrigações legais de natureza acessória.

2º) Exige-se, normalmente, de entidades imunes, a obrigação de reter imposto de renda na fonte sobre os pagamentos de salários a funcionários, pois, no caso a sua atuação não se dá na condição de contribuinte, mas, sim, de responsável tributário, até porque, para o Supremo Tribunal Federal, a responsabilidade ou a substituição tributária não alteram as premissas centrais da tributação, de modo que a imunidade tributária não afeta a relação de responsabilidade tributária ou de substituição e não exonera o responsável tributário ou o substituto (STF - RE 202987 / SP - 2ª. Turma - Rel. Min. Joaquim Barbosa - julg. 30/06/2009).

2. IMUNIDADE RECÍPROCA

A **imunidade recíproca** dos entes federativos, isto é, a **impossibilidade de uma pessoa política tributar a outra**, consiste na vedação a que União, Estados, Distrito Federal e Municípios instituam **impostos** sobre patrimônio, renda e serviços uns dos outros (CF, art. 150, VI, "a"). Dessa forma, a cobrança de IPTU sobre um imóvel de propriedade da União, sede de repartição pública federal, constituiria um desrespeito à norma de imunidade recíproca do artigo 150, inciso VI, alínea "a" da CF.

Na visão do Supremo Tribunal Federal, conforme vários precedentes, a imunidade recíproca não engloba o conceito de taxa, porquanto o preceito constitucional só faz alusão expressa a imposto. (STF - AI 458.856 - 1ª. Turma - Rel. Min. Eros Grau - DJ 20/04/2007).

É uma imunidade **extensiva às autarquias e às fundações instituídas e mantidas pelo Poder Público** no que se refere ao **patrimônio, à renda e aos serviços, vinculados às suas finalidades essenciais ou às delas decorrentes** (CF, art. 150, § 2º).

Mas, conforme norma expressa veiculada no § 3º do artigo 150 da CF, a imunidade recíproca **não** se aplica aos serviços:

- relacionados com exploração de atividades econômicas regidas pelas normas aplicáveis a empreendimentos privados, como é o caso das atividades de prospecção, refino, distribuição e comercialização de petróleo e derivados exercidas pela Petrobrás.
- em que haja contraprestação ou pagamento de preços ou tarifas pelo usuário, a exemplo dos serviços prestados por empresas estatais de transporte coletivo intramunicipal.

Por outro lado, decisões do STF vêm denotando uma **interpretação extensiva da imunidade recíproca** em relação às **sociedades de economia mista e empresas públicas** que sejam **prestadoras de serviços públicos**, sob vários argumentos, tais como:

- a prestação de ações e serviços de saúde (direito fundamental de todos e dever do Estado), quando por intermédio de sociedades de economia mista ou empresas públicas, corresponde à própria atuação do Estado, desde que a empresa estatal não tenha por finalidade a obtenção de lucro (RE 580.264/RS);

- no caso de prestação de inequívoco serviço público, não havendo distribuição de lucros ou resultados direta ou indiretamente a particulares, nem acréscimo patrimonial ao poder público ou desempenho de atividade econômica que confira vantagem extensível às empresas privadas, não se alterando essa conclusão mesmo no caso de cobrança de tarifas, isoladamente considerada (STF - RE 399.307 - 2ª. Turma - Rel. Min. Joaquim Barbosa - julgado em 16/03/2010);
- prestação de serviço público exclusiva e obrigatória, tal qual se dá com a EBCT - Empresa Brasileira de Correios e Telégrafos (por exemplo: RE 407.099/RS).

ATENÇÃO:

No que se refere à EBCT, é importante ressaltar que, consoante já foi exigido em concurso público, o exercício simultâneo de atividades em regime de exclusividade e em regime de concorrência com a iniciativa privada, a exemplo de atividade bancária conhecida como "banco postal" e venda de títulos de capitalização, não se insere no conceito de serviço postal, sendo irrelevante para a incidência da imunidade tributária. Nesse sentido, orienta-se a jurisprudência do STF, em acórdão exarado por maioria após intenso debate entre os Ministros: "Recurso extraordinário com repercussão geral. 2. Imunidade recíproca. Empresa Brasileira de Correios e Telégrafos. 3. Distinção, para fins de tratamento normativo, entre empresas públicas prestadoras de serviço público e empresas públicas exploradoras de atividade. Precedentes. 4. Exercício simultâneo de atividades em regime de exclusividade e em concorrência com a iniciativa privada. Irrelevância. Existência de peculiaridades no serviço postal. Incidência da imunidade prevista no art. 150, VI, "a", da Constituição Federal. 5. Recurso extraordinário conhecido e provido".(RE 601392, Rel.: Min. Joaquim Barbosa, Rel. p/ Acórdão Min. Gilmar Mendes, Tribunal Pleno, julgado em 28/02/2013, DJe 04-06-2013 - repercussão geral).

Cuidado que esse entendimento abrange tão somente as prestadoras e concessionárias de serviços públicos que sejam empresas públicas ou sociedades de economia mista, integrantes da Administração Indireta do Estado. Não se estendem, porém, às concessionárias de serviço público do setor privado, pois, além de serem empresas privadas e não pertencerem à Administração Indireta do Estado, prestam os seus serviços com objetivo de lucro e sob a condição de haver contraprestação ou pagamento de preços ou tarifas pelo usuário.

ATENÇÃO:

Seguindo a mesma linha de raciocínio quando do julgamento dos Recursos Extraordinários nº 594015 e 601720, o STF firmou importante entendimento com a seguinte tese de repercussão geral: "A imunidade recíproca não se estende a empresa privada arrendatária de imóvel público, quando seja ela exploradora de atividade econômica com fins lucrativos. Nessa hipótese, é constitucional a cobrança de IPTU pelo município".

O mesmo entendimento relativo às concessionárias de serviço público do setor privado, também deve ser aplicado aos serviços notariais e de registro dos cartórios extrajudiciais, consoante os seguintes termos de decisão do STF no âmbito da ADI 3089/DF:

> "As pessoas que exercem atividade notarial não são imunes à tributação, porquanto a circunstância de desenvolverem os respectivos serviços com intuito lucrativo invoca a exceção prevista no art. 150, § 3º da Constituição. O recebimento de remuneração pela prestação dos serviços confirma, ainda, capacidade contributiva. A imunidade recíproca é uma garantia ou prerrogativa imediata de entidades políticas federativas, e não de particulares que executem, com inequívoco intuito lucrativo, serviços públicos mediante concessão ou delegação, devidamente remunerados. Não há diferenciação que justifique a tributação dos serviços públicos concedidos e a não-tributação das atividades delegadas".

Coerente com o já citado § 3º do artigo 150 da CF, a **imunidade recíproca também não atinge** as **empresas públicas, sociedades de economia mista** e suas subsidiárias **que explorem atividade econômica** de produção ou comercialização de bens ou de prestação de serviços, situação em que essas empresas estatais:

- estarão **sujeitas ao regime jurídico próprio das empresas privadas**, inclusive quanto aos **direitos e obrigações** civis, comerciais, trabalhistas e **tributários** (CF, art. 173, II);
- empresas públicas e as sociedades de economia mista não poderão gozar de privilégios fiscais não extensivos às do setor privado (CF, art. 173, § 2º).

Portanto, é nítido o tratamento tributário distinto que a Constituição e a jurisprudência do Supremo Tribunal Federal conferem às empresas públicas e sociedades de economia mista, segundo sejam prestadoras de serviços públicos ou explorem atividades econômicas.

À luz da jurisprudência do STF sobre imunidade recíproca, a "desoneração não deve ter como efeito colateral relevante a quebra dos princípios da livre concorrência e do exercício de atividade profissional ou econômica lícita" (RE 253.472, Rel. p/ o ac. Min. Joaquim Barbosa, julgamento em 25-8-2010, Plenário, DJE de 1º-2-2011). Mais precisamente, a extensão da imunidade recíproca a uma empresa estatal não pode gerar desequilíbrio concorrencial ou prejudicar a livre iniciativa. Daí porque se deve tributar as estatais que exploram atividades econômicas e se estender a imunidade às prestadoras de serviços públicos.

Empresas estatais que exploram atividades econômicas	Empresas estatais prestadoras de serviços públicos
Tributadas normalmente	Imunidade a impostos sobre patrimônio, rendas e serviços vinculados às suas atividades essenciais

E por falar em jurisprudência do STF, segue um quadro com os entendimentos da Corte sobre a imunidade recíproca:

NATUREZA JURÍDICA	ENTENDIMENTO
Empresa Pública (Correios)	"(...) Prestadora de serviços essenciais, sendo *conditio sine qua non* para a viabilidade de um serviço postal contínuo, universal e de preços módicos." (RE 601.392). "(...) é empresa pública, executa, como atividade-fim, em regime de monopólio, serviço postal constitucionalmente outorgado à União Federal, qualificando-se, em razão de sua específica destinação institucional, como entidade delegatária dos serviços públicos a que se refere o art. 21, inc. X, da CF, o que exclui essa empresa governamental, em matéria de impostos, por efeito do princípio da imunidade tributária recíproca (CF, art. 150, VI, "a"), do poder de tributar deferido aos entes políticos em geral" (ACO 803 TAR-QO. Rel. Min. Celso de Mello). "A imunidade tributária recíproca reconhecida à Empresa Brasileira de Correios e Telégrafos – ECT alcança o IPTU incidente sobre imóveis de sua propriedade, bem assim os por ela utilizados. No entanto, se houver dúvida acerca de quais imóveis estão afetados ao serviço público, cabe à administração fazendária produzir prova em contrário, haja vista militar em favor do contribuinte a presunção de imunidade anteriormente conferida em benefício dele" (RE 773.992/BA).
Sociedade de economia mista (água e esgoto)	"A jurisprudência do STF entende que a sociedade de economia mista prestadora de serviço público de água e esgoto é abrangida pela imunidade tributária recíproca, nos termos da alínea *a* do inciso VI do art. 150 da CF." (RE 631.309-AgR).
Sociedade de economia mista (CODESP)	"Esta Corte reconheceu que a imunidade tributária recíproca aplica-se a sociedades de economia mista que caracterizam-se inequivocamente como instrumentalidades estatais (sociedades de economia mista 'anômalas'). O foco na obtenção de lucro, a transferência do benefício a particular ilegítimo ou a lesão à livre iniciativa e às regras de concorrência podem, em tese, justificar o afastamento da imunidade" (AI 558.682-AgR).
Sociedade de economia mista (saúde – hospital)	"As sociedades de economia mista prestadoras de ações e serviços de saúde, cujo capital social seja majoritariamente estatal, gozam da imunidade tributária prevista na alínea a do inciso VI do art. 150 da CF" (RE 580.264).
OAB (autarquia federal)	"A imunidade tributária gozada pela Ordem dos Advogados do Brasil é da espécie recíproca (art. 150, VI, *a*, da Constituição), na medida em que a OAB desempenha atividade própria de Estado (defesa da Constituição, da ordem jurídica do Estado democrático de direito, dos direitos humanos, da justiça social, bem como a seleção e controle disciplinar dos advogados). A imunidade tributária recíproca alcança apenas as finalidades essenciais da entidade protegida. O reconhecimento da imunidade tributária às operações financeiras não impede a autoridade fiscal de examinar a correção

NATUREZA JURÍDICA	ENTENDIMENTO
	do procedimento adotado pela entidade imune. Constatado desvio de finalidade, a autoridade fiscal tem o poder-dever de constituir o crédito tributário e de tomar as demais medidas legais cabíveis. Natureza plenamente vinculada do lançamento tributário, que não admite excesso de carga" (RE 259.976-A).
Caixa de Assistência aos Advogados	As atividades da Caixa de Assistência aos Advogados são promovidas em benefício individual dos associados e, assim, se dissociam das atividades inerentes à atuação da OAB, isto é, estão desvinculadas justamente às finalidades essenciais da Ordem. Portanto, de fato, a imunidade recíproca não se aplica às atividades desses órgãos, ainda que integrantes da estrutura da OAB (STF - RE 662816)
Empresa Pública (Infraero)	"A Infraero, empresa pública prestadora de serviço público, está abrangida pela imunidade tributária prevista no art. 150, VI, *a*, da Constituição. Não incide ISS sobre a atividade desempenhada pela Infraero na execução de serviços de infraestrutura aeroportuária, atividade que lhe foi atribuída pela União" (RE 524.615-AgR).
Petrobrás (sociedade de economia mista)	"Trata-se de sociedade de economia mista destinada à exploração econômica em benefício de seus acionistas, pessoas de direito público e privado, e a salvaguarda não se presta a proteger aumento patrimonial dissociado de interesse público primário; A Petrobrás visa à distribuição de lucros, e, portanto, tem capacidade contributiva para participar do apoio econômico aos entes federados; A tributação de atividade econômica lucrativa não implica risco ao pacto federativo" (RE 285.716-AgR, Rel. Min. Joaquim Barbosa, julgamento em 2-3-2010, Segunda Turma, DJE de 26-3-2010).

Como se vê, o STF, em várias decisões, vem denotando uma interpretação extensiva da imunidade recíproca em relação às sociedades de economia mista e empresas públicas prestadoras de serviço público (REs 580.264 e 524.615).

ATENÇÃO:

O Município não é contribuinte de direito do ICMS sobre serviços de energia elétrica e telefonia. Consequentemente, não se beneficia da imunidade tributária recíproca prevista na alínea "c" do inciso VI do artigo 150 da CF (STF - AgRg-AI 736.607-SC - Rel. Min. Ayres Britto). Diferente ocorre quando, nas operações em que o município for o importador, pois a imunidade tributária recíproca aplica-se às operações de importação de bens realizadas por municípios, quando o ente público for o importador do bem (identidade entre o 'contribuinte de direito' e o 'contribuinte de fato') - (AI 518.405-AgR, Rel. Min. Joaquim Barbosa, julgamento em 6-4-2010, Segunda Turma, *DJE* de 30-4- 2010).

Por fim, outro aspecto importante que deve ser enfatizado é que a imunidade recíproca possui caráter subjetivo e pessoal, não sendo extensível a adquirentes e promitentes compradores quando da alienação de bens do patrimônio público. Daí porque a Súmula 583 do STF tem o seguinte texto: "Promitente-comprador de imóvel residencial transcrito em nome de autarquia é contribuinte do imposto predial territorial urbano".

CF	IMUNIDADE	CONSIDERAÇÕES
Art. 150, VI, "a", §§ 2º e 3º	Recíproca	É vedado às pessoas políticas (União, Estados, DF e Municípios) instituir impostos sobre o patrimônio, renda ou serviços uns dos outros. **NÃO SE ESTENDE:** Às pessoas políticas, autarquias e fundações instituídas e mantidas pelo Poder Público que pratiquem atividades econômicas regidas pelas normas aplicáveis a empreendimentos privados (art. 150, VI, § 3º da CF). Às pessoas políticas, autarquias e fundações instituídas e mantidas pelo Poder Público que prestem serviços públicos em que haja contraprestação ou pagamento de preços ou tarifas pelo usuário (art. 150, VI, § 3º, da CF). Ao promitente comprador de bem imóvel pertencente às pessoas políticas (tem que recolher o ITBI e o IPTU). **ESTENDE-SE:** Às **autarquias** e às **fundações** instituídas e mantidas pelo Poder Público, no que se refere ao patrimônio, à renda e aos serviços, vinculados as suas **finalidades essenciais** ou às delas decorrentes.

Consoante a jurisprudência clássica do Supremo Tribunal Federal (**RE 98.382 MG,** Moreira Alves, 1982), a imunidade recíproca não se aplica ao IPTU incidente sobre terrenos vagos e lotes não edificados da propriedade de autarquias e fundações públicas, o que tem absoluta lógica, uma vez não se poder afirmar que um terreno baldio esteja vinculado às finalidades essenciais da entidade. Entretanto, uma recente decisão, também relacionada à imunidade subjetiva, mas das instituições de educação e de assistência social sem fins lucrativos (CF, art. 150, VI, "c"), parece contemporizar um pouco esse entendimento, uma vez tendo sido decidido que a imunidade aplica-se aos imóveis que atendam os requisitos legais, ainda que temporariamente ociosos (STF, RE 767.332 RG/MG, rel. Min. Gilmar Mendes, julgado em 1º/12/2013, acórdão publicado no DJe de 22/11/2013).

Contudo, deve-se observar que, em qualquer caso, o ônus de provar que o imóvel não está afetado a destinação compatível com os objetivos e finalidades institucionais de entidade autárquica recai sobre o ente tributante que pretenda, mediante afastamento da imunidade tributária prevista no § 2º do art. 150 da CF, cobrar IPTU sobre o referido imóvel. Isso porque, conforme orientação jurisprudencial predominante no STJ, presume-se que o imóvel de entidade autárquica está afetado a destinação compatível com seus objetivos e finalidades institucionais. Precedentes citados: AgRg no REsp 1.233.942-RJ, Primeira Turma, DJe 26/9/2012; e AgRg no AREsp 236.545-MG, Segunda Turma, DJe 26/11/2012. AgRg no AREsp 304.126-RJ, Rel. Min. Benedito Gonçalves, julgado em 13/8/2013. (Info 527)

Por fim, embora o capítulo aqui se refira à imunidade recíproca dos entes federativos, abre-se parêntesis para dizer que, de acordo com a jurisprudência pacífica do STJ, "os **Estados estrangeiros** possuem **imunidade tributária** e de jurisdição, segundo os preceitos das **Convenções de Viena de 1961 (art. 23) e de 1963 (art. 32)**, que concedem **isenção sobre impostos e taxas**, ressalvadas aquelas decorrentes da prestação de serviços individualizados e específicos que lhes sejam prestados (RO 102/RJ, Rel. Ministra Eliana Calmon, Segunda Turma, DJe 1°/7/2010; RO 45/RJ, Rel. Ministro Castro Meira, Segunda Turma, DJ 28/11/2005, p. 240; EDcl no RO 43/RJ, Rel. Ministro Luiz Fux, Primeira Turma, Dje 14.4.2008)". Especificamente no RO 82/RJ, o mesmo Superior Tribunal de Justiça se posicionou no sentido de que Estados Estrangeiros e o Chefe de Missão Diplomática, bem como os locais consulares e a residência do chefe da repartição consular, possuem imunidade jurisdicional concernente a impostos e taxas, excetuadas as taxas cobradas em pagamento de serviços específicos prestados.

Como se vê, as decisões do tribunal superior não deixam muito clara a natureza dessa exoneração, ora tratando-a como "imunidade tributária", ora como "imunidade jurisdicional a tributos" e, ainda como "isenção sobre impostos e taxas". Na verdade, por ser decorrente de convenções internacionais pactuadas pelo Brasil, a natureza jurídica do veículo normativo é infraconstitucional e, portanto, de **isenção**. Todavia, o candidato a concursos públicos deve ficar atento para as características de uma questão em que o tema eventualmente venha a ser abordado, atentando-se, inclusive, para o estilo da banca. Por exemplo, a ESAF possui a característica de exigir conhecimentos sobre o texto literal das ementas jurisprudenciais, o que torna recomendável considerar correta uma alternativa que classifique a hipótese como sendo de imunidade tributária.

3. IMUNIDADE RELIGIOSA

Nos termos do artigo 150, inciso VI, alínea "b" c/c § 4°, da CF, a imunidade dos **templos de qualquer culto** compreende o **patrimônio, a renda e os serviços relacionados com as finalidades essenciais dessas entidades** (CF, art. 150, § 4°). Trata-se, como se vê, de uma **imunidade subjetiva**, que atinge a entidade religiosa como um todo, e não o prédio do templo, que se fosse o caso lhe daria o caráter de imunidade objetiva. Assim, por exemplo, se houver cobrança de taxas para a realização de batismo ou casamentos, não poderá haver exigência de ISS sobre esses serviços, nem cobrança de imposto sobre a renda obtida com a taxa cobrada, haja vista tratarem-se de serviços e rendas inerentes às finalidades essenciais do culto.

Essa imunidade deve abranger não somente os prédios destinados ao culto, como também o IPTU sobre imóveis de propriedade de cultos religiosos que se encontrarem alugados, quando a renda decorrente da locação tiver aplicação relacionada com as finalidades essenciais das entidades (STF - AI 690.712-AgR - 1ª. Turma - Rel. Min. Ricardo Lewandowski - julg. 23/06/2009).

Ainda em relação à chamada imunidade religiosa, o entendimento do Supremo Tribunal Federal é de que os cemitérios que consubstanciam extensões de entidades de cunho religioso estão abrangidos pela imunidade, sendo impossível a incidência de IPTU em relação a eles (STJ - RE 578.562 - Plenário - julg. 21/05/2008). Por outro lado, por ser expressamente aplicável aos templos de qualquer culto, não se estende à maçonaria, em cujas lojas não se professa qualquer religião (STF - RE 562.351 - Rel. Min. Ricardo Lewandowski - julg. 04/09/2012).

4. IMUNIDADE DOS PARTIDOS POLÍTICOS, ENTIDADES SINDICAIS, DE EDUCAÇÃO E DE ASSISTÊNCIA SOCIAL

Segundo a norma do artigo 150, inciso VI, alínea "c", da CF, são imunes a impostos sobre patrimônio, renda ou serviços:

- os partidos políticos, inclusive suas fundações;
- as entidades sindicais dos trabalhadores;
- as instituições de educação e de assistência social, sem fins lucrativos.

No caso das **entidades sindicais**, muita atenção que a norma é explicitamente restrita aos sindicatos **de trabalhadores**, de modo que as entidades de empregadores não gozam dessa imunidade.

Em todos os casos, a Constituição exige que sejam **atendidos os requisitos de lei**, razão pela qual se pode afirmar que **essas normas de imunidade não são autoaplicáveis.** É assim que, com base na referida competência constitucional, o artigo 14 do CTN estabelece os requisitos legais para o gozo da imunidade por essas entidades, quais sejam: I - não distribuírem qualquer parcela de seu patrimônio ou de suas rendas, a qualquer título; II - aplicarem integralmente, no País, os seus recursos na manutenção dos seus objetivos institucionais; III - manterem escrituração de suas receitas e despesas em livros revestidos de formalidades capazes de assegurar sua exatidão.

CF	IMUNIDADE	CONSIDERAÇÕES
Art. 150, VI, "c" e § 4º	Partidos políticos e suas fundações	Refere-se aos impostos sobre o patrimônio, renda ou serviços relacionados com as **finalidades essenciais** dos partidos políticos e suas fundações.
Art. 150, VI, "c" e § 4º	Entidades sindicais representativas dos trabalhadores	Refere-se aos impostos sobre o patrimônio, renda ou serviços relacionados com as **finalidades essenciais** das entidades sindicais representativas dos trabalhadores. **NÃO SE ESTENDE:** Às entidades sindicais patronais.

<table>
<tr><th>CF</th><th>IMUNIDADE</th><th>CONSIDERAÇÕES</th></tr>
<tr><td>Art. 150, VI, "c" e § 4º</td><td>Instituições de educação e de assistência social, sem fins lucrativos</td><td>Refere-se aos impostos sobre o patrimônio, renda ou serviços relacionados com as finalidades essenciais das instituições de educação e de assistência social, sem fins lucrativos.</td></tr>
<tr><td colspan="3">Requisitos previstos em lei (CTN) a serem observados por tais instituições (art. 14 do CTN):
1) Não distribuírem qualquer parcela de seu patrimônio ou de suas rendas, a qualquer título;
2) Aplicarem integralmente, no País, os seus recursos na manutenção dos seus objetivos institucionais;
3) Manterem escrituração de suas receitas e despesas em livros revestidos de formalidades capazes de assegurar sua exatidão.</td></tr>
</table>

Não com outros fundamentos, desatendida qualquer uma das exigências legais, é absolutamente lícito que a autoridade administrativa suspenda a aplicação da norma de imunidade. Ou seja, não basta ser uma instituição de assistência social ou de educação que ostente em seus estatutos a condição de "entidade sem fins lucrativos", mas, é necessário também atender aos requisitos do artigo 14 do CTN.

ATENÇÃO:

Em recente julgamento de vários processos reunidos, o Supremo Tribunal Federal decidiu pela exigência de **lei complementar** para estabelecer os requisitos legais das imunidades não autoaplicáveis do artigo 150, inciso VI, alínea "a", da CF. O fundamento é que cabe à lei complementar regular limitações constitucionais ao poder de tributar (CF, art. 146, II), como é o caso das imunidades. (ADIs 2028, 2036, 2228 e 2621).

A exemplo do que ocorre na imunidade dos templos de qualquer culto, à luz do § 4º do artigo 150 da CF, a imunidade a impostos dos partidos políticos, entidades sindicais de trabalhadores e instituições de educação e assistência social sem fins lucrativos compreende somente o patrimônio, renda e serviços relacionados com as finalidades essenciais das entidades. Por interpretação dessa norma constitucional, a jurisprudência do STF é pacífica no sentido de acolher que a imunidade se estende às receitas decorrentes de locação imobiliária, sempre que a renda dos aluguéis seja aplicada nas finalidades institucionais de uma entidade imune (STF – RE 247.809-RJ, Rel. Min. Ilmar Galvão, julg. 15.05.2001). Da mesma forma, eventual renda obtida pela instituição de assistência social mediante cobrança de estacionamento de veículos em área interna da entidade, destinada ao custeio das atividades desta, está abrangida pela imunidade

(STF - ARE 673.606 - Rel. Min. Luiz Fux - julg. em 19/03/2012), dando-se o mesmo com a renda obtida pelo SESC na prestação de serviços de diversão pública, mediante a venda de ingressos de cinema ao público em geral, e aproveitada em suas finalidades assistenciais (AI 155822 AgR / SP) .

Em contrapartida, inexiste a imunidade no caso da colônia de férias de um sindicato, por não ser o patrimônio ligado às suas finalidades essenciais (STJ - RE 245.093-AgR - 1ª. Turma - Rel. Min. Sepúlveda Pertence - julg. 14/11/2006). Por igual, consoante a jurisprudência do Supremo Tribunal Federal (**STF - AgR-AI 661.713,** Dias Toffoli, 2013), a imunidade recíproca não se aplica ao IPTU incidente sobre terrenos vagos e lotes não edificados de propriedade de entidades de assistência social ou de educação sem fins lucrativos, como é o caso da Fundação Getúlio Vargas, o que tem absoluta lógica, uma vez não se poder afirmar que um terreno baldio esteja vinculado às finalidade essenciais da entidade.

Tema sempre controverso, mas em relação ao qual a jurisprudência do Supremo vem se consolidando pela imunidade, diz respeito aos impostos incidentes sobre a importação de bens por instituições de assistência social e de educação, sem fins lucrativos. Prevalece, pois, o entendimento de que, com fundamento na norma de imunidade do artigo 150, inciso VI, alínea "c", da CF, Imposto de Importação, Imposto sobre Produtos Industrializados e ICMS não incidem sobre bens importados a serem utilizados na prestação dos serviços específicos dessas entidades (STF - RE 243.807 - 1ª. Turma - Rel. Min. Ilmar Galvão - julg. 15/02/2000 e AI 621.506-AgR - 1ª. Turma - Rel. Min. Dias Toffoli - julg.07/02/2012).

Para a Corte Suprema, "não há invocar, para o fim de ser restringida a aplicação da imunidade, critérios de classificação dos impostos adotados por normas infraconstitucionais, mesmo porque não é adequado distinguir entre bens e patrimônio, dado que este se constitui do conjunto daqueles" (STF - RE 225778 AgR, Rel.: Min. CARLOS VELLOSO, 2ª. Turma, julgado em 16/09/2003, DJ 10-10-2003).

Em recente decisão com repercussão geral, o STF consolidou o entendimento no sentido de que a "imunidade tributária subjetiva aplica-se a seus beneficiários na posição de contribuinte de direito, mas não na de simples contribuinte de fato, sendo irrelevante para a verificação da existência do beneplácito constitucional a repercussão econômica do tributo envolvido" (STF - RE 608872). Para que fique mais claro, nos dizeres do relator Ministro Dias Toffoli: "a incidência não implica tributar patrimônio, renda ou serviços da entidade beneficente filantrópica, mas traz mera repercussão econômica para o comprador".

Como se vê, a interpretação do Supremo em relação a patrimônio, renda e serviços das instituições de educação e assistência social é bastante ampla, fundamentando-se, essencialmente, na exigência de vínculo com as finalidades essenciais da entidade (CF, art. 150, § 4º) e abrangendo todos os impostos que, direta ou indiretamente, incidam sobre o patrimônio do contribuinte. Dessa linha não foge nem mesmo o IOF, sob o argumento do STF de que o fato de a entidade proceder à aplicação de recursos não significa atuação fora do que previsto no ato de sua constituição ou finalidade lucrativa (STF – RE 454.753-AgR – 2ª. Turma – Rel. Ministro Joaquim Barbosa – julg. 20/04/2010).

ATENÇÃO:

A CF não veicula nenhuma imunidade subjetiva que beneficie especificamente entidades fechadas de previdência privada. Porém, tais entidades são passíveis de se enquadrarem na imunidade das instituições de assistência social sem fins lucrativos do artigo 150, inciso VI, alínea "c", da CF. Nesse caso, de acordo com a Súmula 730 do STF, a imunidade somente alcança as entidades fechadas de previdência social privada **se não houver contribuição dos beneficiários.**

Muito importante, por fim, estar atento ao teor da **Súmula Vinculante nº 50:**

> Ainda quando alugado a terceiros, permanece imune ao IPTU o imóvel pertencente a qualquer das entidades referidas pelo art. 150, VI, "c", da Constituição Federal, desde que o valor dos aluguéis seja aplicado nas atividades para as quais tais entidades foram constituídas.

Esse entendimento não é nenhuma novidade, mas, por se tratar de uma das mais recentes súmulas vinculantes, a tendência é que seja bastante cobrado nos concursos.

Finalmente, em recente decisão (RE 767.332 RG/MG), entendeu o STF que a imunidade aplica-se aos imóveis que atendam os requisitos legais, ainda que temporariamente ociosos (lotes vagos).

5. IMUNIDADE CULTURAL OU INFORMATIVA

De acordo com a redação da alínea "d" do inciso VI do artigo 150 da CF, são imunes a impostos os **livros, jornais, periódicos e o papel destinado a sua impressão.** Em uma questão de concurso público, se nenhuma referência se fizer a entendimentos doutrinários e jurisprudenciais, a alternativa correta será a que estiver mais fiel à literalidade do texto constitucional.

Sobre a extensão da imunidade do papel a outros insumos dos livros, jornais e periódicos, a jurisprudência do Supremo Tribunal Federal é bem controvertida. Há decisões no sentido de que a referência à interpretação deve ser ampla, abrangendo produto, maquinário, tinta e insumos de impressão em geral (STF – RE 202.149 – 1ª. Turma – Rel. p/ac. Min Marco Aurélio – julg. 26/04/2011).

Por outro lado, existem acórdãos em sentido oposto, isto é, no de que a interpretação deve ser restritiva, pela aplicação da imunidade apenas ao papel, não se estendendo a outros insumos de impressão (STF – RE 324.600-AgR – 1ª Turma – Relª. Minª Ellen Gracie – julg. 03/09/2002 e RE 372.645 – 1ª. Turma – Relª. Minª. Cármen Lúcia – julg. 20/10/2009), muito embora, nesse caso, o entendimento seja contrário ao teor da Súmula 657 do próprio STF, que admite, pelo menos, que a imunidade abrange os filmes e papéis fotográficos necessários à publicação de jornais e periódicos.

Com tantas divergências, dois aspectos são certos. O primeiro é que essa imunidade refere-se **apenas** a **impostos**, não se aplicando a outras espécies de tributos. E o segundo diz respeito à interpretação bastante ampla adotada pelo Supremo em relação ao conteúdo das publicações de livros, jornais e periódicos que a norma contempla. Essa concepção interpretativa faz jus não apenas ao tratamento que lhe é dispensado com a expressão **"imunidade cultural"**, como vai além, ao reconhecer o escopo intelectual, artístico, científico e de comunicação, bem como de facilitar o acesso da população à cultura, à informação e à educação, sem ressalvas quanto ao valor artístico ou didático, à relevância das informações ou à qualidade cultural, para abranger, por exemplo, álbuns de figurinhas (STF, REC 179.893 – 1ª. Turma – Rel. Min. Menezes Direito – julg. 15/04/2008), veículos de difusão cultural simplificada como as apostilas (STF – RE 183.403 – 2ª. Turma – Rel. Min. Marco Aurélio – julg. 07/11/2000) e listas telefônicas, ainda que veiculem anúncios e publicidade, inserções que visam a permitir a divulgação das informações necessárias ao serviço informativo a custo zero para os assinantes (STF – AI 663.747-AgR – 2ª. Turma – Rel. Min. Joaquim Barbosa – julg. 06/04/2010).

Por outro prisma, quando se fala em anúncios e publicidade, é pacífico que a imunidade não se estende a encartes de propaganda distribuídos com jornais e periódicos, que têm exclusiva índole comercial e não podem ser considerados como destinados à cultura e à educação (STF – RE 213.094 – 1ª. Turma – Rel. Min. Ilmar Galvão – julg. 03/08/1999).

ATENÇÃO:

Agora, uma pergunta: a imunidade tributária concedida a livros, jornais, periódicos e ao papel destinação à sua impressão, prevista na alínea "d" do inciso VI do artigo 150 da Constituição Federal, alcança os livros eletrônicos ou e-books? A resposta à controvérsia foi dada pelo STF no âmbito dos recursos extraordinários números 330817 e 595676, ambos com repercussão geral. Nessas decisões unânimes, ficou consolidada interpretação de que a Constituição Federal volta o seu olhar para a finalidade da norma da chamada imunidade cultural ou informativa, ficando afastada, ainda, a ideia de que o Poder Constituinte poderia ter tido a intenção da restringir a imunidade ao livro editado em papel. Nessa linha, ficaram pacificados os seguintes entendimentos: i) a regra da imunidade alcança não apenas o livro eletrônico ou digital, mas também aos parelhos leitores de livros eletrônicos ou e-readers, confeccionados exclusivamente para esse fim, ainda que eventualmente estejam equipados com funcionalidades acessórias que auxiliem a leitura digital como acesso à internet para download de livros, possibilidade de alterar tipo e tamanho de fonte e espaçamento (interpretação evolutiva coerente com os avanços tecnológicos dos meios de difusão da cultura e da informação); ii) a imunidade abrange também peças e componentes a serem utilizados como material didático que acompanhe publicações (os componentes eletrônicos que acompanham material didático em curso prático de montagem de computadores estão abarcados pela imunidade em questão, uma vez que as peças e sua montagem eletrônica não sobrevivem autonomamente). A tese de repercussão geral aprovada no julgamento do RE 330817 foi: "A imunidade tributária constante do artigo 150, VI, "d", da Constituição Federal, aplica-se ao livro eletrônico (e-book), inclusive aos suportes exclusivamente utilizados para fixá-lo". E no julgamento do RE 595676 foi: "a imunidade tributária da alínea "d" do inciso VI do artigo 150 da Constituição Federal alcança componentes eletrônicos destinados exclusivamente a integrar unidades didáticas com fascículos".

Finalmente, a imunidade em questão tem caráter objetivo e incide diretamente sobre o livro, o jornal, o periódico e o papel destinado à impressão. Não se estende ao patrimônio das pessoas jurídicas empreendedoras de negócios relativos a esses bens de valor cultural, devendo ser interpretada restritivamente sob esse aspecto, não abrangendo os serviços prestados por empresas que fazem a distribuição, o transporte ou a entrega de livros, jornais, periódicos e do papel destinado a sua impressão (STF - RE 630.462-AgR - 2ª. Turma - Rel. Min. Ayres Brito - julg. 07/02/2012).

ATENÇÃO:

A contribuição para o Finsocial, incidente sobre o faturamento das empresas, não está abrangida pela imunidade objetiva prevista no art. 150, VI, d, da CF/88, anterior art. 19, III, d, da Carta de 1967/69. Discutia-se a incidência da imunidade tributária prevista no art. 150, VI, d, da Constituição sobre a contribuição para o Fundo de Investimento Social — Finsocial (STF - RE 628.122/SP, rel. Min. Gilmar Mendes, julgado em 19/6/2013).

6. IMUNIDADE MUSICAL

A Emenda Constitucional nº 75/2013, originária da chamada "PEC da música", proposta com o objetivo de propiciar competitividade em preços no mercado musical e, assim, fazer frente à pirataria, trouxe mais uma **imunidade geral,** do tipo **objetiva,** ao incluir a **alínea "e" no inciso VI do artigo 150 da CF,** que veda aos entes federativos instituir **impostos** sobre "fonogramas e videofonogramas musicais produzidos no

Brasil contendo obras musicais ou literomusicais de autores brasileiros e/ou obras em geral interpretadas por artistas brasileiros bem como os suportes materiais ou arquivos digitais que os contenham, salvo na etapa de replicação industrial de mídias ópticas de leitura a laser".

Para uma visão mais analítica, veja o quadro a seguir, que contempla as novas imunidades e a exceção estabelecida pelo Poder Constituinte:

<table>
<tr><th>Hipótese constitucional</th><th>Explicações/Exemplos</th></tr>
<tr><td>Fonogramas e videofonogramas musicais produzidos no Brasil contendo obras musicais ou literomusicais de autores brasileiros</td><td>isto é, álbuns, videoclipes, espetáculos literomusicais contendo composições musicais de autores brasileiros</td></tr>
<tr><td colspan="2">e/ou</td></tr>
<tr><td>Fonogramas e videofonogramas musicais produzidos no Brasil contendo obras em geral interpretadas por artistas brasileiros</td><td>ou seja, músicas e vídeos musicais nos quais o intérprete seja brasileiro (aqui não é necessário que o autor seja brasileiro, só o intérprete)</td></tr>
<tr><td colspan="2">bem como</td></tr>
<tr><td>os suportes materiais ou arquivos digitais que os contenham</td><td>tais como CDs, DVDs, blu rays e os próprios downloads de músicas e ringtones comercializados pela internet</td></tr>
<tr><td colspan="2">salvo (exceção)</td></tr>
<tr><td>na etapa de replicação industrial de mídias ópticas de leitura a laser</td><td>não há a imunidade em relação aos impostos devidos pela indústria de CDs, DVDs, blu rays e outras mídias ópticas de leitura a laser que vierem a surgir com a evolução tecnológica</td></tr>
</table>

Portanto, pode-se afirmar que a **imunidade** abrange todas as etapas de **produção e comercialização das obras audiovisuais** contempladas no artigo 150, inciso VI, alínea "e", da CF, e respectivos suportes materiais, com **exceção** da etapa de **replicação industrial de mídias ópticas de leitura a laser.**

Para melhor compreensão, cumpre dizer que a produção de fonogramas e videogramas tem início nos estúdios das gravadoras, onde se dá a gravação de sons (fonografias) e imagens (cinematografias), inclusive trucagem, dublagem, mixagem e congêneres, etapa sujeita ao **ISSQN**, nos termos dos **itens 13.02 e 13.03 da Lista de Serviços Anexa à Lei Complementar 116/2003**, e **agora imune** nas hipóteses do artigo 150, inciso VI, alínea "e", da CF. O resultado é a obtenção da matriz da obra, que a norma constitucional trata por fonograma, tal como o CD de um sambista, ou videofonograma, a exemplo do DVD do show ao vivo de uma dupla sertaneja, hipótese em que a atividade de estúdio é precedida pelos serviços de captação de imagens e sons durante o evento escolhido para gravação do show.

Pois é justamente depois dessa fase inteiramente sujeita à "imunidade musical" que se dá a etapa excepcionada pela Emenda Constitucional 75/2013, isto é, a replicação industrial das mídias ópticas de leitura a laser, o que fica a cargo de uma indústria, empresa cujo nome costuma constar nos créditos da capa do CD, DVD ou *blu ray* precedida por expressões tais como "fabricado e distribuído por". Portanto, a replicação industrial das mídias ópticas de leitura a laser consiste na atividade de reprodução de tantas cópias da matriz de gravação antes produzida em estúdio quantas forem a encomenda da gravadora, produtora ou dos artistas. Nessa etapa vão **incidir** normalmente o **ICMS e o IPI**, uma vez que foi eleita como exceção à imunidade constitucional em análise.

ATENÇÃO:

Importante ressaltar que a exceção na etapa da replicação industrial atende aos interesses da Zona Franca de Manaus, pois evita que as indústrias localizadas fora da região franca passem a contar com a mesma exoneração de impostos que sempre beneficiou a Zona Franca. Em outras palavras, consagrada a exceção no texto constitucional, em tese, a instalação de uma indústria na Zona Franca de Manaus continua sendo vantajosa, pois, não se submetendo a replicação industrial à imunidade, a exoneração permanece exclusiva daquela região.

Não obstante, logo após a publicação da Emenda Constitucional, a referida imunidade já foi alvo de Ação Direta de Inconstitucionalidade (ADI 5058), proposta exatamente pelo Governador do Estado do Amazonas, sob a alegação de violações de normas constitucionais que garantem incentivos fiscais à Zona Franca de Manaus. A referida ADI não teve seu pedido liminar apreciado pelo relator, Ministro Teori Zavascki, que decidiu adotar o rito abreviado do artigo 12 da Lei 9.868/99 para julgamento da ação diretamente pelo plenário, sem necessidade de apreciação da liminar. Contudo, até o momento da publicação deste livro, após fase de manifestações da Advocacia Geral da União e da Procuradoria Geral da República, o processo ainda se encontrava concluso ao novo relator, Min. Alexandre de Moraes, que assumiu a vaga no STF deixada pelo falecimento do Ministro Teori Zavaski.

Vencida a etapa de replicação industrial da mídia óptica, a qual, diga-se de passagem, não está presente nas obras comercializadas via arquivos digitais, sistema de *streaming* e outros meios, todas as etapas subsequentes de comercialização – grosso modo, atacado e varejo – são beneficiadas com a imunidade, que, repita-se, abrange apenas os impostos, não contemplando outras espécies de tributos.

7. IMUNIDADES ESPECÍFICAS

Conforme já adiantado, além das imunidades tributárias gerais do artigo 150, inciso VI, da CF, a Constituição também contempla as chamadas **imunidades específicas**, correspondentes a todas aquelas aplicáveis a tributos determinados.

Confira no quadro abaixo as diversas imunidades específicas previstas na Constituição:

CF	TRIBUTO (imune)	IMUNIDADE SOBRE
Art. 184, § 5º	ITBI	As operações de transferência de imóveis desapropriados para fins de reforma agrária.
Art. 5º, XXXIV, "a" e "b"	TAXAS	Direito de petição aos Poderes Públicos (defesa de direito ou contra ilegalidade ou abuso de poder); Obtenção de certidões em repartições públicas (defesa de direito e esclarecimento de situações de interesse pessoal).
Art. 149, § 2º, I	Contribuições sociais e CIDEs	Receitas decorrentes de exportação.
Art. 153, § 3º, III	IPI	Produtos industrializados destinados ao exterior.
Art. 153, § 4º, II	ITR	Pequenas glebas rurais, definidas em lei, quando as explore o proprietário que não possua outro imóvel.
Art. 156, § 2º, I	ITBI	Transmissão de bens ou direitos incorporados ao patrimônio de pessoa jurídica em realização de capital, nem sobre a transmissão de bens ou direitos decorrente de fusão, incorporação, cisão ou extinção de pessoa jurídica, salvo se, nesses casos, a atividade preponderante do adquirente for a compra e venda desses bens ou direitos, locação de bens imóveis ou arrendamento mercantil.
Art. 155, § 2º, X, "a" a "d"	ICMS	Operações que destinem mercadorias para o exterior, nem sobre serviços prestados a destinatários no exterior, assegurada a manutenção e o aproveitamento do montante do imposto cobrado nas operações e prestações anteriores; Operações que destinem a outros Estados petróleo, inclusive lubrificantes, combustíveis líquidos e gasosos dele derivados, e energia elétrica; O ouro, nas hipóteses definidas no art. 153, § 5º (ou seja, quando for ativo financeiro ou instrumento cambial); As prestações de serviços de comunicação nas modalidades de radiodifusão sonora e de sons e imagens de recepção livre e gratuita.
Art. 195, II	Contribuição social do trabalhador e demais segurados do INSS	Aposentadoria e pensão concedidas pelo regime geral de previdência social de que trata o art. 201.
Art. 155, § 3º	Todos os impostos, exceto ICMS, II e IE	Operações relativas a energia elétrica, serviços de telecomunicações, derivados de petróleo, combustíveis e minerais do País.

CF	TRIBUTO (imune)	IMUNIDADE SOBRE
Art. 156, II, *in fine*	ITBI	Direitos reais de garantia sobre os imóveis (hipoteca e anticrese).
Art. 195, § 7º	Contribuições para a seguridade social	As entidades beneficentes de assistência social que atendam às exigências estabelecidas em lei

Destaque para a imunidade das entidades beneficentes de assistência social às contribuições para a seguridade social, que constitui previsão expressa do artigo 195, § 7º da CF. Embora o dispositivo em questão utilize a expressão "isentas" ao invés de "imunes", por se tratar de uma exoneração tributária veiculada na Constituição Federal, a mesma possui natureza de imunidade.

Sobre essa imunidade, cabe ressaltar que, segundo a norma do artigo 195, § 7º, da CF, são isentas de contribuição para a seguridade social as entidades beneficentes de assistência social que atendam às exigências estabelecidas em lei. À luz dessa norma constitucional, assenta-se a jurisprudência do Supremo Tribunal Federal no seguinte sentido:

> "A imunidade das entidades beneficentes de assistência social às contribuições sociais obedece a regime jurídico definido na Constituição. 2. O inciso II do art. 55 da Lei nº 8.212/91 estabelece como uma das condições da isenção tributária das entidades filantrópicas, a exigência de que possuam o Certificado de Entidade Beneficente de Assistência Social - CEBAS, renovável a cada três anos. 3. A jurisprudência desta Corte é firme no sentido de afirmar a inexistência de direito adquirido a regime jurídico, motivo pelo qual não há razão para falar-se em direito à imunidade por prazo indeterminado. 4. A exigência de renovação periódica do CEBAS não ofende os artigos 146, II, e 195, § 7º, da Constituição. Precedente [RE nº 428.815, Relator o Ministro SEPÚLVEDA PERTENCE, DJ de 24.6.05]. 5. Hipótese em que a recorrente não cumpriu os requisitos legais de renovação do certificado. Recurso não provido" (STF - RMS 27093 / DF - 2ª Turma - Rel. Min. Eros Grau - DJE 13/11/2008)".

ATENÇÃO:

A imunidade a impostos das operações relativas a energia elétrica, serviços de telecomunicações, derivados de petróleo, combustíveis e minerais do País **não** se aplica aos impostos de importação e exportação, nem ao ICMS, por força do disposto no artigo 155, § 3º, da CF. Também não se aplica a imunidade a contribuições (inteligência da Súmula 659 do STF) e, por analogia ao entendimento sumulado, a outros tributos diversos de impostos.

8. INFORMATIVOS DE JURISPRUDÊNCIA (2017 E 2018)

Caixas de Assistência de Advogados e imunidade recíproca

As Caixas de Assistência de Advogados encontram-se tuteladas pela imunidade recíproca prevista no art. 150, VI, "a" (1), da Constituição Federal (CF). Com base nesse entendimento, o Plenário conheceu em parte de recurso extraordinário interposto em face de acórdão que assegurou a aplicação da imunidade recíproca à Caixa de Assistência dos Advogados de Minas Gerais e, nessa parte, negou-lhe provimento.

De início, o colegiado rememorou o decidido no RE 259.976 AgR no sentido de que a imunidade tributária gozada pela Ordem dos Advogados do Brasil (OAB) é da espécie recíproca, na medida em que ela desempenha atividades próprias de Estado (defesa da Constituição, da ordem jurídica, do Estado democrático de direito, dos direitos humanos e da justiça social, bem como seleção e controle disciplinar dos advogados). Ressaltou que a imunidade tributária em questão alcança apenas as finalidades essenciais da entidade protegida.

Na linha da jurisprudência do Supremo Tribunal Federal (STF), a Ordem dos Advogados possui finalidades institucionais e corporativas, sendo a ambas aplicáveis o mesmo tratamento.

Considerada a impossibilidade de concessão de regramento tributário diferenciado a órgãos da OAB — de acordo com as finalidades que lhe são atribuídas por lei —, as Caixas de Assistência de Advogados também se encontram tuteladas pela imunidade recíproca prevista no art. 150, VI, "a", da CF.

Para a aplicação dessa espécie de imunidade, há de se constatar a presença de três pressupostos: 1) prestação de serviço público delegado; 2) a entidade que exerce o serviço é, em virtude de lei, pública; e 3) o serviço é prestado por ente público que não persegue finalidade econômica.

Tais pressupostos são observados em relação às Caixas de Assistência dos Advogados, as quais prestam serviço público delegado, possuem "status" jurídico de ente público e não exploram atividades econômicas em sentido estrito com intuito lucrativo.

(1) CF: "Art. 150. Sem prejuízo de outras garantias asseguradas ao contribuinte, é vedado à União, aos Estados, ao Distrito Federal e aos Municípios: (...) VI – instituir impostos sobre: a) patrimônio, renda ou serviços, uns dos outros. "

RE 405267/MG, rel. Min. Edson Fachin, julgamento em 6.9.2018. (RE-405267)

(Informartivo 914, Plenário)

Imunidade recíproca e Programa de Arrendamento Residencial (PAR)

Os bens e direitos que integram o patrimônio do fundo vinculado ao Programa de Arrendamento Residencial (PAR), criado pela Lei 10.188/2001, beneficiam-se da imunidade tributária prevista no art. 150, VI, a, (1) da Constituição Federal (CF).

Com base nesse entendimento, o Plenário, por maioria, ao apreciar o Tema 884 da repercussão geral, deu provimento ao recurso extraordinário para extinguir a execução fiscal relativamente aos valores cobrados a título de IPTU.

O acórdão recorrido, proferido por tribunal regional federal, manteve decisão que rejeitara a exceção de pré-executividade, sob fundamento de que a Caixa Econômica Federal (CEF) não goza de imunidade tributária na hipótese de propriedade fiduciária em programa de arrendamento residencial.

A parte recorrente alegou que o imóvel tributado pela municipalidade pertence ao apontado programa residencial, de propriedade da União, razão pela qual é abrangido pela imunidade tributária recíproca.

De início, o Colegiado discorreu sobre os pressupostos dogmáticos que determinaram a positivação das normas de imunidade nos ordenamentos constitucionais. A partir deles seria possível verificar se os requisitos e pressupostos da criação, existência e manutenção de imunidades recíprocas, num regime federalista, estariam presentes na hipótese.

Com base no histórico da Suprema Corte norte-americana sobre o tema, foram identificados dois requisitos para fins de reconhecimento da imunidade. O primeiro se refere à tributação de um ente federado em relação ao outro. Haverá imunidade se essa tributação for capaz de impedir, reduzir ou interferir, ainda que potencialmente, na independência do exercício das competências constitucionais de outro. Como segundo requisito, a imunidade recíproca somente deve ser reconhecida no exercício de políticas públicas decorrentes de competências governamentais, não tendo incidência em questões de natureza comercial.

Entretanto, os fatores subjetivo e finalístico não são os únicos a condicionar a incidência da norma constitucional de imunidade, apesar de relevantes. É preciso considerar a existência de estratégias de organização administrativa do Estado que podem implicar consequências prejudiciais para o equilíbrio econômico.

Quando, além da desvinculação às finalidades públicas, houver risco de perturbação para a ordem econômica, a subsistência da norma imunizante torna-se criticável, ante a necessidade de preservar o equilíbrio concorrencial decorrente da livre iniciativa. Essa é a razão da previsão do art. 173, § 2º, da CF (2), que exclui da imunidade recíproca o patrimônio de empresas públicas e sociedades de economia mista, por não poderem gozar de privilégios fiscais não extensíveis ao setor privado.

Assim, a proteção imunizante em análise será inaplicável quando inconteste que bem imóvel do patrimônio de ente federativo não está afetado a qualquer destinação social, funcionando apenas como elemento para alavancar o desempenho de atividade particular de propósitos exclusivamente econômicos.

No julgamento do Tema 385 da Repercussão Geral (RE 594015), esta Corte fixou a tese de que a imunidade recíproca não se estende a empresa privada arrendatária de imóvel público quando esta explorar atividade econômica com fins lucrativos.

Para o Colegiado, no entanto, esse precedente não se aplica à presente hipótese, pois há tanto o fator subjetivo quanto o finalístico da imunidade, além de a estratégia de organização administrativa utilizada pelo Estado não implicar qualquer consequência prejudicial ao equilíbrio econômico ou à livre iniciativa, não havendo cogitar a possibilidade de atividade comercial.

O Colegiado asseverou que a União criou uma estrutura organizacional para cumprir uma competência que a Carta Magna determina, ligada diretamente à efetividade do direito de moradia – uma das mais importantes previsões de direitos sociais – e em consonância com o objetivo fundamental de redução de desigualdades sociais, consagrados respectivamente nos arts. 6º, caput (3), e 3º, III (4), da Carta Magna.

Não há desigualdade maior, nada que marginalize mais, do que não ter um lar para si e para a sua família para, a partir daí, desenvolver todas as suas atividades do dia a dia. Isso é mais do que uma política pública, mais do que uma atividade governamental, são determinações expressas da Constituição.

A partir desses mandamentos, a União – tanto o Executivo quanto o Legislativo – implementou o Programa de Arrendamento Residencial (PAR), por meio de medida provisória, posteriormente convertida na Lei 10.188/2001.

E como a União não pode gerir esse programa por meio de sua Administração Direta, a tarefa coube à CEF, braço instrumental do programa. Não há exploração de atividade econômica, mas prestação de serviço público, uma vez que se trata de atividade constitucionalmente atribuída à União e cuja operacionalização foi delegada, por lei, a empresa pública federal, visando à consecução de direito fundamental.

A CEF é apenas a administradora do Fundo de Arrendamento Residencial (FAR), constituído de patrimônio único e exclusivo da União Federal e somente administrado e operacionalizado pela empresa para fins de consecução do programa. A CEF não teve aumento patrimonial nem se beneficiou do programa. Não houve confusão patrimonial, e o serviço não concorreu com o mercado privado.

O PAR destina-se à população cuja renda familiar mensal não ultrapasse, em média, dois mil reais, sendo excepcionalmente elevado para dois mil e oitocentos reais no caso de militares das forças armadas e profissionais da área de segurança pública.

Esses limites de renda ressaltam o caráter eminentemente social do programa e demonstram que a concessão de imunidade tributária em relação aos imóveis que o integram não representa risco relevante à livre concorrência, uma vez que os arrendamentos residenciais a ele vinculados abrangem grupo específico de pessoas de baixa renda. A iniciativa privada, por sua vez, não oferece nenhum programa nesse sentido.

Ainda que seus beneficiários façam o pagamento de contraprestação pelo uso e pela eventual aquisição das moradias arrendadas, as receitas provenientes das operações de arrendamento e das aplicações de recursos destinados ao programa são utilizadas para amortização das operações de crédito contratadas com o Fundo de Garantia do Tempo de Serviço (FGTS), uma compensação.

Ademais o art. 3º, § 4º, da Lei 10.188/2001 (5) impõe que o saldo positivo existente ao final do programa seja integralmente revertido à União. Assim, não só o programa é financiado essencialmente por recursos da União como também terá, ao seu final, o saldo positivo integralmente revertido em seu benefício.

Em conclusão, o Tribunal asseverou que todos os pressupostos da incidência da imunidade recíproca foram cumpridos. O PAR representa política habitacional da União, tendo a finalidade de garantir a efetividade do direito à moradia e a redução da desigualdade social. Trata-se do legítimo exercício de competências governamentais, mesmo que a CEF seja instrumento de sua execução. Não existe nenhuma natureza comercial ou prejuízo à livre concorrência.

Vencido o ministro Marco Aurélio, que negou provimento ao recurso, ao fundamento de que a Caixa Econômica é pessoa jurídica de direito privado que, no caso, exerce atividade econômica mediante remuneração. No mais, a empresa é proprietária dos imóveis alienados, sob propriedade fiduciária, tanto que a matrícula está registrada em seu nome, e não no da União.

(1) CF: "Art. 150. Sem prejuízo de outras garantias asseguradas ao contribuinte, é vedado à União, aos Estados, ao Distrito Federal e aos Municípios: (...) VI – instituir impostos sobre: a) patrimônio, renda ou serviços, uns dos outros. "

(2) CF: "Art. 173. Ressalvados os casos previstos nesta Constituição, a exploração direta de atividade econômica pelo Estado só será permitida quando necessária aos imperativos da segurança nacional ou a relevante interesse coletivo, conforme definidos em lei. (...) § 2º As empresas públicas e as sociedades de economia mista não poderão gozar de privilégios fiscais não extensivos às do setor privado. "

(3) CF: "Art. 6º São direitos sociais a educação, a saúde, a alimentação, o trabalho, a moradia, o transporte, o lazer, a segurança, a previdência social, a proteção à maternidade e à infância, a assistência aos desamparados, na forma desta Constituição. "

(4) CF: "Art. 3º Constituem objetivos fundamentais da República Federativa do Brasil: (...) III – erradicar a pobreza e a marginalização e reduzir as desigualdades sociais e regionais. "

(5) Lei 10.188/2001: "Art. 3º Para atendimento exclusivo às finalidades do Programa instituído nesta Lei, fica a CEF autorizada a: (...) § 4º O saldo positivo existente ao final do Programa será integralmente revertido à União. "

RE 928902/SP, rel. Min. Alexandre de Moraes, julgamento em 17.10.2018. (RE-928902)

(Informativo 920, Repercussão Geral)

Entidades beneficentes de assistência social e imunidade

O Plenário, em conclusão de julgamento e por maioria, com base no princípio da fungibilidade, conheceu das ações diretas de inconstitucionalidade como arguição de descumprimento de preceito fundamental.

Vencidos os ministros Roberto Barroso, Dias Toffoli, Cármen Lúcia e Marco Aurélio, que não convertiam as ações. O ministro Dias Toffoli ressaltava que, incluída em pauta a ação direta antes do exaurimento da eficácia da lei temporária impugnada, o Tribunal deveria julgá-la. O ministro Marco Aurélio afirmava que, se o ato normativo abstrato e autônomo tivesse sido revogado, seria o caso de decretar o prejuízo da ação (v. Informativos 749 e 844).

No mérito, prevaleceu o voto do ministro Teori Zavascki, que julgou procedentes os pedidos veiculados nas Ações Diretas de Inconstitucionalidade 2.028 e 2.036 para declarar a inconstitucionalidade do art. 1º da Lei 9.732/1998, na parte em que alterou a redação do art. 55, III, da Lei 8.212/1991 e acrescentou-lhe os §§ 3º, 4º e 5º, bem como dos arts. 4º, 5º e 7º da Lei 9.732/1998.

Além disso, julgou parcialmente procedentes os pedidos formulados nas Ações Diretas de Inconstitucionalidade 2.228 e 2.621 para declarar a inconstitucionalidade dos arts. 2º, IV; 3º, VI e §§ 1º e 4º; 4º, parágrafo único, todos do Decreto 2.536/1998; assim como dos arts. 1º, IV; 2º, IV e §§ 1º e 3º; e 7º, § 4º, do Decreto 752/1993.

Afirmou que a reserva de lei complementar aplicada à regulamentação da imunidade tributária, prevista no art. 195, § 7º, da Constituição Federal (CF), limita-se à definição de contrapartidas a serem observadas para garantir a finalidade beneficente dos serviços prestados pelas entidades de assistência social, o que não impede seja o procedimento de habilitação dessas entidades positivado em lei ordinária.

Explicou que, justamente por cumprir uma missão mais nobre, a imunidade se diferencia das isenções e demais figuras de desoneração tributária. A imunidade de contribuições sociais serve não apenas a propósitos fiscais, mas à consecução de alguns dos objetivos fundamentais para a República - como a construção de uma sociedade solidária e voltada para a erradicação da pobreza -, os quais não podem ficar à mercê da vontade transitória de governos. Devem ser respeitados, honrados e valorizados por todos os governos, transcendendo a frequência ordinária em que se desenvolvem costumeiramente os juízos políticos de conveniência e oportunidade, para desfrutar da dignidade de políticas de Estado.

Portanto, não se pode conceber que o regime jurídico das entidades beneficentes fique sujeito a flutuações legislativas erráticas, não raramente influenciadas por pressões arrecadatórias de ocasião. É inadmissível que tema tão sensível venha a ser regulado por medida provisória. O cuidado de inibir a facilitação de flutuações normativas nesse domínio justifica-se, sobretudo, pela própria jurisprudência do Supremo Tribunal Federal, que afirma não haver direito adquirido a determinado tratamento tributário.

Assim, diante da relevância das imunidades de contribuições sociais para a concretização de uma política de Estado voltada à promoção do mínimo existencial e da necessidade de evitar que as entidades compromissadas com esse fim sejam surpreendidas com bruscas alterações legislativas desfavoráveis à continuidade de seus trabalhos, deve incidir nesse caso a reserva legal qualificada prevista no art. 146, II, da CF. É essencial frisar, todavia, que essa proposição não produz uma contundente reviravolta na jurisprudência da Corte a respeito da matéria, mas apenas um reajuste pontual. Aspectos meramente procedimentais referentes à certificação, à fiscalização e ao controle administrativo continuam passíveis de definição em lei ordinária. A lei complementar é forma somente exigível para a definição do modo beneficente de atuação das entidades de assistência social contempladas pelo art. 195, § 7º, da CF, especialmente quanto às contrapartidas a serem observadas por elas.

Por essas razões, o ministro Teori Zavascki concluiu pela inconstitucionalidade dos artigos da Lei 9.732/1998 que criaram contrapartidas a serem observadas pelas entidades beneficentes, e também dos arts. 1º, IV; 2º, IV e §§ 1º e 3º; 7º, § 4º, do Decreto 752/1993, que perderam o indispensável suporte legal do qual derivam. Contudo, não há vício formal – tampouco material – nas normas acrescidas ao inciso II do art. 55 da Lei 8.212/1991 pela Lei 9.429/1996 e pela Medida Provisória 2.187/2001, essas últimas impugnadas pelas Ações Diretas de Inconstitucionalidade 2.228 e 2.621.

As sucessivas redações do art. 55, II, da Lei 8.212/1991 têm em comum a exigência de registro da entidade no Conselho Nacional de Assistência Social (CNAS), a obtenção do certificado expedido pelo órgão e a validade trienal do documento. Como o conteúdo da norma tem relação com a certificação da qualidade de entidade beneficente, fica afastada a tese de vício formal. Essas normas tratam de meros aspectos procedimentais necessários à verificação do atendimento das finalidades constitucionais da regra de imunidade.

Vencidos, em parte, os ministros Dias Toffoli e Marco Aurélio, que julgavam totalmente procedentes os pedidos formulados nas Ações Diretas de Inconstitucionalidade 2.228 e 2.621 e, portanto, reputavam inconstitucional o art. 55, II e III, da Lei 8.212/1991, com a redação conferida pelo art. 5º da Lei 9.429/1996, bem como os arts. 9º e 18, III e IV, da Lei 8.742/1993.

Por fim, o ministro Marco Aurélio aditou o seu voto para assentar a inconstitucionalidade formal do art. 55, III, da Lei 8.212/1991, na redação conferida pelo art. 1º da Lei 9.732/1998.

ADI 2028/DF, rel. orig. Min. Joaquim Barbosa, red. p/ o ac. Min. Rosa Weber, julgamento em 23.2 e 2.3.2017.

ADI 2036/DF, rel. orig. Min. Joaquim Barbosa, red. p/ o ac. Min. Rosa Weber, julgamento em 23.2 e 2.3.2017.

ADI 2621/DF, rel. orig. Min. Joaquim Barbosa, red. p/ o ac. Min. Rosa Weber, julgamento em 23.2 e 2.3.2017.

ADI 2228/DF, rel. orig. Min. Joaquim Barbosa, red. p/ o ac. Min. Rosa Weber, julgamento em 23.2 e 2.3.2017.

(Informativo 855, Plenário)

Entidades beneficentes de assistência social e imunidade

Os requisitos para o gozo de imunidade hão de estar previstos em lei complementar.

Com base nesse entendimento, o Plenário, por maioria, deu provimento ao recurso extraordinário para declarar a inconstitucionalidade formal do art. 55 da Lei 8.212/1991, que dispõe sobre as exigências para a concessão de imunidade tributária às entidades beneficentes de assistência social (v. Informativos 749 e 844).

Prevaleceu o voto do ministro Marco Aurélio (relator). Ele explicou que as normas de imunidade tributária constantes da Constituição Federal (CF) objetivam proteger valores políticos, morais, culturais e sociais essenciais e não permitem que os entes tributem certas pessoas, bens, serviços ou situações ligadas a esses valores. Além disso, lembrou que o § 7º do art. 195 da CF traz dois requisitos para o gozo da imunidade: ser pessoa jurídica a desempenhar atividades beneficentes de assistência social e atender a parâmetros legais.

No que se refere à primeira condição, o ministro asseverou que o Supremo Tribunal Federal (STF) conferiria sentido mais amplo ao termo "assistência social" constante do art. 203 da CF, a concluir que, entre as formas de promover os objetivos revelados nos incisos desse preceito, estariam incluídos os serviços de saúde e educação.

Reputou que toda pessoa jurídica a prestar serviços sem fins lucrativos com caráter assistencial, em favor da coletividade e, em especial, dos hipossuficientes, atuaria em conjunto com o Poder Público na satisfação de direitos fundamentais sociais. Por isso, o constituinte assegurou a imunidade a essas pessoas em relação tanto aos impostos quanto às contribuições sociais, a partir da impossibilidade de tributar atividades típicas do Estado em favor da realização de direitos fundamentais no campo da assistência social.

O ministro ainda frisou que a definição do alcance formal e material do segundo requisito (observância de "exigências estabelecidas em lei") deveria considerar o motivo da imunidade em discussão – a garantia de realização de direitos fundamentais sociais.

Sinalizou que, por se tratar de limitação ao poder de tributar, as "exigências legais" ao exercício das imunidades seriam sempre "normas de regulação" às quais o constituinte originário teria feito referência no inciso II do art. 146 da CF, a serem dispostas em lei complementar.

Assinalou que, para disciplinar as condições mencionadas no § 7º do art. 195 da CF, dever-se-ia observar a reserva absoluta de lei complementar, sob pena de negar-se que a imunidade discutida fosse uma limitação ao poder de tributar. Ponderou caber à lei ordinária apenas prever requisitos que não extrapolem os estabelecidos no Código Tributário Nacional (CTN) ou em lei complementar superveniente. Seria, portanto, vedado criar obstáculos novos, adicionais aos já dispostos em ato complementar.

Pontuou que, sob o pretexto de disciplinar aspectos das entidades pretendentes à imunidade, o legislador ordinário teria restringido o alcance subjetivo da regra constitucional, a impor condições formais reveladoras de autênticos limites à imunidade.

Entendeu que, no caso, teria ocorrido regulação do direito sem que estivesse autorizado pelo art. 146, II, da CF. O art. 55 da Lei 8.212/1991 previra requisitos para o exercício da imunidade tributária contida no § 7º do art. 195 da CF, a revelar condições prévias ao aludido direito. Assim, deveria ser reconhecida a inconstitucionalidade formal desse dispositivo no que ultrapassasse o definido no art. 14 do CTN, por afronta ao art. 146, II, da CF.

Considerou que os requisitos legais exigidos na parte final do mencionado § 7º, enquanto não editada nova lei complementar sobre a matéria, seriam somente aqueles do art. 14 do CTN.

Concluiu por assegurar o direito à imunidade de que trata o art. 195, § 7º, da CF – haja vista que reconhecido pelo magistrado sentenciante que a entidade preenchera os requisitos exigidos no CTN – e, por consequência, desconstituir o crédito tributário inscrito em dívida ativa, com a extinção da respectiva execução fiscal.

Por fim, o relator aditou o voto para esclarecer que não haveria fundamento autônomo no aresto impugnado a ensejar o desprovimento do recurso, porquanto o tribunal de origem teria decidido com base na aplicação do art. 55 da Lei 8.212/1991.

Vencidos os ministros Teori Zavascki, Rosa Weber, Luiz Fux, Dias Toffoli e Gilmar Mendes, que negavam provimento ao recurso. Aduziam que o acórdão recorrido se assentou não apenas na questão da reserva de lei complementar como veículo adequado à definição do modo beneficente de prestar assistência social, mas também na circunstância de a demandante não ter preenchido uma das exigências validamente previstas pela Lei 8.212/1991, a de obtenção de título de utilidade pública federal.

O ministro Ricardo Lewandowski reajustou o voto para acompanhar o relator.

RE 566622/RS, rel. Min. Marco Aurélio, julgamento em 23.2.2017.

(Informativo 855, Plenário, Repercussão Geral)

Componentes eletrônicos que acompanham livro e imunidade tributária

A imunidade tributária constante do art. 150, VI, "d", da Constituição Federal (CF), aplica-se ao livro eletrônico ("e-book"), inclusive aos suportes exclusivamente utilizados para fixá-lo.

A imunidade tributária da alínea "d" do inciso VI do art. 150 da CF alcança componentes eletrônicos destinados exclusivamente a integrar unidade didática com fascículos.

Com base nessas orientações, o Plenário, em conclusão, negou provimento a dois recursos extraordinários, julgados em conjunto, nos quais discutido o alcance da imunidade prevista no art. 150, VI, "d", da CF, de modo a abarcar tanto componentes eletrônicos que acompanham e complementam material didático impresso, utilizados em curso prático de montagem de computadores, quanto livros eletrônicos — v. Informativo 753.

Em relação ao RE 330.817/RJ, o Tribunal assentou que o art. 150, VI, "d", da CF não se refere apenas ao método gutenberguiano de produção de livros e que o vocábulo "papel" não é essencial ao conceito desse bem final. Consignou que o suporte das publicações é apenas o continente (*corpus mechanicum*) que abrange o conteúdo (*corpus misticum*) das obras e, portanto, não é o essencial ou o condicionante para o gozo da imunidade. Asseverou que os diversos tipos de suporte (tangível ou intangível) que um livro pode ter apontam para a direção de que eles somente podem ser considerados como elemento acidental no conceito de livro. Ressaltou que o livro não precisa ter o formato de códice para ser considerado como tal. Reputou, de igual modo, dispensável, para o enquadramento do livro na imunidade em questão, que seu destinatário (consumidor) tenha necessariamente que passar sua visão pelo texto e decifrar os signos da escrita. Dessa forma, a imunidade alcança o denominado *audio book*, ou audiolivro (livros gravados em áudio, seja no suporte CD-Rom, seja em qualquer outro). Essa conclusão é harmônica com a teleologia da norma e está intimamente ligada à liberdade de ser informado, à democratização e à difusão da cultura, bem como à livre formação da opinião pública.

Acrescentou que, relativamente aos livros eletrônicos, sua maior capacidade de interação com o leitor/usuário (a partir de uma máquina), em comparação com os livros contidos nos códices, não cria empecilho para o reconhecimento da imunidade tributária ao bem final. O aumento da interação parece estar associado ao processo evolutivo da cultura escrita, ou seja, atualmente os livros eletrônicos permitem uma busca quase que imediata de qualquer palavra no texto escrito e, até mesmo, o aumento ou redução do tamanho de sua fonte. É possível, ainda, o compartilhamento de seu conteúdo com uma infinidade de leitores, com um simples toque de botão (e acesso à internet). Portanto, é inegável a maior facilidade de transporte e armazenamento do *e-book*.

O avanço na cultura escrita apontou para o advento de novas tecnologias relativas ao suporte dos livros, como o papel eletrônico (*e-paper*) e o aparelho eletrônico (como o *e-reader*) especializados na leitura de obras digitais, os quais têm justamente a intenção de imitar a leitura em papel físico. Eles estão igualmente abrangidos pela imunidade em discussão, por equipararem-se aos tradicionais corpos mecânicos dos livros físicos, mesmo que acompanhados de funcionalidades acessórias ou rudimentares, como acesso à internet para *download* de livros digitais, dicionários, possibilidade de alteração de tipo e tamanho da fonte, marcadores, espaçamento, iluminação do texto etc.

O argumento de que a vontade do legislador histórico foi restringir a imunidade ao livro editado em papel não se sustenta em face da própria interpretação histórica e teleológica do instituto. Ainda que se partisse da premissa de que o objetivo do legislador constituinte de 1988 tivesse sido restringir a imunidade, seria de se invocar, ainda, a interpretação evolutiva, método interpretativo específico das normas constitucionais. Os fundamentos racionais que levaram à edição do art. 150, VI, "d", da CF continuam a existir mesmo quando levados em consideração os livros eletrônicos, inequívocas manifestações do avanço tecnológico que a cultura escrita tem experimentado. Consoante a interpretação evolutiva da norma, eles estão inseridos no âmbito dessa imunidade tributária.

Em suma, o Plenário entendeu que a imunidade de que trata o art. 150, VI, "d", da CF alcança o livro digital (*e-book*). De igual modo, as mudanças históricas e os fatores políticos e sociais da atualidade, seja em razão do avanço tecnológico, seja em decorrência da preocupação ambiental, justificam a equiparação do "papel", numa visão panorâmica da realidade e da norma, aos suportes utilizados para a publicação dos livros. Nesse contexto moderno, portanto, a teleologia da regra de imunidade igualmente alcança os aparelhos leitores de livros eletrônicos (*e-readers*) confeccionados exclusivamente para esse fim, ainda que eventualmente equipados com funcionalidades acessórias ou rudimentares que auxiliam a leitura digital, tais como dicionário de sinônimos, marcadores, escolha do tipo e tamanho da fonte e outros. Apesar de não se confundirem com os livros digitais propriamente ditos, esses aparelhos funcionam como o papel dos livros tradicionais impressos, e o propósito seria justamente mimetizá-lo. Estão enquadrados, portanto, no conceito de suporte abrangido pela norma imunizante. Entretanto, esse entendimento não é aplicável aos aparelhos multifuncionais, como *tablets*, *smartphones* e *laptops*, os quais são muito além de meros equipamentos utilizados para a leitura de livros digitais. No caso concreto, o CD-Rom é apenas um corpo mecânico ou suporte e aquilo que está nele fixado (seu conteúdo textual) é o livro, ambos abarcados pela imunidade do citado dispositivo constitucional.

Nessa mesma linha foi a conclusão do julgamento do RE 595.676/RJ, nos termos do voto do ministro Marco Aurélio (relator). Em aditamento ao voto proferido na sessão do dia 6.8.2014, o ministro Marco Aurélio consignou que, tratando-se de apreciação de recurso sob o ângulo da repercussão geral, implicando a observância da extensão do pronunciamento por juízes e tribunais do País, cabe ressaltar que a imunidade não alcança a aquisição dos elementos eletrônicos se verificado — em um primeiro momento, pelas autoridades fiscais competentes, e, se instaurado litígio, pelas instâncias judiciais ordinárias, soberanas no exame das provas — o dissimulado propósito final de produção de bens para consumo próprio ou ulterior comercialização.

RE 330817/RJ, rel. Min. Dias Toffoli, julgamento em 8.3.2017.

RE 595676/RJ, rel. Min. Marco Aurélio, julgamento em 8.3.2017.

(Informativo 856, Plenário, Repercussão Geral)

IPTU: imunidade tributária recíproca e cessão de uso de bem público

Na linha do que foi decidido no julgamento do RE 601.720/RJ, no qual fixou-se a tese de repercussão geral no sentido da incidência do Imposto sobre a Propriedade Predial e Territorial Urbana (IPTU), considerado imóvel de pessoa jurídica de direito público cedido a pessoa jurídica de direito privado, devedora do tributo, o Plenário, por maioria, deu provimento a recurso extraordinário interposto pelo Município do Rio de Janeiro contra acórdão que afastou, com base no disposto no art. 150, VI, "a", da Constituição Federal (CF) (1), a cobrança do citado imposto relativamente à empresa detentora da concessão de uso de imóvel situado em aeroporto de propriedade da União — v. Informativo 597.

Prevaleceu o voto do ministro Joaquim Barbosa (relator).

O ministro considerou que a atividade exercida pela recorrida é alheia à administração aeroportuária, já que explora ramo do comércio de importação e exportação de veículos automotores, peças, acessórios, oficina mecânica, reparos, pintura de quaisquer veículos e outras atividades correlatas ao ramo automobilístico. Dessa forma, a atividade tem por finalidade aumentar o patrimônio das pessoas que se associaram na empreitada, não sendo destinada à filantropia ou à benemerência. Além disso, o contrato firmado prevê que a responsabilidade pelo pagamento de tributos municipais recai sobre o concessionário. Por isso, dificilmente seria possível concordar que a tributação implica surpresa ao contribuinte, que leva em conta a carga tributária em suas previsões de custo. Por fim, a desoneração concedida tem como efeito colateral garantir vantagem competitiva artificial. Afinal, a retirada de um custo permite o aumento do lucro ou a formação de preços menores, o que provoca desequilíbrio das relações de mercado.

Consignou ser o momento de revisão da jurisprudência da Corte, a fim de que fosse assentada a inaplicabilidade da imunidade tributária recíproca à propriedade imóvel desvinculada de finalidade estatal.

Na questão de a recorrida não poder ser considerada sujeito passivo da exação, por ser incabível sua qualificação como "possuidora a qualquer título", o relator superou orientação consolidada pela Segunda Turma. Com isso, concluiu que a matéria poderia ser objeto de apreciação em recurso extraordinário e afastou, em consequência, a aplicação dos Enunciados 279 e 283 da Súmula do Supremo Tribunal Federal (STF).

Afirmou que a definição do sujeito passivo do IPTU depende de interpretação constitucional, pois, com fundamento na competência tributária, o ente federado cobra validamente o tributo. Salientou que o art. 34 do Código Tributário Nacional (CTN) (2) deve ser lido à luz da Constituição, com ênfase em três pontos: materialidade possível do IPTU, isonomia e livres iniciativa e concorrência.

Entendeu que a sujeição passiva também abarca a figura do responsável tributário, não podendo o tribunal de origem pura e simplesmente julgar ser a tributação inválida, porquanto direcionada a quem não é proprietário.

Assinalou, ainda, a existência de termo de responsabilidade — em que se firmou a responsabilidade do concessionário pelo pagamento de tributos municipais — a compor o conjunto fático-probatório, o que torna desnecessária a reabertura de instrução para decidir esse caso.

Destacou que o locatário empresarial com fins lucrativos também é possuidor a qualquer título, para fins de incidência do IPTU, nos termos constitucionais. Resgatou, no ponto, a essência do Enunciado 456 da Súmula do STF (3) para adequar o julgado às linhas essenciais que dariam sentido tanto à imunidade tributária como à atribuição de sujeição passiva.

O ministro Roberto Barroso, em razão da mudança da jurisprudência da Corte em matéria tributária, modulou o seu voto.

Vencido o ministro Dias Toffolli, que negava provimento ao recurso.

(1) CF/1988: "Art. 150. Sem prejuízo de outras garantias asseguradas ao contribuinte, é vedado à União, aos Estados, ao Distrito Federal e aos Municípios: (...)VI – instituir impostos sobre: a) patrimônio, renda ou serviços, uns dos outros;"

(2) CTN: "Art. 34. Contribuinte do imposto é o proprietário do imóvel, o titular do seu domínio útil, ou o seu possuidor a qualquer título.

(3) Enunciado 456 da Súmula do STF: "O Supremo Tribunal Federal, conhecendo do recurso extraordinário, julgará a causa, aplicando o direito à espécie."

RE 434251/RJ, rel. orig. Min. Joaquim Barbosa, red. p/ o ac. Min. Cármen Lúcia, julgamento em 19.4.2017.

(Informativo 861, Plenário)

IPTU e imóvel de ente público cedido a empresa privada

O Plenário, em conclusão de julgamento e por maioria, deu provimento a recurso extraordinário em que se discutia a incidência do Imposto Predial Territorial Urbano (IPTU) sobre imóvel de propriedade de ente público — no caso, a Empresa Brasileira de Infraestrutura Aeroportuária (INFRAERO) — concedido a empresa privada exploradora de atividade econômica com fins lucrativos — v. Informativo 813.

O Colegiado pontuou que a imunidade recíproca prevista no art. 150, VI, "a" (1) da Constituição Federal (CF) não foi concebida com o propósito de permitir que empresa privada atue livremente no desenvolvimento de atividade econômica e usufrua de vantagem advinda da utilização de bem público.

Asseverou que a referida previsão decorre da necessidade de observar-se, no contexto federativo, o respeito mútuo e a autonomia dos entes. Não cabe estendê-la para evitar a tributação de particulares que atuam no regime da livre concorrência. Nesse contexto, salientou que, uma vez verificada atividade econômica, nem mesmo as pessoas jurídicas de direito público gozam da imunidade (CF, art. 150, §3º) (2).

Assentou que o IPTU representa relevante custo operacional, comum a todos que exercem a atividade econômica da recorrida. Afastar tal ônus de empresa que atua no setor econômico, a partir de extensão indevida da imunidade recíproca, implica desrespeito ao princípio da livre concorrência (CF, art. 170, IV) (3), por conferir ao particular uma vantagem inexistente para os concorrentes.

Ademais, ressaltou que a hipótese de incidência do IPTU não se limita à propriedade do imóvel, pois inclui o domínio útil e a posse do bem. O mesmo entendimento vale para o contribuinte do tributo, que não se restringe ao proprietário do imóvel, mas alcança tanto o titular do domínio útil quanto o possuidor a qualquer título. Nesse sentido, o Colegiado ponderou que não há falar em ausência de legitimidade da empresa ora recorrida para figurar em polo passivo da relação jurídica tributária.

Vencidos os ministros Edson Fachin e Celso de Mello, que negavam provimento ao recurso. Para eles, a) a liberdade de conformação legislativa do Poder Executivo municipal está adstrita à posse, que, *per se*, pode conduzir à propriedade; b) o particular concessionário de uso de bem público não pode ser eleito, por força de lei municipal, para figurar como sujeito passivo de obrigação tributária referente ao IPTU, porque a sua posse, nesse caso, é desdobrada; e c) o imóvel qualificado como bem público federal remanesce imune aos tributos fundiários municipais, ainda que destinado à exploração comercial.

Em seguida, a Corte deliberou aguardar a oposição de embargos de declaração, para discutir eventual modulação de efeitos da decisão, e fixar a tese referente à repercussão geral em assentada posterior.

(1) CF/1988: "Art. 150. Sem prejuízo de outras garantias asseguradas ao contribuinte, é vedado à União, aos Estados, ao Distrito Federal e aos Municípios: (...)VI - instituir impostos sobre: a) patrimônio, renda ou serviços, uns dos outros;"

(2) CF/1988: "Art. 150. (...) § 3º - As vedações do inciso VI, "a", e do parágrafo anterior não se aplicam ao patrimônio, à renda e aos serviços, relacionados com exploração de atividades econômicas regidas pelas normas aplicáveis a empreendimentos privados, ou em que haja contraprestação ou pagamento de preços ou tarifas pelo usuário, nem exonera o promitente comprador da obrigação de pagar imposto relativamente ao bem imóvel."

(3) CF/1988: "Art. 170. A ordem econômica, fundada na valorização do trabalho humano e na livre iniciativa, tem por fim assegurar a todos existência digna, conforme os ditames da justiça social, observados os seguintes princípios: (...) IV - livre concorrência;"

RE 601720/RJ, rel. orig. Min. Edson Fachin, red. p/ o ac. Min. Marco Aurélio, julgamento em 6.4.2017.

(Informativo 860, Plenário)

IPTU e imóvel de ente público cedido a empresa privada

Incide o IPTU, considerado imóvel de pessoa jurídica de direito público cedido a pessoa jurídica de direito privado, devedora do tributo.

Esse é o entendimento do Plenário, que, em conclusão de julgamento e por maioria, deu provimento a recurso extraordinário em que se discutia a incidência do Imposto Predial Territorial Urbano (IPTU) sobre imóvel de propriedade de ente público — no caso, a Empresa Brasileira de Infraestrutura Aeroportuária (INFRAERO) — concedido a empresa privada exploradora de atividade econômica com fins lucrativos — v. Informativos 813 e 860.

O Colegiado pontuou que a imunidade recíproca prevista no art. 150, VI, "a" (1), da Constituição Federal (CF) não foi concebida com o propósito de permitir que empresa privada atue livremente no desenvolvimento de atividade econômica e usufrua de vantagem advinda da utilização de bem público. Asseverou que a referida previsão decorre da necessidade de observar-se, no contexto federativo, o respeito mútuo e a autonomia dos entes. Não cabe estendê-la para evitar a tributação de particulares que atuam no regime da livre concorrência. Nesse contexto, salientou que, uma vez verificada atividade econômica, nem mesmo as pessoas jurídicas de direito público gozam da imunidade (CF, art. 150, § 3º) (2).

Assentou que o IPTU representa relevante custo operacional, comum a todos que exercem a atividade econômica da recorrida. Afastar tal ônus de empresa que atua no setor econômico, a partir de extensão indevida da imunidade recíproca, implica desrespeito ao princípio da livre concorrência (CF, art. 170, IV) (3), por conferir ao particular uma vantagem inexistente para os concorrentes. Ademais, ressaltou que a hipótese de incidência do IPTU não se limita à propriedade do imóvel, pois inclui o domínio útil e a posse do bem. O mesmo entendimento vale para o contribuinte do tributo, que não se restringe ao proprietário do imóvel, mas alcança tanto o titular do domínio útil quanto o possuidor a qualquer título. Nesse sentido, o Colegiado ponderou que não há falar em ausência de legitimidade da empresa ora recorrida para figurar em polo passivo da relação jurídica tributária.

Vencidos os ministros Edson Fachin e Celso de Mello, que negavam provimento ao recurso. Para eles, a) a liberdade de conformação legislativa do Poder Executivo municipal estaria adstrita à posse, que, *per se*, pode conduzir à propriedade; b) o particular concessionário de uso de bem público não poderia ser eleito, por força de lei municipal, para figurar como sujeito passivo de obrigação tributária referente ao IPTU, porque a sua posse, nesse caso, seria desdobrada; e c) o imóvel qualificado como bem público federal remanesceria imune aos tributos fundiários municipais, ainda que destinado à exploração comercial.

(1). CF/1988: "Art. 150. Sem prejuízo de outras garantias asseguradas ao contribuinte, é vedado à União, aos Estados, ao Distrito Federal e aos Municípios: (...)VI – instituir impostos sobre: a) patrimônio, renda ou serviços, uns dos outros;"

(2). CF/1988: "Art. 150. (...) § 3º – As vedações do inciso VI, "a", e do parágrafo anterior não se aplicam ao patrimônio, à renda e aos serviços, relacionados com exploração de atividades econômicas regidas pelas normas aplicáveis a empreendimentos privados, ou em que haja contraprestação ou pagamento de preços ou tarifas pelo usuário, nem exonera o promitente comprador da obrigação de pagar imposto relativamente ao bem imóvel."

(3). CF/1988: "Art. 170. A ordem econômica, fundada na valorização do trabalho humano e na livre iniciativa, tem por fim assegurar a todos existência digna, conforme os ditames da justiça social, observados os seguintes princípios: (...) IV – livre concorrência;"

RE 601720/RJ, rel. orig. Min. Edson Fachin, red. p/ o ac. Min. Marco Aurélio, julgamento em 19.4.2017.

(Informativo 861, Plenário, Repercussão Geral)

Petrobras e imunidade

A imunidade recíproca, prevista no art. 150, VI, "b", da Constituição Federal (CF), não se estende a empresa privada arrendatária de imóvel público, quando seja ela exploradora de atividade econômica com fins lucrativos. Nessa hipótese é constitucional a cobrança do IPTU pelo Município.

Esse o entendimento do Plenário, que, em conclusão de julgamento e por maioria, negou provimento a recurso extraordinário em que se discutia a possibilidade de reconhecimento de imunidade tributária recíproca a sociedade de economia mista ocupante de bem público. No caso, o Tribunal de Justiça do Estado de São Paulo considerou ser a Petróleo Brasileiro S.A. (PETROBRAS) parte legítima para figurar como devedora do Imposto Predial e Territorial Urbano (IPTU) incidente sobre imóvel localizado no Porto de Santos — v. Informativo 846.

O Colegiado deliberou que a imunidade tributária recíproca de natureza subjetiva, que envolve pessoas jurídicas de direito público, não se estende para além das situações do art. 150, § 2º, da CF. Asseverou que tanto as sociedades de economia mista quanto as empresas públicas sujeitam-se ao regime jurídico próprio das empresas privadas, por força do art. 173, § 2º, da CF. Ressaltou que o fato de o imóvel pertencente à União ser utilizado para a persecução de interesse público não atrai a imunidade quanto ao IPTU, haja vista que a recorrente é sociedade de economia mista com capital social negociado na bolsa de valores, ou seja, é pessoa jurídica de direito privado com claro objetivo de auferir lucro. Anotou, tendo em conta a limitação imposta pelo § 3º do art. 150 da CF, que, se as pessoas jurídicas de direito público que exploram atividade econômica não gozam da imunidade, as de direito privado também não poderiam fazê-lo. Ademais, o reconhecimento da imunidade recíproca, no caso, implica violação ao princípio da livre concorrência estampado no art. 170 da CF, por conferir vantagem indevida a pessoa jurídica de direito privado, não existente para os concorrentes. Por fim, à luz dos arts. 32 e 34 do Código Tributário Nacional (CTN), no sentido de que a hipótese de incidência do IPTU abrange não só a propriedade, mas também o domínio útil e a posse do imóvel, e de que o contribuinte do IPTU é tanto o proprietário do imóvel como o titular do seu domínio útil, ou o seu possuidor a qualquer título, o Plenário concluiu não se poder falar em ausência de legitimidade da recorrente para figurar no polo passivo da relação jurídica tributária.

O ministro Roberto Barroso, em voto-vista, afirmou que a imunidade recíproca das pessoas jurídicas de direito público foi criada pelo constituinte para proteção do pacto federativo, não havendo sentido estendê-la a empresa privada arrendatária de bem público que o utiliza para fins comerciais. Entender que os particulares que fazem uso dos imóveis públicos para exploração econômica lucrativa não devam pagar IPTU significaria colocá-los em vantagem concorrencial em relação às outras empresas. Anotou que os contratos firmados entre as empresas privadas e a Administração Pública conferem diversos direitos aos particulares. Asseverou que o bem é formalmente público, mas materialmente privado, uma vez que o particular tem quase todas as prerrogativas do proprietário, não havendo precariedade da posse. Nesses casos, está caracterizado o fato gerador do IPTU, e a sujeição passiva que permite ao Município de Santos efetuar a cobrança. Pontuou, ademais, que o Município, por previsão legal, atribui responsabilidade tributária às empresas arrendatárias de bem. Por fim, concluiu que impossibilitar a cobrança de IPTU de particular que explora atividade econômica em imóvel público é perenizar situação extremamente prejudicial aos Municípios, ao pacto federativo e à ordem econômica, no que se refere à livre concorrência.

Para o ministro Luiz Fux, após o advento da CF/1988, considerada pós-positivista, dois princípios ou regras de supradireito assumiram relevo no direito tributário. Em primeiro lugar, o contribuinte não é considerado objeto de tributação, mas sujeito de direitos. Em segundo lugar, com a inserção dos princípios da isonomia e da capacidade contributiva, criou-se também uma regra de supradireito na análise das questões tributárias, a justiça fiscal. Considerou inaceitável, sob o ângulo da justiça fiscal, a possibilidade de quem explora atividade econômica não pagar o imposto devido ao Município. Ressaltou que a Corte interpretou a imunidade recíproca como verdadeira garantia institucional para preservação do sistema federativo, motivo pelo qual se assentou sua extensão apenas às empresas que, embora tenham personalidade jurídica de direito privado, qualifiquem-se tão somente como prestadoras de serviço público, sem intuito lucrativo. Indicou precedentes nesse sentido (1). Apontou também os critérios estabelecidos pelo STF para o reconhecimento da extensão da imunidade tributária: a) a imunidade é subjetiva e aplicável a propriedades, bens e serviços utilizados na satisfação dos objetivos institucionais imanentes ao ente federado, cuja tributação poderia colocar em risco a respectiva autonomia política, b) as atividades de exploração econômica destinadas a aumentar o patrimônio do Estado ou de particulares devem ser tributadas por representarem manifestação de riqueza, cuja tributação não afeta a autonomia política e revela capacidade contributiva, c) a tributação não deve ter como efeito colateral a quebra dos princípios da livre concorrência e do exercício da atividade profissional e econômica lícita.

Vencidos a ministra Carmen Lúcia (presidente) e os ministros Celso de Mello e Edson Fachin, que davam provimento ao recurso.

(1) ARE 638315/BA (DJE de 31.8.2011); RE 253394/SP (DJU de 11.4.2003); RE 265749/SP (DJU de 12.9.2003); RE 253.472/SP (DJE de 1º.2.2011).

RE 594015/DF, rel. Min. Marco Aurélio, julgamento em 6.4.2017.

(Informativo 860, Plenário)

Imunidade tributária. Entidade beneficente de assistência social. Relatório circunstanciado anual. Não apresentação. Obrigação acessória. Descumprimento. Impedimento ao reconhecimento do favor constitucional. Inocorrência.

A apresentação anual de relatório circunstanciado das atividades exercidas por entidades beneficentes de assistência social ao INSS, prevista no art. 55 da Lei n. 8.212/1991, não configura requisito legal para a fruição da imunidade tributária prevista no art. 195, § 7º, da CF/88. REsp 1.345.462-RJ, Rel. Min. Gurgel de Faria, por unanimidade, julgado em 07/12/2017, DJe 20/02/2018 (Informativo n. 619.)

9. SÚMULAS

Súmula vinculante 52: "Ainda quando alugado a terceiros, permanece imune ao IPTU o imóvel pertencente a qualquer das entidades referidas pelo art. 150, VI, "c", da Constituição, desde que o valor dos aluguéis seja aplicado nas atividades essenciais de tais entidades".

Súmula 75 STF: "Sendo vendedora uma autarquia, a sua imunidade fiscal não compreende o imposto de transmissão *inter vivos*, que é encargo do comprador".

Súmula 76 STF: "As sociedades de economia mista não estão protegidas pela imunidade fiscal do art. 31, V, "a", Constituição Federal".

Súmula 324 STF: "A imunidade do art. 31, V, da Constituição Federal não compreende as taxas".

Súmula 336 STF: "A imunidade da autarquia financiadora, quanto ao contrato de financiamento, não se estende à compra e venda entre particulares, embora constantes os dois atos de um só instrumento".

Súmula 583 STF: "Promitente-Comprador de imóvel residencial transcrito em nome de autarquia é contribuinte do imposto predial territorial urbano".

Súmula 591 STF: "A imunidade ou a isenção tributária do comprador não se estende ao produtor, contribuinte do imposto sobre produtos industrializados".

Súmula 657 STF: "A imunidade prevista no art. 150, VI, "d" da CF abrange os filmes e papéis fotográficos necessários à publicação de jornais e periódicos".

Súmula 659 STF: "É legítima a cobrança da COFINS, do PIS e do Finsocial sobre as operações relativas a energia elétrica, serviços de telecomunicações, derivados de petróleo, combustíveis e minerais do país".

Súmula 730 STF: "A imunidade tributária conferida a instituições de assistência social sem fins lucrativos pelo art. 150, VI, c, da Constituição, somente alcança as entidades fechadas de previdência social privada se não houver contribuição dos beneficiários".

Súmula 352 STJ: "A obtenção ou a renovação do Certificado de Entidade Beneficente de Assistência Social (CEBAS) não exime a entidade do cumprimento dos requisitos legais supervenientes".

Súmula 612 STJ: "O certificado de entidade beneficente de assistência social (CEBAS), no prazo de sua validade, possui natureza declaratória para fins tributários, retroagindo seus efeitos à data em que demonstrado o cumprimento dos requisitos estabelecidos por lei complementar para a fruição da imunidade".

10. LEGISLAÇÃO RELACIONADA AO CAPÍTULO

» CONSTITUIÇÃO FEDERAL

Art. 5º.:

XXXIV - são a todos assegurados, independentemente do pagamento de taxas:

a) o direito de petição aos Poderes Públicos em defesa de direitos ou contra ilegalidade ou abuso de poder;

b) a obtenção de certidões em repartições públicas, para defesa de direitos e esclarecimento de situações de interesse pessoal;

Art. 149. Compete exclusivamente à União instituir contribuições sociais, de intervenção no domínio econômico e de interesse das categorias profissionais ou econômicas, como instrumento de sua atuação nas respectivas áreas, observado o disposto nos arts. 146, III, e 150, I e III, e sem prejuízo do previsto no art. 195, § 6º, relativamente às contribuições a que alude o dispositivo.

§ 2º As contribuições sociais e de intervenção no domínio econômico de que trata o caput deste artigo:

I - não incidirão sobre as receitas decorrentes de exportação;

Art. 150. Sem prejuízo de outras garantias asseguradas ao contribuinte, é vedado à União, aos Estados, ao Distrito Federal e aos Municípios:

VI - instituir impostos sobre:

a) patrimônio, renda ou serviços, uns dos outros;

b) templos de qualquer culto;

c) patrimônio, renda ou serviços dos partidos políticos, inclusive suas fundações, das entidades sindicais dos trabalhadores, das instituições de educação e de assistência social, sem fins lucrativos, atendidos os requisitos da lei;

d) livros, jornais, periódicos e o papel destinado a sua impressão.

e) fonogramas e videofonogramas musicais produzidos no Brasil contendo obras musicais ou literomusicais de autores brasileiros e/ou obras em geral interpretadas por artistas brasileiros bem como os suportes materiais ou arquivos digitais que os contenham, salvo na etapa de replicação industrial de mídias ópticas de leitura a laser.

§ 2º A vedação do inciso VI, "a", é extensiva às autarquias e às fundações instituídas e mantidas pelo Poder Público, no que se refere ao patrimônio, à renda e aos serviços, vinculados a suas finalidades essenciais ou às delas decorrentes.

§ 3º As vedações do inciso VI, "a", e do parágrafo anterior não se aplicam ao patrimônio, à renda e aos serviços, relacionados com exploração de atividades econômicas regidas pelas normas aplicáveis a empreendimentos privados, ou em que haja contraprestação ou pagamento de preços ou tarifas pelo usuário, nem exonera o promitente comprador da obrigação de pagar imposto relativamente ao bem imóvel.

§ 4º As vedações expressas no inciso VI, alíneas "b" e "c", compreendem somente o patrimônio, a renda e os serviços, relacionados com as finalidades essenciais das entidades nelas mencionadas.

Art. 153. Compete à União instituir impostos sobre:

IV - produtos industrializados;

VI - propriedade territorial rural;

§ 3º O imposto previsto no inciso IV:

III - não incidirá sobre produtos industrializados destinados ao exterior.

§ 4º O imposto previsto no inciso VI do caput:

II - não incidirá sobre pequenas glebas rurais, definidas em lei, quando as explore o proprietário que não possua outro imóvel;

Art. 155. Compete aos Estados e ao Distrito Federal instituir impostos sobre:

II - operações relativas à circulação de mercadorias e sobre prestações de serviços de transporte interestadual e intermunicipal e de comunicação, ainda que as operações e as prestações se iniciem no exterior;

X - não incidirá:

a) sobre operações que destinem mercadorias para o exterior, nem sobre serviços prestados a destinatários no exterior, assegurada a manutenção e o aproveitamento do montante do imposto cobrado nas operações e prestações anteriores;

b) sobre operações que destinem a outros Estados petróleo, inclusive lubrificantes, combustíveis líquidos e gasosos dele derivados, e energia elétrica;

c) sobre o ouro, nas hipóteses definidas no art. 153, § 5º;

d) nas prestações de serviço de comunicação nas modalidades de radiodifusão sonora e de sons e imagens de recepção livre e gratuita;

Art. 156. Compete aos Municípios instituir impostos sobre:

II - transmissão "inter vivos", a qualquer título, por ato oneroso, de bens imóveis, por natureza ou acessão física, e de direitos reais sobre imóveis, exceto os de garantia, bem como cessão de direitos a sua aquisição;

III - serviços de qualquer natureza, não compreendidos no art. 155, II, definidos em lei complementar.

§ 2º O imposto previsto no inciso II:

I - não incide sobre a transmissão de bens ou direitos incorporados ao patrimônio de pessoa jurídica em realização de capital, nem sobre a transmissão de bens ou direitos decorrente de fusão, incorporação, cisão ou extinção de pessoa jurídica, salvo se, nesses casos, a atividade preponderante do adquirente for a compra e venda desses bens ou direitos, locação de bens imóveis ou arrendamento mercantil;

§ 3º Em relação ao imposto previsto no inciso III do caput deste artigo, cabe à lei complementar:

II - excluir da sua incidência exportações de serviços para o exterior.

Art. 184, § 5º São isentas de impostos federais, estaduais e municipais as operações de transferência de imóveis desapropriados para fins de reforma agrária.

Art. 195. A seguridade social será financiada por toda a sociedade, de forma direta e indireta, nos termos da lei, mediante recursos provenientes dos orçamentos da União, dos Estados, do Distrito Federal e dos Municípios, e das seguintes contribuições sociais:

II - do trabalhador e dos demais segurados da previdência social, não incidindo contribuição sobre aposentadoria e pensão concedidas pelo regime geral de previdência social de que trata o art. 201;

§ 7º São isentas de contribuição para a seguridade social as entidades beneficentes de assistência social que atendam às exigências estabelecidas em lei.

» CÓDIGO TRIBUTÁRIO NACIONAL

Art. 9º É vedado à União, aos Estados, ao Distrito Federal e aos Municípios:

I - instituir ou majorar tributos sem que a lei o estabeleça, ressalvado, quanto à majoração, o disposto nos artigos 21, 26 e 65;

II - cobrar imposto sobre o patrimônio e a renda com base em lei posterior à data inicial do exercício financeiro a que corresponda;

III - estabelecer limitações ao tráfego, no território nacional, de pessoas ou mercadorias, por meio de tributos interestaduais ou intermunicipais;

IV - cobrar imposto sobre:

a) o patrimônio, a renda ou os serviços uns dos outros;

b) templos de qualquer culto;

c) o patrimônio, a renda ou serviços dos partidos políticos, inclusive suas fundações, das entidades sindicais dos trabalhadores, das instituições de educação e de assistência social, sem fins lucrativos, observados os requisitos fixados na Seção II deste Capítulo;

d) papel destinado exclusivamente à impressão de jornais, periódicos e livros.

§ 1º O disposto no inciso IV não exclui a atribuição, por lei, às entidades nele referidas, da condição de responsáveis pelos tributos que lhes caiba reter na fonte, e não as dispensa da prática de atos, previstos em lei, assecuratórios do cumprimento de obrigações tributárias por terceiros.

§ 2º O disposto na alínea a do inciso IV aplica-se, exclusivamente, aos serviços próprios das pessoas jurídicas de direito público a que se refere este artigo, e inerentes aos seus objetivos.

Art. 10. É vedado à União instituir tributo que não seja uniforme em todo o território nacional, ou que importe distinção ou preferência em favor de determinado Estado ou Município.

Art. 11. É vedado aos Estados, ao Distrito Federal e aos Municípios estabelecer diferença tributária entre bens de qualquer natureza, em razão da sua procedência ou do seu destino.

Art. 12. O disposto na alínea a do inciso IV do artigo 9º, observado o disposto nos seus §§ 1º e 2º, é extensivo às autarquias criadas pela União, pelos Estados, pelo Distrito Federal ou pelos Municípios, tão-somente no que se refere ao patrimônio, à renda ou aos serviços vinculados às suas finalidades essenciais, ou delas decorrentes.

Art. 13. O disposto na alínea a do inciso IV do artigo 9º não se aplica aos serviços públicos concedidos, cujo tratamento tributário é estabelecido pelo poder concedente, no que se refere aos tributos de sua competência, ressalvado o que dispõe o parágrafo único.

Parágrafo único. Mediante lei especial e tendo em vista o interesse comum, a União pode instituir isenção de tributos federais, estaduais e municipais para os serviços públicos que conceder, observado o disposto no § 1º do artigo 9º.

Art. 14. O disposto na alínea c do inciso IV do artigo 9º é subordinado à observância dos seguintes requisitos pelas entidades nele referidas:

I - não distribuírem qualquer parcela de seu patrimônio ou de suas rendas, a qualquer título;

II - aplicarem integralmente, no País, os seus recursos na manutenção dos seus objetivos institucionais;

III - manterem escrituração de suas receitas e despesas em livros revestidos de formalidades capazes de assegurar sua exatidão.

§ 1º Na falta de cumprimento do disposto neste artigo, ou no § 1º do artigo 9º, a autoridade competente pode suspender a aplicação do benefício.

§ 2º Os serviços a que se refere a alínea c do inciso IV do artigo 9º são exclusivamente, os diretamente relacionados com os objetivos institucionais das entidades de que trata este artigo, previstos nos respectivos estatutos ou atos constitutivos.

11. QUESTÕES FUNDAMENTADAS

1. **(ESAF – Auditor-Fiscal– RFB/2012)** No tocante à imunidade tributária recíproca, assinale o único item que não corresponde ao entendimento do STF acerca do tema.

a) Sociedade de economia mista prestadora de serviço público de água e esgoto.

b) Sociedades de economia mista prestadoras de ações e serviços de saúde, cujo capital social seja majoritariamente estatal.

c) Empresa pública a quem a União atribui a execução de serviços de infraestrutura aeroportuária.

d) Empresa pública encarregada de manter o serviço postal.

e) Caixa de Assistência aos Advogados, vinculada à Ordem dos Advogados do Brasil.

2. **(FCC – Agente Fiscal de Rendas – SP/2013)** É uma das limitações constitucionais do poder de tributar:

a) A imunidade recíproca entre os Entes da Federação – União, Estados, Distrito Federal e Municípios que garante a isonomia na distribuição de receitas tributárias.

b) A imunidade aos impostos que gravem o patrimônio, a renda ou os serviços das entidades de assistência social, sem fins lucrativos, desde que não distribuam qualquer parcela do seu patrimônio ou de suas rendas, a qualquer título.

c) O princípio da anualidade, vigente na atual ordem constitucional, que impõe a necessidade, para a cobrança de determinado tributo, de sua previsão na lei orçamentária aprovada na legislatura no ano calendário anterior, salvo as exceções constitucionalmente previstas.

d) A legalidade tributária estrita, incluída na Constituição Federal de 1988 pela Emenda Constitucional 42, de 19 de dezembro de 2003.

e) A imunidade aos impostos, taxas e contribuições de melhoria dos templos de qualquer culto.

3. **(IESES – Cartório – Remoção – TJ – CE/2018)** Sem prejuízo de outras garantias asseguradas ao contribuinte, é vedado à União, aos Estados, ao Distrito Federal e aos Municípios:

I. Instituir impostos sobre livros, jornais, periódicos e o papel destinado a sua impressão.

II. Exigir ou aumentar tributo sem lei que o estabeleça.

III. Instituir impostos sobre templos de qualquer culto.

IV. Utilizar tributo com efeito de confisco.

A sequência correta é:

a) Apenas as assertivas II e IV estão corretas.

b) Apenas as assertivas I, II e III estão corretas.

c) As assertivas I, II, III e IV estão corretas.

d) Apenas a assertiva II está incorreta.

4. **(Procurador do Município – Prefeitura Florianópolis-SC/2011 – FEPESE)** No tocante às limitações do poder de tributar contidas na Constituição Federal de 1988, é correto afirmar:

a) É inconstitucional a cobrança de contribuição de melhoria, decorrente de obras públicas, das entidades religiosas de qualquer culto.

b) Para usufruir imunidade tributária, as entidades sindicais dos trabalhadores não podem distribuir qualquer parcela de seu patrimônio ou de suas rendas, a qualquer título.

c) É vedado à União exigir contribuições destinadas à seguridade social no mesmo exercício financeiro em que haja sido publicada a lei que os instituiu ou aumentou.

d) Quando alugado a terceiros, o imóvel pertencente aos partidos políticos não goza de imunidade ao Imposto sobre a Propriedade Territorial Urbana – IPTU, mesmo que o valor dos aluguéis seja integralmente aplicado em suas atividades essenciais.

e) Os impostos extraordinários de competência da União, instituídos na iminência ou no caso de guerra externa, não poderão ser cobrados antes de decorridos noventa dias da data em que haja sido publicada a lei que os instituiu ou aumentou.

5. **(CESPE – Juiz de Direito Substituto-CE/2012)** No que se refere ao instituto da imunidade tributária, assinale a opção correta em consonância com a jurisprudência do STF.

a) A imunidade tributária conferida pela CF ao patrimônio, renda ou serviços dos partidos políticos, inclusive suas fundações, às entidades sindicais dos trabalhadores, às instituições de educação e de assistência social, sem fins lucrativos, não se aplica aos imóveis alugados a terceiros, ainda que o valor deles decorrente seja aplicado nas atividades essenciais de tais entidades.

b) Está abrangida pela imunidade estabelecida na CF eventual renda que, obtida por instituição de assistência social mediante cobrança de estacionamento de veículos em área interna da entidade, destine-se ao custeio das atividades desta.

c) Como a imunidade recíproca está inserida entre as denominadas imunidades genéricas, pode o legislador constituinte derivado afastar a aplicação desse instituto em determinada hipótese.

d) Ao interpretar o dispositivo constitucional que veda a instituição de imposto sobre templos de qualquer culto, o STF entende que a imunidade limita-se aos prédios destinados ao culto.

e) A imunidade tributária conferida aos livros, jornais, periódicos e papel destinado à sua impressão estende-se aos serviços de composição gráfica necessários à composição do produto final.

6. **(CESPE – Juiz de Direito Substituto-ES/2012)** Com base na disciplina aplicável à imunidade tributária, assinale a opção correta.

a) A instituição de imposto extraordinário de guerra, por lei complementar, é da competência da União.

b) A CF confere benefício de isenção tributária aos templos religiosos, ou seja, sobre eles é conferida, pela ordem constitucional, exoneração de obrigação de pagar tributos.

c) A obtenção do registro no TSE é condição para a fruição da imunidade pelos partidos políticos.

d) Manuais técnicos no formato de apostilas virtuais não gozam da imunidade tributária conferida aos livros, visto que só é considerado livro, para efeitos fiscais, o que pode ser impresso e identificado como tal.

e) O tributo é prestação pecuniária obrigatória, podendo o seu pagamento ser efetuado, em determinadas circunstâncias, em moeda estrangeira, conforme preceitua o CTN.

7. **(MPF – Procurador da República/2006)** Em matéria de imunidade recíproca, segundo a constituição federal, é correto afirmar que:

a) a imunidade recíproca é a que protege as pessoas jurídicas de direito público umas das outras, no que concerne à incidência de qualquer espécie de tributo;

b) a imunidade recíproca é extensiva às autarquias e às fundações instituídas e mantidas pelo poder público, no que se refere ao patrimônio, à renda e aos serviços vinculados a qualquer finalidade;

c) a imunidade recíproca compreende todos os tributos que incidem sobre o patrimônio, a renda ou os serviços, uns dos outros;

d) a imunidade recíproca não compreende os impostos incidentes sobre a produção e a circulação de riquezas (IPI e ICMS).

8. **(MPF – Procurador da República/2011)** As imunidades tributárias de que trata o art. 150, Inciso VI, da constituição:

a) abrangem também propriedades não afetadas ao culto como forma de incentivar as manifestações religiosas, não embaraçar o funcionamento das entidades religiosas e, sobretudo, assegurar a liberdade de culto, direito individual expressamente consagrado na Lei Magna (art. 5º, VI);

b) abrangem as empresas públicas e sociedades de economia mista prestadores de serviços públicos de prestação obrigatória e exclusiva do Estado;

c) para incidirem deve-se levar em conta a natureza da renda;

d) alcançam não só os impostos, mas também as contribuições, porquanto constituindo garantias não podem ter diminuído o seu alcance.

9. **(UEPA – Procurador do Estado – PA/2012)** Analise as afirmativas a seguir:

I. O gozo de imunidade não dispensa o contribuinte do cumprimento de obrigações acessórias nem da sujeição à fiscalização tributária.

II. Para fins de verificação da existência ou não de imunidade, a orientação atual do Supremo Tribunal Federal, na linha da Súmula 591, é a de que importa somente a posição de contribuinte de direito, não sendo alcançado o contribuinte de fato, nem sendo considerada a repercussão econômica do tributo.

III. A imunidade tributária conferida a instituições de assistência social sem fins lucrativos pelo Art. 150, VI, *c*, da Constituição, somente alcança as entidades fechadas de previdência social fechada se não houver contribuição dos beneficiários.

IV. O Supremo Tribunal Federal entende que a imunidade recíproca dos entes políticos alcança as empresas públicas e as sociedades de economia mista prestadoras de serviço público típico em regime de monopólio.

De acordo com as afirmativas apresentadas, estão CORRETAS:

a) somente I, II, e III

b) somente II e III

c) I, II, III e IV

d) somente I, II e IV

e) somente I, II e IV

10. (FCC – Procurador do Estado – RO/2011) O Sindicato Patronal das Indústrias do Setor de Plásticos e Derivados, alegando como argumento o fato de constituir-se como sindicato, requereu imunidade constitucional tributária abrangendo a totalidade de seu patrimônio, renda e serviços. Com relação ao pleito e fundamentação apresentada,

a) aplica-se a imunidade tributária exclusivamente ao patrimônio do sindicato patronal.

b) aplica-se a imunidade exclusivamente para os serviços, em função do princípio da imunidade recíproca.

c) aplica-se a imunidade integral, abrangendo inclusive, taxas e contribuições, em razão da finalidade da entidade.

d) não se aplica a imunidade por se tratar de sindicato patronal.

e) não se aplica a imunidade, que é restrita, exclusivamente, aos templos de qualquer culto, às entidades de assistência social sem fins lucrativos e aos livros, jornais e periódicos.

11. (FCC – Agente Fiscal de Rendas – SP/2013) A imunidade tributária

a) conferida a instituições de assistência social sem fins lucrativos pela Constituição Federal somente alcança as entidades fechadas de previdência social privada se não houver contribuição dos beneficiários.

b) recíproca é aplicável às autarquias e empresas públicas que prestem inequívoco serviço público, desde que distribuam lucros e tenham por objetivo principal conceder acréscimo patrimonial ao poder público.

c) não abrange renda obtida pela instituição de assistência social, por meio de cobrança de estacionamento de veículos em área interna da entidade, destinada ao custeio das atividades desta.

d) não abrange a renda obtida pelo SESC na prestação de serviços de diversão pública, mediante a venda de ingressos de cinema ao público em geral, e aproveitada em suas finalidades assistenciais.

e) não abrange IPTU de imóvel pertencente a entidades sindicais dos trabalhadores, quando alugado a terceiros, mesmo que o valor dos aluguéis seja aplicado nas atividades essenciais de tais entidades.

12. (FCC/PGM/Teresina/Procurador/2010) Em virtude de imunidade, o Município NÃO pode instituir

a) impostos sobre patrimônio não relacionado com atividades essenciais dos templos de qualquer culto.

b) imposto sobre a transmissão de bens ou direitos incorporados ao patrimônio de pessoa jurídica em realização de capital.

c) taxa sobre serviço de coleta de lixo domiciliar prestado para a União relativamente a seus imóveis.

d) contribuição de melhoria por obra pública municipal que gere valorização imobiliária a imóveis de domínio do Estado.

e) impostos sobre patrimônio, renda e serviços de empresas públicas exploradoras de atividade econômica.

13. (Cesgranrio/PetrobrasDist/Advogado/2011) A imunidade recíproca é extensiva às(aos)

a) autarquias e às fundações instituídas e mantidas pelo poder público, no que se refere ao patrimônio, à renda e aos serviços, vinculados às suas finalidades essenciais ou às delas decorrentes.

b) empresas públicas e às sociedades de economia mista que atuem em regime concorrencial junto às empresas do setor privado.

c) livros, jornais, periódicos e ao papel destinado à sua impressão.

d) impostos, taxas e contribuições.

e) empreendimentos privados, em que haja contraprestação ou pagamento de preços ou tarifas pelo usuário.

14. (FCC – Defensor Público – SP/2012) Dentre as hipóteses constitucionais de vedação à União, aos Estados, ao Distrito Federal e aos Municípios para instituir impostos é autoaplicável a imunidade sobre

a) livros, jornais, periódicos e o papel destinado a sua impressão.

b) partidos políticos, inclusive suas fundações.

c) entidades sindicais dos trabalhadores.

d) instituições de educação.

e) entidades de assistência social, sem fins lucrativos.

15. (FCC/TCE/AP/Analista/2012) A imunidade tributária

a) só pode ser concedida por lei complementar.

b) pode ser concedida pela União relativamente a impostos estaduais, desde que esta esteja também regulando impostos federais.

c) implica ausência de competência tributária para instituir tributo e está prevista apenas na Constituição Federal.

d) é causa de exclusão do crédito tributário, ao lado da anistia e da isenção.

e) alcança apenas patrimônio, renda e serviços de tributos que incidem sobre atividades relacionadas a livro, jornal, periódico e o papel destinado a sua impressão.

16. (ESAF – Auditor-Fiscal– RFB/2014) O entendimento do Supremo Tribunal Federal, no que toca à imunidade de que gozam as entidades beneficentes de assistência social, é no sentido de que:

a) entendem-se por serviços assistenciais as atividades continuadas que visem à melhoria de vida da população e cujas ações, voltadas para as necessidades básicas, observem os objetivos, os princípios e as diretrizes estabelecidos em lei.

b) o estabelecimento, como uma das condições de fruição de tal benefício por parte das entidades filantrópicas, da exigência de que possuam o certificado de Entidade Beneficente de Assistência Social – CEBAS, contraria o regime estabelecido na Constituição Federal.

c) a jurisprudência do STF é no sentido de afirmar a existência de direito adquirido ao regime jurídico da imunidade das entidades filantrópicas.

d) a exigência de renovação periódica do CEBAS, por parte das entidades filantrópicas, a cada três anos, ofende o disposto na Constituição Federal.

e) tratando-se de imunidade – que decorre, em função de sua natureza mesma, do próprio texto constitucional -, revela-se evidente a absoluta impossibilidade jurídica de, mediante deliberação de índole legislativa, restringir a eficácia do preceito.

17. (CESPE – Procurador do DF/ 2013) Considerando que uma autarquia federal que não vise à exploração da atividade econômica e não cobre tarifa ou preço por serviços prestados tenha adquirido um prédio para instalação de sua administração no DF, julgue os itens que se seguem, relativos a essa situação hipotética, à competência tributária e às regras de limitação dessa competência.

– Caso o prédio em questão seja vendido para uma pessoa física, essa operação ficará sujeita ao pagamento de ITBI, uma vez que a limitação do poder de tributar não mais se aplicará.

18. (CESPE – Defensor Público – DF/ 2013) Considerando as limitações do poder de tributar e os impostos dos estados e do DF, julgue os itens que se seguem.

– De acordo com a CF, são isentas de impostos federais, estaduais e municipais as operações de transferência de imóveis desapropriados para fins de reforma agrária, não incidindo, portanto, ITBI sobre títulos da dívida agrária por terceiro adquirente.

19. (CESPE – Procurador do Estado – BA/2014) Com relação à imunidade, julgue os itens que se seguem.

– A imunidade tributária recíproca não é extensiva às empresas públicas.

20. (CESPE – Juiz de Direito Substituto – RN/2013) No que tange a imunidades tributárias, isenção, não incidência e benefícios fiscais, assinale a opção correta.

a) Segundo entendimento do STF, todas as empresas públicas gozam de imunidade tributária recíproca, razão por que não devem pagar impostos sobre seus patrimônios, rendas e serviços.

b) A imunidade tributária conferida a instituições de assistência social sem fins lucrativos não alcança as entidades fechadas de previdência social privada, mesmo que não haja contribuição dos beneficiários.

c) É devido imposto de renda no pagamento de licença-prêmio não gozada por necessidade do serviço e nas indenizações de férias proporcionais e o respectivo adicional.

d) A doutrina majoritária estabelece a distinção entre imunidade tributária e isenção nos seguintes termos: enquanto aquela é disciplinada por lei, esta é matéria tratada em sede constitucional.

e) O imóvel pertencente a entidades sindicais dos trabalhadores, ainda que alugados a terceiros, permanece imune ao IPTU, desde que o valor dos aluguéis seja aplicado nas atividades essenciais de tais entidades.

GABARITO

Questão	Resposta	Fundamentação
1	E	STF, RE 233.843
2	B	CF, art. 150, VI, c e CTN, art. 14, I
3	C	CF, art. 150, I, IV, VI, b e d
4	B	CF, art. 150, VI, c e CTN, art. 14, I
5	B	STF, RE 144.900
6	C	CF, arts. 150, VI, c e 17, § 2º
7	D	CF, art. 150, VI, a
8	B	STF, REs 601.392, 631.309-AgR, 580.264, 524.615-AgR e AI 558.682-AgR
9	C	CTN, art. 194, parágrafo único; STF, Súmula 591; STF, Súmula 730; STF, REs 601.392 e 524.615-AgR
10	D	CF, art. 150, VI, c
11	A	STF, Súmula 730
12	B	CF, art. 156, § 2º, I
13	A	CF, art. 150, § 2º
14	A	CF, art. 150, VI, d
15	C	CF, art. 150, VI
16	A	STF, RMS 23.729 DF
17	Certo	STF, Súmula 75
18	Certo	CF, art. 184, § 5º
19	Errado	STF, REs 580.264 e 524.615
20	E	STF, Súmula Vinculante 52

12. MEU RESUMO PARA MEMORIZAÇÃO

» *Futuro(a) Juiz(a), Membro do Ministério Público, Procurador(a), Auditor(a) Fiscal, ou Servidor(a) de Outras Carreiras Públicas, agora é hora de se concentrar.*

» *Sem nenhuma consulta ao capítulo, por favor, faça um breve resumo abaixo. Neste momento, é importante que elabore esquemas e gráficos, para condensar e memorizar a matéria já estudada e, ainda, utilizar esses resumos para revisar os pontos uma semana antes da prova. Use o espaço cuidadosamente, deixando-o como o seu "caderninho de anotações pessoais".*

12.1. Quais os pontos que eu aprendi ao longo do capítulo que considero mais importantes?

IMUNIDADE:

IMUNIDADES GERAIS:

a) Recíproca:

a.1) Extensão à Administração Pública Indireta:

b) Religiosa:

c) Partidos políticos, entidades sindicais, de educação e de assistência social:

d) Cultural ou informativa:

e) Musical:

RESUMO PARA MEMORIZAÇÃO

IMUNIDADES ESPECÍFICAS:

IMUNIDADES E OUTROS INSTITUTOS EXONERATIVOS:

a) Isenção:

b) Alíquota zero:

c) Redução de base de cálculo:

d) Não incidência:

IMUNIDADES TRIBUTÁRIAS

segue vídeo abaixo:

https://youtu.be/RJz9GCE8rf4

Capítulo V

PANORAMA DOS IMPOSTOS

Conforme já abordado no capítulo II, nos termos da CF, cada ente federativo tem competência exclusiva para instituir determinados impostos. Portanto, cabe aqui traçar um panorama geral dos impostos federais, estaduais e municipais.

Os **impostos federais** são aqueles de **competência da União**, previstos no **artigo 153 da CF**, a saber: II – imposto de importação; IE – imposto de exportação; IR – imposto de renda e proventos de qualquer natureza; IPI – imposto sobre produtos industrializados; IOF – imposto sobre operações financeiras (crédito, câmbio, seguro e títulos e valores mobiliários); ITR – imposto territorial rural; IGF – imposto sobre grandes fortunas (até hoje não instituído e dependente de lei complementar).

Lembrando que, além das competências privativas, a União tem as seguintes competências: i) **residual** para instituir, mediante lei complementar, impostos não previstos no artigo 153 da Constituição, desde que sejam não cumulativos e não tenham fato gerador ou base de cálculo próprios dos demais discriminados no texto constitucional (CF, art. 154, I); ii) **extraordinária** para, na iminência ou no caso de **guerra externa**, instituir **impostos extraordinários**, compreendidos ou não em sua competência tributária, os quais serão suprimidos, gradativamente, cessadas as causas de sua criação (CF, art. 154, II).

Os **impostos estaduais** são aqueles de **competência dos Estados e do Distrito Federal**, previstos no **artigo 155 da CF**, quais sejam: ITCMD/ITCD – transmissão *causa mortis* e doação, de quaisquer bens ou direitos; ICMS – operações relativas à circulação de mercadorias e sobre prestações de serviços de transporte interestadual e intermunicipal e de comunicação, ainda que as operações e as prestações se iniciem no exterior; IPVA – propriedade de veículos automotores.

E os **impostos municipais** estão previstos no **artigo 156 da CF.** São eles: IPTU – imposto sobre a propriedade predial e territorial urbana; ITBI – imposto sobre a transmissão *inter vivos*, a qualquer título, por ato oneroso, de bens imóveis, por natureza ou acessão física, e de direitos reais sobre imóveis, exceto os de garantia, bem como cessão de direitos a sua aquisição; ISSQN – imposto sobre serviços de qualquer natureza.

ATENÇÃO:

Competem à União, em Território Federal, os impostos estaduais e, se o Território não for dividido em Municípios, cumulativamente, os impostos municipais; ao Distrito Federal cabem os impostos municipais (CF, art. 147).

Norma hierarquicamente superior do sistema jurídico, a Constituição Federal não se restringe a conferir aos entes federativos competências exclusivas para instituição cada qual de seus impostos. Além disso, ao prever as pessoas políticas competentes, o texto constitucional delineia a materialidade e campo de incidência de cada imposto, bem como estabelece normas fundamentais a serem observadas pelo legislador infraconstitucional no exercício da competência que lhe foi conferida.

Mas o legislador competente para instituir cada imposto não fica adstrito exclusivamente aos ditames traçados pela Constituição, uma vez que o **artigo 146, inciso III, alínea "a", da CF,** dispõe que cabe à **lei complementar** estabelecer **normas gerais em matéria de legislação tributária,** especialmente sobre definição de tributos e de suas espécies, bem como, **em relação aos impostos** discriminados na Constituição, a dos respectivos fatos geradores, bases de cálculo e contribuintes. Essas normas gerais possuem caráter nacional, de modo a vincularem à respectiva observância a União, quando versarem sobre impostos federais, todos Estados e o Distrito Federal para os impostos estaduais e todos os Municípios e o Distrito Federal para os impostos municipais.

ATENÇÃO:

A competência da União para estabelecer normas gerais em matéria tributária também se encontra prevista no artigo 24, § 1º da CF. Porém, a competência da União para legislar sobre normas gerais não exclui a competência suplementar dos Estados, uma vez que, inexistindo lei federal sobre normas gerais, os Estados exercerão a competência legislativa plena, para atender a suas peculiaridades (CF, art. 24, §§ 2º e 3º). Nesse caso, a superveniência de lei federal sobre normas gerais suspende a eficácia da lei estadual, no que lhe for contrário (CF, art. 24, § 4º), lembrando que em matéria tributária as normas gerais estão reservadas à lei complementar e possuem caráter nacional (CF, art. 146, III). Por fim, importante dizer que não há previsão de competência suplementar para os municípios.

Portanto, não é apenas a Constituição, mas também as leis complementares que devem ser observadas pelo legislador competente para **instituir e legislar sobre o imposto**, via de regra, por meio de **lei ordinária**, salvo as exceções do IGF e dos impostos de competência residual da União, que exigem lei complementar (CF, arts. 153, VII e 154, I).

Instituído o tributo por meio de lei ordinária, prevalece, então, a norma do artigo 99 do CTN, que confere competência ao **Poder Executivo**, por meio de **decretos**, para **regulamentar** a lei, isto é, esclarecer, detalhar e dar cumprimento às leis a que se referem. E, nesse ponto, não se deve perder de vista que o conteúdo e o alcance dos decretos restringem-se aos das leis em função das quais sejam expedidos (CTN, art. 99).

Por fim, normas mais específicas e minuciosas ainda podem ser estabelecidas pela **Administração Tributária**, por meio de **atos normativos** tais como portarias e resoluções, que o artigo 100, inciso I, do CTN caracteriza como **normas complementares das leis** e dos **decretos**.

Para se ter uma ideia mais precisa de todo o desencadeamento lógico-normativo exposto, pode-se dizer que, quando um contribuinte do ICMS destaca o imposto devido em uma Nota Fiscal Eletrônica, o faz fundamentado em toda a estrutura legislativa que suporta a cobrança desse imposto estadual. Primeiramente, a CF atribui competência aos Estados e ao Distrito Federal para instituir o ICMS e estabelece as normas fundamentais (CF, art. 155, II e §§ 2º a 5º). Depois, normas gerais sobre o tributo, aplicáveis a todos os Estados, são veiculadas em lei complementar (Lei complementar 87/96). Seguindo as diretrizes constitucionais e os ditames da lei complementar, a lei estadual instituirá o tributo e exigirá a emissão de nota fiscal como obrigação acessória. Em seguida, o Regulamento do ICMS, aprovado por decreto, disporá que a nota fiscal poderá ser eletrônica e atos normativos expedidos pelas autoridades administrativas tributárias definirão como será essa Nota Fiscal Eletrônica em termos de *layout*, sistemas, transmissão etc.

Uma análise detalhada de toda a legislação tributária relativa a cada um dos impostos federais, estaduais e municipais demandaria não apenas uma obra a parte, como, mais do que isso, um verdadeiro tratado. Dessa forma, no presente capítulo, além dessa visão geral traçada, o panorama dos impostos será complementado com uma abordagem sobre as normas fundamentais estabelecidas na Constituição e das principais normas gerais infraconstitucionais que regem cada imposto.

1. IMPOSTOS FEDERAIS[1]

	Quadro sinótico da legislação aplicável aos impostos federais					
	II	**IE**	**IR**	**IPI**	**IOF**	**ITR**
CF/88	art. 153, I	art. 153, II	art. 153, III	art. 153, IV	art. 153, V	art. 153, VI
Lei Complementar	CTN (arts. 19-22)	CTN (arts. 23-28)	CTN (arts. 43-45)	CTN (arts. 46-51)	CTN (arts. 63-67)	CTN (arts. 29-31)
Lei Ordinária	DL 37/66 (DL 2.472/88)	DL 1.578/77	Lei 7.713/88, Leis 9.249/95 e 9.430/96 e alterações posteriores	Lei 4.502/64	Lei 5.143/66	Lei 9.393/96
Decreto	6.759/09	6.759/09	9.580/2018	7.212/10	6.306/07	4.382/02

1. *In:* MARTINS, Alan; SCARDOELLI, Dimas Yamada. *Direito Tributário – curso rápido e didático para estudos e revisões.* Leme: Editora JH Mizuno, 2012, página 68.

1.1. Imposto de Importação

Incide sobre a **importação de produtos estrangeiros** (CF, art. 153, I) e tem como fato gerador a entrada destes no território nacional (CTN, art. 19).

Nos termos do artigo 70 do Decreto 6.759/2009 – Regulamento Aduaneiro, considera-se estrangeira, para fins de incidência do imposto de importação, a mercadoria nacional ou nacionalizada exportada que retorne ao País.

O momento do fato gerador do Imposto de Importação, segundo dispõe o artigo 73 do Decreto 6.759/2009 – Regulamento Aduaneiro, varia segundo diversas situações, ocorrendo: I – na data do registro da declaração de importação de mercadoria submetida a despacho para consumo; II – no dia do lançamento do correspondente crédito tributário, quando se tratar de: a) bens contidos em remessa postal internacional não sujeitos ao regime de importação comum; b) bens compreendidos no conceito de bagagem, acompanhada ou desacompanhada; c) mercadoria constante de manifesto ou de outras declarações de efeito equivalente, cujo extravio tenha sido verificado pela autoridade aduaneira; d) mercadoria estrangeira que não haja sido objeto de declaração de importação, na hipótese em que tenha sido consumida ou revendida, ou não seja localizada; III – na data do vencimento do prazo de permanência da mercadoria em recinto alfandegado, se iniciado o respectivo despacho aduaneiro antes de aplicada a pena de perdimento da mercadoria, na hipótese a que se refere o inciso XXI do art. 689; IV – na data do registro da declaração de admissão temporária para utilização econômica. É pacífico o entendimento do STJ no sentido de que, no caso de importação de mercadoria despachada para consumo, "o fato gerador para o imposto de importação consuma-se na data do registro da Declaração de Importação" (STJ, REsp 1139922/SP), devendo ser aplicada ao cálculo do imposto a alíquota vigente nessa data e, claramente, admitindo-se o que literalmente dispõe o artigo 73, inciso I, do Decreto 6.759/2009 – Regulamento Aduaneiro.

ATENÇÃO:

Há duas bases de incidência na importação de produtos mediante contrato de arrendamento mercantil, são elas a prestação de serviço (*leasing*) e a própria importação. Com base nessa premissa, o STF decidiu não existir bitributação em se exigir o IPI na importação mediante *leasing* (STF – RE 42930 – Rel. Min. Joaquim Barbosa – 2ª Turma – julg. 1.2.2011).

Contribuinte do imposto é: I – o importador ou quem a lei a ele equiparar; II – o arrematante de produtos apreendidos ou abandonados (CTN, art. 20).

Poderá ter suas **alíquotas** alteradas pelo Poder Executivo, atendidas as condições e os limites estabelecidos em lei (CF, art. 153, § 1º). O objetivo é ajustar o imposto aos objetivos da política cambial e do comércio exterior (CTN, art. 21), o que revela o seu caráter regulatório (natureza extrafiscal).

Além disso, poderá ser cobrado na data da publicação da lei que o houver instituído ou do ato normativo do Poder Executivo ou lei que tiver majorado sua alíquota, pois constitui exceção aos princípios da anterioridade do exercício e nonagesimal (CF, art. 150, § 1º).

Nos termos do artigo 20 do CTN, a **base de cálculo** do imposto poderá ser:

- a unidade de medida adotada pela lei tributária (inciso I), nos casos em que a alíquota for específica (um valor em moeda por unidade de medida);
- o preço normal que o produto, ou seu similar, alcançaria, ao tempo da importação, em uma venda em condições de livre concorrência, para entrega no porto ou lugar de entrada do produto no País (inciso II), nos casos de alíquota *ad valorem* (percentual);
- o preço da arrematação (inciso III), quando se tratar de produto apreendido ou abandonado, levado a leilão.

De acordo com a sistemática de apuração estabelecida na respectiva legislação, verifica-se que, ordinariamente, o imposto está sujeito ao **lançamento por homologação.**

1.2. Imposto de Exportação

Incide sobre a **exportação, para o exterior, de produtos nacionais ou nacionalizados** (CF, art. 153, II) e tem como fato gerador a saída destes do território nacional (CTN, art. 23). Importante perceber que o fato gerador do tributo (critério material) não se confunde com o momento que se considera ocorrido este, ou seja, o critério temporal. No caso do Imposto de Exportação, por ficção jurídica, o seu critério temporal é o momento da expedição da guia de exportação (art. 1º, § 1º, do DL 1.578/77). Vale observar que, para efeito de cálculo, considera-se a data do registro da exportação no Sistema Integrado de Comércio Exterior - SISCOMEX, sendo que certos doutrinadores denominam de "fato gerador temporal".

Contribuinte do imposto é o exportador ou quem a lei a ele equiparar (CTN, art. 27).

Poderá ter suas **alíquotas** alteradas pelo Poder Executivo, atendidas as condições e os limites estabelecidos em lei (CF, art. 153, § 1º). O objetivo é ajustar o imposto aos objetivos da política cambial e do comércio exterior (CTN, art. 21) e sua receita líquida destina-se à formação de reservas monetárias (CTN, art. 28), o que revela o seu caráter regulatório (natureza extrafiscal).

Além disso, poderá ser cobrado na data da publicação da lei que o houver instituído ou do ato normativo do Poder Executivo ou lei que tiver majorado sua alíquota, pois constitui exceção aos princípios da anterioridade do exercício e nonagesimal (CF, art. 150, § 1º).

Nos termos do artigo 24 do CTN, sua **base de cálculo** poderá ser:

- a unidade de medida adotada pela legislação tributária (inciso I), quando a alíquota for específica;
- o preço normal que o produto, ou seu similar, alcançaria, ao tempo da exportação, em uma venda em condições de livre concorrência (inciso II), quando a

alíquota for *ad valorem*, considerando-se a entrega como efetuada no porto ou lugar da saída do produto, deduzidos os tributos diretamente incidentes sobre a operação de exportação e, nas vendas efetuadas a prazo superior aos correntes no mercado internacional o custo do financiamento (parágrafo único).

Alternativamente, a lei pode adotar como base de cálculo a parcela do valor ou do preço, referidos no artigo 24 do CTN, excedente de valor básico, fixado de acordo com os critérios e dentro dos limites por ela estabelecidos (CTN, art. 25).

De acordo com a sistemática de apuração estabelecida na respectiva legislação, verifica-se que, ordinariamente, o imposto está sujeito ao **lançamento por homologação.**

1.3. Imposto de Renda

Sua incidência é sobre a **renda e proventos de qualquer natureza** (CF, art. 153, III) e não se submete ao princípio da anterioridade nonagesimal (CF, art. 150, § 1º), podendo ser instituído no exercício seguinte ao da publicação da lei, mesmo que não tenham decorrido noventa dias.

Será informado pelos seguintes critérios estabelecidos no § 2º, do artigo 153 da CF:

- **Generalidade:** qualquer pessoa física ou jurídica poderá ser sujeito passivo do imposto, ressalvadas, é claro, as imunidades tributárias, que possuem a mesma estatura constitucional do princípio e excluem do campo de incidência do imposto as rendas de determinadas pessoas.
- **Universalidade:** nenhuma renda ou provento ficará fora do campo de incidência do imposto;
- **Progressividade:** com grande aderência ao princípio da capacidade contributiva, o imposto possui alíquotas diferenciadas segundo for aumentando a base de cálculo.

ATENÇÃO:

IR. Renda acumulada.

No caso de benefício previdenciário pago em atraso e acumuladamente, não é legítima a cobrança de imposto de renda com parâmetro no montante global pago extemporaneamente. Isso porque a incidência do imposto de renda deve observar as tabelas e alíquotas vigentes na época em que os valores deveriam ter sido adimplidos, devendo ser observada a renda auferida mês a mês pelo segurado. Precedente citado: REsp 1.118.429-SP, Primeira Seção, DJe 14/5/2010 (REPETITIVO). AgRg no AREsp 300.240-RS, Rel. Min. Humberto Martins, julgado em 9/4/2013.

Consoante dispõe o artigo 43 do CTN, o Imposto de Renda tem por fato gerador a **aquisição da disponibilidade econômica ou jurídica:**

I - de **renda**, assim entendido o produto do capital, do trabalho ou da conjugação de ambos;

II - de **proventos** de qualquer natureza, assim entendidos todos os acréscimos não compreendidos no conceito de renda.

O fato gerador do imposto de renda não é a disponibilidade financeira da renda, mas sim a aquisição da sua disponibilidade econômica ou jurídica. Segundo a doutrina, por **disponibilidade econômica** tem-se a faculdade de usar, gozar e dispor do numerário, isto é, a efetiva percepção da renda. Já a **disponibilidade jurídica** corresponde ao direito de crédito não sujeito a condição suspensiva, representado por títulos ou documentos de liquidez e certeza, a exemplo de um cheque ou nota promissória.

A distinção entre disponibilidade econômica e financeira está na jurisprudência do STJ, como se depreende do seguinte acórdão: "Não se deve confundir disponibilidade econômica com disponibilidade financeira da renda ou dos proventos de qualquer natureza. Enquanto esta última se refere à imediata 'utilidade' da renda, a segunda está atrelada ao simples **acréscimo patrimonial**, independentemente da existência de recursos financeiros" (REsp 983.134/RS, Rel. Min. Castro Meira, Segunda Turma, julgado em 3.4.2008, DJe 17.4.2008).

Importante ressaltar que a incidência do imposto **independe** da denominação da receita ou do rendimento, da localização, condição jurídica ou nacionalidade da fonte, da origem e da forma de percepção (CTN, art. 43, § 1°).

Ainda é preciso ter em mente que nem toda aquisição patrimonial representa acréscimo deste. Está bastante sedimentada a jurisprudência no sentido de que as indenizações não ensejam a incidência de imposto de renda, justamente por não implicarem acréscimo patrimonial, mas apenas a reparação por uma perda, constituindo mera recomposição do patrimônio.

Os valores recebidos a título de férias proporcionais e respectivo terço constitucional são indenizações, portanto, isentas do pagamento do Imposto de Renda, conforme preceitua a Súmula 386 do STJ: "São isentas de imposto de renda as indenizações de férias proporcionais e o respectivo adicional".

Por outro lado, segundo jurisprudência do próprio STJ, os juros incidentes na devolução de depósitos judiciais (caráter remuneratório) e na repetição de indébito tributário (moratórios com caráter de lucros cessantes) não possuem natureza indenizatória, estando sujeitos à incidência de Imposto de Renda. Para melhor compreensão, vale a pena a leitura do seguinte trecho da ementa do acórdão do REsp 1138695 SC, Rel. Ministro MAURO CAMPBELL MARQUES, PRIMEIRA SEÇÃO, Julgado em 22/05/2013, DJE 31/05/2013:

> "2. Os juros incidentes na devolução dos depósitos judiciais possuem natureza remuneratória e não escapam à tributação pelo IRPJ e pela CSLL, na forma prevista no art. 17, do Decreto-lei n. 1.598/77, em cuja redação se espelhou o art. 373, do Decreto n. 3.000/99 - RIR/99, e na forma do art. 8°, da Lei n. 8.541/92, como receitas financeiras por excelência. [...]

3. Quanto aos juros incidentes na repetição do indébito tributário, inobstante a constatação de se tratarem de juros moratórios, se encontram dentro da base de cálculo do IRPJ e da CSLL, dada a sua natureza de lucros cessantes, compondo o lucro operacional da empresa a teor art. 17, do Decreto-lei n. 1.598/77, em cuja redação se espelhou o art. 373, do Decreto n. 3.000/99 - RIR/99, assim como o art. 9°, § 2°, do Decreto-Lei n° 1.381/74 e art. 161, IV do RIR/99, estes últimos explícitos quanto à tributação dos juros de mora em relação às empresas individuais. 4. Por ocasião do julgamento do REsp. n. 1.089.720 - RS (Primeira Seção, Rel. Min. Mauro Campbell Marques, julgado em 10.10.2012) este Superior Tribunal de Justiça definiu, especificamente quanto aos juros de mora pagos em decorrência de sentenças judiciais, que, muito embora se tratem de verbas indenizatórias, possuem a natureza jurídica de lucros cessantes, consubstanciando-se em evidente acréscimo patrimonial previsto no art. 43, II, do CTN (acréscimo patrimonial a título de proventos de qualquer natureza), razão pela qual é legítima sua tributação pelo Imposto de Renda, salvo a existência de norma isentiva específica ou a constatação de que a verba principal a que se referem os juros é verba isenta ou fora do campo de incidência do IR (tese em que o acessório segue o principal). Precedente: EDcl no REsp. n° 1.089.720 - RS, Primeira Seção, Rel. Min. Mauro Campbell Marques, julgado em 27.02.2013)".

Seguindo essa mesma linha, é vasta a jurisprudência acerca da incidência ou não de Imposto de Renda sobre inúmeras verbas, valendo destacar algumas outras decisões:

Abono de permanência: "Sujeitam-se incidência do Imposto de Renda os rendimentos recebidos a título de abono de permanência a que se referem o § 19 do art. 40 da Constituição Federal, o § 5° do art. 2° e o § 1° do art. 3° da Emenda Constitucional 41/2003, e o art. 7° da Lei 10.887/2004. Não há lei que autorize considerar o abono de permanência como rendimento isento" (REsp 1192556 PE, Rel. Ministro MAURO CAMPBELL MARQUES, PRIMEIRA SEÇÃO, julgado em 25/08/2010, DJe 06/09/2010);

Auxílio condução: "O auxílio condução consubstancia compensação pelo desgaste do patrimônio dos servidores, que utilizam-se de veículos próprios para o exercício da sua atividade profissional, inexistindo acréscimo patrimonial, mas uma mera recomposição ao estado anterior sem o incremento líquido necessário à qualificação de renda" (REsp 1096288 RS, Rel. Ministro LUIZ FUX, PRIMEIRA SEÇÃO, julgado em 09/12/2009, DJe 08/02/2010);

Indenização por horas trabalhadas: "A verba intitulada "Indenização por Horas Trabalhadas" - IHT, paga aos funcionários da Petrobrás, malgrado fundada em acordo coletivo, tem caráter remuneratório e configura acréscimo patrimonial, o que enseja a incidência do Imposto de Renda" (REsp 1049748 RN, Rel. Ministro LUIZ FUX, PRIMEIRA SEÇÃO, julgado em 24/06/2009, DJe 03/08/2009);

Verbas decorrentes de reintegração de ex-empregado: "Os valores a serem pagos em razão de decisão judicial trabalhista, que determina a reintegração do ex-empregado, assumem a natureza de verba remuneratória, atraindo a incidência do imposto sobre a renda. Isso porque são percebidos a título de salários vencidos, como se o empregado estivesse no pleno exercício de seu vínculo empregatício" (REsp 1142177 RS, Rel. Ministro LUIZ FUX, PRIMEIRA SEÇÃO, julgado em 09/08/2010, DJe 25/08/2010).

A indenização relativa às perdas e danos emergentes, consoante orientação do STJ, não é fato gerador do imposto de renda, haja vista a natureza eminentemente indenizatória de tal verba, na qual não há qualquer acréscimo patrimonial, mas apenas a recomposição dos danos suportados. (REsp 1080187). No mesmo sentido, a Súmula nº 498 do STJ: "Não incide imposto de renda sobre a indenização por danos morais".

Na hipótese de receita ou de rendimento oriundos do exterior, a lei estabelecerá as condições e o momento em que se dará sua disponibilidade, para fins de incidência do imposto de renda (art. 43, § 2º).

A base de cálculo do imposto é o montante, real, arbitrado ou presumido, da renda ou dos proventos tributáveis (art. 44). No caso das pessoas jurídicas, essas três possíveis bases de cálculo refletem-se nos regimes de apuração do imposto, denominados Lucro Real, Lucro Presumido e Lucro Arbitrado. Isso sem mencionar as empresas optantes do regime do Simples Nacional, sujeitas a um tratamento diferenciado e favorecido, com recolhimento unificado de IR com vários outros impostos e contribuições federais, ICMS estadual e ISS Municipal.

À luz do artigo 66 e seguintes do Decreto 9.580/2018 (Regulamento do Imposto de Renda - RIR), o imposto incide sobre o acréscimo patrimonial, este entendido como a receita líquida, decorrente do resultado das receitas menos as despesas dedutíveis do contribuinte. Isso vale tanto para a apuração do Imposto de Renda da Pessoa Física, como na apuração do Imposto de Renda da Pessoa Jurídica.

Contribuinte do imposto é o titular da disponibilidade econômica ou jurídica de rendas ou proventos de qualquer natureza, sem prejuízo de atribuir a lei essa condição ao possuidor, a qualquer título, dos bens produtores de renda ou dos proventos tributáveis (art. 45).

Não obstante, a lei pode atribuir à fonte pagadora da renda ou dos proventos tributáveis a condição de responsável pelo imposto cuja retenção e recolhimento lhe caibam (art. 45, parágrafo único).

De acordo com a sistemática de apuração estabelecida na respectiva legislação, verifica-se que, ordinariamente, o imposto está sujeito ao **lançamento por homologação.**

1.4. Imposto sobre Produtos Industrializados

A **incidência** do IPI dá-se sobre os **produtos industrializados** (CF, art. 153, IV), observadas as normas fundamentais estabelecidas no § 3º do artigo 153 da CF, segundo as quais o imposto:

I. será **seletivo**, em função da essencialidade do produto (princípio da seletividade);

II. será **não cumulativo**, compensando-se o que for devido em cada operação com o montante cobrado nas anteriores (princípio da não cumulatividade);

III. não incidirá sobre produtos industrializados destinados ao exterior (**imunidade nas exportações**);

IV. **terá reduzido seu impacto sobre a aquisição de bens de capital** pelo contribuinte do imposto, **na forma da lei** (norma acrescentada pela Emenda Constitucional 42/2003).

ATENÇÃO:

Cuidado com a sutileza e que, acerca da seletividade, a CF determina que o **ICMS poderá** ser seletivo e o **IPI será** seletivo. Cuidado com essa "pegadinha" nos concursos.

Considera-se **produto industrializado** aquela que tenha sido submetido a qualquer operação que lhe modifique a natureza ou a finalidade, ou o aperfeiçoe para o consumo (CTN, art. 46, parágrafo único). Nessa linha, o artigo 4º do Regulamento do IPI - RIPI, aprovado pelo Decreto nº 7.212/2010, define as modalidades de industrialização como sendo:

> I - a que, exercida sobre matérias-primas ou produtos intermediários, importe na obtenção de espécie nova (**transformação**);
>
> II - a que importe em modificar, aperfeiçoar ou, de qualquer forma, alterar o funcionamento, a utilização, o acabamento ou a aparência do produto (**beneficiamento**);
>
> III - a que consista na reunião de produtos, peças ou partes e de que resulte um novo produto ou unidade autônoma, ainda que sob a mesma classificação fiscal (**montagem**);
>
> IV - a que importe em alterar a apresentação do produto, pela colocação da embalagem, ainda que em substituição da original, salvo quando a embalagem colocada se destine apenas ao transporte da mercadoria (**acondicionamento ou reacondicionamento**); ou
>
> V - a que, exercida sobre produto usado ou parte remanescente de produto deteriorado ou inutilizado, renove ou restaure o produto para utilização (**renovação ou recondicionamento**).

Embora o IPI tenha sido instituído pela Lei 4.502/64, para uma compreensão mais precisa de seu campo de incidência, sugere-se recorrer ao Decreto 7.212/2010, que veicula a versão mais recente do RIPI - Regulamento do IPI. Assim procedendo-se é possível compreender que, conforme disposto no artigo 2º, parágrafo único do citado diploma regulamentar, o imposto incide sobre todos os produtos com alíquota, ainda que zero, relacionados na TIPI – Tabela de Incidência do IPI, observadas as disposições contidas nas respectivas notas complementares, excluídos aqueles a que corresponde a notação "NT" (não tributado).

Incidindo sobre os produtos industrializados, dispõe o artigo 46 do CTN sobre o **fato gerador** e o momento de sua ocorrência.

Quando o produto é de **procedência estrangeira**, dá-se o fato gerador no momento do **desembaraço aduaneiro** (inciso I), hipótese em que a **base de cálculo** corresponderá ao preço normal do produto, acrescido do montante: a) do imposto sobre a importação; b) das taxas exigidas para entrada do produto no País; c) dos encargos cambiais efetivamente pagos pelo importador ou dele exigíveis (art. 47, I).

Trata-se do IPI importação, em relação ao qual, colocando fim a uma polêmica que já se arrastava há bastante tempo, em recente decisão com repercussão geral, o Supremo Tribunal Federal decidiu haver incidência do IPI na "importação de veículos automotores por pessoa natural, ainda que não desempenhe atividade empresarial, e o faça para uso próprio" (STF, RE 723.652). Como fundamentos dessa decisão, que se deu por maioria dos Ministros, ficou consignado que a cobrança do IPI na importância realizada por pessoa física não viola o princípio da não cumulatividade nem implica bitributação, mas, pelo contrário, constitui garantia ao princípio da isonomia, ao promover igualdade de condições tributárias entre o fabricante nacional, já sujeito ao imposto em território nacional, e o fornecedor estrangeiro.

ATENÇÃO

Segundo o RIPI, na importação de produtos estrangeiros, a base de cálculo do IPI é valor que servir ou que serviria de base para o cálculo dos tributos aduaneiros, por ocasião do despacho de importação, acrescido do montante desses tributos e dos encargos cambiais efetivamente pagos pelo importador ou dele exigíveis (Decreto 7.212/2010, art. 190, I, "a").

Outro fato gerador é a **saída do estabelecimento** do contribuinte (inciso II), quando a **base de cálculo** corresponderá: a) ao valor da operação de que decorrer a saída da mercadoria; b) na falta do valor desse valor, ao preço corrente da mercadoria, ou sua similar, no mercado atacadista da praça do remetente (art. 47, II).

ATENÇÃO

O STF julgou inconstitucional a Lei 7.798/89 no ponto em que determina a inclusão dos descontos incondicionais na base de cálculo do IPI. O entendimento da Corte, em síntese, é de que: i) de acordo com a competência conferida pelo artigo 146, inciso III, alínea "a", da CF, o artigo 47, inciso II, alínea "a", do CTN, com estatura de lei complementar, definiu o valor da operação como a base de cálculo do IPI; ii) "sob o ângulo jurídico-contábil, os descontos incondicionais são parcelas redutoras dos preços de compra e venda independentemente de evento posterior", constituindo um tipo de abatimento que "repercute necessariamente no preço praticado, ou seja, no valor da operação", motivo pelo qual, ao impedir a sua dedução da base de cálculo, a lei "acaba por disciplinar de forma inovadora a base de cálculo do IPI, de modo a ampliar o alcance material desse elemento da obrigação tributária para além do previsto na norma complementar competente"(STF, RE 567.935, rel. Min. Marco Aurélio, DJe 04/11/2014).

E, quando se tratar de produto apreendido ou abandonado e levado a leilão (inciso III), o fato gerador ocorrerá na arrematação, situação em que a **base de cálculo** será o preço da arrematação (art. 47, III).

Para melhor compreensão, o quadro a seguir apresenta os fatos geradores e referidas bases de cálculo:

Incidência	Fato gerador	Base de cálculo
produto de procedência estrangeira	desembaraço aduaneiro	preço normal do produto, acrescido do montante: a) do imposto sobre a importação; b) das taxas exigidas para entrada do produto no País; c) dos encargos cambiais efetivamente pagos pelo importador ou dele exigíveis
produtos nacionais ou nacionalizados	saída do estabelecimento do contribuinte	a) valor da operação de que decorrer a saída da mercadoria; b) na falta do valor desse valor, o preço corrente da mercadoria, ou sua similar, no mercado atacadista da praça do remetente
produto apreendido ou abandonado e levado a leilão	arrematação	preço da arrematação

O IPI poderá ter suas **alíquotas** alteradas pelo Poder Executivo, atendidas as condições e os limites estabelecidos em lei (CF, art. 153, § 1º). Além disso, como exceção ao princípio da anterioridade do exercício (CF, art. 150, § 1º), se sujeita somente à noventena, podendo ser cobrado no prazo de 90 dias contados da lei que o houver instituído ou do ato do Poder Executivo ou lei que houver majorado a sua alíquota.

Os **contribuintes** do imposto também estão definidos no CTN, como sendo: I – o importador ou quem a lei a ele equiparar; II – o industrial ou quem a lei a ele equiparar; III – o comerciante de produtos sujeitos ao imposto, que os forneça aos contribuintes definidos no inciso anterior; IV – o arrematante de produtos apreendidos ou abandonados, levados a leilão (art. 51).

ATENÇÃO:

"Os produtos sujeitos ao imposto, quando remetidos de um para outro Estado, ou do ou para o Distrito Federal, serão acompanhados de nota fiscal de modelo especial, emitida em séries próprias e contendo, além dos elementos necessários ao controle fiscal, os dados indispensáveis à elaboração da estatística do comércio por cabotagem e demais vias internas." (redação expressa do artigo 50 do CTN).

No que concerne à **não cumulatividade**, o artigo 49 do CTN estabelece que: "Art. 49. O imposto é não cumulativo, dispondo a lei de forma que o montante devido resulte da diferença a maior, em determinado período, entre o imposto referente aos produtos saídos do estabelecimento e o pago relativamente aos produtos nele entrados". O período a que se refere a norma é mensal e a sistemática de não cumulatividade faz resultar no direito ao crédito do IPI das operações anteriores relativas às entradas de matérias-primas, materiais de embalagem e produtos intermediários (insumos de produção), incluindo-se aqueles que, "embora não se integrando ao novo produto, forem consumidos no processo de industrialização, salvo se compreendidos entre os bens do ativo permanente" (RIPI, art. 266, I).

ATENÇÃO:

"A aquisição de bens que integram o ativo permanente da empresa ou de insumos que não se incorporam ao produto final ou cujo desgaste não ocorra de forma imediata e integral durante o processo de industrialização não gera direito a creditamento de IPI." (STJ, REsp 1075508 - SC, Rel. Min. Luiz Fux, 1ª. seção, DJe 13/10/2009)

O resultado da compensação desses créditos com o imposto devido pelas operações tributadas do contribuinte é o IPI mensal a ser recolhido pelo contribuinte aos cofres federais. No caso, porém, de se verificar que, em determinado período, apurou-se saldo em favor do contribuinte, esse saldo deverá ser transferido para o período ou períodos seguintes.

Para melhor compreensão veja-se um exemplo numérico:

Mês 1

+ IPI sobre entradas de insumos	R$ 1.200,00 crédito
- IPI sobre saídas de produtos	R$ 1.000,00 débito
= Saldo credor a transportar	**R$ 200,00** - transportar p/ mês 2

Mês 2

+ Saldo credor do mês anterior	R$ 200,00 crédito
+ IPI sobre entradas de insumos	R$ 700,00 crédito
- IPI sobre saídas de produtos	R$ 1.600,00 débito
= IPI a pagar no período	**R$ 700,00**

Ainda no que concerne à não cumulatividade, não obstante a ausência de previsão de expressa norma que vede ao contribuinte, em se tratando de crédito presumido, efetuar o creditamento de IPI sobre entradas de insumos isentos, o Supremo Tribunal Federal, por meio da decisão do Recurso Extraordinário nº 566.819, consolidou o entendimento de que a CF/88 não admite o crédito presumido sobre as aquisições de insumos e matérias-primas isentos, não tributados, alíquota zero ou com alíquota reduzida (vedação proporcional):

> "IPI – CRÉDITO. A regra constitucional direciona ao crédito do valor cobrado na operação anterior. IPI – CRÉDITO – INSUMO ISENTO. Em decorrência do sistema tributário constitucional, o instituto da isenção não gera, por si só, direito a crédito. IPI – CRÉDITO – DIFERENÇA – INSUMO – ALÍQUOTA. A prática de alíquota menor – para alguns, passível de ser rotulada como isenção parcial – não gera o direito a diferença de crédito, considerada a do produto final" (RE 566819, Relator(a): Min. MARCO AURÉLIO, Tribunal Pleno, julgado em 29/09/2010, DJe-027 DIVULG 09-02-2011 PUBLIC 10-02-2011).

De acordo com a Súmula 411, do STJ: "É devida a correção monetária ao creditamento do IPI quando há oposição ao seu aproveitamento decorrente de resistência ilegítima do Fisco". Fora dessa possibilidade de resistência ilegítima do fisco, prevalece o entendimento de que a correção monetária "não incide sobre os créditos de IPI decorrentes do princípio constitucional da não cumulatividade (créditos escriturais), por ausência de previsão legal" (STJ, REsp 1035847 – RS, Rel. Min. Luiz Fux, 1ª. seção, DJe 03/08/2009).

ATENÇÃO:

"O crédito-prêmio de IPI constitui um incentivo fiscal de natureza setorial de que trata o art. 41, caput, do Ato das Disposições Transitórias da Constituição. Como o crédito-prêmio de IPI não foi confirmado por lei superveniente no prazo de dois anos, após a publicação da CF de 1988, segundo dispõe o § 1º do art. 41 do ADCT, deixou ele de existir" (STF – RE 577.348 e RE 561.485, Rel. Min. Ricardo Lewandowski, julgamento em 13-8-2009, Plenário, DJE de 26- 2-2010, com repercussão geral). No mesmo sentido: RE 677.439-AgR, Rel. Min. Cármen Lúcia, julgamento em 22-5- 2012, Primeira Turma, DJE de 8-6-2012; AI 776.830-AgR, Rel. Min. Luiz Fux, julgamento em 8-5-2012, Primeira Turma, DJE de 23-5-2012; AI 617.694-AgR, Rel. Min. Ellen Gracie, julgamento em 8-9-2009, Segunda Turma, DJE de 25-9-2009.

Por fim, de acordo com a sistemática de apuração estabelecida na respectiva legislação e expressamente enunciado no artigo 182 do RIPI, verifica-se que, ordinariamente, o imposto está sujeito ao **lançamento por homologação.**

ATENÇÃO:

"Antes da vigência da Lei 9.779/1999 - que permite o uso de créditos do IPI na compensação com outros tributos, mediante requerimento à Receita Federal -, o contribuinte não pode creditar-se ou compensar-se do IPI quando o tributo incidir sobre insumos ou matérias-primas utilizados na industrialização de produtos isentos ou tributados com alíquota zero". No RE 562.980 ED/SC (rel. Min. Marco Aurélio, julgado em 12/6/2013, acórdão publicado no DJe de 1º/8/2013), discutiu-se a possibilidade de o contribuinte promover o creditamento ou a compensação do IPI cobrado na aquisição de insumos ou produtos intermediários utilizados na fabricação de bens finais desonerados (isentos ou sujeitos à alíquota zero). O STF asseverou que, se o ingresso da matéria-prima ocorresse com incidência do tributo, haveria a obrigatoriedade do recolhimento, mas, se na operação final fosse verificada a isenção, incabível a compensação do que recolhido anteriormente em face da ausência de objeto. Consignou, no tocante ao ICMS, que a Constituição seria explícita ao prever que a isenção ou não incidência, salvo determinação em contrário da legislação, não implicaria crédito para compensação com o montante devido nas operações ou prestações seguintes (CF, art. 155, § 2º, II, a). Em razão desse contexto, somente em 1999, com a edição da Lei 9.779/1999, observar-se-ia a possibilidade do creditamento. Antes disso, não haveria base, quer sob o aspecto interpretativo em virtude do princípio da não cumulatividade, quer sob o aspecto legal expresso, para concluir-se pela procedência desse direito.

1.5. Imposto sobre Operações Financeiras

Mais conhecido como **Imposto sobre Operações Financeiras – IOF**, o imposto previsto no artigo 153, inciso V, da CF, **incide** sobre as operações de crédito, câmbio e seguro, ou relativas a títulos ou valores mobiliários.

No Código Tributário Nacional, os **fatos geradores** estão descritos artigo 63, enquanto as respectivas **bases de cálculo** encontram-se relacionadas no artigo 64. O quadro a seguir foi elaborado para facilitar o entendimento a respeito:

Inciso	Incidência	Fato gerador	Base de cálculo
I	operações de crédito	entrega total ou parcial do montante ou do valor que constitua o objeto da obrigação, ou sua colocação à disposição do interessado	O montante da obrigação, compreendendo o principal e os juros;
II	operações de câmbio	entrega de moeda nacional ou estrangeira, ou de documento que a represente, ou sua colocação à disposição do interessado em montante equivalente à moeda estrangeira ou nacional entregue ou posta à disposição por este	montante da operação em moeda nacional, recebido, entregue ou posto à disposição;
III	operações de seguro	emissão da apólice ou do documento equivalente, ou recebimento do prêmio, na forma da lei aplicável	o montante do prêmio
IV	operações relativas a títulos e valores mobiliários	a emissão, transmissão, pagamento ou resgate destes, na forma da lei aplicável	a) na emissão, o valor nominal mais o ágio, se houver; b) na transmissão, o preço ou o valor nominal, ou o valor da cotação em Bolsa, como determinar a lei; c) no pagamento ou resgate, o preço.

Importante ressaltar que a incidência relativa a operações de crédito (inciso I) exclui a relativa a títulos e valores mobiliários (inciso IV), e reciprocamente, quanto à emissão, ao pagamento ou resgate do título representativo de uma mesma operação de crédito (art. 63, parágrafo único).

De acordo com a sistemática de apuração estabelecida na respectiva legislação, verifica-se que, ordinariamente, o imposto está sujeito ao **lançamento por homologação.**

O IOF poderá ter as suas **alíquotas** alteradas pelo Poder Executivo, atendidas as condições e os limites estabelecidos em lei (CF, art. 153, § 1º), a fim de ajustá-lo aos objetivos da política monetária (CTN, art. 65), o que revela o seu caráter extrafiscal. Trata-se de exceção ao princípio da legalidade tributária, que o artigo 165 do CTN estende para a base de cálculo, sem que, contudo, essa norma tenha sido recepcionada pela CF, haja vista o § 1º do artigo 153 possibilitar a alteração por ato do Poder Executivo apenas em relação a alíquotas.

Além disso, poderá ser cobrado na data da publicação da lei que o houver instituído ou do ato normativo ou lei que tiver majorado sua alíquota, pois, também, constitui exceção aos princípios da anterioridade do exercício e nonagesimal (CF, art. 150, § 1º).

Por fim, o imposto incide também sobre o ouro quando definido em lei como ativo financeiro ou instrumento cambial, sendo devido na operação de origem, com alíquota mínima de um por cento (CF, art. 153, § 5º).

1.6. Imposto Territorial Rural

Imposto sobre patrimônio que incide sobre a **propriedade territorial rural** (CF, art. 153, VI), tem como fato gerador a propriedade, o domínio útil (enfiteuse) ou a posse de imóvel por natureza, como definido na lei civil, localização fora da zona urbana do Município (CTN, art. 29).

Portanto, diferente do IPTU, imposto imobiliário urbano, que incide sobre imóveis por natureza ou por acessão física, o ITR incide apenas sobre imóveis por natureza, não constituindo fato gerador do imposto a propriedade de imóvel por acessão física.

ATENÇÃO:

Merece ser ressaltada a existência de algumas situações que geram dúvida quanto à incidência de ITR ou de IPTU. Nesse contexto, dois critérios se destacam: o da "destinação" e o da "localização ou geográfico". Todavia, para que a presente obra não se torne repetitiva, optou-se por eleger, neste mesmo capítulo, o subtítulo relativo ao IPTU municipal para abordagem da matéria.

Coerente com esse fato gerador, o contribuinte do imposto é o proprietário do imóvel rural, o titular de seu domínio útil (enfiteuta), ou o seu possuidor a qualquer título (art. 31).

Por força da **imunidade específica** prevista no inciso II, do artigo 153, § 4°, não incidirá sobre **pequenas glebas rurais**, definidas em lei, quando as explore o proprietário que não possua outro imóvel. Portanto, são três os pressupostos para a imunidade ao ITR das pequenas glebas rurais: **1°)** enquadramento na definição de gleba rural prevista em lei; **2°)** exploração pelo próprio proprietário; **3°)** o proprietário não pode possuir outro imóvel.

Por outro lado, o artigo 1°, § 1°, da Lei 9.393/96, que disciplina o ITR, prevê expressamente que "o ITR incide inclusive sobre o imóvel declarado de interesse social para fins de reforma agrária, enquanto não transferida a propriedade, exceto se houver imissão prévia na posse".

O imposto será **progressivo** e terá suas **alíquotas** fixadas de forma a desestimular a manutenção de propriedades improdutivas (CF art. 153, § 4°, I).

A base de cálculo é o valor fundiário (CTN, art. 30), isto é, o valor da terra, do terreno. Em harmonia com essa norma, dispõe o artigo 11 da Lei 9.393/96 que a base de cálculo do ITR é o valor da terra nua tributável (VTNt). Portanto, excluem-se dessa base de cálculo os valores relativos a construções, instalações e benfeitorias (Lei 9.393/96, art. 10, § 1°, inciso I), além de quaisquer outros que não integrem o conceito de terra nua, notadamente, culturas permanentes e temporárias, pastagens cultivadas e melhoradas e florestas plantadas..

1.7. Imposto sobre Grandes Fortunas

O **Imposto sobre Grandes Fortunas** (CF, art. 153, VII) é de competência da União, nos termos de lei complementar. Portanto, trata-se de um imposto a ser instituído por lei complementar, fugindo da regra da lei ordinária.

A curiosidade é que, embora previsto no texto original da CF de 1988, passados mais de 30 (trinta) anos, até o presente momento, a competência federal para instituí-lo ainda não foi exercida.

1.8. Quadro comparativo dos principais aspectos dos impostos federais[2]

Quadro comparativo dos principais aspectos dos impostos federais				
	Fato Gerador	**Principal Contribuinte**	**Principal Base de Cálculo**	**Observações Constitucionais**
II	Entrada de mercadoria estrangeira no território aduaneiro	Importador	Valor Aduaneiro	Exceção aos Princípios da Anterioridade e da Legalidade
IE	Saída de mercadoria nacional ou nacionalizada do território aduaneiro	Exportador	Valor da mercadoria em condições de livre concorrência internacional	Idem
IR	Aquisição de disponibilidade econômica ou jurídica de: Renda: produto do capital, do trabalho ou de ambos; Proventos: outros acréscimos patrimoniais que não sejam rendas	Pessoas físicas e jurídicas titulares das disponibilidades econômicas ou jurídicas de rendas e proventos	Montante real, arbitrado ou presumido da renda e dos proventos tributáveis	Deve observar os critérios da generalidade (todas as pessoas), universidade (tudo ou todas as rendas e proventos) e da progressividade (alíquotas progressivas). Também é exceção ao Princípio da Anterioridade nonagesimal

2. In: MARTINS, Alan; SCARDOELLI, Dimas Yamada. Direito Tributário – curso rápido e didático para estudos e revisões. Leme: Editora JH Mizuno, 2012, página 69.

Quadro comparativo dos principais aspectos dos impostos federais

	Fato Gerador	Principal Contribuinte	Principal Base de Cálculo	Observações Constitucionais
IPI	Saída de produto industrializado do estabelecimento industrial	Industrial	Valor da operação de saída do estabelecimento industrial	Exceção aos Princípios da Legalidade e da Anterioridade do exercício. Seletivo em função da essencialidade. Não cumulativo. Imunidade na exportação de produtos industrializados. Terá reduzido seu impacto na aquisição de bens de capital
IOF	Efetivação das operações de crédito, câmbio, seguro e relativas a títulos e valores mobiliários	Tomadores de crédito, compradores e vendedores de moeda estrangeira, os segurados e os adquirentes de títulos ou valores mobiliários e titulares de aplicações financeiras	Operações de crédito: valor da obrigação (principal mais juros). Operações de câmbio: montante em moeda nacional (recebida ou entregue). Operações de Seguro: valor do prêmio. Operações de transmissão de títulos e valores mobiliários: preço ou valor da cotação em bolsa de valores.	Exceção aos Princípios da Anterioridade e da Legalidade
ITR	A propriedade, o domínio útil e a posse a qualquer título de imóvel rural	Proprietário, titular do domínio útil ou possuidor a qualquer título de imóvel rural	Valor da terra nua tributável (VTNt)	Progressividade para desestimular propriedades improdutivas. Imunidades de pequenas glebas. Possibilidade de ser cobrado e fiscalizado pelos Municípios que assim optarem na forma da lei (repasse de 100% neste caso)

2. IMPOSTOS ESTADUAIS[3]

	Quadro sinótico da legislação aplicável aos impostos estaduais		
	ITCMD/ITCD	**ICMS**	**IPVA**
CF/88	CF, art. 155, I, c/c § 1º	CF, art. 155, II, c/c §§ 2º a 5º	CF, art. 155, III, c/c § 6º
Leis complementares	Competência do art. 155, § 1º, III, não exercida	LC 87/96 - Lei Kandir, LC 24/75 - Convênios, Confaz e concessão de benefícios fiscais	Não há
Leis ordinárias	Leis estaduais	Leis estaduais	Leis estaduais
Decretos	Decretos estaduais	Decretos estaduais	Decretos estaduais

2.1. Imposto sobre transmissão *causa mortis* e doação

Conhecido pela sigla ITCMD em alguns Estados e ITCD em outros, esse imposto estadual incide sobre **transmissão *causa mortis* e doação, de quaisquer bens ou direitos** (CF, art. 155, I). Portanto, é o imposto exigido em face de transmissões de bens e direitos não onerosas, por sucessão hereditária ou doação.

Dessa forma, incidirá o **ITCMD-*causa mortis***, cujo **fato gerador** ocorre no momento da abertura da sucessão, isto é, no momento do óbito do autor da herança (princípio da *saisine*) e corresponde à transmissão de bens pelo *de cujus* aos seus herdeiros e legatários, por sucessão legítima ou testamentária.

Em sintonia com essa norma quanto ao momento do fato gerador, tem-se a Súmula nº 112 do STF: "O imposto de transmissão *causa mortis* é devido pela alíquota vigente ao tempo da abertura da sucessão".

ATENÇÃO:

Súmula 331 do STF: "É legítima a incidência do imposto de transmissão *causa mortis* no inventário por morte presumida."

Já o **ITCMD-doação**, de modo geral, tem por **fato gerador** a transmissão não onerosa de quaisquer bens e direitos, sendo lugar comum em grande parte das legislações estaduais também estabelecer como fatos geradores a instituição de usufruto, a cessão não onerosa de direitos e a atribuição de quotas acima da meação ou quinhão a que tem direito cônjuge, herdeiros e legatários em partilhas e adjudicações no âmbito de inventários, arrolamentos, separação judicial e divórcio.

3. In: MARTINS, Alan; SCARDOELLI, Dimas Yamada. *Direito Tributário – curso rápido e didático para estudos e revisões*. Leme: Editora JH Mizuno, 2012, página 71

O ITCMD/ITCD terá suas **alíquotas** máximas fixadas pelo Senado Federal (CF, art. 155, § 1º, IV). Atualmente, permanece em vigor a Resolução do Senado Federal nº 9/92, que estabelece a alíquota máxima de 8% (oito por cento), bem como a possibilidade das alíquotas fixadas em lei estadual serem progressivas em função do quinhão que cada herdeiro efetivamente receber.

Por ser um imposto estadual, submete-se às normas constitucionais veiculadas no § 1º do artigo 155 da CF, que têm por objetivo evitar conflitos de **competência** entre as unidades da federação, quais sejam:

- relativamente a **bens imóveis e respectivos direitos**, compete ao Estado da situação do bem, ou ao Distrito Federal (inciso I), de modo que, por exemplo: i) na doação de uma fazenda localizada no Estado de Goiás, mesmo se doador e donatário forem residentes no Estado de São Paulo, o imposto será devido para Goiás; ii) na transmissão *causa mortis* de um apartamento localizado em Porto Alegre, o ITCMD será devido para Rio Grande do Sul, mesmo que o inventário seja processado em outro Estado;
- relativamente a **bens móveis, títulos e créditos**, compete ao Estado onde se processar o inventário ou arrolamento, ou tiver domicílio o doador, ou ao Distrito Federal (inciso II), ou seja, por exemplo: i) se uma pessoa estiver domiciliada no Estado de Pernambuco, as doações de dinheiro que fizer serão devidas a Pernambuco, ainda que os valores estejam depositados em uma agência bancária do Ceará; ii) se um inventário se processar em Belém, o imposto será devido ao Estado do Pará no caso da transmissão *causa mortis* de ações, ainda que a empresa estiver localizada em outro Estado.
- terá a **competência** para sua instituição **regulada por lei complementar: a)** se o doador tiver domicílio ou residência no exterior; **b)** se o *de cujus* possuía bens, era residente ou domiciliado ou teve o seu inventário processado no exterior (inciso III).

Porém, no último caso (competência regulada por lei complementar), tendo em vista que o Congresso Nacional ainda não elaborou a lei complementar, por ter ela caráter de norma geral, cada Estado vem regulando a matéria internamente, no exercício da competência de forma plena, nos termos do artigo 24, § 3º, da CF, mediante lei cuja eficácia deverá perdurar até que sobrevenha a lei de normas gerais.

Na ausência de normas gerais relativas ao ITCMD, tem-se aplicado, no que compatível com o imposto, as normas do CTN a respeito do antigo ITBI de competência dos Estados, tributo que vigorava à época em que foi editado o CTN, diploma recepcionado pela CF de 1988 com *status* de Lei Complementar. As principais dessas normas que, inclusive, vem sendo cobradas nos concursos públicos em questões sobre o ITCMD , são as seguintes:

- nas transmissões *causa mortis*, ocorrem tantos **fatos geradores** distintos quantos sejam os herdeiros ou legatários (art. 35, parágrafo único);
- a **base de cálculo** do imposto é o valor venal dos bens ou direitos transmitidos (art. 38), assim compreendido o valor de mercado do bem;

- **contribuinte** do imposto é qualquer das partes na operação tributada, como dispuser a lei (art. 42), norma que só é compatível com o ITCMD-doação, já que no caso de transmissão *causa mortis*, o autor da herança é o falecido e não pode ser contribuinte.

No que diz respeito ao cálculo do ITCMD, embora a Súmula 113 do STF tenha consolidado interpretação antiga no sentido de que o imposto deveria ser calculado calculado sobre o valor dos bens na data da avaliação, posteriormente, a jurisprudência do STJ, Corte superior atualmente responsável por julgar matérias de lei federal, passou a se orientar no sentido de que é possível a lei fixar a base de cálculo na data da transmissão dos bens (STJ, REsp 15071/RJ, REsp 2263/RJ). Não obstante, até aqui, o STF não revogou a Súmula 113, que permanece sendo cobrada em sua literalidade nos concursos públicos.

ATENÇÃO:

Súmula 114 do STF: "O imposto de transmissão *causa mortis* não é exigível antes da homologação do cálculo".

De acordo com a sistemática de apuração estabelecida na respectiva legislação, verifica-se que, ordinariamente, o imposto está sujeito ao **lançamento por homologação.**

2.2. Imposto sobre circulação de mercadorias e serviços

O ICMS é o principal imposto estadual e, de modo geral, incide sobre **operações relativas à circulação de mercadorias e sobre prestações de serviços de transporte interestadual e intermunicipal e de comunicação, ainda que as operações e as prestações se iniciem no exterior** (CF, art. 155, II).

ICMS
- Operações de circulação de mercadorias
- Prestações de serviços
  - de comunicação
  - de transporte
    - interestadual
    - intermunicipal

Também incide sobre a entrada de bem ou mercadoria importados do exterior por pessoa física ou jurídica, ainda que não seja contribuinte habitual do imposto, qualquer que seja a sua finalidade, assim como sobre o serviço prestado no exterior, cabendo o imposto ao Estado onde estiver situado o domicílio ou o estabelecimento do destinatário da mercadoria ou bem. Nesse último caso, é discutido no âmbito do STF se a competência é do Estado do domicílio ou estabelecimento do destinatário jurídico da mercadoria, ou se pertence ao do destinatário físico da mesma (Repercussão Geral no ARE 665.134).

ATENÇÃO:

"Não incide o ICMS importação na operação de arrendamento mercantil internacional, salvo na hipótese de antecipação da opção de compra, na medida em que o arrendamento mercantil não implica, necessariamente, transferência de titularidade sobre o bem" (STF - RE 540.829/SP19, rel. orig. Min. Gilmar Mendes, red. p/ o acórdão Min. Luiz Fux, julgado em 11/9/2014, acórdão publicado no DJe de 18/11/2014).

No que tange ao conceito de mercadoria (objeto das operações tributadas pelo ICMS), a jurisprudência do STF soluciona diversas controvérsias, entre elas:

- "Divergência entre as expressões 'bem' e 'mercadoria' (arts. 155, II, e 155, § 2, IX, a, da Constituição). É constitucional a tributação das operações de circulação jurídica de bens amparados pela importação. A operação de importação não descaracteriza, tão somente por si, a classificação do bem importado como mercadoria. Em sentido semelhante, a circunstância de o destinatário do bem não ser contribuinte habitual do tributo também não afeta a caracterização da operação de circulação de mercadoria. Ademais, a exoneração das operações de importação pode desequilibrar as relações pertinentes às operações internas com o mesmo tipo de bem, de modo a afetar os princípios da isonomia e da livre concorrência" (RE 474.267 e RE 439.796, rel. min. Luiz Fux, julgamento em 6-11-2013, Plenário, DJE de 20-3-2014);
- "O ICMS pode incidir sobre softwares (bens incorpóreos) adquiridos por intermédio de transferência eletrônica de dados, da mesma forma que incide sobre bens incorpóreos vendidos por meio de bens materiais (softwares de prateleira veiculados em disquete, CD ou DVD)" (ADI 1945 MC - Pleno - red. p/ac. Min. Gilmar Mendes - julg. 26/10/2010);
- "O ICMS **não** incide sobre o serviço de fornecimento de água encanada por concessionária de serviço público. Discutia-se a constitucionalidade dessa cobrança. O Tribunal afirmou que a água canalizada, por não se enquadrar no conceito de mercadoria, não seria bem passível de comercialização, e sim prestação de serviço (...) As águas em estado natural são bens públicos e só podem ser exploradas por particulares mediante concessão, permissão ou autorização" (RE 607.056/RJ, rel. Min. Dias Toffoli, julgado em 10/4/2013, acórdão publicado no DJe de 16/5/2013)

O imposto não incidirá, porém, sobre o transporte de mercadorias realizado pela Empresa Brasileira de Correios e Telégrafos - ECT, haja tratar-se de prestação atingida pela proteção de imunidade tributária recíproca (RE 627.051/PE, rel. Min. Dias Toffoli, julgado em 12/11/2014).

Ainda no campo das prestações de serviços, também **não** incidirá sobre as prestações de serviços conexos à telefonia móvel, consoante decidido pelo STF:

> "1. A incidência do ICMS, no que se refere à prestação dos serviços de comunicação, deve ser extraída da Constituição Federal e da LC 87/96, incidindo o tributo sobre os serviços de comunicação prestados de forma onerosa, através de qualquer meio, inclusive a geração, a emissão, a recepção, a transmissão, a retransmissão, a repetição e a ampliação de comunicação de qualquer natureza (art. 2º, III, da LC 87/96). 2. A prestação de serviços conexos ao de comunicação por meio da telefonia móvel (que são preparatórios, acessórios ou intermediários da comunicação) não se confunde com a prestação da atividade fim processo de transmissão (emissão ou recepção) de informações de qualquer natureza, esta sim, passível de incidência pelo ICMS. Desse modo, a despeito de alguns deles serem essenciais à efetiva prestação do serviço de comunicação e admitirem a cobrança de tarifa pela prestadora do serviço (concessionária de serviço público), por assumirem o caráter de atividade meio, não constituem, efetivamente, serviços de comunicação, razão pela qual não é possível a incidência do ICMS" (REsp 1176753 RJ, Rel. Ministro NAPOLEÃO NUNES MAIA FILHO, Rel. p/Acórdão Ministro MAURO CAMPBELL MARQUES, PRIMEIRA SEÇÃO, julgado em 28/11/2012, DJe 19/12/2012).

Por outro lado, "o ICMS incide sobre a tarifa de assinatura básica mensal cobrada pelas prestadoras de serviços de telefonia, independentemente da franquia de minutos concedida ou não ao usuário" (RE 912.888/RS, rel. ministro Teori Zavascki, julgamento em 13-10-2016, ata publicada no DJE de 21-10-2016).

O ICMS poderá, ainda, ser instituído sobre o valor total da operação quando mercadorias forem fornecidas com serviços não compreendidos na competência tributária dos Municípios (CF, art. 155, § 2º, IX, "b").

ATENÇÃO:

Nos termos do artigo 155, § 2º, VII, da CF, as construtoras, via de regra, são contribuintes do ISS. Assim, "(...) empresas de construção civil que adquirem material em Estado-membro que cobra alíquota mais favorável de ICMS não estão compelidas, uma vez empregadas as mercadorias em obra daquela pessoa jurídica, ao recolhimento da diferença em virtude de alíquota maior do Estado-membro destinatário" (STF - RE 248830 AgR-ED - 1ª Turma - Rel. Min. Marco Aurélio - julg. 7.6.2011).

Finalmente, nos termos do artigo 155, § 2º, inciso XII, alínea "h", da CF, incidirá, uma única vez, qualquer que seja a sua finalidade, sobre combustíveis e lubrificantes definidos em lei complementar (ICMS monofásico). Nesse caso, deverão ser observadas as normas dos incisos do § 4º do artigo 155 da CF, incluídos pela Emenda Constitucional 33/2001, quais sejam:

I – nas operações com os lubrificantes e combustíveis derivados de petróleo, o imposto caberá ao Estado onde ocorrer o consumo;

II – nas operações interestaduais, entre contribuintes, com gás natural e seus derivados, e lubrificantes e combustíveis não incluídos no inciso I deste parágrafo, o imposto será repartido entre os Estados de origem e de destino, mantendo-se a mesma proporcionalidade que ocorre nas operações com as demais mercadorias;

III – nas operações interestaduais com gás natural e seus derivados, e lubrificantes e combustíveis não incluídos no inciso I, destinadas a não contribuinte, o imposto caberá ao Estado de origem;

IV – as alíquotas do imposto serão definidas mediante deliberação dos Estados e Distrito Federal, nos termos do § 2º, XII, *g*, observando-se o seguinte: a) serão uniformes em todo o território nacional, podendo ser diferenciadas por produto; b) poderão ser específicas, por unidade de medida adotada, ou *ad valorem*, incidindo sobre o valor da operação ou sobre o preço que o produto ou seu similar alcançaria em uma venda em condições de livre concorrência; c) poderão ser reduzidas e restabelecidas, não se lhes aplicando o disposto no art. 150, III, *b* (princípio da anterioridade).

ATENÇÃO:

Embora operações que destinem a outros Estados petróleo, inclusive lubrificantes, combustíveis líquidos e gasosos dele derivados e energia elétrica sejam imunes ao ICMS (CF, art. 155, § 2º, X, "b"), cabe à lei complementar definir os combustíveis e lubrificantes sobre os quais o imposto incidirá uma única vez, qualquer que seja a sua finalidade, hipótese em que não se aplicará a imunidade (CF, art. 155, § 2º, XII, "h"). Trata-se do ICMS-combustíveis monofásico, cuja tributação deve observar as disposições do § 4º do artigo 155 da CF.

Em consonância com esses fatos geradores, a lei complementar também define os **contribuintes** do imposto. Regra geral, será contribuinte a pessoa física ou jurídica que realize, com habitualidade ou em volume que caracterize intuito comercial, operações ou prestações sujeitas à incidência do imposto. Mas, também, serão contribuintes as pessoas que, mesmo sem habitualidade ou volume que caracterize intuito comercial, realizarem outras operações e prestações sujeitas à incidência do imposto, a exemplo de qualquer pessoa física ou jurídica que importe mercadorias ou bens ou que seja destinatária de serviço prestado no exterior ou cuja prestação tenha sido iniciada no exterior.

Com uma incidência tão vasta, também são múltiplos os seus **fatos geradores**, cujos momentos se encontram definidos na Lei complementar 87/96, podendo ser classificado em quatro classes de fatos geradores:

- **Operações de circulação de mercadorias:** saídas de mercadorias, fornecimento de alimentos e bebidas em bares, restaurantes e similares, transmissão da propriedade de mercadorias a terceiros quando não tenham transitado pelo estabelecimento do transmitente, etc.;

- **Prestações de serviços:** transportes interestaduais e intermunicipais, onerosos de comunicação, serviços iniciados no exterior, etc.;
- **Entradas de mercadorias:** desembaraço aduaneiro de mercadorias importadas do exterior, entradas interestaduais de petróleo, derivados e energia elétrica quando não sujeitos a posterior industrialização ou comercialização, etc.;
- **Fornecimento de mercadorias com prestação de serviços:** fornecimento de mercadorias com prestação de serviços não compreendidos na competência tributária dos municípios, prestações de serviços compreendidos na competência dos municípios com indicação expressa de incidência do imposto de competência estadual, como definido na lei complementar aplicável, etc.

No caso do fornecimento de mercadorias com prestação de serviços, deve-se distinguir três situações distintas: 1) incidência de ICMS; 2) incidência de ISSQN; 3) incidência de ambos (ICMS e ISSQN). Essas três situações estão bem delineadas na Lei Complementar nº 87/96:

- **Incidência apenas de ICMS:** fornecimento de mercadorias com prestação de serviços não compreendidos na competência tributária dos Municípios (art. 2º, inciso IV);
- **Incidência de ambos (ICMS e ISSQN):** fornecimento de mercadorias com prestação de serviços sujeitos ao imposto sobre serviços, de competência dos Municípios, quando a lei complementar aplicável expressamente o sujeitar à incidência do imposto estadual (art. 2º, inciso V);
- **Incidência apenas de ISSQN:** fornecimento de mercadorias com prestação de serviços sujeitos ao imposto sobre serviços, de competência dos Municípios, quando a lei complementar aplicável **não** o sujeitar expressamente à incidência do imposto estadual (interpretação *a contrario sensu* do art. 2º, inciso V)

Sabendo-se que os serviços sujeitos ao ISSQN estão definidos na Lista Anexa à Lei complementar nº 116/2003, as três situações podem ser visualizadas de modo sintético e sistematizado no seguinte quadro:

MERCADORIA	+	**SERVIÇO** (fora da lista de serviços da LC 116/03)	**ICMS sobre o total**
MERCADORIA (sem ressalva de ICMS na lista de serviços da LC 116/03)	+	**SERVIÇO** (constante na lista de serviços da LC 116/03)	**ISS sobre o total**
MERCADORIA (com ressalva de ICMS na lista da LC 116/03)	+	**SERVIÇO** (constante na lista de serviços da LC 116/03)	**ICMS sobre mercadoria e ISS sobre o serviço**

Por ser um imposto de grande importância para os Estados (disparado o "carro chefe" da arrecadação entre os tributos estaduais) e, por outro lado, incidir sobre operações e prestações interestaduais, trata-se do tributo com maior número de normas fundamentais estabelecidas na Constituição Federal, entre os parágrafos 2º e 5º, do artigo 155, sobre os quais segue um apanhado geral:

Princípios fundamentais: sujeita-se ao princípio da não cumulatividade (§ 2º, I) e, facultativamente, ao princípio da seletividade (§ 2º, III), analisados com mais vagar no capítulo III deste livro.

Direito ao crédito: decorre do princípio da não cumulatividade e corresponde ao direito do contribuinte compensar o imposto **cobrado** nas operações ou prestações anteriores, isto é, aquele destacado no documento fiscal que acobertou a entrada da mercadoria ou o serviço tomado.

O resultado da compensação desses créditos com o imposto devido pelas operações tributadas do contribuinte resultam no ICMS mensal a ser recolhido pelo contribuinte aos cofres estaduais. No caso, porém, de se verificar que, em determinado período, apurou-se saldo credor em favor do contribuinte, esse saldo deverá ser transferido para o período ou períodos seguintes.

Para melhor compreensão veja-se um exemplo numérico:

Mês 1	
+ ICMS sobre entradas	R$ 1.500,00 crédito
- ICMS sobre saídas	R$ 1.000,00 débito
= **Saldo credor a transportar**	**R$ 500,00** - transportar p/ mês 2
Mês 2	
+ Saldo credor do mês anterior	R$ 500,00 crédito
+ ICMS sobre entradas	R$ 1.100,00 crédito
- ICMS sobre saídas	R$ 2.000,00 débito
= **ICMS a pagar no período**	**R$ 400,00**

Esse exemplo também serve para ilustrar o regime normal de apuração do imposto, que é mensal, conhecido em alguns Estados como regime periódico de apuração (RPA). Mas as leis estaduais, para alguns produtos e setores, também costumam estabelecer o pagamento mensal do imposto por estimativa e o ajuste após a apuração efetiva do tributo, que se dá semestralmente. Aliás, sobre esse regime de estimativa, merece destaque um recente acórdão do STF no sentido de que somente lei em sentido formal pode instituir o regime de recolhimento do ICMS por estimativa, ficando afastada a possibilidade de se disciplinar, mediante decreto (RE 632.265/RJ, rel. Min. Marco Aurélio, julgado em 18/6/2015, acórdão pendente de publicação).

Em qualquer caso, a apuração e pagamento do imposto, nos termos da legislação, ficam a cargo do contribuinte, que escritura as entradas de mercadorias no Livro de Registro de Entradas, as saídas no Livro de Registro de Saídas e a apuração do Imposto no Livro de Registo e Apuração do ICMS. Da mesma forma, são entregues informações econômico-fiscais mediante declarações ao Fisco e é antecipado o pagamento do imposto apurado, ficando claro que o ICMS é um imposto sujeito ao **lançamento por homologação**.

Mas, atenção que esse direito ao crédito será regulado por lei complementar, na medida em que incumbirá ao legislador complementar disciplinar o regime de compensação do imposto (§ 2º, XII, "c"). Com base nessa norma constitucional, a Lei complementar 87/96 faz várias restrições ao crédito, de modo que, por exemplo:

- créditos sobre entradas de materiais de uso e consumo do estabelecimento estão vedados até 2.019;
- créditos sobre entradas de energia elétrica somente são permitidos se destinados a revenda de energia elétrica, utilização na industrialização de mercadorias ou se resultarem na exportação de mercadorias para o exterior, ficando vedados em todas as demais hipóteses, até 2.109;
- créditos sobre serviços de comunicação utilizados apenas são permitidos se destinados a prestações de serviços de mesma natureza ou se resultarem na exportação de mercadorias para o exterior, estando vedados em todas as demais hipóteses, até 2.109;
- créditos sobre a entrada de bens integrados ao ativo permanente (ou imobilizado) serão permitidos parceladamente, à razão de 1/48 avos ao mês, contados daquele em se deu a entrada do bem.

ATENÇÃO:

A jurisprudência de ambas as Turmas do STF continua firme no sentido de "inexistir ofensa ao princípio da não cumulatividade no fato de a legislação estadual não autorizar a compensação de créditos de ICMS advindos da aquisição de bens destinados ao consumo e ao ativo fixo do contribuinte com os débitos decorrentes da alienação das mercadorias produzidas" (STF, RE 224531 AgR/SP).

Além disso, esse direito ao crédito, salvo determinação em contrário da legislação (manutenção de crédito), não se faz presente nos casos de isenção ou não incidência, cujas operações: **a)** não implicarão crédito para compensação com o montante devido nas operações ou prestações seguintes; **b)** acarretarão a anulação do crédito relativo às operações anteriores (§ 2º, II). Por outro lado, a despeito da imunidade, tem sua manutenção e aproveitamento garantidos nas operações de exportação (§ 2º, X, "a").

ATENÇÃO:

A redução da base de cálculo de ICMS equivale à hipótese de isenção parcial, o que acarreta a anulação proporcional de crédito desse mesmo imposto, relativo às operações anteriores, salvo disposição em lei estadual em sentido contrário. Assim, reduzida a base de cálculo, não é possível o creditamento integral, sob pena de ofensa ao princípio da não cumulatividade (CF, art. 155, § 2º, II, b).

Alíquotas: com objetivos, entre outros, de regular a partilha do imposto nas operações e prestações interestaduais e evitar a chamada "guerra fiscal" entre as unidades da federação (competição entre os Estados para atrair empresas para seus territórios), são inúmeras as normas sobre alíquotas do ICMS. São elas:

- resolução do Senado Federal, de iniciativa do Presidente da República ou de um terço dos Senadores, aprovada pela maioria absoluta de seus membros, estabelecerá as alíquotas aplicáveis às operações e prestações, interestaduais (§ 2º, IV), as quais, atualmente se encontram fixadas em:

  - 4% nas prestações de serviço de transporte aéreo de passageiros, cargas e valores e nas operações interestaduais com mercadorias importadas do exterior ou conteúdo de importação superior a 40%;

  - 7% nas operações e prestações com origem nos Estados do Sul e Sudeste (exceto Espírito Santo) destinadas aos Estados do Norte, Nordeste, Centro-Oeste e ao Espírito Santo; e

  - 12% nas demais operações e prestações interestaduais.
- é facultado ao Senado Federal: a) estabelecer alíquotas mínimas nas operações internas, mediante resolução de iniciativa de um terço e aprovada pela maioria absoluta de seus membros; b) fixar alíquotas máximas nas mesmas operações para resolver conflito específico que envolva interesse de Estados, mediante resolução de iniciativa da maioria absoluta e aprovada por dois terços de seus membros (§ 2º, V);
- salvo deliberação em contrário dos Estados e do Distrito Federal, nos termos do disposto no inciso XII, "g", que trata da concessão de benefícios fiscais de ICMS, as alíquotas internas do imposto não poderão ser inferiores às previstas para as operações interestaduais (§ 2º, VI);
- em relação às operações e prestações que destinem bens e serviços a consumidor final contribuinte ou não do imposto, localizado em outro Estado, consoante nova sistemática implementada pela EC 87/2015, adotar-se-á a alíquota interestadual e caberá ao Estado de localização do destinatário o imposto correspondente à diferença entre a alíquota interna do Estado destinatário e a alíquota interestadual (§ 2º, VII), cabendo a responsabilidade pelo recolhimento desse imposto (diferencial de alíquota): a) ao destinatário, quando este for contribuinte do imposto; b) ao remetente, quando o destinatário não for contribuinte do imposto (§ 2º, VIII).

A grande novidade da nova sistemática de alíquotas interestaduais foi a substituição da utilização das alíquotas internas pelas interestaduais nas operações e prestações que destinem bens e serviços a consumidor final não contribuinte localizado em outro Estado. Com isso, passou a caber aos Estados de destino o direito ao diferencial de alíquotas, o que representará uma perda de arrecadação para os Estados de origem, que ficavam, até então, com todo o imposto dessas operações interestaduais. Entretanto, deve-se lembrar que, a própria EC 87/2015 estipulou regra de transição, de modo que, até que os Estados de destino passassem a ter direito integral a esse diferencial alíquota, o imposto correspondente à diferença entre a alíquota interna e a interestadual foi sendo partilhado entre os Estados de origem e de destino, na seguinte proporção:

> I – para o ano de 2015: 20% (vinte por cento) para o Estado de destino e 80% (oitenta por cento) para o Estado de origem;
>
> II – para o ano de 2016: 40% (quarenta por cento) para o Estado de destino e 60% (sessenta por cento) para o Estado de origem;
>
> III – para o ano de 2017: 60% (sessenta por cento) para o Estado de destino e 40% (quarenta por cento) para o Estado de origem;
>
> IV – para o ano de 2018: 80% (oitenta por cento) para o Estado de destino e 20% (vinte por cento) para o Estado de origem;
>
> V – a partir do ano de 2019: 100% (cem por cento) para o Estado de destino.

Direito à diferença da alíquota interestadual		
Ano	**Origem**	**Destino**
2015	80%	20%
2016	60%	40%
2017	40%	60%
2018	20%	80%
2019	Zero	100%

Portanto, apenas a partir de 2019 é que o Estado de destino passou a ficar com 100% do diferencial de alíquotas.

Imunidades específicas: nos termos do inciso X do § 2º do artigo 155, o ICMS não incidirá:

a) sobre operações que destinem mercadorias para o exterior, nem sobre serviços prestados a destinatários no exterior, assegurada a manutenção e o aproveitamento do montante do imposto cobrado nas operações e prestações anteriores (imunidade das exportações, nos moldes da Emenda Constitucional 42/2003);

b) sobre operações que destinem a outros Estados petróleo, inclusive lubrificantes, combustíveis líquidos e gasosos dele derivados e energia elétrica (mas poderá incidir uma única vez sobre os combustíveis e lubrificantes definidos em lei complementar, conforme artigo 155, § 2º, XII, "h");

c) sobre o ouro, nas hipóteses definidas no art. 153, § 5º, da CF, isto é, sobre o ouro como ativo financeiro (portanto, essa imunidade não atinge o ouro quando mercadoria);

d) nas prestações de serviço de comunicação nas modalidades de radiodifusão sonora e de sons e imagens de recepção livre e gratuita (imunidade que beneficia emissoras de rádio e TV aberta, nos moldes da Emenda Constitucional 42/2003).

ATENÇÃO:

Verdade que o artigo 155, § 2º, inciso IV, da CF atribui competência ao Senado Federal para estabelecer as alíquotas do ICMS aplicáveis às operações e prestações, interestaduais e de exportação. Porém, em relação às alíquotas de exportação, essa norma passou a constituir "letra morta" após a promulgação da Emenda Constitucional 42/2003, que alterou a redação do artigo 155, § 2º, inciso X, alínea "a", da CF, contemplando com imunidade todas as operações que destinem mercadorias para o exterior, inclusive, assegurando a manutenção e o aproveitamento do montante do imposto cobrado nas operações anteriores.

ATENÇÃO:

As vendas de salvados pelas companhias seguradoras não se enquadram no conceito de operações relativas à circulação de mercadorias, não se sujeitando ao ICMS. Constituem, sim, atividade integrante das operações de seguro, cuja tributação se sujeitaria à competência da União estabelecida no artigo 153, inciso V da CF (STF - ADI 1648 - Pleno - Rel. Min. Gilmar Mendes - julg. 16.2.2011).

Base de cálculo: a base de cálculo do ICMS **não** compreenderá o montante do imposto sobre produtos industrializados, quando a operação, realizada entre contribuintes e relativa a produto destinado à industrialização ou à comercialização, configure fato gerador dos dois impostos (§ 2º, XI).

Ainda sobre base de cálculo, é muito importante enfatizar que, por expressa previsão constitucional, conforme lei complementar, o montante do próprio ICMS integrará a base de cálculo do imposto. E isso ocorre, inclusive, na importação do exterior de bem, mercadoria ou serviço, por força da alínea "i" que a Emenda Constitucional nº 33/2001 acrescentou ao inciso XII do § 2º do artigo 155 da CF. O chamado "cálculo por dentro", isto é, a inclusão do

ICMS na sua própria base de cálculo é constitucional. Fundamento: CF, art. 155, § 2°, XII, "i" (STF - RE 58246 - Pleno - Rel. Min. Gilmar Mendes - julg. 18.5.2011 - Repercussão Geral).

ATENÇÃO:

Sobre a base de cálculo nas bonificações e no caso de descontos incondicionais, há recente de decisão do STF: "2. A bonificação é uma modalidade de desconto que consiste na entrega de uma maior quantidade de produto vendido em vez de conceder uma redução do valor da venda. Dessa forma, o provador das mercadorias é beneficiado com a redução do preço médio de cada produto, mas sem que isso implique redução do preço do negócio. 3. A literalidade do art. 13 da Lei Complementar n. 87/96 é suficiente para concluir que a base de cálculo do ICMS nas operações mercantis é aquela efetivamente realizada, não se incluindo os "descontos concedidos incondicionais." (RE 635.688/RS20, rel. Min. Gilmar Mendes, julgado em 16/10/2014)

Matérias reservadas à lei complementar: segundo dispõe o inciso XII do § 2° da CF, em matéria de ICMS, cabe à lei complementar: **a)** definir seus contribuintes; **b)** dispor sobre substituição tributária; **c)** disciplinar o regime de compensação do imposto; **d)** fixar, para efeito de sua cobrança e definição do estabelecimento responsável, o local das operações relativas à circulação de mercadorias e das prestações de serviços; **e)** excluir da incidência do imposto, nas exportações para o exterior, serviços e outros produtos além dos mencionados no inciso X, alínea "a"; **f)** prever casos de manutenção de crédito, relativamente à remessa para outro Estado e exportação para o exterior, de serviços e de mercadorias; **g)** regular a forma como, mediante deliberação dos Estados e do Distrito Federal, isenções, incentivos e benefícios fiscais serão concedidos e revogados; **h)** definir os combustíveis e lubrificantes sobre os quais o imposto incidirá uma única vez, qualquer que seja a sua finalidade, hipótese em que não se aplicará a imunidade do inciso X, alínea "b"; **i)** fixar a base de cálculo de modo que o montante do imposto a integre também na importação do exterior de bem, mercadoria ou serviço.

A maioria dessas competências teve seu exercício consolidado na Lei complementar 87/96, conhecida como Lei Kandir. Caso à parte diz respeito à forma como, mediante deliberação dos Estados e do Distrito Federal, isenções, incentivos e benefícios fiscais serão concedidos e revogados (CF, art. 155, § 2°, XII, "g"). Essa matéria encontra-se regida pela Lei complementar 24/75, que foi recepcionada pela CF de 1988 e prevê a aprovação unânime dos Estados no âmbito do Confaz - Conselho Nacional de Política Fazendária. Aliás, é nesse ponto que reside o grande nó crítico da chamada Guerra Fiscal entre os Estados, quando unidades da federação concedem benefícios e incentivos fiscais disfarçados em outros atos jurídicos, sem a devida aprovação no âmbito do Confaz.

2.3. Imposto sobre propriedade de veículos automotores

Incidente sobre a **propriedade de veículos automotores** (CF, art. 155, III).

ATENÇÃO:

O STF já firmou entendimento de que o campo de incidência do IPVA **não inclui** as embarcações e aeronaves (STF, Recursos Extraordinários 134.509, 255.111 e 322.799, dentre outros). O argumento é pela interpretação restritiva da expressão **veículos automotores**. "A definição do alcance da expressão ´veículos automotores` que deve ser tomada em sua acepção técnica, abrange exclusivamente os veículos de transporte viário ou terrestre; escapam de seu alcance, pois, as aeronaves (aparelho manobrável em voo, apto a se sustentar e circular no espaço aéreo mediante reações aerodinâmicas e capaz de transportar pessoas e coisas de acordo com a legislação aeronáutica) e embarcações. Se houvesse pretendido abrangê-las, o constituinte deveria ter sido específico" (STF, RE 134.509, Relator Ministro Sepúlveda Pertence).

Como não há lei complementar sobre o IPVA (nem mesmo o CTN trata do tributo), os Estados exercem a competência plena em relação ao imposto (STF - RE 601.247 - CF, art. 24, § 3º).

De maneira geral, as leis estaduais têm fixado os **fatos geradores** em função de o veículo ser novo, importado ou usado, nos seguintes termos:

Veículo	Fato gerador
Novo	aquisição do veículo
Importado	desembaraço aduaneiro
Usado	1º de janeiro de cada exercício

Em relação aos veículos importados, porém, há casos em que a legislação posterga o fato gerador para momento posterior ao desembaraço aduaneiro, como ocorre, por exemplo, quando o veículo é importado por concessionária para revenda, hipótese em que as leis estaduais têm postergado o fato gerador para o momento da revenda do veículo pelo estabelecimento importador.

Por ser um imposto sobre a propriedade de veículos, a lei estadual estabelece, invariavelmente, que o proprietário (ou adquirente-proprietário) é o **contribuinte** do IPVA.

Já a **base de cálculo** é o valor do venal do veículo automotor, que irá variar segundo cada modalidade de fato gerador. Por exemplo, em relação ao veículo novo será o valor de aquisição constante da nota fiscal, ao passo que, para o veículo usado, corresponderá ao valor de mercado do bem.

O imposto terá alíquotas mínimas fixadas pelo Senado a serem respeitadas pelo legislador estadual, podendo essas alíquotas serem diferenciadas em função do tipo e utilização (CF, art. 155, § 6º).

E, quanto ao **lançamento**, dependendo da legislação de cada unidade da federação, o IPVA pode ser lançado de ofício, por homologação ou por ambas as modalidades. Por exemplo, pode-se estabelecer o lançamento por homologação para a aquisição de veículos novos e o lançamento de ofício para os veículos usados, com base no cadastro de veículos licenciados.

2.4. Quadro comparativo dos principais aspectos dos impostos estaduais[4]

	Quadro comparativo dos principais aspectos dos impostos estaduais			
	Fato Gerador	**Principais Contribuintes**	**Principal Base de Cálculo**	**Observações Constitucionais**
ITCMD/ITCD	Transmissão *causa mortis* na sucessão legítima ou testamentária; doações e outras transmissões não onerosas (usufrutos, renúncias translativas a heranças, atribuição de bens e direitos acima da meação ou quinhão na divisão de patrimônio comum, partilha ou adjudicação etc.)	Herdeiro, legatário ou donatário	Valor dos bens e direitos transmitidos	**Bens imóveis** – imposto compete ao Estado de situação do bem. **Bens móveis, títulos e direitos** – imposto compete ao Estado onde se processar o inventário ou tiver domicílio o doador. **Doador ou de *cujus* domiciliado ou residente no exterior ou se de cujus tinha bens no exterior** – competência conforme lei complementar. Alíquotas máximas fixadas pelo Senado Federal

4. in: MARTINS, Alan; SCARDOELLI, Dimas Yamada. Direito Tributário – curso rápido e didático para estudos e revisões. Leme: Editora JH Mizuno, 2012, página 72.

Quadro comparativo dos principais aspectos dos impostos estaduais

	Fato Gerador	Principais Contribuintes	Principal Base de Cálculo	Observações Constitucionais
ICMS	Operações relativas à circulação de mercadorias; prestações de serviços de transporte interestadual e intermunicipal; prestações onerosas de serviços de comunicação; fornecimento de mercadorias com prestação de serviços não compreendidos na competência tributária dos Municípios ou sujeitos ao imposto sobre serviços, quando a lei complementar aplicável expressamente o sujeitar à incidência do imposto estadual; entrada de mercadorias ou bens importados do exterior; serviços prestados no exterior ou cuja prestação tenha se iniciado no exterior; entrada no Estado de petróleo e derivados quando não destinados à comercialização ou industrialização	Pessoa física ou jurídica que realize, com habitualidade ou em volume que caracterize intuito comercial, operações ou prestações sujeitas à incidência do imposto; qualquer pessoa física ou jurídica que importe mercadorias ou bens, seja destinatária de serviço prestado no exterior ou cuja prestação tenha sido iniciada no exterior, adquira em licitação mercadorias ou bens apreendidos, adquira lubrificantes combustíveis derivados do petróleo e energia elétrica de outro Estado, quando não destinados à comercialização ou industrialização	Valor da operação de circulação de mercadoria ou da prestação de serviço. Inclusão do próprio imposto na base de cálculo (chamado "cálculo por dentro")	Imposto não cumulativo. Seletividade em função da essencialidade das mercadorias e serviços. Competência do Senado para fixar alíquotas interestaduais e alíquotas internas mínimas, e, em alguns casos, máximas. Previsão, como regra, de tributação no Estado de origem, salvo direito do Estado de destino a diferencial de alíquota nas operações destinadas a consumidores finais. Imunidade nas operações de exportação, saídas para outros Estados de combustíveis e lubrificantes, ouro como ativo financeiro e comunicação gratuita na modalidade de radiodifusão de sons e imagens. Cabe à lei complementar definir contribuintes, dispor sobre substituição tributária, disciplinar regime de compensação, regular a forma como, mediante deliberação entre os Estados (convênios), benefícios fiscais serão concedidos ou revogados, entre outras matérias
IPVA	Propriedade de veículo automotor novo (na aquisição), importado (no desembaraço aduaneiro) ou de veículo usado (em 1º de janeiro de cada exercício)	Proprietário	Valor do veículo	Pode ter alíquotas mínimas fixadas pelo Senado Federal e alíquotas diferenciadas em razão do tipo e utilização

3. IMPOSTOS MUNICIPAIS[5]

	Quadro sinótico da legislação aplicável aos impostos municipais		
	IPTU	**ITBI**	**ISS**
CF/88	CF, art. 156, I, c/c § 1º	CF, art. 156, II, c/c § 2º	CF, art. 156, III c/c § 3º
Leis complementares	CTN, arts. 32 a 34	CTN, arts. 35 a 42	LC 116/03
Leis ordinárias	Leis municipais	Leis municipais	Leis municipais
Decretos	Decretos municipais	Decretos municipais	Decretos municipais

3.1. Imposto sobre Propriedade Predial e Territorial Urbana

Imposto de competência municipal previsto no artigo 156, inciso I, da CF, a base de incidência do **IPTU** é a propriedade predial e territorial urbana.

Nos termos do artigo 32 do CTN, esse imposto tem como fato gerador a propriedade, o domínio útil (enfiteuse) ou a posse de bem imóvel por natureza ou por acessão física, como definido na lei civil, localizado na zona urbana do Município.

Nesse ponto distingue-se do ITR não apenas porque incide sobre imóveis urbanos, enquanto aquele incide sobre imóveis rurais, mas, também, pelo fato de que o fato gerador do ITR abrange apenas imóveis por natureza, enquanto o IPTU incide também sobre imóveis por acessão física.

Importante frisar que a incidência do imposto se dá anualmente, cabendo à lei municipal estabelecer o momento de ocorrência desse fato gerador, no que os municípios têm estabelecido o parâmetro de 1º de janeiro de cada exercício.

O § 1º do mesmo artigo 32 do CTN veicula o conceito de **zona urbana**, ou seja, aquela definida em lei municipal, observado o requisito mínimo da existência de melhoramentos indicados em pelo menos 2 (dois) entre os seguintes, construídos ou mantidos pelo Poder Público:

> I – meio-fio ou calçamento, com canalização de águas pluviais;
>
> II – abastecimento de água;
>
> III – sistema de esgotos sanitários;
>
> IV – rede de iluminação pública, com ou sem posteamento para distribuição domiciliar;
>
> V – escola primária ou posto de saúde a uma distância máxima de 3 (três) quilômetros do imóvel considerado.

5. *In:* MARTINS, Alan; SCARDOELLI, Dimas Yamada. *Direito Tributário – curso rápido e didático para estudos e revisões.* Leme: Editora JH Mizuno, 2012, página 74.

Além disso, a lei municipal pode considerar urbanas as áreas urbanizáveis, ou de expansão urbana, constantes de loteamentos aprovados pelos órgãos competentes, destinados à habitação, à indústria ou ao comércio, mesmo que localizados fora das zonas definidas em lei municipal como zona urbana (CTN, art. 32, § 2º).

A propriedade de bens imóveis está sujeita à tributação do ITR ou do IPTU. O ITR é de competência da União enquanto o IPTU é de competência dos Municípios. Para a determinação da incidência de um ou de outro, dois critérios despontam, o geográfico e o da destinação do uso imóvel. O CTN, em seu artigo 32, prestigia o **critério geográfico**, ao prever que "o imposto, de competência dos Municípios, sobre a propriedade predial e territorial urbana tem como fato gerador a propriedade, o domínio útil ou a posse de bem imóvel por natureza ou por acessão física, como definido na lei civil, **localizado na zona urbana do Município**". Não obstante o critério legal estipulado no artigo 32 do CTN (critério da localização do imóvel), o STJ, recentemente, proferiu decisões que indicam a opção por outra linha, que se consubstancia no chamado **critério da destinação do uso do imóvel**, ora reconhecendo a incidência do ITR sobre área situada na zona urbana, ora decidindo pela incidência do IPTU em área situada fora da zona urbana. Vejam-se dois exemplos:

- **Incidência de ITR sobre imóvel situado na zona urbana com base no critério da destinação do uso do bem:** "a jurisprudência desta Corte Superior é no sentido de que incide o ITR, e não o IPTU, sobre imóveis que sejam comprovadamente utilizados em exploração extrativa, vegetal, agrícola, pecuária ou agroindustrial, ainda que localizados em áreas consideradas urbanas por legislação municipal" (STJ, AgRg no AREsp 80947 / ES, Min Mauro Campbell, DJE 08.03.2012).
- **Incidência de IPTU sobre imóvel situado em área que não atende os requisitos para ser considerada zona urbana:** "cabível a cobrança do IPTU sobre 'sítio de recreio' assim considerado por lei municipal como situado em área de expansão urbana, mesmo que não contenha os melhoramentos previstos no art. 31, § 1º, do CTN. Interpretação do art. 32, § 2º, do CTN c/c arts. 14, do D.L. 57/66, e 29, do CTN. Precedentes. 4. Recurso especial improvido. (REsp 218.788/SP, Rel. Ministro CASTRO MEIRA, SEGUNDA TURMA, julgado em 08/03/2005, DJ 01/08/2005, p. 370).

Consoante entendimento do STJ, o estabelecimento da restrição consubstanciada na exigência de manutenção de uma área de preservação permanente em parte de imóvel urbano, no caso, um loteamento, não afasta a incidência do Imposto Predial e Territorial Urbano (IPTU), pois não houve alteração do fato gerador da exação, que é a propriedade localizada na zona urbana do município (REsp 1.128.981-SP, Rel. Min. Benedito Gonçalves, julgado em 18/3/2010. 1ª Turma).

Em consonância com o fato gerador, **contribuinte** do imposto é o proprietário do imóvel, o titular do seu domínio útil (enfiteuta), ou o seu possuidor a qualquer título (CTN, art. 34). Essa norma parece conflitar com a Súmula 399 do STJ, segundo a qual "cabe à legislação municipal estabelecer o sujeito passivo do IPTU". Entretanto, deve-se esclarecer que o artigo 34 do CTN apenas traça limites à atuação do legislador municipal, a quem incumbe, efetivamente, definir a sujeição passiva do imposto.

Fiel a essa orientação, vale transcrever uma ementa de interessante decisão na qual o STJ entendeu ser possível a lei municipal escolher para definir como contribuintes o promitente comprador (adquirente – possuidor a qualquer título) ou o promitente vendedor (proprietário segundo Registro Imobiliário):

> "1. Segundo o art. 34 do CTN, consideram-se contribuintes do IPTU o proprietário do imóvel, o titular do seu domínio útil ou o seu possuidor a qualquer título. 2. A jurisprudência desta Corte Superior é no sentido de que tanto o promitente comprador (possuidor a qualquer título) do imóvel quanto seu proprietário/promitente vendedor (aquele que tem a propriedade registrada no Registro de Imóveis) são contribuintes responsáveis pelo pagamento do IPTU.[...] 3. "Ao legislador municipal cabe eleger o sujeito passivo do tributo, contemplando qualquer das situações previstas no CTN. Definindo a lei como contribuinte o proprietário, o titular do domínio útil, ou o possuidor a qualquer título, pode a autoridade administrativa optar por um ou por outro visando a facilitar o procedimento de arrecadação" (REsp 475.078/SP, Rel. Min. Teori Albino Zavascki, DJ 27.9.2004). (REsp 1111202 SP, Rel. Ministro MAURO CAMPBELL MARQUES, PRIMEIRA SEÇÃO, julgado em 10/06/2009, DJe 18/06/2009)

Nessa mesma linha, segundo a jurisprudência do STJ, o IPTU "é imposto que tem como contribuinte o proprietário ou possuidor por direito real que exerce a posse com *aninumus* definitivo – art. 34 do CTN" (REsp 325489/SP). As posses de locatário e comodatário não exteriorizam domínio, pois "são meros titulares de direitos pessoais limitados em relação à coisa" (REsp 40240/SP), razão pela qual essas figuras jamais poderão ser consideradas contribuintes do IPTU. Ademais, considerando-se o que dispõe o artigo 123 do CTN (irrelevância das convenções particulares para o Direito Tributário), a transferência da responsabilidade pelo pagamento do IPTU ao locatário no contrato de locação não possui valor algum perante o Fisco. Além disso, a menos que haja expressa previsão em legislação municipal, apenas com base nas normas do CTN não há fundamento para se considerar locatário ou comodatário sujeitos passivos nem mesmo na condição de responsáveis tributários.

ATENÇÃO:

Não há necessidade de prévia inscrição de unidades autônomas no registro de imóveis para a cobrança de IPTU individualizado. Eis o entendimento esposado pelo STJ no seguinte acórdão:

"O fisco, verificando a divisão de imóvel preexistente em unidades autônomas, pode proceder às novas inscrições de IPTU, ainda que não haja prévio registro das novas unidades em cartório de imóveis. Conforme o art. 32 do CTN, o fato gerador do IPTU é a propriedade, o domínio útil ou a posse. O art. 34 do referido diploma, por sua vez, preconiza que o "contribuinte do imposto é o proprietário do imóvel, o titular do seu domínio útil, ou o seu possuidor a qualquer título". Observa-se, portanto, que é absolutamente dispensável o prévio registro imobiliário das novas unidades para proceder ao lançamento do IPTU individualizado. Basta a configuração da posse do bem imóvel para dar ensejo à exação. Assim, verificando-se a superveniência de unidades autônomas, é devida a cobrança do IPTU de forma individualizada, uma vez que é pacífico o entendimento de que os impostos reais – IPTU e ITBI, em especial – referem-se aos bens autonomamente considerados. Desse modo, seria incabível tratar diversos imóveis como universalidade para fins de tributação." REsp 1.347.693-RS, Rel. Min. Benedito Gonçalves, j. 11.4.2013. 1ª T. (Info 520)

Desde o advento da Emenda Constitucional nº 29/2000, o IPTU tornou-se um imposto que pode ser **progressivo em razão do valor do imóvel** (CF, art. 156, § 1º, I). Essa **progressividade** possui caráter **fiscal** e poderá ser adotada, sem prejuízo da **progressividade no tempo**, de natureza **extrafiscal**, a que se refere o artigo 182, § 4º, inciso II da CF.

Entretanto, não foi sempre que o IPTU pôde ter alíquotas progressivas em razão do valor do imóvel, como bem enunciado na **Súmula 668 do STF**, cuja redação é a seguinte: "É inconstitucional a lei municipal que tenha estabelecido, **antes da Emenda Constitucional 29/2000**, alíquotas progressivas para o IPTU, salvo se destinada a assegurar o cumprimento da função social da propriedade urbana".

Essa situação anterior à Emenda Constitucional 29/2000 repercute até hoje, tendo dado ensejo a recente acórdão do STF a respeito dos efeitos de decisão que declarou inconstitucional a progressividade do IPTU em relação a fatos geradores ocorridos entre 1995 e 1999: "Declarada inconstitucional a progressividade de alíquota tributária, é devido o tributo calculado pela alíquota mínima correspondente, de acordo com a destinação do imóvel" (RE 602.347/MG, rel. Min. Edson Fachin, julgado em 4/11/2015).

Esclarecida a progressividade fiscal, deve-se tratar, também, da **progressividade extrafiscal**, que consiste em uma espécie de sanção ao proprietário do solo urbano não edificado, subutilizado ou não utilizado. Para tanto, é necessário que o Poder Público municipal exerça a sua faculdade de, mediante lei específica para área incluída no plano diretor, exigir o adequado aproveitamento do solo e, antes da adoção do **IPTU progressivo no tempo**, tenha intentado promovê-lo pelo parcelamento ou edificação compulsórios.

De modo bem objetivo, a diferença entre progressividade fiscal e extrafiscal no campo do IPTU encontra-se expressa no quadro a seguir:

Progressividade do IPTU	**Progressividade Fiscal**	CF, art. 156, § 1º, I	em razão do valor do imóvel
	Progressividade Extrafiscal	CF, art. 184, § 4º, II	progressivo no tempo

Cabe aqui, também, fazer uma distinção mais precisa entre a progressividade fiscal, prevista no **inciso I** do § 1º do artigo 156 da CF, que é fixada em razão do valor do imóvel, da possibilidade de se estabelecer para o IPTU **alíquotas diferentes de acordo com a localização e uso do** imóvel, prevista no **inciso II** do mesmo § 1º do artigo 156 da CF.

No primeiro caso (da progressividade fiscal), as alíquotas serão progressivas de acordo com o **valor do imóvel**. Por exemplo:

0,5%	até R$ 200.000,00
1,0%	de R$ 200,000,01 até R$ 500.000,00
1,5%	de R$ 500,000,01 até R$ 1.000.000,00
2,0%	acima de R$ 1.000.000,00

E, no segundo caso (alíquotas diferenciadas), a variação das alíquotas seguirá os critérios de **localização** (bairro, região etc.) e **uso** do imóvel (comercial, residencial etc.).

A **base de cálculo** do imposto é o valor venal do imóvel (art. 33), excluindo-se dessa base o valor dos bens móveis mantidos, em caráter permanente ou temporário, no imóvel, para efeito de sua utilização, exploração, aformoseamento ou comodidade (CTN, art. 33, parágrafo único).

ATENÇÃO:

Nos termos da Súmula 539 do STF, é constitucional a lei do município que reduz o imposto predial urbano sobre imóvel ocupado pela residência do proprietário, que não possua outro.

Por fim, o IPTU é um tributo sujeito ao a **lançamento de ofício**. Inclusive, nos termos da Súmula 97 do STJ: "o contribuinte do IPTU é notificado do lançamento pelo envio do carnê ao seu endereço".

3.2. Imposto sobre transmissão onerosa de bens imóveis *inter vivos*

Esse imposto municipal incide sobre a **transmissão *inter vivos*, a qualquer título, por ato oneroso, de bens imóveis, por natureza ou acessão física, e de direitos reais sobre imóveis, exceto os de garantia, bem como cessão de direitos a sua aquisição** (CF, art. 156, II). Designado pela sigla ITBI, compete ao Município da situação do bem (CF, art. 156, § 2º, II).

Não incide, porém, sobre a transmissão de bens ou direitos incorporados ao patrimônio de pessoa jurídica em realização de capital, nem sobre a transmissão de bens ou direitos decorrente de fusão, incorporação, cisão ou extinção de pessoa jurídica, salvo se, nesses casos, a atividade preponderante do adquirente for a compra e venda desses bens ou direitos, locação de bens imóveis ou arrendamento mercantil (CF, art. 156, § 2º, I). Trata-se, como se vê, de uma norma de imunidade específica repleta de detalhes e que comporta exceções, razão pela qual melhor se afigura esmiuçá-la da seguinte forma:

ITBI NÃO INCIDE SOBRE A TRANSMISSÃO DE	• bens ou direitos incorporados ao patrimônio de pessoa jurídica em realização de capital. • bens ou direitos decorrentes de fusão, incorporação, cisão ou extinção de pessoa jurídica.
ITBI INCIDE SE A ATIVIDADE PREPONDERANTE DO ADQUIRENTE FOR	• compra e venda dos bens ou direitos • locação de imóveis ou arrendamento mercantil

Na ausência de normas gerais relativas ao ITBI de competência dos Municípios, tem-se aplicado, no que compatível com o imposto, as normas do CTN a respeito do antigo ITBI de competência dos Estados, tributo que vigorava à época em que foi editado o CTN, diploma recepcionado pela CF de 1988 com *status* de Lei Complementar. As principais dessas normas vêm sendo cobradas nos concursos públicos, razão pela qual serão aqui abordadas.

O artigo 35 guarda total coerência com a base de incidência estabelecida na CF/88, razão pela qual permanece plenamente em vigor como norma definidora dos **fatos geradores** do imposto, quais sejam:

> I – a transmissão, a qualquer título, da propriedade ou do domínio útil de bens imóveis por natureza ou por acessão física, como definidos na lei civil;
>
> II – a transmissão, a qualquer título, de direitos reais sobre imóveis, exceto os direitos reais de garantia;
>
> III – a cessão de direitos relativos às transmissões referidas nos incisos I e II.

Já o artigo 36, permanece coerente com as situações constitucionais em que não há incidência do imposto, prevendo que o imposto não incide em relação às transmissões onerosas de imóveis:

> I – quando efetuada para sua incorporação ao patrimônio de pessoa jurídica em pagamento de capital nela subscrito;
>
> II – quando decorrente da incorporação ou da fusão de uma pessoa jurídica por outra ou com outra.

ATENÇÃO:

O imposto não incide sobre a transmissão aos mesmos alienantes, dos bens e direitos adquiridos em decorrência da sua desincorporação do patrimônio da pessoa jurídica a que foram conferidos (CTN, art. 36, parágrafo único).

Também mantém alinhamento com o texto constitucional de 1988, o artigo 37 que estabelece como exceções à não incidência as pessoas jurídicas adquirentes que tenham como atividade preponderante a venda ou locação de propriedade imobiliária ou a cessão de direitos relativos à sua aquisição. Nesse ponto, o CTN regula quando se consideram preponderantes essas atividades, o que faz nos seguintes parágrafos do artigo 37:

> "§ 1º Considera-se caracterizada a atividade preponderante referida neste artigo quando mais de 50% (cinquenta por cento) da receita operacional da pessoa jurídica adquirente, nos 2 (dois) anos anteriores e nos 2 (dois) anos subsequentes à aquisição, decorrer de transações mencionadas neste artigo.
>
> § 2º Se a pessoa jurídica adquirente iniciar suas atividades após a aquisição, ou menos de 2 (dois) anos antes dela, apurar-se-á a preponderância referida no parágrafo anterior levando em conta os 3 (três) primeiros anos seguintes à data da aquisição.
>
> § 3º Verificada a preponderância referida neste artigo, tornar-se-á devido o imposto, nos termos da lei vigente à data da aquisição, sobre o valor do bem ou direito nessa data.
>
> § 4º O disposto neste artigo não se aplica à transmissão de bens ou direitos, quando realizada em conjunto com a da totalidade do patrimônio da pessoa jurídica alienante".

Quanto ao **momento do fato gerador** manifestou-se o Superior Tribunal de Justiça, tendo assentado a seguinte jurisprudência: "A propriedade imobiliária apenas se transfere com o registro do respectivo título (CC, art. 530)". O registro imobiliário é o fato gerador do Imposto de Transmissão de Bens Imóveis. Assim, a pretensão de cobrar o ITBI antes do registro imobiliário contraria o Ordenamento Jurídico" (STJ – Resp 12546-0-RJ). Ressalte-se, porém, não ser raro as legislações municipais exigirem o pagamento do imposto antes da lavratura da escritura de compra e venda, que constitui ato anterior ao registro imobiliário.

Ainda considerando que o fato gerador ocorre no momento do registro imobiliário, o mesmo STJ vem decidindo que não há incidência de ITBI nos casos de promessa compra e venda não registrada. No mesmo sentido, já houve, também, a seguinte decisão do STF: "A celebração de contrato de compromisso de compra e venda não gera obrigação ao pagamento do ITBI" (AI 603.309- AgR, Rel. Min. Eros Grau, Segunda Turma, DJ 23.2.2007). *A contrario sensu*, pode-se dizer que compromisso de compra e venda, quando registrado, constituirá fato gerador do imposto.

No que concerne ao cálculo do imposto, as **alíquotas** do ITBI serão estabelecidas em lei municipal, porém, não poderão ser progressivas, consoante Súmula nº 656 do STF: "É inconstitucional a lei que estabelece alíquotas progressivas para o imposto de transmissão *inter vivos* de bens imóveis – ITBI com base no valor venal do imóvel".

A **base de cálculo** do imposto é o valor venal dos bens ou direitos transmitidos (CTN, art. 38), mas não coincidirá com a base de cálculo do IPTU, uma vez que, nos termos da jurisprudência do STJ, o Fisco não está obrigado a utilizar como base de cálculo do ITBI o mesmo valor obtido quando da apuração do valor venal do imóvel para o cálculo do IPTU, podendo arbitrar o seu valor nos termos do artigo 148 do CTN (AgRg no AREsp 36.740/RS).

ATENÇÃO:

O STJ, aplicando o artigo 38 do CTN, já se pronunciou também sobre a base de cálculo do ITBI em caso de arrematação de imóvel em hasta pública: "Segundo consubstancia o art. 38 do CTN, a base de cálculo do imposto mencionado é o valor venal dos bens ou direitos transmitidos. Tendo em vista que a arrematação representa a aquisição do bem alienado judicialmente, deve-se considerar como valor venal do imóvel aquele atingido em hasta pública, que pode ser inferior ao da avaliação. Além disso, o fato gerador do ITBI só se aperfeiçoa com o registro da transmissão do bem imóvel, o que não ocorre quando da avaliação judicial. Destarte, feita a arrematação, toma-se por base para o cálculo do referido imposto o valor obtido na venda pública." Precedentes citados: REsp 863.893-PR, DJ 7/11/2006, e REsp 2.525-PR, DJ 25/6/1990. REsp 1.188.655-RS, Rel. Min. Luiz Fux, julgado em 20/5/2010. 1ª Turma. (Info 435)

De volta às normas do CTN, resta dizer que **contribuinte** do ITBI é qualquer das partes na operação tributada, como dispuser a lei (art. 42). Significa dizer que a lei poderá, por exemplo, atribuir a condição de contribuinte tanto ao vendedor, quanto ao adquirente de um imóvel, sendo muito mais comum a última situação.

E, por fim, consoante amplamente reconhecido pela doutrina e presente nas legislações municipais, pode-se afirmar que, diante da particularidade de ter seu fato gerador vinculado a atos praticados perante cartórios, o **lançamento por declaração ou misto** é a modalidade de constituição do crédito tributário que melhor se adequa à sistemática desse imposto.

3.3. Imposto sobre serviços de qualquer natureza

O **Imposto sobre Serviços de Qualquer Natureza – ISSQN**, incide sobre serviços de qualquer natureza, mas, desde que preenchidas duas condições que se depreendem do artigo 156, inciso III, da CF:

- o serviço não pode estar compreendido no artigo 155, inciso II, da CF, isto é, não pode ser serviço de comunicação ou de transporte interestadual ou intermunicipal, que ficam sujeitos à incidência do ICMS estadual;

- o serviço deve ser definido em lei complementar, vigorando, atualmente, a Lista de Serviços Anexa à Lei complementar 116/2003.

ATENÇÃO:

A Lei complementar nº 157/2016, de acordo com a competência conferida pelo artigo 156, inciso III, da CF, ampliou a relação de serviços passíveis de tributação pelo ISS. Para tanto, incluiu novos itens e subitens na Lista Anexa à Lei complementar nº 116/2016, bem como promoveu a alteração de outros presentes na redação original. Muita atenção para os novos serviços a seguir relacionados: 1.03 – Processamento, armazenamento ou hospedagem de dados, textos, imagens, vídeos, páginas eletrônicas, aplicativos e sistemas de informação, entre outros formatos, e congêneres; 1.04 – Elaboração de programas de computadores, inclusive de jogos eletrônicos, independentemente da arquitetura construtiva da máquina em que o programa será executado, incluindo tablets, smartphones e congêneres; 1.09 – Disponibilização, sem cessão definitiva, de conteúdos de áudio, vídeo, imagem e texto por meio da internet, respeitada a imunidade de livros, jornais e periódicos (exceto a distribuição de conteúdos pelas prestadoras de Serviço de Acesso Condicionado, de que trata a Lei no 12.485, de 12 de setembro de 2011, sujeita ao ICMS); 6.06 – Aplicação de tatuagens, piercings e congêneres; 7.16 – Florestamento, reflorestamento, semeadura, adubação, reparação de solo, plantio, silagem, colheita, corte e descascamento de árvores, silvicultura, exploração florestal e dos serviços congêneres indissociáveis da formação, manutenção e colheita de florestas, para quaisquer fins e por quaisquer meios; 11.02 – Vigilância, segurança ou monitoramento de bens, pessoas e semoventes; 13.05 – Composição gráfica, inclusive confecção de impressos gráficos, fotocomposição, clicheria, zincografia, litografia e fotolitografia, exceto se destinados a posterior operação de comercialização ou industrialização, ainda que incorporados, de qualquer forma, a outra mercadoria que deva ser objeto de posterior circulação, tais como bulas, rótulos, etiquetas, caixas, cartuchos, embalagens e manuais técnicos e de instrução, quando ficarão sujeitos ao ICMS; 14.05 – Restauração, recondicionamento, acondicionamento, pintura, beneficiamento, lavagem, secagem, tingimento, galvanoplastia, anodização, corte, recorte, plastificação, costura, acabamento, polimento e congêneres de objetos quaisquer; 14.14 – Guincho intramunicipal, guindaste e içamento; 16.01 – Serviços de transporte coletivo municipal rodoviário, metroviário, ferroviário e aquaviário de passageiros; 16.02 – Outros serviços de transporte de natureza municipal; 17.25 – Inserção de textos, desenhos e outros materiais de propaganda e publicidade, em qualquer meio (exceto em livros, jornais, periódicos e nas modalidades de serviços de radiodifusão sonora e de sons e imagens de recepção livre e gratuita); 25.02 – Translado intramunicipal e cremação de corpos e partes de corpos cadavéricos; 25.05 – Cessão de uso de espaços em cemitérios para sepultamento. A cobrança do imposto sobre os novos serviços depende da instituição por lei municipal, que deve respeitar os limites da lei complementar, bem como da observância ao princípio da anterioridade, nas suas vertentes anual e nonagesimal.

Além de estabelecer os serviços sujeitos à incidência do imposto, também cabe à lei complementar: I – fixar as suas alíquotas máximas e mínimas; II – excluir da sua incidência exportações de serviços para o exterior; III – regular a forma e as condições como isenções, incentivos e benefícios fiscais serão concedidos e revogados (CF, art. 156, § 3º). Enfim, considerando-se, também, o disposto no artigo 146, inciso III, da CF/88, incumbe à lei complementar estabelecer normas gerais relativas ao ISSQN.

É nesse sentido que a Lei complementar 116/2003 estabelece como **fato gerador** do ISSQN a prestação de serviços constantes da Lista Anexa, ainda que esses não se constituam como atividade preponderante do prestador (art. 1º).

Além disso, a lei complementar também dispõe que o imposto incide sobre:

- o serviço proveniente do exterior do País ou cuja prestação se tenha iniciado no exterior do País (art. 1º, § 1º);
- os serviços prestados mediante a utilização de bens e serviços públicos explorados economicamente mediante autorização, permissão ou concessão, com o pagamento de tarifa, preço ou pedágio pelo usuário final do serviço (art. 1º, § 3º);

ATENÇÃO:

A incidência do imposto não depende da denominação dada ao serviço prestado (LC 116/2003, art. 1º, § 4º).

Por outro lado, o imposto **não incide** sobre:

> I – as exportações de serviços para o exterior do País (isenção heterônoma excepcionalmente permitida pelo artigo 156, inciso § 3º, inciso II, da CF);
>
> II – a prestação de serviços em relação de emprego, dos trabalhadores avulsos, dos diretores e membros de conselho consultivo ou de conselho fiscal de sociedades e fundações, bem como dos sócios-gerentes e dos gerentes-delegados;
>
> III – o valor intermediado no mercado de títulos e valores mobiliários, o valor dos depósitos bancários, o principal, juros e acréscimos moratórios relativos a operações de crédito realizadas por instituições financeiras (operações bancárias, sujeitas ao IOF federal).

Porém, se a incidência do ISSQN é afastada em relação às operações bancárias, tais como operações de crédito, deve-se ter muita atenção que o mesmo não ocorre quanto aos serviços prestados pelos bancos que não tenham o caráter de operação bancária, normalmente tributadas nos termos do item 15 da lista de serviços anexa à Lei Complementar 116/2003. Em outras palavras, operação bancária (sujeita ao IOF) e serviços bancários (sujeitos ao ISS) são expressões que não se confundem.

Além dessas situações, colhem-se da jurisprudência do STF algumas hipóteses em que a incidência do ISSQN foi considerada inconstitucional. A mais clássica diz respeito às operações de locações de móveis, que deu ensejo à Súmula Vinculante nº 31: "é inconstitucional a incidência do Imposto sobre Serviços de Qualquer Natureza - ISS sobre operações de locação de bens móveis". Porém, a mesma jurisprudência do STF orienta-se no sentido de que a Súmula Vinculante 31 não chega a exonerar a prestação de serviços concomitante à locação de bens móveis do pagamento do ISS, de modo que, se houver ao mesmo tempo locação de bem móvel e prestação de serviços, o ISSQN incidirá sobre o segundo fato (serviços correlatos), sem atingir o primeiro (locação de bem móvel) (STF - ARE 656709 - 2ª. Turma - Rel. Min. Joaquim Barbosa - julg. 14/02/2012).

Em outras situações, o imposto não incidirá quanto a hipóteses pertencentes ao campo de incidência do ICMS estadual, sobre o que há várias decisões judiciais.

O ICMS, nas prestações de Serviços de transporte interestadual e intermunicipal, afasta a incidência do ISS, cabendo ao município tributar pelo ISSQN apenas o serviço de transporte intramunicipal, ou seja, dentro do mesmo município, consoante definido em lei complementar.

O ISS não incide sobre operações de industrialização por encomenda de embalagens, destinadas à integração ou utilização direta em processo subsequente de industrialização ou de circulação de mercadoria. Presentes os requisitos constitucionais e legais, incidirá o ICMS. (ADI 4389 MC, Relator(a): Min. JOAQUIM BARBOSA, Tribunal Pleno, julgado em 13/04/2011, PROCESSO ELETRÔNICO DJe-098 DIVULG 24-05-2011 PUBLIC 25-05-2011 RDDT nº 191, 2011, p. 196-206 RT v. 100, nº 912, 2011, p. 488-505)".

Importante esclarecer sobre o que dispõe a Súmula nº 156 do STJ, que pode ter sua redação literalmente cobrada em concursos: "A prestação de serviço de composição gráfica, personalizada e sob encomenda, ainda que envolva fornecimento de mercadorias, está sujeita, apenas, ao ISS". Porém, essa súmula é antiga e o próprio Supremo Tribunal Federal, mais recentemente, decidiu pela incidência do ICMS nos casos que envolvam fornecimento de mercadorias, desde que presentes os requisitos conceituais e legais (ADI 4389 MC - Tribunal Pleno - Rel. Min. Joaquim Barbosa, julgado em 13/04/2011). Com o advento da Lei complementar nº 157/2016 e a alteração da redação do subitem 13.05 da Lista de Serviços Anexa à Lei complementar nº 116/2003, encontra-se mais ainda superada a Súmula nº 156 do STJ, haja vista que a composição gráfica destinada a posterior operação de industrialização de embalagens, bulas, rótulos, manuais de instrução ou integração a produtos passou a se submeter expressamente ao ICMS. Para que nenhuma dúvida possa pairar, veja-se a redação do referido subitem: "Composição gráfica, inclusive confecção de impressos gráficos, fotocomposição, clicheria, zincografia, litografia e fotolitografia, **exceto** se destinados a posterior operação de comercialização ou industrialização, ainda que incorporados, de qualquer forma, a outra mercadoria que deva ser objeto de posterior circulação, tais como bulas, rótulos, etiquetas, caixas, cartuchos, embalagens e manuais técnicos e de instrução, quando ficarão sujeitos ao ICMS".

ATENÇÃO:

O STF entende o que o ISSQN incide sobre serviços de registros públicos, cartorários e notariais: "Incidência do Imposto sobre Serviços de Qualquer Natureza - ISSQN sobre serviços de registros públicos, cartorários e notariais. Constitucionalidade. Ação direta de inconstitucionalidade ajuizada contra os itens 21 e 21.1 da Lista Anexa à LC 116/2003, que permitem a tributação dos serviços de registros públicos, cartorários e notariais pelo ISSQN. (...) As pessoas que exercem atividade notarial não são imunes à tributação, porquanto a circunstância de desenvolverem os respectivos serviços com intuito lucrativo invoca a exceção prevista no art. 150, § 3º da Constituição. O recebimento de remuneração pela prestação dos serviços confirma, ainda, capacidade contributiva. A imunidade recíproca é uma garantia ou prerrogativa imediata de entidades políticas federativas, e não de particulares que executem, com inequívoco intuito lucrativo, serviços públicos mediante concessão ou delegação, devidamente remunerados. Não há diferenciação que justifique a tributação dos serviços públicos concedidos e a não tributação das atividades delegadas." (ADI 3.089, Rel. p/ o ac. Min. Joaquim Barbosa, julgamento em 13-2- 2008, Plenário, DJE de 1º-8-2008)

Ainda no campo da incidência, o STF decidiu que "as operadoras de planos de saúde e de seguro-saúde realizam prestação de serviço sujeita ao Imposto Sobre Serviços de Qualquer Natureza (ISSQN), previsto no art. 156, III, da CF" (RE 651.703/PR, rel. ministro Luiz Fux, julgamento em 15-6 e 29-9-2016, ata publicada no DJE de 7-10-2016).

No campo da sujeição passiva, o artigo 5º, da Lei complementar 116/2003 define que **contribuinte** do ISSQN é o prestador do serviço (LC 116/2003). E, sob o aspecto quantitativo, o mesmo diploma dispõe sobre base de cálculo e alíquotas, respectivamente, nos artigos 7º e 8º.

A **base de cálculo** do imposto é o preço do serviço (art. 7º), não se incluindo na mesma, porém, o valor dos materiais fornecidos pelo prestador dos serviços previstos nos itens 7.02 e 7.05 da lista de serviços anexa a esta Lei Complementar (art. 7º, § 2º, I). Ficam excluídos, portanto, os materiais utilizados em obras de construção civil, o que, inclusive, já foi considerado legítimo pelo Supremo Tribunal Federal (RE 603.497/MG).

ATENÇÃO:

"1. A competência para cobrança do ISS, sob a égide do DL 406/68 era o do local da prestação do serviço (art. 12), o que foi alterado pela LC 116/2003, quando passou a competência para o local da sede do prestador do serviço (art. 3º). 2. Em se tratando de construção civil, diferentemente, antes ou depois da lei complementar, o imposto é devido no local da construção (art. 12, letra "b" do DL 406/68 e art. 3º, da LC 116/2003). 3. Mesmo estabeleça o contrato diversas etapas da obra de construção, muitas das quais realizadas fora da obra e em município diverso, onde esteja a sede da prestadora, considera-se a obra como uma universalidade, sem divisão das etapas de execução para efeito de recolhimento do ISS" (REsp 1117121 SP, Rel. Ministra ELIANA CALMON, PRIMEIRA SEÇÃO, julgado em 14/10/2009, DJe 29/10/2009)

Ainda com relação à base de cálculo do ISSQN, deve-se ter muita atenção em relação a algumas decisões do STJ e do STF de grande repercussão.

Do STJ, merece destaque a jurisprudência sedimentada quanto à exclusão dos valores repassados a profissionais credenciados da base de cálculo ISSQN devido por empresas gestoras de planos de saúde:

> "No que se refere à base de cálculo, mostra-se ilegítima a incidência do ISS sobre o total das mensalidades pagas pelo titular do plano de saúde à empresa gestora, pois, em relação aos serviços prestados pelos profissionais credenciados, há a incidência do tributo, de modo que a nova incidência sobre o valor destinado a remunerar tais serviços caracteriza-se como dupla incidência de um mesmo tributo sobre uma mesma base imponível. Por tal razão, o valor repassado aos profissionais credenciados deve ser excluído da base de cálculo do tributo devido pela empresa gestora" (REsp 783.022/MG, Rel. Ministra Denise Arruda, Primeira Turma, DJe 16/03/2009).

E, de ambos os tribunais superiores (STF e STJ), não se pode deixar de citar as seguintes decisões:

- **Legalidade da tributação em valores fixos de sociedades unipessoais integradas por profissionais que atuam com responsabilidade pessoal:** a jurisprudência do Superior Tribunal de Justiça firmou-se no sentido de que o benefício da alíquota fixa do ISS, embora legítimo em face da não revogação do artigo 9º do Decreto-Lei 406/68 pela LC 116/2003, somente é devido às sociedades unipessoais integradas por profissionais que atuam com responsabilidade pessoal, não alcançando as sociedades empresariais, como as sociedades por quotas, cuja responsabilidade é limitada ao capital social (AgRg nos EDcl no AREsp 33.365/PR, Rel. Ministro Humberto Martins, Segunda Turma, julgado em 22/11/2011, DJe 25/11/2011).
- **Recepção das bases de cálculo previstas para as sociedades prestadoras de serviços profissionais pela nova ordem constitucional:** de acordo com vários precedentes do STF, nos seguintes termos: "As bases de cálculo previstas para as sociedades prestadoras de serviços profissionais foram recepcionadas pela nova ordem jurídico-constitucional, na medida em que se mostram adequadas a todo o arcabouço principiológico do sistema tributário nacional. Ao contrário do que foi alegado, a tributação diferenciada se presta a concretizar a isonomia e a capacidade contributiva. As normas inscritas nos § 1º e § 3º não implicam redução

da base de cálculo." (AI 703.982-AgR, rel. min. Dias Toffoli, julgamento em 9-4-2013, Primeira Turma, DJE de 7-6-2013.) No mesmo sentido: RE 795.415-AgR, rel. min. Cármen Lúcia, julgamento em 3-6-2014, Segunda Turma, DJE de 13-6-2014.

ATENÇÃO:

1. A base de cálculo do ISS é o preço do serviço, consoante disposto no artigo 9°, caput, do Decreto-Lei 406/68. 2. As empresas de mão-de-obra temporária podem encartar-se em duas situações, em razão da natureza dos serviços prestados: (i) como intermediária entre o contratante da mão-de-obra e o terceiro que é colocado no mercado de trabalho; (ii) como prestadora do próprio serviço, utilizando de empregados a ela vinculados mediante contrato de trabalho. 3. A intermediação implica o preço do serviço que é a comissão, base de cálculo do fato gerador consistente nessas "intermediações". 4. O ISS incide, nessa hipótese, apenas sobre a taxa de agenciamento, que é o preço do serviço pago ao agenciador, sua comissão e sua receita, excluídas as importâncias voltadas para o pagamento dos salários e encargos sociais dos trabalhadores. Distinção de valores pertencentes a terceiros (os empregados) e despesas com a prestação. Distinção necessária entre receita e entrada para fins financeiro-tributários. (REsp 1138205 PR, Rel. Ministro LUIZ FUX, PRIMEIRA SEÇÃO, julgado em 09/12/2009, DJe 01/02/2010)

Ainda sob o aspecto quantitativo, diferente de outros impostos, em que as competências relacionadas a alíquotas máximas e mínimas são conferidas ao Senado Federal, no caso do ISSQN, elas são atribuídas à lei complementar (CF, 156, § 3º, I), diante do que o artigo 8º, inciso II, da Lei complementar 116/2003, estabeleceu que a **alíquota máxima** do imposto corresponde ao percentual de 5% (cinco por cento).

No que se refere às alíquotas mínimas, o art. 88 do ADCT dispõe que:

> "Art. 88. Enquanto lei complementar não disciplinar o disposto nos incisos I e III do § 3º do art. 156 da Constituição Federal, o imposto a que se refere o inciso III do caput do mesmo artigo: I – terá alíquota mínima de dois por cento, exceto para os serviços a que se referem os itens 32, 33 e 34 da Lista de Serviços anexa ao Decreto-Lei nº 406, de 31 de dezembro de 1968; II – não será objeto de concessão de isenções, incentivos e benefícios fiscais, que resulte, direta ou indiretamente, na redução da alíquota mínima estabelecida no inciso I".

Durante muito tempo, esse dispositivo produziu seus efeitos, pois, a Lei Complementar nº 116, de 2003, que veio posteriormente a dispor sobre o ISSQN, não estabelecia alíquota mínima, nem regulava a forma e as condições para a concessão, pelos Municípios, de isenções, incentivos e benefícios fiscais no que diz respeito ao imposto. O cenário, porém, mudou com o advento da Lei Complementar nº 157, de 2016, que incluiu na Lei complementar nº 116, de 2003 o artigo 8º-A, com a seguinte redação:

> "Art. 8º-A: A alíquota mínima do Imposto sobre Serviços de Qualquer Natureza é de 2% (dois por cento).
>
> § 1º O imposto não será objeto de concessão de isenções, incentivos ou benefícios tributários ou financeiros, inclusive de redução de base de cálculo ou de crédito presumido ou outorgado, ou sob qualquer outra forma que resulte, direta ou indiretamente, em carga tributária menor que a decorrente da aplicação da alíquota mínima estabelecida no caput, exceto para os serviços a que se referem os subitens 7.02, 7.05 e 16.01 da lista anexa a esta Lei Complementar.
>
> § 2º É nula a lei ou o ato do Município ou do Distrito Federal que não respeite as disposições relativas à alíquota mínima previstas neste artigo no caso de serviço prestado a tomador ou intermediário localizado em Município diverso daquele onde está localizado o prestador do serviço.
>
> § 3º A nulidade a que se refere o § 2º deste artigo gera, para o prestador do serviço, perante o Município ou o Distrito Federal que não respeitar as disposições deste artigo, o direito à restituição do valor efetivamente pago do Imposto sobre Serviços de Qualquer Natureza calculado sob a égide da lei nula".

Quanto às exceções à vedação à concessão de isenções, incentivos ou benefícios (§ 2º), referem-se elas aos seguintes serviços:

> 7.02. Execução, por administração, empreitada ou subempreitada, de obras de construção civil, hidráulica ou elétrica e de outras obras semelhantes, inclusive sondagem, perfuração de poços, escavação, drenagem e irrigação, terraplanagem, pavimentação, concretagem e a instalação e montagem de produtos, peças e equipamentos (exceto o fornecimento de mercadorias produzidas pelo prestador de serviços fora do local da prestação dos serviços, que fica sujeito ao ICMS);
>
> 7.05. Reparação, conservação e reforma de edifícios, estradas, pontes, portos e congêneres (exceto o fornecimento de mercadorias produzidas pelo prestador dos serviços, fora do local da prestação dos serviços, que fica sujeito ao ICMS);
>
> 16.01. Serviços de transporte coletivo municipal rodoviário, metroviário, ferroviário e aquaviário de passageiros.

Por fim, de acordo com a sistemática de apuração estabelecida nas legislações municipais, verifica-se que, ordinariamente, o imposto está sujeito ao **lançamento por homologação.**

3.4. Quadro comparativo dos principais aspectos dos impostos municipais[6]

Quadro comparativo dos Principais aspectos dos impostos municipais			
Fato Gerador	**Principais Contribuintes**	**Principal Base de Cálculo**	**Observações Constitucionais**
A propriedade, o domínio útil e a posse a qualquer título de imóvel urbano	Proprietário, titular do domínio útil ou possuidor a qualquer título de imóvel urbano	Valor venal do imóvel	Poderá ser progressivo em função do tempo e em razão do valor do imóvel, além de ter alíquotas diferentes de acordo com a localização e o uso do imóvel
Quaisquer negócios jurídicos, independentemente de registro, que transfiram onerosamente bem imóvel ou direito real sobre bem imóvel (exceto os de garantia)	Qualquer das partes na operação tributada (em geral, o adquirente)	Valor venal do imóvel ou do direito transmitido	Imunidades na transmissão de bens ou direitos incorporados à pessoa jurídica como integralização do capital social, na transmissão de bens ou direitos decorrentes de fusão, incorporação, cisão ou extinção de pessoa jurídica (salvo se a atividade preponderante do adquirente for a compra e venda desses bens ou direitos, locação de bens imóveis ou arrendamento mercantil)
Prestação de serviços constantes na lista anexa à LC 116/2003, ainda que esses não se constituam como atividade preponderante do prestador	Prestador de serviços	Preço do serviço	Imunidade sobre exportações de serviços para o exterior

6. In: MARTINS, Alan; SCARDOELLI, Dimas Yamada. *Direito Tributário – curso rápido e didático para estudos e revisões.* Leme: Editora JH Mizuno, 2012, página 75.

4. AS ALÍQUOTAS NA CF/88

Em diversos dispositivos constitucionais há menção a vários aspectos relativos às alíquotas aplicáveis aos impostos, conforme o quadro a seguir:

Tributo	Alíquota	Competência/Observação
IOF (ouro)	Mínima	1%
ITCMD	Máxima	Senado Federal
ICMS (operações internas)	Mínima	Senado Federal (resolução de iniciativa de um terço dos senadores e aprovada por maioria absoluta)
ICMS (operações internas)	Máxima	Senado Federal (resolução de iniciativa da maioria absoluta e aprovada por 2/3 dos senadores)
ICMS (operações internas)	Deve ser maior do que a	Alíquota interestadual
ICMS (operações interestaduais)	a ser fixada pelo	Senado Federal (resolução de iniciativa do Presidente da República ou de um terço dos senadores)
IPVA	Mínima	Senado Federal
ISS	Mínimas/Máximas	Lei Complementar

5. INFORMATIVOS DE JURISPRUDÊNCIA (2017 E 2018)

Redução da base de cálculo do ICMS e estorno de créditos

A Primeira Turma, em conclusão de julgamento e por maioria, deu provimento a agravo regimental em que se pretendia o estorno total dos créditos do ICMS gerados na entrada de insumos tributados, na hipótese de o contribuinte exercer a opção pela tributação com redução da base de cálculo na saída das mercadorias.

No caso, norma estadual instituiu regime tributário opcional a empresas transportadoras contribuintes do ICMS. Com isso, ficava facultada ao contribuinte a manutenção do regime normal de crédito e débito do imposto ou a apuração do débito com o benefício da redução da base de cálculo, vedada, nesta hipótese, a utilização de quaisquer créditos relativos a entradas tributadas.

O Colegiado entendeu que, havendo a opção pelo regime ordinário ou por regime mais favorável de tributação e estabelecendo a lei um regramento específico para o regime mais favorável, a adesão a ele não gera o direito ao creditamento se a lei o excluir. Assim, o contribuinte deve optar por um dos regimes.

Vencido o ministro Marco Aurélio (relator), que negava provimento ao recurso por entender que a legislação em debate violaria o princípio da não cumulatividade, pois deveria resguardar o aproveitamento dos créditos na proporção da redução da base de cálculo.

AI 765420 AgR-segundo/RS, rel. orig. Min. Marco Aurélio, red. p/ o ac. Min. Rosa Weber, julgamento em 21.2.2017.

(Informativo 855, 1ª Turma)

Arrolamento sumário. Art. 659, § 2º, do CPC/2015. Expedição dos formais de partilha ou da carta de adjudicação. Prévio pagamento do Imposto de Transmissão Causa Mortis (ITCM). Desnecessidade.

No arrolamento sumário, não se condiciona a entrega dos formais de partilha ou da carta de adjudicação à prévia quitação dos tributos concernentes à transmissão patrimonial aos sucessores. REsp 1.704.359-DF, Rel. Min. Gurgel de Faria, por maioria, julgado em 28/08/2018, DJe 02/10/2018. (Informativo n. 634.)

Contratos de compra e venda de imóveis a prazo. Valores decorrentes do INCC. Classificação. Receita bruta. Lucro presumido. Imposto de renda sobre pessoa jurídica. Incidência.

A parcela decorrente do INCC integra a receita bruta decorrente da venda do bem imóvel, sendo possível o seu acréscimo à base de cálculo do lucro presumido para fins de incidência do imposto de renda. REsp 1.298.441-GO, Rel. Min. Gurgel de Faria, por unanimidade, julgado em 04/09/2018, DJe 13/09/2018. (Informativo n. 633.)

ICMS. Energia elétrica. Aquisição no mercado de curto prazo. Câmara de Comercialização de Energia Elétrica – CCEE. Natureza jurídica da operação. Cessão de direitos.

Não incide ICMS sobre as operações financeiras realizadas no Mercado de Curto Prazo da Câmara de Comercialização de Energia Elétrica (CCEE). REsp 1.615.790-MG, Rel. Min. Gurgel de Faria, por unanimidade, julgado em 20/02/2018, DJe 09/04/2018. (Informativo n. 623.)

IPI. Aquisição de matéria-prima, produto intermediário e material de embalagem submetida ao regime de suspensão. Manutenção e utilização de crédito pelo estabelecimento industrial. Impossibilidade.

A manutenção e a utilização do crédito de IPI submetido à suspensão são incentivos fiscais reservados ao estabelecimento industrial fabricante das matérias-primas, dos produtos intermediários e dos materiais de embalagem que os vende (saída) para empresas que os utilizam na industrialização de produtos destinados à exportação. REsp 1.382.354-PE, Rel. Min. Gurgel de Faria, por maioria, julgado em 22/08/2017, DJe 04/10/2017. (Informativo n. 612)

Imposto de Renda. Pagamento de precatório judicial. Cessão de crédito. Base de cálculo. Alíquota aplicável. Natureza do crédito originário.

A cessão de crédito de precatório não tem o condão de alterar a base de cálculo e a alíquota do Imposto de Renda, que deve considerar a origem do crédito e o próprio sujeito passivo originariamente favorecido pelo precatório. REsp 1.405.296-AL, Rel. Min. Napoleão Nunes Maia Filho, por unanimidade, julgado em 19/09/2017, DJe 28/09/2017. (Informativo n. 612)

ICMS. Fornecimento de energia elétrica. Base de cálculo. Tarifa de Uso do Sistema de Distribuição (TUSD). Inclusão.

A Tarifa de Uso do Sistema de Distribuição (TUSD) compõe o preço final da operação de fornecimento de energia elétrica e está incluída na base de cálculo do ICMS. REsp 1.163.020-RS, Rel. Min. Gurgel de Faria, por maioria, julgado em 21/3/2017, DJe 27/3/2017. (Informativo n. 601)

6. SÚMULAS

Súmula vinculante 31: "É inconstitucional a incidência do Imposto sobre Serviços de Qualquer Natureza - ISS sobre operações de locação de bens móveis".

Súmula vinculante 32: "O ICMS não incide sobre a alienação de salvados de sinistros pelas seguradoras".

Súmula vinculante 48: "Na entrada de mercadoria importada do exterior, é legítima a cobrança do ICMS por ocasião do desembaraço aduaneiro".

Súmula 93 STF: "Não está isenta do imposto de renda a atividade profissional do arquiteto".

Súmula 112 STF: "O imposto de transmissão causa mortis é devido pela alíquota vigente ao tempo da abertura da sucessão".

Súmula 113 STF: "O imposto de transmissão causa mortis é calculado sobre o valor dos bens na data da avaliação".

Súmula 114 STF: "O imposto de transmissão causa mortis não é exigível antes da homologação do cálculo".

Súmula 115 STF: "Sobre os honorários do advogado contratado pelo inventariante, com a homologação do juiz, não incide o imposto de transmissão *causa mortis*".

Súmula 331 STF: "É legítima a incidência do imposto de transmissão causa mortis no inventário por morte presumida".

Súmula 539 STF: "É constitucional a lei do município que reduz o imposto predial urbano sobre imóvel ocupado pela residência do proprietário, que não possua outro".

Súmula 573 STF: "Não constitui fato gerador do imposto de circulação de mercadorias a saída física de máquinas, utensílios e implementos a título de comodato".

Súmula 574 STJ: "Sem lei estadual que a estabeleça, é ilegítima a cobrança do imposto de circulação de mercadorias sobre o fornecimento de alimentação e bebidas em restaurante ou estabelecimento similar".

Súmula 575 STF: "À mercadoria importada de país signatário do GATT, ou membro da ALALC, estende-se a isenção do imposto sobre circulação de mercadorias concedida a similar nacional".

Súmula 583 STF: "Promitente-comprador de imóvel residencial transcrito em nome de autarquia é contribuinte do imposto predial territorial urbano".

Súmula 584 STF: "Ao imposto de renda calculado sobre os rendimentos do ano-base, aplica-se a lei vigente no exercício financeiro em que deve ser apresentada a declaração".

Súmula 586 STF: "Incide imposto de renda sobre os juros remetidos para o exterior, com base em contrato de mútuo".

Súmula 587 STF: "Incide imposto de renda sobre o pagamento de serviços técnicos contratados no exterior e prestados no Brasil".

Súmula 588 STF: "O imposto sobre serviços não incide sobre os depósitos, as comissões e taxas de desconto, cobrados pelos estabelecimentos bancários".

Súmula 589 STF: "É inconstitucional a fixação de adicional progressivo do imposto predial e territorial urbano em função do número de imóveis do contribuinte".

Súmula 590 STF: "Calcula-se o imposto de transmissão "causa mortis" sobre o saldo credor da promessa de compra e venda de imóvel, no momento da abertura da sucessão do promitente vendedor".

Súmula 591 STF: "A imunidade ou a isenção tributária do comprador não se estende ao produtor, contribuinte do imposto sobre produtos industrializados".

Súmula 656 STF: "É inconstitucional a lei que estabelece alíquotas progressivas para o imposto de transmissão *inter vivos* de bens imóveis – ITBI com base no valor venal do imóvel".

Súmula 660 STF: "Não incide ICMS na importação de bens por pessoa física ou jurídica que não seja contribuinte do imposto".

Súmula 662 STF: "É legítima a incidência do ICMS na comercialização de exemplares de obras cinematográficas, gravados em fitas de videocassete".

Súmula 663 STF: "Os §§ 1° e 3° do art. 9° do DL 406/68 foram recebidos pela Constituição".

Súmula 664 STF: "É inconstitucional o inciso V do art. 1° da Lei 8.033/90, que instituiu a incidência do imposto nas operações de crédito, câmbio e seguros – IOF sobre saques efetuados em caderneta de poupança".

Súmula 668 STF: "É inconstitucional a lei municipal que tenha estabelecido, antes da Emenda Constitucional 29/2000, alíquotas progressivas para o IPTU, salvo se destinada a assegurar o cumprimento da função social da propriedade urbana".

Súmula 20 STJ: "A mercadoria importada de país signatário do GATT é isenta do ICM, quando contemplado com esse favor o similar nacional".

Súmula 68 STJ: "A parcela relativa ao ICM inclui-se na base de cálculo do PIS".

Súmula 95 STJ: "A redução da alíquota do imposto sobre produtos industrializados ou do imposto de importação não implica redução do ICMS".

Súmula 125 STJ: "O pagamento de férias não gozadas por necessidade do serviço não está sujeito à incidência do imposto de renda".

Súmula 135 STJ: "O ICMS não incide na gravação e distribuição de filmes e videoteipes".

Súmula 136 STJ: "O pagamento de licença-prêmio não gozada por necessidade do serviço não está sujeito ao imposto de renda".

Súmula 138 STJ: "O ISS incide na operação de arrendamento mercantil de coisas móveis".

Súmula 155 STJ: "O ICMS incide na importação de aeronave, por pessoa física, para uso próprio".

Súmula 156 STJ: "A prestação de serviço de composição gráfica, personalizada e sob encomenda, ainda que envolva fornecimento de mercadorias, está sujeita, apenas, ao ISS".

Súmula 160 STJ: "É defeso, ao Município, atualizar o IPTU, mediante decreto, em percentual superior ao índice oficial de correção monetária".

Súmula 163 STJ: "O fornecimento de mercadorias com a simultânea prestação de serviços em bares, restaurantes e estabelecimentos similares constitui fato gerador do ICMS a incidir sobre o valor total da operação".

Súmula 166 STJ: "Não constitui fato gerador do ICMS o simples deslocamento de mercadoria de um para outro estabelecimento do mesmo contribuinte".

Súmula 167 STJ: "O fornecimento de concreto, por empreitada, para construção civil, preparado no trajeto até a obra em betoneiras acopladas a caminhões, é prestação de serviço, sujeitando-se apenas à incidência do ISS".

Súmula 185 STJ: "Nos depósitos judiciais, não incide o imposto sobre operações financeiras".

Súmula 198 STJ: "Na importação de veículo por pessoa física, destinado a uso próprio, incide o ICMS".

Súmula 215 STJ: "A indenização recebida pela adesão a programa de incentivo à demissão voluntária não está sujeita à incidência do imposto de renda".

Súmula 237 STJ: "Nas operações com cartão de crédito, os encargos relativos ao financiamento não são considerados no cálculo do ICMS".

Súmula 262 STJ: "Incide o imposto de renda sobre o resultado das aplicações financeiras realizadas pelas cooperativas".

Súmula 274 STJ: "O ISS incide sobre o valor dos serviços de assistência médica, incluindo-se neles as refeições, os medicamentos e as diárias hospitalares".

Súmula 334 STJ: "O ICMS não incide no serviço dos provedores de acesso à internet".

Súmula 350 STJ: "O ICMS não incide sobre o serviço de habilitação de telefone celular".

Súmula 386 STJ: "São isentas de imposto de renda as indenizações de férias proporcionais e o respectivo adicional".

Súmula 391 STJ: "O ICMS incide sobre o valor da tarifa de energia elétrica correspondente à demanda de potência efetivamente utilizada".

Súmula 395 STJ: "O ICMS incide sobre o valor da venda a prazo constante da nota fiscal".

Súmula 397 STJ: "O contribuinte do IPTU é notificado do lançamento pelo envio do carnê ao seu endereço".

Súmula 399 STJ: "Cabe à legislação municipal estabelecer o sujeito passivo do IPTU".

Súmula 411 STJ: "É devida a correção monetária ao creditamento do IPI quando há oposição ao seu aproveitamento decorrentes de resistência ilegítima do Fisco".

Súmula 424 STJ: "É legítima a incidência de ISS sobre os serviços bancários congêneres da lista anexa ao DL nº 406/1968 e à LC 56/1987".

Súmula 425 STJ: "A retenção da contribuição para a seguridade social pelo tomador do serviço não se aplica às empresas optantes pelo Simples".

Súmula 433 STJ: "O produto semielaborado, para fins de incidência de ICMS, é aquele que preenche cumulativamente os três requisitos do art. 1° da Lei Complementar 65/1991".

Súmula 447 STJ: "Os Estados e o Distrito Federal são partes legítimas na ação de restituição de imposto de renda retido na fonte proposta por seus servidores".

Súmula 457 STJ: "Os descontos incondicionais nas operações mercantis não se incluem na base de cálculo do ICMS".

Súmula 463 STJ: "Incide imposto de renda sobre os valores percebidos a título de indenização por horas extraordinárias trabalhadas, ainda que decorrentes de acordo coletivo".

Súmula 494 STJ: "O benefício fiscal do ressarcimento do crédito presumido do IPI relativo às exportações incide mesmo quando as matérias-primas ou os insumos sejam adquiridos de pessoa física ou jurídica não contribuinte do PIS/PASEP".

Súmula 495 STJ: "A aquisição de bens integrantes do ativo permanente da empresa não gera direito a creditamento de IPI".

Súmula 498 STJ: "Não incide imposto de renda sobre a indenização por danos morais".

Súmula 524 STJ: "No tocante à base de cálculo, o ISSQN incide apenas sobre a taxa de agenciamento quando o serviço prestado por sociedade empresária de trabalho temporário for de intermediação, devendo, entretanto, englobar também os valores dos salários e encargos sociais dos trabalhadores por ela contratados nas hipóteses de fornecimento de mão de obra".

Súmula 556 STJ: "É indevida a incidência de imposto de renda sobre o valor da complementação de aposentadoria pago por entidade de previdência privada e em relação ao resgate de contribuições recolhidas para referidas entidades patrocinadoras no período de 1°/1/1989 a 31/12/1995, em razão da isenção concedida pelo art. 6°, VII, b, da Lei n. 7.713/1988, na redação anterior à que lhe foi dada pela Lei n. 9.250/1995".

Súmula 590 STJ: "Constitui acréscimo patrimonial a atrair a incidência do imposto de renda, em caso de liquidação de entidade de previdência privada, a quantia que couber a cada participante, por rateio do patrimônio, superior ao valor das respectivas contribuições à entidade em liquidação, devidamente atualizadas e corrigidas".

Súmula 626 do STJ: "A incidência do IPTU sobre imóvel situado em área considerada pela lei local como urbanizável ou de expansão urbana não está condicionada à existência dos melhoramentos elencados no art. 32, § 1°, do CTN".

Súmula 3 CARF: "Para a determinação da base de cálculo do Imposto de Renda das Pessoas Jurídicas e da Contribuição Social sobre o Lucro, a partir do ano-calendário de 1995, o lucro líquido ajustado poderá ser reduzido em, no máximo, trinta por cento, tanto em razão da compensação de prejuízo, como em razão da compensação da base de cálculo negativa".

Súmula 13 CARF: "Menor pobre que o sujeito passivo crie e eduque pode ser considerado dependente na Declaração do Imposto de Renda da Pessoa Física, desde que o declarante detenha a guarda judicial".

Súmula 16 CARF: "O direito ao aproveitamento dos créditos de IPI decorrentes da aquisição de matérias-primas, produtos intermediários e material de embalagem utilizados na fabricação de produtos cuja saída seja com isenção ou alíquota zero, nos termos do art. 11 da Lei n° 9.779, de 1999, alcança, exclusivamente, os insumos recebidos pelo estabelecimento do contribuinte a partir de 1° de janeiro de 1999".

Súmula 18 CARF: "A aquisição de matérias-primas, produtos intermediários e material de embalagem tributados à alíquota zero não gera crédito de IPI".

Súmula 19 CARF: "Não integram a base de cálculo do crédito presumido da Lei n° 9.363, de 1996, as aquisições de combustíveis e energia elétrica uma vez que não são consumidos em contato direto com o produto, não se enquadrando nos conceitos de matéria-prima ou produto intermediário".

Súmula 20 CARF: "Não há direito aos créditos de IPI em relação às aquisições de insumos aplicados na fabricação de produtos classificados na TIPI como NT".

Súmula 39 CARF: "Os valores recebidos pelos técnicos residentes no Brasil a serviço da ONU e suas Agências Especializadas, com vínculo contratual, não são isentos do Imposto sobre a Renda da Pessoa Física".

Súmula 40 CARF: "A apresentação de recibo emitido por profissional para o qual haja Súmula Administrativa de Documentação Tributariamente Ineficaz, desacompanhado de elementos de prova da efetividade dos serviços e do correspondente pagamento, impede a dedução a título de despesas médicas e enseja a qualificação da multa de ofício".

Súmula 42 CARF: "Não incide o imposto sobre a renda das pessoas físicas sobre os valores recebidos a título de indenização por desapropriação".

Súmula 43 CARF: "Os proventos de aposentadoria, reforma ou reserva remunerada, motivadas por acidente em serviço e os percebidos por portador de moléstia profissional ou grave, ainda que contraída após a aposentadoria, reforma ou reserva remunerada, são isentos do imposto de renda".

Súmula 45 CARF: "O Imposto sobre a Propriedade Territorial Rural não incide sobre áreas alagadas para fins de constituição de reservatório de usinas hidroelétricas".

Súmula 63 CARF: "Para gozo da isenção do imposto de renda da pessoa física pelos portadores de moléstia grave, os rendimentos devem ser provenientes de aposentadoria, reforma, reserva remunerada ou pensão e a moléstia deve ser devidamente comprovada por laudo pericial emitido por serviço médico oficial da União, dos Estados, do Distrito Federal ou dos Municípios".

Súmula 68 CARF: "A Lei n° 8.852, de 1994, não outorga isenção nem enumera hipóteses de não incidência de Imposto sobre a Renda da Pessoa Física".

Súmula 70 CARF: "É imune ao ITR o imóvel pertencente às entidades indicadas no artigo 150, VI, «c», da Constituição, que se encontra arrendado, desde que a receita assim obtida seja aplicada nas atividades essenciais da entidade".

Súmula 80 CARF: "Na apuração do IRPJ, a pessoa jurídica poderá deduzir do imposto devido o valor do imposto de renda retido na fonte, desde que comprovada a retenção e o cômputo das receitas correspondentes na base de cálculo do imposto".

Súmula 85 CARF: "Na revenda de veículos automotores usados, de que trata o art. 5° da Lei no 9.716, de 26 de novembro de 1998, aplica-se o coeficiente de determinação do lucro presumido de 32% (trinta e dois por cento) sobre a receita bruta, correspondente à diferença entre o valor de aquisição e o de revenda desses veículos".

Súmula 87 CARF: "O imposto de renda não incide sobre as verbas recebidas regularmente por parlamentares a título de auxílio de gabinete e hospedagem, exceto quando a fiscalização apurar a utilização dos recursos em benefício próprio não relacionado à atividade legislativa".

Súmula 94 CARF: Os lucros auferidos no exterior por filial, sucursal, controlada ou coligada serão convertidos em reais pela taxa de câmbio, para venda, do dia das demonstrações financeiras em que tenham sido apurados tais lucros, inclusive a partir da vigência da MP n° 2.158-35, de 2001

Súmula 95 CARF: "A presunção de omissão de receitas caracterizada pelo fornecimento de recursos de caixa à sociedade por administradores, sócios de sociedades de pessoas, ou pelo administrador da companhia, somente é elidida com a demonstração cumulativa da origem e da efetividade da entrega dos recursos".

Súmula 115 CARF: "A sistemática de cálculo do "Método do Preço de Revenda menos Lucro com margem de lucro de sessenta por cento (PRL 60)" prevista na IN SRF n° 243/2002, não afronta o disposto no art. 18, II, da Lei n° 9.430/1996, com a redação dada pela Lei n° 9.959/2000".

Súmula 118 CARF: "Caracteriza ganho tributável por pessoa jurídica domiciliada no país a diferença positiva entre o valor das ações ou quotas de capital recebidas em razão da transferência do patrimônio de entidade sem fins lucrativos para entidade empresarial e o valor despendido na aquisição de título patrimonial".

Súmula 122 CARF: "A averbação da Área de Reserva Legal (ARL) na matrícula do imóvel em data anterior ao fato gerador supre a eventual falta de apresentação do Ato Declaratório Ambiental (ADA)".

Súmula 124 CARF: "A produção e a exportação de produtos classificados na Tabela de Incidência do IPI (TIPI) como "não-tributados" não geram direito ao crédito presumido de IPI de que trata o art. 1° da Lei n° 9.363/1996".

Súmula 128 CARF: "No cálculo do crédito presumido de IPI, de que tratam a Lei nº 9.363/1996 e a Portaria MF nº 38/1997, as receitas de exportação de produtos não industrializados pelo contribuinte incluem-se na composição tanto da Receita de Exportação (RE), quanto da Receita Operacional Bruta (ROB), refletindo nos dois lados do coeficiente de exportação (numerador e denominador)".

Súmula 03/2003 TIT/SP: "Não é admissível a correção monetária de saldos credores do ICMS, tampouco a correção monetária de créditos extemporâneos do ICMS".

Súmula 07/2005 TIT/SP: "Até a vigência da Emenda Constitucional nº 33/2001, não incide o ICMS na importação de bens por pessoa física ou jurídica que não seja contribuinte do imposto".

7. LEGISLAÇÃO RELACIONADA AO CAPÍTULO[7]

» CONSTITUIÇÃO FEDERAL

Art. 24. ...

§ 1º No âmbito da legislação concorrente, a competência da União limitar-se-á a estabelecer normas gerais.

§ 2º A competência da União para legislar sobre normas gerais não exclui a competência suplementar dos Estados.

§ 3º Inexistindo lei federal sobre normas gerais, os Estados exercerão a competência legislativa plena, para atender a suas peculiaridades.

§ 4º A superveniência de lei federal sobre normas gerais suspende a eficácia da lei estadual, no que lhe for contrário.

Art. 146. Cabe à lei complementar:

I – dispor sobre conflitos de competência, em matéria tributária, entre a União, os Estados, o Distrito Federal e os Municípios;

II – regular as limitações constitucionais ao poder de tributar;

III – estabelecer normas gerais em matéria de legislação tributária, especialmente sobre:

a) definição de tributos e de suas espécies, bem como, em relação aos impostos discriminados nesta Constituição, a dos respectivos fatos geradores, bases de cálculo e contribuintes;

b) obrigação, lançamento, crédito, prescrição e decadência tributários;

c) adequado tratamento tributário ao ato cooperativo praticado pelas sociedades cooperativas.

d) definição de tratamento diferenciado e favorecido para as microempresas e para as empresas de pequeno porte, inclusive regimes especiais ou simplificados no caso do imposto previsto no art. 155, II, das contribuições previstas no art. 195, I e §§ 12 e 13, e da contribuição a que se refere o art. 239.

Art. 147. Competem à União, em Território Federal, os impostos estaduais e, se o Território não for dividido em Municípios, cumulativamente, os impostos municipais; ao Distrito Federal cabem os impostos municipais.

Art. 153. Compete à União instituir impostos sobre:

I – importação de produtos estrangeiros;

II – exportação, para o exterior, de produtos nacionais ou nacionalizados;

III – renda e proventos de qualquer natureza;

IV – produtos industrializados;

V – operações de crédito, câmbio e seguro, ou relativas a títulos ou valores mobiliários;

VI – propriedade territorial rural;

VII – grandes fortunas, nos termos de lei complementar.

§ 1º É facultado ao Poder Executivo, atendidas as condições e os limites estabelecidos em lei, alterar as alíquotas dos impostos enumerados nos incisos I, II, IV e V.

§ 2º O imposto previsto no inciso III:

I – será informado pelos critérios da generalidade, da universalidade e da progressividade, na forma da lei;

§ 3º O imposto previsto no inciso IV:

I – será seletivo, em função da essencialidade do produto;

II – será não-cumulativo, compensando-se o que for devido em cada operação com o montante cobrado nas anteriores;

III – não incidirá sobre produtos industrializados destinados ao exterior.

IV – terá reduzido seu impacto sobre a aquisição de bens de capital pelo contribuinte do imposto, na forma da lei.

§ 4º O imposto previsto no inciso VI do *caput*:

I – será progressivo e terá suas alíquotas fixadas de forma a desestimular a manutenção de propriedades improdutivas;

7. Por opção didática, optou-se por transcrever neste capítulo apenas as normas constitucionais e aquelas com estatura de lei complementar para os impostos federais, estaduais e municipais. O candidato deve estar, porém, atento aos editais quanto à eventual cobrança de leis ordinárias e regulamentos relacionados aos impostos. De qualquer maneira, toda a base fundamental para a compreensão e estudo dos impostos em espécie encontra-se estabelecida nos patamares das normas constitucionais e leis complementares.

II - não incidirá sobre pequenas glebas rurais, definidas em lei, quando as explore o proprietário que não possua outro imóvel;

III - será fiscalizado e cobrado pelos Municípios que assim optarem, na forma da lei, desde que não implique redução do imposto ou qualquer outra forma de renúncia fiscal.

§ 5º O ouro, quando definido em lei como ativo financeiro ou instrumento cambial, sujeita-se exclusivamente à incidência do imposto de que trata o inciso V do «caput» deste artigo, devido na operação de origem; a alíquota mínima será de um por cento, assegurada a transferência do montante da arrecadação nos seguintes termos:

I - trinta por cento para o Estado, o Distrito Federal ou o Território, conforme a origem;

II - setenta por cento para o Município de origem.

Art. 154. A União poderá instituir:

I - mediante lei complementar, impostos não previstos no artigo anterior, desde que sejam não-cumulativos e não tenham fato gerador ou base de cálculo próprios dos discriminados nesta Constituição;

II - na iminência ou no caso de guerra externa, impostos extraordinários, compreendidos ou não em sua competência tributária, os quais serão suprimidos, gradativamente, cessadas as causas de sua criação.

Art. 155. Compete aos Estados e ao Distrito Federal instituir impostos sobre:

I - transmissão causa mortis e doação, de quaisquer bens ou direitos;

II - operações relativas à circulação de mercadorias e sobre prestações de serviços de transporte interestadual e intermunicipal e de comunicação, ainda que as operações e as prestações se iniciem no exterior;

III - propriedade de veículos automotores.

§ 1º O imposto previsto no inciso I:

I - relativamente a bens imóveis e respectivos direitos, compete ao Estado da situação do bem, ou ao Distrito Federal

II - relativamente a bens móveis, títulos e créditos, compete ao Estado onde se processar o inventário ou arrolamento, ou tiver domicílio o doador, ou ao Distrito Federal;

III - terá competência para sua instituição regulada por lei complementar:

a) se o doador tiver domicilio ou residência no exterior;

b) se o de cujus possuía bens, era residente ou domiciliado ou teve o seu inventário processado no exterior;

IV - terá suas alíquotas máximas fixadas pelo Senado Federal;

§ 2º O imposto previsto no inciso II atenderá ao seguinte:

I - será não-cumulativo, compensando-se o que for devido em cada operação relativa à circulação de mercadorias ou prestação de serviços com o montante cobrado nas anteriores pelo mesmo ou outro Estado ou pelo Distrito Federal;

II - a isenção ou não-incidência, salvo determinação em contrário da legislação:

a) não implicará crédito para compensação com o montante devido nas operações ou prestações seguintes;

b) acarretará a anulação do crédito relativo às operações anteriores;

III - poderá ser seletivo, em função da essencialidade das mercadorias e dos serviços;

IV - resolução do Senado Federal, de iniciativa do Presidente da República ou de um terço dos Senadores, aprovada pela maioria absoluta de seus membros, estabelecerá as alíquotas aplicáveis às operações e prestações, interestaduais e de exportação;

V - é facultado ao Senado Federal:

a) estabelecer alíquotas mínimas nas operações internas, mediante resolução de iniciativa de um terço e aprovada pela maioria absoluta de seus membros;

b) fixar alíquotas máximas nas mesmas operações para resolver conflito específico que envolva interesse de Estados, mediante resolução de iniciativa da maioria absoluta e aprovada por dois terços de seus membros;

VI - salvo deliberação em contrário dos Estados e do Distrito Federal, nos termos do disposto no inciso XII, "g", as alíquotas internas, nas operações relativas à circulação de mercadorias e nas prestações de serviços, não poderão ser inferiores às previstas para as operações interestaduais;

VII - nas operações e prestações que destinem bens e serviços a consumidor final, contribuinte ou não do imposto, localizado em outro Estado, adotar-se-á a alíquota interestadual e caberá ao Estado de localização do destinatário o imposto correspondente à diferença entre a alíquota interna do Estado destinatário e a alíquota interestadual;

VIII - a responsabilidade pelo recolhimento do imposto correspondente à diferença entre a alíquota interna e a interestadual de que trata o inciso VII será atribuída:

a) ao destinatário, quando este for contribuinte do imposto;

b) ao remetente, quando o destinatário não for contribuinte do imposto;

IX - incidirá também:

a)sobre a entrada de bem ou mercadoria importados do exterior por pessoa física ou jurídica, ainda que não seja contribuinte habitual do imposto, qualquer que seja a sua finalidade, assim como sobre o serviço prestado no exterior, cabendo o imposto ao Estado onde estiver situado o domicílio ou o estabelecimento do destinatário da mercadoria, bem ou serviço;

b) sobre o valor total da operação, quando mercadorias forem fornecidas com serviços não compreendidos na competência tributária dos Municípios;

X - não incidirá:

a) sobre operações que destinem mercadorias para o exterior, nem sobre serviços prestados a destinatários no exterior, assegurada a manutenção e o aproveitamento do montante do imposto cobrado nas operações e prestações anteriores;

b) sobre operações que destinem a outros Estados petróleo, inclusive lubrificantes, combustíveis líquidos e gasosos dele derivados, e energia elétrica;

c) sobre o ouro, nas hipóteses definidas no art. 153, § 5º;

d) nas prestações de serviço de comunicação nas modalidades de radiodifusão sonora e de sons e imagens de recepção livre e gratuita;

XI - não compreenderá, em sua base de cálculo, o montante do imposto sobre produtos industrializados, quando a operação, realizada entre contribuintes e relativa a produto destinado à industrialização ou à comercialização, configure fato gerador dos dois impostos;

XII - cabe à lei complementar:

a) definir seus contribuintes;

b) dispor sobre substituição tributária;

c) disciplinar o regime de compensação do imposto;

d) fixar, para efeito de sua cobrança e definição do estabelecimento responsável, o local das operações relativas à circulação de mercadorias e das prestações de serviços;

e) excluir da incidência do imposto, nas exportações para o exterior, serviços e outros produtos além dos mencionados no inciso X, "a";

f) prever casos de manutenção de crédito, relativamente à remessa para outro Estado e exportação para o exterior, de serviços e de mercadorias;

g) regular a forma como, mediante deliberação dos Estados e do Distrito Federal, isenções, incentivos e benefícios fiscais serão concedidos e revogados.

h) definir os combustíveis e lubrificantes sobre os quais o imposto incidirá uma única vez, qualquer que seja a sua finalidade, hipótese em que não se aplicará o disposto no inciso X, *b;*

i) fixar a base de cálculo, de modo que o montante do imposto a integre, também na importação do exterior de bem, mercadoria ou serviço.

§ 3º À exceção dos impostos de que tratam o inciso II do *caput* deste artigo e o art. 153, I e II, nenhum outro imposto poderá incidir sobre operações relativas a energia elétrica, serviços de telecomunicações, derivados de petróleo, combustíveis e minerais do País.

§ 4º Na hipótese do inciso XII, *h*, observar-se-á o seguinte:

I - nas operações com os lubrificantes e combustíveis derivados de petróleo, o imposto caberá ao Estado onde ocorrer o consumo;

II - nas operações interestaduais, entre contribuintes, com gás natural e seus derivados, e lubrificantes e combustíveis não incluídos no inciso I deste parágrafo, o imposto será repartido entre os Estados de origem e de destino, mantendo-se a mesma proporcionalidade que ocorre nas operações com as demais mercadorias;

III - nas operações interestaduais com gás natural e seus derivados, e lubrificantes e combustíveis não incluídos no inciso I deste parágrafo, destinadas a não contribuinte, o imposto caberá ao Estado de origem;

IV - as alíquotas do imposto serão definidas mediante deliberação dos Estados e Distrito Federal, nos termos do § 2º, XII, *g*, observando-se o seguinte:

a) serão uniformes em todo o território nacional, podendo ser diferenciadas por produto;

b) poderão ser específicas, por unidade de medida adotada, ou *ad valorem*, incidindo sobre o valor da operação ou sobre o preço que o produto ou seu similar alcançaria em uma venda em condições de livre concorrência;

c) poderão ser reduzidas e restabelecidas, não se lhes aplicando o disposto no art. 150, III, *b*.

§ 5º As regras necessárias à aplicação do disposto no § 4º, inclusive as relativas à apuração e à destinação do imposto, serão estabelecidas mediante deliberação dos Estados e do Distrito Federal, nos termos do § 2º, XII, *g*.

§ 6º O imposto previsto no inciso III:

I - terá alíquotas mínimas fixadas pelo Senado Federal;

II - poderá ter alíquotas diferenciadas em função do tipo e utilização.

Art. 156. Compete aos Municípios instituir impostos sobre:

I - propriedade predial e territorial urbana;

II - transmissão "inter vivos", a qualquer título, por ato oneroso, de bens imóveis, por natureza ou acessão física, e de direitos reais sobre imóveis, exceto os de garantia, bem como cessão de direitos a sua aquisição;

III - serviços de qualquer natureza, não compreendidos no art. 155, II, definidos em lei complementar.

§ 1º Sem prejuízo da progressividade no tempo a que se refere o art. 182, § 4º, inciso II, o imposto previsto no inciso I poderá:

I - ser progressivo em razão do valor do imóvel; e

II - ter alíquotas diferentes de acordo com a localização e o uso do imóvel.

§ 2º O imposto previsto no inciso II:

I - não incide sobre a transmissão de bens ou direitos incorporados ao patrimônio de pessoa jurídica em realização de capital, nem sobre a transmissão de bens ou direitos decorrente de fusão, incorporação, cisão ou extinção de pessoa jurídica, salvo se, nesses casos, a atividade preponderante do adquirente for a compra e venda desses bens ou direitos, locação de bens imóveis ou arrendamento mercantil;

II - compete ao Município da situação do bem.

§ 3º Em relação ao imposto previsto no inciso III do *caput* deste artigo, cabe à lei complementar:

I - fixar as suas alíquotas máximas e mínimas;

II - excluir da sua incidência exportações de serviços para o exterior.

III - regular a forma e as condições como isenções, incentivos e benefícios fiscais serão concedidos e revogados.

» CÓDIGO TRIBUTÁRIO NACIONAL

Impostos sobre a Importação

Art. 19. O imposto, de competência da União, sobre a importação de produtos estrangeiros tem como fato gerador a entrada destes no território nacional.

Art. 20. A base de cálculo do imposto é:

I - quando a alíquota seja específica, a unidade de medida adotada pela lei tributária;

II - quando a alíquota seja ad valorem, o preço normal que o produto, ou seu similar, alcançaria, ao tempo da importação, em uma venda em condições de livre concorrência, para entrega no porto ou lugar de entrada do produto no País;

III - quando se trate de produto apreendido ou abandonado, levado a leilão, o preço da arrematação.

Art. 21. O Poder Executivo pode, nas condições e nos limites estabelecidos em lei, alterar as alíquotas ou as bases de cálculo do imposto, a fim de ajustá-lo aos objetivos da política cambial e do comércio exterior.

Art. 22. Contribuinte do imposto é:

I - o importador ou quem a lei a ele equiparar;

II - o arrematante de produtos apreendidos ou abandonados.

Imposto sobre a Exportação

Art. 23. O imposto, de competência da União, sobre a exportação, para o estrangeiro, de produtos nacionais ou nacionalizados tem como fato gerador a saída destes do território nacional.

Art. 24. A base de cálculo do imposto é:

I - quando a alíquota seja específica, a unidade de medida adotada pela lei tributária;

II - quando a alíquota seja ad valorem, o preço normal que o produto, ou seu similar, alcançaria, ao tempo da exportação, em uma venda em condições de livre concorrência.

Parágrafo único. Para os efeitos do inciso II, considera-se a entrega como efetuada no porto ou lugar da saída do produto, deduzidos os tributos diretamente incidentes sobre a operação de exportação e, nas vendas efetuadas a prazo superior aos correntes no mercado internacional o custo do financiamento.

Art. 25. A lei pode adotar como base de cálculo a parcela do valor ou do preço, referidos no artigo anterior, excedente de valor básico, fixado de acordo com os critérios e dentro dos limites por ela estabelecidos.

Art. 26. O Poder Executivo pode, nas condições e nos limites estabelecidos em lei, alterar as alíquotas ou as bases de cálculo do imposto, a fim de ajustá-los aos objetivos da política cambial e do comércio exterior.

Art. 27. Contribuinte do imposto é o exportador ou quem a lei a ele equiparar.

Art. 28. A receita líquida do imposto destina-se à formação de reservas monetárias, na forma da lei.

Imposto sobre a Propriedade Territorial Rural

Art. 29. O imposto, de competência da União, sobre a propriedade territorial rural tem como fato gerador a propriedade, o domínio útil

ou a posse de imóvel por natureza, como definido na lei civil, localização fora da zona urbana do Município.

Art. 30. A base do cálculo do imposto é o valor fundiário.

Art. 31. Contribuinte do imposto é o proprietário do imóvel, o titular de seu domínio útil, ou o seu possuidor a qualquer título.

Imposto sobre a Propriedade Predial e Territorial Urbana

Art. 32. O imposto, de competência dos Municípios, sobre a propriedade predial e territorial urbana tem como fato gerador a propriedade, o domínio útil ou a posse de bem imóvel por natureza ou por acessão física, como definido na lei civil, localizado na zona urbana do Município.

§ 1º Para os efeitos deste imposto, entende-se como zona urbana a definida em lei municipal; observado o requisito mínimo da existência de melhoramentos indicados em pelo menos 2 (dois) dos incisos seguintes, construídos ou mantidos pelo Poder Público:

I - meio-fio ou calçamento, com canalização de águas pluviais;

II - abastecimento de água;

III - sistema de esgotos sanitários;

IV - rede de iluminação pública, com ou sem posteamento para distribuição domiciliar;

V - escola primária ou posto de saúde a uma distância máxima de 3 (três) quilômetros do imóvel considerado.

§ 2º A lei municipal pode considerar urbanas as áreas urbanizáveis, ou de expansão urbana, constantes de loteamentos aprovados pelos órgãos competentes, destinados à habitação, à indústria ou ao comércio, mesmo que localizados fora das zonas definidas nos termos do parágrafo anterior.

Art. 33. A base do cálculo do imposto é o valor venal do imóvel.

Parágrafo único. Na determinação da base de cálculo, não se considera o valor dos bens móveis mantidos, em caráter permanente ou temporário, no imóvel, para efeito de sua utilização, exploração, aformoseamento ou comodidade.

Art. 34. Contribuinte do imposto é o proprietário do imóvel, o titular do seu domínio útil, ou o seu possuidor a qualquer título.

Imposto sobre a Transmissão de Bens Imóveis e de Direitos a eles Relativos

Art. 35. O imposto, de competência dos Estados, sobre a transmissão de bens imóveis e de direitos a eles relativos tem como fato gerador:

I - a transmissão, a qualquer título, da propriedade ou do domínio útil de bens imóveis por natureza ou por acessão física, como definidos na lei civil;

II - a transmissão, a qualquer título, de direitos reais sobre imóveis, exceto os direitos reais de garantia;

III - a cessão de direitos relativos às transmissões referidas nos incisos I e II.

Parágrafo único. Nas transmissões *causa mortis*, ocorrem tantos fatos geradores distintos quantos sejam os herdeiros ou legatários.

Art. 36. Ressalvado o disposto no artigo seguinte, o imposto não incide sobre a transmissão dos bens ou direitos referidos no artigo anterior:

I - quando efetuada para sua incorporação ao patrimônio de pessoa jurídica em pagamento de capital nela subscrito;

II - quando decorrente da incorporação ou da fusão de uma pessoa jurídica por outra ou com outra.

Parágrafo único. O imposto não incide sobre a transmissão aos mesmos alienantes, dos bens e direitos adquiridos na forma do inciso I deste artigo, em decorrência da sua desincorporação do patrimônio da pessoa jurídica a que foram conferidos.

Art. 37. O disposto no artigo anterior não se aplica quando a pessoa jurídica adquirente tenha como atividade preponderante a venda ou locação de propriedade imobiliária ou a cessão de direitos relativos à sua aquisição.

§ 1º Considera-se caracterizada a atividade preponderante referida neste artigo quando mais de 50% (cinqüenta por cento) da receita operacional da pessoa jurídica adquirente, nos 2 (dois) anos anteriores e nos 2 (dois) anos subseqüentes à aquisição, decorrer de transações mencionadas neste artigo.

§ 2º Se a pessoa jurídica adquirente iniciar suas atividades após a aquisição, ou menos de 2 (dois) anos antes dela, apurar-se-á a preponderância referida no parágrafo anterior levando em conta os 3 (três) primeiros anos seguintes à data da aquisição.

§ 3º Verificada a preponderância referida neste artigo, tornar-se-á devido o imposto, nos termos da lei vigente à data da aquisição, sobre o valor do bem ou direito nessa data.

§ 4º O disposto neste artigo não se aplica à transmissão de bens ou direitos, quando realizada em conjunto com a da totalidade do patrimônio da pessoa jurídica alienante.

Art. 38. A base de cálculo do imposto é o valor venal dos bens ou direitos transmitidos.

Art. 39. A alíquota do imposto não excederá os limites fixados em resolução do Senado Federal, que distinguirá, para efeito de aplicação de alíquota mais baixa, as transmissões que atendam à política nacional de habitação.

Art. 40. O montante do imposto é dedutível do devido à União, a título do imposto de que trata o artigo 43, sobre o provento decorrente da mesma transmissão.

Art. 41. O imposto compete ao Estado da situação do imóvel transmitido, ou sobre que versarem os direitos cedidos, mesmo que a mutação patrimonial decorra de sucessão aberta no estrangeiro.

Art. 42. Contribuinte do imposto é qualquer das partes na operação tributada, como dispuser a lei.

Imposto sobre a Renda e Proventos de Qualquer Natureza

Art. 43. O imposto, de competência da União, sobre a renda e proventos de qualquer natureza tem como fato gerador a aquisição da disponibilidade econômica ou jurídica:

I - de renda, assim entendido o produto do capital, do trabalho ou da combinação de ambos;

II - de proventos de qualquer natureza, assim entendidos os acréscimos patrimoniais não compreendidos no inciso anterior.

§ 1º A incidência do imposto independe da denominação da receita ou do rendimento, da localização, condição jurídica ou nacionalidade da fonte, da origem e da forma de percepção.

§ 2º Na hipótese de receita ou de rendimento oriundos do exterior, a lei estabelecerá as condições e o momento em que se dará sua disponibilidade, para fins de incidência do imposto referido neste artigo.

Art. 44. A base de cálculo do imposto é o montante, real, arbitrado ou presumido, da renda ou dos proventos tributáveis.

Art. 45. Contribuinte do imposto é o titular da disponibilidade a que se refere o artigo 43, sem prejuízo de atribuir a lei essa condição ao possuidor, a qualquer título, dos bens produtores de renda ou dos proventos tributáveis.

Parágrafo único. A lei pode atribuir à fonte pagadora da renda ou dos proventos tributáveis a condição de responsável pelo imposto cuja retenção e recolhimento lhe caibam.

Imposto sobre Produtos Industrializados

Art. 46. O imposto, de competência da União, sobre produtos industrializados tem como fato gerador:

I - o seu desembaraço aduaneiro, quando de procedência estrangeira;

II - a sua saída dos estabelecimentos a que se refere o parágrafo único do artigo 51;

III - a sua arrematação, quando apreendido ou abandonado e levado a leilão.

Parágrafo único. Para os efeitos deste imposto, considera-se industrializado o produto que tenha sido submetido a qualquer operação que lhe modifique a natureza ou a finalidade, ou o aperfeiçoe para o consumo.

Art. 47. A base de cálculo do imposto é:

I - no caso do inciso I do artigo anterior, o preço normal, como definido no inciso II do artigo 20, acrescido do montante:

a) do imposto sobre a importação;

b) das taxas exigidas para entrada do produto no País;

c) dos encargos cambiais efetivamente pagos pelo importador ou dele exigíveis;

II - no caso do inciso II do artigo anterior:

a) o valor da operação de que decorrer a saída da mercadoria;

b) na falta do valor a que se refere a alínea anterior, o preço corrente da mercadoria, ou sua similar, no mercado atacadista da praça do remetente;

III - no caso do inciso III do artigo anterior, o preço da arrematação.

Art. 48. O imposto é seletivo em função da essencialidade dos produtos.

Art. 49. O imposto é não-cumulativo, dispondo a lei de forma que o montante devido resulte da diferença a maior, em determinado período, entre o imposto referente aos produtos saídos do estabelecimento e o pago relativamente aos produtos nele entrados.

Parágrafo único. O saldo verificado, em determinado período, em favor do contribuinte transfere-se para o período ou períodos seguintes.

Art. 50. Os produtos sujeitos ao imposto, quando remetidos de um para outro Estado, ou do ou para o Distrito Federal, serão acompanhados de nota fiscal de modelo especial, emitida em séries próprias e contendo, além dos elementos necessários ao controle fiscal, os dados indispensáveis à elaboração da estatística do comércio por cabotagem e demais vias internas.

Art. 51. Contribuinte do imposto é:

I - o importador ou quem a lei a ele equiparar;

II - o industrial ou quem a lei a ele equiparar;

III - o comerciante de produtos sujeitos ao imposto, que os forneça aos contribuintes definidos no inciso anterior;

IV - o arrematante de produtos apreendidos ou abandonados, levados a leilão.

Parágrafo único. Para os efeitos deste imposto, considera-se contribuinte autônomo qualquer estabelecimento de importador, industrial, comerciante ou arrematante.

Imposto sobre Operações de Crédito, Câmbio e Seguro, e sobre Operações Relativas a Títulos e Valores Mobiliários

Art. 63. O imposto, de competência da União, sobre operações de crédito, câmbio e seguro, e sobre operações relativas a títulos e valores mobiliários tem como fato gerador:

I - quanto às operações de crédito, a sua efetivação pela entrega total ou parcial do montante ou do valor que constitua o objeto da obrigação, ou sua colocação à disposição do interessado;

II - quanto às operações de câmbio, a sua efetivação pela entrega de moeda nacional ou estrangeira, ou de documento que a represente, ou sua colocação à disposição do interessado em montante equivalente à moeda estrangeira ou nacional entregue ou posta à disposição por este;

III - quanto às operações de seguro, a sua efetivação pela emissão da apólice ou do documento equivalente, ou recebimento do prêmio, na forma da lei aplicável;

IV - quanto às operações relativas a títulos e valores mobiliários, a emissão, transmissão, pagamento ou resgate destes, na forma da lei aplicável.

Parágrafo único. A incidência definida no inciso I exclui a definida no inciso IV, e reciprocamente, quanto à emissão, ao pagamento ou resgate do título representativo de uma mesma operação de crédito.

Art. 64. A base de cálculo do imposto é:

I - quanto às operações de crédito, o montante da obrigação, compreendendo o principal e os juros;

II - quanto às operações de câmbio, o respectivo montante em moeda nacional, recebido, entregue ou posto à disposição;

III - quanto às operações de seguro, o montante do prêmio;

IV - quanto às operações relativas a títulos e valores mobiliários:

a) na emissão, o valor nominal mais o ágio, se houver;

b) na transmissão, o preço ou o valor nominal, ou o valor da cotação em Bolsa, como determinar a lei;

c) no pagamento ou resgate, o preço.

Art. 65. O Poder Executivo pode, nas condições e nos limites estabelecidos em lei, alterar as alíquotas ou as bases de cálculo do imposto, a fim de ajustá-lo aos objetivos da política monetária.

Art. 66. Contribuinte do imposto é qualquer das partes na operação tributada, como dispuser a lei.

Art. 67. A receita líquida do imposto destina-se a formação de reservas monetárias, na forma da lei.

Impostos Extraordinários

Art. 76. Na iminência ou no caso de guerra externa, a União pode instituir, temporariamente, impostos extraordinários compreendidos ou não entre os referidos nesta Lei, suprimidos, gradativamente, no prazo máximo de cinco anos, contados da celebração da paz.

Art. 96. A expressão "legislação tributária" compreende as leis, os tratados e as convenções internacionais, os decretos e as normas complementares que versem, no todo ou em parte, sobre tributos e relações jurídicas a eles pertinentes.

Art. 97. Somente a lei pode estabelecer:

I - a instituição de tributos, ou a sua extinção;

II - a majoração de tributos, ou sua redução, ressalvado o disposto nos artigos 21, 26, 39, 57 e 65;

III - a definição do fato gerador da obrigação tributária principal, ressalvado o disposto no inciso I do § 3º do artigo 52, e do seu sujeito passivo;

IV - a fixação de alíquota do tributo e da sua base de cálculo, ressalvado o disposto nos artigos 21, 26, 39, 57 e 65;

V - a cominação de penalidades para as ações ou omissões contrárias a seus dispositivos, ou para outras infrações nela definidas;

VI - as hipóteses de exclusão, suspensão e extinção de créditos tributários, ou de dispensa ou redução de penalidades.

§ 1º Equipara-se à majoração do tributo a modificação da sua base de cálculo, que importe em torná-lo mais oneroso.

§ 2º Não constitui majoração de tributo, para os fins do disposto no inciso II deste artigo, a atualização do valor monetário da respectiva base de cálculo.

Art. 98. Os tratados e as convenções internacionais revogam ou modificam a legislação tributária interna, e serão observados pela que lhes sobrevenha.

Art. 99. O conteúdo e o alcance dos decretos restringem-se aos das leis em função das quais sejam expedidos, determinados com observância das regras de interpretação estabelecidas nesta Lei.

Art. 100. São normas complementares das leis, dos tratados e das convenções internacionais e dos decretos:

I - os atos normativos expedidos pelas autoridades administrativas;

» LEI COMPLEMENTAR Nº 24, DE 7 DE JANEIRO DE 1975

Convênios para a concessão de isenções do imposto sobre operações relativas à circulação de mercadorias

Art. 1º - As isenções do imposto sobre operações relativas à circulação de mercadorias serão concedidas ou revogadas nos termos de convênios celebrados e ratificados pelos Estados e pelo Distrito Federal, segundo esta Lei.

Parágrafo único - O disposto neste artigo também se aplica:

I - à redução da base de cálculo;

II - à devolução total ou parcial, direta ou indireta, condicionada ou não, do tributo, ao contribuinte, a responsável ou a terceiros;

III - à concessão de créditos presumidos;

IV - à quaisquer outros incentivos ou favores fiscais ou financeiro-fiscais, concedidos com base no Imposto de Circulação de Mercadorias, dos quais resulte redução ou eliminação, direta ou indireta, do respectivo ônus;

V - às prorrogações e às extensões das isenções vigentes nesta data.

Art. 2º - Os convênios a que alude o art. 1º, serão celebrados em reuniões para as quais tenham sido convocados representantes de todos os Estados e do Distrito Federal, sob a presidência de representantes do Governo federal.

§ 1º - As reuniões se realizarão com a presença de representantes da maioria das Unidades da Federação.

§ 2º - A concessão de benefícios dependerá sempre de decisão unânime dos Estados representados; a sua revogação total ou parcial dependerá de aprovação de quatro quintos, pelo menos, dos representantes presentes.

§ 3º - Dentro de 10 (dez) dias, contados da data final da reunião a que se refere este artigo, a resolução nela adotada será publicada no Diário Oficial da União.

Art. 3º - Os convênios podem dispor que a aplicação de qualquer de suas cláusulas seja limitada a uma ou a algumas Unidades da Federação.

Art. 4º - Dentro do prazo de 15 (quinze) dias contados da publicação dos convênios no Diário Oficial da União, e independentemente de qualquer outra comunicação, o Poder Executivo de cada Unidade da Federação publicará decreto ratificando ou não os convênios celebrados, considerando-se ratificação tácita dos convênios a falta de manifestação no prazo assinalado neste artigo.

§ 1º - O disposto neste artigo aplica-se também às Unidades da Federação cujos representantes não tenham comparecido à reunião em que hajam sido celebrados os convênios.

§ 2º - Considerar-se-á rejeitado o convênio que não for expressa ou tacitamente ratificado pelo Poder Executivo de todas as Unidades da Federação ou, nos casos de revogação a que se refere o art. 2º, § 2º, desta Lei, pelo Poder Executivo de, no mínimo, quatro quintos das Unidades da Federação.

Art. 5º - Até 10 (dez) dias depois de findo o prazo de ratificação dos convênios, promover-se-á, segundo o disposto em Regimento, a publicação relativa à ratificação ou à rejeição no Diário Oficial da União.

Art. 6º - Os convênios entrarão em vigor no trigésimo dia após a publicação a que se refere o art. 5º, salvo disposição em contrário.

Art. 7º - Os convênios ratificados obrigam todas as Unidades da Federação inclusive as que, regularmente convocadas, não se tenham feito representar na reunião.

Art. 8º - A inobservância dos dispositivos desta Lei acarretará, cumulativamente:

I - a nulidade do ato e a ineficácia do crédito fiscal atribuído ao estabelecimento recebedor da mercadoria;

II - a exigibilidade do imposto não pago ou devolvido e a ineficácia da lei ou ato que conceda remissão do débito correspondente.

Parágrafo único - As sanções previstas neste artigo poder-se-ão acrescer a presunção de irregularidade das contas correspondentes ao exercício, a juízo do Tribunal de Contas da União, e a suspensão do pagamento das quotas referentes ao Fundo de Participação, ao Fundo Especial e aos impostos referidos nos itens VIII e IX do art. 21 da Constituição federal.

Art. 9º - É vedado aos Municípios, sob pena das sanções previstas no artigo anterior, concederem qualquer dos benefícios relacionados no art. 1º no que se refere à sua parcela na receita do imposto de circulação de mercadorias.

Art. 10 - Os convênios definirão as condições gerais em que se poderão conceder, unilateralmente, anistia, remissão, transação, moratória, parcelamento de débitos fiscais e ampliação do prazo de recolhimento do imposto de circulação de mercadorias.

Art. 11 - O Regimento das reuniões de representantes das Unidades da Federação será aprovado em convênio.

Art. 12 - São mantidos os benefícios fiscais decorrentes de convênios regionais e nacionais vigentes à data desta Lei, até que revogados ou alterados por outro.

§ 1º - Continuam em vigor os benefícios fiscais ressalvados pelo § 6º do art. 3º do Decreto-Lei nº 406, de 31 de dezembro de 1968, com a redação que lhe deu o art. 5º do Decreto-Lei nº 834, de 8 de setembro de 1969, até o vencimento do prazo ou cumprimento das condições correspondentes.

§ 2º - Quaisquer outros benefícios fiscais concedidos pela legislação estadual considerar-se-ão revogados se não forem convalidados pelo primeiro convênio que se realizar na forma desta Lei, ressalvados os concedidos por prazo certo ou em função de determinadas condições que já tenham sido incorporadas ao patrimônio jurídico de contribuinte. O prazo para a celebração deste convênio será de 90 (noventa) dias a contar da data da publicação desta Lei.

§ 3º - A convalidação de que trata o parágrafo anterior se fará pela aprovação de 2/3 (dois terços) dos representantes presentes, observando-se, na respectiva ratificação, este quorum e o mesmo processo do disposto no art. 4º.

Art. 13 - O art. 178 do Código Tributário Nacional (Lei nº 5.172, de 25 de outubro de 1966), passa a vigorar com a seguinte redação:

"Art. 178 - A isenção, salvo se concedida por prazo certo e em função de determinadas condições, pode ser revogada ou modificada por lei, a qualquer tempo, observado o disposto no inciso III do art. 104.»

Art. 14 - Sairão com suspensão do Imposto de Circulação de Mercadorias:

I - as mercadorias remetidas pelo estabelecimento do produtor para estabelecimento de Cooperativa de que faça parte, situada no mesmo Estado;

II - as mercadorias remetidas pelo estabelecimento de Cooperativa de Produtores, para estabelecimento, no mesmo Estado, da própria Cooperativa, de Cooperativa Central ou de Federação de Cooperativas de que a Cooperativa remetente faça parte.

§ 1º - O imposto devido pelas saídas mencionadas nos incisos I e II será recolhido pelo destinatário quando da saída subseqüente, esteja esta sujeita ou não ao pagamento do tributo.

§ 2º - Ficam revogados os incisos IX e X do art. 1º da Lei Complementar nº 4, de 2 de dezembro de 1969.

Art. 15 - O disposto nesta Lei não se aplica às indústrias instaladas ou que vierem a instalar-se na Zona Franca de Manaus, sendo vedado às demais Unidades da Federação determinar a exclusão de incentivo fiscal, prêmio ou estimulo concedido pelo Estado do Amazonas.

» LEI COMPLEMENTAR Nº 87, DE 13 DE SETEMBRO DE 1996

Imposto dos Estados e do Distrito Federal sobre operações relativas à circulação de mercadorias e sobre prestações de serviços de transporte interestadual e intermunicipal e de comunicação

Art. 1º Compete aos Estados e ao Distrito Federal instituir o imposto sobre operações relativas à circulação de mercadorias e sobre prestações de serviços de transporte interestadual e intermunicipal e de comunicação, ainda que as operações e as prestações se iniciem no exterior.

Art. 2° O imposto incide sobre:

I - operações relativas à circulação de mercadorias, inclusive o fornecimento de alimentação e bebidas em bares, restaurantes e estabelecimentos similares;

II - prestações de serviços de transporte interestadual e intermunicipal, por qualquer via, de pessoas, bens, mercadorias ou valores;

III - prestações onerosas de serviços de comunicação, por qualquer meio, inclusive a geração, a emissão, a recepção, a transmissão, a retransmissão, a repetição e a ampliação de comunicação de qualquer natureza;

IV - fornecimento de mercadorias com prestação de serviços não compreendidos na competência tributária dos Municípios;

V - fornecimento de mercadorias com prestação de serviços sujeitos ao imposto sobre serviços, de competência dos Municípios, quando a lei complementar aplicável expressamente o sujeitar à incidência do imposto estadual.

§ 1º O imposto incide também:

I - sobre a entrada de mercadoria ou bem importados do exterior, por pessoa física ou jurídica, ainda que não seja contribuinte habitual do imposto, qualquer que seja a sua finalidade;

II - sobre o serviço prestado no exterior ou cuja prestação se tenha iniciado no exterior;

III - sobre a entrada, no território do Estado destinatário, de petróleo, inclusive lubrificantes e combustíveis líquidos e gasosos dele derivados, e de energia elétrica, quando não destinados à comercialização ou à industrialização, decorrentes de operações interestaduais, cabendo o imposto ao Estado onde estiver localizado o adquirente.

§ 2º A caracterização do fato gerador independe da natureza jurídica da operação que o constitua.

Art. 3º O imposto não incide sobre:

I - operações com livros, jornais, periódicos e o papel destinado a sua impressão;

II - operações e prestações que destinem ao exterior mercadorias, inclusive produtos primários e produtos industrializados semi-elaborados, ou serviços;

III - operações interestaduais relativas a energia elétrica e petróleo, inclusive lubrificantes e combustíveis líquidos e gasosos dele derivados, quando destinados à industrialização ou à comercialização;

IV - operações com ouro, quando definido em lei como ativo financeiro ou instrumento cambial;

V - operações relativas a mercadorias que tenham sido ou que se destinem a ser utilizadas na prestação, pelo próprio autor da saída, de serviço de qualquer natureza definido em lei complementar como sujeito ao imposto sobre serviços, de competência dos Municípios, ressalvadas as hipóteses previstas na mesma lei complementar;

VI - operações de qualquer natureza de que decorra a transferência de propriedade de estabelecimento industrial, comercial ou de outra espécie;

VII - operações decorrentes de alienação fiduciária em garantia, inclusive a operação efetuada pelo credor em decorrência do inadimplemento do devedor;

VIII - operações de arrendamento mercantil, não compreendida a venda do bem arrendado ao arrendatário;

IX - operações de qualquer natureza de que decorra a transferência de bens móveis salvados de sinistro para companhias seguradoras.

Parágrafo único. Equipara-se às operações de que trata o inciso II a saída de mercadoria realizada com o fim específico de exportação para o exterior, destinada a:

I - empresa comercial exportadora, inclusive tradings ou outro estabelecimento da mesma empresa;

II - armazém alfandegado ou entreposto aduaneiro.

Art. 4º Contribuinte é qualquer pessoa, física ou jurídica, que realize, com habitualidade ou em volume que caracterize intuito comercial, operações de circulação de mercadoria ou prestações de serviços de transporte interestadual e intermunicipal e de comunicação, ainda que as operações e as prestações se iniciem no exterior.

Parágrafo único. É também contribuinte a pessoa física ou jurídica que, mesmo sem habitualidade ou intuito comercial:

I - importe mercadorias ou bens do exterior, qualquer que seja a sua finalidade;

II - seja destinatária de serviço prestado no exterior ou cuja prestação se tenha iniciado no exterior;

III - adquira em licitação mercadorias ou bens apreendidos ou abandonados;

IV - adquira lubrificantes e combustíveis líquidos e gasosos derivados de petróleo e energia elétrica oriundos de outro Estado, quando não destinados à comercialização ou à industrialização.

Art. 5º Lei poderá atribuir a terceiros a responsabilidade pelo pagamento do imposto e acréscimos devidos pelo contribuinte ou responsável, quando os atos ou omissões daqueles concorrerem para o não recolhimento do tributo.

Art. 6º Lei estadual poderá atribuir a contribuinte do imposto ou a depositário a qualquer título a responsabilidade pelo seu pagamento, hipótese em que assumirá a condição de substituto tributário.

§ 1º A responsabilidade poderá ser atribuída em relação ao imposto incidente sobre uma ou mais operações ou prestações, sejam antecedentes, concomitantes ou subseqüentes, inclusive ao valor decorrente da diferença entre alíquotas interna e interestadual nas operações e prestações que destinem bens e serviços a consumidor final localizado em outro Estado, que seja contribuinte do imposto.

§ 2º A atribuição de responsabilidade dar-se-á em relação a mercadorias, bens ou serviços previstos em lei de cada Estado.

Art. 7º Para efeito de exigência do imposto por substituição tributária, inclui-se, também, como fato gerador do imposto, a entrada de mercadoria ou bem no estabelecimento do adquirente ou em outro por ele indicado.

Art. 8º A base de cálculo, para fins de substituição tributária, será:

I - em relação às operações ou prestações antecedentes ou concomitantes, o valor da operação ou prestação praticado pelo contribuinte substituído;

II - em relação às operações ou prestações subseqüentes, obtida pelo somatório das parcelas seguintes:

a) o valor da operação ou prestação própria realizada pelo substituto tributário ou pelo substituído intermediário;

b) o montante dos valores de seguro, de frete e de outros encargos cobrados ou transferíveis aos adquirentes ou tomadores de serviço;

c) a margem de valor agregado, inclusive lucro, relativa às operações ou prestações subseqüentes.

§ 1º Na hipótese de responsabilidade tributária em relação às operações ou prestações antecedentes, o imposto devido pelas referidas operações ou prestações será pago pelo responsável, quando:

I - da entrada ou recebimento da mercadoria, do bem ou do serviço;

II - da saída subseqüente por ele promovida, ainda que isenta ou não tributada;

III - ocorrer qualquer saída ou evento que impossibilite a ocorrência do fato determinante do pagamento do imposto.

§ 2º Tratando-se de mercadoria ou serviço cujo preço final a consumidor, único ou máximo, seja fixado por órgão público competente, a base de cálculo do imposto, para fins de substituição tributária, é o referido preço por ele estabelecido.

§ 3º Existindo preço final a consumidor sugerido pelo fabricante ou importador, poderá a lei estabelecer como base de cálculo este preço.

§ 4º A margem a que se refere a alínea c do inciso II do caput será estabelecida com base em preços usualmente praticados no mercado considerado, obtidos por levantamento, ainda que por amostragem ou através de informações e outros elementos fornecidos por entidades representativas dos respectivos setores, adotando-se a média ponderada dos preços coletados, devendo os critérios para sua fixação ser previstos em lei.

§ 5º O imposto a ser pago por substituição tributária, na hipótese do inciso II do caput, corresponderá à diferença entre o valor resultante da aplicação da alíquota prevista para as operações ou prestações internas do Estado de destino sobre a respectiva base de cálculo e o valor do imposto devido pela operação ou prestação própria do substituto.

§ 6º Em substituição ao disposto no inciso II do caput, a base de cálculo em relação às operações ou prestações subseqüentes poderá ser o preço a consumidor final usualmente praticado no mercado considerado, relativamente ao serviço, à mercadoria ou sua similar, em condições de livre concorrência, adotando-se para sua apuração as regras estabelecidas no § 4º deste artigo.

Art. 9º A adoção do regime de substituição tributária em operações interestaduais dependerá de acordo específico celebrado pelos Estados interessados.

§ 1º A responsabilidade a que se refere o art. 6º poderá ser atribuída:

I - ao contribuinte que realizar operação interestadual com petróleo, inclusive lubrificantes, combustíveis líquidos e gasosos dele derivados, em relação às operações subseqüentes;

II - às empresas geradoras ou distribuidoras de energia elétrica, nas operações internas e interestaduais, na condição de contribuinte ou de substituto tributário, pelo pagamento do imposto, desde a produção ou importação até a última operação, sendo seu cálculo efetuado sobre o preço praticado na operação final, assegurado seu recolhimento ao Estado onde deva ocorrer essa operação.

§ 2º Nas operações interestaduais com as mercadorias de que tratam os incisos I e II do parágrafo anterior, que tenham como destinatário consumidor final, o imposto incidente na operação será devido ao Estado onde estiver localizado o adquirente e será pago pelo remetente.

Art. 10. É assegurado ao contribuinte substituído o direito à restituição do valor do imposto pago por força da substituição tributária, correspondente ao fato gerador presumido que não se realizar.

§ 1º Formulado o pedido de restituição e não havendo deliberação no prazo de noventa dias, o contribuinte substituído poderá se creditar, em sua escrita fiscal, do valor objeto do pedido, devidamente atualizado segundo os mesmos critérios aplicáveis ao tributo.

§ 2º Na hipótese do parágrafo anterior, sobrevindo decisão contrária irrecorrível, o contribuinte substituído, no prazo de quinze dias da respectiva notificação, procederá ao estorno dos créditos lançados, também devidamente atualizados, com o pagamento dos acréscimos legais cabíveis.

Art. 11. O local da operação ou da prestação, para os efeitos da cobrança do imposto e definição do estabelecimento responsável, é:

I - tratando-se de mercadoria ou bem:

a) o do estabelecimento onde se encontre, no momento da ocorrência do fato gerador;

b) onde se encontre, quando em situação irregular pela falta de documentação fiscal ou quando acompanhado de documentação inidônea, como dispuser a legislação tributária;

c) o do estabelecimento que transfira a propriedade, ou o título que a represente, de mercadoria por ele adquirida no País e que por ele não tenha transitado;

d) importado do exterior, o do estabelecimento onde ocorrer a entrada física;

e) importado do exterior, o do domicílio do adquirente, quando não estabelecido;

f) aquele onde seja realizada a licitação, no caso de arrematação de mercadoria ou bem importados do exterior e apreendidos ou abandonados;

g) o do Estado onde estiver localizado o adquirente, inclusive consumidor final, nas operações interestaduais com energia elétrica e petróleo, lubrificantes e combustíveis dele derivados, quando não destinados à industrialização ou à comercialização;

h) o do Estado de onde o ouro tenha sido extraído, quando não considerado como ativo financeiro ou instrumento cambial;

i) o de desembarque do produto, na hipótese de captura de peixes, crustáceos e moluscos;

II - tratando-se de prestação de serviço de transporte:

a) onde tenha início a prestação;

b) onde se encontre o transportador, quando em situação irregular pela falta de documentação fiscal ou quando acompanhada de documentação inidônea, como dispuser a legislação tributária;

c) o do estabelecimento destinatário do serviço, na hipótese do inciso XIII do art. 12 e para os efeitos do § 3º do art. 13;

III - tratando-se de prestação onerosa de serviço de comunicação:

a) o da prestação do serviço de radiodifusão sonora e de som e imagem, assim entendido o da geração, emissão, transmissão e retransmissão, repetição, ampliação e recepção;

b) o do estabelecimento da concessionária ou da permissionária que forneça ficha, cartão, ou assemelhados com que o serviço é pago;

c) o do estabelecimento destinatário do serviço, na hipótese e para os efeitos do inciso XIII do art. 12;

c-1) o do estabelecimento ou domicílio do tomador do serviço, quando prestado por meio de satélite;

d) onde seja cobrado o serviço, nos demais casos;

IV - tratando-se de serviços prestados ou iniciados no exterior, o do estabelecimento ou do domicílio do destinatário.

§ 1º O disposto na alínea c do inciso I não se aplica às mercadorias recebidas em regime de depósito de contribuinte de Estado que não o do depositário.

§ 2º Para os efeitos da alínea h do inciso I, o ouro, quando definido como ativo financeiro ou instrumento cambial, deve ter sua origem identificada.

§ 3º Para efeito desta Lei Complementar, estabelecimento é o local, privado ou público, edificado ou não, próprio ou de terceiro, onde pessoas físicas ou jurídicas exerçam suas atividades em caráter temporário ou permanente, bem como onde se encontrem armazenadas mercadorias, observado, ainda, o seguinte:

I - na impossibilidade de determinação do estabelecimento, considera-se como tal o local em que tenha sido efetuada a operação ou prestação, encontrada a mercadoria ou constatada a prestação;

II - é autônomo cada estabelecimento do mesmo titular;

III - considera-se também estabelecimento autônomo o veículo usado no comércio ambulante e na captura de pescado;

IV - respondem pelo crédito tributário todos os estabelecimentos do mesmo titular.

§ 4º (VETADO)

§ 5º Quando a mercadoria for remetida para armazém geral ou para depósito fechado do próprio contribuinte, no mesmo Estado, a posterior saída considerar-se-á ocorrida no estabelecimento do depositante, salvo se para retornar ao estabelecimento remetente.

§ 6º Na hipótese do inciso III do caput deste artigo, tratando-se de serviços não medidos, que envolvam localidades situadas em diferentes unidades da Federação e cujo preço seja cobrado por períodos definidos, o imposto devido será recolhido em partes iguais para as unidades da Federação onde estiverem localizados o prestador e o tomador.

Art. 12. Considera-se ocorrido o fato gerador do imposto no momento:

I - da saída de mercadoria de estabelecimento de contribuinte, ainda que para outro estabelecimento do mesmo titular;

II - do fornecimento de alimentação, bebidas e outras mercadorias por qualquer estabelecimento;

III - da transmissão a terceiro de mercadoria depositada em armazém geral ou em depósito fechado, no Estado do transmitente;

IV - da transmissão de propriedade de mercadoria, ou de título que a represente, quando a mercadoria não tiver transitado pelo estabelecimento transmitente;

V - do início da prestação de serviços de transporte interestadual e intermunicipal, de qualquer natureza;

VI - do ato final do transporte iniciado no exterior;

VII - das prestações onerosas de serviços de comunicação, feita por qualquer meio, inclusive a geração, a emissão, a recepção, a transmissão, a retransmissão, a repetição e a ampliação de comunicação de qualquer natureza;

VIII - do fornecimento de mercadoria com prestação de serviços:

a) não compreendidos na competência tributária dos Municípios;

b) compreendidos na competência tributária dos Municípios e com indicação expressa de incidência do imposto de competência estadual, como definido na lei complementar aplicável;

IX - do desembaraço aduaneiro de mercadorias ou bens importados do exterior;

X - do recebimento, pelo destinatário, de serviço prestado no exterior;

XI - da aquisição em licitação pública de mercadorias ou bens importados do exterior e apreendidos ou abandonados;

XII - da entrada no território do Estado de lubrificantes e combustíveis líquidos e gasosos derivados de petróleo e energia elétrica oriundos de outro Estado, quando não destinados à comercialização ou à industrialização;

XIII - da utilização, por contribuinte, de serviço cuja prestação se tenha iniciado em outro Estado e não esteja vinculada a operação ou prestação subseqüente.

§ 1º Na hipótese do inciso VII, quando o serviço for prestado mediante pagamento em ficha, cartão ou assemelhados, considera-se ocorrido o fato gerador do imposto quando do fornecimento desses instrumentos ao usuário.

§ 2º Na hipótese do inciso IX, após o desembaraço aduaneiro, a entrega, pelo depositário, de mercadoria ou bem importados do exterior deverá ser autorizada pelo órgão responsável pelo seu desembaraço, que somente se fará mediante a exibição do comprovante de pagamento do imposto incidente no ato do despacho aduaneiro, salvo disposição em contrário.

§ 3º Na hipótese de entrega de mercadoria ou bem importados do exterior antes do desembaraço aduaneiro, considera-se ocorrido o fato gerador neste momento, devendo a autoridade responsável, salvo disposição em contrário, exigir a comprovação do pagamento do imposto.

Art. 13. A base de cálculo do imposto é:

I - na saída de mercadoria prevista nos incisos I, III e IV do art. 12, o valor da operação;

II - na hipótese do inciso II do art. 12, o valor da operação, compreendendo mercadoria e serviço;

III - na prestação de serviço de transporte interestadual e intermunicipal e de comunicação, o preço do serviço;

IV - no fornecimento de que trata o inciso VIII do art. 12;

a) o valor da operação, na hipótese da alínea a;

b) o preço corrente da mercadoria fornecida ou empregada, na hipótese da alínea b;

V - na hipótese do inciso IX do art. 12, a soma das seguintes parcelas:

a) o valor da mercadoria ou bem constante dos documentos de importação, observado o disposto no art. 14;

b) imposto de importação;

c) imposto sobre produtos industrializados;

d) imposto sobre operações de câmbio;

e) quaisquer outros impostos, taxas, contribuições e despesas aduaneiras;

VI - na hipótese do inciso X do art. 12, o valor da prestação do serviço, acrescido, se for o caso, de todos os encargos relacionados com a sua utilização;

VII - no caso do inciso XI do art. 12, o valor da operação acrescido do valor dos impostos de importação e sobre produtos industrializados e de todas as despesas cobradas ou debitadas ao adquirente;

VIII - na hipótese do inciso XII do art. 12, o valor da operação de que decorrer a entrada;

IX - na hipótese do inciso XIII do art. 12, o valor da prestação no Estado de origem.

§ 1º Integra a base de cálculo do imposto, inclusive na hipótese do inciso V do caput deste artigo:

I - o montante do próprio imposto, constituindo o respectivo destaque mera indicação para fins de controle;

II - o valor correspondente a:

a) seguros, juros e demais importâncias pagas, recebidas ou debitadas, bem como descontos concedidos sob condição;

b) frete, caso o transporte seja efetuado pelo próprio remetente ou por sua conta e ordem e seja cobrado em separado.

§ 2º Não integra a base de cálculo do imposto o montante do Imposto sobre Produtos Industrializados, quando a operação, realizada entre contribuintes e relativa a produto destinado à industrialização ou à comercialização, configurar fato gerador de ambos os impostos.

§ 3º No caso do inciso IX, o imposto a pagar será o valor resultante da aplicação do percentual equivalente à diferença entre a alíquota interna e a interestadual, sobre o valor ali previsto.

§ 4º Na saída de mercadoria para estabelecimento localizado em outro Estado, pertencente ao mesmo titular, a base de cálculo do imposto é:

I - o valor correspondente à entrada mais recente da mercadoria;

II - o custo da mercadoria produzida, assim entendida a soma do custo da matéria-prima, material secundário, mão-de-obra e acondicionamento;

III - tratando-se de mercadorias não industrializadas, o seu preço corrente no mercado atacadista do estabelecimento remetente.

§ 5º Nas operações e prestações interestaduais entre estabelecimentos de contribuintes diferentes, caso haja reajuste do valor depois da remessa ou da prestação, a diferença fica sujeita ao imposto no estabelecimento do remetente ou do prestador.

Art. 14. O preço de importação expresso em moeda estrangeira será convertido em moeda nacional pela mesma taxa de câmbio utilizada no cálculo do imposto de importação, sem qualquer acréscimo ou devolução posterior se houver variação da taxa de câmbio até o pagamento efetivo do preço.

Parágrafo único. O valor fixado pela autoridade aduaneira para base de cálculo do imposto de importação, nos termos da lei aplicável, substituirá o preço declarado.

Art. 15. Na falta do valor a que se referem os incisos I e VIII do art. 13, a base de cálculo do imposto é:

I - o preço corrente da mercadoria, ou de seu similar, no mercado atacadista do local da operação ou, na sua falta, no mercado atacadista regional, caso o remetente seja produtor, extrator ou gerador, inclusive de energia;

II - o preço FOB estabelecimento industrial à vista, caso o remetente seja industrial;

III - o preço FOB estabelecimento comercial à vista, na venda a outros comerciantes ou industriais, caso o remetente seja comerciante.

§ 1º Para aplicação dos incisos II e III do caput, adotar-se-á sucessivamente:

I - o preço efetivamente cobrado pelo estabelecimento remetente na operação mais recente;

II - caso o remetente não tenha efetuado venda de mercadoria, o preço corrente da mercadoria ou de seu similar no mercado atacadista do local da operação ou, na falta deste, no mercado atacadista regional.

§ 2º Na hipótese do inciso III do caput, se o estabelecimento remetente não efetue vendas a outros comerciantes ou industriais ou, em qualquer caso, se não houver mercadoria similar, a base de cálculo será equivalente a setenta e cinco por cento do preço de venda corrente no varejo.

Art. 16. Nas prestações sem preço determinado, a base de cálculo do imposto é o valor corrente do serviço, no local da prestação.

Art. 17. Quando o valor do frete, cobrado por estabelecimento pertencente ao mesmo titular da mercadoria ou por outro estabelecimento de empresa que com aquele mantenha relação de interdependência, exceder os níveis normais de preços em vigor, no mercado local, para serviço semelhante, constantes de tabelas elaboradas pelos órgãos competentes, o valor excedente será havido como parte do preço da mercadoria.

Parágrafo único. Considerar-se-ão interdependentes duas empresas quando:

I - uma delas, por si, seus sócios ou acionistas, e respectivos cônjuges ou filhos menores, for titular de mais de cinqüenta por cento do capital da outra;

II - uma mesma pessoa fizer parte de ambas, na qualidade de diretor, ou sócio com funções de gerência, ainda que exercidas sob outra denominação;

III - uma delas locar ou transferir a outra, a qualquer título, veículo destinado ao transporte de mercadorias.

Art. 18. Quando o cálculo do tributo tenha por base, ou tome em consideração, o valor ou o preço de mercadorias, bens, serviços ou direitos, a autoridade lançadora, mediante processo regular, arbitrará aquele valor ou preço, sempre que sejam omissos ou não mereçam fé as declarações ou os esclarecimentos prestados, ou os documentos expedidos pelo sujeito passivo ou pelo terceiro legalmente obrigado, ressalvada, em caso de contestação, avaliação contraditória, administrativa ou judicial.

Art. 19. O imposto é não-cumulativo, compensando-se o que for devido em cada operação relativa à circulação de mercadorias ou prestação de serviços de transporte interestadual e intermunicipal e de comunicação com o montante cobrado nas anteriores pelo mesmo ou por outro Estado.

Art. 20. Para a compensação a que se refere o artigo anterior, é assegurado ao sujeito passivo o direito de creditar-se do imposto anteriormente cobrado em operações de que tenha resultado a entrada de mercadoria, real ou simbólica, no estabelecimento, inclusive a destinada ao seu uso ou consumo ou ao ativo permanente, ou o recebimento de serviços de transporte interestadual e intermunicipal ou de comunicação.

§ 1º Não dão direito a crédito as entradas de mercadorias ou utilização de serviços resultantes de operações ou prestações isentas ou não tributadas, ou que se refiram a mercadorias ou serviços alheios à atividade do estabelecimento.

§ 2º Salvo prova em contrário, presumem-se alheios à atividade do estabelecimento os veículos de transporte pessoal.

§ 3º É vedado o crédito relativo a mercadoria entrada no estabelecimento ou a prestação de serviços a ele feita:

I - para integração ou consumo em processo de industrialização ou produção rural, quando a saída do produto resultante não for tributada ou estiver isenta do imposto, exceto se tratar-se de saída para o exterior;

II - para comercialização ou prestação de serviço, quando a saída ou a prestação subseqüente não forem tributadas ou estiverem isentas do imposto, exceto as destinadas ao exterior.

§ 4º Deliberação dos Estados, na forma do art. 28, poderá dispor que não se aplique, no todo ou em parte, a vedação prevista no parágrafo anterior.

§ 5º Para efeito do disposto no caput deste artigo, relativamente aos créditos decorrentes de entrada de mercadorias no estabelecimento destinadas ao ativo permanente, deverá ser observado:

I - a apropriação será feita à razão de um quarenta e oito avos por mês, devendo a primeira fração ser apropriada no mês em que ocorrer a entrada no estabelecimento;

II - em cada período de apuração do imposto, não será admitido o creditamento de que trata o inciso I, em relação à proporção das operações de saídas ou prestações isentas ou não tributadas sobre o total das operações de saídas ou prestações efetuadas no mesmo período;

III - para aplicação do disposto nos incisos I e II deste parágrafo, o montante do crédito a ser apropriado será obtido multiplicando-se o valor total do respectivo crédito pelo fator igual a 1/48 (um quarenta e oito avos) da relação entre o valor das operações de saídas e prestações tributadas e o total das operações de saídas e prestações do período, equiparando-se às tributadas, para fins deste inciso, as saídas e prestações com destino ao exterior ou as saídas de papel destinado à impressão de livros, jornais e periódicos;

IV - o quociente de um quarenta e oito avos será proporcionalmente aumentado ou diminuído, pro rata die, caso o período de apuração seja superior ou inferior a um mês;

V - na hipótese de alienação dos bens do ativo permanente, antes de decorrido o prazo de quatro anos contado da data de sua aquisição, não será admitido, a partir da data da alienação, o creditamento de que trata este parágrafo em relação à fração que corresponderia ao restante do quadriênio;

VI - serão objeto de outro lançamento, além do lançamento em conjunto com os demais créditos, para efeito da compensação prevista neste artigo e no art. 19, em livro próprio ou de outra forma que a legislação determinar, para aplicação do disposto nos incisos I a V deste parágrafo; e

VII - ao final do quadragésimo oitavo mês contado da data da entrada do bem no estabelecimento, o saldo remanescente do crédito será cancelado.

§ 6º Operações tributadas, posteriores a saídas de que trata o § 3º, dão ao estabelecimento que as praticar direito a creditar-se do imposto cobrado nas operações anteriores às isentas ou não tributadas sempre que a saída isenta ou não tributada seja relativa a:

I - produtos agropecuários;

II - quando autorizado em lei estadual, outras mercadorias.

Art. 21. O sujeito passivo deverá efetuar o estorno do imposto de que se tiver creditado sempre que o serviço tomado ou a mercadoria entrada no estabelecimento:

I - for objeto de saída ou prestação de serviço não tributada ou isenta, sendo esta circunstância imprevisível na data da entrada da mercadoria ou da utilização do serviço;

II - for integrada ou consumida em processo de industrialização, quando a saída do produto resultante não for tributada ou estiver isenta do imposto;

III - vier a ser utilizada em fim alheio à atividade do estabelecimento;

IV - vier a perecer, deteriorar-se ou extraviar-se.

§ 2º Não se estornam créditos referentes a mercadorias e serviços que venham a ser objeto de operações ou prestações destinadas ao exterior ou de operações com o papel destinado à impressão de livros, jornais e periódicos.

§ 3º O não creditamento ou o estorno a que se referem o § 3º do art. 20 e o caput deste artigo, não impedem a utilização dos mesmos créditos em operações posteriores, sujeitas ao imposto, com a mesma mercadoria.

Art. 22. (VETADO)

Art. 23. O direito de crédito, para efeito de compensação com débito do imposto, reconhecido ao estabelecimento que tenha recebido as mercadorias ou para o qual tenham sido prestados os serviços, está condicionado à idoneidade da documentação e, se for o caso, à escrituração nos prazos e condições estabelecidos na legislação.

Parágrafo único. O direito de utilizar o crédito extingue-se depois de decorridos cinco anos contados da data de emissão do documento.

Art. 24. A legislação tributária estadual disporá sobre o período de apuração do imposto. As obrigações consideram-se vencidas na data em que termina o período de apuração e são liquidadas por compensação ou mediante pagamento em dinheiro como disposto neste artigo:

I - as obrigações consideram-se liquidadas por compensação até o montante dos créditos escriturados no mesmo período mais o saldo credor de período ou períodos anteriores, se for o caso;

II - se o montante dos débitos do período superar o dos créditos, a diferença será liquidada dentro do prazo fixado pelo Estado;

III - se o montante dos créditos superar os dos débitos, a diferença será transportada para o período seguinte.

Art. 25. Para efeito de aplicação do disposto no art. 24, os débitos e créditos devem ser apurados em cada estabelecimento, compensando-se os saldos credores e devedores entre os estabelecimentos do mesmo sujeito passivo localizados no Estado.

§ 1º Saldos credores acumulados a partir da data de publicação desta Lei Complementar por estabelecimentos que realizem operações e prestações de que tratam o inciso II do art. 3º e seu parágrafo único podem ser, na proporção que estas saídas representem do total das saídas realizadas pelo estabelecimento:

I - imputados pelo sujeito passivo a qualquer estabelecimento seu no Estado;

II - havendo saldo remanescente, transferidos pelo sujeito passivo a outros contribuintes do mesmo Estado, mediante a emissão pela autoridade competente de documento que reconheça o crédito.

§ 2º Lei estadual poderá, nos demais casos de saldos credores acumulados a partir da vigência desta Lei Complementar, permitir que:

I - sejam imputados pelo sujeito passivo a qualquer estabelecimento seu no Estado;

II - sejam transferidos, nas condições que definir, a outros contribuintes do mesmo Estado.

Art. 26. Em substituição ao regime de apuração mencionado nos arts. 24 e 25, a lei estadual poderá estabelecer:

I - que o cotejo entre créditos e débitos se faça por mercadoria ou serviço dentro de determinado período;

II - que o cotejo entre créditos e débitos se faça por mercadoria ou serviço em cada operação;

III - que, em função do porte ou da atividade do estabelecimento, o imposto seja pago em parcelas periódicas e calculado por estimativa, para um determinado período, assegurado ao sujeito passivo o direito de impugná-la e instaurar processo contraditório.

§ 1º Na hipótese do inciso III, ao fim do período, será feito o ajuste com base na escrituração regular do contribuinte, que pagará a diferença apurada, se positiva; caso contrário, a diferença será compensada com o pagamento referente ao período ou períodos imediatamente seguintes.

§ 2º A inclusão de estabelecimento no regime de que trata o inciso III não dispensa o sujeito passivo do cumprimento de obrigações acessórias.

Art. 27. (VETADO)

Art. 28.(VETADO)

Art. 29. (VETADO)

Art. 30.(VETADO)

Art. 31. Nos exercícios financeiros de 2003 a 2006, a União entregará mensalmente recursos aos Estados e seus Municípios, obedecidos os montantes, os critérios, os prazos e as demais condições fixadas no Anexo desta Lei Complementar.

§ 1º Do montante de recursos que couber a cada Estado, a União entregará, diretamente:

I – setenta e cinco por cento ao próprio Estado; e

II – vinte e cinco por cento aos respectivos Municípios, de acordo com os critérios previstos no parágrafo único do art. 158 da Constituição Federal.

§ 2º Para atender ao disposto no caput, os recursos do Tesouro Nacional serão provenientes:

I – da emissão de títulos de sua responsabilidade, ficando autorizada, desde já, a inclusão nas leis orçamentárias anuais de estimativa de receita decorrente dessas emissões, bem como de dotação até os montantes anuais previstos no Anexo, não se aplicando neste caso, desde que atendidas as condições e os limites globais fixados pelo Senado Federal, quaisquer restrições ao acréscimo que acarretará no endividamento da União;

II – de outras fontes de recursos.

§ 3º A entrega dos recursos a cada unidade federada, na forma e condições detalhadas no Anexo, especialmente no seu item 3, será satisfeita, primeiro, para efeito de pagamento ou compensação da dívida da respectiva unidade, inclusive de sua administração indireta, vencida e não paga junto à União, bem como para o ressarcimento à União de despesas decorrentes de eventuais garantias honradas de operações de crédito externas. O saldo remanescente, se houver, será creditado em moeda corrente.

§ 4º A entrega dos recursos a cada unidade federada, na forma e condições detalhadas no Anexo, subordina-se à existência de disponibilidades orçamentárias consignadas a essa finalidade na respectiva Lei Orçamentária Anual da União, inclusive eventuais créditos adicionais.

§ 5º Para efeito da apuração de que trata o art. 4º da Lei Complementar no 65, de 15 de abril de 1991, será considerado o valor das respectivas exportações de produtos industrializados, inclusive de semi-elaborados, não submetidas à incidência do imposto sobre operações relativas à circulação de mercadorias e sobre prestações de serviços de transporte interestadual e intermunicipal e de comunicação, em 31 de julho de 1996.

Art. 32. A partir da data de publicação desta Lei Complementar:

I – o imposto não incidirá sobre operações que destinem ao exterior mercadorias, inclusive produtos primários e produtos industrializados semi-elaborados, bem como sobre prestações de serviços para o exterior;

II – darão direito de crédito, que não será objeto de estorno, as mercadorias entradas no estabelecimento para integração ou consumo em processo de produção de mercadorias industrializadas, inclusive semi-elaboradas, destinadas ao exterior;

III – entra em vigor o disposto no Anexo integrante desta Lei Complementar.

Art. 33. Na aplicação do art. 20 observar-se-á o seguinte:

I – somente darão direito de crédito as mercadorias destinadas ao uso ou consumo do estabelecimento nele entradas a partir de 1º de janeiro de 2020;

II – somente dará direito a crédito a entrada de energia elétrica no estabelecimento:

a) quando for objeto de operação de saída de energia elétrica;

b) quando consumida no processo de industrialização;

c) quando seu consumo resultar em operação de saída ou prestação para o exterior, na proporção destas sobre as saídas ou prestações totais; e

d) a partir de 1º de janeiro de 2020 nas demais hipóteses;

III – somente darão direito de crédito as mercadorias destinadas ao ativo permanente do estabelecimento, nele entradas a partir da data da entrada desta Lei Complementar em vigor.

IV – somente dará direito a crédito o recebimento de serviços de comunicação utilizados pelo estabelecimento:

a) ao qual tenham sido prestados na execução de serviços da mesma natureza;

b) quando sua utilização resultar em operação de saída ou prestação para o exterior, na proporção desta sobre as saídas ou prestações totais; e

c) a partir de 1º de janeiro de 2020 nas demais hipóteses.

Art. 34. (VETADO)

Art. 35. As referências feitas aos Estados nesta Lei Complementar entendem-se feitas também ao Distrito Federal.

» LEI COMPLEMENTAR Nº 116, DE 31 DE JULHO DE 2003

Imposto sobre Serviços de Qualquer Natureza

Art. 1º O Imposto Sobre Serviços de Qualquer Natureza, de competência dos Municípios e do Distrito Federal, tem como fato gerador a prestação de serviços constantes da lista anexa, ainda que esses não se constituam como atividade preponderante do prestador.

§ 1º O imposto incide também sobre o serviço proveniente do exterior do País ou cuja prestação se tenha iniciado no exterior do País.

§ 2º Ressalvadas as exceções expressas na lista anexa, os serviços nela mencionados não ficam sujeitos ao Imposto Sobre Operações Relativas à Circulação de Mercadorias e Prestações de Serviços de Transporte Interestadual e Intermunicipal e de Comunicação – ICMS, ainda que sua prestação envolva fornecimento de mercadorias.

§ 3º O imposto de que trata esta Lei Complementar incide ainda sobre os serviços prestados mediante a utilização de bens e serviços públicos explorados economicamente mediante autorização, permissão ou concessão, com o pagamento de tarifa, preço ou pedágio pelo usuário final do serviço.

§ 4º A incidência do imposto não depende da denominação dada ao serviço prestado.

Art. 2º O imposto não incide sobre:

I – as exportações de serviços para o exterior do País;

II – a prestação de serviços em relação de emprego, dos trabalhadores avulsos, dos diretores e membros de conselho consultivo ou de conselho fiscal de sociedades e fundações, bem como dos sócios-gerentes e dos gerentes-delegados;

III – o valor intermediado no mercado de títulos e valores mobiliários, o valor dos depósitos bancários, o principal, juros e acréscimos moratórios relativos a operações de crédito realizadas por instituições financeiras.

Parágrafo único. Não se enquadram no disposto no inciso I os serviços desenvolvidos no Brasil, cujo resultado aqui se verifique, ainda que o pagamento seja feito por residente no exterior.

Art. 3º O serviço considera-se prestado, e o imposto, devido, no local do estabelecimento prestador ou, na falta do estabelecimento, no local do domicílio do prestador, exceto nas hipóteses previstas nos incisos I a XXV, quando o imposto será devido no local:

I – do estabelecimento do tomador ou intermediário do serviço ou, na falta de estabelecimento, onde ele estiver domiciliado, na hipótese do § 1º do art. 1º desta Lei Complementar;

II – da instalação dos andaimes, palcos, coberturas e outras estruturas, no caso dos serviços descritos no subitem 3.05 da lista anexa;

III – da execução da obra, no caso dos serviços descritos no subitem 7.02 e 7.19 da lista anexa;

IV – da demolição, no caso dos serviços descritos no subitem 7.04 da lista anexa;

V – das edificações em geral, estradas, pontes, portos e congêneres, no caso dos serviços descritos no subitem 7.05 da lista anexa;

VI – da execução da varrição, coleta, remoção, incineração, tratamento, reciclagem, separação e destinação final de lixo, rejeitos e outros resíduos quaisquer, no caso dos serviços descritos no subitem 7.09 da lista anexa;

VII – da execução da limpeza, manutenção e conservação de vias e logradouros públicos, imóveis, chaminés, piscinas, parques, jardins e congêneres, no caso dos serviços descritos no subitem 7.10 da lista anexa;

VIII – da execução da decoração e jardinagem, do corte e poda de árvores, no caso dos serviços descritos no subitem 7.11 da lista anexa;

IX – do controle e tratamento do efluente de qualquer natureza e de agentes físicos, químicos e biológicos, no caso dos serviços descritos no subitem 7.12 da lista anexa;

X – (VETADO)

XI – (VETADO)

XII – do florestamento, reflorestamento, semeadura, adubação, reparação de solo, plantio, silagem, colheita, corte, descascamento de árvores, silvicultura, exploração florestal e serviços congêneres indissociáveis da formação, manutenção e colheita de florestas para quaisquer fins e por quaisquer meios;

XIII - da execução dos serviços de escoramento, contenção de encostas e congêneres, no caso dos serviços descritos no subitem 7.17 da lista anexa;

XIV - da limpeza e dragagem, no caso dos serviços descritos no subitem 7.18 da lista anexa;

XV - onde o bem estiver guardado ou estacionado, no caso dos serviços descritos no subitem 11.01 da lista anexa;

XVI - dos bens, dos semoventes ou do domicílio das pessoas vigiados, segurados ou monitorados, no caso dos serviços descritos no subitem 11.02 da lista anexa;XVII - do armazenamento, depósito, carga, descarga, arrumação e guarda do bem, no caso dos serviços descritos no subitem 11.04 da lista anexa;

XVIII - da execução dos serviços de diversão, lazer, entretenimento e congêneres, no caso dos serviços descritos nos subitens do item 12, exceto o 12.13, da lista anexa;

XIX - do Município onde está sendo executado o transporte, no caso dos serviços descritos pelo item 16 da lista anexa;

XX - do estabelecimento do tomador da mão-de-obra ou, na falta de estabelecimento, onde ele estiver domiciliado, no caso dos serviços descritos pelo subitem 17.05 da lista anexa;

XXI - da feira, exposição, congresso ou congênere a que se referir o planejamento, organização e administração, no caso dos serviços descritos pelo subitem 17.10 da lista anexa;

XXII - do porto, aeroporto, ferroporto, terminal rodoviário, ferroviário ou metroviário, no caso dos serviços descritos pelo item 20 da lista anexa.

§ 1º No caso dos serviços a que se refere o subitem 3.04 da lista anexa, considera-se ocorrido o fato gerador e devido o imposto em cada Município em cujo território haja extensão de ferrovia, rodovia, postes, cabos, dutos e condutos de qualquer natureza, objetos de locação, sublocação, arrendamento, direito de passagem ou permissão de uso, compartilhado ou não.

§ 2º No caso dos serviços a que se refere o subitem 22.01 da lista anexa, considera-se ocorrido o fato gerador e devido o imposto em cada Município em cujo território haja extensão de rodovia explorada.

§ 3º Considera-se ocorrido o fato gerador do imposto no local do estabelecimento prestador nos serviços executados em águas marítimas, excetuados os serviços descritos no subitem 20.01.

Art. 4º Considera-se estabelecimento prestador o local onde o contribuinte desenvolva a atividade de prestar serviços, de modo permanente ou temporário, e que configure unidade econômica ou profissional, sendo irrelevantes para caracterizá-lo as denominações de sede, filial, agência, posto de atendimento, sucursal, escritório de representação ou contato ou quaisquer outras que venham a ser utilizadas.

Art. 5º Contribuinte é o prestador do serviço.

Art. 6º Os Municípios e o Distrito Federal, mediante lei, poderão atribuir de modo expresso a responsabilidade pelo crédito tributário a terceira pessoa, vinculada ao fato gerador da respectiva obrigação, excluindo a responsabilidade do contribuinte ou atribuindo-a a este em caráter supletivo do cumprimento total ou parcial da referida obrigação, inclusive no que se refere à multa e aos acréscimos legais.

§ 1º Os responsáveis a que se refere este artigo estão obrigados ao recolhimento integral do imposto devido, multa e acréscimos legais, independentemente de ter sido efetuada sua retenção na fonte.

§ 2º Sem prejuízo do disposto no caput e no § 1º deste artigo, são responsáveis:

I - o tomador ou intermediário de serviço proveniente do exterior do País ou cuja prestação se tenha iniciado no exterior do País;

II - a pessoa jurídica, ainda que imune ou isenta, tomadora ou intermediária dos serviços descritos nos subitens 3.05, 7.02, 7.04, 7.05, 7.09, 7.10, 7.12, 7.14, 7.15, 7.16, 7.17, 7.19, 11.02, 17.05 e 17.10 da lista anexa.

Art. 7º A base de cálculo do imposto é o preço do serviço.

§ 1º Quando os serviços descritos pelo subitem 3.04 da lista anexa forem prestados no território de mais de um Município, a base de cálculo será proporcional, conforme o caso, à extensão da ferrovia, rodovia, dutos e condutos de qualquer natureza, cabos de qualquer natureza, ou ao número de postes, existentes em cada Município.

§ 2º Não se incluem na base de cálculo do Imposto Sobre Serviços de Qualquer Natureza:

I - o valor dos materiais fornecidos pelo prestador dos serviços previstos nos itens 7.02 e 7.05 da lista de serviços anexa a esta Lei Complementar;

II - (VETADO)

§ 3º (VETADO)

Art. 8º As alíquotas máximas do Imposto Sobre Serviços de Qualquer Natureza são as seguintes:

I - (VETADO)

II - demais serviços, 5% (cinco por cento).

Art. 8º-A A alíquota mínima mínima do Imposto sobre Serviços de Qualquer Natureza é de 2% (dois por cento).

§ 1º O imposto não será objeto de concessão de isenções, incentivos ou benefícios tributários ou financeiros, inclusive de redução de base de cálculo ou de crédito presumido ou outorgado, ou sob qualquer outra forma que resulte, direta ou indiretamente, em carga tributária menor que a decorrente da aplicação da alíquota mínima estabelecida no caput, exceto para os serviços a que se referem os subitens 7.02, 7.05 e 16.01 da lista anexa a esta Lei Complementar.

§ 2º É nula a lei ou o ato do Município ou do Distrito Federal que não respeite as disposições relativas à alíquota mínima previstas neste artigo no caso de serviço prestado a tomador ou intermediário localizado em Município diverso daquele onde está localizado o prestador do serviço.

§ 3º A nulidade a que se refere o § 2º deste artigo gera, para o prestador do serviço, perante o Município ou o Distrito Federal que não respeitar as disposições deste artigo, o direito à restituição do valor efetivamente pago do Imposto sobre Serviços de Qualquer Natureza calculado sob a égide da lei nula."

Art. 9º Esta Lei Complementar entra em vigor na data de sua publicação.

Art. 10. Ficam revogados os arts. 8º, 10, 11 e 12 do Decreto-Lei no 406, de 31 de dezembro de 1968; os incisos III, IV, V e VII do art. 3º do Decreto-Lei no 834, de 8 de setembro de 1969; a Lei Complementar no 22, de 9 de dezembro de 1974; a Lei no 7.192, de 5 de junho de 1984; a Lei Complementar no 56, de 15 de dezembro de 1987; e a Lei Complementar no 100, de 22 de dezembro de 1999.

Lista de serviços anexa à Lei Complementar nº 116, de 31 de julho de 2003.

1 - Serviços de informática e congêneres.

1.01 - Análise e desenvolvimento de sistemas.

1.02 - Programação.

1.03 - Processamento, armazenamento ou hospedagem de dados, textos, imagens, vídeos, páginas eletrônicas, aplicativos e sistemas de informação, entre outros formatos, e congêneres.

1.04 - Elaboração de programas de computadores, inclusive de jogos eletrônicos, independentemente da arquitetura construtiva da máquina em que o programa será executado, incluindo **tablets**, **smartphones** e congêneres.

1.05 - Licenciamento ou cessão de direito de uso de programas de computação.

1.06 - Assessoria e consultoria em informática.

1.07 - Suporte técnico em informática, inclusive instalação, configuração e manutenção de programas de computação e bancos de dados.

1.08 - Planejamento, confecção, manutenção e atualização de páginas eletrônicas.

1.09 -Disponibilização, sem cessão definitiva, de conteúdos de áudio, vídeo, imagem e texto por meio da internet, respeitada a imunidade de livros, jornais e periódicos (exceto a distribuição de conteúdos pelas prestadoras de Serviço de Acesso Condicionado, de que trata a Lei nº_12.485, de 12 de setembro de 2011, sujeita ao ICMS).

2 - Serviços de pesquisas e desenvolvimento de qualquer natureza.

2.01 - Serviços de pesquisas e desenvolvimento de qualquer natureza.

3 - Serviços prestados mediante locação, cessão de direito de uso e congêneres.

3.01 - (VETADO)

3.02 - Cessão de direito de uso de marcas e de sinais de propaganda.

3.03 - Exploração de salões de festas, centro de convenções, escritórios virtuais, stands, quadras esportivas, estádios, ginásios, auditórios, casas de espetáculos, parques de diversões, canchas e congêneres, para realização de eventos ou negócios de qualquer natureza.

3.04 - Locação, sublocação, arrendamento, direito de passagem ou permissão de uso, compartilhado ou não, de ferrovia, rodovia, postes, cabos, dutos e condutos de qualquer natureza.

3.05 - Cessão de andaimes, palcos, coberturas e outras estruturas de uso temporário.

4 - Serviços de saúde, assistência médica e congêneres.

4.01 - Medicina e biomedicina.

4.02 - Análises clínicas, patologia, eletricidade médica, radioterapia, quimioterapia, ultra-sonografia, ressonância magnética, radiologia, tomografia e congêneres.

4.03 - Hospitais, clínicas, laboratórios, sanatórios, manicômios, casas de saúde, prontos-socorros, ambulatórios e congêneres.

4.04 - Instrumentação cirúrgica.

4.05 - Acupuntura.

4.06 - Enfermagem, inclusive serviços auxiliares.

4.07 - Serviços farmacêuticos.

4.08 - Terapia ocupacional, fisioterapia e fonoaudiologia.

4.09 - Terapias de qualquer espécie destinadas ao tratamento físico, orgânico e mental.

4.10 - Nutrição.

4.11 - Obstetrícia.

4.12 - Odontologia.

4.13 - Ortóptica.

4.14 - Próteses sob encomenda.

4.15 - Psicanálise.

4.16 - Psicologia.

4.17 - Casas de repouso e de recuperação, creches, asilos e congêneres.

4.18 - Inseminação artificial, fertilização in vitro e congêneres.

4.19 - Bancos de sangue, leite, pele, olhos, óvulos, sêmen e congêneres.

4.20 - Coleta de sangue, leite, tecidos, sêmen, órgãos e materiais biológicos de qualquer espécie.

4.21 - Unidade de atendimento, assistência ou tratamento móvel e congêneres.

4.22 - Planos de medicina de grupo ou individual e convênios para prestação de assistência médica, hospitalar, odontológica e congêneres.

4.23 - Outros planos de saúde que se cumpram através de serviços de terceiros contratados, credenciados, cooperados ou apenas pagos pelo operador do plano mediante indicação do beneficiário.

5 - Serviços de medicina e assistência veterinária e congêneres.

5.01 - Medicina veterinária e zootecnia.

5.02 - Hospitais, clínicas, ambulatórios, prontos-socorros e congêneres, na área veterinária.

5.03 - Laboratórios de análise na área veterinária.

5.04 - Inseminação artificial, fertilização in vitro e congêneres.

5.05 - Bancos de sangue e de órgãos e congêneres.

5.06 - Coleta de sangue, leite, tecidos, sêmen, órgãos e materiais biológicos de qualquer espécie.

5.07 - Unidade de atendimento, assistência ou tratamento móvel e congêneres.

5.08 - Guarda, tratamento, amestramento, embelezamento, alojamento e congêneres.

5.09 - Planos de atendimento e assistência médico-veterinária.

6 - Serviços de cuidados pessoais, estética, atividades físicas e congêneres.

6.01 - Barbearia, cabeleireiros, manicuros, pedicuros e congêneres.

6.02 - Esteticistas, tratamento de pele, depilação e congêneres.

6.03 - Banhos, duchas, sauna, massagens e congêneres.

6.04 - Ginástica, dança, esportes, natação, artes marciais e demais atividades físicas.

6.05 - Centros de emagrecimento, spa e congêneres.

6.06 - Aplicação de tatuagens, **piercings** e congêneres.

7 - Serviços relativos a engenharia, arquitetura, geologia, urbanismo, construção civil, manutenção, limpeza, meio ambiente, saneamento e congêneres.

7.01 - Engenharia, agronomia, agrimensura, arquitetura, geologia, urbanismo, paisagismo e congêneres.

7.02 - Execução, por administração, empreitada ou subempreitada, de obras de construção civil, hidráulica ou elétrica e de outras obras semelhantes, inclusive sondagem, perfuração de poços, escavação, drenagem e irrigação, terraplanagem, pavimentação, concretagem e a instalação e montagem de produtos, peças e equipamentos (exceto o fornecimento de mercadorias produzidas pelo prestador de serviços fora do local da prestação dos serviços, que fica sujeito ao ICMS).

7.03 - Elaboração de planos diretores, estudos de viabilidade, estudos organizacionais e outros, relacionados com obras e serviços de engenharia; elaboração de anteprojetos, projetos básicos e projetos executivos para trabalhos de engenharia.

7.04 - Demolição.

7.05 - Reparação, conservação e reforma de edifícios, estradas, pontes, portos e congêneres (exceto o fornecimento de mercadorias produzidas pelo prestador dos serviços, fora do local da prestação dos serviços, que fica sujeito ao ICMS).

7.06 - Colocação e instalação de tapetes, carpetes, assoalhos, cortinas, revestimentos de parede, vidros, divisórias, placas de gesso e congêneres, com material fornecido pelo tomador do serviço.

7.07 - Recuperação, raspagem, polimento e lustração de pisos e congêneres.

7.08 – Calafetação.

7.09 – Varrição, coleta, remoção, incineração, tratamento, reciclagem, separação e destinação final de lixo, rejeitos e outros resíduos quaisquer.

7.10 – Limpeza, manutenção e conservação de vias e logradouros públicos, imóveis, chaminés, piscinas, parques, jardins e congêneres.

7.11 – Decoração e jardinagem, inclusive corte e poda de árvores.

7.12 – Controle e tratamento de efluentes de qualquer natureza e de agentes físicos, químicos e biológicos.

7.13 – Dedetização, desinfecção, desinsetização, imunização, higienização, desratização, pulverização e congêneres.

7.14 – (VETADO)

7.15 – (VETADO)

7.16 – Florestamento, reflorestamento, semeadura, adubação, reparação de solo, plantio, silagem, colheita, corte e descascamento de árvores, silvicultura, exploração florestal e dos serviços congêneres indissociáveis da formação, manutenção e colheita de florestas, para quaisquer fins e por quaisquer meios.

7.17 – Escoramento, contenção de encostas e serviços congêneres.

7.18 – Limpeza e dragagem de rios, portos, canais, baías, lagos, lagoas, represas, açudes e congêneres.

7.19 – Acompanhamento e fiscalização da execução de obras de engenharia, arquitetura e urbanismo.

7.20 – Aerofotogrametria (inclusive interpretação), cartografia, mapeamento, levantamentos topográficos, batimétricos, geográficos, geodésicos, geológicos, geofísicos e congêneres.

7.21 – Pesquisa, perfuração, cimentação, mergulho, perfilagem, concretação, testemunhagem, pescaria, estimulação e outros serviços relacionados com a exploração e explotação de petróleo, gás natural e de outros recursos minerais.

7.22 – Nucleação e bombardeamento de nuvens e congêneres.

8 – Serviços de educação, ensino, orientação pedagógica e educacional, instrução, treinamento e avaliação pessoal de qualquer grau ou natureza.

8.01 – Ensino regular pré-escolar, fundamental, médio e superior.

8.02 – Instrução, treinamento, orientação pedagógica e educacional, avaliação de conhecimentos de qualquer natureza.

9 – Serviços relativos a hospedagem, turismo, viagens e congêneres.

9.01 – Hospedagem de qualquer natureza em hotéis, apart-service condominiais, flat, apart-hotéis, hotéis residência, residence-service, suite service, hotelaria marítima, motéis, pensões e congêneres; ocupação por temporada com fornecimento de serviço (o valor da alimentação e gorjeta, quando incluído no preço da diária, fica sujeito ao Imposto Sobre Serviços).

9.02 – Agenciamento, organização, promoção, intermediação e execução de programas de turismo, passeios, viagens, excursões, hospedagens e congêneres.

9.03 – Guias de turismo.

10 – Serviços de intermediação e congêneres.

10.01 – Agenciamento, corretagem ou intermediação de câmbio, de seguros, de cartões de crédito, de planos de saúde e de planos de previdência privada.

10.02 – Agenciamento, corretagem ou intermediação de títulos em geral, valores mobiliários e contratos quaisquer.

10.03 – Agenciamento, corretagem ou intermediação de direitos de propriedade industrial, artística ou literária.

10.04 – Agenciamento, corretagem ou intermediação de contratos de arrendamento mercantil (leasing), de franquia (franchising) e de faturização (factoring).

10.05 – Agenciamento, corretagem ou intermediação de bens móveis ou imóveis, não abrangidos em outros itens ou subitens, inclusive aqueles realizados no âmbito de Bolsas de Mercadorias e Futuros, por quaisquer meios.

10.06 – Agenciamento marítimo.

10.07 – Agenciamento de notícias.

10.08 – Agenciamento de publicidade e propaganda, inclusive o agenciamento de veiculação por quaisquer meios.

10.09 – Representação de qualquer natureza, inclusive comercial.

10.10 – Distribuição de bens de terceiros.

11 – Serviços de guarda, estacionamento, armazenamento, vigilância e congêneres.

11.01 – Guarda e estacionamento de veículos terrestres automotores, de aeronaves e de embarcações.

11.02 – Vigilância, segurança ou monitoramento de bens, pessoas e semoventes.

11.03 – Escolta, inclusive de veículos e cargas.

11.04 - Armazenamento, depósito, carga, descarga, arrumação e guarda de bens de qualquer espécie.

12 - Serviços de diversões, lazer, entretenimento e congêneres.

12.01 - Espetáculos teatrais.

12.02 - Exibições cinematográficas.

12.03 - Espetáculos circenses.

12.04 - Programas de auditório.

12.05 - Parques de diversões, centros de lazer e congêneres.

12.06 - Boates, taxi-dancing e congêneres.

12.07 - Shows, ballet, danças, desfiles, bailes, óperas, concertos, recitais, festivais e congêneres.

12.08 - Feiras, exposições, congressos e congêneres.

12.09 - Bilhares, boliches e diversões eletrônicas ou não.

12.10 - Corridas e competições de animais.

12.11 - Competições esportivas ou de destreza física ou intelectual, com ou sem a participação do espectador.

12.12 - Execução de música.

12.13 - Produção, mediante ou sem encomenda prévia, de eventos, espetáculos, entrevistas, shows, ballet, danças, desfiles, bailes, teatros, óperas, concertos, recitais, festivais e congêneres.

12.14 - Fornecimento de música para ambientes fechados ou não, mediante transmissão por qualquer processo.

12.15 - Desfiles de blocos carnavalescos ou folclóricos, trios elétricos e congêneres.

12.16 - Exibição de filmes, entrevistas, musicais, espetáculos, shows, concertos, desfiles, óperas, competições esportivas, de destreza intelectual ou congêneres.

12.17 - Recreação e animação, inclusive em festas e eventos de qualquer natureza.

13 - Serviços relativos a fonografia, fotografia, cinematografia e reprografia.

13.01 - (VETADO)

13.02 - Fonografia ou gravação de sons, inclusive trucagem, dublagem, mixagem e congêneres.

13.03 - Fotografia e cinematografia, inclusive revelação, ampliação, cópia, reprodução, trucagem e congêneres.

13.04 - Reprografia, microfilmagem e digitalização.

13.05 - Composição gráfica, inclusive confecção de impressos gráficos, fotocomposição, clicheria, zincografia, litografia e fotolitografia, exceto se destinados a posterior operação de comercialização ou industrialização, ainda que incorporados, de qualquer forma, a outra mercadoria que deva ser objeto de posterior circulação, tais como bulas, rótulos, etiquetas, caixas, cartuchos, embalagens e manuais técnicos e de instrução, quando ficarão sujeitos ao ICMS.

14 - Serviços relativos a bens de terceiros.

14.01 - Lubrificação, limpeza, lustração, revisão, carga e recarga, conserto, restauração, blindagem, manutenção e conservação de máquinas, veículos, aparelhos, equipamentos, motores, elevadores ou de qualquer objeto (exceto peças e partes empregadas, que ficam sujeitas ao ICMS).

14.02 - Assistência técnica.

14.03 - Recondicionamento de motores (exceto peças e partes empregadas, que ficam sujeitas ao ICMS).

14.04 - Recauchutagem ou regeneração de pneus.

14.05 - Restauração, recondicionamento, acondicionamento, pintura, beneficiamento, lavagem, secagem, tingimento, galvanoplastia, anodização, corte, recorte, plastificação, costura, acabamento, polimento e congêneres de objetos quaisquer.

14.06 - Instalação e montagem de aparelhos, máquinas e equipamentos, inclusive montagem industrial, prestados ao usuário final, exclusivamente com material por ele fornecido.

14.07 - Colocação de molduras e congêneres.

14.08 - Encadernação, gravação e douração de livros, revistas e congêneres.

14.09 - Alfaiataria e costura, quando o material for fornecido pelo usuário final, exceto aviamento.

14.10 - Tinturaria e lavanderia.

14.11 - Tapeçaria e reforma de estofamentos em geral.

14.12 - Funilaria e lanternagem.

14.13 - Carpintaria e serralheria.

14.14 - Guincho intramunicipal, guindaste e içamento.

15 - Serviços relacionados ao setor bancário ou financeiro, inclusive aqueles prestados por instituições financeiras autorizadas a funcionar pela União ou por quem de direito.

15.01 - Administração de fundos quaisquer, de consórcio, de cartão de crédito ou débito e congêneres, de carteira de clientes, de cheques pré-datados e congêneres.

15.02 - Abertura de contas em geral, inclusive conta-corrente, conta de investimentos e aplicação e caderneta de poupança, no País e no exterior, bem como a manutenção das referidas contas ativas e inativas.

15.03 - Locação e manutenção de cofres particulares, de terminais eletrônicos, de terminais de atendimento e de bens e equipamentos em geral.

15.04 - Fornecimento ou emissão de atestados em geral, inclusive atestado de idoneidade, atestado de capacidade financeira e congêneres.

15.05 - Cadastro, elaboração de ficha cadastral, renovação cadastral e congêneres, inclusão ou exclusão no Cadastro de Emitentes de Cheques sem Fundos - CCF ou em quaisquer outros bancos cadastrais.

15.06 - Emissão, reemissão e fornecimento de avisos, comprovantes e documentos em geral; abono de firmas; coleta e entrega de documentos, bens e valores; comunicação com outra agência ou com a administração central; licenciamento eletrônico de veículos; transferência de veículos; agenciamento fiduciário ou depositário; devolução de bens em custódia.

15.07 - Acesso, movimentação, atendimento e consulta a contas em geral, por qualquer meio ou processo, inclusive por telefone, fac-símile, internet e telex, acesso a terminais de atendimento, inclusive vinte e quatro horas; acesso a outro banco e a rede compartilhada; fornecimento de saldo, extrato e demais informações relativas a contas em geral, por qualquer meio ou processo.

15.08 - Emissão, reemissão, alteração, cessão, substituição, cancelamento e registro de contrato de crédito; estudo, análise e avaliação de operações de crédito; emissão, concessão, alteração ou contratação de aval, fiança, anuência e congêneres; serviços relativos a abertura de crédito, para quaisquer fins.

15.09 - Arrendamento mercantil (leasing) de quaisquer bens, inclusive cessão de direitos e obrigações, substituição de garantia, alteração, cancelamento e registro de contrato, e demais serviços relacionados ao arrendamento mercantil (leasing).

15.10 - Serviços relacionados a cobranças, recebimentos ou pagamentos em geral, de títulos quaisquer, de contas ou carnês, de câmbio, de tributos e por conta de terceiros, inclusive os efetuados por meio eletrônico, automático ou por máquinas de atendimento; fornecimento de posição de cobrança, recebimento ou pagamento; emissão de carnês, fichas de compensação, impressos e documentos em geral.

15.11 - Devolução de títulos, protesto de títulos, sustação de protesto, manutenção de títulos, reapresentação de títulos, e demais serviços a eles relacionados.

15.12 - Custódia em geral, inclusive de títulos e valores mobiliários.

15.13 - Serviços relacionados a operações de câmbio em geral, edição, alteração, prorrogação, cancelamento e baixa de contrato de câmbio; emissão de registro de exportação ou de crédito; cobrança ou depósito no exterior; emissão, fornecimento e cancelamento de cheques de viagem; fornecimento, transferência, cancelamento e demais serviços relativos a carta de crédito de importação, exportação e garantias recebidas; envio e recebimento de mensagens em geral relacionadas a operações de câmbio.

15.14 - Fornecimento, emissão, reemissão, renovação e manutenção de cartão magnético, cartão de crédito, cartão de débito, cartão salário e congêneres.

15.15 - Compensação de cheques e títulos quaisquer; serviços relacionados a depósito, inclusive depósito identificado, a saque de contas quaisquer, por qualquer meio ou processo, inclusive em terminais eletrônicos e de atendimento.

15.16 - Emissão, reemissão, liquidação, alteração, cancelamento e baixa de ordens de pagamento, ordens de crédito e similares, por qualquer meio ou processo; serviços relacionados à transferência de valores, dados, fundos, pagamentos e similares, inclusive entre contas em geral.

15.17 - Emissão, fornecimento, devolução, sustação, cancelamento e oposição de cheques quaisquer, avulso ou por talão.

15.18 - Serviços relacionados a crédito imobiliário, avaliação e vistoria de imóvel ou obra, análise técnica e jurídica, emissão, reemissão, alteração, transferência e renegociação de contrato, emissão e reemissão do termo de quitação e demais serviços relacionados a crédito imobiliário.

16 - Serviços de transporte de natureza municipal.

16.01 - Serviços de transporte coletivo municipal rodoviário, metroviário, ferroviário e aquaviário de passageiros.

16.02 - Outros serviços de transporte de natureza municipal.

17 - Serviços de apoio técnico, administrativo, jurídico, contábil, comercial e congêneres.

17.01 - Assessoria ou consultoria de qualquer natureza, não contida em outros itens desta lista; análise, exame, pesquisa, coleta, compilação e fornecimento de dados e informações de qualquer natureza, inclusive cadastro e similares.

17.02 - Datilografia, digitação, estenografia, expediente, secretaria em geral, resposta audível, redação, edição, interpretação, revisão, tradução, apoio e infra-estrutura administrativa e congêneres.

17.03 - Planejamento, coordenação, programação ou organização técnica, financeira ou administrativa.

17.04 - Recrutamento, agenciamento, seleção e colocação de mão-de-obra.

17.05 - Fornecimento de mão-de-obra, mesmo em caráter temporário, inclusive de empregados ou trabalhadores, avulsos ou temporários, contratados pelo prestador de serviço.

17.06 - Propaganda e publicidade, inclusive promoção de vendas, planejamento de campanhas ou sistemas de publicidade, elaboração de desenhos, textos e demais materiais publicitários.

17.07 - (VETADO)

17.08 - Franquia (franchising).

17.09 - Perícias, laudos, exames técnicos e análises técnicas.

17.10 - Planejamento, organização e administração de feiras, exposições, congressos e congêneres.

17.11 - Organização de festas e recepções; bufê (exceto o fornecimento de alimentação e bebidas, que fica sujeito ao ICMS).

17.12 - Administração em geral, inclusive de bens e negócios de terceiros.

17.13 - Leilão e congêneres.

17.14 - Advocacia.

17.15 - Arbitragem de qualquer espécie, inclusive jurídica.

17.16 - Auditoria.

17.17 - Análise de Organização e Métodos.

17.18 - Atuária e cálculos técnicos de qualquer natureza.

17.19 - Contabilidade, inclusive serviços técnicos e auxiliares.

17.20 - Consultoria e assessoria econômica ou financeira.

17.21 - Estatística.

17.22 - Cobrança em geral.

17.23 - Assessoria, análise, avaliação, atendimento, consulta, cadastro, seleção, gerenciamento de informações, administração de contas a receber ou a pagar e em geral, relacionados a operações de faturização (factoring).

17.24 - Apresentação de palestras, conferências, seminários e congêneres.

17.25 - Inserção de textos, desenhos e outros materiais de propaganda e publicidade, em qualquer meio (exceto em livros, jornais, periódicos e nas modalidades de serviços de radiodifusão sonora e de sons e imagens de recepção livre e gratuita).

18 - Serviços de regulação de sinistros vinculados a contratos de seguros; inspeção e avaliação de riscos para cobertura de contratos de seguros; prevenção e gerência de riscos seguráveis e congêneres.

18.01 - Serviços de regulação de sinistros vinculados a contratos de seguros; inspeção e avaliação de riscos para cobertura de contratos de seguros; prevenção e gerência de riscos seguráveis e congêneres.

19 - Serviços de distribuição e venda de bilhetes e demais produtos de loteria, bingos, cartões, pules ou cupons de apostas, sorteios, prêmios, inclusive os decorrentes de títulos de capitalização e congêneres.

19.01 - Serviços de distribuição e venda de bilhetes e demais produtos de loteria, bingos, cartões, pules ou cupons de apostas, sorteios, prêmios, inclusive os decorrentes de títulos de capitalização e congêneres.

20 - Serviços portuários, aeroportuários, ferroportuários, de terminais rodoviários, ferroviários e metroviários.

20.01 - Serviços portuários, ferroportuários, utilização de porto, movimentação de passageiros, reboque de embarcações, rebocador escoteiro, atracação, desatracação, serviços de praticagem, capatazia, armazenagem de qualquer natureza, serviços acessórios, movimentação de mercadorias, serviços de apoio marítimo, de movimentação ao largo, serviços de armadores, estiva, conferência, logística e congêneres.

20.02 - Serviços aeroportuários, utilização de aeroporto, movimentação de passageiros, armazenagem de qualquer natureza, capatazia, movimentação de aeronaves, serviços de apoio aeroportuários, serviços acessórios, movimentação de mercadorias, logística e congêneres.

20.03 - Serviços de terminais rodoviários, ferroviários, metroviários, movimentação de passageiros, mercadorias, inclusive suas operações, logística e congêneres.

21 - Serviços de registros públicos, cartorários e notariais.

21.01 - Serviços de registros públicos, cartorários e notariais.

22 - Serviços de exploração de rodovia.

22.01 - Serviços de exploração de rodovia mediante cobrança de preço ou pedágio dos usuários, envolvendo execução de serviços de conservação, manutenção, melhoramentos para adequação de capacidade e segurança de trânsito, operação, monitoração, assistência aos usuários e outros serviços definidos em contratos, atos de concessão ou de permissão ou em normas oficiais.

23 - Serviços de programação e comunicação visual, desenho industrial e congêneres.

23.01 - Serviços de programação e comunicação visual, desenho industrial e congêneres.

24 - Serviços de chaveiros, confecção de carimbos, placas, sinalização visual, banners, adesivos e congêneres.

24.01 - Serviços de chaveiros, confecção de carimbos, placas, sinalização visual, banners, adesivos e congêneres.

25 - Serviços funerários.

25.01 - Funerais, inclusive fornecimento de caixão, urna ou esquifes; aluguel de capela; transporte do corpo cadavérico; fornecimento de flores, coroas e outros paramentos; desembaraço de certidão de óbito; fornecimento de véu, essa e outros adornos; embalsamento, embelezamento, conservação ou restauração de cadáveres.

25.02 - Translado intramunicipal e cremação de corpos e partes de corpos cadavéricos.

25.03 - Planos ou convênio funerários.

25.04 - Manutenção e conservação de jazigos e cemitérios.

25.05 - Cessão de uso de espaços em cemitérios para sepultamento.

26 - Serviços de coleta, remessa ou entrega de correspondências, documentos, objetos, bens ou valores, inclusive pelos correios e suas agências franqueadas; courrier e congêneres.

26.01 - Serviços de coleta, remessa ou entrega de correspondências, documentos, objetos, bens ou valores, inclusive pelos correios e suas agências franqueadas; courrier e congêneres.

27 - Serviços de assistência social.

27.01 - Serviços de assistência social.

28 - Serviços de avaliação de bens e serviços de qualquer natureza.

28.01 - Serviços de avaliação de bens e serviços de qualquer natureza.

29 - Serviços de biblioteconomia.

29.01 - Serviços de biblioteconomia.

30 - Serviços de biologia, biotecnologia e química.

30.01 - Serviços de biologia, biotecnologia e química.

31 - Serviços técnicos em edificações, eletrônica, eletrotécnica, mecânica, telecomunicações e congêneres.

31.01 - Serviços técnicos em edificações, eletrônica, eletrotécnica, mecânica, telecomunicações e congêneres.

32 - Serviços de desenhos técnicos.

32.01 - Serviços de desenhos técnicos.

33 - Serviços de desembaraço aduaneiro, comissários, despachantes e congêneres.

33.01 - Serviços de desembaraço aduaneiro, comissários, despachantes e congêneres.

34 - Serviços de investigações particulares, detetives e congêneres.

34.01 - Serviços de investigações particulares, detetives e congêneres.

35 - Serviços de reportagem, assessoria de imprensa, jornalismo e relações públicas.

35.01 - Serviços de reportagem, assessoria de imprensa, jornalismo e relações públicas.

36 - Serviços de meteorologia.

36.01 - Serviços de meteorologia.

37 - Serviços de artistas, atletas, modelos e manequins.

37.01 - Serviços de artistas, atletas, modelos e manequins.

38 - Serviços de museologia.

38.01 - Serviços de museologia.

39 - Serviços de ourivesaria e lapidação.

39.01 - Serviços de ourivesaria e lapidação (quando o material for fornecido pelo tomador do serviço).

40 - Serviços relativos a obras de arte sob encomenda.

40.01 - Obras de arte sob encomenda.

8. QUESTÕES FUNDAMENTADAS

1. **(ESAF - Auditor-Fiscal- RFB/2012)** Assinale, entre as hipóteses abaixo, a única que constitui hipótese de incidência do ICMS - imposto sobre operações relativas à circulação de mercadorias e sobre prestações de serviços de transporte interestadual e intermunicipal e de comunicação.

a) Fornecimento de alimentação e bebidas em restaurante ou estabelecimento similar, sem a previsão na respectiva lei estadual.

b) Saída física de máquinas, utensílios e implementos a título de comodato.

c) Comercialização de exemplares de obras cinematográficas, gravados em fitas de videocassete.

d) Alienação de salvados de sinistro pelas seguradoras.

e) Operações de industrialização por encomenda de embalagens, destinadas à utilização direta em processo subsequente de industrialização.

2. **(ESAF - Auditor-Fiscal- RFB/2012)** A progressividade no tempo das alíquotas do IPTU - imposto sobre a propriedade predial e territorial urbana, de competência dos Municípios e do Distrito Federal, prevista na Constituição Federal, como medida de política pública que busca dar efetividade à função social da propriedade, caracteriza-se pela

a) seletividade.

b) parafiscalidade.

c) capacidade contributiva.

d) extrafiscalidade.

e) essencialidade.

3. **(ESAF - Analista Tributário da Receita Federal/2009)** "A redução do Imposto sobre Produtos Industrializados - IPI para geladeiras, fogões, máquinas de lavar e tanquinhos, produtos da linha branca, que encerraria no próximo dia 31, foi prorrogada por mais três meses. A partir de 10 de novembro entra em vigor uma nova tabela cujas alíquotas passam a ser estabelecidas com base na eficiência energética dos produtos, de acordo com a classificação do Programa Brasileiro de Etiquetagem, coordenado pelo Inmetro. O anúncio foi feito nesta quinta-feira pelo ministro da Fazenda Guido Mantega. "Nós estamos desonerando mais os produtos que consomem menos energia", explicou. A medida vale até 31 de janeiro de 2010. Segundo ele, as geladeiras, que antes do IPI baixo tinham uma alíquota de 15%, e recuou para 5%, poderão manter essa mesma alíquota reduzida, mas somente para os produtos da chamada classe "A", ou seja, com menor consumo de energia. As geladeiras da classe "B" passarão a ter uma alíquota de 10% e o restante voltará a ter um IPI de 15%."(Extraído do site www.fazenda.gov.br, notícia de 29.10.2009).

Na notícia acima, identificamos um importante aspecto do IPI - Imposto sobre Produtos Industrializados. Assinale, entre as opções que se seguem, aquela que explica e justifica tal aspecto, isto é, somente aquele que a notícia mencionada destacou.

a) Por meio da seletividade, pode-se tributar com alíquotas diferenciadas produtos de acordo com o seu grau de essencialidade.

b) A notícia demonstra a aplicabilidade do princípio constitucional da capacidade tributária, pois estabelece alíquotas diferenciadas para as diversas categorias de geladeiras existentes no mercado.

c) O IPI constitui uma exceção à regra geral da legalidade, já que o Poder Executivo pode, a qualquer momento, baixar ou restabelecer as suas alíquotas.

d) A não cumulatividade, outra característica do IPI, visa impedir que as incidências sucessivas nas diversas operações da cadeia econômica de um produto impliquem um ônus tributário muito elevado, decorrente da múltipla tributação da mesma base econômica.

e) A extrafiscalidade consiste na possibilidade de, por meio de alíquotas diferenciadas, estimular-se determinado comportamento por parte da indústria e, consequentemente, dos consumidores.

4. **(Procurador do Município - Prefeitura Curitiba-PR/2007 - PUC)** Acerca do ISS (imposto sobre serviços) e a sua regulamentação por lei complementar nacional, marque a alternativa correta:

I Os serviços de construção civil de modo geral consideram-se prestados e o imposto devido no local da execução da obra.

II O imposto não incide sobre o valor dos depósitos bancários.

III Os Municípios e o Distrito Federal, mediante lei, poderão atribuir de modo expresso a responsabilidade pelo crédito tributário à terceira pessoa, vinculada ao fato gerador da respectiva obrigação, excluindo a responsabilidade do contribuinte ou atribuindo-a a este em caráter supletivo do cumprimento total ou parcial da referida obrigação, inclusive no que se refere à multa e aos acréscimos legais.

IV A alíquota máxima do imposto é de 5% (cinco por cento).

São corretas:

a) Apenas I e III.

b) Apenas II e IV.

c) Apenas I e II.

d) Todas.

e) Apenas III e IV.

5. **(Procurador do Município – Prefeitura Ribeirão Preto-SP/2007 – VUNESP)** O imposto sobre a transmissão *inter vivos* encontra-se compreendido na competência tributária municipal. Indique a alternativa que, corretamente, traduz uma afirmação que, com relação ao referido imposto, esteja em consonância com o texto constitucional.

a) Incide sobre a transmissão de bens ou direitos incorporados ao patrimônio de pessoa jurídica em realização de capital.

b) Incide sobre a transmissão de bens ou direitos decorrente de incorporação de pessoa jurídica, ainda que a atividade preponderante da adquirente não seja a compra e venda desses bens ou direitos.

c) Incide sobre a transmissão, por ato oneroso ou gratuito, de quaisquer bens imóveis, seja por natureza ou acessão física.

d) Incide sobre a transmissão de direitos reais sobre imóveis, incluindo-se os de garantia.

e) Incide sobre a transmissão de bens ou direitos decorrentes de cisão de pessoa jurídica quando a atividade preponderante do adquirente for a de arrendamento mercantil.

6. **(CESPE – Juiz Federal Substituto 5ª região/2011)** Com relação aos impostos federais, assinale a opção correta.

a) A imunidade tributária conferida aos partidos políticos, às entidades sindicais dos trabalhadores e às instituições de educação e de assistência social, sem fins lucrativos, não abrange o imposto sobre operações de crédito, câmbio e seguro, ou as relativas a títulos ou valores mobiliários.

b) É constitucional a instituição de taxa municipal de conservação de estradas de rodagem cuja base de cálculo seja idêntica à do imposto sobre a propriedade territorial rural.

c) A base de cálculo do imposto sobre a exportação corresponde, quando a alíquota for específica, ao preço normal que o produto ou seu similar alcançaria, ao tempo da exportação, em uma venda em condições de livre concorrência.

d) Considera-se contribuinte do imposto de renda o titular de disponibilidade econômica ou jurídica, podendo a lei atribuir essa condição ao possuidor, a qualquer título, dos bens produtores de renda ou dos proventos tributáveis.

e) O imposto sobre produtos industrializados, que pode ser seletivo, em razão da essencialidade do produto, deve ser não cumulativo e incidir sobre produtos industrializados destinados ao exterior.

7. **(FCC – Juiz de Direito Substituto-GO/2012)** Lei estadual que prevê recolhimento antecipado, pelo fabricante/montadora de veículos, de ICMS incidente sobre a venda de veículos automotores disponíveis para a venda em concessionária de veículos é considerada

a) constitucional, por se tratar de substituição tributária para frente, expressamente autorizada pela Constituição Federal.

b) inconstitucional, por se tratar de fato gerador presumido, ainda não consumado.

c) inconstitucional, por não caber a incidência de ICMS na operação de venda de veículos automotores pelo fabricante/montadora para a concessionária de veículos.

d) constitucional, por se tratar de substituição tributária para trás, com fato gerador consumado quando da saída dos veículos do pátio do fabricante/montadora de veículos.

e) constitucional, já que o fabricante/montadora de veículos realizou o fato gerador do ICMS quando operou a venda de veículos automotores para a concessionária.

8. **(MPF – Procurador da República/2006)** Dentre as proposições abaixo, algumas são falsas e, outras, verdadeiras.

I. O legislador infraconstitucional não possui total liberdade para definir renda e proventos de qualquer natureza, para fins de tributação por meio do Imposto Sobre a Renda.

II. De acordo com a Constituição, renda e proventos de qualquer natureza devem representar ganhos ou riquezas novas, de forma a atender o princípio da capacidade contributiva.

III. O CTN, no § 1º do art. 43, ao estatuir que "a incidência do imposto independe da denominação da receita ou rendimento, da localização, condição jurídica ou nacionalidade da fonte, da origem e da forma de percepção", alargou o conceito de renda e o de proventos de qualquer natureza, de modo a permitir que o legislador ordinário altere, para mais, o âmbito de abrangência da exação.

IV. A base de cálculo do Imposto Sobre a Renda da Pessoa Física - IRPF é a renda bruta do contribuinte.

Das proposições acima:

a) as alternativas I e IV são falsas;

b) as alternativas I e II são verdadeiras;

c) somente a alternativa III é falsa;

d) somente a alternativa IV é falsa.

9. (Vunesp - Cartório - Provimento - TJ - SP/2018) Em relação à competência para exigir o pagamento do imposto causa mortis e doação, é correto afirmar:

a) terá suas alíquotas máximas fixadas por lei complementar estadual.

b) tratando-se de bens móveis, a competência, no caso de doação, é do domicílio do donatário, mesmo se residente no exterior.

c) tratando-se de bens móveis, títulos e créditos, compete ao Estado onde se processar o inventário ou arrolamento, ou tiver domicílio o doador, ou ao Distrito Federal.

d) terá a competência regulada por lei estadual se o doador tiver domicílio ou residência no exterior.

10. (CESPE - Promotor de Justiça - PI/2012) No que se refere ao ICMS, assinale a opção correta.

a) Não incide ICMS sobre as prestações de serviço de comunicação nas modalidades de radiodifusão sonora e de sons e imagens de recepção livre e gratuita.

b) A base de cálculo do ICMS compreende o montante do IPI, quando a operação, realizada entre contribuintes e relativa a produto destinado à industrialização ou à comercialização, configure simultaneamente fato gerador de IPI e de ICMS.

c) Esse imposto é o único tributo incidente sobre operações relativas a energia elétrica, serviços de telecomunicações, derivados de petróleo, combustíveis e minerais do Brasil.

d) É facultado ao Senado Federal, mediante resolução de iniciativa da maioria absoluta de seus membros e aprovada por dois terços deles, o estabelecimento das alíquotas mínimas nas operações internas.

e) Incide ICMS sobre as operações de importação e as que destinem mercadorias para o exterior.

11. (CESPE - Procurador BACEN/2009) Uma empresa detém a propriedade sobre terras agricultáveis em diversos estados do Brasil, no ambiente rural, e, em diversos municípios de seu estado de origem, é proprietária de terras urbanas.

Nessa situação, em razão das propriedades que detém, a empresa torna-se contribuinte de

a) dois impostos federais e um estadual.

b) dois impostos estaduais e um municipal.

c) um imposto municipal e um federal.

d) um imposto municipal, um estadual e um federal.

e) um imposto municipal e um estadual.

12. (ESAF - Procurador Fazenda Nacional/2007) Assinale a opção que completa, corretamente, o respectivo enunciado. A aquisição de disponibilidade jurídica de acréscimos patrimoniais corresponde ao fato gerador

a) do imposto sobre heranças e doações

b) da contribuição social de interesse das categorias econômicas

c) do imposto sobre a renda e proventos

d) do imposto territorial rural, no caso de acessão ou avulsão

e) do imposto sobre a transmissão *causa mortis* ou *inter vivos*, nos territórios federais

13. (FMP - Procurador do Estado - AC/2012) Assinale a alternativa incorreta.

a) O IPI (Imposto sobre Produtos Industrializados) não está sujeito ao princípio da anterioridade tributária anual, mas se submete ao princípio da anterioridade tributária nonagesimal.

b) O IOF (Imposto sobre operações de Crédito, Câmbio, Seguro, Títulos e Valores Mobiliários) pode, nos limites da lei, ter suas alíquotas alteradas por ato do Poder Executivo.

c) O IR (Imposto sobre a Renda e Proventos de qualquer natureza) está sujeito ao princípio da anterioridade tributária anual, mas não se submete ao princípio da anterioridade tributária nonagesimal.

d) O II (Imposto sobre a Importação) é de competência da União Federal, mas poderá, nas hipóteses previstas na Constituição Federal, ser cobrado e fiscalizado pelos Estados-membros que se situam nas fronteiras do território nacional.

14. (UEPA – Procurador do Estado – PA/2012) Analise as afirmativas a seguir:

I. Na Súmula 395, o STJ considerou que o ICMS incide sobre o valor da venda a prazo constante da nota fiscal.

II. A Súmula 391 do STJ define que o ICMS incide sobre o valor da tarifa de energia elétrica correspondente à demanda de potência efetivamente utilizada.

III. Na Súmula 350, o STJ consolidou o entendimento de que o ICMS não incide sobre o serviço de habilitação de telefone celular.

IV. A teor da Súmula 334 do STJ, o ICMS não incide no serviço dos provedores de acesso à Internet.

De acordo com as afirmativas apresentadas, assinale a alternativa CORRETA:

a) todas as proposições estão corretas

b) apenas uma das proposições está correta

c) apenas duas proposições estão corretas

d) apenas três proposições estão corretas

e) todas as proposições estão incorretas.

15. (FCC – Juiz de Direito Substituto-GO/2012) Um Município alterou sua legislação para instituir o IPTU progressivo em razão do valor venal do imóvel, criando uma tabela com alíquotas variando de 0,5% a 2,5%. Do mesmo modo instituiu também o ITBI progressivo em razão do valor venal do imóvel, com alíquotas variando de 1% a 5%. Nesse caso, a partir dos fatos apresentados e do entendimento do Supremo Tribunal Federal,

a) é constitucional a instituição tanto do IPTU como do ITBI progressivo em razão do valor venal do imóvel como forma de graduação dos impostos segundo a capacidade contributiva.

b) é inconstitucional a instituição de alíquotas progressivas para o IPTU e para o ITBI, pois ambos são impostos reais e, portanto, não podem ter alíquotas progressivas.

c) é inconstitucional a instituição de dois impostos municipais com mesma base de cálculo, qual seja, valor venal do imóvel, pois caracteriza *bis in idem*.

d) é constitucional apenas a instituição do IPTU progressivo em razão do valor venal do imóvel, por expressa autorização na Constituição Federal.

e) é constitucional apenas a instituição do ITBI progressivo em razão do valor venal do imóvel, por expressa autorização na Constituição Federal.

16. (ESAF – Auditor-Fiscal– RFB/2014) A desoneração do ICMS – Imposto sobre Operações Relativas à Circulação de Mercadorias e sobre Prestações de Serviços de Transporte Interestadual e Intermunicipal e de Comunicação – das exportações, cuja finalidade é o incentivo a estas, desonerando as mercadorias nacionais do seu ônus econômico, de modo a permitir que as empresas brasileiras exportem produtos, e não tributos – imuniza as operações de exportação e assegura a manutenção e o aproveitamento do montante do imposto (ICMS) cobrado nas operações e prestações anteriores. Consoante entendimento do STF sobre tal dispositivo, podemos afirmar, exceto, que:

a) o aproveitamento dos créditos de ICMS, por ocasião da saída imune para o exterior, gera receita tributável por parte da COFINS e da Contribuição para o PIS.

b) adquirida a mercadoria, a empresa exportadora pode creditar-se do ICMS anteriormente pago, mas somente poderá transferir a terceiros o saldo credor acumulado após a saída da mercadoria com destino ao exterior.

c) sob o específico prisma constitucional, receita bruta pode ser definida como o ingresso financeiro que se integra no patrimônio na condição de elemento novo e positivo, sem reservas ou condições.

d) o aproveitamento de créditos de ICMS, por ocasião da saída imune para o exterior, constitui mera re-

QUESTÕES FUNDAMENTADAS

cuperação do ônus econômico advindo do ICMS, assegurada expressamente pela Constituição Federal.

e) o conceito de receita, acolhido pela Constituição Federal, não se confunde com o conceito contábil.

17. **(CESPE – Procurador do Ministério Público junto ao TCDF/2013)** Julgue os itens subsequentes, acerca dos impostos da União.

- Nas operações de câmbio, o fato gerador do imposto sobre operações de crédito, câmbio e seguro (IOF) consiste na efetivação da operação — configurada pela entrega de moeda nacional ou estrangeira ou de documento que a represente — ou na colocação à disposição do interessado do montante equivalente à moeda estrangeira ou nacional por ele entregue ou por ele posta à disposição.

18. **(CESPE – Procurador do Ministério Público junto ao TCDF/2013)** Julgue os itens subsequentes, acerca dos impostos da União.

- Conforme entendimento jurisprudencial assente no STJ, o fato gerador do imposto sobre a importação de produtos estrangeiros consuma-se na data do ingresso da mercadoria importada no país, devendo, por isso, ser aplicada para o cálculo do imposto a alíquota vigente nessa data.

19. **(CESPE – Procurador do Ministério Público junto ao TCDF/2013)** Julgue os itens subsecutivos, referentes aos impostos dos Estados e do DF.

- Constitui fato gerador do imposto sobre propriedade de veículos automotores (IPVA) a propriedade de veículos automotores, incluindo-se a de embarcações e aeronaves.

20. **(CESPE – Procurador do Ministério Público junto ao TCDF/2013)** No que concerne aos impostos de competência dos municípios e do DF, julgue os próximos itens.

- O benefício da alíquota fixa do imposto sobre serviços (ISS) alcança as sociedades unipessoais integradas por profissionais que atuem com responsabilidade pessoal e as sociedades empresárias limitadas.

QUESTÕES FUNDAMENTADAS

GABARITO

Questão	Resposta	Fundamentação
1	C	STF, Súmula 662
2	D	CF, arts. 156, § 1º, I e 182, § 4º, II
3	E	CF, art. 153, § 1º
4	D	LC 116/2003, arts, 3º, III, 2º, III, 6º e 8º, II
5	E	CF, art. 156, § 2º, I (*in fine*)
6	D	CTN, art. 45
7	A	CF, art. 150, § 7º
8	B	CF, arts. 153, § 2º e 145, § 1º
9	C	CF, arts. 155, § 1º, II
10	A	CF, art. 155, § 2º, X, d
11	C	CF, arts. 153, VI e 156, I
12	C	CTN, art. 43
13	D	CF, art. 153, I
14	A	STJ, Súmulas 395, 391, 350 e 334
15	D	CF, art. 156, § 1º, I
16	A	STF, 606107/RS
17	Certo	CTN, art. 63, II
18	Errado	STJ, REsp 1139922/SP
19	Errado	STF, REs 134.509 e 255.111, dentre outros
20	Errado	STJ, AgRg nos EDcl no AREsp 33.365/PR

9. MEU RESUMO PARA MEMORIZAÇÃO

Futuro(a) Juiz(a), Membro do Ministério Público, Procurador(a), Auditor(a) Fiscal, ou Servidor(a) de Outras Carreiras Públicas, agora é hora de se concentrar.

Sem nenhuma consulta ao capítulo, por favor, faça um breve resumo a seguir. Nesse momento, é importante que elabore esquemas e gráficos, para condensar e memorizar a matéria já estudada e, ainda, utilizar esses resumos para revisar os pontos uma semana antes da prova. Use o espaço cuidadosamente, deixando-o como o seu "caderninho de anotações pessoais".

9.1. Quais os pontos que eu aprendi ao longo do capítulo que considero mais importantes?

IMPOSTOS FEDERAIS

a) II:

b) IE:

c) IR:

d) IPI:

e) IOF:

g) ITR:

f) IGF:

g) Competência residual:

h) Competência excepcional:

i) Competência da União no caso de territórios federais:

IMPOSTOS ESTADUAIS

a) ITCMD/ITCD:

b) ICMS:

c) IPVA:

IMPOSTOS MUNICIPAIS:

a) IPTU:

b) ITBI:

c) ISS:

IMPOSTOS DO DISTRITO FEDERAL:

RESUMO PARA MEMORIZAÇÃO

PANORAMA DOS IMPOSTOS

segue vídeo abaixo:

https://youtu.be/QQm3aL4jSZw

Capítulo VI

LEGISLAÇÃO TRIBUTÁRIA

1. FONTES DO DIREITO TRIBUTÁRIO E LEGISLAÇÃO TRIBUTÁRIA

Na acepção mais difundida, a expressão **fontes do direito** diz respeito à investigação sobre de onde o direito provém. Sucede que a ambiguidade da palavra "direito", utilizada em várias acepções pelos juristas, vem dando margem a várias classificações, entre as quais se notabiliza, no campo tributário, a divisão em **fontes materiais** e **fontes formais**.

- **Fontes materiais** seriam os fatos jurídicos que dão nascimento a relações jurídico-tributárias. Correspondem aos fatos geradores das obrigações tributárias, como a circulação de mercadorias, que constitui um dos fatos geradores do ICMS.
- **Fontes formais** seriam os próprios textos normativos, a legislação tributária. Subdividem-se em **fontes primárias (**legislação em regra emanada do Poder Legislativo, tais como leis ordinárias e leis complementares, caracterizadas por promoverem inovações na ordem jurídico-tributária) e **fontes secundárias** (atos normativos executivos e administrativos, tais como decretos, portarias, resoluções etc., editados para complementar ou regulamentar as fontes primárias).

Parte da Doutrina considera os decretos fontes primárias do direito tributário. Todavia, há de se ponderar que, de maneira geral, os decretos não inovam a ordem jurídica, ficando restritos à complementação e à regulamentação das leis e dos tratados. A nosso ver, os decretos funcionam como fontes primárias apenas quando são editados pelo Poder Executivo para alterar alíquotas dos impostos extrafiscais ou reduzir e restabelecer CIDE-combustível e ICMS-combustível monofásico, hipóteses em que atuam inovando a ordem jurídica.

No que tange às fontes formais, a CF, em seu artigo 24, inciso I, apregoa a competência à União, aos Estados e ao Distrito Federal legislar concorrentemente sobre direito tributário, financeiro, penitenciário, econômico e urbanístico. Já o artigo 96 do CTN dispõe que a expressão "legislação tributária" compreende o conjunto de normas que versem, no todo ou em parte, sobre tributos e relações jurídicas a ele pertinentes (CTN, art. 96). Essas normas são: (i) as leis; (ii) os tratados e as convenções internacionais; (iii) os decretos e (iv) as normas complementares da legislação tributária. E assim, os entes tributantes tem competência para legislar sobre direito tributário e uma norma que verse no todo ou em parte sobre tributos e relações tributárias é considerada parte integrante da "legislação tributária".

ATENÇÃO:

A expressão "legislação tributária" é definida no artigo 96 do CTN, e "compreende as leis, os tratados e as convenções internacionais, os decretos e as normas complementares que versem, no todo ou em parte, sobre tributos e relações jurídicas a eles pertinentes". Já a expressão "normas complementares" é definida no artigo 100 do CTN e compreende "os atos normativos expedidos pelas autoridades administrativas, as decisões dos órgãos singulares ou coletivos de jurisdição administrativa, a que a lei atribua eficácia normativa, as práticas reiteradamente observadas pelas autoridades administrativas e os convênios que entre si celebrem a União, os Estados, o Distrito Federal e os Municípios". Logo, todas as normas complementares também compõem a ideia de legislação tributária.

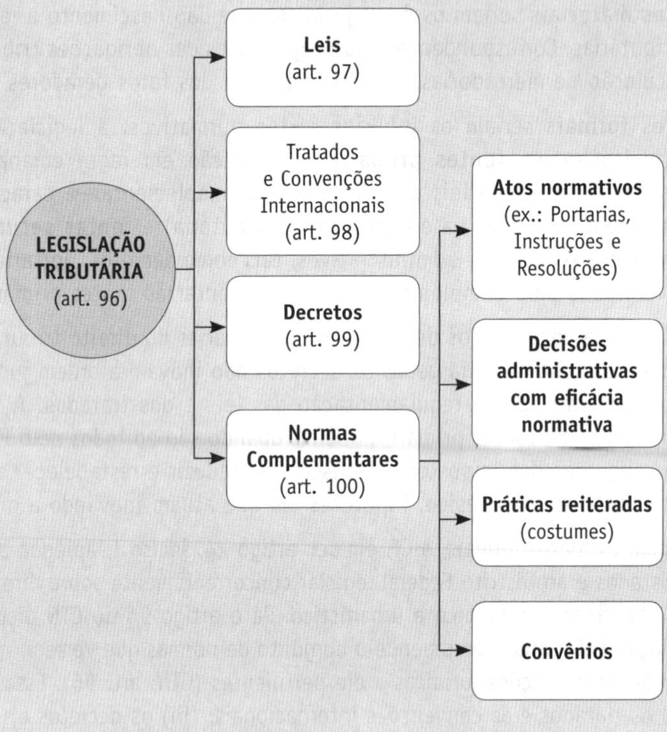

O título I do Livro Segundo do CTN dispõe sobre o tema e aborda, também, os subtemas da vigência, aplicação, integração e interpretação da legislação tributária.

1.1. Constituição Federal e Emendas Constitucionais

Comandos hierarquicamente superiores da ordem jurídica, as **normas constitucionais** encontram-se veiculadas na Carta Política da nação, denominada **Constituição**.

DICA DE DIREITO CONSTITUCIONAL

O sentido jurídico de Constituição é marcado pela presença do mestre de Viena, Hans Kelsen, como principal expoente, como precursor desse sentido. A principal obra de Kelsen a traduzir essa ideia de Constituição, sem dúvida, é "Teoria Pura do Direito". Kelsen entendia a Constituição como fundamento de validade de todo o ordenamento jurídico. Numa relação de verticalidade hierárquica, todas as espécies normativas deveriam obedecer ao quanto disposto na Constituição. Esta ocupava o ápice da pirâmide normativa.

(Sobre outros aspectos relacionados ao sentido jurídico de Constituição e à supremacia da ordem constitucional, indicamos a leitura do livro de Direito Constitucional da coleção *Concursos Públicos*, do Professor Edem Nápoli).

Como veículo introdutor das normas de patamar mais elevado, a Constituição demarca o princípio do sistema jurídico. Dessa forma, **toda a legislação infraconstitucional deve guardar perfeita conformidade com a Constituição**, considerando-se **inconstitucional** toda norma inferior que contrarie ou viole quaisquer de seus preceitos e comandos normativos.

Assim, as normas tributárias fundamentais são veiculadas na Constituição Federal, mais precisamente, no capítulo do Sistema Tributário Nacional.

Existem constituições rígidas, que não podem ser alteradas depois de sua promulgação, e constituições flexíveis, passíveis de alteração pelo procedimento legislativo ordinário. A CF brasileira tem natureza rígida, eis que pode ser alterada por um procedimento legislativo mais solene, além de possuir um núcleo normativo de modificação expressamente vedada (chamadas cláusulas pétreas).

Dessa forma, o próprio poder constituinte originário que promulgou a Constituição de 1988 legitimou o Congresso Nacional como poder constituinte derivado reformador. Também instituiu um procedimento legislativo solene para alteração constitucional, por meio das **Emendas à Constituição** (CF, art. 59, I).

O procedimento solene é o do artigo 60, segundo o qual a Constituição poderá ser emendada mediante proposta: I – de um terço, no mínimo, dos membros da Câmara dos Deputados ou do Senado Federal; II – do Presidente da República; III – ou de mais da metade das Assembleias Legislativas das unidades da Federação, manifestando-se, cada uma delas, pela maioria relativa de seus membros (CF, art. 60). A proposta será discutida e votada em cada Casa do Congresso Nacional, em dois turnos, considerando-se aprovada se obtiver, em ambos, três quintos dos votos dos respectivos membros, isto é, por maioria qualificada (CF, art. 60, § 2º). A Emenda à Constituição será promulgada pelas Mesas da Câmara dos Deputados e do Senado Federal, com o respectivo número de ordem (CF, art. 60, § 3º).

Eis o procedimento observado, por exemplo, para promulgação da Emenda Constitucional nº 42/2003, que alterou normas importantes do sistema tributário nacional, como foi o caso da norma do princípio da anterioridade, mediante a inclusão da regra nonagesimal do artigo 150, inciso III, alínea "c" da CF.

Como já ressaltado, além do procedimento legislativo mais solene, há também um núcleo normativo constitucional cuja modificação é expressamente vedada. Trata-se das chamadas **cláusulas pétreas**, que não podem ser alteradas nem mesmo por emendas constitucionais.

Saliente-se, contudo, que a vedação restringe-se a alterações que tenham o efeito de suprimir ou enfraquecer o comando normativo eleito como cláusula pétrea. É nesse sentido que o artigo 60, § 4º da CF estabelece que não será objeto de deliberação a proposta de emenda **tendente a abolir**: I - a forma federativa de Estado; II - o voto direto, secreto, universal e periódico; III - a separação dos Poderes; IV - os direitos e garantias individuais.

Diante do rol constitucional, é possível identificar **cláusulas pétreas em matéria tributária**, com destaque para as garantias individuais consubstanciadas nas limitações constitucionais ao poder de tributar (princípios constitucionais tributários e imunidades tributárias) e para as normas que estabelecem competências tributárias, estas fundamentais na sustentação das estruturas da forma federativa de Estado.

A imunidade tributária recíproca é princípio garantidor da Federação, motivo pelo qual não pode ser restringida nem mesmo por emenda constitucional. Sob esse argumento, o STF considerou inconstitucional o § 2º do artigo 2º da Emenda Constitucional nº 3/93 (ADI 926-MC, Rel. Min. Sydney Sanches, julgamento em 1º-9-1993, Plenário, DJ de 6-5-1994). Esse artigo da citada emenda, além de criar o IPMF - Imposto sobre Movimentação Financeira, um imposto que, depois, acabou julgado inconstitucional, estabelecia que ao mesmo não se aplicariam as normas de imunidade do inciso VI do artigo 150, da CF, entre elas a imunidade recíproca da alínea "a", em nítida afronta ao princípio do equilíbrio federativo.

Além disso, outras limitações constitucionais ao poder de tributar já foram consideradas cláusulas pétreas pelo STF. Por exemplo, o princípio da anterioridade (art. 150, III, "b" e "c" CF), no âmbito da ADI 939-7 DF.

Por outro lado, justamente pelo fato de que a vedação refere-se a modificações que tendam a abolir as normas eleitas como núcleo pétreo da constituição, é que não se inclui na restrição emendas constitucionais que visem a fortalecer o princípio. É exatamente o que aconteceu com o artigo 150, inciso III, alínea "c" da Constituição Federal, cujo desiderato foi justamente de fortalecer o princípio da anterioridade da norma tributária.

ATENÇÃO:

Verdade que, no plano infraconstitucional, as competências tributárias são inalteráveis. Entretanto, por emendas à constituição, a princípio, não é vedada a alteração de competências tributárias, desde que essa alteração não represente um enfraquecimento da cláusula pétrea da forma federativa de Estado (CF, art. 60, § 4º, I). Assim, seria inconstitucional uma emenda constitucional que suprimisse dos Estados e do Distrito Federal e conferisse à União a competência para instituir o ICMS, "carro chefe" da arrecadação de boa parte dos Estados brasileiros, cuja supressão propiciaria um enfraquecimento do pacto federativo.

Por fim, não se deve deixar de mencionar a existência de expressa vedação a que a Constituição seja emendada na vigência de intervenção federal, de estado de defesa ou de estado de sítio (CF, art. 60, § 1º). E a matéria constante de proposta de emenda rejeitada ou havida por prejudicada não poderá ser objeto de nova proposta na mesma sessão legislativa (CF, art. 60, § 5º).

1.2. Leis complementares

As **leis complementares** são aprovadas por **maioria absoluta**, ou seja, por metade mais um dos membros da casa legislativa (CF, art. 69).

Em razão desse quórum de aprovação, parte da doutrina defende a superioridade hierárquica das leis complementares em relação às leis ordinárias (aprovadas por maioria simples). Outra corrente defende uma hierarquia tão somente material, na medida em que a Constituição Federal reserva algumas matérias a serem tratadas exclusivamente por lei complementar.

A polêmica surge quando matérias que dependam apenas de lei ordinária são tratadas em lei complementar. Em caso de revogação, fica a indagação quanto à possibilidade de uma lei formalmente complementar (aprovada por maioria absoluta), ser revogada por lei ordinária quanto a matérias que não dependem de lei complementar. Nesse ponto, o posicionamento do Supremo Tribunal Federal tem seguido o precedente decorrente de dois acórdãos que tiveram por relator o Ministro Gilmar Mendes. Naquelas ocasiões, por maioria de votos (vencidos os ministros Eros Grau e Marco Aurélio), ficou decidido que uma lei formalmente complementar, mas materialmente ordinária, pode ser revogada por lei ordinária, pois não há relação hierárquica, mas apenas distribuição material entre as espécies legais (STF - REs 377.457 e 381.964 - Pleno - Rel. Min. Gilmar Mendes - DJe 19/12/2008). Na mesma linha de raciocínio, tem-se a Súmula 508 do STJ ("A isenção da COFINS concedida pelo artigo 6º, II, da LC 70/91 às sociedades civis de prestação de serviços profissionais foi revogada pelo artigo 56 da Lei 9.430/96").

Portanto, o posicionamento atual do STF é de que **não** há subordinação hierárquica da lei ordinária à lei complementar (**não** há hierarquia formal), mas, apenas, campos de atuação distintos (o que alguns chamam de hierarquia material).

De acordo com o contexto da previsão constitucional, a lei complementar aprovada pelo Congresso Nacional poderá ter caráter **federal** (aplicável apenas no âmbito da União) ou **nacional** (aplicável a todos os entes da Federação, à União, a todos os Estados e o Distrito Federal ou a todos os Municípios).

São de **caráter federal** as leis complementares exigidas para instituição de alguns tributos de competência da União, quais sejam: imposto sobre grandes fortunas (CF, art. 153, VII), empréstimos compulsórios (CF, art. 148); impostos de competência residual da União (CF, art. 154, I) e contribuições sociais para custeio da seguridade social de competência residual da União (CF, art. 195, § 4º c/c art. 154, I).

ATENÇÃO:

Para instituição das contribuições do artigo 149, a CF não especificou a exigência de lei complementar, bastando, portanto, lei ordinária. O STF, inclusive, acolhe essa posição (RE 449233 AgR/RS).

Já as **leis complementares de caráter nacional** são mais numerosas, no que se destaca o **artigo 146, do CTN**, segundo o qual incumbe à lei complementar:

I – dispor sobre conflitos de competência, em matéria tributária, entre a União, os Estados, o Distrito Federal e os Municípios;

II – regular as limitações constitucionais ao poder de tributar;

III – estabelecer normas gerais em matéria de legislação tributária, especialmente sobre: **a)** definição de **tributos** e de suas espécies, bem como, em relação aos **impostos** discriminados nesta Constituição, a dos respectivos fatos geradores, bases de cálculo e contribuintes; **b)** obrigação, lançamento, crédito, prescrição e decadência tributários; **c)** adequado tratamento tributário ao ato cooperativo praticado pelas sociedades cooperativas; **d)** definição de tratamento diferenciado e favorecido para as microempresas e para as empresas de pequeno porte.

Em relação à alínea "a" do inciso III, um fator complicador a que se deve chamar atenção, pois já foi objeto de exigência em concurso público é que:

- a primeira parte do dispositivo refere-se a tributos em geral (portanto, é competência da lei complementar estabelecer normas gerais sobre a definição de **tributos** e suas espécies);
- a segunda parte do dispositivo diz respeito **apenas a impostos** (de modo que é competência da lei complementar estabelecer normas gerais em relação aos **impostos** discriminados na Constituição e aos respectivos fatos geradores, bases de cálculo e contribuintes).

ATENÇÃO:

A Súmula Vinculante nº 8 do STF dispõe que: "São inconstitucionais o parágrafo único do artigo 5º do Decreto-Lei nº 1.569/1977 e os artigos 45 e 46 da Lei nº 8.212/1991, que tratam da prescrição e decadência do crédito tributário". Esse entendimento fundamenta-se no fato de que essas leis ordinárias estabelecem prazos de prescrição e decadência especiais em relação a contribuições sociais previdenciárias, invadindo, portanto, a competência da lei complementar para estabelecer normas gerais em matéria de legislação tributária sobre "obrigação, lançamento, crédito, prescrição e decadência tributários" (CF, art. 146, III, "b").

O **Código Tributário Nacional**, além de versar sobre normas gerais de direito tributário (CF, art. 146, III), quando estabelece a disciplina jurídica da obrigação, do lançamento, do crédito, da prescrição e da decadência tributária, ainda regula no plano infraconstitucional várias limitações ao poder de tributar (CF, art. 146, II). Embora seja formalmente uma lei ordinária anterior à Constituição Federal de 1988 (Lei 5.172/66), trata-se de diploma com ela compatível. Assim, com fundamento no artigo 34, § 5º do ADCT – Ato das Disposições

Constitucionais Transitórias, **foi recepcionado com estatura de lei complementar** pela ordem constitucional vigente. É por isso que, desde o advento da Constituição Federal de 1988, o CTN passou a somente poder ser alterado ou revogado por lei complementar.

Também é importante realçar o conceito de normas gerais de direito tributário como sendo normas sobre matérias constitucionalmente definidas, aplicáveis a todos os entes federativos competentes para instituir determinado tributo. As normas gerais, de certa forma, constituem um limite à atuação do legislador da pessoa política competente para instituir e legislar sobre o tributo. Nessa direção, tem-se o teor da **Súmula 399 do STJ:**

> "Cabe à legislação municipal estabelecer o sujeito passivo do IPTU".

Há de se lembrar dos limites do CTN à legislação municipal, no sentido do seu artigo 34:

> "Contribuinte do imposto é o proprietário do imóvel, o titular do seu domínio útil, ou o seu possuidor a qualquer título".

Sob um outro ponto de vista, observar as normas gerais em matéria tributária constitui "imperativo de segurança jurídica, na medida em que é necessário assegurar tratamento centralizado a alguns temas para que seja possível estabilizar legitimamente expectativas. Neste contexto, 'gerais' não significa 'genéricas', mas sim 'aptas a vincular todos os entes federados e os administrados'." (RE 433.352-AgR, Rel. Min. Joaquim Barbosa, julgamento em 20-4-2010, Segunda Turma, DJE de 28-5-2010)

No que diz respeito à alínea "c" do artigo 146, a interpretação do STF é de que o adequado tratamento ao ato cooperativo não implica imunidade ou tratamento necessariamente privilegiado às cooperativas. Entende a Corte que:

> "em matéria tributária, não há hierarquia entre lei complementar e lei ordinária, nem a observância de simetria entre as formas para revogar isenções. A circunstância de dado tributo estar sujeito às normas gerais em matéria tributária não significa que eles deverão ser instituídos por lei complementar, ou então que qualquer norma que se refira ao respectivo crédito tributário também deva ser criada por lei complementar. A concessão de isenções ou outros benefícios fiscais, bem como a instituição dos critérios das regras-matrizes dos tributos não têm perfil de normas gerais (normas destinadas a coordenar o tratamento tributário em todos os entes federados), embora delas extraiam fundamento de validade. Não é possível, sem profundo exame da questão de fundo, considerar como violada a regra da isonomia e da capacidade contributiva, considerada a tributação das cooperativas, em si consideradas (de trabalho, crédito, consumo etc), e comparadas com as demais pessoas jurídicas. Não está completamente afastada a predominância da interpretação da legislação infraconstitucional e da análise do quadro probatório para descaracterização dos ingressos oriundos da prática de atos por cooperativas como faturamento" (AC 2.209-AgR, Rel. Min. Joaquim Barbosa, julgamento em 2-3-2010, Segunda Turma, DJE de 26-3-2010).

Importante anotar que a lei complementar sobre o tratamento diferenciado das microempresas e empresas de pequeno porte, de que trata a alínea "c" do inciso III do artigo 146 da CF, também poderá instituir um regime único de arrecadação dos impostos e contribuições da União, dos Estados, do Distrito Federal e dos Municípios, observado que: I - será opcional para o contribuinte; II - poderão ser estabelecidas condições de enquadramento diferenciadas por Estado; III - o recolhimento será unificado e centralizado e a distribuição da parcela de recursos pertencentes aos respectivos entes federados será imediata, vedada qualquer retenção ou condicionamento; IV - a arrecadação, a fiscalização e a cobrança poderão ser compartilhadas pelos entes federados, adotado cadastro nacional único de contribuintes (CF, art. 146, parágrafo único).

Com esses objetivos, a **Lei Complementar 123/2006**, ao instituir o **Estatuto Nacional da Microempresa e da Empresa de Pequeno Porte**, também estatuiu o Regime Especial Unificado de Arrecadação de Tributos e Contribuições devidos pelas Microempresas e Empresas de Pequeno Porte - **Simples Nacional.**

ATENÇÃO:

O regime de tributação do Simples Nacional constitui exigência de diversos editais, razão pela qual se recomenda conferir o texto da Lei complementar 123/2016 no tópico reservado à legislação relacionada ao presente capítulo.

Merecem destaque as mais recentes alterações estatuídas por intermédio da Lei complementar 155/2016. Por serem recentes e muito importantes, crescem as expectativas de que sejam bastante cobradas nos próximos concursos públicos. As principais delas são as seguintes:

* **Novo limite de receita bruta anual para Empresas de Pequeno Porte - EPP:** aumento de R$ 3.600.000,00 para R$ 4.800.000,00, a partir de 2018.

Obs. 1: Contribuinte que ultrapassar o limite de R$ 3.600.000,00 no exercício de 2016, estará excluída do regime do Simples Nacional. Porém, se isso ocorrer em 2017, até o limite de R$ 4.800.000,00, a EPP será automaticamente enquadrada no regime, salvo opção em contrário.

Obs. 2: Na faixa de R$ 3.600.000,01 e R$ 4.800.000,00 , o recolhimento unificado ficará restrito aos tributos federais do Simples Nacional (IRPJ, IPI, PIS/PASEP, COFINS e Contribuição Previdenciária Patronal - CPP). Ficam excluídos dessa faixa, portanto, o ICMS dos Estados e o ISS dos Municípios, impostos que serão apurados e recolhidos pelos seus respectivos regimes normais.

* **Novo limite de receita bruta anual para Microempreendedores Individuais - MEI:** aumento de R$ 60.000,00 para R$ 81.000,00.

* **Inclusão de atividades de produção e comércio atacadista de bebidas alcoólicas:** o recolhimento de impostos e contribuições no âmbito do Simples Nacional, antes totalmente vedado às empresas que exercessem a produção ou venda no

atacado de bebidas alcoólicas, passa a ser permitido às seguintes microempresas e empresas de pequeno porte: 1) micro e pequenas cervejarias; 2) micro e pequenas vinícolas; 3) produtores de licores; 4) micro e pequenas destilarias.

* **Novas tabelas de alíquotas e faixas de receita bruta anual:** as atuais 5 tabelas e 20 faixas, a partir de 2018, passarão a ser 6 tabelas de alíquotas e 6 faixas de receita bruta anual.

* **Nova sistemática de cálculo dos tributos:** o valor devido mensalmente no âmbito do Simples Nacional passa ser calculado pela aplicação sobre a base de cálculo das alíquotas efetivas, calculadas a partir de alíquotas nominais constantes das novas tabelas (Anexos I a V) e determinadas utilizando-se a receita bruta acumulada nos doze meses anteriores ao período de apuração.

Obs.: a fórmula de cálculo de alíquota efetiva é definida no § 1º-A do artigo 18 da Lei complementar 123/2006, com a redação dada pela Lei complementar 155/2016.

* **Parcelamento de débitos vencidos até maio/2016:** em até 120 (cento e vinte) meses, com parcela mínima de R$ 300,00 e incidência de juros SELIC por ocasião do pagamento de cada parcela.

Obs.: o pedido de parcelamento implicará desistência compulsória e definitiva do parcelamento anterior, sem restabelecimento dos parcelamentos rescindidos caso não seja efetuado o pagamento da primeira prestação.

Ainda, está reservada à competência da **lei complementar** estabelecer **critérios especiais de tributação**, com o **objetivo de prevenir desequilíbrios da concorrência**, sem prejuízo da competência de a **União, por lei**, estabelecer **normas de igual objetivo** (CF, art. 146-A).

Por fim, cabe ressaltar que diversas matérias também estão reservadas à lei complementar em relação a tributos específicos, com destaque para:

- **ISS**: Lei complementar 116/2003: incidência do ISS (CF 156, III), fixação das alíquotas máxima e mínima, excluir da incidência exportações de serviços para o exterior e regular a forma e as condições como isenções, incentivos e benefícios fiscais serão concedidos e revogados (CF, art. 156, § 3º, I a III).
- **ICMS:** diversas normas gerais pela Lei complementar 87/96 (CF, art. 155, § 2º, XII, "a" a "f" e "i") e Lei complementar 24/75, que disciplina a forma como, mediante deliberação dos Estados e do Distrito Federal, isenções, incentivos e benefícios fiscais serão concedidos e revogados (CF, art. 155, § 2º, XII, "g").
- **ITCMD:** competência para instituição se o doador tiver domicílio ou residência no exterior ou se o *de cujus* possuía bens, era residente ou domiciliado ou teve o seu inventário processado no exterior (CF, art. 155, § 1º, III, "a" e "b").
- **Contribuições sociais:** limites para concessão de isenção ou anistia para determinadas contribuições (CF, art. 195, § 11).

1.3. Tratados e convenções internacionais

Os **tratados e convenções internacionais**, nos termos do artigo 98 do CTN, são fontes formais primárias do Direito Tributário. Revogam ou modificam a legislação tributária interna, e serão observados pela que lhes sobrevenha.

Porém, para que produzam esse efeito, esses tratados necessitam ser internalizados, isto é, transpostos para a legislação interna, conforme consagrado na jurisprudência do STF:

> "A Constituição brasileira **não consagrou, em tema de convenções internacionais ou de tratados de integração, nem o princípio do efeito direto, nem o postulado da aplicabilidade imediata.** Isso significa, de *jure constituto*, que, **enquanto não se concluir o ciclo de sua transposição, para o direito interno**, os tratados internacionais e os acordos de integração, além de não poderem ser invocados, desde logo, pelos particulares, no que se refere aos direitos e obrigações neles fundados (princípio do efeito direto), também não poderão ser aplicados, imediatamente, no âmbito doméstico do Estado brasileiro (postulado da aplicabilidade imediata). O princípio do efeito direto (aptidão de a norma internacional repercutir, desde logo, em matéria de direitos e obrigações, na esfera jurídica dos particulares) e o postulado da aplicabilidade imediata (que diz respeito à vigência automática da norma internacional na ordem jurídica interna) traduzem diretrizes que não se acham consagradas e nem positivadas no texto da Constituição da República, motivo pelo qual tais princípios não podem ser invocados para legitimar a incidência, no plano do ordenamento doméstico brasileiro, de qualquer convenção internacional, ainda que se cuide de tratado de integração, enquanto não se concluírem os diversos ciclos que compõem o seu processo de incorporação ao sistema de direito interno do Brasil" (STF, CR 8279 AgR).

A **competência** para resolver definitivamente sobre **internalização** desses diplomas normativos é **exclusiva do Congresso Nacional** (CF, art. 49, I). Logo, o instrumento normativo hábil é o **decreto legislativo** que, nos termos do artigo 109, inciso II do Regimento Interno da Câmara dos Deputados e do artigo 213, II do Regimento Interno do Senado Federal, é o veículo normativo destinado a matérias de competência exclusiva do Congresso Nacional, isto é, aquelas que independem de sanção do Presidente da República. Além disso, o artigo 172, inciso II, alínea "c" do Regimento Interno do Senado Federal também faz expressa menção ao decreto legislativo referente a tratado, convênio ou acordo internacional.

Segundo posicionamento tradicional do STF, os **tratados** ou **convenções internacionais**, uma vez incorporados ao direito interno, **situam-se**, no sistema jurídico brasileiro, **nos mesmos planos de validade**, de eficácia e de autoridade em que se posicionam as leis ordinárias (STF – ADI 1.480-3 / DF). Assim, da mesma forma que um tratado novo ou especial revoga uma **lei ordinária** anterior ou geral, a recíproca é verdadeira, isto é, uma lei ordinária nova pode revogar um tratado anterior, entendimento que entra em conflito com a literalidade do artigo 98 do CNT, segundo o qual os tratados devem prevalecer sobre a legislação que lhes sobrevenha (posterior).

Sobre esse ponto polêmico, ainda em relação ao artigo 98 do CTN, valem as lições trazidas por Ricardo Alexandre (ALEXANDRE, Ricardo. *Direito tributário esquematizado*. 8ª ed. São Paulo: Método, 2014, páginas 213/214) sobre a jurisprudência do STJ vir considerando a distinção que se faz entre **tratado-lei** ou **tratado-normativo** (que estabelece norma cogente, isto é, de observância obrigatória para todos os Estados signatários, havendo coincidência de vontades entre os mesmos) e **tratado-contrato** ou **contratual** (que estabelecem obrigações recíprocas entre os Estados signatários, ou seja, vontades não coincidentes). A posição prevalente no STJ é de que: "Toda a construção a respeito da prevalência da norma interna com o poder de revogar os tratados, equiparando-os à legislação ordinária, foi feita tendo em vista os designados tratados-contratos, e não os tratados-leis" (REsp 426.945). Mas, o tema é bastante controvertido mesmo, pois no STF, há decisões em sentido oposto, pela impossibilidade do tratado-contrato ser revogado por legislação nacional (REsp 228.324).

Aliás, em decisão mais recente, no âmbito do Recurso Extraordinário nº 229.096, o STF acabou se posicionando em sentido oposto ao tradicional entendimento de que o tratado em matéria tributária possui hierarquia de lei ordinária. Nesse acórdão, a Corte decidiu pela **supremacia dos tratados sobre a lei ordinária** em matéria tributária, entendimento que guarda coerência com o texto literal do artigo 98 do CTN, segundo o qual: "Os tratados e as convenções internacionais revogam ou modificam a legislação tributária interna, e serão observados pela que lhes sobrevenha". Uma explicação para esse posicionamento é de que os tratados veiculam normas especiais quando, por exemplo, estabelecem uma isenção nas importações em relação a determinado produto que a lei ordinária interna (norma geral) considera tributada. Por essa razão, os tratados devem prevalecer mesmo sobre as leis ordinárias posteriores, segundo o critério de que a lei especial prevalece sempre sobre a lei geral.

Esse entendimento já foi, inclusive, exigido em prova organizada pela Fundação Carlos Chagas - FCC, que considerou correta a seguinte assertiva sobre os tratados e convenções internacionais de que trata o artigo 98 do CTN: "são normas supralegais, mas encontram limite nas normas constitucionais, não podendo dispor de forma contrária àquilo que está disciplinado na Constituição acerca de matéria tributária". Nitidamente, a questão considerou que os tratados devem prevalecer sobre as leis, respeitando tão somente os limites estabelecidos na Constituição Federal.

Mas o tema não é pacífico mesmo. No próprio STF, encontra-se em julgamento há vários anos o Recurso Extraordinário nº 460.320. É verdade que, no voto do Ministro Relator Gilmar Mendes foi reconhecida a supremacia dos tratados sobre a legislação ordinária interna e, portanto, desconsiderada a distinção entre tratado-contrato e tratado-lei, bem como o tradicional posicionamento de que o tratado-contrato teria hierarquia de lei ordinária. Porém, o processo ainda se encontra pendente de julgamento, após pedido de vista do Ministro Dias Toffoli.

Mais livres de controvérsias mesmo estão somente os tratados e convenções internacionais sobre direitos humanos que, se forem aprovados, em cada Casa do Congresso Nacional, em dois turnos, por três quintos dos votos dos respectivos membros, serão equivalentes às emendas constitucionais (CF, art. 5º, § 3º, incluído pela Emenda Constitucional 45/2004). Assim, embora essa norma estipule a equivalência dos tratados e convenções internacionais aprovados pelo Congresso Nacional com as Emendas Constitucionais, ela está restrita àqueles que versem sobre direitos humanos e que sejam aprovados pelo quórum qualificado de que trata o artigo 5º, § 3º, da CF.

Já em relação aos tratados sobre direitos humanos aprovados por quórum inferior ao previsto no artigo 5º, § 3º, da CF (três quintos em dois turnos nas duas Casas do Congresso Nacional), merece ser realçado o entendimento do Ministro Gilmar Mendes, no sentido de que esses tratados de direitos humanos não aprovados por 3/5 possuem caráter supralegal (STF – RE 466.343/SP), ou seja, não serão internalizados com estatura constitucional, mas ficarão acima das leis ordinárias na ordem jurídica.

A esse propósito, vale citar um trecho de interessante parecer exarado pela banca ESAF diante de recursos apresentados em prova de concurso para a Procuradoria Geral da Fazenda Nacional:

> "Os tratados internacionais são, na maioria dos casos, equivalentes às leis ordinárias nacionais, salvo nas exceções previstas pelo art. 5º, parágrafos 2º e 3º da Constituição Federal, em que as normas de tratados sobre direitos humanos são equiparadas às normas constitucionais. Assim, temos que entre tratados não há hierarquia, mas tão somente a aplicação de normas em suas órbitas próprias, nas relações internas e externas" (Parecer exarado pela ESAF – Diretoria de Recrutamento e Seleção em apreciação aos recursos interpostos às provas objetivas do concurso público de PGFN/2012).

Embora o parecer se prenda à tradicional jurisprudência que equipara os tratados à lei ordinária, a qual já se demonstrou aqui encontrar-se em cheque pela evolução jurisprudencial, serve bem para sedimentar a força de norma constitucional dos tratados que versam sobre direitos humanos.

Como se vê, o tema é repleto de nuances controvertidas. Daí a pertinência de fechar o presente tópico com o um quadro que tem por objetivo fazer uma síntese dos principais posicionamentos abordados, que são os mais cobradas em concursos públicos:

Espécie Normativa	Fundamento	*Status*	Consequência
Tratados e convenções em matéria tributária	Jurisprudência tradicional do STF	Lei ordinária	Revoga ou modifica legislação interna anterior e sofre alterações ou revogação pela legislação interna posterior.

Espécie Normativa	Fundamento	*Status*	Consequência
Tratados e convenções em matéria tributária	CTN, art. 98 e jurisprudência mais recente do STF	Supralegal	Revogam ou modificam a legislação tributária interna, e serão observados pela que lhes sobrevenha.
Tratados de direitos humanos aprovados por 3/5 do Congresso Nacional	CF, art. 5º, § 3º	Constitucional	Prevalece sobre toda a legislação interna
Tratados de direitos humanos aprovados por quórum inferior a 3/5	RE 466.343/SP HC 85.585/TO	Supralegal	Prevalece sobre a legislação interna infraconstitucional

1.4. Leis ordinárias

A **lei ordinária** é aprovada por **maioria simples**, isto é, por metade mais um dos presentes à votação.

ATENÇÃO:

Em matéria tributária, inexiste norma constitucional que estabeleça previsão de iniciativa exclusiva das leis ao Chefe do Poder Executivo (ARE 743.480 RG/MG, rel. Min. Gilmar Mendes, julgado em 11/10/2013, acórdão publicado no DJe de 20/11/2013)

Toda matéria que depende de lei, como regra, deve ser regida por lei ordinária. São os casos da instituição ou majoração de tributos (CF, art. 150, I) e da imposição de sujeição passiva por substituição tributária (CF, art. 150, § 7º).

Além disso, o artigo 97 do CTN veicula no âmbito infraconstitucional o princípio da estrita legalidade tributária (ou tipicidade cerrada), estabelecendo que **somente a lei poderá** dispor sobre: I – a instituição de tributos ou a sua extinção; II – a majoração de tributos ou sua redução, salvo exceções; III – a definição do fato gerador da obrigação tributária principal, salvo exceções, e do seu sujeito passivo; IV – a fixação de alíquota do tributo e da sua base de cálculo, salvo exceções; V – a cominação de penalidades para as ações ou omissões contrárias a seus dispositivos, ou para outras infrações nela definidas; VI – as hipóteses de exclusão, suspensão e extinção de créditos tributários, ou de dispensa ou redução de penalidades.

PRINCÍPIO DA ESTRITA LEGALIDADE	
(assuntos que necessariamente devem ser normatizados por lei – "somente a lei pode estabelecer")	
Art. 97 do CTN	**Matéria**
I	Instituição ou extinção de tributos.
II	Majoração ou redução de tributos (exceções: II, IE, IPI e IOF). "Equipara-se à majoração do tributo a modificação da sua base de cálculo, que importe em torná-lo mais oneroso" (§ 1º). "Não constitui majoração de tributo a atualização do valor monetário da respectiva base de cálculo" (§ 2º).
III	Definição do fato gerador da obrigação tributária principal e de seu sujeito passivo.
IV	Fixação da alíquota e da base de cálculo (exceções quanto à alíquota: II, IE, IPI e IOF).
V e VI	Cominação, dispensa ou redução de penalidades.
VI	Hipóteses de exclusão do crédito tributário (isenções e anistias).
VI	Hipóteses de suspensão de exigibilidade do crédito tributário (CTN, art. 151).
VI	Hipóteses de extinção do crédito tributário (CTN, art. 156).

A exclusão do crédito tributário (isenção e anistia) é matéria cuja disciplina se sujeita à estrita legalidade, ou seja, é imprescindível que os seus requisitos para fruição constem no texto legal, conforme expressamente estipulado nos artigos 97, inciso VI e 176 do CTN. Dessa forma, os atos administrativos normativos, que são infralegais, tidos como normas complementares à legislação tributária, não têm a prerrogativa de disciplinar assuntos típicos de lei.

ATENÇÃO:

A fixação do prazo de recolhimento de tributo não é matéria que deve, necessariamente, estar prevista em lei. As matérias reservadas à previsão em lei são aquelas elencadas no artigo 97 do CTN (Princípio da Estrita Legalidade Tributária).

Merecem especial destaque, ainda, os parágrafos do artigo 97.

Em primeiro lugar, **equipara-se à majoração do tributo**, e, portanto, fere o princípio da legalidade, a **modificação de sua base de cálculo, que importar em torná-lo mais oneroso** (CTN, art. 97, § 1º). Ao contrário, **não constitui majoração de tributo**, não ferindo o princípio da legalidade, a **mera atualização monetária da respectiva base de cálculo** (CTN, art. 97, § 2º).

Alguns tratam o § 2º como uma exceção ao princípio da legalidade, mas ainda que a regra não estivesse veiculada no CTN, não se poderia considerar a atualização monetária como majoração de tributo, haja vista a sua natureza de instrumento de reposição inflacionária.

Em coadunância com esses dois parágrafos, tem-se a Súmula nº 160 do STJ, segundo a qual:

"É defeso, ao Município, atualizar o IPTU, mediante decreto, em percentual superior ao índice oficial de correção monetária".

O aumento deve ser por meio de lei, em respeito ao Princípio da Legalidade. É certo que a atualização monetária não é majoração, e assim, não estaria inserida na tipicidade cerrada, que implica a exigência de expressa previsão legal (CTN, art. 97, II e § 1º). Entretanto, a majoração da base de cálculo acima dos índices oficiais de atualização monetária constitui sim um assunto reservado à lei, eis que importa em tornar o tributo mais oneroso (CTN, art. 97, II e § 2º).

Como regra, a lei ordinária é o veículo adequado para inovar a ordem jurídica. Isso não é dado às portarias, regulamentos, decretos e instruções normativas, que apenas servem para conferir executoriedade às leis, nos estritos limites estabelecidos por elas (STJ - REsp 172169/RS - 2ª Turma - Rel.ª Min.ª Eliana Calmon - DJe 13/05/2009).

ATENÇÃO:

"Lei ordinária" não é sinônimo de "lei delegada" (CF, art. 68). As leis delegadas serão elaboradas pelo Presidente da República, que deverá solicitar a delegação ao Congresso Nacional (a delegação será por meio de resolução, que especificará seu conteúdo e os termos de seu exercício). Algumas matérias não podem ser objeto de leis delegadas (CF, art. 68, § 1º). Dentre as restrições, a única que pode atingir a ordem tributária é a vedação de delegação de matéria reservada à lei complementar.

Ainda, com fundamento no artigo 34, § 5º do ADCT, a CF/88 recepcionou com força de lei ordinária vários decretos-lei baixados pelo Poder Executivo. Esta recepção pode ser apenas parcial, isto é, restrita às normas do diploma recepcionado que forem compatíveis com a nova ordem jurídico-constitucional (STF - RE 214206/AL - Pleno - Rel. Min. Nelson Jobim - DJ 29/5/1998).

Por fim, segue um paralelo entre lei ordinária e lei complementar:

Lei Complementar (LC)	Lei Ordinária (LO)
Aprovada por maioria absoluta (mais da metade dos integrantes da Casa Legislativa).	Aprovada por maioria simples (mais da metade dos congressistas presentes, desde que presentes mais da metade do total de integrantes da Casa Legislativa)
A CF/88 expressamente elegeu (reservou) algumas matérias a serem disciplinadas por LC.	O seu campo de atuação é por exclusão, ou seja, excetuadas as matérias reservadas à LC, todas as demais a que a CF menciona termo "lei", na verdade, refere-se à LO.

ATENÇÃO:

A LC que discipline matéria típica de LO pode ser revogada por LO.

1.5. Medidas provisórias

A **medida provisória** é regida pelo artigo 62 da CF, com a redação da Emenda Constitucional 32/2001 que, em doze parágrafos, veio com o objetivo de eliminar uma das principais dúvidas que pairava sobre o tema, qual seja, o cabimento ou não da medida provisória como norma instituidora de tributos.

Atualmente, o § 2º do artigo 62 especifica o cabimento da medida provisória na **função de instituir e majorar impostos.** Deve-se ter muita atenção que o referido dispositivo não faz referência a tributo (que é gênero), mas sim a **impostos** (espécie do gênero tributo).

Nesse dispositivo, a preocupação do poder constituinte reformador foi, sobretudo, garantir o respeito aos princípios constitucionais, com destaque para legalidade e anterioridade, prestigiados quando se estabelece que a medida provisória que implicar na instituição ou majoração de impostos, **exceto** os previstos nos artigos 153, incisos I, II, IV, V e 154, inciso II, só produzirá efeitos no exercício financeiro seguinte (**anterioridade**) se houver sido convertida em lei até o último dia daquele em que foi editada (**legalidade**). As exceções citadas são os impostos de importação (II), de exportação (IE), sobre produtos industrializados (IPI), sobre operações financeiras (IOF) e extraordinário de guerra.

No que tange ao princípio da anterioridade nonagesimal, deve-se observar que o artigo 62, § 2º, da CF, não faz menção à noventena, o que pode levar a questionamento quanto à aplicação do preceito nos casos de instituição ou majoração de impostos por medida provisória. Nesse ponto, deve-se esclarecer que a noventena é limitação constitucional ao poder de tributar que constitui regra geral. Logo, para excluir a sua aplicação para impostos instituídos por medida provisória, seria necessário que a Constituição excepcionasse a hipótese expressamente, o que, definitivamente, não ocorre. Conclui-se, então, que a anterioridade nonagesimal deve ser respeitada também na instituição ou majoração de impostos por medida provisória, restando, porém, a seguinte dúvida: qual o termo inicial da contagem dos noventa dias? Seria a data de edição da medida provisória ou o dia que foi convertida em lei? Sobre o assunto já decidiu o Supremo Tribunal Federal: "a anterioridade nonagesimal (foi) cumprida durante período no qual a novel norma tributária ainda era enunciada por medida provisória. O **prazo de noventa dias conta-se da publicação primitiva do enunciado prescritivo que cria ou majora tributo**, ou seja, da data em que foi editada a medida provisória, e não da sua conversão em lei. Precedentes de ambas as turmas e do Plenário do STF" (STF – RE 790861 AgR / RJ – Relator Min. DIAS TOFFOLI – Julgamento: 24/03/2015- Órgão Julgador: Segunda Turma).

No mesmo sentido, não se pode perder de vista que o artigo 62, § 2º, da CF, estabelece suas exigências especificamente em relação a **impostos**, nada se referindo a outras espécies tributárias, tais como taxas e contribuições.

Fica, assim, uma outra indagação: se o artigo 62, § 2º refere-se apenas a impostos, os demais tributos não estariam sujeitos aos princípios da anterioridade e da legalidade com base nas normas gerais dos artigos 150, inciso I e 150, inciso III, alíneas "b" e "c"? Sobre essa questão, o STF não se posicionou após a promulgação da Emenda Constitucional 32/2001, razão pela qual o que vem sendo cobrado nos concursos é mesmo a redação literal do artigo 62, § 2º que, repita-se, refere-se tão somente a impostos.

ATENÇÃO:

Segundo a doutrina de Michel Temer, já cobrada em provas pela banca ESAF, a medida provisória paralisa temporariamente a eficácia da lei que versava sobre a matéria, eis que, caso venha a ser rejeitada, restaura-se a eficácia da norma anterior (Elementos de Direito Constitucional. 13ª edição. São Paulo: Malheiros, 1997, p. 153).

Outro ponto importante é que a **medida provisória não pode versar sobre matérias reservadas à lei complementar** (CF, art. 62, § 1º, III). Dessa forma, por exemplo, não pode ser editada medida provisória que tenha por condão estabelecer normas gerais sobre definição de base de cálculo de um imposto, pois se trata de matéria reservada à lei complementar, segundo o artigo 146, inciso III, alínea "a", da CF.

Por fim, vários são os julgados do STF que apregoam que **os requisitos de relevância e urgência para edição de medida provisória são de apreciação discricionária do chefe do Poder Executivo**, não cabendo, **salvo os casos de excesso de poder**, seu exame pelo Poder Judiciário (ADI 2150).

1.6. Decretos

O **Chefe do Poder Executivo** (Presidente da República, Governador de Estado, Prefeito Municipal) tem a **competência para expedir decretos.**

No âmbito das fontes do Direito Tributário o decreto do Poder Executivo exerce o papel de regulamentar as leis instituidoras dos tributos, de maneira que o seu **conteúdo e o seu alcance restringem-se aos das leis em função das quais sejam expedidos** (CTN, art. 99). *A contrario sensu*, o decreto não tem o condão de inovar (por exemplo, criando novas obrigações).

ATENÇÃO:

O STF firmou o entendimento segundo o qual "se o regulamento vai além do conteúdo da lei, ou se afasta dos limites que esta lhe traça, comete ilegalidade e não inconstitucionalidade, pelo que não se sujeita, quer no controle concentrado, quer no controle difuso, à jurisdição constitucional" (RE n. 189.550, Relator o Ministro Carlos Velloso, DJ de 27.6.97).

Portanto, a lei limita a normatividade do decreto (de competência do Poder Executivo), cujo papel é regulamentador (detalhar, explicar, esmiuçar os dizeres da lei). Tanto é assim, que os populares "regulamentos" dos tributos (por exemplo: RIR – Regulamento do Imposto de Renda e RICMS – Regulamento do ICMS) são aprovados por Decretos (no caso do RIR foi aprovado pelo Decreto do Poder Executivo Federal nº 9.580/2018 e o RICMS/SP foi aprovado pelo Decreto do Poder Executivo Paulista nº 45.490/2000).

1.7. Normas complementares da legislação tributária

São **"normas complementares" à legislação tributária**, isto é, das leis, das convenções internacionais e dos decretos: (a) os **atos normativos expedidos pelas autoridades administrativas**, tais como portarias, resoluções, instruções normativas etc.; (b) as **decisões administrativas de eficácia normativa**; (c) as **práticas reiteradamente observadas pelas autoridades administrativas** e (d) os **convênios** que entre si celebram os entes federativos tributantes (CTN, art. 100).

No caso das decisões administrativas, atenção que devem possuir **eficácia normativa** outorgada por lei, nos termos do artigo 100, inciso II, do CTN. São as chamadas **decisões normativas.**

Consoante artigo 100, parágrafo único, do CTN, as **penalidades e os acessórios** (juros de mora e atualização monetária) ficam **excluídos** pela **observância das normas complementares**, mas isso sempre sem prejuízo do cumprimento da obrigação tributária principal, correspondente ao pagamento do tributo.

No que tange às práticas reiteradas, os chamados **costumes administrativos**, em face do princípio da legalidade tributária, somente as práticas administrativas que estiverem de acordo com a legislação podem ser admitidas no campo tributário. Dessa forma, as práticas reiteradamente observadas pelas autoridades administrativas (CTN, art. 100, III) são usos e costumes administrativos observados na interpretação e aplicação da legislação tributária.

Nessa linha, já decidiu o STJ que, se em várias situações idênticas, a autoridade fazendária afastou os acréscimos legais do tributo e cobrou apenas o imposto de renda devido, o procedimento se caracteriza como prática reiterada na aplicação da legislação tributária (STJ – REsp 142280/SC – 2ª. Turma – Rel. Min. Hélio Mossimann – Julg. 23/03/2003).

1.8. Resoluções do Senado

As **resoluções do Senado** possuem importância ímpar em matéria de tributos estaduais, sendo o veículo normativo competente para fixação de alíquotas máximas de ITCMD (CF, art. 155, § 1º, IV), mínimas de IPVA (CF, art. 155, § 6º, I) e de alíquotas de ICMS nas hipóteses dos incisos IV e V do § 2º do art. 155 da CF, quais sejam:

- resolução do Senado Federal, de iniciativa do Presidente da República ou de um terço dos Senadores, aprovada pela maioria absoluta de seus membros, estabelecerá as alíquotas aplicáveis às operações e prestações, interestaduais e de exportação (§ 2º, IV);

- é facultado ao Senado Federal: a) estabelecer alíquotas mínimas nas operações internas, mediante resolução de iniciativa de um terço e aprovada pela maioria absoluta de seus membros; b) fixar alíquotas máximas nas mesmas operações para resolver conflito específico que envolva interesse de Estados, mediante resolução de iniciativa da maioria absoluta e aprovada por dois terços de seus membros (§ 2º, V).

ATENÇÃO:

Embora o texto do inciso V do § 2º do artigo 155 da CF não tenha sofrido alteração na sua redação original, a competência do Senado Federal para estabelecer as alíquotas aplicáveis às operações e prestações, interestaduais e de exportação, não possui mais eficácia em relação aos casos de exportação. Isso porque, desde a promulgação da Emenda Constitucional 42/2003, a alínea "a" do inciso X do mesmo § 2º do artigo 155 passou a contemplar com imunidade tributária todas as operações e prestações de serviços destinadas ao exterior. Portanto, desde então, tornou-se incabível se falar em alíquota de ICMS para exportações.

2. VIGÊNCIA

Vigência é a força de uma norma jurídica para regular condutas dentro de limites de tempo e espaço estabelecidos na ordem de direito positivo. É propriedade das regras jurídicas que estão prontas para propagar efeitos tão logo aconteçam no mundo fático os eventos que elas descrevem.

A vigência não se confunde com a **validade**. Esta consiste na relação de pertinência de uma norma jurídica com o sistema de direito positivo em que foi introduzida.

Dessa forma, enquanto se diz válida a norma jurídica que está de acordo com legislação hierarquicamente superior e com as normas estruturais do sistema jurídico (normas sobre a edição de outras normas), classificam-se como vigentes as normas aptas a produzirem efeitos em tempo e local determinados.

Outro conceito importante que se relaciona à vigência é o de **eficácia**, ou seja, a efetiva produção de efeitos pela norma jurídica. Em alguns casos, admite-se que uma norma revogada (não mais vigente) seja eficaz. Trata-se do **efeito prospectivo** da lei. Por exemplo, imagine que um fato gerador tenha ocorrido na vigência de uma norma, que atualmente esteja revogada. Antes de operada a decadência, nos dias de hoje, o auditor fiscal efetua o lançamento de ofício por infringência à referida norma. Trata-se de uma norma hoje não vigente, mas eficaz, na medida em que ainda irradia seus efeitos.

Além disso, em face do princípio da anterioridade, dizem-se válidas e vigentes, porém ainda não eficazes, leis que instituem ou aumentam tributos que se encontrem no período compreendido entre a publicação e o exercício seguinte (anterioridade do exercício) ou entre a publicação e a noventena (anterioridade nonagesimal).

Estabelecidas essas distinções conceituais, cumpre pontuar que a vigência das normas tributárias rege-se pelas disposições aplicáveis às normas jurídicas em geral, com as ressalvas estabelecidas nos artigos 102 a 104 do CTN (art. 101).

Dessa forma, como qualquer outra norma jurídica, a de natureza tributária segue o disposto na Lei de Introdução às Normas do Direito Brasileiro – veiculada pelo Decreto-lei nº 4.657, de 4 de setembro de 1942 e na Lei complementar 95, de 26 de fevereiro de 1998, que dispõe sobre elaboração, redação, alteração e consolidação das leis.

2.1. Vigência no tempo

Especificamente em relação às normas tributárias, a vigência no tempo submete-se também às disposições dos artigos 103 e 104 do CTN. Enquanto o artigo 103 regula a vigência das normas complementares da legislação tributária elencadas no artigo 100, o artigo 104 versa sobre a anterioridade da norma tributária e deve ser aplicado em consonância com os dispositivos constitucionais que regem o princípio (CF, art. 150, III, "b" e "c" e § 1º), já abordados no capítulo III deste livro (princípios).

O artigo 103 do CTN estipula que, salvo disposição em contrário, os atos administrativos a que se refere o inciso I do artigo 100, isto é, os atos normativos administrativos, entram em vigor na data da sua publicação. Ao fazer a ressalva, o referido artigo permite que os decretos (hierarquicamente superiores) disponham sobre o termo inicial da vigência dos atos expedidos pelas autoridades administrativas tributárias. Por inteligência do artigo 103, inciso II c/c artigo 100, inciso II, ambos do CTN, as decisões dos órgãos singulares ou coletivos de jurisdição administrativa, a que a lei atribua eficácia normativa, ou seja, as chamadas decisões normativas, salvo disposição em contrário, entram em vigor 30 (trinta) dias após a data da sua publicação.

Já os convênios de cooperação, de que trata inciso IV do artigo 100, entram na data neles prevista (CTN, art. 103), sem ressalvas.

O quadro a seguir resume a ideia da vigência da lei tributária no tempo[1]:

ARTIGO 100 (CTN)	ARTIGO 103 (CTN)
São normas complementares das leis, dos tratados e das convenções internacionais e dos decretos:	Salvo disposição em contrário, entram em vigor:
I – os atos normativos expedidos pelas autoridades administrativas; **(DATA DA PUBLICAÇÃO)**	I – os atos administrativos a que se refere o inciso I do artigo 100, na data da sua publicação;
II – as decisões dos órgãos singulares ou coletivos de jurisdição administrativa, a que a lei atribua eficácia normativa; **(30 DIAS)**	II – as decisões a que se refere o inciso II do artigo 100 quanto a seus efeitos normativos, 30 (trinta) dias após a data da sua publicação;

1. In: MARTINS, Alan; SCARDOELLI, Dimas Yamada; CAIRO, Thiana; LEITE, Harisson. *Revisaço Direito Tributário*. Salvador: Editora Juspodivm, 2014, página 549.

ARTIGO 100 (CTN)	ARTIGO 103 (CTN)
III - as práticas reiteradamente observadas pelas autoridades administrativas; **(SEM DATA PARA A VIGÊNCIA)**	X-X-X-X-X-X-X
IV - os convênios que entre si celebrem a União, os Estados, o Distrito Federal e os Municípios. **(NA DATA NELES PREVISTA).**	III - os convênios a que se refere o inciso IV do artigo 100 na data neles prevista.

2.2. Vigência no espaço

A vigência da norma tributária no espaço está estritamente ligada à respectiva fonte de produção. Assim, uma lei será vigente no espaço territorial de competência do órgão legislativo (Congresso Nacional, Assembleias Legislativas ou Câmaras Municipais), um decreto no território de abrangência do órgão executivo expedidor (União, Estado, Distrito Federal ou Município) e uma portaria ou instrução normativa na esfera territorial alcançada pelo respectivo órgão administrativo (Receita Federal, Secretaria da Fazenda, Delegacia Tributária etc.).

Assim, no que tange à vigência no espaço, as leis podem ser classificadas em **municipais**, **estaduais**, **federais** e **nacionais**.

A diferença entre **leis nacionais** e **leis federais** é que, embora vigentes em todo o território brasileiro, as leis nacionais aplicam-se às relações jurídicas tributárias relativas a todas as pessoas políticas da federação (União, Estados, Distrito Federal e Municípios). São os casos do Código Tributário Nacional e da Lei Complementar 87/96, esta última responsável por estabelecer as normas gerais que regem o ICMS de todos os estados da federação. Já as federais aplicam-se apenas às relações jurídicas tributárias que envolvam a União. Serve de exemplo qualquer lei que institua tributo de competência da União.

O CTN dispõe sobre vigência de normas fora do espaço territorial do ente federativo no artigo 102, segundo o qual a legislação tributária dos Estados, do Distrito Federal e dos Municípios vigora, no País, fora dos respectivos territórios, nos limites em que lhe reconheçam **extraterritorialidade** os convênios de que participem, ou do que disponham esta ou outras leis de normas gerais expedidas pela União. Portanto, em outras palavras, há situação em que o CTN permite expressamente a extraterritorialidade.

3. APLICAÇÃO

De acordo com o artigo 105 do CTN, **a norma tributária se aplica imediatamente aos fatos geradores futuros** (ainda não ocorridos) **e aos pendentes** (cuja ocorrência tenha tido início, mas não esteja completa).

A norma guarda coerência com o artigo 150, inciso III, alínea "a" da Constituição, dispositivo que veicula o **princípio da irretroatividade** da norma tributária (vedação à cobrança de tributos em relação a fatos geradores ocorridos antes da vigência da lei que a houver instituído ou aumentado).

Excepcionalmente, a norma tributária **retroagirá** para atingir atos ou fatos geradores pretéritos **quando se tratar de lei:**

a) **interpretativa** (CTN, art. 106, I), isto é, aquela sem conteúdo imperativo, destinada a esclarecer o conteúdo e alcance de outras normas preexistentes;

b) **que beneficie o infrator** da legislação tributária em matéria de infrações e penalidades (CTN, art. 106, inciso II, alíneas "a", "b", "c").

De modo mais esmiuçado, as hipóteses do artigo 106 do CTN em que a lei tributária, excepcionalmente, aplica-se retroativamente, são as seguintes: (i) em qualquer caso, quando seja **expressamente interpretativa**, **excluída a aplicação de penalidade** à infração dos dispositivos interpretados; (ii) tratando-se de **ato não definitivamente julgado**, (ii.1) quando **deixe de defini-lo como infração**; (ii.2) quando deixe de tratá-lo como contrário a qualquer exigência de ação ou omissão, **desde que** não tenha sido fraudulento e não tenha implicado falta de pagamento de tributo e (ii.3) quando lhe comine **penalidade menos severa** que a prevista na lei vigente ao tempo da sua prática.

<table>
<tr><th colspan="4">Aplicação da norma tributária no tempo</th></tr>
<tr><td rowspan="2">Regra</td><td rowspan="2">Irretroatividade
(CTN, art. 105)</td><td rowspan="2">aplicação da lei tributária aos fatos geradores</td><td>futuros</td></tr>
<tr><td>pendentes</td></tr>
<tr><td colspan="4"></td></tr>
<tr><td rowspan="2">Exceções</td><td rowspan="2">Retroatividade
(CTN, art. 106)</td><td rowspan="2">lei aplica-se aos fatos geradores pretéritos</td><td>I - em qualquer caso, quando seja expressamente interpretativa</td></tr>
<tr><td>II - tratando-se de ato não definitivamente julgado:
a) quando deixe de defini-lo como infração;
b) quando deixe de tratá-lo como contrário a qualquer exigência de ação ou omissão, desde que não tenha sido fraudulento e não tenha implicado em falta de pagamento de tributo;
c) quando lhe comine penalidade menos severa que a prevista na lei vigente ao tempo da sua prática.</td></tr>
</table>

Curioso anotar que a regra do inciso I, aplicada *a contrario sensu*, levou o STJ a firmar jurisprudência no sentido de que, não obstante estabelecido no texto de lei que o artigo 3º da Lei complementar 118/2005 teria natureza interpretativa, referido dispositivo altera o prazo de decadência para pedir repetição de indébito relativa aos tributos sujeitos ao lançamento por homologação de 10 para 5 anos. Logo, trata-se, na verdade, de uma lei modificativa, e não interpretativa, à qual não se aplica a regra da retroatividade estabelecida no artigo 106, inciso I do CTN (STJ - REsp 674706/MG - 1a. Turma - Rel. Min. Teori Albino Zavascki - Julg. 21/08/2008).

ATENÇÃO:

Sobre a retroatividade das leis interpretativas, devem, também, ser ressaltados alguns entendimentos doutrinários muito importantes, já cobrados em diversos concursos públicos:

1º) No caso da retroatividade das leis interpretativas, esta retroatividade será meramente aparente, vigente que estava a lei interpretada. Torna-se ainda necessário que a interpretação que der à lei anterior coincida com a interpretação que lhe der o Judiciário. Lição de Leandro Paulsen (Direito Tributário. 9 ed. Porto Alegre: Livraria do Advogado, 2007, p. 825).

2º) Lição de Eduardo Sabbag: "em termos conclusivos, a norma nova e mais benéfica retroage, salvo se a multa já tiver sido recolhida. Aqui se dá o mesmo fenômeno da órbita penal. Não seria possível retroagir se o recolhimento já fora realizado, assim como não se poderia retroceder se a pena já tivera sido cumprida" (SABBAG, Eduardo. Manual de Direito Tributário. 2ª ed. São Paulo: Saraiva, 2010, p. 626).

Já em relação à regra do inciso II, é sempre bom frisar que se aplica exclusivamente em matéria de infrações. Significa que, em casos ainda não definitivamente julgados, ao prever multa punitiva menos pesada, a lei nova retroage para atingir infrações praticadas sob a égide da lei velha mais gravosa. Por outro lado, se a redução for da alíquota do imposto, não se tratando de matéria de infração, aplica-se a regra da irretroatividade e a alíquota aplicável será sempre a vigente na época do fato gerador.

Embora pela literalidade do texto do artigo 106, inciso II, alínea "c", do CTN, a retroatividade benigna da norma tributária, refira-se à redução de penalidades por infrações, as jurisprudências do STF e do STJ assentaram interpretação hoje plenamente aceita no sentido de que a norma mais benigna também retroage nos casos em que houver redução de multas moratórias (por exemplo: STF – RE 79.625, STJ REsp. 802405).

Outro detalhe muito importante a se enfatizar é a importância da expressão "ato não definitivamente julgado" do inciso II do artigo 106. Por exemplo, quando, na alínea "c", apregoa que a "lei aplica-se a ato ou fato pretérito, tratando-se de ato não definitivamente julgado, quando lhe comine penalidade menos severa que a prevista na lei vigente ao tempo da sua prática". A leitura não permite qualquer restrição da expressão "ato não definitivamente julgado" aos processos administrativos. Mesmo no caso de processos judiciais em andamento (por exemplo, numa ação anulatória de lançamento de débito fiscal, cujo objetivo é desconstituir o crédito tributário), uma lei nova que comine penalidade menos severa deve ser aplicada retroativamente. É a posição do STJ (REsp 295.762/RS).

4. INTERPRETAÇÃO E INTEGRAÇÃO

A par das regras da Lei de Introdução às Normas do Direito Brasileiro (Decreto-lei 4.657/42), o CTN estabelece disposições específicas a respeito de integração e interpretação da legislação tributária.

A **integração** consiste na tarefa de colmatar (preencher) lacunas da legislação tributária, mediante a qual a autoridade competente se vale do auxílio de critérios para suprir situações sobre as quais a legislação deixou de dispor. No direito tributário, a integração é tarefa de qualquer autoridade competente para aplicação da legislação tributária, seguindo critérios sucessivos estabelecidos no artigo 108 do CTN.

Já a **interpretação** diz respeito ao raciocínio lógico jurídico desenvolvido para compreensão do conteúdo e alcance de uma norma jurídica ou de um conjunto dessas normas, visando à correta aplicação da legislação. Em matéria tributária, os artigos 109 a 112 do CTN estabelecem inúmeras regras de interpretação normativa.

4.1. Interpretação

As normas do CTN sobre interpretação da legislação tributária encontram-se veiculadas nos artigos 109 a 112.

Os princípios gerais de direito privado utilizam-se para pesquisa da definição, do conteúdo e do alcance de seus institutos, conceitos e formas, **mas não para** definição dos respectivos efeitos tributários (CTN, art. 109). Além disso, **a lei tributária não pode alterar a definição, o conteúdo e o alcance de institutos, conceitos e formas de direito privado**, utilizados, expressa ou implicitamente, pela Constituição Federal, pelas Constituições dos Estados, ou pelas Leis Orgânicas do Distrito Federal ou dos Municípios, para definir ou limitar competências tributárias (CTN, art. 110), sob pena de validar a alteração da competência tributária por normas infraconstitucionais tributárias. À vista de tais normas é que o legislador tributário não pode eleger os imóveis como mercadorias, para não elastecer indevidamente o conceito de mercadoria da legislação de direito privado (STJ - REsp 110962/MG - 2a. Turma - Rel. Min. Aldir Passarinho Junior - Julg. 05/03/1999). Não poderia o legislador municipal, também, equiparar doações entre parentes a transmissões onerosas e sujeita-las à incidência do ITBI, pois estaria alterando o conceito jurídico do instituto de direito civil da doação.

O mesmo se aplica à autoridade competente para aplicar a lei tributária que, a rigor, pode se valer de conceitos de institutos, conceitos e formas de direito privado para, por exemplo, interpretar se o IPTU incide com relação a certo imóvel ou o IPVA quanto a determinado veículo, definindo, assim, os efeitos tributários da propriedade. Mas, não pode, é claro, alterar o conceito de propriedade para exigir imposto sobre um bem que não seja de propriedade do contribuinte.

Como decorrência do princípio constitucional da estrita legalidade (CTN, art. 150, I), **interpreta-se literalmente a legislação tributária que disponha sobre**: I - suspensão ou exclusão do crédito tributário; II - outorga de isenção; III - dispensa do cumprimento de obrigações tributárias acessórias (CTN, art. 111). E não poderia ser diferente, sob pena de permitir-se àquele que aplica a norma tributária atuar como legislador positivo (STJ - REsp 939484/PR - 2a. Turma - Relª. Minª. Eliana Calmon - Julg. 26/08/2008).

Essa interpretação literal, também chamada de gramatical, parte do exame do significado de cada palavra da norma jurídica, ou seja, baseia-se na letra da norma jurídica. Assim, embora não busque na sua essência uma ampliação da norma, tem como limite o próprio texto normativo.

O STJ já decidiu que o "artigo 111 do CTN, que prescreve a interpretação literal da norma, não pode levar o aplicador do direito à absurda conclusão de que esteja ele impedido, no seu mister de apreciar e aplicar as normas de direito, de valer-se de uma equilibrada ponderação dos elementos lógico-sistemático, histórico e finalístico ou teleológico, os quais integram a moderna metodologia de interpretação das normas jurídicas" (RESP 192.531/RS). Assim, se em várias oportunidades posicionou-se pela inaplicabilidade da analogia para concessão de isenção (por exemplo, no RESP 1.089.952/RJ), em outras, admitiu uma interpretação mais ampla na outorga de isenções (tais como a ponderação dos elementos lógico-sistemático, histórico e teleológico anteriormente referidos).

No mesmo sentido, não está vedado ao juiz atribuir os efeitos isentivos de uma verba, fazendo prevalecer sua verdadeira natureza jurídica, em detrimento de uma nomenclatura equivocada prevista na legislação. Noutras palavras, a interpretação literal não tem o condão de fazer prevalecer a "letra da lei", quando a "letra da lei" está equivocada comparando-se a essência do instituto jurídico que ela representa. Embora consolidado na doutrina e na jurisprudência que as chamadas "verbas indenizatórias" estão fora do campo de incidência do imposto de renda (por não representarem, efetivamente, um acréscimo patrimonial), o STJ já decidiu que algumas verbas que tem "indenização" no seu nome, não se tratam, na sua essência, de uma indenização, mas sim de uma verba remuneratória (dois exemplos: (i) "indenização especial" recebida pelo empregado quando da rescisão do contrato de trabalho por liberalidade do empregador - RESP 1102575 e (ii) verbas pagas a título de "indenização por horas extras trabalhadas" - RESP 910262/SP).

Além disso, **a lei tributária que define infrações, ou lhe comina penalidades, deve ser interpretada da maneira mais favorável ao acusado**, em caso de dúvida quanto: I - à capitulação legal do fato; II - à natureza ou às circunstâncias materiais do fato, ou à natureza ou extensão dos seus efeitos; III - à autoria, imputabilidade, ou punibilidade; IV - à natureza da penalidade aplicável, ou à sua graduação (CTN, art. 112). A norma especifica no campo tributário a tradicional regra hermenêutica do *in dubio pro reo*, tratada pela doutrina como ***in dubio pro contribuinte***. Mas, repita-se, é aplicável apenas em matéria de infrações e penalidades, não servindo, por exemplo, para definir se o contribuinte deve ser tributado ou se uma obrigação acessória deve ser cumprida.

4.2. Integração

Integrar é **colmatar lacunas, suprir as omissões da ordem jurídica**, de acordo com preceitos extraídos do próprio sistema normativo.

Em matéria tributária, a integração normativa é regida pelo artigo 108 do CTN. Diferente da norma geral de integração normativa do artigo 4º da Lei de Introdução às Normas do Direito Brasileiro, destina-se não apenas ao juiz, mas também a toda e qualquer autoridade competente para aplicar a legislação tributária.

Prevê a utilização, **sucessivamente**, dos seguintes critérios de integração: **1º) analogia; 2º) princípios gerais de direito tributário; 3º) princípios gerais de direito público; 4º) equidade**. E nesse ponto, também diverge da regra geral do artigo 4º da Lei de Introdução. Enquanto os critérios da Lei de Introdução (analogia, costumes e princípios gerais do direito) podem ser utilizados em qualquer ordem, aleatoriamente, na integração da norma tributária, a autoridade competente deverá seguir na ordem (sucessivamente) um a um dos critérios do artigo 108 do CTN.

Porém, o próprio artigo 108, em seus dois parágrafos, prevê **exceções** que prestigiam, no plano infraconstitucional, o princípio da legalidade tributária. Dessa forma, o emprego da **analogia não poderá resultar na exigência de tributo não previsto em lei** (CTN, art. 108, § 1º), já tendo sido decidido pelo STJ que a lista de serviços sujeitos à incidência do ISSQN é taxativa, não podendo ser ampliada pelo uso da analogia (STJ - REsp 1008130/GO - 1a. Turma - Rel. Min. José Delgado - Julg. 03/06/2008).

ATENÇÃO:

Não confundir **analogia** com **interpretação analógica.** A **analogia** constitui critério de integração da norma tributária pelo qual, na ausência de disposição legal para reger determinada matéria ou caso concreto, aplica-se norma aplicável a matéria ou caso concreto análogo. Já a **intepretação analógica** é um método de interpretação pela qual se busca o conteúdo e alcance de uma lei em outra lei que sirva para reger situações ou matérias análogas. Em outras palavras, a analogia é utilizada na ausência de lei, como método de integração, ao passo que a interpretação analógica pressupõe a existência de uma lei a ser interpretada com base em outra lei.

Analogia = lei inexistente + lei sobre matéria ou caso análogo

Interpretação analógica = lei 1 + lei 2 sobre matéria ou caso análogo

Quanto à **equidade**, que pode ser entendida como "senso de Justiça" ou uma atenuação do rigor da norma escrita ao aplicá-la aos casos concretos, **não poderá levar à dispensa do pagamento de tributo devido** (CTN, art. 108, § 2º), regra que motivou o STJ a **não** equiparar "vendas inadimplidas" a "vendas canceladas" para fins de exclusão de créditos tributários de PIS e COFINS, mesmo entendendo que a medida faria justiça tributária (STJ - REsp 751368/SC - 1ª. Turma - Rel. Min. Luiz Fux - Julg. 17/05/2007).

Como se vê, a "legislação tributária" apresenta critérios de integração para suprimento de lacunas que são diversos daqueles utilizados pelo restante da legislação (demais normas que não as tributárias). O artigo 108 do CTN determina que, na ausência de disposição normativa expressa, o aplicador da norma utilize, sucessivamente (nesta ordem), a analogia (que não pode resultar na exigência de um tributo não previsto em lei), os princípios gerais de direito tributário, os princípios gerais de direito público e a equidade (que não pode resultar na dispensa de um tributo devido). Já a Lei de Introdução às Normas do Direito Brasileiro, em seu artigo 4º, estipula que "quando a lei for omissa, o juiz decidirá o caso de acordo com a analogia, os costumes e os princípios gerais de direito". Perceba que, exceto a analogia, os demais critérios de integração são diferentes. Ainda, para a integração das demais normas (exceto a "legislação tributária"), não há ordem sucessiva de critérios a ser seguida.

Quadro comparativo entre a integração da legislação tributária e a integração das demais normas jurídicas:

Integração das Demais Normas	Integração da Legislação Tributária	
Art. 4º da Lei de Introdução às Normas do Direito Brasileiro (Decreto-Lei 4.657/42)	Art. 108 do CTN	
Os **três** critérios não estão sujeitos a uma ordem de aplicação.	Os **quatro** critérios abaixo obedecem a uma ordem sucessiva.	
Analogia	**1º) Analogia**	**não** poderá resultar na **exigência** de tributo não previsto em lei
Costumes	**2º) Princípios Gerais de Direito Tributário**	o emprego da equidade **não** poderá resultar na **dispensa** do pagamento de tributo devido
Princípios Gerais de Direito	**3º) Princípios Gerais de Direito Público**	
	4º) Equidade	

5. INFORMATIVOS DE JURISPRUDÊNCIA (2017 E 2018)

COFINS: ampliação da base de cálculo e majoração de alíquota

O Plenário, ao apreciar o Tema 34 da repercussão geral, em conclusão de julgamento e por maioria, negou provimento a recurso extraordinário em que se discutiu a constitucionalidade da ampliação da base de cálculo e da majoração de alíquota da Contribuição para Financiamento da Seguridade Social (COFINS), instituída pela Lei 10.833/2003, resultante da conversão da Medida Provisória 135/2003 (vide Informativo 844).

O Tribunal entendeu não haver vício formal na conversão da referida medida provisória, nem ofensa ao art. 246 da Constituição Federal (1) na hipótese de mera majoração de alíquotas de contribuições sociais. Além disso, assentou não se fazer necessária a reserva de lei complementar por não se tratar de novo tributo.

Quanto à vedação ao efeito confiscatório, concluiu ser juridicamente insustentável buscar guarida nesse princípio em sede de jurisdição constitucional. Tal posicionamento considerou a orientação do Supremo Tribunal Federal segundo a qual a caracterização desse efeito pressupõe a análise de dados concretos e peculiaridades de cada operação ou situação, tomando-se em conta custos, carga tributária global, margens de lucro e condições pontuais do mercado e de conjuntura econômica.

Por fim, afirmou que eventuais diferenças entre os regimes de lucro real ou de lucro presumido, inclusive a respeito do direito ao creditamento, não representam ofensa à isonomia ou à capacidade contributiva. A sujeição ao regime do lucro presumido é uma escolha do contribuinte, considerado seu planejamento tributário.

Vencido o ministro Marco Aurélio, que conheceu em parte do recurso e, na parte conhecida, deu provimento ao extraordinário. Pontuou haver vício formal, por afronta ao art. 246 da Constituição Federal, na conversão da medida provisória. Além disso, reputou violado o princípio da isonomia.

Em seguida, o Tribunal deliberou fixar a tese de repercussão geral em assentada posterior.

(1) "Art. 246. É vedada a adoção de medida provisória na regulamentação de artigo da Constituição cuja redação tenha sido alterada por meio de emenda promulgada entre 1º de janeiro de 1995 até a promulgação desta emenda, inclusive".

RE 570122/RS, rel. orig. Min. Marco Aurélio, red. p/ o ac. Min. Edson Fachin, julgamento em 24.5.2017.

(Informativo 866, Plenário, Repercussão Geral)

Contribuição para o PIS/PASEP e COFINS. Receitas financeiras. Incidência. Alíquotas. Redução e majoração por ato do executivo. Lei n. 10.865/2004. Possibilidade.

O Decreto n. 8.426/2015, que restabeleceu as alíquotas da contribuição para o PIS/PASEP e da COFINS incidentes sobre receitas financeiras, conforme limites previstos no art. 27, § 2º, da Lei n. 10.865/2004, não ofende o princípio da legalidade. REsp 1.586.950-RS, Rel. Min. Napoleão Nunes Maia Filho, Rel. Acd. Min. Gurgel de Faria, por maioria, julgado em 19/09/2017, DJe 09/10/2017. (Informativo n. 613)

6. SÚMULAS

Súmula Vinculante 50: "Norma legal que altera o prazo de recolhimento da obrigação tributária não se sujeita ao princípio da anterioridade".

Súmula 112, do STF: "O imposto de transmissão *causa mortis* é devido pela alíquota vigente ao tempo da abertura da sucessão".

Súmula 22 CARF (Revisada): "É nulo o ato declaratório de exclusão do Simples Federal, instituído pela Lei nº 9.317/1996, que se limite a consignar a existência de pendências perante a Dívida Ativa da União ou do INSS, sem a indicação dos débitos inscritos cuja exigibilidade não esteja suspensa".

Súmula 06/2003 TIT/SP: "A redução ou a relevação da multa, em decisão proferida por qualquer das Câmaras do Tribunal de Impostos e Taxas, por não caracterizar hipótese de divergência ou dissídio de interpretação da legislação, não viabiliza a interposição de recurso especial".

7. LEGISLAÇÃO RELACIONADA AO CAPÍTULO

» CONSTITUIÇÃO FEDERAL

Art. 5º § 3º Os tratados e convenções internacionais sobre direitos humanos que forem aprovados, em cada Casa do Congresso Nacional, em dois turnos, por três quintos dos votos dos respectivos membros, serão equivalentes às emendas constitucionais.

Art. 24. Compete à União, aos Estados e ao Distrito Federal legislar concorrentemente sobre:

I - direito tributário, financeiro, penitenciário, econômico e urbanístico;

§ 1º No âmbito da legislação concorrente, a competência da União limitar-se-á a estabelecer normas gerais.

§ 2º A competência da União para legislar sobre normas gerais não exclui a competência suplementar dos Estados.

§ 3º Inexistindo lei federal sobre normas gerais, os Estados exercerão a competência legislativa plena, para atender a suas peculiaridades.

§ 4º A superveniência de lei federal sobre normas gerais suspende a eficácia da lei estadual, no que lhe for contrário.

Art. 48. Cabe ao Congresso Nacional, com a sanção do Presidente da República, não exigida esta para o especificado nos arts. 49, 51 e 52, dispor sobre todas as matérias de competência da União, especialmente sobre:

I - sistema tributário, arrecadação e distribuição de rendas;

Art. 49. É da competência exclusiva do Congresso Nacional:

I - resolver definitivamente sobre tratados, acordos ou atos internacionais que acarretem encargos ou compromissos gravosos ao patrimônio nacional;

Art. 59. O processo legislativo compreende a elaboração de:

I - emendas à Constituição;

II - leis complementares;

III - leis ordinárias;

IV - leis delegadas;

V - medidas provisórias;

VI - decretos legislativos;

VII - resoluções.

Parágrafo único. Lei complementar disporá sobre a elaboração, redação, alteração e consolidação das leis.

Art. 60. A Constituição poderá ser emendada mediante proposta:

I - de um terço, no mínimo, dos membros da Câmara dos Deputados ou do Senado Federal;

II - do Presidente da República;

III - de mais da metade das Assembléias Legislativas das unidades da Federação, manifestando-se, cada uma delas, pela maioria relativa de seus membros.

§ 1º A Constituição não poderá ser emendada na vigência de intervenção federal, de estado de defesa ou de estado de sítio.

§ 2º A proposta será discutida e votada em cada Casa do Congresso Nacional, em dois turnos, considerando-se aprovada se obtiver, em ambos, três quintos dos votos dos respectivos membros.

§ 3º A emenda à Constituição será promulgada pelas Mesas da Câmara dos Deputados e do Senado Federal, com o respectivo número de ordem.

§ 4º Não será objeto de deliberação a proposta de emenda tendente a abolir:

I - a forma federativa de Estado;

II - o voto direto, secreto, universal e periódico;

III - a separação dos Poderes;

IV - os direitos e garantias individuais.

§ 5º A matéria constante de proposta de emenda rejeitada ou havida por prejudicada não pode ser objeto de nova proposta na mesma sessão legislativa.

Art. 62. Em caso de relevância e urgência, o Presidente da República poderá adotar medidas provisórias, com força de lei, devendo submetê-las de imediato ao Congresso Nacional.

§ 1º É vedada a edição de medidas provisórias sobre matéria:

III - reservada a lei complementar;

§ 2º Medida provisória que implique instituição ou majoração de impostos, exceto os previstos nos arts. 153, I, II, IV, V, e 154, II, só produzirá efeitos no exercício financeiro seguinte se houver sido convertida em lei até o último dia daquele em que foi editada.

§ 3º As medidas provisórias, ressalvado o disposto nos §§ 11 e 12 perderão eficácia, desde a edição, se não forem convertidas em lei no prazo de sessenta dias, prorrogável, nos termos do § 7º, uma vez por igual período, devendo o Congresso Nacional disciplinar, por decreto legislativo, as relações jurídicas delas decorrentes.

§ 4º O prazo a que se refere o § 3º contar-se-á da publicação da medida provisória, suspendendo-se durante os períodos de recesso do Congresso Nacional.

§ 5º A deliberação de cada uma das Casas do Congresso Nacional sobre o mérito das medidas provisórias dependerá de juízo prévio sobre o atendimento de seus pressupostos constitucionais.

§ 6º Se a medida provisória não for apreciada em até quarenta e cinco dias contados de sua publicação, entrará em regime de urgência, subseqüentemente, em cada uma das Casas do Congresso Nacional, ficando sobrestadas, até que se ultime a votação, todas as demais deliberações legislativas da Casa em que estiver tramitando.

§ 7º Prorrogar-se-á uma única vez por igual período a vigência de medida provisória que, no prazo de sessenta dias, contado de sua publicação, não tiver a sua votação encerrada nas duas Casas do Congresso Nacional.

§ 8º As medidas provisórias terão sua votação iniciada na Câmara dos Deputados.

§ 9º Caberá à comissão mista de Deputados e Senadores examinar as medidas provisórias e sobre elas emitir parecer, antes de serem apreciadas, em sessão separada, pelo plenário de cada uma das Casas do Congresso Nacional.

§ 10. É vedada a reedição, na mesma sessão legislativa, de medida provisória que tenha sido rejeitada ou que tenha perdido sua eficácia por decurso de prazo.

§ 11. Não editado o decreto legislativo a que se refere o § 3º até sessenta dias após a rejeição ou perda de eficácia de medida provisória, as relações jurídicas constituídas e decorrentes de atos praticados durante sua vigência conservar-se-ão por ela regidas.

§ 12. Aprovado projeto de lei de conversão alterando o texto original da medida provisória, esta manter-se-á integralmente em vigor até que seja sancionado ou vetado o projeto.

Art. 68. As leis delegadas serão elaboradas pelo Presidente da República, que deverá solicitar a delegação ao Congresso Nacional.

§ 1º Não serão objeto de delegação os atos de competência exclusiva do Congresso Nacional, os de competência privativa da Câmara dos Deputados ou do Senado Federal, a matéria reservada à lei complementar, nem a legislação sobre:

I – organização do Poder Judiciário e do Ministério Público, a carreira e a garantia de seus membros;

II – nacionalidade, cidadania, direitos individuais, políticos e eleitorais;

III – planos plurianuais, diretrizes orçamentárias e orçamentos.

§ 2º A delegação ao Presidente da República terá a forma de resolução do Congresso Nacional, que especificará seu conteúdo e os termos de seu exercício.

§ 3º Se a resolução determinar a apreciação do projeto pelo Congresso Nacional, este a fará em votação única, vedada qualquer emenda.

Art. 69. As leis complementares serão aprovadas por maioria absoluta.

Art. 146. Cabe à lei complementar:

I – dispor sobre conflitos de competência, em matéria tributária, entre a União, os Estados, o Distrito Federal e os Municípios;

II – regular as limitações constitucionais ao poder de tributar;

III – estabelecer normas gerais em matéria de legislação tributária, especialmente sobre:

a) definição de tributos e de suas espécies, bem como, em relação aos impostos discriminados nesta Constituição, a dos respectivos fatos geradores, bases de cálculo e contribuintes;

b) obrigação, lançamento, crédito, prescrição e decadência tributários;

c) adequado tratamento tributário ao ato cooperativo praticado pelas sociedades cooperativas.

d) definição de tratamento diferenciado e favorecido para as microempresas e para as empresas de pequeno porte, inclusive regimes especiais ou simplificados no caso do imposto previsto no art. 155, II, das contribuições previstas no art. 195, I e §§ 12 e 13, e da contribuição a que se refere o art. 239.

Parágrafo único. A lei complementar de que trata o inciso III, d, também poderá instituir um regime único de arrecadação dos impostos e contribuições da União, dos Estados, do Distrito Federal e dos Municípios, observado que:

I – será opcional para o contribuinte;

II – poderão ser estabelecidas condições de enquadramento diferenciadas por Estado;

III – o recolhimento será unificado e centralizado e a distribuição da parcela de recursos pertencentes aos respectivos entes federados será imediata, vedada qualquer retenção ou condicionamento;

IV - a arrecadação, a fiscalização e a cobrança poderão ser compartilhadas pelos entes federados, adotado cadastro nacional único de contribuintes.

Art. 146-A. Lei complementar poderá estabelecer critérios especiais de tributação, com o objetivo de prevenir desequilíbrios da concorrência, sem prejuízo da competência de a União, por lei, estabelecer normas de igual objetivo.

Art. 150. Sem prejuízo de outras garantias asseguradas ao contribuinte, é vedado à União, aos Estados, ao Distrito Federal e aos Municípios:

I - exigir ou aumentar tributo sem lei que o estabeleça;

III - cobrar tributos:

a) em relação a fatos geradores ocorridos antes do início da vigência da lei que os houver instituído ou aumentado;

Art. 153. Compete à União instituir impostos sobre:

I - importação de produtos estrangeiros;

II - exportação, para o exterior, de produtos nacionais ou nacionalizados;

III - renda e proventos de qualquer natureza;

IV - produtos industrializados;

V - operações de crédito, câmbio e seguro, ou relativas a títulos ou valores mobiliários;

VI - propriedade territorial rural;

VII - grandes fortunas, nos termos de lei complementar.

§ 1º É facultado ao Poder Executivo, atendidas as condições e os limites estabelecidos em lei, alterar as alíquotas dos impostos enumerados nos incisos I, II, IV e V.

Art. 154. A União poderá instituir:

I - mediante lei complementar, impostos não previstos no artigo anterior, desde que sejam não-cumulativos e não tenham fato gerador ou base de cálculo próprios dos discriminados nesta Constituição;

Art. 155. Compete aos Estados e ao Distrito Federal instituir impostos sobre:

I - transmissão causa mortis e doação, de quaisquer bens ou direitos

II - operações relativas à circulação de mercadorias e sobre prestações de serviços de transporte interestadual e intermunicipal e de comunicação, ainda que as operações e as prestações se iniciem no exterior;

III - propriedade de veículos automotores.

§ 1º O imposto previsto no inciso I:

III - terá competência para sua instituição regulada por lei complementar:

a) se o doador tiver domicilio ou residência no exterior;

b) se o de cujus possuía bens, era residente ou domiciliado ou teve o seu inventário processado no exterior;

IV - terá suas alíquotas máximas fixadas pelo Senado Federal;

§ 2º O imposto previsto no inciso II atenderá ao seguinte:

III - poderá ser seletivo, em função da essencialidade das mercadorias e dos serviços;

IV - resolução do Senado Federal, de iniciativa do Presidente da República ou de um terço dos Senadores, aprovada pela maioria absoluta de seus membros, estabelecerá as alíquotas aplicáveis às operações e prestações, interestaduais e de exportação;

V - é facultado ao Senado Federal:

a) estabelecer alíquotas mínimas nas operações internas, mediante resolução de iniciativa de um terço e aprovada pela maioria absoluta de seus membros;

b) fixar alíquotas máximas nas mesmas operações para resolver conflito específico que envolva interesse de Estados, mediante resolução de iniciativa da maioria absoluta e aprovada por dois terços de seus membros;

XII - cabe à lei complementar:

a) definir seus contribuintes;

b) dispor sobre substituição tributária;

c) disciplinar o regime de compensação do imposto;

d) fixar, para efeito de sua cobrança e definição do estabelecimento responsável, o local das operações relativas à circulação de mercadorias e das prestações de serviços;

e) excluir da incidência do imposto, nas exportações para o exterior, serviços e outros produtos além dos mencionados no inciso X, "a";

f) prever casos de manutenção de crédito, relativamente à remessa para outro Estado e exportação para o exterior, de serviços e de mercadorias;

g) regular a forma como, mediante deliberação dos Estados e do Distrito Federal, isenções, incentivos e benefícios fiscais serão concedidos e revogados.

h) definir os combustíveis e lubrificantes sobre os quais o imposto incidirá uma única vez, qualquer que seja a sua finalidade, hipótese em que não se aplicará o disposto no inciso X, b;

i) fixar a base de cálculo, de modo que o montante do imposto a integre, também na importação do exterior de bem, mercadoria ou serviço.

§ 4º Na hipótese do inciso XII, h, observar-se-á o seguinte:

IV – as alíquotas do imposto serão definidas mediante deliberação dos Estados e Distrito Federal, nos termos do § 2º, XII, g, observando-se o seguinte:

a) serão uniformes em todo o território nacional, podendo ser diferenciadas por produto;

b) poderão ser específicas, por unidade de medida adotada, ou ad valorem, incidindo sobre o valor da operação ou sobre o preço que o produto ou seu similar alcançaria em uma venda em condições de livre concorrência;

c) poderão ser reduzidas e restabelecidas, não se lhes aplicando o disposto no art. 150, III, b.

§ 6º O imposto previsto no inciso III:

I – terá alíquotas mínimas fixadas pelo Senado Federal

Art. 156. Compete aos Municípios instituir impostos sobre:

II – transmissão "inter vivos", a qualquer título, por ato oneroso, de bens imóveis, por natureza ou acessão física, e de direitos reais sobre imóveis, exceto os de garantia, bem como cessão de direitos a sua aquisição;

III – serviços de qualquer natureza, não compreendidos no art. 155, II, definidos em lei complementar.

§ 2º O imposto previsto no inciso II:

II – compete ao Município da situação do bem.

§ 3º Em relação ao imposto previsto no inciso III do caput deste artigo, cabe à lei complementar:

I – fixar as suas alíquotas máximas e mínimas;

II – excluir da sua incidência exportações de serviços para o exterior.

III – regular a forma e as condições como isenções, incentivos e benefícios fiscais serão concedidos e revogados.

Art. 195. ...:

§ 3º A pessoa jurídica em débito com o sistema da seguridade social, como estabelecido em lei, não poderá contratar com o Poder Público nem dele receber benefícios ou incentivos fiscais ou creditícios.

§ 4º A lei poderá instituir outras fontes destinadas a garantir a manutenção ou expansão da seguridade social, obedecido o disposto no art. 154, I.

§ 7º São isentas de contribuição para a seguridade social as entidades beneficentes de assistência social que atendam às exigências estabelecidas em lei.

§ 10. A lei definirá os critérios de transferência de recursos para o sistema único de saúde e ações de assistência social da União para os Estados, o Distrito Federal e os Municípios, e dos Estados para os Municípios, observada a respectiva contrapartida de recursos.

§ 11. É vedada a concessão de remissão ou anistia das contribuições sociais de que tratam os incisos I, a, e II deste artigo, para débitos em montante superior ao fixado em lei complementar.

§ 12. A lei definirá os setores de atividade econômica para os quais as contribuições incidentes na forma dos incisos I, b; e IV do caput, serão não-cumulativas.

ATO DAS DISPOSIÇÕES CONSTITUCIONAIS TRANSITÓRIAS – ADCT

Art. 34. O sistema tributário nacional entrará em vigor a partir do primeiro dia do quinto mês seguinte ao da promulgação da Constituição, mantido, até então, o da Constituição de 1967, com a redação dada pela Emenda nº 1, de 1969, e pelas posteriores.

§ 5º Vigente o novo sistema tributário nacional, fica assegurada a aplicação da legislação anterior, no que não seja incompatível com ele e com a legislação referida nos § 3º e § 4º.

» CÓDIGO TRIBUTÁRIO NACIONAL

Art. 1º Esta Lei regula, com fundamento na Emenda Constitucional nº 18, de 1º de dezembro de 1965, o sistema tributário nacional e estabelece, com fundamento no artigo 5º, inciso XV, alínea b, da Constituição Federal, as normas gerais de direito tributário aplicáveis à União, aos Estados, ao Distrito Federal e aos Municípios, sem prejuízo da respectiva legislação complementar, supletiva ou regulamentar.

Art. 2º O sistema tributário nacional é regido pelo disposto na Emenda Constitucional nº 18, de 1º de dezembro de 1965, em leis complementares, em resoluções do Senado Federal e, nos limites das respectivas competências, em leis federais, nas Constituições e em leis estaduais, e em leis municipais.

Art. 96. A expressão "legislação tributária" compreende as leis, os tratados e as convenções internacionais, os decretos e as normas complementares que versem, no todo ou em parte, sobre tributos e relações jurídicas a eles pertinentes.

Art. 97. Somente a lei pode estabelecer:

I - a instituição de tributos, ou a sua extinção;

II - a majoração de tributos, ou sua redução, ressalvado o disposto nos artigos 21, 26, 39, 57 e 65;

III - a definição do fato gerador da obrigação tributária principal, ressalvado o disposto no inciso I do § 3º do artigo 52, e do seu sujeito passivo;

IV - a fixação de alíquota do tributo e da sua base de cálculo, ressalvado o disposto nos artigos 21, 26, 39, 57 e 65;

V - a cominação de penalidades para as ações ou omissões contrárias a seus dispositivos, ou para outras infrações nela definidas;

VI - as hipóteses de exclusão, suspensão e extinção de créditos tributários, ou de dispensa ou redução de penalidades.

§ 1º Equipara-se à majoração do tributo a modificação da sua base de cálculo, que importe em torná-lo mais oneroso.

§ 2º Não constitui majoração de tributo, para os fins do disposto no inciso II deste artigo, a atualização do valor monetário da respectiva base de cálculo.

Art. 98. Os tratados e as convenções internacionais revogam ou modificam a legislação tributária interna, e serão observados pela que lhes sobrevenha.

Art. 99. O conteúdo e o alcance dos decretos restringem-se aos das leis em função das quais sejam expedidos, determinados com observância das regras de interpretação estabelecidas nesta Lei.

Art. 100. São normas complementares das leis, dos tratados e das convenções internacionais e dos decretos:

I - os atos normativos expedidos pelas autoridades administrativas;

II - as decisões dos órgãos singulares ou coletivos de jurisdição administrativa, a que a lei atribua eficácia normativa;

III - as práticas reiteradamente observadas pelas autoridades administrativas;

IV - os convênios que entre si celebrem a União, os Estados, o Distrito Federal e os Municípios.

Parágrafo único. A observância das normas referidas neste artigo exclui a imposição de penalidades, a cobrança de juros de mora e a atualização do valor monetário da base de cálculo do tributo.

Art. 101. A vigência, no espaço e no tempo, da legislação tributária rege-se pelas disposições legais aplicáveis às normas jurídicas em geral, ressalvado o previsto neste Capítulo.

Art. 102. A legislação tributária dos Estados, do Distrito Federal e dos Municípios vigora, no País, fora dos respectivos territórios, nos limites em que lhe reconheçam extraterritorialidade os convênios de que participem, ou do que disponham esta ou outras leis de normas gerais expedidas pela União.

Art. 103. Salvo disposição em contrário, entram em vigor:

I - os atos administrativos a que se refere o inciso I do artigo 100, na data da sua publicação;

II - as decisões a que se refere o inciso II do artigo 100, quanto a seus efeitos normativos, 30 (trinta) dias após a data da sua publicação;

III - os convênios a que se refere o inciso IV do artigo 100, na data neles prevista.

Art. 104. Entram em vigor no primeiro dia do exercício seguinte àquele em que ocorra a sua publicação os dispositivos de lei, referentes a impostos sobre o patrimônio ou a renda:

I - que instituem ou majoram tais impostos;

II - que definem novas hipóteses de incidência;

III - que extinguem ou reduzem isenções, salvo se a lei dispuser de maneira mais favorável ao contribuinte, e observado o disposto no artigo 178.

Art. 105. A legislação tributária aplica-se imediatamente aos fatos geradores futuros e aos pendentes, assim entendidos aqueles cuja ocorrência tenha tido início mas não esteja completa nos termos do artigo 116.

Art. 106. A lei aplica-se a ato ou fato pretérito:

I - em qualquer caso, quando seja expressamente interpretativa, excluída a aplicação de penalidade à infração dos dispositivos interpretados;

II - tratando-se de ato não definitivamente julgado:

a) quando deixe de defini-lo como infração;

b) quando deixe de tratá-lo como contrário a qualquer exigência de ação ou omissão, desde que não tenha sido fraudulento e não tenha implicado em falta de pagamento de tributo;

c) quando lhe comine penalidade menos severa que a prevista na lei vigente ao tempo da sua prática.

Art. 107. A legislação tributária será interpretada conforme o disposto neste Capítulo.

Art. 108. Na ausência de disposição expressa, a autoridade competente para aplicar a legislação tributária utilizará sucessivamente, na ordem indicada:

I - a analogia;

II - os princípios gerais de direito tributário;

III - os princípios gerais de direito público;

IV - a eqüidade.

§ 1º O emprego da analogia não poderá resultar na exigência de tributo não previsto em lei.

§ 2º O emprego da eqüidade não poderá resultar na dispensa do pagamento de tributo devido.

Art. 109. Os princípios gerais de direito privado utilizam-se para pesquisa da definição, do conteúdo e do alcance de seus institutos, conceitos e formas, mas não para definição dos respectivos efeitos tributários.

Art. 110. A lei tributária não pode alterar a definição, o conteúdo e o alcance de institutos, conceitos e formas de direito privado, utilizados, expressa ou implicitamente, pela Constituição Federal, pelas Constituições dos Estados, ou pelas Leis Orgânicas do Distrito Federal ou dos Municípios, para definir ou limitar competências tributárias.

Art. 111. Interpreta se literalmente a legislação tributária que disponha sobre:

I - suspensão ou exclusão do crédito tributário;

II - outorga de isenção;

III - dispensa do cumprimento de obrigações tributárias acessórias.

Art. 112. A lei tributária que define infrações, ou lhe comina penalidades, interpreta-se da maneira mais favorável ao acusado, em caso de dúvida quanto:

I - à capitulação legal do fato;

II - à natureza ou às circunstâncias materiais do fato, ou à natureza ou extensão dos seus efeitos;

III - à autoria, imputabilidade, ou punibilidade;

IV - à natureza da penalidade aplicável, ou à sua graduação.

Art. 176. A isenção, ainda quando prevista em contrato, é sempre decorrente de lei que especifique as condições e requisitos exigidos para a sua concessão, os tributos a que se aplica e, sendo caso, o prazo de sua duração.

» LEI COMPLEMENTAR Nº 95, DE 26 DE FEVEREIRO DE 1998

Art. 1º A elaboração, a redação, a alteração e a consolidação das leis obedecerão ao disposto nesta Lei Complementar.

Art. 8º A vigência da lei será indicada de forma expressa e de modo a contemplar prazo razoável para que dela se tenha amplo conhecimento, reservada a cláusula "entra em vigor na data de sua publicação" para as leis de pequena repercussão.

§ 1º A contagem do prazo para entrada em vigor das leis que estabeleçam período de vacância far-se-á com a inclusão da data da publicação e do último dia do prazo, entrando em vigor no dia subseqüente à sua consumação integral.

§ 2º As leis que estabeleçam período de vacância deverão utilizar a cláusula 'esta lei entra em vigor após decorridos (o número de) dias de sua publicação oficial' .

Art. 9º A cláusula de revogação deverá enumerar, expressamente, as leis ou disposições legais revogadas

» DECRETO-LEI Nº 4.657, DE 4 DE SETEMBRO DE 1942

Lei de Introdução às Normas do Direito Brasileiro

(Redação dada pela Lei nº 12.376, de 2010)

Art. 1º Salvo disposição contrária, a lei começa a vigorar em todo o país quarenta e cinco dias depois de oficialmente publicada.

§ 1º Nos Estados, estrangeiros, a obrigatoriedade da lei brasileira, quando admitida, se inicia três meses depois de oficialmente publicada.

§ 3º Se, antes de entrar a lei em vigor, ocorrer nova publicação de seu texto, destinada a correção, o prazo deste artigo e dos parágrafos anteriores começará a correr da nova publicação.

§ 4º As correções a texto de lei já em vigor consideram-se lei nova.

Art. 2º Não se destinando à vigência temporária, a lei terá vigor até que outra a modifique ou revogue.

§ 1º A lei posterior revoga a anterior quando expressamente o declare, quando seja com ela incompatível ou quando regule inteiramente a matéria de que tratava a lei anterior.

§ 2º A lei nova, que estabeleça disposições gerais ou especiais a par das já existentes, não revoga nem modifica a lei anterior.

§ 3º Salvo disposição em contrário, a lei revogada não se restaura por ter a lei revogadora perdido a vigência.

Art. 3º Ninguém se escusa de cumprir a lei, alegando que não a conhece.

Art. 4º Quando a lei for omissa, o juiz decidirá o caso de acordo com a analogia, os costumes e os princípios gerais de direito.

Art. 5º Na aplicação da lei, o juiz atenderá aos fins sociais a que ela se dirige e às exigências do bem comum.

Art. 6º A Lei em vigor terá efeito imediato e geral, respeitados o ato jurídico perfeito, o direito adquirido e a coisa julgada.

§ 1º Reputa-se ato jurídico perfeito o já consumado segundo a lei vigente ao tempo em que se efetuou.

§ 2º Consideram-se adquiridos assim os direitos que o seu titular, ou alguém por êle, possa exercer, como aquêles cujo comêço do exercício tenha têrmo pré-fixo, ou condição pré-estabelecida inalterável, a arbítrio de outrem.

§ 3º Chama-se coisa julgada ou caso julgado a decisão judicial de que já não caiba recurso.

» LEI COMPLEMENTAR Nº 118, DE 9 DE FEVEREIRO DE 2005

Art. 3º Para efeito de interpretação do inciso I do art. 168 da Lei no 5.172, de 25 de outubro de 1966 - Código Tributário Nacional, a extinção do crédito tributário ocorre, no caso de tributo sujeito a lançamento por homologação, no momento do pagamento antecipado de que trata o § 1º do art. 150 da referida Lei.

» RESOLUÇÃO Nº 17, DE 1989 (Regimento Interno da Câmara dos Deputados)

Art. 109. Destinam-se os projetos:

I - de lei a regular as matérias de competência do Poder Legislativo, com a sanção do Presidente da República;

II - de decreto legislativo a regular as matérias de exclusiva competência do Poder Legislativo, sem a sanção do Presidente da República;

» RESOLUÇÃO Nº 93, DE 1970 (Regimento Interno do Senado Federal)

Art. 172. A inclusão em Ordem do Dia de proposição em rito normal, sem que esteja instruída com pareceres das comissões a que houver sido distribuída, só é admissível nas seguintes hipóteses:

II - por ato do Presidente, quando se tratar:

c) de projeto de decreto legislativo referente a tratado, convênio ou acordo internacional, se faltarem dez dias, ou menos, para o término do prazo no qual o Brasil deva manifestar-se sobre o ato em apreço;

Art. 213. Os projetos compreendem:

I - projeto de lei, referente a matéria da competência do Congresso Nacional, com sanção do Presidente da República (Const., art. 48);

II - projeto de decreto legislativo, referente à matéria da competência exclusiva do Congresso Nacional (Const., art. 49);

III - projeto de resolução sobre matéria da competência privativa do Senado (Const., art. 52).

» LEI COMPLEMENTAR Nº 123, DE 14 DE DEZEMBRO DE 2006

Institui o Estatuto Nacional da Microempresa e da Empresa de Pequeno Porte

Art. 1º Esta Lei Complementar estabelece normas gerais relativas ao tratamento diferenciado e favorecido a ser dispensado às microempresas e empresas de pequeno porte no âmbito dos Poderes da União, dos Estados, do Distrito Federal e dos Municípios, especialmente no que se refere:

I - à apuração e recolhimento dos impostos e contribuições da União, dos Estados, do Distrito Federal e dos Municípios, mediante regime único de arrecadação, inclusive obrigações acessórias;

II - ao cumprimento de obrigações trabalhistas e previdenciárias, inclusive obrigações acessórias;

III - ao acesso a crédito e ao mercado, inclusive quanto à preferência nas aquisições de bens e serviços pelos Poderes Públicos, à tecnologia, ao associativismo e às regras de inclusão.

IV - ao cadastro nacional único de contribuintes a que se refere o inciso IV do parágrafo único do art. 146,_in fine, da Constituição Federal.

§ 1º Cabe ao Comitê Gestor do Simples Nacional (CGSN) apreciar a necessidade de revisão, a partir de 1º de janeiro de 2015, dos valores expressos em moeda nesta Lei Complementar.

§ 2º (VETADO).

§ 3º Ressalvado o disposto no Capítulo IV, toda nova obrigação que atinja as microempresas e empresas de pequeno porte deverá apresentar, no instrumento que a instituiu, especificação do tratamento diferenciado, simplificado e favorecido para cumprimento.

§ 4º Na especificação do tratamento diferenciado, simplificado e favorecido de que trata o § 3º, deverá constar prazo máximo, quando forem necessários procedimentos adicionais, para que os órgãos fiscalizadores cumpram as medidas necessárias à emissão de documentos, realização de vistorias e atendimento das demandas realizadas pelas microempresas e empresas de pequeno porte com o objetivo de cumprir a nova obrigação.

§ 5º Caso o órgão fiscalizador descumpra os prazos estabelecidos na especificação do tratamento diferenciado e favorecido, conforme o disposto no § 4º, a nova obrigação será inexigível até que seja realizada visita para fiscalização orientadora e seja reiniciado o prazo para regularização.

§ 6º A ausência de especificação do tratamento diferenciado, simplificado e favorecido ou da determinação de prazos máximos, de acordo com os §§ 3º e 4º, tornará a nova obrigação inexigível para as microempresas e empresas de pequeno porte.

§ 7º A inobservância do disposto nos §§ 3º a 6º resultará em atentado aos direitos e garantias legais assegurados ao exercício profissional da atividade empresarial.

Art. 2º O tratamento diferenciado e favorecido a ser dispensado às microempresas e empresas de pequeno porte de que trata o art. 1º desta Lei Complementar será gerido pelas instâncias a seguir especificadas:

I – Comitê Gestor do Simples Nacional, vinculado ao Ministério da Fazenda, composto por 4 (quatro) representantes da Secretaria da Receita Federal do Brasil, como representantes da União, 2 (dois) dos Estados e do Distrito Federal e 2 (dois) dos Municípios, para tratar dos aspectos tributários; e

II – Fórum Permanente das Microempresas e Empresas de Pequeno Porte, com a participação dos órgãos federais competentes e das entidades vinculadas ao setor, para tratar dos demais aspectos, ressalvado o disposto no inciso III do **caput** deste artigo;

III – Comitê para Gestão da Rede Nacional para Simplificação do Registro e da Legalização de Empresas e Negócios – CGSIM, vinculado à Secretaria da Micro e Pequena Empresa da Presidência da República, composto por representantes da União, dos Estados e do Distrito Federal, dos Municípios e demais órgãos de apoio e de registro empresarial, na forma definida pelo Poder Executivo, para tratar do processo de registro e de legalização de empresários e de pessoas jurídicas.

§ 1º Os Comitês de que tratam os incisos I e III do **caput** deste artigo serão presididos e coordenados por representantes da União.

§ 2º Os representantes dos Estados e do Distrito Federal nos Comitês referidos nos incisos I e III do **caput** deste artigo serão indicados pelo Conselho Nacional de Política Fazendária – CONFAZ e os dos Municípios serão indicados, um pela entidade representativa das Secretarias de Finanças das Capitais e outro pelas entidades de representação nacional dos Municípios brasileiros.

§ 3º As entidades de representação referidas no inciso III do **caput** e no § 2º deste artigo serão aquelas regularmente constituídas há pelo menos 1 (um) ano antes da publicação desta Lei Complementar.

§ 4º Os Comitês de que tratam os incisos I e III do **caput** deste artigo elaborarão seus regimentos internos mediante resolução.

§ 5º O Fórum referido no inciso II do caput deste artigo tem por finalidade orientar e assessorar a formulação e coordenação da política nacional de desenvolvimento das microempresas e empresas de pequeno porte, bem como acompanhar e avaliar a sua implantação, sendo presidido e coordenado pela Secretaria da Micro e Pequena Empresa da Presidência da República.

§ 6º Ao Comitê de que trata o inciso I do **caput** deste artigo compete regulamentar a opção, exclusão, tributação, fiscalização, arrecadação, cobrança, dívida ativa, recolhimento e demais itens relativos ao regime de que trata o art. 12 desta Lei Complementar, observadas as demais disposições desta Lei Complementar.

§ 7º Ao Comitê de que trata o inciso III do **caput** deste artigo compete, na forma da lei, regulamentar a inscrição, cadastro, abertura, alvará, arquivamento, licenças, permissão, autorização, registros e demais itens relativos à abertura, legalização e funcionamento de empresários e de pessoas jurídicas de qualquer porte, atividade econômica ou composição societária.

§ 8º Os membros dos Comitês de que tratam os incisos I e III do **caput** deste artigo serão designados, respectivamente, pelos Ministros de Estado da Fazenda e da Secretaria da Micro e Pequena Empresa da Presidência da República, mediante indicação dos órgãos e entidades vinculados.

§ 9º O CGSN poderá determinar, com relação à microempresa e à empresa de pequeno porte optante pelo Simples Nacional, a forma, a periodicidade e o prazo:

I – de entrega à Secretaria da Receita Federal do Brasil – RFB de uma única declaração com dados relacionados a fatos geradores, base de cálculo e valores da contribuição para a Seguridade Social devida sobre a remuneração do trabalho, inclusive a descontada dos trabalhadores a serviço da empresa, do Fundo de Garantia do Tempo de Serviço – FGTS e outras informações de interesse do Ministério do Trabalho e Emprego – MTE, do Instituto Nacional do Seguro Social – INSS e do Conselho Curador do FGTS, observado o disposto no § 7º deste artigo; e

II - do recolhimento das contribuições descritas no inciso I e do FGTS.

§ 10. O recolhimento de que trata o inciso II do § 9º deste artigo poderá se dar de forma unificada relativamente aos tributos apurados na forma do Simples Nacional.

§ 11. A entrega da declaração de que trata o inciso I do § 9º substituirá, na forma regulamentada pelo CGSN, a obrigatoriedade de entrega de todas as informações, formulários e declarações a que estão sujeitas as demais empresas ou equiparados que contratam trabalhadores, inclusive relativamente ao recolhimento do FGTS, à Relação Anual de Informações Sociais e ao Cadastro Geral de Empregados e Desempregados.

§ 12. Na hipótese de recolhimento do FGTS na forma do inciso II do § 9º deste artigo, deve-se assegurar a transferência dos recursos e dos elementos identificadores do recolhimento ao gestor desse fundo para crédito na conta vinculada do trabalhador.

§ 13. O documento de que trata o inciso I do § 9º tem caráter declaratório, constituindo instrumento hábil e suficiente para a exigência dos tributos, contribuições e dos débitos fundiários que não tenham sido recolhidos resultantes das informações nele prestadas.

Art. 3º Para os efeitos desta Lei Complementar, consideram-se microempresas ou empresas de pequeno porte, a sociedade empresária, a sociedade simples, a empresa individual de responsabilidade limitada e o empresário a que se refere o art. 966 da Lei nº_10.406, de 10 de janeiro de 2002 (Código Civil), devidamente registrados no Registro de Empresas Mercantis ou no Registro Civil de Pessoas Jurídicas, conforme o caso, desde que:

I - no caso da microempresa, aufira, em cada ano-calendário, receita bruta igual ou inferior a R$ 360.000,00 (trezentos e sessenta mil reais); e

II - no caso de empresa de pequeno porte, aufira, em cada ano-calendário, receita bruta superior a R$ 360.000,00 (trezentos e sessenta mil reais) e igual ou inferior a R$ 4.800.000,00 (quatro milhões eoitocentos mil reais

§ 1º Considera-se receita bruta, para fins do disposto no **caput** deste artigo, o produto da venda de bens e serviços nas operações de conta própria, o preço dos serviços prestados e o resultado nas operações em conta alheia, não incluídas as vendas canceladas e os descontos incondicionais concedidos.

§ 2º No caso de início de atividade no próprio ano-calendário, o limite a que se refere o **caput** deste artigo será proporcional ao número de meses em que a microempresa ou a empresa de pequeno porte houver exercido atividade, inclusive as frações de meses.

§ 3º O enquadramento do empresário ou da sociedade simples ou empresária como microempresa ou empresa de pequeno porte bem como o seu desenquadramento não implicarão alteração, denúncia ou qualquer restrição em relação a contratos por elas anteriormente firmados.

§ 4º Não poderá se beneficiar do tratamento jurídico diferenciado previsto nesta Lei Complementar, incluído o regime de que trata o art. 12 desta Lei Complementar, para nenhum efeito legal, a pessoa jurídica:

I - de cujo capital participe outra pessoa jurídica;

II - que seja filial, sucursal, agência ou representação, no País, de pessoa jurídica com sede no exterior;

III - de cujo capital participe pessoa física que seja inscrita como empresário ou seja sócia de outra empresa que receba tratamento jurídico diferenciado nos termos desta Lei Complementar, desde que a receita bruta global ultrapasse o limite de que trata o inciso II do **caput** deste artigo;

IV - cujo titular ou sócio participe com mais de 10% (dez por cento) do capital de outra empresa não beneficiada por esta Lei Complementar, desde que a receita bruta global ultrapasse o limite de que trata o inciso II do **caput** deste artigo;

V - cujo sócio ou titular seja administrador ou equiparado de outra pessoa jurídica com fins lucrativos, desde que a receita bruta global ultrapasse o limite de que trata o inciso II do **caput** deste artigo;

VI - constituída sob a forma de cooperativas, salvo as de consumo;

VII - que participe do capital de outra pessoa jurídica;

VIII - que exerça atividade de banco comercial, de investimentos e de desenvolvimento, de caixa econômica, de sociedade de crédito, financiamento e investimento ou de crédito imobiliário, de corretora ou de distribuidora de títulos, valores mobiliários e câmbio, de empresa de arrendamento mercantil, de seguros privados e de capitalização ou de previdência complementar;

IX - resultante ou remanescente de cisão ou qualquer outra forma de desmembramento de pessoa jurídica que tenha ocorrido em um dos 5 (cinco) anos-calendário anteriores;

X - constituída sob a forma de sociedade por ações.

XI - cujos titulares ou sócios guardem, cumulativamente, com o contratante do serviço, relação de pessoalidade, subordinação e habitualidade.

§ 5º O disposto nos incisos IV e VII do § 4º deste artigo não se aplica à participação no capital de cooperativas de crédito, bem como em centrais de compras, bolsas de subcontratação, no consórcio referido no art. 50 desta Lei Complementar e na sociedade de propósito específico prevista no art. 56 desta Lei Complementar, e em associações assemelhadas, sociedades de interesse econômico, sociedades de garantia solidária e outros tipos de sociedade, que tenham como objetivo social a defesa exclusiva dos interesses econômicos das microempresas e empresas de pequeno porte.

§ 6º Na hipótese de a microempresa ou empresa de pequeno porte incorrer em alguma das situações previstas nos incisos do § 4º, será excluída do tratamento jurídico diferenciado previsto nesta Lei Complementar, bem como do regime de que trata o art. 12, com efeitos a partir do mês seguinte ao que incorrida a situação impeditiva.

§ 7º Observado o disposto no § 2º deste artigo, no caso de início de atividades, a microempresa que, no ano-calendário, exceder o limite de receita bruta anual previsto no inciso I do **caput** deste artigo passa, no ano-calendário seguinte, à condição de empresa de pequeno porte.

§ 8º Observado o disposto no § 2º deste artigo, no caso de início de atividades, a empresa de pequeno porte que, no ano-calendário, não ultrapassar o limite de receita bruta anual previsto no inciso I do **caput** deste artigo passa, no ano-calendário seguinte, à condição de microempresa.

§ 9º A empresa de pequeno porte que, no ano-calendário, exceder o limite de receita bruta anual previsto no inciso II do **caput** deste artigo fica excluída, no mês subsequente à ocorrência do excesso, do tratamento jurídico diferenciado previsto nesta Lei Complementar, incluído o regime de que trata o art. 12, para todos os efeitos legais, ressalvado o disposto nos §§ 9º-A, 10 e 12.

§ 9º-A. Os efeitos da exclusão prevista no § 9º dar-se-ão no ano-calendário subsequente se o excesso verificado em relação à receita bruta não for superior a 20% (vinte por cento) do limite referido no inciso II do **caput**.

§ 10. A empresa de pequeno porte que no decurso do ano-calendário de início de atividade ultrapassar o limite proporcional de receita bruta de que trata o § 2º estará excluída do tratamento jurídico diferenciado previsto nesta Lei Complementar, bem como do regime de que trata o art. 12 desta Lei Complementar, com efeitos retroativos ao início de suas atividades.

§ 11. Na hipótese de o Distrito Federal, os Estados e os respectivos Municípios adotarem um dos limites previstos nos incisos I e II do **caput** do art. 19 e no art. 20, caso a receita bruta auferida pela empresa durante o ano-calendário de início de atividade ultrapasse 1/12 (um doze avos) do limite estabelecido multiplicado pelo número de meses de funcionamento nesse período, a empresa não poderá recolher o ICMS e o ISS na forma do Simples Nacional, relativos ao estabelecimento localizado na unidade da federação que os houver adotado, com efeitos retroativos ao início de suas atividades.

§ 12. A exclusão de que trata o § 10 não retroagirá ao início das atividades se o excesso verificado em relação à receita bruta não for superior a 20% (vinte por cento) do respectivo limite referido naquele parágrafo, hipótese em que os efeitos da exclusão dar-se-ão no ano-calendário subsequente.

§ 13. O impedimento de que trata o § 11 não retroagirá ao início das atividades se o excesso verificado em relação à receita bruta não for superior a 20% (vinte por cento) dos respectivos limites referidos naquele parágrafo, hipótese em que os efeitos do impedimento ocorrerão no ano-calendário subsequente.

§ 14. Para fins de enquadramento como microempresa ou empresa de pequeno porte, poderão ser auferidas receitas no mercado interno até o limite previsto no inciso II do **caput** ou no § 2º, conforme o caso, e, adicionalmente, receitas decorrentes da exportação de mercadorias ou serviços, inclusive quando realizada por meio de comercial exportadora ou da sociedade de propósito específico prevista no art. 56 desta Lei Complementar, desde que as receitas de exportação também não excedam os referidos limites de receita bruta anual.

§ 15. Na hipótese do § 14, para fins de determinação da alíquota de que trata o § 1º do art. 18, da base de cálculo prevista em seu § 3º e das majorações de alíquotas previstas em seus §§ 16, 16-A, 17 e 17-A, serão consideradas separadamente as receitas brutas auferidas no mercado interno e aquelas decorrentes da exportação.

§ 16. O disposto neste artigo será regulamentado por resolução do CGSN.

Art. 3º-A. Aplica-se ao produtor rural pessoa física e ao agricultor familiar conceituado na Lei nº 11.326, de 24 de julho de 2006, com situação regular na Previdência Social e no Município que tenham auferido receita bruta anual até o limite de que trata o inciso II do **caput** do art. 3º o disposto nos arts. 6º e 7º, nos Capítulos V a X, na Seção IV do Capítulo XI e no Capítulo XII desta Lei Complementar, ressalvadas as disposições da Lei nº 11.718, de 20 de junho de 2008.

Parágrafo único. A equiparação de que trata o **caput** não se aplica às disposições do Capítulo IV desta Lei Complementar.

LEGISLAÇÃO RELACIONADA AO CAPÍTULO

Art. 3º-B. Os dispositivos desta Lei Complementar, com exceção dos dispostos no Capítulo IV, são aplicáveis a todas as microempresas e empresas de pequeno porte, assim definidas pelos incisos I e II do **caput** e § 4º do art. 3º, ainda que não enquadradas no regime tributário do Simples Nacional, por vedação ou por opção.

Art. 4º Na elaboração de normas de sua competência, os órgãos e entidades envolvidos na abertura e fechamento de empresas, dos 3 (três) âmbitos de governo, deverão considerar a unicidade do processo de registro e de legalização de empresários e de pessoas jurídicas, para tanto devendo articular as competências próprias com aquelas dos demais membros, e buscar, em conjunto, compatibilizar e integrar procedimentos, de modo a evitar a duplicidade de exigências e garantir a linearidade do processo, da perspectiva do usuário.

§ 1º O processo de abertura, registro, alteração e baixa da microempresa e empresa de pequeno porte, bem como qualquer exigência para o início de seu funcionamento, deverão ter trâmite especial e simplificado, preferencialmente eletrônico, opcional para o empreendedor, observado o seguinte:

I – poderão ser dispensados o uso da firma, com a respectiva assinatura autógrafa, o capital, requerimentos, demais assinaturas, informações relativas ao estado civil e regime de bens, bem como remessa de documentos, na forma estabelecida pelo CGSIM; e

II – (Revogado).

§ 2º (Revogado)

§ 3º Ressalvado o disposto nesta Lei Complementar, ficam reduzidos a 0 (zero) todos os custos, inclusive prévios, relativos à abertura, à inscrição, ao registro, ao funcionamento, ao alvará, à licença, ao cadastro, às alterações e procedimentos de baixa e encerramento e aos demais itens relativos ao Microempreendedor Individual, incluindo os valores referentes a taxas, a emolumentos e a demais contribuições relativas aos órgãos de registro, de licenciamento, sindicais, de regulamentação, de anotação de responsabilidade técnica, de vistoria e de fiscalização do exercício de profissões regulamentadas.

§ 3º-A. O agricultor familiar, definido conforme a Lei nº 11.326, de 24 de julho de 2006, e identificado pela Declaração de Aptidão ao Pronaf – DAP física ou jurídica, bem como o MEI e o empreendedor de economia solidária ficam isentos de taxas e outros valores relativos à fiscalização da vigilância sanitária.

§ 4º No caso do MEI, de que trata o art. 18-A desta Lei Complementar, a cobrança associativa ou oferta de serviços privados relativos aos atos de que trata o § 3º deste artigo somente poderá ser efetuada a partir de demanda prévia do próprio MEI, firmado por meio de contrato com assinatura autógrafa, observando-se que:

I – para a emissão de boletos de cobrança, os bancos públicos e privados deverão exigir das instituições sindicais e associativas autorização prévia específica a ser emitida pelo CGSIM;

II – o desrespeito ao disposto neste parágrafo configurará vantagem ilícita pelo induzimento ao erro em prejuízo do MEI, aplicando-se as sanções previstas em lei.

§ 5º (VETADO).

§ 6º Na ocorrência de fraude no registro do Microempreendedor Individual – MEI feito por terceiros, o pedido de baixa deve ser feito por meio exclusivamente eletrônico, com efeitos retroativos à data de registro, na forma a ser regulamentada pelo CGSIM, não sendo aplicáveis os efeitos do § 1º do art. 29 desta Lei Complementar.

Art. 5º Os órgãos e entidades envolvidos na abertura e fechamento de empresas, dos 3 (três) âmbitos de governo, no âmbito de suas atribuições, deverão manter à disposição dos usuários, de forma presencial e pela rede mundial de computadores, informações, orientações e instrumentos, de forma integrada e consolidada, que permitam pesquisas prévias às etapas de registro ou inscrição, alteração e baixa de empresários e pessoas jurídicas, de modo a prover ao usuário certeza quanto à documentação exigível e quanto à viabilidade do registro ou inscrição.

Parágrafo único. As pesquisas prévias à elaboração de ato constitutivo ou de sua alteração deverão bastar a que o usuário seja informado pelos órgãos e entidades competentes:

I – da descrição oficial do endereço de seu interesse e da possibilidade de exercício da atividade desejada no local escolhido;

II – de todos os requisitos a serem cumpridos para obtenção de licenças de autorização de funcionamento, segundo a atividade pretendida, o porte, o grau de risco e a localização; e

III – da possibilidade de uso do nome empresarial de seu interesse.

Art. 6º Os requisitos de segurança sanitária, metrologia, controle ambiental e prevenção contra incêndios, para os fins de registro e legalização de empresários e pessoas jurídicas, deverão ser simplificados, racionalizados e uniformizados pelos órgãos envolvidos na abertura e fechamento de empresas, no âmbito de suas competências.

§ 1º Os órgãos e entidades envolvidos na abertura e fechamento de empresas que sejam responsáveis pela emissão de licenças e autorizações de funcionamento somente realizarão vistorias após o início de operação do estabelecimento, quando a atividade, por sua natureza, comportar grau de risco compatível com esse procedimento.

§ 2º Os órgãos e entidades competentes definirão, em 6 (seis) meses, contados da publicação desta Lei Complementar, as atividades cujo grau de risco seja considerado alto e que exigirão vistoria prévia.

§ 3º Na falta de legislação estadual, distrital ou municipal específica relativa à definição do grau de risco da atividade aplicar-se-á resolução do CGSIM.

§ 4º A classificação de baixo grau de risco permite ao empresário ou à pessoa jurídica a obtenção do licenciamento de atividade mediante o simples fornecimento de dados e a substituição da comprovação prévia do cumprimento de exigências e restrições por declarações do titular ou responsável.

§ 5º O disposto neste artigo não é impeditivo da inscrição fiscal.

Art. 7º Exceto nos casos em que o grau de risco da atividade seja considerado alto, os Municípios emitirão Alvará de Funcionamento Provisório, que permitirá o início de operação do estabelecimento imediatamente após o ato de registro.

Parágrafo único. Nos casos referidos no **caput** deste artigo, poderá o Município conceder Alvará de Funcionamento Provisório para o microempreendedor individual, para microempresas e para empresas de pequeno porte:

I - instaladas em área ou edificação desprovidas de regulação fundiária e imobiliária, inclusive habite-se; ou

II - em residência do microempreendedor individual ou do titular ou sócio da microempresa ou empresa de pequeno porte, na hipótese em que a atividade não gere grande circulação de pessoas.

Art. 8º Será assegurado aos empresários e pessoas jurídicas:

I - entrada única de dados e documentos;

II - processo de registro e legalização integrado entre os órgãos e entes envolvidos, por meio de sistema informatizado que garanta:

a) sequenciamento das seguintes etapas: consulta prévia de nome empresarial e de viabilidade de localização, registro empresarial, inscrições fiscais e licenciamento de atividade;

b) criação da base nacional cadastral única de empresas;

III - identificação nacional cadastral única que corresponderá ao número de inscrição no Cadastro Nacional de Pessoas Jurídicas - CNPJ.

§ 1º O sistema de que trata o inciso II do **caput** deve garantir aos órgãos e entidades integrados:

I - compartilhamento irrestrito dos dados da base nacional única de empresas;

II - autonomia na definição das regras para comprovação do cumprimento de exigências nas respectivas etapas do processo.

§ 2º A identificação nacional cadastral única substituirá para todos os efeitos as demais inscrições, sejam elas federais, estaduais ou municipais, após a implantação do sistema a que se refere o inciso II do **caput**, no prazo e na forma estabelecidos pelo CGSIM.

§ 3º É vedado aos órgãos e entidades integrados ao sistema informatizado de que trata o inciso II do **caput** o estabelecimento de exigências não previstas em lei.

§ 4º A coordenação do desenvolvimento e da implantação do sistema de que trata o inciso II do **caput** ficará a cargo do CGSIM.

Art. 9º O registro dos atos constitutivos, de suas alterações e extinções (baixas), referentes a empresários e pessoas jurídicas em qualquer órgão dos 3 (três) âmbitos de governo ocorrerá independentemente da regularidade de obrigações tributárias, previdenciárias ou trabalhistas, principais ou acessórias, do empresário, da sociedade, dos sócios, dos administradores ou de empresas de que participem, sem prejuízo das responsabilidades do empresário, dos titulares, dos sócios ou dos administradores por tais obrigações, apuradas antes ou após o ato de extinção.

§ 1º O arquivamento, nos órgãos de registro, dos atos constitutivos de empresários, de sociedades empresárias e de demais equiparados que se enquadrarem como microempresa ou empresa de pequeno porte bem como o arquivamento de suas alterações são dispensados das seguintes exigências:

I - certidão de inexistência de condenação criminal, que será substituída por declaração do titular ou administrador, firmada sob as penas da lei, de não estar impedido de exercer atividade mercantil ou a administração de sociedade, em virtude de condenação criminal;

II - prova de quitação, regularidade ou inexistência de débito referente a tributo ou contribuição de qualquer natureza.

§ 2º Não se aplica às microempresas e às empresas de pequeno porte o disposto no § 2º_do art. 1º_da Lei nº_8.906, de 4 de julho de 1994.

§ 3º (Revogado).

§ 4º A baixa do empresário ou da pessoa jurídica não impede que, posteriormente, sejam lançados ou cobrados tributos, contribuições e respectivas penalidades, decorrentes da falta do cumprimento de obrigações ou da prática comprovada e apurada em processo administrativo ou judicial de outras irregularidades praticadas pelos empresários, pelas pessoas jurídicas ou por seus titulares, sócios ou administradores.

§ 5º A solicitação de baixa do empresário ou da pessoa jurídica importa responsabilidade solidária dos empresários, dos titulares, dos sócios e dos administradores no período da ocorrência dos respectivos fatos geradores.

§ 6º Os órgãos referidos no **caput** deste artigo terão o prazo de 60 (sessenta) dias para efetivar a baixa nos respectivos cadastros.

§ 7º Ultrapassado o prazo previsto no § 6º deste artigo sem manifestação do órgão competente, presumir-se-á a baixa dos registros das microempresas e a das empresas de pequeno porte.

Art. 10. Não poderão ser exigidos pelos órgãos e entidades envolvidos na abertura e fechamento de empresas, dos 3 (três) âmbitos de governo:

I - excetuados os casos de autorização prévia, quaisquer documentos adicionais aos requeridos pelos órgãos executores do Registro Público de Empresas Mercantis e Atividades Afins e do Registro Civil de Pessoas Jurídicas;

II - documento de propriedade ou contrato de locação do imóvel onde será instalada a sede, filial ou outro estabelecimento, salvo para comprovação do endereço indicado;

III - comprovação de regularidade de prepostos dos empresários ou pessoas jurídicas com seus órgãos de classe, sob qualquer forma, como requisito para deferimento de ato de inscrição, alteração ou baixa de empresa, bem como para autenticação de instrumento de escrituração.

Art. 11. Fica vedada a instituição de qualquer tipo de exigência de natureza documental ou formal, restritiva ou condicionante, pelos órgãos envolvidos na abertura e fechamento de empresas, dos 3 (três) âmbitos de governo, que exceda o estrito limite dos requisitos pertinentes à essência do ato de registro, alteração ou baixa da empresa.

Art. 12. Fica instituído o Regime Especial Unificado de Arrecadação de Tributos e Contribuições devidos pelas Microempresas e Empresas de Pequeno Porte - Simples Nacional.

Parágrafo único. (VETADO).

Art. 13. O Simples Nacional implica o recolhimento mensal, mediante documento único de arrecadação, dos seguintes impostos e contribuições:

I - Imposto sobre a Renda da Pessoa Jurídica - IRPJ;

II - Imposto sobre Produtos Industrializados - IPI, observado o disposto no inciso XII do § 1º deste artigo;

III - Contribuição Social sobre o Lucro Líquido - CSLL;

IV - Contribuição para o Financiamento da Seguridade Social - COFINS, observado o disposto no inciso XII do § 1º deste artigo;

V - Contribuição para o PIS/Pasep, observado o disposto no inciso XII do § 1º deste artigo;

VI - Contribuição Patronal Previdenciária - CPP para a Seguridade Social, a cargo da pessoa jurídica, de que trata o art. 22 da Lei nº 8.212, de 24 de julho de 1991, exceto no caso da microempresa e da empresa de pequeno porte que se dedique às atividades de prestação de serviços referidas no § 5º-C do art. 18 desta Lei Complementar;

VII - Imposto sobre Operações Relativas à Circulação de Mercadorias e Sobre Prestações de Serviços de Transporte Interestadual e Intermunicipal e de Comunicação - ICMS;

VIII - Imposto sobre Serviços de Qualquer Natureza - ISS.

§ 1º O recolhimento na forma deste artigo não exclui a incidência dos seguintes impostos ou contribuições, devidos na qualidade de contribuinte ou responsável, em relação aos quais será observada a legislação aplicável às demais pessoas jurídicas:

I - Imposto sobre Operações de Crédito, Câmbio e Seguro, ou Relativas a Títulos ou Valores Mobiliários - IOF;

II - Imposto sobre a Importação de Produtos Estrangeiros - II;

III - Imposto sobre a Exportação, para o Exterior, de Produtos Nacionais ou Nacionalizados - IE;

IV - Imposto sobre a Propriedade Territorial Rural - ITR;

V - Imposto de Renda, relativo aos rendimentos ou ganhos líquidos auferidos em aplicações de renda fixa ou variável;

VI - Imposto de Renda relativo aos ganhos de capital auferidos na alienação de bens do ativo permanente;

VII - Contribuição Provisória sobre Movimentação ou Transmissão de Valores e de Créditos e Direitos de Natureza Financeira - CPMF;

VIII - Contribuição para o Fundo de Garantia do Tempo de Serviço - FGTS;

IX - Contribuição para manutenção da Seguridade Social, relativa ao trabalhador;

X - Contribuição para a Seguridade Social, relativa à pessoa do empresário, na qualidade de contribuinte individual;

XI - Imposto de Renda relativo aos pagamentos ou créditos efetuados pela pessoa jurídica a pessoas físicas;

XII - Contribuição para o PIS/Pasep, Cofins e IPI incidentes na importação de bens e serviços;

XIII - ICMS devido:

a) nas operações sujeitas ao regime de substituição tributária, tributação concentrada em uma única etapa (monofásica) e sujeitas ao regime de antecipação do recolhimento do imposto com encerramento de tributação, envolvendo combustíveis e lubrificantes; energia elétrica; cigarros e outros produtos derivados do fumo; bebidas; óleos e azeites vegetais comestíveis; farinha de trigo e misturas de farinha de trigo; massas alimentícias; açúcares; produtos lácteos; carnes e suas preparações; preparações à base de cereais; chocolates; produtos de padaria e da indústria de bolachas e biscoitos; sorvetes e preparados para fabricação de sorvetes em máquinas; cafés e mates, seus extratos, essências e concentrados; preparações para molhos e molhos preparados; preparações de produtos vegetais; rações para animais domésticos; veículos automotivos e automotores, suas peças, componentes e acessórios; pneumáticos; câmaras de ar e protetores de borracha; medicamentos e outros produtos farmacêuticos para uso humano ou veterinário; cosméticos; produtos de perfumaria e de higiene pessoal; papéis; plásticos; canetas e malas; cimentos; cal e argamassas; produtos cerâmicos; vidros; obras de metal e plástico para construção; telhas e caixas d'água; tintas e vernizes; produtos eletrônicos, eletroeletrônicos e eletrodomésticos; fios; cabos e outros condutores; transformadores elétricos e reatores; disjuntores; interruptores e tomadas; isoladores; para-raios e lâmpadas; máquinas e aparelhos de ar-condicionado; centrifugadores de uso doméstico; aparelhos e instrumentos de pesagem de uso doméstico; extintores; aparelhos ou máquinas de barbear; máquinas de cortar o cabelo ou de tosquiar; aparelhos de depilar, com motor elétrico incorporado; aquecedores elétricos de água para uso doméstico e termômetros; ferramentas; álcool etílico; sabões em pó e líquidos para roupas; detergentes; alvejantes; esponjas; palhas de aço e amaciantes de roupas; venda de mercadorias pelo sistema porta a porta; nas operações sujeitas ao regime de substituição tributária pelas operações anteriores; e nas prestações de serviços sujeitas aos regimes de substituição tributária e de antecipação de recolhimento do imposto com encerramento de tributação;

b) por terceiro, a que o contribuinte se ache obrigado, por força da legislação estadual ou distrital vigente;

c) na entrada, no território do Estado ou do Distrito Federal, de petróleo, inclusive lubrificantes e combustíveis líquidos e gasosos dele derivados, bem como energia elétrica, quando não destinados à comercialização ou industrialização;

d) por ocasião do desembaraço aduaneiro;

e) na aquisição ou manutenção em estoque de mercadoria desacobertada de documento fiscal;

f) na operação ou prestação desacobertada de documento fiscal;

g) nas operações com bens ou mercadorias sujeitas ao regime de antecipação do recolhimento do imposto, nas aquisições em outros Estados e Distrito Federal:

1. com encerramento da tributação, observado o disposto no inciso IV do § 4º_do art. 18 desta Lei Complementar;

2. sem encerramento da tributação, hipótese em que será cobrada a diferença entre a alíquota interna e a interestadual, sendo vedada a agregação de qualquer valor;

h) nas aquisições em outros Estados e no Distrito Federal de bens ou mercadorias, não sujeitas ao regime de antecipação do recolhimento do imposto, relativo à diferença entre a alíquota interna e a interestadual;

XIV - ISS devido:

a) em relação aos serviços sujeitos à substituição tributária ou retenção na fonte;

b) na importação de serviços;

XV - demais tributos de competência da União, dos Estados, do Distrito Federal ou dos Municípios, não relacionados nos incisos anteriores.

§ 1º-A. Os valores repassados aos profissionais de que trata a Lei nº_12.592, de 18 de janeiro de 2012, contratados por meio de parceria, nos termos da legislação civil, não integrarão a receita bruta da empresa contratante para fins de tributação, cabendo ao contratante a retenção e o recolhimento dos tributos devidos pelo contratado.

§ 2º Observada a legislação aplicável, a incidência do imposto de renda na fonte, na hipótese do inciso V do § 1º deste artigo, será definitiva.

§ 3º As microempresas e empresas de pequeno porte optantes pelo Simples Nacional ficam dispensadas do pagamento das demais contribuições instituídas pela União, inclusive as contribuições para as entidades privadas de serviço social e de formação profissional vinculadas ao sistema sindical, de que trata o art. 240 da Constituição Federal, e demais entidades de serviço social autônomo.

§ 4º (VETADO).

§ 5º A diferença entre a alíquota interna e a interestadual de que tratam as alíneas g e h do inciso XIII do § 1º deste artigo será calculada tomando-se por base as alíquotas aplicáveis às pessoas jurídicas não optantes pelo Simples Nacional.

§ 6º O Comitê Gestor do Simples Nacional:

I – disciplinará a forma e as condições em que será atribuída à microempresa ou empresa de pequeno porte optante pelo Simples Nacional a qualidade de substituta tributária; e

II – poderá disciplinar a forma e as condições em que será estabelecido o regime de antecipação do ICMS previsto na alínea g do inciso XIII do § 1º deste artigo.

§ 7º O disposto na alínea *a* do inciso XIII do § 1º será disciplinado por convênio celebrado pelos Estados e pelo Distrito Federal, ouvidos o CGSN e os representantes dos segmentos econômicos envolvidos.

§ 8º Em relação às bebidas não alcóolicas, massas alimentícias, produtos lácteos, carnes e suas preparações, preparações à base de cereais, chocolates, produtos de padaria e da indústria de bolachas e biscoitos, preparações para molhos e molhos preparados, preparações de produtos vegetais, telhas e outros produtos cerâmicos para construção e detergentes, aplica-se o disposto na alínea *a* do inciso XIII do § 1ºaos fabricados em escala industrial relevante em cada segmento, observado o disposto no § 7º.

Art. 13-A. Para efeito de recolhimento do ICMS e do ISS no Simples Nacional, o limite máximo de que trata o inciso II do **caput** do art. 3º será de R$ 3.600.000,00 (três milhões e seiscentos mil reais), observado o disposto nos §§ 11, 13, 14 e 15 do mesmo artigo, nos §§ 17 e 17-A do art. 18 e no § 4º do art. 19.

Art. 14. Consideram-se isentos do imposto de renda, na fonte e na declaração de ajuste do beneficiário, os valores efetivamente pagos ou distribuídos ao titular ou sócio da microempresa ou empresa de pequeno porte optante pelo Simples Nacional, salvo os que corresponderem a pró-labore, aluguéis ou serviços prestados.

§ 1º A isenção de que trata o **caput** deste artigo fica limitada ao valor resultante da aplicação dos percentuais de que trata o art. 15 da Lei nº_9.249, de 26 de dezembro de 1995, sobre a receita bruta mensal, no caso de antecipação de fonte, ou da receita bruta total anual, tratando-se de declaração de ajuste, subtraído do valor devido na forma do Simples Nacional no período.

§ 2º O disposto no § 1º deste artigo não se aplica na hipótese de a pessoa jurídica manter escrituração contábil e evidenciar lucro superior àquele limite.

Art. 15. (VETADO).

Art. 16. A opção pelo Simples Nacional da pessoa jurídica enquadrada na condição de microempresa e empresa de pequeno porte dar-se-á na forma a ser estabelecida em ato do Comitê Gestor, sendo irretratável para todo o ano-calendário.

§ 1º Para efeito de enquadramento no Simples Nacional, considerar-se-á microempresa ou empresa de pequeno porte aquela cuja receita bruta no ano-calendário anterior ao da opção esteja compreendida dentro dos limites previstos no art. 3º desta Lei Complementar.

§ 1º-A. A opção pelo Simples Nacional implica aceitação de sistema de comunicação eletrônica, destinado, dentre outras finalidades, a:

I – cientificar o sujeito passivo de quaisquer tipos de atos administrativos, incluídos os relativos ao indeferimento de opção, à exclusão do regime e a ações fiscais;

II – encaminhar notificações e intimações; e

III – expedir avisos em geral.

§ 1º-B. O sistema de comunicação eletrônica de que trata o § 1º-A será regulamentado pelo CGSN, observando-se o seguinte:

I – as comunicações serão feitas, por meio eletrônico, em portal próprio, dispensando-se a sua publicação no Diário Oficial e o envio por via postal;

II – a comunicação feita na forma prevista no **caput** será considerada pessoal para todos os efeitos legais;

III – a ciência por meio do sistema de que trata o § 1º-A com utilização de certificação digital ou de código de acesso possuirá os requisitos de validade;

IV – considerar-se-á realizada a comunicação no dia em que o sujeito passivo efetivar a consulta eletrônica ao teor da comunicação; e

V – na hipótese do inciso IV, nos casos em que a consulta se dê em dia não útil, a comunicação será considerada como realizada no primeiro dia útil seguinte.

§ 1º-C. A consulta referida nos incisos IV e V do § 1º-B deverá ser feita em até 45 (quarenta e cinco) dias contados da data da disponibilização da comunicação no portal a que se refere o inciso I do § 1º-B, ou em prazo superior estipulado pelo CGSN, sob pena de ser considerada automaticamente realizada na data do término desse prazo.

§ 1º-D. Enquanto não editada a regulamentação de que trata o § 1º-B, os entes federativos poderão utilizar sistemas de comunicação eletrônica, com regras próprias, para as finalidades previstas no § 1º-A, podendo a referida regulamentação prever a adoção desses sistemas como meios complementares de comunicação.

§ 2º A opção de que trata o **caput** deste artigo deverá ser realizada no mês de janeiro, até o seu último dia útil, produzindo efeitos a partir do primeiro dia do ano-calendário da opção, ressalvado o disposto no § 3º deste artigo.

§ 3º A opção produzirá efeitos a partir da data do início de atividade, desde que exercida nos termos, prazo e condições a serem estabelecidos no ato do Comitê Gestor a que se refere o **caput** deste artigo.

§ 4º Serão consideradas inscritas no Simples Nacional, em 1º de julho de 2007, as microempresas e empresas de pequeno porte regularmente optantes pelo regime tributário de que trata a Lei nº 9.317, de 5 de dezembro de 1996, salvo as que estiverem impedidas de optar por alguma vedação imposta por esta Lei Complementar.

§ 5º O Comitê Gestor regulamentará a opção automática prevista no § 4º deste artigo.

§ 6º O indeferimento da opção pelo Simples Nacional será formalizado mediante ato da Administração Tributária segundo regulamentação do Comitê Gestor.

Art. 17. Não poderão recolher os impostos e contribuições na forma do Simples Nacional a microempresa ou a empresa de pequeno porte:

I – que explore atividade de prestação cumulativa e contínua de serviços de assessoria creditícia, gestão de crédito, seleção e riscos, administração de contas a pagar e a receber, gerenciamento de ativos (**asset management**), compras de direitos creditórios resultantes de vendas mercantis a prazo ou de prestação de serviços (**factoring**);

II – que tenha sócio domiciliado no exterior;

III – de cujo capital participe entidade da administração pública, direta ou indireta, federal, estadual ou municipal;

IV – (REVOGADO)

V – que possua débito com o Instituto Nacional do Seguro Social – INSS, ou com as Fazendas Públicas Federal, Estadual ou Municipal, cuja exigibilidade não esteja suspensa;

VI – que preste serviço de transporte intermunicipal e interestadual de passageiros, exceto quando na modalidade fluvial ou quando possuir características de transporte urbano ou metropolitano ou realizar-se sob fretamento contínuo em área metropolitana para o transporte de estudantes ou trabalhadores;

VII – que seja geradora, transmissora, distribuidora ou comercializadora de energia elétrica;

VIII – que exerça atividade de importação ou fabricação de automóveis e motocicletas;

IX – que exerça atividade de importação de combustíveis;

X – que exerça atividade de produção ou venda no atacado de:

a) cigarros, cigarrilhas, charutos, filtros para cigarros, armas de fogo, munições e pólvoras, explosivos e detonantes;

b) bebidas não alcoólicas a seguir descritas:

1 – alcoólicas;

2 – refrigerantes, inclusive águas saborizadas gaseificadas;

2. (Revogado);

3 – preparações compostas, não alcoólicas (extratos concentrados ou sabores concentrados), para elaboração de bebida refrigerante, com capacidade de diluição de até 10 (dez) partes da bebida para cada parte do concentrado;

3. (Revogado); 4 – cervejas sem álcool;

c) bebidas alcoólicas, exceto aquelas produzidas ou vendidas no atacado por:

1. micro e pequenas cervejarias;

2. micro e pequenas vinícolas;

3. produtores de licores;

4. micro e pequenas destilarias;

XI – (Revogado);

XII – que realize cessão ou locação de mão-de-obra;

XIII – (Revogado);

XIV - que se dedique ao loteamento e à incorporação de imóveis.

XV - que realize atividade de locação de imóveis próprios, exceto quando se referir a prestação de serviços tributados pelo ISS.

XVI - com ausência de inscrição ou com irregularidade em cadastro fiscal federal, municipal ou estadual, quando exigível.

§ 1º As vedações relativas a exercício de atividades previstas no **caput** deste artigo não se aplicam às pessoas jurídicas que se dediquem exclusivamente às atividades referidas nos §§ 5º-B a 5º-E do art. 18 desta Lei Complementar, ou as exerçam em conjunto com outras atividades que não tenham sido objeto de vedação no **caput** deste artigo.

I - (REVOGADO)

II - (REVOGADO)

III - (REVOGADO)

IV - (REVOGADO)

V - (REVOGADO)

VI - (REVOGADO)

VII - (REVOGADO)

VIII - (REVOGADO)

IX - (REVOGADO)

X - (REVOGADO)

XI - (REVOGADO)

XII - (REVOGADO)

XIII - (REVOGADO)

XIV - (REVOGADO)

XV - (REVOGADO)

XVI - (REVOGADO)

XVII - (REVOGADO)

XVIII - (REVOGADO)

XIX - (REVOGADO)

XX - (REVOGADO)

XXI - (REVOGADO)

XXII - (VETADO);

XXIII - (REVOGADO)

XXIV - (REVOGADO)

XXV - (REVOGADO)

XXVI - (REVOGADO)

XXVII - (REVOGADO)

XXVIII - (VETADO).

§ 2º Também poderá optar pelo Simples Nacional a microempresa ou empresa de pequeno porte que se dedique à prestação de outros serviços que não tenham sido objeto de vedação expressa neste artigo, desde que não incorra em nenhuma das hipóteses de vedação previstas nesta Lei Complementar.

§ 3º (VETADO).

§ 4º Na hipótese do inciso XVI do **caput**, deverá ser observado, para o MEI, o disposto no art. 4º desta Lei Complementar.

§ 5º As empresas que exerçam as atividades previstas nos itens da alínea *c* do inciso X do **caput** deste artigo deverão obrigatoriamente ser registradas no Ministério da Agricultura, Pecuária e Abastecimento e obedecerão também à regulamentação da Agência Nacional de Vigilância Sanitária e da Secretaria da Receita Federal do Brasil quanto à produção e à comercialização de bebidas alcoólicas.

Art. 18. O valor devido mensalmente pela microempresa ou empresa de pequeno porte optante pelo Simples Nacional será determinado mediante aplicação das alíquotas efetivas, calculadas a partir das alíquotas nominais constantes das tabelas dos Anexos I a V desta Lei Complementar, sobre a base de cálculo de que trata o § 3º deste artigo, observado o disposto no § 15 do art. 3º.

§ 1º Para efeito de determinação da alíquota nominal, o sujeito passivo utilizará a receita bruta acumulada nos doze meses anteriores ao do período de apuração.

§ 1º A. A alíquota efetiva é o resultado de:

$\frac{RBT12 \times Aliq - PD}{RBT12}$, em que:

I - RBT12: receita bruta acumulada nos doze meses anteriores ao período de apuração;

II - Aliq: alíquota nominal constante dos Anexos I a V desta Lei Complementar;

III - PD: parcela a deduzir constante dos Anexos I a V desta Lei Complementar.

§ 1º-B. Os percentuais efetivos de cada tributo serão calculados a partir da alíquota efetiva, multiplicada pelo percentual de repartição constante dos Anexos I a V desta Lei Complementar, observando-se que:

I - o percentual efetivo máximo destinado ao ISS será de 5% (cinco por cento), transferindo-se eventual diferença, de forma proporcional, aos tributos federais da mesma faixa de receita bruta anual;

II – eventual diferença centesimal entre o total dos percentuais e a alíquota efetiva será transferida para o tributo com maior percentual de repartição na respectiva faixa de receita bruta.

§ 1º-C. Na hipótese de transformação, extinção, fusão ou sucessão dos tributos referidos nos incisos IV e V do art. 13, serão mantidas as alíquotas nominais e efetivas previstas neste artigo e nos Anexos I a V desta Lei Complementar, e lei ordinária disporá sobre a repartição dos valores arrecadados para os tributos federais, sem alteração no total dos percentuais de repartição a eles devidos, e mantidos os percentuais de repartição destinados ao ICMS e ao ISS.

§ 2º Em caso de início de atividade, os valores de receita bruta acumulada constantes dos Anexos I a V desta Lei Complementar devem ser proporcionalizados ao número de meses de atividade no período.

§ 3º Sobre a receita bruta auferida no mês incidirá a alíquota efetiva determinada na forma do **caput** e dos §§ 1º, 1º-A e 2º deste artigo, podendo tal incidência se dar, à opção do contribuinte, na forma regulamentada pelo Comitê Gestor, sobre a receita recebida no mês, sendo essa opção irretratável para todo o ano-calendário.

§ 4º O contribuinte deverá considerar, destacadamente, para fim de pagamento, as receitas decorrentes da:

I – revenda de mercadorias, que serão tributadas na forma do Anexo I desta Lei Complementar;

II – venda de mercadorias industrializadas pelo contribuinte, que serão tributadas na forma do Anexo II desta Lei Complementar;

III – prestação de serviços de que trata o § 5º-B deste artigo e dos serviços vinculados à locação de bens imóveis e corretagem de imóveis desde que observado o disposto no inciso XV do art. 17, que serão tributados na forma do Anexo III desta Lei Complementar;

IV – prestação de serviços de que tratam os §§ 5º-C a 5º-F e 5º-I deste artigo, que serão tributadas na forma prevista naqueles parágrafos;

V – locação de bens móveis, que serão tributadas na forma do Anexo III desta Lei Complementar, deduzida a parcela correspondente ao ISS;

VI – atividade com incidência simultânea de IPI e de ISS, que serão tributadas na forma do Anexo II desta Lei Complementar, deduzida a parcela correspondente ao ICMS e acrescida a parcela correspondente ao ISS prevista no Anexo III desta Lei Complementar;

VII – comercialização de medicamentos e produtos magistrais produzidos por manipulação de fórmulas:

a) sob encomenda para entrega posterior ao adquirente, em caráter pessoal, mediante prescrições de profissionais habilitados ou indicação pelo farmacêutico, produzidos no próprio estabelecimento após o atendimento inicial, que serão tributadas na forma do Anexo III desta Lei Complementar;

b) nos demais casos, quando serão tributadas na forma do Anexo I desta Lei Complementar.

§ 4º-A. O contribuinte deverá segregar, também, as receitas:

I – decorrentes de operações ou prestações sujeitas à tributação concentrada em uma única etapa (monofásica), bem como, em relação ao ICMS, que o imposto já tenha sido recolhido por substituto tributário ou por antecipação tributária com encerramento de tributação;

II – sobre as quais houve retenção de ISS na forma do § 6º deste artigo e § 4º do art. 21 desta Lei Complementar, ou, na hipótese do § 22-A deste artigo, seja devido em valor fixo ao respectivo município;

III – sujeitas à tributação em valor fixo ou que tenham sido objeto de isenção ou redução de ISS ou de ICMS na forma prevista nesta Lei Complementar;

IV – decorrentes da exportação para o exterior, inclusive as vendas realizadas por meio de comercial exportadora ou da sociedade de propósito específico prevista no art. 56 desta Lei Complementar;

V – sobre as quais o ISS seja devido a Município diverso do estabelecimento prestador, quando será recolhido no Simples Nacional.

§ 5º As atividades industriais serão tributadas na forma do Anexo II desta Lei Complementar..

I – (REVOGADO)

II – (REVOGADO)

III – (REVOGADO)

IV – (REVOGADO)

V – (REVOGADO)

VI – (REVOGADO)

VII – (REVOGADO).

5º-A. (Revogado).

§ 5º-B Sem prejuízo do disposto no § 1º_do art. 17 desta Lei Complementar, serão tributadas na forma do Anexo III desta Lei Complementar as seguintes atividades de prestação de serviços:

I – creche, pré-escola e estabelecimento de ensino fundamental, escolas técnicas, profissionais e de ensino médio, de línguas estrangeiras, de artes, cursos técnicos de pilotagem, preparatórios para concursos, gerenciais e escolas livres, exceto as previstas nos incisos II e III do § 5º-D deste artigo;

II - agência terceirizada de correios;

III - agência de viagem e turismo;

IV - centro de formação de condutores de veículos automotores de transporte terrestre de passageiros e de carga;

V - agência lotérica;

VI - (REVOGADO)

VII - (REVOGADO)

VIII - (REVOGADO)

IX - serviços de instalação, de reparos e de manutenção em geral, bem como de usinagem, solda, tratamento e revestimento em metais;

X - (REVOGADO)

XI - (REVOGADO)

XII - (REVOGADO)

XIII - transporte municipal de passageiros;

XIV - escritórios de serviços contábeis, observado o disposto nos §§ 22-B e 22-C deste artigo.

XV - produções cinematográficas, audiovisuais, artísticas e culturais, sua exibição ou apresentação, inclusive no caso de música, literatura, artes cênicas, artes visuais, cinematográficas e audiovisuais.

XVI - fisioterapia;

XVII corretagem de seguros.

XVIII - arquitetura e urbanismo;

XIX - medicina, inclusive laboratorial, e enfermagem;

XX - odontologia e prótese dentária;

XXI - psicologia, psicanálise, terapia ocupacional, acupuntura, podologia, fonoaudiologia, clínicas de nutrição e de vacinação e bancos de leite.

§ 5º-C Sem prejuízo do disposto no § 1º_do art. 17 desta Lei Complementar, as atividades de prestação de serviços seguintes serão tributadas na forma do Anexo IV desta Lei Complementar, hipótese em que não estará incluída no Simples Nacional a contribuição prevista no inciso VI do **caput** do art. 13 desta Lei Complementar, devendo ela ser recolhida segundo a legislação prevista para os demais contribuintes ou responsáveis:

I - construção de imóveis e obras de engenharia em geral, inclusive sob a forma de subempreitada, execução de projetos e serviços de paisagismo, bem como decoração de interiores;

II - (REVOGADO)

III - (REVOGADO)

IV - (REVOGADO)

V - (REVOGADO)

VI - serviço de vigilância, limpeza ou conservação.

VII - serviços advocatícios.

§ 5º-D. Sem prejuízo do disposto no § 1º do art. 17 desta Lei Complementar, as seguintes atividades de prestação de serviços serão tributadas na forma do Anexo III desta Lei Complementar:

I - administração e locação de imóveis de terceiros;

II - academias de dança, de capoeira, de ioga e de artes marciais;

III - academias de atividades físicas, desportivas, de natação e escolas de esportes;

IV - elaboração de programas de computadores, inclusive jogos eletrônicos, desde que desenvolvidos em estabelecimento do optante;

V - licenciamento ou cessão de direito de uso de programas de computação;

VI - planejamento, confecção, manutenção e atualização de páginas eletrônicas, desde que realizados em estabelecimento do optante;

VII - (REVOGADO)

VIII - (REVOGADO)

IX - empresas montadoras de estandes para feiras;

X - (REVOGADO)

XI - (REVOGADO)

XII - laboratórios de análises clínicas ou de patologia clínica;

XIII - serviços de tomografia, diagnósticos médicos por imagem, registros gráficos e métodos óticos, bem como ressonância magnética;

XIV - serviços de prótese em geral.

§ 5º-E. Sem prejuízo do disposto no § 1º do art. 17 desta Lei Complementar, as atividades de prestação de serviços de comunicação e de transportes interestadual e intermunicipal de cargas, e de transportes autorizados no inciso VI do **caput** do art. 17, inclusive na modalidade fluvial, serão tributadas na forma do Anexo III, deduzida a parcela correspondente ao ISS e acrescida a parcela correspondente ao ICMS prevista no Anexo I.

§ 5º-F. As atividades de prestação de serviços referidas no § 2º do art. 17 desta Lei Complementar serão tributadas na forma do Anexo III desta Lei

Complementar, salvo se, para alguma dessasatividades, houver previsão expressa de tributação na forma dos Anexos IV ou V desta Lei Complementar.

§ 5°-G. (Revogado).

§ 5°-H. A vedação de que trata o inciso XII do **caput** do art. 17 desta Lei Complementar não se aplica às atividades referidas no § 5°-C deste artigo.

§ 5°-I. Sem prejuízo do disposto no § 1° do art. 17 desta Lei Complementar, as seguintes atividades de prestação de serviços serão tributadas na forma do Anexo V desta Lei Complementar:

I – medicina, inclusive laboratorial e enfermagem;

II – medicina veterinária;

III – odontologia;

IV – psicologia, psicanálise, terapia ocupacional, acupuntura, podologia, fonoaudiologia, clínicas de nutrição e de vacinação e bancos de leite;

V – serviços de comissaria, de despachantes, de tradução e de interpretação;

VI – engenharia, medição, cartografia, topografia, geologia, geodésia, testes, suporte e análises técnicas e tecnológicas, pesquisa, **design**, desenho e agronomia;

VII – representação comercial e demais atividades de intermediação de negócios e serviços de terceiros;

VIII – perícia, leilão e avaliação;

IX – auditoria, economia, consultoria, gestão, organização, controle e administração;

X – jornalismo e publicidade;

XI – agenciamento, exceto de mão de obra;

XII – outras atividades do setor de serviços que tenham por finalidade a prestação de serviços decorrentes do exercício de atividade intelectual, de natureza técnica, científica, desportiva, artística ou cultural, que constitua profissão regulamentada ou não, desde que não sujeitas à tributação na forma dos Anexos III ou IV desta Lei Complementar.

§ 5°-J. As atividades de prestação de serviços a que se refere o § 5°-I serão tributadas na forma do Anexo III desta Lei Complementar caso a razão entre a folha de salários e a receita bruta da pessoajurídica seja igual ou superior a 28% (vinte e oito por cento).

§ 5°-K. Para o cálculo da razão a que se referem os §§ 5°-J e 5°-M, serão considerados, respectivamente, os montantes pagos e auferidos nos doze meses anteriores ao período de apuração para fins de enquadramento no regime tributário do Simples Nacional.

§ 5°-L. (VETADO).

§ 5°-M. Quando a relação entre a folha de salários e a receita bruta da microempresa ou da empresa de pequeno porte for inferior a 28% (vinte e oito por cento), serão tributadas na forma do Anexo Vdesta Lei Complementar as atividades previstas:

I – nos incisos XVI, XVIII, XIX, XX e XXI do § 5°-B deste artigo;

II – no § 5°-D deste artigo.

§ 6° No caso dos serviços previstos no § 2°_do art. 6°_da Lei Complementar n°_116, de 31 de julho de 2003, prestados pelas microempresas e pelas empresas de pequeno porte, o tomador do serviço deverá reter o montante correspondente na forma da legislação do município onde estiver localizado, observado o disposto no § 4°_do art. 21 desta Lei Complementar.

§ 7° A sociedade de propósito específico de que trata o art. 56 desta Lei Complementar que houver adquirido mercadorias de microempresa ou empresa de pequeno porte que seja sua sócia, bem como a empresa comercial exportadora que houver adquirido mercadorias ou serviços de empresa optante pelo Simples Nacional, com o fim especifico de exportação para o exterior, que, no prazo de 180 (cento e oitenta) dias, contado da data da emissão da nota fiscal pela vendedora, não comprovar o seu embarque para o exterior ficará sujeita ao pagamento de todos os impostos e contribuições que deixaram de ser pagos pela empresa vendedora, acrescidos de juros de mora e multa, de mora ou de ofício, calculados na forma da legislação relativa à cobrança do tributo não pago, aplicável à sociedade de propósito específico ou à própria comercial exportadora.

§ 8° Para efeito do disposto no § 7° deste artigo, considera-se vencido o prazo para o pagamento na data em que a empresa vendedora deveria fazê-lo, caso a venda houvesse sido efetuada para o mercado interno.

§ 9° Relativamente à contribuição patronal previdenciária, devida pela vendedora, a sociedade de propósito específico de que trata o art. 56 desta Lei Complementar_ou a comercial exportadora deverão recolher, no prazo previsto no § 8° deste artigo, o valor correspondente a 11% (onze por cento) do valor das mercadorias não exportadas nos termos do § 7° deste artigo.

§ 10. Na hipótese do § 7° deste artigo, a sociedade de propósito específico de que trata o art. 56 desta Lei Complementar ou a empresa comercial exportadora não poderão deduzir do montante devido qualquer valor a título de crédito de Imposto sobre Produtos Industrializados – IPI da Contribuição para o PIS/PASEP ou da COFINS, decorrente da aquisição das mercadorias e serviços objeto da incidência.

§ 11. Na hipótese do § 7º deste artigo, a sociedade de propósito específico ou a empresa comercial exportadora deverão pagar, também, os impostos e contribuições devidos nas vendas para o mercado interno, caso, por qualquer forma, tenham alienado ou utilizado as mercadorias.

§ 12. Na apuração do montante devido no mês relativo a cada tributo, para o contribuinte que apure receitas mencionadas nos incisos I a III e V do § 4º-A deste artigo, serão consideradas as reduções relativas aos tributos já recolhidos, ou sobre os quais tenha havido tributação monofásica, isenção, redução ou, no caso do ISS, que o valor tenha sido objeto de retenção ou seja devido diretamente ao Município.

§ 13. Para efeito de determinação da redução de que trata o § 12 deste artigo, as receitas serão discriminadas em comerciais, industriais ou de prestação de serviços, na forma dos Anexos I, II, III, IVe V desta Lei Complementar.

§ 14. A redução no montante a ser recolhido no Simples Nacional relativo aos valores das receitas decorrentes da exportação de que trata o inciso IV do § 4º-A deste artigo corresponderá tão somente às alíquotas efetivas relativas à Cofins, à Contribuição para o PIS/Pasep, ao IPI, ao ICMS e ao ISS, apuradas com base nos Anexos I a V desta Lei Complementar.

I - (Revogado);

II - (Revogado).

§ 15. Será disponibilizado sistema eletrônico para realização do cálculo simplificado do valor mensal devido referente ao Simples Nacional.

§ 15-A. As informações prestadas no sistema eletrônico de cálculo de que trata o § 15:

I - têm caráter declaratório, constituindo confissão de dívida e instrumento hábil e suficiente para a exigência dos tributos e contribuições que não tenham sido recolhidos resultantes das informações nele prestadas; e

II - deverão ser fornecidas à Secretaria da Receita Federal do Brasil até o vencimento do prazo para pagamento dos tributos devidos no Simples Nacional em cada mês, relativamente aos fatos geradores ocorridos no mês anterior.

§ 16. Na hipótese do § 12 do art. 3º, a parcela de receita bruta que exceder o montante determinado no § 10 daquele artigo estará sujeita às alíquotas máximas previstas nos Anexos I a V desta Lei Complementar, proporcionalmente, conforme o caso.

§ 16-A. O disposto no § 16 aplica-se, ainda, às hipóteses de que trata o § 9º_do art. 3º, a partir do mês em que ocorrer o excesso do limite da receita bruta anual e até o mês anterior aos efeitos da exclusão.

§ 17. Na hipótese do § 13 do art. 3º, a parcela de receita bruta que exceder os montantes determinados no § 11 daquele artigo estará sujeita, em relação aos percentuais aplicáveis ao ICMS e ao ISS,às alíquotas máximas correspondentes a essas faixas previstas nos Anexos I a V desta Lei Complementar, proporcionalmente, conforme o caso.

§ 17-A. O disposto no § 17 aplica-se, ainda, à hipótese de que trata o § 1º_do art. 20, a partir do mês em que ocorrer o excesso do limite da receita bruta anual e até o mês anterior aos efeitos do impedimento.

§ 18. Os Estados, o Distrito Federal e os Municípios, no âmbito das respectivas competências, poderão estabelecer, na forma definida pelo Comitê Gestor, independentemente da receita bruta recebida no mês pelo contribuinte, valores fixos mensais para o recolhimento do ICMS e do ISS devido por microempresa que aufira receita bruta, no ano-calendário anterior, de até o limite máximo previsto na segunda faixa de receitas brutas anuais constantes dos Anexos I a VI, ficando a microempresa sujeita a esses valores durante todo o ano-calendário, ressalvado o disposto no § 18-A.

§ 18-A. A microempresa que, no ano-calendário, exceder o limite de receita bruta previsto no § 18 fica impedida de recolher o ICMS ou o ISS pela sistemática de valor fixo, a partir do mês subsequente à ocorrência do excesso, sujeitando-se à apuração desses tributos na forma das demais empresas optantes pelo Simples Nacional.

§ 19. Os valores estabelecidos no § 18 deste artigo não poderão exceder a 50% (cinqüenta por cento) do maior recolhimento possível do tributo para a faixa de enquadramento prevista na tabela do **caput** deste artigo, respeitados os acréscimos decorrentes do tipo de atividade da empresa estabelecidos no § 5º deste artigo.

§ 20. Na hipótese em que o Estado, o Município ou o Distrito Federal concedam isenção ou redução do ICMS ou do ISS devido por microempresa ou empresa de pequeno porte, ou ainda determine recolhimento de valor fixo para esses tributos, na forma do § 18 deste artigo, será realizada redução proporcional ou ajuste do valor a ser recolhido, na forma definida em resolução do Comitê Gestor.

§ 20-A. A concessão dos benefícios de que trata o § 20 deste artigo poderá ser realizada:

I - mediante deliberação exclusiva e unilateral do Estado, do Distrito Federal ou do Município concedente;

II - de modo diferenciado para cada ramo de atividade.

§ 20-B. A União, os Estados e o Distrito Federal poderão, em lei específica destinada à ME ou EPP optante pelo Simples Nacional, estabelecer isenção ou redução de COFINS, Contribuição para o PIS/PASEP e ICMS para produtos da cesta básica, discriminando a abrangência da sua concessão.

§ 21. O valor a ser recolhido na forma do disposto no § 20 deste artigo, exclusivamente na hipótese de isenção, não integrará o montante a ser partilhado com o respectivo Município, Estado ou Distrito Federal.

§ 22. (REVOGADO)

§ 22-A. A atividade constante do inciso XIV do § 5°-B deste artigo recolherá o ISS em valor fixo, na forma da legislação municipal.

§ 22-B. Os escritórios de serviços contábeis, individualmente ou por meio de suas entidades representativas de classe, deverão:

I - promover atendimento gratuito relativo à inscrição, à opção de que trata o art. 18-A desta Lei Complementar e à primeira declaração anual simplificada da microempresa individual, podendo, para tanto, por meio de suas entidades representativas de classe, firmar convênios e acordos com a União, os Estados, o Distrito Federal e os Municípios, por intermédio dos seus órgãos vinculados;

II - fornecer, na forma estabelecida pelo Comitê Gestor, resultados de pesquisas quantitativas e qualitativas relativas às microempresas e empresas de pequeno porte optantes pelo Simples Nacional por eles atendidas;

III - promover eventos de orientação fiscal, contábil e tributária para as microempresas e empresas de pequeno porte optantes pelo Simples Nacional por eles atendidas.

§ 22-C. Na hipótese de descumprimento das obrigações de que trata o § 22-B deste artigo, o escritório será excluído do Simples Nacional, com efeitos a partir do mês subseqüente ao do descumprimento, na forma regulamentada pelo Comitê Gestor.

§ 23. Da base de cálculo do ISS será abatido o material fornecido pelo prestador dos serviços previstos nos itens 7.02 e 7.05 da lista de serviços anexa à Lei Complementar n°_116, de 31 de julho de 2003.

§ 24. Para efeito de aplicação do § 5°-K, considera-se folha de salários, incluídos encargos, o montante pago, nos doze meses anteriores ao período de apuração, a título de remunerações a pessoas físicas decorrentes do trabalho, acrescido do montante efetivamente recolhido a título de contribuição patronal previdenciária e FGTS, incluídas as retiradas de pró-labore.

§ 25. Para efeito do disposto no § 24 deste artigo, deverão ser consideradas tão somente as remunerações informadas na forma prevista no inciso IV do_**caput** do art. 32 da Lei n°_8.212, de 24 de julho de 1991.

§ 26. Não são considerados, para efeito do disposto no § 24, valores pagos a título de aluguéis e de distribuição de lucros, observado o disposto no § 1°_do art. 14.

§ 27. (VETADO).

Art. 18-A. O Microempreendedor Individual - MEI poderá optar pelo recolhimento dos impostos e contribuições abrangidos pelo Simples Nacional em valores fixos mensais, independentemente da receita bruta por ele auferida no mês, na forma prevista neste artigo.

§ 1° Para os efeitos desta Lei Complementar, considera-se MEI o empresário individual que se enquadre na definição do art. 966 da Lei n° 10.406, de 10 de janeiro de 2002 - Código Civil, ou o empreendedor que exerça as atividades de industrialização, comercialização e prestação de serviços no âmbito rural, que tenha auferido receita bruta, no ano-calendário anterior, de até R$ 81.000,00 (oitenta e ummil reais), que seja optante pelo Simples Nacional e que não esteja impedido de optar pela sistemática prevista neste artigo.

§ 2° No caso de início de atividades, o limite de que trata o § 1° será de R$ 6.750,00 (seis mil, setecentos e cinquenta reais) multiplicados pelo número de meses compreendido entre o início da atividadee o final do respectivo ano-calendário, consideradas as frações de meses como um mês inteiro.

§ 3° Na vigência da opção pela sistemática de recolhimento prevista no **caput** deste artigo:

I - não se aplica o disposto no § 18 do art. 18 desta Lei Complementar;

II - não se aplica a redução prevista no § 20 do art. 18 desta Lei Complementar ou qualquer dedução na base de cálculo;

III - não se aplicam as isenções específicas para as microempresas e empresas de pequeno porte concedidas pelo Estado, Município ou Distrito Federal a partir de 1° de julho de 2007 que abranjam integralmente a faixa de receita bruta anual até o limite previsto no § 1°;

IV - a opção pelo enquadramento como Microempreendedor Individual importa opção pelo recolhimento da contribuição referida no inciso X do § 1°_do art. 13 desta Lei Complementar na forma prevista no § 2° do art. 21 da Lei n° 8.212, de 24 de julho de 1991;

V – o MEI, com receita bruta anual igual ou inferior a R$ 81.000,00 (oitenta e um mil reais), recolherá, na forma regulamentada pelo Comitê Gestor, valor fixo mensal correspondente à soma das seguintes parcelas:

a) R$ 45,65 (quarenta e cinco reais e sessenta e cinco centavos), a título da contribuição prevista no inciso IV deste parágrafo;

b) R$ 1,00 (um real), a título do imposto referido no inciso VII do **caput** do art. 13 desta Lei Complementar, caso seja contribuinte do ICMS; e

c) R$ 5,00 (cinco reais), a título do imposto referido no inciso VIII do **caput** do art. 13 desta Lei Complementar, caso seja contribuinte do ISS;

VI – sem prejuízo do disposto nos §§ 1º_a 3º_do art. 13, o MEI terá isenção dos tributos referidos nos incisos I a VI do **caput** daquele artigo, ressalvado o disposto no art. 18-C.

§ 4º Não poderá optar pela sistemática de recolhimento prevista no **caput** deste artigo o MEI:

I – cuja atividade seja tributada na forma dos Anexos V ou VI desta Lei Complementar, salvo autorização relativa a exercício de atividade isolada na forma regulamentada pelo CGSN;

II – que possua mais de um estabelecimento;

III – que participe de outra empresa como titular, sócio ou administrador; ou

IV – que contrate empregado.

§ 4º-A. Observadas as demais condições deste artigo, poderá optar pela sistemática de recolhimento prevista no **caput** o empresário individual que exerça atividade de comercialização e processamento de produtos de natureza extrativista.

§ 4º-B. O CGSN determinará as atividades autorizadas a optar pela sistemática de recolhimento de que trata este artigo, de forma a evitar a fragilização das relações de trabalho, bem como sobre a incidência do ICMS e do ISS.

§ 5º A opção de que trata o **caput** deste artigo dar-se-á na forma a ser estabelecida em ato do Comitê Gestor, observando-se que:

I – será irretratável para todo o ano-calendário;

II – deverá ser realizada no início do ano-calendário, na forma disciplinada pelo Comitê Gestor, produzindo efeitos a partir do primeiro dia do ano-calendário da opção, ressalvado o disposto no inciso III;

III – produzirá efeitos a partir da data do início de atividade desde que exercida nos termos, prazo e condições a serem estabelecidos em ato do Comitê Gestor a que se refere o **caput** deste parágrafo.

§ 6º O desenquadramento da sistemática de que trata o **caput** deste artigo será realizado de ofício ou mediante comunicação do MEI.

§ 7º O desenquadramento mediante comunicação do MEI à Secretaria da Receita Federal do Brasil – RFB dar-se-á:

I – por opção, que deverá ser efetuada no início do ano-calendário, na forma disciplinada pelo Comitê Gestor, produzindo efeitos a partir de 1º de janeiro do ano-calendário da comunicação;

II – obrigatoriamente, quando o MEI incorrer em alguma das situações previstas no § 4º deste artigo, devendo a comunicação ser efetuada até o último dia útil do mês subseqüente àquele em que ocorrida a situação de vedação, produzindo efeitos a partir do mês subseqüente ao da ocorrência da situação impeditiva;

III – obrigatoriamente, quando o MEI exceder, no ano-calendário, o limite de receita bruta previsto no § 1º deste artigo, devendo a comunicação ser efetuada até o último dia útil do mês subseqüente àquele em que ocorrido o excesso, produzindo efeitos:

a) a partir de 1º de janeiro do ano-calendário subseqüente ao da ocorrência do excesso, na hipótese de não ter ultrapassado o referido limite em mais de 20% (vinte por cento);

b) retroativamente a 1º de janeiro do ano-calendário da ocorrência do excesso, na hipótese de ter ultrapassado o referido limite em mais de 20% (vinte por cento);

IV – obrigatoriamente, quando o MEI exceder o limite de receita bruta previsto no § 2º deste artigo, devendo a comunicação ser efetuada até o último dia útil do mês subseqüente àquele em que ocorrido o excesso, produzindo efeitos:

a) a partir de 1º de janeiro do ano-calendário subseqüente ao da ocorrência do excesso, na hipótese de não ter ultrapassado o referido limite em mais de 20% (vinte por cento);

b) retroativamente ao início de atividade, na hipótese de ter ultrapassado o referido limite em mais de 20% (vinte por cento).

§ 8º O desenquadramento de ofício dar-se-á quando verificada a falta de comunicação de que trata o § 7º deste artigo.

§ 9º O Empresário Individual desenquadrado da sistemática de recolhimento prevista no **caput** deste artigo passará a recolher os tributos devidos pela regra geral do Simples Nacional a partir da data de início dos efeitos do desenquadramento, ressalvado o disposto no § 10 deste artigo.

§ 10. Nas hipóteses previstas nas alíneas a dos incisos III e IV do § 7º deste artigo, o MEI deverá recolher a diferença, sem acréscimos, em parcela única, juntamente com a da apuração do mês de janeiro do ano-calendário subseqüente ao do excesso, na forma a ser estabelecida em ato do Comitê Gestor.

§ 11. O valor referido na alínea *a* do inciso V do § 3º deste artigo será reajustado, na forma prevista em lei ordinária, na mesma data de reajustamento dos benefícios de que trata a Lei nº_8.213, de 24 de julho de 1991, de forma a manter equivalência com a contribuição de que trata o § 2º_do art. 21 da Lei nº 8.212, de 24 de julho de 1991.

§ 12. Aplica-se ao MEI que tenha optado pela contribuição na forma do § 1º deste artigo o disposto no § 4º do art. 55 e no § 2º do art. 94, ambos da Lei nº 8.213, de 24 de julho de 1991, exceto se optar pela complementação da contribuição previdenciária a que se refere o § 3º_do art. 21 da Lei nº_8.212, de 24 de julho de 1991.

§ 13. O MEI está dispensado, ressalvado o disposto no art. 18-C desta Lei Complementar, de:

I - atender o disposto no inciso IV do_**caput** do art. 32 da Lei nº_8.212, de 24 de julho de 1991;

II - apresentar a Relação Anual de Informações Sociais (Rais); e

III - declarar ausência de fato gerador para a Caixa Econômica Federal para emissão da Certidão de Regularidade Fiscal perante o FGTS.

§ 14. O Comitê Gestor disciplinará o disposto neste artigo.

§ 15. A inadimplência do recolhimento do valor previsto na alínea "a" do inciso V do § 3º tem como consequência a não contagem da competência em atraso para fins de carência para obtenção dos benefícios previdenciários respectivos.

§ 15-A. Ficam autorizados os Estados, o Distrito Federal e os Municípios a promover a remissão dos débitos decorrentes dos valores previstos nas alíneas *b* e *c* do inciso V do § 3º, inadimplidos isolada ou simultaneamente.

§ 15-B. O MEI poderá ter sua inscrição automaticamente cancelada após período de 12 (doze) meses consecutivos sem recolhimento ou declarações, independentemente de qualquer notificação, devendo a informação ser publicada no Portal do Empreendedor, na forma regulamentada pelo CGSIM.

§ 16. O CGSN estabelecerá, para o MEI, critérios, procedimentos, prazos e efeitos diferenciados para desenquadramento da sistemática de que trata este artigo, cobrança, inscrição em dívida ativa e exclusão do Simples Nacional.

§ 16-A A baixa do MEI via portal eletrônico dispensa a comunicação aos órgãos da administração pública.

§ 17. A alteração de dados no CNPJ informada pelo empresário à Secretaria da Receita Federal do Brasil equivalerá à comunicação obrigatória de desenquadramento da sistemática de recolhimento de que trata este artigo, nas seguintes hipóteses:

I - alteração para natureza jurídica distinta de empresário individual a que se refere o art. 966 da Lei nº_10.406, de 10 de janeiro de 2002 (Código Civil);

II - inclusão de atividade econômica não autorizada pelo CGSN;

III - abertura de filial.

§ 18. Os Municípios somente poderão realizar o cancelamento da inscrição do MEI caso tenham regulamentação própria de classificação de risco e o respectivo processo simplificado de inscrição e legalização, em conformidade com esta Lei Complementar e com as resoluções do CGSIM.

§ 19. Fica vedada aos conselhos representativos de categorias econômicas a exigência de obrigações diversas das estipuladas nesta Lei Complementar para inscrição do MEI em seus quadros, sob pena de responsabilidade.

§ 19-A O MEI inscrito no conselho profissional de sua categoria na qualidade de pessoa física é dispensado de realizar nova inscrição no mesmo conselho na qualidade de empresário individual.

§ 19-B. São vedadas aos conselhos profissionais, sob pena de responsabilidade, a exigência de inscrição e a execução de qualquer tipo de ação fiscalizadora quando a ocupação do MEI não exigir registro profissional da pessoa física.

§ 20. Os documentos fiscais das microempresas e empresas de pequeno porte poderão ser emitidos diretamente por sistema nacional informatizado e pela internet, sem custos para o empreendedor, na forma regulamentada pelo Comitê Gestor do Simples Nacional.

§ 21. Assegurar-se-á o registro nos cadastros oficiais ao guia de turismo inscrito como MEI.

§ 22. Fica vedado às concessionárias de serviço público o aumento das tarifas pagas pelo MEI por conta da modificação da sua condição de pessoa física para pessoa jurídica.

§ 23. (VETADO).

§ 24. Aplica-se ao MEI o disposto no inciso XI do § 4º do art. 3º.

§ 25. O MEI poderá utilizar sua residência como sede do estabelecimento, quando não for indispensável a existência de local próprio para o exercício da atividade.

Art. 18-B. A empresa contratante de serviços executados por intermédio do MEI mantém, em relação a esta contratação, a obrigatoriedade de recolhimento da contribuição a que se refere o inciso III do **caput** e o § 1º_do art. 22 da Lei nº_8.212, de 24 de julho de 1991, e o cumprimento das obrigações acessórias relativas à contratação de contribuinte individual.

§ 1º Aplica-se o disposto neste artigo exclusivamente em relação ao MEI que for contratado para prestar serviços de hidráulica, eletricidade, pintura, alvenaria, carpintaria e de manutenção ou reparo de veículos.

§ 2º O disposto no **caput** e no § 1º não se aplica quando presentes os elementos da relação de emprego, ficando a contratante sujeita a todas as obrigações dela decorrentes, inclusive trabalhistas, tributárias e previdenciárias.

Art. 18-C. Observado o disposto no **caput** e nos §§ 1º a 25 do art. 18-A desta Lei Complementar, poderá enquadrar-se como MEI o empresário individual ou o empreendedor que exerça as atividades de industrialização, comercialização e prestação de serviços no âmbito rural que possua um único empregado que receba exclusivamente um salário mínimo ou o piso salarial da categoria profissional.

§ 1º Na hipótese referida no **caput**, o MEI:

I - deverá reter e recolher a contribuição previdenciária relativa ao segurado a seu serviço na forma da lei, observados prazo e condições estabelecidos pelo CGSN;

II - é obrigado a prestar informações relativas ao segurado a seu serviço, na forma estabelecida pelo CGSN; e

III - está sujeito ao recolhimento da contribuição de que trata o inciso VI do_**caput**_do art. 13, calculada à alíquota de 3% (três por cento) sobre o salário de contribuição previsto no **caput**, na forma e prazos estabelecidos pelo CGSN.

§ 2º Para os casos de afastamento legal do único empregado do MEI, será permitida a contratação de outro empregado, inclusive por prazo determinado, até que cessem as condições do afastamento, na forma estabelecida pelo Ministério do Trabalho e Emprego.

§ 3º O CGSN poderá determinar, com relação ao MEI, a forma, a periodicidade e o prazo:

I - de entrega à Secretaria da Receita Federal do Brasil de uma única declaração com dados relacionados a fatos geradores, base de cálculo e valores dos tributos previstos nos arts. 18-A e 18-C, da contribuição para a Seguridade Social descontada do empregado e do Fundo de Garantia do Tempo de Serviço (FGTS), e outras informações de interesse do Ministério do Trabalho e Emprego, do Instituto Nacional do Seguro Social (INSS) e do Conselho Curador do FGTS, observado o disposto no § 7º do art. 26;

II - do recolhimento dos tributos previstos nos arts. 18-A e 18-C, bem como do FGTS e da contribuição para a Seguridade Social descontada do empregado.

§ 4º A entrega da declaração única de que trata o inciso I do § 3º substituirá, na forma regulamentada pelo CGSN, a obrigatoriedade de entrega de todas as informações, formulários e declarações a que estão sujeitas as demais empresas ou equiparados que contratam empregados, inclusive as relativas ao recolhimento do FGTS, à Relação Anual de Informações Sociais (Rais) e ao Cadastro Geral de Empregados e Desempregados (Caged).

§ 5º Na hipótese de recolhimento do FGTS na forma do inciso II do § 3º, deve-se assegurar a transferência dos recursos e dos elementos identificadores do recolhimento ao gestor desse fundo para crédito na conta vinculada do trabalhador.

§ 6º O documento de que trata o inciso I do § 3º deste artigo tem caráter declaratório, constituindo instrumento hábil e suficiente para a exigência dos tributos e dos débitos fundiários que não tenham sido recolhidos resultantes das informações nele prestadas.

Art. 18-D. A tributação municipal do imposto sobre imóveis prediais urbanos deverá assegurar tratamento mais favorecido ao MEI para realização de sua atividade no mesmo local em que residir, mediante aplicação da menor alíquota vigente para aquela localidade, seja residencial ou comercial, nos termos da lei, sem prejuízo de eventual isenção ou imunidade existente.

Art. 18-E. O instituto do MEI é uma política pública que tem por objetivo a formalização de pequenos empreendimentos e a inclusão social e previdenciária.

§ 1º A formalização de MEI não tem caráter eminentemente econômico ou fiscal.

§ 2º Todo benefício previsto nesta Lei Complementar aplicável à microempresa estende-se ao MEI sempre que lhe for mais favorável.

§ 3º O MEI é modalidade de microempresa.

§ 4º É vedado impor restrições ao MEI relativamente ao exercício de profissão ou participação em licitações, em função da sua natureza jurídica, inclusive por ocasião da contratação dos serviços previstos no § 1º do art. 18-B desta Lei Complementar.

§ 5º O empreendedor que exerça as atividades de industrialização, comercialização e prestação de serviços no âmbito rural que efetuar seu registro como MEI não perderá a condição de segurado especial da Previdência Social.

§ 6º O disposto no § 5º e o licenciamento simplificado de atividades para o empreendedor que exerça as atividades de industrialização, comercialização e prestação de serviços no âmbito rural serão regulamentados pelo CGSIM em até cento e oitenta dias.

§ 7º O empreendedor que exerça as atividades de industrialização, comercialização e prestação de serviços no âmbito rural manterá todas as suas obrigações relativas à condição de produtor rural ou de agricultor familiar.

Art. 19. Sem prejuízo da possibilidade de adoção de todas as faixas de receita previstas nos Anexos I a V desta Lei Complementar, os Estados cuja participação no Produto Interno Bruto brasileiroseja de até 1% (um por cento) poderão optar pela aplicação de sublimite para efeito de recolhimento do ICMS na forma do Simples Nacional nos respectivos territórios, para empresas com receita bruta anual de até R$ 1.800.000,00 (um milhão e oitocentos mil reais).

I – os Estados cuja participação no Produto Interno Bruto brasileiro seja de até 1% (um por cento) poderão optar pela aplicação, em seus respectivos territórios, das faixas de receita bruta anual até 35% (trinta e cinco por cento), ou até 50% (cinquenta por cento), ou até 70% (setenta por cento) do limite previsto no inciso II do_**caput** do art. 3º;

II – os Estados cuja participação no Produto Interno Bruto brasileiro seja de mais de 1% (um por cento) e de menos de 5% (cinco por cento) poderão optar pela aplicação, em seus respectivos territórios, das faixas de receita bruta anual até 50% (cinquenta por cento) ou até 70% (setenta por cento) do limite previsto no inciso II do_**caput**_do art. 3º; e

III – os Estados cuja participação no Produto Interno Bruto brasileiro seja igual ou superior a 5% (cinco por cento) ficam obrigados a adotar todas as faixas de receita bruta anual.

§ 1º A participação no Produto Interno Bruto brasileiro será apurada levando em conta o último resultado divulgado pelo Instituto Brasileiro de Geografia e Estatística ou outro órgão que o substitua.

§ 2º A opção prevista no **caput** produzirá efeitos somente para o ano-calendário subsequente, salvo deliberação do CGSN.

§ 3º O disposto neste artigo aplica-se ao Distrito Federal.

§ 4º Para os Estados que não tenham adotado sublimite na forma do **caput** e para aqueles cuja participação no Produto Interno Bruto brasileiro seja superior a 1% (um por cento), para efeito de recolhimento do ICMS e do ISS, observar-se-á obrigatoriamente o sublimite no valor de R$ 3.600.000,00 (três milhões e seiscentos mil reais).

Art. 20. A opção feita na forma do art. 19 desta Lei Complementar pelos Estados importará adoção do mesmo limite de receita bruta anual para efeito de recolhimento na forma do ISS dos Municípios nele localizados, bem como para o do ISS devido no Distrito Federal.

§ 1º A empresa de pequeno porte que ultrapassar os limites a que se referem o **caput** e o § 4º do art. 19 estará automaticamente impedida de recolher o ICMS e o ISS na forma do Simples Nacional, a partir do mês subsequente àquele em que tiver ocorrido o excesso, relativamente aos seus estabelecimentos localizados na unidade da Federação que os houver adotado, ressalvado o disposto nos §§ 11 e 13 do art. 3º.

§ 1º-A. Os efeitos do impedimento previsto no § 1º ocorrerão no ano-calendário subsequente se o excesso verificado não for superior a 20% (vinte por cento) dos limites referidos.

§ 2º O disposto no § 1º deste artigo não se aplica na hipótese de o Estado ou de o Distrito Federal adotarem, compulsoriamente ou por opção, a aplicação de faixa de receita bruta superior à que vinha sendo utilizada no ano-calendário em que ocorreu o excesso da receita bruta.

§ 3º Na hipótese em que o recolhimento do ICMS ou do ISS não esteja sendo efetuado por meio do Simples Nacional por força do disposto neste artigo e no art. 19 desta Lei Complementar, as faixas de receita do Simples Nacional superiores àquela que tenha sido objeto de opção pelos Estados ou pelo Distrito Federal sofrerão, para efeito de recolhimento do Simples Nacional, redução da alíquota efetiva desses impostos, apurada de acordo com os Anexos I a V desta Lei Complementar, conforme o caso.

§ 4º O Comitê Gestor regulamentará o disposto neste artigo e no art. 19 desta Lei Complementar.

Art. 21. Os tributos devidos, apurados na forma dos arts. 18 a 20 desta Lei Complementar, deverão ser pagos:

I – por meio de documento único de arrecadação, instituído pelo Comitê Gestor;

II - (REVOGADO)

III - enquanto não regulamentado pelo Comitê Gestor, até o último dia útil da primeira quinzena do mês subseqüente àquele a que se referir;

IV - em banco integrante da rede arrecadadora do Simples Nacional, na forma regulamentada pelo Comitê Gestor.

§ 1º Na hipótese de a microempresa ou a empresa de pequeno porte possuir filiais, o recolhimento dos tributos do Simples Nacional dar-se-á por intermédio da matriz.

§ 2º Poderá ser adotado sistema simplificado de arrecadação do Simples Nacional, inclusive sem utilização da rede bancária, mediante requerimento do Estado, Distrito Federal ou Município ao Comitê Gestor.

§ 3º O valor não pago até a data do vencimento sujeitar-se-á à incidência de encargos legais na forma prevista na legislação do imposto sobre a renda.

§ 4º A retenção na fonte de ISS das microempresas ou das empresas de pequeno porte optantes pelo Simples Nacional somente será permitida se observado o disposto no art. 3º_da Lei Complementar nº 116, de 31 de julho de 2003, e deverá observar as seguintes normas:

I - a alíquota aplicável na retenção na fonte deverá ser informada no documento fiscal e corresponderá à alíquota efetiva de ISS a que a microempresa ou a empresa de pequeno porte estiver sujeita no mês anterior ao da prestação;

II - na hipótese de o serviço sujeito à retenção ser prestado no mês de início de atividades da microempresa ou da empresa de pequeno porte, deverá ser aplicada pelo tomador a alíquota efetiva de 2%(dois por cento);

III - na hipótese do inciso II deste parágrafo, constatando-se que houve diferença entre a alíquota utilizada e a efetivamente apurada, caberá à microempresa ou empresa de pequeno porte prestadora dos serviços efetuar o recolhimento dessa diferença no mês subseqüente ao do início de atividade em guia própria do Município;

IV - na hipótese de a microempresa ou empresa de pequeno porte estar sujeita à tributação do ISS no Simples Nacional por valores fixos mensais, não caberá a retenção a que se refere o **caput** deste parágrafo;

V - na hipótese de a microempresa ou a empresa de pequeno porte não informar a alíquota de que tratam os incisos I e II deste parágrafo no documento fiscal, aplicar-se-á a alíquota efetiva de 5% (cincopor cento);

VI - não será eximida a responsabilidade do prestador de serviços quando a alíquota do ISS informada no documento fiscal for inferior à devida, hipótese em que o recolhimento dessa diferença será realizado em guia própria do Município;

VII - o valor retido, devidamente recolhido, será definitivo, não sendo objeto de partilha com os municípios, e sobre a receita de prestação de serviços que sofreu a retenção não haverá incidência de ISS a ser recolhido no Simples Nacional.

§ 4º-A. Na hipótese de que tratam os incisos I e II do § 4º, a falsidade na prestação dessas informações sujeitará o responsável, o titular, os sócios ou os administradores da microempresa e da empresa de pequeno porte, juntamente com as demais pessoas que para ela concorrerem, às penalidades previstas na legislação criminal e tributária.

§ 5º O CGSN regulará a compensação e a restituição dos valores do Simples Nacional recolhidos indevidamente ou em montante superior ao devido.

§ 6º O valor a ser restituído ou compensado será acrescido de juros obtidos pela aplicação da taxa referencial do Sistema Especial de Liquidação e de Custódia (Selic) para títulos federais, acumulada mensalmente, a partir do mês subsequente ao do pagamento indevido ou a maior que o devido até o mês anterior ao da compensação ou restituição, e de 1% (um por cento) relativamente ao mês em que estiver sendo efetuada.

§ 7º Os valores compensados indevidamente serão exigidos com os acréscimos moratórios de que trata o art. 35.

§ 8º Na hipótese de compensação indevida, quando se comprove falsidade de declaração apresentada pelo sujeito passivo, o contribuinte estará sujeito à multa isolada aplicada no percentual previsto no inciso I do_**caput**_do art. 44 da Lei nº_9.430, de 27 de dezembro de 1996, aplicado em dobro, e terá como base de cálculo o valor total do débito indevidamente compensado.

§ 9º É vedado o aproveitamento de créditos não apurados no Simples Nacional, inclusive de natureza não tributária, para extinção de débitos do Simples Nacional.

§ 10. Os créditos apurados no Simples Nacional não poderão ser utilizados para extinção de outros débitos para com as Fazendas Públicas, salvo por ocasião da compensação de ofício oriunda de deferimento em processo de restituição ou após a exclusão da empresa do Simples Nacional.

§ 11. No Simples Nacional, é permitida a compensação tão somente de créditos para extinção de débitos para com o mesmo ente federado e relativos ao mesmo tributo.

§ 12. Na restituição e compensação no Simples Nacional serão observados os prazos de decadência e prescrição previstos na Lei nº 5.172, de 25 de outubro de 1966 (Código Tributário Nacional).

§ 13. É vedada a cessão de créditos para extinção de débitos no Simples Nacional.

§ 14. Aplica-se aos processos de restituição e de compensação o rito estabelecido pelo CGSN.

§ 15. Compete ao CGSN fixar critérios, condições para rescisão, prazos, valores mínimos de amortização e demais procedimentos para parcelamento dos recolhimentos em atraso dos débitos tributários apurados no Simples Nacional, observado o disposto no § 3º deste artigo e no art. 35 e ressalvado o disposto no § 19 deste artigo.

§ 16. Os débitos de que trata o § 15 poderão ser parcelados em até 60 (sessenta) parcelas mensais, na forma e condições previstas pelo CGSN.

§ 17. O valor de cada prestação mensal, por ocasião do pagamento, será acrescido de juros equivalentes à taxa referencial do Sistema Especial de Liquidação e de Custódia (Selic) para títulos federais, acumulada mensalmente, calculados a partir do mês subsequente ao da consolidação até o mês anterior ao do pagamento, e de 1% (um por cento) relativamente ao mês em que o pagamento estiver sendo efetuado, na forma regulamentada pelo CGSN.

§ 18. Será admitido reparcelamento de débitos constantes de parcelamento em curso ou que tenha sido rescindido, podendo ser incluídos novos débitos, na forma regulamentada pelo CGSN.

§ 19. Os débitos constituídos de forma isolada por parte de Estado, do Distrito Federal ou de Município, em face de ausência de aplicativo para lançamento unificado, relativo a tributo de sua competência, que não estiverem inscritos em Dívida Ativa da União, poderão ser parcelados pelo ente responsável pelo lançamento de acordo com a respectiva legislação, na forma regulamentada pelo CGSN.

§ 20. O pedido de parcelamento deferido importa confissão irretratável do débito e configura confissão extrajudicial.

§ 21. Serão aplicadas na consolidação as reduções das multas de lançamento de ofício previstas na legislação federal, conforme regulamentação do CGSN.

§ 22. O repasse para os entes federados dos valores pagos e da amortização dos débitos parcelados será efetuado proporcionalmente ao valor de cada tributo na composição da dívida consolidada.

§ 23. No caso de parcelamento de débito inscrito em dívida ativa, o devedor pagará custas, emolumentos e demais encargos legais.

§ 24. Implicará imediata rescisão do parcelamento e remessa do débito para inscrição em dívida ativa ou prosseguimento da execução, conforme o caso, até deliberação do CGSN, a falta de pagamento:

I – de 3 (três) parcelas, consecutivas ou não; ou

II – de 1 (uma) parcela, estando pagas todas as demais.

§ 25. O documento previsto no inciso I do **caput** deste artigo deverá conter a partilha discriminada de cada um dos tributos abrangidos pelo Simples Nacional, bem como os valores destinados a cada ente federado.

Art. 21-A. A inscrição de microempresa ou empresa de pequeno porte no Cadastro Informativo dos créditos não quitados do setor público federal – CADIN, somente ocorrerá mediante notificação prévia com prazo para contestação.

Art. 21-B. Os Estados e o Distrito Federal deverão observar, em relação ao ICMS, o prazo mínimo de 60 (sessenta) dias, contado a partir do primeiro dia do mês do fato gerador da obrigação tributária, para estabelecer a data de vencimento do imposto devido por substituição tributária, tributação concentrada em uma única etapa (monofásica) e por antecipação tributária com ou sem encerramento de tributação, nas hipóteses em que a responsabilidade recair sobre operações ou prestações subsequentes, na forma regulamentada pelo Comitê Gestor.

Art. 22. O Comitê Gestor definirá o sistema de repasses do total arrecadado, inclusive encargos legais, para o:

I – Município ou Distrito Federal, do valor correspondente ao ISS;

II – Estado ou Distrito Federal, do valor correspondente ao ICMS;

III – Instituto Nacional do Seguro Social, do valor correspondente à Contribuição para manutenção da Seguridade Social.

Parágrafo único. Enquanto o Comitê Gestor não regulamentar o prazo para o repasse previsto no inciso II do **caput** deste artigo, esse será efetuado nos prazos estabelecidos nos convênios celebrados no âmbito do colegiado a que se refere a alínea g do inciso XII do § 2º do art. 155 da Constituição Federal.

Art. 23. As microempresas e as empresas de pequeno porte optantes pelo Simples Nacional não farão jus à apropriação nem transferirão créditos relativos a impostos ou contribuições abrangidos pelo Simples Nacional.

§ 1º As pessoas jurídicas e aquelas a elas equiparadas pela legislação tributária não optantes pelo

Simples Nacional terão direito a crédito correspondente ao ICMS incidente sobre as suas aquisições de mercadorias de microempresa ou empresa de pequeno porte optante pelo Simples Nacional, desde que destinadas à comercialização ou industrialização e observado, como limite, o ICMS efetivamente devido pelas optantes pelo Simples Nacional em relação a essas aquisições.

§ 2º A alíquota aplicável ao cálculo do crédito de que trata o § 1º deste artigo deverá ser informada no documento fiscal e corresponderá ao percentual de ICMS previsto nos Anexos I ou II desta Lei Complementar para a faixa de receita bruta a que a microempresa ou a empresa de pequeno porte estiver sujeita no mês anterior ao da operação.

§ 3º Na hipótese de a operação ocorrer no mês de início de atividades da microempresa ou empresa de pequeno porte optante pelo Simples Nacional, a alíquota aplicável ao cálculo do crédito de que trata o § 1º deste artigo corresponderá ao percentual de ICMS referente à menor alíquota prevista nos Anexos I ou II desta Lei Complementar.

§ 4º Não se aplica o disposto nos §§ 1º a 3º deste artigo quando:

I – a microempresa ou empresa de pequeno porte estiver sujeita à tributação do ICMS no Simples Nacional por valores fixos mensais;

II – a microempresa ou a empresa de pequeno porte não informar a alíquota de que trata o § 2º deste artigo no documento fiscal;

III – houver isenção estabelecida pelo Estado ou Distrito Federal que abranja a faixa de receita bruta a que a microempresa ou a empresa de pequeno porte estiver sujeita no mês da operação.

IV – o remetente da operação ou prestação considerar, por opção, que a alíquota determinada na forma do **caput** e dos §§ 1º e 2º do art. 18 desta Lei Complementar deverá incidir sobre a receita recebida no mês.

§ 5º Mediante deliberação exclusiva e unilateral dos Estados e do Distrito Federal, poderá ser concedido às pessoas jurídicas e àquelas a elas equiparadas pela legislação tributária não optantes pelo Simples Nacional crédito correspondente ao ICMS incidente sobre os insumos utilizados nas mercadorias adquiridas de indústria optante pelo Simples Nacional, sendo vedado o estabelecimento de diferenciação no valor do crédito em razão da procedência dessas mercadorias.

§ 6º O Comitê Gestor do Simples Nacional disciplinará o disposto neste artigo.

Art. 24. As microempresas e as empresas de pequeno porte optantes pelo Simples Nacional não poderão utilizar ou destinar qualquer valor a título de incentivo fiscal.

§ 1º Não serão consideradas quaisquer alterações em bases de cálculo, alíquotas e percentuais ou outros fatores que alterem o valor de imposto ou contribuição apurado na forma do Simples Nacional, estabelecidas pela União, Estado, Distrito Federal ou Município, exceto as previstas ou autorizadas nesta Lei Complementar.

§ 2º (VETADO).

Art. 25. A microempresa ou empresa de pequeno porte optante pelo Simples Nacional deverá apresentar anualmente à Secretaria da Receita Federal do Brasil declaração única e simplificada de informações socioeconômicas e fiscais, que deverá ser disponibilizada aos órgãos de fiscalização tributária e previdenciária, observados prazo e modelo aprovados pelo CGSN e observado o disposto no § 15-A do art. 18.

§ 1º A declaração de que trata o **caput** deste artigo constitui confissão de dívida e instrumento hábil e suficiente para a exigência dos tributos e contribuições que não tenham sido recolhidos resultantes das informações nela prestadas.

§ 2º A situação de inatividade deverá ser informada na declaração de que trata o **caput** deste artigo, na forma regulamentada pelo Comitê Gestor.

§ 3º Para efeito do disposto no § 2º deste artigo, considera-se em situação de inatividade a microempresa ou a empresa de pequeno porte que não apresente mutação patrimonial e atividade operacional durante todo o ano-calendário.

§ 4º A declaração de que trata o **caput** deste artigo, relativa ao MEI definido no art. 18-A desta Lei Complementar, conterá, para efeito do disposto no art. 3º da Lei Complementar nº 63, de 11 de janeiro de 1990, tão-somente as informações relativas à receita bruta total sujeita ao ICMS, sendo vedada a instituição de declarações adicionais em decorrência da referida Lei Complementar.

§ 5º A declaração de que trata o **caput**, a partir das informações relativas ao ano-calendário de 2012, poderá ser prestada por meio da declaração de que trata o § 15-A do art. 18 desta Lei Complementar, na periodicidade e prazos definidos pelo CGSN.

Art. 26. As microempresas e empresas de pequeno porte optantes pelo Simples Nacional ficam obrigadas a:

I – emitir documento fiscal de venda ou prestação de serviço, de acordo com instruções expedidas pelo Comitê Gestor;

II – manter em boa ordem e guarda os documentos que fundamentaram a apuração dos impostos e contribuições devidos e o cumprimento das obrigações acessórias a que se refere o art. 25 desta Lei Complementar enquanto não decorrido o prazo decadencial e não prescritas eventuais ações que lhes sejam pertinentes.

§ 1º O MEI fará a comprovação da receita bruta mediante apresentação do registro de vendas ou de prestação de serviços na forma estabelecida pelo CGSN, ficando dispensado da emissão do documento fiscal previsto no inciso I do **caput**, ressalvadas as hipóteses de emissão obrigatória previstas pelo referido Comitê.

I – (REVOGADO)

II – (REVOGADO)

III – (REVOGADO)

§ 2º As demais microempresas e as empresas de pequeno porte, além do disposto nos incisos I e II do **caput** deste artigo, deverão, ainda, manter o livro-caixa em que será escriturada sua movimentação financeira e bancária.

§ 3º A exigência de declaração única a que se refere o **caput** do art. 25 desta Lei Complementar não desobriga a prestação de informações relativas a terceiros.

§ 4º É vedada a exigência de obrigações tributárias acessórias relativas aos tributos apurados na forma do Simples Nacional além daquelas estipuladas pelo CGSN e atendidas por meio do Portal do Simples Nacional, bem como, o estabelecimento de exigências adicionais e unilaterais pelos entes federativos, exceto os programas de cidadania fiscal.

§ 4º-A. A escrituração fiscal digital ou obrigação equivalente não poderá ser exigida da microempresa ou empresa de pequeno porte optante pelo Simples Nacional, salvo se, cumulativamente, houver:

I – autorização específica do CGSN, que estabelecerá as condições para a obrigatoriedade;

II – disponibilização por parte da administração tributária estipulante de aplicativo gratuito para uso da empresa optante.

§ 4º-B. A exigência de apresentação de livros fiscais em meio eletrônico aplicar-se-á somente na hipótese de substituição da entrega em meio convencional, cuja obrigatoriedade tenha sido prévia e especificamente estabelecida pelo CGSN.

§ 4º-C. Até a implantação de sistema nacional uniforme estabelecido pelo CGSN com compartilhamento de informações com os entes federados, permanece válida norma publicada por ente federado até o primeiro trimestre de 2014 que tenha veiculado exigência vigente de a microempresa ou empresa de pequeno porte apresentar escrituração fiscal digital ou obrigação equivalente.

§ 5º As microempresas e empresas de pequeno porte ficam sujeitas à entrega de declaração eletrônica que deva conter os dados referentes aos serviços prestados ou tomados de terceiros, na conformidade do que dispuser o Comitê Gestor.

§ 6º Na hipótese do § 1º deste artigo:

I – deverão ser anexados ao registro de vendas ou de prestação de serviços, na forma regulamentada pelo Comitê Gestor, os documentos fiscais comprobatórios das entradas de mercadorias e serviços tomados referentes ao período, bem como os documentos fiscais relativos às operações ou prestações realizadas eventualmente emitidos;

II – será obrigatória a emissão de documento fiscal nas vendas e nas prestações de serviços realizadas pelo MEI para destinatário cadastrado no Cadastro Nacional da Pessoa Jurídica (CNPJ), ficando dispensado desta emissão para o consumidor final.

§ 7º Cabe ao CGSN dispor sobre a exigência da certificação digital para o cumprimento de obrigações principais e acessórias por parte da microempresa, inclusive o MEI, ou empresa de pequeno porte optante pelo Simples Nacional, inclusive para o recolhimento do FGTS.

§ 8º O CGSN poderá disciplinar sobre a disponibilização, no portal do SIMPLES Nacional, de documento fiscal eletrônico de venda ou de prestação de serviço para o MEI, microempresa ou empresa de pequeno porte optante pelo Simples Nacional.

§ 9º O desenvolvimento e a manutenção das soluções de tecnologia, capacitação e orientação aos usuários relativas ao disposto no § 8º, bem como as demais relativas ao Simples Nacional, poderão ser apoiadas pelo Serviço Brasileiro de Apoio às Micro e Pequenas Empresas – SEBRAE.

§ 10. O ato de emissão ou de recepção de documento fiscal por meio eletrônico estabelecido pelas administrações tributárias, em qualquer modalidade, de entrada, de saída ou de prestação, na forma estabelecida pelo CGSN, representa sua própria escrituração fiscal e elemento suficiente para a fundamentação e a constituição do crédito tributário.

§ 11. Os dados dos documentos fiscais de qualquer espécie podem ser compartilhados entre as administrações tributárias da União, Estados, Distrito Federal e Municípios e, quando emitidos por meio eletrônico, na forma estabelecida pelo CGSN, a microempresa ou empresa de pequeno porte optante pelo Simples Nacional fica desobrigada de transmitir seus dados às administrações tributárias.

§ 12. As informações a serem prestadas relativas ao ICMS devido na forma prevista nas alíneas *a*, *g* e *h* do inciso XIII do § 1º do art. 13 serão fornecidas por meio de aplicativo único.

§ 13. Fica estabelecida a obrigatoriedade de utilização de documentos fiscais eletrônicos estabelecidos pelo Confaz nas operações e prestações relativas ao ICMS efetuadas por microempresas e empresas de pequeno porte nas hipóteses previstas nas alíneas *a*, *g* e *h* do inciso XIII do § 1º do art. 13.

§ 14. Os aplicativos necessários ao cumprimento do disposto nos §§ 12 e 13 deste artigo serão disponibilizados, de forma gratuita, no portal do Simples Nacional.

§ 15. O CGSN regulamentará o disposto neste artigo.

Art. 27. As microempresas e empresas de pequeno porte optantes pelo Simples Nacional poderão, opcionalmente, adotar contabilidade simplificada para os registros e controles das operações realizadas, conforme regulamentação do Comitê Gestor.

Art. 28. A exclusão do Simples Nacional será feita de ofício ou mediante comunicação das empresas optantes.

Parágrafo único. As regras previstas nesta seção e o modo de sua implementação serão regulamentados pelo Comitê Gestor.

Art. 29. A exclusão de ofício das empresas optantes pelo Simples Nacional dar-se-á quando:

I - verificada a falta de comunicação de exclusão obrigatória;

II - for oferecido embaraço à fiscalização, caracterizado pela negativa não justificada de exibição de livros e documentos a que estiverem obrigadas, bem como pelo não fornecimento de informações sobre bens, movimentação financeira, negócio ou atividade que estiverem intimadas a apresentar, e nas demais hipóteses que autorizam a requisição de auxílio da força pública;

III - for oferecida resistência à fiscalização, caracterizada pela negativa de acesso ao estabelecimento, ao domicílio fiscal ou a qualquer outro local onde desenvolvam suas atividades ou se encontrem bens de sua propriedade;

IV - a sua constituição ocorrer por interpostas pessoas;

V - tiver sido constatada prática reiterada de infração ao disposto nesta Lei Complementar;

VI - a empresa for declarada inapta, na forma dos arts. 81 e 82 da Lei nº_9.430, de 27 de dezembro de 1996, e alterações posteriores;

VII - comercializar mercadorias objeto de contrabando ou descaminho;

VIII - houver falta de escrituração do livro-caixa ou não permitir a identificação da movimentação financeira, inclusive bancária;

IX - for constatado que durante o ano-calendário o valor das despesas pagas supera em 20% (vinte por cento) o valor de ingressos de recursos no mesmo período, excluído o ano de início de atividade;

X - for constatado que durante o ano-calendário o valor das aquisições de mercadorias para comercialização ou industrialização, ressalvadas hipóteses justificadas de aumento de estoque, for superior a 80% (oitenta por cento) dos ingressos de recursos no mesmo período, excluído o ano de início de atividade;

XI - houver descumprimento reiterado da obrigação contida no inciso I do_**caput**_do art. 26;

XII - omitir de forma reiterada da folha de pagamento da empresa ou de documento de informações previsto pela legislação previdenciária, trabalhista ou tributária, segurado empregado, trabalhador avulso ou contribuinte individual que lhe preste serviço.

§ 1º Nas hipóteses previstas nos incisos II a XII do **caput** deste artigo, a exclusão produzirá efeitos a partir do próprio mês em que incorridas, impedindo a opção pelo regime diferenciado e favorecido desta Lei Complementar pelos próximos 3 (três) anos-calendário seguintes.

§ 2º O prazo de que trata o § 1º deste artigo será elevado para 10 (dez) anos caso seja constatada a utilização de artifício, ardil ou qualquer outro meio fraudulento que induza ou mantenha a fiscalização em erro, com o fim de suprimir ou reduzir o pagamento de tributo apurável segundo o regime especial previsto nesta Lei Complementar.

§ 3º A exclusão de ofício será realizada na forma regulamentada pelo Comitê Gestor, cabendo o lançamento dos tributos e contribuições apurados aos respectivos entes tributantes.

§ 4º (REVOGADO)

§ 5º A competência para exclusão de ofício do Simples Nacional obedece ao disposto no art. 33, e o julgamento administrativo, ao disposto no art. 39, ambos desta Lei Complementar.

§ 6º Nas hipóteses de exclusão previstas no **caput**, a notificação:

I - será efetuada pelo ente federativo que promoveu a exclusão; e

II - poderá ser feita por meio eletrônico, observada a regulamentação do CGSN.

§ 7º (REVOGADO)

§ 8º A notificação de que trata o § 6º aplica-se ao indeferimento da opção pelo Simples Nacional.

§ 9º Considera-se prática reiterada, para fins do disposto nos incisos V, XI e XII do **caput**:

I - a ocorrência, em 2 (dois) ou mais períodos de apuração, consecutivos ou alternados, de idênticas infrações, inclusive de natureza acessória, verificada em relação aos últimos 5 (cinco) anos-calendário, formalizadas por intermédio de auto de infração ou notificação de lançamento; ou

II - a segunda ocorrência de idênticas infrações, caso seja constatada a utilização de artifício, ardil ou qualquer outro meio fraudulento que induza ou mantenha a fiscalização em erro, com o fim de suprimir ou reduzir o pagamento de tributo.

Art. 30. A exclusão do Simples Nacional, mediante comunicação das microempresas ou das empresas de pequeno porte, dar-se-á:

I - por opção;

II - obrigatoriamente, quando elas incorrerem em qualquer das situações de vedação previstas nesta Lei Complementar; ou

III - obrigatoriamente, quando ultrapassado, no ano-calendário de início de atividade, o limite proporcional de receita bruta de que trata o § 2º_do art. 3º;

IV - obrigatoriamente, quando ultrapassado, no ano-calendário, o limite de receita bruta previsto no inciso II do **caput** do art. 3º, quando não estiver no ano-calendário de início de atividade.

§ 1º A exclusão deverá ser comunicada à Secretaria da Receita Federal:

I - na hipótese do inciso I do **caput** deste artigo, até o último dia útil do mês de janeiro;

II - na hipótese do inciso II do **caput** deste artigo, até o último dia útil do mês subseqüente àquele em que ocorrida a situação de vedação;

III - na hipótese do inciso III do **caput**:

a) até o último dia útil do mês seguinte àquele em que tiver ultrapassado em mais de 20% (vinte por cento) o limite proporcional de que trata o § 10 do art. 3º; ou

b) até o último dia útil do mês de janeiro do ano-calendário subsequente ao de início de atividades, caso o excesso seja inferior a 20% (vinte por cento) do respectivo limite;

IV - na hipótese do inciso IV do **caput**:

a) até o último dia útil do mês subsequente à ultrapassagem em mais de 20% (vinte por cento) do limite de receita bruta previsto no inciso II do_**caput** do art. 3º; ou

b) até o último dia útil do mês de janeiro do ano-calendário subsequente, na hipótese de não ter ultrapassado em mais de 20% (vinte por cento) o limite de receita bruta previsto no inciso II do_**caput**_do art. 3º.

§ 2º A comunicação de que trata o **caput** deste artigo dar-se-á na forma a ser estabelecida pelo Comitê Gestor.

§ 3º A alteração de dados no CNPJ, informada pela ME ou EPP à Secretaria da Receita Federal do Brasil, equivalerá à comunicação obrigatória de exclusão do Simples Nacional nas seguintes hipóteses:

I - alteração de natureza jurídica para Sociedade Anônima, Sociedade Empresária em Comandita por Ações, Sociedade em Conta de Participação ou Estabelecimento, no Brasil, de Sociedade Estrangeira;

II - inclusão de atividade econômica vedada à opção pelo Simples Nacional;

III - inclusão de sócio pessoa jurídica;

IV - inclusão de sócio domiciliado no exterior;

V - cisão parcial; ou

VI - extinção da empresa.

Art. 31. A exclusão das microempresas ou das empresas de pequeno porte do Simples Nacional produzirá efeitos:

I - na hipótese do inciso I do **caput** do art. 30 desta Lei Complementar, a partir de 1º de janeiro do ano-calendário subseqüente, ressalvado o disposto no § 4º deste artigo;

II - na hipótese do inciso II do **caput** do art. 30 desta Lei Complementar, a partir do mês seguinte da ocorrência da situação impeditiva;

III - na hipótese do inciso III do **caput** do art. 30 desta Lei Complementar:

a) desde o início das atividades;

b) a partir de 1º de janeiro do ano-calendário subsequente, na hipótese de não ter ultrapassado em mais de 20% (vinte por cento) o limite proporcional de que trata o § 10 do art. 3º;

IV - na hipótese do inciso V do **caput** do art. 17 desta Lei Complementar, a partir do ano-calendário subseqüente ao da ciência da comunicação da exclusão;

V - na hipótese do inciso IV do **caput** do art. 30:

a) a partir do mês subsequente à ultrapassagem em mais de 20% (vinte por cento) do limite de receita bruta previsto no inciso II do art. 3º;

b) a partir de 1º de janeiro do ano-calendário subsequente, na hipótese de não ter ultrapassado em mais de 20% (vinte por cento) o limite de receita bruta previsto no inciso II do art. 3º.

§ 1º Na hipótese prevista no inciso III do caput do art. 30 desta Lei Complementar, a microempresa ou empresa de pequeno porte não poderá optar, no ano-calendário subseqüente ao do início de atividades, pelo Simples Nacional.

§ 2º Na hipótese dos incisos V e XVI do **caput** do art. 17, será permitida a permanência da pessoa jurídica como optante pelo Simples Nacional mediante a comprovação da regularização do débito ou do cadastro fiscal no prazo de até 30 (trinta) dias contados a partir da ciência da comunicação da exclusão.

§ 3º O CGSN regulamentará os procedimentos relativos ao impedimento de recolher o ICMS e o ISS na forma do Simples Nacional, em face da ultrapassagem dos limites estabelecidos na forma dos_incisos I ou II do art. 19 e do art. 20.

§ 4º No caso de a microempresa ou a empresa de pequeno porte ser excluída do Simples Nacional no mês de janeiro, na hipótese do inciso I do **caput** do art. 30 desta Lei Complementar, os efeitos da exclusão dar-se-ão nesse mesmo ano.

§ 5º Na hipótese do inciso II do caput deste artigo, uma vez que o motivo da exclusão deixe de existir, havendo a exclusão retroativa de ofício no caso do inciso I do caput do art. 29 desta Lei Complementar, o efeito desta dar-se-á a partir do mês seguinte ao da ocorrência da situação impeditiva, limitado, porém, ao último dia do ano-calendário em que a referida situação deixou de existir.

Art. 32. As microempresas ou as empresas de pequeno porte excluídas do Simples Nacional sujeitar-se-ão, a partir do período em que se processarem os efeitos da exclusão, às normas de tributação aplicáveis às demais pessoas jurídicas.

§ 1º Para efeitos do disposto no **caput** deste artigo, na hipótese da alínea a do inciso III do caput do art. 31 desta Lei Complementar, a microempresa ou a empresa de pequeno porte desenquadrada ficará sujeita ao pagamento da totalidade ou diferença dos respectivos impostos e contribuições, devidos de conformidade com as normas gerais de incidência, acrescidos, tão-somente, de juros de mora, quando efetuado antes do início de procedimento de ofício.

§ 2º Para efeito do disposto no **caput** deste artigo, o sujeito passivo poderá optar pelo recolhimento do imposto de renda e da Contribuição Social sobre o Lucro Líquido na forma do lucro presumido, lucro real trimestral ou anual.

§ 3º Aplica-se o disposto no **caput** e no § 1º em relação ao ICMS e ao ISS à empresa impedida de recolher esses impostos na forma do Simples Nacional, em face da ultrapassagem dos limites a que se referem os incisos I e II do **caput** do art. 19, relativamente ao estabelecimento localizado na unidade da federação que os houver adotado.

Art. 33. A competência para fiscalizar o cumprimento das obrigações principais e acessórias relativas ao Simples Nacional e para verificar a ocorrência das hipóteses previstas no art. 29 desta Lei Complementar é da Secretaria da Receita Federal e das Secretarias de Fazenda ou de Finanças do Estado ou do Distrito Federal, segundo a localização do estabelecimento, e, tratando-se de prestação de serviços incluídos na competência tributária municipal, a competência será também do respectivo Município.

§ 1º As Secretarias de Fazenda ou Finanças dos Estados poderão celebrar convênio com os Municípios de sua jurisdição para atribuir a estes a fiscalização a que se refere o **caput** deste artigo.

§ 1º-A. Dispensa-se o convênio de que trata o § 1º na hipótese de ocorrência de prestação de serviços sujeita ao ISS por estabelecimento localizado no Município.

§ 1º-B. A fiscalização de que trata o **caput**, após iniciada, poderá abranger todos os demais estabelecimentos da microempresa ou da empresa de pequeno porte, independentemente da atividade por eles exercida ou de sua localização, na forma e condições estabelecidas pelo CGSN.

§ 1º-C. As autoridades fiscais de que trata o **caput** têm competência para efetuar o lançamento de todos os tributos previstos nos incisos I a VIII do art. 13, apurados na forma do Simples Nacional, relativamente a todos os estabelecimentos da empresa, independentemente do ente federado instituidor.

§ 1º-D. A competência para autuação por descumprimento de obrigação acessória é privativa da administração tributária perante a qual a obrigação deveria ter sido cumprida.

§ 2º Na hipótese de a microempresa ou empresa de pequeno porte exercer alguma das atividades de prestação de serviços previstas no § 5º-C do art. 18 desta Lei Complementar, caberá à Secretaria da Receita Federal do Brasil a fiscalização da Contribuição para a Seguridade Social, a cargo da empresa, de que trata o art. 22 da Lei no 8.212, de 24 de julho de 1991.

§ 3º O valor não pago, apurado em procedimento de fiscalização, será exigido em lançamento de ofício pela autoridade competente que realizou a fiscalização.

§ 4º O Comitê Gestor disciplinará o disposto neste artigo.

Art. 34. Aplicam-se à microempresa e à empresa de pequeno porte optantes pelo Simples Nacional todas as presunções de omissão de receita existentes nas legislações de regência dos impostos e contribuições incluídos no Simples Nacional.

§ 1º É permitida a prestação de assistência mútua e a permuta de informações entre a Fazenda Pública da União e as dos Estados, do Distrito Federal e dos Municípios, relativas às microempresase às empresas de pequeno porte, para fins de planejamento ou de execução de procedimentos fiscais ou preparatórios.

§ 2º (VETADO).

§ 3º Sem prejuízo de ação fiscal individual, as administrações tributárias poderão utilizar procedimento de notificação prévia visando à autorregularização, na forma e nos prazos a serem regulamentados pelo CGSN, que não constituirá início de procedimento fiscal.

Art. 35. Aplicam-se aos impostos e contribuições devidos pela microempresa e pela empresa de pequeno porte, inscritas no Simples Nacional, as normas relativas aos juros e multa de mora e de ofício previstas para o imposto de renda, inclusive, quando for o caso, em relação ao ICMS e ao ISS.

Art. 36. A falta de comunicação, quando obrigatória, da exclusão da pessoa jurídica do Simples Nacional, nos prazos determinados no § 1º_do art. 30 desta Lei Complementar, sujeitará a pessoa jurídica a multa correspondente a 10% (dez por cento) do total dos impostos e contribuições devidos de conformidade com o Simples Nacional no mês que anteceder o início dos efeitos da exclusão, não inferior a R$ 200,00 (duzentos reais), insuscetível de redução.

Art. 36-A. A falta de comunicação, quando obrigatória, do desenquadramento do microempreendedor individual da sistemática de recolhimento prevista no art. 18-A desta Lei Complementar nos prazos determinados em seu § 7º sujeitará o microempreendedor individual a multa no valor de R$ 50,00 (cinquenta reais), insusceptível de redução.

Art. 37. A imposição das multas de que trata esta Lei Complementar não exclui a aplicação das sanções previstas na legislação penal, inclusive em relação a declaração falsa, adulteração de documentos e emissão de nota fiscal em desacordo com a operação efetivamente praticada, a que estão sujeitos o titular ou sócio da pessoa jurídica.

Art. 38. O sujeito passivo que deixar de apresentar a Declaração Simplificada da Pessoa Jurídica a que se refere o art. 25 desta Lei Complementar, no prazo fixado, ou que a apresentar com incorreções ou omissões, será intimado a apresentar declaração original, no caso de não-apresentação, ou a prestar esclarecimentos, nos demais casos, no prazo estipulado pela autoridade fiscal, na forma definida pelo Comitê Gestor, e sujeitar-se-á às seguintes multas:

I – de 2% (dois por cento) ao mês-calendário ou fração, incidentes sobre o montante dos tributos e contribuições informados na Declaração Simplificada da Pessoa Jurídica, ainda que integralmente pago, no caso de falta de entrega da declaração ou entrega após o prazo, limitada a 20% (vinte por cento), observado o disposto no § 3º deste artigo;

II – de R$ 100,00 (cem reais) para cada grupo de 10 (dez) informações incorretas ou omitidas.

§ 1º Para efeito de aplicação da multa prevista no inciso I do **caput** deste artigo, será considerado como termo inicial o dia seguinte ao término do prazo originalmente fixado para a entrega da declaração e como termo final a data da efetiva entrega ou, no caso de não-apresentação, da lavratura do auto de infração.

§ 2º Observado o disposto no § 3º deste artigo, as multas serão reduzidas:

I – à metade, quando a declaração for apresentada após o prazo, mas antes de qualquer procedimento de ofício;

II – a 75% (setenta e cinco por cento), se houver a apresentação da declaração no prazo fixado em intimação.

§ 3º A multa mínima a ser aplicada será de R$ 200,00 (duzentos reais).

§ 4º Considerar-se-á não entregue a declaração que não atender às especificações técnicas estabelecidas pelo Comitê Gestor.

§ 5º Na hipótese do § 4º deste artigo, o sujeito passivo será intimado a apresentar nova declaração, no prazo de 10 (dez) dias, contados da ciência da intimação, e sujeitar-se-á à multa prevista no inciso I do **caput** deste artigo, observado o disposto nos §§ 1º a 3º deste artigo.

§ 6º A multa mínima de que trata o § 3º deste artigo a ser aplicada ao Microempreendedor Individual na vigência da opção de que trata o art. 18-A desta Lei Complementar será de R$ 50,00 (cinqüenta reais).

Art. 38-A. O sujeito passivo que deixar de prestar as informações no sistema eletrônico de cálculo de que trata o § 15 do art. 18, no prazo previsto no § 15-A do mesmo artigo, ou que as prestar com incorreções ou omissões, será intimado a fazê-lo, no caso de não apresentação, ou a prestar esclarecimentos, nos demais casos, no prazo estipulado pela autoridade fiscal, na forma definida pelo CGSN, e sujeitar-se-á às seguintes multas, para cada mês de referência:

I - de 2% (dois por cento) ao mês-calendário ou fração, a partir do primeiro dia do quarto mês do ano subsequente à ocorrência dos fatos geradores, incidentes sobre o montante dos impostos e contribuições decorrentes das informações prestadas no sistema eletrônico de cálculo de que trata o_§ 15 do art. 18, ainda que integralmente pago, no caso de ausência de prestação de informações ou sua efetuação após o prazo, limitada a 20% (vinte por cento), observado o disposto no § 2º deste artigo; e

II - de R$ 20,00 (vinte reais) para cada grupo de 10 (dez) informações incorretas ou omitidas.

§ 1º Para efeito de aplicação da multa prevista no inciso I do **caput**, será considerado como termo inicial o primeiro dia do quarto mês do ano subsequente à ocorrência dos fatos geradores e como termo final a data da efetiva prestação ou, no caso de não prestação, da lavratura do auto de infração.

§ 2º A multa mínima a ser aplicada será de R$ 50,00 (cinquenta reais) para cada mês de referência.

§ 3º Aplica-se ao disposto neste artigo o disposto nos §§ 2º, 4º_e 5º_do art. 38.

§ 4º O CGSN poderá estabelecer data posterior à prevista no inciso I do **caput** e no § 1º.

Art. 38-B. As multas relativas à falta de prestação ou à incorreção no cumprimento de obrigações acessórias para com os órgãos e entidades federais, estaduais, distritais e municipais, quando em valor fixo ou mínimo, e na ausência de previsão legal de valores específicos e mais favoráveis para MEI, microempresa ou empresa de pequeno porte, terão redução de:

I - 90% (noventa por cento) para os MEI;

II - 50% (cinquenta por cento) para as microempresas ou empresas de pequeno porte optantes pelo Simples Nacional. Parágrafo único. As reduções de que tratam os incisos I e II do **caput** não se aplicam na:

I - hipótese de fraude, resistência ou embaraço à fiscalização;

II - ausência de pagamento da multa no prazo de 30 (trinta) dias após a notificação.

Art. 39. O contencioso administrativo relativo ao Simples Nacional será de competência do órgão julgador integrante da estrutura administrativa do ente federativo que efetuar o lançamento, o indeferimento da opção ou a exclusão de ofício, observados os dispositivos legais atinentes aos processos administrativos fiscais desse ente.

§ 1º O Município poderá, mediante convênio, transferir a atribuição de julgamento exclusivamente ao respectivo Estado em que se localiza.

§ 2º No caso em que o contribuinte do Simples Nacional exerça atividades incluídas no campo de incidência do ICMS e do ISS e seja apurada omissão de receita de que não se consiga identificar a origem, a autuação será feita utilizando a maior alíquota prevista nesta Lei Complementar, e a parcela autuada que não seja correspondente aos tributos e contribuições federais será rateada entre Estados e Municípios ou Distrito Federal.

§ 3º Na hipótese referida no § 2º deste artigo, o julgamento caberá ao Estado ou ao Distrito Federal.

§ 4º A intimação eletrônica dos atos do contencioso administrativo observará o disposto nos §§ 1º-A a 1º-D do art. 16.

§ 5º A impugnação relativa ao indeferimento da opção ou à exclusão poderá ser decidida em órgão diverso do previsto no **caput**, na forma estabelecida pela respectiva administração tributária.

§ 6º Na hipótese prevista no § 5º, o CGSN poderá disciplinar procedimentos e prazos, bem como, no processo de exclusão, prever efeito suspensivo na hipótese de apresentação de impugnação, defesa ou recurso.

Art. 40. As consultas relativas ao Simples Nacional serão solucionadas pela Secretaria da Receita Federal, salvo quando se referirem a tributos e contribuições de competência estadual ou municipal, que serão solucionadas conforme a respectiva competência tributária, na forma disciplinada pelo Comitê Gestor.

Art. 41. Os processos relativos a impostos e contribuições abrangidos pelo Simples Nacional serão ajuizados em face da União, que será representada em juízo pela Procuradoria-Geral da Fazenda Nacional, observado o disposto no § 5º deste artigo.

§ 1º Os Estados, Distrito Federal e Municípios prestarão auxílio à Procuradoria-Geral da Fazenda Nacional, em relação aos tributos de sua competência, na forma a ser disciplinada por ato do Comitê Gestor.

§ 2º Os créditos tributários oriundos da aplicação desta Lei Complementar serão apurados, inscritos em Dívida Ativa da União e cobrados judicialmente pela Procuradoria-Geral da Fazenda Nacional, observado o disposto no inciso V do § 5º deste artigo.

§ 3º Mediante convênio, a Procuradoria-Geral da Fazenda Nacional poderá delegar aos Estados e Municípios a inscrição em dívida ativa estadual e municipal e a cobrança judicial dos tributos estaduais e municipais a que se refere esta Lei Complementar.

§ 4º Aplica-se o disposto neste artigo aos impostos e contribuições que não tenham sido recolhidos resultantes das informações prestadas:

I - no sistema eletrônico de cálculo dos valores devidos no Simples Nacional de que trata o § 15 do art. 18;

II - na declaração a que se refere o art. 25.

§ 5º Excetuam-se do disposto no **caput** deste artigo:

I - os mandados de segurança nos quais se impugnem atos de autoridade coatora pertencente a Estado, Distrito Federal ou Município;

II - as ações que tratem exclusivamente de tributos de competência dos Estados, do Distrito Federal ou dos Municípios, as quais serão propostas em face desses entes federativos, representados em juízo por suas respectivas procuradorias;

III - as ações promovidas na hipótese de celebração do convênio de que trata o § 3º deste artigo;

IV - o crédito tributário decorrente de auto de infração lavrado exclusivamente em face de descumprimento de obrigação acessória, observado o disposto no § 1º-D do art. 33;

V - o crédito tributário relativo ao ICMS e ao ISS de que tratam as alíneas *b* e *c* do inciso V do § 3º do art. 18-A desta Lei Complementar.

ANEXO I DA LEI COMPLEMENTAR No 123, DE 14 DE DEZEMBRO DE 2006 Produção de efeito

(Vigência: 01/01/2018)

Alíquotas e Partilha do Simples Nacional – Comércio

	Receita Bruta em 12 Meses (em R$)	Alíquota	Valor a Deduzir (em R$)
1ª Faixa	Até 180.000,00	4,00%	-
2ª Faixa	De 180.000,01 a 360.000,00	7,30%	5.940,00
3ª Faixa	De 360.000,01 a 720.000,00	9,50%	13.860,00
4ª Faixa	De 720.000,01 a 1.800.000,00	10,70%	22.500,00
5ª Faixa	De 1.800.000,01 a 3.600.000,00	14,30%	87.300,00
6ª Faixa	De 3.600.000,01 a 4.800.000,00	19,00%	378.000,00

Faixas	Percentual de Repartição dos Tributos					
	IRPJ	CSLL	Cofins	PIS/Pasep	CPP	ICMS
1ª Faixa	5,50%	3,50%	12,74%	2,76%	41,50%	34,00%
2ª Faixa	5,50%	3,50%	12,74%	2,76%	41,50%	34,00%
3ª Faixa	5,50%	3,50%	12,74%	2,76%	42,00%	33,50%
4ª Faixa	5,50%	3,50%	12,74%	2,76%	42,00%	33,50%
5ª Faixa	5,50%	3,50%	12,74%	2,76%	42,00%	33,50%
6ª Faixa	13,50%	10,00%	28,27%	6,13%	42,10%	-

ANEXO II DA LEI COMPLEMENTAR Nº 123, DE 14 DE DEZEMBRO DE 2006 Produção de efeito

(Vigência: 01/01/2018)

Alíquotas e Partilha do Simples Nacional – Indústria

	Receita Bruta em 12 Meses (em R$)	Alíquota	Valor a Deduzir (em R$)
1ª Faixa	Até 180.000,00	4,50%	-
2ª Faixa	De 180.000,01 a 360.000,00	7,80%	5.940,00
3ª Faixa	De 360.000,01 a 720.000,00	10,00%	13.860,00
4ª Faixa	De 720.000,01 a 1.800.000,00	11,20%	22.500,00
5ª Faixa	De 1.800.000,01 a 3.600.000,00	14,70%	85.500,00
6ª Faixa	De 3.600.000,01 a 4.800.000,00	30,00%	720.000,00

Faixas	Percentual de Repartição dos Tributos						
	IRPJ	CSLL	Cofins	PIS/Pasep	CPP	IPI	ICMS
1ª Faixa	5,50%	3,50%	11,51%	2,49%	37,50%	7,50%	32,00%
2ª Faixa	5,50%	3,50%	11,51%	2,49%	37,50%	7,50%	32,00%
3ª Faixa	5,50%	3,50%	11,51%	2,49%	37,50%	7,50%	32,00%
4ª Faixa	5,50%	3,50%	11,51%	2,49%	37,50%	7,50%	32,00%
5ª Faixa	5,50%	3,50%	11,51%	2,49%	37,50%	7,50%	32,00%
6ª Faixa	8,50%	7,50%	20,96%	4,54%	23,50%	35,00%	-

ANEXO III DA LEI COMPLEMENTAR Nº 123, DE 14 DE DEZEMBRO DE 2006 Produção de efeito

(Vigência: 01/01/2018)

Alíquotas e Partilha do Simples Nacional - Receitas de locação de bens móveis e de prestação de serviços não relacionados no § 5o-C do art. 18 desta Lei Complementar

	Receita Bruta em 12 Meses (em R$)	Alíquota	Valor a Deduzir (em R$)
1ª Faixa	Até 180.000,00	6,00%	-
2ª Faixa	De 180.000,01 a 360.000,00	11,20%	9.360,00
3ª Faixa	De 360.000,01 a 720.000,00	13,50%	17.640,00
4ª Faixa	De 720.000,01 a 1.800.000,00	16,00%	35.640,00
5ª Faixa	De 1.800.000,01 a 3.600.000,00	21,00%	125.640,00
6ª Faixa	De 3.600.000,01 a 4.800.000,00	33,00%	648.000,00

Faixas	Percentual de Repartição dos Tributos					
	IRPJ	CSLL	Cofins	PIS/Pasep	CPP	ISS (*)
1ª Faixa	4,00%	3,50%	12,82%	2,78%	43,40%	33,50%
2ª Faixa	4,00%	3,50%	14,05%	3,05%	43,40%	32,00%
3ª Faixa	4,00%	3,50%	13,64%	2,96%	43,40%	32,50%
4ª Faixa	4,00%	3,50%	13,64%	2,96%	43,40%	32,50%
5ª Faixa	4,00%	3,50%	12,82%	2,78%	43,40%	33,50% (*)
6ª Faixa	35,00%	15,00%	16,03%	3,47%	30,50%	-
(*) O percentual efetivo máximo devido ao ISS será de 5%, transferindo-se a diferença, de forma proporcional, aos tributos federais da mesma faixa de receita bruta anual. Sendo assim, na 5ª faixa, quando a alíquota efetiva for superior a 14,92537%, a repartição será:						
	IRPJ	CSLL	Cofins	PIS/Pasep	CPP	ISS
5ª Faixa, com alíquota efetiva superior a 14,92537%	(Alíquota efetiva - 5%) x 6,02%	(Alíquota efetiva - 5%) x 5,26%	(Alíquota efetiva - 5%) x 19,28%	(Alíquota efetiva - 5%) x 4,18%	(Alíquota efetiva - 5%) x 65,26%	Percentual de ISS fixo em 5%

ANEXO IV DA LEI COMPLEMENTAR Nº 123, DE 14 DE DEZEMBRO DE 2006 Produção de efeito

(Vigência: 01/01/2018)

Alíquotas e Partilha do Simples Nacional – Receitas decorrentes da prestação de serviços relacionados no § 5o-C do art. 18 desta Lei Complementar

	Receita Bruta em 12 Meses (em R$)	Alíquota	Valor a Deduzir (em R$)
1ª Faixa	Até 180.000,00	4,50%	-
2ª Faixa	De 180.000,01 a 360.000,00	9,00%	8.100,00
3ª Faixa	De 360.000,01 a 720.000,00	10,20%	12.420,00
4ª Faixa	De 720.000,01 a 1.800.000,00	14,00%	39.780,00
5ª Faixa	De 1.800.000,01 a 3.600.000,00	22,00%	183.780,00
6ª Faixa	De 3.600.000,01 a 4.800.000,00	33,00%	828.000,00

Faixas	Percentual de Repartição dos Tributos				
	IRPJ	CSLL	Cofins	PIS/Pasep	ISS (*)
1ª Faixa	18,80%	15,20%	17,67%	3,83%	44,50%
2ª Faixa	19,80%	15,20%	20,55%	4,45%	40,00%
3ª Faixa	20,80%	15,20%	19,73%	4,27%	40,00%
4ª Faixa	17,80%	19,20%	18,90%	4,10%	40,00%
5ª Faixa	18,80%	19,20%	18,08%	3,92%	40,00% (*)
6ª Faixa	53,50%	21,50%	20,55%	4,45%	-
(*) O percentual efetivo máximo devido ao ISS será de 5%, transferindo-se a diferença, de forma proporcional, aos tributos federais da mesma faixa de receita bruta anual. Sendo assim, na 5ª faixa, quando a alíquota efetiva for superior a 12,5%, a repartição será:					
Faixa	IRPJ	CSLL	Cofins	PIS/Pasep	ISS
5ª Faixa, comalíquota efetiva superior a 12,5%	Alíquota efetiva - 5%) x 31,33%	(Alíquota efetiva - 5%) x 32,00%	(Alíquota efetiva - 5%) x 30,13%	Alíquota efetiva - 5%) x 6,54%	Percentual de ISS fixo em 5%

ANEXO V DA LEI COMPLEMENTAR Nº 123, DE 14 DE DEZEMBRO DE 2006 Produção de efeito

(Vigência: 01/01/2018)

Alíquotas e Partilha do Simples Nacional - Receitas decorrentes da prestação de serviços relacionados no § 5o-I do art. 18 desta Lei Complementar

	Receita Bruta em 12 Meses (em R$)	Alíquota	Valor a Deduzir (em R$)
1ª Faixa	Até 180.000,00	15,50%	-
2ª Faixa	De 180.000,01 a 360.000,00	18,00%	4.500,00
3ª Faixa	De 360.000,01 a 720.000,00	19,50%	9.900,00
4ª Faixa	De 720.000,01 a 1.800.000,00	20,50%	17.100,00
5ª Faixa	De 1.800.000,01 a 3.600.000,00	23,00%	62.100,00
6ª Faixa	De 3.600.000,01 a 4.800.000,00	30,50%	540.000,00

Faixas	Percentual de Repartição dos Tributos					
	IRPJ	CSLL	Cofins	PIS/Pasep	CPP	ISS
1ª Faixa	25,00%	15,00%	14,10%	3,05%	28,85%	14,00%
2ª Faixa	23,00%	15,00%	14,10%	3,05%	27,85%	17,00%
3ª Faixa	24,00%	15,00%	14,92%	3,23%	23,85%	19,00%
4ª Faixa	21,00%	15,00%	15,74%	3,41%	23,85%	21,00%
5ª Faixa	23,00%	12,50%	14,10%	3,05%	23,85%	23,50%
6ª Faixa	35,00%	15,50%	16,44%	3,56%	29,50%	-

8. QUESTÕES FUNDAMENTADAS

1. **(FCC – Agente Fiscal de Rendas – SP/2013)** Durante o julgamento no tribunal administrativo de recurso interposto por contribuinte contra decisão de 1ª Instância administrativa que ratificou as exigências constantes de auto de infração, os quatro julgadores administrativos, após debates, não chegaram a uma conclusão sobre as circunstâncias materiais do fato narrado na acusação, necessárias para a qualificação da penalidade cominada ao contribuinte. Em face de dúvida presente em situação hipotética, como a apresentada, deverá a lei tributária que define infrações ser interpretada

a) pelo método teleológico, pois é a técnica pela qual o intérprete procura o sentido da regra jurídica verificando a posição em que esta se encarta no diploma legal e as relações desta com as demais regras no mesmo contidas.

b) da maneira mais favorável ao acusado, da mesma forma que seria feito se houvesse dúvida quanto à capitulação legal do fato.

c) da maneira menos favorável ao acusado, haja vista o interesse público se sobrepor ao privado, mormente quando se trata de tributos, espécie de receita pública decorrente.

d) sem que haja qualquer benefício ou prejuízo ao acusado, dado que a responsabilidade por infrações da legislação tributária independe da intenção do agente e da efetividade, natureza e extensão dos efeitos do ato.

e) pelo método sistemático, pois é a técnica que empresta maior relevância ao elemento finalístico, buscando o sentido da regra jurídica tendo em vista o fim para o qual ela foi elaborada.

2. **(ESAF – Auditor-Fiscal– RFB/2012)** Em matéria tributária, de acordo com a Constituição Federal, compete à Lei Complementar, exceto,

a) instituir as limitações constitucionais ao poder de tributar.

b) dispor sobre obrigação, lançamento, crédito, prescrição e decadência tributários.

c) estabelecer critérios especiais de tributação, com o objetivo de prevenir desequilíbrios da concorrência.

d) dispor sobre o adequado tratamento tributário ao ato cooperativo praticado pelas sociedades cooperativas.

e) estabelecer tratamento diferenciado e favorecido para as microempresas e para as empresas de pequeno porte, inclusive regimes especiais ou simplificados.

3. **(TRF 3 – Juiz Federal Substituto 3ª região/2018)** Indique a afirmação INCORRETA:

a) Tributo é toda prestação pecuniária compulsória, em moeda ou cujo valor nela se possa exprimir, instituída em lei, que não constitua sanção por ato ilícito.

b) Medida provisória pode estabelecer a extinção de tributo.

c) Lei que disponha sobre outorga de isenção deve ser interpretada literalmente.

d) Os decretos restringem o conteúdo e o alcance das leis em função das quais são expedidos.

4. **(Procurador do Município – Prefeitura Teresina-PI/2010 – FCC)** Através de Resolução, o Senado Federal

a) disporá sobre conflito de competência, em matéria tributária, entre a União, os Estados, o Distrito Federal e os Municípios.

b) fixará as alíquotas máximas e mínimas do imposto sobre serviços de qualquer natureza.

c) regulará a forma e as condições como isenções, incentivos e benefícios fiscais serão concedidos ou revogados pelo Município em relação ao imposto sobre serviços de qualquer natureza.

d) fixará alíquotas mínimas do imposto sobre a propriedade de veículo automotor.

e) determinará medidas para que os consumidores sejam esclarecidos acerca dos impostos que incidam sobre serviços.

5. **(CESPE – Procurador do Ministério Público junto ao TCDF/2013)** Julgue os itens que se seguem, acerca do Sistema Tributário Nacional,

dos tributos, da competência tributária e das fontes do direito tributário.

- Quando a União deixa de editar normas gerais sobre matéria tributária, cabe aos estados a prerrogativa de exercer a competência legislativa plena.

6. (Procurador do Município – Prefeitura Florianópolis-SC/2011 – FEPESE) Assinale a alternativa correta.

a) Interpreta-se literalmente a legislação tributária que disponha sobre dispensa do cumprimento de obrigações tributárias acessórias.

b) Norma legal que altera o prazo de recolhimento da obrigação tributária se sujeita ao princípio da anterioridade.

c) Constitui majoração de tributo a atualização do valor monetário da sua respectiva base de cálculo, sujeitando-se ao princípio da estrita legalidade.

d) São normas complementares de direito tributário a analogia, os princípios gerais de direito tributário, os princípios gerais de direito público e a equidade.

e) Salvo disposição em contrário, entram em vigor na data da sua publicação as decisões dos órgãos singulares ou coletivos de jurisdição administrativa, a que a lei atribua eficácia normativa.

7. (CESPE – Juiz Federal Substituto 3ª região/2011) Em setembro de 2011, a União editou decreto determinando a elevação das alíquotas de IPI sobre a importação de automóveis e instrução normativa determinando a prorrogação do direito de dedução, sobre o imposto de renda anual da pessoa física, da contribuição previdenciária paga a empregado doméstico. Em ambas as normas, há cláusula de vigência para o dia da publicação desses atos normativos. Acerca desse aspecto, é correto afirmar, em conformidade com a CF e com o CTN, que

a) os efeitos do decreto produzem-se a partir de 1º/1/2012, e os da instrução normativa, a partir da publicação.

b) os efeitos do decreto produzem-se após 90 dias contados da publicação, e os da instrução normativa, a partir da publicação.

c) os efeitos do decreto e da instrução normativa produzem-se após 90 dias contados da publicação.

d) os efeitos do decreto e da instrução normativa produzem-se a partir de 1º de janeiro de 2012.

e) os efeitos do decreto e da instrução normativa produzem-se a partir da publicação dessas normas.

8. (CESPE – Juiz de Direito Substituto-ES/2012) Assinale a opção correta com referência aos princípios do direito tributário.

a) Para a dispensa ou redução de penalidades, não é necessário disposição em lei, uma vez que a própria administração pública pode, de ofício, atuar nesses casos.

b) É permitido que lei tributária disponha, de modo genérico, sobre alíquota e base de cálculo de tributo.

c) As obrigações tributárias acessórias, embora não estejam inseridas na obrigação principal, devem, necessariamente, ser instituídas por lei.

d) Em respeito ao princípio da legalidade tributária, garantia assegurada ao contribuinte, a União não pode exigir um tributo que a lei não estabeleça, mas pode aumentá-lo sem tal exigência.

e) No sistema brasileiro, é juridicamente possível a instituição de determinados tributos por meio de leis complementares.

9. (CESPE – Juiz de Direito Substituto-PI/2012) Assinale a opção correta com relação aos impostos em geral.

a) O arrematante de produtos importados apreendidos ou abandonados é contribuinte do imposto sobre a importação.

b) A receita líquida do imposto de exportação destina-se à conservação dos portos ou lugares de saída do produto.

c) O Poder Executivo não detém a competência de alterar as alíquotas ou as bases de cálculo do imposto de exportação, ainda que para ajustá-lo aos objetivos da política cambial e do comércio exterior.

d) À luz do CTN, a posse de imóvel por natureza localizado fora da zona urbana do município, tal como definido na lei civil, não é considerada fato gerador para a incidência do imposto sobre a propriedade territorial rural.

e) A base de cálculo do imposto relativo a produto que, tendo sido apreendido ou abandonado, seja levado a leilão corresponderá à alíquota *ad valorem*.

10. (FCC – Juiz de Direito Substituto – PE/2013) Sobre as fontes do Direito Tributário é correto afirmar que

a) somente a lei em sentido estrito é fonte instituidora de tributos, especialmente impostos.

b) a fixação das alíquotas máximas do Imposto sobre Transmissão *causa mortis* e Doação – ITCD e das alíquotas mínimas do Imposto sobre a Propriedade de Veículo Automotor – IPVA se dá por Resolução do Senado Federal.

c) a lei complementar em matéria tributária é hierarquicamente superior à lei ordinária em qualquer hipótese em que venha a ser exigida, quer quando fixa normas gerais, quer quando seja fonte instituidora de tributos.

d) a Instrução Normativa derroga a lei instituidora do tributo naquilo que for do âmbito de competência da autoridade administrativa com atribuição para editá-la, já que norma especial derroga norma geral.

e) a Constituição Federal autoriza expressamente a instituição ou majoração de todos os tributos por meio de medida provisória, desde que se trate de tributo de competência da União.

11. (FCC – Juiz de Direito – AP/2014) Estado pretende dar aplicação a ato ou fato pretérito em face de lei nova tributária de caráter expressamente interpretativo com a finalidade de prescrever penalidade à infração dos dispositivos normativos por ela interpretados. Com base no Código Tributário Nacional, considere as seguintes afirmações:

I. Correto o entendimento do Estado, tendo em vista que a lei aplica-se a ato ou fato pretérito em qualquer caso, quando seja expressamente interpretativa.

II. Equivocado o entendimento do Estado, pois a possibilidade de aplicação pretérita só ocorreria tratando-se de ato não definitivamente julgado.

III. Equivocado o entendimento do Estado, pois nesse caso deve ser excluída a aplicação de penalidade à infração dos dispositivos interpretados.

Está correto o que se afirma APENAS em

a) II e III.

b) I.

c) II.

d) III.

e) I e III.

12. (TJ – MG – Juiz de Direito – MG/2014) Em relação ao conceito de fontes formais do direito tributário, assinale a alternativa CORRETA.

a) Fontes formais do direito tributário são apenas as leis especificamente votadas e sancionadas ou promulgadas.

b) As fontes formais do direito tributário compreendem as leis, os tratados e as convenções internacionais, os decretos e as normas complementares que versem, no todo ou em parte, sobre tributos e relações jurídicas a eles pertinentes.

c) As fontes formais não contemplam os tratados e as convenções internacionais.

d) As fontes formais não contemplam os decretos legislativos e as resoluções.

13. (FMP – Procurador do Estado – AC/2012) Dada a situação hipotética abaixo descrita, assinale a alternativa correta, de acordo com o Código Tributário Nacional.

A Secretaria da Fazenda de um dos Estados da Federação editou instrução normativa orientando a todos os contribuintes do ICMS a recolherem referido imposto pela alíquota de doze por cento nas saídas internas de produtos alimentícios industrializados. Passados oito meses, o mesmo órgão público constatou equívoco na orientação exarada por meio da referida instrução, visto que a lei estadual previa para tais operações a alíquota de treze por cento. Houve, assim, a revogação da instrução normativa. Nessas circunstâncias, os contribuintes que observaram a instrução normativa revogada

a) deverão recolher a diferença do ICMS, acrescida de juros de mora, mas sem atualização monetária.

b) deverão recolher a diferença do ICMS, acrescida de juros de mora e das penalidades cabíveis pelo atraso.

c) deverão recolher a diferença do ICMS, sem a imposição de penalidades, sem a cobrança de juros de mora e sem qualquer atualização do valor monetário da base de cálculo do tributo.

d) deverão recolher a diferença do ICMS, acrescida das penalidades cabíveis pelo atraso, mas sem juros de mora.

14. (FCC – Procurador do Estado – MT/2011) Diante da ausência de disposição expressa, a autoridade competente poderá aplicar a legislação tributária e utilizar métodos de integração previstos no Código Tributário Nacional. Sobre os métodos de integração é correto afirmar:

a) A autoridade competente poderá aplicar, alternativamente, conforme a necessidade, a analogia, os costumes, a equidade e os princípios gerais de direito.

b) O emprego da analogia só terá cabimento se for impossível a aplicação dos princípios gerais de direito.

c) Não se admite o emprego da equidade, que é reservado exclusivamente a membro do Poder Judiciário no exercício da jurisdição.

d) Os princípios gerais de direito privado são utilizados sucessivamente após ter restado insuficiente o emprego da analogia e dos princípios gerais de direito público.

e) Se com o emprego da analogia resultar exigência de tributo não previsto em lei, deve a autoridade aplicar, sucessivamente, os princípios gerais de direito tributário.

15. (FCC – Procurador do Estado – MT/2011) Viger é ter força para disciplinar, para reger, cumprindo a norma seus objetivos finais. A vigência é propriedade das regras jurídicas que estão prontas para propagar efeitos, tão logo aconteçam, no mundo fático, os eventos que elas descrevem. (CARVALHO, Paulo de Barros. Curso de direito tributário. 23. ed. São Paulo: Saraiva, 2011, p. 116-117)

Sobre vigência das normas complementares, de acordo com o Código Tributário Nacional, é correto afirmar que

a) os atos normativos expedidos pelas autoridades administrativas entram em vigor 45 dias a contar de sua publicação.

b) as decisões dos órgãos singulares ou coletivos de jurisdição administrativa, a que a lei atribuir eficácia normativa, entram em vigor 30 dias após a data de sua publicação, salvo disposição em contrário.

c) os convênios que entre si celebram a União, os Estados, o Distrito Federal e os Municípios entram em vigor 30 dias após a data de sua publicação, salvo disposição em contrário.

d) as práticas reiteradamente observadas pelas autoridades administrativas entram em vigor na data de sua publicação, salvo disposição de lei em sentido contrário.

e) os atos normativos expedidos pelas autoridades administrativas e as decisões dos órgãos singulares ou coletivos de jurisdição administrativa a que a lei atribuir eficácia normativa, entram em vigor na data de sua publicação, salvo disposição de lei em sentido contrário.

16. (UFMT – Promotor de Justiça – MT/2014) Levando em conta a legislação tributária, analise as assertivas.

I. A interpretação lógico-sistemática remete o aplicador da norma regulamentar tributária (decreto ou instrução normativa) à lei tributária e ao sistema constitucional tributário.

II. Levando-se em consideração a jurisprudência do STF acerca da hierarquia das normas internacionais, os tratados internacionais em matéria tributária não podem dispor sobre normas gerais de Direito Tributário.

III. Na ausência de disposição expressa, a autoridade competente para aplicar a legislação tributária utilizará sucessivamente, na ordem indicada: a analogia, os princípios gerais de direito público, os princípios gerais de direito tributário e a equidade.

IV. De acordo com a Constituição Federal de 1988, a função tríplice da Lei Complementar em Direito Tributário é dispor sobre conflitos de competência tributária entre os entes políticos, regular as limitações constitucionais ao poder de tributar e estabelecer normas gerais em matéria de legislação tributária.

V. A interpretação benigna deve ser utilizada sempre que houver dúvidas sobre a interpretação da legislação tributária.

Estão corretas as assertivas

a) II, IV e V.

b) I, II e IV.

c) I, III e IV.

d) II, III e V.

e) I, III e V.

17. (FCC - Procurador Judicial - Prefeitura Recife-PE/2014) Considere as seguintes afirmações:

I. O contribuinte recifense que observar as decisões colegiadas de órgãos de jurisdição administrativa municipal, com ou sem eficácia normativa, não deve ser penalizado por infração à legislação tributária do Município.

II. A obediência às práticas reiteradamente observadas pelas autoridades administrativas municipais recifenses serve de motivação para a exclusão dos juros de mora em eventuais cobranças por atrasos no pagamento dos tributos municipais.

III. Eventual convênio celebrado entre o Estado de Pernambuco e o Município do Recife é considerado norma complementar das leis municipais, sendo que sua observância obsta a eventual imposição de penalidades.

Está correto o que consta APENAS em

a) II e III.

b) I.

c) II.

d) III.

e) I e III.

18. (PGE-GO - Procurador do Estado - GO/ 2013) A propósito da interpretação e da aplicação das fontes do direito tributário, é CORRETO afirmar que:

a) o costume administrativo não tem aptidão para excluir a imposição de penalidades no direito tributário considerando a imperatividade da observância do princípio da legalidade.

b) os tratados internacionais em matéria tributária, considerando seu caráter infraconstitucional, não revogam ou modificam a legislação interna.

c) em respeito ao princípio da irretroatividade da norma tributária, a lei não se aplica a ato ou fato pretérito, ainda quando seja expressamente interpretativa.

d) o direito tributário serve-se de institutos, conceitos e formas do direito privado, podendo a lei tributária alterar a definição, o conteúdo e o alcance para definir ou limitar competências tributárias.

e) interpreta-se literalmente a legislação tributária que disponha sobre a suspensão do crédito tributário.

19. (ESAF - Auditor-Fiscal - RFB/2014) A Lei Complementar nº 123/2006 prevê tratamento tributário diferenciado para Microempresas e Empresas de Pequeno Porte, que consiste em um regime especial unificado de arrecadação de tributos e contribuições devidos por estas entidades, denominado Simples Nacional. Sobre este, é incorreto afirmar que:

a) para fins do Simples Nacional, considera-se receita bruta o produto da venda de bens e serviços nas operações de conta própria, o preço dos serviços prestados e o resultado nas operações em conta alheia, excluídas as vendas canceladas e os descontos incondicionais concedidos.

b) o Simples Nacional implica o recolhimento mensal, mediante documento único de arrecadação, de um conjunto de tributos e contribuições. Todavia, mesmo em relação a algum destes tributos e contribuições, há situações em que o recolhimento dar-se-á à parte do Simples Nacional.

c) na determinação dos valores a serem lançados de ofício para cada tributo, após a exclusão do Simples Nacional, devem ser deduzidos os eventuais recolhi mentos da mesma natureza efetuados nessa sistemática, observando-se os percentuais previstos em lei sobre o montante pago de forma unificada.

d) alteração recente na legislação tributária permitiu o parcelamento de débitos do Simples Nacional.

e) para efeito do Simples Nacional, e enquadramento da sociedade empresária na condição de Microempresa ou Empresa de Pequeno Porte, deve-se considerar a receita de cada estabelecimento individualmente, e não o somatório destes.

20. (Vunesp - Juiz de Direito - SP/2014) Não podem ser considerados como fontes formais do Direito Tributário:

a) As leis delegadas, os decretos legislativos e as resoluções do Senado.

b) A jurisprudência e a doutrina.

c) Os tratados e as convenções internacionais.

d) As medidas provisórias.

GABARITO

Questão	Resposta	Fundamentação
1	B	CTN, art. 112, I
2	A	CF, art. 146
3	D	CTN, art. 99
4	D	CF, art. 155, § 6º, I
5	Certo	CF, art. 24, I e §§ 1º a 4º; STF, ADI 2298
6	A	CTN, art. 111, III
7	B	CF, art. 150, § 1º e CTN, art. 103, I
8	E	CF, art. 148 (exemplo)
9	A	CTN, art. 22, II
10	B	CF, art. 155, § 1º, IV e § 6º, I
11	D	CTN, art. 106, I
12	B	CTN, art. 96
13	C	CTN, art. 100, parágrafo único
14	E	CTN, art. 108, I, II e § 1º
15	B	CTN, art. 103, II
16	B	CTN, arts. 99, 108 e 112; CF, art. 146, I a III; STF, ADI 1480-3/DF
17	A	CTN, art. 100, II, III, IV e parágrafo único
18	E	CTN, art. 111, I
19	E	LC 123/2006, arts. 3º e 16.
20	B	CTN, art. 96, *a contrario sensu*

9. MEU RESUMO PARA MEMORIZAÇÃO

» *Futuro(a) Juiz(a), Membro do Ministério Público, Procurador(a), Auditor(a) Fiscal, ou Servidor(a) de Outras Carreiras Públicas, agora é hora de se concentrar.*

» *Sem nenhuma consulta ao capítulo, por favor, faça um breve resumo a seguir. Neste momento, é importante que elabore esquemas e gráficos, para condensar e memorizar a matéria já estudada e, ainda, utilizar esses resumos para revisar os pontos uma semana antes da prova. Use o espaço cuidadosamente, deixando-o como o seu "caderninho de anotações pessoais".*

9.1. Quais os pontos que eu aprendi ao longo do capítulo que considero mais importantes?

FONTES DO DIREITO TRIBUTÁRIO (materiais e formais):

LEGISLAÇÃO TRIBUTÁRIA:

a) Constituição Federal e Emendas Constitucionais:

b) Leis complementares:

c) Tratados e convenções internacionais:

d) Leis ordinárias:

e) Medidas provisórias:

f) Decretos do Poder Executivo:

g) Normas complementares:

h) Resoluções do Senado:

VIGÊNCIA:

a) No tempo:

b) No espaço:

APLICAÇÃO:

INTERPRETAÇÃO:

INTEGRAÇÃO:

a) Demais normas:

b) Legislação tributária:

LEGISLAÇÃO TRIBUTÁRIA
segue vídeo abaixo:

https://youtu.be/vmH6pY4n_0U

Capítulo VII

OBRIGAÇÃO TRIBUTÁRIA E FATO GERADOR

A obrigação tributária é **principal** ou **acessória** (CTN, art. 113).

Na verdade, o atendimento à legislação tributária compreende não apenas o pagamento do tributo (**obrigação tributária principal**), como também o cumprimento de obrigações de fazer e não fazer, denominadas **obrigações tributárias acessórias**. Por exemplo, recolher o Imposto de Renda da Pessoa Física - IRPF é o objeto da obrigação tributária principal e apresentar a Declaração de Ajuste Anual de Imposto de Renda da Pessoa Física é uma obrigação tributária acessória. Outro exemplo: efetuar o pagamento do ICMS apurado constitui obrigação principal, enquanto promover a inscrição no cadastro de contribuintes, emitir notas fiscais, não receber mercadorias desacompanhadas de documentação fiscal, escriturar os livros fiscais e declarar as operações ao fisco são prestações de fazer e não fazer, portanto, constituem obrigações acessórias.

Obrigação Tributária Principal	Obrigação Tributária Acessória
Natureza: de dar	Natureza: de fazer ou não fazer
Objeto: pagar tributo ou penalidade pecuniária	Objetos: prestações positivas ou negativas por parte do contribuinte que interessam à arrecadação e à fiscalização de tributos (exemplos: declaração de ajuste anual de Imposto de Renda, emissão de notas fiscais, escrituração fiscal)
Prevista na lei (estrita legalidade)	Prevista na legislação tributária
-	Inobservância pelo contribuinte: converte-se em obrigação principal relativamente à penalidade pecuniária

1. OBRIGAÇÃO TRIBUTÁRIA PRINCIPAL

A **obrigação principal** surge com a ocorrência do fato gerador, tem por objetivo o pagamento de tributo ou penalidade pecuniária e extingue-se juntamente com o crédito dela decorrente (CTN, art. 113, § 1º). Assim moldada pelo legislador, pode ser analisada sob dois pontos de vista: dinâmico e estático.

Ponto de vista dinâmico	Ponto de vista estático
Sob um ponto de vista dinâmico, nasce com a ocorrência do fato gerador (CTN, art. 114) e extingue-se com eventos definidos como extintivos do crédito tributário (CTN, art. 156). Entre o nascimento e a extinção, a obrigação pode, ainda, sofrer vicissitudes, com destaque para as causas suspensivas de exigibilidade (CTN, art. 151) e também para algumas exonerações, como é o caso da anistia (CTN, art. 175, II). 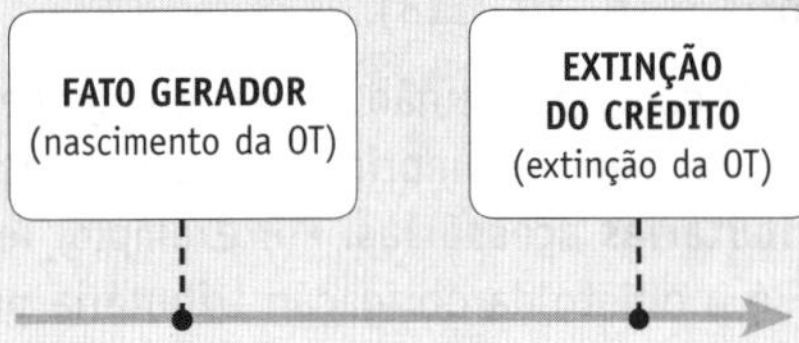	Sob um ponto de vista estático, como toda obrigação, constitui uma **relação jurídica** entre sujeito ativo e sujeito passivo, com referência a um objeto, que é a prestação tributária (o **pagamento do tributo**). 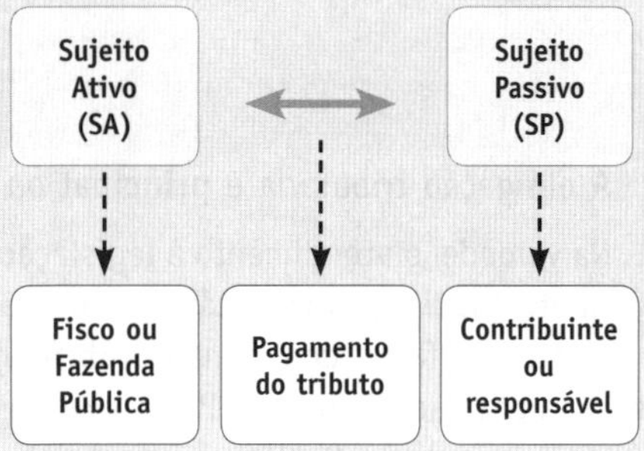

Como se vê, a relação jurídica tributária possui natureza obrigacional, na medida em que vincula credor (sujeito ativo – fisco) e devedor (sujeito passivo – contribuinte ou responsável) com referência a um objeto, que é o pagamento do tributo ou penalidade pecuniária.

Para o nascimento dessa obrigação, basta que um fato concreto (fato gerador ou fato jurídico tributário) ocorra nos termos em que abstratamente previsto em uma norma jurídica (hipótese de incidência). Pode-se citar, por exemplo, o caso do Imposto de Importação. A hipótese de incidência definida em lei é a importação de mercadorias do exterior. Verificada uma importação no plano dos fatos, enquadrando-se esse fato na previsão abstrata de norma de incidência, ocorre o fato gerador e nasce a obrigação tributária. A estrutura jurídica é de um vínculo entre a União (sujeito ativo) e o importador (sujeito passivo – contribuinte), que fica obrigado ao pagamento do tributo (Imposto de Importação, objeto da obrigação tributária principal).

ATENÇÃO:

Nas obrigações privadas, o vínculo entre devedor e credor, entre outros requisitos, dá-se com o acordo de vontades das partes (*pacta sunt servanda*). Na obrigação tributária, por sua vez, não existe acordo de vontades entre sujeito ativo e sujeito passivo, decorrendo a obrigação da previsão legal do fato gerador (obrigação *ex lege*).

2. OBRIGAÇÃO TRIBUTÁRIA ACESSÓRIA

Obrigações acessórias são **prestações positivas ou negativas**, tais como emissão de documentos fiscais, escrituração de livros, entrega de declarações, arquivos magnéticos, não recebimento de mercadorias sem documentação fiscal, não contratação com empresas desabilitadas em cadastros fiscais. Encontram-se previstas na legislação tributária no interesse da arrecadação e da fiscalização (CTN, art. 113, § 2º).

Com essa feição, não se confunde com a obrigação tributária principal, a começar pela distinção entre os veículos normativos necessários para as respectivas exigências. Lembrando-se que lei e legislação não são sinônimos, enquanto a obrigação tributária principal deve decorrer de hipótese de incidência prevista somente em lei (fonte formal primária), a obrigação tributária acessória **decorre da legislação tributária** (conjunto de veículos normativos tributários previstos no artigo 96 do CTN). Portanto, a **obrigação acessória** pode ser exigência **não** só de lei, como **também de decreto ou normas complementares** (fontes formais secundárias), pois todos são veículos que compõem a ideia de legislação, nos termos do artigo 96 do CTN.

A obrigação tributária acessória é tida como sinônimo de dever instrumental (fazer e/ou não fazer). "A relação jurídica tributária refere-se não só à obrigação tributária *stricto sensu*, como ao plexo de **deveres instrumentais**, (positivos ou negativos) que gravitam em torno do tributo, colimando facilitar a aplicação exata da norma jurídica que o previu. (...) Todos estes deveres, repita-se, não possuem, em si mesmos, cunho patrimonial" (Roque Antônio CARRAZZA. Curso de direito constitucional tributário. 23ª ed. São Paulo: Malheiros, 2007, p. 331-332).

ATENÇÃO:

As obrigações tributárias principais e acessórias são independentes entre si, na medida em que no Direito Tributário não se aplica a máxima jurídica muito difundida no Direito Civil, segundo a qual "o acessório segue a sorte do principal". Pode ocorrer uma situação em que um contribuinte possua obrigações acessórias a adimplir (por exemplo, emitir documentos fiscais aos seus clientes e escriturar seus livros fiscais e contábeis) e, ao mesmo tempo, não possua obrigação principal de pagar tributo, como no caso de ser um contribuinte do ICMS que comercialize apenas mercadorias isentas.

Como são do interesse da arrecadação e fiscalização, não raro, a legislação impõe obrigações acessórias a terceiros vinculados ao fato gerador, mas não revestidos das condições de contribuintes da obrigação principal. Um bom exemplo é a Declaração de Operações Imobiliárias (DOI), exigida dos serventuários da Justiça pelo artigo 8º da Lei 10.462/2002, compreendendo "informações sobre as operações imobiliárias anotadas, averbadas, lavradas, matriculadas ou registradas nos Cartórios de Notas ou de Registro de Imóveis, Títulos e Documentos sob sua responsabilidade, mediante a apresentação de Declaração sobre Operações Imobiliárias (DOI), em meio magnético, nos termos estabelecidos pela Secretaria da Receita Federal".

A **inobservância de obrigação acessória converte esta em obrigação principal relativamente à penalidade pecuniária** (CTN, 113, § 3º), ou seja, a multa aplicada por descumprimento de obrigação acessória recebe o tratamento de uma obrigação tributária principal. Em outras palavras, uma obrigação tributária acessória (como a apresentação de uma declaração de Imposto de Renda pelo contribuinte), caso não observada/adimplida (o contribuinte deixou de apresentar no prazo), transforma-se em principal (obrigação de dar), culminando na exigência da penalidade pecuniária (pagar a multa).

Mas cuidado que isso **só vale para as multas tributárias**, não se estendendo a outras multas sem caráter tributário, como as de trânsito e as ambientais.

ATENÇÃO:

"O ente federado competente pode autuar o contribuinte pelo descumprimento de obrigação acessória consistente na exigência de nota fiscal para deslocamento de bens do ativo imobilizado e de bens de uso e consumo entre estabelecimentos da mesma instituição financeira, operação que, em tese, não caracteriza hipótese de incidência do ICMS (Súmula 166/STJ). Ressaltou-se que a obrigação acessória é autônoma e pode ser instituída pelo ente legiferante no interesse da arrecadação ou da fiscalização tributária nos termos do § 2º do art. 113 do CTN, ainda que a obrigação principal não exista, obedecendo-se aos princípios da razoabilidade e da proporcionalidade" (STJ - REsp 1.116.792 - 1ª Seção - Rel. Min. Luiz Fux - julg. 24.11.10).

"[...] Nada obstante, subsiste o dever instrumental imposto pelo Fisco Estadual com o intuito de 'levar ao conhecimento da Administração' (curadora do interesse público) informações que lhe permitam apurar o surgimento (no passado e no presente) de fatos jurídicos tributários, a ocorrência de eventos que tenham o condão de suspender a exigibilidade do crédito tributário, além da extinção da obrigação tributária" (Maurício Zockun, in "Regime Jurídico da Obrigação Tributária Acessória", Ed. Malheiros, São Paulo, 2005, pág. 134).

3. FATO GERADOR E HIPÓTESE DE INCIDÊNCIA

Fato gerador da obrigação principal é a situação definida em lei como necessária e suficiente à sua ocorrência (CTN, art. 114).

Além de importante para definir o momento em que se dá o nascimento da obrigação tributária, a norma do artigo 114 tem caráter ambíguo. Bem e sistematicamente interpretada leva à conclusão de que o fato gerador pode ser visto sob dois prismas: **abstrato** e **concreto.**

No **plano abstrato ou normativo**, fato gerador significa a descrição legal do evento que, uma vez ocorrido, dará nascimento à obrigação tributária, acepção em que a melhor Doutrina o designa por **hipótese de incidência.** Já no **plano concreto ou fático**, refere-se à ocorrência efetiva do fato descrito na lei tributária, melhor designada por **fato imponível, fato jurídico-tributário** ou simplesmente **fato gerador.**

Portanto, a ocorrência do fato gerador de que trata o artigo 114 do CTN dá-se com a subsunção de um fato concreto (fato jurídico-tributário) à norma legal que prevê a situação necessária e suficiente para a incidência de regra de tributação (hipótese de incidência).

Subsunção	**Plano normativo (abstrato)**	Hipótese de incidência
	Plano fático (concreto)	Fato jurídico-tributário

Exemplificativamente, no momento em que o exportador promove a saída de um produto do território nacional, diz-se ocorrer o fato gerador do imposto de exportação. Precisamente, trata-se de um **fato jurídico-tributário** decorrente da subsunção do evento "promover exportação" à hipótese de incidência descrita no artigo 1º do Decreto-lei 1.578/77 (saída do território nacional, de produto nacional ou nacionalizado).

4. O FATO JURÍDICO-TRIBUTÁRIO NO CTN

O artigo 116 do CTN dispõe sobre o momento da ocorrência do fato gerador.

Nos termos do inciso I, tratando-se de **situação de fato**, considera-se ocorrido o fato gerador desde o momento em que se verifiquem as circunstâncias materiais necessárias a que produza os efeitos que normalmente lhe são próprios, como por exemplo, a saída da mercadoria no ICMS.

Mas se o fato gerador for uma **situação jurídica**, como ocorre nos impostos sobre a propriedade (IPTU, IPVA e ITR), considera-se ocorrido desde o momento em que a situação jurídica estiver definitivamente constituída (inciso II).

Na mesma linha, o artigo 117 do CTN cuida dos **fatos geradores condicionais** ao considerar que os atos e negócios submetidos a condições suspensivas ou resolutórias que constituam fatos geradores de tributos reputam-se perfeitos e acabados:

- **na condição suspensiva (inciso I),** desde o momento de sua implementação, como por exemplo, na doação de materiais de construção a uma entidade filantrópica, condicionada à apresentação de projeto e comprovação da aquisição de terreno para a construção de sua sede, hipótese na qual somente se considera ocorrido o fato gerador quando o projeto for apresentado e o terreno for adquirido;
- **na condição resolutória (inciso II)**, desde o momento da prática do ato ou da celebração do negócio, como seria o caso da compra e venda de um imóvel com

cláusula de rescisão condicionada a evento futuro e incerto consubstanciado, por exemplo, na hipótese de uma brusca desvalorização do bem no mercado imobiliário no período de três anos posteriores ao negócio.

Caso peculiar diz respeito ao fato gerador do Imposto de Renda, caracterizado por alguns como um fato gerador continuado. Porém, para a maioria da doutrina, o fato gerador do IR não é continuado, o que daria ideia de algo que se repete ao longo do tempo, mas, sim, **complexo** ou **complexivo**, por compreender um fato gerador (disponibilidade econômica) que vai se formando ao longo de determinado espaço de tempo.

Merece destaque, o artigo 118 do CTN, de acordo com o qual se deve interpretar a definição legal do fato gerador independentemente da validade jurídica, natureza do objeto ou efeitos dos atos praticados (inciso I) ou dos fatos ocorridos (inciso II). Diante dessa regra hermenêutica, impera a interpretação objetiva do fato gerador e devem sofrer tributação normal os negócios constitutivos de fatos geradores realizados por empresas de fato (que não tenham contrato social ou outro ato constitutivo) ou irregulares (cujo contrato social ou ato constitutivo não tiverem sido levados a registro no órgão competente).

Com base nas mesmas normas e não obstante a previsão legal do fato gerador seja sempre fatos lícitos, consideram-se válidos fatos geradores relacionados a atividades ilícitas, tais como o IPTU do imóvel onde funciona uma banca de jogo de bicho ou a renda obtida por um membro de crime organizado. Trata-se da aplicação do princípio do ***non olet*** ("o dinheiro não tem cheiro"), que leva a uma interpretação objetiva dos fatos geradores. Em outras palavras, é possível a incidência de tributação sobre valores arrecadados em virtude de atividade ilícita, consoante o artigo 118 do CTN.

ATENÇÃO:

"Sonegação fiscal de lucro advindo de atividade criminosa: *non olet*. Drogas: tráfico de drogas, envolvendo sociedades comerciais organizadas, com lucros vultosos subtraídos à contabilização regular das empresas e subtraídos à declaração de rendimentos: caracterização, em tese, de crime de sonegação fiscal, a acarretar a competência da Justiça Federal e atrair, pela conexão, o tráfico de entorpecentes: irrelevância da origem ilícita, mesmo quando criminal, da renda subtraída à tributação. A exoneração tributária dos resultados econômicos de fato criminoso – antes de ser corolário do princípio da moralidade – constitui violação do princípio de isonomia fiscal, de manifesta inspiração ética." (STF, HC 77.530, Rel. Min. Sepúlveda Pertence, julgamento em 25-8-1998, Primeira Turma, *DJ* de 18-9-1998.)

Seria contraditório o não pagamento do imposto proveniente de ato ilegal, pois haveria locupletamento da própria torpeza em detrimento do interesse público da satisfação das necessidades coletivas, a qual se daria por meio da exação tributária. HC 94240, Rel. Min. Dias Toffoli, 23.8.2011. 1ª T. (Info 637).

Ainda em relação ao fato jurídico-tributário uma distinção doutrinária vez ou outra exigida em concursos é a que se faz entre **bitributação** e ***bis in idem***, aqui apresentada a partir dos ensinamentos de Regina Helena Costa:

> "A **bitributação** significa a possibilidade de um mesmo fato jurídico ser tributado por mais de uma pessoa. Diante de nosso sistema tributário, tal prática é vedada, pois cada situação fática somente pode ser tributada por uma única pessoa política, aquela apontada constitucionalmente, pois, como visto, a competência tributária é exclusiva ou privativa. Inviável, portanto, que haja mais de uma pessoa política autorizada a exigir tributo sobre o mesmo fato jurídico. Já o ***bis in idem*** é ideia distinta, traduzida na situação de o mesmo fato jurídico ser tributado mais de uma vez pela mesma pessoa política, sendo permitido pelo sistema pátrio desde que expressamente autorizado pela Constituição. Por exemplo, o fato de uma empresa auferir lucro dá margem à exigência de Imposto sobre a Renda, como também da contribuição social sobre o lucro - CSSL, ambos os tributos de competência da União. Pois bem. A competência tributária, assim compreendida, há de ser exercida segundo parâmetros constitucionalmente estabelecidos, dentre os quais se destacam os princípios e as imunidades" (COSTA, Regina Helena. *Curso de Direito Tributário – Constituição e Código Tributário Nacional.* 2ª ed. São Paulo: Saraiva, 2012, pág. 67).

Em complemento, Ricardo Alexandre (ALEXANDRE, Ricardo. *Direito tributário esquematizado.* 8ª ed. São Paulo: Método, 2014, páginas 201/203) elenca dois exemplos de **bitributação legítima**, quais sejam:

- a instituição, pela União, na iminência ou no caso de guerra externa, de imposto extraordinário (CF, art. 154, II), compreendidos ou não em sua competência tributária, sendo que, caso esteja compreendido na competência federal (como por exemplo, um "novo IR"), estar-se-ia diante de um ***bis in idem*** e, caso esteja compreendido na competência estadual ou municipal (como por exemplo, um "novo ICMS"), estar-se-ia diante de uma **bitributação (legítima)**
- a tributação da renda envolvendo "Estados-nações" diversos, como, por exemplo, no caso de uma pessoa residente no Brasil que recebe rendimentos de trabalho realizado no Uruguai, em que ambos os países tem legitimidade para cobrar o imposto de renda. O autor ressalta que a "única maneira de evitar a dupla incidência é a celebração de tratado internacional, o que não ocorre nos casos envolvendo Brasil e Uruguai" (*Op. cit.*, página 202)

5. REGRA-MATRIZ DE INCIDÊNCIA TRIBUTÁRIA

Descrição doutrinária de grande precisão, útil para uma melhor compreensão do fenômeno da incidência tributária, a regra-matriz de incidência tributária "representa a estrutura e o conteúdo nuclear de uma norma jurídica em matéria tributária" que "prescreve a obrigação de alguém pagar tributo por ter ocorrido um fato jurídico lícito". (QUEIROZ, Luís César Souza de. **Regra matriz de incidência tributária.** In SANTI, Eurico Diniz de (coord). **Curso de especialização em direito tributário: estudos analíticos em homenagem a Paulo de Barros Carvalho.** Rio de Janeiro: Forense, 2005, p. 226). Em palavras mais breves, é norma jurídica que descreve um fato jurídico e prescreve a obrigação de pagar um tributo na hipótese desse fato ocorrer. Terminologia disseminada pelo jurista Paulo de Barros Carvalho, caracteriza a estrutura lógica e os elementos componentes das normas jurídicas gerais e abstratas veiculadoras de hipóteses de incidência tributária e de suas consequências jurídico-tributárias. Pelo menos de maneira direta, não é muito cobrada nos concursos públicos, porém, a sua compreensão revela-se de grande valia para auxiliar no raciocínio necessário à resolução de questões que envolvem incidência tributária, fato gerador, sujeito ativo e sujeito passivo, alíquota, base de cálculo etc.

Portanto, a regra-matriz de incidência tributária constitui uma norma jurídica que, como qualquer outra, descreve um fato no seu antecedente normativo (a hipótese de incidência tributária) e uma consequência jurídica no seu consequente normativo (a obrigação tributária principal, isto é, o dever de pagar o tributo).

Esquematicamente, essa norma jurídica que constitui a regra-matriz de incidência pode ser representada da seguinte forma:

HI ➡ OT

onde HI = hipótese de incidência / OT = obrigação tributária

É claro que todo esse raciocínio constrói-se no plano abstrato normativo, ou seja, da norma jurídica ainda não aplicada a nenhum caso concreto. No plano concreto, dá-se a ocorrência do fato descrito no antecedente da regra-matriz (hipótese de incidência), que implicará no fato jurídico-tributário ou fato gerador do tributo.

Mas, voltando à regra matriz de incidência tributária, a partir do estudo da teoria do Prof. Paulo de Barros Carvalho, é possível determinar os elementos componentes da sua estrutura lógica.

Como já demonstrado, a função do **antecedente da regra-matriz de incidência** tributária é descrever a **hipótese de incidência**, isto é, estabelecer abstratamente o fato-jurídico tributário, o que faz de acordo com três critérios, quais sejam:

- **material** (comportamento de uma pessoa = verbo + complemento). Exemplos: doar bens (ITCMD), promover circulação de mercadorias (ICMS), ser proprietário de imóvel urbano (IPTU) etc.
- **temporal** (momento da ocorrência do fato jurídico-tributário). Exemplo: os momentos da lavratura da escritura de doação (ITCMD), da saída da mercadoria (ICMS) ou, anualmente, o primeiro dia de cada exercício (IPTU).

- **espacial** (local da ocorrência do fato jurídico-tributário). Exemplos: imóveis localizados no território do Estado (ITCMD), saídas internas ou saídas interestaduais (ICMS) ou imóveis localizados na zona urbana do Município (IPTU).

Na mesma linha, a função do **consequente da regra-matriz de incidência** tributária é prescrever as consequências jurídico-tributárias para o caso de ocorrer o fato jurídico-tributário, isto é, definir a **obrigação tributária**, o que faz segundo dois critérios, a saber:

- **pessoal** (sujeitos da obrigação tributária, sendo, de modo geral, o Fisco como sujeito ativo e os contribuintes e responsáveis como sujeitos passivos).
- **quantitativo** (alíquota e base de cálculo). Exemplo: a base de cálculo das contribuições sociais sobre importação é valor aduaneiro (CF, art. 149, § 2°, III, "a") e as alíquotas podem ser *ad valorem* (um percentual aplicado sobre a base de cálculo) ou específicas (um valor aplicado sobre uma base de medida).

ATENÇÃO:

As **alíquotas** mais comuns estabelecidas nas leis tributárias são as alíquotas ***ad valorem***, que correspondem a um percentual aplicável sobre base de cálculo. Exemplos: alíquota-padrão de **18%** do ICMS, alíquota do Imposto de Renda sobre o ganho de capital de **15%**, alíquota do IPI sobre determinado produto é de **10%** etc. Mas é possível, também, encontrar alíquotas *específicas*, isto é, quantidades aplicadas sobre uma base de medida. Exemplos: o valor da taxa de xerox autenticado no Fórum é de R$ 1,50 por cópia (alíquota é de R$ 1,50 por cópia e a base de cálculo a quantidade de cópias), enquanto a alíquota da CIDE-Combustível sobre o querosene de aviação é de R$ 21,40 por m3 (a alíquota é o valor de R$ 21,40 e a base de cálculo a quantidade de m3, bastando multiplicar a alíquota pela base para se obter o valor do tributo devido).

Todos esses elementos da regra-matriz são estabelecidos pela pessoa política quando do exercício da competência para instituição do tributo, como regra, em lei ordinária, segundo preceituado no artigo 150, inciso I, da CF.

6. NORMA GERAL ANTIELISÃO

A autoridade administrativa poderá desconsiderar atos ou negócios jurídicos praticados com a finalidade de dissimular a ocorrência do fato gerador do tributo ou a natureza dos elementos constitutivos da obrigação tributária, observados os procedimentos a serem estabelecidos em lei ordinária (CTN, art. 116, parágrafo único).

A norma antielisão, como é popularmente conhecido o parágrafo único do artigo 116 do CTN, não exige prévia ordem judicial para amparar a desconsideração dos atos e negócios jurídicos, já que a norma antielisão é explícita ao facultar essa prerrogativa à **autoridade administrativa.**

A redação é da Lei Complementar nº 104/2001, que atribui ao legislador da lei ordinária a competência para a sua regulamentação, em razão da ressalva de que deverão ser "**observados os procedimentos a serem estabelecidos em lei ordinária**".

Logo que incluído no CTN, o parágrafo em questão recebeu o apelido de "norma geral antielisão". A denominação é tecnicamente duvidosa, como se pode concluir pela análise dos conceitos **evasão**, **elisão** e **dissimulação.**

Para a maioria dos doutrinadores, **evasão** é sinônimo de sonegação de tributos. Diz respeito a qualquer artifício utilizado pelo contribuinte para fraudar ou ocultar a ocorrência de fatos geradores. Trata-se de uma forma ilícita de fugir do pagamento de tributos, como por exemplo, a indústria que comercializa seus produtos sem emitir nota fiscal, ocultando suas operações do Fisco, com o objetivo de deixar de pagar tributos sobre a produção industrial (IPI), sobre receita, lucro e faturamento (contribuições sociais e IR), sobre a circulação de mercadorias (ICMS), entre outros.

Também para a maior parte da doutrina, a **elisão** constitui forma de planejamento tributário, isto é, meio lícito de que se utiliza o contribuinte para impedir a ocorrência do fato gerador e, por via reflexa, evitar sua sujeição passiva à tributação. É o caso do contribuinte que, ao optar entre Lucro Real e Lucro Presumido, escolhe o regime de apuração do Imposto de Renda da Pessoa Jurídica mais vantajoso.

Dissimulação, por fim, refere-se à prática de qualquer ato que tenha por finalidade disfarçar o fato gerador ou os elementos constitutivos da obrigação tributária. Um bom exemplo é da empresa que, por meio de "documentação fria", simula exportações, operações imunes a vários tributos, para dissimular os fatos geradores decorrentes de venda que promove no mercado interno, sem a correspondente emissão dos devidos documentos fiscais.

Com base nessas distinções, verifica-se que as práticas dissimulatórias, na verdade, encontram-se mais ligadas ao conceito de evasão fiscal. Na elisão, não há que se falar em dissimulação do fato gerador, mas em sua não ocorrência em razão do rumo dado aos atos ou negócios do contribuinte. E, sob esta ótica, pode-se defender a impropriedade do apelido de "norma geral antielisão", atribuído ao artigo 116, parágrafo único, do CTN.

Além das práticas flagrantemente sonegatórias, em que há dolo, fraude ou simulação, pertencentes ao campo que se pode classificar como núcleo pacífico da evasão fiscal, existem condutas que alguns juristas vêm defendendo como sendo práticas de planejamento tributário ilícito, por estarem em descompasso com os limites impostos pela legislação de direito privado.

O Código Civil de 2002 introduziu na ordem jurídica brasileira duas novas modalidades de ilícitos civis: o **abuso de direito** e a **fraude à lei**. A tese é de que toda e qualquer prática empresarial que padecer destes vícios constituirá evasão fiscal, escapando total mente da esfera lícita do planejamento tributário.

A primeira delas é o **abuso de direito**, isto é, a utilização abusiva de uma norma jurídica. Comete ato ilícito o titular de um direito que, ao exercê-lo, excede manifestamente os limites impostos pelo seu fim econômico ou social, pela boa-fé ou pelos bons costumes

(CC, art. 187). É o que parece acontecer quando um estabelecimento empresarial é legalmente constituído e opera com mera aparência de funcionamento, tendo por finalidade exclusiva concentrar créditos de tributos como ICMS e IPI cuja utilização pela empresa não seja circunstancialmente vantajosa, objetivando-se posterior venda do estabelecimento a grupo empresarial que tenha interesse em aproveitá-lo. Não é esta a finalidade econômica e social de um estabelecimento empresarial, razão por que a prática pode ser tida como abuso de direito, conduta ilícita à luz do artigo 187 do CC.

Além disso, nos termos do artigo 166, inciso VI do CC, é nulo o negócio jurídico que tiver por objetivo fraudar lei imperativa (**fraude à lei**). Isso ocorre quando, por exemplo, uma norma jurídica é utilizada como camuflagem para que outra norma seja burlada. Assim procede aquele que, pretendendo ceder gratuitamente suas quotas societárias, situação constitutiva de doação e fato gerador do ITCMD, transfere-as de forma onerosa, por valor simbólico, com o nítido desiderato de não se sujeitar ao pagamento do imposto sobre a doação.

Em todas essas situações o sujeito passivo atua em descompasso com a finalidade negocial, ingressando em seara com que a doutrina apenas recentemente passou a se preocupar, que é o campo da **elusão fiscal**. São avenças simuladas ou fraudulentas, totalmente sem propósito negocial, pactuadas apenas e exclusivamente para evitar a incidência tributária. Também tratada por elisão abusiva ou elisão ineficaz, a **elusão fiscal** propicia uma economia tributária que enseja uma concorrência desleal, afrontando a justiça fiscal, que se escora na isonomia e na capacidade contributiva.

Na mesma linha, o planejamento tributário, para ser considerado lícito, tem que apresentar um propósito negocial. Essa análise (do propósito negocial) tem sido apreciada nos julgamentos dos recursos no Conselho Administrativo de Recursos Fiscais - CARF, do Ministério da Fazenda.

7. INFORMATIVOS DE JURISPRUDÊNCIA (2017 E 2018)

Imposto de renda sobre a pessoa física. Direito de Arena. Art. 42, caput e §1°, da Lei n. 9.615/1998 ("Lei Pelé"). Natureza indenizatória da parcela. Não configuração. Acréscimo patrimonial. Hipótese de incidência do IRPF.

A remuneração percebida pelos atletas profissionais a título de direito de arena sujeita-se à incidência do Imposto sobre a Renda de Pessoa Física – IRPF. REsp 1.679.649-SP, Rel. Min. Regina Helena Costa, por unanimidade, julgado em 17/05/2018, DJe 23/05/2018. (Informativo n. 626.)

Arrolamento sumário. Art. 659, § 2°, do CPC/2015. Homologação da partilha. Prévio atendimento das obrigações tributárias principais e acessórias relativas ao ITCMD. Desnecessidade.

A homologação da partilha no procedimento do arrolamento sumário não pressupõe o atendimento das obrigações tributárias principais e tampouco acessórias relativas ao imposto sobre transmissão causa mortis. REsp 1.751.332-DF, Rel. Min. Mauro Campbell Marques, por unanimidade, julgado em 25/09/2018, DJe 03/10/2018 (Informativo n. 636.)

8. SÚMULAS

Súmula 38 CARF: "O fato gerador do Imposto sobre a Renda da Pessoa Física, relativo à omissão de rendimentos apurada a partir de depósitos bancários de origem não comprovada, ocorre no dia 31 de dezembro do ano-calendário".

Súmula 44 CARF: "Descabe a aplicação da multa por falta ou atraso na entrega da Declaração de Ajuste Anual do Imposto de Renda das Pessoas Físicas, quando o sócio ou titular de pessoa jurídica inapta não se enquadre nas demais hipóteses de obrigatoriedade de apresentação dessa declaração".

Súmula 119 CARF: "No caso de multas por descumprimento de obrigação principal e por descumprimento de obrigação acessória pela falta de declaração em GFIP, associadas e exigidas em lançamentos de ofício referentes a fatos geradores anteriores à vigência da MP n° 449/2008, convertida na Lei n° 11.941/2009, a retroatividade benigna deve ser aferida mediante a comparação entre a soma das penalidades pelo descumprimento das obrigações principal e acessória, aplicáveis à época dos fatos geradores, com a multa de ofício de 75%, prevista no art. 44 da Lei n° 9.430/1996".

9. LEGISLAÇÃO RELACIONADA AO CAPÍTULO

» CÓDIGO TRIBUTÁRIO NACIONAL

Art. 113. A obrigação tributária é principal ou acessória.

§ 1º A obrigação principal surge com a ocorrência do fato gerador, tem por objeto o pagamento de tributo ou penalidade pecuniária e extingue-se juntamente com o crédito dela decorrente.

§ 2º A obrigação acessória decorre da legislação tributária e tem por objeto as prestações, positivas ou negativas, nela previstas no interesse da arrecadação ou da fiscalização dos tributos.

§ 3º A obrigação acessória, pelo simples fato da sua inobservância, converte-se em obrigação principal relativamente à penalidade pecuniária.

Art. 114. Fato gerador da obrigação principal é a situação definida em lei como necessária e suficiente à sua ocorrência.

Art. 115. Fato gerador da obrigação acessória é qualquer situação que, na forma da legislação aplicável, impõe a prática ou a abstenção de ato que não configure obrigação principal.

Art. 116. Salvo disposição de lei em contrário, considera-se ocorrido o fato gerador e existentes os seus efeitos:

I – tratando-se de situação de fato, desde o momento em que o se verifiquem as circunstâncias materiais necessárias a que produza os efeitos que normalmente lhe são próprios;

II – tratando-se de situação jurídica, desde o momento em que esteja definitivamente constituída, nos termos de direito aplicável.

Parágrafo único. A autoridade administrativa poderá desconsiderar atos ou negócios jurídicos praticados com a finalidade de dissimular a ocorrência do fato gerador do tributo ou a natureza dos elementos constitutivos da obrigação tributária, observados os procedimentos a serem estabelecidos em lei ordinária. (Incluído pela Lcp nº 104, de 2001)

Art. 117. Para os efeitos do inciso II do artigo anterior e salvo disposição de lei em contrário, os atos ou negócios jurídicos condicionais reputam-se perfeitos e acabados:

I – sendo suspensiva a condição, desde o momento de seu implemento;

II – sendo resolutória a condição, desde o momento da prática do ato ou da celebração do negócio.

Art. 118. A definição legal do fato gerador é interpretada abstraindo-se:

I – da validade jurídica dos atos efetivamente praticados pelos contribuintes, responsáveis, ou terceiros, bem como da natureza do seu objeto ou dos seus efeitos;

II – dos efeitos dos fatos efetivamente ocorridos.

10. QUESTÕES FUNDAMENTADAS

1. (FCC – Agente Fiscal de Rendas – SP/2013) Fato Gerador e Obrigação Tributária são dois institutos intrinsicamente relacionados no Direito Tributário, sendo um decorrência do outro. A respeito desses institutos, é correto afirmar:

a) O fato gerador da obrigação principal é situação definida na forma da lei como necessária e suficiente à sua ocorrência, podendo ocorrer a sua definição, excepcionalmente, por tratados e convenções internacionais, decretos e normas complementares.

b) A obrigação acessória tem por objeto obrigações de dar ou fazer, positivas ou negativas, que contribuem com a arrecadação e fiscalização dos tributos.

c) A obrigação acessória não se converte em obrigação principal, pois o seu fato gerador é qualquer situação que imponha a prática ou abstenção de ato que não configure a obrigação principal, nos termos do CTN.

d) A mesma situação fática pode ser fato gerador de uma obrigação tributária principal e de uma obrigação tributária acessória, ambas definidas na legislação tributária.

e) A obrigação principal surge com o fato gerador e tem por objeto o pagamento de tributo, enquanto a obrigação acessória tem por objeto o pagamento de penalidade pecuniária, sendo que ambas se extinguem com o crédito delas decorrente.

2. (FCC – Agente Fiscal de Rendas – SP/2013) O Estado de São Paulo instituiu por meio de decreto obrigação acessória consistente na exigência de nota fiscal para circulação entre estabelecimentos de um mesmo contribuinte de mercadorias abarcadas por isenção do ICMS. Posteriormente a esta instituição, a empresa Palas Atenas Industrial S.A. transferiu algumas destas mercadorias isentas entre seus estabelecimentos localizados em diferentes cidades deste Estado. A fim de realizar esta transferência de mercadorias, a empresa emitiu documentos diversos dos previstos na norma tributária. Como consequência, Eufrosina, Agente Fiscal de Rendas deste Estado, lavrou auto de infração contra a empresa Palas Atenas Industrial S.A., acusando-a de descumprimento de obrigações acessórias, pois não houve a devida emissão das notas fiscais previstas na legislação. Em face da situação hipotética apresentada e do ordenamento jurídico vigente, tem-se que a Agente Fiscal de Rendas agiu

a) incorretamente, pois o deslocamento de mercadorias isentas entre estabelecimentos de um mesmo contribuinte não configura hipótese de incidência do ICMS, não havendo portanto obrigatoriedade no cumprimento de obrigações acessórias.

b) corretamente, pois ente federado pode instituir obrigação acessória a ser observada pelos contribuintes, ainda que inexistente hipótese de incidência tributária, mesmo nos casos em que a operação ou prestação seja isenta do imposto.

c) incorretamente, pois a não ocorrência do fato gerador, com o consequente não surgimento da obrigação principal, enseja a inexistência de obrigação acessória, mesmo que decorrente da legislação tributária.

d) corretamente, pois a obrigação acessória decorre de uma relação sinalagmática firmada entre o contribuinte e a administração tributária, tendo por objeto as prestações por ela previstas no interesse da arrecadação de tributos.

e) corretamente, pois o simples fato da inobservância pela empresa Palas Atenas Industrial S.A. da obrigação acessória de emitir notas fiscais, conforme previsto na legislação tributária, converte-se em obrigação principal relativamente ao imposto devido, desde que observados os princípios da razoabilidade e da proporcionalidade.

3. (ESAF – Auditor-Fiscal– RFB/2012) Sobre a relação entre obrigação e crédito tributário, assinale a opção incorreta.

a) A relação tributária é uma relação obrigacional cujo conteúdo é uma prestação pecuniária, em que num dos polos está o devedor, e no outro o credor. Obrigação e crédito pressupõem um e outro.

b) A obrigação, quando surge, já se estabelece em favor do sujeito ativo (a ela corresponde o crédito e vice-versa). Quando o CTN diz do surgimento da obrigação com o crédito tributário, e da constituição do crédito com o lançamento, quis na verdade referir-se ao crédito formalizado, certo, líquido e oponível ao sujeito passivo.

c) Embora obrigação e crédito sejam, no direito privado, dois aspectos da mesma relação, o direito tributário houve por bem distingui-los: a obrigação como um primeiro momento na relação tributária, de conteúdo e sujeito passivo ainda não determinados e formalmente identificados; o crédito como um segundo momento na mesma relação, que surge com o lançamento.

d) De acordo com o CTN, o lançamento possui natureza constitutiva da obrigação tributária, e declaratória do respectivo crédito tributário.

e) À obrigação tributária corresponde o direito de proceder- se ao lançamento.

4. **(Procurador do Município - Prefeitura Curitiba-PR/2007 - PUC)** A expressão "fato gerador" é criticada por vários segmentos da doutrina em razão de que:

a) não importa, para a análise das obrigações tributárias, a investigação sobre os fatos que deram origem a elas.

b) o fato concreto, legalmente descrito, quando ocorrido, nenhum efeito gera.

c) as situações concretas relevantes para o Direito Tributário não são os fatos jurídicos, e sim os atos jurídicos.

d) alude, ao mesmo tempo, à previsão abstrata da norma e à situação concreta a que ela se refere.

e) a obrigação tributária principal não nasce, segundo o CTN, com a ocorrência do fato gerador.

5. **(CESPE - Juiz Federal Substituto 2ª região/2011)** Em consonância com as normas previstas no CTN relativas à interpretação da definição legal do fato gerador da obrigação de pagar o tributo devido, assinale a opção correta com relação à prática de crime de descaminho.

a) Somente se considera ocorrido o fato gerador se o descaminho for praticado pelo próprio contribuinte.

b) Não ocorre o fato gerador se o agente não conseguir seus intuitos.

c) O fato gerador somente se considera ocorrido se o descaminho for praticado por terceiros.

d) Não ocorre o fato gerador, dada a inadmissibilidade de se tributar o crime de descaminho.

e) O fato gerador considera-se ocorrido, independentemente da validade jurídica do ato praticado.

6. **(CESPE - Juiz de Direito Substituto-PI/2012)** No que tange à obrigação tributária, assinale a opção correta.

a) É possível que sujeito passivo de obrigação principal figure como responsável, ainda que a obrigação não decorra de disposição expressa em lei.

b) A solidariedade mencionada no CTN importa benefício de ordem quando as pessoas solidárias são expressamente designadas por lei.

c) Não é possível que uma obrigação acessória se converta em principal, pois esta é vinculada à ocorrência do fato gerador.

d) A autoridade administrativa pode desconsiderar atos ou negócios jurídicos praticados com a finalidade de dissimular a ocorrência de fato gerador de tributo; o procedimento a ser adotado deve ser estabelecido por lei ordinária.

e) Na hipótese de constituição de pessoa jurídica de direito público pelo desmembramento territorial de outra, não haverá sub-rogação em direitos.

7. **(CESPE - Procurador BACEN/2009)** Uma empresa contratou, em 1º/8/2009, outra empresa para prestar determinado serviço. Se o contrato continha cláusula que o submetia a condição resolutiva, então o fato gerador da obrigação tributária do Imposto sobre Serviços (ISS) ocorre no momento

a) atual.

b) em que forem prestados os serviços.

c) em que for emitida a nota fiscal.

d) em que for implementada a condição resolutiva.

e) em que for efetuado o pagamento.

8. **(ESAF - Procurador Fazenda Nacional/2007 - adaptada)** Responda às perguntas abaixo, com um Sim ou um Não e em seguida selecione, entre as opções abaixo, a que contenha as respostas certas, na devida sequência.

A definição do fato gerador da obrigação tributária principal pode ser estabelecida apenas por lei?

A obrigação tributária principal pode ter por objeto exclusivamente penalidade pecuniária?

Uma situação que, na forma da legislação aplicável, impõe a prática ou a abstenção de ato que não configure pagamento de tributo é denominada, no CTN, obrigação acessória?

a) Sim, Não, Não

b) Sim, Não, Sim

c) Sim, Sim, Sim

d) Não, Sim, Sim

e) Não, Sim, Não

9. **(FMP – Procurador do Estado – AC/2012)** Dadas as assertivas abaixo, assinale a alternativa correta, de acordo com o Código Tributário Nacional:

I. A obrigação tributária principal surge com a ocorrência do fato gerador, tendo por objeto prestações positivas ou negativas no interesse da fiscalização dos tributos.

II. A definição legal do fato gerador deve ser interpretada considerando-se a validade jurídica dos atos praticados pelos contribuintes.

III. Fato gerador da obrigação principal é a situação definida em lei como necessária e suficiente a sua ocorrência.

IV. A autoridade administrativa poderá desconsiderar negócios jurídicos praticados com a finalidade de dissimular a ocorrência do fato gerador, observados os procedimentos a serem definidos em lei ordinária.

a) Estão corretas apenas as assertivas I e II.

b) Estão corretas apenas as assertivas I e III.

c) Estão corretas apenas as assertivas III e IV.

d) Estão corretas apenas as assertivas II e IV.

10. **(FCC – Procurador do Estado – SP/2012)** No tocante à obrigação tributária,

a) a criação de obrigação acessória independe da competência tributária.

b) a obrigação acessória tem o mesmo destino da obrigação principal. Somente pode existir em razão dela e, uma vez extinta a obrigação principal, extinta estará também a obrigação acessória.

c) contribuinte desobrigado de cumprimento da obrigação principal, por imunidade ou isenção, não pode ser compelido a cumprir a respectiva obrigação acessória.

d) a não emissão de nota fiscal, por contribuinte a ela obrigado, configura descumprimento de obrigação principal, já que a emissão de referido documento é de suma importância para a fiscalização tributária.

e) o descumprimento da obrigação acessória pode dar ensejo ao nascimento de uma obrigação principal.

11. **(CESPE – Procurador do Estado – PB/2008)** No que se refere à ocorrência do fato gerador e ao surgimento da obrigação tributária, assinale a opção incorreta.

a) Quando um negócio jurídico é fato gerador de um tributo e é celebrado sob condição resolutiva, a ocorrência deve ser considerada desde a celebração do negócio.

b) O fato gerador da obrigação principal é a situação definida em lei como necessária e suficiente para a sua ocorrência.

c) Quando o negócio jurídico expressa uma situação fática, a ocorrência somente deve ser caracterizada quando presentes todos os elementos essenciais para que a situação produza os efeitos que lhes são peculiares.

d) Quando um negócio jurídico é fato gerador de um tributo e é celebrado sob condição suspensiva, a ocorrência somente deve ser considerada quando se realiza a condição.

e) O fato gerador da obrigação acessória é a situação definida em lei que obriga o sujeito passivo às prestações de fazer ou não-fazer que constituam objeto da obrigação.

12. **(CESPE – Procurador do Estado – AL/2008)** Assinale a opção correta a respeito de fato gerador.

a) O fato gerador da obrigação acessória é qualquer situação que, na forma da legislação tributária, impõe a prática ou a abstenção de ato que não configure obrigação principal.

b) O fato gerador da obrigação principal é a situação definida na legislação tributária que impõe uma sanção administrativa.

c) Considera-se, via de regra, caracterizado o fato gerador quando da verificação, pelo fisco, da ocorrência do mesmo.

d) Tratando-se de situação jurídica, considera-se ocorrido o fato gerador e existentes seus efeitos, após declarada pelo fisco a validade do ato.

e) O fato gerador de um imposto pode ser definido por meio de lei ordinária.

13. (CESPE – Procurador do Estado – PE/2009) A respeito do ICMS e das obrigações tributárias a ele relativas, assinale a opção correta.

a) Ao emitir nota fiscal, o responsável pelo recolhimento do ICMS pratica obrigação tributária principal.

b) Reputa-se acessória a obrigação tributária imposta ao contribuinte, no sentido de tolerar atividades de fiscalização do recolhimento do ICMS.

c) A obrigação tributária consistente no dever de manter escrita contábil referente ao ICMS decorre sempre da lei *stricto sensu*.

d) Os contribuintes isentos do recolhimento do ICMS são dispensados de manter documentos fiscais relativos ao mencionado imposto.

e) A abstenção de prestação de informações requeridas pelo fisco converte-se em obrigação tributária acessória, com relação à eventual penalidade pecuniária.

14. (Cesgranrio/Inea/Advogado/2008) De acordo com o disposto no Código Tributário Nacional, o fato gerador da obrigação principal é definido como o(a):

a) pagamento de tributo ou penalidade pecuniária.

b) lei tributária que define infrações, ou lhe comina penalidades.

c) situação definida em lei como necessária e suficiente à sua ocorrência.

d) fato decorrente da legislação tributária, tendo por objeto as prestações, positivas ou negativas, nela previstas no interesse da arrecadação ou da fiscalização dos tributos.

e) ato previsto em leis, tratados ou convenções internacionais, decretos ou normas complementares que versem, no todo ou em parte, sobre tributos e relações jurídicas a eles pertinentes.

15. (ESAF – Analista Tributário da Receita Federal/2012) Avalie as três proposições abaixo, à luz do Código Tributário Nacional, e responda à questão correspondente, assinalando a opção correta.

I. Em regra, a definição do fato gerador da obrigação tributária principal só pode ser estabelecida em lei, mas a definição do sujeito passivo dessa obrigação pode ser estabelecida em decretos e normas complementares.

II. A obrigação acessória tem por objeto a prestação positiva de pagamento do tributo ou penalidade pecuniária e outras prestações previstas no interesse da arrecadação.

III. Poderão ser desconsiderados pela autoridade os atos ou negócios jurídicos praticados com a finalidade de dissimular a ocorrência do fato gerador do tributo.

Contém ou contêm erro:

a) apenas as duas primeiras proposições.

b) apenas a primeira.

c) apenas a segunda.

d) apenas a terceira.

e) nenhuma, pois as três estão certas.

16. (CESPE – Analista Judiciário – Área Judiciária – STF/2013) Acerca da obrigação tributária, julgue os itens subsequentes.

– A obrigação tributária acessória decorre da legislação tributária e pode ter como objeto a inscrição no cadastro fiscal da atividade empresarial desenvolvida, a fim de atender aos interesses da fiscalização tributária.

17. (PUC – PR – Juiz de Direito – PR/2014) Acerca das obrigações tributárias, assinale a alternativa CORRETA.

I. As obrigações tributárias acessórias não dependem da efetiva existência de uma obrigação principal.

II. A base de cálculo do tributo pode ser entendida como a medida legal da grandeza do fato gerador, não constituindo elemento necessário para todas as espécies tributárias.

III. O fato gerador do tributo chama-se periódico ou complexivo quando é ele representando por situação que se mantem no tempo e que é mensurada em cortes temporais, como ocorre nos tributos sobre a propriedade (IPTU e IPVA).

IV. Segundo nosso Código Tributário Nacional para a incidência do tributo não se mostra relevante a regularidade jurídica dos atos praticados, nem tampouco a licitude de seu objeto.

a) Todas as alternativas estão corretas.

b) Somente as alternativas II e III estão corretas.

c) Somente a alternativa IV está correta.

d) Somente as alternativas I, II e IV estão corretas.

18. (IESES - Cartório - TJ - PB/2014) Sobre a obrigação tributária é correto afirmar:

I. A obrigação principal surge com a ocorrência do fato gerador, tem por objeto o pagamento de tributo ou penalidade pecuniária e extingue-se juntamente com o crédito dela decorrente.

II. A obrigação acessória, por sua natureza jurídica, não se converte em obrigação principal.

III. A obrigação acessória decorre da legislação tributária e tem por objeto as prestações, positivas ou negativas, nela previstas no interesse da arrecadação ou da fiscalização dos tributos.

IV. A obrigação acessória, pelo simples fato da sua inobservância, converte-se em obrigação principal relativamente à penalidade pecuniária.

A sequência correta é:

a) Apenas a assertiva II está correta.

b) As assertivas I, II, III e IV estão corretas.

c) Apenas as assertivas I, III e IV estão corretas.

d) Apenas as assertivas I e II estão corretas.

19. (ESAF – Planejamento e Orçamento/2015) Sobre obrigação tributária e fato gerador tributário, é incorreto afirmar que

a) a obrigação tributária principal nasce com a inscrição do crédito tributário na dívida ativa.

b) a obrigação tributária principal tem necessária natureza pecuniária e somente pode ser instituída por lei em sentido estrito/formal, enquanto que a obrigação tributária acessória tem necessária natureza não-pecuniária.

c) a obrigação tributária acessória configura obrigação de fazer (prestação positiva) ou de não fazer (prestação negativa) prevista no interesse da arrecadação tributária ou da administração tributária.

d) o fato gerador da obrigação tributária principal é situação definida na lei tributária necessária e suficiente à geração da correspondente obrigação de pagar.

e) o fato gerador da obrigação acessória é situação definida na legislação tributária que imponha a prática ou a abstenção de ato que não seja próprio à obrigação principal.

20. (Vunesp - Cartório - Provimento - TJ - SP/2018) De acordo com o Código Tributário Nacional,

a) a obrigação acessória, pelo simples fato de sua inobservância, converte-se em obrigação principal relativamente à penalidade pecuniária.

b) os princípios gerais de direito privado são utilizados para pesquisa da definição, do conteúdo e do alcance de seus institutos, conceitos e formas, inclusive para a definição dos respectivos efeitos tributários.

c) a lei tributária nova pode retroagir, quando for expressamente interpretativa, inclusive para aplicação de penalidade.

d) está em conformidade com o conceito de tributo a noção de prestação pecuniária que constitua sanção de ato ilícito.

GABARITO

Questão	Resposta	Fundamentação
1	D	CTN, arts. 114, 115 e 96
2	B	CTN, arts. 113, § 2º e 115
3	D	CTN, art. 142
4	D	CTN, art. 114
5	E	CTN, art. 118, I
6	D	CTN, art. 116, parágrafo único
7	B	CTN, art. 117, II
8	C	CTN, arts. 97, III e 113, §§ 2º e 3º
9	C	CTN, arts. 114 e 116, parágrafo único
10	E	CTN, art. 113, § 3º
11	E	CTN, art. 115
12	A	CTN, art. 115
13	B	CTN, art. 113, § 2º
14	C	CTN, art. 114
15	A	CTN, arts. 97, III e 113, § 2º
16	Certo	CTN, art. 113, § 2º
17	D	CTN, arts. 113, § 2º e 118
18	C	CTN, art. 113
19	A	CTN, art. 113, § 1º
20	A	CTN, art. 113, § 3º

11. MEU RESUMO PARA MEMORIZAÇÃO

» *Futuro(a) Juiz(a), Membro do Ministério Público, Procurador(a), Auditor(a) Fiscal, ou Servidor(a) de Outras Carreiras Públicas, agora é hora de se concentrar.*

» *Sem nenhuma consulta ao capítulo, por favor, faça um breve resumo a seguir. Nesse momento, é importante que elabore esquemas e gráficos, para condensar e memorizar a matéria já estudada e, ainda, utilizar esses resumos para revisar os pontos uma semana antes da prova. Use o espaço cuidadosamente, deixando-o como o seu "caderninho de anotações pessoais".*

11.1. Quais os pontos que eu aprendi ao longo do capítulo que considero mais importantes?

OBRIGAÇÃO TRIBUTÁRIA:

a) Principal:

b) Acessória

FATO GERADOR:

HIPÓTESE DE INCIDÊNCIA:

FATO JURÍDICO-TRIBUTÁRIO NO CTN:

a) Situação de fato:

b) Situação jurídica:

c) Condição suspensiva:

d) Condição resolutória:

REGRA MATRIZ DE INCIDÊNCIA:

NORMA GERAL ANTIELISÃO:

OBRIGAÇÃO TRIBUTÁRIA
E FATO GERADOR

segue vídeo abaixo:

https://youtu.be/_Wi60BCYmu8

Capítulo VIII

SUJEITOS DA RELAÇÃO TRIBUTÁRIA

1. SUJEITO ATIVO E SUA CAPACIDADE TRIBUTÁRIA

O **sujeito ativo** da relação tributária, isto é, a pessoa política titular da competência para exigir o cumprimento da obrigação tributária (CTN, art. 119), é o credor com capacidade para constituir o crédito tributário, promover sua inscrição em dívida ativa e ajuizar a respectiva execução fiscal. Seria, por exemplo, o Município em relação ao ISSQN, o Estado em relação ao ICMS, e a União no que concerne ao IPI.

Disso resulta a distinção entre **competência tributária** e **capacidade tributária ativa.** Enquanto a **competência tributária** é conferida pela CF, em caráter indelegável e pleno, à União, aos Estados, ao Distrito Federal e aos Municípios, a **capacidade tributária ativa** compreende as funções de arrecadar e fiscalizar. Esta pode ser delegada pelos entes tributantes a outras pessoas jurídicas de direito público ou pertencer a entidades paraestatais, como ocorre nas contribuições sindicais (Súmula 396 do STJ: "a Confederação Nacional da Agricultura tem legitimidade ativa para a cobrança da contribuição sindical rural").

ATENÇÃO:

A capacidade tributária ativa, que compreende as prerrogativas de arrecadar ou fiscalizar tributos, ou de executar leis, serviços, atos ou decisões administrativas em matéria tributária, é delegável, ou seja, pode ser conferida por uma pessoa jurídica de direito público a outra (CTN, art. 7º).

Ainda no que se refere à sujeição ativa tributária, o artigo 120 do CTN estabelece que, "salvo disposição de lei em contrário, a pessoa jurídica de direito público, que se constituir pelo desmembramento territorial de outra, **sub-roga-se** nos direitos desta, cuja legislação tributária aplicará até que entre em vigor a sua própria". Dessa forma, ocorrendo a emancipação administrativa de um Município X em relação ao Y, **até que** seja eleita a Câmara Municipal de X para elaboração de sua legislação tributária, os tributos municipais poderão ser exigidos com base na legislação municipal de Y. Isso também pode acontecer se houver o desmembramento de um Estado, como se deu na divisão do Estado de Goiás, que deu origem ao Estado de Tocantins.

2. SUJEITO PASSIVO – CONTRIBUINTE OU RESPONSÁVEL

Sujeito passivo é o devedor da relação tributária, isto é, aquele obrigado ao pagamento do tributo ou da penalidade pecuniária. Como dispõe o artigo 121, parágrafo único do CTN, o sujeito passivo pode ser:

I - o **contribuinte** (alguém com relação pessoal e direta com a situação que constitua o respectivo fato gerador), o que acontece, por exemplo, com quem é proprietário de imóvel rural em relação ao ITR;

II - o **responsável** (aquele que, não se revestindo da condição de contribuinte, sua obrigação decorra de expressa disposição legal), como é o caso do espólio em relação aos tributos devidos pelo *de cujus* até a data da abertura da sucessão.

O sujeito passivo da obrigação tributária principal, contribuinte ou responsável, tem o dever de pagar o tributo e a penalidade pecuniária (CTN, art. 121). Por sua vez, o sujeito passivo da obrigação tributária acessória é a pessoa obrigada às prestações que constituam o seu objeto (CTN, art. 122).

ATENÇÃO:

O contribuinte e o responsável são sujeitos passivos (gênero) da relação tributária. Numa classificação doutrinária entre sujeito passivo direto e indireto, o primeiro seria o contribuinte (que tem relação pessoal e direta com o fato gerador) e o segundo seria o responsável (com obrigação decorrente de lei).

SUJEIÇÃO PASSIVA	
Contribuinte	**Responsável**
Tem relação pessoal e direta com a situação que constitua o respectivo fato gerador	Não se reveste da condição de contribuinte e tem sua obrigação decorrente de disposição legal expressa
Sujeito passivo direto	Sujeito passivo indireto
Realiza a materialidade descrita na regra-matriz tributária (de natureza econômica)	Deve ter uma vinculação, mínima que seja, com o fato gerador

RESPONSÁVEL	
Responsabilidade pessoal	**Responsabilidade subsidiária**
O terceiro responde pessoalmente, independentemente do contribuinte.	Caso o contribuinte não satisfaça a obrigação, o responsável é chamado a responder.

Sobre a responsabilidade pessoal cumpre ressaltar que, para muitos estudiosos, a responsabilidade pessoal prevista em várias passagens do CTN é uma hipótese de responsabilidade por substituição, o que implicaria na exoneração de qualquer responsabilidade do contribuinte (entendimento não unânime aprovado no 5º Simpósio Nacional de Direito Tributário realizado em São Paulo, em 1980). Entretanto, para outra linha doutrinária, a responsabilidade pessoal não exclui as demais responsabilidades – contribuintes e responsáveis (tal exclusão, para existir, deveria ser expressa, nos termos do artigo 128 do CTN). Nesse último sentido, há jurisprudência recente do STJ (REsp 1.455.490-PR), que será abordada com mais detalhes no capítulo IX, totalmente dedicado ao tema Responsabilidade Tributária.

ATENÇÃO:

A expressão "contribuinte de fato" compõe uma classificação doutrinária que o contrapõe ao "contribuinte de direito". O contribuinte de fato é aquele que efetivamente suporta o encargo financeiro do tributo incluído no preço. Como exemplo, no caso clássico da circulação de mercadorias (ICMS), o contribuinte de direito é o vendedor (pois promove a saída da mercadoria de seu estabelecimento) e o contribuinte de fato é o consumidor, uma vez que no preço final da mercadoria adquirida está contido o ICMS.

Na essência, ambos, contribuinte e responsável, são considerados sujeito passivos de obrigação principal, dependendo do grau de relação com a situação que constitui o fato gerador, que é **direta** no caso do **contribuinte** e **indireta** para a figura do **responsável**.

3. CONVENÇÕES ENTRE PARTICULARES

Eventual acordo entre particulares com relação à responsabilidade pelo pagamento de tributos, salvo disposição de lei em contrário, **não** pode ser oposto à Fazenda Pública no intuito de modificar a definição legal do sujeito passivo da obrigação tributária correspondente (CTN, art. 123).

Diante da referida norma, que se revela coerente com o princípio da legalidade tributária, em uma contratação de serviços na qual uma pessoa física contratante se responsabilize por arcar com o ISSQN incidente sobre a prestação, havendo falta de pagamento, o fisco municipal procederá ao lançamento de ofício do tributo em face do prestador do serviço, que é contribuinte do imposto. A existência do contrato não servirá de argumento para que o prestador se exima de sua obrigação tributária, nem transferirá a responsabilidade ao contratante, que é pessoa física não contribuinte.

Por outro lado, nada impede que o contribuinte prestador do serviço, tendo sido legalmente compelido ao pagamento do imposto, exerça direito de regresso em face do contratante, com fundamento na obrigação contratual pactuada.

4. SOLIDARIEDADE TRIBUTÁRIA

Solidariedade tributária é a modalidade de sujeição passiva em que a responsabilidade pelo cumprimento da obrigação principal pode ser atribuída a um ou mais devedores ao mesmo tempo.

A solidariedade pode ser verificada, inclusive, entre dois ou mais contribuintes, a exemplo do que na hipótese de cobrança de impostos incidentes sobre imóveis pertencentes a vários proprietários, pois todos possuem interesse comum na situação jurídica que constitui o fato gerador, no caso a propriedade do bem.

No caso de responsabilidade tributária solidária, o débito fiscal pode ser exigido tanto do "contribuinte" como do "responsável", independentemente da existência de uma ordem de cobrança a ser seguida pelo credor (Fazenda Pública), o que significa dizer que a solidariedade **não** comporta **benefício de ordem**, consoante disposto, inclusive, no artigo 124, parágrafo único do CTN.

Sobre as **modalidades** de solidariedade tributária, dispõe o artigo 124 do CTN, segundo o qual são **solidariamente obrigadas:**

I – as pessoas que tenham interesse comum na situação que constitua o fato gerador da obrigação principal;

Um exemplo de solidariedade por interesse comum na situação que constitua o fato gerador (CTN, art. 124, I) pode ser pinçado da jurisprudência do STJ e refere-se à solidariedade entre empresas de um mesmo grupo econômico. Todavia, também à luz do entendimento da corte, para que essa solidariedade se configure, devem ser pesados os seguintes aspectos: 1º) "**não** basta o fato de as empresas pertencerem ao mesmo grupo econômico, o que por si só, não tem o condão de provocar a solidariedade no pagamento de tributo devido por uma das empresas" (HARADA, Kiyoshi. "Responsabilidade tributária solidária por interesse comum na situação que constitua o fato gerador"); 2º) para que fique caracterizada a responsabilidade solidária, é imprescindível que as duas empresas do mesmo grupo econômico "realizem conjuntamente a situação configuradora do fato gerador, sendo irrelevante a mera participação no resultado dos eventuais lucros auferidos pela outra empresa coligada ou do mesmo grupo econômico" (STJ – Resp 834044/RS – **1ª. Turma** – Relª. Minª. Denise Arruda – Dje 15/12/2008).

Em outro exemplo advindo da jurisprudência do STJ, têm interesse comum na situação que constitui o fato gerador o tomador e o prestador de serviços de mão de obra na construção civil em relação à contribuição previdenciária incidente sobre a remuneração do vínculo (STJ – REsp 761246/RS – 2.ª Turma – Relª. Minª. Eliana Calmon – julg. 29/06/2007).

II – as pessoas expressamente designadas por lei.

Trata-se da responsabilidade solidária por força de lei, tal como a prevista no artigo 27, inciso III, do Regulamento do IPI – Decreto 7.212/2010, atribuída ao "adquirente de mercadoria de procedência estrangeira, no caso de importação realizada por sua conta e ordem, por intermédio de pessoa jurídica importadora, pelo pagamento do imposto e acréscimos legais". Também constitui solidariedade por força de lei a hipótese prevista no artigo 9º, inciso V da Lei estadual paulista nº 6.374/89, quando estabelece que o contribuinte que promove a saída de mercadorias sem documentação fiscal responde solidariamente pelo ICMS devido com relação às operações subsequentes.

Como se vê, a solidariedade tributária pode ser classificada em:

- **Natural ou por natureza:** das pessoas que tenham interesse comum na situação que constitua o fato gerador da obrigação principal.
- **Legal:** das pessoas expressamente designadas por lei.

Em qualquer uma das duas hipóteses (por natureza ou legal), são **efeitos da solidariedade** (salvo disposição legal em contrário): **I –** o pagamento efetuado por um dos obrigados aproveita aos demais; **II –** a isenção ou remissão de crédito exonera todos os obrigados, **salvo** se outorgada pessoalmente a um deles, subsistindo, nesse caso, a solidariedade quanto aos demais pelo saldo; **III –** a interrupção da prescrição, em favor ou contra um dos obrigados, favorece ou prejudica aos demais (CTN, art. 125).

Merece mais atenção o efeito estabelecido no inciso II do artigo 125, que comporta regra, exceção e efeito da exceção:

Regra: a isenção ou remissão de crédito exonera todos os obrigados.

Exceção: isenção ou remissão outorgada **pessoalmente** a um dos devedores solidários não exonera os demais.

Efeito da exceção: exonerado um devedor por isenção ou remissão de **caráter pessoal**, a solidariedade subsiste quanto aos demais solidários pelo saldo.

Um exemplo prático pode facilitar.

A, B e C são devedores solidários de um débito tributário no valor de R$ 1.500,00. Se o devedor A for beneficiado por uma isenção ou remissão de caráter pessoal, ele ficará exonerado de pagar R$ 500,00 (1/3 da dívida, pois são 3 devedores). Descontados os R$ 500,00 do débito, o saldo remanescente de R$ 1.000,00 constituirá dívida solidária de B e C, pois a solidariedade subsiste quanto aos demais pelo saldo.

5. CAPACIDADE TRIBUTÁRIA PASSIVA

Em matéria de obrigação tributária, a **capacidade** de direito **do sujeito passivo** é regida pelo artigo 126 do CTN, segundo o qual a capacidade tributária passiva **independe**:

I – da capacidade civil da pessoa física.

Sofrem tributação os imóveis, automóveis, rendas, heranças e outros fatos signo-presuntivos de riqueza dos incapazes e relativamente capazes. Dessa forma, o menor de dezesseis anos proprietário de um imóvel rural, a despeito de ser civilmente incapaz (Código Civil, art. 3º), será sujeito passivo do ITR na condição de contribuinte. O mesmo tratamento é dado àqueles que, por causa transitória ou permanente, não puderem exprimir sua vontade (relativamente incapazes segundo o artigo 4º, inciso III do Código Civil), tal qual o aposentado pelo teto da previdência social interditado por estar passando por tratamento psiquiátrico. Mesmo internado em uma clínica e privado da administração de seus bens e negócios, terá o Imposto de Renda sobre os seus proventos de aposentadoria retidos na fonte pelo Instituto Nacional do Seguro Social – INSS.

II – do fato de se achar sujeita a medidas que importem em privação ou limitação do exercício de atividades civis, comerciais, profissionais ou da administração de seus bens ou negócios.

Permanece intacta, por isso, a capacidade tributária passiva dos detentos em regime fechado, ainda que, durante o cumprimento da pena, suas atividades empresariais e administração de bens ou negócios estejam sob a responsabilidade de terceiros que os representem.

III - de estar a pessoa jurídica regularmente constituída, bastando que configure uma unidade econômica ou profissional.

Daí porque uma sociedade de fato pode se revestir do papel de sujeito passivo da obrigação tributária. Por exemplo, se duas pessoas unem forças para criar uma indústria de confecções de fundo de quintal, mesmo que não registrem a empresa na Junta Comercial, ambos terão capacidade tributária passiva. Por terem relação pessoal e direta com a situação que constitui o fato gerador, eles também serão contribuintes dos tributos que incidem sobre a atividade industrial, tais como ICMS, IPI, PIS e COFINS.

Em síntese:

		Pessoa Física	Pessoa Jurídica
Capacidade Tributária Passiva	INDEPENDE	da capacidade civil ou do fato de se achar sujeita a medidas que importem em privação ou limitação do exercício de atividades civis, comerciais, profissionais ou da administração de seus bens ou negócios	estar regularmente constituída

6. DOMICÍLIO TRIBUTÁRIO

De acordo com o artigo 127 do CNT, todo sujeito passivo (contribuinte ou responsável) tem um domicílio tributário, como **regra**, o **domicílio que eleger**[1].

Porém, o **domicílio eleito** pelo sujeito passivo **poderá ser recusado pela autoridade fazendária** quando impossibilitar ou dificultar a arrecadação dos tributos (CTN, art. 127, § 2º), possibilidade legal consagrada na jurisprudência dos tribunais superiores (STJ - REsp 437383/MG - 1.ª Turma - Rel. Min. José Delgado - julg. 21/10/2002).

Pode ocorrer, também, **a ausência de eleição de domicílio**, hipótese suprida pelas regras do artigo 127 do CTN. No caso de pessoa física, o domicílio será a residência habitual do contribuinte, ou então, se a residência for incerta ou desconhecida, o centro habitual de suas atividades (inciso I). Na mesma linha, não havendo eleição de domicílio fiscal, será considerado como tal o local da sede da pessoa jurídica de Direito Privado (inciso II) ou da repartição da pessoa jurídica de Direito Público (inciso III).

1. **Súmula 435 do STJ** – Presume-se dissolvida irregularmente a empresa que deixar de funcionar no seu domicílio fiscal, sem comunicação aos órgãos competentes, legitimando o redirecionamento da execução fiscal para o sócio-gerente.

Ainda supletivamente, não sendo possível a aplicação das regras acima, o domicílio tributário será o lugar da situação dos bens ou da ocorrência dos atos ou fatos que derem origem à obrigação tributária (CTN, art. 127, § 1º). Segundo a jurisprudência, a escolha entre as duas possibilidades cabe à Fazenda Pública, razão por que pode optar pelo lugar do ajuizamento da execução fiscal quando aplicável o § 1º do artigo 127 do CTN (STJ - REsp 7236/RS - 1.ª Turma - Rel. Min. Garcia Vieira - julg. 11/12/1997).

Outra possibilidade, estabelecida no § 2º do artigo 127 do CTN é o direito conferido à autoridade administrativa de recusar o domicílio eleito pelo contribuinte, quando esse vier a impossibilitar ou dificultar a arrecadação ou a fiscalização do tributo. Se essa negativa do fisco ao domicílio eleito ocorrer, será aplicada, então, a regra do § 1º do próprio artigo 127, isto é, domicílio tributário será o lugar da situação dos bens ou da ocorrência dos atos ou fatos que derem origem à obrigação tributária.

Portanto, em matéria de domicílio, tem-se um encadeamento lógico normativo consubstanciado em **regra** (eleição de domicílio a cargo do contribuinte), **normas supletivas** (aplicáveis em caso de inércia do contribuinte) e uma **norma de recusa** (quando o fisco recusar o domicílio eleito pelo contribuinte). Veja:

Regra: eleição pelo contribuinte (art. 127).

Normas supletivas 1: aplicáveis quando o contribuinte não elege o seu domicílio (art. 127, I a III):

I - quanto às **pessoas naturais**, a sua residência habitual, ou, sendo esta incerta ou desconhecida, o centro habitual de sua atividade;

II - quanto às **pessoas jurídicas de direito privado** ou às **firmas individuais**, o lugar da sua sede, ou, em relação aos atos ou fatos que derem origem à obrigação, o de cada estabelecimento;

III - quanto às **pessoas jurídicas de direito público**, qualquer de suas repartições no território da entidade tributante.

Norma supletiva 2: quando não for possível aplicar as normas supletivas 1 (art. 127, I a III), o domicílio tributário será o lugar da situação dos bens ou da ocorrência dos atos ou fatos que derem origem à obrigação tributária (art. 127, § 1º).

Norma de recusa: a autoridade administrativa pode recusar o domicílio eleito, quando impossibilite ou dificulte a arrecadação ou a fiscalização do tributo, aplicando-se então a **regra supletiva 2**.

E, assim, como se vê, a norma **supletiva 2** deve ser adotada em duas situações:

1º) quando não for possível aplicar as **regras supletivas 1**;

2º) no caso de negativa do fisco ao domicílio eleito.

Confira todo esse raciocínio lógico normativo na ilustração a seguir:

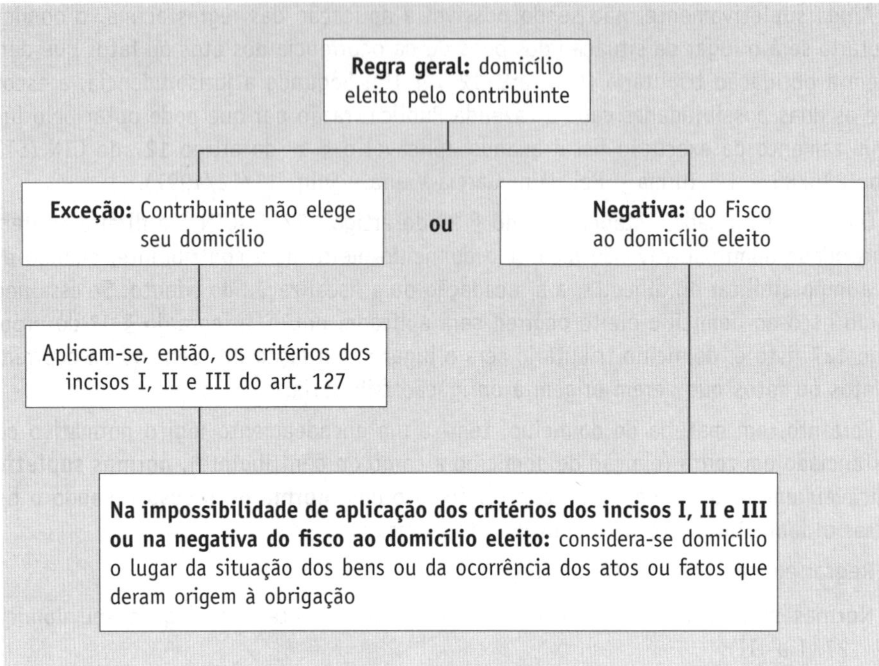

Atualmente, a tendência é que as administrações tributárias ofereçam ao contribuinte a possibilidade pela opção por um domicílio tributário eletrônico, para fins de comunicação Fisco-contribuinte por via eletrônica, mediante certificação digital.

No âmbito federal, o **domicílio tributário eletrônico foi instituído pela Lei nº 11.196/2005 (MP do Bem) e Instrução Normativa da Receita Federal nº 664/2006.** Também já foi criado o domicílio eletrônico do contribuinte no Estado de São Paulo, conforme **Lei estadual nº 13.918/2009.**

7. INFORMATIVOS DE JURISPRUDÊNCIA (2017 E 2018)

Imunidade tributária e contribuinte de fato

A imunidade tributária subjetiva aplica-se a seus beneficiários na posição de contribuinte de direito, mas não na de simples contribuinte de fato, sendo irrelevante, para a verificação da existência do beneplácito constitucional, a repercussão econômica do tributo envolvido.

Com base nessa orientação, o Tribunal deu provimento ao recurso extraordinário no qual se pretendia a não aplicação da imunidade tributária constante do art. 150, VI, "c", da CF relativamente ao ICMS incidente na aquisição de insumos, medicamentos e serviços adquiridos por entidade de assistência social na qualidade de consumidora (contribuinte de fato).

Na espécie, o Tribunal de origem afastou a exigência do recolhimento do ICMS nas operações de aquisição, por entidade de assistência social (na qualidade de consumidor final), de medicamentos, máquinas e equipamentos necessários à execução de suas finalidades filantrópicas, ante a configuração da imunidade tributária prevista no art. 150, VI, "c", da CF.

Para o recorrente, a aquisição de insumos e produtos no mercado interno na qualidade de contribuinte de fato não estaria albergada pela imunidade tributária prevista no art. 150, VI e § 4º, da CF. Sustentava, ainda, que a relevância das atividades prestadas pelas entidades de assistência social não poderia conferir aos fornecedores particulares, não abrangidos pela regra imunizante, a não incidência do ICMS na venda de mercadorias e serviços.

O Colegiado rememorou que prevalece no STF o entendimento de que a imunidade tributária subjetiva se aplica a seus beneficiários na posição de contribuinte de direito, mas não àqueles na condição de simples contribuinte de fato, bem como de que é irrelevante, para a verificação da incidência ou não da imunidade constitucional, a discussão acerca da repercussão econômica do tributo envolvido.

Ressaltou, também, que a jurisprudência do STF vem se posicionando pela impossibilidade de se estender ao particular vendedor (contribuinte de direito) a imunidade tributária subjetiva que detém o adquirente de mercadoria (contribuinte de fato).

Assim, o beneficiário da imunidade tributária subjetiva na posição de simples contribuinte de fato, embora possa arcar com os ônus financeiros dos impostos envolvidos nas compras de mercadorias, caso tenham sido transladados pelo vendedor contribuinte de direito, desembolsa importe que juridicamente não se qualifica como tributo, mas sim preço, decorrente de uma relação contratual.

Destacou a impossibilidade de, no contexto do exercício das atividades econômicas, ter-se certeza da efetiva transferência do encargo financeiro dos tributos, em razão de o lucro não ser tabelado. Ademais, quanto à regra contida no art. 150, § 5º, da CF ("§ 5º A lei determinará medidas para que os consumidores sejam esclarecidos acerca dos impostos que incidam sobre mercadorias e serviços"), asseverou não haver transformação dos contribuintes finais em contribuintes de direito dos impostos incidentes sobre mercadorias e serviços que repercutem economicamente, mas sim existir o reconhecimento de que "o consumidor ou usuário não é contribuinte, tanto assim que precisa ser informado a respeito dos tributos que oneram mercadorias e serviços".

Pontuou, igualmente, que a temática da repercussão econômica tributária está na área de formação dos preços e que, apenas com substancioso estudo dos fatores e das circunstâncias (como condições de tempo, lugar e conjectura econômica), seria possível verificar, num juízo de relativa previsibilidade, a provável repercussão econômica do tributo. Ponderou, dessa forma, ser desaconselhável considerar a denominada repercussão econômica do tributo para verificar a existência ou não da imunidade tributária. Essa orientação, a propósito, alinha-se aos precedentes da Corte no sentido de ser a imunidade tributária subjetiva constante do art. 150, VI, "c", da CF aplicável à hipótese de importação de mercadorias pelas entidades de assistência social para uso ou consumo próprio. Com efeito, essas entidades ostentam, nessa situação, a posição de contribuintes de direito, o que é suficiente para o reconhecimento da imunidade. O fato de também serem apontadas, costumeira e concomitantemente, como contribuintes de fato é irrelevante para a análise da controvérsia, portanto.

Asseverou, por fim, que a tese firmada não prejudica o entendimento adotado, em sede de recursos repetitivos, pelo STJ no julgamento do REsp 1.299.303/SC (DJE de 14.8.2012), no sentido de que o consumidor de energia elétrica tem legitimidade para propor ação declaratória com pedido de repetição de indébito a fim de afastar, no tocante ao fornecimento de energia elétrica, a incidência do ICMS sobre demanda contratada e não utilizada. Essa situação, além de peculiar, está inserida no contexto da concessão de serviço público e tem regime jurídico próprio.

RE 608872/MG, rel. Min. Dias Toffoli, julgamento em 22 e 23.2.2017.

(Informativo 855, Plenário, Repercussão Geral)

IR. Remessa de juros ao exterior. Art. 11 do Decreto-Lei n. 401/1968. Responsabilidade por substituição. Imunidade do substituto. Condição que não o exonera do dever de reter o imposto na fonte.

A imunidade de entidade beneficente de assistência social não a exonera do dever de, na condição de responsável por substituição, reter o imposto de renda sobre juros remetidos ao exterior na compra de bens a prazo, na forma do art. 11 do Decreto-Lei n. 401/1968. REsp 1.480.918-RS, Rel. Min. Mauro Campbell Marques, Rel. Acd. Min. Herman Benjamin, por maioria, julgado em 19/09/2017, DJe 01/02/2018 (Informativo n. 618.)

Desinfluência da inadimplência do consumidor final para caracterização do fato gerador do ICMS-comunicação.

Ainda que as prestações de serviços de comunicação sejam inadimplidas pelo consumidor-final (contratante), não cabe a recuperação dos valores pagos pela prestadora (contratada) a título de ICMS-comunicação incidentes sobre o serviço prestado. REsp 1.308.698-SP, Rel. Min. Napoleão Nunes Maia Filho, por unanimidade, julgado em 6/12/2016, DJe 3/2/2016. (Informativo n. 597)

Execução fiscal. IPTU. Alienação de imóvel após o lançamento. Sujeito passivo. Contribuinte. Alienante. Responsabilidade solidária. Art. 130 do CTN.

O alienante possui legitimidade passiva para figurar em ação de execução fiscal de débitos constituídos em momento anterior à alienação voluntária de imóvel. AgInt no AREsp 942.940-RJ, Rel. Min. Herman Benjamin, por unanimidade, julgado em 15/8/2017, DJe 12/9/2017. (Informativo n. 610)

8. SÚMULAS

Súmula 399 STJ: "Cabe à legislação municipal estabelecer o sujeito passivo do IPTU".

Súmula 430 STJ: "O inadimplemento da obrigação tributária pela sociedade não gera, por si só, a responsabilidade solidária do sócio-gerente".

Súmula 435 STJ: "Presume-se dissolvida irregularmente a empresa que deixar de funcionar no seu domicílio fiscal, sem comunicação aos órgãos competentes, legitimando o redirecionamento da execução fiscal para o sócio-gerente".

Súmula 9 CARF: "É válida a ciência da notificação por via postal realizada no domicílio fiscal eleito pelo contribuinte, confirmada com a assinatura do recebedor da correspondência, ainda que este não seja o representante legal do destinatário".

Súmula 27 CARF: "É valido o lançamento formalizado por Auditor-Fiscal da Receita Federal do Brasil de jurisdição diversa da do domicílio tributário do sujeito passivo".

Súmula 65 CARF: "Inaplicável a responsabilidade pessoal do dirigente de órgão público pelo descumprimento de obrigações acessórias, no âmbito previdenciário, constatadas na pessoa jurídica de direito público que dirige".

Súmula 66 CARF: "Os Órgãos da Administração Pública não respondem solidariamente por créditos previdenciários das empresas contratadas para prestação de serviços de construção civil, reforma e acréscimo, desde que a empresa construtora tenha assumido a responsabilidade direta e total pela obra ou repasse o contrato integralmente".

Súmula 71 CARF: "Todos os arrolados como responsáveis tributários na autuação são parte legítima para impugnar e recorrer acerca da exigência do crédito tributário e do respectivo vínculo de responsabilidade".

Súmula 88 CARF: "A Relação de Co-Responsáveis - CORESP", o "Relatório de Representantes Legais - RepLeg" e a "Relação de Vínculos - VÍNCULOS", anexos a auto de infração previdenciário lavrado unicamente contra pessoa jurídica, não atribuem responsabilidade tributária às pessoas ali indicadas nem comportam discussão no âmbito do contencioso administrativo fiscal federal, tendo finalidade meramente informativa".

Súmula 102 CARF: "É válida a decisão proferida por Delegacia da Receita Federal de Julgamento - DRJ de localidade diversa do domicílio fiscal do sujeito passivo".

SÚMULAS

9. LEGISLAÇÃO RELACIONADA AO CAPÍTULO

» CÓDIGO TRIBUTÁRIO NACIONAL

Art. 119. Sujeito ativo da obrigação é a pessoa jurídica de direito público, titular da competência para exigir o seu cumprimento.

Art. 120. Salvo disposição de lei em contrário, a pessoa jurídica de direito público, que se constituir pelo desmembramento territorial de outra, subroga-se nos direitos desta, cuja legislação tributária aplicará até que entre em vigor a sua própria.

Art. 121. Sujeito passivo da obrigação principal é a pessoa obrigada ao pagamento de tributo ou penalidade pecuniária.

Parágrafo único. O sujeito passivo da obrigação principal diz-se:

I - contribuinte, quando tenha relação pessoal e direta com a situação que constitua o respectivo fato gerador;

II - responsável, quando, sem revestir a condição de contribuinte, sua obrigação decorra de disposição expressa de lei.

Art. 122. Sujeito passivo da obrigação acessória é a pessoa obrigada às prestações que constituam o seu objeto.

Art. 123. Salvo disposições de lei em contrário, as convenções particulares, relativas à responsabilidade pelo pagamento de tributos, não podem ser opostas à Fazenda Pública, para modificar a definição legal do sujeito passivo das obrigações tributárias correspondentes.

Art. 124. São solidariamente obrigadas:

I - as pessoas que tenham interesse comum na situação que constitua o fato gerador da obrigação principal;

II - as pessoas expressamente designadas por lei.

Parágrafo único. A solidariedade referida neste artigo não comporta benefício de ordem.

Art. 125. Salvo disposição de lei em contrário, são os seguintes os efeitos da solidariedade:

I - o pagamento efetuado por um dos obrigados aproveita aos demais;

II - a isenção ou remissão de crédito exonera todos os obrigados, salvo se outorgada pessoalmente a um deles, subsistindo, nesse caso, a solidariedade quanto aos demais pelo saldo;

III - a interrupção da prescrição, em favor ou contra um dos obrigados, favorece ou prejudica aos demais.

Art. 126. A capacidade tributária passiva independe:

I - da capacidade civil das pessoas naturais;

II - de achar-se a pessoa natural sujeita a medidas que importem privação ou limitação do exercício de atividades civis, comerciais ou profissionais, ou da administração direta de seus bens ou negócios;

III - de estar a pessoa jurídica regularmente constituída, bastando que configure uma unidade econômica ou profissional.

Art. 127. Na falta de eleição, pelo contribuinte ou responsável, de domicílio tributário, na forma da legislação aplicável, considera-se como tal:

I - quanto às pessoas naturais, a sua residência habitual, ou, sendo esta incerta ou desconhecida, o centro habitual de sua atividade;

II - quanto às pessoas jurídicas de direito privado ou às firmas individuais, o lugar da sua sede, ou, em relação aos atos ou fatos que derem origem à obrigação, o de cada estabelecimento;

III - quanto às pessoas jurídicas de direito público, qualquer de suas repartições no território da entidade tributante.

§ 1º Quando não couber a aplicação das regras fixadas em qualquer dos incisos deste artigo, considerar-se-á como domicílio tributário do contribuinte ou responsável o lugar da situação dos bens ou da ocorrência dos atos ou fatos que deram origem à obrigação.

§ 2º A autoridade administrativa pode recusar o domicílio eleito, quando impossibilite ou dificulte a arrecadação ou a fiscalização do tributo, aplicando-se então a regra do parágrafo anterior.

Art. 128. Sem prejuízo do disposto neste capítulo, a lei pode atribuir de modo expresso a responsabilidade pelo crédito tributário a terceira pessoa, vinculada ao fato gerador da respectiva obrigação, excluindo a responsabilidade do contribuinte ou atribuindo-a a este em caráter supletivo do cumprimento total ou parcial da referida obrigação.

10. QUESTÕES FUNDAMENTADAS

1. (FCC – Agente Fiscal de Rendas – SP/2013) Com fundamento nas previsões do CTN, considere:

I. O sujeito passivo da obrigação principal diz-se contribuinte quando, sem revestir a condição de responsável, sua obrigação decorra de disposição expressa de lei e responsável quando tenha relação pessoal e direta com a situação que constitua o respectivo fato gerador.

II. Salvo disposição de lei em contrário, estão previstos os seguintes efeitos da solidariedade: a) o pagamento efetuado por um dos obrigados aproveita aos demais; b) a isenção ou remissão de crédito exonera todos os obrigados, salvo se outorgada pessoalmente a um deles, subsistindo, nesse caso, a solidariedade quanto aos demais pelo saldo; c) a interrupção da prescrição, em favor ou contra um dos obrigados, favorece ou prejudica aos demais.

III. As convenções particulares, relativas à responsabilidade pelo pagamento de tributo, não podem ser opostas à Fazenda Pública para modificar a definição legal do sujeito passivo das obrigações tributárias correspondentes, salvo se esta hipótese for expressamente prevista em decreto que regulamente o referido tributo.

IV. Na solidariedade tributária é permitida a observância de uma sequência preestabelecida para a execução, operando-se esta primeiramente contra um, e só depois contra o outro.

V. As pessoas expressamente designadas por lei e as pessoas que tenham interesse comum na situação que constitua o fato gerador da obrigação principal são solidariamente obrigadas.

Está correto o que se afirma APENAS em

a) I e II.

b) II e V.

c) III e IV.

d) III e V.

e) I e IV.

2. (ESAF – Analista-Tributário– RFB/2012) Avalie as três proposições abaixo, à luz do Código Tributário Nacional, e responda à questão correspondente, assinalando a opção correta.

I. No ICMS incidente sobre o ponto telefônico, decidiu o Superior Tribunal de Justiça que o sujeito ativo da obrigação tributária é a concessionária, titular da competência para exigir o seu cumprimento.

II. Um menor de 10 anos de idade é absolutamente incapaz do ponto de vista civil e tributário.

III. Salvo se a lei o previr, os contratos feitos entre o contribuinte do ITR e o arrendatário do imóvel, para excluir a responsabilidade daquele pelo pagamento desse imposto, embora válido entre as partes, não é eficaz em relação à fazenda pública.

Contém ou contêm erro:

a) apenas a segunda proposição.

b) apenas a terceira.

c) apenas as duas primeiras.

d) apenas a primeira.

e) nenhuma, pois as três estão certas.

3. (ESAF – Auditor Fiscal da Receita Federal/2009) Sobre a disciplina conferida ao domicílio tributário, pelo Código Tributário Nacional, assinale a opção correta.

a) O domicílio do contribuinte ou responsável, em regra, será estabelecido por eleição.

b) O domicílio da pessoa jurídica de direito privado será o lugar em que estiver localizada sua sede.

c) O domicílio da pessoa jurídica de direito público será o lugar em que estiver localizada sua sede.

d) O lugar eleito pelo contribuinte como domicílio tributário não poderá ser recusado pela autoridade tributária, sob a alegação de prejuízo à atividade fiscalizatória.

e) Caso a autoridade fiscal não consiga notificar a pessoa jurídica de direito privado em sua sede, poderá fazê-lo em qualquer de suas unidades.

4. (CESPE – Juiz de Direito Substituto-BA/2012) Em relação aos efeitos da solidariedade tributária passiva, assinale a opção correta.

a) A isenção objetiva aproveita a todos os devedores, salvo disposição legal em contrário.

b) A remissão concedida pessoalmente a um dos obrigados aproveita aos demais, se não houver disposição legal em contrário.

c) A interrupção da prescrição contra um dos coobrigados só prejudica aos demais se assim dispuser a lei.

d) Os efeitos da solidariedade tributária passiva não poderão ser aplicados aos responsáveis tributários.

e) Não havendo disposição legal em contrário, o pagamento do tributo realizado por apenas um dos obrigados não aproveita aos demais.

5. **(Vunesp – Juiz de Direito Substituto-MG/2012)** Assinale a alternativa que apresenta informação incorreta.

a) São solidariamente responsáveis tributários as pessoas que tenham interesse comum na situação que constitua o fato gerador da obrigação tributária.

b) A isenção ou a remissão de crédito tributário, na hipótese de solidariedade, exonera, sem ressalvas, todos os obrigados.

c) A responsabilidade é solidária quando tanto o contribuinte quanto o responsável respondem sem o benefício de ordem.

d) A lei pode atribuir de modo expresso a responsabilidade tributária à terceira pessoa, quando esta estiver vinculada ao fato gerador da exação, excluindo a responsabilidade do contribuinte ou atribuindo-a a este em caráter supletivo do cumprimento total ou parcial da mesma obrigação.

6. **(PUC – PR – Juiz de Direito Substituto – PR/2012)** Sobre o sujeito passivo da obrigação tributária, é CORRETO afirmar:

a) Salvo disposições de lei em contrário, as convenções particulares, relativas à responsabilidade pelo pagamento de tributos, podem ser opostas à Fazenda Pública, apenas para modificar a definição legal do sujeito passivo das obrigações tributárias correspondentes.

b) Sujeito passivo da obrigação acessória é a pessoa obrigada às prestações que constituam o seu objeto.

c) Havendo solidariedade, em regra, o pagamento efetuado por um dos obrigados não aproveita aos demais.

d) Sujeito passivo da obrigação principal é a pessoa obrigada ao pagamento de tributo, mas não de penalidade pecuniária.

e) A capacidade tributária passiva depende da capacidade civil das pessoas naturais.

7. **(FCC – Juiz de Direito Substituto – PE/2013)** Diante da propriedade imóvel de três pessoas conjuntamente,

a) cada coproprietário é contribuinte individual de imposto sobre a propriedade, relativamente à sua quota-parte no imóvel, que constitui fato gerador autônomo.

b) cada coproprietário é responsável pelo imposto incidente sobre toda a propriedade, respondendo perante o Fisco apenas até o limite de sua quota-parte no imóvel.

c) cada coproprietário é responsável pelo imposto incidente sobre toda a propriedade, respondendo perante o Fisco pelo todo.

d) não existe solidariedade passiva entre os coproprietários do imóvel, sendo que cada quota-parte dá ensejo a um fato gerador, para cada um dos coproprietários, nos limites dos seus quinhões.

e) só existirá a solidariedade passiva se todos os proprietários detiverem quota-partes iguais dentro do imóvel.

8. **(MPF – Procurador da República/2008)** Estado da federação move ação declaratória de legitimidade ativa exclusiva contra outro estado, para exigência do ICMS sobre importação de álcool carburante, realizada por empresa pública federal. Consta que a entrada física do álcool carburante, no território brasileiro, deu-se no estado-réu, com destino ao estabelecimento importador situado no estado-autor para, posteriormente, ser transportado e comercializado em uma terceira unidade federativa. Esta ingressou na lide, postulando ver reconhecida sua titularidade da exação fiscal, afastando a das partes ex-adversa. No caso concreto o sujeito ativo do imposto:

a) concentra-se no Estado onde ocorreu o desembaraço aduaneiro, dado que relevante a entrada física da mercadoria;

b) é o terceiro Estado em que se dá a comercialização do álcool carburante;

c) é a pessoa política em que estiver localizado o estabelecimento importador;

d) sofre limitação à competência tributária porquanto a empresa pública federal é beneficiária de imunidade, descabendo a cobrança do tributo.

9. **(MPE-MS – Promotor de Justiça – MS/2011)** Para se fixar a capacidade tributária passiva, é relevante:

a) a capacidade civil das pessoas naturais;

b) não estar a pessoa natural sujeita a medidas que impliquem privação ou limitação do exercício de direitos civis;

c) não estar a pessoa natural privada dos direitos de administração direta de seus bens;

d) ter a pessoa realizado o fato previsto na norma tributária;

e) estar a pessoa jurídica constituída regularmente.

10. (MPE-MS – Promotor de Justiça – MS/2011) De regra, o contribuinte tem domicílio fiscal ou tributário:

a) no local que estabelecer residência com vontade definitiva ou, caso tenha diversas residências, naquela que fique a maior parte do tempo;

b) onde é sua residência habitual;

c) no lugar onde eleger, desde que não recusado pela autoridade administrativa;

d) no lugar da situação de seus bens;

e) onde a autoridade administrativa indicar, quando se tratar de pessoa jurídica de direito privado.

11. (MPE-GO – Promotor de Justiça – GO/2012) Leia e responda:

I O civilmente incapaz não possui capacidade tributária, razão pela qual não pode ser sujeito passivo de obrigação tributária.

II Contribuinte é o sujeito passivo que tem relação direta com o fato gerador da obrigação tributária.

III Existindo solidariedade entre sujeitos passivos, o que possuir menor capacidade contributiva poderá pleitear benefício de ordem, de modo que a obrigação tributária seja exigida primeiro daquele que possuir maior capacidade contributiva para suportar o ônus econômico.

IV Ocorrendo solidariedade, o pagamento efetuado por um aproveita aos demais sujeitos passivos da obrigação tributária, exceto nos casos em que houver disposição legal expressa em contrário.

a) As afirmativas I e IV estão corretas;

b) As afirmativas II e III estão corretas;

c) As afirmativas II e IV estão corretas;

d) As afirmativas I, II, III e IV estão corretas.

12. (FGV – Exame de Ordem 2016.2 – Prova reaplicada Salvador-BA) A pessoa jurídica XYZ celebra contrato de locação de automóveis com a pessoa jurídica ABC, proprietária dos veículos, pelo prazo de 5 (cinco) anos. Os automóveis serão utilizados pelos diretores da pessoa jurídica XYZ. Segundo o contrato, a locatária XYZ é a responsável pelo pagamento do Imposto sobre Propriedade de Veículos Automotores – IPVA de todos os automóveis durante o prazo contratual. Sobre a hipótese, assinale a afirmativa correta.

a) O contrato é nulo, uma vez que altera, por meio de convenção particular, a condição de sujeito ativo da obrigação tributária.

b) O contrato é válido e eficaz entre as partes, porém não produzirá efeito contra a Fazenda Pública, que poderá exigir o IPVA do proprietário dos veículos, a pessoa jurídica ABC.

c) O contrato é válido e eficaz entre as partes e poderá ser oposto contra a Fazenda Pública, que somente poderá exigir o cumprimento da obrigação tributária pela locatária XYZ, conforme previsão contratual.

d) O contrato é válido e eficaz entre as partes e poderá ser oposto contra a Fazenda Pública desde que seja editada Resolução pelo Secretário Estadual de Fazenda autorizando a referida transferência de sujeição passiva tributária.

13. (FCC – Agente Fiscal de Rendas – SP/2013) Em relação à sujeição ativa dos tributos, o

a) ICMS, nas operações com lubrificantes e combustíveis derivados de petróleo, competirá a dois estados, sendo repartido entre os Estados de origem e de destino.

b) ICMS, nas operações que destinem mercadorias para exterior, caberá ao Estado de origem da mercadoria, não importando a Unidade da Federação em que se localiza o porto em que foram despachadas.

c) Imposto sobre Doações e Transmissão de bens *causa mortis*, relativamente aos direitos sobre imóveis, competirá ao Estado de localização do bem, e, relativamente a créditos, competirá ao Estado onde se processar o inventário ou arrolamento.

d) Imposto Territorial Rural competirá ao Município de localização da propriedade e será repartido proporcionalmente quando a propriedade ultrapassar os limites de um único território municipal.

e) Imposto sobre Transmissão *inter vivos* competirá ao Estado de localização do bem imóvel, por natureza ou acessão física e de direitos reais sobre imóveis.

14. **(FCC/TCE/AP/Analista/2012)** Segundo o Código Tributário Nacional, art. 119, sujeito ativo da obrigação é a pessoa jurídica de direito público titular da competência para exigir o seu cumprimento. Sobre o sujeito ativo da obrigação tributária é correto afirmar que

a) somente é sujeito ativo pessoa jurídica de direito público com competência tributária.

b) a capacidade tributária ativa é indelegável.

c) a capacidade tributária ativa é passível de delegação, hipótese em que ocorrerá também a delegação da competência tributária.

d) o cometimento, a pessoas de direito privado, do encargo de reter tributos na fonte, tal como acontece com as instituições financeiras e os empregadores, constitui delegação de capacidade tributária ativa.

e) um Estado-membro criado a partir de desmembramento territorial sub-roga-se nos direitos decorrentes da legislação tributária do Estado remanescente, até que entre em vigor a sua própria, se não houver disposição legal em contrário.

15. **(FADURPE – Advogado/Pref. Igarassu – 2012)** O sujeito passivo da obrigação principal é a pessoa obrigada ao pagamento de tributo ou penalidade pecuniária:

a) nas obrigações principais, o contribuinte é a pessoa obrigada às prestações que constituam o seu objeto.

b) nas obrigações acessórias, responsável é aquele que, sem se revestir da condição de contribuinte, sua obrigação decorra de disposição expressa de lei.

c) nas obrigações principais, contribuinte tem relação pessoal e direta com o respectivo fato gerador.

d) serão solidárias pessoas que tenham interesse comum na situação que constitua o fato gerador da obrigação principal ou acessória.

e) responsável é o contribuinte cuja obrigação tributária decorre de disposição expressa de lei.

16. **(CESPE – Juiz Federal Substituto 2ª região/ 2013)** Pode ser objeto de delegação:

a) a capacidade tributária ativa.

b) o poder tributário.

c) a competência tributária.

d) a soberania tributária.

e) a autonomia tributária.

17. **(CESPE – Procurador do MP junto ao TCE--PB/2014)** Mauro, pessoa física com residência fixa e conhecida em determinado endereço, abriu um negócio em outro endereço, no mesmo estado da Federação onde, por mais de um ano, sem se inscrever no cadastro fiscal, exerceu atividades comerciais sujeitas ao pagamento do ICMS, mas sem efetuar o pagamento de nenhum tributo. O fisco, em fiscalização ordinária, descobriu as atividades comerciais de Mauro e lavrou contra ele auto de infração, tendo-lhe cobrado os tributos e imposto as penalidades cabíveis. Quando foi notificar Mauro, o agente do fisco tomou conhecimento de que este se encontrava preso por condenação transitada em julgado para cumprir sanção penal que lhe fora imposta, de oito anos de reclusão em regime fechado. Considerando a situação hipotética acima, assinale a opção correta.

a) Mauro, na condição de pessoa física, é considerado responsável tributário, uma vez que não se encontra inscrito no cadastro de contribuintes.

b) Na hipótese considerada, a obrigação tributária principal nasceu com a lavratura do auto de infração devidamente notificado ao contribuinte Mauro, pois, somente depois disso, é que ficaram conhecidos os fatos geradores do tributo devido por parte da pessoa física.

c) O domicílio tributário a ser utilizado pelo fisco deverá ser o do endereço do local onde Mauro possuía o negócio.

d) Nesse caso, como Mauro não tinha cadastro da pessoa física, o fisco poderia escolher qualquer endereço para utilizá-lo na autuação.

e) A pessoa física, mesmo presa em regime fechado, a exemplo de Mauro, não perde a capacidade tributária passiva.

18. **(FCC – Juiz de Direito –CE/2014)** Em setembro de 2013, Gustavo, com 10 anos de idade, domiciliado em Fortaleza/CE, recebeu em doação, de sua avó, Mariângela, viúva, domiciliada em Natal/RN, um terreno localizado à beira-mar,

em Aquiraz/CE, do qual ela era proprietária, fazia 30 anos. Como Gustavo é menor de idade, a aceitação da doação foi feita apenas por sua mãe, que o representa na prática de atos da vida civil, pois seu pai foi destituído do poder familiar, por decisão judicial, e há muito tempo "anda desaparecido". No momento em que foi lavrada a escritura de doação, Mariângela, que era contribuinte do IPTU, encontrava-se em débito com a Prefeitura do Município de Aquiraz, relativamente a esse imposto, no exercício de 2013. Considerando que o contribuinte do ITCD, nas doações, é o donatário e tomando como base o que dispõem a Constituição Federal e o Código Tributário Nacional, é correto afirmar:

a) Mariângela, ao formalizar a doação do imóvel a seu neto, deixará de revestir a condição de contribuinte do IPTU/2013, passando Gustavo a revestir a condição de contribuinte em relação ao IPTU/2013, mesmo que da escritura de doação conste certidão negativa relativamente a esse exercício.

b) O pai de Gustavo pode ser considerado responsável tributário pelo ITCD devido por essa transmissão por doação, pelo simples fato de ser pai, mesmo não tendo intervindo no ato de transmissão por doação, nem tendo sido responsável por qualquer omissão.

c) Gustavo, embora tenha apenas 10 anos de idade e seja, por causa disso, civilmente incapaz, tem, todavia, capacidade tributária para ser contribuinte do ITCD, pois sua capacidade tributária não é afetada por sua incapacidade civil.

d) O sujeito ativo do ITCD incidente sobre essa transmissão é o Estado do Rio Grande do Norte, pois a doadora, Mariângela, está domiciliada em Natal.

e) O pai e a mãe de Gustavo revestirão a condição de responsáveis tributários pelo IPTU em atraso e pelo ITCD devido por Gustavo, se, da escritura de doação, não constar certidão negativa relativamente a débitos do IPTU e do ITCD e se não for possível exigir de Gustavo o cumprimento da obrigação principal.

19. (Vunesp – Juiz de Direito – SP/2014) No que diz respeito ao chamado domicílio tributário, é correto afirmar que:

a) é coincidente, em qualquer hipótese, com o domicílio civil, previsto no Código Civil brasileiro de 2002.

b) em casos específicos, pode o domicílio tributário ser aquele da situação dos bens ou da ocorrência dos atos ou fatos que deram origem à obrigação.

c) no caso do contribuinte pessoa física, é sempre coincidente com a sua residência.

d) não apresenta qualquer distinção na sua fixação no que diz respeito ao caso dos contribuintes pessoas jurídicas, sejam estas de direito privado de direito público.

20. (CESPE – Cartório – TJ – BA/2014) Com referência à sujeição passiva na relação jurídica tributária, assinale a opção correta.

a) Na obrigação principal, denomina-se responsável o sujeito passivo que tenha relação pessoal e direta com a situação que constitua o respectivo fato gerador.

b) O sujeito passivo, na obrigação acessória, é a pessoa obrigada ao pagamento do tributo ou penalidade tributária.

c) É sujeito passivo da obrigação principal a pessoa obrigada às prestações que constituam o seu objeto.

d) As convenções particulares relativas à responsabilidade pelo pagamento de tributos podem ser opostas à fazenda pública com o intuito de modificar a definição legal do sujeito passivo das obrigações tributárias.

e) É considerado sujeito passivo da obrigação principal a pessoa obrigada ao pagamento de tributo ou penalidade tributária.

GABARITO

Questão	Resposta	Fundamentação
1	B	CTN, arts. 124 e 125
2	C	STJ, REsp 1.036.589/MG e CTN, arts. 123 e 126, I
3	A	CTN, art. 127
4	A	CTN, art. 125, II
5	B	CTN, art. 125, II
6	B	CTN, art. 122
7	C	CTN, art. 124, I
8	C	CF, art. 155, § 2º, IX, a
9	D	CTN, arts. 121 e 126
10	C	CTN, art. 127
11	C	CTN, art. 121, parágrafo único I e 125, I
12	B	CTN, art. 123
13	C	CF, art. 155, § 1º, I e II
14	E	CTN, art. 120
15	C	CTN, art. 121, parágrafo único I
16	A	CTN, art. 7º
17	E	CTN, art. 126, II
18	C	CTN, art. 126, I
19	B	CTN, art. 127, § 1º
20	E	CTN, art. 121

11. MEU RESUMO PARA MEMORIZAÇÃO

» *Futuro(a) Juiz(a), Membro do Ministério Público, Procurador(a), Auditor(a) Fiscal, ou Servidor(a) de Outras Carreiras Públicas, agora é hora de se concentrar.*

» *Sem nenhuma consulta ao capítulo, por favor, faça um breve resumo abaixo. Neste momento, é importante que elabore esquemas e gráficos, para condensar e memorizar a matéria já estudada e, ainda, utilizar esses resumos para revisar os pontos uma semana antes da prova. Use o espaço cuidadosamente, deixando-o como o seu "caderninho de anotações pessoais".*

11.1. Quais os pontos que eu aprendi ao longo do capítulo que considero mais importantes?

SUJEITO ATIVO:

CAPACIDADE TRIBUTÁRIA ATIVA:

SUJEITO PASSIVO:

a) Contribuinte:

b) Responsável:

CONVENÇÕES ENTRE PARTICULARES:

SOLIDARIEDADE TRIBUTÁRIA:

a) Natural:

b) Legal:

c) Efeitos da solidariedade:

CAPACIDADE TRIBUTÁRIA PASSIVA:

RESUMO PARA MEMORIZAÇÃO

DOMICÍLIO TRIBUTÁRIO:

SUJEITOS DA
RELAÇÃO TRIBUTÁRIA
segue vídeo abaixo:

https://youtu.be/d0IK8lnRKps

Capítulo IX

RESPONSABILIDADE TRIBUTÁRIA

1. ASPECTOS INTRODUTÓRIOS

A expressão **responsabilidade tributária** e o termo **responsável** são importantíssimos para o Direito Tributário, uma vez que, em linhas gerais, implicam na submissão de determinada pessoa a arcar com o débito fiscal.

Já vimos que a sujeição passiva (gênero) tem como espécies o "contribuinte" e o "responsável". O **contribuinte** tem **relação pessoal e direta com a situação que constitua o** respectivo **fato gerador** da obrigação tributária principal (CTN, art. 121, parágrafo único, I). Já o **responsável** é aquele que, sem revestir a condição de contribuinte, **sua obrigação decorre de disposição expressa em lei** (CTN, art. 121, parágrafo único, II).

À condição de sujeito passivo do responsável, dá-se o nome de **responsabilidade tributária**, tema exaustivamente explorado em concursos públicos. Para desenvolvê-lo, é importante estabelecer uma sistematização das normas de responsabilidade tributária no CTN, podendo-se partir da classificação que subdivide a responsabilidade tributária em **responsabilidade por substituição** (CTN, art. 128) e **responsabilidade por transferência**, esta última compreendendo as seguintes subespécies de responsabilidades: **por sucessão**, **de terceiros** e **por infrações.**

Responsabilidade Tributária
- Responsabilidade por susbstituição
- Responsabilidade por transferência
  - por sucessão
  - de terceiro
  - por infrações

Todas essas modalidades de responsabilidade tributária serão abordadas ao longo do presente capítulo, sendo de bom alvitre enfatizar que as normas de responsabilidade tributária devem sempre prevalecer sobre quaisquer convenções particulares (inteligência do artigo 123 do CTN). Dessa forma, não importa que o vendedor do imóvel tenha contratualmente se responsabilizado perante o adquirente por qualquer débito tributário relacionado ao bem transmitido. Se a lei estabelece que o adquirente responde por esse débito perante o fisco, a convenção particular não poderá ser alegada como obstáculo à exigência do crédito tributário pela Fazenda Pública perante esse adquirente, que deverá cumprir o a obrigação tributária, servindo-lhe a previsão contratual de fundamento tão somente para o exercício do direito de regresso em face do vendedor.

Outro aspecto importante é conhecer as possíveis naturezas de uma regra de responsabilidade. No que tange à natureza da responsabilidade tributária, deve-se saber distinguir as responsabilidades **solidária**, **subsidiária** (supletiva) e **pessoal.**

2. NATUREZA DA RESPONSABILIDADE TRIBUTÁRIA

Na **responsabilidade solidária**, a dívida tributária pode ser exigida tanto do "contribuinte" como do "responsável", independentemente da existência de uma ordem de cobrança a ser seguida pelo credor (Fazenda Pública). Noutras palavras, a solidariedade **não** comporta **benefício de ordem** (CTN, art. 124, parágrafo único).

As hipóteses de responsabilidade solidária devem ser compreendidas à luz das normas gerais sobre solidariedade tributária, veiculadas nos artigos 124 e 125 do CTN e estudadas no capítulo anterior desta obra.

De modo diverso, a **responsabilidade subsidiária** recai sobre o sujeito passivo, tido como "responsável", diante da impossibilidade de exigência da obrigação junto ao sujeito passivo "contribuinte", por absoluta falta de patrimônio deste para operar a quitação.

Por fim, tem-se, ainda, a **responsabilidade pessoal**, em que o terceiro responde pessoalmente, independentemente do contribuinte.

Essa natureza é identificada em diversos dispositivos do CTN e delineada por Eduardo Sabbag nos seguintes termos:

- Art. 128, parte final: "o contribuinte é excluído totalmente, dando ensejo à responsabilidade pessoal";
- Art. 131, I, II e III: "indica responsabilidade pessoal - e exclusiva - afastando-se a responsabilidade dos devedores originários";
- Art. 135, I, II e III: "não atinge o contribuinte".

Porém, cumpre ressaltar que, se para muitos estudiosos, a responsabilidade pessoal prevista em várias passagens do CTN é uma hipótese de responsabilidade por substituição, o que implicaria na exoneração de qualquer responsabilidade do contribuinte, para outra linha doutrinária, a responsabilidade pessoal não exclui as demais responsabilidades - contribuintes e responsáveis (tal exclusão, para existir, deveria ser expressa, nos termos do artigo 128 do CTN). Nesse último sentido, há jurisprudência recente do STJ (REsp 1.455.490-PR), que será abordada com mais detalhes no tópico deste capítulo relativo à responsabilidade de terceiros.

Responsabilidade Solidária	Responsabilidade Subsidiária	Responsabilidade pessoal
A dívida tributária pode ser exigida tanto do "contribuinte" como do "responsável", sem benefício de ordem	Responsabilidade decorre da impossibilidade de exigência da obrigação junto ao "contribuinte".	Exclusiva da pessoa indicada como responsável tributária, ficando afastada a responsabilidade do contribuinte

No estudo das modalidades de responsabilidade tributária, que será apresentado na sequência, essas três naturezas ficarão facilmente perceptíveis em cada norma.

3. RESPONSABILIDADE POR SUBSTITUIÇÃO TRIBUTÁRIA

A primeira modalidade de responsabilidade tributária estabelecida pelo CTN é a **responsabilidade por substituição**, que remonta à origem da obrigação tributária, mediante a **previsão legal** de que determinada pessoa, desde o fato gerador, será considerada sujeito passivo da obrigação tributária na condição de responsável. Portanto, remonta à **origem** da obrigação tributária, ao momento do fato gerador e decorre de **lei ordinária** do ente federativo competente para o tributo ao qual se refere a norma de responsabilidade.

ATENÇÃO:

Nos termos do artigo 128 do CTN, somente a lei pode atribuir responsabilidade tributária a terceiros.

No entanto, a lei **não** pode indicar como responsável uma pessoa totalmente alheia ao fato gerador. De acordo com o artigo 128 do CTN, que trata da responsabilidade por substituição, o responsável deve ser uma terceira pessoa "**vinculada ao fato gerador da respectiva obrigação**".

Por outro lado, não se deve confundir essa vinculação do terceiro responsável com a condição de contribuinte. Na responsabilidade tributária, a relação do responsável com o fato gerador é indireta. Aquele que tem relação pessoal e direta, isto é, quem se enquadra na situação fática que constitui o fato gerador, não é classificado como responsável tributário, mas sim reúne as características para ser considerado contribuinte.

Ainda nos termos do artigo 128 do CTN, verifica-se que a natureza da responsabilidade por substituição tributária pode ser **pessoal** ou **subsidiária**. Isso ocorre na medida a norma veiculada no dispositivo prevê que a responsabilidade será atribuída à terceira pessoa vinculada ao fato gerador "**excluindo a responsabilidade do contribuinte ou atribuindo-a a este em caráter supletivo do cumprimento total ou parcial da referida obrigação**" (CTN, art. 128).

Portanto, no que se refere à sua natureza, a responsabilidade por substituição pode ser:

Pessoal: quando a lei exclui a responsabilidade do contribuinte.

Subsidiária: quando a lei atribui a responsabilidade ao terceiro em caráter supletivo do cumprimento total ou parcial da obrigação (pelo contribuinte).

Também no campo da responsabilidade por substituição, a expressão **retenção na fonte** decorre de norma específica do parágrafo único do artigo 45 do CTN, o qual dispõe que "a lei pode atribuir à fonte pagadora da renda ou dos proventos tributáveis a condição de responsável pelo imposto cuja retenção e recolhimento lhe caibam".

ATENÇÃO:

"Esta Primeira Seção firmou o entendimento de que, mesmo em face da responsabilidade da fonte pagadora pelo recolhimento do IRPF incidente sobre as verbas trabalhistas recebidas em cumprimento de decisão judicial, o contribuinte não deixa de ser também responsável para tanto, uma vez que, ante a inércia da fonte pagadora, deve informar em sua declaração de ajuste anual os valores recebidos e, caso não o faça, será o sujeito passivo da exação" (AgRg nos EREsp 413106/SC, Rel. Ministra DENISE ARRUDA, DJ 23.10.2006).

"A responsabilidade do contribuinte só seria excluída se houvesse comprovação de que a fonte pagadora reteve o Imposto de Renda a que estava obrigado, mesmo que não houvesse feito o recolhimento" (EREsp 644223/SC, Rel. Ministro JOSÉ DELGADO, DJ 20.2.2006).

Clássico tema polêmico, por força da Emenda Constitucional 3/96, a substituição tributária foi elevada à estatura de norma constitucional, com a inclusão do § 7º ao artigo 150 da CF, segundo o qual: "A **lei** poderá atribuir a sujeito passivo de obrigação tributária a condição de **responsável** pelo pagamento de imposto ou contribuição, **cujo fato gerador deva ocorrer posteriormente**, assegurada a imediata e preferencial restituição da quantia paga, caso não se realize o fato gerador presumido".

Essa norma, interpretada sistematicamente com o artigo 128 do CTN, delineia no campo da tributação plurifásica, típica de impostos indiretos como ICMS e IPI, a responsabilidade por substituição das operações subsequentes, conhecida como **substituição tributária para frente ou progressiva.** Nessa hipótese, há uma antecipação da exigência do recolhimento do imposto relativo aos fatos geradores de toda a cadeia produtiva que está para ocorrer.

Um exemplo no campo do ICMS é a responsabilidade da indústria de bebidas pelo imposto devido em todas as etapas de circulação das mercadorias, prevista nas legislações da maioria dos Estados brasileiros. Num caso hipotético, um carregamento de refrigerantes sai da indústria com destino ao atacadista (**fato gerador 1**), que o revende a um varejista, promovendo uma segunda saída das mercadorias (**fato gerador 2**). O varejista, por sua vez, vai revender a mercadoria para consumidores finais, havendo, a cada venda no varejo, uma terceira saída das mercadorias (**fato gerador 3**). Fica clara a existência de três fatos geradores, mas, as leis estaduais, com fundamento no artigo 150, § 7º da CF e no artigo 6º, § 1º, da Lei complementar 87/96 (específica do ICMS), atribuem a responsabilidade à indústria, na condição de **substituto tributário**, pelo pagamento do imposto: **i)** relativo à sua própria operação (ICMS próprio – relativo ao fato gerador 1); **ii)** referente às operações subsequentes dos contribuintes atacadistas e varejistas (**substituídos**) pelo imposto devido em relação aos fatos geradores 2 e 3 (ICMS – Substituição Tributária).

Para melhor compreensão, veja um esquema representativo do referido exemplo:

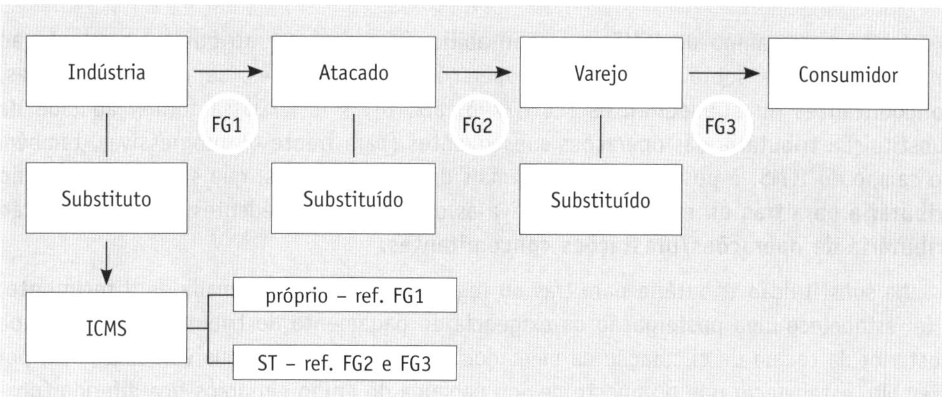

Outro ponto a se observar na substituição tributária para frente é de que a responsabilidade é atribuída ao substituído, **assegurada a imediata e preferencial restituição da quantia paga, caso não se realize o fato gerador presumido** (CF, art. 150, § 7º, *in fine*). Significa dizer que, caso o substituto efetue o pagamento do tributo relativo às operações subsequentes, mas estas não venham a se efetivar posteriormente, o tributo pago antecipadamente deve ser devolvido imediata e preferencialmente. Ficando no exemplo da substituição tributária dos refrigerantes, no caso concreto apresentado, se o comerciante varejista não vender algumas garrafas das bebidas, em relação a essas mercadorias o fato gerador 3 não irá se realizar, decorrendo disso o direito à restituição imediata e preferencial da quantia paga pela indústria pelo fato gerador que não se confirmou.

ATENÇÃO:

Tema objeto de infindáveis polêmicos sempre foi a possibilidade restituição da diferença entre a quantia paga de acordo com a base de cálculo presumida e o valor da efetiva operação de venda. Depois de muitas decisões em sentido contrário, no julgamento do Recurso Extraordinário 593.849, o Supremo Tribunal Federal exarou decisão com repercussão geral no seguinte sentido: "É devida a restituição da diferença do Imposto sobre Circulação de Mercadorias e Serviços (ICMS) pago a mais no regime de substituição tributária para a frente se a base de cálculo efetiva da operação for inferior à presumida." Os efeitos dessa decisão também foram modulados pela Corte, de modo que atingirão os casos futuros e apenas os pretéritos que já estejam tramitando na Justiça. Na mesma ocasião e de acordo com o mesmo entendimento, também foram julgadas improcedentes as ADIs 2675 e 2777, que questionavam a constitucionalidade de leis dos Estados de São Paulo e Pernambuco que autorizavam a restituição em questão.

Também no campo do ICMS, a responsabilidade poderá ser atribuída em relação ao imposto incidente sobre uma ou mais operações ou prestações, sejam **antecedentes, concomitantes** ou **subsequentes** (LC 87/96, art. 6º, § 1º). Dessa forma, ao lado da substituição tributária das operações subsequentes (para frente ou progressiva), também no campo do ICMS, é possível identificar mais duas modalidades, que são a **substituição tributária para trás ou regressiva**, relativa às operações antecedentes, e a **substituição tributária de operações/prestações concomitantes.**

Na substituição tributária para trás ou regressiva, também chamada de **diferimento**, a lei estabelece uma postergação da exigência do pagamento do tributo para uma etapa posterior da cadeia de circulação da mercadoria. Com isso, uma norma estadual pode, por exemplo, estabelecer que o imposto devido na saída do milho em grãos fica diferido (postergado) para o momento da saída dos produtos resultantes da industrialização. No caso, há três fatos geradores, que são a saída do milho do estabelecimento do produtor rural com destino a um estabelecimento atacadista (**fato gerador 1**), seguida da revenda do milho pelo atacadista, que promove saída da mercadoria para uma indústria de óleos vegetais (**fato gerador 2**) e, por fim, a saída do óleo de milho do estabelecimento industrial com destino a um próximo adquirente (**fato gerador 3**). Por se tratar de diferimento, o ICMS será devido tão somente no momento da saída do óleo de milho do estabelecimento industrial, como demonstrado esquema abaixo:

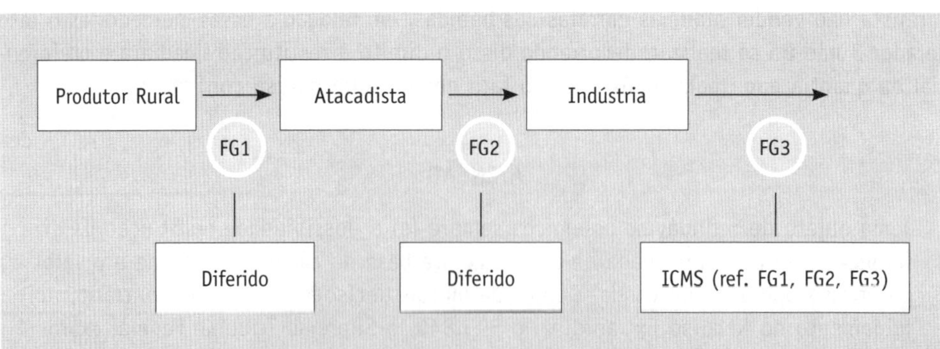

Tem-se, por fim, a substituição tributária relativa às operações/prestações concomitantes, muito menos frequente na legislação. Pode ocorrer quando acontecem ao mesmo tempo prestação de serviço de transporte e circulação de mercadorias, ambos fatos geradores do ICMS. Nesse caso, a lei pode atribuir ao comerciante, que é contribuinte em razão da operação de circulação de mercadorias, a responsabilidade pelo pagamento do imposto devido pelo transportador em razão da prestação de serviço de transporte das mercadorias, na condição de substituto tributário.

No quadro abaixo, uma recapitulação das três modalidades de substituição tributária que acabam de ser abordadas.

Responsabilidade por substituição (SUBSTITUIÇÃO TRIBUTÁRIA)		
Substituição Tributária para trás (das operações antecedentes)	**Substituição Tributária para frente (das operações subsequentes)**	**Substituição Tributária de operações concomitantes**
Diferimento (postergação do recolhimento do tributo de toda cadeia produtiva para o último elo)	Antecipação do recolhimento de toda cadeia produtiva que está para ocorrer (retenção na fonte)	Em geral, serviços de transporte que acontecem em concomitância com a circulação de mercadorias (art. 6º, § 1º, da LC 87/96)

4. RESPONSABILIDADE POR TRANSFERÊNCIA

Além da responsabilidade por substituição, o CTN estipula em seu capítulo V do Título II (do Livro II) hipóteses em que a **responsabilidade tributária** se dá **por transferência**, isto é, em um momento posterior ao fato gerador, a responsabilidade transfere-se para a figura do responsável. São modalidades de responsabilidade por transferência as responsabilidades **dos sucessores, de terceiros e por infrações.**

4.1. Responsabilidade dos sucessores

A **responsabilidade dos sucessores** encontra-se disciplinada entre os artigos 129 a 133 do CTN, cujos principais aspectos encontram-se resumidos no quadro a seguir:

Responsabilidade dos Sucessores	
Aplica-se por igual aos créditos tributários definitivamente constituídos ou em curso de constituição à data dos atos nela referidos e aos constituídos posteriormente aos mesmos atos, desde que relativos a obrigações tributárias surgidas até a referida data.	
Tributos "propter rem" (imóveis) – CTN, art. 130	Sub-rogam-se na pessoa dos respectivos adquirentes, **salvo quando conste do título a prova de sua quitação.**
Aquisição de imóvel em hasta pública – CTN, art. 130, parágrafo único	A sub-rogação dos tributos "propter rem" ocorre sobre o respectivo preço.
Responsabilidade pessoal – CTN, art. 131, I	do adquirente ou remitente, pelos tributos relativos aos bens adquiridos ou remidos.

Responsabilidade dos Sucessores	
Responsabilidade pessoal – CTN, art. 131, II	do sucessor a qualquer título e o cônjuge meeiro, pelos tributos devidos pelo *de cujus* até a data da partilha ou adjudicação, limitada esta responsabilidade ao montante do quinhão do legado ou da meação.
Responsabilidade pessoal – CTN, art. 131, III	do espólio, pelos tributos devidos pelo *de cujus* até a data da abertura da sucessão.
Pessoa jurídica de direito privado que resultar de fusão, transformação ou incorporação – CTN, art. 132	é responsável pelos tributos devidos até a data do ato pelas pessoas jurídicas de direito privado fusionadas, transformadas ou incorporadas.
Extinção de pessoa jurídica de direito privado – CTN, art. 132, parágrafo único	quando a exploração da respectiva atividade seja continuada por qualquer sócio remanescente, ou seu espólio, sob a mesma ou outra razão social, ou sob firma individual, estes são responsáveis.
Pessoa natural ou jurídica que adquire de outra um estabelecimento (fundo de comércio) – CTN, art. 133	Responde pelos tributos, relativos ao fundo ou estabelecimento adquirido, devidos até a data do ato: I – integralmente, se o alienante cessar a exploração do comércio, indústria ou atividade; II – subsidiariamente com o alienante, se este prosseguir na exploração ou iniciar dentro de seis meses a contar da data da alienação, nova atividade no mesmo ou em outro ramo de comércio, indústria ou profissão.
Pessoa natural ou jurídica que adquire estabelecimento (fundo de comércio) de outra em processo de falência; ou adquire filial ou unidade produtiva isolada, em processo de recuperação judicial – CTN, art. 133, §§ 1° e 2°	Não responde pelos tributos, quer integral, quer subsidiariamente, **exceto** quando o adquirente for: I – sócio da sociedade falida ou em recuperação judicial, ou sociedade controlada pelo devedor falido ou em recuperação judicial; II – parente, em linha reta ou colateral até o 4° (quarto) grau, consanguíneo ou afim, do devedor falido ou em recuperação judicial ou de qualquer de seus sócios; ou III – identificado como agente do falido ou do devedor em recuperação judicial com o objetivo de fraudar a sucessão tributária.

Anote-se que, segundo posicionamento firmado pelo STJ, "a responsabilidade tributária do sucessor abrange, além dos tributos devidos pelo sucedido, as multas moratórias ou punitivas, que, por representarem dívida de valor, acompanham o passivo do patrimônio adquirido pelo sucessor, desde que seu fato gerador tenha ocorrido até a data da sucessão" (Precedentes: REsp 1085071/SP, Rel. Ministro BENEDITO GONÇALVES, PRIMEIRA TURMA, julgado em 21/05/2009, DJe 08/06/2009; REsp 959.389/RS, Rel. Ministro CASTRO MEIRA, SEGUNDA TURMA, julgado em 07/05/2009, DJe 21/05/2009).

4.1.1. *Responsabilidade por tributos* propter rem *nas transmissões imobiliárias*

As hipóteses do artigo 130 são de sucessão relativa aos impostos *propter rem*, ou seja, devidos em razão da propriedade do bem, incidentes sobre bens imóveis, conceito no qual se enquadram o IPTU para imóveis urbanos e o ITR para imóveis rurais. Vale também para as taxas de serviços, tal como a taxa de coleta de lixo domiciliar, e para as contribuições de melhoria relacionadas ao bem imóvel, consoante fica claro no texto do dispositivo:

> **Art. 130.** Os créditos tributários relativos a **impostos** cujo fato gerador seja a propriedade, o domínio útil ou a posse de bens imóveis, e bem assim os relativos a **taxas pela prestação de serviços** referentes a tais bens, ou a **contribuições de melhoria**, subrogam-se na pessoa dos respectivos adquirentes, salvo quando conste do título a prova de sua quitação.

Essa responsabilidade tributária do adquirente refere-se aos **débitos tributários anteriores** à respectiva aquisição do imóvel. Muito cuidado ao examinar situações em que o débito fiscal decorrer de fato gerador posterior ao título aquisitivo, pois nesses casos o adquirente deverá ser considerado contribuinte, por ter relação pessoal e direta com o fato gerador.

Havendo pendência de débitos desses tributos sobre o imóvel adquirido, os respectivos adquirentes responderão por essa dívida, **exceto** se do título aquisitivo (por exemplo, a escritura de compra e venda) constar a prova da quitação desses impostos (CTN, art. 130).

ATENÇÃO:

A responsabilidade por sucessão de que trata o artigo 130 do CTN refere-se a impostos, contribuições de melhoria e, quanto a taxas, apenas àquelas sobre prestação de serviços públicos relativos a tais bens, **não** abrangendo as taxas pelo exercício regular do poder de polícia.

Outra exceção é prevista no parágrafo único do artigo 130 do CTN e diz respeito à aquisição de imóvel em hasta pública (praça ou leilão). Nessa hipótese, os débitos de IPTU e ITR estarão sub-rogados no respectivo preço, o que significa que, do produto obtido com a arrematação dos bens alienados, deverá ser retirado o valor necessário para cobrir os impostos sobre o imóvel pendente de pagamento. Como se vê, nesse caso, o arrematante do imóvel adquire a sua propriedade livre de quaisquer ônus de impostos de caráter *propter rem*, o que vale também para as taxas de prestação de serviços e contribuições de melhoria.

Assim, as normas de responsabilidade por sucessão do artigo 130 do CTN podem ser sintetizadas no seguinte quadro:

Responsável (sucessor)	Contribuinte (sucedido)	Objeto	Exceções
Adquirente (sub-rogação)	Alienante	Créditos tributários relativos a **impostos** cujo fato gerador seja a propriedade, o domínio útil ou a posse de bens imóveis, e **taxas** pela prestação de serviços referentes a tais bens, ou a **contribuição de melhoria**	Salvo quando conste do título a prova de sua quitação
			Arrematação em hasta pública (a sub-rogação ocorre sobre o respectivo preço)

4.1.2. Responsabilidade Pessoal nas Aquisições de bens e Transmissões Causa Mortis

O artigo 131 enfatiza a natureza pessoal da responsabilidade dos sucessores nas hipóteses que enumera (rol taxativo dos incisos I a III).

No caso do inciso I, é responsável o adquirente ou remitente (no caso de remição de dívida objeto de execução judicial). Essa responsabilidade refere-se aos bens adquiridos ou remidos, mas, diferente do que acontece no artigo 130, não se restringe a bens imóveis, de modo que pode ser atribuída, por exemplo, ao adquirente de um veículo automotor em relação aos débitos pendentes de IPVA.

ATENÇÃO:

No caso do artigo 131, inciso I, do CTN (responsabilidade do adquirente ou remitente pelos bens adquiridos ou remidos), não foi prevista a ressalva "salvo quando conste do título a prova de sua quitação", que fica restrita à hipótese de responsabilidade por sucessão relacionada imóveis do artigo 130 do CTN.

Quanto às hipóteses dos incisos II e III do mesmo artigo 131 do CTN, referem-se ambas a situações que envolvem a sucessão *causa mortis*, isto é, aquela decorrente da morte de uma pessoa.

Para exata compreensão desses dois dispositivos é necessária que se conheça alguns conceitos de Direito Civil relacionados. São eles:

- ***de cujus:*** é o falecido (autor da herança);
- **sucessor:** é o herdeiro do todo ou de quota-parte dos bens deixados pelo falecido ou, ainda, o legatário de algum bem do patrimônio expressamente legado em testamento;

- **cônjuge meeiro:** é o cônjuge sobrevivente que, dependendo do regime de bens do casamento, tem direito à metade dos bens integrantes do patrimônio comum do casal;
- **quinhão:** é um percentual da herança a que tem direito: i) os sucessores legítimos que, respeitada a hierarquia das linhas sucessórias, poderão ser descendentes, ascendentes, cônjuge ou colaterais até o quarto grau; ii) ou os sucessores testamentários a que o *de cujus* tenha contemplado expressamente com determinado percentual do seu patrimônio hereditário;
- **legado:** é um bem com que o falecido contempla pessoa determinada em seu testamento.
- **espólio:** não é uma pessoa, mas uma ficção jurídica, um ente despersonalizado, criado para designar o acervo hereditário do falecido, ou seja, o seu patrimônio.
- **partilha:** é a divisão dos bens entre os herdeiros e legatários realizada no âmbito de processo de inventário e partilha que, pode ser judicial ou, em muitos casos, admite-se tramitar extrajudicialmente em cartório.
- **adjudicação:** é atribuição a quem de direito da herança ou legado não sujeito a partilha por haver apenas um herdeiro ou legatário.
- **inventariante:** essencialmente, é o representante legal do espólio, designado no âmbito do processo de inventário e partilha.
- **data da abertura da sucessão:** diz respeito à data do óbito do *de cujus*, não se confundindo com a data da abertura do inventário, esta última correspondente à data em que os sucessores dão início ao processo judicial para partilha dos bens deixados pelo falecido.

Compreendidos esses conceitos, fica mais fácil de entender que:

- **CTN, art. 131, inciso III:** o espólio é que responderá pelos tributos devidos pelo *de cujus* até a data da abertura da sucessão (CTN, art. 131, III). Ou seja, o **falecido** é o **contribuinte** e o **espólio** o **responsável**.

Porém, essa norma só tem aplicação até a homologação da partilha dos bens. É que, nesse momento, o espólio deixa de existir, não havendo como se lhe atribuir mais a responsabilidade. Assim, não resta outra interpretação plausível senão a de que os tributos devidos pelo *de cujus* descobertos após a partilha devem ser pagos pelo sucessor a qualquer título ou pelo cônjuge meeiro nos limites do montante de seus quinhões, legados ou meação, nos termos estabelecidos pelo inciso II do artigo 131, que será analisado adiante. E, nesse caso, o **contribuinte** continua sendo o ***de cujus***, mas o **responsável** passa a ser o **herdeiro**, **legatário** ou o **cônjuge meeiro**.

- **CTN, art. 131, II:** já os tributos devidos pelo *de cujus* até a partilha ou adjudicação dos bens são de responsabilidade do sucessor a qualquer título (herdeiro ou legatário) ou do cônjuge meeiro (proporcional à sua meação), cabendo enfatizar bem que essa **responsabilidade é limitada ao montante do quinhão, do legado ou da meação.** Isto é, ninguém responder por tributos que ultrapassem o valor da herança, legado ou meação a que teve direito na partilha ou adjudicação.

Aqui, por interpretação sistemática com o inciso III, fica subentendido que o fato gerador ocorreu após a abertura da sucessão. Assim, o **espólio** é que ostenta condição de **contribuinte**, pois é que tem relação pessoa e direta com o fato gerador ocorrido após a abertura da sucessão, figurando **herdeiros, legatários e cônjuge meeiro** como **responsáveis** tributários por sucessão.

Perceba você que o legislador parece ter invertido a ordem cronológica dos incisos II e III, ficando mais lógico o estudo desses dispositivos em ordem inversa, conforme acima apresentado.

Em relação à sucessão *causa mortis*, o Prof. Eduardo Sabbag elaborou um quadro mnemônico que merece destaque nos estudos do tema:

Quadro mnemônico – Responsabilidade dos sucessores[2]				
Tributos	**Contribuinte**	**Responsável**	**Tipo**	**CTN**
Devidos ATÉ a morte	*De cujus*	Espólio	Pessoal	Art. 131, III
Devidos APÓS a morte (descobertos ANTES da sentença de partilha)	Espólio	Inventariante	Solidária	Art. 134, IV
Devidos ATÉ a morte e não pagos ATÉ a partilha (descobertos APÓS a sentença de partilha)	*De cujus*	Sucessores e cônjuge meeiro	Pessoal	Art. 131, II
Devidos APÓS a morte e não pagos ATÉ a partilha (descobertos APÓS a sentença de partilha)	Espólio	Sucessores e cônjuge meeiro	Pessoal	Art. 131, II

Fique atento pois a segunda hipótese contemplada no quadro, que diz respeito à responsabilidade solidária do inventariante (CTN, art. 134, IV) será analisada no próximo tópico deste capítulo, sendo de bom alvitre adiantar que não se trata de hipótese de responsabilidade por sucessão, mas, sim, possui natureza de responsabilidade de terceiro.

4.1.3. *Responsabilidade nas incorporações, transformações e fusões*

A pessoa jurídica de direito privado que resultar de fusão, transformação ou incorporação de outra ou em outra é responsável pelos tributos devidos até à data do ato pelas pessoas jurídicas de direito privado fusionadas, transformadas ou incorporadas (CTN, art. 132).

2. *In*: SABBAG, Eduardo. *Manual de Direito Tributário*. 2ª ed. São Paulo: Saraiva, 2010, página 702.

Para entender essa norma é imprescindível conhecer os conceitos de transformação, incorporação, fusão e cisão, estabelecidos na Lei 6.404/76, que rege as Sociedades por Ações, nos seguintes termos:

- **Transformação:** é a operação pela qual a sociedade passa, independentemente de dissolução e liquidação, de um tipo para outro (Lei 6.404/76, art. 220). Por exemplo: uma sociedade limitada (Ltda) torna-se sociedade anônima ou sociedade por ações (S/A).
- **Incorporação:** é a operação pela qual uma ou mais sociedades são absorvidas por outra, que lhes sucede em todos os direitos e obrigações (Lei 6.404/76, art. 227), como ocorre, por exemplo, quando uma empresa A absorve o patrimônio de uma empresa B, passando A a suceder B em todos os direitos e obrigações.
- **Fusão:** é a operação pela qual se unem duas ou mais sociedades para formar sociedade nova, que lhes sucederá em todos os direitos e obrigações (Lei 6.404/76, art. 228). Por exemplo, as sociedades A e B se unem para formar a empresa C.
- **Cisão:** é a operação pela qual a companhia transfere parcelas do seu patrimônio para uma ou mais sociedades, constituídas para esse fim ou já existentes, extinguindo-se a companhia cindida, se houver versão de todo o seu patrimônio, ou dividindo-se o seu capital, se parcial a versão (Lei 6.404/76, art. 228). Assim, pela cisão, uma companhia A pode dar origem, por exemplo, a duas novas companhias B e C, mediante a versão de todo o seu patrimônio (cisão total). Em outra hipótese, a companhia A pode dar origem apenas à companhia B, o que acontece no caso de mera divisão do seu capital (cisão parcial). Embora não conste expressamente do rol do art. 132 do CTN, a cisão da sociedade é modalidade de mutação empresarial sujeita, para efeito de responsabilidade tributária, ao mesmo tratamento jurídico conferido às demais espécies de sucessão (REsp 970.585/RS, 1ª Turma, Min. José Delgado, DJe de 07/04/2008).

E, dessa maneira, à luz do artigo 132 do CTN e da jurisprudência do STJ, a responsabilidade por sucessão nas mutações societárias empresariais pode ser representada pelo seguinte quadro:

<table>
<tr><th>Responsável (sucessor)</th><th>Contribuinte (sucedido)</th><th>Objeto</th><th>Observações</th></tr>
<tr><td rowspan="2">Pessoas jurídicas resultantes de fusão, transformação, incorporação e cisão.</td><td>Pessoa jurídica de direito privado fusionada</td><td>Fusão</td><td>A + B = C</td></tr>
<tr><td>Pessoa jurídica de direito privado transformada</td><td>Transformação</td><td>A Ltda
↓
A S/A</td></tr>
</table>

Responsável (sucessor)	Contribuinte (sucedido)	Objeto	Observações
Pessoas jurídicas resultantes de fusão, transformação, incorporação e cisão.	Pessoa jurídica de direito privado incorporada	Incorporação	A + B = **A**
	Pessoa jurídica de direito privado cindida	Cisão	A = **A** e C ou A = **B** e C

Atenção, ainda, que a mesma responsabilidade por sucessão aplica-se aos casos de extinção de pessoas jurídicas de direito privado, quando a exploração da respectiva atividade seja continuada por qualquer sócio remanescente, ou seu espólio, sob a mesma ou outra razão social, ou sob firma individual (CTN, art. 132, parágrafo único), conforme este outro quadro:

Responsável (sucessor)	Contribuinte (sucedido)	Objeto	Observações
Sócio remanescente ou espólio que continue a exploração	Pessoa jurídica de direito privado	Extinção de pessoas jurídicas de direito privado	Continuação da exploração sob a mesma ou outra razão social ou sob firma individual

4.1.4. *Responsabilidade do adquirente do fundo de comércio ou estabelecimento*

O artigo 133 do CTN trata da responsabilidade por sucessão do adquirente de fundo de comércio ou estabelecimento comercial, industrial ou profissional. Portanto, nessa hipótese de responsabilidade tributária por sucessão, é relevante que saiba os conceitos jurídicos de estabelecimento e de fundo de comércio:

- **Estabelecimento:** para a lei civil compreende todo complexo de bens organizado, para exercício da empresa, por empresário, ou por sociedade empresária (Código Civil, art. 1.142).
- **Fundo de comércio:** segundo o Dicionário Aurélio é o conjunto de bens e direitos, tangíveis ou não, que constituem o patrimônio do comerciante (instalações, mercadorias, ponto do estabelecimento, freguesia, etc.). É o mesmo que *goodwill* (do inglês, conforme Dicionário Michaelis).

O adquirente de fundo de comércio ou estabelecimento comercial, industrial ou profissional é **integralmente** responsável pelos tributos devidos **até a data** do ato **se o vendedor cessar a exploração** do objeto social sucedido (CTN, art. 133, I). Mas, **se o vendedor prosseguir na exploração** do objeto social sucedido **ou reiniciá-la dentro de**

seis meses, a **responsabilidade** do adquirente será **subsidiária** (CTN, art. 133, II). Para facilitar, veja o seguinte quadro esquemático:

Responsável (sucessor)	Contribuinte (sucedido)	Objeto	Responde
Pessoa jurídica de direito privado (que continuar exploração)	Outra pessoa jurídica de direito privado	Tributos devidos relativos ao fundo de comércio ou estabelecimento comercial, industrial ou profissional, objeto de aquisição, por qualquer título, por uma pessoa física ou jurídica de direito privado	I – **integralmente**, se o alienante cessar a exploração do comércio, indústria ou atividade;
			II – **subsidiariamente, se** prosseguir na exploração **ou** iniciar em 6 meses a contar da data da alienação, nova atividade no mesmo ou em outro ramo

Em regra, a alienação de estabelecimento empresarial enseja a responsabilização por sucessão do adquirente, seja integralmente, seja subsidiariamente, a depender do enquadramento das hipóteses previstas nos incisos I e II do artigo 133 do CTN. Entretanto, tal regra não se aplica nas situações estipuladas no § 1º do mesmo artigo, incluídas pela Lei complementar 118/2005, e relacionados com processos de falência e recuperação de empresas.

> § 1º O disposto no *caput* deste artigo não se aplica na hipótese de alienação judicial:
>
> **I –** em processo de falência;
>
> **II –** de filial ou unidade produtiva isolada, em processo de recuperação judicial.

Há três situações, contudo, que o legislador elegeu como presumivelmente fraudulentas e, dessa forma, resolveu incluir como "exceções da exceção", ou seja, situações ligadas a falência e recuperação judicial nas quais a sucessão vai se operar em razão de uma das seguintes condições pessoais dos adquirentes, estabelecidas no § 2º do artigo 133 do CTN:

> **I –** sócio da sociedade falida ou em recuperação judicial, ou sociedade controlada pelo devedor falido ou em recuperação judicial;
>
> **II –** parente, em linha reta ou colateral até o 4º (quarto) grau, consanguíneo ou afim, do devedor falido ou em recuperação judicial ou de qualquer de seus sócios; ou
>
> **III –** identificado como agente do falido ou do devedor em recuperação judicial com o objetivo de fraudar a sucessão tributária.

Por fim, em processo da falência, o produto da alienação judicial de empresa, filial ou unidade produtiva isolada permanecerá em conta de depósito à disposição do juízo de falência pelo prazo de 1 (um) ano, contado da data de alienação, somente podendo ser utilizado para o pagamento de créditos extraconcursais ou de créditos que preferem ao tributário, tema que será melhor analisado no capítulo atinente às garantias e privilégios do crédito tributário (CTN, art. 133, § 3º).

4.2. Responsabilidade de terceiros

A **responsabilidade de terceiros** está disciplinada nos artigos 134 e 135 do CTN.

No caso do **artigo 134**, a responsabilidade **independe de uma conduta irregular** por parte dos responsáveis, que são: **I** – os pais, pelos tributos devidos por seus filhos menores; **II** – os tutores e curadores, pelos tributos devidos por seus tutelados ou curatelados; **III** – os administradores de bens de terceiros, pelos tributos devidos por estes; **IV** – o inventariante, pelos tributos devidos pelo espólio; **V** – o síndico e o comissário, pelos tributos devidos pela massa falida ou pelo concordatário; **VI** – os tabeliães, escrivães e demais serventuários de ofício, pelos tributos devidos sobre os atos praticados por eles, ou perante eles, em razão do seu ofício; **VII** – os sócios, no caso de liquidação de sociedade de pessoas.

ATENÇÃO:

Há uma particularidade interessante no texto do artigo 134 do CTN, segundo o qual "nos casos de impossibilidade de exigência do cumprimento da obrigação principal pelo contribuinte, respondem **solidariamente** com este nos atos em que intervierem ou pelas omissões de que forem responsáveis (...)". O termo **solidariamente,** na verdade, deve ser entendido como **subsidiariamente,** já que os terceiros somente serão responsabilizados na "impossibilidade de exigência do cumprimento da obrigação principal pelo contribuinte". Há, portanto, um nítido benefício de ordem.

Alguns professores defendem que se leve sempre em consideração o texto literal do CTN. De fato, se a questão for daquelas que trazem nas alternativas a transcrição literal do texto legal, o caminho é considerar correta a utilização do termo **solidariamente**. Entretanto, quando a alternativa ou afirmação não consiste em uma transcrição completa da literalidade do artigo 134 do CTN, a postura deve ser mais atenta à natureza de responsabilidade subsidiária. Por exemplo, no concurso da AGU de 2012, o CESPE considerou errado afirmar que a responsabilidade de terceiros é solidária, ou seja, em uma questão mais doutrinária, o posicionamento da banca revela-se pela natureza de subsidiariedade na responsabilidade de terceiros.

Por outro lado, em uma questão mais prática, considerou correto dizer que, "caso uma criança com seis anos de idade receba por doação de seu avô a propriedade de um imóvel, a responsabilidade do pai ao omitir-se de pagar o IPTU referente a esse imóvel será solidária com a criança".

Importante frisar que o disposto no **artigo 134 só se aplica, em matéria de penalidades, às de caráter moratório** (CTN, art. 134, parágrafo único), norma cuja literalidade é bastante cobrada em provas.

Já a **responsabilidade do artigo 135**, além de ser **pessoal** ("respondem pessoalmente"), **depende de condutas irregulares por parte dos responsáveis**, isto é, refere-se a obrigações tributárias resultantes de atos praticados com **excesso de poderes** ou **infração de lei, contrato social ou estatutos**. Nessa hipótese respondem: **I –** as pessoas referidas no artigo anterior, isto é, no artigo 134: **II –** os mandatários, prepostos e empregados; **III –** os diretores, gerentes ou representantes de pessoas jurídicas de direito privado.

A conjugação dos dois artigos ensejou o seguinte quadro sistematizado:

Responsabilidade de Terceiros		
Nos casos de impossibilidade de exigência do cumprimento da obrigação principal pelo contribuinte, respondem solidariamente com este nos atos em que intervierem ou pelas omissões de que forem responsáveis. O disposto neste artigo só se aplica, em matéria de penalidades, às de caráter moratório (art. 134, parágrafo único).		
Contribuinte, tributos devidos pelos:	**Terceiro Responsável**	**CTN, artigo 134, inciso:**
Filhos menores	Pais	I
Tutelados e curatelados	Tutores e curadores	II
Terceiros	Administradores de bens de terceiros	III
Espólio	Inventariante	IV
Massa falida ou concordatário	Síndico e comissário (atualmente "administrador judicial")	V
Atos praticados por tabeliães, escrivães e demais serventuários de ofício, ou perante eles, em razão do seu ofício	os tabeliães, escrivães e demais serventuários de ofício	VI
Liquidação de sociedade de pessoas	Sócios	VII

Todas estas pessoas elencadas na coluna "terceiro responsável"	+	Os mandatários, prepostos e empregados	+	Os diretores, gerentes ou representantes de pessoas jurídicas de direito privado

São pessoalmente responsáveis pelos créditos correspondentes a obrigações tributárias resultantes de atos praticados:	
Com excesso de poderes ou	Infração de lei, contrato social ou estatutos

E para que fiquem bem claras mesmo todas as nuances dessa responsabilidade, que tem caráter pessoal e decorre de atividade irregular, cumpre transcrever o texto completo do artigo 135:

> Art. 135. São **pessoalmente** responsáveis pelos créditos correspondentes a obrigações tributárias **resultantes** de atos praticados com **excesso de poderes** ou **infração de lei**, contrato social ou estatutos:
>
> I - as pessoas referidas no artigo anterior;
>
> II - os mandatários, prepostos e empregados;
>
> III - os diretores, gerentes ou representantes de pessoas jurídicas de direito privado.

Não obstante a existência de entendimento contrário das Fazendas Públicas, a jurisprudência e a doutrina coincidem no entendimento de que mera inadimplência ou **mora** não são suficientes para a responsabilização pessoal dos terceiros de que trata o artigo 135. Para a referida responsabilização, é imprescindível que se comprove o excesso de poder ou a infração à lei, condutas que, no campo empresarial, ficam restritas às pessoas com poderes de gestão (STJ - REsp 841561/RJ - 2.ª Turma - Rel.ª Min.ª Eliana Calmon - julg. 21/08/2008).

Nesse sentido, tem-se Súmula nº 430 do STJ, segundo a qual o simples inadimplemento **não** permite o redirecionamento da obrigação tributária ao sócio-administrador da empresa:

> **Súmula 430 do STJ** - O inadimplemento da obrigação tributária pela sociedade não gera, por si só, a responsabilidade solidária do sócio-gerente.

Segundo o artigo 135, inciso III, do CTN, para que haja responsabilização pessoal do sócio-administrador, é preciso que ele tenha agido com "excesso de poderes ou infração de lei, contrato social ou estatuto". O mero inadimplemento, segundo o STJ, não é considerado excesso de poder, nem infração à lei, tampouco infração ao contrato social (AgRg no REsp 1273450/SP).

O STJ também consolidou que a **dissolução irregular de sociedade** acarreta a responsabilidade pessoal do sócio gerente pelos débitos da empresa, implicando no redirecionamento da execução fiscal ao referido sócio gerente:

> "No caso dos autos, assentou-se no acórdão embargado, nos termos do que decido pela Primeira Turma nos EDcl no AgRg no REsp 1.009.997/SC, de relatoria da Ministra Denise Arruda, que o redirecionamento da execução fiscal aos sócios-gerentes, no caso de dissolução irregular da sociedade empresária, necessita da verificação de 'quem ocupava o posto de gerente no momento da dissolução' e da verificação de que aquele responsável pela dissolução tenha sido também, simultaneamente, o detentor da gerência na oportunidade do vencimento do tributo" (STJ, EDcl no AgRg no RECURSO ESPECIAL Nº 1.153.339 - SP).

Sedimentando esse entendimento, editou a Súmula nº 435, com o seguinte texto:

> "Presume-se dissolvida irregularmente a empresa que deixar de funcionar no seu domicílio fiscal, sem comunicação aos órgãos competentes, legitimando o redirecionamento da execução fiscal para o sócio-gerente".

Importante enfatizar, também, que a jurisprudência mais recente do STJ inclina-se no sentido de que o pressuposto para a responsabilidade do sócio-gerente ou sócio-administrador é a sua condição de gestor na data da dissolução irregular da sociedade, sendo irrelevante saber se ocupava ou não essa condição quando da ocorrência dos fatos geradores ou do vencimento dos tributos. Vale a pena transcrever:

> DIREITO TRIBUTÁRIO E PROCESSUAL CIVIL. REDIRECIONAMENTO DA EXECUÇÃO CONTRA SÓCIO GERENTE. É possível redirecionar a execução fiscal contra o sócio-gerente que exercia a gerência por ocasião da dissolução irregular da sociedade contribuinte, independentemente do momento da ocorrência do fato gerador ou da data do vencimento do tributo. De fato, existem precedentes do STJ no sentido de que, embora seja necessário demonstrar quem ocupava o posto de gerente no momento da dissolução, é preciso, antes, que aquele responsável pela dissolução tenha sido também, simultaneamente, o detentor da gerência na oportunidade do surgimento da obrigação tributária – com a materialização do fato gerador – ou do vencimento do respectivo tributo. Em outras palavras, seria necessário que o sócio-gerente estivesse no comando da sociedade quando da dissolução irregular ou do ato caracterizador de sua presunção e também fizesse parte do quadro societário à época dos fatos geradores ou do vencimento da obrigação tributária. No entanto, a solução dessa questão jurídica deve partir das premissas também já reconhecidas pelo STJ em diversos precedentes de que (i) o mero inadimplemento do débito fiscal não se enquadra na hipótese do art. 135, III, do CTN para fins de redirecionamento da execução ao sócio-gerente; (ii) a dissolução irregular da sociedade inclui-se no conceito de "infração à lei" previsto no art. 135, caput, do CTN; e (iii) a certificação, no sentido de que a sociedade deixou de funcionar no seu domicílio fiscal sem comunicação aos órgãos competentes, gera presunção de dissolução irregular apta a atrair a incidência do art. 135, III, do CTN para redirecionar a execução ao sócio-gerente. Com base nessas premissas, deve-se concluir que o pedido de redirecionamento da execução fiscal, quando fundado na dissolução irregular ou em ato que presuma sua ocorrência – encerramento das atividades empresariais no domicílio fiscal, sem comunicação aos órgãos competentes (Súmula 435/STJ) –, pressupõe a permanência do sócio na administração da sociedade no momento dessa dissolução ou do ato presumidor de sua ocorrência, uma vez que, nos termos do art. 135, caput, III, CTN, combinado com a orientação constante da Súmula 435/STJ, o que desencadeia a responsabilidade tributária é a infração de lei evidenciada na existência ou presunção de ocorrência de referido fato. Por essas razões, é irrelevante para a definição da responsabilidade por dissolução irregular (ou sua presunção) a data da ocorrência do fato gerador da obrigação tributária, bem como o momento em que vencido o prazo para pagamento do respectivo débito. Por fim, registre-se que a alteração social realizada em obediência à

> legislação civil e empresarial não merece reparo. Pondera-se, contudo, que se as instâncias ordinárias, na hipótese acima descrita, constatarem, à luz do contexto fático-probatório, que referida alteração ocorreu com o fim específico de lesar a Administração Tributária – o Fisco –, não resta dúvida de que essa conduta corresponderá à infração de lei, já que eivada de vícios por pretender afastar a aplicação da legislação tributária que disciplina a responsabilidade pelo débito nos termos do art. 135 do CTN. Tal circunstância admitirá, portanto, o redirecionamento da execução fiscal ao sócio-gerente, mesmo que não constante do quadro societário ou da respectiva gerência no momento da dissolução irregular ou da prática de ato apto a presumir a sua ocorrência, nos termos da Súmula 435/STJ. REsp 1.520.257-SP, Rel. Min. Og Fernandes, julgado em 16/6/2015, DJe 23/6/2015 (Informativo 564).

Sobre essa comprovação da condição de gestor na data da dissolução, em uma primeira análise, o STJ parece concentrar o ônus da prova no sujeito passivo, a quem caberia a prova negativa dessa condição, mediante reiterada jurisprudência no sentido de que "verificando-se que o nome do sócio-gerente consta da CDA, possível o redirecionamento da execução fiscal contra ele, a quem cabe a prova de que não agiu com excesso de poderes ou infração à lei", porém constatada "a inexistência de dolo dos sócios na administração da empresa, impossível o redirecionamento da execução fiscal" (STJ – AgRg no AREsp 172623/CE – 1ª. Turma – Rel. Min. Arnaldo Esteves Lima – Dje 18/12/2012).

Não significa, contudo, que não seja viável o redirecionamento da execução fiscal na hipótese de dissolução irregular da sociedade quando o nome do sócio não constar na CDA (STJ AgR-REsp 1.368.205). Apenas que, nesse caso, o ônus da prova passa a ser todo da Fazenda Pública quanto à condição de administrador do sócio na data da dissolução.

Como se vê, o estudo desse tema, de caráter infraconstitucional, perpassa pela análise da jurisprudência do Superior Tribunal de Justiça, que também se manifesta no sentido de que o redirecionamento aos sócios-gerentes ou administradores **não** exclui a responsabilidade da pessoa jurídica devedora:

> DIREITO PROCESSUAL CIVIL E TRIBUTÁRIO. PERMANÊNCIA DA RESPONSABILIDADE DA PESSOA JURÍDICA APESAR DO REDIRECIONAMENTO DE EXECUÇÃO FISCAL PARA SÓCIO-GERENTE. Nos casos de dissolução irregular da sociedade empresária, o redirecionamento da Execução Fiscal para o sócio-gerente não constitui causa de exclusão da responsabilidade tributária da pessoa jurídica. O STJ possui entendimento consolidado de que "Os diretores não respondem pessoalmente pelas obrigações contraídas em nome da sociedade, mas respondem para com esta e para com terceiros solidária e ilimitadamente pelo excesso de mandato e pelos atos praticados com violação do estatuto ou lei" (EREsp 174.532-PR, Primeira Seção, DJe 20/8/2001). Isso, por si só, já seria suficiente para conduzir ao entendimento de que persiste a responsabilidade da pessoa jurídica. Além disso, atente-se para o fato de que nada impede que a Execução Fiscal seja promovida contra sujeitos distintos, por cumulação subjetiva em regime de litisconsórcio. Com efeito, são distintas as causas que deram ensejo à responsabilidade tributária e, por consequência, à definição do polo passivo da demanda: a) no caso da pessoa jurídica, a responsabilidade

decorre da concretização, no mundo material, dos elementos integralmente previstos em abstrato na norma que define a hipótese de incidência do tributo; b) em relação ao sócio-gerente, o "fato gerador" de sua responsabilidade, conforme acima demonstrado, não é o simples inadimplemento da obrigação tributária, mas a dissolução irregular (ato ilícito). Além do mais, não há sentido em concluir que a prática, pelo sócio-gerente, de ato ilícito (dissolução irregular) constitui causa de exclusão da responsabilidade tributária da pessoa jurídica, fundada em circunstância independente. Em primeiro lugar, porque a legislação de Direito Material (CTN e legislação esparsa) não contém previsão legal nesse sentido. Ademais, a prática de ato ilícito imputável a um terceiro, posterior à ocorrência do fato gerador, não afasta a inadimplência (que é imputável à pessoa jurídica, e não ao respectivo sócio-gerente) nem anula ou invalida o surgimento da obrigação tributária e a constituição do respectivo crédito, o qual, portanto, subsiste normalmente. Entender de modo diverso, seria concluir que o ordenamento jurídico conteria a paradoxal previsão de que um ato ilícito – dissolução irregular –, ao fim, implicaria permissão para a pessoa jurídica (beneficiária direta da aludida dissolução) proceder ao arquivamento e ao registro de sua baixa societária, uma vez que não mais subsistiria débito tributário a ela imputável, em detrimento de terceiros de boa-fé (Fazenda Pública e demais credores). REsp 1.455.490-PR, Rel. Min. Herman Benjamin, julgado em 26/8/2014 (Informativo nº 550).

Muita atenção para todas essas decisões aqui abordadas, pois se sabe que nos concursos públicos de todas as áreas e carreiras, as bancas examinadoras, em geral, pautam suas provas de Direito Tributário por questões que exigem do candidato estar informado acerca da jurisprudência dos tribunais superiores.

4.3. Responsabilidade por infrações

Por fim, a **responsabilidade por infrações** está disciplinada nos artigos 136 a 138 do CTN.

O artigo 136 dispõe sobre o caráter objetivo das infrações à legislação tributária, enquanto o artigo 137 trata da responsabilidade pessoal do agente, mediante normas que são apresentadas no quadro apresentado a seguir:

RESPONSABILIDADE POR INFRAÇÕES
Responsabilidade objetiva por infrações (art. 136):
Salvo disposição de lei em contrário, a responsabilidade por infrações da legislação tributária independe da intenção do agente ou do responsável e da efetividade, natureza e extensão dos efeitos do ato.
A responsabilidade é pessoal ao agente (art. 137):
– quanto às infrações conceituadas por lei como crimes ou contravenções, salvo quando praticadas no exercício regular de administração, mandato, função, cargo ou emprego, ou no cumprimento de ordem expressa emitida por quem de direito;

<table>
<tr><th colspan="3">RESPONSABILIDADE POR INFRAÇÕES</th></tr>
<tr><th colspan="3">A responsabilidade é pessoal ao agente (art. 137):</th></tr>
<tr><td colspan="3">- quanto às infrações em cuja definição o dolo específico do agente seja elementar;
- quanto às infrações que decorram direta e exclusivamente de dolo específico:</td></tr>
<tr><td>dos "terceiros responsáveis" contra os "contribuintes" por quem respondem (rol do artigo 134 do CTN - Responsabilidade de Terceiros)</td><td>dos mandatários, prepostos ou empregados, contra seus mandantes, preponentes ou empregadores;</td><td>dos diretores, gerentes ou representantes de pessoas jurídicas de direito privado, contra estas.</td></tr>
</table>

Foi ao prever que a responsabilidade por infrações **independe da intenção do agente**, determinando que se desprezem os aspectos subjetivos relacionados ao elemento volitivo (vontade do agente), que o artigo 136 do CTN estabeleceu a **responsabilidade objetiva.** Dessa forma, para imposição de penalidade por infração de falta de pagamento de tributo, não se afigura relevante saber se houve deliberado intento de praticar sonegação de tributos na conduta do infrator. Basta, por exemplo, ter o ocorrido o descumprimento de uma obrigação acessória (como a ausência de escrituração fiscal ou falta de emissão de documento fiscal) e a consequente falta de pagamento do imposto para que se considere a infração perpetrada e tenha lugar a imposição de multa.

Entretanto, nos tributos não cumulativos (exemplo: ICMS), em que os créditos das entradas de mercadorias podem ser compensados com os débitos das saídas, especificamente no julgamento dos casos consistentes na infração por creditamento indevido amparado por notas fiscais frias (declaradas inidôneas), o Poder Judiciário, culminando em consolidada jurisprudência do STJ, passou a acolher a tese de que o adquirente de boa-fé não pode ser responsabilizado pela infração, atenuando a aplicação do artigo 136 do CTN, nos seguintes termos:

> "A responsabilidade do adquirente de boa-fé reside na exigência, no momento da celebração do negócio jurídico, da documentação pertinente à assunção da regularidade do alienante, cuja verificação de idoneidade cabe ao Fisco, razão pela qual não incide o art. 136 do CTN, aplicável ao alienante. A boa-fé do adquirente em relação às notas fiscais declaradas inidôneas após a celebração do negócio jurídico realizado, uma vez que caracterizada, legitima o aproveitamento dos créditos do ICMS" (STJ - REsp 1.148.444 - 1ª. Seção - Rel. Min. Luiz Fux - julg. 14.4.10).

O entendimento terminou sumulado, a partir do enunciado da Súmula 509, segundo o qual: "É lícito ao comerciante de boa-fé aproveitar os créditos de ICMS decorrentes de nota fiscal posteriormente declarada inidônea, quando demonstrada a veracidade da compra e venda".

Por outro lado, o elemento volitivo (vontade ou intenção do agente) passa a ter relevância quando se trata da possibilidade de se responsabilizar pessoalmente o agente (infrator). Assim, a **responsabilidade** é **pessoal do agente** nos termos do **artigo 137 do**

CTN, isto é, respondem pessoalmente pela infração à legislação tributária as pessoas físicas cujas condutas estejam enquadradas em uma das hipóteses do artigo 137 do CTN, a saber:

I – quanto às infrações conceituadas por lei como crimes ou contravenções, salvo quando praticadas no exercício regular de administração, mandato, função, cargo ou emprego, ou no cumprimento de ordem expressa emitida por quem de direito.

Primeiramente, como se vê a responsabilidade será pessoal quanto às **infrações tipificadas** em lei como **crime**s ou **contravençõe**s, o que enseja, por óbvio, a aplicação da norma tributária em consonância com fatos e normas da esfera penal.

Também é relevante mencionar que o legislador não se restringe a crimes ou contravenções tipificadas na esfera tributária, de modo que a responsabilidade pessoal do agente terá lugar não apenas quando se tratar de crimes contra a ordem tributária (Lei 8.137/90). Igualmente, haverá essa responsabilização quando a infração à legislação tributária estiver relacionada a crimes tipificados na legislação penal em geral, bem como às infrações caracterizadas como contravenções penais. Por exemplo, se a infração à legislação tributária estiver relacionada à inclusão de interpostas pessoas ("laranjas") no quadro societário de uma empresa, o que constitui crime de falsidade ideológica, tipificado no artigo 299 do Código Penal Brasileiro.

E ainda não se pode deixar de dar ênfase à estrutura normativa de regra e exceção dessa primeira norma de responsabilização pessoal do agente:

Regra: responsabilidade pessoal do agente quanto às infrações conceituadas por lei como crimes ou contravenções.

Exceção: salvo quando infração conceituada como crime ou contravenção tiver sido praticada: **i)** no **exercício regular** de administração, mandato, função, cargo ou emprego ou; **ii)** no **cumprimento de ordem** expressa emitida por quem de direito.

II – quanto às infrações em cuja definição o dolo específico do agente seja elementar

Enquanto o dolo diz respeito à intenção do agente de cometer a infração, no **dolo específico** a conduta intencional qualifica-se com um **fim especial** por parte do agente que, no caso das infrações à legislação tributária, confundir-se-á com os crimes contra a ordem tributária tipificados no artigo 1º, incisos I a IV da Lei 8.137/90, em cujos tipos penais está presente o fim especial de **suprimir ou reduzir tributos.**

III – quanto às infrações que decorram direta e exclusivamente de dolo específico:

a) das pessoas referidas no artigo 134, contra aquelas por quem respondem;

b) dos mandatários, prepostos ou empregados, contra seus mandantes, preponentes ou empregadores;

c) dos diretores, gerentes ou representantes de pessoas jurídicas de direito privado, contra estas.

Nessas hipóteses infracionais o dolo específico não tem por vítima o Estado, porém, terceiros. Mais precisamente, será responsável pessoalmente o agente quanto às infrações que decorram direta e exclusivamente de seu dolo específico contra terceiros. Pressupõe, portanto, a existência do autor da infração e de um terceiro como vítima, consoante se pode melhor visualizar no quadro abaixo:

Autor	Vítima
pessoas referidas no artigo 134	**aquelas por quem respondam**
Pais	filhos menores
tutores ou curadores	tutelado ou curatelados
administradores de bens terceiros	terceiros
Espólio	inventariante
síndico ou comissário	massa falida ou concordatário
tabeliães, escrivães e demais serventuários em razão de seu ofício	terceiros que perante eles pratiquem atos
Sócios	sociedades de pessoas
mandatários, prepostos ou empregados	**mandantes, preponentes ou empregadores**
diretores, gerentes ou representantes	**pessoas jurídicas de direito privado**

5. RELAÇÃO ENTRE SOLIDARIEDADE LEGAL E AS NORMAS GERAIS DE RESPONSABILIDADE TRIBUTÁRIA

De acordo com a jurisprudência do Supremo Tribunal Federal, a designação por lei de pessoas com responsabilidade solidária não pode resultar em novos casos de responsabilidade tributária, devendo se ater aos requisitos do artigo 128 do CTN e aos ditames da responsabilidade de terceiros estabelecidos nos artigos 134 e 135 do mesmo diploma legal.

Esse entendimento fica muito claro no seguinte acórdão:

> "Todas as espécies tributárias, entre as quais as contribuições de seguridade social, estão sujeitas às normas gerais de direito tributário. O Código Tributário Nacional estabelece algumas regras matrizes de responsabilidade tributária, como a do art. 135, III, bem como diretrizes para que o legislador de cada ente político estabeleça outras regras específicas de responsabilidade tributária relativamente aos tributos da sua competência, conforme seu art. 128. O preceito do art. 124, II, no sentido de que são solidariamente obrigadas 'as pessoas expressamente designadas por lei', não autoriza o legislador a criar novos casos de responsabilidade tributária sem a observância dos requisitos exigidos pelo art. 128 do CTN, tampouco a desconsiderar as regras matrizes de responsabilidade de terceiros estabelecidas em caráter geral pelos arts. 134 e 135 do mesmo diploma. A previsão legal de solidariedade entre devedores – de modo que o pagamento efetuado por um aproveite aos demais, que a interrupção da prescrição, em favor ou contra um dos obrigados, também

> lhes tenha efeitos comuns e que a isenção ou remissão de crédito exonere a todos os obrigados quando não seja pessoal (art. 125 do CTN) – pressupõe que a própria condição de devedor tenha sido estabelecida validamente. A responsabilidade tributária pressupõe duas normas autônomas: a regra matriz de incidência tributária e a regra matriz de responsabilidade tributária, cada uma com seu pressuposto de fato e seus sujeitos próprios. A referência ao responsável enquanto terceiro (*dritter Persone, terzo ou tercero*) evidencia que não participa da relação contributiva, mas de uma relação específica de responsabilidade tributária, inconfundível com aquela. O 'terceiro' só pode ser chamado responsabilizado na hipótese de descumprimento de deveres próprios de colaboração para com a Administração Tributária, estabelecidos, ainda que a *contrario sensu*, na regra matriz de responsabilidade tributária, e desde que tenha contribuído para a situação de inadimplemento pelo contribuinte. O art. 135, III, do CTN responsabiliza apenas aqueles que estejam na direção, gerência ou representação da pessoa jurídica e tão somente quando pratiquem atos com excesso de poder ou infração à lei, contrato social ou estatutos. Desse modo, apenas o sócio com poderes de gestão ou representação da sociedade é que pode ser responsabilizado, o que resguarda a pessoalidade entre o ilícito (mal gestão ou representação) e a consequência de ter de responder pelo tributo devido pela sociedade. O art. 13 da Lei 8.620/1993 não se limitou a repetir ou detalhar a regra de responsabilidade constante do art. 135 do CTN, tampouco cuidou de uma nova hipótese específica e distinta. Ao vincular à simples condição de sócio a obrigação de responder solidariamente pelos débitos da sociedade limitada perante a Seguridade Social, tratou a mesma situação genérica regulada pelo art. 135, III, do CTN, mas de modo diverso, incorrendo em inconstitucionalidade por violação ao art. 146, III, da CF." (**RE 562.276**, Rel. Min. **Ellen Gracie**, julgamento em 3-11-2010, Plenário, *DJE* de 10-2-2011.)

Portanto, não se pode dissociar a solidariedade tributária das normas gerais de responsabilidade por substituição e de terceiros.

6. DENÚNCIA ESPONTÂNEA

De acordo com o artigo 138 do CTN, "a **responsabilidade** é **excluída** pela **denúncia espontânea** da infração, acompanhada, se for o caso, do **pagamento do tributo devido e dos juros de mora**, ou do depósito da importância arbitrada pela autoridade administrativa, quando o montante do tributo dependa de apuração".

Trata-se do instituto jurídico da denúncia espontânea, segundo o qual o contribuinte pode regularizar uma situação infracional com o pagamento do tributo devido e dos encargos moratórios, ficando livre das multas pecuniárias (sanções típicas e rigorosas aplicadas às infrações tributárias apuradas pelo Fisco).

No entanto, "**não** se considera espontânea a denúncia apresentada após o início de qualquer procedimento administrativo ou medida de fiscalização, relacionados com a infração" (CTN, art. 138, parágrafo único).

Em síntese, a **exclusão da responsabilidade** pela denúncia espontânea depende do pagamento do tributo e dos encargos moratórios **antes** do início de qualquer ação fiscal, conforme ilustrado na figura seguinte:

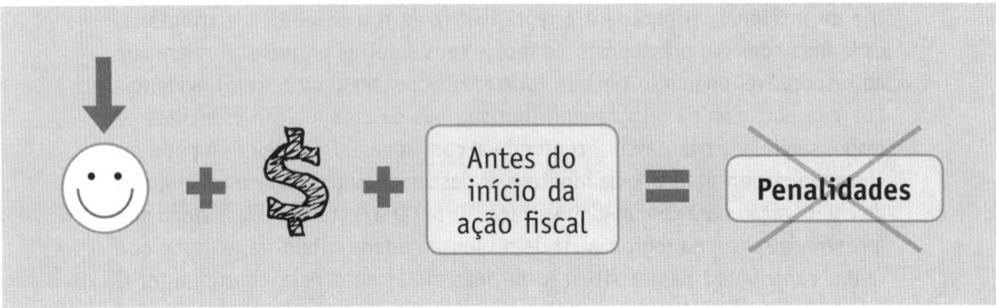

Além disso, na redação do artigo 138 do CTN há dois pontos muito importantes a se realçar.

O primeiro deles é que, quando o tributo depende de apuração, os efeitos da denúncia espontânea vão se operar pelo depósito da importância arbitrada pela autoridade administrativa.

ATENÇÃO:

Para que se operem os efeitos jurídicos de exclusão de responsabilidade pela denúncia espontânea, o pagamento do tributo deve ser integral, não sendo produzidos esses efeitos em caso de quitação parcial do débito fiscal decorrente da prática infracional.

E o segundo é que a exclusão de penalidades pela denúncia espontânea depende do pagamento do tributo, acrescido dos juros de mora. Nesse ponto, nenhum problema em se concluir que o afastamento da responsabilidade não irá se consolidar se o sujeito passivo pagar ou depositar tão somente o valor do principal, sem acrescentar os consectários de juros moratórios.

Entretanto, acende-se a polêmica quanto à extensão da responsabilidade que é excluída. Por um lado, o tema em pauta encontra-se veiculado no capítulo da responsabilidade por infrações, o que pode levar ao entendimento de que o pagamento ou depósito antes do início de qualquer ação fiscal excluiria tão somente a multa punitiva por infração à legislação tributária. Por outro lado, o artigo 138, ao falar nos pressupostos para exclusão de responsabilidade, faz menção apenas ao pagamento do tributo mais juros de mora, o que faz concluir pela inexigibilidade de pagamento da multa moratória.

Sobre esse dissenso, a jurisprudência do STJ segue a segunda linha de raciocínio, sedimentando o entendimento de que ambas, isto é, tanto a multa punitiva como a multa moratória são afastadas pela denúncia espontânea.

Por fim, para um bom desempenho em provas e concursos, além de compreender a sistemática da denúncia espontânea e de saber do entendimento do STJ sobre a exclusão de multas moratória e punitiva, também é importante conhecer a jurisprudência do Superior Tribunal de Justiça a respeito de outros aspectos do instituto, com destaque para os seguintes entendimentos:

- **Inaplicabilidade aos casos de parcelamento do débito tributário:** o instituto da denúncia espontânea (art. 138 do CTN) não se aplica aos casos de parcelamento do débito tributário. (STJ, REsp 1.102.577-DF, Rel. Min. Herman Benjamin, julgado em 22/4/2009). Nesse caso, de fato, não há o pagamento do tributo com juros, pressuposto essencial para a exclusão de penalidades de que trata o artigo 138 do CTN. O entendimento é bem antigo e consolidado, vindo, inclusive, da antiga Súmula 208 do extinto Tribunal Federal de Recursos, segundo a qual: "A simples confissão de dívida, acompanhada do seu pedido de parcelamento, não configura denúncia espontânea".
- **Inaplicabilidade às infrações formais (pelo mero descumprimento de obrigações acessórias):** "Na hipótese dos autos, a emissão da nota fiscal somente ocorreu após o início da fiscalização, o que afasta a presunção de boa-fé, não havendo falar no benefício do art. 138 (denúncia espontânea), parágrafo único, do CTN. Ainda que assim não fosse, é pacífico o entendimento de que as sanções por infrações formais (entrega de declarações, emissão de documentos fiscais) não são afastadas pela denúncia espontânea. A reprovabilidade da conduta é avaliada pelo legislador ao quantificar a penalidade prevista na lei. É por essa razão que às situações que envolvam fraude ou má-fé são fixadas, não raro, multas muito mais gravosas que os 30% previstos pela legislação local" (STJ - REsp 1.142.739 - 2ª Turma - Rel. Min. Herman Benjamin - julg. 16.3.10).

ATENÇÃO:

"TRIBUTÁRIO. MULTA MORATÓRIA. ART. 138 DO CTN. ENTREGA EM ATRASO DA DECLARAÇÃO DE RENDIMENTOS. 1. A denúncia espontânea não tem o condão de afastar a multa decorrente do atraso na entrega da declaração de rendimentos, uma vez que **os efeitos do artigo 138** do CTN **não** se **estendem às obrigações acessórias autônomas.** Precedentes. 2. Recurso especial não provido" (STJ, Segunda Turma, RESP 1129202, Dje 29/06/2010).

- **Súmula 360 do STJ** – "O benefício da denúncia espontânea **não** se aplica aos **tributos sujeitos a lançamento por homologação** regularmente **declarados,** mas **pagos a destempo**". Assim, por exemplo, como será melhor compreendido após o estudo do lançamento por homologação, se o contribuinte do ICMS escritura e declara todas as suas operações, mas descumpre o prazo de pagamento do imposto, quando efetuar a quitação do débito fiscal, esse pagamento em atraso **não** será considerado como denúncia espontânea, ficando esse contribuinte normalmente sujeito à incidência de multa de mora.

7. INFORMATIVOS DE JURISPRUDÊNCIA (2017 E 2018)

ICMS. Operação interestadual. Diferencial de alíquota. Cláusula FOB (Free on Board). Tredestinação da mercadoria. Responsabilidade do vendedor. Boa-fé. Verificação. Necessidade.

A empresa vendedora de boa-fé que evidencie a regularidade da operação interestadual realizada com cláusula FOB (Free on Board) não pode ser objetivamente responsabilizada pelo pagamento do diferencial de alíquota de ICMS em razão de a mercadoria não ter chegado ao destino declarado na nota fiscal. EREsp 1.657.359-SP, Rel. Min. Gurgel de Faria, por unanimidade, julgado em 14/03/2018, DJe 19/03/2018. (Informativo n. 622.)

ICMS. Substituição tributária progressiva ou para frente. Cláusula de restituição do excesso. Base de cálculo presumida. Base de cálculo real. Restituição da diferença. Juízo de retratação.

Em adequação ao entendimento do Supremo Tribunal Federal, é devida a restituição da diferença do Imposto sobre Circulação de Mercadorias e Serviços - ICMS pago a mais no regime de substituição tributária para frente se a base de cálculo efetiva da operação for inferior à presumida. REsp 687.113-RS, Rel. Min. Napoleão Nunes Maia Filho, por unanimidade, julgado em 05/04/2018, DJe 18/04/2018. (Informativo n. 623.)

Sentença trabalhista condenatória. Crédito previdenciário reconhecido. Título executivo judicial. Falência do empregador. Pedido de habilitação do crédito. Possibilidade. Certidão de dívida ativa. Dispensabilidade.

É desnecessária a apresentação de Certidão de Dívida Ativa (CDA) para habilitação, em processo de falência, de crédito previdenciário resultante de decisão judicial trabalhista. REsp 1.591.141-SP, Rel. Min. Paulo de Tarso Sanseverino, por unanimidade, julgado em 05/12/2017, DJe 18/12/2017 (Informativo n. 618.)

Desapropriação. Aquisição originária de propriedade. Exigibilidade de tributos anteriores ao ato desapropriatório. Ausência de responsabilidade do ente expropriante.

O ente desapropriante não responde por tributos incidentes sobre o imóvel desapropriado nas hipóteses em que o período de ocorrência dos fatos geradores é anterior ao ato de aquisição originária da propriedade. REsp 1.668.058-ES, Rel. Min. Mauro Campbell Marques, por unanimidade, julgado em 8/6/2017, DJe 14/6/2017. (Informativo n. 606)

8. SÚMULAS

Súmula 360 STJ: "O benefício da denúncia espontânea não se aplica aos tributos sujeitos a lançamento por homologação regularmente declarados, mas pagos a destempo".

Súmula 430 STJ: "O inadimplemento da obrigação tributária pela sociedade não gera, por si só, a responsabilidade solidária do sócio-gerente".

Súmula 435 STJ: "Presume-se dissolvida irregularmente a empresa que deixar de funcionar no seu domicílio fiscal, sem comunicação aos órgãos competentes, legitimando o redirecionamento da execução fiscal para o sócio-gerente".

Súmula 509 STJ: "É lícito ao comerciante de boa-fé aproveitar os créditos de ICMS decorrentes de nota fiscal posteriormente declarada inidônea, quando demonstrada a veracidade da compra e venda".

Súmula 554 STJ: "Na hipótese de sucessão empresarial, a responsabilidade da sucessora abrange não apenas os tributos devidos pela sucedida, mas também as multas moratórias ou punitivas referentes a fatos geradores ocorridos até a data da sucessão".

Súmula 585 STJ: "A responsabilidade solidária do ex-proprietário, prevista no art. 134 do Código de Trânsito Brasileiro – CTB, não abrange o IPVA incidente sobre o veículo automotor, no que se refere ao período posterior à sua alienação".

Súmula 4 CARF: "A partir de 1º de abril de 1995, os juros moratórios incidentes sobre débitos tributários administrados pela Secretaria da Receita Federal são devidos, no período de inadimplência, à taxa referencial do Sistema Especial de Liquidação e Custódia – SELIC para títulos federais".

Súmula 14 CARF: "A simples apuração de omissão de receita ou de rendimentos, por si só, não autoriza a qualificação da multa de ofício, sendo necessária a comprovação do evidente intuito de fraude do sujeito passivo".

Súmula 25 CARF: "A presunção legal de omissão de receita ou de rendimentos, por si só, não autoriza a qualificação da multa de ofício, sendo necessária a comprovação de uma das hipóteses dos arts. 71, 72 e 73 da Lei nº 4.502/64".

Súmula 47 CARF: "Cabível a imputação da multa de ofício à sucessora, por infração cometida pela sucedida, quando provado que as sociedades estavam sob controle comum ou pertenciam ao mesmo grupo econômico".

Súmula 49 CARF: "A denúncia espontânea (art. 138 do Código Tributário Nacional) não alcança a penalidade decorrente do atraso na entrega de declaração".

Súmula 65 CARF: "Inaplicável a responsabilidade pessoal do dirigente de órgão público pelo descumprimento de obrigações acessórias, no âmbito previdenciário, constatadas na pessoa jurídica de direito público que dirige".

Súmula 69 CARF: "A falta de apresentação da declaração de rendimentos ou a sua apresentação fora do prazo fixado sujeitará a pessoa física à multa de um por cento ao mês ou fração, limitada a vinte por cento, sobre o Imposto de Renda devido, ainda que integralmente pago, respeitado o valor mínimo".

Súmula 75 CARF: "A recuperação da espontaneidade do sujeito passivo em razão da inoperância da autoridade fiscal por prazo superior a sessenta dias aplica-se retroativamente, alcançando os atos por ele praticados no decurso desse prazo".

Súmula 88 CARF: "A Relação de Co-Responsáveis – CORESP", o "Relatório de Representantes Legais – RepLeg" e a "Relação de Vínculos – VÍNCULOS", anexos a auto de infração previdenciário lavrado unicamente contra pessoa jurídica, não atribuem responsabilidade tributária às pessoas ali indicadas nem comportam discussão no âmbito do contencioso administrativo fiscal federal, tendo finalidade meramente informativa".

Súmula 90 CARF: "Caracteriza infração às medidas de controle fiscal a posse e circulação de fumo, charuto, cigarrilha e cigarro de procedência estrangeira, sem documentação comprobatória da importação regular, sendo irrelevante, para tipificar a infração, a propriedade da mercadoria".

Súmula 93 CARF: "A falta de transcrição dos balanços ou balancetes de suspensão ou redução no Livro Diário não justifica a cobrança da multa isolada prevista no art. 44 da Lei nº 9.430, de 27 de dezembro de 1996, quando o sujeito passivo apresenta escrituração contábil e fiscal suficiente para comprovar a suspensão ou redução da estimativa".

Súmula 96 CARF: "A falta de apresentação de livros e documentos da escrituração não justifica, por si só, o agravamento da multa de oficio, quando essa omissão motivou o arbitramento dos lucros".

Súmula 105 CARF: "A multa isolada por falta de recolhimento de estimativas, lançada com fundamento no art. 44 § 1º, inciso IV da Lei nº 9.430, de 1996, não pode ser exigida ao mesmo tempo da multa de ofício por falta de pagamento de IRPJ e CSLL apurado no ajuste anual, devendo subsistir a multa de ofício".

Súmula 113 CARF: "A responsabilidade tributária do sucessor abrange, além dos tributos devidos pelo sucedido, as multas moratórias ou punitivas, desde que seu fato gerador tenha ocorrido até a data da sucessão, independentemente de esse crédito ser formalizado, por meio de lançamento de ofício, antes ou depois do evento sucessório".

Súmula 126 CARF: "A denúncia espontânea não alcança as penalidades infligidas pelo descumprimento dos deveres instrumentais decorrentes da inobservância dos prazos fixados pela Secretaria da Receita Federal do Brasil para prestação de informações à administração aduaneira, mesmo após o advento da nova redação do art. 102 do DL nº 37/1966, dada pelo art. 40 da Lei nº 12.350/2010".

9. LEGISLAÇÃO RELACIONADA AO CAPÍTULO

» CONSTITUIÇÃO FEDERAL

Art. 150: ...

§ 7º A lei poderá atribuir a sujeito passivo de obrigação tributária a condição de responsável pelo pagamento de imposto ou contribuição, cujo fato gerador deva ocorrer posteriormente, assegurada a imediata e preferencial restituição da quantia paga, caso não se realize o fato gerador presumido.

» CÓDIGO TRIBUTÁRIO NACIONAL

Art. 45. Contribuinte do imposto é o titular da disponibilidade a que se refere o artigo 43, sem prejuízo de atribuir a lei essa condição ao possuidor, a qualquer título, dos bens produtores de renda ou dos proventos tributáveis.

Parágrafo único. A lei pode atribuir à fonte pagadora da renda ou dos proventos tributáveis a condição de responsável pelo imposto cuja retenção e recolhimento lhe caibam.

Art. 128. Sem prejuízo do disposto neste capítulo, a lei pode atribuir de modo expresso a responsabilidade pelo crédito tributário a terceira pessoa, vinculada ao fato gerador da respectiva obrigação, excluindo a responsabilidade do contribuinte ou atribuindo-a a este em caráter supletivo do cumprimento total ou parcial da referida obrigação.

Art. 129. O disposto nesta Seção aplica-se por igual aos créditos tributários definitivamente constituídos ou em curso de constituição à data dos atos nela referidos, e aos constituídos posteriormente aos mesmos atos, desde que relativos a obrigações tributárias surgidas até a referida data.

Art. 130. Os créditos tributários relativos a impostos cujo fato gerador seja a propriedade, o domínio útil ou a posse de bens imóveis, e bem assim os relativos a taxas pela prestação de serviços referentes a tais bens, ou a contribuições de melhoria, subrogam-se na pessoa dos respectivos adquirentes, salvo quando conste do título a prova de sua quitação.

Parágrafo único. No caso de arrematação em hasta pública, a sub-rogação ocorre sobre o respectivo preço.

Art. 131. São pessoalmente responsáveis:

I - o adquirente ou remitente, pelos tributos relativos aos bens adquiridos ou remidos;

II - o sucessor a qualquer título e o cônjuge meeiro, pelos tributos devidos pelo de cujus até a data da partilha ou adjudicação, limitada esta responsabilidade ao montante do quinhão do legado ou da meação;

III - o espólio, pelos tributos devidos pelo de cujus até a data da abertura da sucessão.

Art. 132. A pessoa jurídica de direito privado que resultar de fusão, transformação ou incorporação de outra ou em outra é responsável pelos tributos devidos até à data do ato pelas pessoas jurídicas de direito privado fusionadas, transformadas ou incorporadas.

Parágrafo único. O disposto neste artigo aplica-se aos casos de extinção de pessoas jurídicas de direito privado, quando a exploração da respectiva atividade seja continuada por qualquer sócio remanescente, ou seu espólio, sob a mesma ou outra razão social, ou sob firma individual.

Art. 133. A pessoa natural ou jurídica de direito privado que adquirir de outra, por qualquer título, fundo de comércio ou estabelecimento comercial, industrial ou profissional, e continuar a respectiva exploração, sob a mesma ou outra razão social ou sob firma ou nome individual, responde pelos tributos, relativos ao fundo ou estabelecimento adquirido, devidos até à data do ato:

I - integralmente, se o alienante cessar a exploração do comércio, indústria ou atividade;

II - subsidiariamente com o alienante, se este prosseguir na exploração ou iniciar dentro de seis meses a contar da data da alienação, nova atividade no mesmo ou em outro ramo de comércio, indústria ou profissão.

§ 1º O disposto no **caput** deste artigo não se aplica na hipótese de alienação judicial:

I - em processo de falência;

II - de filial ou unidade produtiva isolada, em processo de recuperação judicial.

§ 2º Não se aplica o disposto no § 1º deste artigo quando o adquirente for:

I - sócio da sociedade falida ou em recuperação judicial, ou sociedade controlada pelo devedor falido ou em recuperação judicial;

II - parente, em linha reta ou colateral até o 4º (quarto) grau, consangüíneo ou afim, do devedor falido ou em recuperação judicial ou de qualquer de seus sócios; ou

III - identificado como agente do falido ou do devedor em recuperação judicial com o objetivo de fraudar a sucessão tributária.

§ 3º Em processo da falência, o produto da alienação judicial de empresa, filial ou unidade produtiva isolada permanecerá em conta de depósito à disposição do juízo de falência pelo prazo de 1 (um) ano, contado da data de alienação, somente podendo ser utilizado para o pagamento de créditos extraconcursais ou de créditos que preferem ao tributário.

Art. 134. Nos casos de impossibilidade de exigência do cumprimento da obrigação principal pelo contribuinte, respondem solidariamente com este nos atos em que intervierem ou pelas omissões de que forem responsáveis:

I - os pais, pelos tributos devidos por seus filhos menores;

II - os tutores e curadores, pelos tributos devidos por seus tutelados ou curatelados;

III - os administradores de bens de terceiros, pelos tributos devidos por estes;

IV - o inventariante, pelos tributos devidos pelo espólio;

V - o síndico e o comissário, pelos tributos devidos pela massa falida ou pelo concordatário;

VI - os tabeliães, escrivães e demais serventuários de ofício, pelos tributos devidos sobre os atos praticados por eles, ou perante eles, em razão do seu ofício;

VII - os sócios, no caso de liquidação de sociedade de pessoas.

Parágrafo único. O disposto neste artigo só se aplica, em matéria de penalidades, às de caráter moratório.

Art. 135. São pessoalmente responsáveis pelos créditos correspondentes a obrigações tributárias resultantes de atos praticados com excesso de poderes ou infração de lei, contrato social ou estatutos:

I - as pessoas referidas no artigo anterior;

II - os mandatários, prepostos e empregados;

III - os diretores, gerentes ou representantes de pessoas jurídicas de direito privado.

Art. 136. Salvo disposição de lei em contrário, a responsabilidade por infrações da legislação tributária independe da intenção do agente ou do responsável e da efetividade, natureza e extensão dos efeitos do ato.

Art. 137. A responsabilidade é pessoal ao agente:

I - quanto às infrações conceituadas por lei como crimes ou contravenções, salvo quando praticadas no exercício regular de administração, mandato, função, cargo ou emprego, ou no cumprimento de ordem expressa emitida por quem de direito;

II - quanto às infrações em cuja definição o dolo específico do agente seja elementar;

III - quanto às infrações que decorram direta e exclusivamente de dolo específico:

a) das pessoas referidas no artigo 134, contra aquelas por quem respondem;

b) dos mandatários, prepostos ou empregados, contra seus mandantes, preponentes ou empregadores;

c) dos diretores, gerentes ou representantes de pessoas jurídicas de direito privado, contra estas.

Art. 138. A responsabilidade é excluída pela denúncia espontânea da infração, acompanhada, se for o caso, do pagamento do tributo devido e dos juros de mora, ou do depósito da importância arbitrada pela autoridade administrativa, quando o montante do tributo dependa de apuração.

Parágrafo único. Não se considera espontânea a denúncia apresentada após o início de qualquer procedimento administrativo ou medida de fiscalização, relacionados com a infração.

» CÓDIGO PENAL BRASILEIRO

Falsidade ideológica

Art. 299 - Omitir, em documento público ou particular, declaração que dele devia constar, ou nele inserir ou fazer inserir declaração falsa ou diversa da que devia ser escrita, com o fim de prejudicar direito, criar obrigação ou alterar a verdade sobre fato juridicamente relevante:

Pena - reclusão, de um a cinco anos, e multa, se o documento é público, e reclusão de um a três anos, e multa, de quinhentos mil réis a cinco contos de réis, se o documento é particular.

Parágrafo único - Se o agente é funcionário público, e comete o crime prevalecendo-se do cargo, ou se a falsificação ou alteração é de assentamento de registro civil, aumenta-se a pena de sexta parte.

» LEI 6.404, DE 15 DE DEZEMBRO DE 1976

Dispõe sobre as Sociedades por Ações

Art. 220. A transformação é a operação pela qual a sociedade passa, independentemente de dissolução e liquidação, de um tipo para outro.

Art. 227. A incorporação é a operação pela qual uma ou mais sociedades são absorvidas por outra, que lhes sucede em todos os direitos e obrigações.

Art. 228. A fusão é a operação pela qual se unem duas ou mais sociedades para formar sociedade nova, que lhes sucederá em todos os direitos e obrigações.

Art. 229. A cisão é a operação pela qual a companhia transfere parcelas do seu patrimônio para uma ou mais sociedades, constituídas para esse fim ou já existentes, extinguindo-se a companhia cindida, se houver versão de todo o seu patrimônio, ou dividindo-se o seu capital, se parcial a versão.

» LEI 8.137, DE 27 DE DEZEMBRO DE 1990

Define crimes contra a ordem tributária, econômica e contra as relações de consumo, e dá outras providências

Art. 1° Constitui crime contra a ordem tributária suprimir ou reduzir tributo, ou contribuição social e qualquer acessório, mediante as seguintes condutas:

I - omitir informação, ou prestar declaração falsa às autoridades fazendárias;

II - fraudar a fiscalização tributária, inserindo elementos inexatos, ou omitindo operação de qualquer natureza, em documento ou livro exigido pela lei fiscal;

III - falsificar ou alterar nota fiscal, fatura, duplicata, nota de venda, ou qualquer outro documento relativo à operação tributável;

IV - elaborar, distribuir, fornecer, emitir ou utilizar documento que saiba ou deva saber falso ou inexato;

V - negar ou deixar de fornecer, quando obrigatório, nota fiscal ou documento equivalente, relativa a venda de mercadoria ou prestação de serviço, efetivamente realizada, ou fornecê-la em desacordo com a legislação.

Pena - reclusão de 2 (dois) a 5 (cinco) anos, e multa.

Parágrafo único. A falta de atendimento da exigência da autoridade, no prazo de 10 (dez) dias, que poderá ser convertido em horas em razão da maior ou menor complexidade da matéria ou da dificuldade quanto ao atendimento da exigência, caracteriza a infração prevista no inciso V.

» LEI COMPLEMENTAR 87, DE 13 DE SETEMBRO DE 1996

Dispõe sobre o imposto dos Estados e do Distrito Federal sobre operações relativas à circulação de mercadorias e sobre prestações de serviços de transporte interestadual e intermunicipal e de comunicação, e dá outras providências. (LEI KANDIR)

Art. 6° Lei estadual poderá atribuir a contribuinte do imposto ou a depositário a qualquer título a responsabilidade pelo seu pagamento, hipótese em que assumirá a condição de substituto tributário.

§ 1° A responsabilidade poderá ser atribuída em relação ao imposto incidente sobre uma ou mais operações ou prestações, sejam antecedentes, concomitantes ou subseqüentes, inclusive ao valor decorrente da diferença entre alíquotas interna e interestadual nas operações e prestações que destinem bens e serviços a consumidor final localizado em outro Estado, que seja contribuinte do imposto.

§ 2° A atribuição de responsabilidade dar-se-á em relação a mercadorias, bens ou serviços previstos em lei de cada Estado.

Art. 7° Para efeito de exigência do imposto por substituição tributária, inclui-se, também, como fato gerador do imposto, a entrada de mercadoria ou bem no estabelecimento do adquirente ou em outro por ele indicado.

10. QUESTÕES FUNDAMENTADAS

1. (FCC – Agente Fiscal de Rendas – SP/2013) Com fundamento nas previsões do CTN, considere:

I. Supondo que Aglaope é terceira pessoa vinculada ao fato gerador de determinada obrigação tributária e Leucosia é o contribuinte desta obrigação tributária, a atribuição de responsabilidade pelo crédito tributário a Aglaope deve ser expressamente estipulada por meio de lei, excluindo a responsabilidade de Leucosia ou atribuindo-a a esta em caráter supletivo do cumprimento total ou parcial da referida obrigação.

II. Perséfone é proprietária de bem imóvel e deseja vendê-lo. Logo, a responsabilidade pelo pagamento do crédito tributário relativo a imposto cujo fato gerador seja a propriedade imobiliária sub-roga-se na pessoa dos eventuais adquirentes do imóvel de Perséfone, mesmo quando conste do título a prova de sua quitação.

III. Sabázio morre, e deixa como herança três imóveis. Selene e Sarpédon são os únicos herdeiros, em igualdade de condições. Após ser realizada a partilha dos bens de Sabázio, ficam Selene e Sarpédon pessoalmente responsáveis, limitado ao montante do respectivo quinhão, pelos tributos devidos até este momento.

IV. A empresa Jardim das Hespérides S.A. adquire da empresa Hamadríade Industrial Ltda. uma fábrica instalada no Estado de São Paulo. Aproveitando todo o maquinário existente, a adquirente continua a exploração da mesma atividade. Com respeito aos tributos devidos por esta fábrica até o momento da transação empresarial, a empresa Jardim das Hespérides S.A. responde subsidiariamente com o alienante se este cessar a exploração da indústria, e responde a adquirente pessoalmente se o alienante iniciar dentro de seis meses, a contar da data da alienação, nova atividade no mesmo ramo de indústria.

V. Na hipótese de alienação judicial em processo de falência, a pessoa jurídica de direito privado que adquirir fundo de comércio nesta situação e continuar a respectiva exploração responde, em qualquer hipótese, pelos tributos relativos ao fundo de comércio adquirido, devidos até a data da operação.

Está correto o que se afirma APENAS em

a) I e II.

b) I e III.

c) II e V.

d) III e IV.

e) IV e V.

2. (ESAF – Analista-Tributário– RFB/2012) É incorreto dizer, em relação à recuperação judicial,

a) que a concessão desse regime de pagamento dos créditos depende da apresentação da prova de quitação de todos os tributos.

b) que a alienação de unidade produtiva isolada acarreta para o adquirente a responsabilidade pelos tributos, relativos ao fundo adquirido, quando o adquirente for sócio da transmitente.

c) que condições de parcelamento dos créditos tributários do devedor em recuperação judicial dependem de lei específica.

d) que a inexistência da lei estadual específica de parcelamento importa na aplicação das leis gerais, sobre o assunto, do Estado ao devedor.

e) que a alienação judicial de filial acarreta para o adquirente a responsabilidade pelos tributos, relativos ao fundo ou estabelecimento adquirido.

3. (Procurador do Município – Prefeitura Florianópolis-SC/2011 – FEPESE) Acerca da responsabilidade tributária, é correto afirmar:

a) O simples inadimplemento da obrigação tributária pela sociedade gera a responsabilidade solidária do sócio-gerente.

b) A responsabilidade por infrações da legislação tributária é subjetiva, ou seja, depende da intenção do agente ou do responsável.

c) O benefício da denúncia espontânea não se aplica aos tributos sujeitos a lançamento por homologação regularmente declarados, mas pagos a destempo.

d) De acordo com o Código Tributário Nacional, é possível opor convenções particulares à Fazenda Pública, relativas à responsabilidade pelo pagamento de tributos.

e) Os tutores e curadores serão sempre pessoalmente responsáveis pelos tributos devidos por seus tutelados ou curatelados.

4. **(Cespe – Juiz de Direito – PR/2017)** A empresa ABC declarou regularmente débito de ICMS no valor de R$ 6.000, referente ao mês de junho de 2012, e não o pagou. Posteriormente, a empresa ABC recebeu notícia de que haveria fiscalização em seu setor e, por isso, realizou denúncia espontânea de seu débito ao fisco para eximir-se do pagamento da multa moratória. Acerca dessa situação hipotética e de aspectos legais a ela pertinentes, assinale a opção correta.

a) O contribuinte pode, por declaração, constituir o crédito tributário, confessando-o, mas isso não o impede de realizar denúncia espontânea.

b) No caso de tributo por homologação e com declaração regular, não cabe a denúncia espontânea, não sendo, portanto, válido o ato praticado pelo contribuinte.

c) Apenas o lançamento constitui o crédito tributário, podendo sempre o contribuinte, antes do início de ação de cobrança, realizar a denúncia espontânea, o que, no caso, leva à exclusão da multa de mora.

d) Na hipótese considerada, a mera notícia de fiscalização não é início de ação fiscal, de modo que a empresa ABC poderia proceder à denúncia espontânea, que, no entanto, não excluiria a multa moratória.

5. **(TRF 4 – Juiz Federal Substituto 4ª região/2010)** Dadas as assertivas abaixo, assinale a alternativa correta.

Quanto à responsabilidade de sócios-gerentes pelo pagamento de tributos devidos pela sociedade que dirigem, é assente na jurisprudência dos Tribunais Superiores que:

I. O inadimplemento da obrigação tributária pela sociedade gera, por si só, a responsabilidade solidária do sócio-gerente.

II. O inadimplemento da obrigação tributária pela sociedade não gera, por si só, a responsabilidade solidária do sócio-gerente.

III. A simples falta de comunicação de mudança de domicílio fiscal às autoridades competentes legitima o redirecionamento da execução fiscal para o sócio-gerente.

IV. A simples falta de comunicação de mudança de domicílio fiscal às autoridades competentes não legitima, por si só, o redirecionamento da execução fiscal para o sócio-gerente.

V. O descumprimento de obrigação acessória já é suficiente para responsabilização do sócio-gerente pelo pagamento da obrigação principal.

a) Estão corretas apenas as assertivas I e III.

b) Estão corretas apenas as assertivas II e III.

c) Estão corretas apenas as assertivas II e IV.

d) Estão corretas apenas as assertivas II e V.

e) Nenhuma assertiva está correta.

6. **(CESPE – Juiz Federal Substituto 5ª região/2011)** No que concerne a obrigação tributária, assinale a opção correta.

a) Na falta de eleição, pelo contribuinte ou responsável, de domicílio tributário, considera-se, na forma da legislação aplicável, como domicílio tributário, preferencialmente, o lugar da situação do bem ou da ocorrência dos atos ou fatos que deram origem à obrigação.

b) Considere que Ômega tenha adquirido, a título oneroso, estabelecimento empresarial de Delta Auto Peças Ltda. e, após três meses, Delta tenha iniciado nova atividade empresarial, na área de venda de medicamentos. Nesse caso, Ômega será subsidiariamente responsável pelos débitos tributários devidos por Delta até a data da alienação.

c) Os tutores respondem solidariamente pelo cumprimento de obrigações principais e acessórias devidas pelos tutelados, nos atos em que intervierem, ou pelas omissões, nos casos de impossibilidade de exigência do cumprimento da obrigação tributária pelo contribuinte.

d) A responsabilidade do agente por infrações é excluída pela denúncia espontânea, que deve ser apresentada antes da propositura da ação penal, em relação às conceituadas por lei como crimes.

e) Estabelece-se, como um dos efeitos da solidariedade, que a isenção ou remissão de crédito outorgada pessoalmente a qualquer dos coobrigados exonera todos os demais.

7. **(UFPR – Juiz de Direito Substituto-PR/2012)** A sociedade empresária X, cujo objeto social é a industrialização e a revenda de produtos e equipamentos para laboratórios farmacêuticos, adquiriu o estabelecimento industrial da sociedade empresária Y, titular de mesmo objeto social, em 20/11/2011. Dois meses após a aquisição, os sócios da sociedade empresária Y passaram

a explorar a atividade de panificação. Um ano após, a Fiscalização da Secretaria Estadual apurou crédito tributário, anterior à data da aquisição do estabelecimento industrial da sociedade empresária Y, resultante do não recolhimento de ICMS, devido pela sociedade empresária Y. Sobre esse caso, assinale a alternativa correta.

a) A sociedade empresária X responderá integralmente pelo tributo devido.

b) A sociedade empresária X responderá subsidiariamente com a sociedade empresária Y pelo tributo devido.

c) A sociedade empresária X não responderá pelo tributo devido, sendo a responsabilidade integral da sociedade empresária Y.

d) As sociedades empresárias X e Y responderão solidariamente pelo tributo devido.

8. **(FCC – Juiz de Direito Substituto – PE/2013)** Na sucessão *causa mortis* haverá responsabilidade tributária

a) do espólio, pelos tributos devidos pelo *de cujus* até a data da abertura da sucessão, bem como até a partilha ou adjudicação.

b) do espólio, pelos tributos devidos pelo *de cujus*, ainda que tenha havido a partilha ou adjudicação dos bens.

c) dos sucessores a qualquer título, pelos tributos devidos pelo *de cujus* após a abertura da sucessão.

d) do espólio e dos sucessores, solidariamente, por todos os tributos cujos fatos geradores surgirem durante o inventário ou partilha.

e) do cônjuge meeiro, pelos tributos devidos pelo *de cujus* até a data da abertura da sucessão.

9. **(FGV – ISS-CUIABÁ - 2016)** Segundo a legislação, Caio, proprietário do imóvel X, celebra contrato de locação com Tício, no qual estabelece que o responsável pelo pagamento do Imposto sobre a Propriedade Territorial Urbana – IPTU será o locatário do imóvel. O referido contrato foi registrado no Cartório de Registro de Imóveis competente. Sobre a hipótese apresentada, assinale a afirmativa correta.

a) O contrato é válido, podendo ser oposto ao Fisco, que deverá realizar o lançamento do IPTU tendo como sujeito passivo Tício, locatário do imóvel.

b) O contrato é valido e terá seus efeitos limitados aos contratantes, mas não produzirá efeito contra o Fisco, no que se refere à responsabilidade tributária.

c) O contrato é nulo, uma vez que altera definição de sujeição passiva disposta em lei.

d) O contrato é válido, tendo em vista que o Código Tributário Nacional prevê que o locatário é o sujeito passivo da obrigação tributária referente ao pagamento do IPTU.

e) O contrato é válido e cria, para o pagamento do IPTU, uma forma de responsabilidade solidária entre o locador e o locatário.

10. **(FCC/AFR/2009)** Dispõe o Código Tributário Nacional, art. 135, inciso II que são pessoalmente responsáveis pelos créditos correspondentes a obrigações tributárias resultantes de atos praticados com excesso de poderes ou infração de lei, contrato ou estatuto os mandatários, prepostos e empregados. Por sua vez, o mesmo diploma dispõe no art. 137, inciso III, alínea "b", que a responsabilidade é pessoal do agente quanto às infrações que decorrem direta e exclusivamente de dolo específico dos mandatários, prepostos ou empregados, contra seus mandantes, preponentes ou empregadores. Já o Código Civil, Parágrafo Único do art. 1.177, dispõe que os prepostos, no exercício de suas funções, são pessoalmente responsáveis, perante os preponentes, pelos atos culposos, e, perante terceiros, solidariamente com o preponente, pelos atos dolosos. Da conjugação destes dispositivos é correto concluir que

a) a regra de direito civil prevalece sobre a regra de direito tributário, por ser a lei civil mais nova que a lei tributária.

b) a responsabilidade tributária do preposto por excesso de poderes, infração de lei, contrato ou estatuto é sempre solidária com o preponente, por entendimento pacífico e unânime na doutrina e na jurisprudência.

c) o preposto responde pessoalmente pelos tributos cujos fatos geradores decorreram exclusivamente do excesso de poderes ou infração de lei, contrato ou estatuto.

d) existe um conflito entre as regras do art. 135, II e 137, III, b, do CTN, devendo prevalecer a regra do art. 135, II, do CTN, por interpretação com o Parágrafo Único do art. 1.177, do Código Civil.

e) o preponente responde solidariamente com o preposto pelas infrações tributárias por este cometidas de forma dolosa.

11. **(MPE-RJ – Promotor de Justiça – RJ/2011)** Pessoa física A adquire pizzaria de pessoa física B, sendo certo que o adquirente altera a razão

QUESTÕES FUNDAMENTADAS

social, mas continua a exploração da mesma atividade. No caso de o alienante retomar a atividade empresarial doze meses após a data da alienação:

a) o alienante terá responsabilidade integral pelo pagamento dos tributos devidos, vez que iniciou outra atividade empresarial doze meses depois da data de alienação;

b) o alienante terá responsabilidade exclusiva pelos tributos devidos até a data da alienação vez que deu azo à dívida;

c) o adquirente terá responsabilidade subsidiária pelo pagamento dos tributos devidos, visto que a dívida foi contraída antes da alienação;

d) o adquirente terá responsabilidade integral pelo pagamento dos tributos devidos até a data da alienação;

e) o adquirente e o alienante serão solidariamente responsáveis pelo pagamento dos tributos devidos, visto que o adquirente deveria ter exigido o pagamento da dívida para a realização do negócio jurídico.

12. (CESPE – Procurador BACEN/2009) Uma empresa em estado de falência possui dívidas tributárias registradas tanto no quadro de credores quanto na dívida ativa. Para satisfazer às despesas da falência, o síndico pretende vender um imóvel de propriedade da empresa.

Diante dessa situação, julgue os próximos itens.

I O síndico pode vender o imóvel, desde que mantenha garantidos os créditos da fazenda pública no patrimônio da empresa.

II Independentemente do patrimônio restante, a venda somente pode ser efetuada com autorização judicial e dependerá, ainda, de prova de quitação da dívida ativa ou concordância da fazenda pública.

III Se o síndico realizar a venda sem deixar bens suficientes, responderá, subsidiariamente, pelos tributos devidos.

Assinale a opção correta.

a) Nenhum item está certo.

b) Apenas os itens I e II estão certos.

c) Apenas os itens I e III estão certos.

d) Apenas os itens II e III estão certos.

e) Todos os itens estão certos.

13. (ESAF – Procurador Fazenda Nacional/2007) A pessoa natural ou jurídica de direito privado que adquirir de outra, por qualquer título, fundo de comércio ou estabelecimento comercial, industrial ou profissional, e continuar a respectiva exploração, sob a mesma ou outra razão social ou sob firma ou nome individual, responde pelos tributos, relativos ao fundo ou estabelecimento adquirido, devidos até a data do ato, subsidiariamente com o alienante, se este prosseguir na exploração ou iniciar, dentro de seis meses, a contar da data da alienação, nova atividade no mesmo ou em outro ramo de comércio, indústria ou profissão. No entanto, há casos em que isso não ocorrerá. Entre os casos em que não haverá responsabilidade por sucessão, está a de qualquer alienação judicial

a) a sócio da falida.

b) a sociedade controlada pelo devedor em recuperação judicial.

c) em processo de falência, a um concorrente do devedor que não tenha relação com ele nem com sócio seu.

d) em processo de liquidação extrajudicial quando a relação com o devedor é de mero cunhadio.

e) em processo de falência quando a relação com o falido for até o quinto grau.

14. (COPS – Procurador do Estado – PR/2011) Dentre as alternativas abaixo, aponte aquela que estiver correta:

a) a lei, e excepcionalmente as normas complementares, podem atribuir de modo expresso a responsabilidade pelo crédito tributário a terceira pessoa, vinculada ao fato gerador da respectiva obrigação tributária, excluindo a responsabilidade tributária do contribuinte ou atribuindo-a a este em caráter supletivo do cumprimento total ou parcial da referida obrigação;

b) o sucessor a qualquer título e o cônjuge meeiro são pessoalmente responsáveis pelos tributos devidos pelo de cujus até a data da partilha ou adjudicação, independentemente do montante do quinhão, do legado ou da meação;

c) a pessoa jurídica de direito privado que resultar de fusão, transformação ou incorporação de outra ou em outra não é considerada responsável pelos tributos devidos pelas pessoas jurídicas fusionadas, transformadas ou incorporadas;

d) o inventariante é pessoalmente responsável pelos tributos devidos pelo espólio nas hipóteses de atos praticados com excesso de poderes ou infração de lei;

e) em qualquer hipótese a responsabilidade tributária por infrações independe da intenção do agente ou do responsável, assim como da efetividade, natureza e extensão dos efeitos do ato.

15. (FCC – Procurador do Estado – MT/2011) Estando em curso execução fiscal, se a empresa de responsabilidade limitada, ora executada, deixar de funcionar em seu domicílio fiscal sem comunicar tal fato aos órgãos competentes, segundo jurisprudência pacífica do STJ, tal fato presume dissolução irregular da empresa, autorizando o redirecionamento de execução fiscal em curso para

a) todos os sócios, em virtude da responsabilidade solidária dos sócios pelos créditos correspondentes a obrigações tributárias resultantes de atos praticados com infração de lei, em caso de liquidação de sociedade de pessoas.

b) os sócios majoritários, em virtude da responsabilidade solidária dos sócios pelos créditos correspondentes a obrigações tributárias resultantes de atos praticados com excesso de poderes, em caso de liquidação de sociedade de pessoas.

c) os diretores, gerentes ou representantes da empresa, em virtude de responsabilidade pessoal pelos créditos correspondentes a obrigações tributárias resultantes de atos praticados com infração de lei.

d) os diretores, gerentes ou representantes da empresa, desde que sócios, em virtude da responsabilidade subsidiária por todos os créditos tributários em caso de liquidação irregular presumida de sociedade de pessoas.

e) os sócios diretores, gerentes ou representantes da empresa, em virtude de responsabilidade subsidiária por sucessão, desde que haja continuidade da exploração da atividade, sob a mesma ou outra razão social, ou sob firma ou nome individual.

16. (Consulplan – Cartório – MG - Remoção/2015) A respeito da responsabilidade tributária, é correto afirmar que

a) o espólio é pessoalmente responsável pelo pagamento dos tributos devidos pelo de cujos até a data da abertura da sucessão.

b) os créditos tributários relativos a impostos cujo fato gerador seja a propriedade, o domínio útil ou a posse de bens imóveis sub-rogam-se na pessoa dos respectivos adquirentes, ainda que conste do título a prova de sua quitação.

c) há responsabilidade pessoal dos sucessores a qualquer título pelos tributos devidos pelo de cujos até a data da partilha, a qual não está limitada ao montante do quinhão do legado.

d) de acordo com previsão expressa do Código Tributário Nacional, a lei pode atribuir a responsabilidade pelo crédito tributário a terceira pessoa, ainda que não vinculada ao fato gerador da obrigação.

17. (CESPE – Juiz de Direito Substituto – DFT/2014) Foi realizado lançamento de ISS referente a serviço de revitalização predial prestado em conjunto pelos senhores A, B e C, pelo qual os três receberam R$ 10.000,00, pagos pela empresa D Ltda., que não efetuou retenção de tributos. O recibo pelo pagamento do total do serviço foi assinado apenas por A, que, no entanto, repassou a parte correspondente a B e a C. Somente B pagou o imposto devido sobre a sua parte, não tendo sido recolhido o tributo incidente sobre as parcelas de A e C. Nessa situação hipotética,

a) A, B e C são responsáveis subsidiariamente pelos tributos incidentes sobre as parcelas que os outros receberam.

b) por ter assinado o recibo e recebido o pagamento da empresa D Ltda., somente A será responsável pelos tributos incidentes sobre as respectivas partes de B e C.

c) B, que pagou o imposto referente à sua parte, não poderá ser responsabilizado pelos tributos referentes às parcelas que cabiam a A e C.

d) A, B e C, por serem contribuintes individuais, são responsáveis apenas pelos tributos incidentes sobre as parcelas que lhes cabem.

e) A, B e C são responsáveis solidariamente pelos tributos incidentes sobre as suas próprias parcelas e sobre as dos outros.

18. (CESPE – Cartório – TJ – DF/2014) Assinale a opção correta acerca de responsabilidade tributária.

a) A massa falida é pessoalmente responsável pelos tributos devidos pelo de cujus até a data da abertura da sucessão.

b) O produto da alienação judicial de empresa em processo da falência permanecerá em conta de

QUESTÕES FUNDAMENTADAS

depósito à disposição do juízo competente, pelo prazo um ano, contado da data de alienação.

c) Como regra geral, a responsabilidade por infrações da legislação tributária depende do dolo do agente ou do responsável.

d) A pessoa jurídica que resultar de fusão de outra é responsável pelas pessoas jurídicas fusionadas e pelos tributos devidos pelo prazo de seis meses, contado da data do ato.

e) No caso de arrematação em hasta pública, é vedada a sub-rogação de impostos cujo fato gerador seja a propriedade de bens imóveis.

19. (FMP – Juiz de Direito –MT/2014) O descumprimento de obrigações tributárias, principais ou acessórias, pode implicar, quando a lei prevê, a imposição de multas. Relativamente à legislação relativa a infrações, a sua aplicação e à responsabilidade por infrações, é correto afirmar que:

a) as multas podem ser estabelecidas pela legislação tributária em sentido amplo, incluindo os decretos e as instruções normativas, porquanto a elas não se aplica a legalidade tributária estrita ou absoluta relativa à instituição de tributos tão-somente.

b) a lei que deixe de definir como infração determinado ato só é aplicável prospectivamente, não tendo aplicação a ato ou fato pretérito, salvo quando tiver caráter interpretativo.

c) a responsabilidade por infrações à legislação tributária independe da intenção do agente ou do responsável, de modo que, em matéria tributária, jamais será relevante perquirir da culpa ou da boa-fé do contribuinte, mesmo quando induzido em erro por normas complementares.

d) a conversão da obrigação acessória, pelo simples fato da sua inobservância, em obrigação principal independe de lei que estabeleça multa pela infração, porquanto o CTN, ao estabelecer a conversão, traz norma autoaplicável.

e) a responsabilidade por infrações à legislação tributária é excluída pela denúncia espontânea, acompanhada do pagamento do tributo devido e dos juros de mora, exclusão de responsabilidade essa que não alcança os casos em que o contribuinte, em vez de pagar o tributo, simplesmente requer seu parcelamento.

20. (CESPE – Cartório – TJ – BA/2014) Acerca da responsabilidade tributária, assinale a opção correta.

a) O sucessor a qualquer título e o cônjuge meeiro serão responsáveis pelos tributos devidos pelo de cujus até a data da partilha ou adjudicação, limitando-se essa responsabilidade ao montante do quinhão do legado ou da meação.

b) São pessoalmente responsáveis os tutores e curadores pelos tributos devidos por seus tutelados ou curatelados.

c) Os tabeliães, escrivães e demais serventuários de ofício não são solidariamente responsáveis pelos tributos devidos sobre os atos praticados por eles, ou perante eles em razão de seu ofício.

d) São pessoalmente responsáveis os pais pelos tributos devidos por seus filhos menores.

e) É solidariamente responsável o adquirente ou remitente pelos tributos relativos aos bens adquiridos ou remidos.

GABARITO

Questão	Resposta	Fundamentação
1	B	CTN, arts. 128 e 131, II
2	E	CTN, art. 133, § 1º, II
3	C	STJ, Súmula 360
4	B	CTN, art. 138, STJ, Súmula 360 e EREsp 629.426/PR
5	B	STJ, Súmulas 430 e 435
6	B	CTN, art. 133, II
7	B	CTN, art. 133, II
8	A	CTN, art. 131, III
9	B	CTN, art. 123
10	C	CTN, art. 135, II
11	D	CTN, art. 133, I
12	B	LEF, arts. 4ª, § 1º e 31 e CTN, art. 185
13	C	CTN, art. 133, § 2º
14	D	CTN, arts. 135, I e 134, IV
15	C	STJ, Súmula 435
16	A	CTN, art. 131, III
17	E	CTN, arts. 124, I e parágrafo único e 125, I
18	B	CTN, art. 133, § 3º
19	E	CTN, art. 138 e STJ, REsp 1102577/DF
20	A	CTN, art. 131, II

11. MEU RESUMO PARA MEMORIZAÇÃO

Futuro(a) Juiz(a), Membro do Ministério Público, Procurador(a), Auditor(a) Fiscal, ou Servidor(a) de Outras Carreiras Públicas, agora é hora de se concentrar.

Sem nenhuma consulta ao capítulo, por favor, faça um breve resumo abaixo. Neste momento, é importante que elabore esquemas e gráficos, para condensar e memorizar a matéria já estudada e, ainda, utilizar esses resumos para revisar os pontos uma semana antes da prova. Use o espaço cuidadosamente, deixando-o como o seu "caderninho de anotações pessoais".

11.1. Quais os pontos que eu aprendi ao longo do capítulo que considero mais importantes?

RESPONSABILIDADE TRIBUTÁRIA:

a) Solidária:

b) Subsidiária:

c) Pessoal:

RESPONSABILIDADE POR SUBSTITUIÇÃO:

a) Para trás:

b) Para frente:

c) Concomitante:

RESPONSABILIDADE POR TRANSFERÊNCIA:

a) Dos sucessores:

b) De terceiros:

c) Por infrações:

SOLIDARIEDADE E RESPONSABILIDADE:

DENÚNCIA ESPONTÂNEA:

RESPONSABILIDADE TRIBUTÁRIA
segue vídeo abaixo:

https://youtu.be/fXNnFYLyhjw

Capítulo X

CRÉDITO TRIBUTÁRIO E SUA CONSTITUIÇÃO

1. CRÉDITO TRIBUTÁRIO E LANÇAMENTO

Direito subjetivo da Fazenda Pública ao objeto da obrigação tributária, o crédito tributário, para ser exigido, deve ser formalizado por meio do lançamento.

O crédito tributário decorre da obrigação principal e tem a mesma natureza desta (CTN, art. 139), de modo que o crédito tributário constitui o direito subjetivo da Fazenda Pública exigir a prestação tributária do contribuinte ou responsável.

Logo, também, crédito tributário **não** é sinônimo de obrigação tributária. Aliás, segundo o artigo 140 do CTN, "as **circunstâncias que modificam o crédito tributário**, sua extensão ou seus efeitos, ou as garantias ou os privilégios a ele atribuídos, ou que excluem sua exigibilidade **não afetam** a **obrigação tributária** que lhe deu origem". Assim, por exemplo, se um auto de infração for julgado parcialmente procedente e o crédito tributário reduzido por um órgão administrativo de julgamento, a obrigação tributária não será afetada. Isso porque, a obrigação tributária nasce do fato gerador e o crédito tributário constitui uma formalização dessa obrigação, de modo que qualquer modificação do crédito tributário mantém a obrigação tributária intacta, caracterizando-se apenas como um ajuste do lançamento à obrigação a que se refere.

No julgamento dos embargos de divergência no Recurso Especial nº 700290/PR, o STJ foi categórico ao assinalar que "do exame sistemático das normas insertas no Código Tributário Nacional (arts. 113, §§ 1º e 3º, e 139), observa-se que crédito tributário **não diz respeito apenas a tributo** em sentido estrito, mas **alcança, também, as penalidades que incidam sobre ele**".

Compete privativamente à autoridade administrativa **constituir** o crédito tributário **pelo lançamento**, que se deve entender como o procedimento administrativo tendente a verificar a ocorrência do fato gerador da obrigação correspondente, determinar a matéria tributável, calcular o montante do tributo devido, identificar o sujeito passivo e sendo o caso, propor a aplicação da penalidade cabível (CTN, art. 142).

Como ficará mais claro adiante, a constituição do crédito tributário é pressuposto de exigibilidade da obrigação tributária. E, embora pela expressão "constituir", veiculada no artigo 142 do CTN, conclua-se pela **natureza constitutiva do lançamento**, parte da doutrina considera que o lançamento possui **eficácia declaratória** de uma obrigação preexistente.

Embora de acordo com o artigo 142 do CTN o lançamento seja um procedimento, para alguns doutrinadores seria apenas um ato administrativo. Uma solução intermediária e, talvez, mais congruente com a prática tributária, seria compreender o lançamento como ato e procedimento, designando tanto o procedimento administrativo de que trata o artigo 142 do CTN, como também a conclusão daquele procedimento, que tem natureza de ato administrativo com atributo de exigibilidade. Todavia, para concursos públicos, mais segura a concepção de **procedimento**, porque é a adotada no texto do Código Tributário Nacional.

ATENÇÃO:

"O lançamento segue o princípio documental. Sua forma dependerá do regime de lançamento do tributo e das circunstâncias nas quais é apurado. Certo é que estará documentado e que seu instrumento terá de conter os elementos indispensáveis à identificação inequívoca da obrigação surgida. (http://www.leandropaulsen.com/site/textos_detalhe.asp?ID=5, acesso em 11/6/2012).

Em outras palavras, **o crédito tributário é constituído pelo lançamento**, como bem apregoa o artigo 142 do CTN. De acordo com a leitura do citado artigo, o lançamento tem o condão de **constituir** o crédito tributário. Para tal, é entendido como um **procedimento administrativo** que **(i)** verifica a ocorrência do fato gerador da obrigação tributária correspondente; **(ii)** determina a matéria tributável; **(iii)** calcula o montante do tributo devido; **(iv)** identifica o sujeito passivo e **(v)** comina a penalidade cabível. Embora de cunho **constitutivo** (do crédito tributário), o lançamento possui um **viés declaratório** da obrigação tributária (que nasce com a ocorrência do fato gerador)[3].

No que tange ao cálculo do montante do tributo devido, o **arbitramento da base de cálculo** para o lançamento tributário está lastreado no artigo 148 do CTN, que dispõe que "quando o cálculo do tributo tenha por base, ou tome em consideração, o valor ou o preço de bens, direitos, serviços ou atos jurídicos, a autoridade lançadora, mediante processo regular, arbitrará aquele valor ou preço, sempre que sejam omissos ou não mereçam fé as declarações ou os esclarecimentos prestados, ou os documentos expedidos pelo sujeito passivo ou pelo terceiro legalmente obrigado, ressalvada, em caso de contestação, avaliação contraditória, administrativa ou judicial".

Coerente com o princípio da irretroatividade da norma tributária, o lançamento reporta-se à data da ocorrência do fato gerador da obrigação e rege-se pela lei então vigente, ainda que posteriormente modificada ou revogada (CTN, art. 144). Na verdade, o **lançamento tributário tem efeitos *ex tunc***. A expressão latina *ex tunc* pode ser traduzida como

3. **Súmula Vinculante 24** – Não se tipifica crime material contra a ordem tributária, previsto no artigo 1º, incisos I a IV, da Lei 8.137/90, antes do lançamento definitivo do tributo.

desde a época. Ao dizer que o lançamento tributário é *ex tunc* significa que seus efeitos retroagem à época da ocorrência do fato gerador (fato jurídico-tributário).

Natureza	Constitutiva do crédito tributário
Em relação à obrigação tributária	Viés declaratório da obrigação tributária
Efeitos	"ex tunc" (seus efeitos retroagem à época da ocorrência do fato gerador)
Competência	Privativa da autoridade administrativa
Deve conter	a) A verificação da ocorrência do fato gerador da obrigação tributária; b) A determinação da matéria tributável; c) O cálculo do montante do tributo devido; d) A identificação do sujeito passivo; e) A aplicação da penalidade cabível (se for o caso).

Na mesma linha, a **modificação** introduzida **de ofício ou em consequência de decisão administrativa ou judicial, nos critérios jurídicos** adotados pela autoridade administrativa no exercício **do lançamento, somente pode ser efetivada, em relação a um mesmo sujeito passivo, quanto a fato gerador ocorrido posteriormente à sua introdução** (CTN, art. 146). Em linhas gerais, tal norma proíbe a revisão de lançamentos tributários já realizados com fundamento em **erro de direito**, que, frise-se, não está no rol das hipóteses em que o lançamento pode ser revisto de ofício estipulado no artigo 149 do CTN. Assim, por exemplo, se a Administração Tributária alterar a classificação fiscal de uma mercadoria, resultando numa carga tributária maior por conta dessa nova classificação fiscal, fato é que, na esteira do artigo 146 do CTN, somente poderá adotar essa nova classificação em relação aos fatos geradores ocorridos posteriormente a ela, impossibilitando qualquer revisão de lançamento tributário que já tenha sido efetuado com base na classificação antiga.

Por outro lado, como uma moderação da irretroatividade, **aplica-se ao lançamento a legislação que, posteriormente à ocorrência do fato gerador da obrigação, tenha instituído novos critérios de apuração ou processos de fiscalização, ampliando os poderes de investigação das autoridades administrativas, ou outorgado ao crédito maiores garantias ou privilégios, exceto, neste último caso, para o efeito de atribuir responsabilidade tributária a terceiros** (CTN, art. 144, § 1º).

A parte inicial do § 1º do artigo 144 do CTN refere-se à hipótese de edição de uma nova norma de direito tributário formal (também chamada de procedimental, por introduzir "novos critérios de apuração ou processos de fiscalização"), que terá aplicabilidade imediata, inclusive para ser utilizada na apuração e lançamento de créditos tributários de exercícios anteriores ao de sua introdução no ordenamento jurídico (daí porque é vista como de aplicação retroativa). Já a parte final do mesmo § 1º do artigo 144 do CTN veda a aplicação retroativa caso a nova norma atribua "responsabilidade tributária a terceiros", o que de certa forma está correto, haja vista que as normas sobre responsabilidade tributária são classificadas como substantivas, ou seja, classificadas como de direito tributário material.

Salvo disposição de lei em contrário, quando o **valor tributário esteja expresso em moeda estrangeira**, no lançamento far-se-á sua **conversão em moeda nacional** ao câmbio do dia da ocorrência do fato gerador da obrigação (CTN, art. 143).

Para dar exemplo de uma aplicação prática, essa norma é reprisada na legislação do Imposto de Importação (Decreto 6.759/2009, art. 97), o que leva a concluir que, em relação ao referido imposto, a conversão deve ocorrer na data do registro da declaração de importação, consoante interpretação sistemática do artigo 72 do Decreto 6.759/2009 ("o fato gerador do imposto de importação é a entrada de mercadoria estrangeira no território aduaneiro") com o artigo 73, inciso I, do mesmo regulamento ("para efeito de cálculo do imposto, considera-se ocorrido o fato gerador na data do registro da declaração de importação").

2. MODALIDADES DE LANÇAMENTO

Não obstante a previsão do artigo 142 do CTN de que o lançamento seria atividade privativa da autoridade administrativa, interpretação sistemática das normas veiculadas no CTN leva à conclusão de que a ordem jurídica contempla três espécies de lançamento. Essas espécies são classificadas de acordo com os graus de participação do Fisco e do sujeito passivo no procedimento, nas seguintes modalidades: **lançamento de ofício**, **lançamento por declaração** e **lançamento por homologação**.

CTN	Modalidade de Lançamento	Resumo
Art. 147	Por Declaração	Lançamento efetivado pela autoridade administrativa (agente do órgão fazendário) a partir de informações imprescindíveis, declaradas pelo sujeito passivo ou por terceiro.
Art. 149	Direto ou "de ofício"	Lançamento efetivado diretamente pela autoridade administrativa, independentemente de qualquer informação ou ato do sujeito passivo ou de terceiro.
Art. 150	Por Homologação ou "autolançamento"	O sujeito passivo antecipa o pagamento sem prévia análise da autoridade administrativa. A homologação pela autoridade administrativa pode ser expressa ou tácita (mais comum, pelo decurso de tempo).

Conforme já mencionado, o lançamento segue o princípio documental. A forma de cada lançamento dependerá dos seguintes fatores:

1º) da previsão legal da modalidade de lançamento aplicável a cada tributo (regime de lançamento do tributo);

2º) das circunstâncias em que o tributo é apurado, havendo situações em que, a despeito da previsão legal de se tratar de lançamento por homologação ou por declaração, em face de omissões, erros ou infrações do contribuinte será necessário o lançamento de ofício.

2.1. Lançamento de ofício

O **lançamento de ofício**, também chamado pela doutrina de **lançamento direto**, tem lugar sempre que a lei determinar à **autoridade administrativa tributária** que promova o lançamento **sem nenhuma participação do sujeito passivo** (CTN, art. 149, I). É efetuado exclusivamente pela autoridade administrativa tributária, como ocorre com o IPTU da maioria dos municípios.

ATENÇÃO:

"A instituição e a cobrança de taxas de emissão ou remessa de carnês/guias de recolhimento de tributos são inconstitucionais." (STF, RE 789.218 RG/MG, rel. Min. Dias Toffoli, julgado em 18/4/2014.

Há orientação da Súmula 397 do STJ no sentido de que "o contribuinte de IPTU é notificado do lançamento pelo envio do carnê ao seu endereço". Atenção para que a jurisprudência mais recente do STJ, firmada a partir de vários precedentes, orienta-se no sentido que essa notificação presumida de lançamento admite prova em contrário, ou seja, pode ser ilidida mediante comprovação pelo contribuinte de que não recebeu a notificação pelo Correio (REsp 868629/SC e REsp 1111124/PR). O entendimento é válido, inclusive, para outros tributos com periodicidade anual de incidência, tais como a taxa de licença, quando também lançada de ofício mediante notificação enviado ao endereço do estabelecimento (REsp 1114780/SC).

ATENÇÃO:

"O Superior Tribunal de Justiça possui o entendimento firme de que nos tributos sujeitos a lançamento de ofício, tal como o IPVA e o IPTU, a própria remessa, pelo Fisco, da notificação para pagamento ou carnê constitui o crédito tributário, momento em que se inicia o prazo prescricional quinquenal para sua cobrança judicial, nos termos do art. 174 do CTN (...)" (AgRg no REsp 1477734/SC, Rel. Ministro MAURO CAMPBELL MARQUES, SEGUNDA TURMA, julgado em 11/11/2014, DJe 18/11/2014).

Além disso, o lançamento de ofício será promovido em **outras hipóteses previstas no artigo 149 do CTN**. Entre elas, é fundamental citar as que contemplam **lançamento de ofício substitutivo de lançamento por declaração ou de lançamento por homologação**. Pode ocorrer, por exemplo, em situações nas quais a declaração não é prestada pelo sujeito passivo ou se houver irregularidades no cumprimento das obrigações acessórias que impliquem na falta de pagamento do imposto. Nesses casos, o instrumento para o lançamento de ofício será o auto de infração, com cobrança do imposto devido e acessórios legais, além da cominação e exigência da penalidade pecuniária aplicável em razão da infração perpetrada.

2.2. Lançamento por declaração ou misto

Haverá **lançamento por declaração** ou **misto** quando a lei determinar que o sujeito passivo preste informações sobre o fato gerador, mediante uma declaração que servirá de base para a autoridade tributária constituir o crédito tributário, notificando o sujeito passivo para o recolhimento do tributo (CTN, arts. 147 e 148).

Modalidade muito rara na prática tributária atual, foi a modalidade de lançamento prevista em lei para o ITR, que hoje é lançado por homologação. Em alguns municípios, o ITBI é lançado por declaração.

Dispõe o artigo 147, § 1º do CTN que a **retificação da declaração por iniciativa do próprio declarante**, quando vise a reduzir ou a excluir tributo, só é admissível mediante comprovação do erro em que se funde e antes de notificado o lançamento. Disso decorre que é lícito ao contribuinte retificar a declaração apresentada perante a autoridade administrativa tributária, porém, a retificação só poderá ser feita **antes da notificação do lançamento** e mediante **comprovação de erro** nas hipóteses em que tiver por objetivo reduzir ou excluir tributo.

Claro que esse direito do contribuinte não exclui o **poder-dever da autoridade administrativa a que competir a revisão da declaração de retificar os erros nela contidos e apuráveis pelo seu exame** (CTN, art. 147, § 2º).

2.3. Lançamento por homologação

O **lançamento por homologação** ou **autolançamento**, como prefere parte da doutrina, é peculiar aos tributos cuja legislação atribua ao sujeito passivo o **dever de antecipar o pagamento sem prévio exame da autoridade administrativa** (CTN, art. 150).

Em sua manifestação mais completa, o lançamento por homologação compreende não apenas o dever do sujeito passivo antecipar o pagamento do tributo, como também abrange obrigações acessórias de prestar ao fisco, por declaração, todas as informações relativas ao fato gerador e ao cálculo do tributo devido. Nesse contexto, inserem-se os documentos fiscais e as escriturações de livros contábeis e fiscais pelas empresas, além das declarações de informações econômico-fiscais do IR, contribuições federais e, no âmbito dos Estados, relativas ao ICMS.

O **efeito do pagamento antecipado é extinguir o crédito tributário**, sob **condição resolutória** de **posterior homologação do lançamento** (CTN, art. 150, § 1º).

Ainda sobre o lançamento por homologação, é importante fixar que a homologação não se refere especificamente ao pagamento, mas à atividade do contribuinte, isto é, ao procedimento de apuração, quantificação e cálculo efetuados pelo sujeito passivo e declarados ao fisco. Tanto isso é verdade que, mesmo não tendo sido feito o pagamento, desde que a apuração seja efetuada e regularmente declarada ao fisco, o lançamento considera-se concluído, podendo o débito ser inscrito em dívida ativa (STJ – AgRg no Ag 512823/MG – 2.ª Turma – Rel. Min. Castro Vieira – julg. 11/11/2003).

Ressalte-se que o **prazo para o fisco homologar** o lançamento é de **cinco anos a contar** da ocorrência **do fato gerador**, prazo durante o qual a Fazenda pode fiscalizar o contribuinte e cobrar eventual diferença que apurar quanto ao tributo devido.

Findo o prazo de cinco anos, sem expressa homologação do fisco, dá-se a **homologação tácita** e o crédito tributário é definitivamente extinto (CTN, art. 150, § 4°). Esta homologação tácita, como será exposto no capítulo XII, sobre extinção do crédito tributário, tem natureza decadencial.

A ideia de autolançamento e homologação tácita fica muito clara na **Súmula n° 436 do STJ**, segundo a qual "a entrega de declaração pelo contribuinte reconhecendo débito fiscal constitui o crédito tributário, dispensada qualquer outra providência por parte do fisco". Tanto que, a inscrição do débito declarado em Dívida Ativa pode ser feita pela Fazenda Pública independente de qualquer procedimento prévio de sua parte, bastando mesmo a declaração prestada pelo contribuinte.

Mais precisamente, a falta de recolhimento, no devido prazo, do crédito tributário regularmente constituído a partir da declaração do sujeito passivo, acarretará as seguintes consequências jurídico-tributárias: (a) autorizará a sua inscrição em dívida ativa; (b) fixará o termo *a quo* do prazo de prescrição para a sua cobrança; (c) inibirá a expedição de certidão negativa do débito; (d) afastará a possibilidade de denúncia espontânea. (STJ – REsp 576661 – 1ª. Seção – Rel. Min. Teori Zavascki – DJ 16/10/2006).

Pensamento diferente é o de Hugo de Brito Machado, cujo ponto de vista é de que, por ser atividade privativa da autoridade administrativa, o lançamento feito pelo sujeito passivo, ainda que por ficção legal, tem feitura privativa da autoridade administrativa competente, dependendo sempre de sua homologação expressa ou tácita (MACHADO, Hugo de Brito. Curso de Direito Tributário. 25 ed. São Paulo: Malheiros, p. 176).

Forte corrente doutrinária sustenta a desnecessidade de lançamento para receber o crédito consignado em pagamento ou na conversão do depósito em renda.

Na mesma linha, há várias decisões do Superior Tribunal de Justiça no sentido de que o depósito do montante integral constitui declaração do contribuinte hábil a configurar lançamento por homologação. É o que ficou decidido, por exemplo, no âmbito dos Embargos de Divergência no Recurso Especial – EREsp 686479/RJ, *in verbis*:

> "TRIBUTÁRIO. EMBARGOS DE DIVERGÊNCIA. TRIBUTO SUJEITO A LANÇAMENTO POR HOMOLOGAÇÃO. PRAZO DECADENCIAL PARA CONSTITUIÇÃO DO CRÉDITO. DEPÓSITO JUDICIAL. LANÇAMENTO FORMAL PELO FISCO. DESNECESSIDADE. EMBARGOS DE DIVERGÊNCIA PROVIDOS. 1. No caso de tributos sujeitos a

> lançamento por homologação, o contribuinte, ao realizar o depósito judicial com vistas à suspensão da exigibilidade do crédito tributário, promove a constituição deste nos moldes do que dispõe o art. 150 e parágrafos do CTN. Isso, porque verifica a ocorrência do fato gerador, calcula o montante devido e, em vez de efetuar o pagamento, deposita a quantia aferida, a fim de impugnar a cobrança da exação. Assim, o crédito tributário é constituído por meio da declaração do sujeito passivo, não havendo falar em decadência do direito do Fisco de lançar, caracterizando-se, com a inércia da autoridade fazendária apenas a homologação tácita da apuração anteriormente realizada. Não há, portanto, necessidade de ato formal de lançamento por parte da autoridade administrativa quanto aos valores depositados. 2. Precedentes da Primeira Seção: EREsp 464.343/DF, Rel. Min. José Delgado, DJ de 29.10.2007; EREsp 898.992/PR, Rel. Min. Castro Meira, DJ de 27.8.2007. 3. Embargos de divergência providos". (STJ - EREsp 686479/RJ)

Entretanto, é importante ressaltar que a Lei Paulista 13.457/2009, em seu artigo 30, estipula a necessidade de lançamento de ofício para prevenir a decadência, no caso de existência de depósito do montante integral.

3. REVISÃO DO LANÇAMENTO

Após devidamente notificado ao sujeito passivo, o **lançamento só poderá ser alterado por**: **I –** impugnação do próprio sujeito passivo; **II –** recurso de ofício; **III –** iniciativa de ofício da autoridade administrativa, nos casos previstos no artigo 149 (CTN, art. 145).

> **ATENÇÃO:**
>
> O CTN restringe as hipóteses de alteração do lançamento regularmente notificado ao sujeito passivo (CTN, art. 145). Logo, a *contrario sensu*, enquanto não notificado ao sujeito passivo, o lançamento poderá ser livremente alterado pela autoridade administrativa.

Nas **hipóteses do artigo 149,** o lançamento será efetuado e revisto por iniciativa da autoridade administrativa, são as seguintes:

I - quando a lei assim o determine;

Essa causa se refere ao lançamento de ofício, efetuado nas hipóteses expressamente estabelecidas em lei, como se dá em relação ao IPTU, conforme leis da maioria dos municípios brasileiros. Portanto, não se trata de uma hipótese de revisão do lançamento.

II - quando a declaração não seja prestada, por quem de direito, no prazo e na forma da legislação tributária;

Revisão do lançamento imposta pela falta de prestação de declaração exigida por lei.

III – quando a pessoa legalmente obrigada, embora tenha prestado declaração nos termos do inciso anterior, deixe de atender, no prazo e na forma da legislação tributária, a pedido de esclarecimento formulado pela autoridade administrativa, recuse-se a prestá-lo ou não o preste satisfatoriamente, a juízo daquela autoridade;

Aqui a declaração foi entregue, mas a fiscalização solicitou esclarecimentos à pessoa que se recusa, se omite ou não presta satisfatoriamente os esclarecimentos, segundo o juízo da autoridade fiscal.

IV – quando se comprove falsidade, erro ou omissão quanto a qualquer elemento definido na legislação tributária como sendo de declaração obrigatória;

Hipótese mais aplicável ao lançamento por homologação, nos casos em que a legislação exige entrega de declaração relativa à obrigação tributária por parte do sujeito passivo. Mas pode ocorrer também se o lançamento por homologação ou misto já tiver sido concluído com notificação do sujeito passivo.

V – quando se comprove omissão ou inexatidão, por parte da pessoa legalmente obrigada, no exercício da atividade a que se refere o artigo seguinte;

Trata-se aqui do lançamento de ofício substitutivo do lançamento por homologação, ou seja, se o sujeito passivo deixa de cumprir a atividade de que trata o artigo 150 do CTN (omissão) ou o faz com inexatidão.

Haverá omissão quando o sujeito passivo deixar de antecipar o pagamento do tributo devido (por exemplo, não faz o recolhimento do ICMS de uma operação). Ou, ainda, quando não efetuar a apuração e declaração do tributo, tal como ocorre quando deixa de apresentar a sua declaração de Imposto de Renda.

Mas, também, pode ocorrer que o tributo seja apurado, a declaração prestada e o pagamento antecipado, só que com inexatidão das informações. Um exemplo é quando o contribuinte do ICMS e/ou do IPI escritura operações nos livros fiscais por valores inferiores aos efetivamente praticados.

Em ambas as situações, isto é, de omissão ou inexatidão das informações, caberá à autoridade tributária, como base no direito de rever o lançamento, proceder ao lançamento de ofício substitutivo do lançamento por homologação, podendo, inclusive, sempre que necessário suprir a omissão ou corrigir a inexatidão, arbitrar a base de cálculo do imposto, nos termos do artigo 148 do CTN. Assim, se um auditor de tributos municipais se deparar com um imóvel declarado por valor inferior ao valor de mercado, que é o previsto em leis municipais como base de cálculo do imposto de transmissão de bens imóveis (ITBI), poderá, perfeitamente, arbitrar a base de cálculo conforme o valor de mercado e cobrar do sujeito passivo a diferença do imposto.

VI – quando se comprove ação ou omissão do sujeito passivo, ou de terceiro legalmente obrigado, que dê lugar à aplicação de penalidade pecuniária;

Também se trata de lançamento de ofício substitutivo do lançamento por homologação, cabendo enfatizar dois aspectos. Primeiro que a hipótese está sempre associada a infrações, pois o dispositivo faz expressa referência à aplicação de penalidade pecuniária (multa). Segundo que a cominação de penalidade e a consequente revisão do lançamento pode decorrer da comprovação de ação ou omissão, inclusive, de terceiros legalmente obrigados, o que deve ser interpretado por obrigações acessórias exigidas de terceiros pela legislação tributária.

VII - quando se comprove que o sujeito passivo, ou terceiro em benefício daquele, agiu com dolo, fraude ou simulação;

Mais uma vez, a hipótese abrange também ações de terceiros, agora em flagrante benefício do sujeito passivo. Em qualquer caso, pressupõe-se a conduta do sujeito passivo ou do terceiro mediante dolo, fraude ou simulação.

VIII - quando deva ser apreciado fato não conhecido ou não provado por ocasião do lançamento anterior;

Por exemplo, deve-se permitir a revisão do lançamento de IPTU referente a imóvel cujo padrão de acabamento considerado era diferente da realidade, pois neste caso o lançamento complementar decorreria de um simples erro de fato, que não ensejaria a revisão da cobrança. Em caso da espécie, o Superior Tribunal de Justiça se pronunciou no sentido de que "o lançamento original reportou-se a um padrão de acabamento diferente da realidade, o que ensejou posterior retificação dos dados, hipótese que se enquadra no disposto no artigo 149, inciso VIII, do CTN, razão pela qual conclui-se pela higidez da revisão do lançamento tributário" (AgRg no AREsp 30272 / MG). Na mesma linha, em outra decisão considerou-se passível de revisão o lançamento original que "reportou área menor do imóvel objeto da tributação, por desconhecimento da sua real metragem", tendo ensejado "a posterior retificação dos dados cadastrais, hipótese que se enquadra no disposto no inciso VIII, do artigo 149" (STJ - Resp 1130545 / RJ - Rel. Min. Luiz Fux, Primeira Seção, DJe 22/01/2011).

IX - quando se comprove que, no lançamento anterior, ocorreu fraude ou falta funcional da autoridade que o efetuou, ou omissão, pela mesma autoridade, de ato ou formalidade especial.

Essa hipótese diz respeito a vícios do lançamento que possam ser imputados à autoridade administrativa responsável pelo lançamento. Esses vícios podem compreender fraude, falta funcional ou omissão de ato ou formalidade especial.

Em qualquer caso, a revisão do lançamento só pode ser iniciada enquanto o direito da Fazenda Pública de efetuá-lo não estiver extinto (CTN, art. 149, parágrafo único), o que se dá pelo esgotamento do prazo de decadência.

No caso dos tributos sujeitos a lançamento por homologação, quando necessária a revisão do lançamento de acordo com normas tais como as dos incisos V e VI do artigo 149 do CTN, será efetuado um lançamento de ofício substitutivo do lançamento por homologação. Esse lançamento de ofício será promovido pela autoridade competente mediante instrumentos que também servem para a cominação da penalidade cabível. Geralmente, são denominados autos de infração, mas, em algumas legislações, podem aparecer como notificação de lançamento entre outras denominações.

ATENÇÃO:

"Os lançamentos dos tributos antes administrados pela SRF são feitos mediante a lavratura de Auto de Infração (AI), enquanto aqueles relativos a tributos antes administrados pela SRP são efetuados mediante Notificação Fiscal de Lançamento de Débitos (NFLD)" (http://www.leandropaulsen. com/site/textos_detalhe.asp?ID=5, acesso em 11/6/2012).

SÚMULAS

4. SÚMULAS

Súmula 397 STJ: "O contribuinte do IPTU é notificado do lançamento pelo envio do carnê ao seu endereço".

Súmula 436 STJ: "A entrega de declaração pelo contribuinte reconhecendo débito fiscal constitui o crédito tributário, dispensada qualquer outra providência por parte do fisco".

Súmula 6 CARF: "É legítima a lavratura de auto de infração no local em que foi constatada a infração, ainda que fora do estabelecimento do contribuinte".

Súmula 7 CARF: "A ausência da indicação da data e da hora de lavratura do auto de infração não invalida o lançamento de ofício quando suprida pela data da ciência".

Súmula 8 CARF: "O Auditor Fiscal da Receita Federal é competente para proceder ao exame da escrita fiscal da pessoa jurídica, não lhe sendo exigida a habilitação profissional de contador".

Súmula 12 CARF: "Constatada a omissão de rendimentos sujeitos à incidência do imposto de renda na declaração de ajuste anual, é legítima a constituição do crédito tributário na pessoa física do beneficiário, ainda que a fonte pagadora não tenha procedido à respectiva retenção".

Súmula 21 CARF: "É nula, por vício formal, a notificação de lançamento que não contenha a identificação da autoridade que a expediu".

Súmula 46 CARF: "O lançamento de ofício pode ser realizado sem prévia intimação ao sujeito passivo, nos casos em que o Fisco dispuser de elementos suficientes à constituição do crédito tributário".

Súmula 59 CARF: "A tributação do lucro na sistemática do lucro arbitrado não é invalidada pela apresentação, posterior ao lançamento, de livros e documentos imprescindíveis para a apuração do crédito tributário que, após regular intimação, deixaram de ser exibidos durante o procedimento fiscal".

Súmula 67 CARF (Revisada): "Em apuração de acréscimo patrimonial a descoberto a partir de fluxo de caixa que confronta origens e aplicações de recursos, os saques ou transferências bancárias, registrados em extratos bancários, quando não comprovada a destinação, efetividade da despesa, aplicação ou consumo, não podem lastrear lançamento fiscal".

Súmula 73 CARF: "Erro no preenchimento da declaração de ajuste do imposto de renda, causado por informações erradas, prestadas pela fonte pagadora, não autoriza o lançamento de multa de ofício".

Súmula 82 CARF: "Após o encerramento do ano-calendário, é incabível lançamento de ofício de IRPJ ou CSLL para exigir estimativas não recolhidas".

Súmula 86 CARF: É vedada a retificação da Declaração de Ajuste Anual do Imposto sobre a Renda da Pessoa Física que tenha por objeto a troca de forma de tributação dos rendimentos após o prazo previsto para a sua entrega.

Súmula 92 CARF: A DIPJ, desde a sua instituição, não constitui confissão de dívida, nem instrumento hábil e suficiente para a exigência de crédito tributário nela informado.

Súmula 97 CARF: O arbitramento do lucro em procedimento de ofício pode ser efetuado mediante a utilização de qualquer uma das alternativas de cálculo enumeradas no art. 51 da Lei nº 8.981, de 20 de janeiro de 1995, quando não conhecida a receita bruta.

Súmula 108 CARF: "Incidem juros moratórios, calculados à taxa referencial do Sistema Especial de Liquidação e Custódia (SELIC), sobre o valor correspondente à multa de ofício".

Súmula 109 CARF: "O órgão julgador administrativo não é competente para se pronunciar sobre controvérsias referentes a arrolamento de bens".

Súmula 110 CARF: "No processo administrativo fiscal, é incabível a intimação dirigida ao endereço de advogado do sujeito passivo".

Súmula 111 CARF: "O Mandado de Procedimento Fiscal supre a autorização, prevista no art. 906 do Decreto nº 3.000/1999, para reexame de período anteriormente fiscalizado".

Súmula 112 CARF: "É nulo, por erro na identificação do sujeito passivo, o lançamento formalizado contra pessoa jurídica extinta por liquidação voluntária ocorrida e comunicada ao Fisco Federal antes da lavratura do auto de infração".

Súmula 02/2003 TIT/SP: "É legítima a utilização da Unidade Fiscal do Estado de São Paulo - UFESP como índice de correção monetária do crédito tributário".

Súmula 08/2005 TIT/SP: "É legítima a aplicação aos débitos fiscais estaduais da taxa de juros de mora equivalente, ao mês, à taxa referencial do Sistema Especial de Liquidação e de Custódia - SELIC, conforme previsão legal".

Súmula 10/2017 TIT/SP: "Em virtude do disposto no art. 28 da Lei 13.457 de 2009, aplica-se ao montante do imposto e multa, exigidos em auto de infração, a taxa de juros de mora prevista no artigo 96 da Lei 6.374, de 1º de março de 1989".

Súmula 13/2018 TIT/SP: "É legítima a atualização do valor básico da multa nos termos do §9º, do artigo 85, da Lei n. 6374/1989".

Súmula 14/2018 TIT/SP: "A lavratura de Auto de Infração sem a incidência de penalidades necessariamente depende do prévio depósito judicial do montante integral do crédito tributário, nos termos do §3º, do artigo 30, da Lei n. 13.457/2009".

5. LEGISLAÇÃO RELACIONADA AO CAPÍTULO

» CÓDIGO TRIBUTÁRIO NACIONAL

Art. 139. O crédito tributário decorre da obrigação principal e tem a mesma natureza desta.

Art. 140. As circunstâncias que modificam o crédito tributário, sua extensão ou seus efeitos, ou as garantias ou os privilégios a ele atribuídos, ou que excluem sua exigibilidade não afetam a obrigação tributária que lhe deu origem.

Art. 141. O crédito tributário regularmente constituído somente se modifica ou extingue, ou tem sua exigibilidade suspensa ou excluída, nos casos previstos nesta Lei, fora dos quais não podem ser dispensadas, sob pena de responsabilidade funcional na forma da lei, a sua efetivação ou as respectivas garantias.

Art. 142. Compete privativamente à autoridade administrativa constituir o crédito tributário pelo lançamento, assim entendido o procedimento administrativo tendente a verificar a ocorrência do fato gerador da obrigação correspondente, determinar a matéria tributável, calcular o montante do tributo devido, identificar o sujeito passivo e, sendo caso, propor a aplicação da penalidade cabível.

Parágrafo único. A atividade administrativa de lançamento é vinculada e obrigatória, sob pena de responsabilidade funcional.

Art. 143. Salvo disposição de lei em contrário, quando o valor tributário esteja expresso em moeda estrangeira, no lançamento far-se-á sua conversão em moeda nacional ao câmbio do dia da ocorrência do fato gerador da obrigação.

Art. 144. O lançamento reporta-se à data da ocorrência do fato gerador da obrigação e rege-se pela lei então vigente, ainda que posteriormente modificada ou revogada.

§ 1º Aplica-se ao lançamento a legislação que, posteriormente à ocorrência do fato gerador da obrigação, tenha instituído novos critérios de apuração ou processos de fiscalização, ampliado os poderes de investigação das autoridades administrativas, ou outorgado ao crédito maiores garantias ou privilégios, exceto, neste último caso, para o efeito de atribuir responsabilidade tributária a terceiros.

§ 2º O disposto neste artigo não se aplica aos impostos lançados por períodos certos de tempo, desde que a respectiva lei fixe expressamente a data em que o fato gerador se considera ocorrido.

Art. 145. O lançamento regularmente notificado ao sujeito passivo só pode ser alterado em virtude de:

I - impugnação do sujeito passivo;

II - recurso de ofício;

III - iniciativa de ofício da autoridade administrativa, nos casos previstos no artigo 149.

Art. 146. A modificação introduzida, de ofício ou em conseqüência de decisão administrativa ou judicial, nos critérios jurídicos adotados pela autoridade administrativa no exercício do lançamento somente pode ser efetivada, em relação a um mesmo sujeito passivo, quanto a fato gerador ocorrido posteriormente à sua introdução.

Art. 147. O lançamento é efetuado com base na declaração do sujeito passivo ou de terceiro, quando um ou outro, na forma da legislação tributária, presta à autoridade administrativa informações sobre matéria de fato, indispensáveis à sua efetivação.

§ 1º A retificação da declaração por iniciativa do próprio declarante, quando vise a reduzir ou a excluir tributo, só é admissível mediante comprovação do erro em que se funde, e antes de notificado o lançamento.

§ 2º Os erros contidos na declaração e apuráveis pelo seu exame serão retificados de ofício pela autoridade administrativa a que competir a revisão daquela.

Art. 148. Quando o cálculo do tributo tenha por base, ou tome em consideração, o valor ou o preço de bens, direitos, serviços ou atos jurídicos, a autoridade lançadora, mediante processo regular, arbitrará aquele valor ou preço, sempre que sejam omissos ou não mereçam fé as declarações ou os esclarecimentos prestados, ou os documentos expedidos pelo sujeito passivo ou pelo terceiro legalmente obrigado, ressalvada, em caso de contestação, avaliação contraditória, administrativa ou judicial.

Art. 149. O lançamento é efetuado e revisto de ofício pela autoridade administrativa nos seguintes casos:

I - quando a lei assim o determine;

II - quando a declaração não seja prestada, por quem de direito, no prazo e na forma da legislação tributária;

III - quando a pessoa legalmente obrigada, embora tenha prestado declaração nos termos do inciso anterior, deixe de atender, no prazo e na forma da legislação tributária, a pedido de esclarecimento formulado pela autoridade administrativa, recuse-se a prestá-lo ou não o preste satisfatoriamente, a juízo daquela autoridade;

IV – quando se comprove falsidade, erro ou omissão quanto a qualquer elemento definido na legislação tributária como sendo de declaração obrigatória;

V – quando se comprove omissão ou inexatidão, por parte da pessoa legalmente obrigada, no exercício da atividade a que se refere o artigo seguinte;

VI – quando se comprove ação ou omissão do sujeito passivo, ou de terceiro legalmente obrigado, que dê lugar à aplicação de penalidade pecuniária;

VII – quando se comprove que o sujeito passivo, ou terceiro em benefício daquele, agiu com dolo, fraude ou simulação;

VIII – quando deva ser apreciado fato não conhecido ou não provado por ocasião do lançamento anterior;

IX – quando se comprove que, no lançamento anterior, ocorreu fraude ou falta funcional da autoridade que o efetuou, ou omissão, pela mesma autoridade, de ato ou formalidade especial.

Parágrafo único. A revisão do lançamento só pode ser iniciada enquanto não extinto o direito da Fazenda Pública.

Art. 150. O lançamento por homologação, que ocorre quanto aos tributos cuja legislação atribua ao sujeito passivo o dever de antecipar o pagamento sem prévio exame da autoridade administrativa, opera-se pelo ato em que a referida autoridade, tomando conhecimento da atividade assim exercida pelo obrigado, expressamente a homologa.

§ 1º O pagamento antecipado pelo obrigado nos termos deste artigo extingue o crédito, sob condição resolutória da ulterior homologação ao lançamento.

§ 2º Não influem sobre a obrigação tributária quaisquer atos anteriores à homologação, praticados pelo sujeito passivo ou por terceiro, visando à extinção total ou parcial do crédito.

§ 3º Os atos a que se refere o parágrafo anterior serão, porém, considerados na apuração do saldo porventura devido e, sendo o caso, na imposição de penalidade, ou sua graduação.

§ 4º Se a lei não fixar prazo a homologação, será ele de cinco anos, a contar da ocorrência do fato gerador; expirado esse prazo sem que a Fazenda Pública se tenha pronunciado, considera-se homologado o lançamento e definitivamente extinto o crédito, salvo se comprovada a ocorrência de dolo, fraude ou simulação.

6. QUESTÕES FUNDAMENTADAS

1. (ESAF – Auditor Fiscal da Receita Federal/2009) Sobre o lançamento, com base no Código Tributário Nacional, assinale a opção correta.

a) O lançamento é um procedimento administrativo pelo qual a autoridade fiscal, entre outras coisas, declara a existência de uma obrigação tributária.

b) Ao se estabelecer a competência privativa da autoridade administrativa para efetuar o lançamento, permitiu-se a delegação dessa função.

c) No lançamento referente à penalidade pecuniária, a autoridade administrativa deve aplicar a legislação em vigor no momento da ocorrência do fato gerador.

d) A legislação posterior à ocorrência do fato gerador da obrigação que instituir novos critérios de apuração ou processos de fiscalização, ampliando os poderes de investigação da autoridade administrativa, não se aplica ao lançamento.

e) A aplicação retroativa de legislação tributária formal pode atribuir responsabilidade tributária a terceiros.

2. (ESAF – Técnico da Receita Federal (Atual Analista Tributário)/2005) Sobre as modalidades do lançamento do crédito tributário, podemos afirmar que:

a) lançamento por homologação é feito quanto aos tributos cuja legislação atribua ao sujeito passivo o dever de calcular o tributo, submetê-lo ao prévio exame da autoridade administrativa, e realizar seu pagamento.

b) o lançamento por declaração é aquele feito em face da declaração prestada pelo próprio contribuinte ou por terceiro.

c) o lançamento de ofício é aquele feito pela autoridade administrativa, com base nas informações prestadas pelo contribuinte.

d) a revisão do lançamento, em quaisquer de suas modalidades, pode ser iniciada mesmo após a extinção do direito da Fazenda Pública, nos casos de erro por parte do contribuinte.

e) na hipótese do lançamento por homologação, não fixando a lei ou o regulamento prazo diverso para homologação, seu prazo será de cinco anos, contados do fato gerador.

3. (Procurador do Município – Prefeitura Florianópolis-SC/2011 – FEPESE) Assinale a alternativa incorreta.

a) O contribuinte do Imposto sobre a Propriedade Territorial Urbana (IPTU) é notificado do lançamento pelo envio do carnê ao seu endereço.

b) É ilegítima a exigência de depósito prévio para admissibilidade de recurso administrativo.

c) O lançamento regularmente notificado ao sujeito passivo não pode ser alterado pela autoridade administrativa.

d) A entrega de declaração pelo contribuinte reconhecendo débito fiscal constitui o crédito tributário, dispensada qualquer outra providência por parte do fisco.

e) O lançamento reporta-se à data da ocorrência do fato gerador da obrigação e rege-se pela lei então vigente.

4. (Procurador do Município – Prefeitura São José dos Campos-SP/2012 – VUNESP) No lançamento por homologação, a lei fixa o prazo de 5 anos para que a Fazenda Pública se pronuncie acerca da atividade exercida pelo obrigado no sentido de antecipar o pagamento do tributo sem prévio exame da autoridade administrativa. Expirado tal prazo sem que a Fazenda Pública se tenha pronunciado, considera-se homologado o lançamento e definitivamente extinto o crédito, observadas as ressalvas legais.

O termo inicial para contagem do prazo em questão é o da ocorrência do(a)

a) pagamento.

b) constituição do crédito.

c) fato gerador.

d) publicação da lei que estabelecer a hipótese de incidência.

e) primeiro dia do exercício seguinte ao que ocorrer o pagamento.

5. (CESPE – Juiz Federal Substituto 2ª região/2011) Supondo que um contribuinte faça à Receita Federal do Brasil uma declaração para efeitos de cálculo de determinado imposto, assinale a opção correta.

a) O tributo será, obrigatoriamente lançado por homologação.

b) Se a declaração não atender à forma prevista na legislação tributária, o lançamento deverá ser feito por homologação, após a devida correção formal da declaração.

c) Sendo o tributo lançado por homologação, se a Receita Federal verificar que o tributo está subdimensionado, deverá cobrar a diferença por meio de um lançamento de ofício.

d) O tributo será, obrigatoriamente, lançado por declaração.

e) O tributo poderá ser lançado por declaração ou por homologação, à escolha da Receita Federal.

6. (CESPE – Juiz de Direito Substituto – AC/2012) Assinale a opção correta acerca de lançamento.

a) Sendo os delitos cometidos contra a ordem tributária crimes materiais, é necessário o esgotamento do lançamento administrativo para que ocorra o resultado naturalístico.

b) Se, efetivado o lançamento por homologação, houver atraso no recolhimento, o contribuinte, para desonerar-se do recolhimento da multa moratória, poderá valer-se da denúncia espontânea e efetivar o pagamento integral do débito tributário, com a correção monetária incidente.

c) Se verificar que determinada sociedade comercial efetua venda abaixo do valor de custo e omite esse fato das declarações do contribuinte, o fisco deverá fazer o lançamento por arbitramento, inaugurando o processo administrativo fiscal para viabilizar o contraditório e, após apuração do tributo devido, efetivar a constituição definitiva do crédito tributário.

d) Se determinado contribuinte efetivar a apuração do ICMS e comunicar o montante devido ao fisco, na forma de lançamento por homologação, não lhe será lícito impugnar a pretensão da fazenda pública de realizar a inscrição do débito em dívida ativa de valor não recolhido, a pretexto de erro.

e) Após o contribuinte apurar e comunicar ao fisco o montante devido a título de ICMS, sem, contudo, efetuar o recolhimento aos cofres públicos, a autoridade fiscal lavrará auto de infração e notificará esse contribuinte para que impugne ou recolha o débito tributário, sob pena de não poder inscrever o débito em dívida ativa.

7. (CESPE – Juiz de Direito Substituto – AC/2012) Acusado de vender a seus clientes, sem a devida apresentação de receita médica conforme exigência legal, substâncias psicotrópicas que causam dependência física e(ou) psíquica, o titular de determinada farmácia foi condenado, em sentença transitada em julgado, à pena de quatro anos de reclusão, por tráfico de substância entorpecente. Tendo sido constatado, ainda, que não haviam sido emitidas notas fiscais nem se realizara o registro contábil referente às vendas da tal substância, o juiz determinou que se oficiasse à RFB, para que fossem tomadas as providências necessárias. A RFB, então, providenciou o cálculo do montante do tributo devido, o lançamento fiscal e a inscrição do débito em dívida ativa.

Considerando a situação hipotética apresentada acima, assinale a opção correta.

a) O trânsito em julgado da sentença condenatória, reconhecida a existência do fato criminoso, é fator impeditivo do lançamento fiscal.

b) Dada a conduta criminosa do titular da farmácia, a RFB não poderia ter efetivado o lançamento tributário, porquanto o fato gerador do tributo funda-se no princípio de que o imposto só pode ter origem em fato ético.

c) Verificada a circulação de mercadoria, a RFB poderá efetivar o lançamento referente ao ICMS, independentemente de quem tenha adquirido a substância, fato que não interfere na atribuição da responsabilidade tributária.

d) O lançamento fiscal não é medida adequada nesse caso, pois, ao realizá-lo, o Estado tornou-se cúmplice do tráfico ilícito de entorpecentes.

e) O cabimento do lançamento fiscal deve-se à omissão da renda decorrente do não fornecimento da nota fiscal, devendo ser oferecida representação fiscal para fins penais, dado o crime contra a ordem tributária.

8. (FGV – Exame de Ordem 2018.2) Em março de 2016, o Município X publicou lei instituindo novos critérios de apuração e ampliando os poderes de investigação das autoridades administrativas. Com base nessa nova orientação, em outubro do mesmo ano, o fisco municipal verificou a ausência de declaração e recolhimento de valores do Imposto Sobre Serviços de Qualquer Natureza – ISSQN devidos pela pessoa jurídica Y, referentes ao ano-calendário 2014; diante dessa constatação, lavrou auto de infração para cobrança dos valores inadimplidos.

No que tange à possibilidade de aplicação da nova legislação ao presente caso, assinale a afirmativa correta.

a) É inaplicável, pois não respeitou o princípio da anterioridade anual.

b) É inaplicável, pois o fisco somente poderia lavrar o auto de infração com base nos critérios de apuração previstos em lei vigente no momento da ocorrência do fato gerador.

c) É aplicável, pois a legislação que institui novos critérios de apuração e amplia poderes de investigação das autoridades administrativas aplica-se aos lançamentos referentes a fatos geradores ocorridos antes de sua vigência.

d) É aplicável, pois foi observado o princípio da anterioridade nonagesimal.

9. **(CESPE – Procurador do Estado – CE/2008)** Um contribuinte, tendo de prestar declarações à autoridade administrativa tributária, o fez desobedecendo ao prazo e à forma previstos na legislação vigente. Considerando essa situação hipotética, assinale a opção correta acerca da modalidade de lançamento desse ato do referido contribuinte.

a) O contribuinte estará sujeito ao lançamento por homologação.

b) Deverá ser realizado o autolançamento.

c) Essa é a única situação em que o lançamento é efetuado e revisto de ofício pela autoridade administrativa.

d) A administração deve utilizar o lançamento misto ou por declaração.

e) A hipótese levantada é a de lançamento direto ou de ofício.

10. **(CESPE – Procurador do Estado – PI/2008)** Assinale a opção correta acerca de crédito tributário.

a) As circunstâncias que modificam o crédito tributário, sua extensão ou seus efeitos afetam a obrigação tributária que lhe deu origem.

b) As circunstâncias que modificam o crédito tributário, sua extensão ou seus efeitos ou as garantias ou os privilégios a eles atribuídos, ou que excluem a sua exigibilidade, podem afetar o seu lançamento, mas não, a obrigação que lhe deu origem.

c) As circunstâncias que modificam o crédito tributário, sua extensão ou seus efeitos ou as garantias ou os privilégios a eles atribuídos, ou que excluem a sua exigibilidade, não afetam o lançamento que lhe deu origem, apenas a obrigação.

d) As circunstâncias que modificam o crédito tributário, sua extensão ou seus efeitos podem modificar a obrigação tributária apenas no que diz respeito aos seus elementos principais.

e) A autoridade administrativa não pode, mesmo amparada na lei, extinguir o crédito tributário devidamente constituído.

11. **(CESPE – Procurador do Estado – PI/2008)** Assinale a opção correta em relação a lançamento.

a) O lançamento regularmente notificado ao sujeito passivo não pode ser modificado.

b) O lançamento por homologação deve ser feito no prazo de cinco anos, a contar do primeiro ano seguinte ao fato.

c) O lançamento é regido pela lei vigente à data da ocorrência do fato gerador, desde que ela não seja revogada posteriormente.

d) O lançamento é o ato que dá origem à obrigação tributária.

e) O lançamento pode ser alterado por impugnação do sujeito passivo.

12. **(CESPE – Procurador do Estado – AL/2008)** Um contribuinte foi autuado por ter praticado infração tributária. Assim, contra ele foi lavrado auto de infração cobrando o tributo sonegado e estipulando as penalidades. Após a defesa administrativa, ele conseguiu diminuir o valor referente à multa aplicada.

Na situação hipotética acima descrita,

a) o crédito tributário foi alterado, ficando intacta a obrigação tributária.

b) o fato gerador foi modificado e, por isso, também foi modificado o crédito tributário.

c) uma vez que o crédito tributário tem origem na obrigação tributária, a modificação feita em um causa alteração no outro.

d) o crédito tributário faz nascer a obrigação tributária e, por esse motivo, qualquer modificação no crédito altera a obrigação.

QUESTÕES FUNDAMENTADAS

e) a multa alterada modifica o fato gerador e, portanto, o crédito tributário.

13. (CESPE – Procurador do Estado – AL/2008) O lançamento de obrigação tributária regularmente notificado ao sujeito passivo só pode ser alterado em virtude de

a) impugnação de terceiro interessado.

b) recurso interposto pela procuradoria fiscal.

c) iniciativa de ofício da autoridade administrativa, nos casos previstos no CTN.

d) interesse do sujeito passivo.

e) impugnação do sujeito ativo.

14. (FCC – Defensor Público – AM/2013) Em caso de tributo sujeito a lançamento por homologação, o não pagamento antecipado pelo sujeito passivo traz como consequência a

a) exclusão do crédito tributário, que deverá, portanto, ser lançado de ofício pelo fisco, sob pena de prescrição.

b) necessidade do fisco em lançar de ofício, o que acontecerá com a lavratura de Auto de Infração e Imposição de Multa, sob pena de decadência.

c) extinção da obrigação tributária em cinco anos a contar da ocorrência do fato gerador pela decadência, caso o fisco não realize o autolançamento neste prazo.

d) suspensão da exigibilidade do crédito tributário até que o fisco lavre Auto de Infração e Imposição de Multa.

e) presunção de existência do crédito tributário por parte do fisco, que deve imediatamente inscrevê-lo em dívida ativa e propor execução fiscal.

15. (FCC – Agente Fiscal de Rendas – SP/2013) César Augusto, Agente Fiscal de Rendas, notando a ocorrência de fato gerador, sem que tal fato fosse reportado ao Fisco, lavrou Auto de Infração e Imposição de Multa cobrando imposto e penalidades da HAL Materiais de Informática Ltda. O instrumento do Auto de Infração e Imposição de Multa foi entregue juntamente com a documentação que o instruía à autuada e esta o recebeu, por meio de pessoas com poderes para tanto, formalizando assim a regular notificação do sujeito passivo.

Considerando a situação fática exposta, exclusivamente com base no Código Tributário Nacional, o lançamento tributário pode ser alterado por

I. impugnação da HAL Materiais de Informática Ltda.

II. recurso de ofício, caso haja no presente caso decisão em processo administrativo que reduza o crédito tributário.

III. iniciativa de ofício da autoridade administrativa, quando se notar que o prazo prescricional do lançamento já decorreu.

IV. iniciativa do próprio Agente Fiscal de Rendas, após o decurso do prazo de defesa sem a apresentação de impugnação, quando se notar que apurou a quantia de imposto a ser pago em montante superior ao devido nas operações fiscalizadas.

Está correto o que se afirma APENAS em

a) I e II.

b) II e III.

c) II, III e IV.

d) I e IV.

e) III e IV.

16. (CESPE – Defensor Público – DF/ 2013) Julgue os próximos itens, relativos ao crédito tributário.

– Segundo o disposto no CTN, o crédito tributário é constituído a partir do momento em que ocorre o fato gerador do tributo.

17. (CESPE – Procurador do MP junto ao TCE-PB/2014) Um contribuinte do ICMS foi autuado em fiscalização ordinária que constatou fraude na escrituração dos livros fiscais e supressão de parte do tributo devido e, em função disso, lhe foi cobrado o valor da diferença entre o que havia recolhido e o que realmente deveria recolher aos cofres públicos, bem como as penalidades respectivas, tudo corrigido monetariamente e com juros de mora. Com base nessa situação hipotética, assinale a opção correta.

a) Na hipótese considerada, tem-se um lançamento direto, que é a modalidade de lançamento executada pelo contribuinte do ICMS com a finalidade de informar ao fisco suas operações.

b) No caso da constatação de fraude, o lançamento a ser feito pelo fisco é da modalidade mista, pois,

QUESTÕES FUNDAMENTADAS

na apuração do valor devido de ICMS, o próprio contribuinte informa as operações ao fisco.

c) Todo lançamento feito pelo fisco é da modalidade de ofício ou direto, pois cuida dos tributos ditos diretos e não para os considerados como indiretos, como é o caso do ICMS.

d) A modalidade de lançamento que o contribuinte realizou antes da autuação feita pelo fisco foi a de lançamento por homologação.

e) O lançamento realizado pelo fisco foi o de homologação do auto de infração.

18. (TJ - MG - Juiz de Direito - MG/2014) O art. 174 do CTN estabelece que a ação para a cobrança do crédito tributário prescreve em cinco anos, contados da data da sua constituição definitiva. A expressão "constituição definitiva do crédito tributário" não é de fácil interpretação. Assinale a alternativa que define CORRETAMENTE o significado de Constituição Definitiva do Crédito Tributário.

a) Por constituição definitiva, deve ser entendida a eficácia que torna indiscutível o crédito tributário, que não decorre do fato gerador ou da própria obrigação tributária, mas do momento em que não mais se admite qualquer discussão administrativa a seu respeito.

b) Por constituição definitiva, entende-se o crédito cujo "quantum" não comporta sequer impugnação judicial.

c) Por constituição definitiva, entende-se o crédito que, embora delimitado no seu "quantum", ainda é permitido ao sujeito passivo interpor recurso administrativo.

d) Por constituição definitiva, deve-se entender o momento em que o sujeito passivo toma conhecimento do lançamento pela notificação.

19. (FMP - Juiz de Direito -MT/2014) O crédito tributário é constituído pelo lançamento, sendo certo, ainda, que há outros modos de formalização do crédito tributário admitidos pela jurisprudência e que dispensam o lançamento, como a declaração do contribuinte em que reconhece o débito fiscal. Sobre a matéria, é correto afirmar:

a) quando a formalização do crédito acontece mediante declaração do contribuinte, a sua inscrição em dívida ativa só será válida, se acompanhada de notificação do contribuinte para opor alguma causa suspensiva ou extintiva do crédito.

b) o lançamento por homologação prescinde de qualquer ato concreto do fisco, porquanto, ocorrendo o pagamento tempestivo por parte do contribuinte, considerar-se-á homologado pelo simples decurso do prazo de cinco anos contados do fato gerador, o que extingue definitivamente o crédito, salvo se comprovada a ocorrência de dolo, fraude ou simulação.

c) estão sujeitos a lançamento por declaração todos os tributos relativamente aos quais a legislação imponha ao contribuinte a obrigação acessória de declarar o seu débito.

d) o lançamento de ofício sempre poderá ser revisto, quando comprovados dolo, fraude ou simulação, independentemente de prazo, pois não decai o direito à revisão nessas hipóteses.

e) o lançamento de ofício sempre estará revestido da forma de auto de infração, de modo que sempre implicará lançamento conjunto de tributo e de multa, invariavelmente.

20. (FMP - Cartório - TJ - MT/2014) As modalidades de lançamento, segundo o Código Tributário Nacional, são:

a) por homologação, de ofício e por declaração.

b) por homologação, de ofício e por moratória.

c) de ofício, por declaração e por remissão.

d) de ofício, por homologação e por transação.

e) por declaração, por homologação e por remissão.

GABARITO

Questão	Resposta	Fundamentação
1	A	CTN, art. 142
2	B	CTN, art. 147
3	C	CTN, art. 145
4	C	CTN, art. 150, § 4º
5	C	CTN, art. 149, V
6	C	CTN, art. 148
7	E	CTN, art. 149 e Lei 8.137/90, art. 1º, V
8	C	CTN, art. 144, § 1º
9	E	CTN, art. 149, II
10	B	CTN, art. 140
11	E	CTN, art. 145, I
12	A	CTN, art. 140
13	C	CTN, art. 145, III
14	B	CTN, arts. 149, V, parágrafo único, 173, I e 156, V
15	A	CTN, art. 145, I e II
16	Errado	CTN, arts. 113, § 1º e 142
17	D	CTN, art. 150
18	A	CTN, art. 142
19	B	CTN, art. 150, § 4º
20	A	CTN, arts. 150, 149 e 147

7. MEU RESUMO PARA MEMORIZAÇÃO

» *Futuro(a) Juiz(a), Membro do Ministério Público, Procurador(a), Auditor(a) Fiscal, ou Servidor(a) de Outras Carreiras Públicas, agora é hora de se concentrar.*

» *Sem nenhuma consulta ao capítulo, por favor, faça um breve resumo abaixo. Neste momento, é importante que elabore esquemas e gráficos, para condensar e memorizar a matéria já estudada e, ainda, utilizar esses resumos para revisar os pontos uma semana antes da prova. Use o espaço cuidadosamente, deixando-o como o seu "caderninho de anotações pessoais".*

7.1. Quais os pontos que eu aprendi ao longo do capítulo que considero mais importantes?

CRÉDITO TRIBUTÁRIO:

LANÇAMENTO TRIBUTÁRIO:

MODALIDADES DE LANÇAMENTO:

a) De ofício (direto):

b) Por declaração (misto):

c) Por homologação (autolançamento):

REVISÃO DO LANÇAMENTO:

CRÉDITO TRIBUTÁRIO
E SUA CONSTITUIÇÃO

segue vídeo abaixo:

https://youtu.be/eTzBIQ6-83w

Capítulo XI

SUSPENSÃO DA EXIGIBILIDADE DO CRÉDITO TRIBUTÁRIO

Somente o crédito tributário regularmente constituído é líquido, certo e exigível, podendo ser cobrado judicialmente pela Fazenda Pública, por meio de execução fiscal (Lei nº 6.830/80). Por **exigibilidade** entende-se a possibilidade de cobrar o crédito tributário no Poder Judiciário, via execução fiscal. A exigibilidade advém da constituição definitiva do crédito tributário pelo lançamento e requer ainda a sua inscrição em Dívida Ativa. Portanto, as **causas de suspensão da exigibilidade** do crédito tributário (CTN, art. 151) **impedem o ajuizamento da execução fiscal.**

Em uma visão mais ampla, a suspensão da exigibilidade do crédito tributário, não apenas **impede o Fisco de** ajuizar a Execução Fiscal, mas obsta também que **pratique atos de cobrança quaisquer, inscreva o débito na Dívida Ativa ou inclua o nome do devedor em cadastros de contribuinte inadimplentes.**

Em outras palavras, a suspensão da exigibilidade do crédito tributário refere-se a causas que, temporariamente, obstam que o crédito tributário seja cobrado pela Fazenda Pública. E, logicamente, se a causa de suspensão apresentar-se posteriormente ao ajuizamento da execução fiscal, esta deverá ficar sobrestada até que o motivo da suspensão cesse.

ATENÇÃO:

A suspensão de que trata o artigo 151 do CTN atinge a exigibilidade do crédito tributário. Logo, o que se suspende não é a obrigação tributária, mas, sim, o direito do Fisco cobrar o crédito tributário a ela corresponde.

As **hipóteses de suspensão da exigibilidade** do crédito tributário estão previstas no **artigo 151 do CTN** e serão analisadas adiante. Mas, no final do capítulo, após a exposição das causas de suspensão da exigibilidade do crédito tributário, alguns comentários de extrema relevância ainda serão necessários, especialmente no que tange a cumprimento de obrigações acessórias, incidência da prescrição e decadência e fluência de multa e de juros enquanto o crédito tributário estiver com a exigibilidade suspensa.

Art. 151 CTN, inciso	Hipóteses	Resumo
I	Moratória	Postergação do momento do pagamento do crédito tributário
II	Depósito de seu montante integral	Depósito, pelo contribuinte, do valor do crédito tributário discutido
III	Defesas e recursos no âmbito do processo administrativo fiscal (PAF)	Atos de defesa do contribuinte face ao lançamento de ofício, conforme previsão nas leis que regem o PAF
IV	Liminar em mandado de segurança	Ordem judicial concedida no início do procedimento do mandado de segurança, em geral, sem ouvir a parte contrária
V	Liminar/tutela antecipada em outras espécies de ações judiciais	Ordem judicial concedida no início da ação, em geral, sem ouvir a parte contrária
VI	Parcelamento	Acordo de quitação em parcelas de um crédito tributário reconhecido e confessado pelo contribuinte, conforme diretrizes fixadas em lei

1. A MORATÓRIA

A **moratória**, isto é, a prorrogação do prazo para pagamento do tributo, concedida pelo ente tributante por meio de lei, constitui hipótese de suspensão da exigibilidade do crédito tributário prevista **no inciso I do artigo 151 do CTN** e regida pelos artigos 152 a 155-A do mesmo diploma, nos seguintes termos:

Trata-se de um adiamento que **somente** pode ser concedido: **I – em caráter geral**: a) pela pessoa jurídica de direito público competente para instituir o tributo a que se refira (tida como moratória autônoma); b) pela União, quanto a tributos de competência dos Estados, do Distrito Federal ou dos Municípios, quando simultaneamente concedida quanto aos tributos de competência federal e às obrigações de direito privado (tida como moratória heterônoma); **II – em caráter individual**, por despacho da autoridade administrativa, desde que autorizada por lei nas mesmas condições aplicáveis à moratória geral (CTN, art. 152).

ATENÇÃO:

Para os doutrinadores em geral, ante a ausência de previsão na Constituição e por incompatibilidade com o sistema federativo e de repartição de competências tributárias, a moratória heterônoma estabelecida no CTN (artigo 152, inciso I, alínea "b") não se compatibiliza com o Sistema Tributário Nacional. Não há conhecimento de uma moratória heterônoma efetivamente concedida pela União, tampouco há algum julgado a respeito.

A **lei concessiva de moratória** pode circunscrever expressamente a sua aplicabilidade a determinada região do território da pessoa jurídica de direito público que a expedir, ou a determinada classe ou categoria de sujeitos passivos (CTN, art. 152, parágrafo único). Além disso, especificará, sem prejuízo de outros requisitos: **I –** o prazo de duração do favor; **II –** as condições da concessão do favor em caráter individual; III – sendo caso: **a)** os tributos a que se aplica; **b)** o número de prestações e seus vencimentos, dentro do prazo de duração do favor, podendo atribuir a fixação de uns e de outros à autoridade administrativa, para cada caso de concessão em caráter individual; **c)** as garantias que devem ser fornecidas pelo beneficiado no caso de concessão em caráter individual (CTN, art. 153).

Em respeito à segurança jurídica e coerente com o princípio da irretroatividade da norma tributária, salvo disposição de lei em contrário, a moratória somente abrange os créditos definitivamente constituídos à data da lei ou do despacho que a conceder, ou cujo lançamento já tenha sido iniciado àquela data por ato regularmente notificado ao sujeito passivo (CTN, art. 154).

Especificamente em relação à moratória em caráter individual, é importante frisar que ela não gera direito adquirido e será revogada de ofício sempre que se apure que o beneficiado não satisfazia ou deixou de satisfazer as condições ou não cumpria ou deixou de cumprir os requisitos para a concessão do favor. Nesses casos, o crédito será cobrado acrescido de juros de mora, com imposição da penalidade cabível, nos casos de dolo ou simulação do beneficiado, ou de terceiro em benefício daquele, mas sem imposição de penalidade, nos demais casos (CTN, art. 155, I e II).

ATENÇÃO:

A moratória **não** aproveita aos casos de dolo, fraude ou simulação do sujeito passivo ou do terceiro em benefício daquele (CTN, art. 154, parágrafo único).

Assim, se um tributo teve seu prazo para pagamento dilatado por lei, é absolutamente coerente que o sujeito ativo não possa exigi-lo perante o Poder Judiciário antes de esgotado tal prazo.

2. O DEPÓSITO DE SEU MONTANTE INTEGRAL

A segunda situação que implica na suspensão da exigibilidade do crédito tributário é o **depósito de seu montante integral (CTN, art. 151, II)**, que pode ser efetuado no âmbito judicial ou no administrativo. Além de suspender a exigibilidade do crédito tributário, **serve também para afastar os efeitos da mora em relação à exação em discussão.**

A expressão **"montante integral"** diz respeito ao **valor do tributo segundo o entendimento da Fazenda Pública** e não do contribuinte (STJ – AgRg no REsp 969579/SP – 2ª Turma – Rel. Min. Castro Meira – 31/10/2007).

E esse depósito integral deve ser em dinheiro, inclusive conforme sacramentado na Súmula 112 do STJ: "O depósito somente suspende a exigibilidade do crédito tributário se for integral e em dinheiro".

ATENÇÃO:

Importante lembrar que "a fiança bancária não é equiparável ao depósito integral do débito exequendo para fins de suspensão da exigibilidade do crédito tributário, ante a taxatividade do artigo 151 do CTN e o teor do Enunciado Sumular 112 desta Corte, cujos precedentes são de clareza hialina" (STJ, Primeira Seção, REsp 1156668/DF, Rel. Min. Luiz Fux, DJe 10/12/2010).

Quando promovido no âmbito judicial, o depósito, geralmente, é feito no bojo de ações que visam a desconstituir o lançamento do crédito tributário (ações anulatórias). Assim, a execução fiscal não poderá ser ajuizada ou, quando já proposta, terá sua tramitação suspensa até decisão final da ação anulatória.

Se o contribuinte tiver êxito na impugnação, terá direito a levantar o depósito efetuado. Mas, se a Fazenda Pública sair vitoriosa na lide, ela converterá o depósito em renda e extinguirá o crédito tributário respectivo (CTN, art. 156, VI).

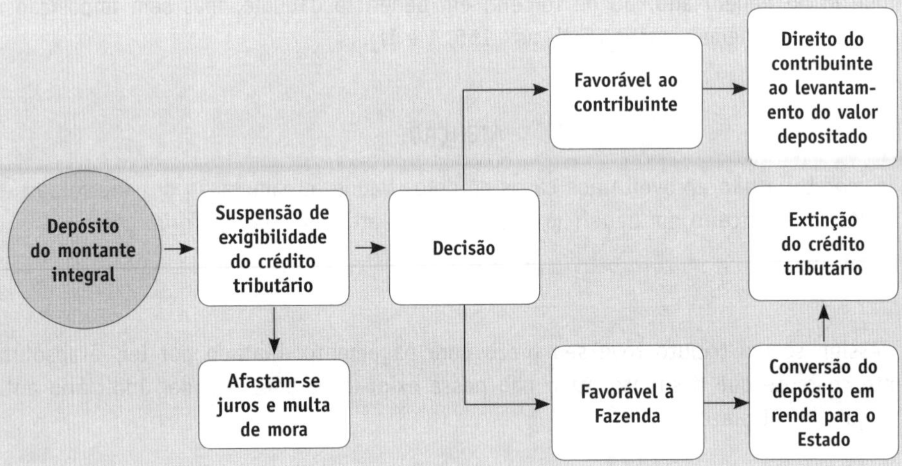

Ainda quando efetuado no âmbito administrativo ou, antes do lançamento, judicialmente, para impugnação da pretensão via ação declaratória ou mandado de segurança, o depósito não impede o trâmite do processo administrativo fiscal de impugnação do crédito tributário, obstando apenas o ajuizamento da ação de execução fiscal. Em consequência desse raciocínio, pode parecer tranquila a conclusão de que, em caso de impugnação judicial anterior ao lançamento, na hipótese de sucumbência do contribuinte na ação, a conversão do depósito em renda esteja condicionada a que o Fisco tenha efetuado o lançamento, dentro do prazo decadencial. Entretanto, há quem entenda, em sentido totalmente contrário, que a constituição do crédito tributário por meio de auto de infração seja desnecessária. A tese é de que o depósito constituiria uma antecipação de pagamento e configuraria lançamento por homologação, de modo que a conversão do depósito em renda constituiria uma hipótese de extinção do crédito tributário, nos termos do art. 156, inc. VI, do CTN (STJ - EREsp 464343/DF - 1.ª Seção - Rel. Min. José Delgado - 10/10/2007).

ATENÇÃO:

"O depósito judicial, sendo uma faculdade do contribuinte a ser exercida ou não, dependendo de sua vontade, não tem característica de empréstimo compulsório, nem índole confiscatória (CF, art. 150, IV), pois o mesmo valor corrigido monetariamente lhe será restituído se vencedor na ação, rendendo juros com taxa de melhor aproveitamento do que à época anterior à vigência da norma." (ADI 2.214-MC, Rel. Min. Maurício Corrêa, julgamento em 6-2-2002, Plenário, DJ de 19-4-2002.) No mesmo sentido: ADI 1.933, Rel. Min. Eros Grau, julgamento em 14-4-2010, Plenário, DJE de3-9-2010.

3. AS RECLAMAÇÕES E OS RECURSOS ADMINISTRATIVOS

Por ter natureza de acusação fiscal (natureza administrativa), o lançamento tributário de ofício dá direito ao exercício da ampla defesa e do contraditório via devido processo legal (CF, art. 5°, LIV), mediante reclamações e recursos administrativos, no âmbito do que se convencionou chamar de processo administrativo fiscal (PAF) ou tributário (PAT).

Caso um contribuinte sofra contra si um lançamento de ofício, inclusive por meio de auto de infração, poderá apresentar uma **defesa e recursos** para instâncias administrativas superiores **no âmbito do PAF (PAT)**. O efeito do ato será a suspensão da exigibilidade do crédito tributário constituído, consoante o artigo 151, III do CTN e conforme consagrado na jurisprudência do Superior Tribunal de Justiça:

> "É vedado o ajuizamento de execução fiscal antes do julgamento definitivo do recurso administrativo. O recurso administrativo suspende a exigibilidade do crédito tributário, conforme previsto no art. 151, III, do CTN. Dessa forma, enquanto pendente o julgamento definitivo do recurso na esfera administrativa, inviável o ajuizamento de execução fiscal para a cobrança de crédito cuja exigibilidade está suspensa" (STJ, Resp 1.259.763-PR, DJe 26/9/2011; EREsp 850.332-SP, Dje 12/8/2008, e AgRg no AREsp 55.060-PR, DJe 23/5/2012. AgRg no AREsp 170.309-RJ, Rel. Min. Benedito Gonçalves, julgado em 4/10/2012).

A suspensão da exigibilidade do crédito tributário remanescerá até a apreciação final dos meios administrativos de defesa e recursos.

4. A CONCESSÃO DE MEDIDAS LIMINARES

Tradicionalmente, sempre constituiu causa de suspensão da exigibilidade do crédito tributário a **concessão de medida liminar em mandado de segurança (CTN, art. 151, IV)**.

O mandado de segurança é uma ação judicial que visa proteger direitos líquidos e certos ameaçados ou violados, por ato de autoridade pública praticado com ilegalidade ou abuso de poder, garantida pelo artigo 5º, inciso LXIX, da CF. Seu rito está previsto na Lei 12.016/2009, cujo artigo 7º, inciso III, estipula que quando houver fundamento relevante e do ato impugnado puder resultar a ineficácia da medida caso seja só deferida na sentença (ao final do rito), o juiz poderá deferir a liminar ao despachar a petição inicial, como medida acautelatória de suspensão do ato que deu origem ao pedido.

Ocorre que, além do mandado de segurança, várias são as ações de que se pode valer um contribuinte para questionar uma determinada exigência tributária, como, por exemplo, a ação anulatória de débito fiscal e a ação declaratória de inexistência de relação jurídico-tributária. Também no âmbito dessas ações, há possibilidade de se obter tutelas urgentes e provisórias, de modo que, além da liminar em mandado de segurança, as demais medidas liminares ou tutelas antecipadas deveriam ter o condão de suspender a exigibilidade do crédito tributário.

Foi por essa razão e com o objetivo de aprimorar a redação original das causas suspensivas de exigibilidade, que o legislador, por meio da Lei Complementar 104/2001, acrescentou **a concessão de medida liminar ou de tutela antecipada em outras espécies de ação judicial (CTN, art. 151, V)**.

Importante ressaltar que a concessão de liminares submete-se a pressupostos estabelecidos na legislação processual civil, com destaque para o *fumus boni iuris* e o *periculum in mora*, tratados no artigo 300 do Código de Processo Civil - CPC/2015 (Lei 13.105/2015) como "probabilidade do direito" (*fumus boni iuris*) e "perigo de dano" (*periculum in mora*).

Dessa forma, o depósito do montante integral do tributo constitui hipótese autônoma de suspensão de exigibilidade do crédito tributário, não podendo ser considerada como pressuposto processual ou condição de ações judiciais de iniciativa do contribuinte, nem como requisito para concessão de liminares. Nesse sentido, tem-se a **Súmula Vinculante nº 28** ("é inconstitucional a exigência de depósito prévio como requisito de admissibilidade de ação judicial na qual se pretenda discutir a exigibilidade do crédito tributário") e a **Súmula Vinculante nº 21** ("É inconstitucional a exigência de depósito ou arrolamento prévios de dinheiro ou bens para admissibilidade de recurso administrativo"). E na mesma direção, a **Súmula nº 373 do STJ:** "É ilegítima a exigência de depósito prévio para admissibilidade de recurso administrativo".

Aliás, essa hipótese de suspensão da exigibilidade do crédito tributário afigura-se totalmente compatível com o novo Código de Processo Civil - CPC. Isso porque, ao abarcar como hipótese suspensiva de exigibilidade a concessão de medida liminar ou de tutela antecipada em outras espécies de ação judicial (CTN, art. 151, V), o texto do inciso V do artigo 151 do CTN guarda coerência não apenas com as tradicionais liminares cautelares e de tutela antecipada (já previstas no CPC de 1973), mas também com a nova espécie de liminar prevista no CPC/2015, a tutela de evidência, que será decidida liminarmente quando:

- as alegações de fato puderem ser comprovadas apenas documentalmente e houver tese firmada em julgamento de casos repetitivos ou em súmula vinculante (CPC, art. 311, inciso II c/c parágrafo único);
- se tratar de pedido reipersecutório fundado em prova documental adequada do contrato de depósito, caso em que será decretada a ordem de entrega do objeto custodiado, sob cominação de multa (CPC, art. 311, inciso III c/c parágrafo único).

5. O PARCELAMENTO

A Lei Complementar 104/2001 também foi o veículo de inclusão do **parcelamento** como causa de suspensão da exigibilidade do crédito tributário (**CTN, arts. 151, VI e 155-A**).

O **parcelamento** nada mais é do que uma **espécie de moratória**, vez consistir na postergação do cumprimento da obrigação tributária, que se pactua cumprir de forma fracionada, em parcelas. Tanto que, nos termos do artigo 155-A, § 2º, do CTN, **aplicam-se, subsidiariamente, ao parcelamento as disposições** do Código **relativas à moratória.**

Tratando-se de uma espécie de moratória, é possível defender que a inclusão do parcelamento entre as hipóteses legais de suspensão da exigibilidade do crédito tributário seria até desnecessária, revelando-se mais como uma medida de política legislativa, que tem por objetivo afastar quaisquer dúvidas quanto aos seus efeitos sobre o crédito tributário.

ATENÇÃO:

O parcelamento do débito é causa de suspensão da exigibilidade do crédito tributário e, por via de consequência, da execução fiscal. Inteligência do artigo 151, inciso VI, do CTN. O STJ entende que a adesão do devedor ao REFIS apenas suspende a execução durante o prazo concedido pelo credor. Logo, é indevida a extinção da execução (TRF da 4ª Região - AC 3251 - SC - Relª. Des ª. Vânia Hack de Almeida - 3ª Turma - julg. 03/10/2007).

Uma vez interrompido o prazo prescricional em razão da confissão do débito e pedido de seu parcelamento, por força da suspensão da exigibilidade do crédito tributário, o prazo recomeça a fluir a partir da data do inadimplemento do parcelamento (STJ - Precedentes: AgRg nos EDcl no REsp 964.745/SC, Rel. Ministro Humberto Martins, Segunda Turma, DJe 15/12/2008; REsp 762.935/MG, Rel. Ministro Teori Albino Zavascki, Primeira Turma, DJe 17.12.2008; e AgRg no Ag 976.652/RS, Rel. Ministro Benedito Gonçalves, Primeira Turma, DJe 14/9/2009).

Também a exemplo da moratória, o parcelamento será concedido **na forma e condições estabelecidas em lei específica** (CTN, art. 155-A, *caput*), ou seja, a lei nacional, no caso o CTN, traça apenas a norma geral de exigência de lei, cabendo à lei específica municipal, estadual ou federal conceder parcelamentos, estabelecendo suas formas e condições, tais como, procedimento para pedido, quantidade de parcela, requisitos para fazer jus à concessão etc.

Salvo disposição de lei em contrário, o parcelamento do crédito tributário **não** exclui a incidência de juros e multas (CTN, art. 155-A, § 1º). Significa que, no silêncio da lei do ente federativo competente, os juros e multas fluirão durante o parcelamento, devendo ser considerados no cálculo de cada uma das parcelas. Logo, também, para que a autoridade administrativa não faça a exigência de juros e multas sobre o parcelamento, a exclusão desses acréscimos deve estar expressamente prevista na lei municipal, estadual ou federal que autorize aquele parcelamento.

Segundo norma acrescida ao CTN pela Lei complementar 118/2005, lei específica disporá sobre as condições de parcelamento dos créditos tributários do devedor em recuperação judicial (CTN, art. 155-A, § 3º). Porém, não existindo essa lei específica, serão aplicadas as leis gerais de parcelamento do ente da Federação ao devedor em recuperação judicial, não podendo, neste caso, ser o prazo de parcelamento inferior ao concedido pela lei federal específica (CTN, art. 155-A, § 4º). Veja:

Parcelamento de devedor em recuperação judicial	Em caso de ausência de lei específica
lei específica disporá sobre as condições de parcelamento dos créditos tributários do devedor em recuperação judicial	serão aplicadas as leis gerais de parcelamento do ente da Federação ao devedor em recuperação judicial
	o prazo de parcelamento **não** poderá ser inferior ao concedido pela lei federal específica

6. O CRÉDITO TRIBUTÁRIO COM EXIGIBILIDADE SUSPENSA

Antes de se falar nos efeitos sobre o crédito tributário, é conveniente lembrar que a **suspensão da exigibilidade não dispensa o cumprimento das obrigações acessórias** dependentes da obrigação principal cujo crédito seja suspenso (CTN, art. 151, parágrafo único).

É importante frisar também que eventual causa suspensiva de exigibilidade precedente ao lançamento não irá operar nenhum efeito sobre a decadência. Assim, mesmo que o sujeito passivo obtenha liminar judicial em ação declaratória de inexigibilidade do crédito tributário ou mandado de segurança preventivo, o fisco terá o dever de constituir o crédito tributário pelo lançamento, sob pena de decadência. Portanto, a suspensão da exigibilidade impede apenas a cobrança do crédito tributário, correndo normalmente contra o Fisco o prazo de decadência do direito de proceder ao lançamento do tributo.

É nessa linha que o STJ vem decidindo que a suspensão da exigibilidade do crédito tributário na via judicial impede o Fisco de praticar qualquer ato contra o contribuinte visando à cobrança de seu crédito, tais como inscrição em dívida, execução e penhora, **mas não**

impossibilita a Fazenda de proceder à regular constituição do crédito tributário para prevenir a decadência do direito de lançar (STJ, REsp 260.040). E, não por outras razões, a concessão da liminar em mandado de segurança tem o condão de suspender a exigibilidade do crédito tributário e não obsta o direito da Fazenda Pública constitui-lo por intermédio da lavratura de auto de infração e imposição de multa (que é um lançamento de ofício).

Sorte diversa terá a prescrição. **Suspensa a exigibilidade** do crédito tributário definitivamente constituído, **o prazo prescricional também deixará de fluir** (STJ - RESP 267437-MG, 2ª T., Relª. Minª. Eliana Calmon - DJU 17.06.2002).

Por fim, no que diz respeito à incidência de juros e de multa de mora, os **efeitos da suspensão da exigibilidade** do crédito tributário dependerá da causa suspensiva. Veja-se:

- **Parcelamento:** salvo disposição de lei em contrário, o parcelamento do crédito tributário não exclui a incidência de juros e multas (CTN, art. 155-A, § 1º);
- **Liminares:** dependerá da sentença ou acórdão transitado em julgado; em caso de procedência da ação e manutenção da liminar, o crédito tributário será extinto (CTN, art. 156, X); mas se a liminar for revogada e a ação julgada improcedente, o crédito tributário poderá ser exigido acrescido de todos os consectários da mora, até porque, nos termos da Sumula 405 STF: "Denegado o mandado de seguranca pela sentenca, ou no julgamento do agravo, dela interposto, fica sem efeito a liminar concedida, retroagindo os efeitos da decisao contraria".
- **Depósito do montante integral:** afasta a incidência de juros moratórios e de correção monetária a partir da sua efetivação (STJ - RESP 853552/PR - 1ª Turma - Rel. Min. Luiz Fux - DJ 24/09/2007).

7. INFORMATIVOS DE JURISPRUDÊNCIA (2017 E 2018)

Parcelamento. Limite financeiro máximo. Ausência de previsão na Lei n. 10.522/2002. Regulamentação por meio da portaria conjunta PGFN/RFB n. 15/2009. Ilegalidade.

As condições para a concessão de parcelamento tributário devem estrita observância ao princípio da legalidade e não há autorização para que atos infralegais tratem de condições não previstas na lei de regência do benefício. REsp 1.739.641-RS, Rel. Min. Gurgel de Faria, por unanimidade, julgado em 21/06/2018, DJe 29/06/2018. (Informativo n. 629.)

Parcelamento tributário. Art. 1º, § 2º, da Lei n. 11.941/2009. Inclusão de percentual de débito isolado. Impossibilidade. Respeito ao período de apuração ou competência do tributo.

O contribuinte pode optar pelo parcelamento de débitos considerados isoladamente, nos termos do art. 1º, § 2º, da Lei n. 11.941/2009, ainda que relativos a uma mesma Certidão da Dívida Ativa, não sendo possível o parcelamento de uma fração de competência ou período de apuração. REsp 1.382.317-PR, Rel. Min. Benedito Gonçalves, por maioria, julgado em 21/11/2017, DJe 14/12/2017 (Informativo n. 617.)

Suspensão da Exigibilidade do crédito. Liminar em mandado de segurança. Denegação da ordem. Retomada do prazo prescricional. Desnecessidade de aguardar o trânsito em julgado.

A revogação de liminar que suspendeu a exigibilidade do crédito tributário ocasiona a retomada do lapso prescricional para o Fisco, desde que inexistente qualquer outra medida constante do art. 151 do CTN ou recurso especial / extraordinário dotado de efeito suspensivo. EAREsp 407.940-RS, Rel. Min. Og Fernandes, por maioria, julgado em 10/5/2017, DJe 29/5/2017. (Informativo n. 605)

8. SÚMULAS

Súmula vinculante 21: "É inconstitucional a exigência de depósito ou arrolamento prévios de dinheiro ou bens para admissibilidade de recursos administrativos".

Súmula 626 STF: "A suspensão da liminar em mandado de segurança, salvo determinação em contrário da decisão que a deferir, vigorará até o trânsito em julgado da decisão definitiva de concessão da segurança ou, havendo recurso, até a sua manutenção pelo Supremo Tribunal Federal, desde que o objeto da liminar deferida coincida, total ou parcialmente, com o da impetração".

Súmula 112 STJ: "O depósito somente suspende a exigibilidade do crédito tributário se for integral e em dinheiro".

Súmula 355 STJ: "É válida a notificação do ato de exclusão do programa de recuperação fiscal do Refis pelo Diário Oficial ou pela Internet".

Súmula 373 STJ: "É ilegítima a exigência de depósito prévio para admissibilidade de recurso administrativo".

Súmula 437 STJ: "A suspensão da exigibilidade do crédito tributário superior a quinhentos mil reais para opção pelo Refis pressupõe a homologação expressa do comitê gestor e a constituição de garantia por meio do arrolamento de bens".

Súmula 5 CARF: "São devidos juros de mora sobre o crédito tributário não integralmente pago no vencimento, ainda que suspensa sua exigibilidade, salvo quando existir depósito no montante integral".

Súmula 48 CARF: "A suspensão da exigibilidade do crédito tributário por força de medida judicial não impede a lavratura de auto de infração".

Súmula 50 CARF: "É cabível a exigência de multa de ofício se a decisão judicial que suspendia a exigibilidade do crédito tributário perdeu os efeitos antes da lavratura do auto de infração".

Súmula 58 CARF (Revisada): "No regime do Lucro Real, as variações monetárias ativas decorrentes de depósitos judiciais com a finalidade de suspender a exigibilidade do crédito tributário devem compor o resultado do exercício, segundo o regime de competência, salvo se demonstrado que as variações monetárias passivas incidentes sobre o tributo objeto dos depósitos não foram computadas na apuração desse resultado".

9. LEGISLAÇÃO RELACIONADA AO CAPÍTULO

» CONSTITUIÇÃO FEDERAL

Art. 5º: ...

LIV - ninguém será privado da liberdade ou de seus bens sem o devido processo legal;

LV - aos litigantes, em processo judicial ou administrativo, e aos acusados em geral são assegurados o contraditório e ampla defesa, com os meios e recursos a ela inerentes;

LXIX - conceder-se-á mandado de segurança para proteger direito líquido e certo, não amparado por *habeas corpus* ou *habeas data*, quando o responsável pela ilegalidade ou abuso de poder for autoridade pública ou agente de pessoa jurídica no exercício de atribuições do Poder Público;

» CÓDIGO TRIBUTÁRIO NACIONAL

Art. 151. Suspendem a exigibilidade do crédito tributário:

I - moratória;

II - o depósito do seu montante integral;

III - as reclamações e os recursos, nos termos das leis reguladoras do processo tributário administrativo;

IV - a concessão de medida liminar em mandado de segurança.

V - a concessão de medida liminar ou de tutela antecipada, em outras espécies de ação judicial;

VI - o parcelamento.

Parágrafo único. O disposto neste artigo não dispensa o cumprimento das obrigações assessórios dependentes da obrigação principal cujo crédito seja suspenso, ou dela conseqüentes.

Art. 152. A moratória somente pode ser concedida:

I - em caráter geral:

a) pela pessoa jurídica de direito público competente para instituir o tributo a que se refira;

b) pela União, quanto a tributos de competência dos Estados, do Distrito Federal ou dos Municípios, quando simultaneamente concedida quanto aos tributos de competência federal e às obrigações de direito privado;

II - em caráter individual, por despacho da autoridade administrativa, desde que autorizada por lei nas condições do inciso anterior.

Parágrafo único. A lei concessiva de moratória pode circunscrever expressamente a sua aplicabilidade à determinada região do território da pessoa jurídica de direito público que a expedir, ou a determinada classe ou categoria de sujeitos passivos.

Art. 153. A lei que conceda moratória em caráter geral ou autorize sua concessão em caráter individual especificará, sem prejuízo de outros requisitos:

I - o prazo de duração do favor;

II - as condições da concessão do favor em caráter individual;

III - sendo caso:

a) os tributos a que se aplica;

b) o número de prestações e seus vencimentos, dentro do prazo a que se refere o inciso I, podendo atribuir a fixação de uns e de outros à autoridade administrativa, para cada caso de concessão em caráter individual;

c) as garantias que devem ser fornecidas pelo beneficiado no caso de concessão em caráter individual.

Art. 154. Salvo disposição de lei em contrário, a moratória somente abrange os créditos definitivamente constituídos à data da lei ou do despacho que a conceder, ou cujo lançamento já tenha sido iniciado àquela data por ato regularmente notificado ao sujeito passivo.

Parágrafo único. A moratória não aproveita aos casos de dolo, fraude ou simulação do sujeito passivo ou do terceiro em benefício daquele.

Art. 155. A concessão da moratória em caráter individual não gera direito adquirido e será revogado de ofício, sempre que se apure que o beneficiado não satisfazia ou deixou de satisfazer as condições ou não cumprira ou deixou de cumprir os requisitos para a concessão do favor, cobrando-se o crédito acrescido de juros de mora:

I - com imposição da penalidade cabível, nos casos de dolo ou simulação do beneficiado, ou de terceiro em benefício daquele;

II - sem imposição de penalidade, nos demais casos.

Parágrafo único. No caso do inciso I deste artigo, o tempo decorrido entre a concessão da moratória e sua revogação não se computa para efeito da prescrição do direito à cobrança do crédito; no caso do inciso II deste artigo, a revogação só pode ocorrer antes de prescrito o referido direito.

Art. 155-A. O parcelamento será concedido na forma e condição estabelecidas em lei específica.

§ 1º Salvo disposição de lei em contrário, o parcelamento do crédito tributário não exclui a incidência de juros e multas.

§ 2º Aplicam-se, subsidiariamente, ao parcelamento as disposições desta Lei, relativas à moratória.

§ 3º Lei específica disporá sobre as condições de parcelamento dos créditos tributários do devedor em recuperação judicial.

§ 4º A inexistência da lei específica a que se refere o § 3º deste artigo importa na aplicação das leis gerais de parcelamento do ente da Federação ao devedor em recuperação judicial, não podendo, neste caso, ser o prazo de parcelamento inferior ao concedido pela lei federal específica.

» LEI 6.830, DE 22 SETEMBRO DE 1980

Lei de Execução Fiscal - LEF

Art. 1º - A execução judicial para cobrança da Dívida Ativa da União, dos Estados, do Distrito Federal, dos Municípios e respectivas autarquias será regida por esta Lei e, subsidiariamente, pelo Código de Processo Civil.

» LEI 12.016, DE 7 DE AGOSTO DE 2009

Disciplina o mandado de segurança individual e coletivo e dá outras providências.

Art. 7º Ao despachar a inicial, o juiz ordenará:

I - que se notifique o coator do conteúdo da petição inicial, enviando-lhe a segunda via apresentada com as cópias dos documentos, a fim de que, no prazo de 10 (dez) dias, preste as informações;

II - que se dê ciência do feito ao órgão de representação judicial da pessoa jurídica interessada, enviando-lhe cópia da inicial sem documentos, para que, querendo, ingresse no feito;

III - que se suspenda o ato que deu motivo ao pedido, quando houver fundamento relevante e do ato impugnado puder resultar a ineficácia da medida, caso seja finalmente deferida, sendo facultado exigir do impetrante caução, fiança ou depósito, com o objetivo de assegurar o ressarcimento à pessoa jurídica.

10. QUESTÕES FUNDAMENTADAS

1. **(Procurador do Município – Prefeitura Manaus-AM/2006 – FCC)** A concessão de medida liminar, em mandado de segurança impetrado pelo contribuinte, suspende a exigibilidade do crédito tributário

a) e impede a instauração de procedimento constitutivo do crédito tributário até decisão de primeira instância.

b) e impede a instauração de procedimento constitutivo do crédito tributário até o trânsito em julgado da decisão judicial.

c) e somente admite a lavratura de auto de infração para prevenir a decadência.

d) sem obstar o andamento regular do procedimento de ofício até o desfecho da segurança.

e) e impede a cominação de multa por infração.

2. **(Procurador do Município – Prefeitura Teresina-PI/2010 – FCC)** A moratória

a) é causa de exclusão do crédito tributário.

b) é admitida apenas em caráter geral, em virtude do princípio da igualdade tributária.

c) deve ser concedida por lei do ente político competente para a instituição de tributo, significando dilação do prazo para pagamento do crédito.

d) não comporta imposição de penalidade em caso de revogação por dolo ou simulação do beneficiado, por apenas excluir o crédito tributário, que depois volta a ser exigível.

e) pode ser concedida pela União, quanto a tributos de competência dos Estados, do Distrito Federal ou dos Municípios dentro de plano de incentivo socioeconômico de determinada região, não havendo necessidade de concessão simultânea de isenção federal.

3. **(Vunesp – Juiz de Direito Substituto – RJ/2011)** A legislação tributária que disponha sobre suspensão ou exclusão do crédito tributário é de ser interpretada, nos exatos termos do que dispõe o Código Tributário Nacional,

a) teleologicamente.

b) exemplificativamente.

c) literalmente.

d) extensivamente.

4. **(IESES – Cartório – Provimento – TJ – AM/2018)** Sobre o crédito tributário, assinale a alternativa INCORRETA com relação ao previsto no Código Tributário Nacional:

a) A suspensão do crédito tributário dispensa o cumprimento das obrigações assessórias dependentes da obrigação principal cujo crédito seja suspenso.

b) A anistia é modalidade de exclusão do crédito tributário.

c) São modalidades de extinção do crédito tributário o pagamento, a decadência, a conversão do depósito em renda e a compensação.

d) A moratória é modalidade de suspensão da exigibilidade do crédito tributário.

5. **(MPE-PB – Promotor de Justiça – PB/2011)** Considerando a situação de suspensão da exigibilidade da obrigação tributária, julgue as seguintes assertivas:

I. A suspensão da exigibilidade do crédito tributário atinge apenas a obrigação principal, não estando o devedor desobrigado da obrigação acessória, salvo se a norma expressamente a esta se referir.

II. A lei que concede a moratória não poderá restringir sua área de abrangência, quer geograficamente, quer por condição pessoal dos sujeitos a serem atingidos.

III. O ato de depósito do montante integral do crédito tributário, por não constituir modalidade de pagamento da dívida, não implica em extinção da obrigação.

a) Apenas I e III estão corretas.

b) Apenas II está correta.

c) Apenas I está errada.

d) Apenas II e III estão erradas.

6. **(MPE-RJ – Promotor de Justiça – RJ/2011)** A suspensão da exigibilidade do crédito tributário é obtida:

a) por meio do deferimento de medida liminar em mandado de segurança ou tutela antecipada em ação ordinária e possibilita a emissão de certidão positiva de débitos tributários;

b) em razão da compensação homologada de débitos tributários e possibilita a emissão de certidão positiva com efeitos de negativa de débitos tributários;

c) em razão da adesão do contribuinte ao parcelamento dos débitos tributários e possibilita a emissão de certidão negativa de débitos tributários;

d) em razão da interposição de impugnação ou recurso administrativo e possibilita a emissão de certidão positiva com efeitos de negativa de débitos tributários;

e) em razão da declaração retificadora de tributos e possibilita a emissão da certidão positiva de débitos tributários.

7. (CESPE – Procurador do Estado – CE/2008) Assinale a opção correta acerca do instituto tributário denominado parcelamento.

a) O parcelamento é causa de extinção do crédito tributário.

b) O parcelamento é causa de suspensão da obrigação tributária.

c) Ao parcelamento aplicam-se, subsidiariamente, as normas relativas à anistia.

d) O parcelamento do crédito tributário será concedido na forma e na condição estabelecidas em lei específica.

e) O parcelamento suspende o crédito tributário, mas não pode ser concedido por lei específica do estado da Federação.

8. (CESPE – Procurador do Estado – PB/2008) A suspensão do crédito tributário não ocorre em casos de

a) consignação em pagamento.

b) reclamações e recursos interpostos nos processos tributários administrativos.

c) depósito do montante integral.

d) concessão de medida liminar em mandado de segurança.

e) parcelamento.

9. (CESPE – Procurador do Estado – PI/2008) Considerando que o órgão fazendário competente tenha deferido pedido de contribuinte devedor de determinado tributo já vencido para realizar o pagamento de dívida, principal e juros, mensalmente, assinale a opção correta.

a) Nesse caso, houve moratória, uma vez que o pagamento será feito em prestações.

b) O instituto tributário aplicado ao caso é o da anistia, já que não será cobrada penalidade.

c) O procedimento administrativo deferido pelo órgão fazendário causa a extinção do crédito tributário.

d) O instituto tributário aplicado, nesse caso, denomina-se parcelamento e é causa de suspensão do crédito tributário.

e) O crédito tributário poderá ser cobrado judicialmente, por meio de execução fiscal, uma vez que o contribuinte declarou ser devedor do referido tributo.

10. (FCC – Procurador do Estado – AM/2010) Contribuinte "ABC" ingressa com medida judicial na qual obtém medida liminar para suspender a exigibilidade do crédito tributário. No decurso do processo, a medida liminar vem a ser cassada pelo referido Juízo. Nesse contexto:

a) a suspensão da exigibilidade do crédito tributário será mantida até o julgamento final do processo em 1ª instância.

b) a suspensão da exigibilidade do crédito tributário será mantida até o julgamento do agravo de instrumento, independentemente dos efeitos de seu recebimento.

c) a liminar não pode suspender a exigibilidade do crédito tributário, mas apenas a tutela antecipada.

d) os efeitos da sentença somente serão aplicáveis após 90 dias de sua publicação, com base no princípio constitucional da anterioridade mitigada.

e) a suspensão da exigibilidade do crédito tributário não mais será aplicável, exceto se o contribuinte promover o depósito judicial do montante integral.

11. (FCC – Procurador do Estado – RO/2011) Empresa NEW CO ingressou com Mandado de Segurança preventivo, versando sobre ICMS, com o objetivo de assegurar a não incidência do referido tributo em suas operações. Na petição inicial requereu a concessão de medida liminar com o objetivo de suspender a exigibilidade do crédito tributário, a qual foi deferida. Com isso, a empresa não vem promovendo nenhum recolhimento ou depósito judicial. Diante desse cenário, a fiscalização fazendária estadual

a) estará impedida de lavrar auto de infração para constituir o crédito tributário em razão da medida liminar deferida.

b) não estará impedida de lavrar auto de infração, que terá apenas o condão de promover o lançamento do tributo questionado judicialmente.

c) estará impedida de lavrar auto de infração, uma vez que o processo não transitou em julgado.

d) não estará impedida de lavrar o auto, podendo, inclusive, promover a execução total do crédito tributário, até a sua efetiva satisfação.

e) poderá apenas notificar a empresa, requerendo que declare os valores discutidos em juízo.

12. **(CESPE – Defensor Público – TO/2013)** Acerca da suspensão do crédito tributário, assinale a opção correta.

a) A moratória geral concedida pela União nunca alcançará os tributos de competência dos estados, do DF nem dos municípios, pois sempre se limita aos tributos de competência federal.

b) A suspensão da exigibilidade do crédito tributário também suspende as demais obrigações vinculadas ao tributo, dispensando-se o cumprimento das obrigações acessórias dependentes da obrigação principal dela consequentes.

c) De acordo com entendimento do STJ, o seguro garantia judicial, assim como a fiança bancária, não é equiparável ao depósito em dinheiro para fins de suspensão da exigibilidade do crédito tributário.

d) A conversão do depósito em renda é modalidade de suspensão do crédito tributário.

e) A moratória individual não se inclui no âmbito da reserva legal, pois, tendo natureza de ato administrativo que independe de lei, é concedida por portaria da autoridade fiscal competente.

13. **(FADURPE – Advogado/Pref. Igarassu – 2012)** São causas de suspensão da exigibilidade do crédito tributário:

a) depósito do seu montante integral.

b) prescrição e decadência.

c) remissão.

d) conversão de depósito do montante integral em renda.

e) exclusão do crédito tributário.

14. **(Fundação Dom Cintra – Advogado/Pref. Munic. Itaboraí – 2012)** Figura como causa que suspende a exigibilidade do crédito tributário a:

a) remissão

b) moratória

c) transação

d) decadência

e) compensação

15. **(Cesgranrio/CEF/Advogado/2012)** É hipótese de suspensão do crédito tributário a(o)

a) remissão.

b) transação.

c) compensação.

d) pagamento.

e) parcelamento.

16. **(CESPE – Analista Judiciário – Área Judiciária – STJ/2012)** Julgue os itens a seguir, acerca da competência tributária, dos impostos, da obrigação e dos créditos tributários.

- A moratória é hipótese de suspensão da exigibilidade do crédito tributário que não se aplica a casos de dolo, fraude ou simulação praticada por sujeito passivo ou por terceiro em benefício daquele.

17. **(CESPE – Procurador Federal/2013)** De acordo com as normas relativas a parcelamento, cautelar fiscal e repetição de tributos, julgue os itens que se seguem.

- Um município, ao estabelecer, por lei, um parcelamento tributário, poderá, facultativamente, excluir a incidência de juros e de multa no cálculo do débito do contribuinte.

18. **(CESPE – TJDF Juiz de Direito/2015)** Determinado programa de parcelamento de débitos tributários, que possibilita aos contribuintes parcelarem suas dívidas em até cento e vinte meses, foi instituído por lei pelo DF. A empresa Z, que praticou sonegação com emissão de notas fiscais fraudadas, realizou denúncia espontânea e requereu ingresso em tal programa, com o parcelamento da dívida confessada.

A respeito dessa situação hipotética, assinale a opção correta.

a) No caso de dolo, fraude ou simulação por parte do contribuinte, não é possível a concessão de parcelamento, razão por que o requerimento da empresa Z deve ser indeferido.

b) Nessa situação, o parcelamento poderá ser concedido, sendo, no entanto, modalidade de suspensão do crédito tributário, de modo que somente após seu integral cumprimento é que estará excluída a responsabilidade da empresa Z.

c) A comunicação espontânea da empresa à autoridade tributária é suficiente para que seja excluída a sua reponsabilidade pela infração.

d) O parcelamento é modalidade de extinção do crédito tributário, de modo que sua concessão equivale ao pagamento do tributo, o que, aliado à denúncia espontânea, exclui a responsabilidade da empresa Z.

e) Para ser válida, a denúncia espontânea deve ser acompanhada do pagamento do tributo, sendo suficiente para que ela produza efeitos que a empresa Z quite o principal, excluídos os juros e as penalidades.

19. (CESPE – Juiz Federal Substituto 2ª região/ 2013) Suspenderá a exigibilidade do crédito tributário

a) a impetração de ação anulatória de débito fiscal.

b) a impetração de mandado de segurança preventivo.

c) o ajuizamento de ação de consignação em pagamento.

d) o parcelamento.

e) o depósito do valor que o sujeito passivo considera devido, mesmo que seja inferior ao montante integral do crédito.

20. (FMP – Juiz de Direito –MT/2014) O Código Tributário Nacional disciplina a suspensão da exigibilidade do crédito tributário, bem como o direito a certidões de situação fiscal. É correto afirmar que:

a) o depósito, integral e em dinheiro, é causa suspensiva da exigibilidade do crédito tributário, podendo ser exigido como condição para a admissão de impugnações e recursos no processo administrativo fiscal, bem como para a admissão de ação anulatória, de modo a que sejam evitadas manobras processuais meramente procrastinatórias reveladoras do abuso do devido processo legal.

b) só a liminar em mandado de segurança suspende a exigibilidade do crédito tributário, pois pressupõe relevante fundamento de direito e não apenas verossimilhança, não podendo o contribuinte pretender obter efeito suspensivo por simples liminar em ação cautelar ou mesmo de antecipação de tutela em ação ordinária.

c) embora o depósito suspensivo da exigibilidade do crédito tributário só tenha esse efeito quando integral e em dinheiro, a jurisprudência reconhece ao contribuinte o direito à certidão positiva de débitos com efeitos de negativa quando, por ação cautelar de caução, oferece bem idôneo em garantia de futura execução fiscal, caso em que a caução faz as vezes da penhora para tal fim.

d) a suspensão da exigibilidade do crédito tributário é a única hipótese autorizadora da expedição de certidão positiva de débitos com efeitos de negativa.

e) havendo créditos tributários não vencidos, com exigibilidade suspensa ou garantidos por penhora, tem o contribuinte direito à certidão negativa de débitos.

GABARITO

Questão	Resposta	Fundamentação
1	D	STJ, EREsp 572.603/PR
2	C	CTN, art. 152, I, b
3	C	CTN, art. 111, I
4	A	CTN, art. 151, parágrafo único
5	A	CTN, art. 151, parágrafo único e 156, VI
6	D	CTN, art. 151, III e 206 (*in fine*)
7	D	CTN, art. 155-A
8	A	CTN, art. 151
9	D	CTN, arts. 151, VI e 155-A
10	E	CTN, art. 151, II
11	B	STJ, EREsp 572.603/PR
12	C	STJ, REsp 1156668
13	A	CTN, art. 151, II
14	B	CTN, art. 151, I
15	E	CTN, art. 151, VI
16	Certo	CTN, art. 154, parágrafo único
17	Certo	CTN, art. 155-A, § 1º
18	A	CTN, arts. 155-A, § 2º e 154, parágrafo único
19	D	CTN, art. 151, VI
20	C	STJ, AgRg no REsp 734.777/SC

11. MEU RESUMO PARA MEMORIZAÇÃO

» *Futuro(a) Juiz(a), Membro do Ministério Público, Procurador(a), Auditor(a) Fiscal, ou Servidor(a) de Outras Carreiras Públicas, agora é hora de se concentrar.*

» *Sem nenhuma consulta ao capítulo, por favor, faça um breve resumo abaixo. Neste momento, é importante que elabore esquemas e gráficos, para condensar e memorizar a matéria já estudada e, ainda, utilizar esses resumos para revisar os pontos uma semana antes da prova. Use o espaço cuidadosamente, deixando-o como o seu "caderninho de anotações pessoais".*

11.1. Quais os pontos que eu aprendi ao longo do capítulo que considero mais importantes?

HIPÓTESES DE SUSPENSÃO DA EXIGIBILIDADE DO CRÉDITO TRIBUTÁRIO:

a) Moratória:

b) Depósito do montante integral:

c) Reclamações e recursos administrativos:

d) Medidas liminares (mandado de segurança e outras ações):

e) Parcelamento:

EFEITOS DA SUSPENSÃO DA EXIGIBILIDADE:

SUSPENSÃO DA EXIGIBILIDADE DO CRÉDITO TRIBUTÁRIO

segue vídeo abaixo:

https://youtu.be/9y3xVeOODFU

Capítulo XII

EXTINÇÃO DO CRÉDITO TRIBUTÁRIO

Da mesma forma que decorre da obrigação principal (CTN, art. 139), o crédito tributário desaparece juntamente com o vínculo obrigacional, diante de acontecimentos previstos como **hipóteses de extinção** no **artigo 156 do CTN**.

Art. 156 CTN, inciso	Hipóteses	Resumo
I	Pagamento	Adimplemento voluntário pelo sujeito passivo com entrega de pecúnia, em geral via rede bancária
II	Compensação	Os polos da relação jurídica são, ao mesmo tempo, devedores e credores reciprocamente
III	Transação	Concessões mútuas (devedor e credor tributários) que importem em terminação de litígio
IV	Remissão	Perdão legal do crédito tributário existente
V	Prescrição	Perda pelo decurso de prazo, por parte do sujeito ativo, do direito de promover a execução fiscal face ao sujeito passivo
V	Decadência	Perda pelo decurso de prazo, por parte do sujeito ativo, do direito de constituir o crédito tributário
VI	Conversão de depósito em renda	Transformação do depósito feito pelo sujeito passivo em renda para sujeito ativo
VII	Pagamento antecipado e homologação de lançamento	Pagamento realizado pelo sujeito passivo a partir da apuração feita por ele próprio, sem participação do fisco num primeiro momento (por isso o pagamento é tido por antecipado), sendo que a homologação fiscal pode ser expressa ou tácita (decurso de prazo)
VIII	Consignação em pagamento	Diante de obstáculo ao pagamento criado pelo sujeito ativo (hipóteses do artigo 164 do CTN), o sujeito passivo ingressa com a ação para consignar o crédito tributário em pagamento (depositando-o)
IX	Decisão administrativa irreformável	Decisão administrativa favorável ao sujeito passivo sobre a qual não caiba mais recurso

Art. 156 CTN, inciso	Hipóteses	Resumo
X	Decisão judicial transitada em julgado	Decisão judicial favorável ao sujeito passivo sobre a qual não caiba mais recurso
XI	Dação em pagamento de bens imóveis	Espontâneo oferecimento de bens imóveis pelo devedor (ao invés de pecúnia), ao credor, como forma de extinguir a dívida

Por se tratar o crédito tributário de matéria reservada à competência da lei complementar para normas gerais (CF, art. 146, III, "b"), suas hipóteses de extinção também ficam restritas àquelas definidas em lei complementar. Não pode o legislador ordinário estabelecer hipóteses de extinção do crédito tributário distintas daquelas fixadas no artigo 156 do CTN. Eis o entendimento do STF no seguinte acórdão:

> "Norma do Estado de Santa Catarina que estabelece hipótese de extinção do crédito tributário por transcurso de prazo para apreciação de recurso administrativo fiscal. (...) A determinação do arquivamento de processo administrativo tributário por decurso de prazo, sem a possibilidade de revisão do lançamento equivale à extinção do crédito tributário cuja validade está em discussão no campo administrativo. Em matéria tributária, a extinção do crédito tributário ou do direito de constituir o crédito tributário por decurso de prazo, combinado a qualquer outro critério, corresponde à decadência. Nos termos do Código Tributário Nacional (Lei 5.172/1996), a decadência do direito do Fisco ao crédito tributário, contudo, está vinculada ao lançamento extemporâneo (constituição), e não, propriamente, ao decurso do prazo e à inércia da autoridade fiscal na revisão do lançamento originário. Extingue-se um crédito que resultou de lançamento indevido, por ter sido realizado fora do prazo, e que goza de presunção de validade até a aplicação dessa regra específica de decadência. O lançamento tributário não pode durar indefinidamente, sob risco de violação da segurança jurídica, mas a Constituição de 1988 reserva à lei complementar federal aptidão para dispor sobre decadência em matéria tributária. Viola o art. 146, III, *b,* da CF, norma que estabelece hipótese de decadência do crédito tributário não prevista em lei complementar federal." (ADI 124, Rel. Min. Joaquim Barbosa, julgamento em 1º-8-2008, Plenário, *DJE* de 17-4-2009.)

1. PAGAMENTO

O crédito tributário extingue-se, primeiramente, pela satisfação da prestação objeto da obrigação tributária, isto é, pelo **pagamento (CTN, art. 156, I)**.

A imposição de penalidade **não** ilide o pagamento integral do crédito tributário (CTN, art. 157), de modo que o auto de infração não apenas impõe multa, como também serve de instrumento para lançamento do tributo eventualmente sonegado.

ATENÇÃO:

O pagamento de um crédito não importa em presunção de pagamento: I – quando parcial, das prestações em que se decomponha; II – quando total, de outros créditos referentes ao mesmo ou a outros tributos (CTN, art. 158).

Quando a legislação tributária não fixar o tempo do pagamento (agenda tributária), o vencimento ocorre 30 (trinta) dias depois da data em que se considera o sujeito passivo notificado do lançamento (CTN, art. 160). A legislação tributária, nas condições que estabelecer, também pode conceder desconto pela antecipação do pagamento (CTN, art. 160, parágrafo único).

Seja qual for o motivo da falta de pagamento, atraso ou pagamento parcial, o crédito tributário não integralmente pago no vencimento é acrescido de juros de mora (CTN, art. 161), mas os juros de mora não fluem na pendência de consulta formulada pelo devedor ao fisco, dentro do prazo legal para pagamento do crédito (CNT, art. 161, § 2º).

Os juros de mora são calculados à taxa de 1% (um por cento) ao mês, salvo se a lei dispuser de modo diverso (CNT, art. 161, § 2º). É diante da ressalva que as legislações federais, estaduais e municipais estabelecem a SELIC como taxa de juros de mora. Entretanto, além da SELIC não possuir natureza tipicamente moratória, constitui índice que não é fixado em lei, mas por autoridades do Banco Central, o que faz vozes levantarem-se contra a sua fixação como juros de mora.

A polêmica era grande e, não obstante existam decisões do STJ reconhecendo a validade jurídica da cobrança de juros de mora pela SELIC mediante expressa previsão legal e à vista do artigo 161, § 2º do CTN (STJ – RESP 152537-PR, 2ª T. – Rel. Min. Francisco Peçanha Martins, DJU 02.02.2004 – p. 00294), o próprio STJ, em outros julgados, chegou a se postar contra a utilização da SELIC a título moratório tributário (STJ – RESP 291155-SP, 2ª T., Rel. Min. Franciulli Netto, DJU 27.09.2004, p. 00289). Atualmente, prevalece o entendimento firmado no Recurso Especial Repetitivo 879.844-MG no sentido de que a aplicação da taxa SELIC como índice de correção monetária e juros de mora só é legítima quando houver lei estadual prevendo a sua incidência. Portanto, deve-se entender que se consolidou a jurisprudência do STJ em torno da possibilidade de se estabelecer a SELIC como índice, desde que exista previsão legal do ente federativo tributante titular da exigência.

De qualquer forma, a incidência de juros dá-se sem prejuízo da imposição das penalidades cabíveis (multa de mora sempre e multa punitiva quando houver), bem como da aplicação de quaisquer medidas de garantia previstas na legislação (CTN, art. 161, *in fine*).

Normas sobre pagamento de pouca utilidade prática em tempos nos quais a arrecadação de tributos, com fundamento no artigo 7º, § 3º, do CTN, é conferida pelas Fazendas Públicas a instituições bancárias, os artigos 159, 162 e 163, do CTN dispõem sobre local, meios e imputação de pagamento, nos seguintes termos:

> ***Art. 159*** *– Quando a legislação tributária não dispuser a respeito, o pagamento é efetuado na repartição competente do domicílio do sujeito passivo.*
>
> ***Art. 162*** *– O pagamento é efetuado:*
>
> ***I*** *– em moeda corrente, cheque ou vale postal;*
>
> ***II*** *– nos casos previstos em lei, em estampilha, em papel selado, ou por processo mecânico.*
>
> ***§ 1º*** *– A legislação tributária pode determinar as garantias exigidas para o pagamento por cheque ou vale postal, desde que não o torne impossível ou mais oneroso que o pagamento em moeda corrente.*
>
> ***§ 2º*** *– O crédito pago por cheque somente se considera extinto com o resgate deste pelo sacado.*
>
> ***§ 3º*** *– O crédito pagável em estampilha considera-se extinto com a inutilização regular daquela, ressalvado o disposto no art. 150.*
>
> ***§ 4º*** *– A perda ou destruição da estampilha, ou o erro no pagamento por esta modalidade não dão direito à restituição, salvo nos casos expressamente previstos na legislação tributária, ou naqueles em que o erro seja imputável à autoridade administrativa.*
>
> ***§ 5º*** *– O pagamento em papel selado ou por processo mecânico equipara se ao pagamento em estampilha.*
>
> ***Art. 163*** *– Existindo simultaneamente dois ou mais débitos vencidos do mesmo sujeito passivo para com a mesma pessoa jurídica de direito público, relativos ao mesmo ou a diferentes tributos ou provenientes de penalidade pecuniária ou juros de mora, a autoridade administrativa competente para receber o determinará a respectiva imputação, obedecidas as seguintes regras, na ordem em que enumeradas:*
>
> ***I*** *– em primeiro lugar, aos débitos por obrigação própria, e em segundo lugar aos decorrentes de responsabilidade tributária;*
>
> ***II*** *– primeiramente, às contribuições de melhoria, depois às taxas e por fim aos impostos;*
>
> ***III*** *– na ordem crescente dos prazos de prescrição;*
>
> ***IV*** *– na ordem decrescente dos montantes.*

Atenção especial para o artigo 163, que guarda relação com a Súmula nº 464 do STJ, segundo a qual: "A regra de imputação de pagamentos estabelecida no art. 354 do Código Civil não se aplica às hipóteses de compensação tributária". Portanto, se houver dois ou mais débitos simultaneamente vencidos do mesmo sujeito passivo com o mesmo ente tributante detentor de capacidade tributária ativa para exigir o tributo, aplicam-se as regras de imputação estabelecidas no artigo 163 do CTN. Essas regras são aplicáveis ao mesmo ou a diferentes tributos, e estabelecem que a autoridade administrativa competente determinará a imputação na seguinte ordem:

1ª Regra: 1º) débitos por obrigação própria; 2º) decorrentes de responsabilidade tributária;

2ª Regra: 1º) contribuições de melhoria; 2º) taxas; 3º) impostos.

3ª Regra: ordem crescente dos prazos de prescrição;

4ª Regra: ordem decrescente dos montantes.

Como se vê as quatro regras são sucessivas e, dentro de cada uma, também, há uma ordem a ser observada.

Não obstante a pouca aplicabilidade dessas normas nos dias atuais, elas permanecem em vigor, podendo ser exigidas em concursos públicos quaisquer e requerendo atenção dos candidatos.

1.1. O pagamento indevido

Nos termos do artigo 165, inciso I do CTN, **em caso de cobrança ou pagamento espontâneo de tributo indevido ou maior que o devido** em face da legislação tributária aplicável, ou da natureza ou circunstâncias materiais do fato gerador efetivamente ocorrido, o sujeito passivo tem direito, independentemente de prévio protesto, à **restituição total** (quando indevido) **ou parcial** (quando pago a maior).

Há direito, portanto, à restituição da quantia paga indevidamente, mas não é apenas o **pagamento indevido** que dá direito à restituição, pois a norma faz expressa referência ao **pagamento maior que o devido**.

Sobre esse direito, é importante frisar os seguintes aspectos:

- **Repetição do indébito tributário:** é sinônimo de restituição do pagamento indevido, constituindo o *nomen iuris* da ação judicial em que se pleiteia o direito previsto no artigo 165 do CTN.
- **Fundamentos do direito:** pagamento indevido (restituição total) ou maior que o devido (restituição parcial, da diferença paga a maior) **em face da legislação aplicável**, ou da **natureza ou circunstâncias materiais do fato gerador**.
- **Causa de pedir:** pagamento indevido mediante **cobrança** ou **pagamento espontâneo** do tributo indevido.
- **Circunstância irrelevante:** prévio protesto ("independentemente de prévio protesto").

O **direito à restituição** também estará presente quando houver erro na identificação do sujeito passivo, na determinação da alíquota aplicável, no cálculo do montante do débito ou conferência de qualquer documento relativo ao pagamento (CTN, art. 165, II).

ATENÇÃO:

Há um lapso de redação no artigo 165, II do CTN. Onde constou "edificação", deveria ser "identificação".

Exemplificativamente, há erro na identificação do sujeito passivo quando alguém, sem previsão legal, recolhe o tributo como se fosse responsável tributário. Quanto à determinação da alíquota aplicável ou cálculo do montante do débito, pode-se citar a utilização de uma alíquota de II ou IE maior do que a devida em face de um erro na classificação de uma mercadoria importada ou exportada; ou então, a utilização de um valor maior que o valor da terra nua tributável (VTNt) para cálculo do ITR.

Igualmente, a **reforma, anulação, revogação ou rescisão de decisão condenatória que determinava o pagamento também ensejam a restituição** (CTN, art. 165, III).

A **restituição de tributos indiretos**, tais como ICMS e IPI, por comportarem, em razão da respectiva natureza, transferência do respectivo encargo financeiro, somente será feita a quem prove haver assumido referido encargo, ou, no caso de tê-lo transferido a terceiro, estar por este expressamente autorizado a recebê-la (**CTN, art. 166**).

Em outras palavras, para que haja restituição de um tributo indireto, o **contribuinte (de direito) deve comprovar que não transferiu o encargo financeiro ao adquirente (contribuinte de fato)** ou, **caso tenha transferido, deve ter uma expressa autorização deste para tal** (CTN, art. 166).

Já o contribuinte de fato (consumidor final), via de regra, não possui legitimidade ativa para pleitear a restituição do tributo indireto. Entretanto, em uma aparente amenização desse entendimento, o STJ decidiu que o consumidor tem legitimidade ativa para propor demanda judicial para questionar a incidência do ICMS em operação envolvendo fornecimento de energia elétrica, conforme ementa a seguir:

> "RECURSO ESPECIAL. REPRESENTATIVO DA CONTROVÉRSIA. ART. 543-C CÓDIGO DE PROCESSO CIVIL. CONCESSÃO DE SERVIÇO PÚBLICO. ENERGIA ELÉTRICA. INCIDÊNCIA DO ICMS SOBRE A DEMANDA "CONTRATADA E NÃO UTILIZADA". LEGITIMIDADE DO CONSUMIDOR PARA PROPOR AÇÃO DECLARATÓRIA C/C REPETIÇÃO DE INDÉBITO.
>
> - Diante do que dispõe a legislação que disciplina as concessões de serviço público e da peculiar relação envolvendo o Estado-concedente, a concessionária e o consumidor, esse último tem legitimidade para propor ação declaratória c/c repetição de indébito na qual se busca afastar, no tocante ao fornecimento de energia elétrica, a incidência do ICMS sobre a demanda contratada e não utilizada.
>
> - O acórdão proferido no REsp 903.394/AL (repetitivo), da Primeira Seção, Ministro Luiz Fux, DJe de 26.4.2010, dizendo respeito a distribuidores de bebidas, não se aplica aos casos de fornecimento de energia elétrica.
>
> Recurso especial improvido. Acórdão proferido sob o rito do art. 543-C do Código de Processo Civil." (STJ - REsp 1299303/SC, Rel. Ministro CESAR ASFOR ROCHA, PRIMEIRA SEÇÃO, julgado em 08/08/2012, DJe 14/08/2012).

ATENÇÃO:

Para o estudo da temática "restituição de tributos indiretos" é imprescindível conhecer o teor do artigo 166 do CTN, segundo o qual "a restituição de tributos que comportem, por sua natureza, transferência do respectivo encargo financeiro, somente será feita a quem prove haver assumido o referido encargo, ou, no caso de tê-lo transferido a terceiro, estar por este expressamente autorizado a recebê-la". Os tributos indiretos são aqueles em que o contribuinte repassa o encargo financeiro (valor do tributo) no preço da mercadoria, afetando o próximo elo da cadeia. Nessas situações, o contribuinte (vendedor) é tido como "contribuinte de direito" e o adquirente, que suporta o ônus tributário no preço do produto, é o "contribuinte de fato".

Ainda no campo da legitimidade ativa para o pedido de restituição, o Superior Tribunal de Justiça vem entendendo que **não** é parte legítima para pleitear a restituição do indébito "a pessoa jurídica que retém na fonte IRPJ a maior relativo às importâncias pagas a outra pessoa jurídica pela prestação de serviços caracterizadamente de natureza profissional" (STJ – REsp 1.318.163-PR, Rel. Min. Benedito Gonçalves, j. 20.5.2014. 1ª T. (Info 543). Os fundamentos desse entendimento estão elucidados na própria ementa do acórdão citado, na seguinte passagem:

> "Segundo os arts. 121 e 165 do CTN, a repetição de indébito tributário pode ser postulada pelo sujeito passivo que pagou, ou seja, que arcou efetivamente com ônus financeiro da exação. Em face disso, pode-se concluir que a empresa que é a fonte pagadora da renda não tem legitimidade ativa para postular a repetição de indébito de IR que foi retido quando do pagamento para a empresa contribuinte. Isso porque a obrigação legal imposta pelo art. 45, parágrafo único, do CTN é a de proceder à retenção e ao repasse ao Fisco do IR devido pelo contribuinte. Não há propriamente pagamento por parte da responsável tributária, uma vez que o ônus econômico da exação é assumido direta e exclusivamente pelo contribuinte que realizou o fato gerador correspondente, cabendo a este, tão-somente, o direito à restituição"

E, também segundo a jurisprudência do STJ, o novo proprietário "não tem legitimidade para repetir valores indevidamente recolhidos anteriormente à compra do imóvel" (EREsp 708.237/RJ, 1ª. Turma, Rel. Min. Luiz Fux, DJU de 27.08.07).

Em qualquer caso, a restituição vence **juros não capitalizáveis**, a partir do trânsito em julgado da decisão que a determinar (CTN, art. 167, parágrafo único).

Ocorrido o pagamento indevido, o **direito de pleitear a restituição extingue-se com o decurso do prazo de 5 (cinco) anos**, contados: I – nas hipóteses dos incisos I e II do artigo 165, da data da extinção do crédito tributário; II – na hipótese do inciso III do artigo 165, da data em que se tornar definitiva a decisão administrativa ou passar em julgado a decisão judicial que tenha reformado, anulado, revogado ou rescindido a decisão condenatória (CTN, art. 168).

O prazo tem natureza dúplice. Quando aplicado aos pedidos administrativos de restituição, terá natureza decadencial. E quando aplicado aos pedidos judiciais, será contado como prazo prescricional.

Entretanto, optando o interessado pela via administrativa e tendo seu pedido indeferido, a **ação anulatória da decisão administrativa que denegar a restituição prescreverá em 2 (dois) anos** (CTN, art. 169).

Outra regra importante é a de que o **prazo de prescrição é interrompido** pelo início da ação judicial, **recomeçando** o seu curso, **pela metade**, a partir da data da intimação validamente feita ao representante judicial da Fazenda Pública interessada (CTN, art. 169, parágrafo único).

No caso do prazo quinquenal do artigo 168 (contado da data da extinção do crédito tributário), a Primeira Seção do STJ firmou entendimento paradigmático de que, na hipótese de tributo sujeito a lançamento por homologação, o prazo para propositura da ação de repetição de indébito seria de 10 (dez) anos a contar do fato gerador, se a homologação fosse tácita (tese dos "cinco mais cinco") (STJ - EREsp 435835/SC - 1.ª Seção - Rel. Min. Francisco Peçanha Martins - julg. 24/03/2004)

O fundamento era de inexistir curso do prazo prescricional sem que houvesse homologação do lançamento pela Fazenda, ato que também homologaria o pagamento indevido, extinguindo o crédito tributário. Como a Fazenda nunca homologa expressamente o lançamento, a homologação sempre ocorre tacitamente, no prazo de 5 (cinco) anos conforme o artigo 150, § 4º do CTN. Daí o prazo de 10 (dez) anos, isto é, 5 (cinco) para homologação do lançamento, a partir de quando começariam a contar mais 5 (cinco) anos de prescrição para a repetição do indébito.

Entretanto, com a edição da Lei complementar nº 118/2005, a tese não mais resiste, haja vista ter disposto seu artigo 3º que, para efeito de interpretação do artigo 168, inciso I do CTN, a extinção do crédito tributário ocorre, no caso de tributo sujeito a lançamento por homologação, no momento do pagamento antecipado de que trata o § 1º do artigo 150 do CTN.

Referida inovação legislativa foi veiculada no bojo da Lei complementar nº 118/2005 como norma interpretativa, no intuito de atribuir-se caráter retroativo à regra e espancar desde a origem a tese dos cinco anos mais cinco burilada pelo STJ. Porém, a tentativa legislativa acabou frustrada pela interpretação do STJ no sentido de que a norma não tem caráter interpretativo, vez que modifica o tratamento que o legislador do CTN havia dado originalmente à questão. E assim, o STJ vem entendendo que o prazo só deixou de ser de cinco anos mais cinco a partir da vigência da Lei complementar nº 118/2005 (STJ - REsp 871470/SP - 1ª Turma - Rel. Min. Teori Albino Zavascki - julg. 18/11/2008).

ATENÇÃO:

Sobre o limite temporal da aplicação da regra dos cinco mais cinco, o Superior Tribunal de Justiça entendeu que, com o advento da Lei complementar 118/2005, "relativamente aos pagamentos efetuados a partir da sua vigência (que ocorreu em 9/6/2005), o prazo para a ação de repetição de indébito é de cinco anos a contar da data do pagamento; relativamente aos pagamentos anteriores, a prescrição obedece ao regime previsto no sistema anterior, limitada, porém, ao prazo máximo de cinco anos a contar da vigência da lei nova." (Precedentes: EREsp 435.835-SC, DJ 4/6/2007; EREsp 644.736-PE, DJ 29/8/2005; AgRg no Ag 1.105.057-SP)

Por exemplo, se um prazo prescricional estivesse em 3 anos no dia 9/6/2005, não seriam contatos os 7 anos restantes para completar os 10 anos (cinco mais cinco). Segundo o STJ, seriam contatos no máximo cinco anos após 9/6/2005, de modo que o prazo que completava 3 anos nessa data de advento da Lei complementar 118/2005 venceria após 8 anos de início da contagem (3 anos até 9/6/2005 + 5 após 9/6/2005).

Lembrando: isso vale apenas para prazos iniciados antes da vigência do artigo 3º da Lei complementar 118/2005.

Concluindo: segundo o entendimento do STJ, a partir 10/6/2010, nenhum prazo mais poderia correr com base na tese dos cinco mais cinco.

Mesmo em relação a tributos declarados inconstitucionais, prevalece no STJ o entendimento de que o prazo de prescrição para a repetição de indébito é contado da data do pagamento indevido (extinção do crédito tributário) e não da declaração de inconstitucionalidade (Agravo Regimental nos Embargos de Divergência no Recurso Especial nº 928780/MG).

Por falar em prescrição, podem suscitar polêmica os pedidos de repetição de indébito envolvendo créditos tributários prescritos. Ocorre que, diverso da prescrição civil, que extingue apenas a pretensão (o direito de ação) e torna o pagamento de dívida prescrita legítimo e impassível de restituição, a prescrição tributária, nos termos do artigo 156, inciso V, do CTN, antes de extinguir a pretensão, extingue o próprio crédito tributário. Dessa forma, o pagamento de débito tributário prescrito deve ser considerado indevido e, portanto, passível de restituição segundo os exatos termos do artigo 165, inciso I, do CTN. Posicionamento coerente com a jurisprudência do Superior Tribunal de Justiça (REsp 1210340/RS, REsp 646328/RS, REsp 636.495/RS e REsp 1004747/RJ).

2. COMPENSAÇÃO

A lei pode autorizar a compensação de créditos tributários com créditos líquidos e certos, vencidos ou vincendos, do sujeito passivo contra a Fazenda Pública (CTN, art. 170). Trata-se da **compensação**, modalidade de extinção do crédito tributário (**CTN, art. 156, II**).

Muita ênfase no detalhe de que somente a lei de cada pessoa política é que pode autorizar a compensação, estabelecendo os tributos e os créditos do sujeito passivo contra a Fazenda que podem ser compensados. Não por outra razão, é "proibida a compensação de créditos entre pessoas jurídicas distintas" (AgRg no Ag 827639/RS, Rel. Ministro JOSÉ DELGADO, PRIMEIRA TURMA, julgado em 11/09/2007, DJ 27/09/2007, p. 227).

ATENÇÃO:

A pretensão de compensar débitos fiscais com precatórios está sujeita à autorização do regime legislativo estadual regulador da matéria, conforme sistemática estabelecida pela EC 62/2009 (STJ, RMS 36.173, relator Ministro Herman Benjamin, j. 18.10.12. 2ª Turma, Informativo 508). Mais precisamente, a possibilidade de pagar débito tributário mediante a efetivação de compensação com precatório requisitório vencido e não pago (art. 78, § 2º, do ADCT) deve estar autorizada em lei própria do ente tributante em questão (STJ, RMS 31.816, relator Ministro Luiz Fux, j. 14.9.10. 1ª Turma, Info 447).

Verdade que o art. 100, § 9º da CF, veio estabelecer a compensação automática e obrigatória de débitos tributários no momento da expedição dos precatórios (independente de regulamentação). Todavia, o Supremo Tribunal Federal, no julgamento conjunto das ADIs 4425, 4400, 4372 e 4357, declarou a inconstitucionalidade dessas normas, por considerá-la um privilégio processual desproporcional à Fazenda Pública, por embaraçar a efetividade da jurisdição (CF, art. 5º, XXXV), desrespeitar a coisa julgada material (CF, art. 5º, XXXVI), vulnerar a Separação dos Poderes (CF, art. 2º) e ofender a isonomia entre o Poder Público e o particular (CF, art. 5º, *caput*), cânone essencial do Estado Democrático de Direito (CF, art. 1º, *caput*).

Trata-se de uma modalidade de extinção do crédito tributário mediante encontro de contas, isto é, de um crédito tributário (credor Fazenda) com um débito da Fazenda Pública (credor é o sujeito passivo do crédito tributário), como demonstrado na ilustração abaixo:

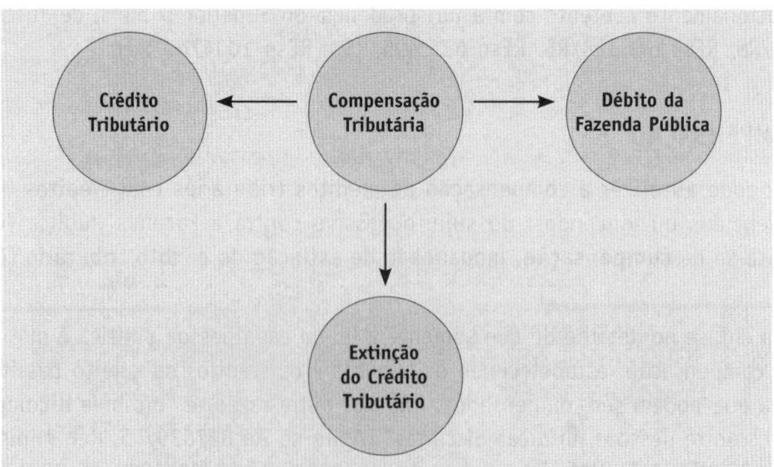

Sendo **vincendo o crédito** do sujeito passivo, a **lei determinará**, para os efeitos de compensação, a **apuração do seu montante**, não podendo, porém, cominar redução maior que a correspondente ao juro de 1% (um por cento) ao mês pelo tempo a decorrer entre a data da compensação e a do vencimento (CTN, art. 170, parágrafo único).

Conforme já ressaltado, **cabe exclusivamente às leis** de cada ente federativo **regular a matéria** em seus respectivos âmbitos, sempre em harmonia com as normas gerais da lei complementar (CTN). No plano federal, a compensação é disciplinada pela Lei 9.430/96 e pela IN SRF 1.717/2017.

ATENÇÃO:

"enquanto não declaradas inconstitucionais as Leis 9.032/95 e 9.129/95, em sede de controle difuso ou concentrado, sua observância é inafastável pelo Poder Judiciário, uma vez que a norma jurídica, enquanto não regularmente expurgada do ordenamento, nele permanece válida, razão pela qual a compensação do indébito tributário, ainda que decorrente da declaração de inconstitucionalidade da exação, submete-se às limitações erigidas pelos diplomas legais que regem a compensação tributária" (STJ - REsp 796.064).

Importante ressaltar que, nos termos da jurisprudência do Superior Tribunal de Justiça, não é necessário que sejam tributos de mesma espécie e que tenham mesma destinação constitucional:

> "A Lei 10.637, de 30 de dezembro de 2002 (regime jurídico atualmente em vigor) sedimentou a desnecessidade de equivalência da espécie dos tributos compensáveis, na esteira da Lei 9.430/96, a qual não mais albergava esta limitação. Em consequência, após o advento do referido diploma legal, tratando-se de tributos arrecadados e administrados pela Secretaria da Receita Federal, tornou-se possível a compensação tributária, independentemente do destino de suas respectivas arrecadações (...)" (REsp nº 1137738-SP, Ministro Luiz Fux, julgado em 09.12.2009)

Outro aspecto que merece realce é que a **compensação** de crédito **não** pode ser deferida por **medida liminar** (**Súmula 212 do STJ**).

Com o advento da Lei complementar 104/2001, passou a estar expressamente contemplada na legislação a regra que **veda** a compensação mediante aproveitamento de tributo, objeto de contestação judicial pelo sujeito passivo, **antes do trânsito em julgado** da respectiva decisão (**CTN, art. 170-A**). Porém, em recente acórdão, o STJ decidiu que "o disposto no art. 170-A do CTN sobre a exigência de trânsito em julgado para fins de compensação de crédito tributário **somente** se aplica às demandas ajuizadas após a vigência da LC 104/01, a qual acrescentou o referido artigo ao CTN" (STJ - AgRg no REsp 1.240.038-PR, Rel. Min. Og Fernandes, j. 8.4.2014. 1ª T. - Info 541).

Nos termos da **Súmula 213 do STJ**, o **mandado de segurança** constitui **ação adequada para a declaração do direito à compensação** tributária. Por outro lado, a mesma via é considerada inadequada para convalidar compensação já efetivada: "É **incabível** o **mandado de segurança** para **convalidar a compensação** tributária realizada pelo contribuinte" (STJ, Súmula 460).

A exemplo do que se dá com o pagamento, em matéria de compensação também vem à tona a questão da imputação, sobre a qual pronunciou-se o STJ na seguinte direção: "A imputação do pagamento na seara tributária tem regime diverso àquele do direito privado (artigo 354 do Código Civil), inexistindo regra segundo a qual o pagamento parcial imputar-se-á primeiro sobre os juros para, só depois de findos estes, amortizar-se o capital". Esse entendimento, consagrado no REsp 960239/SC, fundamenta-se na revogação do artigo 374 do Código Civil, empreendida pela Lei 10.677/2003. Esse dispositivo, de constitucionalidade duvidosa por sinal (o Código Civil é lei ordinária e a matéria compensação refere-se a extinção de crédito tributário, o que carece de lei complementar nos termos do artigo 146, III, "b" da CF), preconizava a aplicação das regras civis na imputação em pagamento das dívidas fiscais e parafiscais. Com essa revogação e a cessação da polêmica acerca da constitucionalidade, não resta dúvida prevalecer a sistemática de compensação do artigo 170, do CTN, inclusive quanto à possibilidade de leis tributárias atribuírem competência às autoridades administrativas para regulamentar a matéria de compensação tributária, inclusive para estipular normas sobre imputação.

3. TRANSAÇÃO

A **lei pode estabelecer** condições e facultar aos sujeitos ativo e passivo da obrigação tributária celebrar **transação** que, mediante **concessões mútuas**, importe em **terminação de litígio** e consequente extinção de crédito tributário, **indicando também a autoridade competente para autorizar** a transação em cada caso (CTN, art. 171, *caput* e parágrafo único). A transação é mais uma modalidade de **extinção do crédito tributário** (CTN, art. 156, III).

Coerente com o CTN, que exige previsão legal para a transação, a lei que dispõe sobre os Juizados Especiais da Fazenda Pública, estabelece que, nas audiências do rito, os representantes judiciais da Fazenda poderão conciliar, transigir ou desistir, nos termos e nas hipóteses previstas na lei do respectivo ente da Federação (Lei 12.153/2009, art. 8º). O objetivo é um acordo mediante concessões mútuas, a terminação do litígio e a consequente extinção do crédito tributário. Trata-se, portanto, de transação que, em respeito ao artigo 171 do CTN, deve mesmo depender de lei.

Algumas decisões judiciais e certos doutrinadores chegaram a utilizar a expressão transação para fazer referência ao REFIS federal. Entretanto, é um equívoco considerar que o plano de recuperação fiscal extingue o crédito tributário, visto representar, na verdade, modalidade de parcelamento, que é causa de suspensão da exigibilidade do crédito tributário (CTN, art. 151, VI), consoante, inclusive, mansa e pacífica jurisprudência do Superior Tribunal de Justiça (STJ – AgRg no AG 1292805/MS – 2ª Turma – Rel. Min. Herman Benjamin – DJe 01/07/2010).

4. REMISSÃO

A **remissão** é o **perdão da dívida** e constitui hipótese de extinção do crédito tributário (CTN, 156, IV). Portanto, a dívida perdoada é o **crédito tributário**.

Pode ser **total** ou **parcial** e **depende de autorização legal** para que a autoridade administrativa a conceda, por **despacho fundamentado**, atendendo aos **critérios previstos no artigo 172 do CTN**, que são os seguintes:

> I – à situação econômica do sujeito passivo;
>
> Exemplo: uma pessoa desempregada.
>
> II – ao erro ou ignorância escusáveis do sujeito passivo, quanto a matéria de fato;
>
> Exemplo: uma microempresa que cometeu erro escusável relacionado a matéria de fato.
>
> III – à diminuta importância do crédito tributário;
>
> Exemplo: créditos tributários de valores irrisórios.
>
> IV – a considerações de equidade, em relação com as características pessoais ou materiais do caso;
>
> Exemplo: imóveis vitimados por enchentes terem remissão de débitos de IPTU.
>
> V – a condições peculiares a determinada região do território da entidade tributante.
>
> Exemplo: regiões prejudicadas com secas e estiagens.

A remissão abrange também os consectários da mora que compõe o crédito tributário (juros e multa de mora).

Porém, segundo posicionamento do Superior Tribunal de Justiça, "a remissão de juros de mora insertos dentro da composição do crédito tributário não enseja o resgate de juros remuneratórios incidentes sobre o depósito judicial feito para suspender a exigibilidade desse mesmo crédito tributário" (STJ, REsp 1251513/PR, DJE 17/08/2011). Ou seja, os juros que rendem as contas judiciais em relação a valores depositados a título de depósito do montante integral ou consignação em pagamento não fazem parte de eventual remissão.

O despacho da remissão não gera direito adquirido, aplicando-se, quando cabível, o disposto no artigo 155 (CTN, art. 172, parágrafo único). Significa que, quando se tratar de remissão em caráter individual, além de não gerar direito adquirido, ela poderá ser revogada de ofício sempre que se apure que o beneficiado não satisfazia ou deixou de satisfazer as condições ou não cumpria ou deixou de cumprir os requisitos para a concessão do favor. Nesses casos, o crédito será cobrado acrescido de juros de mora, com imposição da penalidade cabível, nos casos de dolo ou simulação do beneficiado, ou de terceiro em benefício daquele, mas sem imposição de penalidade, nos demais casos (CTN, art. 155, I e II c/c art. 172, parágrafo único).

5. DECADÊNCIA

O crédito tributário também se extingue pela decadência (CTN, art. 156, V).

O **artigo 173 do CTN** dispõe sobre a **decadência** do direito do fisco constituir o crédito tributário pelo **lançamento de ofício**. Assim, embora a decadência esteja no rol das hipóteses de extinção do crédito tributário, fato é que, vindo a ocorrer, a Fazenda fica mesmo é legalmente impedida de constituí-lo.

ATENÇÃO:

No curso do processo administrativo fiscal para impugnação do lançamento, não flui o prazo de decadência, que só flui até o lançamento de ofício, ou seja, até a data da notificação regular da lavratura do auto de infração.

O prazo de decadência aplicável ao lançamento de ofício, fixado pelo artigo 173 do CTN, é de **5 (cinco) anos contados: I –** do **primeiro dia do exercício seguinte** àquele em que o lançamento poderia ter sido efetuado; **II –** da data em que se tornar definitiva a decisão que houver anulado, por **vício formal**, o lançamento anteriormente efetuado.

No caso do inciso II, é importante enfatizar que o CTN refere-se apenas a anulação por **vício formal**, não se aplicando a norma, portanto, ao desfazimento do lançamento por **vício material**. Em termos mais precisos, apenas com a anulação por vício formal (e não material) do lançamento anteriormente efetuado é que o prazo de cinco anos é reaberto para que seja feito novo lançamento, nos termos do artigo 173, inciso II, do CTN.

Nos tributos sujeitos ao **lançamento por homologação**, o prazo de decadência também é de **5 (cinco) anos**, **contados** da ocorrência **do fato gerador** (CTN, art. 150, § 4º). Como se trata de um autolançamento, não se refere a um prazo para o fisco constituir o crédito tributário, mas sim para promover a homologação da atividade do sujeito passivo, o que **se confunde com** o período de 5 (cinco) anos para **homologação tácita** previsto no artigo 150, § 4º do CTN.

Todavia, como expressamente ressalva o próprio artigo 150, § 4º do CTN, o prazo de homologação **não se aplica em situações nas quais houver prova de dolo, fraude ou simulação.** Nesse caso, com fundamento no artigo 149 do CTN, passa a ter lugar o lançamento de ofício substitutivo e o **prazo decadencial aplicável passa a ser o do artigo 173, inciso I**, isto é, o prazo relativo ao lançamento de ofício.

Exemplificativamente, se a empresa, à vista de seus registros fiscais e contábeis, apresenta a sua declaração de imposto de renda no prazo legal, a Receita Federal terá cinco anos, contados de cada fato gerador, para homologar a atividade de autolançamento, ou a homologação ocorrerá tacitamente no mesmo prazo, em caso de silêncio do fisco (CTN, art. 150, § 4º). Entretanto, se comprovado pelo fisco que o contribuinte agiu com dolo, fraude ou simulação (CTN, art. 150, § 4º, *in fine*), omitindo receitas que deveriam ter sido levadas à tributação, deverá cobrar a diferença do imposto sonegado mediante lançamento de ofício substitutivo (CTN, art. 149), via auto de infração e imposição de multa. Nesse caso, como o lançamento passa a ser de ofício, o prazo decadencial é contado do primeiro dia do exercício seguinte àquele em que o lançamento poderia ter sido efetuado, que é a regra aplicável ao lançamento de ofício (CTN, art. 173, I).

Ainda quanto à aplicação do artigo 173, inciso I do CTN, a jurisprudência do STJ firmou entendimento no sentido de que a decadência é regida por essa norma: **1º)** quando se trata de tributo sujeito a lançamento por homologação e o contribuinte **não** realiza o respectivo pagamento parcial antecipado (REsp 973.733/SC - 1ª Seção - Rel. Min Luiz Fux - DJE 18/09/2009 - submetido ao art. 543-C do CPC/73); **2º)** nos casos em que há creditamento indevido (REsp 979.228/RS - 2ª Turma - Rel. Min. Eliana Calmon - DJE 16/04/2009).

ATENÇÃO:

"Nas exações cujo lançamento se faz por homologação, havendo pagamento antecipado, conta-se o prazo decadencial a partir da ocorrência do fato gerador (art. 150, § 4º, do CTN). Somente quando não há pagamento antecipado, ou há prova de fraude, dolo ou simulação é que se aplica o disposto no art. 173, I, do CTN." (AgRg no Ag 939.714/RS, Rel. Ministra ELIANA CALMON, SEGUNDA TURMA, julgado em 12.02.2008, DJ 21.02.2008 p. 54)

"Ocorrendo creditamento indevido de ICMS incidente na aquisição de energia elétrica no período de vigência do Convênio ICMS 66/88, a fiscalização deve recusar a homologação do acertamento realizado pelo contribuinte e lançar os créditos de ofício, consoante art. 173, I, do CTN. No regime de acertamento do crédito pelo contribuinte, o Fisco pode recusar a homologação e lançar o tributo devido, nos termos do art. 173, I, do CTN, que prevê o lançamento de ofício, sendo certo que a conduta da recorrente subsume-se ao comando expresso no art. 149, V, do CTN." (REsp 979228, Rel. Ministra ELIANA CALMON, SEGUNDA TURMA, julgado em 19.03.2009, DJ 16.04.2009)

Em síntese, nos tributos sujeitos ao lançamento por homologação, a decadência é definida nos seguintes termos:

I) **Regra Geral:** art. 150, § 4º do CTN, cinco anos contados da ocorrência do fato gerador.

II) **Aplicação do artigo 173, inciso I, do CTN**, cinco anos contados a partir do primeiro dia do exercício seguinte àquele em que o lançamento poderia ter sido efetuado, nas seguintes hipóteses:

II.a) quando houver dolo, fraude ou simulação na atividade do sujeito passivo, decorrente de exceção expressa no artigo 150, § 4º;

II.b) quando houver falta de antecipação do pagamento ou crédito indevido, conforme jurisprudência do STJ;

É justamente esse entendimento do Superior Tribunal de Justiça que tem sido exigido nos principais concursos públicos, razão pela qual, para melhor fixação, além da síntese acima, vale apresentar também o quadro abaixo:

JURISPRUDÊNCIA DO STJ

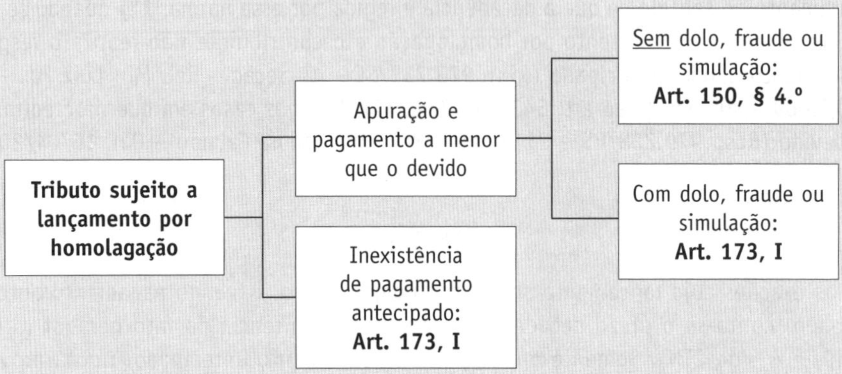

- Crédito indevido: **Art. 173, I**

Cuidado, também, que não se deve confundir os casos em que o lançamento deve ser efetuado de ofício com aqueles relativos aos **tributos devidamente declarados e não pagos**, em que descabe qualquer providência do Fisco relativa a lançamento, conforme súmula 436 do STJ ("A entrega de declaração pelo contribuinte reconhecendo débito fiscal constitui o crédito tributário, dispensada qualquer outra providência por parte do fisco"). Consequentemente, nessa circunstância específica, não se fala em decadência, mas sim em prescrição, pois a declaração regular e a ausência do pagamento configuram simples inadimplência, afastando a exigência do lançamento e autorizando a inscrição em Dívida Ativa para a consequente execução fiscal.

Ainda no âmbito dos **tributos declarados e não pagos**, deve-se sempre partir do pressuposto que a decadência extingue o crédito tributário. Por isso, mesmo a declaração constituindo uma confissão de dívida, conforme decidido pelo STJ em sede de recurso repetitivo, **não** é possível constituir crédito tributário com base em confissão de dívida realizada após a extinção do crédito tributário pela decadência (REsp 1.355.947 - SP, Rel. Min. Mauro Campbell Marques, j. 12.6.2013. 1ª S. (Info 522)). Ou seja, depois de operada a decadência, qualquer confissão de dívida por parte do contribuinte será inócua à pretensão da Fazenda relativa ao recebimento do crédito tributário.

ATENÇÃO:

Normas sobre contagem de prazos do Código Tributário Nacional:

Art. 210. Os prazos fixados nesta lei ou legislação tributária serão **contínuos, excluindo-se** na sua contagem o dia de **início** e **incluindo-se** o de **vencimento.**

Parágrafo único: Os prazos **só se iniciam ou vencem em dia de expediente normal da repartição** em que corra o processo ou deva ser praticado o ato.

6. PRESCRIÇÃO

A **ação para a cobrança do crédito tributário**, isto é, a **execução fiscal** (Lei 6.830/80), **prescreve** em **5 (cinco) anos, contados da constituição definitiva** (CTN, art. 174). A prescrição também extingue o crédito tributário (CTN, art. 156, V).

O termo "definitiva" é tido como a "eficácia que torna indiscutível o crédito tributário" (SABBAG, Eduardo. Manual de Direito Tributário. 2 ed. São Paulo: Saraiva, 2010, p. 785). Portanto, a expressão **"constituição definitiva"**, marco legal do termo de início (*dies a quo*) do prazo prescricional, refere-se ao **esgotamento das vias administrativas** para o sujeito passivo impugnar o lançamento do crédito tributário, o que se dá, alternativamente:

- em caso de impugnação do lançamento de ofício por parte do sujeito passivo, pela regular notificação da decisão administrativa final e irreformável dos órgãos de julgamento tributário e esgotado o prazo concedido pela Administração para o pagamento voluntário;
- em caso de ausência de impugnação do lançamento de ofício por parte do sujeito passivo, pelo decurso do prazo para impugnação.

É o que está pacífico na jurisprudência do Superior Tribunal de Justiça, sintetizada no seguinte excerto de um importante julgado:

> "Malgrado a divergência doutrinária existente, a jurisprudência pacífica desta Corte Superior perfilha a tese de que, nas hipóteses em que o lançamento se dá de ofício (seja de modo originário, seja em caráter substitutivo), o crédito tributário é considerado definitivamente constituído: (a) com a regular notificação do lançamento ao contribuinte, quando não interposto recurso administrativo; ou (b) com a regular notificação da decisão administrativa irreformável, momento em que não pode mais o lançamento ser contestado na esfera da Administração Tributária." (STJ - REsp 857614 / SP - 1ª. Turma - Rel. Min. Luiz Fux - DJe 30/04/2008).

Para melhor compreensão, elaboramos o seguinte esquema:

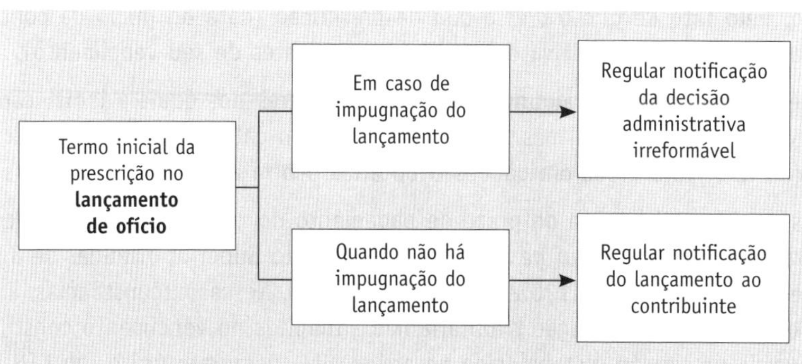

ATENÇÃO:

"...A inscrição do crédito na dívida ativa é mera providência burocrática, sem força para marcar algum termo prescricional" (STJ – REsp 605037). Ou seja, em matéria tributária, não há que se falar em início ou interrupção da prescrição com a inscrição em dívida ativa.

Mas o lançamento nem sempre é efetuado de ofício ou concluído por notificação (lançamento misto), sendo até mais comum o lançamento por homologação. Por esse motivo, importa saber quando se considera definitivamente constituído o crédito tributário e, por conseguinte, quando se dá o termo inicial da prescrição nos casos de **tributos sujeitos ao lançamento por homologação**.

Nos casos de **tributos regularmente declarados e não pagos** dentro do prazo estabelecido na legislação tributária, a **constituição definitiva** do crédito tributário e **início do prazo prescricional** ocorre na **data de vencimento da obrigação tributária**, conforme se depreende de reiteradas decisões do Superior Tribunal de Justiça:

> "O prazo prescricional quinquenal para o Fisco exercer a pretensão da cobrança judicial do crédito tributário **conta-se da data estipulada como vencimento da obrigação tributária declarada**, nos casos de tributos sujeitos a lançamento por homologação, em que o contribuinte cumpriu o dever instrumental de declarar a exação mediante declaração de débitos e créditos tributários federais (DCTF) ou guia de informação de apuração do ICMS (GIA), entre outros, mas não adimpliu a obrigação principal, de pagamento antecipado, nem sobreveio qualquer causa interruptiva da prescrição ou impeditiva da exigibilidade do crédito" (STJ – REsp 1.120.295 – 1ª Seção – Rel. Min. Luiz Fux – julg. 12.5.10).

Portanto, a princípio, entre a declaração (obrigação acessória) e o vencimento do tributo, não há que se falar em prescrição da pretensão de cobrança. Isso por dois motivos. Primeiro, por não estar revestida da exigibilidade (um débito fiscal não vencido, também chamado de vincendo, não é passível de ser exigido judicialmente pela Fazenda Pública). E segundo, pelo fato de que o *dies a quo* da prescrição (data do início da contagem do prazo) é a constituição definitiva do crédito (nunca antes de seu vencimento).

Ocorre, contudo, que há alguns casos bem peculiares nos quais a legislação exige o pagamento do tributo mês a mês ao longo de um ano-calendário, mas, estabelece que a declaração relativa a essas obrigações tributárias ocorra apenas no exercício seguinte.

Veja-se que o vencimento do prazo de pagamento do tributo antecede a declaração, o que leva a uma situação *sui generis* identificada pelo Superior Tribunal de Justiça no próprio Recurso Especial nº 1.120.295, citado há pouco. Nessas circunstâncias, a apresentação da declaração da obrigação tributária não adimplida no vencimento constitui causa interruptiva da prescrição, estabelecida no artigo 174, parágrafo único, do CTN:

> "**Art. 174.** A ação para a cobrança do crédito tributário prescreve em cinco anos, contados da data da sua constituição definitiva.
>
> **Parágrafo único. A prescrição se interrompe:**
>
> I – pelo despacho do juiz que ordenar a citação em execução fiscal;
>
> II – pelo protesto judicial;
>
> III – por qualquer ato judicial que constitua em mora o devedor;
>
> **IV – por qualquer ato inequívoco ainda que extrajudicial, que importe em reconhecimento do débito pelo devedor.**"

E uma vez interrompida a prescrição pela apresentação da declaração, o prazo prescricional recomeça a sua contagem na mesma data, o que levou o STJ a entender que, no caso específico de tributos lançados por homologação não pagos no vencimento e com entrega de declaração posterior, a prescrição deve ser contata a partir da data da entrega da declaração, e não do vencimento da obrigação.

Não é por outra razão que, após a decisão do REsp 1.120.295, que teve o efeito de recurso repetitivo, o entendimento passou a ser o seguinte:

> "O **termo inicial do prazo prescricional** para o Fisco exercer a pretensão de cobrança judicial do **crédito tributário declarado, mas não pago**, é a **data da entrega da declaração ou a data do vencimento, o que for posterior**, em conformidade com o princípio da *Actio Nata*". (AgRg no REsp 1347903/SC, Rel. Ministro Humberto Martins, Segunda Turma, julgado em 28/05/2013, DJe 05/06/2013).

Em síntese, como de maneira geral a data da entrega da declaração antecede ao vencimento, o mais comum é que a prescrição seja contada da data do vencimento da obrigação tributária. Porém, nos casos peculiares em que o vencimento ocorrer primeiro, o *dies a quo* do prazo prescricional deverá ser considerado a data da entrega da declaração.

Definidas todas as variáveis possíveis de termo inicial de contagem da prescrição, também é importante explicar que **prescrição** e **decadência** não se confundem. A distinção básica entre ambas está no fato de que o que **decai** é o **direito de** a Fazenda Pública **constituir o crédito tributário** (**direito de lançar**) e o que **prescreve** é a **ação de cobrança** do tributo (**execução fiscal**).

Traçando-se uma linha do tempo, verifica-se que o prazo de **decadência antecede o lançamento**, enquanto o prazo de **prescrição** não apenas **sucede o lançamento**, como também vem **depois da constituição definitiva** e sempre em momento **antecedente à cobrança** do crédito tributário mediante execução fiscal e prévia inscrição do débito fiscal em Dívida Ativa.

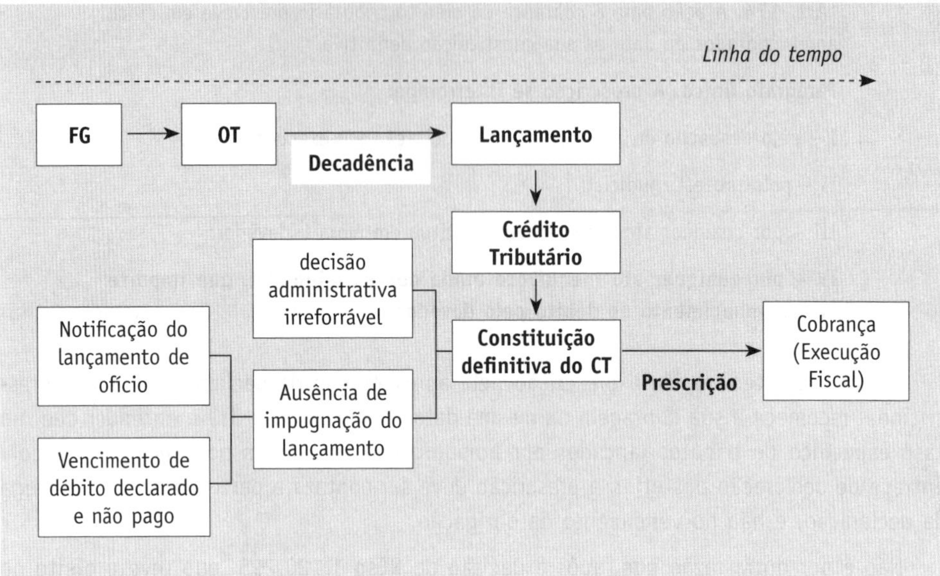

A prescrição é uma hipótese de extinção do crédito tributário, de forma que o recolhimento de um tributo prescrito seria uma segunda forma de extinguir um crédito tributário já extinto, devendo esse pagamento ser considerado indevido. Como tal, abre margem ao pleito de restituição por parte do contribuinte que o efetuou, nos termos do artigo 165 do CTN.

Conforme já anteriormente abordado, o artigo 174 do CTN, em seu parágrafo único, ao disciplinar a prescrição, elenca algumas hipóteses de interrupção do prazo. Interrupção é diferente de suspensão. Na interrupção, caso cesse a sua causa, é iniciada uma nova contagem do prazo (ou seja, começa "do zero") e na suspensão, caso cesse a sua causa, o prazo volta a correr a partir do momento em que seu cômputo estava quando da ocorrência da suspensão.

A **prescrição será interrompida** por um dos **seguintes atos: I –** pelo **despacho** do juiz **que ordenar a citação** em execução fiscal (redação dada pela LC 118/2003); **II –** pelo protesto judicial; **III –** por qualquer ato judicial que constitua em mora o devedor; **IV –** por qualquer ato inequívoco, ainda que extrajudicial, que importe em reconhecimento do débito pelo devedor (CTN, art. 174, parágrafo único). Muito cuidado que, em concursos públicos, os examinadores costumam substituir o verbo "interromper" por "suspender" quando se referem ao artigo 174, parágrafo único, do CTN, o que está errado, pois, nas referidas hipóteses, a prescrição é interrompida e não suspensa.

Como se vê, no parágrafo único do artigo 174, o CTN elenca apenas hipóteses de interrupção da prescrição, não trazendo nenhuma hipótese de suspensão do prazo prescricional. Porém, embora não exista no CTN previsão para a suspensão da prescrição, cuidando-se de tributo definitivamente lançado, **suspensa a exigibilidade do crédito tributário**, por viés lógico de consequência, **suspende-se também a prescrição** (STJ – RESP 267437-MG, 2ª. T., Relª. Minª. Eliana Calmon – DJU 17.06.2002).

No curso do processo administrativo fiscal, não flui o prazo de prescrição (cujo início é a data da decisão final proferida em favor da Fazenda Pública no referido processo). Também a chamada prescrição intercorrente (que se operaria no curso do processo), em geral não é admitida no processo administrativo fiscal (veja o exemplo do Estado de São Paulo, em que há uma Súmula do Tribunal de Impostos e Taxas nesse sentido - Súmula TIT nº 04/2003 - segundo a qual "não é admissível a prescrição intercorrente no processo administrativo tributário").

Por outro lado, segundo entendimento do Superior Tribunal de Justiça, ocorre a prescrição da pretensão executória do crédito tributário objeto de pedido de parcelamento após cinco anos de inércia da Fazenda Pública em examinar esse requerimento, ainda que a norma autorizadora do parcelamento tenha tido sua eficácia suspensa por medida cautelar em ação direta de inconstitucionalidade. (REsp 1.389.795-DF, Rel. Min. Ari Pargendler, j. 5.12.2013. 1ª T. [Info 534]).

Já no âmbito do processo judicial a prescrição intercorrente é expressamente prevista no artigo 40 da Lei 6.830/80. Sobre o tema vide o Capítulo XVI deste livro.

Conforme se depreende da leitura do **artigo 2º, § 3º, da Lei de Execuções Fiscais – LEF (Lei 6.830/80)**, a **inscrição do débito**, ato de controle administrativo da legalidade, será feita pelo órgão competente para apurar a liquidez e certeza do crédito e **suspenderá a prescrição**, para todos os efeitos de direito, por 180 dias, ou até a distribuição da execução fiscal, se esta ocorrer antes de findo aquele prazo.

Porém, o STJ também considera que, no caso de execuções fiscais de dívida ativa tributária, a prescrição deve ser regulada pelo CTN (recepcionado pela Carta Constitucional de 1988 como lei complementar) e não pela LEF (lei ordinária), já que o artigo 146, inciso III, alínea "b", da CF reserva à lei complementar a disciplina da prescrição tributária. Veja a seguinte ementa: "TRIBUTÁRIO. AGRAVO REGIMENTAL. EXECUÇÃO FISCAL. PRESCRIÇÃO. AUSÊNCIA DE CITAÇÃO. NÃO-INTERRUPÇÃO DO PRAZO PRESCRICIONAL. ART. 174 DO CTN. PREVALÊNCIA SOBRE O ART. 2º, § 3º, DA LEI 6.830/1980. 1. A suspensão do lapso prescricional de 180 (cento e oitenta) dias prevista no art. 2º, § 3º, da Lei 6.830 somente é aplicável às dívidas de natureza não tributária. Em hipóteses como a dos autos, em que se trata de execução de crédito relativo a Imposto de Renda, a matéria é regulada pelo art. 174 do Código Tributário Nacional. 2. Agravo Regimental não provido" (STJ - AgRg no Ag 1054859/SP).

Na mesma linha também decidiu que "tanto no regime constitucional atual (CF, art. 146, III, b), quanto no regime constitucional anterior (art. 18, § 1º da EC 01/69), as normas sobre prescrição e decadência de crédito tributário estão sob reserva de lei complementar. Assim, são ilegítimas, em relação aos créditos tributários, as normas estabelecidas no § 2º, do art. 8º e do § 3º do art. 2º da Lei 6.830/80, que, por decorrerem de lei ordinária, não podiam dispor em contrário às disposições anteriores, previstas em lei complementar" (STJ - AI no Ag 1.037.765 - Corte Especial Rel. Min. Teori Zavascki - julg. 2.3.2011).

6.1. Caso prático de prescrição e decadência

A principal diferença entre decadência e prescrição está no fato de que o que decai é o direito de a Fazenda Pública (de constituir o crédito tributário de ofício) e o que prescreve é a ação de cobrança do tributo (execução fiscal).

Porém, prescrição e decadência são duas formas de extinção do crédito tributário de alta complexidade no que tange à distinção entre ambas, bem como em relação aos termos iniciais de contagem dos respectivos prazos (*dies a quo*), que podem variar de acordo com a modalidade de lançamento.

Pode-se dizer que são grandes as repercussões práticas dessas distinções conceituais e de prazos, razão pela qual se faz interessante apresentar uma recente questão de concurso da Fundação Carlos Chagas, que aborda com grande abrangência esses aspectos práticos e que foi comentada pelos autores desta obra na primeira edição do livro "Revisaço: Agente Fiscal de Rendas (ICMS/SP)", também publicada pela Editora Juspodivm, no ano de 2012. A questão e os respectivos comentários seguem transcritos:

(FCC/AFR/2009) Em abril de 2008, foi realizada fiscalização em empresa atacadista, na qual se constatou, em sua escrita fiscal, em relação ao ICMS devido no período de setembro de 2002 a novembro de 2003, que não teria havido o correspondente pagamento antecipado por parte do contribuinte e, em relação ao ICMS devido no período de dezembro de 2003 a março de 2005, teria havido pagamento antecipado a menor. Em virtude de tais fatos, foi lavrado Auto de Infração e Imposição de Multa com cobrança das diferenças de ICMS devido, mais multa e juros de mora. A regular notificação do Auto de Infração deu-se em abril de 2008. Nesse caso,

a) os débitos de novembro de 2002 a novembro de 2003 estão prescritos.

b) os débitos de dezembro de 2003 a abril de 2004 estão prescritos.

c) houve decadência em relação aos débitos do período de setembro de 2002 a novembro de 2002.

d) houve decadência em relação aos débitos do período de novembro de 2002 a março de 2003.

e) houve decadência e prescrição em relação aos débitos do período de novembro de 2002 a março de 2003.

COMENTÁRIOS

Nota do autor: para a resolução das questões envolvendo o cômputo de prazos, é importante que o candidato elabore uma **linha do tempo**, em que ficará mais fácil visualizar as ocorrências principais e analisar as alternativas. Veja o exemplo:

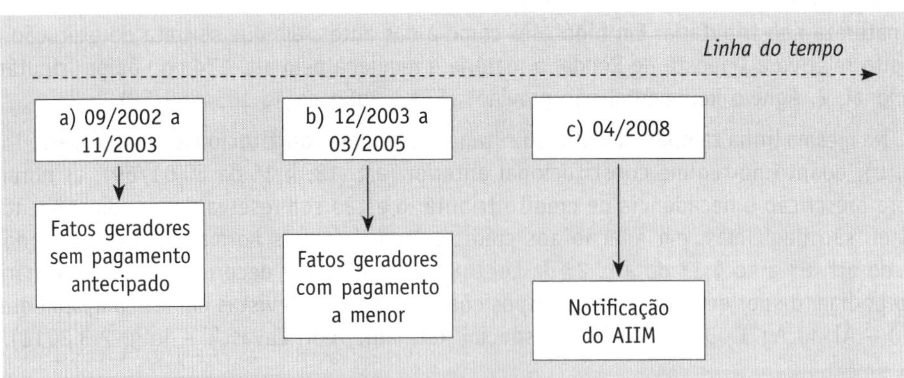

Alternativa correta: letra "c": fazendo uma análise restrita aos eventos do período "a" do quadro retro reproduzido, o *dies a quo* (marco inicial da contagem) do prazo decadencial de cinco anos é o primeiro dia do exercício seguinte ao que o lançamento poderia ter sido efetuado, nos termos do artigo 173, inciso I, do CTN. Assim, entre as referências

09/2002 a 11/2002, o *dies a quo* é 01/2003, já que na referência 11/2002 o lançamento poderia ter sido efetuado pelo Fisco, num exemplo de eficiência, em 12/2002, de maneira que o primeiro dia do exercício seguinte ao que o lançamento poderia ter sido efetuado seria 01/01/2003. Nesse período (09/2002 a 11/2002) a decadência operou-se em 01/01/2008 (portanto, antes do lançamento). Uma atenção especial merece a referência 12/2002, pois o lançamento poderia ter sido efetuado pelo fisco em 01/2003, e, assim, o primeiro dia do exercício seguinte ao que o lançamento poderia ter sido efetuado é 01/01/2004 (marco inicial do cômputo do prazo decadencial), de forma que a decadência operar-se-ia em 01/01/2009 (posterior ao lançamento, ou seja, o lançamento deu-se antes da decadência em relação a tal referência). Igual raciocínio deve aplicar-se para as referências 01/2003 a 11/2003. Em resumo, como o lançamento de ofício deu-se em abril/2008, já tinham decaído as referências 09/2002 a 11/2002.

Alternativa "a": o principal erro da alternativa consiste em considerar a situação como sujeita ao prazo de prescrição, quando, na verdade, sujeita-se ao prazo decadencial. A prescrição tem seu cômputo iniciado com a constituição definitiva do crédito tributário, nos termos do artigo 174 do CTN, que seria abril/2008 (caso o contribuinte não apresentasse impugnação administrativa) ou a data da decisão administrativa irreformável desfavorável ao contribuinte.

Alternativa "b": *idem* comentário anterior.

Alternativa "d": como visto no comentário da alternativa "c", a partir da referência 12/2002 (inclusive) não houve a decadência. Aliás, o texto da alternativa induz o candidato a assinalá-la (e, portanto, a errar a questão), ensejando a contagem do prazo decadencial a partir da referência do fato gerador (e não do primeiro dia do exercício seguinte ao que o lançamento poderia ter sido efetuado). Na verdade, a contagem do prazo decadencial a partir do fato gerador apenas deve ser aplicada no período "b" do quadro reproduzido (em que há recolhimento antecipado no lançamento por homologação, porém a menor do que o devido), nos termos do artigo 150, § 4º do CTN. Para esse período (12/2003 a 03/2005) não houve a decadência, já que o lançamento ocorreu em 04/2008. A referência mais antiga desse período (12/2003) decairia em 12/2008.

Alternativa "e": o erro da alternativa está em permitir a interpretação de que os institutos da decadência e da prescrição são sinônimos. O que decai é o direito da Fazenda Pública (homologar o lançamento ou constituir o crédito tributário de ofício) e o que prescreve é a ação de cobrança do tributo (execução fiscal).

Com isso, se espera contribuir um pouco mais com a compreensão desses dois importantes e complexos institutos de Direito Tributário.

7. CONVERSÃO DO DEPÓSITO EM RENDA

Como já abordado, o depósito judicial ou administrativo do montante integral do tributo implica na suspensão da exigibilidade do crédito tributário (CTN, art. 151, II). Conforme já explanado também, o depósito é feito para afastar a mora enquanto a exação é questionada pelo sujeito passivo em ação judicial ou processo administrativo tributário.

Ocorre que, **se o contribuinte não lograr êxito** na impugnação **e a Fazenda Pública sair vitoriosa no processo**, a **Fazenda terá direito a converter o depósito em renda**, com a **consequente extinção do** respectivo **crédito tributário** (CTN, art. 156, VI).

Convém lembrar que, em caso de impugnação judicial anterior ao lançamento, típica das ações declaratórias de inexistência de relação jurídico-tributária, existem duas correntes de pensamento. A primeira é de que o Fisco, em caso de sucumbência do contribuinte na ação, para ter direito à conversão do depósito em renda, deverá efetuar o lançamento. Nesse caso, deve-se ter atenção para a decadência, pois se o fisco efetuar esse lançamento após o decurso do prazo decadencial, mesmo saindo a Fazenda vitoriosa na ação judicial, verá o crédito tributário extinto sem direito a exigir o seu pagamento. E a segunda encerra o pensamento de que o depósito constituiria uma antecipação de pagamento e configuraria lançamento por homologação, o que tornaria desnecessária a constituição do crédito tributário pelo fisco.

8. PAGAMENTO ANTECIPADO E HOMOLOGAÇÃO DO LANÇAMENTO

O pagamento antecipado tem por efeito extinguir o crédito tributário sob condição resolutória de posterior homologação do lançamento (CTN, 150, § 1º). Sendo resolutória a condição, a extinção do crédito tributário opera-se já no momento do pagamento. Expressa ou tacitamente homologado o pagamento (CTN, 150, § 4º), dá-se a confirmação da extinção do crédito tributário prevista no artigo 156, inciso VII do CTN, que elenca entre as hipóteses legais de extinção do crédito tributário **o pagamento antecipado e a homologação do lançamento.**

Se havia divergências quanto a isso, o que gerava interpretações como a da tese do STJ dos cinco anos mais cinco de prazo para ação de repetição de indébito tributário, o advento da Lei complementar nº 118/2005 acabou espancando quaisquer dúvidas ao dispor que "a extinção do crédito tributário ocorre, no caso de tributo sujeito a lançamento por homologação, no momento do pagamento antecipado".

9. CONSIGNAÇÃO EM PAGAMENTO

O crédito tributário também se extingue pela consignação em pagamento (CTN, art. 156, VIII).

A **importância do crédito tributário pode ser consignada judicialmente pelo sujeito passivo, nos casos: I –** de recusa de recebimento, ou subordinação deste ao pagamento de outro tributo ou penalidade, ou ao cumprimento de obrigação acessória; **II –** de subordinação do recebimento ao cumprimento de exigências administrativas sem fundamento legal; **III –** de exigência, por mais de uma pessoa jurídica de Direito Público, de tributo idêntico sobre um mesmo fato gerador (CTN, art. 164). Em relação à última hipótese, pode-se lembrar a situação em que dois municípios (o da prestação e do domicílio do prestador) pretendem receber ISSQN sobre uma mesma prestação de serviços.

Importante frisar que a **consignação só pode versar sobre o crédito que o consignante se propõe a pagar** (CTN, art. 164, § 1º). Quer dizer que, em matéria tributária, a **ação não pode ser ajuizada para discutir a validade ou o valor do tributo**. Nesses casos, a opção do contribuinte deve ser por outra ação (v.g. ação anulatória) e pelo depósito do montante integral para suspender a exigibilidade do crédito, se assim o desejar.

Eis a diferença entre consignação em pagamento, em que o objetivo do sujeito passivo é realizar o pagamento, e ação anulatória com depósito do montante integral do tributo, em que o sujeito passivo tem por objetivo o desfazimento do lançamento.

Julgada **procedente a consignação**, o **pagamento se reputa efetuado e a importância consignada é convertida em renda**; julgada **improcedente a consignação**, no todo ou em parte, **cobra-se o crédito** acrescido de juros de mora, sem prejuízo das penalidades cabíveis (CTN, art. 164, § 2º).

10. DECISÃO ADMINISTRATIVA IRREFORMÁVEL

A decisão administrativa irreformável constitui causa de extinção do crédito tributário (CTN, art. 156, IX) nos casos em que a exigência é julgada improcedente, o que se dá quando o órgão administrativo pronuncia-se pela inexistência de obrigação tributária.

11. DECISÃO PASSADA EM JULGADO

A sentença judicial transitada em julgado que julga procedentes pedidos de contribuintes também extingue o crédito tributário (CTN, 156, X). Pode ocorrer em mandados de segurança, ações anulatórias, embargos à execução etc.

12. DAÇÃO EM PAGAMENTO

A partir da vigência da Lei complementar nº 104/2001, a **dação em pagamento** em **bens imóveis** passou a ser admitida, na forma e condições estabelecidas em lei, como causa de extinção do crédito tributário (CTN, art. 151, XI).

ATENÇÃO:

Segundo o Código Civil, são bens imóveis "o solo e tudo quanto se lhe incorporar natural ou artificialmente" (artigo 79) e bens móveis aqueles "suscetíveis de movimento próprio, ou de remoção por força alheia, sem alteração da substância ou da destinação econômico-social" (artigo 82). Tal distinção é muito útil no Direito Tributário, na medida em que são determinantes, inclusive, para a fixação de competências tributárias, como, por exemplo, no ITBI municipal, que incide sobre "transmissão *inter vivos*, a qualquer título, por ato oneroso, de **bens imóveis**, por natureza ou acessão física, e de direitos reais sobre imóveis, exceto os de garantia, bem como cessão de direitos a sua aquisição" (artigo 156, inciso II, da CF). A dação em pagamento é considerada uma hipótese de extinção do crédito tributário desde que se refira a bens imóveis.

Por dação em pagamento entende-se o espontâneo oferecimento de bens pelo devedor (ao invés de pecúnia), ao credor, como forma de extinguir a dívida. No caso de dação em pagamento para extinção de crédito tributário **somente** são admitidos **bens imóveis.**

A dação em pagamento como forma de extinção do crédito tributário também depende de lei específica editada pelo ente tributante. No município de São Paulo, por exemplo, a Lei municipal nº 13.259/2001 autoriza e estabelece as condições para o recebimento de tributos por dação em pagamento.

13. INFORMATIVOS DE JURISPRUDÊNCIA (2017 E 2018)

Prazo prescricional e tributo declarado inconstitucional

A Segunda Turma, por maioria, conheceu de agravo para dar provimento a recurso extraordinário em que se discute o termo inicial do prazo prescricional para postular restituição de valores pagos a título de cota de contribuição do café, tributo declarado inconstitucional pelo Supremo Tribunal Federal (STF) (1) sem modulação de efeitos (2) (Informativo 899).

Quando do ajuizamento da ação, o Superior Tribunal de Justiça (STJ) entendia que o prazo prescricional tinha início a partir da data da declaração de inconstitucionalidade da exação pelo STF no controle concentrado, ou de resolução do Senado Federal (SF), no controle difuso.

Essa foi a orientação utilizada pelo tribunal de origem para superar a arguição de prescrição e declarar a incompatibilidade da cota de contribuição do café, determinando a restituição dos valores indevidamente recolhidos.

Em momento posterior, o STJ promoveu revisão abrupta de sua jurisprudência para considerar que, nos tributos sujeitos a lançamento por homologação, o transcurso do prazo prescricional ocorre a partir do recolhimento indevido, independentemente do STF ou do SF (REsp 435.835/SC).

Esse novel entendimento foi aplicado pelo Tribunal Superior no julgamento do recurso especial para reformar o aresto de segundo grau e julgar prescrito o direito à devolução. O recurso extraordinário foi interposto contra esse acórdão.

Para o colegiado, no entanto, a aplicação imediata de novo entendimento do STJ aos processos em curso representa retroação da regra de contagem do prazo prescricional às pretensões já ajuizadas, em afronta ao princípio da segurança jurídica e aos postulados da lealdade, da boa-fé e da confiança legítima, sobre os quais se assenta o próprio Estado Democrático de Direito. Com base nesse entendimento, restabeleceu o acórdão de segundo grau que, diante da ausência de prescrição, reconhecera o direito à restituição. A modificação na jurisprudência em matéria de prescrição não pode retroagir para considerar prescrita pretensão que não o era à época do ajuizamento da ação, em respeito ao posicionamento anteriormente consolidado.

Toda inflexão jurisprudencial que importe restrição a direitos dos cidadãos deve observar certa regra de transição para produção de seus efeitos, levando em consideração os comportamentos então tidos como legítimos, porquanto praticados em conformidade com a orientação prevalecente, em homenagem aos valores e princípios constitucionais.

Vencidos os ministros Gilmar Mendes (relator) e Edson Fachin, que negaram provimento ao recurso, ao argumento de que a questão relativa à prescrição repetitória de tributos declarados inconstitucionais possui viés nitidamente infraconstitucional. A alegada ofensa à Constituição, se existente, seria reflexa ou indireta, pois o STJ analisou e interpretou apenas a legislação federal [CTN, art. 168 (3)]. Não cabe à Suprema Corte fiscalizar a jurisprudência do STJ em matéria infraconstitucional para apreciar a tese de que a alteração jurisprudencial teria trazido efeitos concretos prejudiciais ao contribuinte.

(1) RE 408.830/ES, DJ de 4.6.2004.

(2) RE 546.649/PR, DJe de 12.3.2015.

(3) Código Tributário Nacional: "Art. 168. O direito de pleitear a restituição extingue-se com o decurso do prazo de 5 (cinco) anos, contados: I – nas hipóteses dos incisos I e II do artigo 165, da data da extinção do crédito tributário; II – na hipótese do inciso III do artigo 165, da data em que se tornar definitiva a decisão administrativa ou passar em julgado a decisão judicial que tenha reformado, anulado, revogado ou rescindido a decisão condenatória."

ARE 951533/ES, rel. Min. Gilmar Mendes, red. p/ o ac. acórdão o Min. Dias Toffoli, julgamento em 12.6.2018. (ARE-951533)

(Informativo 906, Segunda Turma)

Crédito Proveniente do Adicional de Indenização do Trabalhador Portuário Avulso – AITP. Compensação Tributária com créditos administrados pela Secretaria da Receita Federal – SRF. Possibilidade.

É possível compensar créditos tributários administrados pela Secretaria da Receita Federal com o crédito proveniente do Adicional de Indenização do Trabalhador Portuário Avulso - AITP. REsp 1.738.282-ES, Rel. Min. Gurgel de Faria, Rel. Acd. Min. Napoleão Nunes Maia Filho, por maioria, julgado em 21/06/2018, DJe 28/08/2018. (Informativo n. 631.)

Execução fiscal. Conselho profissional. Anuidades. Art. 8º da Lei n. 12.514/11. Prescrição. Termo inicial. Alcance do valor mínimo para execução.

O prazo prescricional para cobrança das anuidades pagas aos conselhos profissionais tem início somente quando o total da dívida inscrita, acrescida dos respectivos consectários legais, atingir o patamar mínimo estabelecido pela Lei n. 12.514/2011. REsp 1.524.930-RS, Rel. Min. Og Fernandes, por unanimidade, julgado em 2/2/2017, DJe 8/2/2017. (Informativo n. 597)

14. SÚMULAS

Súmula vinculante 8: "São inconstitucionais o parágrafo único do artigo 5° do Decreto-Lei 1.569/1977 e os artigos 45 e 46 da Lei 8.212/1991, que tratam de prescrição e decadência de crédito tributário".

Súmula 71 STF: "Embora pago indevidamente, não cabe restituição de tributo indireto".

Súmula 546 STF: "Cabe a restituição do tributo pago indevidamente, quando reconhecido por decisão, que o contribuinte de jure não recuperou do contribuinte de facto o quantum respectivo".

Súmula 162 STJ: "Na repetição de indébito tributário, a correção monetária incide a partir do pagamento indevido".

Súmula 188 STJ: "Os juros moratórios, na repetição do indébito tributário, são devidos a partir do trânsito em julgado da sentença".

Súmula 212 STJ: "A compensação de créditos tributários não pode ser deferida em ação cautelar ou por medida liminar cautelar ou antecipatória".

Súmula 213 STJ: "O mandado de segurança constitui ação adequada para a declaração do direito à compensação tributária".

Súmula 314 STJ: "Em execução fiscal, não localizados bens penhoráveis, suspende-se o processo por um ano, findo o qual se inicia o prazo da prescrição quinquenal intercorrente".

Súmula 409 STJ: "Em execução fiscal, a prescrição ocorrida antes da propositura da ação pode ser decretada de ofício (art. 219, § 5°, do CPC)".

Súmula 460 STJ: "É incabível o mandado de segurança para convalidar a compensação tributária realizada pelo contribuinte".

Súmula 461 STJ: "O contribuinte pode optar por receber, por meio de precatório ou por compensação, o indébito tributário certificado por sentença declaratória transitada em julgado".

Súmula 464 STJ: "A regra de imputação de pagamentos estabelecida no art. 354 do Código Civil não se aplica às hipóteses de compensação tributária".

Súmula 523 STJ: "A taxa de juros de mora incidente na repetição de indébito de tributos estaduais deve corresponder à utilizada para cobrança do tributo pago em atraso, sendo legítima a incidência da taxa Selic, em ambas as hipóteses, quando prevista na legislação local, vedada sua cumulação com quaisquer outros índices".

Súmula 555 STJ: "Quando não houver declaração do débito, o prazo decadencial quinquenal para o Fisco constituir o crédito tributário conta-se exclusivamente na forma do art. 173, I, do CTN, nos casos em que a legislação atribui ao sujeito passivo o dever de antecipar o pagamento sem prévio exame da autoridade administrativa".

Súmula 622 do STJ: "A notificação do auto de infração faz cessar a contagem da decadência para a constituição do crédito tributário; exaurida a instância administrativa com o decurso do prazo para a impugnação ou com a notificação de seu julgamento definitivo e esgotado o prazo concedido pela Administração para o pagamento voluntário, inicia-se o prazo prescricional para a cobrança judicial".

Súmula 2 CARF: "O CARF não é competente para se pronunciar sobre a inconstitucionalidade de lei tributária".

Súmula 10 CARF (Revisada): "Para fins de contagem do prazo decadencial para a constituição de crédito tributário relativo a lucro inflacionário diferido, deve-se levar em conta o período de apuração de sua efetiva realização ou o período em que, em face da legislação, deveria ter sido realizado, ainda que em percentuais mínimos".

Súmula 11 CARF: "Não se aplica a prescrição intercorrente no processo administrativo fiscal".

Súmula 17 CARF: "Não cabe a exigência de multa de ofício nos lançamentos efetuados para prevenir a decadência, quando a exigibilidade estiver suspensa na forma dos incisos IV ou V do art. 151 do CTN e a suspensão do débito tenha ocorrido antes do início de qualquer procedimento de ofício a ele relativo".

Súmula 72 CARF: "Caracterizada a ocorrência de dolo, fraude ou simulação, a contagem do prazo decadencial rege-se pelo art. 173, inciso I, do CTN".

Súmula 78 CARF: "A fixação do termo inicial da contagem do prazo decadencial, na hipótese de lançamento sobre lucros disponibilizados no exterior, deve levar em consideração a data em que se considera ocorrida a disponibilização, e não a data do auferimento dos lucros pela empresa sediada no exterior".

Súmula 84 CARF (Revisada): "É possível a caracterização de indébito, para fins de restituição ou compensação, na data do recolhimento de estimativa".

Súmula 91 CARF: "Ao pedido de restituição pleiteado administrativamente antes de 9 de junho de 2005, no caso de tributo sujeito a lançamento por homologação, aplica-se o prazo prescricional de 10 (dez) anos, contado do fato gerador".

Súmula 99 CARF: "Para fins de aplicação da regra decadencial prevista no art. 150, § 4°, do CTN, para as contribuições previdenciárias, caracteriza pagamento antecipado o recolhimento, ainda que parcial, do valor considerado como devido pelo contribuinte na competência do fato gerador a que se referir a autuação, mesmo que não tenha sido incluída, na base de cálculo deste recolhimento, parcela relativa a rubrica especificamente exigida no auto de infração".

Súmula 101 CARF: "Na hipótese de aplicação do art. 173, inciso I, do CTN, o termo inicial do prazo decadencial é o primeiro dia do exercício seguinte àquele em que o lançamento poderia ter sido efetuado".

Súmula 104 CARF: "Lançamento de multa isolada por falta ou insuficiência de recolhimento de estimativa de IRPJ ou de CSLL submete-se ao prazo decadencial previsto no art. 173, inciso I, do CTN".

Súmula 106 CARF: "Caracterizada a ocorrência de apropriação indébita de contribuições previdenciárias descontadas de segurados empregados e/ou contribuintes individuais, a contagem do prazo decadencial rege-se pelo art. 173, inciso I, do CTN".

Súmula 114 CARF: "O Imposto de Renda incidente na fonte sobre pagamento a beneficiário não identificado, ou sem comprovação da operação ou da causa, submete-se ao prazo decadencial previsto no art. 173, I, do CTN".

Súmula 116 CARF: "Para fins de contagem do prazo decadencial para a constituição de crédito tributário relativo a glosa de amortização de ágio na forma dos arts. 7° e 8° da Lei n° 9.532/1997, deve-se levar em conta o período de sua repercussão na apuração do tributo em cobrança".

Súmula 123 CARF: "Imposto de renda retido na fonte relativo a rendimentos sujeitos a ajuste anual caracteriza pagamento apto a atrair a aplicação da regra decadencial prevista no art. 150, § 4°, do CTN".

Súmula 04/2003 TIT/SP: "Não é admissível a prescrição intercorrente no processo administrativo tributário".

Súmula 09/2017 TIT/SP: "Nas autuações originadas da escrituração de créditos indevidos de ICMS, aplica-se a regra decadencial disposta no art 173, inciso I, do Código Tributário Nacional".

15. LEGISLAÇÃO RELACIONADA AO CAPÍTULO

» CONSTITUIÇÃO FEDERAL

Art. 78 do ADCT. Ressalvados os créditos definidos em lei como de pequeno valor, os de natureza alimentícia, os de que trata o art. 33 deste Ato das Disposições Constitucionais Transitórias e suas complementações e os que já tiverem os seus respectivos recursos liberados ou depositados em juízo, os precatórios pendentes na data de promulgação desta Emenda e os que decorram de ações iniciais ajuizadas até 31 de dezembro de 1999 serão liquidados pelo seu valor real, em moeda corrente, acrescido de juros legais, em prestações anuais, iguais e sucessivas, no prazo máximo de dez anos, permitida a cessão dos créditos.

§ 1º É permitida a decomposição de parcelas, a critério do credor.

§ 2º As prestações anuais a que se refere o *caput* deste artigo terão, se não liquidadas até o final do exercício a que se referem, poder liberatório do pagamento de tributos da entidade devedora.

» CÓDIGO TRIBUTÁRIO NACIONAL

Art. 7º: ...

§ 3º Não constitui delegação de competência o cometimento, a pessoas de direito privado, do encargo ou da função de arrecadar tributos.

Art. 45. Contribuinte do imposto é o titular da disponibilidade a que se refere o artigo 43, sem prejuízo de atribuir a lei essa condição ao possuidor, a qualquer título, dos bens produtores de renda ou dos proventos tributáveis.

Parágrafo único. A lei pode atribuir à fonte pagadora da renda ou dos proventos tributáveis a condição de responsável pelo imposto cuja retenção e recolhimento lhe caibam.

Art. 121. Sujeito passivo da obrigação principal é a pessoa obrigada ao pagamento de tributo ou penalidade pecuniária.

Parágrafo único. O sujeito passivo da obrigação principal diz-se:

I - contribuinte, quando tenha relação pessoal e direta com a situação que constitua o respectivo fato gerador;

II - responsável, quando, sem revestir a condição de contribuinte, sua obrigação decorra de disposição expressa de lei.

Art. 150. O lançamento por homologação, que ocorre quanto aos tributos cuja legislação atribua ao sujeito passivo o dever de antecipar o pagamento sem prévio exame da autoridade administrativa, opera-se pelo ato em que a referida autoridade, tomando conhecimento da atividade assim exercida pelo obrigado, expressamente a homologa.

§ 1º O pagamento antecipado pelo obrigado nos termos deste artigo extingue o crédito, sob condição resolutória da ulterior homologação ao lançamento.

§ 2º Não influem sobre a obrigação tributária quaisquer atos anteriores à homologação, praticados pelo sujeito passivo ou por terceiro, visando à extinção total ou parcial do crédito.

§ 3º Os atos a que se refere o parágrafo anterior serão, porém, considerados na apuração do saldo porventura devido e, sendo o caso, na imposição de penalidade, ou sua graduação.

§ 4º Se a lei não fixar prazo a homologação, será ele de cinco anos, a contar da ocorrência do fato gerador; expirado esse prazo sem que a Fazenda Pública se tenha pronunciado, considera-se homologado o lançamento e definitivamente extinto o crédito, salvo se comprovada a ocorrência de dolo, fraude ou simulação.

Art. 156. Extinguem o crédito tributário:

I - o pagamento;

II - a compensação;

III - a transação;

IV - remissão;

V - a prescrição e a decadência;

VI - a conversão de depósito em renda;

VII - o pagamento antecipado e a homologação do lançamento nos termos do disposto no artigo 150 e seus §§ 1º e 4º;

VIII - a consignação em pagamento, nos termos do disposto no § 2º do artigo 164;

IX - a decisão administrativa irreformável, assim entendida a definitiva na órbita administrativa, que não mais possa ser objeto de ação anulatória;

X - a decisão judicial passada em julgado.

XI - a dação em pagamento em bens imóveis, na forma e condições estabelecidas em lei.

Parágrafo único. A lei disporá quanto aos efeitos da extinção total ou parcial do crédito sobre a ulterior verificação da irregularidade da sua constituição, observado o disposto nos artigos 144 e 149.

Art. 157. A imposição de penalidade não ilide o pagamento integral do crédito tributário.

Art. 158. O pagamento de um crédito não importa em presunção de pagamento:

I - quando parcial, das prestações em que se decomponha;

II - quando total, de outros créditos referentes ao mesmo ou a outros tributos.

Art. 159. Quando a legislação tributária não dispuser a respeito, o pagamento é efetuado na repartição competente do domicílio do sujeito passivo.

Art. 160. Quando a legislação tributária não fixar o tempo do pagamento, o vencimento do crédito ocorre trinta dias depois da data em que se considera o sujeito passivo notificado do lançamento.

Parágrafo único. A legislação tributária pode conceder desconto pela antecipação do pagamento, nas condições que estabeleça.

Art. 161. O crédito não integralmente pago no vencimento é acrescido de juros de mora, seja qual for o motivo determinante da falta, sem prejuízo da imposição das penalidades cabíveis e da aplicação de quaisquer medidas de garantia previstas nesta Lei ou em lei tributária.

§ 1º Se a lei não dispuser de modo diverso, os juros de mora são calculados à taxa de um por cento ao mês.

§ 2º O disposto neste artigo não se aplica na pendência de consulta formulada pelo devedor dentro do prazo legal para pagamento do crédito.

Art. 162. O pagamento é efetuado:

I - em moeda corrente, cheque ou vale postal;

II - nos casos previstos em lei, em estampilha, em papel selado, ou por processo mecânico.

§ 1º A legislação tributária pode determinar as garantias exigidas para o pagamento por cheque ou vale postal, desde que não o torne impossível ou mais oneroso que o pagamento em moeda corrente.

§ 2º O crédito pago por cheque somente se considera extinto com o resgate deste pelo sacado.

§ 3º O crédito pagável em estampilha considera-se extinto com a inutilização regular daquela, ressalvado o disposto no artigo 150.

§ 4º A perda ou destruição da estampilha, ou o erro no pagamento por esta modalidade, não dão direito a restituição, salvo nos casos expressamente previstos na legislação tributária, ou naquelas em que o erro seja imputável à autoridade administrativa.

§ 5º O pagamento em papel selado ou por processo mecânico equipara-se ao pagamento em estampilha.

Art. 163. Existindo simultaneamente dois ou mais débitos vencidos do mesmo sujeito passivo para com a mesma pessoa jurídica de direito público, relativos ao mesmo ou a diferentes tributos ou provenientes de penalidade pecuniária ou juros de mora, a autoridade administrativa competente para receber o pagamento determinará a respectiva imputação, obedecidas as seguintes regras, na ordem em que enumeradas:

I - em primeiro lugar, aos débitos por obrigação própria, e em segundo lugar aos decorrentes de responsabilidade tributária;

II - primeiramente, às contribuições de melhoria, depois às taxas e por fim aos impostos;

III - na ordem crescente dos prazos de prescrição;

IV - na ordem decrescente dos montantes.

Art. 164. A importância de crédito tributário pode ser consignada judicialmente pelo sujeito passivo, nos casos:

I - de recusa de recebimento, ou subordinação deste ao pagamento de outro tributo ou de penalidade, ou ao cumprimento de obrigação acessória;

II - de subordinação do recebimento ao cumprimento de exigências administrativas sem fundamento legal;

III - de exigência, por mais de uma pessoa jurídica de direito público, de tributo idêntico sobre um mesmo fato gerador.

§ 1º A consignação só pode versar sobre o crédito que o consignante se propõe pagar.

§ 2º Julgada procedente a consignação, o pagamento se reputa efetuado e a importância consignada é convertida em renda; julgada improcedente a consignação no todo ou em parte, cobra-se o crédito acrescido de juros de mora, sem prejuízo das penalidades cabíveis.

Art. 165. O sujeito passivo tem direito, independentemente de prévio protesto, à restituição total ou parcial do tributo, seja qual for a modalidade do seu pagamento, ressalvado o disposto no § 4º do artigo 162, nos seguintes casos:

I - cobrança ou pagamento espontâneo de tributo indevido ou maior que o devido em face da legislação tributária aplicável, ou da natureza ou circunstâncias materiais do fato gerador efetivamente ocorrido;

II - erro na edificação do sujeito passivo, na determinação da alíquota aplicável, no cálculo do montante do débito ou na elaboração ou conferência de qualquer documento relativo ao pagamento;

III - reforma, anulação, revogação ou rescisão de decisão condenatória.

Art. 166. A restituição de tributos que comportem, por sua natureza, transferência do respectivo encargo financeiro somente será feita a quem prove haver assumido o referido encargo, ou, no caso de tê-lo transferido a terceiro, estar por este expressamente autorizado a recebê-la.

Art. 167. A restituição total ou parcial do tributo dá lugar à restituição, na mesma proporção, dos juros de mora e das penalidades pecuniárias, salvo as referentes a infrações de caráter formal não prejudicadas pela causa da restituição.

Parágrafo único. A restituição vence juros não capitalizáveis, a partir do trânsito em julgado da decisão definitiva que a determinar.

Art. 168. O direito de pleitear a restituição extingue-se com o decurso do prazo de 5 (cinco) anos, contados:

I - nas hipótese dos incisos I e II do artigo 165, da data da extinção do crédito tributário;

II - na hipótese do inciso III do artigo 165, da data em que se tornar definitiva a decisão administrativa ou passar em julgado a decisão judicial que tenha reformado, anulado, revogado ou rescindido a decisão condenatória.

Art. 169. Prescreve em dois anos a ação anulatória da decisão administrativa que denegar a restituição.

Parágrafo único. O prazo de prescrição é interrompido pelo início da ação judicial, recomeçando o seu curso, por metade, a partir da data da intimação validamente feita ao representante judicial da Fazenda Pública interessada.

Art. 170. A lei pode, nas condições e sob as garantias que estipular, ou cuja estipulação em cada caso atribuir à autoridade administrativa, autorizar a compensação de créditos tributários com créditos líquidos e certos, vencidos ou vincendos, do sujeito passivo contra a Fazenda pública.

Parágrafo único. Sendo vincendo o crédito do sujeito passivo, a lei determinará, para os efeitos deste artigo, a apuração do seu montante, não podendo, porém, cominar redução maior que a correspondente ao juro de 1% (um por cento) ao mês pelo tempo a decorrer entre a data da compensação e a do vencimento.

Art. 170-A. É vedada a compensação mediante o aproveitamento de tributo, objeto de contestação judicial pelo sujeito passivo, antes do trânsito em julgado da respectiva decisão judicial.

Art. 171. A lei pode facultar, nas condições que estabeleça, aos sujeitos ativo e passivo da obrigação tributária celebrar transação que, mediante concessões mútuas, importe em determinação de litígio e conseqüente extinção de crédito tributário.

Parágrafo único. A lei indicará a autoridade competente para autorizar a transação em cada caso.

Art. 172. A lei pode autorizar a autoridade administrativa a conceder, por despacho fundamentado, remissão total ou parcial do crédito tributário, atendendo:

I - à situação econômica do sujeito passivo;

II - ao erro ou ignorância excusáveis do sujeito passivo, quanto a matéria de fato;

III - à diminuta importância do crédito tributário;

IV - a considerações de eqüidade, em relação com as características pessoais ou materiais do caso;

V - a condições peculiares a determinada região do território da entidade tributante.

Parágrafo único. O despacho referido neste artigo não gera direito adquirido, aplicando-se, quando cabível, o disposto no artigo 155.

Art. 173. O direito de a Fazenda Pública constituir o crédito tributário extingue-se após 5 (cinco) anos, contados:

I - do primeiro dia do exercício seguinte àquele em que o lançamento poderia ter sido efetuado;

II - da data em que se tornar definitiva a decisão que houver anulado, por vício formal, o lançamento anteriormente efetuado.

Parágrafo único. O direito a que se refere este artigo extingue-se definitivamente com o decurso do prazo nele previsto, contado da data em que tenha sido iniciada a constituição do crédito tributário pela notificação, ao sujeito passivo, de qualquer medida preparatória indispensável ao lançamento.

Art. 174. A ação para a cobrança do crédito tributário prescreve em cinco anos, contados da data da sua constituição definitiva.

Parágrafo único. A prescrição se interrompe:

I - pelo despacho do juiz que ordenar a citação em execução fiscal; (Redação dada pela Lcp nº 118, de 2005)

II - pelo protesto judicial;

III - por qualquer ato judicial que constitua em mora o devedor;

IV – por qualquer ato inequívoco ainda que extrajudicial, que importe em reconhecimento do débito pelo devedor.

» LEI COMPLEMENTAR Nº 118, DE 9 DE FEVEREIRO DE 2005

Art. 3º Para efeito de interpretação do inciso I do art. 168 da Lei no 5.172, de 25 de outubro de 1966 – Código Tributário Nacional, a extinção do crédito tributário ocorre, no caso de tributo sujeito a lançamento por homologação, no momento do pagamento antecipado de que trata o § 1º do art. 150 da referida Lei.

» LEI Nº 12.153, DE 22 DE DEZEMBRO DE 2009

Juizados Especiais da Fazenda Pública no âmbito dos Estados, do Distrito Federal, dos Territórios e dos Municípios

Art. 8º Os representantes judiciais dos réus presentes à audiência poderão conciliar, transigir ou desistir nos processos da competência dos Juizados Especiais, nos termos e nas hipóteses previstas na lei do respectivo ente da Federação.

» LEI Nº 6.830, DE 22 DE SETEMBRO DE 1980

Lei de Execução Fiscal – LEF

Art. 2º – Constitui Dívida Ativa da Fazenda Pública aquela definida como tributária ou não tributária na Lei nº 4.320, de 17 de março de 1964, com as alterações posteriores, que estatui normas gerais de direito financeiro para elaboração e controle dos orçamentos e balanços da União, dos Estados, dos Municípios e do Distrito Federal.

§ 1º – Qualquer valor, cuja cobrança seja atribuída por lei às entidades de que trata o artigo 1º, será considerado Dívida Ativa da Fazenda Pública.

§ 2º – A Dívida Ativa da Fazenda Pública, compreendendo a tributária e a não tributária, abrange atualização monetária, juros e multa de mora e demais encargos previstos em lei ou contrato.

§ 3º – A inscrição, que se constitui no ato de controle administrativo da legalidade, será feita pelo órgão competente para apurar a liquidez e certeza do crédito e suspenderá a prescrição, para todos os efeitos de direito, por 180 dias, ou até a distribuição da execução fiscal, se esta ocorrer antes de findo aquele prazo.

Art. 8º – O executado será citado para, no prazo de 5 (cinco) dias, pagar a dívida com os juros e multa de mora e encargos indicados na Certidão de Dívida Ativa, ou garantir a execução, observadas as seguintes normas:

I – a citação será feita pelo correio, com aviso de recepção, se a Fazenda Pública não a requerer por outra forma;

II – a citação pelo correio considera-se feita na data da entrega da carta no endereço do executado, ou, se a data for omitida, no aviso de recepção, 10 (dez) dias após a entrega da carta à agência postal;

III – se o aviso de recepção não retornar no prazo de 15 (quinze) dias da entrega da carta à agência postal, a citação será feita por Oficial de Justiça ou por edital;

IV – o edital de citação será afixado na sede do Juízo, publicado uma só vez no órgão oficial, gratuitamente, como expediente judiciário, com o prazo de 30 (trinta) dias, e conterá, apenas, a indicação da exeqüente, o nome do devedor e dos co-responsáveis, a quantia devida, a natureza da dívida, a data e o número da inscrição no Registro da Dívida Ativa, o prazo e o endereço da sede do Juízo.

§ 1º – O executado ausente do País será citado por edital, com prazo de 60 (sessenta) dias.

§ 2º – O despacho do Juiz, que ordenar a citação, interrompe a prescrição.

Art. 40 – O Juiz suspenderá o curso da execução, enquanto não for localizado o devedor ou encontrados bens sobre os quais possa recair a penhora, e, nesses casos, não correrá o prazo de prescrição.

§ 1º – Suspenso o curso da execução, será aberta vista dos autos ao representante judicial da Fazenda Pública.

§ 2º – Decorrido o prazo máximo de 1 (um) ano, sem que seja localizado o devedor ou encontrados bens penhoráveis, o Juiz ordenará o arquivamento dos autos.

§ 3º – Encontrados que sejam, a qualquer tempo, o devedor ou os bens, serão desarquivados os autos para prosseguimento da execução.

§ 4º Se da decisão que ordenar o arquivamento tiver decorrido o prazo prescricional, o juiz, depois de ouvida a Fazenda Pública, poderá, de ofício, reconhecer a prescrição intercorrente e decretá-la de imediato.

§ 5º A manifestação prévia da Fazenda Pública prevista no § 4º deste artigo será dispensada no caso de cobranças judiciais cujo valor seja inferior ao mínimo fixado por ato do Ministro de Estado da Fazenda.

16. QUESTÕES FUNDAMENTADAS

1. (Procurador do Município – Prefeitura Curitiba-PR/2007 – PUC) Quanto à prescrição e à decadência em matéria tributária, analise os itens seguintes:

I Até a data da lavratura do ato de lançamento flui o prazo de decadência.

II Após a ciência da decisão do processo administrativo tributário decorrente da impugnação do sujeito passivo ao lançamento inicia-se o prazo de prescrição.

III Enquanto perdurar o trâmite do processo administrativo de discussão do crédito tributário não flui o prazo de prescrição, mas flui o de decadência.

IV Uma vez anulado, por vício material, o lançamento anteriormente efetuado, reinicia-se o prazo de decadência.

São corretas:

a) Apenas I e IV.

b) I, II e III.

c) Apenas II e III.

d) Apenas I e II.

e) Apenas III e IV.

2. (Procurador do Município – Prefeitura Recife-PE/2008 – FCC) Determinado Município pretende, por lei especifica, perdoar créditos tributários compostos pelo valor do tributo e multas relativos a impostos e taxas municipais. A medida a ser adotada para efetivar o perdão do crédito é a

a) anistia.

b) remissão.

c) isenção.

d) moratória.

e) compensação.

3. (Procurador do Município – Prefeitura Ribeirão Preto-SP/2007 – VUNESP) Existindo simultaneamente dois ou mais débitos vencidos, de obrigação do próprio contribuinte, para com a mesma pessoa de direito público, a autoridade competente para receber o pagamento determinará a imputação observando, sucessivamente, na seguinte ordem:

a) primeiramente pelo valor decrescente dos montantes, em seguida, pela ordem crescente dos prazos de prescrição e, finalmente, pela espécie de tributo, caso em que serão pagas primeiro as contribuições de melhoria, depois as taxas e por fim os impostos.

b) primeiramente pela espécie de tributo, caso em que serão pagas primeiro as contribuições de melhoria, depois as taxas e por fim os impostos, em seguida, pelo valor decrescente dos montantes e, finalmente, pela ordem crescente dos prazos de prescrição.

c) primeiramente pela espécie de tributo, caso em que serão pagas primeiro as contribuições de melhoria, depois as taxas e por fim os impostos, em seguida, pela ordem crescente dos prazos de prescrição e, finalmente, pelo valor decrescente dos montantes.

d) primeiramente pela ordem crescente dos prazos de prescrição, em seguida, pela espécie de tributo, caso em que serão pagos primeiro os impostos, depois as taxas e por fim as contribuições de melhoria e, finalmente, pelo valor decrescente dos montantes.

e) primeiramente pela ordem decrescente dos prazos de prescrição, em seguida, pelo valor crescente dos montantes e, finalmente, pela espécie de tributo caso em que serão pagos primeiro os impostos, depois as contribuições de melhoria e por fim as taxas.

4. (Procurador do Município – Prefeitura São Paulo-SP/2008 – FCC) A transação e a remissão são causas de extinção do crédito tributário. Considerando estas duas causas, é correto afirmar que a

a) transação em matéria tributária pode ser utilizada como forma de prevenir litígio, bastando que seja celebrada com autoridade administrativa competente.

b) remissão depende de lei do ente competente, podendo ser concedida em caráter geral, bastando a lei concessiva para que se beneficie do perdão.

c) remissão quando concedida em caráter geral gera direito adquirido, não sendo possível sua revogação, tal qual acontece com a moratória.

d) transação celebrada em sede de ação anulatória de débito fiscal depende apenas da homologação judicial do acordo.

e) superveniência da remissão, estando o crédito tributário já em fase de cobrança judicial, acarreta a extinção da execução fiscal.

5. (Procurador do Município - Prefeitura Teresina-PI/2010 - FCC) O pagamento do crédito tributário

I. não resta ilidido pela imposição de penalidade por descumprimento da legislação tributária;

II. relativamente à última parcela, importa em presunção de pagamento quando parcial, das prestações anteriores em que se decomponha;

III. por meio de cheque somente extingue o mesmo se for ao portador, emitido pelo próprio devedor e da praça da sede do ente tributante;

IV. pode ser consignado extrajudicialmente em estabelecimento bancário oficial, cabendo ao devedor notificar o ente tributante do depósito, que deverá ser recusado expressamente no prazo de quinze dias, sob pena de aceitação e extinção definitiva do crédito;

V. quando indevido, gera ao sujeito passivo o direito à restituição, ainda quando o pagamento tenha se dado independentemente de prévio protesto, desde que requerido administrativa ou judicialmente no prazo legal.

É correto o que se afirma SOMENTE em

a) I e V.

b) II e IV.

c) III e V.

d) I, III e V.

e) II, III e IV.

6. (TRF 4 - Juiz Federal Substituto 4ª região/2010) Dadas as assertivas abaixo, assinale a alternativa correta.

Quanto ao prazo de prescrição e decadência em matéria tributária, os Tribunais Superiores têm decidido que:

I. Alterações de prazos de decadência e prescrição como as feitas pelo art. 5º do Decreto-Lei 1.569/77 e pelos arts. 45 e 46 da Lei 8.212/91 são válidas devido à especialidade desses diplomas no tocante aos tributos específicos de que tratam.

II. Alterações de prazos de decadência e prescrição como as feitas pelo art. 5º do Decreto-Lei 1.569/77 e pelos arts. 45 e 46 da Lei 8.212/91 são ilegais devido ao conflito com dispositivos de Lei Complementar (Código Tributário Nacional), que é hierarquicamente superior àqueles diplomas posteriores.

III. Alterações de prazos de decadência e prescrição como as feitas pelo art. 5º do Decreto-Lei 1.569/77 e pelos arts. 45 e 46 da Lei 8.212/91 são inconstitucionais por exigir-se Lei Complementar para reger tais matérias.

IV. O prazo de prescrição para cobrança de tributos sujeitos a lançamento por homologação é de 5 anos a partir da data em que o pagamento antecipado foi ou deveria ter sido feito.

V. O prazo de prescrição para cobrança de tributos sujeitos a lançamento por homologação é de 10 anos (5 + 5) somente até a publicação da Lei Complementar 118/2005, a partir da qual passa a ser de apenas 5 anos.

a) Estão corretas apenas as assertivas I e II.

b) Estão corretas apenas as assertivas II e IV.

c) Estão corretas apenas as assertivas III e IV.

d) Estão corretas apenas as assertivas III e V.

e) Estão corretas apenas as assertivas II, III e IV.

7. (FCC - Juiz de Direito Substituto-GO/2012) Em fevereiro de 2012 o juiz proferiu despacho ordenando a citação em sede de execução fiscal para cobrar crédito tributário decorrente de fato gerador ocorrido em janeiro de 2001, cuja notificação de lançamento aconteceu em dezembro de 2006. Nesse caso,

a) houve decadência, pois entre a constituição do crédito tributário e o despacho do juiz ordenando a citação transcorreram mais de cinco anos.

b) houve decadência, pois entre a ocorrência do fato gerador e a constituição do crédito tributário transcorreram mais de cinco anos.

c) houve a prescrição, pois entre a constituição do crédito tributário e o despacho do juiz ordenando a citação transcorreram mais de cinco anos.

d) não houve nem a decadência, nem a prescrição, pois o prazo é interrompido com a inscrição do crédito em dívida ativa, conforme previsão expressa na Lei de Execução Fiscal.

e) não houve a decadência, pois o prazo para cobrar o crédito tributário só se inicia após transcorridos 180 dias da inscrição na dívida ativa, conforme previsão expressa na Lei de Execução Fiscal.

8. (TJ/RS – Juiz de Direito Substituto – RS/2012) Considere os fatos e os atos abaixo.

I. Prescrição e decadência

II. Pagamento antecipado e homologação do lançamento

III. Conversão de depósito em renda

Quais deles extinguem o crédito tributário?

a) Apenas I

b) Apenas II

c) Apenas III

d) Apenas I e II

e) I, II e III

9. (MPF – Procurador da República/2006) Assinale a alternativa correta:

Em matéria de prescrição e decadência, tendo em vista o que dispõe o § 1º do art. 113 e o inciso V do art. 156, ambos do Código Tributário Nacional, que versam respectivamente sobre: I – o surgimento e extinção da obrigação tributária e; II – extinção do crédito tributário, pode-se afirmar:

a) a decadência importa apenas na caducidade da exigibilidade do crédito tributário;

b) a prescrição extingue apenas a pretensão que emerge do crédito tributário;

c) a prescrição fulmina a pretensão que emerge do crédito tributário e, por consequência, extingue, também, o direito (obrigação tributária);

d) o prazo para a Fazenda Pública constituir o crédito tributário é de natureza prescricional.

10. (FCC – Procurador do Estado – SP/2012) A prescrição, no Direito Tributário,

a) atinge o direito material do fisco ao crédito tributário.

b) impede o lançamento do crédito tributário.

c) atinge apenas o direito processual de cobrança do crédito tributário.

d) tem os mesmos efeitos da prescrição no Direito Civil.

e) não é passível de interrupção do curso de seu prazo.

11. (COPS – Procurador do Estado – PR/2011) Dentre as alternativas abaixo, aponte aquela que estiver correta:

a) unicamente o pagamento extingue o crédito tributário, até porque o tributo é denominado pela legislação tributária vigente como uma prestação pecuniária;

b) a compensação tributária, quando objeto de contestação judicial, e desde que autorizada em lei, independe do trânsito em julgado da respectiva demanda;

c) sujeitos ativo e passivo da relação jurídica tributária podem, a qualquer tempo e condição, celebrar transação que, mediante concessões mútuas, importe em terminação do litígio e consequente extinção do crédito tributário;

d) a remição, total ou parcial, poderá extinguir o crédito tributário, desde que observada a condição da existência de despacho fundamentado por parte da autoridade administrativa;

e) a dação em pagamento em bens imóveis, excluídos os móveis, na forma e condições estabelecidas em lei, extinguem o crédito tributário.

12. (FCC – Procurador do Estado – MT/2011) São causas de extinção do crédito tributário que dependem de lei específica do ente político competente para serem aplicadas:

a) moratória e parcelamento.

b) transação e compensação.

c) isenção e remissão.

d) conversão do depósito em renda e decadência.

e) dação em pagamento de bem móvel e prescrição.

13. (CESPE – Procurador do Estado – CE/2008) Assinale a opção correta acerca do instituto tributário do pagamento de certo crédito tributário.

a) Quando o pagamento é realizado parcialmente, importa em presunção de pagamento das prestações em que se decomponha.

b) Quando o pagamento é total, importa em presunção de pagamento de todos os outros créditos.

c) Quando o pagamento é total, não importa em presunção de pagamento de outros créditos, mas apenas de créditos referentes a outros tributos.

d) Quando o pagamento é parcial, importa na presunção de pagamento de créditos referentes a outros tributos.

e) Quando o pagamento é total, não importa na presunção de pagamento de outros créditos referentes ao mesmo tributo ou a outros.

14. (FCC – Defensor Público – AM/2013) O contribuinte pretende quitar seu débito com a Fazenda Pública através da entrega de bem imóvel de sua propriedade. Neste caso, esta medida só terá cabimento se

a) houver lei do ente competente especificando a forma e as condições para a realização da dação em pagamento, hipótese em que será admitida como causa de extinção do crédito tributário.

b) o bem imóvel estiver garantindo o juízo da execução e desde que haja interesse por parte do ente em receber aquele bem imóvel na forma de depósito, hipótese em que será admitida como causa de exclusão do crédito tributário.

c) estiver o débito em fase de cobrança judicial e não houver sido apresentado embargos à execução fiscal pelo executado, bem assim que haja lei autorizando esta transação como forma de extinção do crédito tributário.

d) for feita em juízo, nos autos da execução fiscal e mediante homologação judicial desta forma de compensação do crédito tributário como causa de extinção do crédito tributário.

e) houver previsão legal do ente competente admitindo a entrega de bem imóvel como forma de pagamento direto, causa de extinção do crédito tributário, já que o tributo pode ser pago em moeda ou cujo valor nela se possa exprimir.

15. (Cesgranrio/Inea/Advogado/2008) O decurso do prazo de 5 (cinco) anos para a Fazenda Pública constituir o crédito tributário enseja a sua extinção por

a) consignação.

b) decadência.

c) prescrição.

d) remissão.

e) transação.

16. (CESPE – Defensor Público – TO/2013) No que concerne à extinção do crédito tributário, assinale a opção correta.

a) O vencimento do crédito tributário ocorre dez dias depois da data em que se considera o sujeito passivo notificado do cálculo do montante do tributo devido.

b) A lei pode autorizar a compensação de crédito tributário com créditos vencidos, líquidos e certos, possibilidade vedada para os vincendos.

c) De acordo com o STJ, a remissão de juros de mora insertos na composição do crédito tributário não enseja o resgate de juros remuneratórios incidentes sobre o depósito judicial feito para suspender a exigibilidade desse mesmo crédito tributário.

d) A concessão de medida liminar em mandado de segurança configura hipótese de extinção do crédito tributário.

e) Caso a legislação tributária não disponha a respeito do local de pagamento do tributo, ele deve ser efetuado na repartição competente do local da ocorrência do fato gerador.

17. (CESPE – Juiz de Direito Substituto – DF/2014) Determinado empresário foi intimado validamente de um lançamento efetuado pela Subsecretaria da Receita da Secretaria de Fazenda do DF em 5/5/2006, referente a créditos tributários oriundos do ICMS, vencidos em 5/3/2001 e que não foram objeto de qualquer pagamento ou declaração de débito do contribuinte, sem que este, no entanto, tenha incorrido em dolo, fraude ou simulação. Embora o contribuinte não tenha apresentado impugnação no prazo legal de trinta dias após a intimação do lançamento, o crédito tributário só foi inscrito em dívida ativa em 4/5/2011, e, posteriormente, em 1.°/10/2011, foi proposta a execução fiscal, tendo ocorrido a citação válida do devedor em 1.°/11/2011. Nessa situação hipotética,

a) houve prescrição do crédito tributário, visto que, tendo o vencimento do tributo ocorrido em 5/3/2001, o lançamento foi efetivado apenas em 5/5/2006, ou seja, após o prazo previsto no art. 150, § 4.°, do CTN, contado a partir do fato gerador.

b) ocorreu a decadência do tributo, levando-se em conta que a execução fiscal foi proposta tão somente em 1.°/10/2011, ou seja, muito após o prazo de cinco anos previsto no art. 174 do CTN, contado a partir da constituição definitiva do crédito tributário.

c) não houve nem decadência nem prescrição.

d) houve decadência do crédito tributário, visto que, tendo o vencimento do tributo ocorrido em 5/3/2001, o lançamento foi efetivado apenas em 5/5/2006, portanto, após o prazo de cinco anos

QUESTÕES FUNDAMENTADAS

previsto no art. 150, § 4.°, do CTN, contado a partir do fato gerador.

e) ocorreu a prescrição do tributo, levando-se em conta que a execução fiscal foi proposta tão somente em 1.°/10/2011, ou seja, muito após o prazo de cinco anos previsto no art. 174 do CTN, contado a partir da constituiçao definitiva do crédito tributário.

18. (IESES – Cartório – Provimento – TJ – CE/2018) Determinada empresa deixou de recolher, no ano de 2010, valores declarados com relação ao Imposto sobre a Circulação de Mercadorias e Serviços (ICMS). Diante da omissão no pagamento, o débito foi inscrito em dívida ativa no anos de 2013, sendo ajuizada a competente execução fiscal no ano de 2017. Considerando a situação apresentada e o momento do ajuizamento da execução fiscal, é possível afirmar, com relação ao crédito tributário, que:

a) O prazo decadencial deve ser contado nos termos do art. 173, I do CTN.

b) Restava consumada a decadência do crédito tributário.

c) O crédito tributário executado era plenamente exigível no momento do ajuizamento da execução fiscal.

d) Já havia ocorrido a prescrição da pretensão de cobrar o crédito tributário.

19. (FMP – Juiz de Direito –MT/2014) Há diversos modos de extinção do crédito tributário. Um deles é o pagamento; outro, a compensação. Acerca da compensação em matéria tributária, é correto afirmar que:

a) para que o contribuinte possa compensar seus créditos perante o fisco com seus débitos tributários que estejam em aberto, faz-se necessário que a possibilidade de compensação esteja prevista em lei do ente político respectivo, porquanto o CTN não traz fundamento suficiente e auto-aplicável para o exercício da compensação.

b) a compensação, em matéria tributária, faz-se nos mesmos termos em que no direito civil, podendo-se invocar como fundamento direto, suficiente e exclusivo, o art. 368 do Código Civil.

c) a compensação, em matéria tributária, prescinde da identidade subjetiva entre credor e devedor, de modo que o contribuinte devedor de ICMS pode compensar seu débito com créditos que possua junto a uma autarquia estadual, na medida em que a autarquia é uma *longa manus* do estado, ou seja, a própria Administração descentralizada.

d) só se admite a compensação de créditos tributários com créditos líquidos e certos vencidos do sujeito passivo contra a Fazenda Pública, não sendo válida a lei ordinária que admita a compensação com créditos vincendos do sujeito passivo contra a Fazenda Pública.

e) não se admite que o legislador ordinário estabeleça compensação no regime de lançamento por homologação, porquanto o CTN impõe que as compensações, quando autorizadas por lei, sejam realizadas sempre pela autoridade fiscal, de ofício ou mediante pedido do contribuinte.

20. (PUC – PR – Juiz de Direito – PR/2014) Sobre a prescrição e decadência no Direito Tributário é CORRETO afirmar:

I. Anulado por vício formal determinado lançamento e em se tratando de prazo decadencial aquele destinado a constituição do crédito tributário, terá então o fisco somente o prazo que restar para efetuar novo lançamento;

II. Ainda que se trate de débito declarado pelo próprio contribuinte, mas não recolhido no prazo legal, o procedimento administrativo tendente à constituição do crédito tributário (lançamento), como atividade vinculada e obrigatória, jamais poderá ser dispensado pelo fisco, sendo ele o marco inicial do prazo prescricional;

III. Segundo o Superior Tribunal de Justiça o parcelamento, ato representativo do reconhecimento da dívida, suspende a exigibilidade do crédito tributário e interrompe o prazo prescricional, que volta a correr no dia em que o devedor deixa de cumprir o acordo;

IV. Constituído o crédito tributário em janeiro de 2009, o fisco ajuizou a execução fiscal em fevereiro de 2013, sendo o executado citado em março de 2014. Desse relato pode-se afirmar que ocorreu a prescrição do crédito tributário, ainda que tenha o despacho ordenador da citação ocorrido em março de 2013.

a) Somente a alternativa III está correta.

b) Todas as alternativas estão corretas.

c) Somente as alternativas I e II estão corretas.

d) Somente as alternativas II e III estão corretas.

GABARITO

Questão	Resposta	Fundamentação
1	D	CTN, arts. 173 e 174
2	B	CTN, arts. 156, IV e 172
3	C	CTN, art. 163
4	E	CPC, art. 485, VI
5	A	CTN, arts. 157 e 165
6	C	CF, art. 146, III, b, CTN, art. 174 e STF, Súmula Vinculante 8
7	C	CTN, art. 174, parágrafo único, I
8	E	CTN, art. 156, V, VII e VI
9	C	CTN, art. 156, V
10	A	CPC, art. 487, II
11	E	CTN, art. 156, XI
12	B	CTN, arts. 170 e 171
13	E	CTN, art. 158, II
14	A	CTN, art. 156, XI
15	B	CTN, art. 156, V
16	C	STJ, REsp 1251513/PR
17	E	CTN, art. 174 e STJ, REsp 605.037/MG
18	D	CTN, art. 174 e STJ, Súmula 436
19	A	CTN, art. 170
20	A	STJ, AgRg no Ag 1.382.608/SC

17. MEU RESUMO PARA MEMORIZAÇÃO

Futuro(a) Juiz(a), Membro do Ministério Público, Procurador(a), Auditor(a) Fiscal, ou Servidor(a) de Outras Carreiras Públicas, agora é hora de se concentrar.

Sem nenhuma consulta ao capítulo, por favor, faça um breve resumo abaixo. Neste momento, é importante que elabore esquemas e gráficos, para condensar e memorizar a matéria já estudada e, ainda, utilizar esses resumos para revisar os pontos uma semana antes da prova. Use o espaço cuidadosamente, deixando-o como o seu "caderninho de anotações pessoais".

17.1. Quais os pontos que eu aprendi ao longo do capítulo que considero mais importantes?

CAUSAS DE EXTINÇÃO DO CRÉDITO TRIBUTÁRIO

a) Pagamento:

a.1) Pagamento indevido:

b) Compensação:

c) Transação:

d) Remissão:

e) Decadência:

f) Prescrição:

g) Conversão do depósito em renda:

h) Pagamento antecipado e homologação do lançamento:

i) Consignação em pagamento:

j) Decisão administrativa irreformável:

k) Decisão judicial transitada em julgado:

l) Dação em pagamento de bens imóveis:

EXTINÇÃO DO
CRÉDITO TRIBUTÁRIO

segue vídeo abaixo:

https://youtu.be/Kr6HTfSH8z4

Capítulo XIII

EXCLUSÃO DO CRÉDITO TRIBUTÁRIO

Expressão objeto de muitas críticas da doutrina, a **exclusão do crédito tributário** é regida essencialmente pelos artigos 175 a 182 do CTN. Já o artigo 175 elege a **isenção** e a **anistia** como modalidades de exclusão do crédito tributário, isto é, situações em que o sujeito passivo fica exonerado, total ou parcialmente, do pagamento do tributo.

Em ambos os casos, a exoneração **depende de expressa previsão legal**, como consequência do princípio da legalidade (CF, art. 150, I) e reserva do artigo 97, inciso VI, do CTN, demandando, por essa razão, uma **interpretação literal da norma instituidora do benefício** (CTN, art. 111, I e II).

Também em qualquer caso de exclusão do crédito tributário, salvo previsão legal em contrário, a exoneração **não dispensa o contribuinte beneficiado de cumprir com as obrigações tributárias acessórias** (CTN, art. 175, parágrafo único).

Isenção	Anistia
Implica a exclusão ou dispensa do tributo	Implica a exclusão ou dispensa da multa
Alcança somente fatos geradores ocorridos **após** a lei	Alcança somente fatos geradores ocorridos **antes** da lei

1. ISENÇÃO

A isenção encontra a sua raiz jurídica no artigo 150, § 6º da Constituição Federal, segundo o qual:

> § 6º Qualquer subsídio ou **isenção**, redução de base de cálculo, concessão de crédito presumido, anistia ou remissão, relativos a impostos, taxas ou contribuições, só poderá ser concedido mediante **lei específica**, federal, estadual ou municipal, que regule exclusivamente as matérias acima enumeradas ou o correspondente tributo ou contribuição.

Portanto, à luz do texto constitucional, as **isenções** devem constar de **lei específica**, não sendo suficiente que sejam estabelecidas em lei genéricas.

Por depender de expressa previsão legal, parcela da doutrina considera a isenção como uma **exceção legal à norma de tributação**. Por exemplo, no caso do IPI sobre veículos adquiridos por pessoas portadoras de deficiência física, visual, mental severa ou profunda, ou autistas. Embora o imposto incida sobre automóveis, que são produtos industrializados, a aquisição de veículos realizada pelas pessoas nas condições acima referidas conta com a isenção do imposto, por força de Lei federal 8.989/95.

Entretanto, sob a ótica do CTN, a isenção constitui uma **dispensa legal do pagamento do tributo**, pois exclui o crédito tributário, ou seja, há a obrigação tributária decorrente da incidência do tributo, entretanto, a constituição do crédito tributário fica inviabilizada pela norma de isenção. Por essa outra linha de raciocínio, no mesmo exemplo anterior, obrigação da pessoa portadora deficiência nasceria em face da incidência tributária, mas, por ser uma hipótese de exclusão do crédito tributário, essa pessoa fica dispensada do pagamento do tributo.

Por ser a linha evidenciada na sistemática do Código Tributário, a **dispensa legal do pagamento do tributo** constitui o entendimento recomendado para as provas de concurso público. Claro que, se houver uma questão fazendo menção à doutrina, não se poderá considerar errada qualquer afirmativa no sentido da existência da tese da exceção à norma de tributação.

Conceder isenção é ato discricionário do Poder Executivo, fundado em juízo de conveniência e oportunidade, que visa ao incremento de políticas fiscais e econômicas, razão pela qual a análise de seu mérito escapa da competência do Poder Judiciário, que não pode estender a isenção a pessoas não contempladas por lei, nem mesmo a pretexto de fazer valer o princípio da isonomia (RE 344.331,Rel. Min. Ellen Gracie, julgamento em 11-2-2003, Primeira Turma, *DJ* de 14-3-2003).

ATENÇÃO:

O STJ em várias oportunidades posicionou-se pela inaplicabilidade da analogia para concessão de isenção (por exemplo, no RESP 1.089.952/RJ). Também, segundo a jurisprudência do STJ, "a isenção tributária revela conveniência política, insuscetível, neste aspecto, de controle pelo Poder Judiciário, na concretização de interesses econômicos e sociais, estimulando e beneficiando determinadas situações merecedoras de tratamento privilegiado (artigo 176, CTN). Os critérios ensejadores de sua concessão, em consequência, não alteram nem identificam, necessariamente, com os elementos caracterizadores do tributo" (RESP 44.495/RJ). Entretanto, não se pode perder de vista o que afirmava Aliomar Baleeiro: "A isenção não é privilégio de classe ou de pessoas, mas uma política de aplicação da regra da capacidade contributiva ou de incentivos de determinadas atividades, que o Estado visa a incrementar pela conveniência pública" (BALEEIRO, Aliomar. Direito Tributário Brasileiro. 11 ed. p. 931). A eventual inconstitucionalidade de uma isenção dar-se-ia com a estipulação de discriminação que afronta a razoabilidade, tangenciando o interesse público que é objeto da norma isentiva. Inclusive, oportuno se faz mencionar o teor do parágrafo único do artigo 176 do CTN, segundo o qual "a isenção pode ser restrita a determinada região do território da entidade tributante, em função de condições a ela peculiares".

Interessante anotar que, a lei de responsabilidade fiscal (LC 101/2000) estipula, em seu artigo 14, que a concessão ou ampliação de incentivo ou benefício de natureza tributária da qual decorra renúncia de receita deverá estar acompanhada de estimativa do impacto orçamentário-financeiro no exercício em que deva iniciar sua vigência e nos dois seguintes, atender ao disposto na lei de diretrizes orçamentárias e a pelo menos uma das seguintes condições, quais sejam (i) demonstração pelo proponente de que a renúncia foi considerada na estimativa de receita da lei orçamentária e de que não afetará as metas de resultados fiscais previstas no anexo próprio da lei de diretrizes orçamentárias ou (ii) estar acompanhada de medidas de compensação, no período mencionado no *caput*, por meio do aumento de receita, proveniente da elevação de alíquotas, ampliação da base de cálculo, majoração ou criação de tributo ou contribuição. Vale ressaltar que por **renúncia** compreende-se "anistia, remissão, subsídio, crédito presumido, concessão de isenção em caráter não geral, alteração de alíquota ou modificação de base de cálculo que implique redução discriminada de tributos ou contribuições, e outros benefícios que correspondam a tratamento diferenciado" (LC 101/2000, art. 14, § 1º).

Voltando ao Código Tributário Nacional, as normas gerais que regem a concessão de isenções encontram-se estabelecidas nos seus artigos 176 a 179.

A lei da qual decorre a isenção deve especificar as condições e os requisitos exigidos para a sua concessão, os tributos a que se referem e, se for o caso, o seu prazo de duração (CTN, art. 176). A exemplo da instituição e como desdobramento do princípio da legalidade, a revogação da isenção é matéria reservada à lei (CTN, art. 97, VI).

Salvo disposição de lei em contrário, a isenção não é extensiva às taxas e às contribuições de melhoria, bem como aos tributos instituídos posteriormente à sua concessão (CTN, art. 177, I e II).

A isenção, **desde que não concedida por prazo certo e em função de determinadas condições, pode ser revogada ou modificada por lei a qualquer tempo** (CTN, art. 178). Essa norma, interpretada *a contrario sensu*, leva ao entendimento esposado na Súmula 544 do STF: "Isenções tributárias concedidas, sob condição onerosa, não podem ser livremente suprimidas".

Quando permitida, a revogação da isenção tem por efeito prático a incidência de tributação, o que faz surgir polêmica quanto à aplicação do princípio da anterioridade quando da exigência do tributo a partir da data da publicação da lei revogadora. Sobre isso, de acordo com a literalidade do artigo 104, inciso III, do CTN, entram em vigor no primeiro dia do exercício seguinte àquele em que ocorra a sua publicação os dispositivos de lei "que extinguem ou reduzem isenções, salvo se a lei dispuser de maneira mais favorável ao contribuinte". Porém, o Supremo Tribunal Federal já decidiu em sentido oposto, ou seja, de que, revogada a isenção, o tributo torna-se imediatamente exigível, não havendo que se observar o princípio da anterioridade, dado que o tributo já é existente (STF – RE 204062/ES – 2ª. Turma – Rel. Min. Carlos Velloso – julg. 27/09/96). Em concursos públicos, é bom ressaltar que, algumas vezes, as bancas examinadoras cobram a literalidade do CTN pela aplicação da anterioridade, utilizando expressões nos enunciados das questões tais como "de acordo com o CTN" ou "segundo o CTN". Porém, em outras oportunidades, os enunciados utilizam dizeres tais quais "segundo a jurisprudência" ou "de acordo com o STF", hipóteses em que deverá ser considerada correta a afirmação de que a anterioridade não deve ser observada nas revogações de isenções.

A isenção, quando não concedida em caráter geral, é chamada de **isenção específica** e, nos termos do artigo 179 do CTN, deve ser efetivada, em cada caso, por despacho da autoridade administrativa, em requerimento com o qual o interessado faça prova do preenchimento das condições e do cumprimento dos requisitos previstos em lei ou contrato para sua concessão. Tratando-se de tributo lançado por período certo de tempo, o despacho da autoridade será renovado antes da expiração de cada período, cessando automaticamente os seus efeitos a partir do primeiro dia do período para o qual o interessado deixar de promover a continuidade do reconhecimento da isenção (CTN, art. 179, § 1º).

Além disso, nos termos do § 2º do artigo 179 do CTN, **o despacho que concede a isenção não gera direito adquirido**, aplicando-se ao mesmo, quando cabível, a disciplina do artigo 155 do mesmo Código, isto é, a isenção será revogada de ofício sempre que se apurar que o beneficiado não satisfazia ou deixou de satisfazer as condições ou não cumpria ou deixou de cumprir os requisitos para a concessão do favor, cobrando-se o crédito acrescido de juros de mora: I – com imposição da penalidade cabível, nos casos de dolo ou simulação do beneficiado, ou de terceiro em benefício daquele; II – sem imposição de penalidade, nos demais casos.

Portanto, a isenção pode ser classificada em **geral** (concedida em caráter geral, sem necessidade de requerimento à autoridade administrativa tributária) ou **específica** (concedida mediante despacho da autoridade competente, a requerimento do contribuinte), bem como em **condicionada** (concedida sob determinadas condições a serem satisfeitas pelo contribuinte) ou **incondicionada** (não se exige a satisfação de condições pelo contribuinte).

Importante voltar aqui ao tema da **isenção heterônoma**, que seria aquela concedida por ente federativo tributante diferente daquele que teria por regra competência para instituí-la. O artigo 151, inciso III, da CF proibiu tal tipo de isenção ao vedar à União instituir isenções de tributos da competência dos Estados, do Distrito Federal ou dos Municípios. Entretanto, no texto constitucional, constatam-se duas isenções heterônomas permitidas, quais sejam, (i) a exclusão do ISS incidente sobre exportações de serviços, pela União, via lei complementar (CF, art. 156, § 3º, II) e; (ii) a exclusão do ICMS incidente sobre exportações de serviços e produtos para o exterior (CF, art. 155, § 2º, XII, "e"). A rigor, o fundamento constitucional para a segunda isenção heterônoma mencionada (ICMS-exportação, CF, art. 155, § 2º, XII, "e"), embora não expressamente revogado, perdeu fôlego diante da imunidade trazida pela EC 42/2003, que, ao dar nova redação à alínea "a" do inciso X do § 2º do referido artigo 155 da CF, expressamente asseverou que o ICMS não incidirá "sobre operações que destinem mercadorias para o exterior, nem sobre serviços prestados a destinatários no exterior, assegurada a manutenção e o aproveitamento do montante do imposto cobrado nas operações e prestações anteriores".

Outro tema que merece atenção diz respeito à jurisprudência pacífica do STJ no sentido de que "os **Estados estrangeiros** possuem **imunidade tributária** e de jurisdição, segundo os preceitos das **Convenções de Viena de 1961 (art. 23) e de 1963 (art. 32)**, que concedem **isenção sobre impostos e taxas**, ressalvadas aquelas decorrentes da prestação de serviços individualizados e específicos que lhes sejam prestados". (RO 102/RJ, Rel. Ministra Eliana Calmon, Segunda Turma, DJe 1°/7/2010; RO 45/RJ, Rel. Ministro

Castro Meira, Segunda Turma, DJ 28/11/2005, p. 240; EDcl no RO 43/RJ, Rel. Ministro Luiz Fux, Primeira Turma, Dje 14.4.2008)". Especificamente no RO 82/RJ, o mesmo Superior Tribunal de Justiça se posicionou no sentido de que Estados Estrangeiros e o Chefe de Missão Diplomática, bem como os locais consulares e a residência do chefe da repartição consular, possuem imunidade jurisdicional concernente a impostos e taxas, excetuadas as taxas cobradas em pagamento de serviços específicos prestados.

Como se vê, as decisões do tribunal superior não deixam muito clara a natureza dessa exoneração, ora tratando-a como "imunidade tributária", ora como "imunidade jurisdicional a tributos" e, ainda como "isenção sobre impostos e taxas". Na verdade, por ser decorrente de convenções internacionais pactuadas pelo Brasil, a natureza jurídica do veículo normativo é infraconstitucional e, portanto, de **isenção**. Todavia, o candidato a concursos públicos deve ficar atento para as características de uma questão em que o tema eventualmente venha a ser abordado, atentando-se, inclusive, para o estilo da banca. Por exemplo, a ESAF possuía a característica de exigir conhecimentos sobre o texto literal das ementas jurisprudenciais, o que torna recomendável considerar correta uma alternativa que classifique a hipótese como sendo de imunidade tributária.

Muita atenção para a exceção à regra de isenção: "**ressalvadas** aquelas decorrentes da prestação de serviços individualizados e específicos que lhes sejam prestados". Dessa forma, também já foi decidido pelo STJ que, embora o Estado Estrangeiro possua isenção a IPTU, que é imposto, o benefício não se estende à taxa de coleta de lixo domiciliar, que constitui serviço específico prestado pelo Município (RO 138/RJ).

Ainda no campo internacional, deve-se frisar que o Supremo Tribunal Federal, por meio do RE 229.096/RS e da ADI 1.600 firmou entendimento quanto à possibilidade de convenção internacional isentar tributos estaduais ou municipais. Também o STJ há muito que admite essa possibilidade, interpretação que levou à edição da sua Súmula 71: "O bacalhau importado do país signatário do GAAT é isento de ICM".

Nessa esteira, o STF já firmou entendimento de que no Direito Internacional somente a República Federativa do Brasil tem competência para firmar tratados, nos termos do artigo 52, § 2º da CF (RE 229.096-RS), dela não dispondo a União, os Estados-membros ou os Municípios. Nesse sentido, o Presidente da República não subscreve tratados como Chefe de Governo, mas como Chefe de Estado, o que descaracteriza a existência de uma isenção heterônoma, vedada pelo artigo 151, inciso III, da Constituição:

> "A cláusula de vedação inscrita no art. 151, inciso III, da Constituição – que proíbe a concessão de isenções tributárias heterônomas – é inoponível ao Estado Federal brasileiro (vale dizer, à República Federativa do Brasil), incidindo, unicamente, no plano das relações institucionais domésticas que se estabelecem entre as pessoas políticas de direito público interno (...). Nada impede, portanto, que o Estado Federal brasileiro celebre tratados internacionais que veiculem cláusulas de exoneração tributária em matéria de tributos locais (como o ISS, p. ex.), pois a República Federativa do Brasil, ao exercer o seu *treaty-making power*, estará praticando ato legítimo que se inclui na esfera de suas prerrogativas como pessoa jurídica de direito internacional público, que detém – em face das unidades meramente federadas – o monopólio da sobera-

nia e da personalidade internacional." (STF, **RE 543.943-AgR**, Rel. Min. **Celso de Mello**, julgamento em 30-11-2010, Segunda Turma, *DJE* de 15-2-2011.)

Por essa linha, conclui-se que as isenções pactuadas em tratados e convenções internacionais não são consideradas isenções heterônomas e, portanto, não estão vedadas pelo artigo 151, inciso III, da CF.

ATENÇÃO:

"a isenção de tributos estaduais prevista no Acordo Geral de Tarifas e Comércio para as mercadorias importadas dos países signatários, quando o similar nacional tiver o mesmo benefício, foi recepcionada pela Constituição da República de 1988. O art. 98 do Código Tributário Nacional 'possui caráter nacional, com eficácia para a União, os Estados e os Municípios' (voto do eminente Ministro Ilmar Galvão). No direito internacional apenas a República Federativa do Brasil tem competência para firmar tratados, dela não dispondo a União, os Estados-membros ou os Municípios. O Presidente da República não subscreve tratados como chefe de Governo, mas como chefe de Estado, o que descaracteriza a existência de uma isenção heterônoma, vedada pelo art. 151, III, da Constituição (...)" (RE 229096, Relator(a): Min. ILMAR GALVÃO, Relator(a) p/ Acórdão: Min. CÁRMEN LÚCIA, Tribunal Pleno, julgado em 16/08/2007, DJe-065 DIVULG 10-04-2008).

2. ANISTIA

A anistia, a exemplo da isenção, busca a sua raiz jurídica no artigo 150, § 6º da Constituição Federal, de modo que deve constar de **lei específica**, não sendo suficiente que seja estabelecida em lei genérica.

A **anistia** consiste no **perdão das infrações à legislação tributária**. Não se aplica ao tributo devido, isto é, ao crédito tributário decorrente da obrigação principal. **Tem por efeito excluir a punibilidade da infração**, de modo que tem por consequência a não aplicação da sanção.

Matéria tratada exclusivamente por lei, conforme reserva do artigo 97, inciso VI do CTN, a anistia é regida em caráter geral pelas seguintes normas:

- **abrange exclusivamente infrações cometidas anteriormente à vigência da lei que a concede** (CTN, art. 180, *caput*);
- **não se aplica**: I – aos atos qualificados em lei como **crimes** ou **contravenções** e aos que, mesmo sem essa qualificação, sejam praticados com **dolo, fraude ou simulação** pelo sujeito passivo ou por terceiro em benefício daquele; II – salvo disposição em contrário, às **infrações resultantes de conluio** entre duas ou mais pessoas naturais ou jurídicas.

- pode ser **geral ou limitada** a tributos, infrações e territórios determinados, além de ser possível condicioná-la ao pagamento de tributo (CTN, art. 181), de modo que um Estado, por exemplo, pode anistiar apenas infrações relativas ao ICMS, condicionando a anistia ao pagamento de todo o imposto vinculado às infrações alcançadas ;
- quando **não** for **geral**, dependerá de prova dos requisitos e condições, requerimento do interessado e despacho da autoridade competente (CTN, art. 182);

Além disso, por ser um benefício fiscal, em relação a infrações relativas à legislação do ICMS, deve ser precedida de um convênio interestadual celebrado no âmbito do CONFAZ (CF, art. 155, § 2º, XII, *g*), valendo para a anistia as mesmas normas e procedimentos da Lei complementar nº 87/96 aplicáveis à isenção.

Exemplo recente de anistia refere-se ao Programa Especial de Parcelamento - PEP do Estado de São Paulo, autorizado pelo Conselho Nacional de Política Fazendária (Confaz) por meio de Convênio ICMS. Trata-se de anistia concedida em caráter parcial pelo Decreto estadual 58.811/2012, com opção pelo pagamento dos débitos à vista com uma redução de 75% no valor das multas e de 60% nos juros incidentes, ou então com 50% de redução nas multas e 40% nos juros para pagamento parcelado.

ATENÇÃO:

Segundo o artigo 181 do CTN, além de poder ser concedida em caráter geral, a anistia também pode ser concedida limitadamente em relação (i) às infrações da legislação relativa a determinado tributo; (ii) às infrações punidas com penalidades pecuniárias até determinado montante, conjugadas ou não com penalidades de outra natureza; (iii) a determinada região do território da entidade tributante, em função de condições a ela peculiares; e (iv) sob condição do pagamento de tributo no prazo fixado pela lei que a conceder, ou cuja fixação seja atribuída pela mesma lei à autoridade administrativa.

3. OUTROS BENEFÍCIOS FISCAIS

Além da isenção e da anistia, existem outros benefícios fiscais que resultam na exoneração total ou parcial do pagamento do tributo.

No âmbito do IPI, destaca-se a **alíquota zero**. O resultado é o mesmo da isenção. Mas, tecnicamente, o benefício não se situa no campo da incidência tributária. Diferentemente da isenção, a tributação opera-se, resultando-se a exoneração total do pagamento tão e somente pela aplicação da alíquota zero sobre a base de cálculo.

Já na esfera do ICMS, há uma forma de exoneração parcial denominada **redução de base de cálculo**. Também não se situa no campo da incidência, pois o benefício resulta de uma redução legal da base de cálculo do tributo, que implica em diminuição parcial da carga tributária.

ATENÇÃO:

Segundo orientação firmada pelo Supremo Tribunal Federal, as figuras da **redução da base de cálculo** e da **isenção parcial** se equiparam (RE 522716).

Afeto a vários impostos (ICMS e IPI) e contribuições (PIS, COFINS, CSLL), o **crédito outorgado** consiste em benefício pelo qual é concedido um **crédito presumido** a ser descontado quando da apuração do imposto. Pode ser um percentual sobre o valor do imposto, das operações, do lucro ou do faturamento, dependendo do tributo e da lei que o conceder.

4. BENEFÍCIOS FISCAIS DE ICMS

De acordo com o artigo 150, § 6º da CF, qualquer subsídio ou isenção, redução de base de cálculo, concessão de crédito presumido, anistia ou remissão, relativos a impostos, taxas ou contribuições, só poderá ser concedido mediante lei específica, federal, estadual ou municipal, que regule exclusivamente essas matérias, **sem prejuízo do disposto no artigo 155, § 2º, XII, *g*.**

Já o art. 155, § 2º, XII, *g*, objeto da menção do artigo 150, § 6º é aplicável ao ICMS e reserva à esfera de competência da lei complementar "regular a forma como, mediante deliberação dos Estados e do Distrito Federal, isenções, incentivos e benefícios fiscais serão concedidos e revogados".

Com base nesses comandos normativos, a CF de 1988 recepcionou a Lei complementar 24/75, segundo a qual todos os benefícios fiscais de ICMS devem encontrar fundamento em convênios celebrados pelos Estados no âmbito do CONFAZ – Conselho Nacional de Política Fazendária.

ATENÇÃO:

O CONFAZ é um órgão colegiado estabelecido pela Lei Complementar nº 24/75. É composto pelos Secretários da Fazenda de todos os Estados e do Distrito Federal e pelo Ministro da Fazenda (representando o Governo Federal). A competência principal do CONFAZ é promover a celebração de convênios, para efeito de concessão ou revogação de isenções, incentivos e benefícios fiscais no âmbito do ICMS, de acordo com o previsto no artigo 155, § 2º, inciso XII, alínea "g", da CF e na Lei Complementar nº 24, de 7 de janeiro de 1975.

É nesse ponto, contudo, que repousa uma forte origem da tão comentada "guerra fiscal" entre os Estados, consubstanciada em benefícios fiscais concedidos unilateralmente por unidades da federação, independente de deliberação do CONFAZ, com o objetivo de atrair investimentos de empresas para o referido Estado, em detrimento de outras unidades da federação cujas cargas tributárias tornam-se menos vantajosas. Vale ressaltar que, na maioria das vezes, esses benefícios encontram-se mascarados por fórmulas mirabolantes de financiamentos e outras operações que, na verdade, constituem isenções, reduções de base de cálculo, créditos outorgados, anistias etc.

É comum que Estados prejudicados ajuízem ações diretas de inconstitucionalidade contra aqueles que se valem desses artifícios para a burla da Lei Complementar nº 24/75 e concessão de benefícios sem deliberação no âmbito do CONFAZ.

ATENÇÃO:

O STF já se posicionou no sentido de que "a lei, de modo unilateral, que disciplina benefício fiscal do ICMS, sem observar a prévia exigência de celebração de convênio entre os Estados-membros e o Distrito Federal para a concessão de isenções, incentivos e benefícios fiscais do imposto, ofende o artigo 155, § 2º, inciso XII, alínea "g", da CF" (STJ - ADI 1247 - Pleno - Rel. Min. Dias Toffoli - julg. 1º.6.2011).

Outra medida adotada pelos Estados prejudicados é a glosa dos créditos oriundos de benefícios fiscais ilegais concedidos por outras unidades da federação, providência muito polêmica e contestada, inclusive mediante várias ações judiciais.

Ainda a respeito da concessão de isenções no âmbito do ICMS, é importante enfatizar alguns pontos de grande relevância em concursos públicos:

- o único instrumento normativo hábil à concessão de benefícios fiscais de ICMS é o convênio celebrado entre os Estados no âmbito do Confaz;
- benefícios fiscais de ICMS não podem ser concedidos por decreto, porém, o artigo 4º da LC 24/75 estipula que "dentro do prazo de 15 (quinze) dias contados da publicação dos convênios no Diário Oficial da União, e independentemente de qualquer outra comunicação, o Poder Executivo de cada Unidade da Federação publicará decreto ratificando ou não os convênios celebrados, considerando-se ratificação tácita dos convênios a falta de manifestação no prazo assinalado neste artigo", ou seja, o decreto serve para ratificação no âmbito interno de cada unidade da federação os benefícios concedidos por convênios.
- há precedente de questão de concurso (CESPE – Procurador do MP junto ao TCE-PB/2014) em que se cobrou a interpretação harmônica entra a exigência de **lei específica** para a concessão de isenção e a sistemática especial para concessão de benefícios fiscais de ICMS. No caso, considerou-se que a concessão de isenção por lei estadual, ainda que respaldada em convênio, deveria ser realizada por meio de lei específica (nunca por lei que tratasse também a respeito de outras matérias não tributárias). Mas, como se sabe, a concessão de benefícios de ICMS admite a ratificação do convênio por decreto estadual, razão pela qual nenhuma surpresa haverá também se, futuramente, vier a ser cobrado que o candidato considere necessária a edição de decreto específico para celebração de convênio.

- a Lei complementar 160/2016 veio autorizar as unidades da federação a celebrarem convênios concedendo remissão a créditos tributários constituídos em face de benefícios fiscais instituídos no cenário da chamada "guerra fiscal entre os Estados", em desacordo com a exigência de convênio autorizativo estabelecida na Lei complementar nº 24/75. Essa nova lei complementar ainda possibilita que os convênios promovam a reinstituição dos citados benefícios.

ATENÇÃO:

Os procedimentos para a concessão de benefícios fiscal estabelecidos na Lei complementar 24/75 tem sido muito cobrados em algumas provas de Direito Tributário, razão pela qual não é demais transcrever as normas de regência:

Art. 2º - Os convênios a que alude o art. 1º, serão celebrados em reuniões para as quais tenham sido convocados representantes de todos os Estados e do Distrito Federal, sob a presidência de representantes do Governo federal.

§ 1º - As reuniões se realizarão com a presença de representantes da maioria das Unidades da Federação.

§ 2º - A concessão de benefícios dependerá sempre de decisão unânime dos Estados representados; a sua revogação total ou parcial dependerá de aprovação de quatro quintos, pelo menos, dos representantes presentes.

§ 3º - Dentro de 10 (dez) dias, contados da data final da reunião a que se refere este artigo, a resolução nela adotada será publicada no Diário Oficial da União.

Art. 3º - Os convênios podem dispor que a aplicação de qualquer de suas cláusulas seja limitada a uma ou a algumas Unidades da Federação.

Art. 4º - Dentro do prazo de 15 (quinze) dias contados da publicação dos convênios no Diário Oficial da União, e independentemente de qualquer outra comunicação, o Poder Executivo de cada Unidade da Federação publicará decreto ratificando ou não os convênios celebrados, considerando-se ratificação tácita dos convênios a falta de manifestação no prazo assinalado neste artigo.

§ 1º - O disposto neste artigo aplica-se também às Unidades da Federação cujos representantes não tenham comparecido à reunião em que hajam sido celebrados os convênios.

§ 2º - Considerar-se-á rejeitado o convênio que não for expressa ou tacitamente ratificado pelo Poder Executivo de todas as Unidades da Federação ou, nos casos de revogação a que se refere o art. 2º, § 2º, desta Lei, pelo Poder Executivo de, no mínimo, quatro quintos das Unidades da Federação.

Art. 5º - Até 10 (dez) dias depois de findo o prazo de ratificação dos convênios, promover-se-á, segundo o disposto em Regimento, a publicação relativa à ratificação ou à rejeição no Diário Oficial da União.

Art. 6º – Os convênios entrarão em vigor no trigésimo dia após a publicação a que se refere o art. 5º, salvo disposição em contrário.

Art. 7º – Os convênios ratificados obrigam todas as Unidades da Federação inclusive as que, regularmente convocadas, não se tenham feito representar na reunião.

5. INFORMATIVOS DE JURISPRUDÊNCIA (2017 E 2018)

ICMS. Créditos presumidos concedidos a título de incentivo fiscal. Inclusão nas bases de cálculo do Imposto sobre a Renda da Pessoa Jurídica – IRPJ e da Contribuição Social sobre o Lucro Líquido – CSLL. Inviabilidade. Interferência da União na política fiscal adotada por Estado-membro. Ofensa ao princípio federativo e à segurança jurídica.

Crédito presumido de ICMS não integra a base de cálculo do IRPJ e da CSLL. EREsp 1.517.492-PR, Rel. Min. Og Fernandes, Rel. Acd. Min. Regina Helena Costa, por maioria, julgado em 08/11/2017, DJe 01/02/2018. (Informativo n. 618.)

Imposto sobre a renda de pessoa física – IRPF. Alienação de imóvel residencial. Ganho de capital. Lei n. 11.196/2005 ("Lei do bem"). Valores parcialmente destinados à quitação de financiamento imobiliário de outro imóvel residencial. Direito à isenção. Restrição imposta por instrução normativa. Ilegalidade.

A isenção prevista no art. 39, § 2º, da Lei n. 11.196/2005, alcança as hipóteses nas quais o produto da venda de imóvel por pessoa física seja destinado, total ou parcialmente, à quitação ou amortização de financiamento de outro imóvel residencial que o alienante já possui. REsp 1.668.268-SP, Rel. Min. Regina Helena Costa, por unanimidade, julgado em 13/03/2018, DJe 22/03/2018 (Informativo n. 622.)

Taxa para emissão, renovação, transferência e expedição de segunda via de certificado de registro de arma de fogo particular. Isenção. Arts. 6º e 11, § 2º, da Lei n. 10.826/2003 (Estatuto do Desarmamento). Extensão aos policiais rodoviários federais aposentados. Impossibilidade. Benefício vinculado ao efetivo exercício do cargo.

A isenção do recolhimento da taxa para emissão, renovação, transferência e expedição de segunda via de certificado de registro de arma de fogo particular prevista no art. 11, § 2º, da Lei n. 10.826/2003 não se estende aos policiais rodoviários federais aposentados. REsp 1.530.017-PR, Rel. Min. Regina Helena Costa, por unanimidade, julgado em 21/09/2017, DJe 29/09/2017. (Informativo n. 612)

Contribuição de intervenção no domínio econômico. CIDE-Remessas. Incidência sobre o pagamento a beneficiário no exterior pela exploração de direitos autorais relativos a programas de computador (software) desacompanhados da "transferência da correspondente tecnologia". Isenção apenas para os fatos geradores posteriores a 31.12.2005.

Configura fato gerador da CIDE-Remessas o envio ao exterior de remuneração pela licença de uso ou de direitos de comercialização ou distribuição de programa de computador (software), porquanto a isenção para as hipóteses em que o programa for desacompanhado da "transferência da correspondente tecnologia" somente adveio com a Lei n. 11.452/2007. REsp 1.642.249-SP, Rel. Min. Mauro Campbell Marques, por unanimidade, julgado em 15/08/2017, DJe 23/10/2017. (Informativo n. 614)

Simples nacional. Contribuição social ao FGTS do art. 1º da LC n. 110/2001. Isenção. Inocorrência. Incidência do art. 13, § 1º, VIII e XV, da LC n. 123/2006.

É devida a contribuição ao FGTS prevista no art. 1º da Lei Complementar n. 110/2001 pelos optantes do Simples Nacional. REsp 1.635.047-RS, Rel. Min. Mauro Campbell Marques, por unanimidade, julgado em 6/6/2017, DJe 12/6/2017. (Informativo n. 606)

Contribuições ao PIS/PASEP e COFINS. Empresas transportadoras. Receitas das vendas de serviços conexos ao frete contratados em separado do próprio frete das mercadorias destinadas à exportação. Inaplicabilidade de isenção e suspensão de incidência.

As hipóteses de isenção e suspensão de incidência relativas às contribuições ao PIS/PASEP e COFINS previstas nos artigos 14, II, IX § 1°, da MP n. 2.158-35/2001; 6°, I e III, da Lei n. 10.833/2003; 5°, I e III, da Lei n. 10.637/2002 e 40, §§ 6°-A, 7° e 8°, da Lei n. 10.865/2004 não abrangem as receitas conexas ao frete contratadas em separado do próprio frete de mercadorias destinadas à exportação com a entidade Operadora de Transporte Multimodal de Cargas (OTM) por Empresas Comerciais Exportadoras – ECE. REsp 1.577.126-PR, Rel. Min. Mauro Campbell Marques, por unanimidade, julgado em 6/12/2016, DJe 15/12/2016. (Informativo n. 596)

6. SÚMULAS

Súmula 539 STF: "É constitucional a lei do Município que reduz o imposto predial urbano sobre imóvel ocupado pela residência do proprietário, que não possua outro".

Súmula 544 STF: "Isenções tributárias concedidas, sob condição onerosa, não podem ser livremente suprimidas".

Súmula 575 STF: "À mercadoria importada de país signatário do GATT, ou membro da ALALC, estende-se a isenção do imposto de circulação de mercadorias concedida a similar nacional".

Súmula 581 STF: "A exigência de transporte em navio de bandeira brasileira, para efeito de isenção tributária, legitimou-se com o advento do Decreto-lei 666, de 02.7.69".

Súmula 20 STJ: "A mercadoria importada de país signatário do GATT é isenta do ICM, quando contemplado com esse favor o similar nacional".

Súmula 598 STJ: "É desnecessária a apresentação de laudo médico oficial para o reconhecimento judicial da isenção do imposto de renda, desde que o magistrado entenda suficientemente demonstrada a doença grave por outros meios de prova".

Súmula 627 do STJ: "O contribuinte faz jus à concessão ou à manutenção da isenção do imposto de renda, não se lhe exigindo a demonstração da contemporaneidade dos sintomas da doença nem da recidiva da enfermidade".

Súmula 37 CARF (Revisada): "Para fins de deferimento do Pedido de Revisão de Ordem de Incentivos Fiscais (PERC), a exigência de comprovação de regularidade fiscal deve se ater aos débitos existentes até a data de entrega da Declaração de Rendimentos da Pessoa Jurídica na qual se deu a opção pelo incentivo, admitindo-se a prova da regularidade em qualquer momento do processo administrativo, independentemente da época em que tenha ocorrido a regularização, e inclusive mediante apresentação de certidão de regularidade posterior à data da opção".

Súmula 68 CARF: "A Lei nº 8.852, de 1994, não outorga isenção nem enumera hipóteses de não incidência de Imposto sobre a Renda da Pessoa Física".

Súmula 100 CARF: "O Auditor-Fiscal da Receita Federal do Brasil tem competência para fiscalizar o cumprimento dos requisitos do regime de drawback na modalidade suspensão, aí compreendidos o lançamento do crédito tributário, sua exclusão em razão do reconhecimento de beneficio, e a verificação, a qualquer tempo, da regular observação, pela importadora, das condições fixadas na legislação pertinente".

Súmula 107 CARF: "A receita da atividade própria, objeto da isenção da Cofins prevista no art. 14, X, c/c art. 13, III, da MP nº 2.158-35, de 2001, alcança as receitas obtidas em contraprestação de serviços educacionais prestados pelas entidades de educação sem fins lucrativos a que se refere o art. 12 da Lei nº 9.532, de 1997".

Súmula 121 CARF: "A isenção do imposto de renda prevista no art. 6º, XIV, da Lei nº 7.713/1988, referente à cegueira, inclui a cegueira monocular".

Súmula 11/2017 TIT/SP: "Na hipótese de transferência interestadual de mercadorias entre estabelecimentos do mesmo titular, é legítima a glosa da parcela dos créditos de ICMS relativa a benefícios fiscais concedidos irregularmente pelo Estado de origem, sem prévia autorização do CONFAZ, consoante o disposto no artigo 155, §2º, inciso XII, alínea "g", da Constituição Federal, bem como no §3º, do artigo 36, da Lei nº 6.374/89".

Súmula 12/2017 TIT/SP: "É vedado o aproveitamento integral do crédito do ICMS referente à entrada de mercadoria cuja saída subsequente é beneficiada com redução da base de cálculo do imposto".

7. LEGISLAÇÃO RELACIONADA AO CAPÍTULO

» CONSTITUIÇÃO FEDERAL

Art. 150. Sem prejuízo de outras garantias asseguradas ao contribuinte, é vedado à União, aos Estados, ao Distrito Federal e aos Municípios:

I - exigir ou aumentar tributo sem lei que o estabeleça;

§ 6° Qualquer subsídio ou isenção, redução de base de cálculo, concessão de crédito presumido, anistia ou remissão, relativos a impostos, taxas ou contribuições, só poderá ser concedido mediante lei específica, federal, estadual ou municipal, que regule exclusivamente as matérias acima enumeradas ou o correspondente tributo ou contribuição, sem prejuízo do disposto no art. 155, § 2.°, XII, g.

Art. 151. É vedado à União:

(...)

III - instituir isenções de tributos da competência dos Estados, do Distrito Federal ou dos Municípios.

Art. 155. Compete aos Estados e ao Distrito Federal instituir impostos sobre:

II - operações relativas à circulação de mercadorias e sobre prestações de serviços de transporte interestadual e intermunicipal e de comunicação, ainda que as operações e as prestações se iniciem no exterior;

§ 2° O imposto previsto no inciso II atenderá ao seguinte:

XII - cabe à lei complementar:

g) regular a forma como, mediante deliberação dos Estados e do Distrito Federal, isenções, incentivos e benefícios fiscais serão concedidos e revogados.

Art. 156. Compete aos Municípios instituir impostos sobre:

III - serviços de qualquer natureza, não compreendidos no art. 155, II, definidos em lei complementar.

§ 3° Em relação ao imposto previsto no inciso III do *caput* deste artigo, cabe à lei complementar:

II - excluir da sua incidência exportações de serviços para o exterior.

» CÓDIGO TRIBUTÁRIO NACIONAL

Art. 97. Somente a lei pode estabelecer:

VI - as hipóteses de exclusão, suspensão e extinção de créditos tributários, ou de dispensa ou redução de penalidades.

Art. 104. Entram em vigor no primeiro dia do exercício seguinte àquele em que ocorra a sua publicação os dispositivos de lei, referentes a impostos sobre o patrimônio ou a renda:

III - que extinguem ou reduzem isenções, salvo se a lei dispuser de maneira mais favorável ao contribuinte, e observado o disposto no artigo 178.

Art. 111. Interpreta-se literalmente a legislação tributária que disponha sobre:

I - suspensão ou exclusão do crédito tributário;

II - outorga de isenção;

III - dispensa do cumprimento de obrigações tributárias acessórias.

Art. 175. Excluem o crédito tributário:

I - a isenção;

II - a anistia.

Parágrafo único. A exclusão do crédito tributário não dispensa o cumprimento das obrigações acessórias dependentes da obrigação principal cujo crédito seja excluído, ou dela conseqüente.

Art. 176. A isenção, ainda quando prevista em contrato, é sempre decorrente de lei que especifique as condições e requisitos exigidos para a sua concessão, os tributos a que se aplica e, sendo caso, o prazo de sua duração.

Parágrafo único. A isenção pode ser restrita a determinada região do território da entidade tributante, em função de condições a ela peculiares.

Art. 177. Salvo disposição de lei em contrário, a isenção não é extensiva:

I - às taxas e às contribuições de melhoria;

II - aos tributos instituídos posteriormente à sua concessão.

Art. 178 - A isenção, salvo se concedida por prazo certo e em função de determinadas condições, pode ser revogada ou modificada por lei, a qualquer tempo, observado o disposto no inciso III do art. 104.

Art. 179. A isenção, quando não concedida em caráter geral, é efetivada, em cada caso, por despacho da autoridade administrativa, em requerimento com o qual o interessado faça prova do preenchimento das condições e do cumprimento dos requisitos previstos em lei ou contrato para sua concessão.

§ 1° Tratando-se de tributo lançado por período certo de tempo, o despacho referido neste artigo será renovado antes da expiração de cada período, cessando automaticamente os seus efeitos a partir do primeiro dia do período para o qual o interessado deixar de promover a continuidade do reconhecimento da isenção.

§ 2º O despacho referido neste artigo não gera direito adquirido, aplicando-se, quando cabível, o disposto no artigo 155.

Art. 180. A anistia abrange exclusivamente as infrações cometidas anteriormente à vigência da lei que a concede, não se aplicando:

I - aos atos qualificados em lei como crimes ou contravenções e aos que, mesmo sem essa qualificação, sejam praticados com dolo, fraude ou simulação pelo sujeito passivo ou por terceiro em benefício daquele;

II - salvo disposição em contrário, às infrações resultantes de conluio entre duas ou mais pessoas naturais ou jurídicas.

Art. 181. A anistia pode ser concedida:

I - em caráter geral;

II - limitadamente:

a) às infrações da legislação relativa a determinado tributo;

b) às infrações punidas com penalidades pecuniárias até determinado montante, conjugadas ou não com penalidades de outra natureza;

c) a determinada região do território da entidade tributante, em função de condições a ela peculiares;

d) sob condição do pagamento de tributo no prazo fixado pela lei que a conceder, ou cuja fixação seja atribuída pela mesma lei à autoridade administrativa.

Art. 182. A anistia, quando não concedida em caráter geral, é efetivada, em cada caso, por despacho da autoridade administrativa, em requerimento com a qual o interessado faça prova do preenchimento das condições e do cumprimento dos requisitos previstos em lei para sua concessão.

Parágrafo único. O despacho referido neste artigo não gera direito adquirido, aplicando-se, quando cabível, o disposto no artigo 155.

» LEI Nº 8.989, DE 24 DE FEVEREIRO DE 1995

Dispõe sobre a Isenção do Imposto sobre Produtos Industrializados - IPI, na aquisição de automóveis para utilização no transporte autônomo de passageiros, bem como por pessoas portadoras de deficiência física.

Art. 1º Ficam isentos do Imposto Sobre Produtos Industrializados - IPI os automóveis de passageiros de fabricação nacional, equipados com motor de cilindrada não superior a dois mil centímetros cúbicos, de no mínimo quatro portas inclusive a de acesso ao bagageiro, movidos a combustíveis de origem renovável ou sistema reversível de combustão, quando adquiridos por:

I - motoristas profissionais que exerçam, comprovadamente, em veículo de sua propriedade atividade de condutor autônomo de passageiros, na condição de titular de autorização, permissão ou concessão do Poder Público e que destinam o automóvel à utilização na categoria de aluguel (táxi);

II - motoristas profissionais autônomos titulares de autorização, permissão ou concessão para exploração do serviço de transporte individual de passageiros (táxi), impedidos de continuar exercendo essa atividade em virtude de destruição completa, furto ou roubo do veículo, desde que destinem o veículo adquirido à utilização na categoria de aluguel (táxi);

III - cooperativas de trabalho que sejam permissionárias ou concessionárias de transporte público de passageiros, na categoria de aluguel (táxi), desde que tais veículos se destinem à utilização nessa atividade;

IV - pessoas portadoras de deficiência física, visual, mental severa ou profunda, ou autistas, diretamente ou por intermédio de seu representante legal;

§ 1º Para a concessão do benefício previsto no art. 1º é considerada também pessoa portadora de deficiência física aquela que apresenta alteração completa ou parcial de um ou mais segmentos do corpo humano, acarretando o comprometimento da função física, apresentando-se sob a forma de paraplegia, paraparesia, monoplegia, monoparesia, tetraplegia, tetraparesia, triplegia, triparesia, hemiplegia, hemiparesia, amputação ou ausência de membro, paralisia cerebral, membros com deformidade congênita ou adquirida, exceto as deformidades estéticas e as que não produzam dificuldades para o desempenho de funções.

§ 2º Para a concessão do benefício previsto no art. 1º é considerada pessoa portadora de deficiência visual aquela que apresenta acuidade visual igual ou menor que 20/200 (tabela de Snellen) no melhor olho, após a melhor correção, ou campo visual inferior a 20°, ou ocorrência simultânea de ambas as situações.

§ 3º Na hipótese do inciso IV, os automóveis de passageiros a que se refere o caput serão adquiridos diretamente pelas pessoas que tenham plena capacidade jurídica e, no caso dos interditos, pelos curadores.

§ 4º A Secretaria Especial dos Diretos Humanos da Presidência da República, nos termos da legislação em vigor e o Ministério da Saúde definirão em ato conjunto os conceitos de pessoas portadoras de deficiência mental severa ou profunda, ou autistas, e estabelecerão as normas e requisitos para emissão dos laudos de avaliação delas.

§ 5º Os curadores respondem solidariamente quanto ao imposto que deixar de ser pago, em razão da isenção de que trata este artigo.

§ 6º A exigência para aquisição de automóveis equipados com motor de cilindrada não superior a dois mil centímetros cúbicos, de no mínimo quatro portas, inclusive a de acesso ao bagageiro, movidos a combustíveis de origem renovável ou sistema reversível de combustão não se aplica aos portadores de deficiência de que trata o inciso IV do caput deste artigo.

Art. 2º A isenção do Imposto sobre Produtos Industrializados – IPI de que trata o art. 1º desta Lei somente poderá ser utilizada uma vez, salvo se o veículo tiver sido adquirido há mais de 2 (dois) anos.

Parágrafo único. O prazo de que trata o caput deste artigo aplica-se inclusive às aquisições realizadas antes de 22 de novembro de 2005.

Art. 3º A isenção será reconhecida pela Secretaria da Receita Federal do Ministério da Fazenda, mediante prévia verificação de que o adquirente preenche os requisitos previstos nesta lei.

» LEI COMPLEMENTAR Nº 101, DE 4 DE MAIO DE 2000

Lei de Responsabilidade Fiscal

Art. 14. A concessão ou ampliação de incentivo ou benefício de natureza tributária da qual decorra renúncia de receita deverá estar acompanhada de estimativa do impacto orçamentário-financeiro no exercício em que deva iniciar sua vigência e nos dois seguintes, atender ao disposto na lei de diretrizes orçamentárias e a pelo menos uma das seguintes condições:

I – demonstração pelo proponente de que a renúncia foi considerada na estimativa de receita da lei orçamentária, na forma do art. 12, e de que não afetará as metas de resultados fiscais previstas no anexo próprio da lei de diretrizes orçamentárias;

II – estar acompanhada de medidas de compensação, no período mencionado no caput, por meio do aumento de receita, proveniente da elevação de alíquotas, ampliação da base de cálculo, majoração ou criação de tributo ou contribuição.

§ 1º A renúncia compreende anistia, remissão, subsídio, crédito presumido, concessão de isenção em caráter não geral, alteração de alíquota ou modificação de base de cálculo que implique redução discriminada de tributos ou contribuições, e outros benefícios que correspondam a tratamento diferenciado.

§ 2º Se o ato de concessão ou ampliação do incentivo ou benefício de que trata o caput deste artigo decorrer da condição contida no inciso II, o benefício só entrará em vigor quando implementadas as medidas referidas no mencionado inciso.

§ 3º O disposto neste artigo não se aplica:

I – às alterações das alíquotas dos impostos previstos nos incisos I, II, IV e V do art. 153 da Constituição, na forma do seu § 1º;

II – ao cancelamento de débito cujo montante seja inferior ao dos respectivos custos de cobrança.

» LEI COMPLEMENTAR Nº 24, DE 7 DE JANEIRO DE 1975

Dispõe sobre os convênios para a concessão de isenções do imposto sobre operações relativas à circulação de mercadorias

Art. 1º – As isenções do imposto sobre operações relativas à circulação de mercadorias serão concedidas ou revogadas nos termos de convênios celebrados e ratificados pelos Estados e pelo Distrito Federal, segundo esta Lei.

Parágrafo único – O disposto neste artigo também se aplica:

I – à redução da base de cálculo;

II – à devolução total ou parcial, direta ou indireta, condicionada ou não, do tributo, ao contribuinte, a responsável ou a terceiros;

III – à concessão de créditos presumidos;

IV – à quaisquer outros incentivos ou favores fiscais ou financeiro-fiscais, concedidos com base no Imposto de Circulação de Mercadorias, dos quais resulte redução ou eliminação, direta ou indireta, do respectivo ônus;

V – às prorrogações e às extensões das isenções vigentes nesta data.

Art. 2º – Os convênios a que alude o art. 1º, serão celebrados em reuniões para as quais tenham sido convocados representantes de todos os Estados e do Distrito Federal, sob a presidência de representantes do Governo federal.

§ 1º – As reuniões se realizarão com a presença de representantes da maioria das Unidades da Federação.

§ 2º – A concessão de benefícios dependerá sempre de decisão unânime dos Estados representados; a sua revogação total ou parcial dependerá de aprovação de quatro quintos, pelo menos, dos representantes presentes.

§ 3º - Dentro de 10 (dez) dias, contados da data final da reunião a que se refere este artigo, a resolução nela adotada será publicada no Diário Oficial da União.

Art. 3º - Os convênios podem dispor que a aplicação de qualquer de suas cláusulas seja limitada a uma ou a algumas Unidades da Federação.

Art. 4º - Dentro do prazo de 15 (quinze) dias contados da publicação dos convênios no Diário Oficial da União, e independentemente de qualquer outra comunicação, o Poder Executivo de cada Unidade da Federação publicará decreto ratificando ou não os convênios celebrados, considerando-se ratificação tácita dos convênios a falta de manifestação no prazo assinalado neste artigo.

§ 1º - O disposto neste artigo aplica-se também às Unidades da Federação cujos representantes não tenham comparecido à reunião em que hajam sido celebrados os convênios.

§ 2º - Considerar-se-á rejeitado o convênio que não for expressa ou tacitamente ratificado pelo Poder Executivo de todas as Unidades da Federação ou, nos casos de revogação a que se refere o art. 2º, § 2º, desta Lei, pelo Poder Executivo de, no mínimo, quatro quintos das Unidades da Federação.

Art. 5º - Até 10 (dez) dias depois de findo o prazo de ratificação dos convênios, promover-se-á, segundo o disposto em Regimento, a publicação relativa à ratificação ou à rejeição no Diário Oficial da União.

Art. 6º Os convênios entrarão em vigor no trigésimo dia após a publicação a que se refere o art. 5º, salvo disposição em contrário.

Art. 7º - Os convênios ratificados obrigam todas as Unidades da Federação inclusive as que, regularmente convocadas, não se tenham feito representar na reunião.

Art. 8º - A inobservância dos dispositivos desta Lei acarretará, cumulativamente:

I - a nulidade do ato e a ineficácia do crédito fiscal atribuído ao estabelecimento recebedor da mercadoria;

II - a exigibilidade do imposto não pago ou devolvido e a ineficácia da lei ou ato que conceda remissão do débito correspondente.

Parágrafo único - As sanções previstas neste artigo poder-se-ão acrescer a presunção de irregularidade das contas correspondentes ao exercício, a juízo do Tribunal de Contas da União, e a suspensão do pagamento das quotas referentes ao Fundo de Participação, ao Fundo Especial e aos impostos referidos nos itens VIII e IX do art. 21 da Constituição federal.

Art. 9º - É vedado aos Municípios, sob pena das sanções previstas no artigo anterior, concederem qualquer dos benefícios relacionados no art. 1º no que se refere à sua parcela na receita do imposto de circulação de mercadorias.

Art. 10 - Os convênios definirão as condições gerais em que se poderão conceder, unilateralmente, anistia, remissão, transação, moratória, parcelamento de débitos fiscais e ampliação do prazo de recolhimento do imposto de circulação de mercadorias.

Art. 11 - O Regimento das reuniões de representantes das Unidades da Federação será aprovado em convênio.

Art. 12 - São mantidos os benefícios fiscais decorrentes de convênios regionais e nacionais vigentes à data desta Lei, até que revogados ou alterados por outro.

§ 1º - Continuam em vigor os benefícios fiscais ressalvados pelo § 6º do art. 3º do Decreto-Lei nº 406, de 31 de dezembro de 1968, com a redação que lhe deu o art. 5º do Decreto-Lei nº 834, de 8 de setembro de 1969, até o vencimento do prazo ou cumprimento das condições correspondentes.

§ 2º - Quaisquer outros benefícios fiscais concedidos pela legislação estadual considerar-se-ão revogados se não forem convalidados pelo primeiro convênio que se realizar na forma desta Lei, ressalvados os concedidos por prazo certo ou em função de determinadas condições que já tenham sido incorporadas ao patrimônio jurídico de contribuinte. O prazo para a celebração deste convênio será de 90 (noventa) dias a contar da data da publicação desta Lei.

§ 3º - A convalidação de que trata o parágrafo anterior se fará pela aprovação de 2/3 (dois terços) dos representantes presentes, observando-se, na respectiva ratificação, este quorum e o mesmo processo do disposto no art. 4º.

Art. 13 - O art. 178 do Código Tributário Nacional (Lei nº 5.172, de 25 de outubro de 1966), passa a vigorar com a seguinte redação:

"Art. 178 - A isenção, salvo se concedida por prazo certo e em função de determinadas condições, pode ser revogada ou modificada por lei, a qualquer tempo, observado o disposto no inciso III do art. 104.»

Art. 14 - Sairão com suspensão do Imposto de Circulação de Mercadorias:

I - as mercadorias remetidas pelo estabelecimento do produtor para estabelecimento de Cooperativa de que faça parte, situada no mesmo Estado;

II - as mercadorias remetidas pelo estabelecimento de Cooperativa de Produtores, para estabelecimento, no mesmo Estado, da própria Cooperativa, de Cooperativa Central ou de Federação de Cooperativas de que a Cooperativa remetente faça parte.

§ 1º - O imposto devido pelas saídas mencionadas nos incisos I e II será recolhido pelo destinatário quando da saída subseqüente, esteja esta sujeita ou não ao pagamento do tributo.

§ 2º - Ficam revogados os incisos IX e X do art. 1º da Lei Complementar nº 4, de 2 de dezembro de 1969.

Art. 15 - O disposto nesta Lei não se aplica às indústrias instaladas ou que vierem a instalar-se na Zona Franca de Manaus, sendo vedado às demais Unidades da Federação determinar a exclusão de incentivo fiscal, prêmio ou estimulo concedido pelo Estado do Amazonas.

8. QUESTÕES FUNDAMENTADAS

1. (ESAF – Analista Tributário da Receita Federal/2012) Analise os itens a seguir e assinale a opção correta.

I. A isenção, desde que concedida por prazo certo, e independentemente de ser condicionada a contrapartidas por parte do contribuinte, não poderá ser revogada por lei.

II. A anistia só abrange as infrações cometidas a partir da sua vigência, devido ao princípio da irretroatividade das leis.

III. A anistia dos crimes, concedida em lei penal, não estende seus efeitos à matéria tributária.

a) Somente o item I está correto.

b) Somente o item II está correto.

c) Somente o item III está correto.

d) Estão corretos os itens I e III.

e) Estão corretos os itens II e III.

2. (ESAF - Auditor Fiscal da Receita Federal/2009) Sobre a exclusão do crédito tributário, assinale a opção correta.

a) Nas modalidades de exclusão do crédito tributário, verifica-se a ocorrência do fato gerador, a declaração da obrigação tributária e a constituição do crédito tributário, porém, não subsiste a obrigação de pagamento.

b) A isenção é causa de não incidência tributária.

c) A União, mediante lei complementar e atendendo a relevante interesse social ou econômico nacional, poderá conceder isenções de impostos estaduais e municipais.

d) Segundo orientação do Supremo Tribunal Federal, a revogação de isenção não se sujeita ao princípio da anterioridade, fazendo com que o tributo volte a ser imediatamente exigível.

e) As isenções tributárias concedidas, sob condição onerosa, podem ser suprimidas por conveniência da Administração.

3. (ESAF - Auditor Fiscal da Receita Federal/2005) Considerando o tema "isenção tributária", julgue os itens a seguir e marque com (V) a assertiva verdadeira e com (F) a falsa, assinalando ao final a opção correspondente.

( ) Se concedida com prazo determinado e sob condições não pode ser revogada.

( ) Com o advento da Constituição de 1988, a concessão da isenção heterotópica passou a ser proibida (art. 151, III).

( ) Por ser a isenção nada mais que o reverso da tributação, a lei isentiva só entra em vigor no exercício financeiro seguinte ao em que instituída.

( ) Segundo a letra do Código Tributário Nacional, a isenção constitui mera dispensa legal do pagamento do tributo.

a) V F F V

b) V V F V

c) V F V F

d) F V F V

e) V F F F

4. (Vunesp – Juiz de Direito – TJ SP/2017) Assinale a alternativa correta.

a) A norma de isenção se aloca no plano da definição da competência tributária, não ocorrendo, portanto, o fato imponível, por não existir a possibilidade de formulação da hipótese de incidência.

b) As imunidades e isenções não se distinguem a partir da fonte formal da qual emanam.

c) As isenções técnicas são legitimamente reconhecidas ante a ausência de capacidade contributiva como a concedida visando à preservação do mínimo vital ou destinada a uma pessoa jurídica para que possa desenvolver suas atividades.

d) A imunidade política é também denominada de imunidade recíproca e veda a tributação sobre patrimônio, renda e serviços das pessoas jurídico-políticas (União, Estados, Distrito Federal e Municípios)

5. (Procurador do Município – Prefeitura Recife-PE/2008 – FCC) Como forma de estimular a instalação de indústrias em seu Município, o prefeito municipal encaminha projeto de lei com inúmeras medidas tributárias incentivadoras de novas indústrias. Dentre estas medidas, concede isenção, pelo período de dez anos para as empresas que empreguem, no mínimo, dois mil funcionários. Preenchidos os requisitos legais, determinada empresa obtém a isenção, mas em razão de grave crise econômica, teve que reduzir para mil o número de funcionários. A isenção concedida a esta empresa

a) será mantida, porque se trata de isenção em caráter individual, irrevogável, portanto.

b) poderá ser mantida, por critério discricionário do chefe do executivo municipal, que decidirá por decreto.

c) será revogada por ato de autoridade administrativa competente, por ter deixado a empresa de atender aos requisitos para manutenção do benefício.

d) será revogada porque é inconstitucional isenção como instrumento de guerra fiscal.

e) poderá ser revogada desde que a lei concessiva da isenção seja revogada, pois deve ser respeitado o princípio da isonomia.

6. (CESPE – Juiz de Direito Substituto – AC/2012) O estado X editou lei concedendo às indústrias que se instalassem ou se modernizassem no estado isenção de 90% do ICMS devido, pelo prazo de dez anos, prorrogável por mais cinco anos na hipótese de instalação de projetos novos. Algumas indústrias aderiram ao programa, ora constituindo sede no estado, ora instalando projetos novos, ora se modernizando. Quatro anos depois, foi editada nova norma que suspendeu o benefício para as empresas que optaram pela modernização e excluiu a possibilidade de prorrogação do prazo nos demais casos.

Considerando a situação hipotética acima apresentada, assinale a opção correta.

a) A indústria que se tenha instalado no estado X e se modernizado tem direito adquirido ao benefício pelo prazo de quinze anos.

b) A isenção, benefício fiscal concedido pelo estado, pode ser suspensa ou revogada a qualquer tempo, ainda que concedida por prazo indeterminado, não se observando, no caso, o princípio da anterioridade.

c) A isenção concedida para os dez primeiros anos não poderia ter sido revogada, uma vez que fora concedida por prazo certo e em função de condição onerosa, tendo gerado direito adquirido aos contribuintes que se mantiverem cumprindo as condições exigidas.

d) São imediatos os efeitos de norma legal de revogação de isenção tributária, tal como a que suspendeu o benefício concedido às empresas que se instalaram no estado X.

e) Como a isenção foi concedida mediante condição onerosa, as empresas que instalaram novos projetos no estado têm direito à prorrogação da isenção por mais cinco anos, independentemente da nova norma.

7. (MPF – Procurador da República/2011) As isenções, integrando o Sistema Constitucional Tributário Brasileiro, se subordinam aos princípios que o informam, e assim é certo asseverar que:

a) a lei ordinária que reduz uma isenção tem aplicação imediata no mesmo exercício de sua entrada em vigor;

b) revogada a lei isentiva, a primitiva lei tributária voltará a vigorar porque, na hipótese, ocorre o efeito repristinatório;

c) os Estados e o Distrito Federal, objetivando criar isenções de ICMS, firmam entre si, por seus executivos, convênios, celebrados no Conselho Nacional de Política Fazendária – CONFAZ, a serem ratificados por ato do governador de cada uma das unidades federativas;

d) lei que institui isenção de todos os tributos federais, se explicitamente não diz que se aplica às taxas e contribuições de melhoria, deve-se entender que a isenção não abrange estas espécies tributárias.

8. (MPF – Procurador da República/2012) Produtos importados de países signatários do gatt (Acordo Geral de Tarifas e Comércio). Quanto ao imposto sobre circulação de mercadorias e serviços – ICMS é certo afirmar que:

a) a isenção de tributo estadual prevista em tratado internacional firmado pela União, caracteriza- se como isenção heterônoma vedada pela Constituição Federal;

b) a isenção de tributo estadual prevista em tratado internacional firmado pela União não se caracteriza como isenção heterônoma:

c) é cabível a isenção inserida em tratado internacional de ICMS firmado pela União relativa a mercadorias importadas de pais signatário do GATT mesmo não sendo isento o similar nacional;

d) a isenção, no caso do caput, somente prevalece para os impostos de competência da União.

9. (MPE-MS – Promotor de Justiça – MS/2011) A anistia em matéria tributária:

a) se aplica aos atos qualificados como crimes ou contravenções;

b) extingue a obrigação tributária;

c) igualmente às isenções, exclui o crédito tributário, nos termos do Código Tributário Nacional;

d) não pode ser concedida em caráter geral;

e) não pode ser limitada a determinada região do território do ente tributante.

10. (CESPE – Procurador do Estado – CE/2008) O governador de um estado da Federação decidiu, para atrair mais investimentos para o seu estado, promover uma política de incentivos fiscais, por meio da concessão de créditos presumidos no recolhimento do ICMS.

Com base na situação hipotética apresentada acima, assinale a opção correta acerca das normas que regem as renúncias de receitas.

a) O estado poderá instituir a referida política de incentivos após aprovação de lei com essa finalidade, sem necessidade de deliberação entre os demais estados e o DF.

b) Esse estado poderá implantar a política fiscal por meio de decreto, pelo qual a concessão para cada contribuinte será feita administrativamente mediante contrato.

c) Qualquer subsídio ou incentivo fiscal depende única e exclusivamente da vontade do governo de cada estado e, portanto, a referida política de incentivos fiscais poderá ser implantada por meio de portaria.

d) Qualquer renúncia de receita deverá constar das leis orçamentárias e a política proposta somente poderá ser implantada após deliberação entre os estados e o DF.

e) O ICMS é o único tributo que, para sua renúncia, independe de deliberação entre os estados e o DF.

11. (CESPE – Procurador do Estado – PI/2008) O governador de um estado, a fim de conceder isenção de ICMS para atacadistas de sua unidade da Federação, enviou projeto de lei para a casa legislativa, que acolheu o pleito e editou lei contendo vários dispositivos, incluindo matéria distinta da referente à isenção.

Com referência a essa situação, assinale a opção correta.

a) Não compete ao governador enviar ao Poder Legislativo projeto de lei contendo matéria referente a renúncia de receita.

b) O governador desse estado não poderia ter enviado para a casa legislativa projeto contendo matéria sobre isenção de ICMS sem que antes houvesse deliberação sobre o assunto por parte dos outros estados e do DF, que deveriam anuir com a concessão.

c) Na referida concessão da isenção do ICMS, observaram-se as normas pertinentes à concessão de benefícios legais.

d) Para qualquer isenção de tributo, mesmo não sendo para o ICMS, é necessária deliberação no Conselho Fazendário (CONFAZ).

e) O fato de a lei editada pela casa legislativa incluir assuntos não- relacionados à isenção de ICMS não configura descumprimento de qualquer princípio tributário, já que todo o processo legislativo foi respeitado.

12. (FCC – Procurador do Estado – RO/2011) Nos termos do Código Tributário Nacional, a isenção concedida por prazo certo e em função de determinadas condições

a) não pode ser revogada a qualquer tempo.

b) somente pode ser revogada após o prazo decadencial de 5 anos.

c) pode ser revogada a qualquer momento, na medida em que a isenção é mera faculdade do sujeito ativo, não se confundindo com a imunidade.

d) pode ser revogada, desde que observado o prazo de 90 dias, em respeito ao princípio da anterioridade nonagesimal.

e) não pode ser revogada porque não existe a possibilidade de concessão de isenção por prazo determinado.

13. (FCC/PGM/Teresina/Procurador/2010) O Município possui autonomia para o exercício da sua competência tributária, inclusive para concessão de isenção relativamente a seus tributos. Sobre este fato deve ser considerado que

a) a isenção enquanto causa de exclusão do crédito tributário depende unicamente da decisão política municipal, bastando a lei municipal concessiva.

b) o Código Tributário Nacional foi derrogado pela Lei de Responsabilidade Fiscal relativamente à disciplina da isenção, considerada atualmente renúncia de receita e não mais causa de exclusão do crédito tributário.

c) a isenção é renúncia de receita e, como tal, além dos requisitos para sua concessão, previstos no Código Tributário Nacional, deve também prever as exigências previstas na Lei de Responsabilidade Fiscal quando for em caráter não geral.

d) a previsão da Lei de Responsabilidade Fiscal de exigência de medidas específicas para concessão de isenção é inconstitucional por ferir a autonomia municipal e também dos demais entes federados.

e) a concessão de isenção deve vir prevista na lei orçamentária anual para poder ser efetivada, devendo, portanto obediência à anualidade tributária.

14. **(CESPE/TRF3/Juiz/2011)** Uma lei que crie determinada anistia tributária atenderá ao que dispõe o CTN se, expressamente, anistiar

a) infrações resultantes de conluio.

b) atos praticados com fraude, mas não considerados crimes ou contravenções.

c) as infrações cometidas antes e depois de sua edição.

d) tanto as multas tributárias quanto os crimes de sonegação.

e) atos praticados com dolo, mas não considerados crimes ou contravenções.

15. **(FCC/TCE/AP/Analista/2012)** A anistia, isenção em caráter não geral e remissão têm em comum o fato de serem

a) causas de extinção do crédito tributário.

b) causas de exclusão do crédito tributário.

c) causas de suspensão do crédito tributário.

d) formas de renúncia de receita tributária.

e) hipóteses de não incidência qualificada.

16. **(CESPE – Advogado da União/2012)** Julgue os itens seguintes, a respeito do Sistema Tributário Nacional.

- Lei genérica municipal, estadual ou federal pode determinar a concessão de subsídio ou isenção fiscal.

17. **(CESPE – Procurador do DF/ 2013)** Julgue os seguintes itens, a respeito do IPTU, do ICMS e de isenção tributária.

- É inconstitucional a isenção de tributo estadual fundada em tratado internacional ratificado pelo presidente da República.

18. **(CESPE – Procurador do MP junto ao TCE-PB/2014)** Tendo em vista que, por meio de lei ordinária estadual, determinado estado da Federação tenha estabelecido regras sobre a legislação previdenciária estadual e, entre outras coisas, instituído crédito presumido em relação ao tributo de ICMS, ou seja, tenha concedido um benefício fiscal, assinale a opção correta.

a) O estado em questão, caso tenha havido prévia deliberação dos demais estados e do DF, poderá instituir o benefício nos moldes descritos na referida lei.

b) A lei em apreço será inconstitucional, pois ao estado se impõem restrições ao poder de tributar, especialmente quando se trata de concessão de benefício fiscal na modalidade de crédito presumido, não sendo respeitada a necessidade de lei específica.

c) O referido estado poderia instituir o crédito presumido, desde que o fizesse por meio de lei complementar estadual.

d) O referido estado não pode conceder benefício fiscal em relação ao ICMS, sob nenhuma hipótese, uma vez que se trata de tributo de repercussão nacional.

e) Lei ordinária não pode instituir benefícios fiscais relativos ao ICMS.

19. **(FMP – Cartório – TJ – MT/2014)** Qual o significado de isenção?

a) É a situação em que um tributo é devido por ter ocorrido o fato gerador.

b) É a situação que o tributo não é devido por não ter ocorrido fato gerador.

c) É quando a lei prevê alíquota zero.

d) O mesmo que imunidade.

e) É um favor fiscal concedido pela lei que dispensa o pagamento de um tributo devido.

20. **(Vunesp – Cartório – TJ – SP/2014)** No tocante às isenções tributárias, é correto afirmar:

a) as isenções incondicionais podem ser revogadas, mas as condicionais, se por prazo certo, não podem.

b) elas podem ser revogadas a qualquer momento, observado o princípio da anualidade.

c) elas somente podem ser revogadas em caso de calamidade pública ou guerra.

d) as isenções condicionais e incondicionais não podem ser revogadas antes de, pelo menos, noventa dias.

GABARITO

Questão	Resposta	Fundamentação
1	C	CTN, art. 180, I
2	D	STF, RE 204.062
3	B	CTN, art. 178 e STF, Súmula 544; CF, art. 151, III; STF, RE 204.062 e CTN, art. 175
4	C	COSTA, Regina Helena. *Imunidades tributárias – teoria e análise da jurisprudência do STF*. Malheiros: São Paulo, 2001. p. 130-131
5	C	CTN, art. 179, § 2º
6	C	CTN, art. 178
7	D	CTN, art. 177, I
8	B	STF, RE 460.935
9	C	CTN, art. 175, II
10	D	LC 101/2000, art. 14, § 1º e LC 24/75, art. 1º
11	B	CF, arts. 150, § 6º, 155, § 2º, XII, g e LC 24/75
12	A	CTN, art. 178
13	C	LC 101/2000, art. 14, § 1º
14	A	CTN, art. 180, II
15	D	LC 101/2000, art. 14, § 1º
16	Errado	CF, art. 150, § 6º
17	Errado	STF, RE 229.096-RS
18	B	CF, art. 150, § 6º
19	E	STF, RE 114.850
20	A	CTN, art. 178

9. MEU RESUMO PARA MEMORIZAÇÃO

Futuro(a) Juiz(a), Membro do Ministério Público, Procurador(a), Auditor(a) Fiscal, ou Servidor(a) de Outras Carreiras Públicas, agora é hora de se concentrar.

Sem nenhuma consulta ao capítulo, por favor, faça um breve resumo abaixo. Neste momento, é importante que elabore esquemas e gráficos, para condensar e memorizar a matéria já estudada e, ainda, utilizar esses resumos para revisar os pontos uma semana antes da prova. Use o espaço cuidadosamente, deixando-o como o seu "caderninho de anotações pessoais".

9.1. Quais os pontos que eu aprendi ao longo do capítulo que considero mais importantes?

HIPÓTESES DE EXCLUSÃO DO CRÉDITO TRIBUTÁRIO:

a) Isenção:

b) Anistia:

OUTROS BENEFÍCIOS FISCAIS:

BENEFÍCIOS FISCAIS DO ICMS:

EXCLUSÃO
DO CRÉDITO TRIBUTÁRIO
segue vídeo abaixo:

https://youtu.be/cwcY8VRkn7Q

Capítulo XIV

GARANTIAS E PRIVILÉGIOS DO CRÉDITO TRIBUTÁRIO

As garantias e os privilégios do crédito tributário estão disciplinados no CTN (artigos 183 a 193). Em linhas gerais, tem-se a seguinte distinção entre garantia e privilégio:

Garantias	Privilégios
Instrumentos de que dispõe o Poder Público para assegurar o seu direito de receber o crédito tributário, impelindo o sujeito passivo a extingui-lo (principalmente pelo pagamento).	Preferências gozadas pelo crédito tributário em comparação com créditos de demais naturezas jurídicas.

Essa distinção guarda coerência com a seguinte lição de Paulo de Barros Carvalho:

> "...por **garantias** devemos entender os meios jurídicos assecuratórios que cercam o direito subjetivo do estado de receber a prestação do tributo. E por privilégios, a posição de superioridade de que desfruta o crédito tributário, com relação aos demais, excetuando-se os decorrentes da legislação do trabalho." (CARVALHO, Paulo de Barros. **Curso de Direito Tributário.** 21ª edição. Saraiva, 2009, p. 604).

O CTN enumera garantias ao crédito tributário de maneira exemplificativa (e não taxativa), ou seja, não exclui outras que sejam **expressamente** previstas em lei.

A natureza das garantias atribuídas ao crédito tributário não altera a natureza deste nem a da obrigação tributária a que corresponda (CTN, art. 183, parágrafo único), ou seja, por exemplo, o fato de ser atribuída uma garantia real ao crédito tributário, não faz dele um crédito imobiliário, mantendo-se com a natureza jurídica de crédito tributário.

Além disso, deve-se lembrar que crédito tributário **não** é sinônimo de obrigação tributária, de modo que, nos termos do artigo 140 do CTN, "as circunstâncias que modificam o **crédito tributário**, sua extensão ou seus efeitos, ou as **garantias ou os privilégios** a ele atribuídos, ou que excluem sua exigibilidade **não afetam** a **obrigação tributária** que lhe deu origem".

1. AS GARANTIAS ESPECIFICADAS NO CTN

Em uma passagem de sistematização um pouco confusa do CTN, as garantias do crédito tributário são tratadas na seção das disposições gerais do capítulo relativo às garantias e privilégios do crédito tributário. O primeiro dispositivo a respeito é o artigo 184, segundo o qual:

> "Art. 184. Sem prejuízo dos privilégios especiais sobre determinados bens, que sejam previstos em lei, responde pelo pagamento do crédito tributário a totalidade dos bens e das rendas, de qualquer origem ou natureza, do sujeito passivo, seu espólio ou sua massa falida, **inclusive** os gravados por ônus real ou cláusula de inalienabilidade ou impenhorabilidade, seja qual for a data da constituição do ônus ou da cláusula, **excetuados** unicamente os bens e rendas que a lei declare absolutamente impenhoráveis (CTN, art. 184).

Essa norma, como se vê, veicula regra, ênfase e uma única exceção, quais sejam:

- **Regra:** responde pelo pagamento do crédito tributário a **totalidade** dos bens e das rendas, de qualquer origem ou natureza, do sujeito passivo, seu espólio ou sua massa falida.
- **Ênfase da regra:** respondem **inclusive** os bens gravados por ônus real ou cláusula de inalienabilidade ou impenhorabilidade, seja qual for a data da constituição do ônus ou da cláusula.
- **Exceção única:** são **excetuados unicamente** os bens e rendas que a lei declare absolutamente impenhoráveis.

No que tange aos bens absolutamente impenhoráveis, deve-se mencionar a **impenhorabilidade do "bem de família"**, oponível em qualquer processo de execução fiscal, **salvo** se movido para a cobrança de impostos predial (ou territorial), taxas e contribuições devidas em função do imóvel familiar (Lei 8.009/90, art. 3°, inciso IV).

Na sequência, o artigo 185 do CTN teve a sua redação alterada pela Lei complementar 118/2005, que também inclui no Código o artigo 185-A. Esses dois artigos estabelecem regras, exceções, limites e consequências obedecendo à seguinte sistematização:

- **Regra 1 – Presunção de fraude:** presume-se fraudulenta a alienação ou oneração de bens ou rendas, ou seu começo, por sujeito passivo em débito para com a Fazenda Pública, por crédito tributário regularmente inscrito como dívida ativa (art. 185)
- **Exceção à presunção de fraude:** o disposto neste artigo não se aplica na hipótese de terem sido reservados, pelo devedor, bens ou rendas suficientes ao total pagamento da dívida inscrita (art. 185, parágrafo único)

ATENÇÃO:

Em questões de concursos públicos, cuidado com eventuais armadilhas da banca examinadora. A presunção de fraude nasce com a regular inscrição em Dívida Ativa.

Não é no lançamento, na declaração de débito, na lavratura do auto de infração, no julgamento administrativo definitivo ou em qualquer outro momento anterior à inscrição em Dívida Ativa que a presunção de fraude se opera. Por outro lado, a referida presunção não depende de a execução fiscal estar ajuizada, bastando mesmo que o débito esteja inscrito.

ATENÇÃO:

"A caracterização de má-fé do terceiro adquirente, ou mesmo a prova do conluio, não é necessária para caracterização da fraude à execução fiscal. A natureza jurídica do crédito tributário conduz a que a simples alienação de bens pelo sujeito passivo por quantia inscrita em dívida ativa, sem a reserva de meios para quitação do débito, gere a presunção absoluta de fraude à execução. A alienação havida até 8.6.2005 exige que tenha ocorrido prévia citação no processo judicial para caracterizar a fraude de execução; se o ato translativo foi praticado a partir de 9.6.2005, data de início da vigência da Lei Complementar nº 118/2005, basta a efetivação da inscrição em dívida ativa para a configuração da figura da fraude" (STJ, AgRg no AREsp 241691/PE).

- **Regra 2 – Indisponibilidade de bens:** na hipótese de o devedor tributário, devidamente citado, não pagar nem apresentar bens à penhora no prazo legal e não forem encontrados bens penhoráveis, o juiz determinará a indisponibilidade de seus bens e direitos (art. 185-A, primeira parte)
- **Consequência 1 da indisponibilidade de bens:** comunicando a decisão, preferencialmente por meio eletrônico, aos órgãos e entidades que promovem registros de transferência de bens, especialmente ao registro público de imóveis e às autoridades supervisoras do mercado bancário e do mercado de capitais, a fim de que, no âmbito de suas atribuições, façam cumprir a ordem judicial (art. 185-A, parte final).
- **Consequência 2 da indisponibilidade de bens:** os órgãos e entidades aos quais se fizer a comunicação de que trata o **caput** deste artigo enviarão imediatamente ao juízo a relação discriminada dos bens e direitos cuja indisponibilidade houverem promovido (art. 185-A, § 2º).
- **Limite da indisponibilidade de bens:** indisponibilidade de que trata o **caput** deste artigo limitar-se-á ao valor total exigível, devendo o juiz determinar o imediato levantamento da indisponibilidade dos bens ou valores que excederem esse limite (art. 185-A, § 1º).

ATENÇÃO:

A regra 2 acima é muito clara no sentido de que a indisponibilidade de bens e suas respectivas consequências somente têm lugar na hipótese de omissão do devedor tributário, quando este, devidamente citado, não pagar nem apresentar bens à penhora no prazo legal e não forem encontrados bens penhoráveis.

O quadro a seguir sistematiza as garantias previstas no CTN:

Responsabilidade patrimonial	Sem prejuízo dos privilégios especiais sobre determinados bens, responde pelo pagamento do crédito tributário a totalidade dos bens e das rendas, de qualquer origem ou natureza, do sujeito passivo, seu espólio ou sua massa falida, **inclusive os gravados** por **ônus real** ou **cláusula de inalienabilidade ou impenhorabilidade**, seja qual for a data da constituição do ônus ou da cláusula, excetuados unicamente os bens e rendas que a lei declare absolutamente impenhoráveis.
Presunção de Fraude	Presume-se fraudulenta a alienação ou oneração de bens ou rendas, ou seu começo, por sujeito passivo em débito para com a Fazenda Pública, por crédito tributário **regularmente inscrito como dívida ativa.**
Não aplicação da presunção de fraude	Na hipótese de o devedor ter reservado bens ou rendas suficientes para o total pagamento da dívida inscrita.
Determinação judicial de indisponibilidade de bens e direitos do devedor	Na hipótese de o devedor tributário, devidamente citado, não pagar nem apresentar bens à penhora no prazo legal e não forem encontrados bens penhoráveis. A decisão será comunicada aos órgãos e entidades que promovem registros de transferência de bens, especialmente ao registro público de imóveis e às autoridades supervisoras do mercado bancário e do mercado de capitais, a fim de que, no âmbito de suas atribuições, façam cumprir a ordem judicial.
Limite da indisponibilidade	Valor total exigível, devendo o juiz determinar o imediato levantamento da indisponibilidade dos bens ou valores que excederem esse limite.
Prova de tributos quitados	Salvo quando expressamente autorizado por lei, nenhum departamento da administração pública da União, dos Estados, do Distrito Federal, ou dos Municípios, ou sua autarquia, celebrará contrato ou aceitará proposta em concorrência pública sem que o contratante ou proponente faça prova da quitação de todos os tributos devidos à Fazenda Pública interessada, relativos à atividade em cujo exercício contrata ou concorre.

2. REGRA GERAL DAS PREFERÊNCIAS DO CRÉDITO TRIBUTÁRIO (EXCETO NOS CASOS DE FALÊNCIA)

No que se refere às preferências do crédito tributário, uma norma geral encontra-se estabelecida no artigo 186, *caput*, do CTN, segundo o qual:

> "**Art. 186.** O crédito tributário **prefere a qualquer outro**, seja qual for sua natureza ou o tempo de sua constituição, **ressalvados** os créditos decorrentes da **legislação do trabalho** ou do **acidente de trabalho**".

Em linhas gerais:

- O crédito tributário prefere a qualquer outro, **seja qual for sua natureza.**
- O crédito tributário prefere a qualquer outro, **seja qual for o tempo de sua constituição.**
- Há **duas ressalvas:** os créditos decorrentes:

(1) da legislação do trabalho;

(2) do acidente de trabalho.

Além disso, nos termos preconizados pelo artigo 187 do CTN, a **cobrança judicial** do crédito tributário **não** é sujeita a:

(1) concurso de credores;

(2) habilitação em falência, recuperação judicial, concordata, inventário ou arrolamento.

Coerente com essa norma, o artigo 5º da Lei 6.830/80 – Lei de Execuções Fiscais dispõe que "a competência para processar e julgar a execução da Dívida Ativa da Fazenda Pública exclui a de qualquer outro Juízo, inclusive o da falência, da concordata, da liquidação, da insolvência ou do inventário".

E, segundo a jurisprudência do Superior Tribunal de Justiça, a decretação da falência não paralisa o processo de execução fiscal, nem desconstitui a penhora (REsp. 188.148-RS).

Cuidado apenas com o fato de que a cobrança judicial não estar sujeita a habilitação em falência, inventário ou arrolamento **não** significa que não existam normas especiais de garantias e preferências relacionadas a esses procedimentos judiciais. É o que se verá adiante neste capítulo.

3. ORDEM DE PREFERÊNCIA NA FALÊNCIA (CTN, ART. 186, PARÁGRAFO ÚNICO, C/C ARTS. 83 E 84 DA LEI 11.101/2005)

A análise sistemática do artigo 186, parágrafo único do CTN e dos artigos 83 e 84 da Lei nº 11.101/2005 (Lei de Falências) enseja a seguinte ordem de preferências de créditos para serem quitados:

1º Créditos extraconcursais (decorrentes do andamento do processo de falência);

2º Importâncias passíveis de restituição (bens e direitos de terceiros arrecadados do falido na data da decretação da falência);

3º Créditos trabalhistas (limitados a 150 salários mínimos por credor) e acidentários (desde que oriundos antes da falência, caso não, serão extraconcursais);

4º Créditos com garantia real (no limite do valor do bem gravado);

5º **Créditos tributários** (desde que não sejam extraconcursais e excetuadas as multas tributárias);

6º Créditos com privilégio especial;

7º Créditos com privilégio geral;

8º Créditos quirografários;

9º Multas contratuais, **multas pecuniárias** por infrações às leis penais, administrativas e **tributárias**;

10º Créditos subordinados

Para um bom desempenho em prova de Direito Tributário dos mais diversos concursos públicos, além da memorização dessa ordem de preferência, é importante que o candidato esteja antenado para alguns aspectos relacionados aos créditos ordenados em 1º, 5º e 9º lugares.

Primeiramente, o artigo 84 da Lei 11.101/2005 (Lei de Falências) estabelece que os chamados créditos extraconcursais serão pagos com precedências aos demais créditos relacionados em ordem no artigo 83 do mesmo diploma legal. Por créditos extraconcursais entendem-se aqueles surgidos após início do processo de falência, como, por exemplo, a remuneração devida ao administrador judicial. Dentre os créditos extraconcursais, estão explicitamente elencados no inciso V os "tributos relativos a fatos geradores ocorridos após a decretação da falência". Logo, o candidato deve ficar atento nos enunciados, haja vista que um crédito tributário pode ser extraconcursal (primeiro a ser pago, ou melhor, pago com precedência aos demais créditos) ou não extraconcursal (que se sujeitará à ordem estabelecida no quadro retro).

E assim, excluídos os créditos tributários de caráter extraconcursal (1º lugar) e os decorrentes de multas tributárias (9º lugar), todos os demais créditos tributários ocupam a 5ª posição na ordem de preferência dos créditos nos processos falimentares.

Segundo vários julgados do STJ, a exemplo do AgRg no Ag 1023989/SP, a multa fiscal moratória, por constituir pena administrativa, não se incluiria no crédito habilitado em falência (Súmulas nºs 192 e 565 do STF)". Entretanto, cabe anotar que o artigo 83, inciso VII, da Lei 11.101/2005 (que atualmente disciplina a falência e a recuperação judicial e extrajudicial), expressamente coloca as multas tributárias na ordem de classificação dos créditos:

> Art. 83. A classificação dos créditos na falência obedece à seguinte ordem:
>
> VII – as multas contratuais e as penas pecuniárias por infração das leis penais ou administrativas, **inclusive as multas tributárias.**

Com base nesse dispositivo, há recente julgado do próprio STJ admitindo possibilidade de inclusão da multa moratória de natureza tributária na classificação dos créditos na falência (STJ, REsp 1.223.792/MS).

Cabe lembrar que, em processo da falência, o produto da alienação judicial de empresa, filial ou unidade produtiva isolada permanecerá em conta de depósito à disposição do juízo de falência pelo prazo de 1 (um) ano, contado da data de alienação, somente podendo ser utilizado para o pagamento de créditos extraconcursais ou de créditos que preferem ao tributário (CTN, art. 133, § 3º).

E ainda em relação aos aspectos tributários da falência e da recuperação de empresas, a regularidade quanto a débitos fiscais possui grande relevância, uma vez que:

- a extinção das obrigações do falido requer prova de quitação de todos os tributos (CTN, art. 191);
- a concessão de recuperação judicial depende da apresentação da prova de quitação de todos os tributos (art. 191-A).

4. SISTEMA DE GARANTIAS E PREFERÊNCIAS NOS INVENTÁRIOS E PARTILHAS

Nos inventários e nas partilhas têm-se no CTN, como regra, as seguintes normas relativas a garantias e preferências:

> "Art. 189. São pagos preferencialmente a quaisquer créditos habilitados em inventário ou arrolamento, ou a outros encargos do monte, os créditos tributários vencidos ou vincendos, a cargo do *de cujus* ou de seu espólio, exigíveis no decurso do processo de inventário ou arrolamento.
>
> Parágrafo único. Contestado o crédito tributário, proceder-se-á na forma do disposto no § 1º do artigo anterior.
>
> ...
>
> Art. 192. Nenhuma sentença de julgamento de partilha ou adjudicação será proferida sem prova da quitação de todos os tributos relativos aos bens do espólio, ou às suas rendas".

Portanto, nos casos de inventário ou partilha, o artigo 189 do CTN impõe a seguinte sistemática de preferência e procedimentos:

- **Primeiro (crédito preferido):** créditos tributários vencidos ou vincendos, a cargo do *de cujus* ou de seu espólio, exigíveis no decurso do processo de inventário ou arrolamento.
- **Depois (crédito preterido):** quaisquer créditos habilitados em inventário ou arrolamento, ou outros encargos do monte.
- **No caso de contestação:** será seguido o procedimento do § 1º do artigo 188 (referente a falências), isto é, contestado o crédito tributário, o juiz remeterá as

partes ao processo competente, mandando reservar bens suficientes à extinção total do crédito e seus acrescidos, se a massa não puder efetuar a garantia da instância por outra forma, ouvido, quanto à natureza e valor dos bens reservados, o representante da Fazenda Pública interessada.

Além desse sistema de preferência, existe também a garantia do artigo 192 do CTN, segundo a qual **nenhuma sentença** de julgamento de **partilha ou adjudicação** será proferida **sem prova da quitação de todos os tributos** relativos aos bens do espólio, ou às suas rendas.

Em síntese, em termos de garantias e privilégios, nos inventários e partilhas, as normas são as seguintes:

Garantia	Preferência
Nenhuma sentença de julgamento de partilha ou adjudicação será proferida sem prova da quitação de todos os tributos relativos aos bens do espólio ou às suas rendas.	São pagos preferencialmente a quaisquer créditos habilitados em inventário ou arrolamento, ou a outros encargos do monte, os créditos tributários vencidos ou vincendos, a cargo do *de cujus* ou de seu espólio, exigíveis no decurso do processo de inventário ou arrolamento.

5. ORDEM DE PREFERÊNCIA ENTRE PESSOAS JURÍDICAS DE DIREITO PÚBLICO

O concurso de preferência somente se verifica entre pessoas jurídicas de direito público, na seguinte ordem (CTN, art. 187, parágrafo único do CTN):

1º	União
2º	Estados, Distrito Federal e Territórios, conjuntamente e *pró-rata*
3º	Municípios, conjuntamente e *pró-rata*

Sobre isso, dispõe a **Súmula 563 do STF:**

> "O concurso de preferência a que se refere o parágrafo único do art. 187 do Código Tributário Nacional é compatível com o disposto no art. 9º, I, da Constituição Federal".

Essa súmula foi editada antes da vigência da CF/88, portanto, o artigo 9º, inciso I que menciona refere-se à Constituição anterior. Mas, há correspondência na Constituição atual, que é o artigo 19, inciso III:

> "Art. 19. É vedado à União, aos Estados, ao Distrito Federal e aos Municípios: (...)
>
> III – criar distinções entre brasileiros ou preferências entre si".

Superada a questão de não haver violação ao artigo 19, inciso III, da CF, cabe ressaltar que o concurso de preferências entre pessoas políticas tem lugar na coexistência de execuções fiscais de diversos entes federativos sobre um mesmo sujeito passivo, quando há pluralidade de penhoras sobre um único bem do devedor.

Nesses casos, o entendimento do Superior Tribunal de Justiça é de que:

> "...verificada a **pluralidade de penhora** sobre o mesmo bem em executivos fiscais ajuizados por diferentes entidades garantidas com o privilégio do concurso de preferência, consagra-se a prelação do pagamento dos créditos tributários da União e suas autarquias em detrimento dos créditos fiscais dos estados e destes em relação aos municípios, conforme a dicção do art. 187, parágrafo único, do CTN c/c o artigo 29 da Lei 6.830/80." (STJ - AgRg no REsp 1341707/RS)

Segundo a mesma linha de raciocínio prevalece também o entendimento de que os créditos das autarquias federais preferem aos créditos da Fazenda estadual, desde que coexistam penhoras sobre o mesmo bem (Súmula 497 do STJ).

Além disso, o mesmo Superior Tribunal de Justiça vem manifestando o entendimento de que:

> "Não viola o artigo 187 do CTN a concessão de parcelamento a uma empresa em recuperação judicial, porquanto o crédito não perde seus privilégios, apenas passa a ser recolhido de modo diferido a fim de que a sociedade empresária possa adimplir a obrigação tributária de forma íntegra, com a exigibilidade do crédito suspensa. À luz da doutrina e da legislação atuais, às sociedades empresárias, mesmo em recuperação judicial, deve ser assegurado o direito de acesso aos planos de parcelamento fiscal, mantendo, com isso, seu ciclo produtivo, os empregos gerados e a satisfação de interesses econômicos e de consumo da comunidade." (STJ, EDcl no AgRg no CC 110.764-DF, 2ª Seção, Rel. Min. Luis Felipe Salomão, julgados em 11/05/2011)

Portanto, o entendimento é de que a concessão de parcelamento em sede de recuperação judicial suspende a exigibilidade do crédito tributário (CTN, art. 151, VI) e **não** suprime as garantias e os privilégios usufruídos pelo crédito tributário.

6. SÚMULAS

Súmula 563 STF: "O concurso de preferência a que se refere o parágrafo único, do art. 187, do Código Tributário Nacional, é compatível com o disposto no art. 9°, inciso I, da Constituição Federal".

Súmula 565 STF: "A multa fiscal moratória constitui pena administrativa, não se incluindo no crédito habilitado em falência".

Súmula 560 STJ: "A decretação da indisponibilidade de bens e direitos, na forma do art. 185-A do CTN, pressupõe o exaurimento das diligências na busca por bens penhoráveis, o qual fica caracterizado quando infrutíferos o pedido de constrição sobre ativos financeiros e a expedição de ofícios aos registros públicos do domicílio do executado, ao Denatran ou Detran".

7. LEGISLAÇÃO RELACIONADA AO CAPÍTULO

» CONSTITUIÇÃO FEDERAL

Art. 19. É vedado à União, aos Estados, ao Distrito Federal e aos Municípios:

III - criar distinções entre brasileiros ou preferências entre si.

» CÓDIGO TRIBUTÁRIO NACIONAL

Art. 140. As circunstâncias que modificam o crédito tributário, sua extensão ou seus efeitos, ou as garantias ou os privilégios a ele atribuídos, ou que excluem sua exigibilidade não afetam a obrigação tributária que lhe deu origem.

Art. 141. O crédito tributário regularmente constituído somente se modifica ou extingue, ou tem sua exigibilidade suspensa ou excluída, nos casos previstos nesta Lei, fora dos quais não podem ser dispensadas, sob pena de responsabilidade funcional na forma da lei, a sua efetivação ou as respectivas garantias.

Art. 183. A enumeração das garantias atribuídas neste Capítulo ao crédito tributário não exclui outras que sejam expressamente previstas em lei, em função da natureza ou das características do tributo a que se refiram.

Parágrafo único. A natureza das garantias atribuídas ao crédito tributário não altera a natureza deste nem a da obrigação tributária a que corresponda.

Art. 184. Sem prejuízo dos privilégios especiais sobre determinados bens, que sejam previstos em lei, responde pelo pagamento do crédito tributário a totalidade dos bens e das rendas, de qualquer origem ou natureza, do sujeito passivo, seu espólio ou sua massa falida, inclusive os gravados por ônus real ou cláusula de inalienabilidade ou impenhorabilidade, seja qual for a data da constituição do ônus ou da cláusula, excetuados unicamente os bens e rendas que a lei declare absolutamente impenhoráveis.

Art. 185. Presume-se fraudulenta a alienação ou oneração de bens ou rendas, ou seu começo, por sujeito passivo em débito para com a Fazenda Pública, por crédito tributário regularmente inscrito como dívida ativa.

Parágrafo único. O disposto neste artigo não se aplica na hipótese de terem sido reservados, pelo devedor, bens ou rendas suficientes ao total pagamento da dívida inscrita.

Art. 185-A. Na hipótese de o devedor tributário, devidamente citado, não pagar nem apresentar bens à penhora no prazo legal e não forem encontrados bens penhoráveis, o juiz determinará a indisponibilidade de seus bens e direitos, comunicando a decisão, preferencialmente por meio eletrônico, aos órgãos e entidades que promovem registros de transferência de bens, especialmente ao registro público de imóveis e às autoridades supervisoras do mercado bancário e do mercado de capitais, a fim de que, no âmbito de suas atribuições, façam cumprir a ordem judicial.

§ 1º A indisponibilidade de que trata o caput deste artigo limitar-se-á ao valor total exigível, devendo o juiz determinar o imediato levantamento da indisponibilidade dos bens ou valores que excederem esse limite.

§ 2º Os órgãos e entidades aos quais se fizer a comunicação de que trata o caput deste artigo enviarão imediatamente ao juízo a relação discriminada dos bens e direitos cuja indisponibilidade houverem promovido.

Art. 186. O crédito tributário prefere a qualquer outro, seja qual for sua natureza ou o tempo de sua constituição, ressalvados os créditos decorrentes da legislação do trabalho ou do acidente de trabalho.

Parágrafo único. Na falência:

I - o crédito tributário não prefere aos créditos extraconcursais ou às importâncias passíveis de restituição, nos termos da lei falimentar, nem aos créditos com garantia real, no limite do valor do bem gravado;

II - a lei poderá estabelecer limites e condições para a preferência dos créditos decorrentes da legislação do trabalho; e

III - a multa tributária prefere apenas aos créditos subordinados.

Art. 187. A cobrança judicial do crédito tributário não é sujeita a concurso de credores ou habilitação em falência, recuperação judicial, concordata, inventário ou arrolamento.

Parágrafo único. O concurso de preferência somente se verifica entre pessoas jurídicas de direito público, na seguinte ordem:

I - União;

II - Estados, Distrito Federal e Territórios, conjuntamente e pró rata;

III - Municípios, conjuntamente e pró rata.

Art. 188. São extraconcursais os créditos tributários decorrentes de fatos geradores ocorridos no curso do processo de falência.

§ 1º Contestado o crédito tributário, o juiz remeterá as partes ao processo competente, mandando reservar bens suficientes à extinção total do crédito e seus acrescidos, se a massa não puder efetuar a garantia da instância por outra forma, ouvido, quanto à natureza e valor dos bens reservados, o representante da Fazenda Pública interessada.

§ 2º O disposto neste artigo aplica-se aos processos de concordata.

Art. 189. São pagos preferencialmente a quaisquer créditos habilitados em inventário ou arrolamento, ou a outros encargos do monte, os créditos tributários vencidos ou vincendos, a cargo do de cujus ou de seu espólio, exigíveis no decurso do processo de inventário ou arrolamento.

Parágrafo único. Contestado o crédito tributário, proceder-se-á na forma do disposto no § 1º do artigo anterior.

Art. 190. São pagos preferencialmente a quaisquer outros os créditos tributários vencidos ou vincendos, a cargo de pessoas jurídicas de direito privado em liquidação judicial ou voluntária, exigíveis no decurso da liquidação.

Art. 191. A extinção das obrigações do falido requer prova de quitação de todos os tributos.

Art. 191-A. A concessão de recuperação judicial depende da apresentação da prova de quitação de todos os tributos, observado o disposto nos arts. 151, 205 e 206 desta Lei.

Art. 192. Nenhuma sentença de julgamento de partilha ou adjudicação será proferida sem prova da quitação de todos os tributos relativos aos bens do espólio, ou às suas rendas.

Art. 193. Salvo quando expressamente autorizado por lei, nenhum departamento da administração pública da União, dos Estados, do Distrito Federal, ou dos Municípios, ou sua autarquia, celebrará contrato ou aceitará proposta em concorrência pública sem que o contratante ou proponente faça prova da quitação de todos os tributos devidos à Fazenda Pública interessada, relativos à atividade em cujo exercício contrata ou concorre.

» LEI Nº 8.009, DE 29 DE MARÇO DE 1990

Dispõe sobre a impenhorabilidade do bem de família

Art. 1º O imóvel residencial próprio do casal, ou da entidade familiar, é impenhorável e não responderá por qualquer tipo de dívida civil, comercial, fiscal, previdenciária ou de outra natureza, contraída pelos cônjuges ou pelos pais ou filhos que sejam seus proprietários e nele residam, salvo nas hipóteses previstas nesta lei.

Parágrafo único. A impenhorabilidade compreende o imóvel sobre o qual se assentam a construção, as plantações, as benfeitorias de qualquer natureza e todos os equipamentos, inclusive os de uso profissional, ou móveis que guarnecem a casa, desde que quitados.

Art. 2º Excluem-se da impenhorabilidade os veículos de transporte, obras de arte e adornos suntuosos.

Parágrafo único. No caso de imóvel locado, a impenhorabilidade aplica-se aos bens móveis quitados que guarneçam a residência e que sejam de propriedade do locatário, observado o disposto neste artigo.

Art. 3º A impenhorabilidade é oponível em qualquer processo de execução civil, fiscal, previdenciária, trabalhista ou de outra natureza, salvo se movido:

IV – para cobrança de impostos, predial ou territorial, taxas e contribuições devidas em função do imóvel familiar;

» LEI Nº 11.101, DE 9 DE FEVEREIRO DE 2005

Regula a recuperação judicial, a extrajudicial e a falência do empresário e da sociedade empresária

Art. 83. A classificação dos créditos na falência obedece à seguinte ordem:

I – os créditos derivados da legislação do trabalho, limitados a 150 (cento e cinqüenta) salários-mínimos por credor, e os decorrentes de acidentes de trabalho;

II – créditos com garantia real até o limite do valor do bem gravado;

III – créditos tributários, independentemente da sua natureza e tempo de constituição, excetuadas as multas tributárias;

IV – créditos com privilégio especial, a saber:

a) os previstos no art. 964 da Lei no 10.406, de 10 de janeiro de 2002;

b) os assim definidos em outras leis civis e comerciais, salvo disposição contrária desta Lei;

c) aqueles a cujos titulares a lei confira o direito de retenção sobre a coisa dada em garantia;

d) aqueles em favor dos microempreendedores individuais e das microempresas e empresas de pequeno porte de que trata a Lei Complementar no 123, de 14 de dezembro de 2006

V - créditos com privilégio geral, a saber:

a) os previstos no art. 965 da Lei no 10.406, de 10 de janeiro de 2002;

b) os previstos no parágrafo único do art. 67 desta Lei;

c) os assim definidos em outras leis civis e comerciais, salvo disposição contrária desta Lei;

VI - créditos quirografários, a saber:

a) aqueles não previstos nos demais incisos deste artigo;

b) os saldos dos créditos não cobertos pelo produto da alienação dos bens vinculados ao seu pagamento;

c) os saldos dos créditos derivados da legislação do trabalho que excederem o limite estabelecido no inciso I do caput deste artigo;

VII - as multas contratuais e as penas pecuniárias por infração das leis penais ou administrativas, inclusive as multas tributárias;

VIII - créditos subordinados, a saber:

a) os assim previstos em lei ou em contrato;

b) os créditos dos sócios e dos administradores sem vínculo empregatício.

§ 1º Para os fins do inciso II do caput deste artigo, será considerado como valor do bem objeto de garantia real a importância efetivamente arrecadada com sua venda, ou, no caso de alienação em bloco, o valor de avaliação do bem individualmente considerado.

§ 2º Não são oponíveis à massa os valores decorrentes de direito de sócio ao recebimento de sua parcela do capital social na liquidação da sociedade.

§ 3º As cláusulas penais dos contratos unilaterais não serão atendidas se as obrigações neles estipuladas se vencerem em virtude da falência.

§ 4º Os créditos trabalhistas cedidos a terceiros serão considerados quirografários.

Art. 84. Serão considerados créditos extraconcursais e serão pagos com precedência sobre os mencionados no art. 83 desta Lei, na ordem a seguir, os relativos a:

I - remunerações devidas ao administrador judicial e seus auxiliares, e créditos derivados da legislação do trabalho ou decorrentes de acidentes de trabalho relativos a serviços prestados após a decretação da falência;

II - quantias fornecidas à massa pelos credores;

III - despesas com arrecadação, administração, realização do ativo e distribuição do seu produto, bem como custas do processo de falência;

IV - custas judiciais relativas às ações e execuções em que a massa falida tenha sido vencida;

V - obrigações resultantes de atos jurídicos válidos praticados durante a recuperação judicial, nos termos do art. 67 desta Lei, ou após a decretação da falência, e tributos relativos a fatos geradores ocorridos após a decretação da falência, respeitada a ordem estabelecida no art. 83 desta Lei.

8. QUESTÕES FUNDAMENTADAS

1. **(ESAF – Auditor Fiscal da Receita Federal/2003)** Avalie o acerto das afirmações adiante e marque com V as verdadeiras e com F as falsas; em seguida, marque a opção correta.

( ) Os bens do sujeito passivo, seu espólio ou sua massa falida gravados por ônus real respondem pelo pagamento do crédito tributário da Fazenda Pública.

( ) Não se presume fraudulenta a alienação ou oneração de bens ou rendas por sujeito passivo em débito para com a Fazenda Pública por crédito tributário regularmente inscrito como dívida ativa em fase de execução, na hipótese de terem sido reservados bens ou rendas suficientes ao total pagamento da dívida em fase de execução.

( ) Nenhuma sentença de julgamento de partilha ou adjudicação será proferida sem prova da quitação de todos os tributos relativos aos bens do espólio, ou às suas rendas.

a) F, V, F

b) F, F, V

c) F, F, F

d) V, V, V

e) V, V, F

2. **(Procurador do Município – Prefeitura Londrina-PR/2011 – CONSULPLAN)** Sobre as garantias e privilégios do crédito tributário, marque V para as afirmativas verdadeiras e F para as falsas:

( ) O crédito tributário prefere a qualquer outro, seja qual for sua natureza ou o tempo de sua constituição, ressalvados os créditos decorrentes da legislação do trabalho ou do acidente de trabalho.

( ) A extinção das obrigações do falido prescinde de prova de quitação de todos os tributos.

( ) A cobrança judicial do crédito tributário não é sujeita a concurso de credores ou habilitação em falência, recuperação judicial, concordata, inventário ou arrolamento.

A seqüência está correta em:

a) V, V, V

b) F, F, F

c) F, V, F

d) V, F, V

e) V, V, F

3. **(Cespe – Procurador do Estado – PGE – SE/2017)** Um devedor tributário, devidamente citado em execução fiscal, não pagou nem apresentou bens à penhora no prazo legal. Nesse caso, considerando-se as garantias e os privilégios do crédito tributário, a declaração da indisponibilidade dos bens do devedor prevista no CTN dependerá da demonstração do esgotamento das diligências para a localização de bens penhoráveis. Segundo a jurisprudência do STJ, o esgotamento dessas diligências caracteriza-se pela:

a) comprovação da tentativa ou consumação de alienação ou oneração de bens ou rendas após a inscrição em dívida ativa, como acontece na medida cautelar fiscal.

b) diligência da fazenda pública em demonstrar ter realizado buscas razoavelmente exigíveis, já que inexiste na jurisprudência um rol mínimo de diligências a serem realizadas.

c) existência de pedido e determinação, nos autos, de constrição sobre ativos financeiros via Bacen-Jud, expedição de ofícios aos registros públicos do domicílio do executado e ao Departamento Nacional — ou estadual — de Trânsito.

d) existência de pedido e determinação, nos autos, de constrição sobre ativos financeiros via Bacen-Jud, expedição de ofícios aos registros de imóveis do local de residência do executado e da sede da comarca e da capital da respectiva unidade da Federação.

e) simples inexistência de pagamento ou de oferecimento de bens à penhora no prazo legal da contestação, como ocorre na medida cautelar fiscal.

4. **(Procurador do Município – Prefeitura Natal-RN/2008 – CESPE)** Ainda em relação à disciplina do crédito tributário, cada uma das opções abaixo apresenta uma situação hipotética, seguida de uma assertiva a ser julgada. Assinale a opção que apresenta assertiva correta.

a) Marcelo recebeu por herança testamentária um imóvel comercial, gravado com cláusula de inalienabilidade, impenhorabilidade e incomunicabilidade. Nessa situação, se a fazenda promover execução fiscal contra Marcelo, responderá pelo pagamento do crédito tributário a totalidade de seus bens e rendas, excetuados apenas o referido imóvel recebido por herança e outros declarados por lei ou por ato voluntário como impenhoráveis.

b) Ricardo possui débito para com a fazenda pública, por crédito regularmente inscrito como dívida ativa, em montante atualizado de R$ 15.000,00. Apesar disso, Ricardo alienou imóvel de sua propriedade avaliado em R$ 30.000,00. Nessa situação, presume-se fraudulenta a alienação, independentemente da capacidade econômica de Ricardo.

c) A pessoa jurídica Delta, em processo de falência, possui débito para com a fazenda pública, oriundo de crédito tributário regularmente inscrito como dívida ativa. Nessa situação, para o exercício da preferência, a fazenda pública deverá requerer a habilitação do crédito tributário no processo falimentar.

d) Fabiano possui débitos tributários para com as fazendas nacional, estadual e do DF. Nessa situação, o crédito tributário da fazenda nacional preferirá sobre os demais e os créditos tributários estaduais e distritais não terão preferências entre si, devendo ser satisfeitos conjuntamente e de forma proporcional.

5. (Procurador do Município – Prefeitura Recife-PE/2008 – FCC) Determinado contribuinte, proprietário de único imóvel residencial localizado no município do Recife, destinado à residência da família, está em mora com o IPTU e taxas incidentes sobre o imóvel desde 2003. Devidamente inscrito o débito em dívida ativa e extraída a certidão, foi proposta execução fiscal. Como forma de garantia da execução fiscal, foi penhorado o próprio imóvel, que está hipotecado para instituição financeira desde 1998, como garantia de pagamento de mútuo imobiliário. Considerando estes fatos, é correto afirmar que

a) o imóvel é bem de família e não pode ser penhorado em sede de execução fiscal por dívidas de IPTU e taxas sobre ele incidentes.

b) o crédito com garantia real prefere ao crédito tributário e a instituição financeira poderá opor embargos de terceiro para desconstituir a penhora.

c) o crédito está prescrito desde 2007, devendo ser extinta a execução fiscal.

d) o crédito tributário não tem preferência sobre o crédito hipotecário, uma vez que a hipoteca é anterior ao crédito tributário cobrado.

e) configura a hipótese de exceção à impenhorabilidade do bem de família, além de ter o crédito tributário preferência sobre os créditos com garantia real.

6. (Procurador do Município – Prefeitura São Paulo-SP/2008 – FCC) É correto afirmar:

a) na falência, os tributos relativos a fatos geradores ocorridos após a decretação da falência somente serão pagos após o pagamento de outros créditos extraconcursais elencados na Lei de falência, dentre eles as remunerações devidas ao administrador judicial e seus auxiliares.

b) a aquisição judicial em processo de falência de estabelecimento industrial afasta a responsabilidade tributária do adquirente se este for sócio de sociedade controlada pelo devedor falido.

c) a dissolução irregular de sociedade não acarreta a responsabilidade pessoal do sócio-gerente pelos débitos da empresa, na qualidade de substituto, em razão da prática de ato com infração de lei, mas sim responsabilidade solidária de todos os sócios, na liquidação da sociedade de pessoas.

d) o sucessor a qualquer título é responsável pelos tributos cujos fatos geradores ocorreram até a data da partilha ou adjudicação, mas a responsabilidade será afastada em relação a fatos geradores ocorridos até a data da abertura da sucessão, que será de responsabilidade única do espólio.

e) não haverá responsabilidade do adquirente de imóvel por tributos decorrentes da propriedade, posse ou domínio útil do imóvel, bem assim de taxas ou contribuições de melhoria referentes a tais bens se o alienante assume a obrigação pelos débitos em atraso em escritura pública de compra e venda.

7. (FCC – Juiz de Direito Substituto – PE/2013) Sobre as garantias e privilégios do crédito tributário, é correto afirmar que

a) a fraude à execução fiscal tem seu termo inicial a partir do despacho do juiz que ordena a citação.

b) o juiz não pode decretar fraude à execução fiscal se o devedor está em local incerto e não sabido e foi citado por edital, caso seja constatada a alienação de imóvel após a publicação do edital.

c) o juiz deve decretar a indisponibilidade de todos os bens e direitos do devedor que se encontra em local incerto e não sabido e é citado por edital em sede de execução fiscal.

d) a indisponibilidade de bens e direitos em execução fiscal é decretada de ofício pelo juiz, desde que o devedor tenha sido devidamente citado e não tenha oferecido bens para garantir a execução e não forem encontrados bens suficientes para tanto.

e) a indisponibilidade de bens e direitos do devedor decorre da decretação, de ofício pelo juiz, da fraude à execução, que se dá quando existe alienação de bens que reduzam o devedor à insolvência após a citação válida, ainda que por edital.

8. (ESAF – Procurador da Fazenda Nacional/2012) Sobre a tributação no regime falimentar, assinale a opção correta.

a) A lei estabelecerá limites e condições para a preferência dos créditos decorrentes da legislação do trabalho em relação aos demais créditos, inclusive aos tributários.

b) Com as alterações havidas em relação ao regime falimentar, a alteração do Código Tributário Nacional deixa claro o propósito de preservar as empresas em dificuldades e consequentemente a oferta de empregos, pelo que se permite afirmar que o crédito tributário ganhou posições em relação à sistemática até então vigente.

c) Na falência, o crédito tributário prefere aos créditos extraconcursais e às importâncias passíveis de restituição. Todavia, não prefere aos créditos com garantia real, no limite do valor do bem gravado.

d) As multas contratuais e as penalidades pecuniárias por infração das leis penais ou administrativas, inclusive as multas tributárias, preferem aos credores quirografários.

e) O proprietário de bem arrecadado no processo de falência ou que se encontre em poder do devedor na data da decretação da falência poderá pedir sua restituição.

9. (ESAF – Procurador Fazenda Nacional/2007)

- Créditos decorrentes de acidente de trabalho, e não apenas créditos trabalhistas, preferem ao crédito tributário.
- O crédito tributário não prefere aos créditos extraconcursais ou às importâncias passíveis de restituição, nos termos da lei falimentar.
- Na falência, dentro do limite do valor do bem gravado, o crédito tributário fica abaixo dos créditos com hipoteca.

a) As três afirmações são verdadeiras.

b) Só é verdadeira a primeira asserção.

c) Só é falsa a terceira afirmação.

d) Só é falsa a primeira.

e) São todas falsas.

10. (ESAF – Procurador Fazenda Nacional/2007) Indique a opção que preenche corretamente as lacunas das asserções abaixo.

1) Decorre do CTN que a multa tributária ________, na falência, a mesma preferência dos demais ________ .

2) ________ a dívida inscrita estar em fase de execução, para que se presuma fraudulenta a alienação de bem efetuada por ________ , em débito para com a Fazenda Pública.

a) tem/créditos tributários

Não precisa/sujeito passivo insolvente

b) tem/créditos

Precisa/sujeito passivo insolvente

c) não tem/débitos

Precisa/sujeito passivo

d) não tem/créditos tributários

Não precisa/sujeito passivo insolvente

e) tem/créditos tributários vencidos

Precisa/sujeito passivo

11. (FEPESE – Procurador do Estado – SC/2009) A Fábrica de Doces Martinica Ltda não pagou uma dívida tributária, face a dificuldades financeiras. O sócio administrador, em seguida, conseguiu realizar a venda do único imóvel da sociedade, visando obter recursos para investir em aumento de produção e de faturamento, embora ficando a sociedade, momentaneamente, sem renda ou bens suficientes para pagar a dívida.

Nessas condições, de acordo com o Código Tributário Nacional, essa alienação será considerada:

a) Fraudulenta, desde que o crédito tributário esteja em fase de execução.

b) Operação regular, se o débito estiver apenas inscrito em dívida ativa.

c) Fraudulenta, desde que o crédito tributário esteja devidamente constituído, após decisao administrativa não contestada.

d) Fraudulenta, desde que o crédito tributário esteja regularmente inscrito como dívida ativa.

e) Fraudulenta, desde que tenha sido proposta a ação de execução fiscal, se provada a efetiva intenção do devedor.

12. (CESPE – Procurador do Estado – PI/2008) Com relação à cobrança dos créditos tributários na falência, assinale a opção correta.

a) O processo falimentar envolve o crédito tributário, mas exclui a multa tributária.

b) As execuções fiscais em curso serão suspensas com a decretação de falência, consoante a lei processual que disciplina a cobrança do crédito tributário.

c) A propositura de execução fiscal posterior à decretação de falência ocorrerá no juízo falimentar.

d) A decretação da falência interrompe o prazo de prescrição do crédito tributário.

e) Os créditos tributários serão adimplidos após realizado o pagamento dos créditos com garantia real, até o limite do apurado com os bens gravados.

13. (CESPE/TJ/PB/Juiz/2011) As garantias e privilégios do crédito tributário, instituídas pela lei em favor do poder público, visam assegurar o recebimento da prestação tributária. Acerca de tais garantias e privilégios, assinale a opção correta.

a) O bem de família, instituído por lei, pode ser penhorado em execução fiscal, independentemente da natureza do tributo cobrado em juízo.

b) A fraude à execução fiscal ocorre com a alienação de bens pelo sujeito passivo em débito tributário para com a fazenda pública, após a regular inscrição do crédito tributário na dívida ativa, tornando-o insolvente.

c) Os créditos tributários gozam de preferência em relação a quaisquer outros, incluindo-se os decorrentes da legislação trabalhista.

d) O concurso de preferência para recebimento do crédito tributário entre as pessoas jurídicas de direito público obedece à seguinte ordem: municípios, estados e DF e, por fim, a União.

e) Respondem pelo pagamento do crédito tributário todos os bens, presentes e futuros, do sujeito passivo, salvo os gravados por ônus real ou cláusula de inalienabilidade ou impenhorabilidade.

14. (FCC/TCE/AP/Analista/2012) Sobre as garantias e privilégios do crédito tributário é correto afirmar:

a) Os créditos tributários preferem os créditos trabalhistas e os créditos decorrentes de acidente do trabalho.

b) A alienação de bens que reduza o devedor à insolvência a partir da regular inscrição do crédito tributário em dívida ativa já caracteriza fraude à execução.

c) A cláusula de inalienabilidade, seja qual for a forma e a data de constituição, é oponível ao Fisco, desde que registrada no Cartório de Registro de Imóveis.

d) A ordem de preferência dos créditos tributários é a mesma em caso de falência ou fora de hipótese de falência.

e) A cobrança de créditos tributários é sujeita a concurso de credores e habilitação em falência, recuperação judicial, inventário e arrolamento.

15. (FCC/Nossa Caixa Desenvolvimento/Advogado/2011) Sobre a preferência do crédito tributário, é correto afirmar que:

a) a indisponibilidade de bens e direitos do devedor tributário pode ser determinada em sede de procedimento administrativo pela autoridade administrativa competente, desde que assegurada a ampla defesa.

b) a declaração de alienação de bem em fraude à execução fiscal depende de procedimento judicial específico, denominado ação revocatória.

c) a impenhorabilidade legal do bem de família é afastada em caso de garantia de dívida tributária, qualquer que seja sua origem.

d) na falência, o crédito tributário deve ser pago logo após o pagamento dos créditos trabalhistas e de acidente do trabalho, antecedendo os demais, portanto.

e) é admitido o concurso de preferência entre pessoas jurídicas de direito público, na seguinte ordem: União; Estados, Distrito Federal e Territórios, conjuntamente e pro rata; Municípios, conjuntamente e pro rata.

16. (IBFC – Cartório – TJ – PR/2014) A presunção de fraude à execução fiscal, por alienação ou oneração de bens ou rendas, ou o seu começo, por sujeito passivo em débito para com a Fazenda Pública, ocorre a partir:

a) Da inscrição do crédito tributário em dívida ativa.

b) Da constituição do crédito tributário.

c) Do despacho do juiz que ordena a citação.

d) Da citação válida feita ao executado.

17. **(FUNDATEC – PGE – RS/2015)** Quanto às garantias e privilégios do crédito tributário, analise as assertivas abaixo:

I. A totalidade dos bens e das rendas do sujeito passivo responde pelo pagamento do crédito tributário, inclusive os bens gravados por ônus real e declarados, pela lei civil, relativa e absolutamente impenhoráveis.

II. Presume-se fraudulenta a alienação ou oneração de bens por sujeito passivo em débito para com a Fazenda Pública, desde o momento em que o contribuinte é notificado do lançamento de ofício.

III. O crédito tributário prefere a qualquer outro, ressalvados apenas os decorrentes da legislação do trabalho ou do acidente do trabalho.

IV. Na falência, o crédito tributário não prefere aos créditos hipotecários, se não for ultrapassado o valor do bem gravado.

Após a análise, pode-se dizer que:

a) Está correta apenas a assertiva I.

b) Está correta apenas a assertiva II.

c) Estão corretas apenas as assertivas II e III.

d) Estão corretas apenas as assertivas III e IV.

e) Todas as assertivas estão corretas.

18. **(Vunesp – Juiz de Direito Substituto – RJ/2016)** No tocante às garantias e privilégios do crédito tributário, é correto afirmar que

a) a natureza das garantias atribuídas ao crédito tributário altera a natureza deste e a da obrigação tributária a que corresponda.

b) na falência, o crédito tributário prefere aos créditos extraconcursais e aos créditos com garantia real.

c) a multa tributária, no processo falimentar, prefere apenas aos créditos quirografários.

d) responde pelo crédito tributário a totalidade dos bens e das rendas, de qualquer origem ou natureza, do sujeito passivo, excetuados os gravados com cláusula de impenhorabilidade.

e) a extinção das obrigações do falido requer prova de quitação de todos os tributos.

19. **(FGV – Auditor Fiscal Tributário – Cuiabá/2016)** Sobre as garantias e os privilégios do crédito tributário, assinale a afirmativa correta.

a) Na falência, o crédito tributário prefere a qualquer outro, seja qual for sua natureza ou o tempo de sua constituição, ressalvados apenas, os créditos extraconcursais ou as importâncias passíveis de restituição, nos termos da lei falimentar, e os créditos com garantia real, no limite do valor do bem gravado.

b) Presume-se fraudulenta a alienação ou oneração de bens ou rendas, por sujeito passivo em débito para com a Fazenda Pública, por crédito tributário regularmente inscrito em dívida ativa.

c) O juiz pode determinar a indisponibilidade de bens e direitos do executado antes da sua citação, como forma de assegurar a garantia do juízo na execução fiscal.

d) A cobrança judicial do crédito tributário está sujeita à habilitação em falência e recuperação judicial.

e) Na falência, a multa tributária prefere apenas aos créditos subordinados e quirografários.

20. **(CESPE – Especialista em Regulação – ANATEL/2014)** A respeito das garantias e privilégios do crédito tributário, julgue o próximo item, com fundamento nas normas do CTN e na jurisprudência do STJ.

– Suponha que Franco, após ter recebido notificação de lançamento para pagamento voluntário, antes da inscrição do débito em dívida ativa, tenha alienado, pela metade do valor de mercado, barco de sua propriedade a Alemão. Nesse caso, está configurada fraude à execução fiscal.

GABARITO

Questão	Resposta	Fundamentação
1	D	CTN, arts. 184, 185, parágrafo único e 192
2	D	CTN, arts. 186, 191 e 187
3	C	CTN, art. 185-A e REsp 1377507/SP
4	D	CTN, art. 187, parágrafo único
5	E	CTN, art. 184 e Lei 8.009/90, art. 3º, inciso IV
6	A	Lei 11.101/2005, art. 84
7	D	CTN, art. 185-A
8	E	CTN, art. 186, parágrafo único, I
9	A	CTN, art. 186, parágrafo único, I
10	D	CTN, arts. 186, parágrafo único, III e 185
11	D	CTN, art. 185
12	E	CTN, art. 186, parágrafo único, I
13	B	CTN, art. 185
14	B	CTN, art. 185
15	E	CTN, art. 187, parágrafo único
16	A	CTN, art. 185
17	D	CTN, art. 186, parágrafo único, I
18	E	CTN, art. 191
19	B	CTN, art. 185
20	Errado	CTN, art. 185

9. MEU RESUMO PARA MEMORIZAÇÃO

Futuro(a) Juiz(a), Membro do Ministério Público, Procurador(a), Auditor(a) Fiscal, ou Servidor(a) de Outras Carreiras Públicas, agora é hora de se concentrar.

Sem nenhuma consulta ao capítulo, por favor, faça um breve resumo abaixo. Neste momento, é importante que elabore esquemas e gráficos, para condensar e memorizar a matéria já estudada e, ainda, utilizar esses resumos para revisar os pontos uma semana antes da prova. Use o espaço cuidadosamente, deixando-o como o seu "caderninho de anotações pessoais".

9.1. Quais os pontos que eu aprendi ao longo do capítulo que considero mais importantes?

GARANTIAS DO CRÉDITO TRIBUTÁRIO:

a) Art. 184 do CTN:

b) Art. 185 do CTN:

c) Art. 185-A do CTN:

PRIVILÉGIOS DO CRÉDITO TRIBUTÁRIO (art. 186 do CTN):

a) Regra:

b) Ressalvas:

ORDEM DE PREFERÊNCIA NA FALÊNCIA:

1º

2º

3º

4º

5º

6º

7º

8º

9º

10º

GARANTIAS E PREFERÊNCIAS NOS INVENTÁRIOS E PARTILHAS:

RESUMO PARA MEMORIZAÇÃO

PREFERÊNCIA ENTRE PESSOAS JURÍDICAS DE DIREITO PÚBLICO:

GARANTIAS E PRIVILÉGIOS
DO CRÉDITO TRIBUTÁRIO

segue vídeo abaixo:

https://youtu.be/o1c8UFzQK4U

Capítulo XV

ADMINISTRAÇÃO TRIBUTÁRIA

1. ASPECTOS INTRODUTÓRIOS

O estudo da Administração Tributária é dividido em três temas principais: Fiscalização (CTN, arts. 194 a 200); Dívida Ativa (CTN, arts. 201 a 204) e Certidões Negativas (CTN, arts. 205 a 208).

No âmbito constitucional, a Administração Tributária ganha destaque nos incisos XVIII e XXII do artigo 37 (sem grifos na redação original):

> **Art. 37.** A administração pública direta e indireta de qualquer dos Poderes da União, dos Estados, do Distrito Federal e dos Municípios obedecerá aos princípios de legalidade, impessoalidade, moralidade, publicidade e eficiência e, também, ao seguinte: (...)
>
> **XVIII –** a ***administração fazendária*** e seus servidores fiscais terão, dentro de suas áreas de competência e jurisdição, ***precedência*** sobre os demais setores administrativos, na forma da lei;
>
> **XXII –** as ***administrações tributárias*** da União, dos Estados, do Distrito Federal e dos Municípios, ***atividades essenciais ao funcionamento do Estado***, exercidas por servidores de carreiras específicas, ***terão recursos prioritários*** para a realização de suas atividades e ***atuarão de forma integrada***, inclusive com o compartilhamento de cadastros e de informações fiscais, na forma da lei ou convênio.

A primazia constitucional da Administração Tributária materializa-se no reconhecimento expresso de sua precedência sobre outros setores administrativos, bem como na sua essencialidade ao Estado com recursos prioritários e atuação integrada.

2. FISCALIZAÇÃO

A Fiscalização de Tributos, chamada muitas vezes simplesmente de Fisco, integra o Poder Executivo (Secretaria da Receita Federal do Brasil na esfera federal, Secretarias Estaduais e Municipais de Fazenda, Receita ou Finanças são as denominações mais comuns nos âmbitos de Estados e Municípios), com servidores de carreiras (conhecidas como "carreiras fiscais"), cujo papel principal é fiscalizar e arrecadar os tributos.

Nos termos do artigo 194 do CTN, as competências das autoridades administrativas tributárias são estabelecidas na legislação tributária, observadas também as disposições do próprio Código Tributário Nacional:

Art. 194. A legislação tributária, observado o disposto nesta Lei, regulará, em caráter geral, ou especificamente em função da natureza do tributo de que se tratar, a competência e os poderes das autoridades administrativas em matéria de fiscalização da sua aplicação.

A princípio, fiscalizar é averiguar o comportamento tributário dos contribuintes, no sentido de confirmar (ou não) a observância da legislação de regência no que tange à apuração e recolhimento de tributos, bem como à obediência aos deveres acessórios.

O respeito aos direitos constitucionais e aos termos legais devem sempre permear a atividade fiscalizatória. Segundo o § 1º do artigo 145 da CF, "sempre que possível, os impostos terão caráter pessoal e serão graduados segundo a capacidade econômica do contribuinte, facultado à administração tributária, especialmente para conferir efetividade a esses objetivos, identificar, **respeitados os direitos individuais e nos termos da lei**, o patrimônio, os rendimentos e as atividades econômicas do contribuinte".

2.1. A autoexecutoriedade fiscal e o início do procedimento de fiscalização

Uma das principais características da Fiscalização de Tributos é a autoexecutoriedade, qual seja, a determinação legal de que os contribuintes estão sujeitos à serem fiscalizados, tendo o dever de exibir mercadorias e documentos em geral ao Fisco, que, por sua vez, tem o direito de examiná-los. A autoexecutoriedade fiscal é reforçada pelo uso de Força Policial, se necessária:

Autoexecutoriedade (CTN, art. 195)	Art. 195. Para os efeitos da legislação tributária, não têm aplicação quaisquer disposições legais excludentes ou limitativas do direito de examinar mercadorias, livros, arquivos, documentos, papéis e efeitos comerciais ou fiscais, dos comerciantes industriais ou produtores, ou da obrigação destes de exibi-los. **Noutras palavras:** Contribuinte (demais fiscalizados): dever de exibir; Fisco: direito de examinar; O quê? Mercadorias, livros, arquivos, documentos, papéis de trabalho.
Quem está sujeito a ser fiscalizado? (CTN, art. 194, parágrafo único)	Pessoas naturais ou jurídicas, contribuintes ou não, inclusive às que gozem de imunidade tributária ou de isenção de caráter pessoal.
Uso de força policial (CTN, art. 200)	Os fiscais poderão requerer o auxílio de força policial quando vítimas de embaraço ou desacato no exercício de suas funções, ou quando necessário à efetivação dê medida prevista na legislação tributária, ainda que não se configure fato definido em lei como crime ou contravenção.

No que diz respeito aos livros sujeitos à fiscalização, deve-se esclarecer não estarem restritos aos livros especificamente fiscais, abrangendo todos os livros comerciais. Por outro lado, o exame dos livros fica limitado aos pontos objeto da auditoria fiscal, como se depreende com clareza do teor da Súmula 439 do STF: "Estão sujeitos à fiscalização tributária ou previdenciária quaisquer livros comerciais, **limitado o exame aos pontos objeto da investigação**".

Portanto, a autoexecutoriedade é uma prerrogativa da Fazenda Pública (Fiscalização de Tributos) que encontra fundamento no artigo 195 do CTN, segundo o qual "para os efeitos da legislação tributária, não têm aplicação quaisquer disposições legais excludentes ou limitativas do direito de examinar mercadorias, livros, arquivos, documentos, papéis e efeitos comerciais ou fiscais, dos comerciantes industriais ou produtores, ou da obrigação destes de exibi-los". O seu parágrafo único prevê que "os livros obrigatórios de escrituração comercial e fiscal e os comprovantes dos lançamentos neles efetuados serão conservados até que ocorra a prescrição dos créditos tributários decorrentes das operações a que se refiram".

Em outras palavras, segundo a autoexecutoriedade fiscal, o contribuinte (e demais fiscalizados) tem o dever de exibir ao Fisco suas mercadorias, livros, arquivos, documentos, papéis de trabalho e, por sua vez, o Fisco tem o direito de examiná-los.

ATENÇÃO:

A autoexecutoriedade não faculta às autoridades fiscais o uso de força coercitiva para transferir numerários de um contribuinte inadimplente ou que tenha alguma pendência fiscal para os cofres públicos. Esta é uma ideia equivocada da autoexecutoriedade. Na verdade, o Fisco tem o direito de examinar e o contribuinte o dever de exibir mercadorias e documentos em geral. Através das análises fiscais (com as mais variadas técnicas), caso seja encontrada alguma irregularidade, a autoridade fiscal tem a competência (dever) de constituir o crédito tributário (por meio do lançamento de ofício), muitas vezes com imputação de multa punitiva. Em outras palavras, no caso de constatação de infração à legislação tributária, o Fisco lavra o auto de infração e imposição de multa, que, por ser uma acusação e em decorrência dos princípios constitucionais da ampla defesa e do contraditório, facultam ao contribuinte acusado as chances de apresentações de defesas e recursos na seara administrativa, compondo o chamado **processo administrativo fiscal (ou tributário).** Ainda, pelo princípio da inafastabilidade do Poder Judiciário, a acusação fiscal pode ser questionada em ação própria pelo contribuinte. Por fim, o crédito tributário definitivamente constituído (com a decisão final administrativa favorável ao Fisco), será passível de inscrição na dívida ativa e cobrança judicial (execução fiscal).

O início do procedimento de fiscalização deve ser documentado e a sua formalização marca a cessação da possibilidade de o contribuinte oferecer a sua **denúncia espontânea.**

Sobre essa formalização, o artigo 196 do CTN dispõe que:

Art. 196. A autoridade administrativa que proceder ou presidir a quaisquer diligências de fiscalização lavrará os termos necessários para que se documente o início do procedimento, na forma da legislação aplicável, que fixará prazo máximo para a conclusão daquelas.

Parágrafo único. Os termos a que se refere este artigo serão lavrados, sempre que possível, em um dos livros fiscais exibidos; quando lavrados em separado deles se entregará, à pessoa sujeita à fiscalização, cópia autenticada pela autoridade a que se refere este artigo.

Início da Fiscalização (CTN, art. 196)
Deve ser documentado. Atualmente tem-se o mandado de procedimento fiscal (federal), as ordens de serviço fiscal (estadual - SP) e os termos de início de fiscalização (municipais). A partir do início da fiscalização não cabe mais o instituto da denúncia espontânea previsto no artigo 138 do CTN.

As técnicas fiscais estão em constante evolução (auditorias informatizadas, malhas fiscais resultantes do cruzamento de informações, operações fiscais, entre outras). Uma nova técnica de fiscalização tem aplicação imediata, mesmo que o Fisco esteja fiscalizando (lançando de ofício) tributos de referências (anos) anteriores não decaídos, como se depreende da leitura do parágrafo primeiro do artigo 144 do CTN: "aplica-se ao lançamento a legislação que, posteriormente à ocorrência do fato gerador da obrigação, tenha instituído novos critérios de apuração ou processos de fiscalização, ampliado os poderes de investigação das autoridades administrativas, ou outorgado ao crédito maiores garantias ou privilégios, exceto, neste último caso, para o efeito de atribuir responsabilidade tributária a terceiros".

No curso da atividade fiscalizatória, às vezes é necessária a obtenção pelo Fisco de algumas informações de contribuintes junto a tabeliães, instituições financeiras, empresas administradoras de bens, corretores, leiloeiros, despachantes oficiais, inventariantes, administradores judiciais de massa falida e outras entidades ou pessoas que a lei designe, em razão de seu cargo, ofício, função, ministério, atividade ou profissão.

Essa obtenção de informações é garantida pelo artigo 197 do CTN, nos seguintes termos:

Prestação de informações (CTN, art. 197)
Art. 197. Mediante intimação escrita, são obrigados a prestar à autoridade administrativa todas as informações de que disponham com relação aos bens, negócios ou atividades de terceiros: I - os tabeliães, escrivães e demais serventuários de ofício; II - os bancos, casas bancárias, Caixas Econômicas e demais instituições financeiras; III - as empresas de administração de bens; IV - os corretores, leiloeiros e despachantes oficiais;

Prestação de informações (CTN, art. 197)
V – os inventariantes;
VI – os síndicos, comissários e liquidatários;
VII – quaisquer outras entidades ou pessoas que a lei designe, em razão de seu cargo, ofício, função, ministério, atividade ou profissão.
Parágrafo único. A obrigação prevista neste artigo **não abrange** a prestação de informações quanto a fatos sobre os quais o informante **esteja legalmente obrigado a observar segredo** em razão de cargo, ofício, função, ministério, atividade ou profissão.

Portanto, terceiros que, em razão do ofício, detenham informações de interesse da fiscalização, podem ser notificados e possuem o dever de presta-las. Todavia, se essas informações forem sigilosas em razão do cargo, ofício, função, ministério, atividade ou profissão, o terceiro fica exonerado da obrigação.

2.2. O sigilo fiscal e o sigilo bancário

2.2.1. O sigilo fiscal

A Fiscalização, ao desempenhar sua atividade, tem acesso aos mais diversos dados relativos aos contribuintes, extraídos de suas escritas fiscais e contábeis e dos documentos em geral, tais como fornecedores, clientes, preços de compra e de venda, margem de lucro, grau de endividamento, situações econômica e financeira, natureza e estado do negócio.

Tais dados estão sujeitos ao sigilo (fiscal), ou seja, não podem ser divulgados pelas autoridades tributárias, que ficam sujeitas a sanções penais, civis e administrativas.

Em outras palavras, via de regra, a Fazenda Pública e seus servidores estão proibidos de divulgar qualquer informação obtida no desenvolvimento dos trabalhos próprios da fiscalização tributária, que se refira aos sujeitos passivos (contribuintes e responsáveis) ou a terceiros que com estes se relacionam, seja em relação à situação econômica ou financeira, seja no tocante à natureza e ao estado de seus negócios ou atividades. Eis o chamado "sigilo fiscal" (CTN, art. 198, caput, do CTN).

Sigilo Fiscal (CTN, art. 198, *caput*)
Art. 198. Sem prejuízo do disposto na legislação criminal, é vedada a divulgação, por parte da Fazenda Pública ou de seus servidores, de informação obtida em razão do ofício sobre a situação econômica ou financeira do sujeito passivo ou de terceiros e sobre a natureza e o estado de seus negócios ou atividades.

A violação de sigilo fiscal por parte de servidor público poderá ensejar a apuração do cometimento de crime de violação de sigilo funcional (artigo 325 do Código Penal), como bem apregoado pelo artigo 198 do CTN.

ATENÇÃO:

Segundo a jurisprudência do STF, desde que satisfeitas determinadas condições, a prova emprestada de um processo a outro não viola o sigilo fiscal. Por exemplo, no AI 741.193, o STF posicionou-se no sentido de que "admite-se a utilização de prova emprestada, desde que colhida em outro processo com regular contraditório e com a participação da parte contra quem ela se destina".

Porém, o sigilo fiscal tem uma série de **exceções**, decorrentes dos artigos 198, §§ 1º e 3º e 199, do CTN, explanadas no quadro a seguir:

Exceções ao Sigilo Fiscal (CTN, art. 198, §§ 1º e 3º e 199)
a) Atendimento pelo Fisco de **requisição de autoridade judiciária no interesse da justiça.**
b) Atendimento pelo Fisco de solicitações de **autoridade administrativa no interesse da Administração Pública**, desde que seja **comprovada a instauração regular de processo administrativo**, no órgão ou na entidade respectiva, com o **objetivo de investigar o sujeito passivo** a que se refere a informação, **por prática de infração administrativa.**
c) Divulgação, pelo Fisco, de **informações relativas a representações fiscais para fins penais.**
d) Divulgação, pelo Fisco, de **informações relativas a inscrições na Dívida Ativa** da Fazenda Pública.
e) Divulgação, pelo Fisco, de **informações relativas a parcelamento ou moratória.**
f) **Troca de informações entre os Fiscos** (Federal, Estaduais e Municipais), **por lei ou convênio.**
g) **Troca de informações** entre o **Fisco Federal** e os **estados estrangeiros**, na **forma estabelecida em tratados, acordos ou convênios**, no **interesse da arrecadação e da fiscalização** de tributos.

Em todos esses casos, a prestação, divulgação ou permuta de informações serão permitidas, desde que rigorosamente observados os pressupostos normativos, cuidadosamente destacado em negrito no quadro acima.

Por exemplo, quando se trata de atendimento a solicitação de autoridade administrativa, deve-se observar todos os pressupostos do inciso II do § 1º do artigo 198, quais sejam:

- solicitação deve ser no interesse da Administração Pública;
- deve-se comprovar a instauração de regular processo administrativo junto ao órgão ou entidade solicitante;
- o processo administrativo instaurado deve ter o objetivo de investigar o sujeito passivo a que se refere a informação;
- a investigação de ser por prática de infração administrativa.

Assim, quando não se comprovarem os requisitos que devam estar presentes na solicitação (existência de interesse da Administração Pública, desde que seja comprovada a instauração regular de processo administrativo, no órgão ou na entidade respectiva, com o objetivo de investigar o sujeito passivo a que se refere a informação, por prática de infração administrativa), caberá à autoridade tributária negar a prestação da informação.

ATENÇÃO:

Nos termos do item 51 do Parecer PGFN 980/2004, "os pedidos e disponibilidades de informações econômico-fiscais devem ter sua finalidade devidamente justificada, devendo o órgão solicitante ter absoluto controle da informação adquirida, inclusive garantindo a segurança do seu sistema eletrônico no armazenamento e controle do manuseio dos dados, conforme a legislação pertinente ao assunto".

Há casos, contudo, em que a prestação, divulgação ou intercâmbio de informações é absolutamente incondicionada, como se dá na hipótese de divulgação de informações relativas a inscrições na Dívida Ativa. Nesses casos, observa-se inclusive a divulgação das informações em sítios eletrônicos de consulta pública, como são os casos dos cadastros de inadimplentes, municiados com informações sobre débitos inscritos em dívida ativa, sem violação a qualquer espécie de dever de sigilo.

Por fim, no que se refere às requisições de autoridade judiciária no interesse da justiça, a jurisprudência do STJ vem se inclinando por um posicionamento que se volta contra a banalização da medida:

> "A tendência jurisprudencial de oficiar a Receita Federal para apresentação de declaração de renda do devedor para fins de identificar bens penhoráveis destaca como requisito o prévio esgotamento, pelo exequente, de todos os meios a ele disponíveis para o recebimento das informações relativas ao devedor e a seus bens, e que, ainda assim, seu esforço tenha sido inútil" (STJ - REsp n° 707.026/SP - 1ª Turma).

2.2.2. O sigilo bancário

Em algumas situações, a investigação da fraude fiscal pelo Fisco demanda a análise da movimentação bancária (contas correntes e aplicações). Atualmente, esse acesso, sob a temática de sigilo bancário, está disciplinado pelo artigo 6° da LC 105/2001.

> Art. 6° As autoridades e os agentes fiscais tributários da União, dos Estados, do Distrito Federal e dos Municípios somente poderão examinar documentos, livros e registros de instituições financeiras, inclusive os referentes a contas de depósitos e aplicações financeiras, **quando houver processo administrativo instaurado ou procedimento fiscal em curso e tais exames sejam considerados indispensáveis pela autoridade administrativa competente.**
>
> Parágrafo único. O resultado dos exames, as informações e os documentos a que se refere este artigo serão conservados em sigilo, observada a legislação tributária.

Da leitura do referido dispositivo, tem-se as seguintes conclusões:

a) Por tal dispositivo, não há necessidade de ordem judicial para que as instituições financeiras facultem o exame pelo Fisco dos dados de seus clientes, suas contas e aplicações.

b) Para tal exame basta (1) um processo administrativo instaurado ou uma fiscalização em andamento, **somado/a** com (2) a imprescindibilidade dos exames segundo a autoridade administrativa.

c) O resultado dos exames em questão sujeita-se ao sigilo fiscal (portanto, não podem ser divulgados pela Fazenda Pública).

É importante destacar que o artigo reproduzido teve, durante muito tempo, a sua constitucionalidade questionada no STF. Em vários processos, os principais argumentos pela inconstitucionalidade, segundo os seus autores, eram os seguintes: o dispositivo põe em perigo a intimidade, a vida privada, a honra e a boa imagem dos particulares, colocando em risco a garantia da inviolabilidade de correspondência e das variadas espécies de dados protegidos, assim como a reserva de revisão judicial para o afastamento singular dessas prerrogativas individuais.

Contudo, recentemente, em uma decisão histórica e de extrema importância para o exercício do poder de fiscalização pelas administrações tributárias, no julgamento conjunto das ADIs 2.386, 2.397 e 2.859 e do Recurso Extraordinário 601.314, o Supremo decidiu ser constitucional a Lei complementar 105/2001, ficando consolidado o entendimento que é permitido aos órgãos de administração tributária requisitar informações bancárias de contribuintes sem autorização judicial.

Dessa decisão, reportada no Informativo nº 816 do STF, merecem destaque os seguintes pontos:

- "para se falar em "quebra de sigilo bancário" pelos preceitos impugnados, necessário seria vislumbrar, em seus comandos, autorização para a exposição das informações bancárias obtidas pelo Fisco. A previsão de circulação dos dados bancários, todavia, inexistiria nos dispositivos questionados, que consagrariam, de modo expresso, a permanência no sigilo das informações obtidas com base em seus comandos. O que ocorreria não seria propriamente a quebra de sigilo, mas a "transferência de sigilo" dos bancos ao Fisco";
- "em síntese, a LC 105/2001 possibilitará o acesso de dados bancários pelo Fisco, para identificação, com maior precisão, por meio de legítima atividade fiscalizatória, do patrimônio, dos rendimentos e das atividades econômicas do contribuinte. Não permitiria, contudo, a divulgação dessas informações, resguardando-se a intimidade e a vida íntima do correntista";
- "Além de consistir em medida fiscalizatória sigilosa e pontual, o acesso amplo a dados bancários pelo Fisco exigiria a existência de processo administrativo — ou procedimento fiscal. Isso por si, já atrairia para o contribuinte todas as garantias da Lei 9.784/1999 — dentre elas, a observância dos princípios da finalidade, da

motivação, da proporcionalidade e do interesse público —, a permitir extensa possibilidade de controle sobre os atos da Administração Fiscal".

- "os Estados-Membros e os Municípios somente poderiam obter as informações previstas no art. 6º da LC 105/2001, uma vez regulamentada a matéria de forma análoga ao Decreto 3.724/2001, observados os seguintes parâmetros: a) pertinência temática entre a obtenção das informações bancárias e o tributo objeto de cobrança no procedimento administrativo instaurado; b) prévia notificação do contribuinte quanto à instauração do processo e a todos os demais atos, garantido o mais amplo acesso do contribuinte aos autos, permitindo-lhe tirar cópias, não apenas de documentos, mas também de decisões; c) sujeição do pedido de acesso a um superior hierárquico; d) existência de sistemas eletrônicos de segurança que fossem certificados e com o registro de acesso; e, finalmente, e) estabelecimento de mecanismos efetivos de apuração e correção de desvios".
- "O art. 6º da LC 105/2001 não ofende o direito ao sigilo bancário, porque realiza a igualdade em relação aos cidadãos, por meio do princípio da capacidade contributiva, bem como estabelece requisitos objetivos e o translado do dever de sigilo da esfera bancária para a fiscal".
- "Na verdade, o tema ora em debate não seria quebra de sigilo, mas transferência de sigilo para finalidades de natureza eminentemente fiscal. A legislação aplicável garantiria fosse preservada a confidencialidade dos dados, vedado seu repasse a terceiros, estranhos ao próprio Estado, sob pena de responsabilização dos agentes que eventualmente praticassem essa infração".

Certamente, muitos pontos desses pontos serão cobrados nos próximos concursos públicos, inclusive pela literalidade em que apresentados no Informativo nº 816 do STF. Entretanto, é possível sintetizar todos esses argumentos de constitucionalidade da seguinte forma:

- Não há propriamente "quebra de sigilo", mas sim "transferência de sigilo", na medida em que as autoridades tributárias deverão preservar a confidencialidade das informações recebidas, observadas as regras que protegem o sigilo fiscal.
- A preservação do sigilo dos dados bancários obtidos garantirá a proteção à intimidade do correntista-contribuinte.
- O acesso aos dados bancários pressupõe a existência de processo administrativo ou procedimento fiscal com todas as garantias que permitem o controle sobre os atos da Administração.
- A obtenção de informações depende da existência legislação estadual ou municipal regulamentadora nos moldes da já existente no plano federal (Decreto 3.724/2001).

ATENÇÃO:

Anos antes da decisão do STF, a Câmara Superior do Tribunal de Impostos e Taxas (TIT) de São Paulo, decidiu que são válidos os autos de infração lavrados durante a Operação Cartão Vermelho, deflagrada em 2007 pela Fazenda paulista. Foram julgados, em bloco, 17 processos administrativos. O placar foi de dez votos a seis. Na operação, o Fisco cruzou informações sobre as vendas realizadas por empresas – obtidos por meio das administradoras de cartões de crédito e débito – com as declaradas pelas companhias. Nos casos em que os dados não estavam iguais, autuou os contribuintes por sonegação de Imposto sobre a Circulação e Mercadorias e Serviços (ICMS). Ao recorrer das autuações, os contribuintes buscaram a aplicação da Lei Complementar nº 105, de 2001, que trata do sigilo das operações de instituições financeiras. O artigo 6º da norma estabelece que a União, Estados e Municípios só podem quebrar o sigilo fiscal quando houver um processo administrativo instaurado. Nos casos analisados, argumentaram as empresas, os processos de investigação foram deflagrados apenas após o cruzamento dos dados. A tese, entretanto, não foi acatada pela maioria dos julgadores. Prevaleceu o entendimento de que as informações solicitadas pela Fazenda paulista não são sigilosas. "Entendeu-se que as informações são de natureza financeira, pois não é individualizado quem comprou ou o que foi comprado", afirma o presidente da Câmara Superior do TIT, José Paulo Neves. De acordo com o posicionamento majoritário, a questão seria regulada pela Lei nº 12.294, de 2006, que trata do ICMS no Estado de São Paulo. O artigo 75 da norma tornou obrigatório às administradoras de cartões de crédito ou débito o fornecimento de dados ao Fisco. "A maioria dos juízes entendeu que, ainda que se aplicasse a Lei Complementar 105, o artigo 6º é destinado às instituições financeiras e não aos contribuintes" diz Neves (MENGARDO, Bárbara. Valor Econômico, edição de 19/09/2012).

2.3. Sanções Políticas

Sob a denominação de **sanções políticas** a doutrina repudia meios "alternativos" coercitivos para cobrança de tributos (lembrando que a cobrança de tributos tem todo o rito já disciplinado pela Lei de Execuções Fiscais).

Esse pensamento logo se refletiu na jurisprudência do Supremo Tribunal Federal, levando um extenso repositório de súmulas a respeito da matéria.

Sanções Políticas (Súmulas do STF)
Súmula 70: "É inadmissível a interdição de estabelecimento como meio coercitivo para cobrança de tributo".
Súmula 323: "É inadmissível a apreensão de mercadorias como meio coercitivo para pagamento de tributos".
Súmula 547: "Não é lícito à autoridade proibir que o contribuinte em débito adquira estampilhas, despache mercadorias nas alfândegas e exerça suas atividades profissionais".

Vale dizer que, não obstante essas súmulas sejam bem antigas, o pensamento que as orienta permanece bastante presente entre os ministros do STF da contemporaneidade. Por exemplo, recentemente, por decisão unânime, os ministros do Supremo Tribunal Federal (STF) deram provimento ao Recurso Extraordinário (RE) 565048 e julgaram inconstitucional norma do Estado do Rio Grande do Sul que, em razão da existência de débitos tributários, exigia do contribuinte a prestação de garantia para impressão de documentos fiscais. A matéria teve repercussão geral reconhecida. O relator do recurso, ministro Marco Aurélio, afirmou ser contrário à coerção para o pagamento de débito tributário. Para ele, a Fazenda deve buscar o Poder Judiciário visando à cobrança da dívida, via execução fiscal, "mostrando-se impertinente recorrer a métodos que acabem inviabilizando a própria atividade econômica, como é o relativo à proibição de as empresas, em débito no tocante a obrigações – principal e acessórias –, vir a emitir documentos considerados como incluídos no gênero fiscal" (Notícias do STF de 29/05/2014).

A mesma orientação é seguida pelo STJ, corte que, também recentemente, decidiu que a autoridade fiscal não pode condicionar a liberação de mercadoria importada à prestação de garantia no caso em que a retenção da referida mercadoria decorra da pretensão da Fazenda de efetuar reclassificação tarifária. (AgRg no Resp 1.227.611-RS, Rel. Min. Arnaldo Esteves Lima, j. 19.3.2013. 1ª T. [Info 518]).

No entanto, é importante destacar que as legislações específicas que disciplinam a fiscalização de tributos (federal, estaduais e municipais) asseguram a apreensão de mercadorias e bens para provar o flagrante infracional, sem que isso constitua violação da Súmula nº 323. Isso porque o abuso não reside na apreensão em si, mas sim na utilização dessa medida como coação ao pagamento de tributo à revelia do regular processo de execução fiscal, sanção política que constitui incontestável violação ao princípio constitucional do devido processo legal.

DICA DE PROCESSO

O princípio do devido processo legal é previsto no art. 5º, LIV, da Constituição Federal que estabelece: "ninguém será privado da liberdade ou de seus bens sem o devido processo legal". Ele consiste, pois, no direito de que os cidadãos serão processados pelas regras já existentes no ordenamento jurídico.

(Sobre os demais princípios processuais gerais, indicamos a leitura do livro de Processo do Trabalho da coleção *Concursos Públicos*, do Professor Élisson Miessa).

Nenhum problema haverá, portanto, se a apreensão visar tão somente à comprovação de infração à legislação tributária. A Fiscalização de tributos tem a prerrogativa de verificar a regularidade das mercadorias em trânsito e de, inclusive, apreendê-las nos casos de constatação de flagrante infração à legislação tributária. Inclusive, o próprio STF, no âmbito da ADI 395, já se posicionou nessa direção: "A retenção da mercadoria, até a comprovação da posse legítima daquele que a transporta, não constitui coação imposta em desrespeito ao princípio do devido processo legal tributário".

Uma outra situação em que sanção política não se configura diz respeito à cassação do número de cadastro de contribuinte quando da constatação da prática de irregularidades (por exemplo, no Estado de São Paulo o contribuinte varejista de combustíveis tem sua inscrição estadual cassada no caso de ficar comprovado que vendeu ou manteve em estoque combustível adulterado, fora das especificações da Agência Nacional de Petróleo). Não se trata, como se vê, de uma coação para o recebimento de tributo à revelia do devido processo legal. Muito pelo contrário, cuida-se de sanção jurídica pelo cometimento de ato ilícito de natureza grave, cominada, ademais, no âmbito de regular processo administrativo.

ATENÇÃO:

"Fiscalização tributária. Apreensão de livros contábeis e documentos fiscais realizada em escritório de contabilidade, por agentes fazendários e policiais federais, sem mandado judicial. Inadmissibilidade. Espaço privado, Não aberto ao público, Sujeito à proteção constitucional da Inviolabilidade domiciliar (CF, art. 5°, XI). Subsunção ao conceito normativo de 'casa'. Necessidade de ordem judicial. Administração pública e fiscalização tributária. Dever de observância, por parte de seus órgãos e agentes, dos limites jurídicos impostos pela constituição e pelas leis da República. Impossibilidade de utilização, pelo Ministério Público, de prova obtida com transgressão à garantia de inviolabilidade domiciliar. Prova ilícita. Inidoneidade jurídica (...). Administração tributária. Fiscalização. Poderes. Necessário respeito aos direitos e garantias individuais dos contribuintes e terceiros. Não são absolutos os poderes de que se acham investidos os órgãos e agentes da administração tributária, pois o Estado, em tema de tributação, inclusive em matéria de fiscalização tributária, está sujeito à observância de um complexo de direitos e prerrogativas que assistem, constitucionalmente, aos contribuintes e aos cidadãos em geral. Na realidade, os poderes do Estado encontram, nos direitos e garantias individuais, limites intransponíveis, cujo desrespeito pode caracterizar ilícito constitucional. A administração tributária, por isso mesmo, embora podendo muito, não pode tudo. É que, ao Estado, é somente lícito atuar 'respeitados os direitos individuais e nos termos da lei' (CF, art. 145, § 1°), consideradas, sobretudo, e para esse específico efeito, as limitações jurídicas decorrentes do próprio sistema instituído pela Lei Fundamental, cuja eficácia - que prepondera sobre todos os órgãos e agentes fazendários - restringe-lhes o alcance do poder de que se acham investidos, especialmente quando exercido em face do contribuinte e dos cidadãos da República, que são titulares de garantias impregnadas de estatura constitucional e que, por tal razão, não podem ser transgredidas por aqueles que exercem a autoridade em nome do Estado. A garantia da inviolabilidade domiciliar como limitação constitucional ao poder do Estado em tema de fiscalização tributária. Conceito de 'casa' para efeito de proteção constitucional. Amplitude dessa noção conceitual, que também compreendem os espaços privados não abertos ao público, onde alguém exerce atividade profissional: necessidade, em tal hipótese, de mandado judicial (CF, art. 5°, XI)" (HC 93.050, Rel. Min. Celso de Mello, julgamento em 10-6-2008, Segunda Turma, DJE de 1°-8-2008).

3. DÍVIDA ATIVA

Segundo o artigo 2º da LEF, a dívida ativa é aquela conceituada pelo artigo 39, § 2º da Lei 4.320, de 17 de março de 1964 *in verbis:*

> Art. 39. ...
>
> § 2º: "dívida ativa é o **crédito da Fazenda Pública dessa natureza**, proveniente de obrigação legal **relativa a tributos** e respectivos **adicionais** e **multas**, e **dívida ativa não tributária**, os demais créditos da Fazenda Pública, tais como os provenientes de empréstimos compulsórios, contribuições estabelecidas em lei, multas de qualquer origem ou natureza, exceto as tributárias, foros, laudêmios, aluguéis ou taxas de ocupação, custas processuais, preços de serviços prestados por estabelecimentos públicos, indenizações, reposições, restituições, alcances dos responsáveis definitivamente julgados, bem assim os créditos decorrentes de obrigações em moeda estrangeira, de sub-rogação de hipoteca, fiança, aval ou outra garantia, de contratos em geral ou de outras obrigações legais".

Classifica-se, portanto, em dívida ativa **tributária** e dívida ativa não tributária, sendo que a **dívida ativa tributária** também compreende os adicionais e multas, coerente com a sistemática do CTN segundo a qual: 1º) a obrigação tributária tem por objeto o pagamento do tributo ou penalidade pecuniária (multas) - art. 113, § 1º; 2º) o crédito não integralmente pago no vencimento é acrescido de juros de mora e das penalidades cabíveis (adicionais) - art. 161.

Dessa forma, a **dívida ativa tributária** é um crédito público, valor que a **Fazenda Pública** tem para receber de terceiros, proveniente do crédito tributário, regularmente inscrito na repartição pública competente depois de esgotado o prazo fixado para pagamento, pela lei ou por decisão final proferida em processo regular.

ATENÇÃO:

O credor tributário é a Fazenda Pública. Sobre essa designação do titular do crédito tributário dispõe o artigo 209 do CTN que: "A expressão 'Fazenda Pública', quando empregada nesta Lei sem qualificação, abrange a Fazenda Pública da União, dos Estados, do Distrito Federal e dos Municípios".

Nos termos do CTN, constitui **dívida ativa tributária** a proveniente de crédito dessa natureza, **regularmente inscrita na repartição administrativa competente**, depois de **esgotado o prazo** fixado, **para pagamento**, pela lei **ou por decisão final** proferida **em processo regular** (art. 201).

A dívida regularmente inscrita tem o efeito de **prova pré-constituída** e a fluência de **juros de mora não exclui a liquidez do crédito** (CTN, art. 201, parágrafo único).

Sua efetivação implica a presunção de liquidez e certeza do débito fiscal, consoante artigo 204 do CTN:

"**Art. 204.** A dívida regularmente inscrita goza da **presunção de certeza** e **liquidez** e tem o efeito de **prova pré-constituída.**

Parágrafo único. A presunção a que se refere este artigo é relativa e pode ser ilidida por prova inequívoca, a cargo do sujeito passivo ou do terceiro a que aproveite.

Portanto, a **presunção de liquidez e certeza do débito fiscal regularmente inscrito** em dívida ativa é ***iuris tantum*** ou **relativa** (e não absoluta), isto é, pode ser ilidida (afastada), na medida em que **admite prova em contrário** do sujeito passivo ou de terceiro que aproveite tal prova.

A inscrição de um débito fiscal na dívida ativa é um ato administrativo de cadastro próprio da Fazenda Pública (que se constitui no ato de controle administrativo da legalidade). Mais precisamente: i) constitui **ato de controle de legalidade** sobre crédito tributário já regularmente constituído; ii) o exame prévio efetuado sobre o crédito tributário para a inscrição constitui meio de controle administrativo de legalidade e legitimidade, bem como uma **garantia de existência do crédito não adimplido no prazo e na forma devidos.**

Segundo o § 4º do artigo 2º da Lei 6.830/80 (Lei de Execução Fiscal), a competência para inscrição da Dívida Ativa da União é atribuída à Procuradoria da Fazenda Nacional.

ATENÇÃO:

A Portaria MF 75/2012 dispõe sobre a não inscrição na Dívida Ativa da União de débito de um mesmo devedor com a Fazenda Nacional de valor consolidado igual ou inferior a R$ 1.000,00 (mil reais).

Os requisitos obrigatórios do termo de inscrição em dívida ativa estão previstos nos artigos 202 do CTN e 2º, § 5º da Lei 6.830/80, entre os quais se pode traçar o seguinte paralelo:

Requisitos obrigatórios do termo de inscrição em dívida ativa	
Segundo o CTN (art. 202)	**Segundo a LEF (art. 2º, § 5º)**
I – o nome do devedor e, sendo caso, o dos corresponsáveis, bem como, sempre que possível, o domicílio ou a residência de um e de outros;	I – o nome do devedor, dos corresponsáveis e, sempre que conhecido, o domicílio ou residência de um e de outros;
II – a quantia devida e a maneira de calcular os juros de mora acrescidos;	II – o valor originário da dívida, bem como o termo inicial e a forma de calcular os juros de mora e demais encargos previstos em lei ou contrato;
III – a origem e natureza do crédito, mencionada especificamente a disposição da lei em que seja fundado;	III – a origem, a natureza e o fundamento legal ou contratual da dívida;

Requisitos obrigatórios do termo de inscrição em dívida ativa	
Segundo o CTN (art. 202)	**Segundo a LEF (art. 2º, § 5º)**
IV – a data em que foi inscrita;	IV – a indicação, se for o caso, de estar a dívida sujeita à atualização monetária, bem como o respectivo fundamento legal e o termo inicial para o cálculo;
V – sendo o caso, o número do processo administrativo de que se originar o crédito.	V – a data e o número da inscrição, no Registro de Dívida Ativa; e
Parágrafo único. A certidão conterá, além dos requisitos deste artigo, a indicação do livro e da folha da inscrição.	VI – o número do processo administrativo ou do auto de infração, se neles estiver apurado o valor da dívida.

Todos esses pressupostos devem estar devidamente preenchidos no Termo de Inscrição em Dívida Ativa. Por exemplo, em observância ao artigo 202, inciso II, do CTN e o artigo 2º, § 5º, inciso II, da LEF, a maneira de calcular os juros de mora acrescidos ao crédito tributário é de indicação obrigatória no termo de inscrição da dívida ativa.

Por outro lado, à vista desse conjunto normativo (CTN + LEF), não está prevista a obrigatoriedade de notificação do sujeito passivo da lavratura da notificação do débito, da inscrição em dívida ativa e nem da extração da respectiva certidão. Muito menos há cominação de nulidade pela ausência da suposta notificação, de modo que, por absoluta ausência de previsão legal, a inscrição em dívida ativa será totalmente válida se o sujeito passivo não for notificado do ato.

Do termo de inscrição em Dívida Ativa se extrai uma certidão, com os mesmos termos, denominada de CDA – Certidão de Dívida Ativa (CPC/2015, art. 784, inciso IX), que tem natureza de título executivo extrajudicial, ou seja, é imprescindível para a cobrança judicial do crédito pela referida Fazenda Pública, através da Execução Fiscal, disciplinada pela Lei 6.830/80 (LEF – Lei de Execuções Fiscais).

Aliás, a petição inicial da execução fiscal e a Certidão de Dívida Ativa poderão constituir um único documento, preparado inclusive por processo eletrônico.

Saliente-se que a omissão na CDA de qualquer pressuposto do Termo de Inscrição, ou mesmo erro relativo a esses pressupostos, acarretará a nulidade da inscrição e do processo, consoante se depreende do artigo 203 do CTN:

> "**Art. 203.** A **omissão de quaisquer dos requisitos** previstos no artigo anterior, **ou o erro a eles relativo**, são **causas de nulidade** da inscrição e do processo de cobrança dela decorrente, **mas** a **nulidade poderá ser sanada até a decisão de primeira instância**, mediante substituição da certidão nula, devolvido ao sujeito passivo, acusado ou interessado o prazo para defesa, que somente poderá versar sobre a parte modificada".

Portanto, segundo o artigo 203 do CTN, eventual **nulidade** da certidão da dívida ativa **poderá ser sanada até a decisão de primeira instância da execução fiscal** (cobrança judicial). Assim, a inscrição na dívida ativa tributária, que é considerada o ato de controle administrativo da legalidade, não é a última oportunidade de se alterar a respectiva certidão, o que pode ocorrer até a prolação da sentença de embargos à execução. Nesse sentido, **a Súmula nº 392 do STJ**: "Fazenda Pública pode substituir a certidão de dívida ativa (CDA) até a prolação da sentença de embargos, quando se tratar de correção de erro material ou formal, **vedada a modificação do sujeito passivo da execução**".

Não obstante o entendimento sumulado de que a substituição da CDA não pode contemplar a modificação do sujeito passivo da execução, a jurisprudência do STJ, em sede de recurso repetitivo, considera que não há modificação de sujeito passivo, mas, sim, a correção de "erro material ou formal" quando se tratar de correção do polo passivo na hipótese de ação contra pessoa jurídica empresarial com falência decretada antes do ajuizamento da execução fiscal (REsp 1372243/SE, Rel. Ministro NAPOLEÃO NUNES MAIA FILHO, Rel. p/ Acórdão Ministro OG FERNANDES, PRIMEIRA SEÇÃO, julgado em 11/12/2013, DJe 21/03/2014).

Presume-se fraudulenta a alienação ou oneração de bens ou rendas, ou seu começo, por sujeito passivo em débito para com a Fazenda Pública, por crédito tributário regularmente inscrito como dívida ativa (CTN, art. 185, *caput*). Trata-se de uma **presunção absoluta**.

Importante esclarecer que, a jurisprudência mais recente do Superior Tribunal de Justiça, à vista da publicação da Lei 12.767/2012, admite a possibilidade de protesto extrajudicial da CDA, revendo, assim, o seu posicionamento anterior, que era contrário. Assim o entendimento passa a ser o seguinte:

> 2. Merece destaque a publicação da Lei 12.767/2012, que promoveu a inclusão do parágrafo único no art. 1º da Lei 9.492/1997, para expressamente consignar que estão incluídas "entre os títulos sujeitos a protesto as certidões de dívida ativa da União, dos Estados, do Distrito Federal, dos Municípios e das respectivas autarquias e fundações públicas". 3. Não bastasse isso, mostra-se imperiosa a superação da orientação jurisprudencial do STJ a respeito da questão. 4. No regime instituído pelo art. 1º da Lei 9.492/1997, o protesto, instituto bifronte que representa, de um lado, instrumento para constituir o devedor em mora e provar a inadimplência, e, de outro, modalidade alternativa para cobrança de dívida, foi ampliado, desvinculando-se dos títulos estritamente cambiariformes para abranger todos e quaisquer "títulos ou documentos de dívida". Ao contrário do afirmado pelo Tribunal de origem, portanto, o atual regime jurídico do protesto não é vinculado exclusivamente aos títulos cambiais. (...) 13. A possibilidade do protesto da CDA não implica ofensa aos princípios do contraditório e do devido processo legal, pois subsiste, para todo e qualquer efeito, o controle jurisdicional, mediante provocação da parte interessada, em relação à higidez do título levado a protesto (...) (REsp 1126515/ PR, Rel. Ministro HERMAN BENJAMIN, SEGUNDA TURMA, julgado em 03/12/2013, DJe 16/12/2013).

Por fim, conforme já cobrado em concursos, a Lei 10.522/2002 dispõe sobre o Cadastro Informativo dos créditos não quitados de órgãos e entidades federais e dá outras providências. Tal cadastro, chamado de CADIN, conterá a relação das pessoas físicas e jurídicas que sejam responsáveis por obrigações pecuniárias vencidas e não pagas, para com órgãos e entidades da Administração Pública Federal, direta e indireta e que estejam com a inscrição nos cadastros indicados, do Ministério da Fazenda, seja como cancelada no Cadastro de Pessoas Físicas - CPF, seja como declarada inapta perante o Cadastro Geral de Contribuintes - CGC.

A inclusão no CADIN far-se-á 75 (setenta e cinco) dias após a comunicação ao devedor da existência do débito passível de inscrição naquele Cadastro, fornecendo-se todas as informações pertinentes ao débito. Tratando-se de comunicação expedida por via postal ou telegráfica, para o endereço indicado no instrumento que deu origem ao débito, considerar-se-á entregue após 15 (quinze) dias da respectiva expedição. Portanto, a inclusão no CADIN pressupõe a prévia comunicação de tal fato ao devedor.

Cadastros de sujeitos passivos inadimplentes com características similares foram criados no âmbito dos Estados.

4. CERTIDÕES NEGATIVAS

Em diversas ocasiões exige-se do contribuinte a prova de quitação de tributos. Apenas a título de exemplo, seguem reproduzidas duas exigências legais, previstas no CTN:

> Art. 191. A extinção das obrigações do falido requer **prova de quitação de todos os tributos.**
>
> Art. 193. Salvo quando expressamente autorizado por lei, nenhum departamento da administração pública da União, dos Estados, do Distrito Federal, ou dos Municípios, ou sua autarquia, celebrará contrato ou aceitará proposta em concorrência pública sem que o contratante ou proponente faça **prova da quitação de todos os tributos** devidos à Fazenda Pública interessada, relativos à atividade em cujo exercício contrata ou concorre.

Nos exemplos acima, a prova de quitação de tributos é imprescindível para a extinção das obrigações do falido e para permitir ao interessado participar de concorrência pública.

Como se dá tal prova?

Através da **certidão negativa**, "expedida à vista de requerimento do interessado, que contenha todas as informações necessárias à identificação de sua pessoa, domicílio fiscal e ramo de negócio ou atividade e indique o período a que se refere o pedido (CTN, art. 205)".

Assim, quem expede a certidão é a Fazenda Pública solicitada, a partir de requerimento do interessado. A Fazenda Pública tem o prazo legal de 10 (dez) dias contados da data do protocolo do requerimento (CTN, art. 205, parágrafo único). Atualmente algumas Fazendas Públicas já disponibilizam as certidões pela *internet*.

ATENÇÃO:

Não confundir CND (Certidão Negativa de Débito) com CDA (Certidão de Dívida Ativa). Enquanto aquela é expedida para comprovar a **inexistência** de débitos fiscais em nome do contribuinte, em relação à Fazenda Pública que emite a certidão, esta é o título executivo extrajudicial correspondente aos créditos fiscais inscritos na forma da lei (CPC, art. 784, inciso IX).

Em resumo, o interessado na certidão (em geral o contribuinte) deve requerê-la à Fazenda Pública, que, por sua vez, deve fornecê-la no prazo de dez dias do requerimento. São três as espécies de certidões, conforme detalhes no quadro a seguir:

Abreviatura	Nome	Característica
CND	Certidão Negativa de Débitos	Comprova a inexistência de débitos fiscais em nome do contribuinte em relação à Fazenda Pública que emite a certidão
CPD	Certidão Positiva de Débitos	Comprova a existência de débitos fiscais em nome do contribuinte em relação à Fazenda Pública que emite a certidão
CPD-EN	Certidão Positiva de Débitos, com Efeitos de Negativa	Comprova a existência de débitos fiscais em nome do contribuinte em relação à Fazenda Pública que emite a certidão, porém, poderá ser utilizada pelo contribuinte para os mesmos fins que seria utilizada a CND

Portanto, além da Certidão Negativa de Débitos (CND), prevista no artigo 205 do CTN, e da Certidão Positiva de Débitos (CPD), expedida na comprovada existência de débitos fiscais, o contribuinte tem direito à obtenção de **Certidão Positiva com Efeitos de Negativa (CPD-EN)**, prevista no **artigo 206 do CTN**, nos seguintes termos: "Tem os mesmos efeitos previstos no artigo anterior a certidão de que conste a existência de **créditos não vencidos**, em **curso de cobrança executiva** em que tenha sido **efetivada a penhora**, ou **cuja exigibilidade esteja suspensa**".

Síntese esquemática da CPD-EN (CTN, art. 206)

CPD-EN
- Créditos não vencidos
- Créditos em curso de cobrança executiva em que tenha sido efetivada a penhora
- Créditos cuja exigibilidade esteja suspensa

De um modo mais analítico, para obtenção da CPD-EN, exige-se a comprovação de que o interessado, sujeito passivo de débitos fiscais, se enquadra em uma das hipóteses do artigo 206 do CTN, conforme melhor detalhado no quadro abaixo:

O contribuinte faz jus à CPD-EN caso apresente
Débitos fiscais vincendos (ou seja, que ainda estão no prazo para pagamento)
Débitos fiscais em curso de cobrança executiva em que tenha sido efetivada a penhora (hipótese de garantia à execução fiscal)
Débitos fiscais cuja exigibilidade esteja suspensa nos termos do artigo 151 do CTN. São causas de suspensão da exigibilidade: a) Moratória; b) Depósito do montante integral; c) Defesas e recursos no âmbito do processo administrativo fiscal; d) Concessão de liminar em mandado de segurança; e) Concessão de liminar ou antecipação de tutela em outas espécies de ação judicial; f) Parcelamento.

No que diz respeito à CPD-EN emitida em face da comprovação de penhora no curso de cobrança executiva, cabe esclarecer alguns aspectos.

Primeiro, a Lei de Execuções Fiscais (LEF) - Lei 6.830/80, no seu artigo 9º, além da penhora, estabelece outras formas de garantia do juízo da execução, quais sejam: I - depósito em dinheiro, à ordem do Juízo em estabelecimento oficial de crédito, que assegure atualização monetária; II - fiança bancária ou seguro garantia (hipótese com alterações da Lei 13.043/2014); III - nomear bens à penhora, observada a ordem do artigo 11; ou IV - indicar à penhora bens oferecidos por terceiros e aceitos pela Fazenda Pública.

Pois bem, não se deve perder de vista que, não apenas a penhora, mas, também, todas as demais formas de garantia do artigo 9º da LEF, configuram "garantia da execução fiscal (pressuposto para o ajuizamento dos embargos pelo executado), bem como autoriza a expedição de certidão positiva com efeitos de negativa (artigo 206, do CTN), no que concerne aos débitos pertinentes" (STJ - RMS 27473 / SE - 1ª Seção - Rel. Min. Luiz Fux - DJe. 7.04.2011).

Importante também dizer que a existência de débito fiscal e ausência de comprovação das condições do artigo 206, do CTN, mesmo na ausência de lançamento de ofício, importam no indeferimento da pretensão de sujeito passivo à expedição de CND ou CPD-EN. Ou seja, se houve declaração do débito e pagamento a menor, não há que se falar em CND e, ausentes as hipóteses do artigo 206, também não pode ser emitida uma CPD-EN. Por exemplo, "revela-se legítima a recusa (...) em expedir certidão negativa de débito (CND) ou de certidão positiva com efeitos de negativa (CPD-EN) quando a autoridade tributária verifica a ocorrência de pagamento a menor, em virtude da existência de divergências entre os valores declarados na Guia de Recolhimento do FGTS e Informações à Previdência Social (GFIP) e os valores efetivamente recolhidos mediante guia de pagamento (GP)" (STJ - REsp 1.143.094 - 1ª Seção - Rel. Min. Luiz Fux - julg. 9.12.2009). E, consolidando o entendimento: "**Súmula nº 446 do STJ** - "Declarado e não pago o débito tributário pelo contribuinte, é legítima a recusa de expedição de certidão negativa ou positiva com efeito de negativa".

No caso de Certidão Positiva com efeito de Negativa baseada em garantia da dívida, é fundamental que a penhora seja suficiente, isto é, cubra a importância do débito tributário cobrado via execução fiscal. Logo, "a penhora de bem de valor inferior ao débito não autoriza a expedição de certidão positiva com efeitos de negativa", uma vez que "a expedição da referida certidão está condicionada à existência de penhora suficiente ou à suspensão da exigibilidade do crédito tributário, nos termos dos arts. 151 e 206 do CTN" (REsp 1.479.276-MG, Rel. Min. Mauro Campbell Marques, j. 16.10.2014. 2ª T. - Info 550).

Ainda no campo da penhora ou outra garantia do juízo como pressuposto para emissão de CPD-EN, deve-se ter em mente que o sujeito passivo, que pretenda garantir o juízo para obter a referida certidão, não pode ser prejudicado pela inércia da Fazenda quanto à inscrição do débito em Dívida Ativa e ao ajuizamento da execução fiscal. Assim, já decidiu o Superior Tribunal de Justiça que não pode ser imputado ao contribuinte em condições de oferecer bens à garantia da dívida, prejuízo pela demora do Fisco em ajuizar a execução para a cobrança do débito tributário, sob pena de se propiciar o absurdo de que o contribuinte que contra si tenha ajuizada ação de execução fiscal ostente condição mais favorável do que aquele contra o qual o Fisco ainda não se voltou judicialmente (STJ - REsp 912710 / RN - 1ª. T - Rel. Min. Luiz Fux - DJE 07/08/2008). Nesses casos, ante a presença dos pressupostos *fumus boni iuris* e *periculum in mora*, o Poder Judiciário fica autorizado a admitir, no âmbito de ação cautelar, o oferecimento pelo contribuinte de caução suficiente para cobertura do débito com características similares às garantias de que trata o artigo 9º da Lei 6.830/80 e, assim, determinar ao Fisco que proceda à emissão da competente Certidão Positiva de Débitos com Efeitos de Negativa - CPD-EN. Caução essa que será equiparável à penhora antecipada e viabilizará a certidão pretendida (STJ, 1ª T., AgRg no REsp 734777 / SC; Rel. Luiz Fux, j. 18.05.2006, v.u).

ATENÇÃO:

"Não é possível a expedição de certidão positiva com efeito de negativa em favor de sócio que tenha figurado como fiador em Termo de Confissão de Dívida Tributária na hipótese em que o parcelamento dele decorrente não tenha sido adimplido. De fato, o art. 4º, II, da Lei 6.830/80 dispõe que a execução fiscal poderá ser promovida contra o fiador. Assim sendo, a responsabilidade do sócio fiador, na hipótese, decorre da sua presença como fiador do parcelamento não adimplido." (REsp 1.444.692-CE, Rel. Min. Herman Benjamin, j. 13.5.2014. 2ª T. - Info 543)

Independentemente de disposição legal permissiva, será dispensada a prova de quitação de tributos, ou o seu suprimento, quando se tratar de prática de ato indispensável para evitar a caducidade de direito, respondendo, porém, todos os participantes no ato pelo tributo porventura devido, juros de mora e penalidades cabíveis, exceto as relativas a infrações cuja responsabilidade seja pessoal ao infrator (CTN, art. 207).

A certidão negativa expedida com dolo ou fraude, que contenha erro contra a Fazenda Pública, responsabiliza pessoalmente o funcionário que a expedir, pelo crédito tributário e juros de mora acrescidos, fato que não exclui a responsabilidade criminal e funcional que no caso couber (CTN, art. 208).

Por fim, além das hipóteses legalmente previstas, a jurisprudência do Superior Tribunal de Justiça, em sede de recurso repetitivo, reconhece o direito à obtenção de CPD-EN pelas Fazendas Públicas, quer em ação anulatória, quer em execução embargada, **independente de penhora**. Esse entendimento, estampado no REsp n. 1123306/SP, é fundamentado na natureza dos bens integrantes do patrimônio das pessoas jurídicas de direito público, que são inexpropriáveis. Na ementa desse acórdão são citados precedentes no seguinte sentido: "Proposta ação anulatória pela Fazenda Municipal, "está o crédito tributário com a sua exigibilidade suspensa, porquanto as garantias que cercam o crédito devido pelo ente público são de ordem tal que prescindem de atos assecuratórios da eficácia do provimento futuro", sobressaindo o direito de ser obtida certidão positiva com efeitos de negativa." (REsp n. 601.313/RS, relator Ministro CASTRO MEIRA, DJ de 20.9.2004).

5. INFORMATIVOS DE JURISPRUDÊNCIA (2017 E 2018)

Importação. Despacho aduaneiro. Pagamento dos direitos antidumping. Requisito imprescindível. Retenção de mercadoria importada. Súmula n. 323/STF. Inaplicabilidade.

A retenção de mercadoria importada até o pagamento dos direitos antidumping não viola o enunciado da Súmula n. 323/STF. REsp 1.728.921-SC, Rel. Min. Regina Helena Costa, por unanimidade, julgado em 16/10/2018, DJe 24/10/2018. (Informativo n. 636.)

Contribuinte inadimplente. Enquadramento na condição de "inapto". Sanção política. Impossibilidade.

O Estado não pode adotar sanções políticas para constranger o contribuinte ao pagamento de tributos em atraso. RMS 53.989-SE, Rel. Min. Gurgel de Faria, por unanimidade, julgado em 17/04/2018, DJe 23/05/2018. (Informativo n. 626.)

Desembaraço aduaneiro. Erro de classificação das mercadorias importadas. Ausência de má-fé. Pena de perdimento. Não adequação.

O erro culposo na classificação aduaneira de mercadorias importadas e devidamente declaradas ao fisco não se equipara à declaração falsa de conteúdo e, portanto, não legitima a imposição da pena de perdimento. REsp 1.316.269-SP, Rel. Min. Gurgel de Faria, por unanimidade, julgado em 6/4/2017, DJe 12/5/2017. (Informativo n. 604)

Mercadoria importada. Adulteração de dados essenciais (origem do produto). Perdimento. Pagamento dos tributos devidos. Irrelevância.

A quitação do tributo devido não implica direito ao descumprimento das normas que disciplinam o direito alfandegário. REsp 1.385.366-ES, Rel. Min. Herman Benjamin, por unanimidade, julgado em 22/9/2016, DJe 11/10/2016. (Informativo n. 592)

6. SÚMULAS

Súmula 70 STF: "É inadmissível a interdição de estabelecimento como meio coercitivo para cobrança de tributo".

Súmula 323 STF: "É inadmissível a apreensão de mercadorias como meio coercitivo para pagamento de tributos".

Súmula 439 STF: "Estão sujeitos à fiscalização tributária ou previdenciária quaisquer livros comerciais, limitado o exame aos pontos objeto da investigação".

Súmula 542 STF: "Não é inconstitucional a multa instituída pelo Estado-membro, como sanção pelo retardamento do início ou da ultimação do inventário".

Súmula 547 STF: "Não é lícito à autoridade proibir que o contribuinte em débito adquira estampilhas, despache mercadorias nas alfândegas e exerça suas atividades profissionais".

Súmula 392 STJ: "A Fazenda Pública pode substituir a certidão de dívida ativa (CDA) até a prolação da sentença de embargos, quando se tratar de correção de erro material ou formal, vedada a modificação do sujeito passivo da execução".

Súmula 446 STJ: "Declarado e não pago o débito tributário pelo contribuinte, é legítima a recusa de expedição de certidão negativa ou positiva com efeito de negativa".

Súmula 569 STJ: "Na importação, é indevida a exigência de nova certidão negativa de débito no desembaraço aduaneiro, se já apresentada a comprovação da quitação de tributos federais quando da concessão do benefício relativo ao regime de drawback".

Súmula 26 CARF: "A presunção estabelecida no art. 42 da Lei nº 9.430/96 dispensa o Fisco de comprovar o consumo da renda representada pelos depósitos bancários sem origem comprovada".

Súmula 29 CARF (Revisada): "Os co-titulares da conta bancária que apresentem declaração de rendimentos em separado devem ser intimados para comprovar a origem dos depósitos nela efetuados, na fase que precede à lavratura do auto de infração com base na presunção legal de omissão de receitas ou rendimentos, sob pena de exclusão, da base de cálculo do lançamento, dos valores referentes às contas conjuntas em relação às quais não se intimou todos os co-titulares".

Súmula 30 CARF: "Na tributação da omissão de rendimentos ou receitas caracterizada por depósitos bancários com origem não comprovada, os depósitos de um mês não servem para comprovar a origem de depósitos havidos em meses subsequentes".

Súmula 31 CARF: "Descabe a cobrança de multa de ofício isolada exigida sobre os valores de tributos recolhidos extemporaneamente, sem o acréscimo da multa de mora, antes do início do procedimento fiscal".

Súmula 32 CARF: "A titularidade dos depósitos bancários pertence às pessoas indicadas nos dados cadastrais, salvo quando comprovado com documentação hábil e idônea o uso da conta por terceiros".

Súmula 33 CARF: "A declaração entregue após o início do procedimento fiscal não produz quaisquer efeitos sobre o lançamento de ofício".

Súmula 34 CARF: "Nos lançamentos em que se apura omissão de receita ou rendimentos, decorrente de depósitos bancários de origem não comprovada, é cabível a qualificação da multa de ofício, quando constatada a movimentação de recursos em contas bancárias de interpostas pessoas".

Súmula 35 CARF: "O art. 11, § 3º, da Lei 9.311/96, com a redação dada pela Lei 10.174/2001, que autoriza o uso de informações da CPMF para a constituição do crédito tributário de outros tributos, aplica-se retroativamente".

Súmula 120 CARF: "Não é válida a intimação para comprovar a origem de depósitos bancários em cumprimento ao art. 42 da Lei nº 9.430/1996, quando dirigida ao espólio, relativamente aos fatos geradores ocorridos antes do falecimento do titular da conta bancária".

7. LEGISLAÇÃO RELACIONADA AO CAPÍTULO

» CONSTITUIÇÃO FEDERAL

Art. 37: ...

XVIII - a administração fazendária e seus servidores fiscais terão, dentro de suas áreas de competência e jurisdição, precedência sobre os demais setores administrativos, na forma da lei;

XXII - as administrações tributárias da União, dos Estados, do Distrito Federal e dos Municípios, atividades essenciais ao funcionamento do Estado, exercidas por servidores de carreiras específicas, terão recursos prioritários para a realização de suas atividades e atuarão de forma integrada, inclusive com o compartilhamento de cadastros e de informações fiscais, na forma da lei ou convênio.

Art. 145: ...

§ 1º Sempre que possível, os impostos terão caráter pessoal e serão graduados segundo a capacidade econômica do contribuinte, facultado à administração tributária, especialmente para conferir efetividade a esses objetivos, identificar, respeitados os direitos individuais e nos termos da lei, o patrimônio, os rendimentos e as atividades econômicas do contribuinte.

» CÓDIGO TRIBUTÁRIO NACIONAL

Art. 138. A responsabilidade é excluída pela denúncia espontânea da infração, acompanhada, se for o caso, do pagamento do tributo devido e dos juros de mora, ou do depósito da importância arbitrada pela autoridade administrativa, quando o montante do tributo dependa de apuração.

Parágrafo único. Não se considera espontânea a denúncia apresentada após o início de qualquer procedimento administrativo ou medida de fiscalização, relacionados com a infração.

Art. 144. O lançamento reporta-se à data da ocorrência do fato gerador da obrigação e rege-se pela lei então vigente, ainda que posteriormente modificada ou revogada.

§ 1º Aplica-se ao lançamento a legislação que, posteriormente à ocorrência do fato gerador da obrigação, tenha instituído novos critérios de apuração ou processos de fiscalização, ampliado os poderes de investigação das autoridades administrativas, ou outorgado ao crédito maiores garantias ou privilégios, exceto, neste último caso, para o efeito de atribuir responsabilidade tributária a terceiros.

§ 2º O disposto neste artigo não se aplica aos impostos lançados por períodos certos de tempo, desde que a respectiva lei fixe expressamente a data em que o fato gerador se considera ocorrido.

Art. 183. A enumeração das garantias atribuídas neste Capítulo ao crédito tributário não exclui outras que sejam expressamente previstas em lei, em função da natureza ou das características do tributo a que se refiram.

Parágrafo único. A natureza das garantias atribuídas ao crédito tributário não altera a natureza deste nem a da obrigação tributária a que corresponda.

Art. 184. Sem prejuízo dos privilégios especiais sobre determinados bens, que sejam previstos em lei, responde pelo pagamento do crédito tributário a totalidade dos bens e das rendas, de qualquer origem ou natureza, do sujeito passivo, seu espólio ou sua massa falida, inclusive os gravados por ônus real ou cláusula de inalienabilidade ou impenhorabilidade, seja qual for a data da constituição do ônus ou da cláusula, excetuados unicamente os bens e rendas que a lei declare absolutamente impenhoráveis.

Art. 185. Presume-se fraudulenta a alienação ou oneração de bens ou rendas, ou seu começo, por sujeito passivo em débito para com a Fazenda Pública, por crédito tributário regularmente inscrito como dívida ativa.

Parágrafo único. O disposto neste artigo não se aplica na hipótese de terem sido reservados, pelo devedor, bens ou rendas suficientes ao total pagamento da dívida inscrita.

Art. 185-A. Na hipótese de o devedor tributário, devidamente citado, não pagar nem apresentar bens à penhora no prazo legal e não forem encontrados bens penhoráveis, o juiz determinará a indisponibilidade de seus bens e direitos, comunicando a decisão, preferencialmente por meio eletrônico, aos órgãos e entidades que promovem registros de transferência de bens, especialmente ao registro público de imóveis e às autoridades supervisoras do mercado bancário e do mercado de capitais, a fim de que, no âmbito de suas atribuições, façam cumprir a ordem judicial.

§ 1º A indisponibilidade de que trata o caput deste artigo limitar-se-á ao valor total exigível, devendo o juiz determinar o imediato levantamento da indisponibilidade dos bens ou valores que excederem esse limite.

§ 2º Os órgãos e entidades aos quais se fizer a comunicação de que trata o caput deste artigo enviarão imediatamente ao juízo a relação discriminada dos bens e direitos cuja indisponibilidade houverem promovido.

Art. 186. O crédito tributário prefere a qualquer outro, seja qual for sua natureza ou o tempo de sua constituição, ressalvados os créditos decorrentes da legislação do trabalho ou do acidente de trabalho.

Parágrafo único. Na falência:

I – o crédito tributário não prefere aos créditos extraconcursais ou às importâncias passíveis de restituição, nos termos da lei falimentar, nem aos créditos com garantia real, no limite do valor do bem gravado;

II – a lei poderá estabelecer limites e condições para a preferência dos créditos decorrentes da legislação do trabalho; e

III – a multa tributária prefere apenas aos créditos subordinados.

Art. 187. A cobrança judicial do crédito tributário não é sujeita a concurso de credores ou habilitação em falência, recuperação judicial, concordata, inventário ou arrolamento.

Parágrafo único. O concurso de preferência somente se verifica entre pessoas jurídicas de direito público, na seguinte ordem:

I – União;

II – Estados, Distrito Federal e Territórios, conjuntamente e pró rata;

III – Municípios, conjuntamente e pró rata.

Art. 188. São extraconcursais os créditos tributários decorrentes de fatos geradores ocorridos no curso do processo de falência.

§ 1º Contestado o crédito tributário, o juiz remeterá as partes ao processo competente, mandando reservar bens suficientes à extinção total do crédito e seus acrescidos, se a massa não puder efetuar a garantia da instância por outra forma, ouvido, quanto à natureza e valor dos bens reservados, o representante da Fazenda Pública interessada.

§ 2º O disposto neste artigo aplica-se aos processos de concordata.

Art. 189. São pagos preferencialmente a quaisquer créditos habilitados em inventário ou arrolamento, ou a outros encargos do monte, os créditos tributários vencidos ou vincendos, a cargo do de cujus ou de seu espólio, exigíveis no decurso do processo de inventário ou arrolamento.

Parágrafo único. Contestado o crédito tributário, proceder-se-á na forma do disposto no § 1º do artigo anterior.

Art. 190. São pagos preferencialmente a quaisquer outros os créditos tributários vencidos ou vincendos, a cargo de pessoas jurídicas de direito privado em liquidação judicial ou voluntária, exigíveis no decurso da liquidação.

Art. 191. A extinção das obrigações do falido requer prova de quitação de todos os tributos.

Art. 191-A. A concessão de recuperação judicial depende da apresentação da prova de quitação de todos os tributos, observado o disposto nos arts. 151, 205 e 206 desta Lei.

Art. 192. Nenhuma sentença de julgamento de partilha ou adjudicação será proferida sem prova da quitação de todos os tributos relativos aos bens do espólio, ou às suas rendas.

Art. 193. Salvo quando expressamente autorizado por lei, nenhum departamento da administração pública da União, dos Estados, do Distrito Federal, ou dos Municípios, ou sua autarquia, celebrará contrato ou aceitará proposta em concorrência pública sem que o contratante ou proponente faça prova da quitação de todos os tributos devidos à Fazenda Pública interessada, relativos à atividade em cujo exercício contrata ou concorre.

Art. 194. A legislação tributária, observado o disposto nesta Lei, regulará, em caráter geral, ou especificamente em função da natureza do tributo de que se tratar, a competência e os poderes das autoridades administrativas em matéria de fiscalização da sua aplicação.

Parágrafo único. A legislação a que se refere este artigo aplica-se às pessoas naturais ou jurídicas, contribuintes ou não, inclusive às que gozem de imunidade tributária ou de isenção de caráter pessoal.

Art. 195. Para os efeitos da legislação tributária, não têm aplicação quaisquer disposições legais excludentes ou limitativas do direito de examinar mercadorias, livros, arquivos, documentos, papéis e efeitos comerciais ou fiscais, dos comerciantes industriais ou produtores, ou da obrigação destes de exibi-los.

Parágrafo único. Os livros obrigatórios de escrituração comercial e fiscal e os comprovantes dos lançamentos neles efetuados serão conservados até que ocorra a prescrição dos créditos tributários decorrentes das operações a que se refiram.

Art. 196. A autoridade administrativa que proceder ou presidir a quaisquer diligências de fiscalização lavrará os termos necessários para que se documente o início do procedimento, na forma da legislação aplicável, que fixará prazo máximo para a conclusão daquelas.

Parágrafo único. Os termos a que se refere este artigo serão lavrados, sempre que possível, em um dos livros fiscais exibidos; quando lavrados em separado deles se entregará, à pessoa sujeita à fiscalização, cópia autenticada pela autoridade a que se refere este artigo.

Art. 197. Mediante intimação escrita, são obrigados a prestar à autoridade administrativa todas as informações de que disponham com relação aos bens, negócios ou atividades de terceiros:

I - os tabeliães, escrivães e demais serventuários de ofício;

II - os bancos, casas bancárias, Caixas Econômicas e demais instituições financeiras;

III - as empresas de administração de bens;

IV - os corretores, leiloeiros e despachantes oficiais;

V - os inventariantes;

VI - os síndicos, comissários e liquidatários;

VII - quaisquer outras entidades ou pessoas que a lei designe, em razão de seu cargo, ofício, função, ministério, atividade ou profissão.

Parágrafo único. A obrigação prevista neste artigo não abrange a prestação de informações quanto a fatos sobre os quais o informante esteja legalmente obrigado a observar segredo em razão de cargo, ofício, função, ministério, atividade ou profissão.

Art. 198. Sem prejuízo do disposto na legislação criminal, é vedada a divulgação, por parte da Fazenda Pública ou de seus servidores, de informação obtida em razão do ofício sobre a situação econômica ou financeira do sujeito passivo ou de terceiros e sobre a natureza e o estado de seus negócios ou atividades.

§ 1º Excetuam-se do disposto neste artigo, além dos casos previstos no art. 199, os seguintes:

I - requisição de autoridade judiciária no interesse da justiça;

II - solicitações de autoridade administrativa no interesse da Administração Pública, desde que seja comprovada a instauração regular de processo administrativo, no órgão ou na entidade respectiva, com o objetivo de investigar o sujeito passivo a que se refere a informação, por prática de infração administrativa.

§ 2º O intercâmbio de informação sigilosa, no âmbito da Administração Pública, será realizado mediante processo regularmente instaurado, e a entrega será feita pessoalmente à autoridade solicitante, mediante recibo, que formalize a transferência e assegure a preservação do sigilo.

§ 3º Não é vedada a divulgação de informações relativas a:

I - representações fiscais para fins penais;

II - inscrições na Dívida Ativa da Fazenda Pública;

III - parcelamento ou moratória.

Art. 199. A Fazenda Pública da União e as dos Estados, do Distrito Federal e dos Municípios prestar-se-ão mutuamente assistência para a fiscalização dos tributos respectivos e permuta de informações, na forma estabelecida, em caráter geral ou específico, por lei ou convênio.

Parágrafo único. A Fazenda Pública da União, na forma estabelecida em tratados, acordos ou convênios, poderá permutar informações com Estados estrangeiros no interesse da arrecadação e da fiscalização de tributos.

Art. 200. As autoridades administrativas federais poderão requisitar o auxílio da força pública federal, estadual ou municipal, e reciprocamente, quando vítimas de embaraço ou desacato no exercício de suas funções, ou quando necessário à efetivação dê medida prevista na legislação tributária, ainda que não se configure fato definido em lei como crime ou contravenção.

Art. 201. Constitui dívida ativa tributária a proveniente de crédito dessa natureza, regularmente inscrita na repartição administrativa competente, depois de esgotado o prazo fixado, para pagamento, pela lei ou por decisão final proferida em processo regular.

Parágrafo único. A fluência de juros de mora não exclui, para os efeitos deste artigo, a liquidez do crédito.

Art. 202. O termo de inscrição da dívida ativa, autenticado pela autoridade competente, indicará obrigatoriamente:

I - o nome do devedor e, sendo caso, o dos co-responsáveis, bem como, sempre que possível, o domicílio ou a residência de um e de outros;

II - a quantia devida e a maneira de calcular os juros de mora acrescidos;

III - a origem e natureza do crédito, mencionada especificamente a disposição da lei em que seja fundado;

IV - a data em que foi inscrita;

V - sendo caso, o número do processo administrativo de que se originar o crédito.

Parágrafo único. A certidão conterá, além dos requisitos deste artigo, a indicação do livro e da folha da inscrição.

Art. 203. A omissão de quaisquer dos requisitos previstos no artigo anterior, ou o erro a eles relativo, são causas de nulidade da inscrição e do processo de cobrança dela decorrente, mas a nulidade poderá ser sanada até a decisão de primeira instância, mediante substituição da certidão nula, devolvido ao sujeito passivo, acusado ou interessado o prazo para defesa, que somente poderá versar sobre a parte modificada.

Art. 204. A dívida regularmente inscrita goza da presunção de certeza e liquidez e tem o efeito de prova pré-constituída.

Parágrafo único. A presunção a que se refere este artigo é relativa e pode ser ilidida por prova inequívoca, a cargo do sujeito passivo ou do terceiro a que aproveite.

Art. 205. A lei poderá exigir que a prova da quitação de determinado tributo, quando exigível, seja feita por certidão negativa, expedida à vista de requerimento do interessado, que contenha todas as informações necessárias à identificação de sua pessoa, domicílio fiscal e ramo de negócio ou atividade e indique o período a que se refere o pedido.

Parágrafo único. A certidão negativa será sempre expedida nos termos em que tenha sido requerida e será fornecida dentro de 10 (dez) dias da data da entrada do requerimento na repartição.

Art. 206. Tem os mesmos efeitos previstos no artigo anterior a certidão de que conste a existência de créditos não vencidos, em curso de cobrança executiva em que tenha sido efetivada a penhora, ou cuja exigibilidade esteja suspensa.

Art. 207. Independentemente de disposição legal permissiva, será dispensada a prova de quitação de tributos, ou o seu suprimento, quando se tratar de prática de ato indispensável para evitar a caducidade de direito, respondendo, porém, todos os participantes no ato pelo tributo porventura devido, juros de mora e penalidades cabíveis, exceto as relativas a infrações cuja responsabilidade seja pessoal ao infrator.

Art. 208. A certidão negativa expedida com dolo ou fraude, que contenha erro contra a Fazenda Pública, responsabiliza pessoalmente o funcionário que a expedir, pelo crédito tributário e juros de mora acrescidos.

Parágrafo único. O disposto neste artigo não exclui a responsabilidade criminal e funcional que no caso couber.

Art. 209. A expressão "Fazenda Pública", quando empregada nesta Lei sem qualificação, abrange a Fazenda Pública da União, dos Estados, do Distrito Federal e dos Municípios.

Art. 210. Os prazos fixados nesta Lei ou legislação tributária serão contínuos, excluindo-se na sua contagem o dia de início e incluindo-se o de vencimento.

Parágrafo único. Os prazos só se iniciam ou vencem em dia de expediente normal na repartição em que corra o processo ou deva ser praticado o ato.

» CÓDIGO DE PROCESSO CIVIL

Art. 784. São títulos executivos extrajudiciais:

IX – a certidão de dívida ativa da Fazenda Pública da União, dos Estados, do Distrito Federal e dos Municípios, correspondente aos créditos inscritos na forma da lei;

» LEI COMPLEMENTAR Nº 105, DE JANEIRO DE 2001

Dispõe sobre o sigilo das operações de instituições financeiras e dá outras providências

Art. 6º As autoridades e os agentes fiscais tributários da União, dos Estados, do Distrito Federal e dos Municípios somente poderão examinar documentos, livros e registros de instituições financeiras, inclusive os referentes a contas de depósitos e aplicações financeiras, quando houver processo administrativo instaurado ou procedimento fiscal em curso e tais exames sejam considerados indispensáveis pela autoridade administrativa competente.

Parágrafo único. O resultado dos exames, as informações e os documentos a que se refere este artigo serão conservados em sigilo, observada a legislação tributária.

» LEI Nº 4.320, DE 17 DE MARÇO DE 1964

Estatui Normas Gerais de Direito Financeiro para elaboração e contrôle dos orçamentos e balanços da União, dos Estados, dos Municípios e do Distrito Federal

Art. 39. Os créditos da Fazenda Pública, de natureza tributária ou não tributária, serão escriturados como receita do exercício em que forem arrecadados, nas respectivas rubricas orçamentárias.

§ 1º – Os créditos de que trata este artigo, exigíveis pelo transcurso do prazo para pagamento, serão inscritos, na forma da legislação própria, como Dívida Ativa, em registro próprio, após apurada a sua liquidez e certeza, e a respectiva receita será escriturada a esse título.

§ 2º – Dívida Ativa Tributária é o crédito da Fazenda Pública dessa natureza, proveniente de obrigação legal relativa a tributos e respectivos adicionais e multas, e Dívida Ativa não Tributária são os demais créditos da Fazenda Pública, tais como os provenientes de empréstimos compulsórios, contribuições estabelecidas em lei, multa de qualquer origem ou natureza, exceto as tributárias, foros, laudêmios, alugueis ou taxas de ocupação, custas processuais, preços de serviços prestados por estabelecimentos públicos, indenizações, reposições, restituições, alcances dos responsáveis definitivamente julgados, bem assim os créditos decorrentes de obrigações em moeda estrangeira, de subrogação de hipoteca, fiança, aval ou outra garantia, de contratos em geral ou de outras obrigações legais.

» LEI Nº 6.830, DE 22 DE SETEMBRO DE 1980

Lei de Execução Fiscal – LEF

Art. 2º – Constitui Dívida Ativa da Fazenda Pública aquela definida como tributária ou não tributária na Lei nº 4.320, de 17 de março de 1964, com as alterações posteriores, que estatui normas gerais de direito financeiro para elaboração e controle dos orçamentos e balanços da União, dos Estados, dos Municípios e do Distrito Federal.

(...)

§ 5º – O Termo de Inscrição de Dívida Ativa deverá conter:

I – o nome do devedor, dos co-responsáveis e, sempre que conhecido, o domicílio ou residência de um e de outros;

II – o valor originário da dívida, bem como o termo inicial e a forma de calcular os juros de mora e demais encargos previstos em lei ou contrato;

III – a origem, a natureza e o fundamento legal ou contratual da dívida;

IV – a indicação, se for o caso, de estar a dívida sujeita à atualização monetária, bem como o respectivo fundamento legal e o termo inicial para o cálculo;

V – a data e o número da inscrição, no Registro de Dívida Ativa; e

VI – o número do processo administrativo ou do auto de infração, se neles estiver apurado o valor da dívida.

Art. 9º – Em garantia da execução, pelo valor da dívida, juros e multa de mora e encargos indicados na Certidão de Dívida Ativa, o executado poderá:

I – efetuar depósito em dinheiro, à ordem do Juízo em estabelecimento oficial de crédito, que assegure atualização monetária;

II – oferecer fiança bancária ou seguro garantia;

III – nomear bens à penhora, observada a ordem do artigo 11; ou

IV – indicar à penhora bens oferecidos por terceiros e aceitos pela Fazenda Pública.

§ 1º – O executado só poderá indicar e o terceiro oferecer bem imóvel à penhora com o consentimento expresso do respectivo cônjuge.

§ 2º Juntar-se-á aos autos a prova do depósito, da fiança bancária, do seguro garantia ou da penhora dos bens do executado ou de terceiros.

§ 3º A garantia da execução, por meio de depósito em dinheiro, fiança bancária ou seguro garantia, produz os mesmos efeitos da penhora.

§ 4º – Somente o depósito em dinheiro, na forma do artigo 32, faz cessar a responsabilidade pela atualização monetária e juros de mora.

§ 5º – A fiança bancária prevista no inciso II obedecerá às condições pré-estabelecidas pelo Conselho Monetário Nacional.

§ 6º – O executado poderá pagar parcela da dívida, que julgar incontroversa, e garantir a execução do saldo devedor.

» LEI Nº 10.522, DE 19 DE JULHO DE 2002

Dispõe sobre o Cadastro Informativo dos créditos não quitados de órgãos e entidades federais

Art. 1º O Cadastro Informativo de créditos não quitados do setor público federal (Cadin) passa a ser regulado por esta Lei.

Art. 2º O Cadin conterá relação das pessoas físicas e jurídicas que:

I – sejam responsáveis por obrigações pecuniárias vencidas e não pagas, para com órgãos e entidades da Administração Pública Federal, direta e indireta;

II – estejam com a inscrição nos cadastros indicados, do Ministério da Fazenda, em uma das seguintes situações:

a) cancelada no Cadastro de Pessoas Físicas – CPF;

b) declarada inapta perante o Cadastro Geral de Contribuintes – CGC.

§ 1º Os órgãos e as entidades a que se refere o inciso I procederão, segundo normas próprias e sob sua exclusiva responsabilidade, às inclusões no Cadin, de pessoas físicas ou jurídicas que se enquadrem nas hipóteses previstas neste artigo.

§ 2º A inclusão no Cadin far-se-á 75 (setenta e cinco) dias após a comunicação ao devedor da existência do débito passível de inscrição naquele Cadastro, fornecendo-se todas as informações pertinentes ao débito.

§ 3º Tratando-se de comunicação expedida por via postal ou telegráfica, para o endereço indicado no instrumento que deu origem ao débito, considerar-se-á entregue após 15 (quinze) dias da respectiva expedição.

§ 4º A notificação expedida pela Secretaria da Receita Federal do Brasil, pela Procuradoria-Geral da Fazenda Nacional ou pela Procuradoria-Geral Federal, dando conhecimento ao devedor da existência do débito ou da sua inscrição em Dívida Ativa atenderá ao disposto no § 2º deste artigo.

§ 5º Comprovado ter sido regularizada a situação que deu causa à inclusão no Cadin, o órgão ou a entidade responsável pelo registro procederá, no prazo de 5 (cinco) dias úteis, à respectiva baixa.

§ 6º Na impossibilidade de a baixa ser efetuada no prazo indicado no § 5º, o órgão ou a entidade credora fornecerá a certidão de regularidade do débito, caso não haja outros pendentes de regularização.

§ 7º A inclusão no Cadin sem a expedição da comunicação ou da notificação de que tratam os §§ 2º e 4º, ou a não exclusão, nas condições e no prazo previstos no § 5º, sujeitará o responsável às penalidades cominadas pela Lei no 8.112, de 11 de dezembro de 1990, e pelo Decreto-Lei no 5.452, de 1º de maio de 1943 (Consolidação das Leis do Trabalho).

§ 8º O disposto neste artigo não se aplica aos débitos referentes a preços de serviços públicos ou a operações financeiras que não envolvam recursos orçamentários.

Art. 3º As informações fornecidas pelos órgãos e entidades integrantes do Cadin serão centralizadas no Sistema de Informações do Banco Central do Brasil - Sisbacen, cabendo à Secretaria do Tesouro Nacional expedir orientações de natureza normativa, inclusive quanto ao disciplinamento das respectivas inclusões e exclusões.

Parágrafo único. As pessoas físicas e jurídicas incluídas no Cadin terão acesso às informações a elas referentes, diretamente junto ao órgão ou entidade responsável pelo registro, ou, mediante autorização, por intermédio de qualquer outro órgão ou entidade integrante do Cadin

Art. 4º A inexistência de registro no Cadin não implica reconhecimento de regularidade de situação, nem elide a apresentação dos documentos exigidos em lei, decreto ou demais atos normativos.

§ 1º No caso de operações de crédito contratadas por instituições financeiras, no âmbito de programas oficiais de apoio à microempresa e empresa de pequeno porte, ficam as mutuárias, no caso de não estarem inscritas no Cadin, dispensadas da apresentação, inclusive aos cartórios, quando do registro dos instrumentos de crédito e respectivas garantias, de quaisquer certidões exigidas em lei, decreto ou demais atos normativos, comprobatórias da quitação de quaisquer tributos e contribuições federais.

§ 2º O disposto no § 1º aplica-se também aos mini e pequenos produtores rurais e aos agricultores familiares.

Art. 5º O Cadin conterá as seguintes informações:

I - nome e número de inscrição no Cadastro Geral de Contribuintes - CGC ou no Cadastro de Pessoas Físicas - CPF, do responsável pelas obrigações de que trata o art. 2º, inciso I;

II - nome e outros dados identificadores das pessoas jurídicas ou físicas que estejam na situação prevista no art. 2º, inciso II, inclusive a indicação do número da inscrição suspensa ou cancelada;

III - nome e número de inscrição no Cadastro Geral de Contribuintes - CGC, endereço e telefone do respectivo credor ou do órgão responsável pela inclusão;

IV - data do registro.

Parágrafo único. Cada órgão ou entidade a que se refere o inciso I do art. 2º manterá, sob sua responsabilidade, cadastro contendo informações detalhadas sobre as operações ou situações que tenham registrado no Cadin, inclusive para atender ao que dispõe o parágrafo único do art. 3º.

Art. 6º É obrigatória a consulta prévia ao Cadin, pelos órgãos e entidades da Administração Pública Federal, direta e indireta, para:

I - realização de operações de crédito que envolvam a utilização de recursos públicos;

II - concessão de incentivos fiscais e financeiros;

III - celebração de convênios, acordos, ajustes ou contratos que envolvam desembolso, a qualquer título, de recursos públicos, e respectivos aditamentos.

Parágrafo único. O disposto neste artigo não se aplica:

I - à concessão de auxílios a Municípios atingidos por calamidade pública reconhecida pelo Governo Federal;

II - às operações destinadas à composição e regularização dos créditos e obrigações objeto de registro no Cadin, sem desembolso de recursos por parte do órgão ou entidade credora;

III - às operações relativas ao crédito educativo e ao penhor civil de bens de uso pessoal ou doméstico.

Art. 7º Será suspenso o registro no Cadin quando o devedor comprove que:

I - tenha ajuizado ação, com o objetivo de discutir a natureza da obrigação ou o seu valor, com o oferecimento de garantia idônea e suficiente ao Juízo, na forma da lei;

II - esteja suspensa a exigibilidade do crédito objeto do registro, nos termos da lei.

Art. 8º A não-observância do disposto no § 1º do art. 2º e nos arts. 6º e 7º desta Lei sujeita os responsáveis às sanções da Lei no 8.112, de 1990, e do Decreto-Lei no 5.452, de 1943.

» LEI Nº 12.767, DE 27 DE DEZEMBRO DE 2012

Art. 25. A Lei no 9.492, de 10 de setembro de 1997, passa a vigorar com as seguintes alterações:

"Art. 1º (...)

Parágrafo único. Incluem-se entre os títulos sujeitos a protesto as certidões de dívida ativa da União, dos Estados, do Distrito Federal, dos Municípios e das respectivas autarquias e fundações públicas." (NR)

8. QUESTÕES FUNDAMENTADAS

1. (FCC – Agente Fiscal de Rendas – SP/2013) Com respeito à Dívida Ativa e à Certidão Negativa, considere:

I. Constitui dívida ativa tributária a proveniente de crédito dessa natureza, regularmente inscrita na repartição administrativa competente, depois de esgotado o prazo fixado para pagamento, pela lei ou por decisão final proferida em processo regular.

II. A nulidade da inscrição na Dívida Ativa, causada por omissão ou erro, poderá ser sanada até a decisão de segunda instância, mediante substituição da certidão nula, devolvido ao sujeito passivo, acusado ou interessado o prazo para defesa.

III. A dívida regularmente inscrita goza da presunção absoluta e tem caráter de prova pré-constituída.

IV. Será emitida Certidão Negativa quando conste a existência de créditos não vencidos, em curso de cobrança executiva em que tenha sido efetivada a penhora, ou cuja exigibilidade esteja suspensa.

V. A Dívida Ativa da Fazenda Pública, compreendendo a tributária e a não tributária, abrange atualização monetária, juros e multa de mora e demais encargos previstos em lei ou contrato.

Está correto o que se afirma APENAS em

a) I e III.

b) II e V.

c) I e V.

d) III e IV.

e) II e IV.

2. (ESAF – Auditor Fiscal da Receita Federal/2009) Sobre a Administração Tributária e o poder de fiscalizar, assinale a opção correta.

a) Iniciado o procedimento fiscalizatório pela autoridade administrativa, com a lavratura de Termo de Início de Fiscalização, tem-se a antecipação do prazo decadencial que, normalmente, ocorreria com o lançamento.

b) Diante de requisição da autoridade administrativa de apresentação de informações sigilosas, não pode o agente público responsável pelo deferimento negar-se a entregá-la.

c) Em que pese o dever de sigilo da autoridade fiscal, o Código Tributário Nacional autoriza a divulgação de informações relativas a representações fiscais para fins penais, inscrições na Dívida Ativa da Fazenda Pública e parcelamento ou moratória.

d) A Constituição Federal estabeleceu que as administrações tributárias da União, dos Estados, do Distrito Federal e dos Municípios atuarão de forma integrada, inclusive com o compartilhamento de cadastros e de informações fiscais, independentemente da existência de lei ou convênio.

e) Verificada a existência de crime contra a ordem tributária, praticado por particular, deve a autoridade administrativa representar ao Ministério Público, mesmo antes de proferida decisão final, na esfera administrativa, sobre a exigência do crédito tributário.

3. (Procurador do Município – Prefeitura Curitiba-PR/2007 – PUC) Quanto à Administração Tributária, marque a alternativa INCORRETA:

a) A Fazenda Pública da União e as dos Estados, do Distrito Federal e dos Municípios prestar-se-ão mutuamente assistência para a fiscalização dos tributos respectivos e permuta de informações, na forma estabelecida, em caráter geral ou específico, por lei ou convênio.

b) A autoridade administrativa que proceder ou presidir a quaisquer diligências de fiscalização lavrará os termos necessários para que se documente o início do procedimento, na forma da legislação aplicável, que fixará prazo máximo para a conclusão daquelas.

c) mediante intimação escrita, são obrigados a prestar à autoridade administrativa todas as informações de que disponham com relação aos bens, negócios ou atividades de terceiros os bancos, casas bancárias, Caixas Econômicas e demais instituições financeiras.

d) Para os efeitos da legislação tributária, não têm aplicação quaisquer disposições legais excludentes ou limitativas do direito de examinar mercadorias, livros, arquivos, documentos, papéis e efeitos comerciais ou fiscais, dos comerciantes industriais ou produtores, ou da obrigação destes de exibi-los.

e) A legislação que rege a fiscalização tributária não se aplica às pessoas naturais ou jurídicas que gozem de imunidade tributária ou de isenção de caráter pessoal.

4. **(Procurador do Município – Prefeitura Florianópolis-SC/2011 – FEPESE)** Diz-se que a Administração Tributária é o conjunto de órgãos públicos com a incumbência de aplicar a legislação tributária, tendo como atividades principais a fiscalização, a arrecadação e a cobrança.

Sobre a matéria, é correto afirmar:

a) A Certidão de Dívida Ativa (CDA) constitui título executivo extrajudicial e tem presunção absoluta de liquidez e certeza.

b) Estão sujeitos à fiscalização tributária todos os livros comerciais do sujeito passivo, cujo exame não se limita apenas aos pontos objeto da investigação.

c) É lícita a recusa de expedição da certidão negativa ou positiva, com efeito de negativa, ao sujeito passivo com débitos fiscais incluídos em parcelamento.

d) A Fazenda Pública pode substituir a Certidão de Dívida Ativa (CDA) até a prolação da sentença de embargos, quando se tratar de correção de erro material ou formal, admitindo-se, inclusive, a modificação do sujeito passivo da execução.

e) Declarado e não pago o débito tributário pelo contribuinte, é legítima a recusa de expedição de certidão negativa ou positiva com efeito de negativa.

5. **(FGV – Exame de Ordem 2018.2)** João, empresário, inconformado com a notificação de que a Administração Pública Fazendária teria acesso às informações de sua movimentação bancária para instruir processo administrativo fiscal, decidiu procurar o Escritório Alfa de advocacia para uma consulta a respeito do caso. João busca saber se a medida configura quebra de sigilo fiscal e se o procedimento da Administração Pública está correto. Com base na hipótese apresentada, assinale a opção que indica a orientação a ser dada pelo Escritório Alfa, considerando a jurisprudência do Supremo Tribunal Federal (STF) acerca do acesso a dados bancários sigilosos pela Administração Pública Fazendária.

a) Não se trata de quebra de sigilo, mas de transferência de sigilo para finalidades de natureza eminentemente fiscal, pois a legislação aplicável garante a preservação da confidencialidade dos dados, vedado seu repasse a terceiros estranhos ao próprio Estado, sob pena de responsabilização dos agentes que eventualmente pratiquem essa infração.

b) A imediata notificação do contribuinte é mera liberalidade da Administração Fazendária, sendo ao contribuinte facultada, tão somente, a extração da decisão final da Administração Fazendária.

c) Tal uso de dados ofende o direito ao sigilo bancário, porque macula o princípio da igualdade e o princípio da capacidade contributiva.

d) É inconstitucional a quebra de sigilo, pois a legislação aplicável garante a preservação da confidencialidade dos dados, vedado seu repasse a terceiros, inclusive aos integrantes da Administração Pública Fazendária.

6. **(CESPE – Juiz de Direito Substituto-BA/2012)** Podem, em decorrência do sigilo profissional, recusar a fornecer a autoridades administrativas responsáveis pela fiscalização tributária informações sobre bens, negócios ou atividades de terceiros os

a) leiloeiros.

b) inventariantes.

c) tabeliães.

d) corretores.

e) advogados.

7. **(UFPR – Juiz de Direito Substituto-PR/2012)** Com relação à administração tributária, identifique as afirmativas a seguir como verdadeiras (V) ou falsas (F):

( ) O crédito tributário não pago será inscrito em dívida ativa, viabilizando a execução fiscal, após a notificação do lançamento ao sujeito passivo, ainda que haja recurso administrativo pendente de julgamento.

( ) A certidão negativa expedida com dolo ou fraude, que contenha erro contra a Fazenda Pública, responsabiliza pessoalmente o funcionário que a expedir, pelo crédito tributário e juros de mora acrescidos.

( ) As fazendas públicas poderão prestar assistência mútua para a fiscalização dos tributos de sua competência, devendo, contudo, adotar as medidas necessárias para resguardar o sigilo fiscal.

( ) Não é possível requisição de força policial federal pela Fazenda Pública estadual, mesmo quando esta entendê-la necessária à efetivação de medida que lhe é atribuída pela legislação tributária.

Assinale a alternativa que apresenta a sequência correta, de cima para baixo.

a) V – F – F – F.

b) V – V – F – V.

c) F – V – V – F.

d) F – F – V – V.

8. (UFPR – Juiz de Direito Substituto-PR/2012) A respeito da certidão negativa de débitos, considere as seguintes afirmativas:

1. Tem o mesmo efeito de certidão negativa a certidão de que conste a existência de crédito tributário em curso de cobrança executiva em que tenham sido oferecidos bens à penhora.
2. Tem o mesmo efeito de certidão negativa a certidão de que conste a existência de crédito tributário em curso de cobrança executiva ao qual tenha sido concedida moratória ou parcelamento.
3. Tem o mesmo efeito de certidão negativa a certidão de que conste a existência de crédito tributário em curso de cobrança executiva cuja exigibilidade esteja suspensa.
4. Tem o mesmo efeito de certidão negativa a certidão de que conste a existência de crédito tributário em curso de cobrança executiva objeto de medida liminar ou de tutela antecipada.

Assinale a alternativa correta.

a) Somente a afirmativa 1 é verdadeira.

b) Somente as afirmativas 2 e 3 são verdadeiras.

c) Somente as afirmativas 2, 3 e 4 são verdadeiras.

d) As afirmativas 1, 2, 3 e 4 são verdadeiras.

9. (ESAF – Procurador da Fazenda Nacional/2012) Sobre a Dívida Ativa da União, é incorreto afirmar que:

a) seu conceito abrange qualquer valor cuja cobrança seja atribuída por determinação legal às autarquias federais.

b) à Dívida Ativa da União, de qualquer natureza, aplicam-se as normas relativas à responsabilidade prevista na legislação tributária, civil e comercial.

c) a inscrição em Dívida Ativa da União suspenderá a prescrição, para todos os efeitos de direito, pelo prazo previsto na lei, ou até a distribuição da respectiva execução fiscal, se esta ocorrer antes de findo aquele prazo.

d) a Dívida Ativa da União, somente se for de natureza tributária, será apurada e inscrita na Procuradoria da Fazenda Nacional.

e) a inscrição em Dívida Ativa da União, que se constitui no ato de controle administrativo da legalidade, será feita pelo órgão competente para apurar a liquidez e certeza do crédito.

10. (ESAF – Procurador da Fazenda Nacional/2012) Sobre o intercâmbio de informações protegidas pelo sigilo fiscal, entre as fazendas públicas dos entes federados, podemos afirmar, exceto, que:

a) não permite o compartilhamento de cadastros entre as administrações tributárias da União, dos Estados, dos Municípios e do Distrito Federal.

b) é menos rigoroso do que o envio de informações a autoridades não fazendárias, pois deve ser precedido de verificação acerca da regular instauração do processo administrativo e do objeto deste.

c) será executado ao amparo de forma estabelecida, em caráter geral ou específico, por força de lei ou convênio.

d) dá amparo, consoante entendimento do STF, à chamada prova emprestada entre o fisco federal e o fisco estadual, sendo tal prova coligida mediante a garantia do contraditório.

e) prescinde de justificação e abrange tanto aspectos empresariais quanto bancários.

11. (ESAF – Procurador Fazenda Nacional/2007) Verifique a veracidade dos assertos abaixo e, em seguida, marque com V as proposições verdadeiras, e com F as falsas. Em seguida, indique a opção que contenha, na mesma sequência, a resposta correta.

( ) A dívida ativa tributária pode ser regularmente inscrita no curso do prazo fixado, para pagamento, pela lei ou por decisão final proferida em processo regular.

( ) A certidão da dívida ativa necessita vir acompanhada dos elementos necessários à comprovação da exigibilidade do crédito tributário.

( ) A maneira de calcular os juros de mora acrescidos ao crédito tributário deve constar da certidão da dívida ativa.

a) F, F, V

b) V, F, V

c) V, V, F

d) V, V, V

e) F, F, F

12. **(FCC – Procurador do Estado – SP/2012)** NÃO é requisito de validade da certidão da dívida ativa

a) a autenticação da autoridade competente.

b) a indicação do livro e da folha de inscrição do débito.

c) a memória discriminada e atualizada do cálculo, a fim de que o devedor possa exercer, na sua plenitude, o mandamento constitucional da ampla defesa.

d) o valor originário da dívida, bem como o termo inicial e a forma de calcular os juros de mora e demais encargos previstos em lei ou contrato.

e) a disposição legal em que seja fundado o crédito.

13. **(FEPESE – Procurador do Estado – SC/2009)** Analise as seguintes alternativas relacionadas ao sigilo fiscal e, tendo em vista o disposto no Código Tributário Nacional e em normas correlatas, assinale a correta:

a) Autoridade administrativa, no interesse da administração pública, pode solicitar à Fazenda Pública informações sobre a situação econômica ou financeira de sujeito passivo, obtidas em razão de fiscalização, desde que essas informações sejam necessárias para dar início a processo administrativo, no órgão requerente, para investigar a prática de infração administrativa por aquele sujeito passivo.

b) Os Estados e o Distrito Federal poderão permutar informações com quaisquer Estados estrangeiros, sendo suficiente a prévia solicitação específica fundamentada em interesse relacionado à arrecadação e à fiscalização de tributos.

c) A mútua assistência para fiscalização dos respectivos tributos e para permuta de informações entre a Fazenda Pública da União e as dos Estados, do Distrito Federal e dos Municípios independe de forma estabelecida previamente em lei ou convênio.

d) Visando a garantia da preservação do sigilo, no caso de intercâmbio de informações sigilosas, no âmbito da Administração Pública, a entrega da informação à autoridade solicitante deve ser feita pessoalmente, mediante recibo, e desde que exista processo regularmente instaurado.

e) A divulgação de informações relativas às inscrições na Dívida Ativa da Fazenda Pública é vedada de forma expressa e incondicional pelo Código Tributário Nacional.

14. **(FEPESE – Procurador do Estado – SC/2010)** Assinale a alternativa correta.

a) O servidor público que se utilizar indevidamente do acesso restrito às informações protegidas por sigilo fiscal será punido com pena de suspensão de até cento e oitenta dias.

b) É vedada a divulgação de informações, por parte da Fazenda Pública ou de seus servidores, relativas a parcelamento ou moratória.

c) As punições de demissão, destituição de cargo em comissão e cassação de disponibilidade ou de aposentadoria, previstas aos casos de violação de sigilo fiscal, incompatibilizam o ex-servidor público para novo cargo, emprego ou função pública em órgão ou entidade da administração pública federal, pelo prazo de três anos.

d) É permitida a divulgação, por parte da Fazenda Pública, de informação obtida em razão do ofício sobre a situação econômica ou financeira do sujeito passivo, mediante requisição de autoridade judiciária no interesse da justiça.

e) O contribuinte poderá, por instrumento público ou particular, conferir poderes a terceiros para, em seu nome, praticar atos perante órgão da administração pública que impliquem fornecimento de dado protegido pelo sigilo fiscal, vedado o substabelecimento.

15. **(CESPE – Procurador do Estado – CE/2008)** A fazenda pública de um estado da Federação, ao realizar a inscrição do crédito tributário na dívida ativa, não fez constar do termo de inscrição o domicílio conhecido do devedor.

Considerando essa situação hipotética, assinale a opção correta acerca da omissão de requisito legal no termo de inscrição mencionado.

a) A hipótese de omissão de requisito legal no termo de inscrição de crédito tributário na dívida ativa é causa de nulidade absoluta.

b) Qualquer omissão de requisito legal no termo de inscrição de crédito tributário na dívida ativa pode

QUESTÕES FUNDAMENTADAS

ser sanada, desde que essa falha seja sanada até a decisão de primeira instância.

c) A omissão de requisitos legais no termo de inscrição de crédito tributário na dívida ativa é passível de ser sanada, a qualquer tempo.

d) Considerando-se a omissão identificada como causa de nulidade, esta não poderá ser sanada.

e) O termo de inscrição, por ser ato administrativo, não está sujeito a nulidade absoluta e, portanto, poderá ser alterado a qualquer tempo.

16. (CESPE – Procurador do DF/ 2013) Considerando que o agente da autoridade da administração tributária lavre auto de infração e apreensão, com retenção de bens, contra determinada empresa, julgue os seguintes itens.

- Conforme entendimento do STF, na hipótese narrada, a lavratura de auto de infração e apreensão, com retenção de bens, configura meio coercitivo admissível para a cobrança de tributo.

17. (CESPE – Delegado de Polícia Federal – DPF/2013) Com a finalidade de gerar créditos fictícios para sua empresa, determinado empresário formalmente constituído criou outra sociedade comercial em nome de dois empregados seus, analfabetos. No contrato social dessa sociedade, um dos empregados consta como sócio administrador e o outro, como sócio. A confecção do contrato social e a utilização dos créditos fictícios ficaram a cargo do contador da empresa, que tinha consciência dos fatos. Considerando essa situação hipotética, julgue os itens que se seguem com base na legislação tributária vigente.

- A administração tributária poderá requisitar o auxílio da força policial para garantir, em caso de oposição, o direito de fiscalizar todos os livros e documentos das referidas empresas.

18. (CESPE – Juiz Federal Substituto 1ª região/2013) Com base no que dispõe o Código Tributário Nacional acerca da dívida ativa, assinale a opção correta.

a) A dívida ativa refere-se, sempre, à dívida tributária.

b) A dívida regularmente inscrita goza de certeza e liquidez e não poderá ser ilidida por nenhuma prova.

c) A fluência de juros de mora exclui a liquidez do crédito inscrito em dívida ativa.

d) Quando houver corresponsáveis, obrigatoriamente, estes também deverão ser indicados no termo de inscrição.

e) Comprovada após decisão de primeira instância, a nulidade dos requisitos que devem constar no termo de inscrição pode ser suprida mediante a substituição da certidão nula.

19. (CESPE – Cartório – ES/2013) Conforme disposto no CTN, os tabeliães, escrivães e demais serventuários de ofício são obrigados a prestar à autoridade administrativa todas as informações de que disponham com relação aos bens, negócios ou atividades de terceiros, mediante:

a) citação.

b) intimação escrita, independentemente de ordem judicial.

c) intimação escrita ou oral.

d) ordem judicial, exclusivamente.

e) intimação escrita condicionada à ordem judicial.

20. (CESPE – Cartório – ES/2013) O crédito tributário regularmente inscrito na repartição administrativa competente, depois de esgotado o prazo fixado para o pagamento, é denominado

a) indébito tributário.

b) parcela restituível.

c) restos a pagar.

d) dívida ativa.

e) juros de mora.

GABARITO

Questão	Resposta	Fundamentação
1	C	CTN, art. 201 e Lei 6.830/80, art. 2º, § 2º
2	C	CTN, art. 198, § 3º
3	E	CTN, art. 194, parágrafo único
4	E	STJ, Súmula 446
5	A	LC 105/2001, art. 6º, parágrafo único e STF, ADIs 2.386, 2.397 e 2.859 e RE 601.314
6	E	CTN, art. 197, I, IV, V e parágrafo único
7	C	CTN, arts. 201, 208, 199 e 200
8	C	CTN, art. 206
9	D	Lei 6.830/80, art. 2º § 4º
10	A	CTN, art. 199 e CF, art. 37, XXII
11	A	CTN, arts. 201, 204 e 202, II
12	C	CTN, art. 202 e Lei 6.830/80, art. 2º, § 5º
13	D	CTN, art. 199
14	D	CTN, art. 198, § 1º, I
15	B	CTN, art. 203
16	Errado	STF, Súmula 323
17	Certo	CTN, art. 200
18	D	CTN, art. 202, I
19	B	CTN, art. 197, I
20	D	CTN, art. 201

9. MEU RESUMO PARA MEMORIZAÇÃO

Futuro(a) Juiz(a), Membro do Ministério Público, Procurador(a), Auditor(a) Fiscal, ou Servidor(a) de Outras Carreiras Públicas, agora é hora de se concentrar.

Sem nenhuma consulta ao capítulo, por favor, faça um breve resumo abaixo. Neste momento, é importante que elabore esquemas e gráficos, para condensar e memorizar a matéria já estudada e, ainda, utilizar esses resumos para revisar os pontos uma semana antes da prova. Use o espaço cuidadosamente, deixando-o como o seu "caderninho de anotações pessoais".

9.1. Quais os pontos que eu aprendi ao longo do capítulo que considero mais importantes?

FISCALIZAÇÃO:

Autoexecutoriedade:

Sigilo fiscal:

Sigilo bancário:

Sanções políticas:

DÍVIDA ATIVA:

CERTIDÕES:

a) Negativa de débitos:

b) Positiva de débitos:

c) Positiva com efeitos de negativa:

ADMINISTRAÇÃO TRIBUTÁRIA

segue vídeo abaixo:

https://youtu.be/I7Qn5ubXaro

Capítulo XVI

PROCESSO JUDICIAL TRIBUTÁRIO E DIREITO PENAL TRIBUTÁRIO

1. ASPECTOS GERAIS E FUNDAMENTAIS

Para se compreender o processo judicial tributário é fundamental saber da existência de dois sistemas processuais no direito brasileiro, que são o **processo penal**, por meio do qual são julgadas as ações de natureza criminal, e o **processo civil**, relativo a todos os demais litígios, inclusive aqueles de natureza tributária.

Ocorre que, ao reger a solução de litígios de natureza tributária, o processo civil, além das normas gerais estabelecidas no Código de Processo Civil e na legislação processual civil esparsa em geral, também é regido por normas de caráter peculiar, aplicáveis especificamente às relações jurídico-processuais que tenham por objeto litígios de natureza tributária.

É assim que surgem as ações judiciais tipicamente tributárias, que são objeto deste capítulo e costumam ser classificadas pela doutrina especializada em:

- **Ações exacionais:** são a execução fiscal e a medida cautelar fiscal, **de iniciativa da Fazenda Pública**, que visam à efetiva satisfação do crédito tributário constituído na esfera administrativa por meio do lançamento.
- **Ações antiexacionais:** são **ajuizadas pelo sujeito passivo** da obrigação tributária e tem por objetivo a obtenção de uma sentença contrária à pretensão do fisco à constituição ou exigência do crédito tributário. Pertencem a essa categoria a ação declaratória de inexistência de relação jurídico-tributária, a ação anulatória de débito fiscal, o mandado de segurança (preventivo e repressivo), os embargos à execução, a exceção de pré-executividade, a ação de repetição de indébito e a consignação em pagamento.

Para uma melhor compreensão desses aspectos gerais e fundamentais, veja o esquema abaixo:

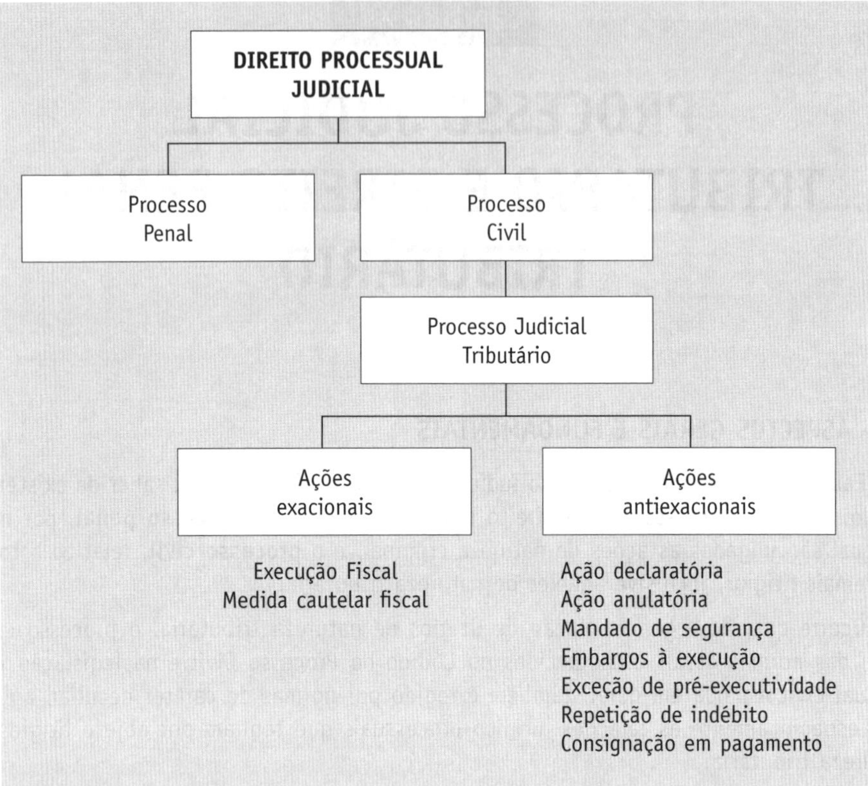

Em matéria tributária, não há o que se falar em legitimidade ativa do Ministério Público para, por meio de ação civil pública, pleitear o reconhecimento da inconstitucionalidade ou ilegalidade de tributo. De acordo com o STF, o Ministério Público **não** tem legitimidade para o ajuizamento de ação civil pública em relação a pretensões de natureza tributária consubstanciadas no questionamento da constitucionalidade de tributos (ARE 694294). Entendimento coerente com o artigo 1º da Lei 7.347/85 ("não será cabível ação civil pública para veicular pretensões que envolvam tributos, contribuições previdenciárias, o Fundo de Garantia do Tempo de Serviço – FGTS ou outros fundos de natureza institucional cujos beneficiários podem ser individualmente determinados").

2. AÇÕES EXACIONAIS

2.1. Execução Fiscal

A execução judicial para cobrança da Dívida Ativa da União, dos Estados, do Distrito Federal, dos Municípios e respectivas autarquias, denominada Execução Fiscal, é **regida pela Lei 6.830/80** e, **subsidiariamente**, pelo **Código de Processo Civil – CPC/2015**.

Importante lembrar que o **prazo prescricional de cinco anos** para ajuizamento da Execução Fiscal, previsto no artigo 174 do CTN, é **contado da constituição definitiva do crédito tributário**.

Portanto, a constituição definitiva do crédito tributário inaugura o curso do prazo prescricional de cinco anos para o Fisco cobrá-lo judicialmente. Nos casos em que o Fisco constitui o crédito tributário mediante lançamento, inexistindo quaisquer causas de suspensão da exigibilidade ou de interrupção da prescrição, o prazo prescricional conta-se da data em que o contribuinte for regularmente notificado do lançamento tributário (arts. 145 e 174 do CTN) (STJ – *REsp 1.107.339-SP, 1ª Turma, Rel. Min. Luiz Fux, julgado em 1º/6/2010)*.

ATENÇÃO:

Na vigência do CPC/73, a jurisprudência do STJ orientava-se pela possibilidade do juiz decretar de ofício a prescrição ocorrida antes da propositura da execução, consoante os seguintes argumentos: "Em execução fiscal, a prescrição ocorrida antes da propositura da ação pode ser decretada de ofício, com base no art. 219, § 5º do CPC (redação da Lei 11.051/04), independentemente da prévia ouvida da Fazenda Pública. O regime do § 4º do art. 40 da Lei 6.830/80, que exige essa providência prévia, somente se aplica às hipóteses de prescrição intercorrente nele indicadas. Precedentes de ambas as Turmas da 1ª Seção" (REsp 1100156 RJ, Rel. Ministro TEORI ALBINO ZAVASCKI, PRIMEIRA SEÇÃO, julgado em 10/06/2009, DJe 18/06/2009).

Com o advento do CPC/2015, não obstante a previsão do parágrafo único do seu artigo 487 de que, a prescrição e a decadência não serão reconhecidas sem que antes seja dada às partes oportunidade de manifestar-se, ficou ressalvada a possibilidade estabelecida no artigo 332, § 1º do juiz "julgar liminarmente improcedente o pedido se verificar, desde logo, a ocorrência de decadência ou de prescrição". Logo, permanece a possibilidade de o juiz, ao menos liminarmente, decretar de ofício a prescrição ocorrida antes da propositura da execução fiscal.

Retomados esses aspectos importantes acerca da prescrição tributária, cumpre, agora, passar ao estudo das normas veiculadas nos principais dispositivos da Lei 6.830/80 – Lei de Execução Fiscal.

A **Lei 6.830/80 rege** não apenas a **cobrança da Dívida Ativa tributária**, como também da **não tributária** e abrange atualização monetária, juros e multa de mora e demais encargos previstos em lei ou contrato (art. 2º, § 2º). Aplica-se à Dívida Ativa da Fazenda Pública de natureza não tributária o disposto nos artigos 186 e 188 a 192 do Código Tributário Nacional, normas que se referem a preferências do crédito tributário (art. 4º, § 4º).

ATENÇÃO:

A Portaria MF 75/2012 dispõe sobre o não ajuizamento de execuções fiscais de débitos com a Fazenda Nacional, cujo valor consolidado seja igual ou inferior a R$ 20.000,00 (vinte mil reais).

A **inscrição na Dívida Ativa**, que se constitui no ato de controle administrativo da legalidade, será feita pelo órgão competente para apurar a liquidez e certeza do crédito e **suspenderá a prescrição**, para todos os efeitos de direito, **por 180 dias, ou até a distribuição da execução fiscal**, se esta ocorrer antes de findo aquele prazo (art. 2°, § 3°).

Porém, essa suspensão de 180 (cento e oitenta dias) do lapso prescricional **somente é aplicável às dívidas de natureza não tributária**, consoante entendimento do Superior Tribunal de Justiça (AgRg no REsp 991520/RS) e da própria Procuradoria Geral da Fazenda Nacional (Parecer PGFN/CRJ/N° 2624/2008). O fundamento é que, para tratar de prescrição em matéria tributária, é necessária a edição de lei complementar (CF, art. 146, III, "b"), *status* de que não goza a Lei de Execuções Fiscais.

ATENÇÃO:

Não obstante tudo isso, a banca ESAF, em um concurso de 2009 para a Receita Federal, já considerou correta alternativa de questão que associava o texto literal do artigo 2°, § 2°, da Lei 6.830/80 a crédito tributário.

A **Certidão de Dívida Ativa – CDA** conterá os mesmos elementos do Termo de Inscrição e será autenticada pela autoridade competente (art. 2°, § 6°). O § 5° do artigo 2° dispõe sobre o conteúdo do Termo de Inscrição de Dívida Ativa. Ambos (Termos e CDA) poderão ser preparados e numerados por processo manual, mecânico ou eletrônico (art. 2°, § 7°).

Até a decisão de primeira instância, a Certidão de Dívida Ativa **poderá ser emendada ou substituída**, assegurada ao executado a **devolução do prazo para embargos** (art. 2°, § 8°).

A **Dívida Ativa regularmente inscrita** goza da **presunção de certeza e liquidez** (art. 3°). Mas essa **presunção é relativa** e pode ser ilidida por prova inequívoca, a cargo do executado ou de terceiro, a quem aproveite (art. 3°).

No âmbito da Execução Fiscal, podem figurar como **executados**: I – o devedor; II – o fiador; III – o espólio; IV – a massa; V – o responsável, nos termos da lei, por dívidas, tributárias ou não, de pessoas físicas ou pessoas jurídicas de direito privado; e VI – os sucessores a qualquer título (art. 4°).

As normas relativas à responsabilidade previstas na legislação tributária, civil e comercial aplicam-se à Dívida Ativa Tributária (art. 4°, § 2°). Os responsáveis, inclusive as pessoas indicadas no § 1° do artigo 4° (responsáveis solidários), poderão nomear bens livres e desembaraçados do devedor, tantos quantos bastem para pagar a dívida. Os bens dos responsáveis ficarão, porém, sujeitos à execução, se os do devedor forem insuficientes à satisfação da dívida (art. 4°, § 3°).

ATENÇÃO:

São responsáveis solidários na Execução Fiscal indicados no § 1° do artigo 4° da Lei 6.830/80: o síndico, o comissário, o liquidante, o inventariante e o administrador, nos casos de falência, concordata, liquidação, inventário, insolvência ou concurso de credores, se, antes de garantidos os créditos da Fazenda Pública, alienarem ou derem em garantia quaisquer dos bens administrados. Essa norma visa à proteção dos credores e guarda coerência com o artigo 31 da mesma lei, segundo o qual: "Nos processos de falência, concordata, liquidação, inventário, arrolamento ou concurso de credores, nenhuma alienação será judicialmente autorizada sem a prova de quitação da Dívida Ativa ou a concordância da Fazenda Pública."

A **competência para processar e julgar a execução** da Dívida Ativa da Fazenda Pública **exclui a de qualquer outro Juízo**, inclusive o da falência, da concordata, da liquidação, da insolvência ou do inventário (art. 5º).

A **petição inicial**, distinto do que prevê o artigo 319 do CPC/2015, **indicará apenas:** I – o Juiz a quem é dirigida; II – o pedido; e III – o requerimento para a citação (art. 6º). **Será instruída com a CDA**, que dela fará parte integrante, como se estivesse transcrita (art. 6º, § 1º). A **petição inicial e a Certidão de Dívida Ativa poderão constituir um único documento**, preparado inclusive por processo eletrônico (art. 6º, § 2º).

A produção de provas pela Fazenda Pública independe de requerimento na petição inicial (art. 6º, § 3º) e o valor da causa será o da dívida constante da certidão, com os encargos legais (art. 6º, § 4), ficando supridos, assim, requisitos da petição inicial do artigo 319 do CPC não exigidos pela Lei 6.830/80.

O despacho do Juiz que deferir a inicial importa em **ordem para**: I – **citação**, pelas sucessivas modalidades previstas no artigo 8º; II – **penhora**, se não for paga a dívida, nem garantida a execução, por meio de depósito, fiança ou seguro garantia; III – **arresto**, se o executado não tiver domicílio ou dele se ocultar; IV – **registro da penhora ou do arresto**, independentemente do pagamento de custas ou outras despesas; V – **avaliação** dos bens penhorados ou arrestados (art. 7º).

O executado será citado para, no prazo de 5 (cinco) dias, pagar a dívida com os juros e multa de mora e encargos indicados na CDA, ou garantir a execução (art. 8º). A citação será, em regra, pelo correio, considerando-se feita na data da entrega da carta no endereço do executado, ou, se a data for omitida, no aviso de recepção, 10 (dez) dias após a entrega da carta à agência postal (art. 8º, I e II). Se o aviso de recepção não retornar no prazo de 15 (quinze) dias da entrega da carta à agência postal, a citação será feita por Oficial de Justiça ou por edital (art. 8º, III).

O inciso IV do artigo 8º dispõe sobre forma e procedimento do edital, que terá o prazo de 30 (trinta) dias. No caso de executado ausente do País, a citação será necessariamente por edital, que, nesse caso, terá o prazo de 60 (sessenta) dias. No mais, a citação por edital será cabível quando frustradas as demais modalidades de citação (Súmula 414, do STJ).

Coerente com o artigo 174, parágrafo único do CTN, o **despacho do Juiz, que ordenar a citação, interrompe a prescrição** (art. 8º, § 2º).

Em **garantia da execução**, pelo valor da dívida, juros e multa de mora e encargos indicados na Certidão de Dívida Ativa, o executado poderá: I – efetuar **depósito em di-**

nheiro, à ordem do Juízo em estabelecimento oficial de crédito, que assegure atualização monetária; II - oferecer **fiança bancária**; III - **nomear bens à penhora**, observada a **ordem do artigo 11**; ou IV - **indicar à penhora bens oferecidos por terceiros e aceitos pela Fazenda Pública** (art. 9º).

No caso de bens oferecidos por terceiros, o executado só poderá indicar e o terceiro oferecer bem imóvel à penhora com o consentimento expresso do respectivo cônjuge (artigo 9º, § 1º). De qualquer maneira, sempre é necessária a aceitação pela Fazenda Pública (art. 9º, IV).

Uma possibilidade legal interessante é a de que o executado efetue o pagamento de parcela da dívida que julgar incontroversa e apenas garanta a execução do saldo devedor (art. 9º, § 6º).

Não ocorrendo o pagamento, nem a garantia da execução, a penhora poderá recair em qualquer bem do executado, exceto os que a lei declare absolutamente impenhoráveis (art. 10). Nesse ponto, convém expor que constitui tendência do Poder Judiciário deferir a expedição de ofícios a órgãos públicos com vista à localização de bens do executado passíveis de penhora.

ATENÇÃO:

A tendência jurisprudencial de oficiar a Receita Federal para apresentação de declaração de renda do devedor para fins de identificar bens penhoráveis destaca como requisito o prévio esgotamento, pelo exequente, de todos os meios a ele disponíveis para o recebimento das informações relativas ao devedor e a seus bens, e que, ainda assim, seu esforço tenha sido inútil (STJ - REsp nº 707.026/SP - 1ª Turma).

Outra possibilidade é a penhora *online*, realizada pelo Juízo via sistema Bacen Jud.

ATENÇÃO:

É possível a penhora *online* do saldo total de conta corrente conjunta para garantir a execução fiscal, ainda que apenas um dos correntistas seja o responsável pelo pagamento do tributo. De acordo com decisão do STJ, os titulares da conta são credores solidários dos valores nela depositados, solidariedade estabelecida pela própria vontade deles no momento em que optam por essa modalidade de depósito. (STJ - REsp 1.229.329-SP, 2ª Turma, Rel. Min. Humberto Martins, julgado em 17/3/2011).

No que tange à **ordem de penhora ou arresto de bens**, nos termos do artigo 11 da Lei 6.830/80, é a seguinte: I - dinheiro; II - título da dívida pública, bem como título de crédito, que tenham cotação em bolsa; III - pedras e metais preciosos; IV - imóveis; V - navios e aeronaves; VI - veículos; VII - móveis ou semoventes; e VIII - direitos e ações. **Excepcionalmente**, a **penhora poderá recair sobre estabelecimento** comercial, industrial ou agrícola, bem como em plantações ou edifícios em construção (art. 11, § 1º).

O artigo 15 trata da **substituição da penhora**, que poderá ser deferida pelo Juiz ao executado ou à Fazenda Pública, mas em amplitudes diferentes, quais sejam: I – **ao executado**, a substituição da penhora **por depósito em dinheiro ou fiança bancária**; e II – **à Fazenda Pública**, a substituição dos bens penhorados **por outros, independentemente da ordem do artigo 11**, bem como o **reforço da penhora insuficiente**.

Muitas são as controvérsias sobre penhora no âmbito da Execução Fiscal, o que tem produzido uma vasta jurisprudência sobre o tema. No quadro abaixo, é possível conferir controvérsias e posicionamentos colhidos da jurisprudência mais recente do Superior Tribunal de Justiça.

A penhora na execução fiscal	Jurisprudência do STJ
Substituição de Penhora, de dinheiro para fiança bancária	Incabível, já que o poder de substituição de penhora concedido ao devedor só pode ser exercido para melhorar a liquidez da garantia (STJ – REsp 1.049.760-RJ).
Anuência da Fazenda na substituição de penhora pelo executado	Em regra, é necessária e somente é dispensável na hipótese de oferecimento de dinheiro ou fiança bancária em substituição ao bem penhorado (STJ – AgRg no AREsp 12.394-RS).
Reavaliação de bens penhorados	Se o exame for objeto de impugnação pelas partes antes de publicado o edital de leilão, é necessária a nomeação de avaliador oficial para que proceda à reavaliação (STJ – REsp 1.352.055-SC).
Reforço de penhora	Não pode ser determinado de ofício pelo juízo, visto ser imprescindível o requerimento do interessado (STJ – REsp 1.127.815-SP).
Parcelamento requerido após a penhora	Não pode o crédito tributário ficar sem garantia alguma, nos casos em que a constrição for realizada antes mesmo do pedido de parcelamento e quando já houver execução fiscal em curso (STJ – REsp 1.272.414-SC).
Pluralidade de penhora sobre o mesmo bem em executivos fiscais ajuizados por diferentes entidades garantidas com o privilégio do concurso de preferência	Consagra-se a prelação do pagamento dos créditos tributários da União e suas autarquias em detrimento dos créditos fiscais dos estados e destes em relação aos municípios, conforme a dicção do art. 187, parágrafo único, do CTN c/c o art. 29 da Lei 6.830/80 (STJ – REsp 957.836-SP).
Identificação de bens penhoráveis (pedido do exequente para oficiar à Secretaria da Receita Federal do Brasil solicitando cópia da declaração de bens e renda do executado)	O STJ firmou entendimento de que a quebra de sigilo fiscal ou bancário do executado para que o exequente obtenha informações sobre a existência de bens do devedor inadimplente é admitida somente após terem sido esgotadas as tentativas de obtenção dos dados na via extrajudicial (STJ, AgRg no REsp 1135568/PE).

A penhora na execução fiscal	Jurisprudência do STJ
Novos embargos em caso de anulação, ampliação ou redução da penhora	A **anulação** da penhora implica **reabertura de prazo** para embargar. Porém, **não cabem novos embargos** em casos de **reforço ou a redução**, posto permanecer de pé a primeira constrição, **salvo** para alegação de matérias suscitáveis a qualquer tempo ou inerente ao incorreto reforço ou diminuição da extensão da constrição (STJ, REsp 1116287).
Cabimento de penhora de depósitos de titularidade das filiais por débitos tributários da matriz	A discriminação do patrimônio da empresa, mediante a criação de filiais, não afasta a unidade patrimonial da pessoa jurídica, que, na condição de devedora, deve responder com todo o ativo do patrimônio social por suas dívidas... O princípio tributário da autonomia dos estabelecimentos é um instituto de direito material, ligado à questão do nascimento da obrigação tributária de cada imposto especificamente considerado e não tem relação com a responsabilidade patrimonial dos devedores prevista em um regramento de direito processual, ou com os limites da responsabilidade dos bens da empresa e dos sócios definidos no direito empresarial (STJ, REsp 1355812)
Penhora de imóvel sede de empresa	A Lei 6.830/80, em seu artigo 11, § 1°, determina que excepcionalmente, a penhora poderá recair sobre o estabelecimento comercial, industrial ou agrícola... Destarte, revela-se admissível a penhora de imóvel que constitui parcela do estabelecimento industrial, desde que inexistentes outros bens passíveis de serem penhorados (STJ - Resp 1114767)
Ordem de penhora X princípio da menor onerosidade	em princípio, nos termos do art. 9°, III, da Lei 6.830/1980, cumpre ao executado nomear bens à penhora, observada a ordem legal. É dele o ônus de comprovar a imperiosa necessidade de afastá-la, e, para que essa providência seja adotada, mostra-se insuficiente a mera invocação genérica do princípio da menor onerosidade (antigo art. 620 do CPC/73 e atual art. 805 do CPC/2015: "Quando por vários meios o exequente puder promover a execução, o juiz mandará que se faça pelo modo menos gravoso para o executado" - STJ, REsp 1337790.

Garantido o juízo, o executado terá direito a oferecer embargos à execução, medida judicial de iniciativa do contribuinte que visa à extinção do processo de execução que tem natureza de ação antiexacional e será tratada em tópico à parte deste capítulo.

Se não houver pagamento ou garantia do Juízo, ou mesmo se os embargos à execução forem improcedentes, a execução prosseguirá.

Recapitulando o até aqui exposto, basicamente os trâmites processuais são os seguintes:

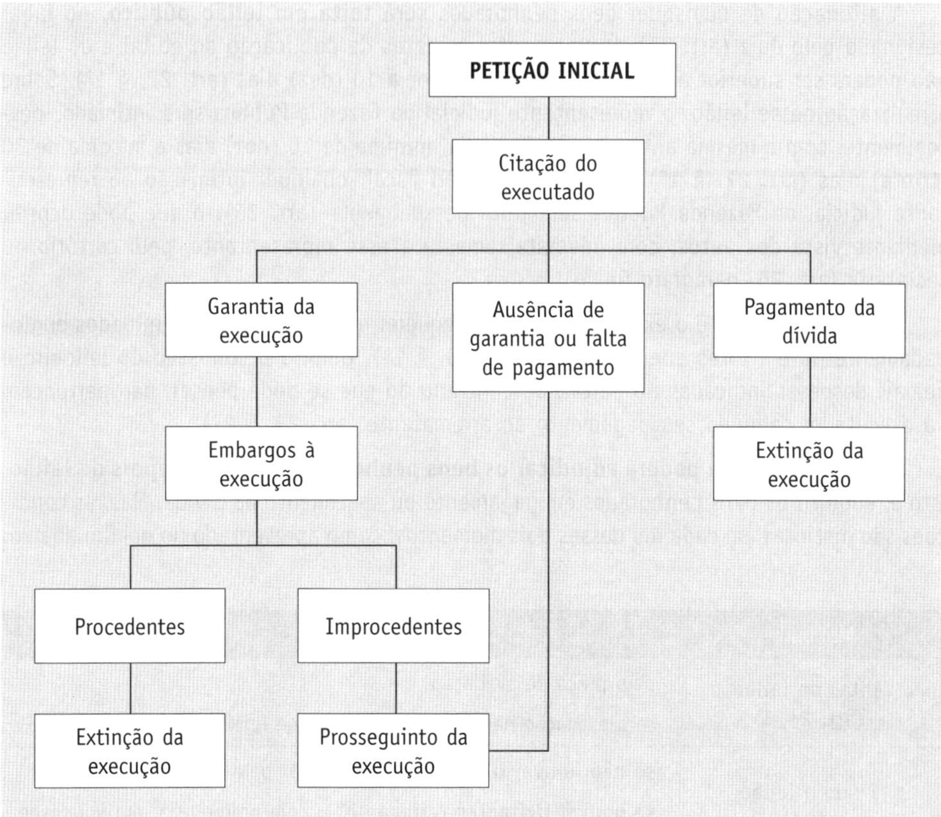

O prosseguimento da execução dá-se com a fase de satisfação do credor (Fazenda Pública), por meio de execução da garantia.

Em se tratando de **garantia prestada por terceiro, não sendo embargada a execução ou sendo rejeitados os embargos**, o **terceiro será intimado**, sob pena de contra ele prosseguir a execução nos próprios autos, **para, no prazo de 15 (quinze) dias**: I – **remir o bem, se a garantia for real**; ou II – **pagar o valor da dívida**, juros e multa de mora e demais encargos, indicados na Certidão de Dívida Ativa pelos quais se obrigou, **se a garantia for fidejussória** (art. 19). Remir o bem significa pagar a dívida para liberar o bem da constrição judicial. E garantia fidejussória é aquela feita por meio de fiança.

Pode, também, haver a **alienação antecipada dos bens penhorados**, hipótese em que o produto será depositado em garantia da execução (art. 21).

Não havendo alienação antecipada, nem ocorrendo pagamento ou remissão do bem penhorado, a próxima etapa será levá-lo à arrematação, que será precedida de edital, afixado no local de costume, na sede do Juízo, e publicado em resumo, uma só vez, gratuitamente, como expediente judiciário, no órgão oficial (art. 22).

A **alienação** de quaisquer bens penhorados **será feita em leilão público**, no lugar designado pelo Juiz (art. 23). O prazo entre as datas de publicação do edital e do leilão não poderá ser superior a 30 (trinta), nem inferior a 10 (dez) dias (art. 22, § 1º). Sobre a realização desse leilão, o representante judicial da Fazenda Pública será intimado, pessoalmente, com a mesma antecedência, ou seja, mínima de 10 (dez) dias e máxima de 30 (trinta) dias (art. 22, § 1º). Aliás, na execução fiscal, qualquer intimação ao representante judicial da Fazenda Pública será feita pessoalmente (art. 25), o que pode ocorrer mediante vista dos autos, com imediata remessa a esse representante, pelo cartório ou secretaria (art. 25, parágrafo único).

A Fazenda Pública e o executado poderão requerer que os bens sejam leiloados englobadamente ou em lotes que indicarem (art. 23, § 1º). Quanto à comissão do leiloeiro e demais despesas indicadas no edital, ao contrário do que se pode pensar, não pertencem ao executado, cabendo seu pagamento ao arrematante (art. 23, § 2º).

A Fazenda Pública poderá adjudicar os bens penhorados antes ou depois do leilão, isto é, adquirir os bens penhorados em pagamento ou abatimento da dívida. Mas, as condições são distintas em cada um desses dois momentos, como apresentado no quadro abaixo:

Momento	Condições
Antes do leilão (art. 24, I)	pelo preço de avaliação se a execução não for embargada ou se rejeitados os embargos
Findo o leilão (art. 24, II)	**se não houver licitante (alínea "a"):** pelo preço da avaliação **se houver licitantes (alínea "b"):** com preferência, em igualdade de condições com a melhor oferta, no prazo de 30 (trinta) dias.

Se o preço da avaliação ou o valor da melhor oferta for superior ao dos créditos da Fazenda Pública, a **adjudicação somente será deferida** pelo Juiz **se a diferença for depositada**, pela exequente, à ordem do Juízo, no **prazo de 30 (trinta) dias** (art. 24, parágrafo único).

Se antes da decisão de primeira instância a inscrição de Dívida Ativa for a qualquer título cancelada, a execução fiscal será extinta, sem qualquer ônus para as partes (art. 26).

O Juiz, a requerimento das partes, poderá, por conveniência da unidade da garantia da execução, ordenar a reunião de processos contra o mesmo devedor (art. 28), hipótese em que os processos serão redistribuídos ao Juízo da primeira distribuição (art. 28, parágrafo único).

ATENÇÃO:

Diferente da cumulação superveniente (Lei 6830/80, art. 28), na chamada cumulação inicial de pedidos (feita pelo exequente na petição inicial), é direito subjetivo do exequente de reunir, em uma única ação executiva fiscal, diversas certidões de dívida ativa. (STJ – *REsp 1.158.766-RJ, 1ª Seção, Rel. Min. Luiz Fux, julgado em 8/9/2010)*.

ATENÇÃO:

Em outro julgamento de recurso especial submetido ao regime de recursos repetitivos, também ficou assentado que a reunião de demandas executivas fiscais contra o mesmo devedor constitui uma faculdade do magistrado, não um dever, conforme dispõe o art. 28 da Lei nº 6.830/80 (Lei de Execução Fiscal – LEF). Para que essa cumulação superveniente possa ocorrer, devem estar preenchidos tanto os requisitos do mencionado dispositivo da Lei de Execuções Fiscais quanto aqueles dispostos no artigo 573 do CPC, a saber: identidade das partes, requerimento da medida por pelo menos uma delas, competência do juízo e feitos em fases processuais análogas (STJ – REsp 1.158.766-RJ, 1ª Seção, Rel. Min. Luiz Fux, julgado em 8/9/2010). Lembrando que, nos termos do novo CPC/2015, será lícita a cumulação, em um único processo, contra o mesmo réu, de vários pedidos, ainda que entre eles não haja conexão (art. 327), sendo requisitos de admissibilidade da cumulação que: I – os pedidos sejam compatíveis entre si; II – seja competente para conhecer deles o mesmo juízo; III – seja adequado para todos os pedidos o tipo de procedimento.

A Fazenda Pública não está sujeita ao pagamento de custas e emolumentos. A prática dos atos judiciais de seu interesse independerá de preparo ou de prévio depósito (art. 39), mas, se vencida no processo, ressarcirá o valor das despesas feitas pela parte contrária (art. 39, parágrafo único).

ATENÇÃO:

A melhor interpretação dessas normas é a de que a Fazenda Pública não é isenta do pagamento de emolumentos cartorários, havendo, apenas, o diferimento deste para o final do processo, quando deverá ser suportado pelo vencido. (STJ – AgRg no REsp 1.276.844-RS, 1ª Turma, Rel. Min. Napoleão Nunes Maia Filho, julgado em 5/2/2013. Info 516). Esses emolumentos possuem natureza de taxa e, assim, não se incluem na imunidade recíproca do artigo 150, inciso VI, alínea "a", que se refere a impostos sobre patrimônio, rendas e serviços.

O **Juiz suspenderá o curso da execução enquanto não for localizado o devedor ou encontrados bens** sobre os quais possa recair a penhora, e, nesses casos, **não correrá** o prazo de **prescrição** (art. 40). Suspenso o curso da execução, será aberta vista dos autos ao representante judicial da Fazenda Pública (art. 40, § 1º).

Decorrido o prazo máximo de 1 (um) ano sem que seja localizado o devedor ou encontrados bens penhoráveis, o **Juiz ordenará o arquivamento dos autos** (art. 40, § 2º). **Encontrados** que sejam, a qualquer tempo, o devedor ou os bens, **serão desarquivados os autos para prosseguimento** da execução (art. 40, § 3º). Porém, se da decisão que ordenar o arquivamento tiver **decorrido o prazo prescricional**, o **juiz, depois de ouvida a Fazenda Pública, poderá, de ofício, reconhecer a prescrição intercorrente** e decretá-la de imediato (art. 40, § 4º).

No mesmo sentido, tem-se, ainda, a **Súmula nº 314 do STJ**, segundo a qual: "Em execução fiscal, não localizados bens penhoráveis, suspende-se o processo por um ano, findo o qual se inicia o prazo da prescrição quinquenal intercorrente".

Portanto, se o processo permanecer arquivado, sem provocação, pelo prazo de 5 (cinco) anos, **contados** da data da decisão que ordenar o arquivamento, operar-se-á a **prescrição intercorrente**, que pode ser conhecida de ofício pelo juiz, **depois de ouvida a Fazenda Pública**. Porém, consoante recente inovação da Lei 11.960/2009, essa manifestação da Fazenda Pública será dispensada no caso de cobranças judiciais cujo valor seja inferior ao mínimo fixado por ato do Ministro de Estado da Fazenda (art. 40, § 5º).

O fato de não se localizar o devedor ou bens penhoráveis não significa inércia da Fazenda Pública em dar andamento ao feito. Essa inércia ficará configurada apenas quando a Fazenda deixar de responder às intimações, ainda que seja para afirmar que não foi possível localizar o devedor ou bens penhoráveis. Nesse último caso, a inércia da Fazenda configurará abandono de causa, dando ensejo à extinção do processo.

ATENÇÃO:

"1. A inércia da Fazenda exequente, ante a intimação regular para promover o andamento do feito e a observância dos artigos 40 e 25 da Lei de Execução Fiscal, implica a extinção da execução fiscal não embargada *ex officio*, afastando-se o Enunciado Sumular 240 do STJ, segundo o qual "A extinção do processo, por abandono da causa pelo autor, depende de requerimento do réu". Matéria impassível de ser alegada pela exequente contumaz.[...]

2. É que a razão para se exigir o requerimento de extinção do processo pela parte contrária advém primacialmente da bilateralidade da ação, no sentido de que também assiste ao réu o direito à solução do conflito. Por isso que o não aperfeiçoamento da relação processual impede presumir-se eventual interesse do réu na continuidade do processo, o qual, "em sua visão contemporânea, é instrumento de realização do direito material e de efetivação da tutela jurisdicional, sendo de feição predominantemente pública, que não deve prestar obséquios aos caprichos de litigantes desidiosos ou de má-fé". (REsp 261789/MG, Rel. Ministro SÁLVIO DE FIGUEIREDO TEIXEIRA, QUARTA TURMA, julgado em13/09/2000, DJ 16/10/2000)."

(REsp 1120097SP, Rel. Ministro LUIZ FUX, PRIMEIRA SEÇÃO, julgado em 13/10/2010, DJe 26/10/2010)

2.2. Medida cautelar fiscal

Com o **objetivo de prevenir os direitos de credor da Fazenda Pública em face de atos de dilapidação patrimonial por parte do devedor** do crédito tributário, a **Lei 8.397/92** veio instituir a chamada medida cautelar fiscal.

Ação exacional cujo procedimento poderá ser **instaurado, como regra, após a constituição do crédito** pela Fazenda Pública, inclusive no curso da Execução Fiscal (Lei 8.397/92, art. 1º), **em uma única situação excepcional, poderá ser ajuizada antes mesmo da constituição do crédito tributário.** Diz respeito à hipótese do artigo 2º, inciso V da Lei 8.397/92, isto é, quando o **contribuinte, notificado** pela Fazenda Pública **para** que proceda ao **recolhimento** do crédito fiscal, **puser ou tentar por seus bens em nome de terceiros** (art. 1º, parágrafo único).

São **hipóteses de cabimento** da medida cautelar fiscal aquelas em que o devedor: I – sem domicílio certo, intenta ausentar-se ou alienar bens que possui ou deixa de pagar a obrigação no prazo fixado; II – tendo domicílio certo, ausenta-se ou tenta se ausentar, visando a elidir o adimplemento da obrigação; III – caindo em insolvência, aliena ou tenta alienar bens; IV – contrai ou tenta contrair dívidas que comprometam a liquidez do seu patrimônio; V – notificado pela Fazenda Pública para que proceda ao recolhimento do crédito fiscal: a) deixa de pagá-lo no prazo legal, salvo se suspensa sua exigibilidade; b) põe ou tenta por seus bens em nome de terceiros; VI – possui débitos, inscritos ou não em Dívida Ativa, que somados ultrapassem trinta por cento do seu patrimônio conhecido; VII – aliena bens ou direitos sem proceder à devida comunicação ao órgão da Fazenda Pública competente, quando exigível em virtude de lei; VIII – tem sua inscrição no cadastro de contribuintes declarada inapta, pelo órgão fazendário; IX – pratica outros atos que dificultem ou impeçam a satisfação do crédito (Lei 8.397/92, art. 2º).

Além disso, são **condições específicas** da ação e requisitos para concessão da medida cautelar fiscal: I – **prova literal da constituição do crédito fiscal**; II – **prova documental de alguma das hipóteses de cabimento** (Lei 8.397/92, art. 3º).

Quanto aos **efeitos**, a decretação da medida cautelar fiscal produzirá, de imediato, a **indisponibilidade dos bens do requerido, até o limite da satisfação da obrigação** (Lei 8.397/92, art. 4º). Na hipótese de pessoa jurídica, a indisponibilidade recairá somente sobre os bens do ativo permanente. Pode, ainda, ser estendida aos bens do acionista controlador e aos dos que em razão do contrato social ou estatuto tenham poderes para fazer a empresa cumprir suas obrigações fiscais, ao tempo: a) do fato gerador, nos casos de lançamento de ofício; b) do inadimplemento da obrigação fiscal, nos demais casos (Lei 8.397/92, art. 4º, § 1º).

A indisponibilidade patrimonial poderá ser estendida em relação aos bens adquiridos a qualquer título do requerido ou daqueles que estejam ou tenham estado na função de administrador, desde que seja capaz de frustrar a pretensão da Fazenda Pública (Lei 8.397/92, art. 4º, § 2º).

ATENÇÃO:

Constitui entendimento majoritário do Superior Tribunal de Justiça que o artigo 4º, § 2º, da Lei nº 8.397/92 autoriza o requerimento da medida cautelar fiscal para tornar indisponível o patrimônio de terceiro, desde que ele tenha adquirido bens do sujeito passivo (contribuinte ou responsável) em condições que sejam capazes de frustrar a satisfação do crédito pretendido, condições essas que podem ser visualizadas nas seguintes hipóteses: fraude à execução tributária nos termos do artigo 185 do CTN com a nova redação dada pela Lei complementar 118/2005 e fraude contra credores, desde que, nesse último caso, conforme posição também adotada pelo STJ, a cautelar esteja atrelada a uma ação pauliana ou revocatória – ajuizada no prazo do artigo 11 da Lei nº 8.397/92 – que declare o vício do negócio jurídico (STJ – REsp 962.023-DF, 2ª Turma, Rel. Min. Mauro Campbell Marques, julgado em 17/5/2011).

Outro efeito muito importante, expressamente previsto na Lei 8.397/92, é que, decretada a medida cautelar fiscal, será comunicada imediatamente ao registro público de imóveis, ao Banco Central do Brasil, à Comissão de Valores Mobiliários e às demais repartições que processem registros de transferência de bens, a fim de que, no âmbito de suas atribuições, façam cumprir a constrição judicial (art. 4º, § 3º).

Em relação à competência de Juízo, a medida cautelar fiscal **será requerida ao Juiz competente para a execução** judicial da Dívida Ativa da Fazenda Pública (Lei 8.397/92, art. 5º). Se a execução judicial estiver em Tribunal, será competente o relator do recurso (art. 5º, parágrafo único).

ATENÇÃO:

A incompetência para julgamento de medida cautelar fiscal é relativa e, portanto, deve ser arguida por meio de exceção, no prazo da resposta, sob pena de preclusão e, consequentemente, prorrogação da competência para o juízo de propositura da ação (STJ – REsp 1.272.414-SC, 2ª Turma, Rel. Min. Mauro Campbell Marques, julgado em 24/4/2012).

Sob o aspecto do procedimento, na **petição inicial**, que será devidamente fundamentada, a Fazenda Pública pleiteará a medida cautelar fiscal, indicando: I – o Juiz a quem é dirigida; II – a qualificação e o endereço, se conhecido, do requerido; III – as provas que serão produzidas; IV – o requerimento para citação (Lei 8.397/92, art. 6º).

Como típico das ações cautelares, o procedimento **admite a concessão de liminar *inaudita altera pars***, ou seja, sem oitiva da parte contrária. Assim, nos termos do artigo 7º da Lei 8.397/92, o Juiz concederá liminarmente a medida cautelar fiscal, dispensada a Fazenda Pública de justificação prévia e de prestação de caução. Por se tratar de uma decisão interlocutória (resolve um incidente processual sem colocar fim ao processo, que prossegue até final sentença), **do despacho** que conceder liminarmente a medida cautelar **caberá** como recurso o **agravo de instrumento** (art. 7º, parágrafo único).

O **requerido será citado** para, no **prazo de quinze dias, contestar o pedido, indicando as provas** que pretenda produzir (Lei 8.397/92, art. 8º). **Conta-se o prazo da juntada aos autos do mandado**: a) **de citação**, devidamente **cumprido**; b) **da execução da medida** cautelar fiscal, quando **concedida liminarmente** (art. 8º, parágrafo único).

Não sendo **contestado** o pedido, operam-se os efeitos da revelia, **presumindo-se aceitos pelo requerido, como verdadeiros, os fatos alegados pela Fazenda Pública**, caso em que o Juiz decidirá em dez dias (Lei 8.397/92, art. 9º). Mas, **se o requerido contestar** no prazo legal, o **Juiz designará audiência de instrução e julgamento**, havendo prova a ser nela produzida (art. 9º, parágrafo único).

A **medida cautelar fiscal decretada poderá ser substituída, a qualquer tempo, pela prestação de garantia** correspondente ao valor da prestação da Fazenda Pública, na forma do art. 9º da Lei 6.830/80 (Lei 8.397/92, art. 10). Porém, **antes de deferir** a substituição, o **Juiz deverá, necessariamente, ouvir a Fazenda Pública** sobre o pedido de substituição, no **prazo de cinco dias, presumindo-se da omissão a sua aquiescência** (art. 10, parágrafo único).

Quando a **medida cautelar fiscal for concedida em procedimento preparatório**, isto é, antes de ter sido proposta a Execução Fiscal, deverá a Fazenda Pública **propor a execução no prazo de sessenta dias, contados da data em que a exigência se tornar irrecorrível na esfera administrativa** (Lei 8.397/92, art. 11).

Veja que não se trata de uma redução do prazo prescricional, que continua sendo de 5 (cinco) anos, nos termos do artigo 174 do CTN. Apenas que, se a Fazenda Pública não propuser a Execução Fiscal nesse prazo, a medida cessará a sua eficácia (Lei 8.397/92, art. 13, I).

Quando proposta a Execução Fiscal no prazo de sessenta dias, a medida cautelar fiscal conserva a sua eficácia apenas pelo mencionado prazo e na pendência do processo de Execução Fiscal (Lei 8.397/92, art. 12). Além disso, salvo decisão em contrário, a medida cautelar fiscal conservará sua eficácia durante o período de suspensão do crédito tributário ou não tributário (art. 12, parágrafo único).

Por outro lado, seja qual for a hipótese ou circunstância em que concedida, **a medida cautelar pode, a qualquer tempo, ser revogada ou modificada** (Lei 8.397/92, art. 12, *in fine*), além do que **cessa a sua eficácia**, não só na hipótese de **ausência de propositura da Execução Fiscal em sessenta dias (art. 13, I)**, como também nos seguintes casos: **se não for executada dentro de trinta dias**; **se for julgada extinta a Execução Fiscal**; **se o requerido promover a quitação do débito** que está sendo executado (art. 13, II, III e IV).

ATENÇÃO:

Se, por qualquer motivo, cessar a eficácia da medida, é defeso à Fazenda Pública repetir o pedido pelo mesmo fundamento (Lei 8.397/92, art. 13, parágrafo único).

Ante o caráter acessório da medida cautelar fiscal em relação ao procedimento principal, que é a Execução Fiscal, os **autos de seu procedimento serão apensados aos do processo de execução** (Lei 8.397/92, art. 14).

Na mesma linha, o **indeferimento da medida cautelar fiscal não obsta que a Fazenda Pública intente a Execução Fiscal, nem influi no julgamento desta, salvo se o Juiz**, no procedimento cautelar fiscal, acolher alegação de pagamento, de compensação, de transação, de remissão, de prescrição ou decadência, de conversão do depósito em renda, ou qualquer outra modalidade de extinção da pretensão deduzida (Lei 8.397/92, art. 15).

E, por igual, a **sentença proferida na medida cautelar fiscal não faz coisa julgada**, relativamente à Execução Fiscal, exceto se o Juiz, no procedimento cautelar fiscal, acolher alegação de pagamento, de compensação, de transação, de remissão, de prescrição ou decadência, de conversão do depósito em renda, ou qualquer outra modalidade de extinção da pretensão deduzida (Lei 8.397/92, art. 16 c/c art. 15).

Finalmente, **da sentença** que decretar a medida cautelar fiscal **caberá apelação**, sem efeito suspensivo, salvo se o requerido oferecer garantia (Lei 8.397/92, art. 17 c/c art. 10).

3. AÇÕES ANTIEXACIONAIS

3.1. Embargos à execução

Garantido o juízo, o executado oferecerá **embargos**, no **prazo de 30 (trinta) dias**, contados: I – **do depósito**; II – **da juntada da prova da fiança** bancária; III – **da intimação da penhora** (Lei 6.830/80, art. 16).

O termo *a quo* (**termo inicial**) para opor embargos à execução fiscal é a **data da efetiva intimação da penhora**, não se aplicando a regra geral de contagem de prazos do CPC, que seria a partir da juntada do mandado de intimação aos autos.

Em hipótese nenhuma os embargos serão admitidos antes de garantida a execução (Lei 6.830/80, art. 16, § 1º). Assim, havendo pendência judicial acerca da efetivação da penhora por discordância sobre o bem objeto da constrição, fica obstado o início do termo *a quo* do prazo para embargos, que só começará a contar quando superada essa questão incidente e, de fato, efetivada a penhora (STJ – REsp 1.126.307-MT, 1ª Turma, Rel. Min. Luiz Fux, julgado em 1º/3/2011).

Dúvida que vinha causando polêmica era se, além da exigência de garantia da execução prevista na LEF, a atribuição de efeito suspensivo aos embargos em execução fiscal também se submeteria aos requisitos do artigo 739-A do CPC (introduzido pela Lei 11.382/2006). Porém, em recente decisão, pelo regime de recursos repetitivos, o Superior Tribunal de Justiça veio apaziguar a controvérsia, firmando o entendimento de que a Lei n. 6.830/80 – LEF é compatível com as normas gerais do CPC sobre a atribuição de efeito suspensivo ou não aos embargos do devedor (Resp 1272827/PE). Por essa razão, também nas execuções fiscais, a atribuição de efeitos suspensivos aos embargos do devedor submetia-se ao cumprimento de três requisitos: apresentação de garantia (LEF, art. 16, § 1º e CPC, art. 739-A, § 1º); verificação pelo juiz da relevância da fundamentação – *fumus boni juris* (CPC, art. 739-A, § 1º) e perigo de dano irreparável ou de difícil reparação - *periculum in mora* (CPC, art. 739-A, § 1º).

Mas, atenção que, na sistemática do novo CPC - Lei 13.105/2015, embora mantidas a exigência de garantia e a competência do juiz para atribuir efeito suspensivo aos embargos, os pressupostos foram alterados, como se depreende do § 1º, do artigo 919 do CPC/2015: "O juiz poderá, a requerimento do embargante, atribuir efeito suspensivo aos embargos quando verificados os requisitos para a concessão da tutela provisória e desde que a execução já esteja garantida por penhora, depósito ou caução suficientes". Portanto, na nova sistemática do CPC, a atribuição de efeito suspensivo aos embargos poderá se fundamentar em urgência ou evidência (CPC/2015, art. 294), modalidades de tutela provisória com pressupostos distintos. Então, se o juiz fundamentar na urgência a admissão dos embargos à execução, deverá respeitar os pressupostos do artigo 300 do CPC/2015 (probabilidade do direito e o perigo de dano ou o risco ao resultado útil do processo, isto é, fumus boni iuris e *periculum in mora*), ao passo que, no caso de fundamentação na evidência, deverá observar os requisitos do artigo 311 do CPC/2015 (alternativamente: I - ficar caracterizado o abuso do direito de defesa ou o manifesto propósito protelatório da parte; II - as alegações de fato puderem ser comprovadas apenas documentalmente e houver tese firmada em julgamento de casos repetitivos ou em súmula vinculante; III - se tratar de pedido reipersecutório fundado em prova documental adequada do contrato de depósito, caso em que será decretada a ordem de entrega do objeto custodiado, sob cominação de multa; IV - a petição inicial for instruída com prova documental suficiente dos fatos constitutivos do direito do autor, a que o réu não oponha prova capaz de gerar dúvida razoável).

No prazo dos embargos, o **executado deverá alegar toda matéria útil à defesa**, requerer provas e juntar aos autos os documentos e rol de testemunhas, até três, ou, a critério do juiz, até o dobro desse limite (Lei 6.830/80, art. 16, § 2º). Portanto, o objeto dos embargos é bem amplo, assim como a possibilidade de dilação probatória.

ATENÇÃO:

"Insere-se nas garantias da ampla defesa e do contraditório a notificação do contribuinte do ato de lançamento que a ele respeita. A sua ausência implica a nulidade do lançamento e da Execução Fiscal nele fundada" (STJ, REsp 1.073.494/RJ). Eis um exemplo de matéria passível de alegação em sede de embargos à execução.

Quanto ao procedimento, não será admitida reconvenção, nem compensação, e as exceções, salvo as de suspeição, incompetência e impedimentos, serão arguidas como matéria preliminar e serão processadas e julgadas com os embargos (Lei 6.830/80, art. 16, § 3º).

Recebidos os embargos, o **Juiz mandará intimar a Fazenda para impugná-los no prazo de 30 (trinta) dias**, designando, em seguida, audiência de instrução e julgamento (Lei 6.830/80, art. 17). Mas, não se realizará audiência se os embargos versarem sobre matéria de direito, ou, sendo de direito e de fato, a prova for exclusivamente documental, caso em que o Juiz proferirá a sentença no prazo de 30 (trinta) dias (Lei 6.830/80, art. 17, parágrafo único).

ATENÇÃO:

"É admissível, em embargos à execução, compensar os valores de imposto de renda retidos indevidamente na fonte com os valores restituídos apurados na declaração anual." **(Súmula 393 do STJ)**

Na execução por carta, os embargos do executado serão oferecidos no Juízo deprecado, que os remeterá ao Juízo deprecante, para instrução e julgamento (Lei 6.830/80, art. 20). E, quando os embargos tiverem por objeto vícios ou irregularidades de atos do próprio Juízo deprecado, caber-lhe-á unicamente o julgamento dessa matéria (Lei 6.830/80, art. 20, parágrafo único).

3.2. Exceção de pré-executividade

A exceção de pré-executividade é admissível na execução fiscal relativamente às **matérias conhecíveis de ofício** que **não** demandem **dilação probatória** (Súmula 393 do STJ), tais como a nulidade da citação, a prescrição (STJ, REsp 1136144/RJ), a execução desacompanhada de título executivo e outras nulidades processuais, a inconstitucionalidade da norma em que tenha se fundamentado o lançamento, o pagamento, a compensação e outras hipóteses de extinção do crédito tributário.

Uma vez que não são admissíveis embargos à execução antes de garantida a execução (Lei 6.830/80, art. 16, § 1º), a exceção de pré-executividade acaba por se revelar uma medida antiexacional de grande valia, nas hipóteses em que cabível. Tanto que, embora não esteja expressamente prevista na legislação, **por construção doutrinária e jurisprudencial, é amplamente admitida** como meio de oposição do devedor à Execução Fiscal, consoante, inclusive, consagrado na Súmula 393 do STJ.

ATENÇÃO:

Uma vez acolhida a exceção de pré-executividade para extinguir execução fiscal, é cabível a condenação da Fazenda Pública em honorários advocatícios. Esse entendimento é adotado pelo Superior Tribunal de Justiça, merecendo destaque o fato de que foi consolidado em julgamento de recurso especial submetido ao regime de recursos repetitivos (STJ – REsp 1.185.036-PE, 1ª Seção, Rel. Min. Herman Benjamin, julgado em 8/9/2010).

Apresentada a exceção de pré-executividade como ação antiexacional, é interessante anotar as distinções que se faz entre ela e os embargos à execução, no que se refere necessidade de garantia do juízo, às matérias passíveis de alegação e à possibilidade ou não de dilação probatória. Para facilitar, foi elaborado o quadro abaixo:

	Garantia do juízo	**Matérias**	**Dilação probatória**
Embargos à execução	Pressuposto inafastável	Alegar toda matéria útil à defesa	Possibilidade
Exceção de pré-executividade	Independe de garantia do juízo	Matérias conhecíveis de ofício que não demandem dilação probatória	Impossibilidade

3.3. Ação anulatória e ação declaratória

Ações de iniciativa do contribuinte que tramitam pelo **procedimento comum** do processo civil brasileiro, a **ação anulatória de débito fiscal** e a **ação declaratória de inexistência de relação jurídico-tributária** distinguem-se em relação a vários aspectos.

O fundamento processual da **ação anulatória** é o **artigo 38 da Lei de Execução Fiscal – Lei 6.830/80**. Já a **ação declaratória** fundamenta-se no **artigo 19 do Código de Processo Civil – CPC/2015**, segundo o qual o interesse do autor pode limitar-se à declaração: I – da existência, da inexistência ou do modo de ser de uma relação jurídica; II – da autenticidade ou da falsidade de documento.

ATENÇÃO:

A propositura, pelo contribuinte, de ação anulatória importa em renúncia ao poder de recorrer na esfera administrativa e desistência do recurso acaso interposto (Lei 6.830/80, art. 38, parágrafo único).

Quanto ao **objeto da pretensão**, enquanto a pretensão da **ação anulatória** é a **desconstituição do crédito tributário** que já foi objeto de lançamento, constituindo a sentença de procedência causa de extinção do crédito tributário (CTN, art. 156, X), a pretensão da **ação declaratória** é a **declaração de inexistência de relação jurídico-tributária** que possa fundamentar o lançamento. Consequentemente, também, são ações ajuizadas em momentos distintos, na medida em que a **ação anulatória** de débito fiscal pressupõe que o **crédito tributário** já tenha sido **constituído** pelo lançamento, ao passo que a **ação declaratória** de inexistência da relação jurídico-tributária **antecede** o ato-procedimento de **constituição do crédito tributário.**

Pela mesma linha de raciocínio as duas ações também se distinguem quanto às respectivas naturezas. Enquanto a **ação anulatória** de débito fiscal possui natureza **constitutivo-negativa**, a **declaratória** de inexistência de relação jurídico-tributária, como o próprio nome diz, tem a **natureza declaratória**.

Estabelecidas essas distinções, vale mencionar também alguns aspectos comuns das duas ações.

Primeiramente, como as duas ações serão ajuizadas em face da Fazenda Pública, seus procedimentos deverão respeitar algumas **prerrogativas próprias da Fazenda em Juízo**, com destaque para:

- a(o) **remessa/reexame necessária(o)** dos autos à segunda instância em caso de sucumbência da Fazenda na sentença de primeira instância (CPC/2015, art. 496), procedimento também conhecido como **duplo grau de jurisdição obrigatório** ou **recurso de ofício**;
- prazo em dobro para todas as manifestações processuais da Fazenda Pública, exceto quando a lei específica estabelecer prazo próprio para o ente público (CPC, art. 183).

Para ambas as ações, também, o juiz poderá conceder **tutelas provisórias de urgência ou evidência (CPC/2015, art. 294)**, medida que, quando de caráter liminar, constituem causas de suspensão de exigibilidade do crédito tributário (CTN, art. 151, V).

Por fim, tanto na ação anulatória, como na declaratória, a s**entença proferida fará coisa julgada material** e tem **natureza dúplice**. Assim, da mesma forma que, se favorável ao contribuinte, extinguirá o crédito tributário constituído ou evitará o lançamento do ainda não constituído, quando favorável à Fazenda, impedirá que a matéria deduzida nessas ações seja rediscutida por meio de embargos ou exceção de pré-executividade.

Com base em todas essas informações, é possível traçar o seguinte quadro comparativo entre as duas ações, certamente, de grande valia para a compreensão dessas figuras processuais antiexacionais:

	Ação anulatória	**Ação declaratória**
Rito processual	Procedimento comum	Procedimento comum
Fundamento processual	Lei 6.830/80, art. 38	CPC, art. 19
Objeto da pretensão	Desconstituição do crédito tributário	Declaração de inexistência da relação jurídico-tributária
Natureza da ação	Constitutivo-negativa	Declaratória

	Ação anulatória	**Ação declaratória**
Momento	Após a constituição do crédito tributário pelo lançamento	Anterior ao lançamento
Prerrogativas da Fazenda	Remessa necessária e prazos especiais	Remessa necessária e prazos especiais
Antecipação de tutela	Cabimento	Cabimento
Efeitos da sentença	Coisa julgada material com natureza dúplice	Coisa julgada material com natureza dúplice

3.4. Mandado de segurança

Disciplinado no plano infraconstitucional pela **Lei 12.016/2009**, o mandado de segurança constitui garantia constitucional para proteger **direito líquido e certo**, não amparado por *habeas corpus* e *habeas data*, quando o responsável pela **ilegalidade ou abuso de poder** for autoridade pública ou agente de pessoa jurídica no exercício de atribuições do Poder Público (CF, art. 5º, LXIX).

O exercício do direito à impetração de mandado de segurança submete-se ao **prazo decadencial de 120 (cento e vinte) dias**, que são **contados da ciência do ato coator** (Lei 12.016/2009, art. 3º, parágrafo único c/c art. 23).

No que concerne à **legitimidade ativa**, o mandado de segurança poderá ser impetrado por qualquer **pessoa física ou jurídica** que sofrer violação (**via repressiva**) ou houver justo receio de sofrê-la (**via preventiva**) por parte de autoridade.

Em matéria tributária não é diferente, podendo ser impetrado pelo contribuinte **mandado de segurança repressivo**, em face da **ilegalidade do lançamento** constitutivo do crédito tributário, ou **mandado de segurança preventivo**, se houver **justo receio de sofrer o lançamento ilegal** por parte da autoridade administrativa tributária.

Parte legítima para figurar no **polo passivo** da ação é a própria **autoridade coatora**, isto é, aquela responsável pela prática do ato impugnado ou em relação à qual se tem o receio que venha a praticá-lo. Mais precisamente, para fins de mandado de segurança, autoridade coatora é aquela que pratica, ordena ou omite a prática do ato impugnado e tem o dever funcional de responder pelo seu fiel cumprimento, além de dispor da competência para corrigir eventual ilegalidade (STJ – AgRg no AREsp 242.466-MG, 2ª Turma, Rel. Min. Castro Meira, julgado em 27/11/2012).

ATENÇÃO:

Pela **teoria da encampação** é admissível que o superior hierárquico da autoridade coatora, quando apontada pelo impetrante no polo passivo do mandado de segurança, assuma a posição de impetrado e preste suas informações sobre o mérito da impetração. Mas, para que essa teoria seja aplicável ao mandado de segurança, é necessário o preenchimento dos seguintes requisitos: existência de vínculo hierárquico entre a autoridade que prestou informações e a que ordenou a prática do ato impugnado, ausência de modificação de competência estabelecida na CF/1988 e manifestação a respeito do mérito nas informações prestadas. Na ausência de quaisquer desses requisitos, segundo jurisprudência do STJ, o *mandamus* deve ser denegado por carência de ação e o feito extinto sem julgamento de mérito (STJ – MS 12.779-DF, RMS 21.775-RJ, Rel. Min. Luiz Fux, 1ª Turma, julgado em 16/11/2010).

Ao despachar a inicial, o juiz ordenará: I – que se notifique o coator do conteúdo da petição inicial, enviando-lhe a segunda via apresentada com as cópias dos documentos, a fim de que, no prazo de 10 (dez) dias, preste as informações; II – que se dê ciência do feito ao órgão de representação judicial da pessoa jurídica interessada, enviando-lhe cópia da inicial sem documentos, para que, querendo, ingresse no feito (Lei 12.106/2009, art. 7º).

Também com o despacho inicial, o **juiz poderá conceder liminar**, sem oitiva da parte contrária, determinando que se suspenda o ato que deu motivo ao pedido, **quando houver fundamento relevante e do ato impugnado puder resultar a ineficácia da medida**, caso seja finalmente deferida, sendo facultado exigir do impetrante caução, fiança ou depósito, com o objetivo de assegurar o ressarcimento à pessoa jurídica (art. 7º, III). Em matéria tributária, essa liminar tem por **efeito suspender a exigibilidade do crédito tributário** (CTN, art. 151, IV).

Portanto, a concessão de liminar em mandado de segurança consistirá em uma ordem para suspensão do ato coator, que poderá ser concedida quando presentes os pressupostos legais **cumulativos**, quais sejam:

Fundamento relevante	+	Risco do ato impugnado resultar na ineficácia da medida

Por ter caráter interlocutório, a **decisão** do juiz de primeiro grau **que conceder ou denegar a liminar** desafiará como recurso o **agravo de instrumento** (art. 7º, § 1º), que seguirá os trâmites do CPC.

Ainda sobre a liminar, **não será concedida medida liminar que tenha por objeto a compensação de créditos tributários**, a entrega de mercadorias e bens provenientes do exterior, a reclassificação ou equiparação de servidores públicos e a concessão de aumento ou a extensão de vantagens ou pagamento de qualquer natureza (art. 7º, § 2º).

Além disso, a **liminar** em mandado de segurança **pode ser revogada ou cassada. Se isso não ocorrer, seus efeitos persistirão até a prolação da sentença** (art. 7º, § 3º).

Vale destacar o teor da Súmula 405 do STF, segundo a qual "denegado o mandado de segurança pela sentença, ou no julgamento do agravo dela interposto, fica sem efeito a liminar concedida, retroagindo os efeitos da decisão contrária".

Como consequência de ser uma medida judicial contra a violação a direito líquido e certo, conforme consagrado na **Súmula 266 do STF, não cabe mandado de segurança contra lei em tese.**

Sobre esse aspecto, cabem duas observações fundamentais.

A primeira é de que se compreende por "lei em tese" todo e qualquer ato de caráter normativo, isto é, aquele que veicule normas gerais e abstratas. Portanto, não é lei em sentido estrito (lei ordinária, lei complementar), mas lei em sentido lato, abrangendo também outros atos normativos como medidas provisórias, decretos, portarias, resoluções, instruções normativas etc.

A segunda é de que o entendimento da Súmula 266 não se estende à pessoa que sofrer os efeitos concretos e abusivos da norma jurídica ilegal, ou mesmo inconstitucional, podendo essa pessoa se insurgir contra o ato ou ameaça de ato que concretizar o comando geral e abstrato da norma, ainda que o fundamento seja a ilegalidade ou inconstitucionalidade da norma (STJ - AGRESP. 105249 - PE - 2ª T. - REL. MIN. PAULO GALLOTTI - DJU 08.04.2002 E MS 5205 - DF - 1ª S. - RELª MINª LAURITA VAZ - DJU 18.02.2002 - P. 00220).

E, também como consequência de ser uma medida judicial contra a violação a direito líquido e certo, a **impetração** de mandado de segurança **depende de prova pré-constituída**, devendo a petição inicial vir instruída com documentos suficientes à comprovação do direito e de sua respectiva violação. Logicamente, o procedimento **não comporta dilação probatória**, devendo a parte optar por ação anulatória ou declaratória, caso necessite, para provar suas alegações, de audiência, depoimento pessoal, testemunhas, perícias, vistorias etc.

ATENÇÃO:

A exigência de prova pré-constituída ganha realce na jurisprudência do STJ, a exemplo do seguinte acórdão acerca de mandado de segurança que visa à compensação tributária nos termos da Súmula 213 do STJ: "1. No que se refere a mandado de segurança sobre compensação tributária, a extensão do âmbito probatório está intimamente relacionada com os limites da pretensão nele deduzida. Tratando-se de impetração que se limita, com base na súmula 213/STJ, a ver reconhecido o direito de compensar (que tem como pressuposto um ato da autoridade de negar a compensabilidade), mas sem fazer juízo específico sobre os elementos concretos da própria compensação, a prova exigida é a da "condição de credora tributária" (ERESP 116.183/SP, 1ª Seção, Min. Adhemar Maciel, DJ

de 27.04.1998). 2. Todavia, será indispensável prova pré-constituída específica quando, à declaração de compensabilidade, a impetração agrega (a) pedido de juízo sobre os elementos da própria compensação (v.g.: reconhecimento do indébito tributário que serve de base para a operação de compensação, acréscimos de juros e correção monetária sobre ele incidente, inexistência de prescrição do direito de compensar), ou (b) pedido de outra medida executiva que tem como pressuposto a efetiva realização da compensação (v.g.: expedição de certidão negativa, suspensão da exigibilidade dos créditos tributários contra os quais se opera a compensação). Nesse caso, o reconhecimento da liquidez e certeza do direito afirmado depende necessariamente da comprovação dos elementos concretos da operação realizada ou que o impetrante pretende realizar. Precedentes da 1ª Seção (EREsp 903.367/SP, Min. Denise Arruda, DJe de 22.09.2008) e das Turmas que a compõem. (REsp 1111164 BA, Rel. Ministro TEORI ALBINO ZAVASCKI, PRIMEIRA SEÇÃO, julgado em 13/05/2009, DJe 25/05/2009)

A seguir encontra-se um fluxograma do procedimento:

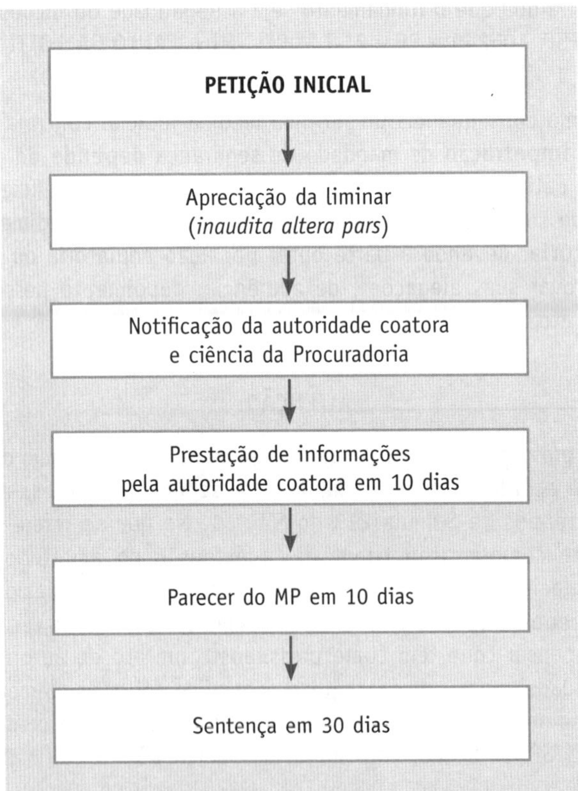

3.5. Repetição de indébito tributário

Repetição de indébito tributário é a ação antiexacional por meio da qual o sujeito passivo pleiteia a **restituição do pagamento indevido** ou em quantia superior à exigida em face da legislação tributária aplicável (CTN, art. 165).

Para maiores detalhes sobre essa ação, remete-se o leitor ao Capítulo XII, sobre a extinção do crédito tributário.

Cabe aqui voltar à questão da **legitimidade para propositura da ação**. Isso já foi analisado no capítulo da extinção do crédito tributário à luz do artigo 166 do CTN (restituição de tributos indiretos), mas há outros aspectos a serem considerados.

Um deles diz respeito aos impostos reais e refere-se ao entendimento de que **apenas o proprietário do imóvel tem legitimidade ativa para propor ação de repetição de indébito**, por exemplo, **de IPTU**. A relação tributária estabelecida entre a Fazenda e o proprietário do imóvel (art. 34 do CTN) prevalece sobre qualquer estipulação contratual que determine que terceiro arcará com o pagamento de IPTU, pois a referida avença não é oponível à Fazenda. (STJ - AgRg no AgRg no AREsp 143.631, 1ª Turma, Rel. Min. Benedito Gonçalves, j. 4.10.12.). Lembre-se que, nos termos do artigo 123 do CTN, salvo disposições de lei em contrário, as convenções particulares, relativas à responsabilidade pelo pagamento de tributos, não podem ser opostas à Fazenda Pública para modificar a definição legal do sujeito passivo das obrigações tributárias correspondentes.

ATENÇÃO:

É cabível a repetição do indébito tributário no caso de pagamento de contribuição para custeio de saúde considerada inconstitucional em controle concentrado, independentemente de os contribuintes terem usufruído do serviço de saúde prestado pelo Estado. A declaração de inconstitucionalidade de lei que instituiu contribuição previdenciária é suficiente para justificar a repetição dos valores indevidamente recolhidos. Além do mais, o fato de os contribuintes terem usufruído do serviço de saúde prestado pelo Estado não retira a natureza indevida da exação cobrada. O único pressuposto para a repetição do indébito é a cobrança indevida de tributo, conforme dispõe o art. 165 do CTN. (STJ - AgRg no AREsp 242.466-MG, 2ª Turma, Rel. Min. Castro Meira, julgado em 27/11/2012). Essa decisão reflete entendimento que se aplica a toda e qualquer contribuição instituída indevidamente sobre serviço público.

Também merece uma menção o polo passivo da ação, no qual se posiciona o sujeito ativo da relação jurídico-tributária e nunca o responsável tributário ou o órgão arrecadador por delegação. Dessa forma, em demanda na qual se pleiteie a restituição de contribuição previdenciária indevidamente arrecadada, **o sujeito que apenas arrecada o tributo em nome do sujeito ativo da relação jurídico-tributária não tem legitimidade passiva**, ou seja, a ação não pode ser ajuizada em face dele. Pertence ao sujeito ativo da relação jurídico-tributária, e não ao sujeito que apenas arrecada a contribuição previdenciária em nome do sujeito ativo, a legitimidade para figurar no polo passivo de demanda em que se pleiteie a restituição do tributo indevidamente arrecadado. (STJ - AREsp 199.089-PE, Rel. Min. Arnaldo Esteves Lima, julgado em 5/2/2013. 1ª Turma).

Sobre o valor a ser pleiteado a título de repetição de indébito, algumas considerações merecem ser feitas à luz da jurisprudência do STJ.

A primeira delas diz respeito ao termo inicial dos juros moratórios, em relação aos quais vigora a Súmula nº 188 do STJ: "Os **juros moratórios**, na repetição do indébito tributário, são devidos **a partir do trânsito em julgado** da sentença".

A segunda refere-se à repetição de indébito que desconsidera a restituição de imposto de renda não abatida do valor da execução. Isso constitui execução de quantia superior *à* constante do título, o que configura o chamado **excesso de execução**, a ensejar a oposição de embargos à execução. Inteligência do REsp 1001655 / DF, Rel. Min. Luiz Fux, 1ª. seção, DJe 30/03/2009.

3.6. Consignação em pagamento

Também conforme já abordado no capítulo XII, sobre a extinção do crédito tributário, a importância do crédito tributário pode ser consignada judicialmente pelo sujeito passivo nas hipóteses do artigo 164 do CTN. Para tanto, é necessário o ajuizamento da chamada ação de consignação em pagamento.

> ***Art. 164.*** *A importância de crédito tributário pode ser consignada judicialmente pelo sujeito passivo, nos casos:*
>
> ***I –*** *de recusa de recebimento, ou subordinação deste ao pagamento de outro tributo ou de penalidade, ou ao cumprimento de obrigação acessória;*
>
> ***II –*** *de subordinação do recebimento ao cumprimento de exigências administrativas sem fundamento legal;*
>
> ***III –*** *de exigência, por mais de uma pessoa jurídica de direito público, de tributo idêntico sobre um mesmo fato gerador.*

Importante recordar que a **consignação só pode versar sobre o crédito que o consignante se propõe a pagar** (CTN, art. 164, § 1º). Quer dizer que, em matéria tributária, a **ação não pode ser ajuizada para discutir a validade ou o valor do tributo**. Nesses casos, a opção do contribuinte deve ser por outra ação (v.g. ação anulatória) e pelo depósito do montante integral para suspender a exigibilidade do crédito, se assim o desejar.

ATENÇÃO:

A ação de consignação em pagamento não é uma via adequada para forçar a concessão de parcelamento e discutir a exigibilidade e a extensão do crédito tributário.

Diversamente, sua finalidade é a desoneração do devedor mediante o depósito do valor correspondente ao crédito. (STJ - AgRg no REsp 1.270.034-RS, 2ª Turma, Min. Mauro Campbell Marques, julgado em 23/10/2012).

Julgada **procedente a consignação**, o **pagamento se reputa efetuado e a importância consignada é convertida em renda**; julgada **improcedente a consignação**, no todo ou em parte, **cobra-se o crédito** acrescido de juros de mora, sem prejuízo das penalidades cabíveis (CTN, art. 164, § 2º).

4. BREVES CONSIDERAÇÕES SOBRE O DIREITO PENAL TRIBUTÁRIO[1]

4.1. Crime contra a ordem tributária

No Brasil, sonegar é crime. Desde a Lei nº 4.729/65, a sonegação é tipificada como crime no ordenamento jurídico pátrio. Atualmente, a Lei nº 8.137/90, que definiu os crimes contra a ordem tributária, não mais menciona o termo sonegação, mas contempla todas as condutas outrora contempladas na lei anterior.

Apenas para esclarecer, o crime contra a ordem tributária não deve ser imputado à pessoa jurídica e sim à pessoa física que, na representação da pessoa jurídica, cometer uma conduta tipificada como crime.

São os dois primeiros artigos da Lei nº 8.137/90 que tratam de tais crimes:

> ***Art. 1º.*** *Constitui crime contra a ordem tributária suprimir ou reduzir tributo, ou contribuição social e qualquer acessório, mediante as seguintes condutas:*
>
> ***I*** *– omitir informação, ou prestar declaração falsa às autoridades fazendárias;*
>
> ***II*** *– fraudar a fiscalização tributária, inserindo elementos inexatos, ou omitindo operação de qualquer natureza, em documento ou livro exigido pela lei fiscal;*
>
> ***III*** *– falsificar ou alterar nota fiscal, fatura, duplicata, nota de venda, ou qualquer outro documento relativo à operação tributável;*
>
> ***IV*** *– elaborar, distribuir, fornecer, emitir ou utilizar documento que saiba ou deva saber falso ou inexato;*
>
> ***V*** *– negar ou deixar de fornecer, quando obrigatório, nota fiscal ou documento equivalente, relativa a venda de mercadoria ou prestação de serviço, efetivamente realizada, ou fornecê-la em desacordo com a legislação.*
>
> ***Pena*** *– reclusão de 2 (dois) a 5 (cinco) anos, e multa.*

1. O presente tópico foi baseado no Capítulo XV do livro *Direito Tributário – curso rápido e didático para estudos e revisões* (escrito pelos autores MARTINS, Alan; SCARDOELLI, Dimas Yamada. Leme: Editora JH Mizuno, 2012, páginas 150-154)

> ***Parágrafo único.*** *A falta de atendimento da exigência da autoridade, no prazo de 10 (dez) dias, que poderá ser convertido em horas em razão da maior ou menor complexidade da matéria ou da dificuldade quanto ao atendimento da exigência, caracteriza a infração prevista no inciso V.*
>
> ***Art. 2º.*** *Constitui crime da mesma natureza:*
>
> ***I*** *– fazer declaração falsa ou omitir declaração sobre rendas, bens ou fatos, ou empregar outra fraude, para eximir-se, total ou parcialmente, de pagamento de tributo;*
>
> ***II*** *– deixar de recolher, no prazo legal, valor de tributo ou de contribuição social, descontado ou cobrado, na qualidade de sujeito passivo de obrigação e que deveria recolher aos cofres públicos;*
>
> ***III*** *– exigir, pagar ou receber, para si ou para o contribuinte beneficiário, qualquer percentagem sobre a parcela dedutível ou deduzida de imposto ou de contribuição como incentivo fiscal;*
>
> ***IV*** *– deixar de aplicar, ou aplicar em desacordo com o estatuído, incentivo fiscal ou parcelas de imposto liberadas por órgão ou entidade de desenvolvimento;*
>
> ***V*** *– utilizar ou divulgar programa de processamento de dados que permita ao sujeito passivo da obrigação tributária possuir informação contábil diversa daquela que é, por lei, fornecida à Fazenda Pública.*
>
> ***Pena*** *– detenção, de 6 (seis) meses a 2 (dois) anos, e multa.*

Da leitura do art. 1º percebe-se que os delitos são crimes materiais, ou seja, demandam, além da conduta, a comprovação do resultado lesivo, no caso a "supressão ou redução de tributo".

O bem jurídico relevante tutelado por essa lei penal é o Erário. É indubitável que a lei tem cunho utilitarista, na medida em que visa ao recolhimento de tributos.

Uma polêmica existiu quanto à possibilidade de serem concomitantes a tramitação do PAF – Processo Administrativo Fiscal e da ação penal relativa ao crime contra a ordem tributária decorrentes da mesma conduta do contribuinte. O STF, ao apreciar o HC nº 81.611 e a ADI 1.571, entendeu que o tipo penal somente estaria configurado após a exigibilidade do tributo, ou seja, antes do fim do PAF não haveria crime. Nesse sentido, só após o fim do PAF (com a constituição definitiva do crédito tributário) é que há condições para se iniciar a ação penal de crime contra a ordem tributária.

A matéria foi sumulada pelo STF (Súmula Vinculante nº 24): "não se tipifica crime material contra a ordem tributária, previstos no art. 1º, incisos I a IV, da Lei nº 8.137/90, antes do lançamento definitivo do tributo".

Já o art. 2º menciona delitos que a Doutrina classifica como formais, ou seja, o resultado lesivo "supressão ou redução de tributo" não está contido no tipo penal, bastando a prática da conduta tipificada para que se configure a prática criminosa.

Mais recentemente, ganha destaque a uniformização da jurisprudência do STJ quanto à conduta delituosa de natureza formal descrita no inciso II do artigo 2º da mesma Lei no 8.137/90, conforme trecho de ementa do acórdão a seguir:

"1. Para a configuração do delito de apropriação indébita tributária - tal qual se dá com a apropriação indébita em geral - o fato de o agente registrar, apurar e declarar em guia própria ou em livros fiscais o imposto devido não tem o condão de elidir ou exercer nenhuma influência na prática do delito, visto que este não pressupõe a clandestinidade. 2. O sujeito ativo do crime de apropriação indébita tributária é aquele que ostenta a qualidade de sujeito passivo da obrigação tributária, conforme claramente descrito pelo art. 2°, II, da Lei n. 8.137/1990, que exige, para sua configuração, seja a conduta dolosa (elemento subjetivo do tipo), consistente na consciência (ainda que potencial) de não recolher o valor do tributo devido. A motivação, no entanto, não possui importância no campo da tipicidade, ou seja, é prescindível a existência de elemento subjetivo especial. 3. A descrição típica do crime de apropriação indébita tributária contém a expressão "descontado ou cobrado", o que, indiscutivelmente, restringe a abrangência do sujeito ativo do delito, porquanto nem todo sujeito passivo de obrigação tributária que deixa de recolher tributo ou contribuição social responde pelo crime do art. 2°, II, da Lei n. 8.137/1990, mas somente aqueles que "descontam" ou "cobram" o tributo ou contribuição. 4. A interpretação consentânea com a dogmática penal do termo "descontado" é a de que ele se refere aos tributos diretos quando há responsabilidade tributária por substituição, enquanto o termo "cobrado" deve ser compreendido nas relações tributárias havidas com tributos indiretos (incidentes sobre o consumo), de maneira que não possui relevância o fato de o ICMS ser próprio ou por substituição, porquanto, em qualquer hipótese, não haverá ônus financeiro para o contribuinte de direito..." (STJ - 3ª Turma - HC 399109/SC - julg. 22/08/2018).

Portanto, na atual concepção do STJ, pode-se configurar crime de apropriação indébita tributária tanto na falta de pagamento de imposto próprio quanto de imposto devido pro substituição tributária.

Por fim, de acordo com o art. 34 da Lei n° 9.249/95, extingue-se a punibilidade dos crimes contra a ordem tributária quando o agente promover o pagamento do tributo ou contribuição social, inclusive acessórios, antes do recebimento da denúncia. Posteriormente, o artigo 9° da Lei n° 10.684/2003, que tratou do "Refis II", veio prever a suspensão da pretensão punitiva do Estado em caso de adesão ao regime de parcelamento, bem como a extinção da punibilidade quando efetuado o pagamento, sem estabelecer o momento da denúncia como limite preclusivo da benesse[2]. Enquanto parcela da doutrina manifesta-se no sentido de que a incidência da referida norma seria restrita ao programa de parcelamento, o Supremo Tribunal Federal vem decidindo pela sua aplicação até mesmo retroativa, para reconhecer que o pagamento do tributo, a qualquer tempo, ainda que após o recebimento da denúncia, extingue a punibilidade (HC 81929 - RJ).

4.2. Crime de apropriação indébita previdenciária

A Lei n° 9.983/2000 introduziu no Código Penal (CP) o art. 168-A, que trata da tipificação do crime de apropriação indébita previdenciária. Eis o seu teor:

2. No mesmo sentido, tem-se a Lei n° 12.382/2011, cujo artigo 6° acrescenta os §§ 1° a 5° ao artigo 83 da Lei n° 9.430/96.

> ***Art. 168-A.*** *Deixar de repassar à previdência social as contribuições recolhidas dos contribuintes, no prazo e forma legal ou convencional:*
>
> ***Pena*** *– reclusão, de 2 (dois) a 5 (cinco) anos, e multa.*
>
> **§ 1º** *Nas mesmas penas incorre quem deixar de:*
>
> *I – recolher, no prazo legal, contribuição ou outra importância destinada à previdência social que tenha sido descontada de pagamento efetuado a segurados, a terceiros ou arrecadada do público;*
>
> *II – recolher contribuições devidas à previdência social que tenham integrado despesas contábeis ou custos relativos à venda de produtos ou à prestação de serviços;*
>
> *III – pagar benefício devido a segurado, quando as respectivas cotas ou valores já tiverem sido reembolsados à empresa pela previdência social.*
>
> **§ 2º** *É extinta a punibilidade se o agente, espontaneamente, declara, confessa e efetua o pagamento das contribuições, importâncias ou valores e presta as informações devidas à previdência social, na forma definida em lei ou regulamento, antes do início da ação fiscal.*
>
> **§ 3º** *É facultado ao juiz deixar de aplicar a pena ou aplicar somente a de multa se o agente for primário e de bons antecedentes, desde que:*
>
> *I – tenha promovido, após o início da ação fiscal e antes de oferecida a denúncia, o pagamento da contribuição social previdenciária, inclusive acessórios; ou*
>
> *II – o valor das contribuições devidas, inclusive acessórios, seja igual ou inferior àquele estabelecido pela previdência social, administrativamente, como sendo o mínimo para o ajuizamento de suas execuções fiscais.*
>
> *§ 4º A faculdade prevista no § 3º deste artigo não se aplica aos casos de parcelamento de contribuições cujo valor, inclusive dos acessórios, seja superior àquele estabelecido, administrativamente, como sendo o mínimo para o ajuizamento de suas execuções fiscais.*

O art. 168-A do CP apresenta como bem jurídico relevante tutelado a Seguridade Social, em seu aspecto de arrecadação tributária e, em específico, a previdenciária. Há forte divergência doutrinária em relação à classificação do delito em comento, especialmente no que se refere à natureza da conduta (puramente omissivo ou omissivo impróprio), ao resultado (formal ou material) e ao elemento subjetivo do injusto.

Defende-se que se trata de delito comissivo por omissão, material (a consumação do delito ocorre no dia seguinte ao término do prazo fixado legalmente para o recolhimento, quando restar comprovada a efetiva arrecadação anterior das quantias devidas), sendo possível, em tese, a tentativa. Somente as condutas dolosas são puníveis, por ausência de previsão expressa de punição a título de culpa, nos termos do que determina o parágrafo único do artigo 18 do Código Penal. Em que pese a existência de posicionamentos doutrinários e jurisprudenciais contrários, tem-se que a configuração delitiva exige a presença de especial finalidade de sonegar e/ou fraudar os cofres previdenciários (dolo específico).

Finalmente, o § 2º trata de hipótese de extinção da punibilidade, em que o recolhimento das contribuições devidas deverá ser feito antes do início da ação fiscal, diferente, portanto, da extinção da punibilidade nos crimes contra a ordem tributária.

5. INFORMATIVOS DE JURISPRUDÊNCIA (2017 E 2018)

Cessão de crédito de título judicial. Crédito-prêmio de IPI. Compensação tributária. Art. 74 da Lei n. 9.430/1996. Inaplicabilidade. Sucessão processual. Impossibilidade.

Não é possível a sucessão processual em razão de cessão de crédito de título judicial, referente a crédito-prêmio de IPI, com a finalidade de oportunizar a compensação tributária pela cessionária. EREsp 1.390.228-RS, Rel. Min. Gurgel de Faria, por unanimidade, julgado em 26/09/2018, DJe 25/10/2018. (Informativo n. 636.)

ICMS. Operações próprias. Substituição tributária. Não recolhimento. Apropriação indébita tributária.

A conduta de não recolher ICMS em operações próprias ou em substituição tributária enquadra-se formalmente no tipo previsto no art. 2º, II, da Lei n. 8.137/1990 (apropriação indébita tributária), desde que comprovado o dolo. HC 399.109-SC, Rel. Min. Rogerio Schietti Cruz, por maioria, julgado em 22/08/2018, DJe 31/08/2018. (Informativo n. 633.)

Adesão ao REFIS. Art. 3º, § 3º, da Lei n. 9.964/2000. Arrolamento de bens ou garantia na esfera administrativa. Manutenção da penhora efetuada em execução fiscal. Possibilidade. Interpretação do § 4º do art. 3º da lei do REFIS.

Excetuadas as hipóteses em que o crédito está garantido em medida cautelar fiscal ou execução fiscal, a homologação da opção pelo REFIS está sujeita à prestação de garantia ou arrolamento. EREsp 1.349.584-MG, Rel. Min. Og Fernandes, por unanimidade, julgado em 26/4/2017, DJe 3/5/2017. (Informativo n. 603)

Medida cautelar fiscal. Arrolamento de bens. Comunicação prévia ao órgão fazendário acerca de alienação. Desnecessidade.

Independe de prévia notificação ao órgão fazendário a alienação de bens que foram objeto de arrolamento fiscal. REsp 1.217.129-SC, Rel. Min. Napoleão Nunes Maia Filho, por unanimidade, julgado em 27/10/2016, DJe 21/11/2016. (Informativo n. 594)

ISS. Empresa de Correios e Telégrafos. Imunidade. Repetição de indébito. Art. 166 do CTN. Assunção de encargo financeiro pela empresa ou autorização pelos tomadores dos serviços. Inaplicabilidade da exigência de prova.

A Empresa de Correios e Telégrafo pode pleitear à repetição do indébito relativo ao ISS sobre serviços postais, independentemente de provar ter assumido o encargo pelo tributo ou estar expressamente autorizada pelos tomadores dos serviços. REsp 1.642.250-SP, Rel. Min. Herman Benjamin, por unanimidade, julgado em 16/3/2017, DJe 20/4/2017. (Informativo n. 602)

Crime contra a ordem tributária. Condenação transitada em julgado. Pagamento do tributo. Causa de extinção da punibilidade. Artigo 9º, § 2º, da Lei n. 10.684/2003. Coação ilegal caracterizada.

O pagamento do débito tributário, a qualquer tempo, até mesmo após o advento do trânsito em julgado da sentença penal condenatória, é causa de extinção da punibilidade do acusado. HC 362.478-SP, Rel. Min. Jorge Mussi, por unanimidade, julgado em 14/9/2017, DJe 20/9/2017. (Informativo n. 611)

6. SÚMULAS

Súmula vinculante 24: "não se tipifica crime material contra a ordem tributária, previstos no artigo 1°, incisos I a IV, da Lei 8.137/90, antes do lançamento definitivo do tributo".

Súmula vinculante 28: "É inconstitucional a exigência de depósito prévio como requisito de admissibilidade de ação judicial na qual se pretenda discutir a exigibilidade do crédito tributário".

Súmula vinculante 53: "A competência da Justiça do Trabalho prevista no art. 114, VIII, da Constituição Federal alcança a execução de ofício das contribuições previdenciárias relativas ao objeto da condenação constante das sentenças que proferir e acordos por ela homologados".

Súmula 71 STF: "Embora pago indevidamente, não cabe restituição de tributo indireto".

Súmula 101 STF: "O mandado de segurança não substitui a ação popular".

Súmula 248 STF: "É competente, originariamente, o Supremo Tribunal Federal, para mandado de segurança contra ato do Tribunal de Contas da União".

Súmula 266 STF: "Não cabe mandado de segurança contra lei em tese".

Súmula 267 STF: "Não cabe mandado de segurança contra ato judicial passível de recurso ou correição".

Súmula 268 STF: "Não cabe mandado de segurança contra decisão judicial com trânsito em julgado".

Súmula 269 STF: "O mandado de segurança não é substitutivo de ação de cobrança".

Súmula 270 STF: "Não cabe mandado de segurança para impugnar enquadramento da L. 3.780, de 12.7.60, que envolva exame de prova ou de situação funcional complexa".

Súmula 271 STF: "Concessão de mandado de segurança não produz efeitos patrimoniais em relação a período pretérito, os quais devem ser reclamados administrativamente ou pela via judicial própria".

Súmula 272 STF: "Não se admite como ordinário recurso extraordinário de decisão denegatória de mandado de segurança"

Súmula 304 STF: "Decisão denegatória de mandado de segurança, não fazendo coisa julgada contra o impetrante, não impede o uso da ação própria".

Súmula 330 STF: "O Supremo Tribunal Federal não é competente para conhecer de mandado de segurança contra atos dos Tribunais de Justiça dos Estados".

Súmula 392 STF: "O prazo para recorrer de acórdão concessivo de segurança conta-se da publicação oficial de suas conclusões, e não da anterior ciência à autoridade para cumprimento da decisão".

Súmula 405 STF: "Denegado o mandado de segurança pela sentença, ou no julgamento do agravo, dela interposto, fica sem efeito a liminar concedida, retroagindo os efeitos da decisão contrária".

Súmula 429 STF: "A existência de recurso administrativo com efeito suspensivo não impede o uso do mandado de segurança contra omissão da autoridade".

Súmula 430 STF: "Pedido de reconsideração na via administrativa não interrompe o prazo para o mandado de segurança".

Súmula 433 STF: "É competente o Tribunal Regional do Trabalho para julgar mandado de segurança contra ato de seu presidente em execução de sentença trabalhista".

Súmula 506 STF: "O agravo a que se refere o art. 4º da Lei nº 4.348, de 26.6.64, cabe, somente, do despacho do Presidente do Supremo Tribunal Federal que defere a suspensão da liminar, em mandado de segurança; não do que a denega".

Súmula 507 STF: "A ampliação dos prazos a que se refere o art. 32 do Código de Processo Civil aplica-se aos executivos fiscais".

Súmula 510 STF: "Praticado o ato por autoridade, no exercício de competência delegada, contra ela cabe o mandado de segurança ou a medida judicial".

Súmula 512 STF: "Não cabe condenação em honorários de advogado na ação de mandado de segurança".

Súmula 519 STF: "Aplica-se aos executivos fiscais o princípio da sucumbência a que se refere o art. 64 do Código de Processo Civil".

Súmula 546 STF: "Cabe a restituição do tributo pago indevidamente, quando reconhecido por decisão, que o contribuinte de jure não recuperou do contribuinte de facto o quantum respectivo".

Súmula 597 STF: "Não cabem embargos infringentes de acórdão que, em mandado de segurança decidiu, por maioria de votos, a apelação".

Súmula 623 STF: "Não gera por si só a competência originária do Supremo Tribunal Federal para conhecer do mandado de segurança com base no art. 102, I, "n", da Constituição, dirigir-se o pedido contra deliberação administrativa do tribunal de origem, da qual haja participado a maioria ou a totalidade de seus membros".

Súmula 624 STF: "Não compete ao Supremo Tribunal Federal conhecer originariamente de mandado de segurança contra atos de outros tribunais".

Súmula 625 STF: "Controvérsia sobre matéria de direito não impede concessão de mandado de segurança".

Súmula 626 STF: "A suspensão da liminar em mandado de segurança, salvo determinação em contrário da decisão que a deferir, vigorará até o trânsito em julgado da decisão definitiva de concessão da segurança ou, havendo recurso, até a sua manutenção pelo Supremo Tribunal Federal, desde que o objeto da liminar deferida coincida, total ou parcialmente, com o da impetração".

Súmula 627 STF: "No mandado de segurança contra a nomeação de magistrado da competência do Presidente da República, este é considerado autoridade coatora, ainda que o fundamento da impetração seja nulidade ocorrida em fase anterior do procedimento".

Súmula 629 STF: "A impetração de mandado de segurança coletivo por entidade de classe em favor dos associados independe da autorização destes".

Súmula 630 STF: "A entidade de classe tem legitimação para o mandado de segurança ainda quando a pretensão veiculada interesse apenas a uma parte da respectiva categoria".

Súmula 631 STF: "Extingue-se o processo de mandado de segurança se o impetrante não promove, no prazo assinado, a citação do litisconsorte passivo necessário".

Súmula 632 STF: "É constitucional lei que fixa o prazo de decadência para a impetração de mandado de segurança".

Súmula 701 STF: "No mandado de segurança impetrado pelo ministério público contra decisão proferida em processo penal, é obrigatória a citação do réu como litisconsorte passivo".

Súmula 41 STJ: "O Superior Tribunal de Justiça não tem competência para processar e julgar, originariamente, mandado de segurança contra ato de outros tribunais ou dos respectivos órgãos".

Súmula 58 STJ: "Proposta a execução fiscal, a posterior mudança de domicílio do executado não desloca a competência já fixada".

Súmula 66 STJ: "Compete à Justiça Federal processar e julgar execução fiscal promovida por conselho de fiscalização profissional".

Súmula 105 STJ: "Na ação de mandado de segurança não se admite condenação em honorários advocatícios".

Súmula 121 STJ: "Na execução fiscal o devedor deverá ser intimado, pessoalmente, do dia e hora da realização do leilão".

Súmula 128 STJ: "Na execução fiscal haverá segundo leilão, se no primeiro não houver lanço superior a avaliação".

Súmula 139 STJ: "Cabe à Procuradoria da Fazenda Nacional propor execução fiscal para cobrança de crédito relativo ao ITR".

Súmula 153 STJ: "A desistência da execução fiscal, após o oferecimento dos embargos, não exime o exequente dos encargos da sucumbência".

Súmula 162 STJ: "Na repetição de indébito tributário, a correção monetária incide a partir do pagamento indevido".

Súmula 169 STJ: "São inadmissíveis embargos infringentes no processo de mandado de segurança".

Súmula 177 STJ: "o Superior Tribunal de Justiça é incompetente para processar e julgar, originariamente, mandado de segurança contra ato de órgão colegiado presidido por ministro de estado".

Súmula 188 STJ: "Os juros moratórios, na repetição do indébito tributário, são devidos a partir do trânsito em julgado da sentença".

Súmula 189 STJ: "É desnecessária a intervenção do Ministério Público nas execuções fiscais".

Súmula 190 STJ: "Na execução fiscal, processada perante a Justiça Estadual, cumpre à Fazenda Pública antecipar o numerário destinado ao custeio das despesas com o transporte dos oficiais de justiça".

Súmula 202 STJ: "A impetração de segurança por terceiro, contra ato judicial, não se condiciona a interposição de recurso".

Súmula 212 STJ: "A compensação de créditos tributários não pode ser deferida em ação cautelar ou por medida liminar cautelar ou antecipatória".

Súmula 213 STJ: "O mandado de segurança constitui ação adequada para a declaração do direito à compensação tributária".

Súmula 251 STJ: "A meação só responde pelo ato ilícito quando o credor, na execução fiscal, provar que o enriquecimento dele resultante aproveitou ao casal".

Súmula 314 STJ: "Em execução fiscal, não localizados bens penhoráveis, suspende-se o processo por um ano, findo o qual se inicia o prazo da prescrição quinquenal intercorrente".

Súmula 333 STJ: "Cabe mandado de segurança contra ato praticado em licitação promovida por sociedade de economia mista ou empresa pública".

Súmula 392 STJ: "A Fazenda Pública pode substituir a certidão de dívida ativa (CDA) até a prolação da sentença de embargos, quando se tratar de correção de erro material ou formal, vedada a modificação do sujeito passivo da execução".

Súmula 393 STJ: "A exceção de pré-executividade é admissível na execução fiscal relativamente às matérias conhecíveis de ofício que não demandem dilação probatória".

Súmula 394 STJ: "É admissível, em embargos à execução, compensar os valores de imposto de renda retidos indevidamente na fonte com os valores restituídos apurados na declaração anual".

Súmula 400 STJ: "O encargo de 20% previsto no DL n. 1.025/1969 é exigível na execução fiscal proposta contra a massa falida".

Súmula 406 STJ: "A Fazenda Pública pode recusar a substituição do bem penhorado por precatório".

Súmula 409 STJ: "Em execução fiscal, a prescrição ocorrida antes da propositura da ação pode ser decretada de ofício (art. 219, § 5°, do CPC)".

Súmula 414 STJ: "A citação por edital na execução fiscal é cabível quando frustradas as demais modalidades".

Súmula 435 STJ: "Presume-se dissolvida irregularmente a empresa que deixar de funcionar no seu domicílio fiscal, sem comunicação aos órgãos competentes, legitimando o redirecionamento da execução fiscal para o sócio-gerente".

Súmula 451 STJ: "É legítima a penhora da sede do estabelecimento comercial".

Súmula 452 STJ: "A extinção das ações de pequeno valor é faculdade da Administração Federal, vedada a atuação judicial de ofício".

Súmula 460 STJ: "É incabível o mandado de segurança para convalidar a compensação tributária realizada pelo contribuinte".

Súmula 515 STJ: "A reunião de execuções fiscais contra o mesmo devedor constitui faculdade do Juiz".

Súmula 521 STJ: "A legitimidade para a execução fiscal de multa pendente de pagamento imposta em sentença condenatória é exclusiva da Procuradoria da Fazenda Pública".

Súmula 523 STJ: "A taxa de juros de mora incidente na repetição de indébito de tributos estaduais deve corresponder à utilizada para cobrança do tributo pago em atraso, sendo legítima a incidência da taxa Selic, em ambas as hipóteses, quando prevista na legislação local, vedada sua cumulação com quaisquer outros índices".

Súmula 558 STJ: "Em ações de execução fiscal, a petição inicial não pode ser indeferida sob o argumento da falta de indicação do CPF e/ou RG ou CNPJ da parte executada".

Súmula 559 STJ: "Em ações de execução fiscal, é desnecessária a instrução da petição inicial com o demonstrativo de cálculo do débito, por tratar-se de requisito não previsto no art. 6º da Lei n. 6.830/1980".

Súmula 583 STJ: "O arquivamento provisório previsto no art. 20 da Lei n. 10.522/2002, dirigido aos débitos inscritos como dívida ativa da União pela Procuradoria-Geral da Fazenda Nacional ou por ela cobrados, não se aplica às execuções fiscais movidas pelos conselhos de fiscalização profissional ou pelas autarquias federais".

Súmula 614 STJ: "O locatário não possui legitimidade ativa para discutir a relação jurídico-tributária de IPTU e de taxas referentes ao imóvel alugado nem para repetir indébito desses tributos".

Súmula 625 do STJ: "O pedido administrativo de compensação ou de restituição não interrompe o prazo prescricional para a ação de repetição de indébito tributário de que trata o art. 168 do CTN nem o da execução de título judicial contra a Fazenda Pública".

Súmula 1 CARF: "Importa renúncia às instâncias administrativas a propositura pelo sujeito passivo de ação judicial por qualquer modalidade processual, antes ou depois do lançamento de ofício, com o mesmo objeto do processo administrativo, sendo cabível apenas a apreciação, pelo órgão de julgamento administrativo, de matéria distinta da constante do processo judicial".

Súmula 2 CARF: "O CARF não é competente para se pronunciar sobre a inconstitucionalidade de lei tributária".

Súmula 11 CARF: "Não se aplica a prescrição intercorrente no processo administrativo fiscal".

Súmula 28 CARF: "O CARF não é competente para se pronunciar sobre controvérsias referentes a Processo Administrativo de Representação Fiscal para Fins Penais".

Súmula 103 CARF: Para fins de conhecimento de recurso de ofício, aplica-se o limite de alçada vigente na data de sua apreciação em segunda instância.

Súmula 84 CARF (Revisada): "É possível a caracterização de indébito, para fins de restituição ou compensação, na data do recolhimento de estimativa".

Súmula 106 CARF: "Caracterizada a ocorrência de apropriação indébita de contribuições previdenciárias descontadas de segurados empregados e/ou contribuintes individuais, a contagem do prazo decadencial rege-se pelo art. 173, inciso I, do CTN".

Súmula 04/2003 TIT/SP: "Não é admissível a prescrição intercorrente no processo administrativo tributário".

7. LEGISLAÇÃO RELACIONADA AO CAPÍTULO

» CONSTITUIÇÃO FEDERAL

Art. 5º: ...

LIV - ninguém será privado da liberdade ou de seus bens sem o devido processo legal;

LV - aos litigantes, em processo judicial ou administrativo, e aos acusados em geral são assegurados o contraditório e ampla defesa, com os meios e recursos a ela inerentes;

LXIX - conceder-se-á mandado de segurança para proteger direito líquido e certo, não amparado por *habeas corpus* ou *habeas data*, quando o responsável pela ilegalidade ou abuso de poder for autoridade pública ou agente de pessoa jurídica no exercício de atribuições do Poder Público;

» CÓDIGO TRIBUTÁRIO NACIONAL

Art. 34. Contribuinte do imposto é o proprietário do imóvel, o titular do seu domínio útil, ou o seu possuidor a qualquer título.

Art. 123. Salvo disposições de lei em contrário, as convenções particulares, relativas à responsabilidade pelo pagamento de tributos, não podem ser opostas à Fazenda Pública, para modificar a definição legal do sujeito passivo das obrigações tributárias correspondentes.

Art. 151. Suspendem a exigibilidade do crédito tributário:

I - moratória;

II - o depósito do seu montante integral;

III - as reclamações e os recursos, nos termos das leis reguladoras do processo tributário administrativo;

IV - a concessão de medida liminar em mandado de segurança.

V - a concessão de medida liminar ou de tutela antecipada, em outras espécies de ação judicial;

VI - o parcelamento.

Parágrafo único. O disposto neste artigo não dispensa o cumprimento das obrigações assessórios dependentes da obrigação principal cujo crédito seja suspenso, ou dela conseqüentes.

Art. 156. Extinguem o crédito tributário:

I - o pagamento;

II - a compensação;

III - a transação;

IV - remissão;

V - a prescrição e a decadência;

VI - a conversão de depósito em renda;

VII - o pagamento antecipado e a homologação do lançamento nos termos do disposto no artigo 150 e seus §§ 1º e 4º;

VIII - a consignação em pagamento, nos termos do disposto no § 2º do artigo 164;

IX - a decisão administrativa irreformável, assim entendida a definitiva na órbita administrativa, que não mais possa ser objeto de ação anulatória;

X - a decisão judicial passada em julgado.

XI - a dação em pagamento em bens imóveis, na forma e condições estabelecidas em lei.

Parágrafo único. A lei disporá quanto aos efeitos da extinção total ou parcial do crédito sobre a ulterior verificação da irregularidade da sua constituição, observado o disposto nos artigos 144 e 149.

Art. 164. A importância de crédito tributário pode ser consignada judicialmente pelo sujeito passivo, nos casos:

I - de recusa de recebimento, ou subordinação deste ao pagamento de outro tributo ou de penalidade, ou ao cumprimento de obrigação acessória;

II - de subordinação do recebimento ao cumprimento de exigências administrativas sem fundamento legal;

III - de exigência, por mais de uma pessoa jurídica de direito público, de tributo idêntico sobre um mesmo fato gerador.

§ 1º A consignação só pode versar sobre o crédito que o consignante se propõe pagar.

§ 2º Julgada procedente a consignação, o pagamento se reputa efetuado e a importância consignada é convertida em renda; julgada improcedente a consignação no todo ou em parte, cobra-se o crédito acrescido de juros de mora, sem prejuízo das penalidades cabíveis.

Art. 165. O sujeito passivo tem direito, independentemente de prévio protesto, à restituição total ou parcial do tributo, seja qual for a modalidade do seu pagamento, ressalvado o disposto no § 4º do artigo 162, nos seguintes casos:

I - cobrança ou pagamento espontâneo de tributo indevido ou maior que o devido em face da legislação tributária aplicável, ou da natureza ou circunstâncias materiais do fato gerador efetivamente ocorrido;

II - erro na edificação do sujeito passivo, na determinação da alíquota aplicável, no cálculo do montante do débito ou na elaboração ou conferência de qualquer documento relativo ao pagamento;

III - reforma, anulação, revogação ou rescisão de decisão condenatória.

Art. 166. A restituição de tributos que comportem, por sua natureza, transferência do respectivo encargo financeiro somente será feita a quem prove haver assumido o referido encargo, ou, no caso de tê-lo transferido a terceiro, estar por este expressamente autorizado a recebê-la.

Art. 167. A restituição total ou parcial do tributo dá lugar à restituição, na mesma proporção, dos juros de mora e das penalidades pecuniárias, salvo as referentes a infrações de caráter formal não prejudicadas pela causa da restituição.

Parágrafo único. A restituição vence juros não capitalizáveis, a partir do trânsito em julgado da decisão definitiva que a determinar.

Art. 168. O direito de pleitear a restituição extingue-se com o decurso do prazo de 5 (cinco) anos, contados:

I - nas hipóteses dos incisos I e II do artigo 165, da data da extinção do crédito tributário;

II - na hipótese do inciso III do artigo 165, da data em que se tornar definitiva a decisão administrativa ou passar em julgado a decisão judicial que tenha reformado, anulado, revogado ou rescindido a decisão condenatória.

Art. 169. Prescreve em dois anos a ação anulatória da decisão administrativa que denegar a restituição.

Parágrafo único. O prazo de prescrição é interrompido pelo início da ação judicial, recomeçando o seu curso, por metade, a partir da data da intimação validamente feita ao representante judicial da Fazenda Pública interessada.

Art. 174. A ação para a cobrança do crédito tributário prescreve em cinco anos, contados da data da sua constituição definitiva.

Parágrafo único. A prescrição se interrompe:

I - pelo despacho do juiz que ordenar a citação em execução fiscal;

II - pelo protesto judicial;

III - por qualquer ato judicial que constitua em mora o devedor;

IV - por qualquer ato inequívoco ainda que extrajudicial, que importe em reconhecimento do débito pelo devedor.

Art. 186. O crédito tributário prefere a qualquer outro, seja qual for sua natureza ou o tempo de sua constituição, ressalvados os créditos decorrentes da legislação do trabalho ou do acidente de trabalho.

Parágrafo único. Na falência:

I - o crédito tributário não prefere aos créditos extraconcursais ou às importâncias passíveis de restituição, nos termos da lei falimentar, nem aos créditos com garantia real, no limite do valor do bem gravado;

II - a lei poderá estabelecer limites e condições para a preferência dos créditos decorrentes da legislação do trabalho; e

III - a multa tributária prefere apenas aos créditos subordinados

Art. 187. A cobrança judicial do crédito tributário não é sujeita a concurso de credores ou habilitação em falência, recuperação judicial, concordata, inventário ou arrolamento.

Parágrafo único. O concurso de preferência somente se verifica entre pessoas jurídicas de direito público, na seguinte ordem:

I - União;

II - Estados, Distrito Federal e Territórios, conjuntamente e pró rata;

III - Municípios, conjuntamente e pró rata.

Art. 188. São extraconcursais os créditos tributários decorrentes de fatos geradores ocorridos no curso do processo de falência.

§ 1º Contestado o crédito tributário, o juiz remeterá as partes ao processo competente, mandando reservar bens suficientes à extinção total do crédito e seus acrescidos, se a massa não puder efetuar a garantia da instância por outra forma, ouvido, quanto à natureza e valor dos bens reservados, o representante da Fazenda Pública interessada.

§ 2º O disposto neste artigo aplica-se aos processos de concordata.

Art. 189. São pagos preferencialmente a quaisquer créditos habilitados em inventário ou arrolamento, ou a outros encargos do monte, os créditos tributários vencidos ou vincendos, a cargo do de cujus ou de seu espólio, exigíveis no decurso do processo de inventário ou arrolamento.

Parágrafo único. Contestado o crédito tributário, proceder-se-á na forma do disposto no § 1º do artigo anterior.

Art. 190. São pagos preferencialmente a quaisquer outros os créditos tributários vencidos ou vincendos, a cargo de pessoas jurídicas de direito privado em liquidação judicial ou voluntária, exigíveis no decurso da liquidação.

Art. 191. A extinção das obrigações do falido requer prova de quitação de todos os tributos.

Art. 191-A. A concessão de recuperação judicial depende da apresentação da prova de quitação de todos os tributos, observado o disposto nos arts. 151, 205 e 206 desta Lei.

Art. 192. Nenhuma sentença de julgamento de partilha ou adjudicação será proferida sem prova da quitação de todos os tributos relativos aos bens do espólio, ou às suas rendas.

Art. 193. Salvo quando expressamente autorizado por lei, nenhum departamento da administração pública da União, dos Estados, do Distrito Federal, ou dos Municípios, ou sua autarquia, celebrará contrato ou aceitará proposta em concorrência pública sem que o contratante ou proponente faça prova da quitação de todos os tributos devidos à Fazenda Pública interessada, relativos à atividade em cujo exercício contrata ou concorre.

» CÓDIGO PENAL BRASILEIRO

Apropriação indébita previdenciária

Art. 168-A. Deixar de repassar à previdência social as contribuições recolhidas dos contribuintes, no prazo e forma legal ou convencional:

Pena – reclusão, de 2 (dois) a 5 (cinco) anos, e multa.

§ 1º Nas mesmas penas incorre quem deixar de:

I – recolher, no prazo legal, contribuição ou outra importância destinada à previdência social que tenha sido descontada de pagamento efetuado a segurados, a terceiros ou arrecadada do público;

II – recolher contribuições devidas à previdência social que tenham integrado despesas contábeis ou custos relativos à venda de produtos ou à prestação de serviços;

III – pagar benefício devido a segurado, quando as respectivas cotas ou valores já tiverem sido reembolsados à empresa pela previdência social.

§ 2º É extinta a punibilidade se o agente, espontaneamente, declara, confessa e efetua o pagamento das contribuições, importâncias ou valores e presta as informações devidas à previdência social, na forma definida em lei ou regulamento, antes do início da ação fiscal.

§ 3º É facultado ao juiz deixar de aplicar a pena ou aplicar somente a de multa se o agente for primário e de bons antecedentes, desde que:

I – tenha promovido, após o início da ação fiscal e antes de oferecida a denúncia, o pagamento da contribuição social previdenciária, inclusive acessórios; ou

II – o valor das contribuições devidas, inclusive acessórios, seja igual ou inferior àquele estabelecido pela previdência social, administrativamente, como sendo o mínimo para o ajuizamento de suas execuções fiscais.

§ 4º A faculdade prevista no § 3º deste artigo não se aplica aos casos de parcelamento de contribuições cujo valor, inclusive dos acessórios, seja superior àquele estabelecido, administrativamente, como sendo o mínimo para o ajuizamento de suas execuções fiscais.

» CÓDIGO DE PROCESSO CIVIL – CPC/2015

Art. 17. Para postular em juízo é necessário ter interesse e legitimidade.

Art. 18. Ninguém poderá pleitear direito alheio em nome próprio, salvo quando autorizado pelo ordenamento jurídico.

Parágrafo único. Havendo substituição processual, o substituído poderá intervir como assistente litisconsorcial.

Art. 19. O interesse do autor pode limitar-se à declaração:

I – da existência, da inexistência ou do modo de ser de uma relação jurídica;

II – da autenticidade ou da falsidade de documento.

Art. 20. É admissível a ação meramente declaratória, ainda que tenha ocorrido a violação do direito.

Art. 294. A tutela provisória pode fundamentar-se em urgência ou evidência.

Parágrafo único. A tutela provisória de urgência, cautelar ou antecipada, pode ser concedida em caráter antecedente ou incidental.

Art. 295. A tutela provisória requerida em caráter incidental independe do pagamento de custas.

Art. 296. A tutela provisória conserva sua eficácia na pendência do processo, mas pode, a qualquer tempo, ser revogada ou modificada.

Parágrafo único. Salvo decisão judicial em contrário, a tutela provisória conservará a eficácia durante o período de suspensão do processo.

Art. 297. O juiz poderá determinar as medidas que considerar adequadas para efetivação da tutela provisória.

Parágrafo único. A efetivação da tutela provisória observará as normas referentes ao cumprimento provisório da sentença, no que couber.

Art. 298. Na decisão que conceder, negar, modificar ou revogar a tutela provisória, o juiz motivará seu convencimento de modo claro e preciso.

Art. 299. A tutela provisória será requerida ao juízo da causa e, quando antecedente, ao juízo competente para conhecer do pedido principal.

Parágrafo único. Ressalvada disposição especial, na ação de competência originária de tribunal e nos recursos a tutela provisória será requerida ao órgão jurisdicional competente para apreciar o mérito.

Art. 300. A tutela de urgência será concedida quando houver elementos que evidenciem a probabilidade do direito e o perigo de dano ou o risco ao resultado útil do processo.

§ 1º Para a concessão da tutela de urgência, o juiz pode, conforme o caso, exigir caução real ou fidejussória idônea para ressarcir os danos que a outra parte possa vir a sofrer, podendo a caução ser dispensada se a parte economicamente hipossuficiente não puder oferecê-la.

§ 2º A tutela de urgência pode ser concedida liminarmente ou após justificação prévia.

§ 3º A tutela de urgência de natureza antecipada não será concedida quando houver perigo de irreversibilidade dos efeitos da decisão.

Art. 301. A tutela de urgência de natureza cautelar pode ser efetivada mediante arresto, sequestro, arrolamento de bens, registro de protesto contra alienação de bem e qualquer outra medida idônea para asseguração do direito.

Art. 302. Independentemente da reparação por dano processual, a parte responde pelo prejuízo que a efetivação da tutela de urgência causar à parte adversa, se:

I – a sentença lhe for desfavorável;

II – obtida liminarmente a tutela em caráter antecedente, não fornecer os meios necessários para a citação do requerido no prazo de 5 (cinco) dias;

III – ocorrer a cessação da eficácia da medida em qualquer hipótese legal;

IV – o juiz acolher a alegação de decadência ou prescrição da pretensão do autor.

Parágrafo único. A indenização será liquidada nos autos em que a medida tiver sido concedida, sempre que possível.

Art. 303. Nos casos em que a urgência for contemporânea à propositura da ação, a petição inicial pode limitar-se ao requerimento da tutela antecipada e à indicação do pedido de tutela final, com a exposição da lide, do direito que se busca realizar e do perigo de dano ou do risco ao resultado útil do processo.

§ 1º Concedida a tutela antecipada a que se refere o caput deste artigo:

I – o autor deverá aditar a petição inicial, com a complementação de sua argumentação, a juntada de novos documentos e a confirmação do pedido de tutela final, em 15 (quinze) dias ou em outro prazo maior que o juiz fixar;

II – o réu será citado e intimado para a audiência de conciliação ou de mediação na forma do art. 334;

III – não havendo autocomposição, o prazo para contestação será contado na forma do art. 335.

§ 2º Não realizado o aditamento a que se refere o inciso I do § 1º deste artigo, o processo será extinto sem resolução do mérito.

§ 3º O aditamento a que se refere o inciso I do § 1º deste artigo dar-se-á nos mesmos autos, sem incidência de novas custas processuais.

§ 4º Na petição inicial a que se refere o caput deste artigo, o autor terá de indicar o valor da causa, que deve levar em consideração o pedido de tutela final.

§ 5º O autor indicará na petição inicial, ainda, que pretende valer-se do benefício previsto no caput deste artigo.

§ 6º Caso entenda que não há elementos para a concessão de tutela antecipada, o órgão jurisdicional determinará a emenda da petição inicial em até 5 (cinco) dias, sob pena de ser indeferida e de o processo ser extinto sem resolução de mérito.

Art. 304. A tutela antecipada, concedida nos termos do art. 303, torna-se estável se da decisão que a conceder não for interposto o respectivo recurso.

§ 1º No caso previsto no caput, o processo será extinto.

§ 2º Qualquer das partes poderá demandar a outra com o intuito de rever, reformar ou invalidar a tutela antecipada estabilizada nos termos do caput.

§ 3º A tutela antecipada conservará seus efeitos enquanto não revista, reformada ou invalidada por decisão de mérito proferida na ação de que trata o § 2º.

§ 4º Qualquer das partes poderá requerer o desarquivamento dos autos em que foi concedida a medida, para instruir a petição inicial da ação a que se refere o § 2º, prevento o juízo em que a tutela antecipada foi concedida.

§ 5º O direito de rever, reformar ou invalidar a tutela antecipada, previsto no § 2º deste artigo, extingue-se após 2 (dois) anos, contados da ciência da decisão que extinguiu o processo, nos termos do § 1º.

§ 6º A decisão que concede a tutela não fará coisa julgada, mas a estabilidade dos respectivos efeitos só será afastada por decisão que a revir, reformar ou invalidar, proferida em ação ajuizada por uma das partes, nos termos do § 2º deste artigo.

Art. 305. A petição inicial da ação que visa à prestação de tutela cautelar em caráter antecedente indicará a lide e seu fundamento, a exposição sumária do direito que se objetiva assegurar e o perigo de dano ou o risco ao resultado útil do processo.

Parágrafo único. Caso entenda que o pedido a que se refere o caput tem natureza antecipada, o juiz observará o disposto no art. 303.

Art. 306. O réu será citado para, no prazo de 5 (cinco) dias, contestar o pedido e indicar as provas que pretende produzir.

Art. 307. Não sendo contestado o pedido, os fatos alegados pelo autor presumir-se-ão aceitos pelo réu como ocorridos, caso em que o juiz decidirá dentro de 5 (cinco) dias.

Parágrafo único. Contestado o pedido no prazo legal, observar-se-á o procedimento comum.

Art. 308. Efetivada a tutela cautelar, o pedido principal terá de ser formulado pelo autor no prazo de 30 (trinta) dias, caso em que será apresentado nos mesmos autos em que deduzido o pedido de tutela cautelar, não dependendo do adiantamento de novas custas processuais.

§ 1º O pedido principal pode ser formulado conjuntamente com o pedido de tutela cautelar.

§ 2º A causa de pedir poderá ser aditada no momento de formulação do pedido principal.

§ 3º Apresentado o pedido principal, as partes serão intimadas para a audiência de conciliação ou de mediação, na forma do art. 334, por seus advogados ou pessoalmente, sem necessidade de nova citação do réu.

§ 4º Não havendo autocomposição, o prazo para contestação será contado na forma do art. 335.

Art. 309. Cessa a eficácia da tutela concedida em caráter antecedente, se:

I – o autor não deduzir o pedido principal no prazo legal;

II – não for efetivada dentro de 30 (trinta) dias;

III – o juiz julgar improcedente o pedido principal formulado pelo autor ou extinguir o processo sem resolução de mérito.

Parágrafo único. Se por qualquer motivo cessar a eficácia da tutela cautelar, é vedado à parte renovar o pedido, salvo sob novo fundamento.

Art. 310. O indeferimento da tutela cautelar não obsta a que a parte formule o pedido principal, nem influi no julgamento desse, salvo se o motivo do indeferimento for o reconhecimento de decadência ou de prescrição.

Art. 311. A tutela da evidência será concedida, independentemente da demonstração de perigo de dano ou de risco ao resultado útil do processo, quando:

I – ficar caracterizado o abuso do direito de defesa ou o manifesto propósito protelatório da parte;

II – as alegações de fato puderem ser comprovadas apenas documentalmente e houver tese firmada em julgamento de casos repetitivos ou em súmula vinculante;

III – se tratar de pedido reipersecutório fundado em prova documental adequada do contrato de depósito, caso em que será decretada a ordem de entrega do objeto custodiado, sob cominação de multa;

IV – a petição inicial for instruída com prova documental suficiente dos fatos constitutivos do direito do autor, a que o réu não oponha prova capaz de gerar dúvida razoável.

Parágrafo único. Nas hipóteses dos incisos II e III, o juiz poderá decidir liminarmente.

Art. 327. É lícita a cumulação, em um único processo, contra o mesmo réu, de vários pedidos, ainda que entre eles não haja conexão.

§ 1º São requisitos de admissibilidade da cumulação que:

I – os pedidos sejam compatíveis entre si;

II – seja competente para conhecer deles o mesmo juízo;

III – seja adequado para todos os pedidos o tipo de procedimento.

§ 2º Quando, para cada pedido, corresponder tipo diverso de procedimento, será admitida a cumulação se o autor empregar o procedimento comum, sem prejuízo do emprego das técnicas processuais diferenciadas previstas nos procedimentos especiais a que se sujeitam um ou mais pedidos cumulados, que não forem incompatíveis com as disposições sobre o procedimento comum.

§ 3º O inciso I do § 1º não se aplica às cumulações de pedidos de que trata o art. 326.

Art. 487. Haverá resolução de mérito quando o juiz:

I - acolher ou rejeitar o pedido formulado na ação ou na reconvenção;

II - decidir, de ofício ou a requerimento, sobre a ocorrência de decadência ou prescrição;

III - homologar:

a) o reconhecimento da procedência do pedido formulado na ação ou na reconvenção;

b) a transação;

c) a renúncia à pretensão formulada na ação ou na reconvenção.

Parágrafo único. Ressalvada a hipótese do § 1º do art. 332, a prescrição e a decadência não serão reconhecidas sem que antes seja dada às partes oportunidade de manifestar-se.

Art. 488. Desde que possível, o juiz resolverá o mérito sempre que a decisão for favorável à parte a quem aproveitaria eventual pronunciamento nos termos do art. 485.

Art. 485. O juiz não resolverá o mérito quando:

I - indeferir a petição inicial;

II - o processo ficar parado durante mais de 1 (um) ano por negligência das partes;

III - por não promover os atos e as diligências que lhe incumbir, o autor abandonar a causa por mais de 30 (trinta) dias;

IV - verificar a ausência de pressupostos de constituição e de desenvolvimento válido e regular do processo;

V - reconhecer a existência de perempção, de litispendência ou de coisa julgada;

VI - verificar ausência de legitimidade ou de interesse processual;

VII - acolher a alegação de existência de convenção de arbitragem ou quando o juízo arbitral reconhecer sua competência;

VIII - homologar a desistência da ação;

IX - em caso de morte da parte, a ação for considerada intransmissível por disposição legal; e

X - nos demais casos prescritos neste Código.

§ 1º Nas hipóteses descritas nos incisos II e III, a parte será intimada pessoalmente para suprir a falta no prazo de 5 (cinco) dias.

§ 2º No caso do § 1º, quanto ao inciso II, as partes pagarão proporcionalmente as custas, e, quanto ao inciso III, o autor será condenado ao pagamento das despesas e dos honorários de advogado.

§ 3º O juiz conhecerá de ofício da matéria constante dos incisos IV, V, VI e IX, em qualquer tempo e grau de jurisdição, enquanto não ocorrer o trânsito em julgado.

§ 4º Oferecida a contestação, o autor não poderá, sem o consentimento do réu, desistir da ação.

§ 5º A desistência da ação pode ser apresentada até a sentença.

§ 6º Oferecida a contestação, a extinção do processo por abandono da causa pelo autor depende de requerimento do réu.

§ 7º Interposta a apelação em qualquer dos casos de que tratam os incisos deste artigo, o juiz terá 5 (cinco) dias para retratar-se.

Art. 496. Está sujeita ao duplo grau de jurisdição, não produzindo efeito senão depois de confirmada pelo tribunal, a sentença:

I - proferida contra a União, os Estados, o Distrito Federal, os Municípios e suas respectivas autarquias e fundações de direito público;

II - que julgar procedentes, no todo ou em parte, os embargos à execução fiscal.

§ 1º Nos casos previstos neste artigo, não interposta a apelação no prazo legal, o juiz ordenará a remessa dos autos ao tribunal, e, se não o fizer, o presidente do respectivo tribunal avocá-los-á.

§ 2º Em qualquer dos casos referidos no § 1º, o tribunal julgará a remessa necessária.

§ 3º Não se aplica o disposto neste artigo quando a condenação ou o proveito econômico obtido na causa for de valor certo e líquido inferior a:

I - 1.000 (mil) salários-mínimos para a União e as respectivas autarquias e fundações de direito público;

II - 500 (quinhentos) salários-mínimos para os Estados, o Distrito Federal, as respectivas autarquias e fundações de direito público e os Municípios que constituam capitais dos Estados;

III - 100 (cem) salários-mínimos para todos os demais Municípios e respectivas autarquias e fundações de direito público.

§ 4º Também não se aplica o disposto neste artigo quando a sentença estiver fundada em:

I - súmula de tribunal superior;

II - acórdão proferido pelo Supremo Tribunal Federal ou pelo Superior Tribunal de Justiça em julgamento de recursos repetitivos;

III - entendimento firmado em incidente de resolução de demandas repetitivas ou de assunção de competência;

IV - entendimento coincidente com orientação vinculante firmada no âmbito administrativo do próprio ente público, consolidada em manifestação, parecer ou súmula administrativa.

Art. 805. Quando por vários meios o exequente puder promover a execução, o juiz mandará que se faça pelo modo menos gravoso para o executado.

Parágrafo único. Ao executado que alegar ser a medida executiva mais gravosa incumbe indicar outros meios mais eficazes e menos onerosos, sob pena de manutenção dos atos executivos já determinados.

Art. 919. Os embargos à execução não terão efeito suspensivo.

§ 1º O juiz poderá, a requerimento do embargante, atribuir efeito suspensivo aos embargos quando verificados os requisitos para a concessão da tutela provisória e desde que a execução já esteja garantida por penhora, depósito ou caução suficientes.

§ 2º Cessando as circunstâncias que a motivaram, a decisão relativa aos efeitos dos embargos poderá, a requerimento da parte, ser modificada ou revogada a qualquer tempo, em decisão fundamentada.

§ 3º Quando o efeito suspensivo atribuído aos embargos disser respeito apenas a parte do objeto da execução, esta prosseguirá quanto à parte restante.

§ 4º A concessão de efeito suspensivo aos embargos oferecidos por um dos executados não suspenderá a execução contra os que não embargaram quando o respectivo fundamento disser respeito exclusivamente ao embargante.

§ 5º A concessão de efeito suspensivo não impedirá a efetivação dos atos de substituição, de reforço ou de redução da penhora e de avaliação dos bens.

» LEI Nº 6.830, DE 22 DE SETEMBRO DE 1980

Lei de Execução Fiscal - LEF

Art. 1º - A execução judicial para cobrança da Dívida Ativa da União, dos Estados, do Distrito Federal, dos Municípios e respectivas autarquias será regida por esta Lei e, subsidiariamente, pelo Código de Processo Civil.

Art. 2º - Constitui Dívida Ativa da Fazenda Pública aquela definida como tributária ou não tributária na Lei nº 4.320, de 17 de março de 1964, com as alterações posteriores, que estatui normas gerais de direito financeiro para elaboração e controle dos orçamentos e balanços da União, dos Estados, dos Municípios e do Distrito Federal.

§ 1º - Qualquer valor, cuja cobrança seja atribuída por lei às entidades de que trata o artigo 1º, será considerado Dívida Ativa da Fazenda Pública.

§ 2º - A Dívida Ativa da Fazenda Pública, compreendendo a tributária e a não tributária, abrange atualização monetária, juros e multa de mora e demais encargos previstos em lei ou contrato.

§ 3º - A inscrição, que se constitui no ato de controle administrativo da legalidade, será feita pelo órgão competente para apurar a liquidez e certeza do crédito e suspenderá a prescrição, para todos os efeitos de direito, por 180 dias, ou até a distribuição da execução fiscal, se esta ocorrer antes de findo aquele prazo.

§ 4º - A Dívida Ativa da União será apurada e inscrita na Procuradoria da Fazenda Nacional.

§ 5º - O Termo de Inscrição de Dívida Ativa deverá conter:

I - o nome do devedor, dos co-responsáveis e, sempre que conhecido, o domicílio ou residência de um e de outros;

II - o valor originário da dívida, bem como o termo inicial e a forma de calcular os juros de mora e demais encargos previstos em lei ou contrato;

III - a origem, a natureza e o fundamento legal ou contratual da dívida;

IV - a indicação, se for o caso, de estar a dívida sujeita à atualização monetária, bem como o respectivo fundamento legal e o termo inicial para o cálculo;

V - a data e o número da inscrição, no Registro de Dívida Ativa; e

VI - o número do processo administrativo ou do auto de infração, se neles estiver apurado o valor da dívida.

§ 6º - A Certidão de Dívida Ativa conterá os mesmos elementos do Termo de Inscrição e será autenticada pela autoridade competente.

§ 7º - O Termo de Inscrição e a Certidão de Dívida Ativa poderão ser preparados e numerados por processo manual, mecânico ou eletrônico.

§ 8º - Até a decisão de primeira instância, a Certidão de Dívida Ativa poderá ser emendada ou substituída, assegurada ao executado a devolução do prazo para embargos.

§ 9º - O prazo para a cobrança das contribuições previdenciárias continua a ser o estabelecido no artigo 144 da Lei nº 3.807, de 26 de agosto de 1960.

Art. 3º - A Dívida Ativa regularmente inscrita goza da presunção de certeza e liquidez.

Parágrafo Único - A presunção a que se refere este artigo é relativa e pode ser ilidida por prova inequívoca, a cargo do executado ou de terceiro, a quem aproveite.

Art. 4º - A execução fiscal poderá ser promovida contra:

I - o devedor;

II - o fiador;

III - o espólio;

IV - a massa;

V - o responsável, nos termos da lei, por dívidas, tributárias ou não, de pessoas físicas ou pessoas jurídicas de direito privado; e

VI - os sucessores a qualquer título.

§ 1º - Ressalvado o disposto no artigo 31, o síndico, o comissário, o liquidante, o inventariante e o administrador, nos casos de falência, concordata, liquidação, inventário, insolvência ou concurso de credores, se, antes de garantidos os créditos da Fazenda Pública, alienarem ou derem em garantia quaisquer dos bens administrados, respondem, solidariamente, pelo valor desses bens.

§ 2º - À Dívida Ativa da Fazenda Pública, de qualquer natureza, aplicam-se as normas relativas à responsabilidade prevista na legislação tributária, civil e comercial.

§ 3º - Os responsáveis, inclusive as pessoas indicadas no § 1º deste artigo, poderão nomear bens livres e desembaraçados do devedor, tantos quantos bastem para pagar a dívida. Os bens dos responsáveis ficarão, porém, sujeitos à execução, se os do devedor forem insuficientes à satisfação da dívida.

§ 4º - Aplica-se à Dívida Ativa da Fazenda Pública de natureza não tributária o disposto nos artigos 186 e 188 a 192 do Código Tributário Nacional.

Art. 5º - A competência para processar e julgar a execução da Dívida Ativa da Fazenda Pública exclui a de qualquer outro Juízo, inclusive o da falência, da concordata, da liquidação, da insolvência ou do inventário.

Art. 6º - A petição inicial indicará apenas:

I - o Juiz a quem é dirigida;

II - o pedido; e

III - o requerimento para a citação.

§ 1º - A petição inicial será instruída com a Certidão da Dívida Ativa, que dela fará parte integrante, como se estivesse transcrita.

§ 2º - A petição inicial e a Certidão de Dívida Ativa poderão constituir um único documento, preparado inclusive por processo eletrônico.

§ 3º - A produção de provas pela Fazenda Pública independe de requerimento na petição inicial.

§ 4º - O valor da causa será o da dívida constante da certidão, com os encargos legais.

Art. 7º - O despacho do Juiz que deferir a inicial importa em ordem para:

I - citação, pelas sucessivas modalidades previstas no artigo 8º;

II - penhora, se não for paga a dívida, nem garantida a execução, por meio de depósito, fiança ou seguro garantia;

III - arresto, se o executado não tiver domicílio ou dele se ocultar;

IV - registro da penhora ou do arresto, independentemente do pagamento de custas ou outras despesas, observado o disposto no artigo 14; e

V - avaliação dos bens penhorados ou arrestados.

Art. 8º - O executado será citado para, no prazo de 5 (cinco) dias, pagar a dívida com os juros e multa de mora e encargos indicados na Certidão de Dívida Ativa, ou garantir a execução, observadas as seguintes normas:

I - a citação será feita pelo correio, com aviso de recepção, se a Fazenda Pública não a requerer por outra forma;

II - a citação pelo correio considera-se feita na data da entrega da carta no endereço do executado, ou, se a data for omitida, no aviso de recepção, 10 (dez) dias após a entrega da carta à agência postal;

III - se o aviso de recepção não retornar no prazo de 15 (quinze) dias da entrega da carta à agência postal, a citação será feita por Oficial de Justiça ou por edital;

IV - o edital de citação será afixado na sede do Juízo, publicado uma só vez no órgão oficial, gratuitamente, como expediente judiciário, com o prazo de

30 (trinta) dias, e conterá, apenas, a indicação da exeqüente, o nome do devedor e dos co-responsáveis, a quantia devida, a natureza da dívida, a data e o número da inscrição no Registro da Dívida Ativa, o prazo e o endereço da sede do Juízo.

§ 1º - O executado ausente do País será citado por edital, com prazo de 60 (sessenta) dias.

§ 2º - O despacho do Juiz, que ordenar a citação, interrompe a prescrição.

Art. 9º - Em garantia da execução, pelo valor da dívida, juros e multa de mora e encargos indicados na Certidão de Dívida Ativa, o executado poderá:

I - efetuar depósito em dinheiro, à ordem do Juízo em estabelecimento oficial de crédito, que assegure atualização monetária;

II - oferecer fiança bancária ou seguro garantia;

III - nomear bens à penhora, observada a ordem do artigo 11; ou

IV - indicar à penhora bens oferecidos por terceiros e aceitos pela Fazenda Pública.

§ 1º - O executado só poderá indicar e o terceiro oferecer bem imóvel à penhora com o consentimento expresso do respectivo cônjuge.

§ 2º Juntar-se-á aos autos a prova do depósito, da fiança bancária, do seguro garantia ou da penhora dos bens do executado ou de terceiros.

§ 3º A garantia da execução, por meio de depósito em dinheiro, fiança bancária ou seguro garantia, produz os mesmos efeitos da penhora.

§ 4º - Somente o depósito em dinheiro, na forma do artigo 32, faz cessar a responsabilidade pela atualização monetária e juros de mora.

§ 5º - A fiança bancária prevista no inciso II obedecerá às condições pré-estabelecidas pelo Conselho Monetário Nacional.

§ 6º - O executado poderá pagar parcela da dívida, que julgar incontroversa, e garantir a execução do saldo devedor.

Art. 10 - Não ocorrendo o pagamento, nem a garantia da execução de que trata o artigo 9º, a penhora poderá recair em qualquer bem do executado, exceto os que a lei declare absolutamente impenhoráveis.

Art. 11 - A penhora ou arresto de bens obedecerá à seguinte ordem:

I - dinheiro;

II - título da dívida pública, bem como título de crédito, que tenham cotação em bolsa;

III - pedras e metais preciosos;

IV - imóveis;

V - navios e aeronaves;

VI - veículos;

VII - móveis ou semoventes; e

VIII - direitos e ações.

§ 1º - Excepcionalmente, a penhora poderá recair sobre estabelecimento comercial, industrial ou agrícola, bem como em plantações ou edifícios em construção.

§ 2º - A penhora efetuada em dinheiro será convertida no depósito de que trata o inciso I do artigo 9º.

§ 3º - O Juiz ordenará a remoção do bem penhorado para depósito judicial, particular ou da Fazenda Pública exeqüente, sempre que esta o requerer, em qualquer fase do processo.

Art. 12 - Na execução fiscal, far-se-á a intimação da penhora ao executado, mediante publicação, no órgão oficial, do ato de juntada do termo ou do auto de penhora.

§ 1º - Nas Comarcas do interior dos Estados, a intimação poderá ser feita pela remessa de cópia do termo ou do auto de penhora, pelo correio, na forma estabelecida no artigo 8º, incisos I e II, para a citação.

§ 2º - Se a penhora recair sobre imóvel, far-se-á a intimação ao cônjuge, observadas as normas previstas para a citação.

§ 3º - Far-se-á a intimação da penhora pessoalmente ao executado se, na citação feita pelo correio, o aviso de recepção não contiver a assinatura do próprio executado, ou de seu representante legal.

Art. 13 - O termo ou auto de penhora conterá, também, a avaliação dos bens penhorados, efetuada por quem o lavrar.

§ 1º - Impugnada a avaliação, pelo executado, ou pela Fazenda Pública, antes de publicado o edital de leilão, o Juiz, ouvida a outra parte, nomeará avaliador oficial para proceder a nova avaliação dos bens penhorados.

§ 2º - Se não houver, na Comarca, avaliador oficial ou este não puder apresentar o laudo de avaliação no prazo de 15 (quinze) dias, será nomeada pessoa ou entidade habilitada a critério do Juiz.

§ 3º - Apresentado o laudo, o Juiz decidirá de plano sobre a avaliação.

Art. 14 - O Oficial de Justiça entregará contrafé e cópia do termo ou do auto de penhora ou arresto, com a ordem de registro de que trata o artigo 7º, inciso IV:

I - no Ofício próprio, se o bem for imóvel ou a ele equiparado;

II - na repartição competente para emissão de certificado de registro, se for veículo;

III - na Junta Comercial, na Bolsa de Valores, e na sociedade comercial, se forem ações, debênture, parte beneficiária, cota ou qualquer outro título, crédito ou direito societário nominativo.

Art. 15 - Em qualquer fase do processo, será deferida pelo Juiz:

I - ao executado, a substituição da penhora por depósito em dinheiro, fiança bancária ou seguro garantia; e

II - à Fazenda Pública, a substituição dos bens penhorados por outros, independentemente da ordem enumerada no artigo 11, bem como o reforço da penhora insuficiente.

Art. 16 - O executado oferecerá embargos, no prazo de 30 (trinta) dias, contados:

I - do depósito;

II - da juntada da prova da fiança bancária ou do seguro garantia;

III - da intimação da penhora.

§ 1º - Não são admissíveis embargos do executado antes de garantida a execução.

§ 2º - No prazo dos embargos, o executado deverá alegar toda matéria útil à defesa, requerer provas e juntar aos autos os documentos e rol de testemunhas, até três, ou, a critério do juiz, até o dobro desse limite.

§ 3º - Não será admitida reconvenção, nem compensação, e as exceções, salvo as de suspeição, incompetência e impedimentos, serão argüidas como matéria preliminar e serão processadas e julgadas com os embargos.

Art. 17 - Recebidos os embargos, o Juiz mandará intimar a Fazenda, para impugná-los no prazo de 30 (trinta) dias, designando, em seguida, audiência de instrução e julgamento.

Parágrafo Único - Não se realizará audiência, se os embargos versarem sobre matéria de direito, ou, sendo de direito e de fato, a prova for exclusivamente documental, caso em que o Juiz proferirá a sentença no prazo de 30 (trinta) dias.

Art. 18 - Caso não sejam oferecidos os embargos, a Fazenda Pública manifestar-se-á sobre a garantia da execução.

Art. 19 - Não sendo embargada a execução ou sendo rejeitados os embargos, no caso de garantia prestada por terceiro, será este intimado, sob pena de contra ele prosseguir a execução nos próprios autos, para, no prazo de 15 (quinze) dias:

I - remir o bem, se a garantia for real; ou

II - pagar o valor da dívida, juros e multa de mora e demais encargos, indicados na Certidão de Divida Ativa pelos quais se obrigou se a garantia for fidejussória.

Art. 20 - Na execução por carta, os embargos do executado serão oferecidos no Juízo deprecado, que os remeterá ao Juízo deprecante, para instrução e julgamento.

Parágrafo Único - Quando os embargos tiverem por objeto vícios ou irregularidades de atos do próprio Juízo deprecado, caber-lhe -á unicamente o julgamento dessa matéria.

Art. 21 - Na hipótese de alienação antecipada dos bens penhorados, o produto será depositado em garantia da execução, nos termos previstos no artigo 9º, inciso I.

Art. 22 - A arrematação será precedida de edital, afixado no local de costume, na sede do Juízo, e publicado em resumo, uma só vez, gratuitamente, como expediente judiciário, no órgão oficial.

§ 1º - O prazo entre as datas de publicação do edital e do leilão não poderá ser superior a 30 (trinta), nem inferior a 10 (dez) dias.

§ 2º - O representante judicial da Fazenda Pública, será intimado, pessoalmente, da realização do leilão, com a antecedência prevista no parágrafo anterior.

Art. 23 - A alienação de quaisquer bens penhorados será feita em leilão público, no lugar designado pelo Juiz.

§ 1º - A Fazenda Pública e o executado poderão requerer que os bens sejam leiloados englobadamente ou em lotes que indicarem.

§ 2º - Cabe ao arrematante o pagamento da comissão do leiloeiro e demais despesas indicadas no edital.

Art. 24 - A Fazenda Pública poderá adjudicar os bens penhorados:

I - antes do leilão, pelo preço da avaliação, se a execução não for embargada ou se rejeitados os embargos;

II - findo o leilão:

a) se não houver licitante, pelo preço da avaliação;

b) havendo licitantes, com preferência, em igualdade de condições com a melhor oferta, no prazo de 30 (trinta) dias.

Parágrafo Único – Se o preço da avaliação ou o valor da melhor oferta for superior ao dos créditos da Fazenda Pública, a adjudicação somente será deferida pelo Juiz se a diferença for depositada, pela exeqüente, à ordem do Juízo, no prazo de 30 (trinta) dias.

Art. 25 – Na execução fiscal, qualquer intimação ao representante judicial da Fazenda Pública será feita pessoalmente.

Parágrafo Único – A intimação de que trata este artigo poderá ser feita mediante vista dos autos, com imediata remessa ao representante judicial da Fazenda Pública, pelo cartório ou secretaria.

Art. 26 – Se, antes da decisão de primeira instância, a inscrição de Divida Ativa for, a qualquer título, cancelada, a execução fiscal será extinta, sem qualquer ônus para as partes.

Art. 27 – As publicações de atos processuais poderão ser feitas resumidamente ou reunir num só texto os de diferentes processos.

Parágrafo Único – As publicações farão sempre referência ao número do processo no respectivo Juízo e ao número da correspondente inscrição de Dívida Ativa, bem como ao nome das partes e de seus advogados, suficientes para a sua identificação.

Art. 28 – O Juiz, a requerimento das partes, poderá, por conveniência da unidade da garantia da execução, ordenar a reunião de processos contra o mesmo devedor.

Parágrafo Único – Na hipótese deste artigo, os processos serão redistribuídos ao Juízo da primeira distribuição.

Art. 29 – A cobrança judicial da Dívida Ativa da Fazenda Pública não é sujeita a concurso de credores ou habilitação em falência, concordata, liquidação, inventário ou arrolamento

Parágrafo Único – O concurso de preferência somente se verifica entre pessoas jurídicas de direito público, na seguinte ordem:

I – União e suas autarquias;

II – Estados, Distrito Federal e Territórios e suas autarquias, conjuntamente e pro rata;

III – Municípios e suas autarquias, conjuntamente e pro rata.

Art. 30 – Sem prejuízo dos privilégios especiais sobre determinados bens, que sejam previstos em lei, responde pelo pagamento da Divida Ativa da Fazenda Pública a totalidade dos bens e das rendas, de qualquer origem ou natureza, do sujeito passivo, seu espólio ou sua massa, inclusive os gravados por ônus real ou cláusula de inalienabilidade ou impenhorabilidade, seja qual for a data da constituição do ônus ou da cláusula, excetuados unicamente os bens e rendas que a lei declara absolutamente impenhoráveis.

Art. 31 – Nos processos de falência, concordata, liquidação, inventário, arrolamento ou concurso de credores, nenhuma alienação será judicialmente autorizada sem a prova de quitação da Dívida Ativa ou a concordância da Fazenda Pública.

Art. 32 – Os depósitos judiciais em dinheiro serão obrigatoriamente feitos:

I – na Caixa Econômica Federal, de acordo com o Decreto-lei nº 1.737, de 20 de dezembro de 1979, quando relacionados com a execução fiscal proposta pela União ou suas autarquias;

II – na Caixa Econômica ou no banco oficial da unidade federativa ou, à sua falta, na Caixa Econômica Federal, quando relacionados com execução fiscal proposta pelo Estado, Distrito Federal, Municípios e suas autarquias.

§ 1º – Os depósitos de que trata este artigo estão sujeitos à atualização monetária, segundo os índices estabelecidos para os débitos tributários federais.

§ 2º – Após o trânsito em julgado da decisão, o depósito, monetariamente atualizado, será devolvido ao depositante ou entregue à Fazenda Pública, mediante ordem do Juízo competente.

Art. 33 – O Juízo, do Ofício, comunicará à repartição competente da Fazenda Pública, para fins de averbação no Registro da Dívida Ativa, a decisão final, transitada em julgado, que der por improcedente a execução, total ou parcialmente.

Art. 34 – Das sentenças de primeira instância proferidas em execuções de valor igual ou inferior a 50 (cinqüenta) Obrigações Reajustáveis do Tesouro Nacional – ORTN, só se admitirão embargos infringentes e de declaração.

§ 1º – Para os efeitos deste artigo considerar-se-á o valor da dívida monetariamente atualizado e acrescido de multa e juros de mora e de mais encargos legais, na data da distribuição.

§ 2º – Os embargos infringentes, instruídos, ou não, com documentos novos, serão deduzidos, no prazo de 10 (dez) dias perante o mesmo Juízo, em petição fundamentada.

§ 3º - Ouvido o embargado, no prazo de 10 (dez) dias, serão os autos conclusos ao Juiz, que, dentro de 20 (vinte) dias, os rejeitará ou reformará a sentença.

Art. 35 - Nos processos regulados por esta Lei, poderá ser dispensada a audiência de revisor, no julgamento das apelações.

Art. 36 - Compete à Fazenda Pública baixar normas sobre o recolhimento da Dívida Ativa respectiva, em Juízo ou fora dele, e aprovar, inclusive, os modelos de documentos de arrecadação.

Art. 37 - O Auxiliar de Justiça que, por ação ou omissão, culposa ou dolosa, prejudicar a execução, será responsabilizado, civil, penal e administrativamente.

Parágrafo Único - O Oficial de Justiça deverá efetuar, em 10 (dez) dias, as diligências que lhe forem ordenadas, salvo motivo de força maior devidamente justificado perante o Juízo.

Art. 38 - A discussão judicial da Dívida Ativa da Fazenda Pública só é admissível em execução, na forma desta Lei, salvo as hipóteses de mandado de segurança, ação de repetição do indébito ou ação anulatória do ato declarativo da dívida, esta precedida do depósito preparatório do valor do débito, monetariamente corrigido e acrescido dos juros e multa de mora e demais encargos.

Parágrafo Único - A propositura, pelo contribuinte, da ação prevista neste artigo importa em renúncia ao poder de recorrer na esfera administrativa e desistência do recurso acaso interposto.

Art. 39 - A Fazenda Pública não está sujeita ao pagamento de custas e emolumentos. A prática dos atos judiciais de seu interesse independerá de preparo ou de prévio depósito.

Parágrafo Único - Se vencida, a Fazenda Pública ressarcirá o valor das despesas feitas pela parte contrária.

Art. 40 - O Juiz suspenderá o curso da execução, enquanto não for localizado o devedor ou encontrados bens sobre os quais possa recair a penhora, e, nesses casos, não correrá o prazo de prescrição.

§ 1º - Suspenso o curso da execução, será aberta vista dos autos ao representante judicial da Fazenda Pública.

§ 2º - Decorrido o prazo máximo de 1 (um) ano, sem que seja localizado o devedor ou encontrados bens penhoráveis, o Juiz ordenará o arquivamento dos autos.

§ 3º - Encontrados que sejam, a qualquer tempo, o devedor ou os bens, serão desarquivados os autos para prosseguimento da execução.

§ 4º Se da decisão que ordenar o arquivamento tiver decorrido o prazo prescricional, o juiz, depois de ouvida a Fazenda Pública, poderá, de ofício, reconhecer a prescrição intercorrente e decretá-la de imediato.

§ 5º A manifestação prévia da Fazenda Pública prevista no § 4º deste artigo será dispensada no caso de cobranças judiciais cujo valor seja inferior ao mínimo fixado por ato do Ministro de Estado da Fazenda.

Art. 41 - O processo administrativo correspondente à inscrição de Dívida Ativa, à execução fiscal ou à ação proposta contra a Fazenda Pública será mantido na repartição competente, dele se extraindo as cópias autenticadas ou certidões, que forem requeridas pelas partes ou requisitadas pelo Juiz ou pelo Ministério Público.

Parágrafo Único - Mediante requisição do Juiz à repartição competente, com dia e hora previamente marcados, poderá o processo administrativo ser exibido na sede do Juízo, pelo funcionário para esse fim designado, lavrando o serventuário termo da ocorrência, com indicação, se for o caso, das peças a serem trasladadas.

» LEI Nº 7.347, DE 24 DE JULHO DE 1985

Disciplina a ação civil pública

Art. 1º Regem-se pelas disposições desta Lei, sem prejuízo da ação popular, as ações de responsabilidade por danos morais e patrimoniais causados:

I - ao meio-ambiente;

II - ao consumidor;

III - a bens e direitos de valor artístico, estético, histórico, turístico e paisagístico;

IV - a qualquer outro interesse difuso ou coletivo.

V - por infração da ordem econômica;

VI - à ordem urbanística.

VII - à honra e à dignidade de grupos raciais, étnicos ou religiosos.

VIII - ao patrimônio público e social.

Parágrafo único. Não será cabível ação civil pública para veicular pretensões que envolvam tributos, contribuições previdenciárias, o Fundo de Garantia do Tempo de Serviço - FGTS ou outros fundos de natureza institucional cujos beneficiários podem ser individualmente determinados.

» LEI Nº 8.137, DE 27 DE DEZEMBRO DE 1990

Crimes contra a ordem tributária, econômica e contra as relações de consumo

Art. 1° Constitui crime contra a ordem tributária suprimir ou reduzir tributo, ou contribuição social e qualquer acessório, mediante as seguintes condutas:

I - omitir informação, ou prestar declaração falsa às autoridades fazendárias;

II - fraudar a fiscalização tributária, inserindo elementos inexatos, ou omitindo operação de qualquer natureza, em documento ou livro exigido pela lei fiscal;

III - falsificar ou alterar nota fiscal, fatura, duplicata, nota de venda, ou qualquer outro documento relativo à operação tributável;

IV - elaborar, distribuir, fornecer, emitir ou utilizar documento que saiba ou deva saber falso ou inexato;

V - negar ou deixar de fornecer, quando obrigatório, nota fiscal ou documento equivalente, relativa a venda de mercadoria ou prestação de serviço, efetivamente realizada, ou fornecê-la em desacordo com a legislação.

Pena - reclusão de 2 (dois) a 5 (cinco) anos, e multa.

Parágrafo único. A falta de atendimento da exigência da autoridade, no prazo de 10 (dez) dias, que poderá ser convertido em horas em razão da maior ou menor complexidade da matéria ou da dificuldade quanto ao atendimento da exigência, caracteriza a infração prevista no inciso V.

Art. 2° Constitui crime da mesma natureza:

I - fazer declaração falsa ou omitir declaração sobre rendas, bens ou fatos, ou empregar outra fraude, para eximir-se, total ou parcialmente, de pagamento de tributo;

II - deixar de recolher, no prazo legal, valor de tributo ou de contribuição social, descontado ou cobrado, na qualidade de sujeito passivo de obrigação e que deveria recolher aos cofres públicos;

III - exigir, pagar ou receber, para si ou para o contribuinte beneficiário, qualquer percentagem sobre a parcela dedutível ou deduzida de imposto ou de contribuição como incentivo fiscal;

IV - deixar de aplicar, ou aplicar em desacordo com o estatuído, incentivo fiscal ou parcelas de imposto liberadas por órgão ou entidade de desenvolvimento;

V - utilizar ou divulgar programa de processamento de dados que permita ao sujeito passivo da obrigação tributária possuir informação contábil diversa daquela que é, por lei, fornecida à Fazenda Pública.

Pena - detenção, de 6 (seis) meses a 2 (dois) anos, e multa.

Art. 3° Constitui crime funcional contra a ordem tributária, além dos previstos no Decreto-Lei n° 2.848, de 7 de dezembro de 1940 - Código Penal (Título XI, Capítulo I):

I - extraviar livro oficial, processo fiscal ou qualquer documento, de que tenha a guarda em razão da função; sonegá-lo, ou inutilizá-lo, total ou parcialmente, acarretando pagamento indevido ou inexato de tributo ou contribuição social;

II - exigir, solicitar ou receber, para si ou para outrem, direta ou indiretamente, ainda que fora da função ou antes de iniciar seu exercício, mas em razão dela, vantagem indevida; ou aceitar promessa de tal vantagem, para deixar de lançar ou cobrar tributo ou contribuição social, ou cobrá-los parcialmente. Pena - reclusão, de 3 (três) a 8 (oito) anos, e multa.

III - patrocinar, direta ou indiretamente, interesse privado perante a administração fazendária, valendo-se da qualidade de funcionário público. Pena - reclusão, de 1 (um) a 4 (quatro) anos, e multa.

Art. 11. Quem, de qualquer modo, inclusive por meio de pessoa jurídica, concorre para os crimes definidos nesta lei, incide nas penas a estes cominadas, na medida de sua culpabilidade.

Parágrafo único. Quando a venda ao consumidor for efetuada por sistema de entrega ao consumo ou por intermédio de outro em que o preço ao consumidor é estabelecido ou sugerido pelo fabricante ou concedente, o ato por este praticado não alcança o distribuidor ou revendedor.

Art. 12. São circunstâncias que podem agravar de 1/3 (um terço) até a metade as penas previstas nos arts. 1°, 2° e 4° a 7°:

I - ocasionar grave dano à coletividade;

II - ser o crime cometido por servidor público no exercício de suas funções;

III - ser o crime praticado em relação à prestação de serviços ou ao comércio de bens essenciais à vida ou à saúde.

Art. 15. Os crimes previstos nesta lei são de ação penal pública, aplicando-se-lhes o disposto no art. 100 do Decreto-Lei n° 2.848, de 7 de dezembro de 1940 - Código Penal.

Art. 16. Qualquer pessoa poderá provocar a iniciativa do Ministério Público nos crimes descritos nesta lei, fornecendo-lhe por escrito informações sobre o fato e a autoria, bem como indicando o tempo, o lugar e os elementos de convicção.

Parágrafo único. Nos crimes previstos nesta Lei, cometidos em quadrilha ou co-autoria, o co-autor ou partícipe que através de confissão espontânea revelar à autoridade policial ou judicial toda a trama delituosa terá a sua pena reduzida de um a dois terços.

Art. 17. Compete ao Departamento Nacional de Abastecimento e Preços, quando e se necessário, providenciar a desapropriação de estoques, a fim de evitar crise no mercado ou colapso no abastecimento.

» LEI Nº 8.397, DE 6 DE JANEIRO DE 1992

Institui a medida cautelar fiscal

Art. 1° O procedimento cautelar fiscal poderá ser instaurado após a constituição do crédito, inclusive no curso da execução judicial da Dívida Ativa da União, dos Estados, do Distrito Federal, dos Municípios e respectivas autarquias.

Parágrafo único. O requerimento da medida cautelar, na hipótese dos incisos V, alínea "b", e VII, do art. 2º, independe da prévia constituição do crédito tributário.

Art. 2º A medida cautelar fiscal poderá ser requerida contra o sujeito passivo de crédito tributário ou não tributário, quando o devedor:

I - sem domicílio certo, intenta ausentar-se ou alienar bens que possui ou deixa de pagar a obrigação no prazo fixado;

II - tendo domicílio certo, ausenta-se ou tenta se ausentar, visando a elidir o adimplemento da obrigação;

III - caindo em insolvência, aliena ou tenta alienar bens;

IV - contrai ou tenta contrair dívidas que comprometam a liquidez do seu patrimônio;

V - notificado pela Fazenda Pública para que proceda ao recolhimento do crédito fiscal:

a) deixa de pagá-lo no prazo legal, salvo se suspensa sua exigibilidade;

b) põe ou tenta por seus bens em nome de terceiros;

VI - possui débitos, inscritos ou não em Dívida Ativa, que somados ultrapassem trinta por cento do seu patrimônio conhecido;

VII - aliena bens ou direitos sem proceder à devida comunicação ao órgão da Fazenda Pública competente, quando exigível em virtude de lei;

VIII - tem sua inscrição no cadastro de contribuintes declarada inapta, pelo órgão fazendário;

IX - pratica outros atos que dificultem ou impeçam a satisfação do crédito.

Art. 3° Para a concessão da medida cautelar fiscal é essencial:

I - prova literal da constituição do crédito fiscal;

II - prova documental de algum dos casos mencionados no artigo antecedente.

Art. 4° A decretação da medida cautelar fiscal produzirá, de imediato, a indisponibilidade dos bens do requerido, até o limite da satisfação da obrigação.

§ 1° Na hipótese de pessoa jurídica, a indisponibilidade recairá somente sobre os bens do ativo permanente, podendo, ainda, ser estendida aos bens do acionista controlador e aos dos que em razão do contrato social ou estatuto tenham poderes para fazer a empresa cumprir suas obrigações fiscais, ao tempo:

a) do fato gerador, nos casos de lançamento de ofício;

b) do inadimplemento da obrigação fiscal, nos demais casos.

§ 2° A indisponibilidade patrimonial poderá ser estendida em relação aos bens adquiridos a qualquer título do requerido ou daqueles que estejam ou tenham estado na função de administrador (§ 1°), desde que seja capaz de frustrar a pretensão da Fazenda Pública.

§ 3° Decretada a medida cautelar fiscal, será comunicada imediatamente ao registro público de imóveis, ao Banco Central do Brasil, à Comissão de Valores Mobiliários e às demais repartições que processem registros de transferência de bens, a fim de que, no âmbito de suas atribuições, façam cumprir a constrição judicial.

Art. 5° A medida cautelar fiscal será requerida ao Juiz competente para a execução judicial da Dívida Ativa da Fazenda Pública.

Parágrafo único. Se a execução judicial estiver em Tribunal, será competente o relator do recurso.

Art. 6° A Fazenda Pública pleiteará a medida cautelar fiscal em petição devidamente fundamentada, que indicará:

I - o Juiz a quem é dirigida;

II - a qualificação e o endereço, se conhecido, do requerido;

III - as provas que serão produzidas;

IV - o requerimento para citação.

Art. 7° O Juiz concederá liminarmente a medida cautelar fiscal, dispensada a Fazenda Pública de justificação prévia e de prestação de caução.

Parágrafo único. Do despacho que conceder liminarmente a medida cautelar caberá agravo de instrumento.

Art. 8° O requerido será citado para, no prazo de quinze dias, contestar o pedido, indicando as provas que pretenda produzir.

Parágrafo único. Conta-se o prazo da juntada aos autos do mandado:

a) de citação, devidamente cumprido;

b) da execução da medida cautelar fiscal, quando concedida liminarmente.

Art. 9° Não sendo contestado o pedido, presumir-se-ão aceitos pelo requerido, como verdadeiros, os fatos alegados pela Fazenda Pública, caso em que o Juiz decidirá em dez dias.

Parágrafo único. Se o requerido contestar no prazo legal, o Juiz designará audiência de instrução e julgamento, havendo prova a ser nela produzida.

Art. 10. A medida cautelar fiscal decretada poderá ser substituída, a qualquer tempo, pela prestação de garantia correspondente ao valor da prestação da Fazenda Pública, na forma do art. 9° da Lei n° 6.830, de 22 de setembro de 1980.

Parágrafo único. A Fazenda Pública será ouvida necessariamente sobre o pedido de substituição, no prazo de cinco dias, presumindo-se da omissão a sua aquiescência.

Art. 11. Quando a medida cautelar fiscal for concedida em procedimento preparatório, deverá a Fazenda Pública propor a execução judicial da Dívida Ativa no prazo de sessenta dias, contados da data em que a exigência se tornar irrecorrível na esfera administrativa.

Art. 12. A medida cautelar fiscal conserva a sua eficácia no prazo do artigo antecedente e na pendência do processo de execução judicial da Dívida Ativa, mas pode, a qualquer tempo, ser revogada ou modificada.

Parágrafo único. Salvo decisão em contrário, a medida cautelar fiscal conservará sua eficácia durante o período de suspensão do crédito tributário ou não tributário.

Art. 13. Cessa a eficácia da medida cautelar fiscal:

I - se a Fazenda Pública não propuser a execução judicial da Dívida Ativa no prazo fixado no art. 11 desta lei;

II - se não for executada dentro de trinta dias;

III - se for julgada extinta a execução judicial da Dívida Ativa da Fazenda Pública;

IV - se o requerido promover a quitação do débito que está sendo executado.

Parágrafo único. Se, por qualquer motivo, cessar a eficácia da medida, é defeso à Fazenda Pública repetir o pedido pelo mesmo fundamento.

Art. 14. Os autos do procedimento cautelar fiscal serão apensados aos do processo de execução judicial da Dívida Ativa da Fazenda Pública.

Art. 15. O indeferimento da medida cautelar fiscal não obsta a que a Fazenda Pública intente a execução judicial da Dívida Ativa, nem influi no julgamento desta, salvo se o Juiz, no procedimento cautelar fiscal, acolher alegação de pagamento, de compensação, de transação, de remissão, de prescrição ou decadência, de conversão do depósito em renda, ou qualquer outra modalidade de extinção da pretensão deduzida.

Art. 16. Ressalvado o disposto no art. 15, a sentença proferida na medida cautelar fiscal não faz coisa julgada, relativamente à execução judicial da Dívida Ativa da Fazenda Pública.

Art. 17. Da sentença que decretar a medida cautelar fiscal caberá apelação, sem efeito suspensivo, salvo se o requerido oferecer garantia na forma do art. 10 desta lei.

Art. 18. As disposições desta lei aplicam-se, também, ao crédito proveniente das contribuições sociais previstas no art. 195 da Constituição Federal.

Art. 19. Esta lei entra em vigor na data de sua publicação.

Art. 20. Revogam-se as disposições em contrário.

» LEI N° 9.249, DE 26 DE DEZEMBRO DE 1995

Art. 34. Extingue-se a punibilidade dos crimes definidos na Lei n° 8.137, de 27 de dezembro de 1990, e na Lei n° 4.729, de 14 de julho de 1965, quando o agente promover o pagamento do tributo ou contribuição social, inclusive acessórios, antes do recebimento da denúncia.

» LEI N° 10.684, DE 30 DE MAIO DE 2003

Art. 9° É suspensa a pretensão punitiva do Estado, referente aos crimes previstos nos arts. 1° e 2° da Lei no 8.137, de 27 de dezembro de 1990, e nos arts. 168A e 337A do Decreto-Lei no 2.848, de 7 de dezembro de 1940 - Código Penal, durante o período em que a pessoa jurídica relacionada com o agente dos aludidos crimes estiver incluída no regime de parcelamento.

§ 1° A prescrição criminal não corre durante o período de suspensão da pretensão punitiva.

§ 2° Extingue-se a punibilidade dos crimes referidos neste artigo quando a pessoa jurídica relacionada com o agente efetuar o pagamento integral dos débitos oriundos de tributos e contribuições sociais, inclusive acessórios.

» LEI Nº 12.016, DE 7 DE AGOSTO

Disciplina o mandado de segurança individual e coletivo

Art. 1º Conceder-se-á mandado de segurança para proteger direito líquido e certo, não amparado por habeas corpus ou habeas data, sempre que, ilegalmente ou com abuso de poder, qualquer pessoa física ou jurídica sofrer violação ou houver justo receio de sofrê-la por parte de autoridade, seja de que categoria for e sejam quais forem as funções que exerça.

§ 1º Equiparam-se às autoridades, para os efeitos desta Lei, os representantes ou órgãos de partidos políticos e os administradores de entidades autárquicas, bem como os dirigentes de pessoas jurídicas ou as pessoas naturais no exercício de atribuições do poder público, somente no que disser respeito a essas atribuições.

§ 2º Não cabe mandado de segurança contra os atos de gestão comercial praticados pelos administradores de empresas públicas, de sociedade de economia mista e de concessionárias de serviço público.

§ 3º Quando o direito ameaçado ou violado couber a várias pessoas, qualquer delas poderá requerer o mandado de segurança.

Art. 2º Considerar-se-á federal a autoridade coatora se as consequências de ordem patrimonial do ato contra o qual se requer o mandado houverem de ser suportadas pela União ou entidade por ela controlada.

Art. 3º O titular de direito líquido e certo decorrente de direito, em condições idênticas, de terceiro poderá impetrar mandado de segurança a favor do direito originário, se o seu titular não o fizer, no prazo de 30 (trinta) dias, quando notificado judicialmente.

Parágrafo único. O exercício do direito previsto no caput deste artigo submete-se ao prazo fixado no art. 23 desta Lei, contado da notificação.

Art. 4º Em caso de urgência, é permitido, observados os requisitos legais, impetrar mandado de segurança por telegrama, radiograma, fax ou outro meio eletrônico de autenticidade comprovada.

§ 1º Poderá o juiz, em caso de urgência, notificar a autoridade por telegrama, radiograma ou outro meio que assegure a autenticidade do documento e a imediata ciência pela autoridade.

§ 2º O texto original da petição deverá ser apresentado nos 5 (cinco) dias úteis seguintes.

§ 3º Para os fins deste artigo, em se tratando de documento eletrônico, serão observadas as regras da Infra-Estrutura de Chaves Públicas Brasileira - ICP-Brasil.

Art. 5º Não se concederá mandado de segurança quando se tratar:

I - de ato do qual caiba recurso administrativo com efeito suspensivo, independentemente de caução;

II - de decisão judicial da qual caiba recurso com efeito suspensivo;

III - de decisão judicial transitada em julgado.

Parágrafo único. (VETADO)

Art. 6º A petição inicial, que deverá preencher os requisitos estabelecidos pela lei processual, será apresentada em 2 (duas) vias com os documentos que instruírem a primeira reproduzidos na segunda e indicará, além da autoridade coatora, a pessoa jurídica que esta integra, à qual se acha vinculada ou da qual exerce atribuições.

§ 1º No caso em que o documento necessário à prova do alegado se ache em repartição ou estabelecimento público ou em poder de autoridade que se recuse a fornecê-lo por certidão ou de terceiro, o juiz ordenará, preliminarmente, por ofício, a exibição desse documento em original ou em cópia autêntica e marcará, para o cumprimento da ordem, o prazo de 10 (dez) dias. O escrivão extrairá cópias do documento para juntá-las à segunda via da petição.

§ 2º Se a autoridade que tiver procedido dessa maneira for a própria coatora, a ordem far-se-á no próprio instrumento da notificação.

§ 3º Considera-se autoridade coatora aquela que tenha praticado o ato impugnado ou da qual emane a ordem para a sua prática.

§ 4º (VETADO)

§ 5º Denega-se o mandado de segurança nos casos previstos pelo art. 267 da Lei no 5.869, de 11 de janeiro de 1973 - Código de Processo Civil.

§ 6º O pedido de mandado de segurança poderá ser renovado dentro do prazo decadencial, se a decisão denegatória não lhe houver apreciado o mérito.

Art. 7º Ao despachar a inicial, o juiz ordenará:

I - que se notifique o coator do conteúdo da petição inicial, enviando-lhe a segunda via apresentada com as cópias dos documentos, a fim de que, no prazo de 10 (dez) dias, preste as informações;

II - que se dê ciência do feito ao órgão de representação judicial da pessoa jurídica interessada, enviando-lhe cópia da inicial sem documentos, para que, querendo, ingresse no feito;

III - que se suspenda o ato que deu motivo ao pedido, quando houver fundamento relevante e do ato impugnado puder resultar a ineficácia da medida, caso seja finalmente deferida, sendo facultado exigir do impetrante caução, fiança ou depósito, com o objetivo de assegurar o ressarcimento à pessoa jurídica.

§ 1º Da decisão do juiz de primeiro grau que conceder ou denegar a liminar caberá agravo de instrumento, observado o disposto na Lei no 5.869, de 11 de janeiro de 1973 - Código de Processo Civil.

§ 2º Não será concedida medida liminar que tenha por objeto a compensação de créditos tributários, a entrega de mercadorias e bens provenientes do exterior, a reclassificação ou equiparação de servidores públicos e a concessão de aumento ou a extensão de vantagens ou pagamento de qualquer natureza.

§ 3º Os efeitos da medida liminar, salvo se revogada ou cassada, persistirão até a prolação da sentença.

§ 4º Deferida a medida liminar, o processo terá prioridade para julgamento.

§ 5º As vedações relacionadas com a concessão de liminares previstas neste artigo se estendem à tutela antecipada a que se referem os arts. 273 e 461 da Lei no 5.869, de 11 janeiro de 1973 - Código de Processo Civil.

Art. 8º Será decretada a perempção ou caducidade da medida liminar ex officio ou a requerimento do Ministério Público quando, concedida a medida, o impetrante criar obstáculo ao normal andamento do processo ou deixar de promover, por mais de 3 (três) dias úteis, os atos e as diligências que lhe cumprirem.

Art. 9º As autoridades administrativas, no prazo de 48 (quarenta e oito) horas da notificação da medida liminar, remeterão ao Ministério ou órgão a que se acham subordinadas e ao Advogado-Geral da União ou a quem tiver a representação judicial da União, do Estado, do Município ou da entidade apontada como coatora cópia autenticada do mandado notificatório, assim como indicações e elementos outros necessários às providências a serem tomadas para a eventual suspensão da medida e defesa do ato apontado como ilegal ou abusivo de poder.

Art. 10. A inicial será desde logo indeferida, por decisão motivada, quando não for o caso de mandado de segurança ou lhe faltar algum dos requisitos legais ou quando decorrido o prazo legal para a impetração.

§ 1º Do indeferimento da inicial pelo juiz de primeiro grau caberá apelação e, quando a competência para o julgamento do mandado de segurança couber originariamente a um dos tribunais, do ato do relator caberá agravo para o órgão competente do tribunal que integre.

§ 2º O ingresso de litisconsorte ativo não será admitido após o despacho da petição inicial.

Art. 11. Feitas as notificações, o serventuário em cujo cartório corra o feito juntará aos autos cópia autêntica dos ofícios endereçados ao coator e ao órgão de representação judicial da pessoa jurídica interessada, bem como a prova da entrega a estes ou da sua recusa em aceitá-los ou dar recibo e, no caso do art. 4º desta Lei, a comprovação da remessa.

Art. 12. Findo o prazo a que se refere o inciso I do caput do art. 7º desta Lei, o juiz ouvirá o representante do Ministério Público, que opinará, dentro do prazo improrrogável de 10 (dez) dias.

Parágrafo único. Com ou sem o parecer do Ministério Público, os autos serão conclusos ao juiz, para a decisão, a qual deverá ser necessariamente proferida em 30 (trinta) dias.

Art. 13. Concedido o mandado, o juiz transmitirá em ofício, por intermédio do oficial do juízo, ou pelo correio, mediante correspondência com aviso de recebimento, o inteiro teor da sentença à autoridade coatora e à pessoa jurídica interessada.

Parágrafo único. Em caso de urgência, poderá o juiz observar o disposto no art. 4º desta Lei.

Art. 14. Da sentença, denegando ou concedendo o mandado, cabe apelação.

§ 1º Concedida a segurança, a sentença estará sujeita obrigatoriamente ao duplo grau de jurisdição.

§ 2º Estende-se à autoridade coatora o direito de recorrer.

§ 3º A sentença que conceder o mandado de segurança pode ser executada provisoriamente, salvo nos casos em que for vedada a concessão da medida liminar.

§ 4º O pagamento de vencimentos e vantagens pecuniárias assegurados em sentença concessiva de mandado de segurança a servidor público da administração direta ou autárquica federal, estadual e municipal somente será efetuado relativamente às prestações que se vencerem a contar da data do ajuizamento da inicial.

Art. 15. Quando, a requerimento de pessoa jurídica de direito público interessada ou do Ministério Público e para evitar grave lesão à ordem, à saúde, à segurança e à economia públicas, o presidente do tribunal ao qual couber o conhecimento do respectivo recurso suspender, em decisão fundamentada, a execução da liminar e da sentença, dessa decisão caberá agravo, sem efeito suspensivo, no prazo de 5 (cinco) dias, que será levado a julgamento na sessão seguinte à sua interposição.

§ 1º Indeferido o pedido de suspensão ou provido o agravo a que se refere o caput deste artigo, caberá novo pedido de suspensão ao presidente do tribunal competente para conhecer de eventual recurso especial ou extraordinário.

§ 2º É cabível também o pedido de suspensão a que se refere o § 1º deste artigo, quando negado provimento a agravo de instrumento interposto contra a liminar a que se refere este artigo.

§ 3º A interposição de agravo de instrumento contra liminar concedida nas ações movidas contra o poder público e seus agentes não prejudica nem condiciona o julgamento do pedido de suspensão a que se refere este artigo.

§ 4º O presidente do tribunal poderá conferir ao pedido efeito suspensivo liminar se constatar, em juízo prévio, a plausibilidade do direito invocado e a urgência na concessão da medida.

§ 5º As liminares cujo objeto seja idêntico poderão ser suspensas em uma única decisão, podendo o presidente do tribunal estender os efeitos da suspensão a liminares supervenientes, mediante simples aditamento do pedido original.

Art. 16. Nos casos de competência originária dos tribunais, caberá ao relator a instrução do processo, sendo assegurada a defesa oral na sessão do julgamento.

Parágrafo único. Da decisão do relator que conceder ou denegar a medida liminar caberá agravo ao órgão competente do tribunal que integre.

Art. 17. Nas decisões proferidas em mandado de segurança e nos respectivos recursos, quando não publicado, no prazo de 30 (trinta) dias, contado da data do julgamento, o acórdão será substituído pelas respectivas notas taquigráficas, independentemente de revisão.

Art. 18. Das decisões em mandado de segurança proferidas em única instância pelos tribunais cabe recurso especial e extraordinário, nos casos legalmente previstos, e recurso ordinário, quando a ordem for denegada.

Art. 19. A sentença ou o acórdão que denegar mandado de segurança, sem decidir o mérito, não impedirá que o requerente, por ação própria, pleiteie os seus direitos e os respectivos efeitos patrimoniais.

Art. 20. Os processos de mandado de segurança e os respectivos recursos terão prioridade sobre todos os atos judiciais, salvo habeas corpus.

§ 1º Na instância superior, deverão ser levados a julgamento na primeira sessão que se seguir à data em que forem conclusos ao relator.

§ 2º O prazo para a conclusão dos autos não poderá exceder de 5 (cinco) dias.

Art. 21. O mandado de segurança coletivo pode ser impetrado por partido político com representação no Congresso Nacional, na defesa de seus interesses legítimos relativos a seus integrantes ou à finalidade partidária, ou por organização sindical, entidade de classe ou associação legalmente constituída e em funcionamento há, pelo menos, 1 (um) ano, em defesa de direitos líquidos e certos da totalidade, ou de parte, dos seus membros ou associados, na forma dos seus estatutos e desde que pertinentes às suas finalidades, dispensada, para tanto, autorização especial.

Parágrafo único. Os direitos protegidos pelo mandado de segurança coletivo podem ser:

I - coletivos, assim entendidos, para efeito desta Lei, os transindividuais, de natureza indivisível, de que seja titular grupo ou categoria de pessoas ligadas entre si ou com a parte contrária por uma relação jurídica básica;

II - individuais homogêneos, assim entendidos, para efeito desta Lei, os decorrentes de origem comum e da atividade ou situação específica da totalidade ou de parte dos associados ou membros do impetrante.

Art. 22. No mandado de segurança coletivo, a sentença fará coisa julgada limitadamente aos membros do grupo ou categoria substituídos pelo impetrante.

§ 1º O mandado de segurança coletivo não induz litispendência para as ações individuais, mas os efeitos da coisa julgada não beneficiarão o impetrante a título individual se não requerer a desistência de seu mandado de segurança no prazo de 30 (trinta) dias a contar da ciência comprovada da impetração da segurança coletiva.

§ 2º No mandado de segurança coletivo, a liminar só poderá ser concedida após a audiência do representante judicial da pessoa jurídica de direito público, que deverá se pronunciar no prazo de 72 (setenta e duas) horas.

Art. 23. O direito de requerer mandado de segurança extinguir-se-á decorridos 120 (cento e vinte) dias, contados da ciência, pelo interessado, do ato impugnado.

Art. 24. Aplicam-se ao mandado de segurança os arts. 46 a 49 da Lei no 5.869, de 11 de janeiro de 1973 - Código de Processo Civil.

Art. 25. Não cabem, no processo de mandado de segurança, a interposição de embargos infringentes e a condenação ao pagamento dos honorários advocatícios, sem prejuízo da aplicação de sanções no caso de litigância de má-fé.

Art. 26. Constitui crime de desobediência, nos termos do art. 330 do Decreto-Lei no 2.848, de 7 de dezembro de 1940, o não cumprimento das decisões proferidas em mandado de segurança, sem prejuízo das sanções administrativas e da aplicação da Lei no 1.079, de 10 de abril de 1950, quando cabíveis.

Art. 27. Os regimentos dos tribunais e, no que couber, as leis de organização judiciária deverão ser adaptados às disposições desta Lei no prazo de 180 (cento e oitenta) dias, contado da sua publicação.

Art. 28. Esta Lei entra em vigor na data de sua publicação.

Art. 29. Revogam-se as Leis nos 1.533, de 31 de dezembro de 1951, 4.166, de 4 de dezembro de 1962, 4.348, de 26 de junho de 1964, 5.021, de 9 de junho de 1966; o art. 3º da Lei no 6.014, de 27 de dezembro de 1973, o art. 1º da Lei no 6.071, de 3 de julho de 1974, o art. 12 da Lei no 6.978, de 19 de janeiro de 1982, e o art. 2º da Lei no 9.259, de 9 de janeiro de 1996.

8. QUESTÕES FUNDAMENTADAS

1. **(FGV – Exame de Ordem 2018.2)** Em execução fiscal ajuizada pela União, a contribuinte ABC ofereceu seguro-garantia para garantir a execução, correspondente ao valor da dívida, acrescido de juros, multa de mora e encargos indicados na Certidão de Dívida Ativa. Por meio de publicação no órgão oficial, a União foi instada a se manifestar quanto à garantia oferecida pela executada, deixando de se manifestar no prazo que lhe foi assinalado. Diante disso, assinale a afirmativa correta.

a) Não é possível o oferecimento de seguro-garantia para garantir a execução fiscal. No entanto, a intimação da União por meio de publicação no órgão da imprensa oficial foi regular.

b) É possível o oferecimento de seguro-garantia para garantir a execução fiscal, tendo sido regular a intimação da União por meio de publicação no órgão da imprensa oficial.

c) Não é possível o oferecimento de seguro-garantia para garantir a execução fiscal, nem a intimação da União por meio de publicação no órgão oficial, pois qualquer intimação ao representante judicial da Fazenda Pública deve ser feita por carta registrada com aviso de recebimento.

d) É possível o oferecimento de seguro-garantia para garantir a execução fiscal, porém, na execução fiscal, qualquer intimação ao representante judicial da Fazenda Pública será feita pessoalmente.

2. **(Procurador do Município – Prefeitura Florianópolis-SC/2011 – FEPESE)** A medida cautelar fiscal é um procedimento de titularidade da Fazenda Pública, com objetivo de decretar a indisponibilidade de bens e direitos do sujeito passivo da obrigação tributária, inclusive no curso da execução judicial, nos termos da Lei nº 8.397, de 6 de janeiro de 1992.

Da sentença que decretar a medida cautelar fiscal, sem a prestação de garantia pelo sujeito passivo, caberá:

a) Agravo, com efeito suspensivo.

b) Apelação, com efeito suspensivo.

c) Apelação, sem efeito suspensivo.

d) Recurso voluntário, com efeito suspensivo.

e) Recurso voluntário, sem efeito suspensivo.

3. **(Procurador do Município – Prefeitura Florianópolis-SC/2011 – FEPESE)** Acerca da cobrança judicial da Dívida Ativa da Fazenda Pública, regida pela Lei nº 6.830, de 22 de setembro de 1980, somente uma afirmação não pode ser feita. Identifique-a.

a) A Fazenda Pública pode recusar a substituição do bem penhorado por precatório.

b) A citação por edital na execução fiscal é cabível quando frustradas as demais modalidades.

c) Em execução fiscal, a prescrição não pode ser decretada de ofício, mesmo se ocorrida antes da propositura da ação.

d) Presume-se dissolvida irregularmente a empresa que deixar de funcionar no seu domicílio fiscal, sem comunicação aos órgãos competentes, legitimando o redirecionamento da execução fiscal para o sócio-gerente.

e) Em execução fiscal, não localizados bens penhoráveis, suspende-se o processo por um ano, findo o qual se inicia o prazo da prescrição quinquenal intercorrente.

4. **(Procurador do Município – Prefeitura Florianópolis-SC/2011 – FEPESE)** Em matéria de processo tributário, assinale a alternativa incorreta.

a) É cabível a impetração de mandado de segurança para convalidar a compensação tributária realizada pelo contribuinte.

b) É inconstitucional a exigência de depósito prévio como requisito de admissibilidade de ação judicial na qual se pretenda discutir a exigibilidade de crédito tributário.

c) O contribuinte pode optar por receber, por meio de precatório ou por compensação, o indébito tributário certificado por sentença declaratória transitada em julgado.

d) A exceção de pré-executividade é admissível na execução fiscal relativamente às matérias conhecíveis de ofício que não demandem dilação probatória.

e) O mandado de segurança constitui ação adequada para a declaração do direito à compensação tributária.

5. **(Procurador do Município – Prefeitura Teresina-PI/2010 – FCC)** Sobre o processo judicial tributário é correto afirmar que

a) o executado na execução fiscal deve ser citado para, no prazo de três dias, pagar ou oferecer bens à penhora.

b) a execução fiscal deve ser proposta no prazo prescricional cujo lapso de cinco anos deve ocorrer entre a constituição definitiva do crédito tributário e o despacho do juiz que ordena a citação.

c) a ação para repetição do indébito deve ser proposta no prazo de cinco anos, contados a partir da extinção do crédito tributário que só ocorre, nos tributos com autolançamento, com a homologação expressa ou tácita.

d) a ação declaratória tem por objetivo a exclusão do crédito tributário já constituído, sendo de iniciativa do sujeito passivo.

e) a ação anulatória de débito fiscal admite concessão de liminar para suspender a exigibilidade da obrigação tributária até decisão final, quando a mesma será anulada se julgado procedente o pedido anulatório.

6. (CESPE – Juiz Federal Substituto 1ª região/2011) Determinado contribuinte reside em área situada na fronteira entre dois municípios, não sendo muito bem delineada, naquela localidade, a separação geográfica entre as duas municipalidades. Em razão dessa circunstância, ocorreu de ele ter sido notificado pelas duas fazendas municipais para pagar o IPTU.

Nesse caso, deve o contribuinte

a) pagar a totalidade dos impostos e ajuizar, contra cada município, ação de repetição de indébito de metade do valor do IPTU.

b) omitir-se de pagar o imposto perante as duas fazendas, uma vez que o caso configura bitributação.

c) ajuizar ação de consignação em pagamento.

d) pagar metade de cada um dos impostos e ajuizar pedido de revisão de valor do IPTU junto aos dois municípios.

e) interpor recurso junto aos dois municípios para que eles definam a qual deles pertence a área em questão.

7. (CESPE – Juiz de Direito Substituto-ES/2012) Acerca do processo judicial tributário, assinale a opção correta.

a) Na ação de consignação em pagamento, ao fazer o depósito, o contribuinte livra-se dos efeitos da mora e pode discutir toda e qualquer questão sobre a dívida tributária.

b) A ação de consignação em pagamento é via adequada para discussão de pagamentos feitos a maior ou a menor, o que se fundamenta na ideia de que é defeso o enriquecimento sem causa.

c) Na ação anulatória de débito fiscal, cujo fundamento é a revisão do ato declarativo da dívida, é cabível o pedido de tutela antecipada, sendo o polo passivo identificado a partir do tributo que for objeto da lide.

d) Por ter *status* de remédio constitucional, o mandado de segurança em matéria tributária é cabível, em razão dos princípios norteadores do direito tributário, ainda que não tenham sido preenchidos os requisitos formais mínimos para a sua impetração.

e) Dispensa-se a prova do erro, quando for pago um tributo maior que o devido, bastando ao sujeito passivo provar o pagamento sem causa jurídica, caso em que o fisco não pode impor qualquer empecilho à restituição da diferença entre o valor devido e o efetivamente pago.

8. (Vunesp – Juiz de Direito Substituto – RJ/2011) Considerando-se a cobrança a maior, de tributo lançado de ofício, em face da legislação tributária aplicável ou da natureza ou circunstâncias materiais do fato gerador efetivamente ocorrido, o direito de pleitear a restituição extingue-se, de acordo com o Código Tributário Nacional, com o decurso do prazo de 5 anos contados da

a) constituição da obrigação tributária à qual corresponda o direito.

b) extinção do crédito tributário.

c) data em que se tornar definitiva a decisão administrativa.

d) data em que passar em julgado a decisão judicial que tenha reformado, anulado ou rescindido a decisão condenatória.

9. (Vunesp – Juiz de Direito Substituto – RJ/2011) A ação anulatória da decisão administrativa que denegar a restituição de tributo pago indevidamente

a) decai em 5 anos.

b) prescreve em 5 anos.

c) decai em 3 anos.

d) prescreve em 2 anos.

10. **(CESPE - Juiz de Direito Substituto - AC/2012)** Considerando os meios previstos na legislação tributária para assegurar ao contribuinte a possibilidade de opor-se às exigências fiscais, bem como os requisitos relacionados a tais exigências, assinale a opção correta.

a) O depósito prévio do valor cobrado é condição para que, antes da execução fiscal, o sujeito passivo provoque a atividade jurisdicional, contestando a pretensão da fazenda pública.

b) Caso a fazenda pública se negue a receber, em parcelas, o crédito tributário, principal e acessório, caberá a proposição de ação de consignação em pagamento.

c) Tratando-se de ação de repetição de indébito de taxa cobrada mensalmente e a mesmo título, é necessário juntar ao processo, na fase de conhecimento, todos os comprovantes de recolhimento da taxa.

d) Cabe interposição de mandado de segurança caso o contribuinte pretenda obter declaração do direito à compensação das importâncias pagas, a maior, a título de tributo.

e) O ajuizamento de ação anulatória acompanhada de depósito do valor cobrado não impede a fazenda pública de proceder à execução fiscal e, no caso de a execução ocorrer, a penhora recai sobre o montante depositado, o que possibilita a conversão do valor em renda.

11. **(MPE-PB - Promotor de Justiça - PB/2011)** São espécies de procedimentos administrativos, exceto:

a) Repetição de indébito.

b) Execução fiscal.

c) Parcelamento de débito.

d) Reconhecimento de direitos.

e) (Abstenção de resposta - Seção VIII, item 11, do Edital do Concurso).

12. **(ESAF - Procurador da Fazenda Nacional/2012)** A cobrança judicial da dívida ativa da Fazenda Pública é feita com base na Lei n. 6.830/80. Com base nesta lei, julgue os itens a seguir, para então assinalar a opção que corresponda às suas respostas.

I. Se da decisão que ordenar o arquivamento dos autos do processo de execução fiscal, seja por não ter sido encontrado o devedor, seja pela ausência de bens penhoráveis, tiver decorrido o prazo prescricional, o juiz, depois de ouvida a Fazenda Pública, poderá, de ofício, reconhecer a prescrição intercorrente e decretá-la de imediato.

II. Na execução fiscal, como regra, qualquer intimação ao representante judicial da Fazenda Pública será feita pessoalmente.

III. A Fazenda Pública poderá adjudicar os bens penhorados antes ou depois do respectivo leilão, e seu representante legal será intimado pessoalmente antes da realização deste.

IV. O processo administrativo correspondente à inscrição de Dívida Ativa, à execução fiscal ou à ação proposta contra a Fazenda Pública será mantido na repartição competente, dele se extraindo as cópias autenticadas ou certidões, que forem requeridas pelas partes ou requisitadas pelo Juiz ou pelo Ministério Público.

V. Se antes da decisão de primeira instância a inscrição de Divida Ativa for, a qualquer título, cancelada, a execução fiscal será extinta, sem qualquer ônus para as partes.

Estão corretos apenas os itens:

a) I, III, IV e V.

b) III, IV e V.

c) I, II e V.

d) I e IV.

e) todos os itens estão corretos.

13. **(FMP - Procurador do Estado - AC/2012)** Dadas as assertivas abaixo, assinale a alternativa correta.

I. De acordo com o entendimento do STJ, o contribuinte pode optar por receber, por meio de precatório ou por compensação, o indébito tributário certificado por sentença declaratória transitada em julgado.

II. Conforme entendimento do STJ é incabível o mandado de segurança para convalidar a compensação tributária realizada pelo contribuinte.

III. O ajuizamento da ação anulatória de auto de lançamento não prescinde do depósito prévio do montante integral do crédito tributário.

IV. O mandado de segurança constitui ação adequada para a declaração do direito à compensação tributária.

a) Estão corretas apenas as assertivas I e II.

b) Estão corretas apenas as assertivas II e III.

c) Estão corretas apenas as assertivas II, III e IV.

d) Estão corretas apenas as assertivas I, II e IV.

14. (FCC – Procurador do Estado – SP/2012) Ao ser citado para responder à execução fiscal, no dia 10/10/11, diante da inexistência de bens para oferecer à penhora, "Cicrano", por seu advogado, no dia 10/01/12, por simples petição, sem a observância dos requisitos de uma petição inicial, interpôs exceção de pré-executividade. Seu principal argumento reside em prova testemunhal que seria capaz de atestar a não realização de determinada operação comercial tributada. Ao final da petição de exceção, postulou pela produção de prova oral e ofertou o rol de testemunhas. A exceção foi encaminhada ao juízo competente. Diante desse contexto, observando a doutrina e a jurisprudência majoritárias, a exceção deve ser

a) recebida e, após a oitiva das testemunhas, deve ser julgada.

b) rejeitada, já que desrespeitou os requisitos de uma petição inicial.

c) rejeitada, já que foi oposta intempestivamente.

d) rejeitada, já que é inadmissível a dilação probatória no rito de tal instrumento processual.

e) recebida e processada nos moldes dos embargos à execução fiscal, regulados pela Lei nº 6.830/80.

15. (FCC/PGE/AM/Procurador/2010) Empresa "Promo" foi autuada em relação a uma exigência do ICMS, apresentando recurso administrativo, protocolado em 05 de março de 2010, no qual pleiteia o cancelamento da autuação com base em determinado fundamento. Em 25 de maio de 2010, com base em argumento idêntico, ingressa com ação anulatória perante a Justiça Estadual para cancelar a exigência tributária questionada administrativamente, muito embora ainda não tenha sido proferida nenhuma decisão administrativa. Com base nesse cenário,

a) o contribuinte está impedido de ingressar na via judicial, pois ainda aguarda decisão administrativa.

b) a opção pela via judicial não implica em renúncia à via administrativa, uma vez que os fundamentos jurídicos são relevantes.

c) a opção pela via judicial implica renúncia à via administrativa, considerando que a lide versa sobre a mesma situação fática e fundamento legal.

d) a opção pela via judicial garantirá ao contribuinte escolher entre a decisão administrativa ou judicial, aplicando-se a que lhe for mais benéfica.

e) valerá a decisão que for primeiro proferida, não se aplicando a decisão posterior.

16. (CESPE – Procurador do Ministério Público junto ao TCDF/2013) No que tange à legislação tributária, à obrigação tributária, ao crédito tributário e à administração tributária, julgue os itens seguintes.

- É sólido o entendimento jurisprudencial no sentido de que é possível ao juiz reconhecer, de ofício, a nulidade da certidão de dívida ativa ou facultar à fazenda pública, a fim de suprir erro formal, a substituição ou emenda do título executivo até a prolação da sentença dos embargos à execução fiscal, em observância ao princípio da economia processual.

17. (CESPE – Defensor Público – DF/ 2013) No que se refere à obrigação tributária e ao processo judicial tributário, julgue os seguintes itens.

- O locatário do imóvel tem legitimidade ativa para propor ação de repetição de indébito de IPTU.

18. (CESPE – Defensor Público – DF/ 2013) Julgue os próximos itens, relativos ao crédito tributário.

- Conforme entendimento do STJ, a ação de consignação em pagamento é via adequada para se forçar a concessão do parcelamento de crédito tributário e discutir a exigibilidade e extensão desse crédito.

19. (CESPE – Procurador Federal/2013) De acordo com as normas relativas a parcelamento, cautelar fiscal e repetição de tributos, julgue os itens que se seguem.

- Há hipóteses em que é permitido à administração tributária ajuizar medida cautelar fiscal sem a prévia constituição de crédito tributário.

20. (CESPE – Juiz de Direito Substituto – RN/2013) Assinale a opção correta no que se refere ao processo judicial tributário.

a) Tanto o contribuinte quanto o responsável tributário têm direito à restituição total ou parcial do tributo pago a maior, tendo recentemente o STJ conferido legitimidade ativa ao locatário para manejar a ação de repetição de indébito de IPTU, desde que seja destinatário do carnê.

b) É possível a conexão entre ação anulatória e execução fiscal, em virtude da relação de prejudicialidade existente entre tais demandas, recomendando-se a reunião dos feitos, mesmo que o reconhecimento da conexão afaste a competência de uma vara especializada em razão da matéria.

c) Não sendo localizados bens nas ações de execuções fiscais, suspende-se o processo por um ano, iniciando-se ao final deste o prazo de prescrição quinquenal intercorrente, e podendo o juiz pronunciá-la de ofício, independentemente da oitiva da fazenda pública.

d) A competência para processar e julgar a execução da dívida ativa não se desloca para o juízo universal da sucessão em caso de morte do executado no curso da execução fiscal, sujeitando- se, contudo, a cobrança judicial do crédito tributário a concurso de credores nas hipóteses de falência e recuperação judicial.

e) O prazo para oposição de embargos no processo de execução fiscal é de trinta dias e se inicia a partir da intimação da penhora, e não da juntada do mandado, devendo o oficial de justiça, sob pena de nulidade, advertir o devedor, de modo expresso, de que o prazo deve ser contado daquele ato.

GABARITO

Questão	Resposta	Fundamentação
1	D	Lei 6.830/80, art. 9º, II e 25
2	C	Lei 8.397/92, art. 17
3	C	STJ, Súmula 409
4	A	STJ, Súmula 460
5	B	CTN, art. 174, parágrafo único, I
6	C	CTN, art. 164, III
7	E	CTN, art. 165
8	B	CTN, art. 168, I
9	D	CTN, art. 169
10	D	STJ, Súmula 213
11	B	Lei 6.830/80, art. 1º
12	E	Lei 6.830/80, arts. 40, § 4º, 25, 24, 22, § 2º, 41 e 26
13	D	STJ, Súmulas 461, 460 e 213
14	D	STJ, Súmula 393
15	C	Lei 6.830/80, art. 38, parágrafo único
16	Certo	STJ, Súmula 392
17	Errado	STJ, AgRg no AgRg no AREsp 143.631
18	Errado	STJ, AgRg no REsp 1.270.034-RS
19	Certo	Lei 8.397/92, art. 1º, parágrafo único
20	E	STJ, REsp 362.516/RS

9. MEU RESUMO PARA MEMORIZAÇÃO

» *Futuro(a) Juiz(a), Membro do Ministério Público, Procurador(a), Auditor(a) Fiscal, ou Servidor(a) de Outras Carreiras Públicas, agora é hora de se concentrar.*

» *Sem nenhuma consulta ao capítulo, por favor, faça um breve resumo a seguir. Neste momento, é importante que elabore esquemas e gráficos, para condensar e memorizar a matéria já estudada e, ainda, utilizar esses resumos para revisar os pontos uma semana antes da prova. Use o espaço cuidadosamente, deixando-o como o seu "caderninho de anotações pessoais".*

9.1. Quais os pontos que eu aprendi ao longo do capítulo que considero mais importantes?

EXECUÇÃO FISCAL:

MEDIDA CAUTELAR FISCAL:

EMBARGOS À EXECUÇÃO FISCAL:

EXCEÇÃO DE PRÉ-EXECUTIVIDADE:

AÇÃO ANULATÓRIA DE DÉBITO FISCAL:

AÇÃO DECLARATÓRIA DE INEXISTÊNCIA DE RELAÇÃO JURÍDICO-TRIBUTÁRIA:

MANDADO DE SEGURANÇA:

AÇÃO DE REPETIÇÃO DE INDÉBITO:

CONSIGNAÇÃO EM PAGAMENTO:

CRIME DE APROPRIAÇÃO INDÉBITA PREVIDENCIÁRIA:

CRIMES CONTRA A ORDEM TRIBUTÁRIA:

PROCESSO JUDICIAL
TRIBUTÁRIO E DIREITO PENAL TRIBUTÁRIO
segue vídeo abaixo:

https://youtu.be/UQPyXc8-gdk

Capítulo XVII

REVISÃO FINAL

Segue uma breve revisão dos capítulos com enfoque na essência normativa e conceitual dos principais institutos jurídicos abordados no livro. A sua leitura não dispensa o estudo atento dos capítulos, a resolução das questões propostas e o constante acompanhamento das atualizações da jurisprudência, mas, pode ser de boa valia para uma revisão em retas finais de preparação para as provas. Na sequência, com o mesmo objetivo, está disponibilizado um simulado com questões multitemáticas.

1. DIREITO TRIBUTÁRIO, TRIBUTO E SUAS ESPÉCIES

- O **Direito Tributário** desenvolveu-se a partir de uma das perspectivas do Direito Financeiro, que diz respeito às **receitas públicas derivadas**, consubstanciadas nos tributos que o Estado arrecada junto aos particulares (pessoas físicas e jurídicas), cabendo aqui adiantar que o **tributo** constitui **gênero** das seguintes espécies: impostos, taxas, contribuições de melhoria, contribuições e empréstimos compulsórios.
- **Direito Tributário** é o ramo jurídico dedicado ao estudo das normas e princípios que regem os tributos, sua incidência e respectiva obrigação, bem como a constituição, exigência, extinção e todos os demais aspectos do crédito tributário.
- **Tributo** é toda prestação pecuniária compulsória, em moeda ou cujo valor nela se possa exprimir, que não constitua sanção de ato ilícito, instituída em lei e cobrada mediante atividade administrativa plenamente vinculada (CTN, art. 3º).
- **Espécies tributárias no CTN:** impostos, taxas e contribuições de melhoria.
- **Espécies tributárias na CF/88:** impostos, taxas, contribuições de melhoria, contribuições e empréstimos compulsórios.
- **Espécies tributárias segundo ADI 447:** a) os **impostos** (CF, art. 145, I, arts. 153, 154, 155 e 156), b) as **taxas** (CF, art. 145, II), c) as **contribuições,** que são c.l) **de melhoria** (CF, art. 145, III), c.2) **sociais** (CF, art. 149), que, por sua vez, podem ser c.2.1) **de seguridade social** (CF, art. 195, CF, 195, § 4º) e c.2.2) **salário educação** (CF, art. 212, § 5º) e c.3) **especiais:** c.3.1.) **de intervenção no domínio econômico** (CF, art. 149) e c.3.2) **de interesse de categorias profissionais ou econômicas** (CF, art. 149). Constituem, ainda, espécie tributária, d) os **empréstimos compulsórios** (CF, art. 148)." (ADI 447, Rel. Min. Octavio Gallotti, voto do Min. Carlos Velloso, julgamento em 5-6-1991, Plenário, DJ de 5-3-1993).
- **Imposto:** tributo cuja obrigação tem por fato gerador uma situação independente de qualquer atividade estatal específica relativa ao contribuinte (CTN, art.

16). **Características:** não vinculado, incidência sobre fatos signo-presuntivos de riqueza, ausência de destinação específica do produto da arrecadação.

- **Taxa:** tem como fato gerador o exercício regular do poder de polícia ou a utilização, efetiva ou potencial, de serviços públicos específicos e divisíveis, prestados ao contribuinte ou postos à sua disposição (CTN, art. 77). **Características:** vinculado, contraprestacional, destinação específica do produto da arrecadação, não poderão ter base de cálculo própria de impostos, distinguem-se de preço público ou tarifa.
- **Contribuição de melhoria:** tem por fato gerador a valorização imobiliária decorrente de uma obra pública (CF, art. 145, III c/c CTN, art. 81). Tributo vinculado cujo objetivo é fazer frente ao custo da obra pública.
- **Contribuições:** quase sempre de competência da União, as contribuições, de maneira geral, possuem finalidades constitucionalmente previstas. Daí a existência de contribuições de variadas naturezas, tais como as de seguridade social, intervenção no domínio econômico, iluminação pública etc. O quadro a seguir apresenta a classificação dessas contribuições, subdivididas em sociais e especiais:

<table>
<tr><td rowspan="3">Contribuições Sociais</td><td>Seguridade Social</td><td>Contribuições para a Seguridade Social nominadas</td></tr>
<tr><td>Outras</td><td>Outras fontes de custeio da Seguridade Social</td></tr>
<tr><td>Gerais</td><td>Salário-educação e Sistema "S"</td></tr>
<tr><td rowspan="3">Contribuições Especiais</td><td>Contribuições de Intervenção no Domínio Econômico</td><td>Ex: CIDE-combustível</td></tr>
<tr><td>Contribuições de interesse de categorias profissionais ou econômicas</td><td>Ex: devidas aos conselhos profissionais</td></tr>
<tr><td>Contribuição para custeio dos serviços de iluminação pública</td><td>COSIP</td></tr>
</table>

- **Empréstimo compulsório:** nos termos do artigo 148, da CF o empréstimo compulsório poderá ser instituído nas seguintes hipóteses: **Inciso I:** para atender às despesas extraordinárias decorrentes de calamidade pública, de guerra externa ou sua iminência. **Inciso II:** no caso de investimento público de caráter urgente e de relevante interesse nacional. **Características:** restituibilidade, caráter não vinculado e destinação específica do produto da arrecadação.

2. SISTEMA TRIBUTÁRIO E COMPETÊNCIA TRIBUTÁRIA

- **Sistema tributário nacional:** corresponde ao capítulo I do título VI da CF. Fundamentalmente, abrange as **competências tributárias**, as **limitações ao poder de tributar** e as **repartições das receitas tributárias.**
- Por meio das **competências** atribuem-se parcelas do poder de tributar a cada uma das pessoas políticas (União, Estados, Distrito Federal e Municípios). Já as

limitações ao poder de tributar são estabelecidas na Constituição justamente para impor freios ao exercício das competências, evitando abusos por parte dos entes tributantes. Compreendem os **princípios** e as **imunidades**. Por fim, as **repartições das receitas tributárias** constituem normas que obrigam as pessoas políticas a partilharem com outras os resultados de suas arrecadações de tributos.

- **Competência tributária:** é o poder de tributar conferido pela Constituição Federal a um ente federativo. Ao estabelecer as competências tributárias, a Constituição o faz com exclusividade a determinado ente federativo (**competências privativas**), ou então, a todos os entes federativos concomitantemente (**competências concorrentes**). Pertencem ao campo das competências privativas os impostos (federais, estaduais e municipais), o empréstimo compulsório (União) as contribuições sociais e especiais (União, via de regra). Ao campo das competências concorrentes, pertencem as taxas e contribuições de melhoria.
- **Competência tributária plena:** a competência tributária para instituição de tributos é plena, isto é, compreende também a atribuição de legislar a respeito dos mesmos.
- **Competências residuais:** são deferidas apenas à União para instituir impostos (CF, art. 154, I) e contribuições que constituam outras fontes de custeio da seguridade social (CF, art. 195, § 4º) nos seguintes termos: mediante lei complementar; diferentes dos(as) já previstos(as) nos artigos 153 (impostos) e 195 (contribuições para custeio da seguridade social) da CF; - não cumulativos(as); - que não tenham fato gerador ou base de cálculo próprios(as) dos(as) já discriminados(as) na Constituição.
- **Competência extraordinária:** da União para instituição de impostos extraordinários de guerra, previstos no artigo 154, inciso II, da CF, compreendidos ou não na competência tributária da União.
- **Capacidade tributária ativa:** compreende as funções de **arrecadar ou fiscalizar tributos**, ou de executar leis, serviços, atos ou decisões administrativas em matéria tributária, que podem ser delegadas por uma pessoa jurídica de direito público a outra (CTN, art. 7º).
- **Repartição das receitas tributárias:** em geral, a pessoa política que institui e arrecada determinado tributo fica com o produto de sua arrecadação. Entretanto, com fundamento no pacto federativo, a CF/88 traz uma série de situações em que o ente tributante deve repassar parte do numerário arrecadado a outro. São as chamadas repartições de receitas tributárias e estão disciplinadas entre os artigos 157 e 162 do texto constitucional.

3. PRINCÍPIOS TRIBUTÁRIOS

- No campo dos princípios, são veiculados os **princípios constitucionais tributários gerais**, aplicáveis aos tributos em geral, e os **princípios constitucionais tributários específicos**, que dizem respeito a tributos determinados.
- **Princípio da legalidade (CF, art. 150, I):** é vedada a exigência ou aumento de tributo sem que lei o estabeleça. Existem **amenizações ao princípio da legalidade**

previstas na Constituição, relativas a tributos já antes instituídos por lei. São elas: - a **alteração de alíquotas** dos seguintes **impostos extrafiscais:** Imposto de Importação - II, Imposto de Exportação - IE, Imposto Sobre Produtos Industrializados - IPI e Imposto sobre Operações Financeiras - IOF (CF, art. 153, 3º); - **redução e restabelecimento de CIDE-combustíveis** (CF, art. 177, § 4º, I, "b"). No plano infraconstitucional, esse princípio é regulado pelo artigo 97 do CTN. Além disso, **não se considera majoração de tributo a atualização do valor monetário da respectiva base de cálculo** (CTN, art. 97, § 2º), mas depende de lei qualquer **alteração da base de cálculo que importe em tornar o tributo mais oneroso** (CF, art. 97, § 1º).

- **Princípio da isonomia (CF, art. 150, II):** é vedado aos entes federativos instituir tratamento desigual entre contribuintes que se encontrem em situação equivalente, proibida qualquer distinção em razão de ocupação profissional ou função por eles exercida, independentemente da denominação jurídica dos rendimentos, títulos ou direitos.

- **Princípio da capacidade contributiva (CF, art. 145, § 1º):** sempre que possível, os impostos terão caráter pessoal e serão graduados segundo a capacidade econômica do contribuinte (CF, art. 145, § 1º).

- **Princípio da irretroatividade da norma tributária (CF, art. 150, III, "a"):** a lei tributária não retroagirá para atingir fatos geradores ocorridos anteriormente à sua vigência.

- **Princípio da anterioridade (CF, art. 150, III, "b" e "c"):** está positivado na ordem constitucional em duas vertentes. São elas: **anterioridade do exercício** (alínea "b"), segundo a qual é vedado aos entes federativos cobrar tributos no mesmo exercício financeiro em que haja sido publicada a lei que os instituiu ou aumentou; **anterioridade nonagesimal** (alínea "c"), implementada pela Emenda Constitucional 42/2003, segundo a qual também é vedado aos entes tributantes cobrar tributos antes de decorridos noventa dias da data em que haja sido publicada a lei que os instituiu ou aumentou. Como regra, os dois princípios se aplicam cumulativamente. Mas há exceções previstas no § 1º do artigo 150, a partir das quais se conclui que: **1º)** II, IE, IOF, empréstimo compulsório do artigo 148, inciso I, da CF e Imposto Extraordinário de Guerra podem ser cobrados a partir da própria data da publicação da lei. **2º)** IPI está sujeito apenas à noventena, enquanto o IR e a fixação da base de cálculo de IPVA e IPTU podem ser exigidos no primeiro dia do exercício seguinte, independentemente de terem transcorrido noventa dias ou não. Além disso, também possuem **tratamento especial** às **contribuições sociais para custeio da seguridade social**, sujeitas exclusivamente à anterioridade nonagesimal, também por expressa exigência do citado dispositivo constitucional (CF, art. 195, § 6º).

- **Princípio do não confisco (CF, art. 150, IV):** constitui vedação à instituição de tributos que não sejam razoáveis, que tenham carga tributária desproporcional e excessiva.

- **Princípio da liberdade de tráfego (CF, art. 150, V):** é vedado estabelecer limitações ao tráfego de pessoas ou bens, por meio de tributos interestaduais ou intermunicipais, **ressalvada** a cobrança de pedágio pela utilização de vias conservadas pelo Poder Público.

- **Princípios da uniformidade geográfica e da não diferenciação (CF, art. 151, I):** é vedado à União instituir tributo que não seja uniforme em todo o território nacional **ou** que implique distinção ou preferência em relação a Estado, ao Distrito Federal ou a Município, em detrimento de outro. Como exceção a esse princípio, admite-se a concessão de incentivos fiscais destinados a promover o equilíbrio do desenvolvimento sócio-econômico entre as diferentes regiões do País.
- **Princípios específicos:** por exemplo, a **progressividade** do IPTU, **fiscal** (em razão do valor) e **extrafiscal** (no tempo, visando ao cumprimento da função social do imóvel), **não cumulatividade** (direito a compensar o imposto cobrado em operações anteriores para evitar a tributação "em cascata") e **seletividade** (graduação da carga tributária segundo a essencialidade dos produtos), esses dois últimos aplicáveis ao ICMS e ao IPI.

4. IMUNIDADES TRIBUTÁRIAS

- **Conceito:** é uma exoneração tributária prevista na Constituição Federal, mediante normas que estabelecem situações em que é vedado às pessoas políticas exercerem suas competências tributárias. Também podem ser vistas como **direito subjetivo do cidadão de não ser tributado** nas situações constitucionalmente previstas.
- Na **imunidade subjetiva**, o ente federativo não tem o direito ao exercício da competência para tributar determinadas pessoas, como é o caso da imunidade dos templos de qualquer culto (CF, art. 150, VI, "b"). Já na **imunidade objetiva**, a vedação atinge o objeto da tributação, como ocorre na imunidade do livro (CF, art. 150, VI, "d").
- Além das imunidades tributárias **gerais**, estabelecidas no artigo 150, inciso VI, da CF, a Constituição também contempla as chamadas imunidades **específicas**, correspondentes a todas aquelas aplicáveis a tributos determinados, como são a imunidade das taxas (CF, art. 5°, XXXIV) e a imunidade do ICMS nas operações de exportação (CF, art. 155, § 2°, X, "a"), entre outras.
- **Imunidade recíproca:** vedação de que União, Estados, Distrito Federal e Municípios instituam impostos sobre patrimônio, renda e serviços uns dos outros (CF, art. 150, VI, "a"). É **extensiva às autarquias e às fundações instituídas e mantidas pelo Poder Público** no que se refere ao **patrimônio, à renda e aos serviços, vinculados às suas finalidades essenciais ou às delas decorrentes** (CF, art. 150, § 2°). Por outro lado, conforme norma expressa veiculada no § 3° do artigo 150 da CF, **não** se aplica aos serviços relacionados com exploração de atividades econômicas regidas pelas normas aplicáveis a empreendimentos privados, ou em que haja contraprestação ou pagamento de preços ou tarifas pelo usuário.

- **Imunidade dos templos:** nos termos do artigo 150, inciso VI, alínea "b" c/c § 4º, da CF, a imunidade dos templos de qualquer culto compreende os impostos sobre o patrimônio, a renda e os serviços relacionados com as finalidades essenciais das referidas entidades (CF, art. 150, § 4º).
- **Imunidade dos partidos políticos, entidades sindicais, de educação e de assistência social:** segundo a norma do artigo 150, inciso VI, alínea "d", da CF, são imunes a impostos sobre patrimônio, renda ou serviços: os partidos políticos, inclusive suas fundações; as entidades sindicais dos trabalhadores; instituições de educação e de assistência social, sem fins lucrativos. Em todos os casos, a Constituição exige que sejam atendidos os requisitos de lei, que a jurisprudência do STF entendeu ser "lei complementar"..
- **Imunidades dos livros:** de acordo com a redação da alínea "d" do inciso VI do artigo 150 da CF, são imunes a impostos os livros, jornais, periódicos e o papel destinado a sua impressão. Destaque jurisprudencial: a imunidade alcança o livro eletrônico (STF, REs 330817 e 595676).
- **Imunidade musical:** alínea "e" do inciso VI do artigo 150 da CF, incluída pela Emenda Constitucional 75/2013.
- **Imunidades específicas:** correspondentes a todas aquelas aplicáveis a tributos determinados. Conferir quadro completo das imunidades específicas no Capítulo IV.

5. PANORAMA DOS IMPOSTOS

- Os **impostos federais** são aqueles de **competência da União**, previstos no **artigo 153 da CF**, a saber: II - imposto de importação; IE - imposto de exportação; IR - imposto de renda e proventos de qualquer natureza; IPI - imposto sobre produtos industrializados; IOF - imposto sobre operações financeiras (crédito, câmbio, seguro e títulos e valores mobiliários); ITR - imposto territorial rural; IGF - imposto sobre grandes fortunas (até hoje não instituído e dependente de lei complementar).
- Os **impostos estaduais** são aqueles de **competência dos Estados e do Distrito Federal**, previstos no **artigo 155 da CF**, quais sejam: ITCMD/ITCD - imposto sobre a transmissão *causa mortis* e doação, de quaisquer bens ou direitos; ICMS - imposto sobre operações relativas à circulação de mercadorias e sobre prestações de serviços de transporte; interestadual e intermunicipal e de comunicação, ainda que as operações e as prestações se iniciem no exterior; IPVA - imposto sobre propriedade de veículos automotores.
- Os **impostos municipais** estão previstos no **artigo 156 da CF.** São eles: IPTU - imposto sobre a propriedade predial e territorial urbana; ITBI - imposto sobre a transmissão *inter vivos,* a qualquer título, por ato oneroso, de bens imóveis, por natureza ou acessão física, e de direitos reais sobre imóveis, exceto os de garantia, bem como cessão de direitos a sua aquisição; ISSQN - imposto sobre serviços de qualquer natureza.

- Norma hierarquicamente superior do sistema jurídico, a Constituição Federal não se restringe a conferir aos entes federativos competências exclusivas para instituição cada qual de seus impostos. Além disso, ao prever as pessoas políticas competentes, o texto constitucional delineia a materialidade e campo de incidência de cada imposto, bem como estabelece normas fundamentais a serem observadas pelo legislador infraconstitucional no exercício da competência que lhe foi conferida.
- O legislador competente para instituir cada imposto não fica adstrito exclusivamente aos ditames traçados pela Constituição, uma vez que o **artigo 146, inciso III, alínea "a", da CF**, dispõe que cabe à **lei complementar** estabelecer **normas gerais em matéria de legislação tributária**, especialmente sobre definição de tributos e de suas espécies, bem como, em relação aos impostos discriminados nesta Constituição, a dos respectivos fatos geradores, bases de cálculo e contribuintes. Essas normas gerais possuem caráter nacional, de modo a vincularem à respectiva observância a União, quando versarem sobre impostos federais, todos Estados para os impostos estaduais e todos os Municípios para os impostos municipais.
- Instituído o tributo por meio de lei ordinária, prevalece, então, a norma do artigo 99 do CTN, que confere competência ao **Poder Executivo**, por meio de **decretos**, para **regulamentar** a lei, isto é, esclarecer, detalhar e dar cumprimento às leis a que se referem. E, nesse ponto, não se deve perder de vista que o conteúdo e o alcance dos decretos restringem-se aos das leis em função das quais sejam expedidos (CTN, art. 99).
- Normas mais específicas e minuciosas ainda podem ser estabelecidas pela **Administração Tributária**, por meio de **atos normativos** tais como portarias e resoluções, que o artigo 100, inciso I, do CTN caracteriza como **normas complementares das leis e decretos**.

6. LEGISLAÇÃO TRIBUTÁRIA

- **Fontes do direito tributário:** compreendem as **fontes materiais**, que seriam os fatos jurídicos que dão nascimento a relações jurídico-tributárias (fatos geradores das obrigações tributárias); as **fontes formais**, que seriam os próprios textos normativos, a legislação tributária, subdivididas em **fontes primárias (**legislação em regra emanada do Poder Legislativo, tais como leis e leis complementares) e **fontes secundárias** (atos normativos executivos e administrativos, como decretos, portarias, resoluções etc).
- **Legislação tributária:** dispõe o artigo 96 do CTN que a expressão "legislação tributária" compreende o conjunto de normas que versem, **no todo ou em parte**, sobre **tributos** e relações jurídicas a ele pertinentes (CTN, art. 96). Essas normas são: (i) as leis; (ii) os tratados e as convenções internacionais; (iii) os decretos e (iv) as normas complementares da legislação tributária.

- **Constituição Federal e Emendas Constitucionais:** comandos hierarquicamente superiores da ordem jurídica, as normas constitucionais encontram-se veiculadas na Carta Política do Estado, denominada Constituição, que veicula as normas fundamentais do Sistema Tributário Nacional e pode ser alterada mediante processo legislativo solene, por meio das Emendas à Constituição.
- **Leis complementares:** são aprovadas por **maioria absoluta**, ou seja, por metade mais um dos membros da casa legislativa (CF, art. 69). De acordo com o contexto da previsão constitucional, a lei complementar aprovada pelo Congresso Nacional poderá ter caráter **federal** (aplicável apenas no âmbito da União) ou **nacional** (aplicável a todos os entes da Federação, a todos os Estados ou a todos os Municípios). São de **caráter federal** as leis complementares exigidas para instituição de alguns tributos de competência da União, quais sejam: imposto sobre grandes fortunas (CF, art. 153, VII), empréstimos compulsórios (CF, art. 148), impostos de competência residual da União (CF, art. 154, I) e contribuições sociais para custeio da seguridade social de competência residual da União (CF, art. 195, § 4º c/c art. 154, I). Já as **leis complementares de caráter nacional** são mais numerosas, no que se destaca o **artigo 146, do CTN**, segundo qual incumbe à lei complementar: **I – dispor sobre conflitos de competência**, em matéria tributária, entre a União, os Estados, o Distrito Federal e os Municípios; **II – regular as limitações constitucionais ao poder de tributar**; **III – estabelecer normas gerais em matéria de legislação tributária**, especialmente sobre: **a)** definição de tributos e de suas espécies, bem como, em relação aos impostos discriminados nesta Constituição, a dos respectivos fatos geradores, bases de cálculo e contribuintes; **b)** obrigação, lançamento, crédito, prescrição e decadência tributários; **c)** adequado tratamento tributário ao ato cooperativo praticado pelas sociedades cooperativas; **d)** definição de tratamento diferenciado e favorecido para as microempresas e para as empresas de pequeno porte. O CTN, lei formalmente ordinária, foi recepcionado pela CF/88 como lei complementar (ADCT, art. 34, § 5º).
- **Leis ordinárias:** aprovadas por **maioria simples**, isto é, por metade mais um dos presentes à votação. Toda matéria que depende de lei, como regra, deve ser regida por lei ordinária. São os casos da instituição ou majoração de tributos (CF, art. 150, I) e da imposição de sujeição passiva por substituição tributária (CF, art. 150, § 7º). Além disso, o artigo 97 do CTN veicula no âmbito infraconstitucional o princípio da legalidade tributária, estabelecendo que **somente a lei poderá** dispor sobre: I – a instituição de tributos, ou a sua extinção; II – a majoração de tributos, ou sua redução, salvo exceções; III – a definição do fato gerador da obrigação tributária principal, salvo exceções, e do seu sujeito passivo; IV – a fixação de alíquota do tributo e da sua base de cálculo, salvo exceções; V – a cominação de penalidades para as ações ou omissões contrárias a seus dispositivos, ou para outras infrações nela definidas; VI – as hipóteses de exclusão, suspensão e extinção de créditos tributários, ou de dispensa ou redução de penalidades.
- **Medida provisória:** a medida provisória que implicar na instituição ou majoração de impostos só produzirá efeitos no exercício financeiro seguinte (**anteriorida-**

de) se houver sido convertida em lei até o último dia daquele em que foi editada (**legalidade**). São **exceções** a essa regra os impostos previstos nos artigos. 153, incisos I, II, IV, V e 154, inciso II, da CF. Outro ponto importante é que a **medida provisória não pode versar sobre matérias reservadas à lei complementar** (CF, art. 62, § 1º, III). Dessa forma, por exemplo, não pode ser editada medida provisória que tenha por condão estabelecer normas gerais sobre definição de base de cálculo de um imposto, pois se trata de matéria reservada à lei complementar, segundo o artigo 146, inciso III, alínea "a", da CF.

- **Decretos: o Chefe do Poder Executivo** (Presidente da República, Governador de Estado, Prefeito Municipal) tem a competência para expedir decretos, cujo conteúdo e o seu alcance restringem-se aos das leis em função das quais sejam expedidos (CTN, art. 99).
- **Normas complementares da legislação tributária:** são "normas complementares" à legislação tributária, isto é, das leis, das convenções internacionais e dos decretos: (a) os atos normativos expedidos pelas autoridades administrativas, tais como portarias, resoluções, instruções normativas etc; (b) as decisões administrativas de eficácia normativa; (c) as práticas reiteradamente observadas pelas autoridades administrativas e (d) os convênios que entre si celebram os entes federativos tributantes (CTN, art. 100).
- **Resoluções do Senado:** também possuem importância ímpar em matéria de tributos estaduais, sendo o veículo competente para fixação de alíquotas máximas de ITCMD (CF, art. 155, § 1º, IV), mínimas de IPVA (CF, art. 155, § 6º, I) e de alíquotas de ICMS nas hipóteses dos incisos IV e V do § 2º do art. 155 da CF.
- **Vigência da norma tributária:** força de uma norma jurídica para regular condutas dentro de limites de **tempo** e **espaço** estabelecidos na ordem de direito positivo. No que se refere à **vigência no tempo**, além de disciplinar o início da vigência das normas complementares, o CTN mostra-se sintonizado com o princípio da anterioridade tributária. Já a **vigência no espaço** está estritamente ligada à respectiva fonte de produção (as leis podem ser classificadas em **municipais**, **estaduais**, **federais** e **nacionais**).
- **Aplicação:** a legislação tributária aplica-se imediatamente aos **fatos geradores futuros** (que estão por acontecer) **e aos pendentes**, assim entendidos aqueles cuja ocorrência tenha tido início, mas não esteja completa (CTN, art. 105). **Exceções à regra da irretroatividade** estão previstas no artigo 106 do CTN, quais seja: normas expressamente interpretativas (CTN, art. 106, I) e atos ou fatos pretéritos não julgados definitivamente, em matéria de infrações e penalidades para beneficiar o infrator (CTN, art. 106, II).
- **Interpretação:** raciocínio lógico-jurídico desenvolvido para compreensão do conteúdo e alcance de uma norma jurídica ou de um conjunto dessas normas, visando à correta aplicação da legislação. Em matéria tributária, os artigos 109 a 112 do CTN estabelecem inúmeras regras de interpretação. Os artigos 109 e 110 versam sobre a utilização de conceitos e princípios de direito privado, o artigo 111 so-

bre a intepretação literal da norma tributária e o artigo 112 sobre *in dubio pro contribuinte* em matéria de infrações e penalidades.

- **Integração:** é colmatar lacunas, suprir as omissões da ordem jurídica, de acordo com preceitos extraídos do próprio sistema normativo. Em matéria tributária, a integração normativa é regida pelo artigo 108 do CTN, que prevê a utilização, **sucessivamente**, dos seguintes critérios de integração: 1º) analogia; 2º) princípios gerais de direito tributário; 3º) princípios gerais de direito público; 4º) equidade. **Exceções:** o emprego da analogia não poderá resultar na exigência de tributo não previsto em lei (CTN, art. 108, § 1º); a equidade não poderá levar à dispensa do pagamento de tributo devido (CTN, art. 108, § 2º).

7. OBRIGAÇÃO TRIBUTÁRIA E FATO GERADOR

- **Obrigação tributária:** é **principal** ou **acessória** (CTN, art. 113).
- **Obrigação principal:** surge com a ocorrência do fato gerador, tem por objetivo o pagamento de tributo ou penalidade pecuniária e extingue-se juntamente com o crédito dela decorrente (CTN, art. 113, § 1º).
- **Obrigação tributária acessória:** consubstancia-se em prestações positivas ou negativas previstas na legislação tributária no interesse da arrecadação e da fiscalização (CTN, art. 113, § 2º). A inobservância de obrigação acessória converte esta em obrigação principal relativamente à penalidade pecuniária (CF, 113, § 3º), ou seja, a multa aplicada por descumprimento de obrigação acessória recebe o tratamento de uma obrigação tributária principal.
- **Fato gerador da obrigação principal** é a situação definida em lei como necessária e suficiente à sua ocorrência (CTN, art. 114). No **plano abstrato ou normativo**, fato gerador significa a descrição legal do evento que, uma vez ocorrido, dará nascimento à obrigação tributária, acepção em que a melhor Doutrina o designa por **hipótese de incidência**. Já no **plano concreto ou fático**, refere-se à ocorrência efetiva do fato descrito na lei tributária, melhor designada por **fato jurídico-tributário** ou simplesmente **fato gerador**.
- **Momento da ocorrência do fato gerador**: tratando-se de **situação de fato**, considera ocorrido o fato gerador desde o momento em que se verifiquem as circunstâncias materiais necessárias a que produza os efeitos que normalmente lhe são próprios (CTN, art. 116, I); se for uma **situação jurídica**, considera-se ocorrido desde o momento em que a situação jurídica estiver definitivamente constituída (CTN, art. 116, II).
- **Fato gerador condicional:** nos termos do artigo 117 do CTN ocorre, **na condição suspensiva**, desde o momento de sua implementação; **na condição resolutória**, desde o momento da prática do ato ou da celebração do negócio.
- **Intepretação do fato gerador:** a definição legal do fato gerador independentemente da validade jurídica, natureza do objeto ou efeitos dos atos praticados (CTN, art. 118, I) ou dos fatos ocorridos (CTN, art. 118, II).

- **Norma geral antielisão:** a autoridade administrativa poderá desconsiderar atos ou negócios jurídicos praticados com a finalidade de dissimular a ocorrência do fato gerador do tributo ou a natureza dos elementos constitutivos da obrigação tributária, observados os procedimentos a serem estabelecidos em lei ordinária (CTN, art. 116, parágrafo único).
- **Evasão fiscal:** é sinônimo de sonegação de tributos. Diz respeito a qualquer artifício utilizado pelo contribuinte para fraudar ou ocultar a ocorrência de fatos geradores, uma forma ilícita de fugir do pagamento de tributos.
- **Elisão fiscal:** constitui forma de planejamento tributário, isto é, meio lícito de que se utiliza o contribuinte para impedir a ocorrência do fato gerador e, por via reflexa, evitar sua sujeição passiva à tributação.
- **Dissimulação:** refere-se à prática de qualquer ato que tenha por finalidade disfarçar o fato gerador ou os elementos constitutivos da obrigação tributária.
- **Elusão fiscal:** são avenças simuladas ou fraudulentas, totalmente sem propósito negocial, pactuadas apenas e exclusivamente para evitar a incidência tributária. Compreende: i) **abuso de direito:** utilização abusiva de uma norma jurídica, quando o titular de um direito, ao exercê-lo, excede manifestamente os limites impostos pelo seu fim econômico ou social, pela boa-fé ou pelos bons costumes (CC, art. 187); ii) **Fraude à lei:** ocorre quando, por exemplo, uma norma jurídica é utilizada como camuflagem para que outra norma seja burlada.

8. SUJEITOS DA RELAÇÃO TRIBUTÁRIA

- **Sujeito ativo:** pessoa política titular da competência para exigir o cumprimento da obrigação tributária (CTN, art. 119).
- **Sujeito Passivo:** é o devedor da relação tributária, isto é, aquele obrigado ao pagamento do tributo ou da penalidade pecuniária. Como dispõe o artigo 121, parágrafo único do CTN, o sujeito passivo pode ser: I – o contribuinte (alguém com relação pessoal e direta com a situação que constitua o respectivo fato gerador); **II –** o responsável (aquele que, não se revestindo da condição de contribuinte, sua obrigação decorra de expressa disposição legal).
- **Sujeito passivo da obrigação acessória:** é a pessoa obrigada às prestações que constituam o seu objeto (CTN, art. 122).
- **Convenções entre particulares:** eventual acordo entre particulares com relação à responsabilidade pelo pagamento de tributos, salvo disposição de lei em contrário, não pode ser oposto à Fazenda Pública no intuito de modificar a definição legal do sujeito passivo da obrigação tributária correspondente (CTN, art. 123).
- **Solidariedade tributária:** é a modalidade de sujeição passiva em que a responsabilidade pelo cumprimento da obrigação principal pode ser atribuída a um ou mais devedores ao mesmo tempo e sem benefício de ordem. Atinge as **pessoas que tenham interesse comum na situação que constitua o fato gerador da**

obrigação tributária principal (CTN, art. 124, I), bem como aquelas pessoas expressamente designadas em lei (CTN, art. 124, II). Na solidariedade, o pagamento efetuado por um dos obrigados aproveita aos demais, a isenção ou remissão de crédito tributário exonera todos os obrigados (exceto se for outorgada pessoalmente a um deles, subsistindo a solidariedade quanto aos demais sobre o saldo) e a interrupção da prescrição em favor ou contra um dos obrigados, favorece ou prejudica aos demais (CTN, art. 125).

- **Capacidade tributária passiva:** independe da capacidade civil da pessoa física ou do fato de se achar sujeita a medidas que importam em privação ou limitação do exercício de atividades civis, comerciais, profissionais ou da administração de seus bens ou negócios (CTN, art. 126). Em relação às pessoas jurídicas, a capacidade tributária passiva independe de estar a pessoa jurídica regularmente constituída, bastando que configure uma unidade econômica ou profissional (CTN, art. 126, III).
- **Domicílio tributário:** todo sujeito passivo (contribuinte ou responsável) tem um domicílio tributário, como regra, o domicílio que eleger (CTN, art. 127). Porém, o domicílio eleito pelo sujeito passivo poderá ser recusado pela autoridade fazendária quando impossibilitar ou dificultar a arrecadação dos tributos (CTN, art. 127, § 2º). Pode ocorrer, também, a ausência de eleição de domicílio, hipótese suprida pelas regras do artigo 127 do CTN.

9. RESPONSABILIDADE TRIBUTÁRIA

- **Responsável tributário:** deve ser uma terceira pessoa vinculada ao fato gerador da respectiva obrigação, excluindo a responsabilidade do contribuinte ou atribuindo-a a este em caráter supletivo do cumprimento total ou parcial da referida obrigação (CTN, art. 128).
- **Responsabilidade por substituição tributária:** a lei poderá atribuir a sujeito passivo de obrigação tributária a condição de responsável pelo pagamento de imposto ou contribuição, cujo fato gerador deva ocorrer posteriormente (CF, art. 150, § 7º c/c CTN, art. 128).
- **Retenção na fonte:** a lei pode atribuir à fonte pagadora da renda ou dos proventos tributáveis a condição de responsável pelo imposto cuja retenção e recolhimento lhe caibam (CTN, art. 45).
- **Responsabilidade dos sucessores:** encontra-se disciplinada entre os artigos 129 a 133 do CTN. Aplica-se por igual aos créditos tributários definitivamente constituídos ou em curso de constituição à data dos atos nela referidos e aos constituídos posteriormente aos mesmos atos, desde que relativos a obrigações tributárias surgidas até a referida data.
- **Responsabilidade de terceiros:** está disciplinada nos artigos 134 e 135 do CTN. Nos casos de impossibilidade de exigência do cumprimento da obrigação principal pelo contribuinte, respondem **solidariamente** com este nos atos em que inter-

vierem ou pelas omissões de que forem responsáveis (CTN, art. 134). As pessoas do artigo 135 do CTN são **pessoalmente** responsáveis pelos créditos correspondentes a obrigações tributárias resultantes de **atos praticados com excesso de poder, ou infração à lei, estatuto ou contrato social.**

- **Responsabilidade por infrações:** está disciplinada nos artigos 136 a 138 do CTN. Salvo disposição de lei em contrário, a responsabilidade por infrações da legislação tributária independe **da intenção do agente** ou do responsável e da efetividade, natureza e extensão dos efeitos do ato (CTN, art. 136). O artigo 137 trata da responsabilidade pessoal do agente nas infrações tipificadas por lei como crimes ou contravenções ou relacionadas a dolo específico.
- **Denúncia espontânea:** a responsabilidade é excluída pela denúncia espontânea da infração, acompanhada, se for o caso, do pagamento do tributo devido e dos juros de mora, ou do depósito da importância arbitrada pela autoridade administrativa, quando o montante do tributo dependa de apuração (CTN, art.138). No entanto, "não se considera espontânea a denúncia apresentada após o início de qualquer procedimento administrativo ou medida de fiscalização, relacionados com a infração" (CTN, art. 138, parágrafo único).

10. CRÉDITO TRIBUTÁRIO E SUA CONSTITUIÇÃO

- **Crédito tributário:** direito subjetivo da Fazenda Pública ao objeto da obrigação tributária, que deve ser formalizado por meio do lançamento. O crédito tributário decorre da obrigação principal e tem a mesma natureza desta (CTN, art. 139).
- **Natureza do lançamento:** possui natureza constitutiva do crédito tributário e eficácia declaratória da obrigação tributária (CTN, art. 142).
- **Modalidades de lançamento:** lançamento de ofício, lançamento por declaração e lançamento por homologação (classificação de acordo com o grau de participação do sujeito passivo no ato-procedimento).
- **Lançamento por declaração (CTN, art. 147):** efetivado pela autoridade administrativa (agente do órgão fazendário) a partir de informações imprescindíveis, declaradas pelo sujeito passivo ou por terceiro.
- **Lançamento de ofício (CTN, art. 149):** efetivado diretamente pela autoridade administrativa, independentemente de qualquer informação ou ato do sujeito passivo ou de terceiro.
- **Lançamento por homologação ou autolançamento (CTN, art. 150):** o sujeito passivo antecipa o pagamento sem prévia análise da autoridade administrativa. A homologação pela autoridade administrativa pode ser expressa ou tácita (mais comum, pelo decurso de tempo).
- **Revisão do lançamento:** após devidamente notificado ao sujeito passivo, o lançamento só poderá ser alterado por: I – impugnação do próprio sujeito passivo; II – recurso de ofício; III – iniciativa de ofício da autoridade administrativa, nos casos previstos no artigo 149 (CTN, art. 145).

11. SUSPENSÃO DA EXIGIBILIDADE DO CRÉDITO TRIBUTÁRIO

- **Causas de suspensão da exigibilidade:** impedem o ajuizamento da execução fiscal. E, logicamente, se a causa de suspensão apresentar-se posteriormente ao ajuizamento da execução fiscal, esta deverá ficar sobrestada até que o motivo da suspensão cesse.
- As **hipóteses de suspensão da exigibilidade** do crédito tributário estão previstas no **artigo 151 do CTN**, conforme sintetizado no quadro abaixo:

Art. 151 CTN Inciso:	Hipóteses	Resumo
I	Moratória	Postergação do momento do pagamento do crédito tributário
II	Depósito de seu montante integral	Depósito, pelo contribuinte, do valor do crédito tributário discutido
III	Defesas e recursos no âmbito do processo administrativo fiscal (PAF)	Atos de defesa do contribuinte face ao lançamento de ofício, conforme previsão nas leis que regem o PAF
IV	Liminar em mandado de segurança	Ordem judicial concedida no início do procedimento do mandado de segurança, em geral, sem ouvir a parte contrária
V	Liminar/tutela antecipada em outras espécies de ações judiciais	Ordem judicial concedida no início da ação, em geral, sem ouvir a parte contrária
VI	Parcelamento	Acordo de quitação em parcelas de um crédito tributário reconhecido e confessado pelo contribuinte, conforme diretrizes fixadas em lei

- A suspensão da exigibilidade **não** dispensa o cumprimento das obrigações acessórias dependentes da obrigação principal cujo crédito seja suspenso (CTN, art. 151, parágrafo único).
- A suspensão da exigibilidade do crédito tributário na via judicial impede o Fisco de praticar qualquer ato contra o contribuinte visando à cobrança de seu crédito, tais como inscrição em dívida, execução e penhora, mas não impossibilita a Fazenda de proceder à regular constituição do crédito tributário para prevenir a decadência do direito de lançar (STJ, REsp 260.040).
- **Suspensão da prescrição:** suspensa a exigibilidade do crédito tributário definitivamente constituído, o prazo prescricional também deixará de fluir (STJ – RESP 267437-MG, 2ª. T., Relª. Minª. Eliana Calmon – DJU 17.06.2002).

- **Juros no parcelamento:** salvo disposição de lei em contrário, o parcelamento do crédito tributário não exclui a incidência de juros e multas (CTN, art. 155-A, § 1º).
- **Juros nas liminares:** dependerá da sentença ou acórdão transitado em julgado; em caso de procedência da ação e manutenção da liminar, o crédito tributário será extinto (CTN, art. 156, X); mas se a liminar for revogada e a ação julgada improcedente, o crédito tributário poderá ser exigido acrescido de todos os consectários da mora.
- **Juros no depósito do montante integral:** afasta a incidência de juros moratórios e de correção monetária a partir da sua efetivação (STJ - RESP 853552/PR - 1ª. Turma - Rel. Min. Luiz Fux - DJ 24/09/2007).

12. EXTINÇÃO DO CRÉDITO TRIBUTÁRIO

- Da mesma forma que decorre da obrigação principal (CTN, art. 139), o crédito tributário desaparece juntamente com o vínculo obrigacional, diante de acontecimentos previstos como **hipóteses de extinção no artigo 156 do CTN**, sinteticamente apresentadas no quadro abaixo:

Art. 156 CTN inciso	Hipóteses	Resumo
I	Pagamento	Adimplemento voluntário pelo sujeito passivo com entrega de pecúnia, em geral via rede bancária
II	Compensação	Os polos da relação jurídica são, ao mesmo tempo, devedores e credores reciprocamente
III	Remissão	Perdão legal do crédito tributário existente
IV	Transação	Concessões mútuas (devedor e credor tributários) que importem em terminação de litígio
V	Prescrição	Perda pelo decurso de prazo, por parte do sujeito ativo, do direito de promover a execução fiscal face ao sujeito passivo
V	Decadência	Perda pelo decurso de prazo, por parte do sujeito ativo, do direito de constituir o crédito tributário
VI	Conversão de depósito em renda	Transformação do depósito feito pelo sujeito passivo em renda para sujeito ativo

Art. 156 CTN inciso	Hipóteses	Resumo
VII	Pagamento antecipado e homologação de lançamento	Pagamento realizado pelo sujeito passivo a partir da apuração feita por ele próprio, sem participação do fisco num primeiro momento (por isso o pagamento é tido por antecipado), sendo que a homologação fiscal pode ser expressa ou tácita (decurso de prazo)
VIII	Consignação em pagamento	Diante de obstáculo ao pagamento criado pelo sujeito ativo (hipóteses do artigo 164 do CTN), o sujeito passivo ingressa com a ação para consignar o crédito tributário em pagamento (depositando-o)
IX	Decisão administrativa irreformável	Decisão administrativa favorável ao sujeito passivo sobre a qual não caiba mais recurso
X	Decisão judicial transitada em julgado	Decisão judicial favorável ao sujeito passivo sobre a qual não caiba mais recurso
XI	Dação em pagamento de bens imóveis	Espontâneo oferecimento de bens imóveis pelo devedor (ao invés de pecúnia), ao credor, como forma de extinguir a dívida

- **Pagamento indevido:** conforme o artigo 165, inciso I do CTN, em caso de cobrança ou pagamento espontâneo de tributo indevido ou maior que o devido **em face da legislação tributária aplicável, ou da natureza ou circunstâncias materiais do fato gerador efetivamente ocorrido, o sujeito passivo tem direito, independentemente de prévio protesto, à** restituição total **(quando indevido)** ou parcial **(quando pago a maior).** Também há direito à restituição nas hipóteses de erro na identificação do sujeito passivo, na determinação da alíquota aplicável, no cálculo do montante do débito ou conferência de qualquer documento relativo ao pagamento (CTN, art. 165, II) e de reforma, anulação, revogação ou rescisão de decisão condenatória que determinava o pagamento (CTN, art. 165, III).
- **Restituição de tributos indiretos:** por comportarem, em razão da respectiva natureza, transferência do respectivo encargo financeiro, somente será feita a quem prove haver assumido referido encargo, ou, no caso de tê-lo transferido a terceiro, estar por este expressamente autorizado a recebê-la (CTN, art. 166). Em outras palavras, para que haja restituição de um tributo indireto, o contribuinte (de direito) deve comprovar que não transferiu o encargo financeiro ao adquirente (contribuinte de fato) ou, caso tenha transferido, deve ter uma expressa autorização deste para tal (CTN, art. 166).

- **Prescrição:** prazos (5 anos como regra e 2 anos na hipótese do artigo 165, III do CTN), interrupção (pelo início da ação judicial) e reinício da contagem (pela metade) são matérias regidas pelos artigos 168 e 169 do CTN.
- **Tese dos cinco mais cinco:** antes admitida pelo STJ, não mais subsistiu após vigência do artigo 3º da Lei complementar nº 118/2005.

13. EXCLUSÃO DO CRÉDITO TRIBUTÁRIO

- Expressão objeto de muitas críticas da doutrina, a **exclusão do crédito tributário** é regida essencialmente pelos artigos 175 a 182 do CTN.

Hipóteses previstas no CTN: isenção e anistia, resumidas no quadro abaixo:

Isenção	Anistia
Implica a exclusão ou dispensa do tributo	Implica a exclusão ou dispensa da multa
Alcança somente fatos geradores ocorridos após a lei	Alcança somente fatos geradores ocorridos antes da lei

- Ambas dependem de expressa previsão legal, como consequência do princípio da legalidade (CF, art. 150, I) e reserva do artigo 97, inciso VI, do CTN, demandando, por essa razão, uma interpretação literal da norma instituidora do benefício (CTN, art. 111, I e II).
- Por depender de expressa previsão legal, parcela da doutrina considera a **isenção** como uma exceção legal à norma de tributação. Entretanto, sob a ótica do CTN, a isenção constitui uma dispensa legal do pagamento do tributo, pois, exclui o crédito tributário, ou seja, há a obrigação tributária decorrente da incidência do tributo, entretanto, a constituição do crédito tributário fica inviabilizada pela norma de isenção.
- Salvo previsão legal em contrário, não dispensam o contribuinte beneficiado de cumprir com as obrigações tributárias acessórias (CTN, art. 175, parágrafo único).
- **Outros benefícios fiscais:** alíquota zero, redução de base de cálculo e crédito outorgado (ou presumido).
- **Benefícios fiscais de ICMS:** o art. 155, § 2º, XII, *g*, da CF reserva à esfera de competência da lei complementar "regular a forma como, mediante deliberação dos Estados e do Distrito Federal, isenções, incentivos e benefícios fiscais serão concedidos e revogados". A CF de 1988 recepcionou a Lei complementar 24/75, segundo a qual todos os benefícios fiscais de ICMS devem encontrar fundamento em convênios celebrados pelos Estados no âmbito do CONFAZ – Conselho Nacional de Política Fazendária.

14. GARANTIAS E PRIVILÉGIOS DO CRÉDITO TRIBUTÁRIO

- As **garantias e os privilégios do crédito tributário** estão disciplinados no CTN (artigos 183 a 193).
- As **garantias** são instrumentos de que dispõe o Poder Público para assegurar o seu direito de receber o crédito tributário, impelindo o sujeito passivo a extingui-lo (principalmente pelo pagamento).
- Os **privilégios** são preferências gozadas pelo crédito tributário em comparação com créditos de demais naturezas jurídicas.
- O quadro a seguir sistematiza as **garantias** previstas no CTN:

Responsabilidade patrimonial:	Sem prejuízo dos privilégios especiais sobre determinados bens, responde pelo pagamento do crédito tributário a totalidade dos bens e das rendas, de qualquer origem ou natureza, do sujeito passivo, seu espólio ou sua massa falida, inclusive os gravados por ônus real ou cláusula de inalienabilidade ou impenhorabilidade, seja qual for a data da constituição do ônus ou da cláusula, excetuados unicamente os bens e rendas que a lei declare absolutamente impenhoráveis.
Presunção de Fraude:	Presume-se fraudulenta a alienação ou oneração de bens ou rendas, ou seu começo, por sujeito passivo em débito para com a Fazenda Pública, por crédito tributário regularmente inscrito como dívida ativa.
Não aplicação da presunção de fraude:	Na hipótese de o devedor ter reservado bens ou rendas suficientes para o total pagamento da dívida inscrita.
Determinação judicial de indisponibilidade de bens e direitos do devedor:	Na hipótese de o devedor tributário, devidamente citado, não pagar nem apresentar bens à penhora no prazo legal e não forem encontrados bens penhoráveis. A decisão será comunicada aos órgãos e entidades que promovem registros de transferência de bens, especialmente ao registro público de imóveis e às autoridades supervisoras do mercado bancário e do mercado de capitais, a fim de que, no âmbito de suas atribuições, façam cumprir a ordem judicial.
Limite da indisponibilidade:	Valor total exigível, devendo o juiz determinar o imediato levantamento da indisponibilidade dos bens ou valores que excederem esse limite.
Prova de tributos quitados:	Salvo quando expressamente autorizado por lei, nenhum departamento da administração pública da União, dos Estados, do Distrito Federal, ou dos Municípios, ou sua autarquia, celebrará contrato ou aceitará proposta em concorrência pública sem que o contratante ou proponente faça prova da quitação de todos os tributos devidos à Fazenda Pública interessada, relativos à atividade em cujo exercício contrata ou concorre.

- Em linhas gerais (exceto no caso de falência) o crédito tributário tem as **seguintes preferências:**
- O crédito tributário prefere a qualquer outro, seja qual for sua natureza.

- O crédito tributário prefere a qualquer outro, seja qual for o tempo de sua constituição.
- Há duas ressalvas: os créditos decorrentes da (1) legislação do trabalho ou do (2) acidente de trabalho.
- A sua cobrança judicial não é sujeita a (1) concurso de credores ou (2) habilitação em falência, recuperação judicial, concordata, inventário ou arrolamento.
- No caso de **falências,** eis o quadro de ordem de preferências de créditos para serem quitados:

1°	Créditos extraconcursais (decorrentes do andamento do processo de falência);
2°	Importâncias passíveis de restituição (bens e direitos de terceiros arrecadados do falido na data da decretação da falência);
3°	Créditos trabalhistas (limitados a 150 salários mínimos por credor) e acidentários (desde que oriundos antes da falência, caso não, serão extraconcursais);
4°	Créditos com garantia real (no limite do valor do bem gravado);
5°	Créditos tributários (desde que não sejam extraconcursais e excetuadas as multas tributárias);
6°	Créditos com privilégio especial;
7°	Créditos com privilégio geral;
8°	Créditos quirografários;
9°	Multas contratuais, multas pecuniárias por infrações às leis penais, administrativas e tributárias;
10°	Créditos subordinados

15. ADMINISTRAÇÃO TRIBUTÁRIA

- O estudo da **Administração Tributária** é dividido em três temas principais: Fiscalização (CTN, arts. 194 a 200); Dívida Ativa (CTN, arts. 201 a 204) e Certidões Negativas (CTN, arts. 205 a 208).
- O quadro abaixo reflete os **principais aspectos da fiscalização** no CTN e na CF:

Tópicos	Considerações
Primazia Constitucional (CF, art. 37, incisos XVIII e XXII)	Art. 37. A administração pública direta e indireta (...): XVIII – **a administração fazendária** e seus servidores fiscais terão, dentro de suas áreas de competência e jurisdição, **precedência sobre os demais setores administrativos**, na forma da lei; XXII – **as administrações tributárias** da União, dos Estados, do Distrito Federal e dos Municípios, atividades essenciais ao funcionamento do Estado, exercidas por servidores de carreiras específicas, **terão recursos prioritários para a realização de suas atividades e atuarão de forma integrada**, inclusive com o compartilhamento de cadastros e de informações fiscais, na forma da lei ou convênio.
Respeito aos Direitos e Garantias Fundamentais (CF, art. 145, § 1°)	§ 1° – Sempre que possível, os impostos terão caráter pessoal e serão graduados segundo a capacidade econômica do contribuinte, **facultado à administração tributária**, especialmente para conferir efetividade a esses objetivos, identificar, **respeitados os direitos individuais e nos termos da lei**, o patrimônio, os rendimentos e as atividades econômicas do contribuinte
Autoexecutoriedade (CTN, art. 195)	Art. 195. Para os efeitos da legislação tributária, não têm aplicação quaisquer disposições legais excludentes ou limitativas do direito de examinar mercadorias, livros, arquivos, documentos, papéis e efeitos comerciais ou fiscais, dos comerciantes industriais ou produtores, ou da obrigação destes de exibi-los. **Noutras palavras:** Contribuinte (demais fiscalizados): dever de exibir; Fisco: direito de examinar; O quê? Mercadorias, livros, arquivos, documentos, papeis de trabalho.
Quem está sujeito a ser fiscalizado? (CTN, art. 194, parágrafo único)	Pessoas naturais ou jurídicas, contribuintes ou não, inclusive às que gozem de imunidade tributária ou de isenção de caráter pessoal.
Início da Fiscalização (CTN, art. 196)	Deve ser documentado. Atualmente tem-se o mandado de procedimento fiscal (federal), as ordens de serviço fiscal (estadual – SP) e os termos de início de fiscalização (municipais). A partir do início da fiscalização não cabe mais o instituto da denúncia espontânea previsto no artigo 138 do CTN.
Uso de força policial (CTN, art. 200)	Os fiscais poderão requerer o auxílio de força policial quando vítimas de embaraço ou desacato no exercício de suas funções, ou quando necessário à efetivação dê medida prevista na legislação tributária, ainda que não se configure fato definido em lei como crime ou contravenção.

Tópicos	Considerações
Sigilo Fiscal (CTN, art. 198, *caput*)	Art. 198. Sem prejuízo do disposto na legislação criminal, é vedada a divulgação, por parte da Fazenda Pública ou de seus servidores, de informação obtida em razão do ofício sobre a situação econômica ou financeira do sujeito passivo ou de terceiros e sobre a natureza e o estado de seus negócios ou atividades.
Exceções ao Sigilo Fiscal (CTN, art. 198, §§ 1º e 3º e 199)	Não são considerados "quebra" do sigilo fiscal: a) Atendimento pelo Fisco de requisição de autoridade judiciária no interesse da justiça; b) Atendimento pelo Fisco de solicitações de autoridade administrativa no interesse da Administração Pública, desde que seja comprovada a instauração regular de processo administrativo, no órgão ou na entidade respectiva, com o objetivo de investigar o sujeito passivo a que se refere a informação, por prática de infração administrativa. c) Divulgação, pelo Fisco, de informações relativas a representações fiscais para fins penais. d) Divulgação, pelo Fisco, de informações relativas a inscrições na Dívida Ativa da Fazenda Pública. e) Divulgação, pelo Fisco, de informações relativas a parcelamento ou moratória. f) Troca de informações entre os Fiscos (Federal, Estaduais e Municipais), por lei ou convênio. g) Troca de informações entre o Fisco Federal e os estados estrangeiros, na forma estabelecida em tratados, acordos ou convênios no interesse da arrecadação e da fiscalização de tributos.
Sigilo Bancário (LC 105/2001, art. 6º)	Art. 6º As autoridades e os agentes fiscais tributários da União, dos Estados, do Distrito Federal e dos Municípios somente poderão examinar documentos, livros e registros de instituições financeiras, inclusive os referentes a contas de depósitos e aplicações financeiras, quando houver processo administrativo instaurado **ou** procedimento fiscal em curso **e** tais exames sejam considerados indispensáveis pela autoridade administrativa competente. Parágrafo único. O resultado dos exames, as informações e os documentos a que se refere este artigo serão conservados em sigilo, observada a legislação tributária. **Noutras palavras:** a) Por tal dispositivo, não há necessidade de ordem judicial para que as instituições financeiras facultem o exame pelo Fisco dos dados de seus clientes, suas contas e aplicações. b) Para tal exame basta (1) um processo administrativo instaurado ou uma fiscalização em andamento, somado/a com (2) a imprescindibilidade dos exames segundo a autoridade administrativa.

Tópicos	Considerações
Sigilo Bancário (LC 105/2001, art. 6º) *(continuação)*	c) O resultado dos exames em questão sujeita-se ao sigilo fiscal (portanto, não podem ser divulgados pela Fazenda Pública). **Importante:** O artigo reproduzido teve sua constitucionalidade questionada no STF (em tramitação as ADIs nºs 2390, 2386 e 2397). Principais argumentos pela inconstitucionalidade, segundo os autores das ADIs: o dispositivo põe em perigo a intimidade, a vida privada, a honra e a boa imagem dos particulares, colocando em risco a garantia da inviolabilidade e correspondência e das variadas espécies de dados protegidos, assim como a reserva de revisão judicial para o afastamento singular dessas prerrogativas individuais. Recentemente, o Supremo decidiu ser constitucional a Lei complementar 105/2001, ficando consolidado o entendimento de que é permitido aos órgãos de administração tributária requisitar informações bancárias de contribuintes sem autorização judicial (Informativo 816).
Sanções Políticas (Súmulas do STF)	**Súmula 70:** "É inadmissível a interdição de estabelecimento como meio coercitivo para cobrança de tributo". **Súmula 323**: "É inadmissível a apreensão de mercadorias como meio coercitivo para pagamento de tributos". **Súmula 547:** "Não é lícito à autoridade proibir que o contribuinte em débito adquira estampilhas, despache mercadorias nas alfândegas e exerça suas atividades profissionais".
Prestação de informações (CTN, art. 197)	Art. 197. Mediante intimação escrita, são obrigados a prestar à autoridade administrativa todas as informações de que disponham com relação aos bens, negócios ou atividades de terceiros: I – os tabeliães, escrivães e demais serventuários de ofício; II – os bancos, casas bancárias, Caixas Econômicas e demais instituições financeiras; III – as empresas de administração de bens; IV – os corretores, leiloeiros e despachantes oficiais; V – os inventariantes; VI – os síndicos, comissários e liquidatários; VII – quaisquer outras entidades ou pessoas que a lei designe, em razão de seu cargo, ofício, função, ministério, atividade ou profissão. Parágrafo único. A obrigação prevista neste artigo não abrange a prestação de informações quanto a fatos sobre os quais o informante esteja legalmente obrigado a observar segredo em razão de cargo, ofício, função, ministério, atividade ou profissão.

- A **dívida ativa tributária** é um crédito público, valor que a Fazenda Pública tem para receber de terceiros, proveniente do crédito tributário, regularmente inscrito na repartição pública competente depois de esgotado o prazo fixado, para pagamento, pela lei ou por decisão final proferida em processo regular.
- O débito fiscal regularmente inscrito em dívida ativa **goza de presunção relativa de liquidez e certeza** e tem efeito de prova pré-constituída.
- A **inscrição de um débito fiscal na dívida ativa** é um ato administrativo de cadastro próprio da Fazenda Pública (que se constitui no ato de controle administrativo da legalidade). Dele se extrai uma certidão, com os mesmos termos, denominada de CDA – Certidão de Dívida Ativa (CPC, art. 784, inciso IX), que tem natureza de título executivo extrajudicial, ou seja, é imprescindível para a cobrança judicial do crédito pela referida Fazenda Pública, através da Execução Fiscal, disciplinada pela Lei 6.830/80 (LEF – Lei de Execuções Fiscais). Aliás, a petição inicial da execução fiscal e a Certidão de Dívida Ativa poderão constituir um único documento, preparado inclusive por processo eletrônico.
- Os **requisitos obrigatórios do termo de inscrição em dívida ativa** estão previstos no CTN (art. 202) e na LEF (art. 2º, § 5º):

Requisitos obrigatórios do termo de inscrição em dívida ativa	
Segundo o CTN (art. 202):	**Segundo a LEF (art. 2º, § 5º):**
I – o nome do devedor e, sendo caso, o dos corresponsáveis, bem como, sempre que possível, o domicílio ou a residência de um e de outros;	I – o nome do devedor, dos corresponsáveis e, sempre que conhecido, o domicílio ou residência de um e de outros;
II – a quantia devida e a maneira de calcular os juros de mora acrescidos;	II – o valor originário da dívida, bem como o termo inicial e a forma de calcular os juros de mora e demais encargos previstos em lei ou contrato;
III – a origem e natureza do crédito, mencionada especificamente a disposição da lei em que seja fundado;	III – a origem, a natureza e o fundamento legal ou contratual da dívida;
IV – a data em que foi inscrita;	IV – a indicação, se for o caso, de estar a dívida sujeita à atualização monetária, bem como o respectivo fundamento legal e o termo inicial para o cálculo;

Requisitos obrigatórios do termo de inscrição em dívida ativa	
Segundo o CTN (art. 202):	**Segundo a LEF (art. 2º, § 5º):**
V – sendo o caso, o número do processo administrativo de que se originar o crédito.	V – a data e o número da inscrição, no Registro de Dívida Ativa; e
Parágrafo único. A certidão conterá, além dos requisitos deste artigo, a indicação do livro e da folha da inscrição.	VI – o número do processo administrativo ou do auto de infração, se neles estiver apurado o valor da dívida.

- Em diversas ocasiões exige-se do contribuinte a prova de quitação de tributos. Tal prova é materializada pela **certidão negativa**, "expedida à vista de requerimento do interessado, que contenha todas as informações necessárias à identificação de sua pessoa, domicílio fiscal e ramo de negócio ou atividade e indique o período a que se refere o pedido (CTN, art. 205)".
- São **três as espécies de certidões**, conforme detalhes no quadro a seguir:

Abreviatura	Nome	Característica
CND	**C**ertidão **N**egativa de **D**ébitos	Comprova a **inexistência** de débitos fiscais em nome do contribuinte em relação à Fazenda Pública que emite a certidão
CPD	**C**ertidão **P**ositiva de **D**ébitos	Comprova a **existência** de débitos fiscais em nome do contribuinte em relação à Fazenda Pública que emite a certidão
CPD-EN	**C**ertidão **P**ositiva de **D**ébitos, com **E**feitos de **N**egativa	Comprova a **existência** de débitos fiscais em nome do contribuinte em relação à Fazenda Pública que emite a certidão, **porém**, poderá ser utilizada pelo contribuinte para os mesmos fins que seria utilizada a CND

O contribuinte faz jus à CPD-EN caso apresente:	Débitos fiscais vincendos (ou seja, que ainda estão no prazo para pagamento)
	Débitos fiscais em curso de cobrança executiva em que tenha sido efetivada a penhora (hipótese de garantia à execução fiscal)

O contribuinte faz jus à CPD-EN caso apresente:	Débitos fiscais cuja exigibilidade esteja suspensa nos termos do artigo 151 do CTN. São causas de suspensão da exigibilidade: a) Moratória; b) Depósito do montante integral; c) Defesas e recursos no âmbito do processo administrativo fiscal; d) Concessão de liminar em mandado de segurança; e) Concessão de liminar ou antecipação de tutela em outas espécies de ação judicial; f) Parcelamento.

16. PROCESSO JUDICIAL TRIBUTÁRIO

- **Sistema processual brasileiro:** compreende o **processo penal**, por meio do qual são julgadas as ações de natureza criminal, e o **processo civil**, relativo a todos os demais litígios, inclusive aqueles de natureza tributária.
- **Ações exacionais:** são a execução fiscal e medida cautelar fiscal, de iniciativa da Fazenda Pública, que visam à efetiva satisfação do crédito tributário constituído na esfera administrativa por meio do lançamento.
- **Ações antiexacionais:** são ajuizadas pelo sujeito passivo da obrigação tributária e tem por objetivo a obtenção de uma sentença contrária à pretensão do fisco à constituição ou exigência do crédito tributário.
- Para uma melhor compreensão desses aspectos gerais e fundamentais, veja o esquema abaixo:

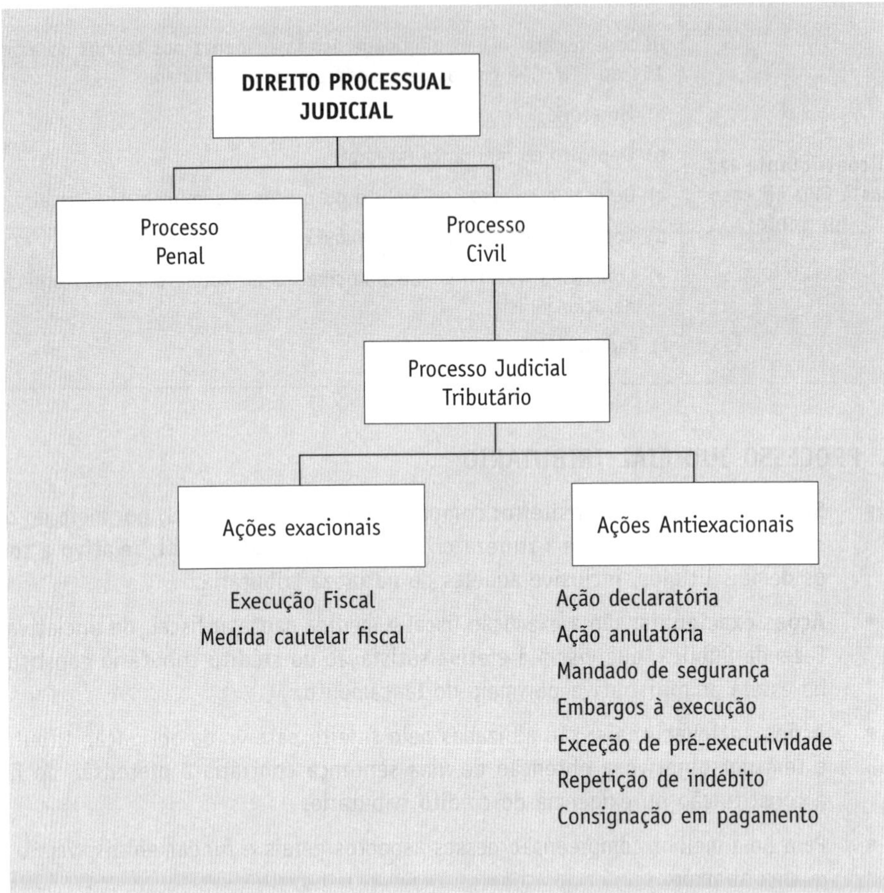

- Confira uma por uma das ações no Capítulo XVI.

Capítulo XVIII

SIMULADO

1. QUESTÕES

1. **(FCC – Agente Fiscal de Rendas – SP/2013)** Com respeito à disciplina legal das taxas, é

a) inconstitucional a adoção, no cálculo do valor de taxa, de um ou mais elementos da base de cálculo própria de determinado imposto, desde que não haja integral identidade entre uma base e outra.

b) inconstitucional a taxa cobrada exclusivamente em razão dos serviços públicos de coleta, remoção e tratamento ou destinação de lixo ou resíduos provenientes de imóveis.

c) constitucional a cobrança da taxa decorrente do poder de polícia em que haja a manutenção, pelo sujeito ativo, de órgão de controle em funcionamento, ficando restrita a cobrança aos contribuintes cujos estabelecimentos foram efetivamente visitados pela fiscalização.

d) constitucional a cobrança de taxa de fiscalização ambiental sobre o mesmo fato gerador pela União e por Estado, pois ambos têm competência para exercer a fiscalização desta atividade, haja vista se tratar de competência comum, exercida concomitantemente por todos os entes políticos.

e) inconstitucional a taxa cobrada em razão da prevenção de incêndios, porquanto instituída como contraprestação a serviço não divisível.

2. **(FCC – Agente Fiscal de Rendas – SP/2013)** A empresa Argonautas Unidos S.A. obteve a concessão de medida liminar em mandado de segurança preventivo que impetrara contra a Fazenda Pública Estadual a fim de não pagar determinado tributo por entender indevido. Em razão desta concessão, a empresa realizou operação mercantil sem o devido destaque do imposto, deixando também de cumprir as obrigações acessórias relacionadas. O Fisco, por sua vez, a fim de prevenir a decadência do direito de lançar, lavrou auto de infração contra o contribuinte. Passados 121 dias, o mandado de segurança foi julgado no mérito desfavoravelmente ao contribuinte, tendo transitado em julgado. Surpreendido com a decisão, o contribuinte foi até a repartição fiscal e entregou documentos relativos a apartamento de sua propriedade, alegando que poderia pagar o tributo mediante dação em pagamento de bem imóvel. Em face da situação hipotética apresentada e do ordenamento jurídico vigente,

a) a medida liminar em mandado de segurança e a remissão *praeter tempus*, espécies de suspensão do crédito tributário, ficam sem efeito quando denegado o mandado de segurança pela sentença, retroagindo os efeitos da decisão contrária.

b) justifica-se o não cumprimento pela empresa das obrigações acessórias relacionadas com o tributo cujo pagamento foi obstado pela ordem judicial obtida pela empresa, pois nesta situação há dispensa legal do cumprimento das obrigações acessórias.

c) o pagamento de tributos mediante dação em pagamento de bem imóvel é uma das formas previstas de exclusão do crédito tributário, devendo o contribuinte cumprir a forma e as condições estabelecidas em lei.

d) a suspensão da exigibilidade do crédito tributário na via judicial impede o Fisco de praticar qualquer ato contra o contribuinte visando à cobrança de seu crédito, tais como inscrição em dívida, execução e penhora, mas não impossibilita a Fazenda de proceder a regular constituição do crédito tributário para prevenir a decadência do direito de lançar.

e) caso fosse previsto em lei ordinária, o contribuinte poderia fazer a compensação do tributo devido com o bem imóvel, exercendo seu direito subjetivo ao uso de uma das espécies de extinção do crédito tributário.

3. **(FCC – Agente Fiscal de Rendas – SP/2013)** A Lei Complementar 104, de 10/01/2001, alterou e

incluiu alguns dispositivos do CTN relativos à divulgação pela Administração Tributária e por seus funcionários de informações obtidas em razão de suas atividades. Regra geral, o Código Tributário Nacional veda a divulgação destas informações, havendo, no entanto, algumas exceções. De acordo com o CTN, é permitida a divulgação de informações, dentre outros, em casos de

a) compensação tributária, representações fiscais para fins penais e requisição de autoridade judiciária no interesse da justiça.

b) requisição de autoridade judiciária no interesse da justiça, inscrições na Dívida Ativa da Fazenda Pública e representações fiscais para fins penais.

c) parcelamento ou moratória, requisição da mesa diretora do Poder Legislativo do ente tributante e solicitações de autoridade administrativa no interesse da Administração Pública, desde que seja comprovada a instauração regular de processo administrativo.

d) inscrições na Dívida Ativa da Fazenda Pública, representações fiscais para fins penais e petições de reconhecimento de decadência.

e) transação e remissão, inscrições na Dívida Ativa da Fazenda Pública e representações fiscais para fins penais.

4. **(ESAF – Auditor-Fiscal– RFB/2012)** Sobre os diversos aspectos da norma tributária impositiva, julgue os itens a seguir, classificando-os como corretos ou incorretos, para, a seguir, assinalar a assertiva que corresponda à sua opção.

I. Ainda que se trate de um ato jurídico, no sentido dessa expressão no Código Civil, o fato gerador da obrigação tributária há de ser sempre considerado como um fato.

II. O aspecto temporal é a indicação das circunstâncias de tempo importantes para a configuração dos fatos imponíveis, que necessariamente será explícita.

III. Aspecto espacial da hipótese de incidência corresponde ao território no qual, ocorrida a situação descrita no aspecto material, surge a obrigação tributária.

IV. Aspecto pessoal é aquele que diz respeito à definição dos sujeitos ativo e passivo da relação tributária.

V. O montante da obrigação tributária é o aspecto quantitativo da norma tributária impositiva, que pode ser um valor fixo, um percentual incidente sobre determinada grandeza ou até mesmo a lei pode utilizar- se do enquadramento em tabelas.

Estão corretos apenas os itens:

a) I, IV e V.

b) I, III, IV e V.

c) II, III e V.

d) II, IV e V.

e) Todos os itens estão corretos.

5. **(ESAF – Analista Tributário da Receita Federal/2012)** Responda às perguntas abaixo e, em seguida, assinale a opção correta.

I. Se o lançamento não foi notificado ao sujeito passivo, pode ser livremente alterado pela autoridade?

II. A alteração de entendimento (modificação dos critérios jurídicos adotados pela autoridade administrativa) no exercício do lançamento pode ser efetivada, em relação aos outros contribuintes, quanto a fato gerador ocorrido anteriormente à sua introdução?

III. A certidão com efeito de negativa pode ser expedida em favor de contribuinte que tenha efetuado o depósito do montante integral do crédito tributário, pois, em tal caso, este estará com sua exigibilidade suspensa?

a) Não, não e não.

b) Sim, sim e sim.

c) Não, não e sim.

d) Não, sim e não.

e) Sim, não e não.

6. **(FCC/AFR/2006)** Em relação à lei complementar e às resoluções do Senado, é correto afirmar:

a) A delegação ao Presidente da República para elaborar lei delegada terá a forma de resolução do Senado, que especificará seu conteúdo e os termos do exercício.

b) Os impostos sobre transmissão de bens imóveis *inter vivos* e o imposto sobre a transmissão *causa mortis* e doação, de quaisquer bens e direitos, terão suas alíquotas máximas fixadas por lei complementar.

c) Cabe à lei complementar prever, quanto ao ICMS, casos de manutenção de crédito, relativamente à remessa para outro Estado e exportação para o exterior de serviços e de mercadorias.

d) Resolução do Senado fixará a base de cálculo do ICMS, de modo que o montante do imposto a integre, também na importação do exterior de bem, mercadoria e serviço.

e) A lei complementar fixará as alíquotas mínimas do ICMS nas operações internas.

7. **(Procurador do Município – Prefeitura Ribeirão Preto-SP/2007 – VUNESP)** No território de um certo Município encontra-se instalado um estabelecimento pertencente à União cujas atividades são sujeitas à fiscalização sanitária municipal. Pelos atos fiscalizatórios, assim exercidos, pretende o Município em questão promover a cobrança junto à União. Quanto à referida pretensão é correto afirmar que se mostra

a) inviabilizada, posto que sendo o imóvel pertencente à União encontra-se amparado pela imunidade recíproca que veda a cobrança de tributos entre os entes tributantes.

b) inviabilizada, posto que sendo o imóvel pertencente à União também as atividades nele desenvolvidas estão resguardadas por imunidade específica.

c) viável, podendo o Município exigir a taxa pela prestação de serviços públicos específicos e indivisíveis.

d) viável, podendo o Município exigir taxa em razão do exercício regular do poder de polícia.

e) inviável, pois a União está assegurada pela imunidade genérica sobre o imóvel e pela isenção específica relativamente à exigência de qualquer tipo de tributo, sobre as atividades nele desenvolvidas.

8. **(Procurador do Município – Prefeitura Recife-PE/2008 – FCC)** Após a partilha amigável em arrolamento de bens judicial pela morte de seu pai, que se deu em 2007, Tício e Mévio recebem agora notificação para pagamento de Imposto de Renda ano-base 2003, por ele devido quando ainda estava vivo. Esta exigência fiscal está

a) errada, porque já houve prescrição.

b) errada, porque o arrolamento já foi concluído, após a apuração de haveres e homologação da partilha de bens.

c) correta, porque os sucessores são contribuintes dos tributos devidos pelo de cujus, independentemente da data da ocorrência do fato gerador, desde que não tenha se operado a decadência.

d) correta, porque com a morte interrompe-se o prazo prescricional para a cobrança dos créditos tributários em atraso, transferindo-se aos sucessores a responsabilidade tributária, desde que não tenha se operado a decadência.

e) correta, porque os sucessores são responsáveis pelos tributos devidos, cujos fatos geradores ocorreram até a data da partilha, até o limite dos quinhões recebidos, desde que não tenha se operado a decadência ou prescrição.

9. **(Procurador do Município – Prefeitura Belo Horizonte-MG/2008 – Fundep)** Considerando as normas gerais de direito tributário relativas às Obrigações Tributárias, é *CORRETO* afirmar que

a) a administração fazendária competente para a prática do ato de lançamento poderá arbitrar a base de cálculo do tributo, quando este for baseado no preço de bens, direitos, serviços ou atos jurídicos, sempre que os documentos, declarações ou esclarecimentos não mereçam fé.

b) a denúncia espontânea de infração, quando acompanhada do pagamento do tributo devido, acrescido da correção monetária, dos juros e da multa mínima, implicará o afastamento da responsabilidade, desde que não iniciado o procedimento de fiscalização.

c) o ato administrativo de lançamento deve se reportar à legislação vigente no momento de sua realização, podendo ser revisto pela administração fazendária quando constatada qualquer irregularidade.

d) o valor tributário expresso em moeda estrangeira, salvo disposição de lei em contrário, deve ser convertido em moeda nacional na data de vencimento da obrigação tributária, aplicando-se o câmbio do dia da realização do ato administrativo de lançamento.

10. **(Procurador do Município – Prefeitura Curitiba-PR/2007 – PUC)** Acerca das hipóteses de exclusão do crédito tributário e garantias e privilégios do crédito tributário, assinale a alternativa correta:

I A isenção pode ser restrita a determinada região do território da entidade tributante, em função de condições a ela peculiares.

II A anistia abrange exclusivamente as infrações cometidas anteriormente à vigência da lei que a concede, não se aplicando aos atos qualificados em lei como crimes ou contravenções e aos que, mesmo sem essa qualificação, sejam praticados com dolo, fraude ou simulação pelo sujeito passivo ou por terceiro em benefício daquele.

III Na falência, o crédito tributário não prefere aos créditos extraconcursais ou às importâncias passíveis de restituição, nos termos da lei falimentar, nem aos créditos com garantia real, no limite do valor do bem gravado.

IV Presume-se fraudulenta a alienação ou oneração de bens ou rendas, ou seu começo, por sujeito passivo em débito para com a Fazenda Pública, por crédito tributário regularmente inscrito como dívida ativa.

É correta ou são corretas:

a) Apenas II, III e IV.

b) Apenas I e II.

c) I, II, III e IV.

d) Apenas a III.

e) Apenas a IV.

11. (CESPE – Juiz Federal Substituto 2ª região/2011) Assinale a opção correta com base nas normas constitucionais relativas aos princípios gerais do sistema tributário, às limitações do poder de tributar e à repartição das receitas tributárias.

a) As contribuições de melhoria, de competência exclusiva dos municípios, são tributos cujo fato gerador é a valorização de imóveis urbanos em razão de obras realizadas pelo poder público local.

b) Pertencem aos municípios 50% do produto da arrecadação do imposto da União sobre a propriedade territorial rural, relativamente aos imóveis neles situados, mas apenas na hipótese de os próprios municípios realizarem a cobrança e a fiscalização do imposto.

c) A instituição do imposto sobre transmissão *causa mortis* e do de doação cabe ao município onde se situe o bem imóvel.

d) Diferentemente dos impostos, as taxas têm como característica essencial a existência de atividade estatal específica e divisível, ou seja, há a necessidade de o serviço realizado trazer, em tese, benefício potencial e determinado ao contribuinte, que deve pagá-lo ainda que não o utilize.

e) Pelo princípio da anterioridade tributária, nenhum tributo, seja da União, dos estados, do DF ou dos municípios, pode ser cobrado no mesmo exercício financeiro em que tenha sido aprovada a lei que o instituiu.

12. (CESPE – Juiz Federal Substituto 5ª região/2013) Assinale a opção correta de acordo com a CF, as normas gerais de direito tributário e a jurisprudência do STJ e do STF sobre essa matéria.

a) Incide IR sobre a indenização por danos morais.

b) É possível a instituição de taxa sobre o serviço de iluminação pública.

c) De acordo com o STF, a não cumulatividade é considerada cláusula pétrea, visto que constitui direito fundamental das pessoas na condição de contribuintes.

d) A edição pela União de norma modificadora alterando o prazo para o recolhimento de determinada obrigação tributária deve respeitar o princípio da anterioridade.

e) Configura-se o caráter confiscatório de determinado tributo sempre que o efeito cumulativo, resultante das múltiplas incidências tributárias estabelecidas pela mesma entidade estatal, afetar, substancialmente e de maneira irrazoável, o patrimônio ou os rendimentos do contribuinte.

13. (CESPE – Juiz Federal Substituto 5ª região/2013) Ainda com base na CF, nas normas gerais de direito tributário e na jurisprudência do STJ e do STF sobre essa matéria, assinale a opção correta.

a) Ainda que a isenção tenha sido concedida por prazo certo e sob condição onerosa, é possível a sua posterior revogação, com efeitos sobre os contribuintes que tiverem por ela sido beneficiados, já que eles não possuem direito adquirido de usufruir do benefício legalmente estipulado.

b) É devida a correção monetária ao creditamento do IPI quando há oposição ao seu aproveitamento decorrente de resistência legítima do fisco.

c) A simples declaração, pelo contribuinte, do débito tributário lhe dá o direito de obter a certidão negativa ou positiva com efeito de negativa.

d) O inadimplemento da obrigação tributária pela sociedade é suficiente, por si só, para atrair a responsabilidade solidária do sócio-gerente.

e) A imunidade tributária recíproca é princípio garantidor da Federação, motivo pelo qual não pode ser restringida nem mesmo por emenda constitucional.

14. (TRF 3 – Juiz Federal Substituto 3ª região/2018) Indique a afirmação INCORRETA:

a) Os tratados internacionais para evitar a dupla tributação prevalecem sobre a legislação interna brasileira.

b) O aplicador da lei não pode empregar a analogia para exigir tributo não previsto em lei.

c) A compensação pode ser promovida pelo sujeito passivo, mesmo sem lei que a preveja, desde que seja realizada entre tributos e contribuições da mesma espécie.

d) A moratória suspende a exigibilidade do crédito tributário.

15. (PUC – PR – Juiz de Direito Substituto – PR/2012) Considere as seguintes situações em que não há imposto devido:

I. Sobre o patrimônio dos partidos políticos, relacionado com suas finalidades essenciais.

II. Sobre a propriedade de pequenas glebas rurais, quando as explore o proprietário que não possua outro imóvel.

III. Sobre a saída de produtos industrializados, do estabelecimento, para distribuição gratuita, de diminuto ou nenhum valor comercial.

As situações correspondem, respectivamente, aos seguintes institutos:

a) Isenção; não incidência; alíquota zero.

b) Imunidade; isenção; alíquota zero.

c) Isenção; imunidade; isenção.

d) Isenção; imunidade; imunidade.

e) Imunidade; imunidade; isenção.

16. (TJ/RS – Juiz de Direito Substituto – RS/2012) Assinale a assertiva incorreta sobre fato gerador segundo a legislação tributária.

a) A obrigação principal surge com a ocorrência do fato gerador e tem por objeto o pagamento do tributo ou penalidade pecuniária.

b) A lei tributária não pode alterar a definição, o conteúdo e o alcance de institutos, conceitos e formas de direito privado utilizados, expressa ou implicitamente, pela Constituição Federal.

c) A lei tributária aplica-se imediatamente aos fatos geradores futuros e pendentes, não retroagindo para alcançar qualquer ato ou fato pretérito, mesmo que deixe de defini-los como infração.

d) Interpreta-se literalmente a legislação tributária que disponha sobre a outorga de isenção.

e) O fato gerador da obrigação principal é a situação definida em lei como necessária e suficiente à sua ocorrência.

17. (CESPE – Juiz de Direito Substituto – MA/2013) Considerando o princípio da anterioridade e a interpretação das leis tributárias, e outros aspectos relacionados ao direito tributário, assinale a opção correta.

a) Em regra, o ICMS é considerado um imposto plurifásico, mas a própria CF prevê hipótese excepcional de incidência monofásica do ICMS.

b) Segundo o STF, o prazo da anterioridade nonagesimal começa a ser contado a partir da promulgação da lei que resulte da conversão de medida provisória editada, e não da publicação da medida provisória que institua ou modifique contribuição.

c) Consoante entendimento consolidado no STF, os convênios celebrados pelo Poder Executivo exigem a ratificação do Poder Legislativo.

d) Na atual legislação tributária, não se admitem interpretações *in dubio contra fiscum e pro lege,* sendo atualmente aplicável a interpretação *in dubio pro fisco.*

18. (MPF – Procurador da República/2006) Assinale a alternativa falsa:

O Imposto Sobre Serviços de Qualquer Natureza:

a) em face do princípio da territorialidade, não incide sobre o serviço proveniente do exterior do País ou cuja prestação se tenha iniciado no exterior do País;

b) não depende da denominação dada ao serviço prestado para efeito de incidência;

c) não incide sobre o valor intermediado no mercado de títulos e valores mobiliários, o valor dos depósitos bancários, o principal, juros e acréscimos moratórios relativos a operações de crédito realizadas por instituições financeiras;

d) tem por contribuinte o prestador, e não o tomador do serviço.

19. (MPF – Procurador da República/2008) Em relação ao empréstimo compulsório é certo afirmar que:

a) se conceitua como um contrato de empréstimo de direito público, com a nota de que há obrigatoriedade de restituição;

b) é um tributo posto que atende às cláusulas que integram a redação do artigo 3º, do Código Tributário Nacional;

c) se subordina, em todos os casos, ao princípio da anterioridade da lei que o houver instituído;

d) é espécie de confisco como ocorreu com a retenção dos saldos de depósitos à vista, cadernetas de poupança e outros ativos financeiros, por determinação da Lei 8.024/90.

20. (MPF – Procurador da República/2008) Assinale a forma de desoneração tributária pela qual não nascem nem a obrigação tributária, nem o respectivo crédito por força do não exercício da competência a que tem direito o poder tributante:

a) não incidência;

b) isenção;

c) imunidade;

d) alíquota 0 (zero).

21. (MPF – Procurador da República/2011) Assinale a alínea certa:

a) o imposto de renda, de finalidade preponderantemente fiscal, não se submete ao princípio da noventena;

b) o ICMS e o IPI, por serem tributos indiretos, não comportam transferência do encargo financeiro;

c) o sujeito ativo do ICMS devido nas operações de importação pode ser ou o ente federado em que localizado o real destinatário jurídico da mercadoria ou o Estado diverso do destinatário final, mediante transferência do bem importado com "escala", chamada importação indireta;

d) a Constituição Federal veda a concessão de isenções heterônomas.

22. (MPE-MS – Promotor de Justiça – MS/2011) E incorreto afirmar:

a) tem o mesmo efeito de certidão negativa aquela da qual conste a existência de créditos em curso de cobrança executiva em que tenha sido efetivada a penhora;

b) será responsabilizado pessoalmente pelo crédito tributário o funcionário que expedir certidão negativa, com fraude, contendo erro contra a Fazenda Pública;

c) a anistia pode ser concedida limitadamente às infrações da legislação tributária concernente a determinado tributo;

d) a isenção, independentemente de ser concedida por prazo certo e sob certas condições, pode ser revogada a qualquer tempo;

e) a isenção não geral deve ser efetivada a cada caso por despacho da autoridade administrativa.

23. (MPE-MS – Promotor de Justiça – MS/2011) São modalidades que extinguem o crédito tributário, exceto:

a) a compensação;

b) a concessão de liminar em ação cautelar inominada;

c) a dação em pagamento de bens imóveis, na forma e condições estabelecidas em lei;

d) a decisão administrativa irreformável, assim entendida a definitiva na órbita administrativa;

e) a conversão de depósito em renda.

24. (MPE-MS – Promotor de Justiça – MS/2011) As afirmações abaixo referem-se às limitações dos entes federados no exercício da tributação:

I. os tributos somente poderão ser instituídos e majorados por lei em sentido amplo que respeite o princípio da anterioridade.

II. é proibido o tratamento desigual a contribuintes que se encontrem em situação equivalente.

III. as denominadas Contribuições Sociais não se caracterizam como tributos.

IV. é vedada a cobrança de tributos em relação a fatos geradores ocorridos antes do início da vigência da lei que os houver instituído ou aumentado.

Com base nessas afirmações, assinale a resposta correta:

a) as afirmações I e III estão incorretas;

b) as afirmações I e III estão corretas;

c) as afirmações III e IV estão incorretas;

d) as afirmações I, II e IV estão corretas;

e) apenas a afirmação I está incorreta.

25. (MPE-SC – Promotor de Justiça – SC/2011) Assinale a alternativa correta:

I. A norma que altera o prazo de recolhimento da obrigação tributária não está sujeita ao princípio da anterioridade.

II. A imunidade tributária recíproca aproveita as autarquias e fundações, no que se refere ao patrimônio, à renda e aos serviços vinculados a suas finalidades essenciais ou às delas decorrentes.

III. A moratória, o depósito do montante integral do tributo, os recursos administrativos e o parcelamento suspendem a exigibilidade do crédito tributário, vedando a cobrança do respectivo montante do contribuinte e impedindo que o prazo prescricional tenha curso.

IV. É constitucional a exigência de depósito prévio como requisito de admissibilidade de ação judicial na qual se pretenda discutir a exigibilidade de crédito tributário.

V. A concessão de incentivos tributários, isenções e benefícios em matéria de ICMS deve ser precedida da celebração de convênio entre todos os Estados e o DF (CONFAZ).

a) Apenas as assertivas I, III, IV e V estão corretas.

b) Apenas as assertivas II, III, IV estão corretas.

c) Apenas as assertivas I, II, III e IV estão corretas.

d) Apenas as assertivas I, II, III e V estão corretas.

e) Todas as assertivas estão corretas.

26. (Consulplan – Promotor de Justiça – MG/2012) Analise as assertivas abaixo:

I. Com base nos princípios da capacidade contributiva, da modicidade tributária e do não confisco, o Supremo Tribunal Federal vem autorizando, independentemente de lei específica, a atualização monetária da tabela progressiva do imposto de renda e das respectivas deduções.

II. A instituição de contribuições de intervenção no domínio econômico é da competência exclusiva da União, não podendo ser delegada aos Estados e Distrito Federal, tampouco aos Municípios.

III. Em relação ao tributo, nos termos da legislação de regência, a destinação legal do produto de sua arrecadação e a sua denominação legal constituem critérios relevantes para determinação de sua natureza jurídica.

IV. A lei tributária aplica-se a ato ou fato pretérito, em qualquer caso, quando seja expressamente interpretativa, excluída a aplicação de penalidade à infração dos dispositivos interpretados.

Pode-se afirmar que:

a) apenas as assertivas I e III estão CORRETAS.

b) apenas as assertivas I e IV estão CORRETAS.

c) apenas as assertivas II e III estão CORRETAS.

d) apenas as assertivas II e IV estão CORRETAS.

27. (CESPE – Promotor de Justiça – RR/2012) Preocupado com o alto índice de migração da população do município para a capital do estado, o Poder Executivo municipal revogou toda a legislação que instituía o IPTU. Em face dessa situação hipotética, assinale a opção correta.

a) O município poderia isentar da cobrança as pequenas glebas situadas em zonas rurais onde incidisse tributo sobre propriedade, dada a arrecadação do ITR.

b) Sendo do município a competência para instituir tributo, é legítimo que ele deixe de instituí-lo, não sendo o exercício dessa competência transferível a outra pessoa jurídica de direito público.

c) O município não poderia revogar a legislação referente ao IPTU, já que a competência para instituí-lo é do estado.

d) A União, por possuir competência residual, poderá instituir o IPTU, sempre que a sua instituição não seja exercida por quem tenha competência tributária.

e) O município poderia ter estabelecido progressividade do IPTU para os fins almejados, em vez de revogá-lo, porque este imposto não tem caráter extrafiscal.

28. (CESPE – Promotor de Justiça – RR/2012) No que diz respeito ao processo judicial tributário, assinale a opção correta.

a) Em ação cautelar que vise à autorização da compensação de créditos tributários, deverá ser concedida medida liminar caso estejam presentes os pressupostos legais.

b) As sentenças proferidas contra a fazenda pública estão sujeitas ao reexame necessário, podendo o procurador da fazenda, em situações específicas, dispensar o recurso.

c) Em ação de repetição de indébito tributário, não é necessária a prova documental do recolhimento do tributo, uma vez que a fazenda pública tem o dever de controlar sua arrecadação.

d) Tratando-se de ação de restituição de indébito do imposto sobre produto industrializado, a concessionária de veículo é contribuinte de fato e a montadora, de direito, tendo, portanto, a montadora a legitimidade ativa na referida ação.

e) Proposta ação por meio da qual tenha sido requerida declaração de direito a compensação de tributo pago indevidamente, não pode o contribuinte alterar a forma de crédito quando da execução.

29. (ESAF – Procurador Fazenda Nacional/2007)

— A autoridade administrativa poderá desconsiderar atos ou negócios jurídicos praticados com a finalidade de dissimular a ocorrência do fato gerador do tributo, observados os procedimentos a serem estabelecidos em lei ordinária.

— O CTN omitiu-se em prever a possibilidade de, na forma e condições estabelecidas em lei, a dação em pagamento em bens móveis extinguir o crédito tributário.

— Segundo o CTN, prescrição da pretensão do fisco se interrompe pelo despacho do juiz que ordenar a citação em execução fiscal e não pela citação pessoal feita ao devedor em execução ou qualquer outro processo judicial.

a) As três afirmações são verdadeiras.

b) Só é falsa a segunda asserção.

c) Só é falsa a terceira afirmação.

d) Só são falsas as duas últimas.

e) São todas falsas.

30. (ESAF – Procurador da Fazenda Nacional/2012) De acordo com o § 4º do art. 177 da Constituição, a lei pode instituir contribuição de intervenção no domínio econômico relativa às atividades de importação ou comercialização de petróleo e seus derivados, gás natural e seus derivados e álcool combustível. Do regime constitucional pertinente, é incorreto afirmar que

a) a alíquota da contribuição pode ser reduzida e restabelecida por ato do Poder Executivo, vedada sua cobrança no mesmo exercício financeiro em que haja sido instituída ou aumentada.

b) a lei que instituir ou aumentar a CIDE-combustível deve observar a anterioridade nonagesimal prevista no art. 150, II, c, da Constituição.

c) os recursos arrecadados serão destinados ao pagamento de subsídios a preços ou transporte de álcool combustível, gás natural e seus derivados e derivados de petróleo; ao financiamento de projetos ambientais relacionados com a indústria do petróleo e do gás; e ao financiamento de programas de infra-estrutura de transportes.

d) do produto da arrecadação da contribuição de intervenção no domínio econômico prevista no art. 177, § 4º, a União entregará 29% (vinte e nove por cento) para os Estados e o Distrito Federal.

e) sujeita-se a controle concentrado de constitucionalidade eventual Lei Orçamentária que autorize abertura de crédito suplementar sob rubrica com destinação diversa da prevista no § 4º do art. 177 da Constituição.

31. (FMP – Procurador do Estado – AC/2012) Assinale a alternativa correta.

a) Não fica imune ao IPTU (Imposto sobre a Propriedade Predial e Territorial Urbana) o imóvel pertencente a partido político alugado a terceiros, mesmo que o valor dos aluguéis seja aplicado nas atividades essenciais da aludida entidade.

b) O princípio constitucional da legalidade tributária impõe a adoção da espécie legislativa própria e prevista na Constituição Federal para a instituição de tributo, mas não exige que a norma criadora do tributo contenha todos os aspectos fundamentais da hipótese de incidência tributária (aspectos pessoal, material, temporal, espacial e quantitativo).

c) A imunidade recíproca alcança todas as espécies tributárias.

d) O princípio constitucional da anterioridade tributária anual, previsto no art. 150, inciso III, alínea "b", da Constituição Federal, é direito fundamental do contribuinte, razão pela qual não pode ser suprimido por Emenda Constitucional.

32. (FMP – Procurador do Estado – AC/2012) Dadas as assertivas, assinale a alternativa correta.

I. A competência tributária pode ser delegada pelos entes públicos.

II. A capacidade ativa tributária identifica-se com o poder de arrecadar e fiscalizar tributos.

III. De acordo com o entendimento do STJ, o inadimplemento da obrigação tributária pela sociedade não gera, por si só, a responsabilidade solidária do sócio-gerente.

IV. Não pode haver, segundo o entendimento do STJ, o redirecionamento da execução fiscal para o sócio-gerente quando a empresa deixar de funcionar no seu domicílio fiscal sem a devida comunicação aos órgãos administrativos competentes.

a) Estão corretas apenas as assertivas I e II.

b) Estão corretas apenas as assertivas I e IV.

c) Estão corretas apenas as assertivas II e III.

d) Estão corretas apenas as assertivas II e IV.

33. (FCC – Procurador do Estado – SP/2012) Considere as seguintes afirmações:

I. No Código Tributário Nacional há uma causa de extinção do crédito tributário que, cronologicamente, ocorre antes de sua própria constituição.

II. O parcelamento, por ser forma de pagamento, é causa de extinção do crédito tributário.

III. Isenção e remissão são cronologicamente anteriores ao nascimento do crédito tributário.

IV. A lei que dispensa o pagamento de valor de multa decorrente de auto de infração configura anistia, causa de exclusão do crédito tributário já constituído, nos termos do disposto no Código Tributário Nacional.

V. Na normatização brasileira, não há possibilidade de extinção do crédito tributário mediante a entrega ao fisco de algo que não seja dinheiro.

Está correto APENAS o que se afirma em

a) I e IV.

b) IV e V.

c) II, III e IV.

d) II e IV.

e) III e V.

34. (COPS – Procurador do Estado – PR/2011) Dentre as alternativas abaixo, aponte aquela que estiver correta:

a) a obrigação tributária é principal ou acessória, em ambos os casos surgindo com a ocorrência do fato gerador e tendo por objeto o pagamento de tributo ou penalidade pecuniária, extinguindo-se juntamente com o crédito dela decorrente;

b) a obrigação tributária acessória, pelo simples fato de sua inobservância, converte-se em obrigação principal relativamente à penalidade pecuniária;

c) além do contribuinte, o responsável também é qualificado como sujeito passivo tributário, eis que tem relação pessoal e direta com a situação que de regra constitui o respectivo fato gerador;

d) na relação jurídica tributária, o sujeito ativo é titular do dever de recolher o tributo, ao passo que, o sujeito passivo corresponde ao titular do direito de receber o montante devido;

e) n. d. a.

35. (CESPE – Procurador do Estado – PI/2008) O governador de determinado estado encaminhou à casa legislativa projeto de lei que perdoava o débito tributário principal, bem como suas penalidades, de determinados contribuintes. O projeto foi aprovado, e, posteriormente, transformado em lei.

Assinale a opção correta acerca dessa situação.

a) Uma vez que foi perdoada a dívida, incluindo-se as penalidades, é correto afirmar que se trata de isenção.

b) Nesse caso, houve moratória, já que foi perdoado débito tributário principal.

c) A lei pode autorizar o referido perdão, desde que atendido o único fundamento possível, que é a situação econômica do sujeito passivo.

d) Trata-se, nesse caso, de anistia, uma vez que todo o débito está sendo perdoado.

e) Somente o instituto da remissão pode se enquadrar nesse exemplo.

36. (FCC – Procurador do Estado – SP/2009)

i. O lançamento reporta-se à data da ocorrência do fato gerador da obrigação e rege-se pela lei vigente à época, salvo se lei superveniente for mais benéfica ao contribuinte do tributo.

II. A apresentação de recurso administrativo, o depósito do valor integral e a celebração de acordo de parcelamento são hipóteses de suspensão da exigibilidade do crédito tributário.

III. A remissão e a anistia são hipóteses de exclusão do crédito tributário.

IV. O prazo de recolhimento de um imposto só pode ser fixado por meio de lei.

V. A norma contida no art. 138 do CTN, que trata da denúncia espontânea da infração, não autoriza o contribuinte do ICMS, que declarou o imposto e não o recolheu tempestivamente, efetuar, após a data do vencimento, o pagamento do tributo, acrescido de juros de mora, mas sem a multa moratória.

Está correto o que se afirma em

a) II e V, apenas.

b) III e IV, apenas.

c) I, II e IV, apenas.

d) I, III e V, apenas.

e) I, II, III, IV e V.

37. (CESPE – Juiz Federal Substituto 2ª região/2013) O número excessivo de impostos embutidos nos preços dos produtos tem impacto direto na mesa do brasileiro. Do valor total de um pacote de arroz, por exemplo, 18,65% representam cobrança de impostos. O tradicional peru, que custa, em média, R$ 58,80, sairia para o consumidor por R$ 41,72 sem a incidência de tributos. Já uma garrafa de espumante, com custo de R$ 22,00, valeria R$ 8,80 sem a cobrança dos impostos. Os preços impressionaram as pessoas que participaram de uma mobilização a favor da maior transparência tributária para os consumidores e que, na ocasião, visitaram um minimercado instalado no vão livre do MASP, em São Paulo, onde estava discriminada a porcentagem dos tributos embutidos nos alimentos.

Internet: <www.fiesp.com.br> (com adaptações).

Com referência ao texto acima e ao que disciplina a CF acerca da transparência tributária para o consumidor, assinale a opção correta.

a) Por ser matéria tributária de índole federativa, que exige providências a cargo da União, dos estados e dos municípios, a implementação da transparência dos impostos para os consumidores depende de resolução do Senado Federal.

b) A transparência tributária para o consumidor, tema objeto da mobilização referida no texto, é reservada à lei complementar, nos termos da CF.

c) A informação exigida pelos consumidores é um direito assegurado explicitamente pela CF, no âmbito das limitações ao poder tributário do Estado.

d) O direito à informação sobre impostos para os consumidores é um princípio constitucional explícito da atividade econômica.

e) É vedada, nos termos constitucionais, a edição de medida provisória para alterar norma que disponha sobre a transparência tributária para os consumidores.

38. (CESPE – Juiz Federal Substituto 2ª região/2013) Opera-se a dispensa legal de pagamento do tributo devido, pressupondo crédito tributário regularmente constituído, por meio da

a) isenção.

b) prescrição.

c) decadência.

d) imunidade.

e) remissão.

39. (CESPE – Juiz Federal Substituto 2ª região/2013) Suspenderá a exigibilidade do crédito tributário

a) a impetração de ação anulatória de débito fiscal.

b) a impetração de mandado de segurança preventivo.

c) o ajuizamento de ação de consignação em pagamento.

d) o parcelamento.

e) o depósito do valor que o sujeito passivo considera devido, mesmo que seja inferior ao montante integral do crédito.

40. (Instituto Cidades – Defensor Público – AM/2011) Considerando o Sistema Tributário delineado na Constituição da República de 1988, avalie as seguintes assertivas, indicando -as como verdadeiras ou falsas.

I. A competência tributária é a aptidão para criar tributos, cujos elementos essenciais são definidos mediante lei específica, sendo atribuída pela CR/88 à União, Estados, Distrito Federal e Municípios, de modo a conferir-lhes autonomia financeira. São características da competência tributária a indelegabilidade, incaducabilidade e irrenunciabilidade.

II. As normas gerais de Direito Tributário são instrumentos necessários à uniformização da legislação tributária entre os distintos Entes Federativos, incumbindo à União, no exercício da competência legislativa concorrente, estabelecer, nos termos do art. 146 da CR/88, parâmetros sobre a definição de tributos e de suas espécies, prescrição e decadência tributárias e adequado tratamento tributário ao ato cooperativo. Mesmo que a União não exercite sua competência para edição de normas gerais, os Estados poderão exercer a competência legislativa plena em matéria tributária, atendendo às suas peculiaridades.

III. O princípio da capacidade contributiva decorre diretamente do princípio da isonomia material e pode ser analisado sob duas perspectivas: a capacidade tributária subjetiva ou relativa, que indica a concreta e real aptidão econômica do contribuinte para pagar determinado tributo, conectando-se ao princípio do mínimo existencial; e a capacidade tributária objetiva, que se revela na eleição, pelo legislador, de quaisquer fatos que dêem suporte ao exercício do poder de tributar, não se considerando, nesse aspecto, qualquer indício de manifestação de riqueza.

IV. O princípio da legalidade estrita exige que a lei instituidora de determinado tributo regule, obrigatoriamente, os elementos da hipótese de incidência, a alíquota e a base de cálculo, admitindo-se que tais aspectos normativos sejam veiculados, inclusive, por medida provisória, independentemente da espécie tributária, desde que haja relevância e urgência, consoante autorização expressa do art. 62 da CR/88.

V. Apesar da redação do art. 145 da CR/88, pode-se afirmar, a partir de uma interpretação sistemática, a existência no Sistema Tributário Constitucional de cinco espécies tributárias: os impostos, as taxas, a contribuição de melhoria, os empréstimos compulsórios e as contribuições especiais.

Escolha a opção CORRETA:

a) Apenas a assertiva V é verdadeira.

b) Apenas as assertivas III e IV são falsas.

c) Todas as assertivas são verdadeiras.

d) As assertivas I, II e IV são verdadeiras.

e) Apenas a assertiva II é falsa.

41. (IESES – Cartório – TJ – RO/2012) Assinale a afirmação INCORRETA, segundo o que consta da Constituição da República e legislação correlata ao tema tratado nesta questão:

a) Não compete aos Municípios, em qualquer hipótese, instituir imposto sobre transmissão causa mortis e doação, de quaisquer bens ou direitos.

b) É vedado ao Distrito Federal, cobrar IPTU no mesmo exercício financeiro em que haja sido publicada a lei que o aumentou.

c) É vedado aos Municípios cobrar IPTU no mesmo exercício financeiro em que haja sido publicada a lei que o aumentou.

d) Não compete à União, em qualquer hipótese, instituir imposto sobre a propriedade de veículos automotores.

42. (CESPE – Juiz de Direito Substituto – BA/2012) Assinale a opção correta acerca de exclusão de crédito tributário, competência tributária, imunidade tributária e fontes do direito tributário.

a) A CF atribui à União a denominada competência residual ou remanescente para a instituição de impostos e contribuições sociais relativas à seguridade social.

b) De acordo com a CF, em nenhuma hipótese a União poderá conceder isenção de tributos estaduais e municipais.

c) Tratados internacionais ratificados pelo Brasil não constituem meio hábil para a instituição de isenções relativas a tributos estaduais e municipais, conforme a jurisprudência.

d) A CF concede imunidade em relação ao ICMS apenas às operações que destinem ao exterior produtos industrializados.

e) A capacidade tributária ativa, que consiste no fato de uma pessoa política poder figurar no polo ativo de uma relação jurídico-tributária, é indelegável.

43. (CESPE – Juiz de Direito Substituto – MA/2013) Assinale a opção correta a respeito de receitas públicas, responsabilidade tributária, fiscalização tributária e preços públicos.

a) O regime contábil adotado para a receita pública no Brasil é o de competência.

b) O inadimplemento da obrigação tributária pela sociedade gera, de forma automática, a responsabilidade solidária do sócio gerente.

c) Sob o ponto de vista tributário e financeiro, é correto afirmar que vigora, no Brasil, o federalismo simétrico, visto que o pacto federativo reconhece as diferenças econômicas entre os vários entes da Federação em virtude da arrecadação de receita, e, por esse motivo, tenta superar tais distorções com os sistemas de compartilhamento de competência e repartição de competência tributária.

d) O procedimento de fiscalização tributária é informado pelo princípio documental.

44. (ESAF – Auditor-Fiscal– RFB/2014) Sobre o lançamento como forma de constituição do crédito tributário, assinale a opção correta.

a) A obrigação de prestar declaração é determinante para a definição da modalidade de lançamento do tributo respectivo.

b) Qualquer que seja a modalidade escolhida para o arbitramento, o fisco poderá levar a efeito a que mais favorecer o contribuinte.

c) Nos tributos sujeitos ao lançamento por homologação, o pagamento antecipado é o termo *a quo* do prazo para repetição e compensação de indébito.

d) A legislação brasileira utiliza-se largamente da modalidade do lançamento por declaração, a maior parte dos tributos, especialmente nos impostos e contribuições sociais, segue tal sistemática.

e) A natureza do ato homologatório difere da do lançamento tributário: enquanto este certifica a quitação, aquele certifica a dívida.

45. (CESPE – Juiz de Direito Substituto – RN/2013) No que concerne à suspensão, extinção, exclusão, garantias e privilégios do crédito tributário, assinale a opção correta.

a) Em razão da máxima "o acessório segue o principal", a exclusão do crédito tributário dispensa o cumprimento das obrigações acessórias, dependentes da obrigação principal cujo crédito seja excluído, ou dela, consequente.

b) Exceto os bens gravados por ônus real ou cláusula de inalienabilidade, a totalidade de bens e das rendas, de qualquer origem ou natureza, pertencente ao sujeito passivo responde pelo pagamento do crédito tributário.

c) Embora a União goze de preferência entre as pessoas jurídicas de direito público, o STJ consagrou o entendimento de que os créditos tributários das autarquias federais não têm primazia sobre os créditos fiscais dos estados e municípios.

d) A autoridade administrativa está impedida de conceder, ainda que mediante autorização legal, moratória de caráter individual, pois a legislação tributária somente admite a moratória em caráter geral, que deve ser concedida pela pessoa jurídica de direito público competente para instituir o tributo a que se refira.

e) O direito de a fazenda pública constituir o crédito tributário extingue-se após cinco anos contados do primeiro dia do exercício seguinte àquele em que o lançamento poderia ter sido efetuado ou da data em que se tornar definitiva a decisão que houver anulado, por vício formal, o lançamento anteriormente efetuado.

46. (CESPE – Procurador do MP junto ao TCE-PB/2014) Considerando que um estado da Federação pretenda editar norma autorizando o parcelamento da dívida de IPVA para pagamento mediante compensação de precatórios judiciais, assinale a opção correta.

a) A conversão de depósito em renda tem como efeito a suspensão do crédito tributário assim como o parcelamento de crédito tributário.

b) O instituto do parcelamento do crédito tributário pode ser regulamentado pelo estado, desde que o pagamento integral do crédito ocasione a sua exclusão.

c) A compensação tributária é modalidade de extinção do crédito tributário cujos efeitos ocorrem imediatamente após o pedido feito pelo contribuinte.

d) O parcelamento de crédito tributário não poderá ser concedido a quem aja com dolo, fraude ou simulação, como ocorre com o instituto da moratória.

e) A remissão gera o mesmo efeito do parcelamento, pois suspende o crédito tributário até seu pagamento integral.

47. (CESPE – Juiz Federal Substituto 5ª região/2013) Assinale a opção correta de acordo com a CF, as normas gerais de direito tributário e a jurisprudência do STJ e do STF.

a) Não é admissível o repasse, na fatura de energia elétrica, do encargo financeiro relativo à contribuição de integração social e à contribuição para o financiamento da seguridade social devidas pela concessionária.

b) O fato de a sociedade não ser localizada no endereço fornecido como domicílio fiscal não gera presunção de que ela tenha sido irregularmente dissolvida.

c) É constitucional a adoção, no cálculo do valor de taxa, de um ou mais elementos da base de cálculo própria de determinado imposto, mesmo que haja integral identidade entre uma base e outra.

d) O CTN adota expressamente o princípio do *non olet*, cuja aplicação implica tributação do produto da atividade ilícita, bastando, para tanto, que a hipótese de incidência da obrigação tributária se realize no mundo dos fatos.

e) O IR será norteado pelos critérios da generalidade, da seletividade e da progressividade, na forma da lei.

48. (ESAF - Auditor-Fiscal- RFB/2014) Sobre a extrafiscalidade, julgue os itens a seguir, classificando-os como certos ou errados. Em seguida, assinale a opção correta.

I. Na medida em que se pode, através do manejo das alíquotas do imposto de importação, onerar mais ou menos o ingresso de mercadorias estrangeiras no território nacional, até o ponto de inviabilizar economicamente determinadas operações, revela-se o potencial de tal instrumento tributário na condução e no controle do comércio exterior.

II. Por meio da tributação extrafiscal, não pode o Estado intervir sobre o domínio econômico, manipulando ou orientando o comportamento dos destinatários da norma a fim de que adotem condutas condizentes com os objetivos estatais.

III. A extrafiscalidade em sentido próprio engloba as normas jurídico-fiscais de tributação (impostos e agravamento de impostos) e de não tributação (benefícios fiscais).

IV. Não existe, porém, identidade tributária que se possa dizer pura, no sentido de realizar tão somente a fiscalidade ou a extrafiscalidade. Os dois objetivos convivem, harmônicos, na mesma figura impositiva, sendo apenas lícito verificar que, por vezes, um predomina sobre o outro.

a) Apenas I, II e IV estão corretas.

b) Apenas I e IV estão corretas.

c) Apenas II e IV estão corretas.

d) Apenas I, III e IV estão corretas.

e) Todas as alternativas estão corretas.

49. (CESPE – Juiz de Direito Substituto – MA/ 2013) Considerando aspectos relacionados à incidência de imposto, às contribuições sociais, ao princípio da igualdade tributária e às normas gerais do direito tributário, assinale a opção correta.

a) Segundo o STF, não haverá ofensa ao princípio da isonomia tributária se a lei complementar, por motivos extrafiscais, imprimir tratamento desigual a microempresas e empresas de pequeno porte de capacidade contributiva distinta, afastando do regime diferenciado aquelas cujos sócios tenham condição de disputar o mercado de trabalho sem assistência do Estado.

b) A contribuição previdenciária não incide sobre o 13.º salário.

c) O CTN admite expressamente a compensação mediante o aproveitamento de tributo, objeto de contestação judicial pelo sujeito passivo, antes do trânsito em julgado da respectiva decisão judicial.

d) Não incide ICMS sobre o valor da tarifa de energia elétrica correspondente à demanda de potência efetivamente utilizada.

50. (CESPE - Juiz Federal Substituto 2ª região/ 2013) Determinada unidade da Federação criou norma de processo administrativo tributário que torna obrigatório o depósito de 30% do valor do crédito tributário discutido como condição para recorrer para o tribunal administrativo de recursos fiscais. Após tal modificação, determinado contribuinte recebeu intimação sobre a decisão de primeira instância que lhe foi desfavorável, tendo apresentado recurso desacompanhado de depósito. Antes de intimar o contribuinte, o tribunal administrativo inscreveu o crédito em dívida ativa para interromper a prescrição e declarou a suspensão da exigibilidade do crédito tributário diante da interposição do recurso. A respeito dessa situação hipotética, assinale a opção correta.

a) Como é inconstitucional a exigência de depósito recursal na esfera administrativa, a autoridade agiu corretamente ao suspender a exigibilidade do crédito tributário.

b) Devido ao fato de a ausência de depósito impossibilitar a admissibilidade do recurso, a inscrição do crédito em dívida ativa é válida, pois se refere a crédito líquido e certo.

c) A lei promulgada pelo ente federativo é inválida, pois está em desacordo com o Código Tributário Nacional (CTN), o qual exige que o montante a ser depositado para interpor recurso corresponda ao valor integral do crédito discutido.

d) A ausência de depósito impossibilitou a admissão do recurso administrativo, de modo que não é obrigatória a suspensão da exigibilidade do crédito tributário.

e) A inscrição em dívida ativa interrompeu a prescrição.

2. GABARITO

Questão	Resposta	Fundamentação
1	D	CF, art. 145, II
2	D	STJ, EREsp 572.603
3	B	CTN, art. 198, § 1º, I e § 3º, I e II
4	B	CTN, arts. 97, 114 e 116
5	B	CTN, arts. 145, 144, § 1º, 151, II e 206
6	C	CF, art. 155, § 2º, XII, f
7	D	CF, arts. 145, II, 150, VI, a e CTN, art. 78
8	E	CTN, art. 131, II e 173
9	A	CTN, art. 148
10	C	CTN, arts. 176, parágrafo único, 180, I, 186, parágrafo único, I e 185
11	D	CTN, art. 79
12	E	STF, ADC 8-MC
13	E	CF, arts. 150, VI, a e 60, § 4º, I
14	C	CTN, art. 170
15	E	CF, arts. 150, VI, c e 153, § 4º, II e Lei 4.502/64, art. 7º, V
16	C	CTN, arts. 105 e 106
17	A	CF, arts. 155, § 2º, I, XII, h e § 4º
18	A	LC 116/2003, art. 1º, § 1º
19	B	CF, art. 148 e CTN, art. 3º
20	A	CF, arts. 145 e 150, I
21	A	CF, art. 150, § 1º
22	D	CTN, art. 178
23	B	CTN, art. 151, V
24	D	CF, art. 150, I, II, III, 149 e 195
25	D	STF, Súmula Vinculante 50, CF, art. 150, § 2º, CTN, art. 151, I, II, III e VI e LC 24/75
26	D	CF, art. 149 e CTN, art. 106, I
27	B	CTN, art. 7º
28	B	CPC, art. 496, I

Questão	Resposta	Fundamentação
29	A	CTN, arts. 116, parágrafo único, 156, XI e 174, parágrafo único, I
30	A	CF, art. 177, § 4º, I, b
31	D	CF, art. 60, § 4º, IV
32	C	CTN, art. 7º, STJ, Súmula 430
33	A	CTN, arts. 156, V (decadência) e 180
34	B	CTN, art. 113, § 3º
35	E	CTN, arts. 156, IV e 172
36	A	CTN, arts. 151, II, III e VI e 138
37	C	CF, art. 150, § 5º
38	E	CTN, arts. 156, IV e 172
39	D	CTN, art. 151, VI
40	B	CTN, art. 7 e CF, arts. 146, 24, § 3º e 145
41	D	CF, art. 147
42	A	CF, art. 154, I; art. 195, § 4º
43	D	CTN, art. 196
44	C	LC 118/2005, art. 3º e CTN, art. 168, I
45	E	CTN, art. 173, I e II
46	D	CTN, art. 155-A, § 2º e 154, parágrafo único
47	D	CTN, art. 118
48	D	CARVALHO, Paulo de Barros. *Direito Tributário: linguagem e método*. 4ª. ed. São Paulo: Noeses, 2011, p. 249
49	A	STF, ADI 1.643
50	A	STF, Súmula Vinculante 21

BIBLIOGRAFIA

ALEXANDRE, Ricardo. *Direito tributário esquematizado.* 8ª ed. São Paulo: Método, 2014.

AMARO, Luciano. *Direito tributário brasileiro.* 17ª ed. São Paulo: Saraiva, 2011.

BALEEIRO, Aliomar. *Direito tributário brasileiro.* 11ª ed. Rio de Janeiro: Forense, 2010.

CARRAZZA. Roque Antônio. *Curso de direito constitucional tributário.* 23ª ed. São Paulo: Malheiros, 2007.

CARVALHO, Paulo de Barros. *Curso de direito de tributário.* 23ª ed. São Paulo: Saraiva, 2010.

CASSONE, Vittorio; CASSONE, Maria Eugênia Teixeira. *Processo tributário.* 11ª ed. São Paulo: Atlas, 2011.

COSTA MACHADO, Antonio Cláudio da (Org.). QUEIROZ, Mary Elbe (Coord.). *Código Tributário Nacional Interpretado:* artigo por artigo, parágrafo por parágrafo. São Paulo: Manole, 2010.

HARADA, Kiyoshi. *Direito financeiro e tributário.* 20ª ed. São Paulo: Atlas, 2011.

HIGUCHI, Hiromi; HIGUCHI, Celso Hiroyuki; HIGUCHI, Fábio Hiroshi. *Imposto de renda das empresas* – interpretação e prática. 31ª ed. São Paulo: IR Publicações, 2006.

MACHADO, Hugo de Brito. *Curso de direito tributário.* 32ª ed. São Paulo: Malheiros, 2011.

MACHADO SEGUNDO, Hugo de Brito. 5ª ed. São Paulo: Atlas, 2010.

MARINS, James. *Direito processual tributário brasileiro* (administrativo e judicial). 5ª ed. São Paulo: Dialética, 2010.

MARINS, James. *A instituição e a regulamentação da norma geral antielisão.* In: SHOUERI, Luís Eduardo. Direito Tributário. São Paulo: Quartier Latin, 2003, v. II.

MARTINS, Alan; SCARDOELLI, Dimas Yamada. *Direito Tributário – curso rápido e didático para estudos e revisões.* Leme: Editora JH Mizuno, 2012.

MARTINS, Alan; SCARDOELLI, Dimas Yamada; LEITE, Harrison; CAIRO, Thiana. *Revisaço de Direito Tributário.* 2ª. edição. Salvador: Editora Juspodivm, 2015.

MELO, Celso Antonio Bandeira de. *O conteúdo jurídico do princípio da igualdade.* 3ª ed. São Paulo: Malheiros, 2012.

PAULSEN, Leandro. *Crédito tributário* – da noção de lançamento à formalização. http://www.leandropaulsen.com/site/textos_detalhe.asp?ID=5, acesso em 11/6/2012.

PAUSEN, Leandro; MELO, José Eduardo Soares de. *Impostos federais, estaduais e municipais.* 3ª ed. Porto Alegre: Livraria do Advogado, 2007.

ROCHA, Valdir de Oliveira (Coord.). *Planejamento tributário e a lei complementar 104*. São Paulo: Dialética, 2001.

ROSA, José Roberto. *Curso básico de ICMS*. 3ª ed. Itu: Ottoni Editora, 2012.

ROSA, José Roberto. *Substituição tributária no ICMS*. 3ª ed. Itu: Ottoni Editora, 2011.

SABBAG, Eduardo. *Manual de Direito Tributário*. 6ª ed. São Paulo: Saraiva, 2014.

SCARDOELLI, Dimas Yamada. As polêmicas em torno dos procedimentos fiscais prévios à lavratura do AIIM: uma releitura da fiscalização de tributos. In: SALOMÃO, Marcelo Viana; PAULA JR., Aldo de. *Processo Administrativo Tributário* – Federal e Estadual. São Paulo: MP Editora, 2005.

YAMASHITA, Douglas. *Elisão e evasão de tributos* – Planejamento tributário: limites à luz do abuso de direito e da fraude à lei. São Paulo: Lex Editora, 2005.